ALEMANNISCHES
WÖRTERBUCH

für Baden

Schriftenreihe des Landesvereins Badische Heimat
Band 2

ALEMANNISCHES WÖRTERBUCH

für Baden

von

Rudolf Post

und

Friedel Scheer-Nahor

Herausgegeben von der
Muettersproch-Gsellschaft
Verein für d alemannisch Sproch e. V.
und dem
Landesverein Badische Heimat e. V.

verlag regionalkultur

Grueßwort

Liebi Fründinne un Fründ vo unsere schöne alemannische Sproch,

uf de einde Site merke mr, dass sich wieder meh Mensche un au d Medie für Mundart im Allgemeine un s Alemannische im Bsundere intressiere. Uf de andere Site isch s Ergebnis vunere neue Studie vo de Tübinger Universität, dass nur noch ungfähr drissig Prozent vo de Kinder Mundart schwätze. Un mir were immer wieder emol gfrogt, ob s Alemannisch usstirbt.

Wenn d Mundart verlore goht, wenn s nur noch e „Einheitssproch“ git, goht au e groß Stuck vo unsre Kultur un Identität verlore. Do will sich d Muettersproch-Gsellschaft mit ihrer Arbet degege stemme, un s Alemannisch Wörterbuch isch e ganz wichtige Teil devo. Bsunders an de viele Karte ka me wunderbar sehne, wieviel Farbe s Alemannisch het. Wegedem git s au kei „richtigs“ oder „falschs“ Alemannisch. S ka mänkmol vo einem Dorf zum andre verschiede si.

Wo mr 2009 die erscht Uflag vo unserm Alemannische Wörterbuch zsämme mit de „Badische Heimet“ rusbrocht hän, het s nit geh, wo vergleichbar gsi isch. Un des isch bis hüt so blibe! S git bschtimmt nit viel Nochschlagwerk, wo des vo sich sage könne. 2010 hän mr scho die zweit Uflag brucht, un 2018 isch die dritt ruskumme. Im Handel isch s sit meh wie eim Johr nimmi z kriege. Deno hän Buchhandlunge bi uns agfrogt, un über s „Lädeli“ uf unsre Website sin immer meh Büecher bschtellt worde.

Wegedem het de Vorstand vo de Muettersproch-Gsellschaft s letscht Johr beschlosse, dass e vierti Uflag si muess. D Friedel Scheer-Nahor, wo vo Afang a nebe nem Rudolf Post Mitautorin gsi isch, het die groß Arbet uf sich gnumme, s Buech nonemol z überarbeite. Dodefür sage mir ihre e ganz großes „Dankschön“!

Dankschön sage mr au im Verlag Regionalkultur. Wo mr e neue Verlag brucht hän, sin mr dert mit offene Arm ufgnumme wore.

Mir Muetterspröchler losse nit luck mit unsre Arbet, un wenn alli Alemanninne un Alemanne stolz druf sin, dass sie s noch könne, wird unser schöns Alemannisch au am Lebe blibe.

Im Juli 2022
Uschi Isele
Mitglied vum gschäftsführende Vorstand

Zum Geleit

Mit großer Freude habe ich zur Kenntnis genommen, dass das Alemannische Wörterbuch unserer Schriftenreihe einen so guten Anklang findet, dass nunmehr die 4. Auflage hergestellt wird.

Dies ist vor allen Dingen für die Autoren Rudolf Post und Friedel Scheer-Nahor eine große Bestätigung. Dieser Erfolg spiegelt aber auch wider, dass die alemannische Mundart, die von der Muettersproch-Gsellschaft in so hervorragender Weise vertreten wird, weiterhin in weiten Kreisen unserer Bevölkerung auf großes Interesse stößt.

So möchte ich nicht nur den Autoren, sondern auch insgesamt der Muettersproch-Gsellschaft zu dieser so großartigen Resonanz gratulieren.

Die Badische Heimat ist stolz darauf, dieses Standardwerk in ihrer Schriftenreihe zu haben und wünscht auch der 4. Auflage eine unverändert gute Verbreitung

Dr. Sven von Ungern-Sternberg
Vorsitzender des
Landesvereins Badische Heimat e.V.

Inhaltsübersicht

Vorwort

Die alemannischen Mundarten in Südbaden werden zwischen der Murg bei Rastatt und dem Hochrhein zwischen Weil am Rhein und dem Bodensee gesprochen. Sie stehen in Kontakt mit dem ebenfalls alemannischen Elsässischen im Westen, dem Schweizerdeutschen und Vorarlbergischen im Süden und dem Schwäbischen im Osten. So vielgestaltig wie die südbadische Landschaft mit ihren Ebenen am Rhein, dem Rebenland der Ortenau, des Breisgaus, Markgräflerlands und Bodensees, dem Hügelland des Hegau, den Hochebenen der Baar, den Schwarzwaldtälern und -höhen, so vielgestaltig und unterschiedlich sind – trotz gemeinsamer alemannischer Merkmale – auch die Mundarten dieses Landes.

Einen Einblick in diese Vielfalt und den sprachlichen Reichtum dieses Gebietes soll dieses Wörterbuch bieten. Es ist nicht das erste Wörterbuch für diese Gegend, denn im Jahr 1972 erschien im Verlag Karl Schillinger, Freiburg i. Br., die erste Auflage des „Alemannischen Taschenwörterbuchs für Baden“ von Hubert Baum, dem sieben weitere Auflagen folgten, die allesamt unverändert blieben. Da sich unser Wissen über die Mundarten Südbadens in den letzten Jahrzehnten aber erheblich vertieft hat, ist es an der Zeit, ein neues und in der Darstellungsweise grundsätzlich verändertes Wörterbuch herauszubringen. Gründe dafür sind: Die Erforschung und Dokumentation des alemannischen Wortschatzes ist entscheidend weiter fortgeschritten. Das „Badische Wörterbuch“, das Hubert Baum nur bis zu Teilen des Buchstabens *H* im zweiten Band auswerten konnte, ist mittlerweile bis einschließlich *Sch-* bis zum vierten Band vorangekommen. Neben dem Badischen Wörterbuch sind aber in den letzten 30 Jahren eine Menge von wissenschaftlichen Abhandlungen zu den Mundarten von Südbaden und dazu noch viele kleinere Ortswörterbücher entstanden, die einen besseren Einblick in die vielgestaltige Wortlandschaft Südbadens geben. Ein weiteres wichtiges Forschungsinstrument für die Mundarten unseres Gebietes ist dazu der „Südwestdeutsche Sprachatlas“ (SSA), der mit seinen bisher erschienenen Karten zur Laut-, Formen- und Wortgeographie einen sehr zuverlässigen und reichhaltigen Einblick in unsere mundartliche Sprachlandschaft ermöglicht.

Neben dem Ziel einer Vervollständigung des Wortschatzes wurde die Darstellungsweise dieses Wörterbuches so konzipiert, dass sie dem Leser Zusammenhänge aufzeigen will. Dies geschieht einerseits durch zahlreiche Verweise auf inhaltliche oder formale Gemeinsamkeiten und andererseits durch Vereinigung von Lautvarianten in zentralen Wortartikeln. Ein Beispiel: Wer im Wörterbuch von Hubert Baum die alemannischen Formen für das Wort „schön“ wissen will, findet in seinem Wörterbuch drei nicht miteinander vernetzte Wortartikel, nämlich *sche, schei, schi*. Dazu noch einen Artikel *Schönses* mit der Erklärung: *ebbis Schönses* ›etwas Schönes‹. Der Leser erfährt aber nicht, dass es noch weitere größere Gebiete gibt, in denen *scheen, schää, schöö* und *schön* gelten und auch nicht, wie das Adjektiv gesteigert wird. Auch Bedeutungsnuancierungen des Wortes wie ›ästhetisch‹ (*schön singen*), ›angenehm‹ (*schönes Wetter*) oder ›sehr‹ (*schön dumm*) bleiben aus. Das vorliegende Wörterbuch versucht dagegen, alles in einem Artikel (hier *scheen*) zu vereinigen und ggf. Verweise zu setzen (z. B.: **schi** ›schön‹ → »scheen«).

Einen anschaulichen Überblick über die räumliche Verteilung von Mundartvarianten bieten auch die zahlreichen Karten sowohl in der Einführung wie auch im Wörterbuchteil, die sowohl laut- wie wortgeographische Unterschiede im Alemannischen Südbadens erkennbar werden lassen.

Eine weitere grundsätzliche Neuerung in diesem Wörterbuch besteht in der konsequenten Angabe der Wortart und bei Substantiven der Angabe des grammatischen Geschlechts (Genus). Der Leser muss also z. B. nicht mehr raten, ob es ***der, die*** oder ***das*** *Chämi* ›Kamin‹ heißt. Auch die Aussprache und ihr geographischer Geltungsbereich wird in der Regel in einem eigenen Wortartikelteil dargelegt. Wesentlich häufiger sind auch die in die Artikel integrierten Satzbeispiele und Redensarten, die den Gebrauch eines Wortes illustrieren sollen.

Natürlich ist es mühsam, für ein sprachlich so unterschiedliches Gebiet wie Südbaden solch ein Wörterbuch zu schreiben, das einerseits leicht lesbar, übersichtlich aber dennoch so reichhaltig sein sollte, dass jedes Mundartwort enthalten ist und auch gefunden werden kann. Es ist das Ziel dieser Veröffentlichung, Lücken zu schließen und zudem das Wortmaterial übersichtlicher und konsequenter darzustellen. Ob dies gelungen ist, stelle ich dem Urteil des Benutzers anheim.

Dass dieses Wörterbuch entstehen und publiziert werden konnte, ist dem Engagement und der Hilfe mehrerer Personen und Institutionen zu verdanken. Angeregt und gefördert wurde die Publikation durch Günter Schmidt von der Muettersproch-Gsellschaft. Besonderen Dank schulde ich Frau Friedel Scheer-Nahor, die die Entstehung dieses Buches konzeptionell und inhaltlich in vollem Umfang begleitet hat. Sie hat mit großem Engagement und Sachverstand das Manuskript von vorne bis hinten mehrfach durchgearbeitet, wesentliche Teile ergänzt, viele zusätzliche Belege geliefert und zahlreiche Ungereimtheiten und Fehler beseitigt. Auch mein Vorgänger beim Badischen Wörterbuch, Herr Dr. Gerhard W. Baur, hat den Fortgang der Arbeiten an diesem Buch mit Interesse verfolgt und zahlreiche Verbesserungen eingebracht. Herrn Prof. Dr. Peter Auer, Universität Freiburg i. Br., danke ich für seine freundliche Erlaubnis, Karten und Material aus den Sammlungen zum Südwestdeutschen Sprachatlas als Grundlage der von mir für dieses Wörterbuch hergestellten Karten zu benutzen.

Dem Präsi der Muettersproch-Gsellschaft, Franz-Josef Winterhalter und dem Vereinsvorstand danke ich, dass sie sich gerne als Herausgeber dieses Buches bereit erklärt haben und bereit waren, das Werk ideell und finanziell zu unterstützen. Nicht zuletzt ist es dem Landesverein Badische Heimat mit seinem Vorsitzenden Herr Dr. Sven von Ungern-Sternberg zu verdanken, dass dieses Buch als Band 2 der „Schriftenreihe der Badischen Heimat" erscheinen konnte. Der Lektorin des G. Braun Buchverlags Karlsruhe, Frau Dorothee Kühnel, danke ich für ihren kompetenten und engagierten Einsatz bei der Herstellung dieses Buches.

Freiburg i. Br., im Juni 2009 Rudolf Post

Vorwort zur 4. Auflage

Das »Alemannische Wörterbuch für Baden« ist von der Leserschaft so angenommen worden, wie wir es uns gewünscht hatten. Die erste Auflage war – auch dank der Mitglieder der Vereine »Muettersproch-Gsellschaft« und »Badische Heimat« – innerhalb weniger Monate vergriffen. Und auch die zweite und dritte Auflage wurde stetig nachgefragt, so dass nun erneut eine Neuauflage nötig wurde.

Wie es bei einem Werk mit so vielen Detailangaben zu erwarten ist, sind in der Zeit, in der es im Umlauf ist, eine Menge weitere Informationen an uns herangetragen worden, seien es bisher unberücksichtigte Stichwörter, Bedeutungserweiterungen in bestehenden Artikeln oder originelle Redewendungen, die gefehlt haben. Daneben wurden vereinzelt Druckfehler entdeckt und neue Literatur ist hinzugekommen. Dies alles wurde nun eingearbeitet, so dass man getrost von einer erneut verbesserten und erweiterten Neuauflage sprechen kann. Wir sind allen Beitragenden und aufmerksamen Leserinnen und Lesern, die uns zum Teil umfangreiche Listen zukommen lassen haben, zu großem Dank verpflichtet. Gerne nehmen wir auch in Zukunft Anregungen und Hinweise auf, in der Hoffnung, dies später der Leserschaft wieder zurückgeben zu können.

Die Zeiten im Verlagswesen sind turbulent. So hat unser Wörterbuch nun schon einige Wechsel mitmachen müssen. Inzwischen haben wir beim Verlag Regionalkultur in Ubstadt-Weiher eine neue Heimat gefunden, worüber wir uns sehr freuen. Wir danken den Verantwortlichen des Verlags, insbesondere Herrn Michael Kohler, für die freundliche Aufnahme und die reibungslose Kooperation. Mit dem Verlagswechsel verbunden ist eine veränderte Ausstattung des Buches, die es erlaubt, den Preis etwas günstiger zu gestalten und somit die Möglichkeit bietet, den Käuferkreis zu erweitern.

Zu großem Dank sind wir erneut der Muettersproch-Gsellschaft verpflichtet, die durch ihre Herausgeberschaft den Weg für diese Neuauflage geebnet hat. Denn auch unter der Leitung von Uschi Isele, Jürgen Hack und Günther Becker, die sich seit dem Jahr 2020 die Präsidentschaft teilen, bekennt sich der Verein zu diesem Werk und seiner Bedeutung für die an der alemannischen Mundart in Südbaden Interessierten. Und auch der Landesverein Badische Heimat unter seinem Vorsitzenden Dr. Sven von Ungern-Sternberg unterstützt dieses Projekt nach wie vor ideell und finanziell. Diesen erwiesenen Rückhalt in beiden Vereinen wissen wir zu schätzen.

Freiburg i. Br., im Juli 2022 Friedel Scheer-Nahor

Karte 1: SÜDBADEN
mit der Sprachgrenze zum Fränkischen und Schwäbischen
(nach der Grundkarte zum Badischen Wörterbuch)
Baden (bis 1945)
Bruder Fränkisch
Brueder Alemannisch
Weib, Hous Schwäbisch
Wiib, Huus Alemannisch
0 10 20 km
ELSASS
SCHWABEN
SCHWEIZ
BODENSEE
Weib, Hous
Wiib, Huus
Bruder
Brueder
Karlsruhe
Ettlingen
Pforzheim
Rastatt
Baden-Baden
Gernsbach
Bühl
Achern
Straßburg
Kehl
Oberkirch
Offenburg
Freudenstadt
Gengenbach
Lahr
Schiltach
Haslach
Hornberg
Triberg
St. Georgen
Emmendingen
Waldkirch
Furtwangen
Villingen
Breisach
Freiburg
Donaueschingen
Tuttlingen
Sigmaringen
Meßkirch
Pfullendorf
Neustadt
Engen
Stockach
Müllheim
Singen a. H.
Radolfzell
Überlingen
Markdorf
Meersburg
Konstanz
Schaffhausen
Waldshut
Schopfheim
Lörrach
Säckingen
Basel
UFGAU
PFINZGAU
NÖRDL. SCHWARZWALD
HANAUERLAND
ORTENAU
MITTL. SCHWARZWALD
KAISERSTUHL
BREISGAU
BAAR
SÜDÖSTL. SCHWARZWALD
SÜDL. SCHWARZWALD
MARKGRÄFLERLAND
HOTZENWALD
DINKELBERG
KLETTGAU
HEGAU
LINZGAU
BODANRÜCK
HÖRI
Rhein
Murg
Acher
Rench
Kinzig
Wolfach
Schutter
Elz
Gutach
Glotter
Dreisam
Breg
Brigach
Donau
Neumagen
Wutach
Steina
Schwarza
Alb
Wehra
Wiese
Aach
RP

Einführung

1. Das Arbeitsgebiet

Der geographische Bereich, aus dem die Wörter für dieses Wörterbuch stammen, wird von zwei Abgrenzungskriterien bestimmt, nämlich ein politisch-administratives (Baden) und ein sprachliches (Alemannisch). Nach Westen wird demnach der Geltungsbereich durch die badisch-französische und nach Süden durch die badisch-schweizerische Grenze bestimmt.

Beiderseits dieser beiden politisch bedingten Grenzen, im Elsass wie in der Schweiz, werden alemannische Mundarten gesprochen. Als nördliches und östliches Abgrenzungskriterium für das Gebiet unseres Wörterbuchs wird dann aber die Sprache herangezogen, nämlich die Grenze zum Fränkischen im Norden und zum Schwäbischen im Osten.

Betrachtet man Karte 1, so ist das Gebiet, das zum Anfang des 20. Jahrhunderts das damals noch selbstständige Großherzogtum Baden ausmachte, grau unterlegt. Im Norden, zwischen Rastatt und Baden-Baden, findet man die sogenannte *Bruder-Brueder*-Linie, die das Alemannische vom Fränkischen scheidet. Diese Linie steht für ein Sprachlinienbündel, das das alemannische Gebiet mit dem Erhalt von alten Diphthongen von dem fränkischen Monophthong-Gebiet trennt: alemannisch *liäb, biäte, guet, Brueder* usw., fränkisch dagegen *liib, biite, gut, Bruder.* Als Grenze zum Schwäbischen wird im Allgemeinen die *Wiib-Weib-* und die damit weitgehend zusammenfallende *Huus-Hous*-Linie herangezogen. Hier hat das Alemannische wiederum einen älteren Sprachstand bewahrt, denn es zeigt Erhalt der ursprünglichen Langvokale (mhd. *î, û, iu = ü*), die im Schwäbischen dann diphthongiert sind. Diese Linie läuft, von Norden kommend weitgehend an der badisch-württembergischen Grenze entlang. Nur im Südosten schneidet sie bei Meßkirch und Pfullendorf zwei Zipfel des alten badischen Gebietes ab. Diese beiden Gebiete gehören also zum Schwäbischen und werden in diesem Wörterbuch nicht mehr berücksichtigt. Sie sind dafür im „Schwäbischen Handwörterbuch" von Hermann Fischer und Hermann Taigel (Tübingen 1986, mehrere Auflagen) vertreten. Wir verstehen hier also Alemannisch im Gegensatz zum Schwäbischen. Es sei jedoch gesagt, dass man in der wissenschaftlichen Dialektologie das Schwäbische in der Regel ebenfalls als Untermundart des Alemannischen begreift.

2. Die sprachliche Gliederung Südbadens

2.1. Mundarträume

Neben der Abgrenzung nach außen, ist es für ein Wörterbuch dieser Art, das ein größeres und mundartlich doch in vielen Bereichen unterschiedliches Gebiet abdecken will, von Vorteil, wenn man sich zuvor etwas mit der inneren sprachlichen Gliederung vertraut macht. Eine solche „Vorschau" kann für den Leser in doppelter Hinsicht ein Gewinn sein. Erstens kann er das Wörterbuch nicht nur benutzen, um in der Vielfalt der Wörter das eine oder andere nachzuschlagen, er kann sich darüber hinaus auch etwas mit den „Sprachgesetzen" seiner Landschaft vertraut machen, denn es ist nicht so, dass die Vielfalt in den Mundarten einen völlig beliebigen Mischmasch darstellte. Und schon gar nicht sind die Mundarten als „heruntergekommenes Hochdeutsch" zu verstehen. Sie sind Sprachen nach eigenem Recht und Gesetz.

Neben dem Erkenntnisgewinn für den Leser kommt durch solch einen allgemeinen Überblick jedoch noch ein wörterbuchinterner Vorteil zur Geltung: Denn wenn man einmal dargestellt hat, dass z. B. in unserem Gebiet ein bestimmter Lautwechsel immer wieder die gleichen Gebiete betrifft, so kann man im Wörterbuch darauf verzichten, bei jedem Wort, in dem sich dieser Lautwechsel zeigt, die Verbreitungsgebiete erneut anzugeben.

Ein Beispiel: Im Südalemannischen wird *k* im Anlaut von Wörtern zu *ch* verschoben. Also *Chind, Chappe, Chaib, Chopf,* im übrigen Alemannischen aber *Kind, Kappe, Kaib, Kopf* usw. (die entsprechende Sprachgrenze ist auf Karte 2 eingezeichnet). Es reicht dann, wenn man im Wortartikel beide Formen zwar erwähnt, aber nicht mehr die jeweiligen Geltungsbereiche. Die hier und im Folgenden gezeigten Karten sollen also einen allgemeinen Überblick bieten, dazu aber vor allem das Wörterbuch von immer wieder gleichen Wiederholungen entlasten.

2.2. Die drei Hauptmundarten in Südbaden

Karte 2 zeigt die drei Hauptgruppen der heutigen Mundarten in Südbaden. In Ost-West-Richtung verläuft die *Kind-Chind*-Linie, die das südlich davon gelegene Südalemannische vom nördlicheren Oberrhein- und Bodenseealemannischen trennt. *Kind-Chind* steht hier nur beispielhaft für alle Wörter, die mit *k* beginnen. Man kann daher davon ausgehen, dass jemand, der z. B. *Chriäse, Chuchi, chuum* statt *Kriäse, Kuchi, kuum* (›Kirsche‹, ›Küche‹, ›kaum‹) sagt, aus einem Mundartgebiet südlich dieser Linie stammt. Allerdings ist diese *ch*-Aussprache heute schon stark in der Auflösung begriffen, jüngere

Mundartsprecher tendieren immer stärker zur *k*-Aussprache.

Eine Verschiebung zur Affrikate *kch* (*ch* ist hier *ach*-Laut) erfährt *k* in der Verbindung *nk* und alter Geminate *kk* in Teilen des Südalemannischen. Hier kann die *trinke-trinkche*-Linie (siehe Karte 2) als Orientierung dienen: Südöstlich dieser Linie, die sich vom Dinkelberg über die obere Wehra und dann zur Wutach hinzieht, hört man also *trinkche, denkche, Bankch, Gstankch, Ankche* oder *drückche, backche, dickch*.

Ein Merkmal des Südalemannischen ist auch, dass es den sogenannten *ich*-Laut nicht kennt und auch nach *e, i, ü* den *ach*-Laut verwendet. Also werden dort *Licht* [liəxt], *echt* [ext] usw. mit gutturalem Reibelaut gesprochen. Die Linie, südlich derer nur noch *ach*-Laute zu hören sind, liegt sogar noch nördlicher als die *Kind-Chind*-Linie: sie beginnt am Rhein nördlich des Kaiserstuhls, läuft auf Freiburg zu, zieht sich dann das Dreisamtal hinauf zur Baar und läuft dann südöstlich auf den unteren Bodensee zu. Im Wörterbuch selbst wird dieser Unterschied nicht markiert, es wird immer nur *ch* geschrieben. Die häufigere Verwendung von gutturalen Reibelauten im Südalemannischen gibt dieser Mundart einen „kehligen" Charakter und erinnert schon stark an das Schweizerdeutsche. Doch es kommt auch vor, dass diese „Kehllaute" schwinden. Im Hegau und im Linzgau gibt es ein Gebiet, in dem *ch* vor *t* schwindet. Dort sagt man z. B. *Naat* ›Nacht‹, *räet, räat* ›recht‹, *broot* ›gebracht‹ oder *Liät* ›Licht‹ usw.

Die Mundart in dem Gebiet zwischen Rastatt und der *Kind-Chind*-Linie wird heute meist als „Oberrheinalemannisch" bezeichnet. So nach Friedrich Maurer, der in seinem Buch „Oberrheiner, Schwaben, Südalemannen" (Straßburg 1942) diesen Begriff prägte. Früher – und auch manchmal noch heute – wird die Sprache in diesem Gebiet auch mit „Niederalemannisch" und das Südalemannische als „Hochalemannisch" bezeichnet. Die Mundarten hier sind sowohl von Ost-West-Gegensätzen (Schwarzwald, Rheinebene) wie auch Nord-Süd-Gegensätzen geprägt. Wir werden später noch einige kennen lernen.

Die letzte Hauptlandschaft in unserem Gebiet stellt das sogenannte Bodenseealemannische dar. Als Grenzlinie zum Oberrheinalemannischen habe ich aus einem Bündel von Möglichkeiten die *breit-broat*-Linie in Karte 2 eingezeichnet. Östlich dieser Linie, also im Bodenseealemannischen, werden viele Wörter, die mhd. *ei* enthalten, mit *oa, oe* (oder ähnlich) ausgesprochen: *broat, Kload, hoaß, Loater, Soal* u. ä. für *breit, Kleid, heiß, Leiter, Seil*. Schon im Südalemannischen liegend, im Bereich nördlich und östlich des Kantons Schaffhausen, liegen in unserem Gebiet sogar einige Orte, die hier, wie das Fränkische, einen langen Monphthong *ò* (offen) oder *a* sprechen: z. B.: *Gòòß, Gaaß* ›Geiß‹. So nennt sich der Ort *Gailingen*, der in diesem Gebiet liegt, in eigener Mundart *Gaalinge*.

Obwohl ich den Begriff „Bodenseealemannisch" selbst verwende, bin ich mir seiner Problematik bewusst. Er reicht von der nördlichen Baar über den nördlichen Bodensee und Vorarlberg bis fast an die rätoromanisch-italienische Sprachgrenze. Es ist doch unbefriedigend, dass man in Villingen und in Liechtenstein angeblich Bodenseealemannisch spricht, am Bodensee selbst, so etwa in Romanshorn am Schweizer Ufer, aber gerade nicht. Denn da spricht man Südalemannisch!

2.3. Unterschiede bei *g* und *b* in Südbaden

Wer die Mundarten in unserem Gebiet von Süden nach Norden durchgeht, wird feststellen, dass die beiden Plosiv-Laute *b* und *g* in bestimmten Positionen in den nördlicheren Gebieten häufig als Reibelaute, nämlich als *w* bzw. *ch* oder *j* gesprochen werden. Hört man im Süden *schribe, obe, ribe, Chälbli, sterbe* usw., so ändert sich das nach Norden in *schriwe, owe, riwe, Kälwli, sterwe*. Und südliches *sage, lege, Nagel, Riegel* kann im Hanauerland und nördlich davon *saache / saaje, leje / laie, Najl / Nail, Rejel / Rail* und ähnlich lauten. Karte 3 stellt die unterschiedlichen Gebiete anhand der *obe-owe-* und der *saache-sage-*Linie dar. Diese Umwandlung in einen Reibelaut, betrifft aber nicht jedes *g* oder *b*, sondern nur solche, die zwischen Vokalen (Selbstlauten) oder Liquid (*l, r*) und Vokal stehen.

Bei der Veränderung des *g* im Hanauerland und nördlicheren Gebieten sind die Verhältnisse wesentlich komplexer als hier vorgestellt werden kann. Besonders in der Kombination von *-age-* mit nachfolgendem *l* oder *n* (z. B. Wörter wie *Nagel, Wagen*) können dort von Ort zu Ort die exotischsten Varianten gehört werden: *Nauel, Naawl, Näul, Nöwel, Nojel* für ›Nagel‹ und *Woue, Waie, Wawe, Woie, Ware* für ›Wagen‹. Diese Formen sind Ergebnisse kom-

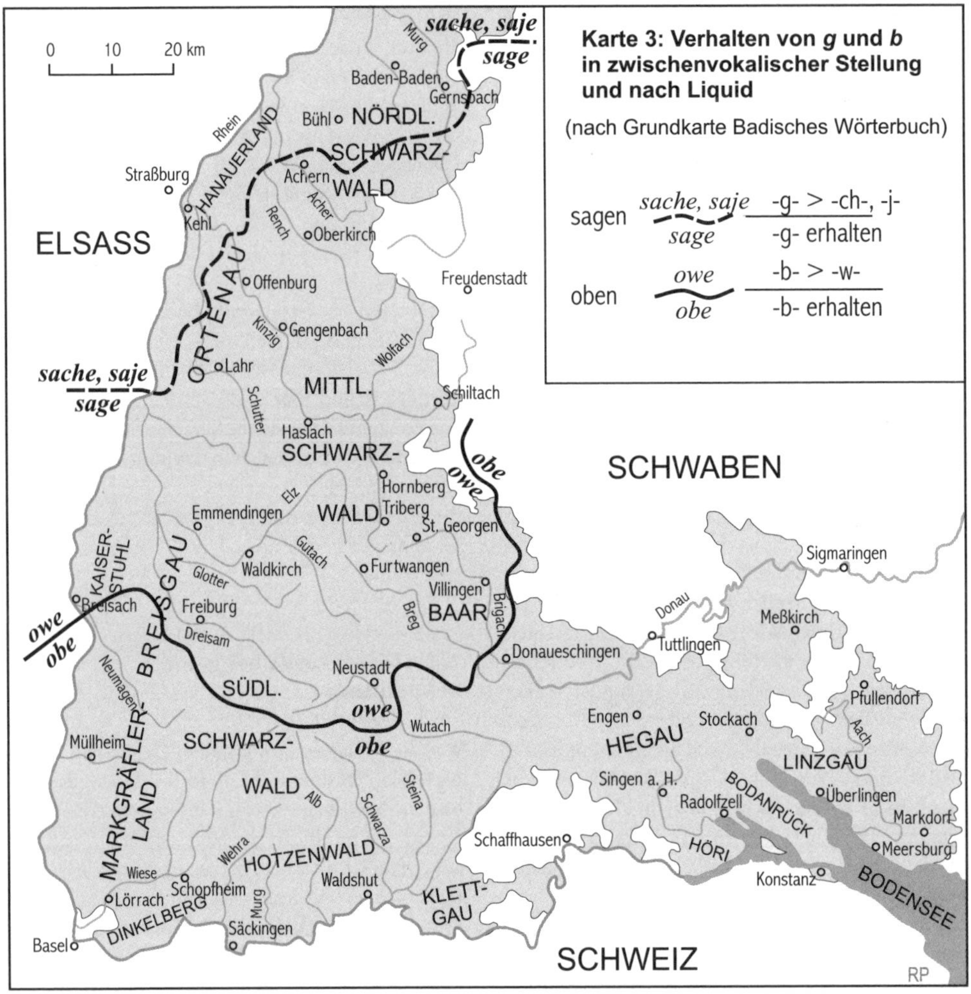

Karte 3: Verhalten von *g* und *b* in zwischenvokalischer Stellung und nach Liquid

(nach Grundkarte Badisches Wörterbuch)

plizierter Lautentwicklungen, die hier nicht weiter darzustellen sind.

Ergänzend zum Laut *g* soll hier noch das Verhalten von *g* in der Endung *-ig* dargestellt werden. Dies betrifft vor allem Adjektivendungen auf *-ig*, z. B. Wörter wie *fertig, wenig, nötig* usw. Hier schwindet in einem Gebiet am Rhein, besonders im Hanauerland und in der Gegend um Bühl und Rastatt, das *g*, so dass man dort *ferdi, wenni, nedi* hört.

2.4. Die Konsonantenschwächung und die Länge/Kürze von Vokalen

In fast zwei gleichgroße Teile wird unser Gebiet durch ein weiteres Sprachlinienbündel geteilt, das mit der sogenannten Konsonantenschwächung zu tun hat (Konsonant = Mitlaut). Dieses Linienbündel zieht sich von Lörrach über das Wiesental und den südlichen Schwarzwald zur nördlichen Baar, wo es an das schwäbische Sprachgebiet stößt (s. Karte 4).

Wenn auch die Unterschiede zwischen beiden Gebieten nicht so stark im Ohr klingen wie etwa bei der *Kind-Chind*-Linie, so sind sie doch zu hören und betreffen eine große Zahl von Fällen. Denn im Gebiet nordwestlich der eingezeichneten Linie werden alte *p-, t-* und *k*-Laute in vielen Positionen abgeschwächt und hören sich wie *b, d,* und *g* an. Die Laute der erstgenannten Gruppe werden von den Sprachwissenschaftlern als „Fortes“ (Einzahl „Fortis“, d. h. stark artikulierter Laut) und die zweite als „Lenes“ (Einzahl „Lenis“, d. h. leicht artikulierter Laut) bezeichnet. Als Beispiele für die Lenis-Formen sind auf der Karte 4 eingezeichnet: *Subbe* ›Suppe‹, *Wedder* ›Wetter‹ oder *Rugge* ›Rücken‹. Im südöstlichen Gebiet dagegen haben sich die alten Fortes erhalten. Es ist sogar so, dass in der Baar, im Hegau und der Höri an manchen Orten diese Konsonanten gelängt oder verdoppelt ausgesprochen werden, also etwa *Ruk-ke* ›Rücken‹, *bot-te* ›geboten‹. Die Fortes der Plosive werden hier mit *p, t, k* geschrieben, es handelt sich aber örtlich oft auch nur um stärker artikulierte, stimmlose *b, d, g*.

Die hier für den nordwestlichen Teil dargestellte Konsonantenschwächung tritt aber nicht nur mitten im Wort zwischen Vokalen auf, wie in den genannten Beispielen, sondern auch im Anlaut, Auslaut und in bestimmten Konsonantenverbindungen. Beispiele sind:

> ***B**fluum* – ***P**fluum* ›Pflaume‹
> ***d**ring**g**e* – ***t**rin**k**e (**t**rin**k**che)* ›trinken‹
> ***G**ri**d**s* – ***K**ri**t**s (Chrits, Chrüts)* ›Kreuz‹
> ***D**so**b**f* – ***T**so**p**f* ›Zopf‹
> *Misch**d*** – *Misch**t*** ›Mist‹
> ***D**isch* – ***T**isch* ›Tisch‹
> *Sch**b**ä**gg*** – *Sch**p**ä**ck** (Sch**p**ä**ck**ch)* ›Speck‹

Um diese Schwächung kenntlich zu machen, musste ich hier ausnahmsweise die *z*-Laute mit *ds* bzw. *ts* und das *sp* im Anlaut mit *schb* bzw. *schp* wiedergeben.

Mit unserem normalen Schriftsystem ebenfalls nicht wiederzugeben sind die Lenes-Fortes-Oppositionen bei den *f*-, *s*-, *sch*- und *ch*-Lauten. Auch hier wird in dem Gebiet südöstlich der auf Karte 4 eingezeichneten Sprachlinie ein Großteil der eben genannten Laute schärfer und stärker ausgesprochen, z. B.: *gso**ff**e, wi**ss**e, Ti**sch**, ma**ch**e* usw. Wie schon gesagt, mit unserem gewöhnlichen Schriftsystem lassen sich diese Unterschiede gar nicht wiedergeben, sie werden also auch im Wörterbuch nicht bezeichnet. Dem Benutzer sollte aber generell dieses hier erwähnte Fortis-Gebiet im Bewusstsein bleiben.

Eine Ost-West-Trennung ergibt sich auch bei den Quantitäten von bestimmten Vokalen. Wie Karte 4 zeigt, hat das südöstliche Gebiet Badens in vielen Wörtern vokalische Kürze, also *Bodde, holle, Kuggel, ladde, legge, Nasse, Voggel,* wo im übrigen Gebiet jedoch Länge gilt, also *Bode, hole, Kugel / Kugle, lade, lege, Nas(e), Vogel* usw. Sprachhistorisch gesehen hat das südöstliche Gebiet mit seinen Kürzen hier die älteren Formen, die sich auch im Mittelhochdeutschen finden. Mit unseren westlichen Formen, die in der Vokalquantität mit dem Neuhochdeutschen übereinstimmen, haben wir es mit einem Phänomen zu tun, das vom Mittelhochdeutschen zum Neuhochdeutschen eingetreten ist und das von Sprachhistorikern als „Dehnung in offener Tonsilbe" bezeichnet wird.

2.5. Einige Besonderheiten bei den Nasalen

In unserem Gebiet ist es so, dass das *n* am Wortende in Wörtern wie *Wein, Zaun, Rhein, Stein* usw. geschwunden ist. Man hört dann beispielweise *Wii, Zuu, Rhii, Stei*. Nur in einem kleinen Gebiet am Rhein in der Ortenau und im Hanauerland, also in der Gegend von Lahr, Offenburg, Kehl bis zum Unterlauf von Acher und Rench, haben sich diese *n* erhalten. Dabei sind bei Wörtern wie *Wein* oder *Rhein* wiederum drei Unterschiede zu beachten: Im Süden des gerade genannten Gebietes kann man *Wiin, Rhiin,* nördlich davon *Winn, Rhinn* und dann, noch weiter im Norden, in einem kleinen Gebiet um Wintersdorf, Sinzheim, Greffern, Kappelwindeck, ist in alter Mundart noch das sehr exotisch klingende *Wing, Rhing* zu hören, das man sonst aus dem Ripuarischen (*Kölle om Rhing*) kennt.

Ein weiteres interessantes aber ziemlich kompliziertes Phänomen (die Fachleute sprechen vom „Staubschen Gesetz") ist der Nasalschwund in bestimmten Positionen (*-nf, -ns*) der z. B. schon bei dem häufig gebrauchten Personalpronomen *uns* in Erscheinung tritt. Wenn auch in einem großen Gebiet zwischen Rastatt und dem unteren Markgräflerland wie auch am Bodensee, in der Regel *uns* auftritt, so hat das übrige Gebiet Formen, die von einer Umlautform *üns* abzuleiten sind. Diese Form *üns* ist nur noch in einigen Orten im Kreis Lörrach zu hören; in den übrigen Gebieten, also im oberen Markgräflerland, im Ostteil des mittleren und im ganzen südlichen Schwarzwald, auf der Baar, im Hotzenwald, Klettgau und in der Höri kann man dagegen nasallose Formen hören: *iis, üüs* oder *öis.* Dieser Nasalschwund zeigt sich, wenn auch in kleineren Gebieten Südbadens, auch in *eis* ›eins‹, *fiif* ›fünf‹, *fiischter, feischter, faischder* ›finster‹, *Gaas, Gous* ›Gans‹, *Feeschter, Faischter* ›Fenster‹ u. a. (s. hierzu die Karten »finf, finschter, Gans, uns« im Wörterbuchteil).

2.6. Verschiedene Aussprachen des *e*

Wurden in den vorhergehenden Abschnitten meist lautgesetzliche Unterschiede bei den Konsonanten (Mitlauten) behandelt, so sollen in den folgenden Abschnitten Unterschiede bei den Vokalen (Selbstlauten) aufgezeigt werden.

Wandert man vom Rhein zum Bodensee, so wird man feststellen, dass das alte „germanische" *e* unterschiedlich ausgesprochen wird. Entlang des Rheins, im Breisgau, Markgräflerland und auf dem Dinkelberg (s. Karte 5) wird dieses *e* nämlich, wie im Elsass, sehr offen, fast wie ein *a* ausgesprochen. Es handelt sich dabei um ein extrem offenes *e* bzw. um ein sehr geschlossenes, helles *a,* das als Länge wie auch Kürze vorkommen kann. Ich schreibe es hier, wie auch im Wörterbuchteil als *ạ* (*a* mit untergesetztem Punkt). Beispiele: *Spạck* ›Speck‹, *ạsse* ›essen‹, *Wạtter* ›Wetter‹, *Rạche* ›Rechen‹, *Fạld* ›Feld‹, *mạlke* ›melken‹, *Nạscht* ›Nest‹ usw.

Im mittleren Nord-Süd-Streifen Badens werden diese Wörter dann wie in der hochdeutschen Standardsprache ausgesprochen, nämlich mit einem offenen *e,* so dass strenggenommen *Späck, ässe, Wätter, Räche, Fäld, mälke, Näscht* geschrieben werden

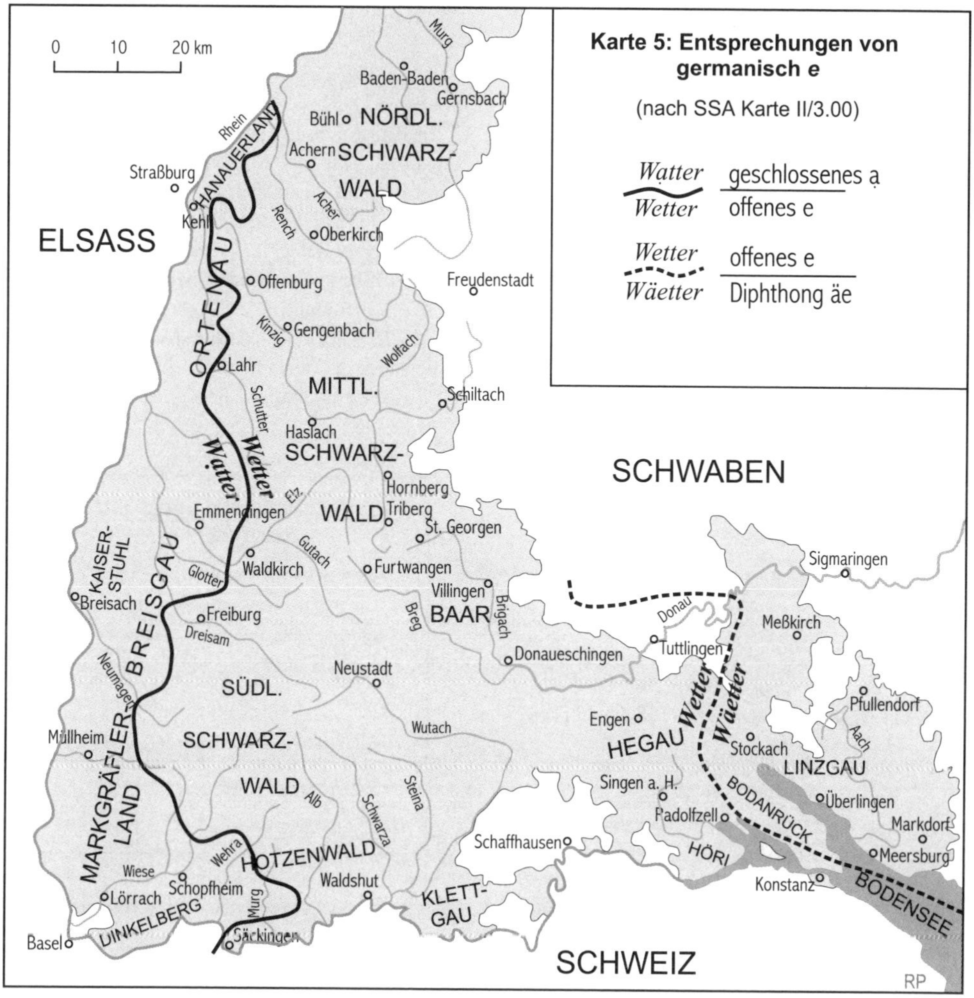

Karte 5: Entsprechungen von germanisch *e*
(nach SSA Karte II/3.00)

müsste. Es können aber die vom hochdeutschen Schriftbild her gewohnten Schreibungen beibehalten werden, weil durch sie keine falsche Aussprache bewirkt wird, andererseits aber die Wörter beim Lesen leichter verstanden werden können.

Geht man weiter nach Osten, so werden unsere Wörter mit altem *e* dann wieder anders, nämlich als Diphthong ausgesprochen. Wie in Karte 5 erkennbar, gilt dies im nördlichen Bodenseeraum. Hier hört man dann: *Späeck, äesse, Wäetter, Räeche, Fäeld, mäelke, Näescht* bzw.: *Späack, äasse, Wäatter, Räache, Fäald, mäalke, Näascht* und ähnlich.

Wörter mit altem langem *e,* wie z. B. *Klee, Schnee,* werden dagegen weitgehend wie im Hochdeutschen ausgesprochen; nur im nördlichen und mittleren Schwarzwald wird das *e* offen ausgesprochen, man hört also *Schnää, Klää.* Genau so verhält es sich in diesen Gebieten mit dem alten langen *o,* das hier ebenfalls offen artikuliert wird (hier ò geschrieben, ein Laut zwischen *a* und *o*). Beispiele sind Wörter wie *Bròòd, gròòß, fròòh.*

Steht das oben erwähnte *e* jedoch vor einem Nasal, so kann es im gleichen Gebiet auch als langes *i* erscheinen, z. B. *sihe, sihne* ›sehen‹, im nördlichen Schwarzwald auch bei *gih, gihe* ›gehen‹ und *stih, stihe* ›stehen‹ (beide zu mhd. *gên, stên* und nicht wie weiter südlich zu mhd. *gân, stân,* die dann in diesem Gebiet zu *guh, stuh* werden). Auch durch Entrundung entstandenes langes *e* kann dann vor Nasal zu *i* werden, z. B. *schii / schiin* ›schön‹.

2.7. Palatalisierung und Rundung

Als Abgrenzung zwischen Alemannisch und Schwäbisch hatten wir schon in Karte 1 die *Haus-Huus* bzw. *Weib-Wiib-Linie* betrachtet. Nun ist aber noch festzustellen, dass man nicht in ganz Südbaden *Huus* ›Haus‹ sagt, sondern es gibt auch Gegenden, wo man *Hüüs* zu hören bekommt. Fachleute sprechen in diesem Fall von „Palatalisierung".

Dies gilt, wie man auf Karte 6 sehen kann, für die südwestliche Ortenau, das Gebiet um Emmendingen, Freiamt und den Kaiserstuhl und dann noch in einem kleinen Gebiet um Müllheim. Diese Gebiete gehen hier mit dem Elsass, in dem diese *üü*-Formen, wie z. B. *Müüs* ›Maus‹, *füül* ›faul‹, *schnüüfe* ›schnaufen‹, *Füscht* ›Faust‹ usw. weit verbreitet sind.

In fast dem gleichen Gebiet, in dem man *Hüüs* spricht, nämlich im Hanauerland, der südwestlichen Ortenau, dem Kaiserstuhl, dem unteren Elztal und in Freiamt gilt eine weitere Besonderheit: hier werden Wörter, die auf mittelhochdeutsch *ou* zurückgehen, wie z. B. *kaufen, Frau, rauchen* wie *kaüfe, Fraü* oder *röuche* ausgesprochen. In der Baar, im Hegau und am Bodensee hört man dagegen *koufe, Frou, rouche.*

Auch wenn man in den eben genannten Gebieten und Wörtern ein *ö* oder *ü* zu hören bekommt, so werden aber in Wörtern, die in der hochdeutschen Standardsprache ein *ö* bzw. *ü* aufweisen, diese *ö* und *ü*

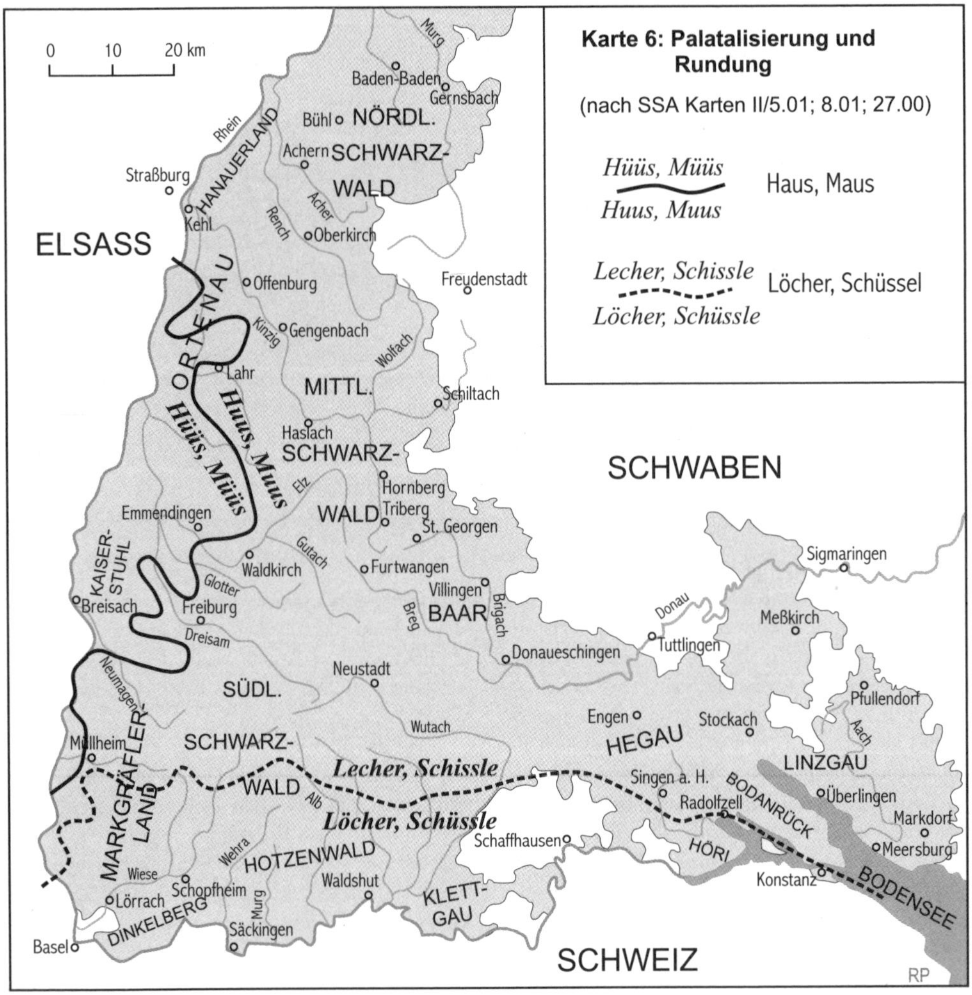

Karte 6: Palatalisierung und Rundung

(nach SSA Karten II/5.01; 8.01; 27.00)

in der Regel zu *e / ä* bzw. *i* „entrundet". Es ist nämlich so, dass in dem größten Teil unseres Gebietes die Vokale *ö* und *ü* nicht mit gerundeten Lippen gesprochen werden, sondern mit gespreizten Lippen, so dass sie sich dann wie *e* bzw. *i* anhören, also *Lecher* ›Löcher‹, *Schissle* ›Schüsseln‹ usw.

Nur in einem südlichen Streifen, der sich, wie man auf Karte 6 sehen kann, vom oberen Markgräflerland bis zum Bodensee hinzieht, werden diese Rundungsvokale gesprochen. Hier ist es sogar so, dass „normale" *e / ä* bzw. *i* zu *ö* oder *ü* gerundet werden können: *Öpfel* ›Äpfel‹, *öppes* ›etwas‹, *Schwöschter* ›Schwester‹, *nüt* ›nichts‹, *du nümmsch* ›du nimmst‹ usw.

2.8. Verkleinerungsformen

Charakteristische Unterschiede finden sich auch bei Lautungen im Bereich der Formenlehre. So können bei der Verkleinerungsform (Diminutiv) zwei Hauptgebiete unterschieden werden: Der größere südliche Teil bildet, wie Karte 7 zeigt, den Diminutiv auf *-li*, also z. B. *Schäfli, Männli, Fässli, Rädli* ›Schäflein, Männlein, Fässlein, Rädlein‹, während im nördlichen Teil und in Teilen, die an Schwaben angrenzen, der Diminutiv auf *-(e)l* bzw. *-le* gebildet wird: *Schäf(e)l / Schäfle, Männ(e)l / Männle, Fäss(e)l / Fässle, Räd(e)l / Rädle.* Besonderheiten liegen vor, wenn der Wortstamm auf *-en* oder *-el* ausgeht. Dann

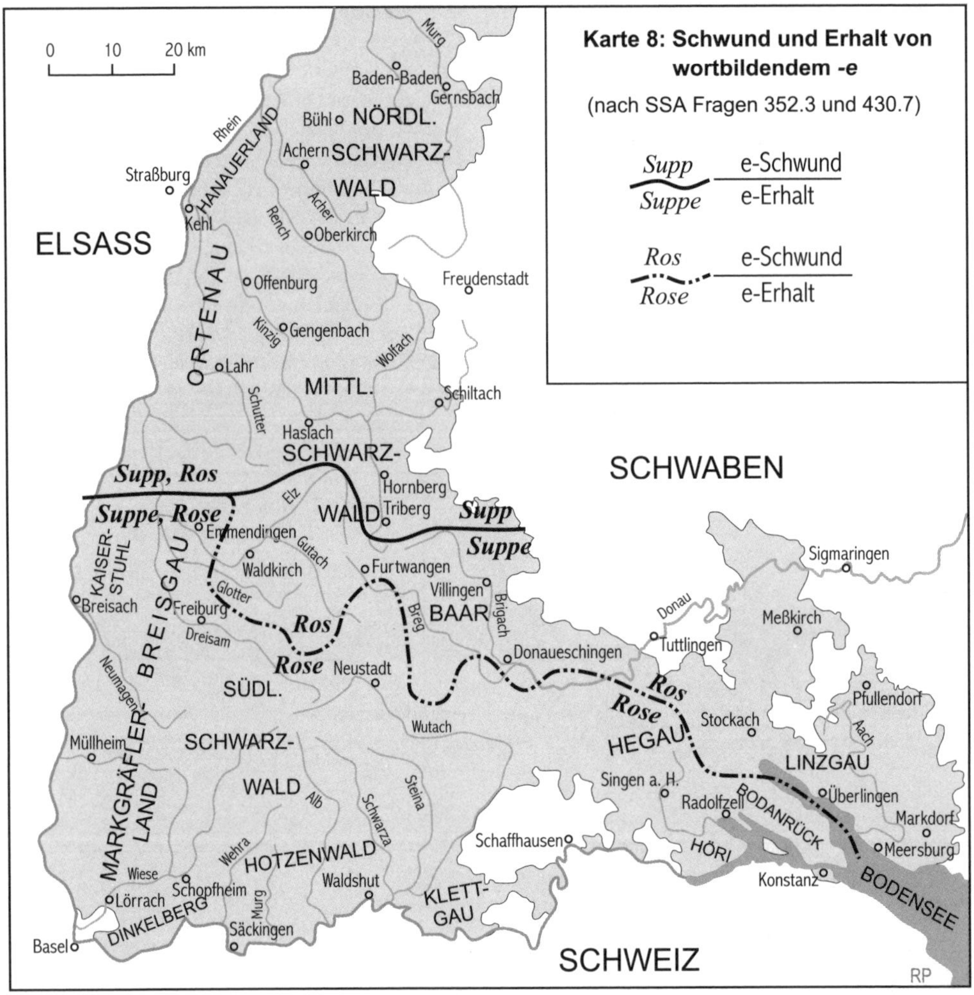

Karte 8: Schwund und Erhalt von wortbildendem -e
(nach SSA Fragen 352.3 und 430.7)

Supp e-Schwund
Suppe e-Erhalt

Ros e-Schwund
Rose e-Erhalt

wird der Diminutiv mit *-ele* im nördlichen und an Schwaben grenzenden Gebiet gebildet, sonst mit *-eli* und in Teilen des Breisgaus, im Markgräflerland und am Dinkelberg mit *-ili*.

Am Beispiel von *Wagen* lauteten dann die Formen *Wägele, Wägeli, Wägili*. In der heutigen Mundart ist zu beobachten, dass die *-li*-Formen von den nördlicheren und südöstlichen *-le-, -el*-Formen zurückgedrängt werden. Ein typisches Beispiel ist Freiburg, das heute immer als *Bächle-Stadt* apostrophiert wird, wo es doch dort eigentlich *Bächli* heißen müsste. Es findet hier also, wie auch im Bodenseeraum, eine schleichende „Schwabisierung“ statt.

Besonders interessant beim Diminutiv ist es, dass man am Bodensee, wie auch in Nordbaden eine eigene Form des Diminutiv Plural kennt. Die Endung lautet dann *-lin*. Man sagt also hier *s Fässli, Rädli, Wägeli* ›das Fässlein, Rädlein, Wäglein‹ aber *d Fässlin, Rädlin, Wägelin* ›die Fässlein, Rädlein, Wäglein‹. Dies ist eine grammatische Besonderheit, die nicht in der Hochsprache vorkommt.

2.9. Unterschiede bei Endungen in der Wortbildung

Betrachtet man Wortbildungsendungen in unserem Gebiet, so stellt man auch hier auffällige Unterschiede fest, zum Beispiel bei femininen *-el* Wortbildungen in Wörtern wie *Nadel, Gabel, Schüssel,*

Sichel. Denn da hat das südwestliche Gebiet, wie in Karte 7 am Beispiel der *Nodel-Nodle*-Linie zu sehen ist, Formen, die ein Sprecher aus dem nördlichen Gebiet leicht für Mehrzahlformen halten könnte: *Nodle, Gable, Schissle / Schüssle, Sichle.* Dies sind aber alles Einzahl-Formen, die hier jedoch mit den Mehrzahl-Formen zusammenfallen, z. B. *e Nodle - vieli Nodle.* Sprachgeschichtlich lassen sich diese südlichen Formen mit mittelhochdeutschen Entsprechungen verbinden: mhd. *nâdele, gabele, schüzzele.* Auch bei Feminina auf *-er* wie *Ader, Feder, Kammer, Leber* u. a. fallen in diesem südwestlichen Gebiet Einzahl und Mehrzahl zusammen: *Odere, Fädere / Feddere, Kammere / Chammere, Läbere / Läbbere.* Auch hier verweisen diese Formen auf mhd. Vorbilder: *vëdere, kamere, lëbere.*

Bei femininen Substantiven, die auf *-e* auslauten gibt es ebenfalls Unterschiede, die darin bestehen, dass im Südwesten das *-e* erhalten, im Norden dagegen geschwunden ist. Karte 8 zeigt an den Beispielen *Suppe* und *Rose,* dass die grundsätzliche Verbreitung, nämlich die einer Nord-Süd-Teilung, in beiden Fällen zwar überein stimmt, dass aber besonders im Südosten eine ziemliche Auffächerung der Linien zu beobachten ist. Betrachtet man weitere Fälle wie *Nase, Birne, Sonne, Straße* usw., so wird man ein ähnliches Verbreitungsbild feststellen.

3. Aufbau des Wörterbuchs und der Wortartikel

3.1. Quellen

Der Wortschatz Badens wird schon seit Ende des 19. Jahrhunderts für das „Badische Wörterbuch" gesammelt. Dieses Wörterbuch gehört zu den sogenannten „großlandschaftlichen Dialektwörterbüchern", die es für alle deutschsprachigen Gebiete gibt. So existieren um Baden herum das Elsässische, Pfälzische, Südhessische, Ostfränkische, Schwäbische und Schweizerdeutsche Wörterbuch.

Für das Badische Wörterbuch wurden bisher ungefähr 2 Millionen Wortbelege gesammelt, auf deren Basis in einer Arbeitsstelle am Deutschen Seminar der Universität Freiburg das gedruckte Wörterbuch erstellt wird. Die Belege für dieses Wörterbuch stammen aus Fragebogenumfragen, direkten Erhebungen, Auswertungen von wissenschaftlicher Literatur zu badischen Ortsdialekten, aus Ortswörterbüchern, aus der Mundartliteratur usw. Bisher sind von diesem Wörterbuch vier dicke Bände mit insgesamt über 6000 engbedruckten Spalten erschienen. Sie erfassen die Wortstrecke von *A–Schw,* mit Einschluss von *P, T* und *V,* die bei *B, P* und *F* berücksichtigt worden sind. Der fünfte Band von *Se–Z* wird in den nächsten Jahren fertig gestellt. Die Belege für dieses Wörterbuch, seien sie nun schon gedruckt oder noch in Zettelform im Wörterbucharchiv, stellen die Basis für das vorliegende Wörterbuch dar.

Zusätzlich konnte, besonders bei den Karten, auf die Sammlungen zum Südwestdeutschen Sprachatlas (SSA) und auf schon erschienene Karten dieses Sprachatlasses zurückgegriffen werden. Dieser Atlas wurde im Arbeitsbereich für geschichtliche Landeskunde an der Universität Freiburg erarbeitet. Insgesamt sind zehn Lieferungen dieses Atlasses im Verlag Elwert in Marburg erschienen, die 500 Karten zur Lautung, Formenlehre und zur Wortgeographie enthalten. In der Regel sind also alle im vorliegenden Wörterbuch gebrachten Belege dem Badischen Wörterbuch oder den Sammlungen zum SSA entnommen. Wer sich daher über das hier gebotene Material hinaus mit den Mundarten in unserem Gebiet auseinandersetzten will, sollte auf diese Werke zugreifen.

Zur Veranschaulichung des Wortgebrauchs wurden zu den Wortartikeln häufig Beispielsätze, Redensarten usw. gebracht, deren Herkunft in eckigen Klammern angegeben wird. Handelt es sich innerhalb dieser Klammern um eine Ortsangabe, so ist der Beleg aus den oben genannten Sammlungen übernommen. Bei Angaben eines Namens stammt der Beleg aus einem gedruckten Werk, wobei dabei nur eine repräsentative Auswahl berücksichtigt wurde, vor allem aus den „Alemannischen Gedichten" Johann Peter Hebels in der Mundart des Wiesentals, den „Wosches"-Büchern von Bruno Epple aus der Bodenseegegend, dem Werk „Die Uhrenmacher im Schwefeldobel" von Oskar Furtwängler aus der Gegend von Furtwangen oder dem Werk „Stechpalmen" von August Ganther aus dem Renchtal. Weitere Quellenangaben finden sich im Verzeichnis der Quellen und der Literatur. Bei der Übernahme von Belegen aus der Mundartliteratur wurde in der Regel die Originalschreibweise beibehalten. Dies ist besonders auffällig bei der etwas exotisch wirkenden Schreibweise von O. Furtwängler (mit Zeichen wie *î, â, ë, æ* usw.) und bei J. P. Hebel, der konsequent *st* schreibt, auch wenn *scht* gesprochen wird (z. B. *Burst = Burscht, Samstig = Samschtig* u. ä.).

3.2. Auswahl der Wörter

Das vorliegende Wörterbuch will besonders die mundartlichen Eigenheiten Südbadens dokumentieren und dem Leser nahebringen. Aus diesem Grunde werden bevorzugt Wörter aufgenommen, die sich von der neuhochdeutschen Standardsprache abheben. Dies sind besonders Wörter, die überhaupt nicht in der Standardsprache vorkommen oder die sich in Lautung, Bedeutung, Genus oder Bildungsweise beträchtlich von ihr unterscheiden. Auch Wörter, die sich weitgehend mit der Standardsprache decken, werden aufgenommen. Denn die meisten von ihnen zeigen doch meist typisch alemannische Lautungen, sie unterscheiden sich oft in der Bedeutung und sind andererseits so häufig gebraucht, dass sie auch in vielen Redensarten belegt sind.

Dennoch können nicht alle Wörter aufgenommen werden, die den oben genannten Kriterien entsprechen. Gerade im Bereich der Zusammensetzungen wird hier Zurückhaltung geübt, denn viele Zusammensetzungen verstehen sich von selbst. Auch Wörter, die relativ jung und aus der Standardsprache übernommen sind, werden in der Regel nicht aufgenommen. Ich glaube kaum, dass jemand in einem alemannischen Wörterbuch Einträge wie *Tankstelle, Lohnsteuererklärung* oder *Laserdrucker* vermisst. Dagegen wurden viele alte Wörter aufgenommen, die heute kaum noch im Sprachgebrauch angetroffen werden. Dies vor allem, um dem Benutzer, der in der älteren Mundartliteratur auf solche Wörter stößt, weiter zu helfen. Vollständigkeit ist also nicht in jedem Fall angestrebt, dies schon aus Platzgründen, denn was dabei herauskäme, zeigt das „Badische Wörterbuch“, das einmal fünf dicke Bände füllen wird. Wer es also ganz genau wissen will, sollte in den bisher erschienenen Bänden dieses Wörterbuchs nachschlagen.

Stärker als im Wörterbuch von Hubert Baum soll in diesem Wörterbuch die Mundart selbst zu Wort kommen, d. h., es sollen mehr anschauliche Beispielsätze, Redensarten und Erklärungen angebracht werden, so dass man auch mit Wissensgewinn und Vergnügen in diesem Wörterbuch lesen kann. Ziel ist unter anderem, dem alemannisch Sprechenden eine Möglichkeit zur Vergewisserung seines Wortschatzes zu bieten und ihm die Vielfalt und Fülle seiner alemannischen Sprache zu erschließen. Der hierher Zugezogene aber soll angeregt werden, sich mit Besonderheiten der Sprache dieser Region vertraut zu machen, oder es soll ihm ermöglicht werden, unbekannte Wörter nachzuschlagen.

3.3. Stichwort und Schreibweise

Das hier vorliegende Wörterbuch ist streng alphabetisch nach den Stichwörtern sortiert aufgebaut. Das Stichwort, das am Anfang eines jeden Wortartikels steht, ist mundartlich gehalten. Da jedoch, wie schon in dem Abschnitt 2. gezeigt wurde, die Mundarten in unserem Gebiet lautgesetzliche Unterschiede aufweisen, kann nicht jede Mundartform als eigenes Stichwort angesetzt werden. Zur Verdeutlichung: Die zu neuhochdeutsch *Kübel* entsprechenden Mundartformen müssten dann unter je eigenen Stichwörtern wie *Kiwwel, Kiiwel, Kibbel, Chibbel, Chübel, Chübbel* u. a. gebracht werden. Bei Entsprechungen zu *Ameise, Eidechse, gehen, nehmen* u. a. müssten wegen der vielen Varianten jeweils Dutzende von Stichwörtern angesetzt werden.

Aus diesem Grund wird versucht, das Stichwort in einer alemannischen „Normalform“ anzusetzen. Dies ist keine konstruierte Form eines Wortes, sondern eine tatsächlich gesprochene Variante, die möglichst in einem größeren, womöglich innerhalb unseres Geltungsbereichs zentral gelegenen Gebiet vorherrscht und die von der Standardsprache her am leichtesten verständlich ist. So wird bei der *k-ch*-Varianz der *k*-Form der Vorzug gegeben, also *Kind, Kuchi, Kaib* und nicht *Chind, Chuchi, Chaib*, bei der *b-w*-Varianz den *b*-Formen, also *schribe, obe* und nicht *schriwe, owe* usw. Wörter, die in der Mundart im Anlaut Lenisformen zeigen (also *b, d, g*), in der Schriftsprache aber mit *p, t, k* bzw. *P, T, K* geschrieben werden, werden hier, der leichteren Erkennbarkeit halber, auch mit schriftsprachlichem Anlaut angesetzt. Also *Pelz* (nicht *Belz*), *pressiere* (nicht *bressiere*), *Tag* (nicht *Dag*), *tanze* (nicht *danze*), *Kritz* ›Kreuz‹ (nicht *Gritz*) usw. Auch bei den übrigen in Abschnitt 2. dargestellten Fällen wird vergleichbar verfahren, d. h. es wird eine relativ zentrale Variante im Stichwortansatz berücksichtigt.

Diese hier gewählte Stichwortform entspricht also ***nicht*** in jeder Beziehung dem Alemannischen, wie es in den Gedichten Johann Peter Hebels aufscheint. Dieses „Hebel-Alemannische“ stellt ja nur eine relativ kleinräumige, südlich gelegene Variante des Alemannischen dar, wird aber von vielen als das Alemannische schlechthin verabsolutiert, was aber dem Reichtum und der Vielfalt des alemannischen Sprachraums nicht gerecht würde. Denn natürlich ist das, was man im Schwarzwald, in der Ortenau, der Baar, im Elztal, am Kaiserstuhl oder im Hegau spricht, ebenfalls „richtiges" Alemannisch. Die wichtigsten Unterschiede des hier gewählten Stichwortansatzes zu Hebel sind vor allem die regelmäßige *k*-Schreibung (Hebel: *ch*; s. oben) und die sogenannte Entrundung, d. h. *ö, ü, äu/eu* werden als *e, i* und *ai/ei* realisiert. Rundungsformen bei Hebel wie *göhn, ölf, Öpfel, dört, nüt, rüeft, wüsse, Mühli, Bäum, Freud, neu* werden hier als *gehn, elf, Äpfel, dert, nit, riäft, wisse, Mihli, Baim, Freid, nei* geschrieben. Kommt dagegen ein Wort ausschließlich im Hebel-Alemannischen vor, so wird es auch in dieser Form angesetzt.

Auch wenn es zu einem Stichwort zahlreiche Lautvarianten gibt, die in der Regel nach dem Stichwort aufgeführt werden, so kann der Leser anhand der oben gebotenen Karten die jeweiligen geographischen Geltungsbereiche erschließen. Dies soll an einem Beispiel vorgeführt werden: Die mundartlichen Lautformen für das Wort *Taube* zeigen in unserem Gebiet etwa 12 Varianten, die dadurch entstehen, dass in diesem Wort lautgesetzliche Erscheinungen zu beobachten sind, die bei uns unterschiedliche Gebiete erfassen. So gibt es etwa eine Teilung unseres Gebietes, je nachdem ob das *-e* am Wortende schwindet oder erhalten bleibt (Typen *Dub – Dube*). Die Gebiete entsprechen etwa den in Karte 8 dargestellten Varianten *Ros – Rose.* Eine weitere Aufteilung ergibt sich durch den in Karte 3 dargestellten Wechsel *b > w,* der Typen wie *Dube – Duwe* scheidet. Drittens ist die Lenis-Fortis-Artikulation im Anlaut zu beachten. Wie Karte 4 zeigt, hat besonders der Südosten die Fortis-Artikulation, die hier den Typ *Tube* gegenüber dem Lenis Typ *Dube* im übrigen Gebiet hervorbringt. Und zuletzt ist der unterschiedliche Stammvokalismus noch zu beachten: nach Karte 6 gibt es ein Palatalisierungsgebiet mit den Typen *Düb, Düwe,* und wenn man noch die schwäbisch geprägten badischen Gebiete um Schiltach-Schenkenzell und dann zwischen Stockach-Meßkirch und Pfullendorf hinzunimmt, kommen noch Typen wie *Doub, Toub* hinzu.

Wenn, wie oben dargestellt, für das Stichwort eine „Normalform" gewählt wurde, so fallen die übrigen Varianten aber nicht unter den Tisch. Sie werden im Wortartikel als Varianten genannt und gegebenenfalls in ihrer räumlichen Geltung umrissen. Bei besonders schwierigen Fällen werden Verweise gesetzt, z. B. **Hegeis** → »Eidechse«. Bei formal naheliegenden und inhaltsgleichen Wörtern kann auch ein Mehrfachansatz gewählt werden, z. B.: **nachtele, nächtele** ›dämmern‹.

Das Stichwort wie auch die Mundartbelege in den Wortartikeln werden in einer Schreibweise dargeboten, die einen Kompromiss darstellt zwischen leichter Lesbarkeit für den Laien einerseits und andererseits einer möglichst korrekten phonetischen Abbildung der Mundart. Grundlegendes Prinzip ist, dass die Schreibung so nahe wie möglich an der standardsprachlichen Schreibweise bleiben soll und erst dann zu ändern ist, wenn jemand, der die Mundart nicht kennt, durch die Schreibweise zu einer falschen Aussprache verleitet würde. Es ist also nicht nötig *Schbegg, Firdeli, Grobbf, dringge* zu schreiben, weil die Schreibungen *Speck, Vierteli, Kropf, trinke* wohl die gleiche Aussprache provozieren, sie haben aber den Vorteil, dass die Wörter leichter verstanden werden. Eine lückenlose phonetische Genauigkeit ist für ein Wörterbuch dieses Typs ohnehin nicht zu erreichen. Hier muss derjenige, der genauere Auskünfte haben will, den Südwestdeutschen Sprachatlas und das Badische Wörterbuch zu Rate ziehen. Der leichteren Lesbarkeit halber wurde daher versucht, mit dem „normalen" Alphabet auszukommen. Lediglich folgende Sonderzeichen wurden von mir zusätzlich verwendet: Wie in Abschnitt 2.6. dargestellt, wird das Zeichen *ą* für den überoffenen, an das *a* heranreichenden Laut entlang des Rheins, in der Nachbarschaft des Elsässischen verwendet und für das offene *o* wurde das Zeichen *ò* verwendet, besonders, wenn es lang *òò* gesprochen wird. Außerdem wird im Stichwort das diphthongierte *ie* mit *ië* bezeichnet, während es im Lautkopf und in den Beispielsätzen mit *iä* geschrieben wird.

3.4. Aufbau der Wortartikel

Jeder Wortartikel wird durch das halbfett gedruckte Stichwort eingeleitet. Besteht das Stichwort aus einer Zusammensetzung, so werden, der besseren Verständlichkeit wegen, Wortbestandteile durch einen Bindestrich voneinander abgegrenzt, z. B.: **Dribord, a-bläke, u-schierig, us-liäche**. Danach folgen abgekürzt grammatische Angaben, in der Regel die Wortart, und bei Verben, ob es sich um ein sogenanntes starkes oder schwaches Verb handelt. Bisweilen kann ein Wort in unserem Gebiet in grammatischer Hinsicht unterschiedlich repräsentiert sein. So kann es verschiedne Genera haben oder als starkes oder schwaches Verb vorkommen. Sind beide Varianten gut bezeugt, so werden sie, durch Komma getrennt, nebeneinander gestellt (z. B. st., schw.). Ist eine Variante jedoch nur selten bezeugt, so wird sie in Klammern gesetzt (z. B. m. (f.)). Die Auflösungen der Abkürzungen dieser grammatischen Angaben finden sich im Abkürzungsverzeichnis. Als nächstes folgt obligatorisch die Angabe der Bedeutung, die in einfache spitze Anführungszeichen gesetzt wird. Hat ein Wort mehrere, klar voneinander abgrenzbare Bedeutungen, so werden sie mit arabischen Zahlen aufgegliedert. Statt einer Bedeutungsangabe kann auch ein Verweis auf ein in der Nähe liegendes, gleichbedeutendes Stichwort erfolgen, z. B. **Nachthusche** f.: dass. wie → »Nachtdatsch«.

Gibt es zu einem Stichwort mehrere Lautvarianten, so werden diese nach der Wortartenangabe in Kursivschrift aufgezählt, gegebenenfalls mit Verbreitungs- und Quellenangaben. Die Verbreitung wird durch Raumangaben (z. B. Kaiserstuhl, südlicher Schwarzwald, Hegau), wie sie in den Karten 1 bis 8 zu finden sind, oder auch durch Nennungen von Ortsnamen erklärt. Bei den Ortsnamen ist in der Regel der zweite Teil abgekürzt, vor allem wenn es sich um *-heim, -weiler, -ingen, -hausen* usw. handelt (vgl. die Übersicht im Abkürzungsverzeichnis). Bei lautgesetzlicher Varianz nach Abschnitt 2. wird die Verbreitung nicht noch einmal eigens angegeben, hier werden nur die Varianten kommentarlos nebeneinander aufgezählt, z. B. *Wątter, Wetter, Wäetter*.

Sind keine besonderen Quellen genannt, so sind alle Angaben dem Badischen Wörterbuch bzw. dem Badischen Wörterbucharchiv entnommen. Bisweilen wird der Grad der Verbreitung in Angaben wie verbr. (verbreitet), mancherorts oder vereinz. (vereinzelt) präzisiert. Gibt es zu einem Wort keine weiteren Verbreitungsangaben und keine Varianten, so kann allgemeine Geltung unterstellt werden. Die Nennung der Lautvarianten kann in besonderen Fällen durch weitere Angaben ergänzt werden, etwa zum Plural, zum Diminutiv oder zur Partizipbildung.

Wenn möglich, werden zu den jeweiligen Bedeutungen Beispielsätze oder feste Wendungen geboten. In der Regel wird dazu in eckigen Klammern angegeben, aus welchem Ort oder aus welcher Quelle das Beispiel stammt. Ist der Beleg einer schriftlichen Quelle entnommen, so wird nur der Name des Autors, nicht aber das Werk mit Seitenanzahl angegeben. Meist handelt es sich um Belege von Johann Peter Hebel, August Ganther, Oskar Furtwängler, Gerhard Jung, Bruno Epple, Karl Kurrus, Hubert Baum usw. Bei solchen Zitaten wird in der Regel die Originalschreibung der Quelle beibehalten. Nach dem Belegteil können Verweise zu formal ähnlichen oder gleichbedeutenden anderen Wörtern (Synonymen) folgen. Gerade wenn ein Begriff in unserem Gebiet mehrere Bezeichnungen aufweist, wird oft ein „Synonymennest" aufgemacht, das mit Syn.: eingeleitet wird. Verweise auf dieses „Nest" erfolgen dann (z. B. bei den Bezeichnungen für den Löwenzahn) mit – Syn. → »Seichblueme«.

Am Abschluss eines Wortartikels können Angaben zur Etymologie oder zur Wortgeschichte oder sonstige Hinweise stehen, dies aber fast nur in den Fällen, in denen mundartspezifische Besonderheiten vorliegen. In solchen Fällen wird meist nur eine althochdeutsche (ahd.) oder mittelhochdeutsche (mhd.) Entsprechung angegeben, oder bei fremdsprachlicher Herkunft die Abgabesprache und das entsprechende Wort. Entspricht das historisch belegte bzw. fremdsprachliche Wort in seiner Bedeutung weitgehend unserem Mundartwort, so wird keine weitere Bedeutungserläuterung angegeben, z. B. bei **räss** ›scharf, stark gesalzen‹ – Mhd. *ræze* oder bei **alert** ›lebhaft, munter‹ – Frz. *alerte.*

3.5. Die Karten im Wörterbuchteil

Innerhalb des Wörterbuchs finden sich kleine Karten, die auf einen Blick die Verbreitung verschiedener Lautungen eines Wortes oder die unterschiedliche Wortgeographie erschließen sollen. Sie basieren meist auf der Auswertung von Fragebögen, seltener auf schon publizierten Karten (insgesamt 500 Karten) des Südwestdeutschen Sprachatlasses (SSA). Für diesen Atlas hat man vorwiegend in den Jahren 1975–1984 (anfangs der 90er Jahre noch einige Nacherhebungen) in insgesamt 579 Orten Badens und Württembergs eine Befragung mit 2080 Fragen pro Ort direkt erhoben. Das heißt, in Sitzungen von jeweils mehreren Tagen an einem Ort haben geschulte Exploratorinnen und Exploratoren ortsansässige und mundartfeste Gewährsleute befragt. Diese Befragung bestand darin, dass die Gewährsleute einerseits bestimmte Sätze in die jeweilige Ortsmundart übertragen sollten, z. B. einen Satz wie „Komm herunter, es ist jemand da". Auch wurden einzelne Wörter angegeben, die in mundartliche Form zu bringen waren, z. B.: „Pfingsten“, „Seife“, „kaufen“ usw. Ein dritter Fragentyp umschrieb die Sache oder den Sachverhalt, und es musste die dafür übliche Mundartbezeichnung angegeben werden, z. B.: „Hakenartiges Instrument, um das Heu aus dem Heustock zu rupfen“ oder „Wenn man Kaffee auf dem Tischtuch verschüttet, gibt es ...“. Die jeweiligen Antworten wurden sofort in phonetischer Umschrift in ein Fragebuch eingetragen. Später wurden diese Antworten digital codiert und können nun elektronisch ausgewertet werden. Von den über 500 Orten der Befragung wurden für dieses Wörterbuch nur die 292 badischen Orte berücksichtigt.

Begründet wurde diese Befragungsaktion von Prof. Eugen Gabriel, der auch anfangs zahlreiche Piloterhebungen durchführte. Für den hier berücksichtigten badischen Teil haben im Wesentlichen drei Personen die Aufnahmen durchgeführt. 103 Ortsaufnahmen im nördlichen und mittleren Schwarzwald, im Elztal, in der Ortenau und im nördlichen Breisgau hat Renate Schrambke erhoben. Im südlichen Breisgau und im Markgräflerland gehen 40 Ortsaufnahmen auf das Konto von Eberhard Platzek und im Rest des südlichen Badens, in zusammen 128 Orten im südlichen Schwarzwald, Hotzenwald, Klettgau, Hegau, der Baar und dem Bodenseegebiet hat Erich Seidelmann die Sprachaufnahmen durchgeführt.

Das so für den SSA erhobene Material, das in einer sehr genauen phonetischen Umschrift notiert ist, wurde für die kleinen Karten in diesem Wörterbuch erheblich vereinfacht. Das betrifft zum einen die phonetische Notation, aber auch die Vereinfachung von Varianten. Die auf der Karte gezogenen Grenzlinien zwischen zwei Mundartgebieten darf man sich in der Wirklichkeit nicht so scharf vorstellen. Es gibt Übergänge und Streubelege und dazu noch seltenere Sprachvarianten, die nicht alle auf den Karten berücksichtigt werden konnten. Die Karten bieten also meist ein etwas vereinfachtes Bild, das aber dennoch in seinen wesentlichen Zügen zuverlässig die regionalen Typen abbildet. Außerdem ist zu bemerken, dass man bei der Erhebung zum Südwestdeutschen Sprachatlas besonders die älteste Mundartschicht eines Ortes erheben wollte und daher vor allem ältere Sprecher befragt hat. Das heißt, der hier auf den Karten dokumentierte Sprachstand entspricht der Mundart vom Ende des 19. und der ersten Hälfte des 20. Jahrhunderts. Heute kann sich daher schon manches verändert haben.

Abkürzungen

Abkürzungen bei Ortsnamen

N. = Nieder...
O. = Ober...
U. = Unter...

-b. = -bach
-bg = -berg
-d. = -dorf
-gn = -ingen
-hfn = -hofen
-hm = -heim
-hsn = -hausen
-stet. = -stetten
-w. = -weier
-wlr = -weiler

Allgemeine Abkürzungen

Abl. = Ableitung
Adj. = Adjektiv, Eigenschaftswort
Adv. = Adverb, Umstandswort
ahd. = althochdeutsch (750–1050)
ähnl. = ähnlich
Art. = Artikel
bes. = besonders
best. = bestimmt
Bez. = Bezeichnung(en)
Brsg. = Breisgau
dass. = dasselbe
Dim. = Diminutiv, Verkleinerungsform
eb. = ebenda
f. = feminin, weibliches grammatisches Geschlecht
Fischerspr. = Fischersprache
FlN = Flurname
frz. = französisch
Gen. = Genus, grammatisches Geschlecht
Ggs. = Gegensatz
hebr. = hebräisch
Hotzw. = Hotzenwald
Ind. = Indikativ
Inf. = Infinitiv, Nennform
Interj. = Interjektion, Ausruf
ital. = italienisch
jidd. = jiddisch
Kaiserst. = Kaiserstuhl
Kinderspr. = Kindersprache
Konj. = Konjunktion, Bindewort
lat. = lateinisch
m. = masculin, männliches grammatisches Geschlecht
männl. = männlich
Markgr. = Markgräflerland
mhd. = mittelhochdeutsch (1050–1350)
mittl. = mittlere(r)
n. = neutrum, sächliches grammatisches Geschlecht
ob. = ober(er / e / es)
ON = Ortsname
östl. = östlich(er)
nhd. = neuhochdeutsch
nördl. = nördlich(er)
Num. = Numerale, Zahlwort
Part. = Partizip, Mittelwort
Perf. = Perfekt, vollendete Vergangenheit
Pers. = grammatische Person
Pl. = Plural, Mehrzahl
PN = Personenname
Präp. = Präposition
Präs. = Präsens, Gegenwart
Pron. = Pronomen, Fürwort
Ra. = Redensart
s. = sieh!
S-Baden = Süd-Baden
scherzh. = scherzhaft
schw. = schwaches Verb, Zeitwort
Schwarzw. = Schwarzwald
Sg. = Singular, Einzahl
slaw. = slawisch
SO-Baden = Südost-Baden
Sprichw. = Sprichwort
st. = starkes Verb, Zeitwort
subst. = substantivisch
südl. = südlich(er)
Superlat. = Superlativ, 2. Steigerungsform
SW-Baden = Südwest-Baden
Syn. = Synonym(e), gleichbedeutende Wörter
u. a. = und andere / anderes

u. ä. = und ähnlich
übertr. = übertragen
Umg. = Umgebung
unbest. = unbestimmt(er / e / es)
unt. = unter(e / er / es)
usw. = und so weiter
veralt. = veraltet
Verbr. = Verbreitung
verbr. = verbreitet
vereinz. = vereinzelt
vgl. = vergleiche
VN = Vorname
weibl. = weiblich
westl. = westlich(er)
z. B. = zum Beispiel
Zs. = Zusammensetzung(en)

Abkürzungen von Quellen

Bad. Wb. = Badisches Wörterbuch. Herausgegeben mit Unterstützung des Ministeriums für Wissenschaft und Forschung Baden-Württemberg. Vorbereitet von Friedrich Kluge, Alfred Götze, Ludwig Sütterlin, Friedrich Wilhelm, Ernst Ochs. Begonnen von Ernst Ochs. Weitergeführt von Karl Friedrich Müller, Gerhard W. Baur, Rudolf Post. Bearbeitet von Tobias Streck unter Mitarbeit von Friedel Scheer-Nahor. Lahr / München 1925 ff. Bisher erschienen: Bd. 1–4, aus Bd. 5 Lieferungen 82–87 (A–Spießer).

Baum = Hubert Baum: Alemannisches Taschenwörterbuch für Südbaden. Freiburg 1. Aufl. 1972 und spätere Auflagen.

Burte = Hermann Burte: Madlee. Alemannische Gedichte. Leipzig 1923. Bisweilen auch mundartliche Wörter aus anderen Werken, z. B. dem standardsprachlichen Romanwerk.

Epple = Bruno Epple: Wosches. Vergnügliche Lektionen in alemannischer Mundart. 3 Bände. Konstanz 1980, 1981, 1983. (Mundart von Radolfzell-Wangen (Höri)).

O. Furtwängler = Oskar Furtwängler, Die Uhrenmacher im Schwefeldobel. Hg. von Ernst Ochs. Freiburg i. Br. 1924. – (Mundart von Gütenbach, Neukirch, Furtwangen.)

A. Ganther = August Ganther: Stechpalmen. Luschdigi Schwarzwaldg'schichde in nieder-alem. Mu. Freiburg i. Br. 1900. – (Im wesentlichen Mundart aus dem Renchtal.)

Glattes = Lothar Glattes: Wortbildung (durch Ableitung) im oberen Markgräflerischen. Lahr 1933. (= Vogel Greif. Arbeiten über Mundarten und Volkstum in Südwestdeutschland 5).

Glock Brsg. = Johann Philipp Glock: Breisgauer Volksspiegel. Eine Sammlung volkstümlicher Sprichwörter, Redensarten, Schwänke, Lieder und Bräuche in oberalemannischer Mundart. Ein Beitrag zur badischen Volkskunde für jedermann. Wolfenweiler 1909. Photomechanischer Nachdruck Freiburg 1988.

Hebel = Johann Peter Hebel. Alemannische Gedichte. 1. Aufl. 1803, hier zitiert nach der Ausgabe von Adolf Sütterlin. Berlin – Leipzig – Wien – Stuttgart [1911].

Opfgn = Jürgen Sutter: Opfinger Wörterbuch. Freiburg 2008.

Ottoschw. = Fritz Meier, „I woddigt awer ni(e)t, ass i soddigt ebbis g'sait hoa!". Freiämter Wörterbuch. Freiamt 1995. (Mundart von Ottoschwanden).

SSA = Südwestdeutscher Sprachatlas, herausgegeben von Hugo Steger, Eugen Gabriel, Volker Schupp. Marburg 1989 ff. Bisher 9 Lieferungen.

Schäuble = Bruno Schäuble: Wäärerdütsch. Mundart in Wehr. Gutach 2002.

E. Strube = Esther Strube: „In dere Wäsch han ich kei Hemm". Redensarten aus dem oberen Bregtal gesammelt und erläutert von E. St., eingeleitet und mit einem Glossar versehen von Friedel Scheer-Nahor. Furtwangen 2005.

Besondere Zeichen

→ = Verweis auf ein anderes Stichwort
* = erschlossene, bisher nicht belegte Form
< = entstanden aus
> = geworden zu
♦ = Marke zum leichteren Auffinden von Bedeutungen
» « = zeigt an, dass es sich um ein Stichwort handelt
› ‹ = Bedeutungsbeschreibung
[ ] = Quellenangabe (Belegort oder Autor)
( ) = kann mit oder ohne den eingeklammerten Teil vorkommen
ạ = extrem offener *e*-Laut, z. B. in *Spạck* ›Speck‹
ò = offenes *o*, z. B. in *Hòòr* ›Haar‹
iё = diphthongisch gesprochenes *i-e*, z. B. in *liёb* ›lieb‹

Wörterbuch von A bis Z

A

Viele Wörter, die in der Schriftsprache mit langem *A* beginnen, werden in unserem Gebiet mit *O* ausgesprochen. Man findet sie also dort unter O, z. B.: »Ool« ›Aal‹, »Oos« ›Aas‹, »Obe(d)« ›Abend‹ usw.

a[1] Adv.: *aa* ›an, nahe bei, entlang‹ S-Baden; *am Wald aa* ›entlang des Waldes‹.

a[2] Präfix: *a-* die Vorsilbe *An-, an-* bei Substantiven und Verben, z. B. *A-fang* ›Anfang‹, *a-luäge* ›anlugen, ansehen‹ (s. die entsprechenden Wortartikel).

a[3] Interj. → »ah«.

ä Interj.: Ausruf des Abscheus, des Ekels.

A-a n.: ›Kot‹ kindersprachl.

ä-ä Verneinung.

Aal → »Ool«.

Aale n.: *Aale, Aali, Ääli* ›Liebkosung‹ in der Kinderspr.; *gib am Baba ne Ääli!* ›liebkose den Papa, indem du deine Wange an seine schmiegst‹ [Freiamt].

Aas → »Oos«.

ab Adv.: ♦ 1) ›weggebrochen, abgeschlagen‹ *d Küechlipfanna hät a Bai ab* [U.alpfen]. ♦ 2) ›ausgeschieden‹ (im Spiel) *diä sin ab* ›die sind gefangen und dürfen nicht mehr mitspielen (z. B. beim → »Fangis«)‹. ♦ 3) ›verrückt‹ *si tüen wie ab* ›sie sind ganz außer sich‹; *abem Seil sii* ›völlig ausgelassen sein‹. ♦ 4) ›nach‹ *s gang ab den ölfen* ›es sei nach 11 Uhr‹ [Hebel].

a-ba Interj.: Ausruf der Verneinung, abschlägige Äußerung. – Frz. *ah bah!*

A-bäckle n.: ›Wangenstreicheln, -kuss‹ in der Kinderspr.

a-bäffzge schw.: ›anbellen, jemanden grob anschnauzen‹.

a-bäutsche schw.: ›anstoßen‹ vereinz. Ortenau.

ab-binde st.: ♦ 1) ›losbinden, bindend abschnüren‹ (z. B. eine Warze). ♦ 2) ›eine Fachwerkkonstruktion auf dem Zimmerplatz testweise zusammenfügen‹.

ab-blatte schw.: ›Blätter an Futterrüben, Tabak, Kohl abbrechen‹ (zur Futtergewinnung).

ab-boße schw.: ›Getreidegarben oberflächlich abdreschen‹ (veraltet). – Grundw. zu mhd. *bôzen* ›schlagen, klopfen‹.

abe, abi Adv.: *aabe, abbe, aabi, abbi, aawe, awwi, abber* verbr. südl. einer Linie Munzingen, Zarten, Urach, Villingen (Verbr. s. Karte → »abe«), nördlich: »na[1], nab, raa, rab«. ♦ ›nach unten, herab, hinab‹ (ein Lieblingswort Hebels) *Pack di vom Ofen abe!* ›schaff dich vom Ofen herunter!‹ [Hebel]. *Di soll der Dunder un's Wetter in Erdsboden abe verschlage!* [Hebel]. Folgt ein Wort, das mit Vokal anlautet, so tritt häufig ein *n* dazwischen: *un 's regnet aben in d' Stube* [Hebel]. – Entstanden aus *ab-hin.* – Vgl. »ebi«.

abe-gumpe schw: ›hinabspringen, herunterhüpfen‹ Brsg., Markgr., Hotzw. – Vgl. »gumpe 1«.

abe-keie schw.: *abekaie, abikaie* ›hinab-, hinunterfallen, -werfen‹. – Vgl. »keie«.

abe-lampe, -lampele schw.: ›herunterhängen‹. *Lass doch di Strimpf nit ällewil abilampele!*

abe-länge schw.: ›hinunterreichen, herunterholen‹.

a-bemmre schw.: ›anschlagen, dagegenstoßen‹.

Abend → »Obe(d)«.

aber[1] Konj.: *awwer, abber,* manchmal, besonders in betonter, hervorgehobener Stellung auch lang: *awer, aber,* z. B.: *awer naaj!* erstaunt, entrüstet ›So etwas!‹. Als Bindewort für Gegensatz und Einschränkung: *Sell isch deier, awwer s ischs Geld wert.* Häufig nur anknüpfend, bestätigend: *Do isch der abber grennt! Do goht s aber gäch abe!*

aber[2] Adj.: *oober, oobr, òòber* u. ä. vereinz. südl. Schwarzw., Markgr., Hotzw.; *ääber, äähr* verbr. mittl. Schwarzw., vereinz. Hegau, Bodensee; *äewer* [Schiltach]; *äwwer* [Langenschiltach, Brigach, U.kirnach]. ♦ ›entblößt, abgeerntet, schneefrei‹. – Das Wort, ahd., mhd. *âber,* ist als *aper* in die nhd. Standardsprache übernommen.

Aber-wille m.: ›Ekel, Widerwille‹. *I ho de Abrwille gäesse a däem.*

Aber-zein n.: *Abrzui* Bodensee; *Awwerzoon* [Oberw. (Rast.)]. ♦ ›Wasserschoss, Geiztrieb am Rebstock‹. – Vgl. »Gitze, Wasserschoss, Zein«.

Ab-fäll Pl.: ›Prügel‹ vereinz.

ab-feime schw.: *abfaime* Kenzgn ›Most ablassen‹.

ab-fuggere schw.: ›abhandeln, im Handel abschwatzen‹.

ab-gaschtig Adj.: ›unfreundlich, ungeschlacht‹.

ab-gendig Adj.: ›entbehrlich‹ Markgr. – Wörtl. *ab-gehendig.*

ab-glumse schw.: ›glimmend erlöschen‹.

Ab-gu m.: ›Abscheu‹. – Vgl. »Gu«.

ab-läg Adj.: ›hangabwärts gehend, geneigt, schräg‹.

a-bläje schw.: *abläje* [Schonach], *ablaie* [Schiltach]. ♦ ›jemanden unfreundlich ansehen‹.

a-bläke schw.: ›jemanden anschreien, anschnauzen‹.

a-blasse schw.: ›an Waldbäumen mit der Axt ein Stück Rinde abschlagen (dass eine Blässe entsteht), um sie zum Fällen anzuzeichnen‹ [U.baldgn].

Abletze ›veraltete Jochdeichselbindung‹ → »Umbletze«.

Ab-rechete f.: ›das vom Wagen Abgerechte‹.

a-brenne schw.: ›anzünden, anbrennen (lassen)‹; Ra.: *wie abrennt laufe* ›sehr schnell laufen‹.

a-bringe schw.: ♦ 1) ›anzeigen, verpetzen‹. ♦ 2) ›anfügen‹. ♦ 3) ›an den Mann bringen‹.

ab-schaiwle schw.: ›jemanden abfertigen, fortjagen‹ [Lahr]. – Wörtl. *abschäubeln,* zu »Schaub«, also mit einem Büschel abputzen.

Ab-schreetle n.: ›Rest eines Essens, Überbleibsel‹, vereinz. und veraltet. – Das Grundwort gehört zu »schrote« ›schneiden‹.

ab-schwarte schw.: ›jemanden tüchtig verprügeln‹.

Ab-schwinge ›Abfall‹ → »Oschwinge«.

ab-sit Adv.: ›beiseite, abseits‹; *des Ding sollt mer absit loo.*

ab-spinne st.: ›zu normalem Verhalten zurückkehren‹; *Het sie bal abgspunne?* ›Ist sie wieder normal?‹ [Freiamt].

ab-suuhoore schw.: ›derb zurechtweisen‹ [Sunthsn], wörtl. *ab-sau-haaren.*

ab-täfere schw.: *abtäffere* ›abmalen, abfotografieren‹ [Weiler (Vill.)]. – Vgl. »täfere«.

a-bummre schw.: ›anstoßen, dagegenstoßen‹.

ab-verheit Adj.: ›misslungen‹ [Lörrach, Villgn]. – Vgl. »verheie«.

Ab-wiche n.: *Abwiiche* ›Durchfall‹.

Ache m.: ›Nachen‹, selten. Die Form ist durch Verschiebung der Wortgrenze aus »Nache« entstanden, *en Nache > en Ache.* Vergleichbar, nur mit Hinzutreten des vorhergehenden *n* an das nachfolgende Wort, sind Fälle wie *en Ascht > en Nascht;* vgl. hierzu Formen unter »Nidel, Nockele«.

Ächer, Ächere → »Ähri«.

achle schw.: ›(viel, rasch) essen‹, vereinz. – Aus dem Jüdischdeutschen, hebr. *achal* ›essen‹.

Achse f.: *Achs, Achse* verbr., *Ägs* mancherorts Ortenau, im Bodenseegebiet auch *Aas.* ♦ ›die Achse des Wagens‹.

Achse-stock m.: ›Holzteile um die eiserne Wagenachse‹.

Achsle f.: *Achsle, Achsel,* am Bodensee *Aasl.* ›die Achsel, Schulter des Menschen‹; Ra.: *ebbes uf die licht Achsle nää* ›etwas leicht nehmen‹; *ebbis uf die ho Aasl näe* ›etwas tragisch, als Beleidigung nehmen‹ [Mühlgn]; *uf beede Ägsle Wasser träge* ›es allen recht machen wollen‹ [Degernau].

Acht f.: *Acht, Aacht* ›das Beachten, Obacht‹; *mer hennem kai Acht gee* ›wir haben ihm keine Beachtung geschenkt‹ *sich in Aacht nemme* ›sich vorsehen‹.

achterst ›vielleicht‹ → »echt²«.
Achtig f.: ›Achtung, Respekt‹. *Gent* (gebt) *Achtig, was i bitt und sag* [Hebel].
Äcke m.: *Äcke, Acke* ›Nacken, Genick‹ mancherorts Markgr., vereinz. Wiesental; *Doch weiht's mer so frostig im Äcke* [Hebel]. – Durch Abfall des *N-* aus *Nacke(n)* entstanden.
Acker m.: *Agger, Acker,* am Südrand jedoch *Acher. Z' Acker fahre* ›pflügen‹.
Acker-salat m.: *Ackerselat, Äckerlesalat* ›Feldsalat‹ verbr. Baar, südöstl. Schwarzw., SO-Baden (Verbr. s. Karte → »Ackersalat«). – Syn. → »Ritscherli«.

Ackibas m.: ›Unterrock‹ Hegau, veraltetes Wort.
adjee, adee Interj.: *ádje* (anfangsbetont) vorherrschend im Süden; *adjé(e)* (endbetont), seltener auch *òdjé* vorherrschend im Norden; *áde* mancherorts Baar, Hegau, Bodensee, seltener auch noch *adjes, adjö.* ♦ ›Abschiedsgruß‹, wird heute von *Auf Wiedersehen* oder sogar *tschüss, tschau* abgelöst. Ra.: *Adjee Huet un scheni Gegend!* scherzhafter Abschiedsgruß [Waldkirch i. Elzt.]. – Frz. *adieu.*
a-drille schw.: *oodrille, aadrille, aadrülle* ›das elektrische Licht, einen Herd anschalten‹ vereinz. – Zum Grundw. s. → »drille«.
a-fange, ä-fange Adv.: *efánge, äfónge, afánge* ›allmählich, schließlich, endlich‹ mancherorts; *'s isch efange dunkel* [Hebel]; *'s wird afange chüel* [Hebel]; *sëler* (Fisch) *isch efange ganz zahm gsi* [O. Furtwängler]; *un me sait Gott Lob un Dank un wartet efange uf e warme Rege* [Hebel]; *s het mi äfönge blòngeret* ›ich konnte es allmählich nicht mehr erwarten‹ [Freiamt]; *I bin halt efange e alde krittlige Kerli, sitter daß i pensieniert bin* [A. Ganther]; *S Hüsli isch ëfange weng alt* [O. Furtwängler]; Ra.: *jeds isch äfönge gnue Hai hunte* ›jetzt reicht es‹ [Freiamt]. – Das Wort kann als adverbialer Inf. zu *anfangen* verstanden werden, wobei jedoch die Betonung auf der zweiten Silbe stutzig macht; daher könnte es auch eine Entlehnung aus frz. *enfin* ›schließlich, endlich‹ sein.
a-fiire schw.: ›Feuer machen‹; *wer s zerscht schmeckt, het oogfiirt* ›wer es zuerst riecht, hat das Feuer gemacht‹ sagt man, wenn sich jemand darüber beklagt, dass ein anderer einen Furz gelassen hat [Freiamt].
a-frimme schw.: *aafrimme* Baar; *aaferme* Sunthsn. ♦ ›etwas bestellen, in die Wege leiten‹.
Agerscht, Ägerscht f.: *Aagescht, Aageschde, Äägescht, Äägeschde* verbr. Südbaden bis etwa zur Kinzig (nördl. davon: »Atzel«), im Südosten auch »Gägerscht, Kägersch«, im Süden auch »Hetzle 1«. ♦ ›der schwarz-weiß gefleckte Vogel Elster‹; Volksglaube: *Wenn d Ägerschde bime Huus rätscht, no gitts Stritt* [Glock Brsg.]. – Nebenform zu mhd. *agelster.*
Agerschten-aug n.: ›Hühnerauge‹ vereinz; *Wemmi mi Ägerschteaug sticht, no bruuch i kai Parmeder* (Barometer) ›das juckende Hühnerauge zeigt den Wetterumschwung an‹ [Glock Brsg.]. – Syn. → »Hiëneraug«.
Ägidi m.: der hl. Ägidius und sein Tag (1. Sept.), in Bauernregeln: *Wenns uf Agidi regent, wurd e mänichs Mättel nit gmäit un e mänichs Äckerle nit gsäit* [Ottersw.].
Agle Pl.: *Aagle, Äägle* südl. Brsg., Markgr., vereinz. Hotzw.; *Aggle* vereinz. Klettgau, südl. Baar, Hegau. ♦ ›Ährenstacheln, Grannen (der Gerste), Tannennadeln‹. – Mhd. *agen* ›Ährenstachel, Spreu‹; urverwandt mit lat. *acus* ›spitz‹. – Vgl. »Grane«.
a-g(l)ufe schw.: ›etwas mit Stecknadeln befestigen‹. – Zu »Gufe, Glufe« ›Stecknadel‹.
ägs, ägsch Interj.: Ausruf der Schadenfreude, des Spotts, wie nhd. *ätsch.*
ägstere schw.: ›necken, foppen‹ [Emmendgn]. – Syn. → »vexiere«.
ah, aha Interj.: Ausruf des Konstatierens, des Erstaunens, der Verwunderung; *do üwwereimol goht d' Diar uf un alles macht ah, ah, ah!* [A. Ganther]; *Aha, do hockt d'r Silwerdiab* [A. Ganther].
A-hau m.: ›Brotanschnitt‹ mancherorts Hegau, Hotzw., Klettgau. – Syn. → »Aschnitt«.
a-heimele schw.: ›sich wie daheim vorkommen, anheimeln‹; *se haimelet's en a* [Hebel].
a-henke schw.: ›hängend anfügen‹. Ra.: *aim s Muul aahenke* ›freche Widerworte geben‹; *eim eb-*

bis ahenke ›jemandem Übles nachsagen‹; *e Pfanne voll ahenke* ›tüchtig die Meinung sagen‹.

Ähni m., **Ähne** f.: *Eeni* m., *Eene* f. ›Großvater, Großmutter‹ [Schiltach]. – Vgl. »Ätti«, »Näni«. – Mhd. *ene*, eine Umlautform zu mhd. *an, ane*, nhd. *Ahne*.

ähre schw.: *ähre, ächere* ›Ähren nachlesen‹. – Syn. → »ätzne«.

Ähri f.: *Ähr, Ehr, Ähre, Ähri* verbr.; *Ächer, Ächeri* [Kreis Konstanz] und [Au a. Rh.]. ♦ ›Getreideähre‹; *Ächere stupfle* ›Ähren nachlesen‹.

a-jo Interj.: *ááj00, ääjo* ›aber ja, sicher doch‹; *Ääjo, do ischs glatt gsi!* ›Donnerwetter, da war es glatt (auf der Straße)‹ [Freiamt]. – Vgl. »eijo«.

a-kehre schw.: ›bei jemandem im Vorbeikommen einen kurzen Besuch machen‹; *jeds kääremer noch bim Geddi oo* [Freiamt].

akkurat Adv.: *aggurat, aggerat* ›exakt, genau‹; *jetz lütet's akerat Betzit* ›jetzt läutet es gerade zum Beten (Angelus)‹.

a-kuche schw.: *akuuche, achuuche* ›anhauchen‹, vereinz. Südbaden; *chuuch e wenig d Schiben a* ›hauche ein wenig die Scheibe an‹ [Hebel]. – Zu »kuche«.

Akziser m.: ›Steuereinnehmer‹, veraltet.

a-lange, a-länge schw.: ›berühren, anfassen‹.

Albere f.: ›Pappel‹ [Worblgn]. – Mhd. *alber*.

alder Konj.: ›oder‹, veraltet; *briegg alder nit!* ›weine oder nicht‹ [Hebel]. – Mhd. *ald, alder*.

Ale-bock m.: *Allebock, Allaböck, Alletbock* u. ä. ›Möwe, Lachmöwe, Seeschwalbe‹, ein Wort der Bodenseegegend; *D Aleböck kräxed, s ischd en Grus* [Epple]. – Der Vogelname ist schon 1552 in der Pluralform *Albuken* belegt und ist auch in der Schweiz bekannt und gehört, nach den Angaben im Schweizerdeutschen Wörterbuch zusammen mit einem Fischnamen (Blaufelchen) zu ahd. **albuh* bzw. **alboho*, was auf die helle Farbe der jeweiligen Tiere abhebt; die Anlehnung an *Bock* dürfte sekundär sein.

Alefanz m.: ›eigensinniger, närrischer Kerl‹ vereinz., z. B. [Stockach, Radolfz., Stahrgn, Schwäblishsn].

alefänzig Adj.: ›verschlagen, eigensinnig‹ mancherorts SO-Baden; *Due doch it so alefänzig* [Epple]. – Aus italienisch *all'avanzo* ›zum Vorteil‹, also ursprünglich auf gerissene, ihren Vorteil im Auge behaltende Menschen bezogen.

a-lege schw.: *aaleege, oolege* mancherorts. ♦ 1) ›sich anziehen, ankleiden‹ verbr.; *der isch ganz wiiß aglegt gsi* ›er war ganz weiß gekleidet‹ [Ringshm]. ♦ 2) ›herrichten, planen‹, z. B. einen Garten usw. und weitere auch in der Standardsprache übliche Bed.

alemannisch Adj.: *alemannisch* (H. Burte schrieb: *alimannisch*) ›die Herkunft, die Sprache der im deutschsprachigen Südwesten lebenden Bevölkerung betreffend‹. Das Wort wurde durch J. P. Hebel bekannt, der seine 1803 erschienenen Gedichte in Mundart „Allemannische Gedichte" nannte.

alert Adj.: *alért* ›gewandt, lebhaft, munter‹ vereinz. – Frz. *alerte*.

Alet m.: ›der Fisch Döbel, Dickkopf‹, verbr. Bodensee, Rhein bis Basel. – Mhd. *alant* ›ein Fisch‹.

all, alle Pron., Adv.: es existieren im Wesentlichen vier Hauptformen: *oll, oll(e)s* mancherorts Ortenau, Brsg.; *äll, äll(e)s* Raum Schiltach, Schenkenzell, Baar; *aal, aales* Hegau, Bodenseegebiet und *all, all(e)s* im übrigen Teil Badens. ♦ 1) ›all, alle, alles‹; *Alles nu des nit!* [O.weier (Rast.)]; *Me kaa it älles wisse* [Kappel (Vill.)]. *Schlofet alli wohl!* [Hebel]. ♦ 2) ›immer‹; *Wa machscht au all so?* [Epple]; *die haut au all näbedusi* ›die schlägt immer über die Stränge, benimmt sich immer daneben‹ [Epple].

alla Interj.: *alla, alle, allo* aufmunternder Zuruf, ›vorwärts, los geht's!‹ vereinz.; *Allo, göhn mer ins Wirtshuus* [Hebel]; *alla gut* ›gut, lasst uns weitermachen‹. – Wohl aus frz. *allez, allons!*

all-ander Adv.: ›jede (jedes, jeder) zweite‹; *allander Wuche* ›jede zweite Woche‹ [Buchenbach]. – Vgl. »ander 1«.

all-bott Adv.: *allbott, ällbott, allebott, allibott* mancherorts ♦ ›immer wieder, fortwährend, jeden Augenblick‹; *ällbott kunnt er* ›andauernd kommt er angelaufen‹ [Sunthsn]. – Wörtl. *alle Gebot*. – Vgl. »alleritt«.

all-denn Konj.: ›es sei denn‹; *Ich gong jeds heim, alldenn s git noch ebis* ›Ich gehe jetzt nach Hause, es sei denn, es wird noch etwas aufgetischt‹ [Freiamt].

allein(ig) Adj.: *ellai(nig), ällai(nig), äloe(nig)* ›allein‹; sie *maine, si haigen* (hätten) *ellai mit Löffle d' Glehrsamkait gfresse* [Hebel]; *das Maideli sei gwiß in sim zwölfte Jahr emol elleinig im Wald gsi* [Hebel].

all-eins Adv.: ›gleichgültig‹; *S isch allaains eb i Geld heb oder kains* [O.weier (Rast.)].

allerhand-fir(ig) Adv., Adj.: ›allerhand, verschieden(es)‹. – Vgl. »wasfirig«.

alle-ritt Adv.: *alleritt, allritt* mancherorts Ortenau ›alle Augenblicke, immer wieder‹. – Vgl. »allbott, allhack, allpfitz«.

alle-wil → »alliwil«.

all-hack, -hatz Adv.: *allhack, allhatz, allhäck* Schwarzw., Breisgau, Hegau, Bodenseegebiet. ♦ ›bei jeder Gelegenheit, immer wieder‹; *Allbäck kunnt äbbes anders* [Epple]. – Vgl. »alleritt«.

allig Adv.: ›jeweils, wie gewöhnlich‹ mancherorts Brsg.

alli-mol Adv.: *allemool, allimool, ällimool, älmel, ammel* mancherorts. ♦ ›jedesmal, immer wieder, bisweilen, jeweils‹; *un allimol, wenn er e Stich macht, widerholt's der Butzli* [Hebel]; *sell han ich amel au gern* [Lenzk.]; *S liit om ammel grad uf de Zung* [Epple]. – Die Form *ammel* ist durch Verkürzung entstanden.

alli-wil Adv.: *alliwiil, allewiil, allwiil* ›immerfort, stets, eben‹; *Freudig isch my Weg un alliwiil schöner, wi wyter!* ›und immerfort schöner, je weiter (ich gehe)‹ [Hebel]; *ich hon allewiil s Büchweh* [Freiamt].

Allmend f.: *Almend, Almed, Almig* ›gemeinschaftlich genutztes Land‹, heute ungebräuchlich und meist nur noch in zahlreichen Flurnamen erhalten. – Mhd. *almeinde, almende* ›Gemeindetrift‹.

allmig, ammig Adv.: das Wort, aus »allweg« entstanden, ist in vielen Varianten, z. B. *al(l)mig, am(m)ig, amel, amed, amme* usw. und Verwendungsweisen gebräuchlich. ♦ ›jeweils, gewöhnlich, regelmäßig, ehemals, jedenfalls, immerhin‹ usw. Hier einige Beispiele: *Er het ammig au das gsait* ›er hat bisweilen auch das gesagt‹ [Minseln]. *s isch almig nit gsi, wie s jetz isch* ›es ist ehemals nicht so gewesen wie es jetzt ist‹ [Hebel]. – Mhd. *alwëc*, mit Wechsel *w>m*.

allo → »alla«.

all-pfitz Adv.: *allpfitz*, auch *allhennepfitz* vereinz. Baar. ♦ ›alle Augenblicke‹. – Vgl. »alleritt«.

all-weg Adv.: ›auf jede Weise, natürlich, selbstverständlich‹, meist bekräftigend gebraucht, z. B.: *we gohts? – Ho, ällweag!* [Sunthsn]; *i ha s scho allwäg probiert* ›ich habe es auf jede Weise versucht‹ [Glock Brsg.]; Ra.: *allwäg zuegau* ›chaotisch zugehen‹ [E. Strube]. – Mhd. *allewëc, alwëc.*

Almäri f.: *Allmäri* Hotzw. ›Küchenschrank, Tischkasten‹. – Mhd. *almerîe* ›Schrank, Kasten‹, dies zu mittellateinisch *almarium*, lat. *armarium.*

Almend, Almig → »Allmend«.

als[1] Adv.: ♦ 1) ›immer, gewöhnlicherweise‹; *als nab!* ›immerzu auf den Boden‹; *Am Sunntig gang i als i d Wirtschaft* [Epple]; *s goht als gradüss* ›es geht immer geradeaus‹ [Freiamt]. ♦ 2) ›fast, beinahe‹; *I glaub als, der isch verruckt.* ♦ 3) ›manchmal, früher‹; *Ich hon als gschafft bis in d Nocht nii* ›früher habe ich gewöhnlich gearbeitet bis in die Nacht hinein‹.

als[2] Konj., Adv.: *als* vereinz., häufiger dagegen: *as, ass* verbr. ♦ ›als‹ vergleichend; *In alle Näste* (Ästen, nämlich des Christbaums) *nüt als Zuckerbrot* [Hebel]. *Er isch greßer as du* [O.weier (Rast.)]. *S isch grad, as wär's erscht geschtert gsi* [Gütenb]. *Es isch, as wenn er sterbe wott* [Hebel]. *Lieber hüt, as morn* [Hebel]. *Es gruset eim, wie länger as me 's bschaut* [Hebel].

Älsele n.: ›der Maifisch, Clupea alosa‹ [Grenzach]. – Dim. zu in anderen Gegenden belegtem »Alse«.

als-gmach Adv.: ›nach und nach, allmählich‹; *d'r Herr Pfarrer het alsg'mach d' Biw'l un d'r Katechis'm z' sämmepackt un isch gange* [A. Ganther]; *Kûm* (kaum) *isch dr Heiwet* (Heuernte) *rächt um, gôtes alsgmach scho dr Ärn zu* [O. Furtwängler].

also Adv.: *also*, in der Mundart aber häufiger *äso*, abgeschwächt *ase* verbr. ♦ 1) ›so (nachdrücklich), auf diese Weise, ebenso‹, meist als folgernde, bestätigende Partikel. *Wie chascht du mi ase veletze?* [Tiengen (Waldsh.)]. ♦ 2) ›selbstverständlich, von allein‹; *S kummt nix vu ase* ›Es kommt nichts von allein‹ [O.weier (Rast)]. ♦ 3) ›noch ganz, nur in diesem Zustand‹; *ase jung* ›als ich noch jung war‹, *des honi ase raü gässe* ›das habe ich roh, wie es war, gegessen‹ [Freiamt]; *It ase dot meet i z Äschbesinge si* ›Nicht einmal tot möchte ich in Espasingen sein‹ [Epple].

alt Adj.: *alt* verbr., *aalt* Bodenseegebiet, *olt* vereinz. Ortenau, Brsg.; *alte Wii* ›alter Wein‹; *d alt Fastnacht* ›der erste Fastensonntag‹ [U.alpfen]; *As wie zwee alti Türn* (Türme) [Hebel]; *Jo wegerli, und's Hus wird alt und wüst* [Hebel]; Ra.: *ald dasch wäre n-awer id fräch* [E. Strube]; auch subst.: *Bin de n-Alde n-isch mer gued ghalde* [E. Strube].

Altane f.: *Aldán, Aldáne* vereinz. ›vorspringende Plattform an der Hausfront‹. – Mhd. *altân*, dies aus ital. *altana.*

alt-bache Adj.: *altbache, albache* ›vor längerer Zeit gebacken‹, vom Brot; *altbaches Brot.* – Wörtl. *altbacken.*

alt-badisch Adj.: verwendet für die vor 1872 gebräuchlichen Maßeinheiten (z. B. *altbadischer Morgen*) und für das badische Territorium vor Napoleon.

Älte f.: *Älde, Äldi, Eldi* vereinz. ›Lebensalter‹; *der Älde nooch* ›dem Alter nach‹ [O.weier (Rast.)]. – Mhd. *elte*, eine Bildung zu *alt.*

ältsle schw.: ›alt oder verdorben riechen oder schmecken‹ vereinz. Ortenau.

a-luege schw.: ›anschauen‹; Ra.: *ain vo der Sitte aluege* ›jemanden misstrauisch oder geringschätzig behandeln‹ [Glock Brsg.].

am ›dem‹ → »der«.

a-mache schw.: ♦ 1) ›Lust erwecken, anreizen‹; *der Apfl macht mi oo* [O.weier (Rast)]. ♦ 2) ›befestigen‹ und weitere in der Standardsprache übliche Bedeutungen.

A-mal n.: *Amool, Omool* vereinz. ›Muttermal‹. – Wörtl. *An-mal.*

Amarelle → »Ämele«.

Ambletze ›veraltete Jochdeichselbindung‹ → »Umbletze«.

Ambras m.: ›Umstände, Aufwand‹ [Rheinbisch.]. – Frz. *embarras* ›Ungelegenheit‹.

Ambucherle Pl.: ›kleine Frösche‹ [Bleibach].

Ameise f.: ein Wort, das in vielen Lautvarianten vorkommt (Verbr. s. Karte → »Ameise«). Außerdem können an einem Ort verschiedene Ameisenarten mit unterschiedlichen Wörtern bedacht werden, z. B. *Omaise* ›kleine rote Ameise‹ – *Chlammere* ›große schwarze Ameise‹. Hier die wichtigsten Formen: *Amais(e)* mancherorts im Raum Neustadt, vereinz. im übrigen Gebiet, *Amees, Emees* vereinz. Gegend um Kehl; *Amoes, Amoas, Amoos* im schwäbischen Kontaktgebiet von Schiltach über die Baar bis in den Linzgau; *Omais(e)* nördl. Schwarzw., Ortenau, Brsg., Markgr.; *Omese* Gegend von Weil a. Rh, vereinz. Brsg.; *Umais(e), Umois(e), Umoas(e)* Ostteil des mittl. Schwarzw., oberes Glottertal, vereinz. Baar; *Umbais(e)* mittl. Schwarzw., oberes Elztal und Dinkelberg; *Umboes(l)e, Umbasle* Höri, Bodanrück. ♦ ›Ameise‹. Die Variantenvielfalt ist schon in mhd. *âmeize, ambeize, ambez, ommaiz, emeize* u. ä. zu erkennen. – Syn.: »Bärameise, Klammere, Wurmeise«.

amel ›ehemals, gewöhnlich‹ → »allimol«.

Amele-beeri, Ämeli f.: *Ämili, Ömili* vereinz.; *Amel(e)beeri, -beere* mancherorts Ortenau, Brsg., Kaiserst. ♦ ›Sauerkirsche, Amarelle‹. – Mhd. *amelber.*

ämelig Adj.: *emelig, ömelig* vereinz. Hegau, Bodensee. ♦ ›süß schmeckend‹.

amend, ämend Adv.: *aménd, äménd, eménd* (mit Betonung auf 2. Silbe). ♦ ›am Ende, etwa, vielleicht‹; *Hättsch äménd grad Zit?* ›Hättest du vielleicht gerade Zeit?‹ [Freiamt]; *i kint amend närsch wäre drab* ›ich könnte am Ende deswegen närrisch werden‹ [O. Furtwängler].

amenort Adv.: *amenóord(s), anemóord, òmenord(s), änemord* u. a., mancherorts nördl. Brsg., Mittelbaden, Schwarzw. (Verbr. s. Karte → »amenort«) ♦ ›irgendwo‹. Im südlichen Sprachgebiet dafür »naime«, dort Syn. – Wörtl. *an einem Ort.*

Amerei f.: Kurzform für den weibl. VN Anna-Maria, auch *Amarei, Amei, Ameile.* – Vgl. »Annemei«.

amet → »allmig«.

Ami m.: ein Hundename, vereinz.

amig → »allmig«.

A-mi-na-Schlupferli n.: ›sich ankuschelnde Person, Schatz, Geliebte‹ vereinz. Schwarzw.; auch *A-mii-hii-Schlupferli* [Epple]. – Wörtl. *An-mich-hin(an)-Schlupferle.*

Amlet n.: ›Omelette, Eierpfannkuchen‹ verbr. – Vgl. »Pfannenbletz«. Der zerkleinerte Pfannkuchen als Gericht s. »Dummis«, »Kratzete«.

Ammele-maie m.: ›Löwenzahn‹, vereinz. Hotzw. – Syn. → »Seichblueme«.

Ammeritzg f.: ›Goldammer‹ [Ettenhm].

ammig → »allmig«.

A-mol n.: ›Mal, Kennzeichen, Fleck‹ vereinz. – Wörtlich *Anmal.*

ämse schw.: ›füttern, von Vögeln‹ [O.weier (Rast.)].

Amsle f.: *Amsle, Omsle, Amsl* ›der Vogel Amsel‹.

a-muschle schw.: ›sich ungeschickt, sonderbar kleiden‹ vereinz. Ortenau.

an → »a[2]«.

And nur noch in Fügungen wie *Aand* (seltener *Oond) tun / werden* ›leid tun, vermissen, Sehnsucht haben‹. *Es isch mer Aand worre* ›Ich habe Sehnsucht, Heimweh bekommen‹ [Gütenb.]. *Es duet mer Ant nooch* ... ›ich vermisse ...‹ [Sunthsn]. – Mhd. *ande, ant* ›Kränkung, schmerzliches Gefühl‹.

an-dem Adv.: *andem, ondem* mancherorts Ortenau, Brsg. ♦ ›nahe daran, beinahe, fast‹. *Ondem wär i gfalle* ›fast wäre ich hingefallen‹ [O.weier (Rast)]. *S hätt ne andem e Kugl droffe* ›beinahe hätte ihn eine Kugel getroffen‹.

ander Num., Pron., Adv. ♦ 1) ›der (die, das) zweite, nächstfolgende‹. *Het's scho s ander glidde?* ›Hat es schon zum zweitenmal geläutet?‹ [Ettenhm]; *ei Weg wie der ander* [Hebel]. ♦ 2) ›verändert, auf andere Weise‹; Ra.: *No pfift aber en andere Wind* ›jetzt geht es anders (strenger) zu‹. Es *sin jez anderi Zite* [Hebel]. – Die alte Bed., mhd. *ander* ›der Zweite‹ ist hier noch erkennbar.

anderscht Adv.: *anderscht, onderscht* verbr., *onnerscht* vereinz. nördl. Ortenau; dann aber auch die erweiterte Form *anderschter* u. ä. ♦ ›auf andere Weise‹; *s goht grad anderscht rum* [Epple]; *es chunnt e Zit, würd's anderst goh* [Hebel]; *Es wär sust* (sonst) *anderster gange* [Hebel].

Andife m.: *Andífe, Andífi* u. ä. ›Endivien(salat)‹. *Chromet* (kauft) *Chirsi, chromet Anke* (Butter), *chromet Andivi!* [Hebel].

Andrekott f.?: ›Zwischenrippenstück‹, Fleischgericht [Lahr]. – Frz. *entrecôte.*

ane Adv.: *ane, ani, oni* mancherorts im Süden; *äni, eni* vereinz. Baar Hegau (nördlich: »noo«). ♦ ›(in eine Richtung) hin, entlang‹. *Wo ane?* ›Wohin des Wegs?‹ [Ballrechten]. *Es weiß nit recht, wo 's ane will* ›wohin es will‹ [Hebel]. – Das Wort ist entstanden aus *an-hin,* wie »abe« aus *ab-hin.*

ane-gheie schw.: ›hinfallen‹. – Zum Grundwort s. »gheie«.

ane-goo st.: ›hingehen‹.

anenander Adv.: *ánenander, ónenonder* (mit Betonung auf der 1. Silbe). ♦ ›aneinander‹ *des hängt alles ánenander* verbr.; *ónenonder nuf guh* ›in lautstarken Streit geraten‹, auch elliptisch: *si sin ónenonder nuf* ›sie haben sich ein Wortgefecht geliefert‹ [Freiamt].

ane-pflatsche schw.: ›hinfallen, hinplumpsen‹.

ane-pfuttle schw.: *anibfudele, ónipfüdle* schw.: ›in ein Kissen setzen‹ (von Säuglingen gesagt) mancherorts Breisgau; *de klai Borzer wird anipfuddelet un no e bizzeli gwaglet* ›der kleine Knirps wird ins Kissen gesetzt und noch ein bisschen geschaukelt‹ [St. Märgen].

Angel m.: *Angel, Ongel.* ♦ 1) ›Bienenstachel‹ verbr. ♦ 2) ›Türangel, Fischangel‹ verbr. – Die Bed. ›Stachel‹ ist auch im Mhd. bezeugt.

Angel-eiße f.: ›Dasselbeule beim Vieh‹ [Wellendgn]. – Zum Grundwort s. »Eiße«.

Angersch(e) f.: ›Futter-, Runkelrübe‹ vereinz. im schwäbischen Übergangsgebiet (Schenkenzell, Schiltach). – Syn. → »Runkel«.

Angscht f.: ›Angst, Furcht, Bedenken‹; *bruchsch kei Angscht ha, dass i id sadd wür* [Menzenschwand].

Änis m.: *Änis, Änes* (auf der 1. Silbe betont), neuer auch: *Anis.* ♦ ›das Gewürz Anis‹.

Anke m.: *Onke* vereinz. mittl. Schwarzw., nördl. Brsg.; *Anke* Brsg., Markgr., Wiesental, südl. Schwarzw., westl. Baar; *Ankche* Dinkelberg, Hotzw., Klettgau. ♦ ›(frische) Butter‹, das Wort wird heute oft von *Butter* zurückgedrängt, ist aber in der Bedeutung ›ausgelassene Butter‹ noch weiter nördlich bekannt. *Chromet süßen Anke!* ›Kauft süße Butter!‹ [Hebel]. *Wiiß sinn si wie Chlabaster un waich wie Anke un wi ne Fliegeschiißli so liicht* [Hebel]; Sprichw.: *Vun ere Gaiß chund mer kai Angge iiber* [Opfgn]; aus einem Kindervers *Anke un Schmalz / Zucker un Salz* (den ganzen Vers s. → »bache« [Hofsgrund]. – Das sehr alte Wort ist schon als ahd. *anko* ›Butter‹ belegt und ist mit lat. *unguen* ›Fett, Salbe‹ und altirisch *imb* ›Butter‹ urverwandt.

Anke-blueme f.: ›Butterblume, Hahnenfuß‹, vereinz., auch *Ankebolle, Ankemaie.*

Anke-butter m.: ›ausgelassene Butter, Rückstand von ausgelassener Butter‹ Schwarzw., Baar. Syn.: »Ankedrues, -ruum, -schuum, -treschter, Lüre[1], Polter[1], Blotter, Strichete«.

Anke-drues m.: dass. wie → »Ankebutter« vereinz. nördl. Schwarzw., Ortenau. – Zum Grundwort s. »Druese«.

Anke-hafe m.: ›Topf für (ausgelassene) Butter‹. Zu »Hafe«.

Anke-milch f.: ›Buttermilch‹ mancherorts südl. Brsg., westl. Markgr., Dinkelberg. – Syn.: »Plump-milch, Rihrmilch, Rumpelmilch, Stoßmilch, Surmilch 2«.

Anke-ruum, -rumete m.: *Ankeruum, -rüüm* mancherorts südl. Ortenau; *Ankerumete, Ankcherumete* u. ä. Dinkelberg, Hotzw., Klettgau. ♦ dass. wie → »Ankebutter«.

Anke-schuum m.: dass. wie → »Ankebutter« Brsg., Markgr.

Anke-treschter m.: dass. wie → »Ankebutter« mancherorts Ortenau.

anne Adv.: ›daran, dicht daneben‹; *dert hinterem Lenz anne* ›dort dicht hinter dem Lorenz‹ [Gütenbach]. – Nicht zu verwechseln mit »ane«.

Annemei f.: Kurzform für den weibl. VN Anna-Maria. – Vgl. »Amerei«.

Annoos f.: ›Anzeige, Annonce‹.

Äntrech → »Enterich«.

apart(ig) Adj.: *abaar(t), abaardi, abaddi* u. ä. ♦ ›besonders, abgesondert, sonderlich, eigenartig‹. – Frz. *à part.*

Apelone f.: Kurzform für den weibl. VN Apollonia, auch *Appele.* – Vgl. »Plunni«.

Apfel m.: *Apfel, Apfl* nur im nördl. Schwarzw. und in der Ortenau bis etwa zur Kinzig; *Äpfel, Äpfl, Epfl* übriges Baden außer *Öpfel, Öpfl* am Südrand. – m.: ♦ 1) die Frucht des Apfelbaums. *Öpfel in Muttich lege* ›Äpfel heimlich sammeln‹ [Wiesental]. Abzählreim: *Öpfel, Bire, Nuß, duss!* [Kleinlaufenburg]. *'s isch wohr, es isch e Pracht, was so en Öpfel lacht* [Hebel]. ♦ 2) scherzhaft für ›Kopf‹ verbr.

Äpfel-babbe m.: *Öpfelbabbe* ›Apfelbrei‹ Wiesental. – Zu »Babbe«.

Äpfel-bliemli n.: ›echte Kamille‹ [O. Furtwängler].

Apfel-butze, Apfel-butzge m.: *Abflbutse, Ebflbutzge.* ♦ 1) ›Kerngehäuse des Apfels‹; *s isch nit emool e Ebflbutzge iwrig gsii* ›es war nicht einmal der Rest eines Apfels übrig‹. ♦ 2) scherzhafte Umschreibung für eine zu vernachlässigende Größe: eine Blume kostet z. B. *10 Mark Epfelbutzge* [Freiamt]. – Zu »Butze«.

Apfel-küchle n.: ›kleines Schmalzbackwerk, dessen Teig auf einer Apfelschnitte ruht‹.

apothekele schw.: ›nach Apotheke riechen‹.

Aprille-kue f.: ›wer sich in den April schicken lässt‹ [Freiburg], vereinz.; auch *Aprillenarr.*

A-rang m.: *Aarang, Aarank* ›Anlauf‹ vereinz. Baar, Markgr., Hegau. – Vgl. »Arenn«.

a-ranze schw.: *aaranze, ooranze* ›jemanden anschnauzen, derb anfahren‹.

Arbet f.: *Arbet* südl. einer Linie Freiburg, Neustadt, Villingen; *Arwet* mancherorts nördl. und östl. Brsg., Raum St. Peter, Furtwangen, St. Georgen; *Orbet* vereinz. Kaiserst., westl. Brsg.; *Orwet* vereinz. nördl. Brsg., südl. Ortenau; *Ärwet, Erwet* mittl. und nördl. Schwarzw., Ortenau, Hanauerland; *Ärbet, Erbet* vereinz. mittl. Schwarzw. ♦ ›Mühe, Arbeit‹; *e ringi Ärwed* ›eine leichte, mühelose Arbeit‹; *I ha viel Arbet g'ha, jez mueß i au ne Brotis ha!* [Hebel].

Arbscht m.: ›blaue Burgundertraube‹ Ortenau.

Arche f.: *Arch, Arich, Arche* ›Küchenkasten‹ vereinz. Schwarzw. – Das Wort ist gleicher Herkunft wie die *Arche Noah,* nämlich mhd. *arke, arche,* lat. *arca* ›Kiste‹.

Äre f.: ›Saum des Fischernetzes‹, Bodensee, Grenzach.

a-rege schw.: *aarege, oorege* ›anfassen, berühren‹ vereinz. Ortenau, Hegau. – Vgl. »alange«.

A-renn m.: *Aarenn, Oorenn* ›Anlauf‹; *e Oorenn nemme* [Oberw. (Rast.)]. – Vgl. »Arang«.

Arfel, Arfle m., f.: ›was man auf dem Arm trägt, Armvoll‹, eine ungefähre Mengenbestimmung; *holsch's un treisch's de Nochbere duren Arfel um Arfel* ›holst es und trägst es zu den Nachbarn Armvoll um Armvoll‹ [Hebel]. *'s isch e Hütte dört, un isch en Ärfeli* (Dim.) *Strau drinn* [Hebel]. – Entstanden aus *Armvoll,* ähnl. bei Handvoll → »Hampfele«, Mundvoll → »Mumpfel«.

arg Adj., Adv.: *arg, arig* verbr. (außer Südosten); *org, orig* mancherorts Hanauerland, Ortenau, nördl. Brsg.; *ari* Ortenau, nördl. und mittl. Schwarzw.; *ori* vereinz. Hanauerland, westl. Ortenau. ♦ 1) ›schlimm, stark‹; *en arge Sturm* [Emmendgn]; *s isch em arg gsii* ›es tat ihm leid‹ [Freiamt]. ♦ 2) ›sehr, heftig‹; *Im Hermännli het's arg pressiert* [A. Ganther]; *Un wie ärger er brüelt, wie ärger suuft er* ›je mehr er brüllt, um so mehr säuft er‹ [Hebel].

arm Adj.: ›besitzlos, bedauernswert‹; *e armer Tropf* [Ettenhm]; *mit däm arme Dejfili het jeder Duris* (Bedauern, Mitleid) [Hofstet. i. K.]. *En arme Kerli bin i, arm bin i, sell isch wohr* [Hebel].

Ärmel m.: ♦ 1) ›Armteil eines Kleidungsstücks‹ verbr. ♦ 2) ›boleroähnliche Frauenjacke der Hippentracht‹ [Sunthsn].

Armet f.: ›Armut‹.

arms-dick Adj.: ›sehr dick, dicht‹; *jeds kummts armsdick* ›knüppeldick‹; Hebel spricht von *armsdicki Wort.*

Armutei f.: ›armseliger, jämmerlicher Zustand‹.

Arsch m.: ›Hinterteil‹, häufig dafür auch »Füdle«.

Ra.: *ich bin im Hund au nit vum Arsch keit* ›ich bin nicht aus der Gosse‹ [Bötzgn]. *Er sperrt s Mul uf, as mr m d Helli vom Arsch sieht* ›er führt große Reden‹ [Diershm].

ärtig Adj.: ›gut aufbereitet, mürbe‹, vom Ackerboden, vereinz. Markgr.

artlig Adj.: *aardlig, aardli* vereinz. auch *nardli* ›eigenartig, sonderbar, apart‹. *Er schwätzt eso ardlig* [Hofstet. i. K.].

as[1] → ›dass‹ »ass«.

as[2] → »als[2]«.

a-sage schw.: ›mitteilen‹; *d Licht oosage* ›von Haus zu Haus gehen und einen Todesfall mitteilen‹ [Freiamt].

Äsche[1] f.: *Äsch, Äsche* ›Asche‹. Ra.: *Bloos mr Äsche* ›steige mir den Buckel hinauf‹ [Kenzgn]. *Schwätz kei Äsche* ›rede keinen Unsinn‹ [Freib.]. – Mhd. *asche, esche.*

Äsch(e)[2] f., m.: *der Äsch* [Grenzach], *die Äsche* [Bodensee]. ♦ ›der Fisch Äsche‹.

Äsche-pfludder m.: ›nachgeborenes Kind, Nesthäkchen‹ vereinz. Ortenau, sonst »Neschtpfludder«.

Äscher(ich) m.: ›die Traubenkrankheit Oidium‹, weil die Blätter aschfarbig werden.

a-schiäße st.: *aaschiäße, ooschiäße* ›durch Schießen ankündigen‹; *s nei Johr aaschiäße.*

a-schnaue schw.: ›jemanden derb anfahren, anschnauzen‹; vereinz. Markgr.

A-schnitt m.: *Aaschnitt, Òòschnitt* ›Brotanschnitt, (aufgeplatzter) Rand des Brotlaibs‹ mancherorts. – Syn.: »A-hau, Enkel, Mund 2, Mus 4, Murre 2, Knaisli, Knuse, Ranft, Ränkel, Zipfel 4«.

a-schope schw.: ›sich sonderbar, ungeschickt kleiden‹. *We hont si ou dich widder aagschopet?* ›Wie haben sie dich wieder so unmöglich angezogen‹ [Sunthsn]. – Zu »Schope«.

Aschpe f.: *Aschp, Aschpe* ›Espe‹, vereinz. – Mhd. *aspe.*

Ascht m.: ›Ast‹, in alter Mundart aber häufiger »Nascht«.

äschtemiäre schw.: ›wertschätzen, achten‹; *des wird hid nimmi ąschdemeert* ›das wird heute nicht mehr wertgeschätzt‹. – Frz. *estimer.*

a-schwadiäre schw.: ›zur Arbeit anstellen, bereden‹; *der tät am liäbschte alli wu verbej kumme zum Hąlfe ooschwadeere* [Freiamt].

ase → »also«.

Aser ›Schulranzen‹ → »Oser«.

aso Interj.: *asóo* ›ach so‹ verbr.; *asóo, jetz hani s kapiert* [Freiamt].

ass Konj.: ›dass, damit, soviel als‹; *si wüsse nit, aß 's Sunntig isch* [Hebel]; *verschrecken, aß me maint, was wunder passiert seig!* [Hebel].

äßig Adj.: *ääsig.* ♦ 1) ›schmackhaft‹. ♦ 2) ›esslustig, begierig, neugierig‹ vereinz. Ortenau.

A-stupf m.: ›Anstoß, Anlass‹.

Atem → »Odem«.

ätsch Interj.: Ausruf des Spottes. – Vgl. »ägs, ätsch«.

a-tschample schw.: ›sich unordentlich, nachlässig kleiden‹, meist als Partizip, z. B. *Wiä isch diä wieder atschamplet?* [Kadelburg]. – Vgl. »Tschampel«.

Ätti m.: ♦ 1) ›Vater‹ vereinz. im Süden (dort ist der Großvater dann der *Großätti*). *Der Bueb sait zum Ätti* [Hebel]. *So het der Ätti verzehlt* [Hebel]. ♦ 2) ›Großvater‹, häufig neben *Großätti*, ebenfalls im Süden, also südl. Markgr., Wiesental, Hotzw. (dort häufig auch *Dätti*, was aus *d'Ätti* entstanden oder ein eigenes Wort sein kann), Klettgau. – Am Bodensee und zum Oberschwäbischen hin auch »Ähne, Näni«. – Gotisch *atta*; mhd. *atte.*

Atzel f.: *Atzel, Òtzel* ›Elster‹ nördl. Schwarzw., nördl. Ortenau. – Südl. davon »Agerscht«. – Mhd. *atzel.*

ätzne schw.: ›Nachlese halten‹, bes. von Trauben, Obst, verbr. Kaiserst., Markgr.; *De arme Lütt ir Chindere mueß me äzne loo* ›Nachlese als Recht der Armen‹ [Glock Brsg.]. – Aus mittellat. *acinari.* – Syn.: »ähre, retzle, noochsueche, siëchle, stupfle«.

Ätznete f.: ›Nachlese‹; nach dem St.-Gallustag (16. Okt.) war die Nachlese freigegeben. In Sulzburg gingen dann die Kinder mit dem Ruf *Ätznete!* durch die Felder.

au Adv.: *au* mittl. und südl. Schwarzw., mancherorts Brsg., Markgr., Hotzw., Klettgau; *aa, a* im alem.-fränkischen Übergangsgebiet, mancherorts Kaiserst., Brsg., Gailingen; *ou* vereinz. nördl. und östl. Schwarzw., verbr. Baar, Hegau, Bodenseegebiet; *oo, o* vereinz. Ortenau sowie im oberen Markgr., auf der Höri und auf dem Bodanrück; *oi, öi* mancherorts südl. Ortenau und nördl. Brsg. ♦ ›auch‹; in der Mundart wird fast regelmäßig in der Aussprache zwischen betonter und unbetonter Stellung unterschieden, z. B. *bisch aü do?* (betont), aber *morge isch a no ä Dag* (unbetont) [Freiamt]. Hebel verwendet in diesen Fällen *au* neben *o*: *Do hesch! Loß andern au dervo!* und *Ufs Bette het er nit viil gha, ufs Schaffen o nit viil.* Höflichkeitsfloskel: *Sin au so guet un ...* ›Seid bitte so gut und ...‹.

auch → »au«.

auf und seine Zs. → »uf«.

Aug f.: *Au, Ao, Ou* vereinz. nördl. Schwarzw., Ortenau; *Äu, Öi* vereinz. Hanauerland, Gegend nördl. von Kehl; *Äug, Öig* mancherorts südl. Ortenau, nördl. Brsg., [Freiamt]; *Oug* östl. Schwarzw., Baar, Hegau, Bodenseegebiet; *Aug, Oug* übriges Baden (Verbr. s. Karte → »Aug«). ♦ 1) ›Sehorgan bei Mensch und Tier‹; *Ich han ebis im Aug* [Wasenwlr]; *e heiter Aug, e frohe Muet* [Hebel]; *wie hesch so heiteri Äugli!* [Hebel]; *vor Hitz un Müedi sin m d Auge zuegfalle* [A. Ganther]. Ra.: mit einem blauen *Äug drvuu kumme* ›glimpflich davon kommen‹ [Rust]; *schwarzi Äugli wie a Kries* (Kirsche) [Gütenb.]; Er *macht e paar Auge, wie ne Chalb wenns dundret* ›schaut erstaunt, erschreckt‹ [G. Jung]; *mit em linke Aug e weng in zwai Häfili gucke* ›schielen‹ [Gütenb.]. ♦ 2) ›Knospe, Keimauge an Pflanzen‹. ♦ 3) ›Fettauge auf der Suppe‹; Wortspiel, wenn viele Esser da sind *do luege mii Aüge in d Subbe nii wiä rüs.* ♦ 4) ›Punkt am Würfel, beim Kartenspiel‹.

Auge-beerli n.: *Augebeerli, Oigebeerli* ›Gerstenkorn am Auge‹, vereinz. südl. Ortenau, nördl. Brsg. (Verbr. s. Karte → »Wegschisser«). – Syn. → »Urschili«.

Auge-bohrer m.: ›Libelle‹ [Rotzgn]. – Syn. → »Wasserjungfer«.

Auge-deckel m.: ›Augenlid‹ verbr.

Auge-spiel n.: *Auespiel, -spiegel* ›Beispiel, Vorbild‹ [Ottersd.].

Auge-stern m.: ›Pupille‹ vereinz., häufig auch *Kindle.*

äugle schw.: ›okulieren‹ vereinz. Wiesental. – Vgl. »zweige«.

Augscht m.: *Augscht* oberes Wiesental, vereinz. auch *Augschte, Aigscht, Äugscht.* ♦ ›der Monat August, Erntemonat‹. – Verkürzt aus *August.*

Aurikele n.: ›Gartenschlüsselblume‹ u. ä. Blumen; *Gang, brech mer ais Aurikli ab* [Hebel]. – Nach dem lat. Namen *auricula.*

aus und seine Zs. → »us«.

auße, außen, außer → »uße«, »ußen«, »ußer«.

awa Interj.: *awá* ›ach was, wo denkst du hin‹ abschlägig, verbr.

A-wand f.: *Aawand* mancherorts SO-Baden; *Aawang* vereinz. Ortenau; *Aawandel* (m.), *Aawändel, Aawänder* vereinz. ♦ ›Ackerende, Pflugwendestelle, Randfurche‹ u. ä. Mhd. *anwant.* – Vgl. »Firhaupt, Firort«.

a-wette schw.: *oowädde* ›Zugtiere anschirren‹. – Das Grundwort »wette« ist schon bei Hebel belegt.

a-winsche st.: ›(Glück-)Wünsche anbringen‹ verbr.; *s Nej Joor awinsche* ›Neujahrswünsche überbringen‹.

awo Adv.: *awo, awu* ›o nein, keineswegs‹ vereinz. Ortenau.

Ax, Agscht f.: *Agscht* mancherorts Nordrand, *Ax* verbr., hierzu Pl. *Axe.* ♦ ›Axt, großes Beil‹. Mhd. *ackes, ax, axt.* – Vgl. »Schlegelax«.

Ax-halm, Axhelm m.: ›Axtstiel‹.

B

Unter »B« vermisste Wörter können auch unter »P« stehen.

Baa ›Gemarkung‹ → »Bann«.

Babbe m. (f.): *Babbe* mancherorts ›(essbarer) Brei‹; *Gang, richt em* (dem Kind) *eis si Päppli a!* [Hebel]; Ra.: *weich wiä Babbe* ›sehr weich‹ [Opfgn]. Mhd. *pappe* ›Kindspeise, Brei‹. Gleicher Herkunft ist »Papp« ›Kleister‹. – Vgl. »Äpfel-, Grießbabbe«.

babble ›schwätzen‹ → »papple«.

Babe[1] f.: ♦ 1) ›Puppe‹ mancherorts Hegau, Bodenseegebiet. ♦ 2) ›junges Mädchen, Kind‹ vereinz. Wiesental.

Babe[2] f.: *Babe, Bäbi*, Dim.: *Bäbeli* Kurzform für den weibl. VN *Barbara.*

bäbele schw.: ›mit Puppen spielen‹ vereinz. Hegau, Bodenseegebiet. – Vgl. »Babe[1] 1«.

Bach m. (f.): ♦ 1) ›kleineres fließendes Gewässer‹, Genus f. (*die Bach*) nur am Nordrand unseres Gebietes. *E Möhnli* (›Unke, Kröte‹) *rüeft im Bach* [Hebel]. Ra.: *s got Bach abe* ›es geht (wirtschaftlich, gesundheitlich) abwärts, dem Ende zu‹ [Segeten]. *I wirf die ganz Budschäär de Bach na* ›ich schmeiße den ganzen Bettel hin‹ [Hofstet. i. K.]; *d' Vögel hen mi glockt, un an de Bächlene* (Dim. Pl.) *d' Blüemli* [Hebel]. ♦ 2) ›Urin‹, Kinderspr., meist Dim.

Bach-bummele, -bunde f.: ›Sumpfdotterblume, Bach-Ehrenpreis‹ u. ä., vereinz.

bache st.: ♦ 1) ›Brot, Kuchen usw. backen‹; *Chüechle bache* südl. Brsg. *Un sag, sie soll au zuenis cho un Weihe* (›Flachkuchen‹) *hole, wenn i bach* [Hebel]. Ra.: *bisch nit recht bache!* ›du bist nicht ganz bei Trost‹ [Freiburg]; Sprichw.: *s isch bees bache mid em griäne Holz, wämmer kai Mehl hädd* [Opfgn]; Kindervers: *Bache, bache, wenn mer Kueche / mit de Batscherli tien mer sueche: / Anke un Schmalz / Zucker un Salz / Milch un Mehl / Eier mache de Kueche gäl. / Knette, knette alles zämme / s mueß für e große Kueche länge* [Hofsgrund]. ♦ 2) ›hauen, schlagen‹; *i bach dr eini!* [A. Ganther]. – Mhd. *bachen.*

Bachel, Bachele m.: ›dicker oder schmutziger, dummer Mensch‹, auch *Sau-, Dreckbachel.*

Bache-stei m.: ›Ziegel-, Backstein‹.

Bachet(e) f.: *Bachet* Ortenau; *Bachete* S-Baden. ♦ ›Menge, die auf einmal gebacken wird‹. – Vgl. »Becke«.

Bach-jungfer f.: *Bachjumpfere* ›Libelle‹ [Degerf.]. – Syn. → »Wasserjumpfere«.

Bach-krut n.: ›Wasserhahnenfuß‹ und ähnl. Pflanzen, vereinz. Hanauerland, Ortenau.

Bach-muelde f.: ›Trog, in dem der Brotteig geknetet wird‹.

Bachöfele-schlupferle n.: ›der Zaunkönig‹ [Leiberstung]. – Vgl. »Heckenschlupfer«.

Bach-peterli n.: ›am Bach wachsende Doldengewächse‹ [Herrischried].

Bach-rolle f.: ›Sumpfdotterblume‹ vereinz. Baar, Hegau. – Vgl. »Rolle«.

Bach-schnider m.: ›Wasserläufer‹ vereinz. Ortenau. – Vgl. »Wasserhex«.

Bächt n.: ›Kuchen, Gebäck‹ östl. Bodenseegebiet. – Wohl Kollektivableitung zu »bache«.

Bäck ›Bäcker‹ → »Beck«.

Backe m.: ♦ 1) ›Wange, Kinnlade‹; *Backe wie Milch un Bluet* [Hebel]. ♦ 2) ›backenartige Teile‹ z. B. am Wagen, Schraubstock.

Backe-mautschi m.: *Backemautschi, Bockemoutsch(i).* ♦ ›Mumps‹ vereinz. obere Schutter (Verbr. s. Karte → »Wochetippel«). – Syn. → »Pfuser«.

bäckerle schw.: ›aufpäppeln‹ Brsg., Baar.

Badascher m.: *Baddaschéer, Baddeschéer, Baddischéer.* ♦ ›übler Genosse, Kumpan‹ u. ä., veraltet. – Frz. *partageur.*

bade schw.: *bade* verbr.; *badde* Hegau, Bodenseegebiet. ♦ ›baden‹; *Wie badet 's* (die Insel) *in sym chlaine Meer! Wie badet 's in sym Bluemeduft* [Hebel].

Badener m., Pl. ›Bewohner von Baden‹ heute verbr.; früher auch *Badische, Bademer, Badenser* (letzteres damals ohne negativen Beiklang!).

Badengele ›Schlüsselblume‹ → »Battengeli«.

Baderle n.: *Baderle, Baderli* ›Gänseblümchen‹ Hotzw.

bafe schw.: ›tüchtig essen‹ [Bickensohl].

Bafel m.: ›minderwertiges Zeug, Unsinn‹ [Ettenhm]. – Jidd. *bâfel.*

baff Adj.: ›verblüfft‹, nur in der Wendung *baff sii* verbr. – Lautmalerische Bildung im Sinn von ›so verblüfft wie nach einem plötzlichen Schuss‹.

bäffe, bäffz(g)e, beffsge schw.: ♦ 1) ›kläffen‹. ♦ 2) ›mit Worten grob anfahren, anschnauzen, maulen, Widerrede geben‹. *Sie bäffzt, brumm'lt un belfert* [A. Ganther]. – Umlautform zu mhd. *baffen* ›schelten, zanken, bellen‹ – Vgl. »belfere«.

bafle schw.: ›plappern, mit Worten etwas vormachen wollen‹ vereinz.

Bagasch(e) f.: *Bagásche, Bagáschi* ›Gesindel‹. – Urspr. frz. *bagage* ›Gepäck, Tross‹.

Bagat m.: *Bagáat* ›niederster Trumpf im Zegospiel‹.

bägse schw.: *bäägse, ba̧agse* ›ein keuchendes, knarrendes Geräusch von sich geben, schwer atmen‹ vereinz. mittl. Schwarzw., Ortenau. – Vgl. »berze«.

Bah → »Bahn, Bann«.

bähe schw.: *bähe, bäje* mancherorts; *baje* mancherorts Schwarzw., Ortenau, Brsg.; *bäge* [O.weier (Rast.)]. ♦ ›der Hitze aussetzten, anrösten‹; *Zibele baje* ›Zwiebeln rösten‹ [Freiamt]. – Mhd. *bæhen* ›wärmen‹.

Bahn f.: *Bahn, Bah, Bòh* ›gebahnter Weg‹, auch kurz für Eisen-, Kegel-, Schlittenbahn.

Baie f.: ›Schallloch am Kirchturm‹ Baar, Hegau. – Mhd. *beie* ›Fenster‹, dies aus frz. *baie.*

baiere schw.: ›herumtollen‹ [Bleichhm, Emmendgn].

Baies f.: *Baajes* ›(altes) Haus‹ vereinz. Ortenau. – Jidd. *bais.*

baimlig Adj.: ›aufgebäumt, bzw. auf dem Kopf, den Händen stehend‹ vereinz. Ortenau.

Baimli-krut n.: ›Bingelkraut‹ [Ettenhm]. – Wörtl. *Bäumlekraut.*

baischte ›keuchen‹ → »beischte«.

Bajass m.: ›Narr, Hanswurst‹ mancherorts. – Ital. *bajazzo.*

Bäkle f.: *Bägel, Ba̧gel* mancherorts nördl. und mittl. Schwarzw., Ortenau; *Bägle, Ba̧gle* südl. Schwarzw., Brsg., Hotzw., Klettgau‹, *Bäggel* vereinz. Baar; Pl.: *Bägle, Ba̧gle.* ♦ 1) ›Schmutzkruste‹, z. B. an den Schenkeln von Kühen, an Rocksäumen usw.; vgl. »Klattere, Rolle 2«. ♦ 2) ›getrockneter Nasenschleim‹; vgl. »Böke«. ♦ 3) übertr. ›Alkoholrausch‹. – Syn. → »Rusch«.

Balbierer m.: *Balbírer, Balwírer* ›Barbier, Friseur‹, veraltet.

Balg m.: *Balg, Ballig.* ♦ 1) ›abgezogenes Fell kleinerer Tiere‹. ♦ 2) ›Haut der Traubenbeere‹.

balge schw.: ›mit Worten zanken, schelten, tadeln‹ (Verbr. s. Karte → »schelte«). *Es* (das Schätzlein) *balgt un sait: „Wo blybsch so lang?"* [Hebel]. Wenn es donnert, sagt man *De Himmelvatr balget* [Schwerzen].

Bal-ise n.: ›Drechslerwerkzeug mit schräger Schneide‹ [Gremmelsb.].

ball Adv.: *ball, baal* verbr., *boll, bool* vereinz. Markgr. ♦ ›in kurzer Zeit, schnell, beinahe‹; *Un chömmet ball wider!* [Hebel]. *Bisch ball fertig?* [Hebel]; *ball noh* ›beinahe‹, *jetz wär i ball noh gheit* ›jetzt wäre ich beinahe gefallen‹ verbr.; Steigerung: *Hit z Obe mueß i e wing belder ins Bett* ›eher ins Bett‹ verbr.

balle schw.: ›mit dem Ball spielen‹.

Balleron m.: ›gröbere Lyonerwurst‹ vereinz. Bodensee, Hegau, Klettgau; auch bei Hansjakob, Schneeballen belegt.

Ball-irtle n., Pl.: *Balliirtle, Bolliirtle* ›Klicker, Murmeln‹ [Affent., Steinb. (Bühl)].

Ballis n.: *Ballis, Balles* ›das Ballspiel‹; *Ballis mache* [Rust].

Balme[1] m.: ›Teil der Scheune, in der Getreide, Heu aufgeschichtet wird‹ [Aach, Friedgn, Liggergn]. – Wohl Nebenform zu »Barn«.

Balme[2] → »Palme«.

Baloon m.: ›Luftballon‹ verbr.; auch übertr. für ›Kopf nach übermäßigem Alkoholgenuss‹; *eine ufem Baloon haa* ›betrunken sein‹ Lörracher Gegend.

Balzer m.: Kurzform für den männl. VN *Balthasar.*

Bammert m.: *Bammet, Bammert* mancherorts Kaiserst., S-Baden; *Bangert, Bongert* vereinz. Ortenau. ♦ ›Feldhüter‹. *Vetter Vogt! Der Bammert (i mueß Ich's chlage) wird tägli liederlicher, füüler, versoffener; 's isch nümme z'lebe* [Hebel]. – Entstanden aus mhd. *banwart,* wörtl. *Bann-wart.*

Bämpe m.: ♦ 1) ›Quaste, Troddel‹ [Ettenhm]. ♦ 2) ›Tabakspfeife‹ [Ringshm]. ♦ 3) ›haltloser Mensch‹ eb.

Bämpel m.: ›Glockenschwengel‹ mancherorts Ortenau.

bamp(e)le, bämp(e)le schw.: ♦ 1) ›hin und her pendeln, baumeln‹. ♦ 2) ›bimmeln‹. *S het schu lang elfi bämplt gha* [A. Ganther].

Bämpele-wii m.: ›geringer Wein‹ [Tiengen (Waldsh.)].

bampelig Adj.: *bambelig, bampelig.* ♦ 1) ›baumelnd, schlaff herabhängend‹. ♦ 2) ›schwach im Magen (vor Hunger)‹ [Freiamt]. – Vgl. »gänkelig«.

Bämpeli-wasser n.: ›Limonade, nicht-alkoholische Getränke‹.

Bamplocke Pl.: ›Ohrgehänge‹ [Bleib.]. – Wohl Umbildung zu frz. *breloque.*

Band n.: ♦ 1) ›Garbenband‹ (früher aus Stroh); *Band knüpfe un drille* ›Garbenbänder binden und drehen‹ [Gremmelsb.]. ♦ 2) ›(geschlitzte) Weiden zum Binden der Reben‹. ♦ 3) sonstige Bänder aus Eisen, Textilien usw.

Bändel → »Bendel«.

Bandlier n.: *Bandliir, Bondliir* ›Schnur mit aufgereihten Tabakblättern‹, Orte mit Tabakanbau. – Frz. *bandoulière.*

Bange f.: Name für Doldengewächse wie ›Bärenklau, Schierling, Kälberkropf‹ mancherorts Hotzw., Klettgau.

Bangert[1] m.: *Bangert* [Rippenw., Ursenb.]; *Bungert* [Waldshut], *Bummert* [Ay, Schwerzen]. ♦ ›Stück Gartenland, Garten, Wiese ums Haus‹. – Aus *Baum-* bzw. *Bohngart(en)* entstanden.

Bangert[2] → »Bammert«.

Bank f., aber (im Süden) meist m.! ›(feste) Sitzbank‹. *Aber d'Frau deheim, mit z'semegschlagene Hände sitzt sie uffem Bank un luegt dur Tränen an Himmel* [Hebel]. – Vgl. »Schranne«.

Bankert m.: ›uneheliches Kind‹.

Bann m. (n.): *Bann, Bonn* mancherorts; *Baan* [Bischoffgn]; *Baa* vereinz. Hotzw., Klettgau. ♦ ›die Gemarkung, Flur‹; *es stoht no menge Halm im Bah' un menge Baum, un Öpfel dra* [Hebel]. – Vgl. das südöstlichere »Esch«.

Bann-prozession f.: ›Flurprozession am Fest Christi Himmelfahrt‹ [Ettenhm].

Bann-stei m.: ›Grenzstein‹; *furt über Bannstai un Grenze* [Hebel]. *Dört stoht der Bannstai im grasige Feld* [eb.].

Bann-wart → »Bammert«.

Bantle m.: ♦ 1) Kurzform für den männl. VN *Pantaleon.* ♦ 2) ›Strohpuppe‹, die zu Neujahr, Fastnacht, zum 1. Mai aufgestellt bzw. vergraben wird, veraltet, vereinz. Elztal, S-Baden.

Bapp ›Kleister‹ → »Papp[1]«.

Bär-ameise f.: *Beramos(e), Beramoas(e), Beramsle, Beromsle* und ähnl., mancherorts südl. Markgr., Hotzw. (Verbr. s. Karte → »Ameise«). ♦ ›Ameise‹. – Syn. → »Ameise«.

bäramsele schw.: ›aufgeregt hin und her gehen‹ Markgr.

Barbeli n.: ›Gänseblümchen, auch große Margerite‹ [Hausen i. W.].

Barchet m.: ›Barchent‹, ein dichtes Baumwollgewebe. Ra.: jemanden *durch den Barchet jage / ziege* ›jemanden hart hernehmen, drillen‹ [Ettenhm, U.baldgn]. – Mhd. *barchant, barchet.*

Bare ›Futterraufe, Scheunenabteil‹ → »Barn«.

Bäre f.: ♦ 1) *Bäer* ›Gestell zum Tragen von Erde, Dung‹ [Schiltach]. ♦ 2) *Berre* ›Schubkarre‹ [Büsgn, Frickgn, Dangstet., Lottstet., Stetten (Waldsh.)]. Im Raum Offenburg auch »Schaltbäre«. – Ein altes Wort, zu ahd. *beran* ›tragen‹, verwandt mit nhd. *Bahre.*

Bäre-dope Pl.: ♦ 1) ›Fausthandschuhe‹ [Lörrach, Steinen i. W.]. ♦ 2) ›Bärenklau‹ mancherorts, auch *Bärelätsche, Bäreblätsche, Bäredatsche* u. ä.

Bäre-dreck m.: ›Lakritze‹ verbr.

bar-fiß, -fueß Adj.: *barfiiß, -fueß* ›mit bloßen Füßen‹ Markgr.

Barg m.: *Barg, Barig, Bärig* ›(kastrierter) junger Eber‹ verbr., außer Teilen des Breisgaus, [Freiamt], Elztal wo »Haiz« und dem Südrand, wo »Bick« vorkommt. – Mhd. *barc.*

bär-hämmig Adj.: ›gliedersteif‹, bes. von Schweinen.

bärig Adv.: ›kaum, eben erst, gerade‹ vereinz. SO-Baden, östl. Schwarzw. *Bärig ischt r furt* ›eben gerade ist er fortgegangen‹ [Stockach].

Barixle m.?: nur in der Ra.: *Schmecksch de Barixle?* ›Merkst du es, bist du dahinter gekommen?‹. Eine ähnl. Ra. s. »Brägel«.

Barn m.: *Baarn, Barn, Barne* mancherorts nördl. und mittl. Schwarzw., vereinz. SO-Baden; *Barre, Borre* Ortenau; *Baare* verbr. ob. Markgr., Hotzw., Klettgau; *Barme, Borme* Hanauerland. ♦ 1) ›Futterraufe‹ verbr. Markgr., Hotzw., Klettgau. ♦ 2) ›Abteil der Scheune, wo man Garben, Futter, Heu aufschichtet‹ mancherorts. – Vgl. »Balme, Bühne, Schipf, Walme«.

barne schw.: ›Getreide, Heu aufschichten‹. – Zu »Barn«.

Barölleli Pl. ›Aprikosen‹ mancherorts ob. Markgr., am Kaiserst. auch *Baringili.*

Bartel, Bartlmee m.: Kurzform für den VN *Bartholomäus.*

Bärtel m.: ›eine geringe Sorte Hanf‹ [Diershm], veraltet.

Bart-stude f.: ›Ginster‹ [Rütte, Willargn]. – Vgl. »Pfrieme, Ramse«.

Bas[1] m.: Kurzform für den VN *Barnabas.*

Bas[2] f.: *Baas,* häufig Dim.: *Bäsli, Bäsl* Bez. für weibliche Seitenverwandte, mit weitem Spektrum (Tante, Cousine usw.), bis hin zu allgemeiner Bezeichnung für (ältere) Frauen im Bekanntenkreis; *Bas Gvatter*

›Patin‹ [Hebel]. *Bas Margreth, leng mer e Schöppli!* [Hebel]; *e aldi Bas, was m'r so sait, e Erbdande mit g'hörig Batze im Schublädli* [A. Ganther]. Volksreim: *Was? – Katz esch din Bas, Hond esch din Pfeddr, Leck alli Hondsveddr* [Diershm].

Bäs n.?: ›Klicker Murmel‹ [Breisach]; auch *Bäskigele* eb.; *me spiele Bäs* [Breisach].

baschda Interj.: ♦ 1) ›genug‹; *un dodemit baschda!* ♦ 2) ›gleich‹ *s ischt mer ganz baschda* ›das ist mir einerlei, gleichgültig‹ [Stockach].

baschge schw.: ›miteinander ringen, streiten, balgen‹. *Der Jenner seit: I förch di nit. Chumm, wenn de mit mer baschge witt!* [Hebel].

Baschges n.: ›das Streiten, Händeln‹ Markgr. – Zu → »baschge«.

Baschi m.: *Baschi, Basche,* Dim.: *Baschl, Baschdl.* ♦ 1) Kurzform für den männl. VN *Sebastian. Dr Baschi het sine Auge nit traut* [A. Ganter]. ♦ 2) ›flegelhafter, roher, unreinlicher Kerl‹.

bäschle, bäschd(e)le schw.: ›basteln, an etwas herumtüfteln‹ verbr.

Basel ON: Stadt am Oberrhein. Bekannt sind die *Basler Läggerli* [Etthm, Tribg]. *Isch Basel nit e schöni, tolli Stadt?* [Hebel]. Kommt in zahlreichen Ra. und Volksreimen vor: *So schudrig wie der Tod im Basler Totetanz* [Hebel]. *Hoppla, hoppla Ressli, z Basel stoht e Schlessli* [Reute (Emm.)]. Schnellsprechvers: *Z' Basel uff de Riibrugg litt e raui Räälebere* [Wehr].

Basel-maa m.: ›Gebäck in Männchenform‹, Advents-, Weihnachtszeit, Neujahr, mancherorts Brsg. – Vgl. »Grättimaa«.

Basseltang → »Passeltang«.

Bäterig m.: *Bääderig* ›dicker Bauch‹ [Ettenhm]. – Wohl zu mhd. *büterich* ›Schlauch, Gefäß‹.

batte schw.: *batte, badde* ›ausgiebig sein, von der Hand gehen, nützen‹. *Awwer was het's battet?* [A. Ganther]. *S warm Brot battet nit* ›warmes Brot ist schnell weggegessen‹ [Ettenhm]. *Do hilft nüt un batt nüt!* [Hebel]. *Do hilft un batt alles nix* ›Da ist alles nutzlos‹. Ra.: *Batt s nix, so schad s nix* ›nützt es nicht, so schadet es auch nichts‹ [Oberw. (Rast.)]. – Mhd. *baten* ›helfen, nützen‹, das zum Wortstamm von *besser* gehört.

Battengeli f., Pl.: *Baddengeli, Baddengele* u. ä. ♦ ›Schlüsselblume‹, mancherorts SO-Baden, im westlichen Baden eher → »Mattengeli«. – Das Wort ist Dim. zu nhd. *Batenke,* dies aus lat. *betonica.*

Batze m.: ♦ 1) ›veraltete Münze‹, meist nur in Ra.: *kai (drei) Batze wert* ›wenig wert‹ [Rust]; im Dim. Pl. *Batzele* auch ›Kleingeld‹ [Konstanz]. Bleiben, *bis die Kue en Batze gilt* ›bis zum St.-Nimmerleinstag‹. *Des wird e schöne Batze koschte* ›das kann teuer werden‹ [Glock Brsg.]. Sprichw.: *e gudi Usred isch drei Batze wert* [Denzlgn]. ♦ 2) ›Klumpen‹ verbr.; *ä Batze Daig* ›ein Klumpen Teig‹ [Freiamt].

Batze-bretli, -laib, Batze-wecke m.: ›Brot, Wecken, der einmal einen Batzen kostete‹, veraltet. Ra.: *Er het e Muul, er könnt e Batzebrötli ganz iine neh, no tät er no juchzge* ›er hat einen großen Mund‹ [Glock Brsg.].

Bätzgmer m.: ›aus Blei gegossene Spielmünze, Spielfigur‹ Hegau, auch *Bäschger* [Stockach].

batzig Adj.: ›dreist, anmaßend, aufsässig‹.

Bau-balle m.: ›Gummiball zum Spielen‹ Hegau.

Bauchen f.: ›Boje‹ Bodensee. – Mhd. *bouchen* ›Zeichen‹.

Bauder m.: *bouder* ›Stoß, Puff‹ [Sunthsn].

baudere schw.: ›einen Schlag geben‹ [Neudgn, Sunthsn]. – Abl. zu mhd. *bûden* ›schlagen, klopfen‹.

baue schw.: *baue, boue, bäue, böije* verbr.; *baube, bauwe* östl. Schwarzw. ♦ 1) ›ein Feld bebauen‹, vereinz., bes. im Norden. ♦ 2) ›ein Gebäude o. ä. aufführen‹. *Gschickt bau i Mühlen an Mühle* [Hebel]. Sprichw.: *Rom isch it i eim Tag baut worde* [U.alpfen].

baukere schw.: *baugere* ›bellen‹ [Hügelhm]. – Vgl. »baukse«.

baukse, bäukse schw.: *baugse, bäugse* ›bellen‹, vom Hund, mancherorts Ortenau. – Vgl. »gaukse, gauze«.

Baum m.: *Baum, Boim, Böim* verbr.; *Bomm* Hegau, Bodensee; *Boom, Bòòm* Villgn und Umg. ♦ 1) ›Baum‹ *Un wo am Baum e Chriesi lacht* [Hebel]; Sprichw.: *Bäim* (Pl.) *waase id in Himmel* [E. Strube]; Abzählreim: *Am Boom isch en Ascht, uf dem Ascht isch e Nescht, i dem Nescht liit e Ei, un du muesch sei!* [Villgn]. ♦ 2) ›Bube im Kartenspiel‹; *Chrütz im Baum, un Schuufle noo, un nonemol Schuufle!* [Hebel].

Baum-bluem f.: ›Flieder‹ [Müllhfn (Sinzhm)].

Baum-eel n.: *Baumeel, -öl* ›Oliven-, Pflanzenöl‹, im Ggs. zum »Steineel«. *Trinkt me nit e gute Wi! Goht er nit wie Baumöl i* [Hebel].

Baum-picker m.: ›Specht‹ vereinz. – Vgl. »Ronenpicker«.

Baum-tropfe Pl.: ›Giersch‹ [Anselfgn, Schwörst.].

Bausch m.: *Bausch,* auch Dim.: *Bischdli* ›Polster, Unterlage‹, z. B. für Kopftraglasten, Fässer. – Vgl. »Busch(d)«.

bause schw.: ♦ 1) ›aufgeblasen tun, großtun‹. ♦ 2) ›hervorragen, schwellen‹ (Beule).

Baus(er) m.: *Bauser, Boiser, Bois*; Dim.: *Bäuserli*. ♦ 1) ›Woll- Wattebäuschchen‹ [Schonach]. ♦ 2) ›Weidekätzchen‹ [Teningen]. ♦ 3) ›Kätzchen, kleiner Hund‹ [Teningen, Ringshm]; vgl. »Busi, Wauzili«.

Baus-märtel m.: ›Schreckgestalt für Kinder‹ [Glashütte (Bühl)].

bautsche schw.: ›schlagen‹ Ortenau.

bäutsche schw.: ›hin und her stoßen von Wasser, schlagen‹ Markgr.

Bauwele f.: *Bauwele, Bouele, Bauwulle* u. ä. ♦ ›Baumwolle‹ vereinz. SW-Baden; in neuerer Mundart dann: *Baumwoll* u. ä. *Isch echt do obe Bauwele feil?* Vergleich der Schneeflocken mit Baumwolle [Hebel]. *Do sinn wyßi Bouwelestrümpf* [Hebel].

bebberle ›klopfen‹ → »poppere«.

bebere schw.: ›zittern‹ [Sulzburg], Markgr.

Bechsel m.: *Begsel* ›Hohlbeil zum Aushauen von Rinnen‹, die Tätigkeit heißt *bechsle* vereinz.

Beck m.: *Beck* verbr., *Bäck* Dinkelberg, südl. Hotzw. ♦ ›Bäcker‹. *Hesch's vum Beck oder vum Kundidder?* [A. Ganther]. *Am Sunndig het's Kirnibrod* ›Weißbrot‹ *vum Beck gei* (gegeben) [St. Märgen]. Bei großen Löchern im Brot sagt man: *do isch dr Beck dinne gsesse* [Tiengen (Waldsh.)]. Sprichw.: *Kleini Wecke git richi Becke* [Neuk.]. – Mhd. *becke*.

Becke f.: ›Menge Mehl, die man zum Backen braucht‹ [Stockach]. – Vgl. »Bachete«.

becke schw.: ›den Boden leicht aufhacken‹ vereinz. Markgr., auch *beckse* [Biberach]. – Vgl. »Beckser«.

Becki n.: *Beggi, Becki,* häufig Dim.: *Begg(i)li*. ♦ ›schalen- oder becherförmiges Gefäß‹, z. B. Milchbecken, Tasse, Sammelgefäß für Beeren, vereinz. S-Baden.

Beckser, Becksler m.: ›kleines Beil, Haumesser‹, z. B. zum Reisigmachen, verbr. Baar. Bildung zu mhd. *bicker* ›beilartiges Instrument‹. – Syn. → »Säsli«.

Bede f.?: ›offene Wunde‹ [Rüßwihl].

bedert-halb Adv.: ›beidseitig‹ Markgr.; bei Hebel substantivisch auch für den Zwerchsack: *Un jedem hangt e Bederthalben a* ›jeder hat einen Zwerchsack um‹.

Be-ding m.: ›Bedingung‹; *uf de Beding* ›unter der Bedingung‹ [Burte].

be-dite schw.: *beditte, bedüte; bi-* ›bedeuten‹. *Hesch echt's Eckstei-Aß? 's bidütet e rote Karfunkel* [Hebel].

Be-ditig f.: *Beditig, Bediting, Bidütig* ›Bedeutung‹. *'s cha si,'s het gueti Bidütig* [Hebel].

be-ditsem Adj.: ›bedeutungsschwer‹. *Aber der alt Ma ... heig* (hätte) *gseit mit schwere bidütseme Worte* [Hebel].

be-dure schw.: *bedure, bidure, bedüre* ›bedauern‹.

Be-duris, Be-durnis n.: *Beduris, Biduris, Bedüris, Bedurnis* u. ä. ♦ ›Mitleid, Bedauern‹; *mit demm kamer Bedüüris ha* [Freiamt]. *Do het sie düchdig Bedurnis mit 'm g'ha* [A. Ganther].

be-elende schw.: *belende, be-elende* ›zum Mitleid rühren, einen jammern‹; *s hät mi belendet* [Stockach].

Beer f.: Pl. *Beeri* ♦ 1) ›Beerenfrucht, Weinbeere‹, im Dim. *Beerli,* auch kurz für Johannis-, Erdbeere, mancherorts. ♦ 2) ›hartes Gewächs am Finger‹ Kaiserst., auch ›Fingerspitze‹ und ›Ballen an Zehe und Finger‹ Brsg.

beer Adj.: ♦ 1) ›senkrecht, gerade hinauf‹; das Ross *isch bäär in d Heh* ›stieg fast senkrecht auf die Hinterfüße‹ [Allmannsw.]. ♦ 2) ›gliedersteif‹ [Lörrach]. – Zu ahd. *bor* ›Höhe‹. – Vgl. »gebeert«.

beere, beerle schw.: ›Kirschen, Weinbeeren von den Stielen zupfen‹.

Beere-jockele n., **-maa** m., **-wibli** n.: ›Spukgestalten in der Vorstellung der beerensammelnden Kinder‹, vor allem im Beerenlied: *De Beeremaa isch zu n is kumme, het is alli Beerli gnumme* usw. [Neuk.].

Beere-stinker m.: *Beerestinker, Beerestinkcher* u. ä. ♦ ›Beerenwanze‹. – Syn. → »Gää«.

bees Adj.: *bees, bös*. ♦ 1) ›nicht heil, krank, wund, übel‹; *e beesi Hand. Der het en beese Hueschte.* ♦ 2) ›unartig, bösartig, erzürnt‹; *e beeser Bueb. Diä hed hald e beeses Muul. I bi mit niemerem bös. Im Unterland hets bösi Lüt. Er het e böse Nochber gha* [Hebel]. *S isch nit bees gmaint gsi* Entschuldigung.

Begel-ise n.: ›Bügeleisen‹.

begle schw.: *beegle*. ♦ 1) ›bügeln‹. ♦ 2) ›hinfallen, Schaden nehmen‹; *s het e gheerig beeglet* [Freiamt].

be-häb → »bhäb«.

Beheme f., m.: *Beheme, B(e)hemes* ›Vieh‹ (Kuh, Pferd). – Jüdischdeutsch, Viehhändlersprache, hebr. *behêmâh*.

Bei n.: *Bain, Bein, Been, Bään* mancherorts Ortenau, Hanauerland; *Boi* am Oberlauf von Rench und Wutach; *Bòò* südl. Hegau; *Baa* [Büsgn, Öhngn]; *Bòa* Baar, Hegau; *Bòe* vereinz. Baar, Hegau, Höri; verbr. Bodanrück, Linzgau; *Bui* Ostrand des badischen Bodenseegebiets; *Baai, Bäi* nördl. Schwarzw.; *Bai* (Hauptform) übriges Baden (Verbr. s. Karte → »Bei«). ♦ 1) ›Knochen‹, hier auch häufig Pl. *Beiner, Beener, Boaner, Buiner* u. ä.; *Lumpe, Bainer, alt*

Ise ruft der Altwarenhändler. Ra.: *es friert ein bis in Mark un Bei* [Hebel]. *S isch nint as Haut und Boe anem* ›bis auf die Knochen abgemagert‹ [Mühlgn (Stock.)]. ♦ 2) ›die untere Extremität, das Bein‹. Ra.: *uf d Bai komme* ›wieder gesunden‹; *Bei mache* ›sich tummeln‹; *I cha fast uf ke Bei meh stoh* ›bin todmüde‹ [Hebel].

bei → »bi«.

Beiel n., (m.): *Baiel, Bejel* verbr., *Beigl* [Bühl (Offb.)], *Biile* [Rastatt], *Biigl* [Forb.]. ♦ ›kleine Axt, Beil‹.

Bei-gettli Pl.: Neckname für die Oberrotweiler (Kaiserst.), weil sie *bei* anstatt *bi* sagen.

Beiner-baschi, -michel, -nazi m.: ›der Tod als Knochenmann‹.

beinere schw.: ›(schnell) gehen‹ mancherorts Schwarzw.

Beiner-lit Pl.: ›herumfahrende Knochensammler‹ [Diershm].

beini Adj.: *baini, boani* ›aus Knochen‹ vereinz.; *e boanene Lomele* ›eine knöcherne Messerklinge‹ [Sunthsn]. – Zu »Bei 1«.

beischte schw.: *baischde, baaischde* ›schwer atmen, keuchen, schnaufen‹ östl. und südl. Schwarzw., Baar, Hegau.

Bei-stelz f.: ›Bachstelze‹ Gegend von Rastatt. – Wörtlich *Beinstelze.*

Beizi[1] f.: ›Lauge, Beize‹.

Beizi[2] f.: ›Wirtschaft, Absteige‹.

Belche m.: ›Blesshuhn, Wasserhuhn‹ [Konstanz]. – Mhd. *bëlche* f., urverwandt mit lat. *fulica.*

Belcher m.: ›ein großes Stück von etwas‹ [Bötzgn]. – Vgl. »Bolke«.

Belde f.?: ›Schwarzpappel‹ [Wyhl]. – Vgl. »Belle«.

Beler m.: ♦ 1) ›Dotter‹ [Opfgn]. ♦ 2) ›große Wurfkugel, Nuss‹. ♦ 3) ›große Augen‹; vgl. → »Bollaug«.

belfere schw.: ›keifen, schimpfen‹. *Sie bäffzt, brumm'lt un belfert* [A. Ganther]. – Vgl. »bäffe«.

Belle f.: *Bell, Bäil, Belle* ›Pappel‹, vereinz. Ortenau. – Vgl. »Albere, Belde«.

belle schw.: *belle* verbr., aber auch *bille* [Stahrgn], *bulle* vereinz. ♦ 1) ›bellen, vom Hund‹. ♦ 2) ›(laut) husten‹, hierzu auch der *Beller* ›lauter Husten‹. ♦ 3) ›schluchzen, weinen‹ nur SO-Baden; *s Kind billet allewil* [Überlgn a. R.].

Bell(i)-korb m.: *Bellkorb, Bellikoreb* [Kappelwi., Altschw., Neusatz]. ♦ ›kleiner Korb mit bogenförmigem Henkel zum Kirschenpflücken, Einkaufen‹.

Belse-baum m.: *Belzebaum, Belzebub* ›Traubenkirsche‹, vereinz. Raum Bühl, Rastatt.

Belz-bommere n.: *Belzbommere, -bummere* vereinz. Ortenau. ♦ ›unbestimmter Ort‹, nur in Ra. wie: *Wenn de nur im Belzbummere wärsch!*

Belz-märte, -niggel → »Pelzmärte, Pelznickel«.

bemmere schw.: ›anschlagen, poltern‹, bes. in Zs.: wie *abemmere, verbemmere* mancherorts Ortenau. – Vgl. »bummere«.

Bemsel m.: *Bämsel* verbr. (außer nördl. Schwarzw., Ortenau; *Bensel* mancherorts, *Beindsl* [Ottersd.]. ♦ ›Pinsel zum Malen, Anstreichen‹. *E Viard'lstündli druf isch d'r alt Molerwinkler schu mit 'm Bems'l un mit 'm Farbhäfili ag'ruckt kumme* [A. Ganther]. – Schon mhd. *bensel* ›Pinsel‹.

Bendel m.: ›schmales Band, Schnur‹. *Un der Schie-Hut nimmsch in d' Hand am sidene Bendel* [Hebel]. Ra.: jemanden *am Bendel haa* ›jemanden im Griff, in seiner Gewalt haben‹.

Bendel-jud m.: ›mit Litzen, Bändern usw. handelnder Jude‹ (Anf. 20. Jh.), nur noch in der Ra.: *de het e Mul wiä e Bendljud* ›redet unaufhörlich, kann überreden‹ [Mühlgn (Stock.)].

Bendel-kappe f.: *Bendelchappe* ›Haube mit Bändern‹, ehem. Tracht der Hotzenwälderin.

Bengel m.: ♦ 1) ›Prügel, Knüppel‹; Sprichw.: *wemmer will e Vogel fange, därf mer nid mid Bengel werfe* ›bei manchen Unternehmungen ist es gut, behutsam vorzugehen‹ [Opfgn]. ♦ 2) ›Lausejunge‹.

beng(e)le schw.: ›mit einem Knüppel schlagen‹, bes. ›Nüsse mit einem Knüppel herunterschlagen‹.

Benne f.: *Benn, Benne* ›Weidengeflecht‹, bisweilen als Rückentragekorb, häufiger jedoch als Wagenkorb, Aufsatz am Wagen, dann auch für den Wagen selbst.

– Das Wort stammt aus dem Gallischen: *benna* ›geflochtener Wagenkorb, eine Art Wagen‹.

Benne-wägeli n.: *Bennewägele, -wägeli,* auch häufig *Bernerwägeli* u. ä. ♦ ›leichter Wagen, mit Wagenkorb, Sitzbank‹ u. ä. – Zu »Benne«.

Bensel ›Pinsel‹ → »Bemsel«.

Benzig n.: nur in der Wendung: *Benzig mache* ›mit Murmeln spielen‹ [Waldkirch i. Elzt., Bleib.].

Beppe m.: *Bepp, Beppe, Beppi* u. ä. ›Kurzform für den männl. VN *Josef*‹. – Vgl. »Sepp«.

beppere ›schnattern‹ → »päppere«.

bepperle ›pochen‹ → »poppere«.

be-raffle ›vorlaut anreden‹ → »braffle«.

Berches m.: ›geflochtenes Weißbrot mit Mohn bestreut‹ vereinz. Ortenau, Kaiserst., Bodensee. – Ursprünglich ›Sabbatweißbrot, Segensbrot der Juden‹, zu hebr. *bêrâcha* ›Segnung‹.

berchtele schw.: ›den »Berchtelistag« feiern‹ [Günterstal, Gottmadgn, Randegg].

Berchtelis-tag m.: *Bächtelistag* [Schopfhm]. ♦ ›Tag, an dem die Dienstboten ihr Bündel schnüren‹ (verschiedene Termine, z. B. 2. Weihnachtsfeiertag oder Neujahr). – Eigentlich Bezeichnung des Dreikönigsfests (ahd. *giberahta naht*).

Berchtli m.?: *Bechtle, Berchtle* Fastnachtsgestalt in Happach (Wiesent.), der nachgerufen wird: *Berchtli-Zapfe Reere, mit de lange Schneere, hät en Hufe Dreckch am Bei, Berchtli-Zapfe dai-dai-dai.*

Bere f., m.: *Bäre, Bạre,* auch *Bärne, Bernet, Bernert* vereinz., bes. in Orten am Rhein und am Bodensee, wo Fischfang betrieben wurde. ♦ ›sack- oder trichterförmiges Fischnetz‹, teils mit, teils ohne Stange; ein Wort der Fischerei. – Mhd. *bêre, bêr,* aus lat. *pera* ›Beutel, Sack‹. – Vgl. »Hamen, Segi«.

Berg m.: *Berg, Bạrg, Bereg, Berig* mancherorts; *Beri, Bạri* westl. Ortenau. ♦ ›größere Erhebung‹, kleinere s. »Buckel, Bühl«. Oft in Paarbildungen wie: *über Berg un Tal* ›auf und ab, weit weg‹; *in Hus un Feld, in Berg un Tal* [Hebel]. Weitere Ra.: *usg'risse üwwer alli Berg* [A. Ganther]; dastehen *wie dr Ochs om Berig* ›verständnislos, dumm herumstehen; *Berg un Daal kumme n-id zemme n-awwer d Litt* [E. Strube].

Berg-schnättere f.: ›Grille‹ [Elzach]. – Syn. → »Heimmauch«.

Berner-wägeli → »Bennewägeli«.

Bersching m.: *Bersching, Berschi, Berschig, Bersig* u. ä. ♦ ›der Fisch Flußbarsch‹ vereinz. – Mhd. *berse* ›Barsch‹.

berze schw.: *bäärze* ›keuchend arbeiten, schnaufen‹ Brsg., Markgr., südl. Schwarzw. – Vgl. *bägse.*

bescht Adj., Adv. Superlativ von *gut. D'r bescht Wi in d'r ganze Gegend* [A. Ganther]. *Mit 'm beschde Wille het 'r nit rum kume künne* [A. Ganther]. Ra.: jemanden *zum (am) beschte haa* ›einen Bären aufbinden‹; *ebbes zuem beschde gää* ›etwas darbieten‹. Sprichwort: *Wer zletscht lacht, lacht am beschte.* Witz: *Krutt isch s bescht!* sagte der Bauer zum speckvertilgenden Knecht, aber dieser erwiderte: *s bescht isch für de Buur!*

Bese m.: *Bääse, Bässe, Beässe, Besem* ♦ 1) ›Besen‹. Er ist das Werkzeug zum »fege, fürbe, kehre, schweife, wische«; e Bese stecke ›das Fehlverhalten von jemandem öffentlich machen, indem man ihm einen Besen ans Haus steckt‹. ♦ 2) ›Schelte für eine Mädchen mit sittlich zweifelhaftem Ruf‹; *des isch en Bäse* [Menzenschwand].

bese schw.: *bese, besse* ›eilen, sich herumtreiben‹. *Selli besset dor s ganz Eärtli* [Hüfgn].

Bese-pfrieme m.: ›Ginster‹ [Elzach]. Ortsneckerei: Die Spitzenbacher (Elztal) werden *Besepfriemer* genannt. – Vgl. »Pfrieme, Ramse«.

Bese-ris n.: ›Reisig zum Besenmachen‹. *Vom zarte Beseris e goldig Rüetli, schlank un nagelneu!* [Hebel].

Bese-stiel m.: ›Stecken, an dem der Besen befestigt ist‹. Ortsneckerei: *Oberwihl un Niederwihl git en ganze Besestiel* [Rüßwihl].

besme schw.: ›beben‹. – Vgl. »erdbesme«.

besser Adj., Adv.: ♦ 1) Steigerung von *gut. 's chönnt besser goh* [Hebel]. *Besser künnt e m'r's jo nit finde* [A. Ganther]. *'s isch m'r jetz gottlob awwer widder e bizili besser* [A. Ganther]. Ra: *um kei Hoor besser* ›genau so schlecht‹. Sprichw.: *Besser e Lus im Krutt, as gar kai Flaisch* scherzh. ♦ 2) Steigerung örtlicher Bestimmungen. *Gang e weng besser dure!* ›rück ein wenig weiter (auf der Bank)‹; *besser her* ›mehr zu mir‹; *besser ufe* ›mehr hinauf‹ verbr. – Vgl. »bescht«.

bet-flißig Adj.: ›fromm‹ Kinzigtal.

Bethli n.: ›Hochzeitskrone‹ Dreisamtal. – Von *Elisabeth.*

betig Adj.: *beatag* ›viel betend, frömmelnd‹ [Stahrgn].

Bett n.: *Bett, Bätt, Bäett,* Pl. häufig *Better.* ♦ 1) ›Schlafstatt‹. *S Bett mache. Mer göhn jez au ins Bett* [Hebel]. ♦ 2) ›Bettähnliches (Kelterbett, Flußbett u. ä.)‹.

Bett-aazug m.: ›Bettüberzug‹, vereinz. Häufiger »Bettzieche«.

Bett-brunzer m.: ›Bettnässer‹.

Bett-buech n.: *Bettbuech* ›Gebet-, Gesangbuch‹. *Un list in der Bibel un im verrissene Bettbuech* [Hebel].

bette *bette, bädde, bätte, bạtte, bäette* ›beten‹; *z'Nacht bette* ›das Nachtgebet verrichten‹. *Ufs Bette het er nit viil gha* ›vom Beten hat er nicht viel gehalten‹ [Hebel]; Ra.: *Do hilft s Bädde nind meh, do gheert Mischt naa* [E. Strube]; Sprichw.: *D'Not lehrt bette, d'Not lehrt schaffe, d'Not lehrt der Bammert Pfiifli putze* [Hebel].

Bettel m.: *Bettel, Bättel, Bạttel, Bäettel.* ♦ 1) ›das Betteln‹; *uf dr Bettel* gehen ›betteln gehen‹ [Emmendgn]; auch *das Bettles* [Hebel]. ♦ 2) ›wertloses Zeug, Plunder‹, übertragen: *de Bettel hiiwerfe* ›kündigen, alles aufgeben‹ verbr. ♦ 3) Fachausdruck beim Zego-Spiel, wenn kein Stich gemacht werden darf.

Bettel-maa m.: ›Bettler‹; Pl.: *Bettel-litt* ›Bettelleute‹ verbr.

Bettel-sack m.: ›Sack des Bettlers‹. Ra.: *Immer nobel, un wenn der Bettelsack an der Wand verreckt* [Freib.]. Auch in Ortsneckereien, Ortsneckversen auf Ortschaften bezogen, z. B. *Denzlinge isch e Bettelsack.*

Betterig m.: *Bätteri, Bätterig* ›Mühlengerinne, Kanal, in dem das Mühlrad läuft‹, nur vereinz. und heute veraltet.

Bett-glocke f.: dass. wie → »Bettzittglocke« vereinz.

Bett-huss f.: ›Tagesdecke auf dem Bett‹ vereinz. Ortenau, Brsg. – Grundwort aus frz. *housse.*

Bett-lade f.: *Bettlad, -lade* ›Bettgestell‹.

Bettli n.: ›Rosenkranz‹ Umgebung von Waldshut. – Vgl. »Bettnuschter«.

Bett-mümpfeli n.: *Bettmümpfeli, Bettmümpfele.* ♦ ›Kleinigkeit, Süßigkeit, die man den Kindern vor dem Zubettgehen gibt‹.

Bett-nuschter n.: ›Rosenkranz‹, vereinz. neben dem häufigeren »Nuschter«, s. d.

Bett-peter m.: ›Bettjacke der Frauen‹ vereinz. mittl. Schwarzw., Ortenau. – Zum Grundwort s. »Peter 3«.

Bett-ritte f.: ›Bettbezug‹ Elztal. – Zum Grundwort s. »Ritte«.

Bett-schisser m.: ♦ 1) ›wer ins Bett macht‹. ♦ 2) ›Löwenzahn‹ verbr. mittleres und oberes Achertal, vereinz. obere Kinzig (Verbr. s. Karte → »Seichblueme«). – Syn. → »Seichblueme«.

Bett-seicher m.: ♦ 1) ›Bettnässer‹. ♦ 2) ›Löwenzahn‹ verbr. mittl. Schwarzw. (Verbr. s. Karte → »Seichblueme«). – Syn. → »Seichblueme«.

Bett-wahle f.: ›Leintuch‹ [Buchholz]. – Zu »Zwehle«, entstanden aus *bett(e)-twähle*, früh umgeformt zu *bet(t)-wähle* und wegen dieser Silbentrennung nicht zu *-zw-* entwickelt.

Bett-zaierli n.: ›Kobold, der gegen das Bettnässen angerufen wird‹ [Ettenhm, Wiesental].

Bett-zièche f., m.: *Bettziäch, -ziäche* ›Bettüberzug‹. – Vgl. »Zièche«.

Bett-zipfel m.: ›Zipfel der Bettdecke‹; Ra.: *ebbes in Bettzipfel schittle* ›ein Taufgeschenk machen‹ [E. Strube].

Bett-zit f.: *Bettzitt, Bettzig* ›die Zeit, wenn zum Beten (Angelus) geläutet wird, Abendläuten‹. *d' Glocke schlagen a, un lütte selber Bettzyt wyt un brait* [Hebel].

Bettzit-glocke f.: ›Glocke, die zu bestimmten Zeiten zum Beten läutet‹; *un do un dört e Bettzytglocke tönt* [Hebel].

Bettzit-lüter m.: scherzhaft für ›Gehrock‹ [Ettenhm].

be-vielen → »pfile«.

Bez m.: *Beez* ›Eber‹, mancherorts südl. Hotzw., südl. Klettgau.

b-fuschte schw.: ›mit Fäusten bearbeiten‹ Markgr.

b-häb Adj.: *bhäb, bheb, phäb* ›dicht, gut schließend, eng‹, z. B. von Türen, Fenstern; *das Rohr isch phäb* ›sitzt stramm‹ [Rüßwihl]; *isch's Stübli bheb un warm un still* [Hebel]; *des ischt ganz bhäp hergange* ›das ging knapp (an einem Unfall) vorbei‹ [Epple]. – Mhd. *beheb* ›zusammenhaltend‹. – Vgl. »ghäb«.

b-häbig Adj.: ›gut haltend, dicht, fest‹ [Stockach].

b-halte st.: *bhalde, phalte* ›behalten‹; Part. Perf. bisweilen: *gephalde* (!).

B-haltis n.: *Bhaldis* ›Mitgabe an Gäste‹ [Burte].

b-hange st.: ›hängen bleiben‹; *Dört bliibe sie bhange* [Hebel].

b-hebe schw.: *bhewe, phebe* ›sich nicht wohl fühlen, über Schmerzen klagen‹; *sich phebe am Bäi* ›Schmerzen am Bein‹ [Achern].

B-henk n.: ›Vorrichtung zum Auf-, Anhängen‹ veraltet.

b-hiete schw.: *bhiäte, bhüete, phüete* ›behüten‹, besonders in (veralteten) Gruß- und Segensformeln: *Bhüet ich* (euch) *Gott!* [Hebel]; auch kontrahiert: *Bhiätdigott, Bhüedgott, Bhüegott* u. ä.; auch in Ausrufen: *O bhüetis!* ›Gott behüte, keineswegs!‹.

B-hilf m.: ›Beistand, Abhilfe‹; ein schwer Kranker kann *sich gar kei Bhilf gee* [Achern].

bi[1] Adv.: *bii, bi* ›bei‹, im räumlichen, örtlichen sowie zeitlichen Sinn; *ich bin bi s Müllers gsi* ›ich war bei der Familie Müller‹; *bi dr Nacht* ›nachts‹.

Folgt ein vokalisch anlautendes Wort, so wird ein *n* eingeschoben: *bi is* ›bei uns‹ wird zu *bi-n-is; bi em* ›bei ihm‹ wird zu *bi-n-em* usw. Das Wort ist häufig in Ausrufen, Beteuerungen: *Bi Gott, der Uhli mueß sterbe!* [Hebel]; weiteres → »bigoscht«. *Bi miner Treu, Seel!* mancherorts. Ra. (alliterierend): *bi Lib un Lebe* [Hebel]; *bi Nacht un Nebel* [eb.].

bi[2] Hilfsverb, 1. Person von → »si«.

Bibeli[1] n.: *Biibeli* ›Eiterbläschen‹ [Lörrach], auch *Bibsli* [St. Georgen (Freib.)]. – Vgl. »Pfitze, Pfutze«.

Bibeli[2] ›Küken‹ → »Bippeli 1«.

Bibelis-käs ›Quark‹ → »Bippeliskäs«.

Bibili n.: *Bibiili* ›kleine Wunde, Wehwehchen‹ kindersprachlich vereinz. Baar, Klettgau, Hegau.

bichse schw.: *bigse* ›tüchtig Wein trinken‹ vereinz. Kaiserst., Brsg. – Syn. → »surpfle 2«.

bichte schw.: ›beichten‹.

Bick m.: *Bick* Markgr.; *Bickch* Dinkelberg, Hotzw., südl. Klettgau. ♦ ›verschnittener Eber‹. – Vgl. »Barg«.

Bickel m.: *Bickel* verbr., *Bickchel* Südrand ›Spitzhacke‹.

bickel-hert Adj.: ›sehr hart‹ verbr. – Zu »Bickel«.

Bickeni f.: ›Bremse am Bauernwagen‹ Höri, Reichenau (Verbr. s. Karte → »Mick«). – Nebenform zu »Mickeni«.

Bicker m.: ›Pferd, Klepper‹ kindersprachlich oder abschätzig.

Bickerle n.: ›¼-Liter-Glas‹ [Kenzgn].

Bick-esel → »Pickesel«.

Bicki n.: *Bicki* in den Weinbaugebieten des Kaiserstuhls und des Breisgaus; *Bücki, Bückchi* Markgr., südl. Hotzw. ♦ ›Rückentraggefäß, in dem die Trauben aus dem Weinberg getragen werden‹. Soll Dim. zu dem Wort »Bockte« sein. – Vgl. »Butti«.

Bicki-träger m.: ›wer die Trauben mit dem »Bicki« aus dem Weinberg trägt‹.

Bicksi m. (n., f.): *Bicksi, Bücksi* ›Kerngehäuse des Apfels, Überrest des gegessenen Apfels‹ Raum Waldshut, Klettgau, Hegau, Konstanz. – Vgl. »Butze, Butzge, Ürbsi«.

bicksle schw.: ›an etwas (ungeschickt) herumschneiden‹ vereinz. Hegau.

bi-de-heck Adj., Adv.: ›schnell‹ Markgr.

bi-der-händig Adj.: ›vom links gehenden Pferd im Gespann gesagt‹. – Vgl. »vunderhändig«.

Bieder-maa m.: ›Ehrenmann‹. *Un chunnt zur Zit e Biderma ans Füür, un zündet's Pfifli a* [Hebel].

biëge st.: *biäge* verbr.; Part. *boge* ›biegen, bes. den Bogen am Rebstock machen‹; *wie sie ums Eck rum biage* [A. Ganther]. – Vgl. »neige«.

Biene f.: *Bien, Biene* meist neben dem altmundartlichen *Imme.* Dazu auch *der Bien* (Genus m.) ›Bienenschwarm, Bienenvolk‹.

Biene-sug m.: *Bienesuug, -saug* ›Blüte der Taubnessel‹ vereinz. – Mhd. *bînsûge.* – Vgl. »Immesugi, Schlotzer 3«.

Bien-ker m.: *Bingker* vereinz. Baar, Hegau; *Biicher* vereinz. Hotzw. ♦ ›Bienenkorb‹. – Grundwort entstanden aus *Kar* ›Gefäß, Kasten‹.

Bienle-kraut n.: Name verschiedener Pflanzen: ›Wiesen-Spierstaude, Wald-Geißbart, Wasserminze‹ vereinz.

Biër n.: *Biär, Biar, Beer* verbr. ›Bier‹; *e sechsreifigs Faß Biar* [A. Ganther].

Biescht m.: ›erste Milch nach dem Kalben‹ [Stockach]. – Mhd. *biest.* – Vgl. »Briescht«.

Biet[1] n.: ›Gebiet‹ vereinz. Südrand; auch in der Bezeichnung *Baselbiet.*

Biet[2] n.: *Biid, Biit* ♦ 1) ›Kelterbett‹ [Oberw. (Rast.)]. ♦ 2) ›Mühlsteinlager‹ [Meißenhm]. ♦ 3) ›oberer Raum der Mühle, wohin man bei Überschwemmungen flüchtet‹ [Münchw.]. – Ahd. *biet, biot* ›Tisch‹.

Biëte f.: *Biäte* ›(viereckige, innere) Tasche in Kleidern‹ vereinz. Markgr.

biëte st.: *biäte,* Part. *botte* ›bieten, gebieten‹; Ra.: *d Zitt biete* ›grüßen‹; *un wemmer enander bigegne, biete mer is d' Zit* [Hebel]; *Firoobe biäte* ›auffordern, Schluss zu machen‹ [Freiamt].

biëtze schw.: *biätze* vereinz. Brsg., verbr. Raum Furtwangen – St. Peter – Neustadt – Baar; *büetze, büetzme* verbr. Hotzw., vereinz. Klettgau, Reichenau. ♦ 1) ›ausbessern, flicken, nähen‹. ♦ 2) ›einen flachen Stein über das Wasser hüpfen lassen‹ (vom Bild der Stiche einer Naht). – Das Wort, mhd. *büezen,* ist gleicher Herkunft wie nhd. *büßen,* nämlich in einer Grundbedeutung ›bessern, ausbessern‹, der in Baden vorkommende FN *Albiez* ist ursprünglich Bez. für den Flickschuster < *Altbüez.* – Vgl. »Büez«.

Bifang m: *Bifang, Bifing, Bifig.* ♦ 1) ›abgezäuntes Grundstück‹, selten, veraltet, vereinz. in FlN. ♦ 2) ›zweimal hintereinander wachsendes Getreide auf einem Acker‹ [Bleichhm].

Bifeli n.: ›kleiner Pickel, Pustel‹ [Freiamt]. – Vgl. »Bipperli«.

bige schw., st.: *bige* verbr., zum Schwäbischen hin *bäige, beige.* ♦ ›aufschichten, aufstapeln‹, z. B. Holz, Ziegelsteine, Briketts, Waren. *Ich ha s Holz bige* ›ich habe das Holz aufgestapelt‹ [St. Georgen (Freib.)]. – Mhd. *bîgen* ›in Haufen schichten‹.

bigefferlig Interj.: Fluch [Lahr]. – Vgl. »bigoscht«.

bigelts Interj.: beteuernde, bestätigende Floskel im Sinn von ›wahrhaftig‹, eine verhüllende Form von *bei Gott!* Auch *bigelschdig* [Emmendgn].

Bigi f.: *Bigi, Bige, Big* mancherorts ›aufgeschichteter Haufen‹. – Zu »bige«.

bigoscht, bigott Interj.: Ausruf der Beteuerung, Verwunderung, Fluch, entstanden aus *Bi-Gott,* was aber, um den Namen Gottes nicht zu verunehren, zahlreiche Umformungen, Verhüllungen erfahren hat: *bigoch, bigots, bigoscht, bigelt, bigolt, bigeschtli, bigoschtna, bigoligi, bigiolmer, bigölger, bigottliger, bigotts, bigottsli, bigutta* u. a. *Was so e winzig Dingili bigott nit alles fertig bringt!* [A. Ganther].

bigott → »bigoscht«.

Bihl m.: *Bihl* mancherorts (außer Südosten); *Büel* [Singen a. H.]; *Biäl* [Lörrach, Stockach, Wintersulgen, U.siggingen]; *Bichel* [Stockach, Dettgn, Litzelstet.]. ♦ 1) ›Hügel, runde Anhöhe‹, auch häugfig in FlN. ♦ 2) Ortsname *Bühl* bei Rastatt, Offenburg und Waldshut. – Mhd. *bühel* ›Hügel‹.

Bihni f.: *Bihni* verbr. mittl. und südl. Schwarzw., Brsg., unteres Markgr.; *Bihn, Biän, Behn, Behni* mancherorts nördl. Schwarzw., nördl. Ortenau; *Bihne* vereinz. östl. Schwarzw.; *Binni* Baar, Hegau, Bodenseegebiet; *Bühni* ob. Markgr., Hotzw.; *Bünni* östl. Hotzw., Klettgau, Höri. ♦ 1) ›Zimmerdecke‹ mittl. und südl. Schwarzw., Wiesental, Hotzw. Klettgau; vgl. »Plaffon«. ♦ 2) ›oberer Dachraum, Dachboden, Speicher‹ verbr., nur im Südosten seltener; Ra.: *dem kälberet dr Holzschlegel / Sägbock uf dr Bihni* ›dem gerät immer alles zum Besten‹ [Waldk. (Elzt.)]. – Mhd. *büne, büene.*

Bihni-stege f.: *Bihnistää(j)* u. a. ›Treppe, die auf den Dachboden führt‹; Rätsel vom Hahn: *S geht ebbs d Bihnestäj nuf, s het e Sichel im Arsch* [Altenhm].

Bilder ›Zahndamm‹ → »Bilger«.

Bile f.: *Bil, Bile, Büle* ›Beule‹.

Bilger n.: *Bilger* verbr. Brsg., Markgr., Hotzw., Klettgau, Hegau, Höri, Bodanrück; *Bilge* vereinz. Klettgau, Höri; *Biller* südöstl. Schwarzw., Baar; *Bilder* mittl. Schwarzw.; Pl. *Bilgere* u. a. ♦ ›Zahndamm, Zahnfleisch‹. – Zu ahd. *bilarn,* mhd. *biler* ›Zahnfleisch‹.

Bil-harz n.: ›Tannenharz‹, veraltet, wurde früher als Mittel gegen Beulen, Geschwüre auf Pflaster gestrichen.

bille → ›belle‹.

Biller ›Zahnfleisch‹ → »Bilger«.

Billet n.: ›Fahrkarte‹, veraltet. – Vgl. »Bollet«.

Bim-baum m.: ›Wiesbaum‹ [Wyhlen]. – Kontrahiert aus *Bindbaum.*

Bin ›umzäuntes Land‹ → »Bünti«.

Binätsch m.: ›Spinat‹ vereinz. oberes Markgr., veraltet. – Das auch in der Schweiz bekannte Wort stammt aus ital. *espinacio,* während mhd. *spinât,* nhd. *Spinat* aus spanisch *espinaca* übernommen wurde; beide romanischen Formen stammen aber aus dem Arabischen bzw. Persischen.

binde st.: *binde, binge,* Part. *bunde* ›binden‹. *'s Vreneli bindet d'Chappen* [Hebel].

Bindel m.: *Bindel, Bündel* verbr. ♦ 1) ›etwas Zusammengebundenes, insbes. das Wanderbündel oder Hab und Gut, das man beim Umziehen mitnimmt‹; *du kannsch de Bindel packe, wenn de wit* droht der Vater seinem ungehorsamen erwachsenen Kind [verbr.]; *s Bindli mache* ›die Stelle wechseln‹ [N.wasser]; *Der Dunder schla ins Bündeli!* [E. H. Meyer]. ♦ 2) ›am Hinterkopf hochgesteckte Haare, Knoten‹, *E Bindeli wie e Nuß, isch e Freud un e Luscht* [Ettenhm]. ♦ 3) ›kleines, munteres Kind‹, auch scherzhaft scheltend.

Bindelis-tag m.: ›Tag des Dienstbotenwechsels‹, veraltet, früher ein Tag zwischen dem 26. Dez. und 2. Jan.

Bindet m.: ›die Tätigkeit, Zeit des Rebbindens‹ [Bickensohl, Hagnau]. – Vgl. »Heuet«.

Bind-hölzer Pl.: ›Wagenteile‹ Ortenau.

bindle schw.: *bindle, bündle* verbr. ›etwas zusammenschnüren, den Wohnort wechseln‹.

Bine f.: Kurzform für den weibl. VN *Jakobine, Philippine, Sabine.*

Binker m.: ›Knirps‹ [Meßk.]. – Vgl. »Schielebinkis«.

Binse-busseli n.: ›Wollgras‹ [Gresgen]. – Grundwort zu »Busi« (Kosename für Katze).

Binsel → »Bemsel«.

Binsge f.: *Binds, Bindsge* mancherorts Ortenau, Brsg. ♦ ›Binse, Simse‹ und ähnliche Gewächse.

Bippeli, Bippele n.: *Bibbele* mancherorts nördl. Schwarzw.; *Bibbeli, Bibbili, Bippeli, Bippili* u. ä., übriges Gebiet. ♦ 1) ›Hühnerküken‹, bisweilen als kindersprachlich aufgefasst, auch für junges Huhn; vgl. »Gluckerli, Weiseli, Zippili«. ♦ 2) ›Kiefernzapfen‹ mancherorts; Syn. → »Fohrebuppeli«.

Bippeli(s)-käs m.: *Bibbele(s)käs* usw., (Verbr. s. Karte → »Bippeliskäs«). ♦ ›weißer Käse, Quark‹ verbr. (außer der Südwestecke, wo »Ziger« und kleinen Gebieten am Rhein, wo »Hafekäs, Schmierkäs«

gelten). – Die Benennung kommt wohl daher, dass man die kleinen Küken (s. »Bippeli«) mit Quark fütterte.

Bipperli n.: *Bipperli, Pipperli.* ♦ 1) ›Hautpustel, Mitesser‹ [Waldk. (Elzt.)]. ♦ 2) ›winzige Kleinigkeit‹, *wäge dem Pipperli fonge mer jeds nimmi o* [Freiamt].

Birche → »Birke«.

Bire f.: *Biir* verbr. Ortenau, nördl. und mittl. Schwarzw., mancherorts Baar; *Biire* verbr. Elztal, Brsg., südl. Schwarzw., Markgr., Wiesental, westl. Hotzw.; *Birre* östl. Hotzw., Klettgau, südl. Hegau, Höri; *Birr* vereinz. Baar, verbr. nördl. Hegau, Bodanrück, Linzgau (Verbr. s. Karte → »Bire«). ♦ ›Birne‹; *bruni Bire, welschi Nuß* [Hebel]. Ra.: *er schmeckt's an sine Bire, wenn andere Lütt ihri daig sinn* ›Er spürt es am eigenen Leib, wie es anderen Leuten geht; ist

übersensibel‹; *diä Bire sinn gschittelt* ›das ist vorbei, erledigt‹ [Lahr]. Volksreim: *Jockili will nit Biire schittle, d Biire wenn nit falle* [Neukirch].

Bire-brot n.: dass. wie → »Birewecke« mittl. Schwarzw., Baar, Linzgau.

Bire-schnitz m.: ›gedörrte Birnenschnitte‹ verbr.

Bire-schnok m.: dass. wie → »Bireschnitz« [Lippertsr., Stockach].

Bire-wecke m.: ›Gebäck zu Weihnachten mit getrockneten Früchten (Birnenschnitzen)‹ mancherorts. – Syn. »Birebrot, Hutzelbrot, Schnitzbrot, Schnitzwecke«.

Birg n.: ›Gebirge‹, d. h. der Schwarzwald, vereinz. an der Rench. – Mhd. *birge.*

Biri f.: *Biri, Birin, Büri*; Pl. *Birene, Birine, Bürene.* ♦ ›Bäuerin‹.

Birke f.: *Birik* [Ettenhm]; *Biriche* [Gütenb.], *Birche* [Lörrach]; *un an de zarte Birche schwankt's* [Hebel].

Birling m.: ›Heuhaufen auf der Wiese‹ Bodenseegebiet, sonst »Hufe, Schoche«. – Bildung zu mhd. *bern* ›tragen‹, also ›soviel man auf einmal tragen kann‹.

Birne → »Bire«.

Birschte f.: *Birschte, Biäschte, Birscht, Bürschte, Börschte.* ♦ ›Bürste‹.

birschte schw.: ♦ 1) ›bürsten‹. ♦ 2) ›prahlen, zechen‹. ♦ 3) ›begatten‹.

Birzel m.: ♦ 1) ›Haarwirbel am Hinterkopf‹ vereinz. Ortenau. ♦ 2) ›Haarknoten der Frauenfrisur‹ vereinz. Markgr.; vgl. »Bürzi«. ♦ 3) ›Kopf‹ Ortenau. ♦ 4) ›Bürzel des Geflügels, Steiß‹.

birzle schw.: ›kopfüber stürzen, purzeln‹. – Wörtl. *pürzeln,* zu nhd. *purzeln.* – Vgl. »Schirebirzler«.

bischele schw.: *bischele, büschele.* ♦ 1) ›zausen, in Mitleidenschaft ziehen‹ [Sulzburg]. ♦ 2) ›stürzen, einen Unfall haben‹, scherzhaft. *s het en bischelet* [Freiamt].

bischpere schw.: ›flüstern, tuscheln‹ [Hofstet.].

bischple schw.: ›geheimnisvoll raunen, gespenstische Geräusche machen, spuken, huschen, rascheln‹ mancherorts. *S bischpelet* ›es spukt‹.

bis-dert Adv.: ›derweilen, unterdessen‹. *I kumm gli, blisch bisdert do* ›ich komme gleich, bleib unterdessen da‹ [Sasbach a. K.].

bise, bisere schw.: ♦ 1) ›wie wild herumrennen‹, vom Vieh auf der Weide, vereinz. ♦ 2) ›herumschwärmen, aufgeregt sein‹, von Bienen, Menschen. – Mhd. *bisen.*

Biser m.: ›starker Regenschauer‹ [Unzhurst].

Bis-hummel f.: ›Hummel‹ vereinz. mittl. Schwarzw. – Vgl. »Bushummel«.

Bisi-wetter, -wind n.: *Bisiwedder, Büsiwind* u. ä. ♦ ›stürmisches Wetter, Sturmwind‹ vereinz. Südrand; Ra.: *wie s Bisiwetter* ›flink, schnell‹ [Feldbg].

bisme schw.: ♦ 1) ›leise sprechen‹ [Lenzk.]. ♦ 2) iron. für ›zahlen‹, *jets kann er bisme* [Sunthsn].

Bi-spiel n.: ›Beispiel‹.

Biss n.: *Biss, Biis* ›Gebiß‹, sowohl Zähne bei Mensch und Tier wie auch der durch das Maul gehende Teil des Zaumzeugs, vereinz. *Me soll kai Roß uffstige, eb me s Biß igmacht hett* Brsg.

Bissangli Pl.: ›Löwenzahn‹ [Burkhm, Breisach, Ihrgn]. – Aus frz. *pissenlit*. – Syn. → »Seichblueme«.

Bisse m., f.: ›Keil‹, z. B. zum Holzspalten, auch Brotkeil, mancherorts. – Mhd. *biz, bizze* ›Keil‹.

bisse[1] st.: *bisse* nördl. und mittl. Schwarzw.; Ortenau, Brsg. westl. Markgr.; *biiße* übriges Baden, um Stockach auch *beiße*. ♦ 1) ›beißen‹. *Un wenn's em öd wird, lengt er ebe dri, un biißt e Stückli Schwefelschnitten* [Hebel]; auch für ›Wein trinken‹ *der cha me bisse* Markgr. Ra.: *Do bißt kei Mus kei Fade ab* ›das ist unabänderlich‹ [A. Ganther]. ♦ 2) ›ein beißendes, juckendes Gefühl verursachen‹; *s bisst mi* ›mich beißt, juckt etwas‹. Rätsel von der Zwiebel: *s het siwe / nin Hitt un bisst d Lidd* [Ringshm].

bisse[2] schw.: ›einen Keil einschlagen, keilen‹; Ra.: *bisset voll* ›gepresst voll‹ vereinz.

biss(e)le Indefinitpronomen: ›etwas, ein wenig‹ vereinz., bes. im Norden, häufiger → »bitzi, bitzeli«.

Bissete f.: ›ständiges Hautjucken‹ [Prechtal]. – Bildung zu »bisse[1] 2«.

Bis-wind m.: dass. wie → »Bisiwetter« [Kleinlaufenburg].

Bitel m.: *Bitel, Bütel*. ›Beutel‹.

bit-los Adj.: ›elend, in schlechtem Zustand, erbärmlich‹ vereinz. *s Hüsli isch deilwis e weng bitlos* [Gütenb.]. – Mhd. *bîtelôs*.

bitschele schw.: *bitschele, bütschele* ›einbinden, wickeln‹ vereinz.; bei Hebel findet sich das *Bütschelichind* ›Wickelkind‹.

bitschiere → »pitschiere«.

Bittene f.: *Bittene, Bitteme, Büttene* ›großer, meist länglich-ovaler Zuber‹, vereinz. auch nur *Bitt, Bitte* genannt. *Henn si mi nit verstochen un in der Büttene brüehet* [Hebel]. – Mhd. *büttene*.

Bitteri m.: ›kleines Fass‹ [Grafenhsn, Löffgn].

bitt-wis Adj.: ›bittend‹. *Es het is wie bittwys agluegет* Wiesental.

Bitz m. (n., f.): ›Abfälle, von Gemüse, Kartoffelschalen, Kerngehäuse des Apfels‹ mancherorts nördl. Ortenau. – Vgl. »Butze, Butzge«.

bitzi, bitzeli Indefinitpronomen: *bitzi, bitzli, bitzili, bitzeli*. ›etwas, ein wenig‹ verbr.

bitzle schw.: ♦ 1) ›prickeln‹, auch im übertr. Sinne ›neugierig machen, locken‹ vereinz. Kaiserst., Hegau, Bodensee. ♦ 2) ›schnitzeln, schnippeln‹ (auch *betzle*) vereinz. Raum Rastatt.

Bitzler m.: ›neuer Wein, bereits gegoren, aber noch süß‹ Markgr.

bi-zite Adv.: ›rechtzeitig, beizeiten‹. *Er ... würd bizite wieder cho* [Hebel].

Blache f.: *Blach, Blache*. ♦ 1) ›großes Abdecktuch, Plane‹, bes. über den Wagen. ♦ 2) ›Tuch am Fangnetz der Bodenseefischer‹. ♦ 3) ›weiße Fläche, ebene, flache Stelle im Feld, größere Flecken auf der Haut‹ Mittelbaden, Markgr. ♦ 4) ›Pestwurz‹ [Lörrach]. – Mhd. *blahe*.

Bläche1 n.: ›Rippenstück von der Kuh oder dünner, magerer Schweinespeck‹ [Rheinbisch., Gegend von Kehl]. – Das Wort ist auch im Elsässischen belegt.

Blacke f.: *Blacke* Wiesental, *Pflacke* [Tiengen (Waldsh.)]. ♦ ›Blätter der Pestwurz‹.

blacke schw.: ›Blätter entfernen‹ [Schwäblishsn]. – Vgl. »blätsche«.

bläcke schw.: ♦ 1) ›blöken‹, von Schafen, vereinz. Südosten. ♦ 2) ›jemanden verspotten, die Zunge herausstrecken‹ [Stockach, Hattgn]. ♦ 3) ›anstieren, anglotzen‹ [Sunthsn]. – Mhd. *plecken, blecken* ›blöken‹.

blagiere schw.: ›prahlen‹ [Lörrach]. – Frz. *blaguer*.

Blagöri m.: ›Prahlhans‹ [Lörrach].

blähe schw.: *blähe, blaaje, blääje*. ♦ 1) ›sich aufblähen‹. *Di Kue blaajt's* ›die Kuh hat Blähsucht‹, wenn sie nassen Klee gefressen hat [Wyhlen]. ♦ 2) ›zürnen, schmollen‹; *Er blaajt* [Burkhm]. *Sie blaaje mitnander* ›sie sind aufeinander böse‹ [Ringshm].

Bläh-mihle f.: *Blähmille, Blaaimilli* ›Windmühle zum Reinigen von Getreide‹ mancherorts Hegau, Bodensee. – Vgl. »Rändel, Wannmühle«.

blämble schw.: ›zusammenschütten, geringe Mengen umschütten‹ [Feldbg].

blange, blangere schw.: *blange* verbr.; *blangere, blongere* mancherorts Ortenau, Brsg. ♦ ›die Zeit lang werden lassen, mit Sehnsucht oder Ungeduld warten, sich sehnen, heftig verlangen‹. *Wenn d doblischt, word s di scho blange* ›wenn du dableibst, wird dir die Zeit schon lang werden‹ [Sunthsn]. *Jetz blangets mi aber bald* [Stahrgn]. *s blanget mi* [Stockach]. *s blangt mi dernoch* [Rheinbisch.]. *Er blangt scho lang derno* [Schopfhm]; *er blanget uf schö Wädder* [Epple]. *I blang jo heim* ›ich sehne mich nach Hause‹; *in der*

Främde, do hett s mi blangt uff der Vadder un s Müeterli [Glock Brsg.]. – Ein typisch alemannisches Wort, schon mhd. *belangen, blangen* ›lang dünken, langweilig sein, verlangen, gelüsten nach‹.

blare, bläre ›brüllen, schreien‹ → »plare, pläre«.

blasche schw.: *blaasche* ›viel reden‹, ein Vielredner ist ein *Blaaschi* oberes Markgr.

bläschte schw.: *bläschte, bloschte* ›schnaufen, schmollen‹ [Altenhm, Offenburg], Wiesental.

bläschtig Adj.: ♦ 1) ›gewitterhaft‹ [Konstanz], vgl. *Bloscht*. ♦ 2) ›widerspenstig‹ [Altenhm].

Blasi, Bläsi m.: Kurzform für den männl. VN *Blasius*. Ortsneckerei für die Einwohner von Wyhl.

Blass, Bläss m., f.: *Bläss* verbr.; *Blass* mancherorts Südosten. ♦ 1) ›weißer Fleck auf der Stirn von Tieren‹, Sprichwort: *Mer säit* (sagt) *kemm Bläss, wenns nit e Blässel het,* d. h. meist haben Gerüchte einen wahren Kern [Altenhm]. ♦ 2) Name für Pferde, Kühe (mit hellem Stirnfleck). ♦ 3) ›Gesicht, Kopf‹, abschätzig, vereinz. ♦ 4) ›Alkoholrausch‹; Syn. → »Rusch«. – Zum mhd. Adj. *blas* ›kahl, scheinend, leuchtend‹, nhd. *blass,* hierzu auch die folgenden Wörter.

blasse schw.: ›einen Baum zum Fällen markieren‹ mittl. Schwarzw.

blässe schw.: ›Feuer im Backofen anrichten‹ [Markelfgn, Worblgn].

Bläss-fir n.: ›Leuchtfeuer im Ofen vor dem Backen‹ [Markelfgn, Worblgn].

Blass-kopf m.: *-kopf, -chopf* ›Glatzkopf‹ [Singen a. H., Stahrgn, St. Georgen i. Schw.].

bläterle schw.: ♦ 1) ›Blasen bilden, Blasen aufsteigen lassen, gluckern‹ vereinz. ♦ 2) ›Alkohol trinken‹ vereinz., am Südrand auch *blöterle*; Syn. → »surpfle 2«. – Bildung zu »Bloter«; vgl. »blotere«.

Blätsche f.: *Blätsch* Ortenau. ♦ 1) ›größeres Pflanzenblatt‹. ♦ 2) ›Mund mit hängender Unterlippe, Schmollmund‹. *Was machsch widder fier e Bletsch?* [Marlen].

blätsche schw.: ›Blätter entfernen‹ Ortenau. – Vgl. »blacke«.

Blattfall-kranket f.: ›Peronospora‹.

blau Adj.: *blau* verbr.; *bloi, blöi* mancherorts Hanauerland, westl. Ortenau, nördl. Brsg.; *blou* mancherorts Raum Bühl, Baar Hegau, Bodensee; *bloo, blòò* veinzelt Nordrand und in den Grenzgebieten zum Schwäbischen; in flektierten Formen bisweilen mit *w*-Einschub, z. B. *blauwe (blauwi, blawe, blawi, blöwi) Auge*. ♦ 1) ›die Farbe blau‹. *Auge klor un blau* [Hebel]. *Der Himmel isch so rein un blau* [Hebel]. Ra.: *rot un blau vor Wuet* [A. Ganther]; *sich grien un bloi ärgere* [Rust]; *mit eme bloie Oig drvu kumme* ›noch einmal davonkommen‹ [Rust]. Spottvers: *In Sąxoi* (Sexau) *isch e Froi, die Froi het e Soi* (Sau) *un die Soi het e bloi Oig* (Auge) wegen der typischen *oi*-Aussprache. ♦ 2) in den Fügungen *blau mache* ›nicht zur Arbeit gehen‹ und *blauer Mentig* ›Montag, an dem man nicht zur Arbeit geht‹ mancherorts; *Ne blaue Möntig währt nit lang* [Hebel].

Blau-beeri f., Pl.: ›Heidelbeeren‹ mancherorts Hotzw. – Syn. → »Heidelbeer«.

Blau-krut n.: *Blaukruut, Blauchruut* ›Rotkraut‹ Baar, Hegau, Höri, Bodensee; sonst »Rotkrut«.

Blechner m.: ›Klempner, Spengler‹.

blecke schw.: ♦ 1) ›sehen lassen, zeigen‹, bes. von den Zähnen. ♦ 2) ›sichtbar werden, hervorblicken‹ *s bleckt* ›der Unterrock schaut hervor‹ [Ettenhm].

blederle ›einen trinken‹ → »bläterle«.

bleed Adj.: *bleed, blööd* ›schwächlich, hinfällig, kränklich‹, sowohl von Sachen, z. B. Kleidern, als auch von Personen; *bledi Finger* ›verweichlichte Finger‹ [Rust]; *un riebt die blöden Augen us* [Hebel]. – Das Wort gehört zu nhd. *blöde,* hat aber noch die alte Bed., nämlich mhd. *blœde* ›zerbrechlich, schwach, zaghaft‹.

bleeßlich Adv.: *bleesli, blösli, blöselig* ›nur, kaum‹. – Zu »bloß 2«.

Blege, Blegi f.: ›Stoffbesatz an Frauenkleidern‹, vereinz. SO-Baden. – Wörtl. *Be-lege.*

b-lege st.: *blege*; Part. Perf. *blait* ›begatten, befruchten‹; *Hent Der d' Schatzig* (Steuerlisten) *blait, Heer Gyßer?* scherzhaft verwendet [Hebel].

bleiche schw.: *blaiche, blaige, bloage* ›Wäsche bleichen‹.

Bleichi f.: *Blaichi, Blaich, Bläich* verbr.; *Blaigi* mancherorts Kaiserst.; *Bloakchi* [Sunthsn]. ♦ ›die Wäschebleiche‹.

Bleiß f.: *Blais, Bläuse.* ♦ 1) ›unbewachsene Stelle in Feld oder Wiese‹. ♦ 2) ›Unebenheit im felsigen Rheinbett‹ [Grenzach]. – Ahd. *bleizza,* verwandt mit nhd. *bleich,* also ›hell hervorscheinende Stelle‹.

Blei-wiiß n.: ›Bleistift‹.

blessiert Adj.: ›verletzt, verwundet‹.

Bletz m.: *Bletz, Blätz.* ♦ 1) ›Stück Stoff, Flicken‹; *n Bletz nosetze* ›einen Flicken aufsetzen‹; Sprichw.: *Uf jedwed Rißli ghört e Bletz* ›auf eine unpassende, angriffslustige Rede gehört die entsprechende Antwort‹; vgl. »Rieschter[1], Spatt«. ♦ 2) Bezeichnung für bestimmte Gerichte, auch *Wähe-, Pfannebletz.* ♦ 3) ›Teilstück eines Floßes‹ veraltet; vgl. »Stör«.

♦ 4) ›kleines Stück Land‹. ♦ 5) ›sich durch Farbe oder Eigenschaft abhebender Fleck‹, auf der Haut, von einer Schürfung, Wunde, Schorf, Ausschlag. – Mhd. *blez* ›Lappen, Flicken, Fetzen, Landstück‹.

Bletz-ab m.: ›Schürfwunde‹.

bletze schw.: *bletze, blätze.* ♦ 1) ›flicken, ausbessern‹; *es chomme Chindeschind, un pletze dra* (an einem Haus) [Hebel]. ♦ 2) ›schlagen‹. ♦ 3) ›geschlechtlich verkehren‹, derb. – Mhd. *bletzen* ›einen Flicken aufsetzen‹.

Bletze-gosche f., **-maul** n.: ›grindiger, schorfiger Mund‹ vereinz.

bletze-wis Adv.: ›stellenweise, hier und da‹ vereinz. Brsg.

Bletzle-buebe Pl.: ›Fastnachtsnarren im »Bletzlehäß«‹ Umgebung von Konstanz.

Bletzle-häß n.: ›Fastnachtskleid, aus vielen bunten schuppenartig aufeinander genähten Stoffstücken‹. – Zum Grundwort s. »Häß«.

Bleuel m.: ein Wort in sehr unterschiedlichen Lautvarianten: *Blaiel* [Löffgn]; *Blouel, Blougel* mancherorts nördl. Ortenau; *Bläibel, Blibel* mancherorts Hegau, Bodenseegebiet. ♦ 1) ›gestielter Wäscheklopfer‹ [Gaisb. (Oberk.)]. ♦ 2) ›schaufelförmiges Gerät zum Reinigen der Pflugschar‹ mancherorts SO-Baden. ♦ 3) ›Stampfmühle (für Hanf und Flachs)‹ veraltet, das Wasser wurde in *Plaul-, Plauelbächen* herangeleitet. – Mhd. *bliuwel.*

bleule, bleue schw.: *bloule, blougle* vereinz. Ortenau; *blöüe* [Lörrach]; *blöüje* [Singen a. H.]. ♦ 1) ›Wäsche klopfen‹. ♦ 2) ›Hanf mit dem Bleuel 3 bearbeiten‹. – Mhd. *bliuwen* ›schlagen, bleuen‹.

blibe st.: *blibe, bliwe* verbr.; *bliwwe* vereinz. Raum Neustadt; Part.: *bliwe* mittl. Schwarzw., Ortenau, nördl. Brsg.; *blibe* südl. Brsg., südl. Schwarzw., Markgr.; Wiesental, westl. Hotzw.; *bliwwe* vereinz. nördl. Schwarzw., verbr. Baar, Raum Neustadt; *blibbe* Klettgau, Hegau, Bodensee; *gebliwwe, gebliwe* mancherorts Rheinorte zwischen Rastatt und Lahr (Verbr. s. Karte → »blibe«); Konjunktiv: *bliebtig* Ortenau; *er blub, bluub* südl. Markgr., Hegau. ♦ ›bleiben‹; *bli doo* ›bleib da‹ [O.schopfhm]. Wunsch: *dass er lang lebet un gsund blibet* [Etthm].

Blibes n.: ›ein Bleiben, Aufenthalt‹. *Do isch kai Blibis* ›hier bleibt man nicht‹.

bliëje schw.: *bliäje, blüeje* ›blühen‹.

Bliëjet m.: *Bliäjet, Blüejet* ›die Zeit des Blühens, die Blüte‹.

Blieke, Blienke f., m.?: bestimmte Fischarten am Rhein zwischen Bodensee und Basel.

Blimocki m.: ›kurzsichtiger Mensch‹ [Stockach].

blind Adj.: ♦ 1) ›nicht sehen könnend‹, Ra.: *do isch e Lahme un e Blinde zammechuu* ›beide verstehen nichts‹ [Auggen]; Sprichw.: *Mr welle sähne, sait dr Blind, wiä dr Lahm danze duet* [Ettenhm]. ♦ 2) in festen Wendungen und bes. Verwendungen: *de Blind* ›die Karten auf dem Tisch beim Zegospiel oder Skat‹; *blinder Hess* ›Neckname der Hessen‹; *blindi Nähjeri* ›Libelle‹.

blinde-misle schw.: *blindemiisle, -müsle, -meisle.* ♦ ›im Finstern tappen, im Dunkeln munkeln, eine Art Blindekuh spielen‹ mancherorts. Das Spiel heißt auch *Blindemüs, Blinzemusis, Blinnimaisel* u. ä.

Blind(e)-schlicher, -striicher m.: *Blind-, Blindeschlicher, -schliicher, -striicher.* ♦ ›Blindschleiche‹ verbr. – Mhd. *blindeslîche.*

Blind-helzer Pl.: ›wurzellose, junge Schnittrebe‹ [Ettenhm, Bühl].

Blitz m.: *Blitz* verbr.; *Blitzger* [Stockach]. ♦ 1) ›der Blitz beim Gewitter‹; Ra.: *wiä dr Blitz* ›sehr schnell‹, *schneller wiä dr Blitz,* dass. ♦ 2) in Ausrufen und Flüchen, z. B. *Potz Blitz un Brand* [A. Ganther].

Blitz-blueme f.: ›Kuckucksnelke‹ Wiesental.

blitze, blitzge schw.: *blitze* mancherorts; *blitzge* mancherorts Süd- und SO-Baden; *blitzne* [Ottoschw.]. ♦ ›blitzen‹, beim Gewitter. – Mhd. *blitzen, blitzgen.*

blitzig Adj.: ›glänzend‹.

Blitz-kueche m.: ›ein Fest- und Kaffeekuchen, der schnell herzustellen ist‹.

Blitz-loache n.: ›Wetterleuchten‹ [U.siggingen].

Blitz-nägeli n.: ›Frühlingsenzian‹ Baar.

Blitz-stein m.: ›Versteinerung von einem Belemnit‹, der nach dem Volksglauben von einem Blitzeinschlag herrührt [Gutach (Wolfach)].

Bloch n.: *Bloch,* Pl. *Blöcher, Blecher.* ♦ 1) ›Baumstamm, Klotz‹. ♦ 2) ›Ackerwalze‹ bes. Ortenau, auch *Bloche, Blochere, Blochholz*; vgl. »Block, Walbloch«. – Mhd. *bloch* ›Klotz, dickes Brett‹.

blochere schw.: ›das Feld walzen‹.

Block m.: ›Ackerwalze‹ SO-Baden. – Vgl. »Bloch 2«.

Blocker m.: ♦ 1) ›Ackerwalze‹ [Stockach]. ♦ 2) ›Bohnerbürste‹ Brsg.

Bloder ›Blase‹ → »Bloter«.

bloi → »blau«.

Blonig f.: ›Pfingstrose‹ [Schonach]. – Wörtl. ›die Aufgeblähte‹.

Bloscht m.: *Blòòscht* ♦ 1) ›das Blasen, Sturmwind, Gewitter‹ mancherorts SO-Baden. ♦ 2) ›Blase, Blasenartiges, Geschwulst‹ Baar, vereinz. Südbaden. ♦ 3) salopp für ›Ball‹ Lörracher Gegend.

Blose f.: *Bloos, Blose, Blòse.* ♦ 1) ›Harnblase, Blase auf der Haut, auf kochenden Flüssigkeiten, Seifenblase usw.‹, häufig neben »Bloter«. ♦ 2) ›Blasinstrument‹, meist abschätzig. ♦ 3) ›Schar von Kindern, Gesellschaft‹ vereinz.; *die ganz Bloos ischt no spoot uf de Stroß* [Epple].

blose st.: *blose, blòse.* ♦ 1) ›einen Luftstrom erzeugen‹, vom Blasen mit dem Mund, vom Wind. *Doch holt sie d' Pappe no vom Füür un blost* (damit der Brei kalt wird), *un git's im Chind* [Hebel]. Ra.: *bloos mer de Hobel* oder *bloos mer in Schueh* gelinde für ›leck mich am Arsch‹. Sprichwort: *Bloos nit, was di nit brennt und chratz nit, was di nit bisst* Brsg. Kinderlied: *Reihe, Reihe, Rose / Suppe mueß mer blose* [Endgn]. ♦ 2) ›ein Instrument blasen‹. *Im erschde Stock, dät ein wuhne, wo de ganze Dag Trumbet blost* [A. Ganther]; Ra.: einem *de Marsch blose* ›jemandem die Meinung sagen‹ mancherorts. ♦ 3) ›Wein trinken‹; Syn. → »surpfle 2«.

Blosi m.: ›wer schwer atmet‹ [Schopfhm].

bloß Adj., Adv. ♦ 1) ›entblößt, unbedeckt‹ mancherorts; *mit bloßem Kopf. In Sturm un Wetter, arm un bloß, gibore bini uf der Stroß* [Hebel]. Häufiger dafür → »blutt«. ♦ 2) als Adv. ›nur‹; *dü hättsch bloß ebbis sage derfe, noo hättis gmocht!* [Freiamt].

Bloß-arsch m.: fiktive Person in abschlägigen Entgegnungen, wie z. B. „wer hat das gesagt?" – *De Bloßarsch vum Minschder* [Diershm].

Blot m.: ›Blasen und Wirbel im Etter des Rheins‹ [Grenzach, Murg], Fischerspr. – Zu »Bloter«.

blote schw.: ›Blasen und Wirbel bilden‹ [Grenzach], Fischerspr. – Zu »Blot«.

Bloter, Blotere f.: ›Blase auf der Haut, auf Flüssigkeiten, Harnblase usw.‹ verbr. *D Sunne duet Blodere branne* ›die Sonne scheint so stark, dass man Brandblasen auf die Haut bekommt‹ [Ringshm]. – Mhd. *blâter, blâtere* ›Blase, Blattern‹. – Vgl. »Saubloter«.

blotere schw.: *blodere* ›Blasen bilden, blubbern‹. – Vgl. »bläterle«.

Bloteri m.: ›lahmer, ungeschickter Mensch‹ [Eschb.].

bloterig Adj.: ›mit Löchern durchsetzt‹, vom Brot.

Blotter[1] m.: ›Rückstand beim Butteraussieden‹ mancherorts Bodanrück, Linzgau. – Vgl. »Polter[1]«.

Blotter[2] m.: ›Kot in der Hose‹ [Sunthsn].

blottere schw.: ›Jauche aufs Feld führen‹ [Stockach].

Blotti m.: ›Tabaksbeutel‹ [Hebel].

blotze ›hinplatschen‹ → »plotze«.

Blueme f.: *Bluem, Blueme,* häufig im Dim.: *Bliämli, Blüemli.* ♦ 1) ›Blütenpflanze, Blüte‹. *Trinkt's Blüemli nit si Morgetau?* [Hebel]. ♦ 2) übertr. Blumenartiges, z. B. Eisblumen, weiße Flecken auf Fingernägeln, auf der Haut, Duft des Weins. ♦ 3) Kuhname.

Blueme-hafe m.: Pl. *-häfe* ›Blumentopf‹ verbr.

Bluescht m. (f.): *Bluescht* verbr.; *Bliäscht* [Rust, Weisweil (Emm.)]. ♦ 1) ›Gesamtheit der Blüten, das Blühen‹. *Der Bomm isch ganz voll Bluescht* [Stockach]. *Jez hangt Bluest an Bluest am zarte schwankigen Ähri* [Hebel]. ♦ 2) in Ausrufen (Hüllform für *Blut Christi*). *Potz Bluescht!* [A. Ganther]; *Bim Bluest!* [Hebel]. – Mhd. *bluost* ›Blüte‹.

Bluet n.: ›Blut‹; Ra.: *bees Bluet mache* ›Mißstimmung, Haß erzeugen‹ [Stockach]. *Backe wie Milch un Bluet un rundi chräftigi Glieder* [Hebel]. *De hesch au so ne lustig Bluet* ›eine unbekümmerte, heitere Veranlagung‹ [Hebel].

Bluet-eiße m.: ›Blutgeschwür, Furunkel‹. – Zum Grundwort s. → »Eiße«

Bluet-krut n.: *Bluetkrut, -chrut* [Steinb., Wollb.]. – Pflanzenname für Blutweiderich.

Bluets-trepfle n.: *Bluetstrepfle, -tröpfle* vereinz. – Pflanzenname, meist für den Großen Wiesenknopf.

Blumbere → »Brombeere«.

blund Adj.: ›blond‹.

Blund-köpfli n.: ›Kind mit blonden Haaren‹ [A. Ganther].

Blunze f.: ♦ 1) ›Blutwurst‹ [Freib.]. ♦ 2) ›dicke, plumpe Frau‹ [Stockach, Pfullend.]. – Wohl Bildung zu mhd. *blunsen* ›aufblähen, aufblasen‹.

Bluse n., f.: *Blus, Blüs, Bluse.* ♦ 1) ›hemdartiges Oberkleid für Männer, Fuhrmannshemd‹ veraltet. ♦ 2) ›Frauenbluse‹.

blutt Adj.: ›kahl, entblößt, unbedeckt‹; *e blutte Arsch* ›entblößtes Hinterteil‹ [Auggen], auch elliptisch: *de Blutte* dass. [Lahr]. Bauernregel: *Wenns dongert* (donnert) *ewer de blotte Wald, words nochemol kalt* [Diershm]; *Wenns ins blutt Holz dunderet, no schneits ins grüen* [Glock Brsg.]. – Mhd. *blut* ›bloß, nackt‹.

blutt-fießig Adj.: ›barfuß‹.

Blutt-seckel m.: ›Unbefiedertes, Nesthäkchen‹ vereinz. Ortenau.

Bobäuser m.: ›Nachtspukgestalt, mit der Kindern gedroht wird‹ [Teningen]. – Vielleicht entstanden aus »Boppi« und »Baus(er) 2«.

Bobe-gägseli n.: ›schreckender Knochenmann‹ zum Einschüchtern der Kinder [Kirnb.].

Bochele, Bocherle n.?: ›Bärenklau‹ und andere weißblühenden Doldengewächse, mancherorts Baar.

Bochle Pl.: ›Holzschuhe‹ vereinz. – Bildung zu nhd. *pochen*, wegen des polternden Geräusches beim Auftreten. – Vgl. »Schnufle 3«.

Bock m.: *Bock, Bockch.* ♦ 1) ›männl. Tier, bes. Ziegen-, Reh-, Schafbock‹. Ra.: *gucke wiä e gstochener Bock* ›glotzen‹; *de Bock zuem Gärtner mache*; *en guede Bock wird selte fett* [E. Strube]. ♦ 2) ›bestimmte (bockähnliche) Gestelle, Gerüste‹, z. B. Sägebock. ♦ 3) ›Fehler‹ *e Bock schieße* ›einen Fehler machen‹. ♦ 4) Wirtshausname; *Es chunnt e Burst ins Wirtshuus z'laufe zuem Goldene Bock* [Hebel].

bock Adj.: ›falsch‹; *der isch bock!* ›der ist falsch‹; *s isch bock* ›falsch‹ [Achern].

Bock-bürzel m.: ›Purzelbaum‹ [Menzenschwand]. – Vgl. »Schimmbock(el)«.

Bocke ›Zuber‹ → »Bockte«.

bocke, bockle schw.: ›wackeln, polternd fallen‹ vereinz. – Mhd. *bocken* ›niedersinken‹.

bockele, beckele schw.: ›nach Ziegenbock riechen‹ vereinz.

bock-geißig Adj.: ›wackelig‹ Brsg.

Bock-gumpis n.: dass. wie → »Bockhopfs« [Lörrach].

Bock-hopfs, -hopferles n.: ›Bockspringen‹, ein Kinderspiel, bei dem man über einen gebückt Dastehenden hüpft.

bockig Adj.: ›eigensinnig‹ allgemein.

böckig Adj.: ›brünstig‹ von der Ziege [Lörrach].

Bock-schlitte m.: ›größerer Schlitten‹.

Bock-seckel m.: ›schlechter Schnaps‹ vereinz.

Bocks-hode Pl.: ›blaue Trollinger‹ Traubensorte [Schliengen].

Bocks-hose, Bucks-hose Pl.: ›Pflaumensorte‹ vereinz.

Bock-stengel m.: ›Unkrautarten von Ampfer‹ [Bühl].

bockstroli Interj.: Fluch, verhüllend für „Gott strafe mich" Markgr.

Bockte m.: *Bockte, Bocke* mancherorts Markgr. ♦ ›großer, runder Traubenzuber‹. – Mhd. *boteche.* – Vgl. »Bicki«.

Bode m.: *Bodde* mancherorts nördl. Schwarzw., nördl. Ortenau, verbr. Baar, Klettgau und SO-Baden; *Bode* übriges Gebiet. ♦ 1) ›natürlicher und künstlicher Boden‹, z. B. Erd-, Stuben-, Tennen-, Hosen-, Gefäßboden. *'s währt nit lang, se stöhn mer frei uf schwitzrischem Bode* [Hebel]. Ra.: *Du bringsch mi untere Bode* [Hebel]; *gegem Bode waase – wiä en Kuehschwanz* ›im Alter kleiner werden‹ [E. Strube]. ♦ 2) ›kleinere Ebene‹, häufig in Flur- und Ortsnamen, auch in dem Ort *Bodman,* nach dem der *Bodensee* seinen Namen hat.

Bode-bire f.: *Boddebirre* ›Kartoffel‹ nur am nördl. Bodensee (Verbr. s. Karte → »Herdäpfel«). – Vgl. »Grumbir, Herdäpfel«.

Bode-bohne f.: *Boddebohne* ›Buschbohne‹ mancherorts SO-Baden. – Vgl. »Stockbohne«.

bode-bös Adj.: ›von Grund auf böse‹ Markgr.

Bode-dätsche f.: ›Kröte‹ [Siegelau].

bode-ful Adj.: ›von Grund auf faul‹ Markgr.

Bode-krebs m.: ›Maulwurfsgrille‹ [Schwerzen].

Bode-krott f.: ›kleiner Kerl, kleines Mädchen‹ [Sunthsn].

bode-letz Adj.: ›von Grund auf verkehrt‹ Markgr.

Bode-resli n.: ›Gänseblümchen‹ mancherorts Renchtal.

Bode-surri m.: *Bodesurri, Boodesuuri* ›kleiner Mensch‹ iron., verbr. Südbaden, auch salopp für ›Krabbelkind‹ [Menzenschwand].

bodig Adj.: ›klein und gesetzt‹ [Singen].

bodige schw.: ›zu Boden zwingen, werfen‹ [Lörrach].

bofzge, bozge schw.: ›einen Streich anstellen‹ Kinzigtal, [Stockach]. – Vgl. »bosge«.

boge schw.: ›rollen, kugeln‹ vom Fass [Stockach].

Boge-korb m.: ›Armkorb mit größerem Tragbügel‹ mancherorts.

Bohl f., m.: ›rundlicher Hügel, Kuppe‹, häufig auch in Namen. – Vgl. »Bihl«.

Bohn-äpfel m.: Name einer Apfelsorte.

Bohne f.: *Bohne* Brsg., Markgr., Wiesental, Dinkelberg; *Bòhne* Hotzw., südöstl. Schwarzw., Hegau, Höri; *Boune, Baune* mancherorts Baar; *Bohn* mancherorts nördl. Schwarzw., Hanauerland; *Bòhn* Bodanrück, Linzgau; *Buhn* Ortenau, nördl. und mittl. Schwarzw.; *Buhne* mancherorts Elztal, Glottertal; *Boh, Bòh* vereinz. am Rand zum Schwäbischen. ♦ ›die Garten-, Stangenbohne‹, Pflanze und Frucht; *Chromet* (kauft) *grüeni Bohne* [Hebel]. Ra.: *id e Bòh* ›nicht das Geringste, nichts‹; *kai Bohne wäärd* ›nichts wert‹ [Opfgn].

Bohne-liëd n.: nur in der Ra.: *des goht iwers Bohneliäd* ›das ist zu dick aufgetragen, unglaublich‹ Brsg.

Bohne-schefe f.: *Bohneschefe, -scheäfe, -scheffe, -schafe, -schiife; Buhne-* usw., s. »Bohne« und

»Schefe«, am Bodensee auch *-schelfer* ♦ ›die Schote der grünen Bohne‹.

Bohne-stande f.: ›Einmachgefäß für Bohnen‹ verbr.

Bohne-tag m.: ›Mittwoch‹ [Schapb.].

Böke Pl.: ›vertrockneter Nasenschleim‹ [Waldshut, U.alpfen]. – Vgl. »Bäkel 2«.

bol → »bald«.

Boland Interj.: Fluch der Überraschung; *O heiligs Boland!* Markgr.

Boldere f.: ›eine Nuss‹ [Oftergn].

Bolderi m.: ›Gummiball‹ [Tannenk.].

Bole m.: *Bòòle, Boale* Linzgau. ♦ 1) ›Tölpel, Trottel‹; *de sell isch en Boale* [Lechler]. ♦ 2) ›Kater‹.

bole schw.: ♦ 1) ›werfen, schleudern, kollernd dahinrollen‹ Markgr. (Verbr. s. Karte → »schmeiße«); *Schiffere bole* ›flache Steine über das Wasser hüpfen lassen‹ [Hügelhm]; *bohlsch de Lüte Stei uf d' Matte* [Hebel]; vgl. »werfe 1«. ♦ 2) ›große Augen machen, glotzen‹. – Ahd. *bolōn*; mhd. *boln*.

Boli ›Schlepprechen‹ → »Poli«.

Bolke Pl.: ♦ 1) ›Abfall von gezimmertem Bauholz‹ Schwarzw. ♦ 2) ›leichtfertiger Mensch‹ [St. Georgen i. Schw.].

bolkig Adj.: ›plump‹ Schwarzw.

Bolk-reche m.: ›Karst‹ Ortenau.

Boll m., **Boll-mehl** n.: ›gröberes, geringeres Mehl‹ vereinz.

Boll-aug n.: *Bollaug, Bohlaug.* ♦ 1) ›hervorstehendes Auge, Glotzauge‹. *Mache eiri Bolauge uf* [A. Ganther]. Vgl. »Brollauge«. ♦ 2) ›Stiefmütterchen‹ [Stockach].

boll-auget Adj.: ›glotzäugig‹ mancherorts Hegau.

Bolle m.: *Bolle* verbr.; Pl. *Bölle* [Lörrach]. ♦ 1) ›Erdklumpen, Knollen, rundlicher Gegenstand‹; *e Bolle Iis* ›eine Kugel Eis‹. ♦ 2) ›Zwiebelknollen‹ [Stockach], vgl. → »Bölle, Bülle«. ♦ 3) ›schlechte Note, Strafzettel‹ [Freib.]. ♦ 4) übertr. ›Alkoholrausch‹ verbr. – Vgl. »Broll«.

bolle schw. (st.): ♦ 1) ›bellen‹, vom Hund, mancherorts. ♦ 2) ›hart husten‹ vereinz.

Bölle f.: ›Zwiebel‹ [Lottstet., Büsgn]. – Vgl. »Bülle«.

Bolle-blueme f.: ›Trollblume‹.

Bolle-heftli n.: ›Zeugnis‹ Lörracher Gegend. – Vgl. »Bolle 3«.

Bolle-huet m.: ›Trachtenhut der Frauen in Kirnbach und Gutach an der Schwarzwaldbahn‹, benannt nach den aufgesetzten dicken Wollrosen (*Bolle*).

Bollet n.: *Bolleet, Bollett* vereinz. ›Bescheinigung, Ausweis, Fahrschein‹; *kauft sich am Schalder e Bolet uf Stroßburg* [A. Ganther]. *Der neu Vikari vo Lörrech bringt Ich* (Euch) *d'Bolleete* [Hebel]. – Das Wort ist schon seit dem 16. Jh. bei uns belegt; es ist nicht direkt aus frz. *billett* entlehnt (s. »Billet«), sondern aus einer altfranz. oder italienischen Vorform *bulletta* ›das mit einem Siegel (*Bulla*) Beglaubigte‹.

Bolli m.: ›Tollpatsch, übermütiger Kerl‹ [Lenzk.].

Bölli-gucker m.: ›Uhu‹ [Kleinlaufenburg, Hochsal].

Bolli-ma m.: *Bollimaa* [Lenzk., Eichberg (Waldsh.)]; *Bölima* [Lörrach]. ♦ ›Schreckgestalt, mit denen man Kindern Angst macht‹.

Bolschter → »Polschter«.

Bolter[1] ›Rückstand beim Butterauslassen‹ → »Polter[1]«.

Bolter[2] ›aufgeschichtetes Holz‹ → »Polter[2]«.

Bondli m.: ›Vogelscheuche‹ oberes Elztal, Simonswälder Tal. – Vgl. »Butz 2«.

Boor f.: die Landschaft Baar, Quellgebiet der Donau.

Boppele n., meist. Pl.: *Boppele, Bobbele, Bobbeli, Bobbili* u.ä. ♦ 1) Übername der Bewohner von Freiburg, verbr., jedoch vereinz. auch für Stadtbewohner insgesamt, z.B. von Basel (auch *Böppi* genannt), Breisach; die Emmendinger werden als *Stadtpoppele* bezeichnet; *D Friburger un Basler* (überhaupt alle Großstädter) *sinn Bobbeli* [Glock Brsg.]. ♦ 2) ›kindischer, gebrechlicher, geistig beschränkter, gutmütiger Mensch‹ vereinz. Brsg. ♦ 3) ›Gespenst‹ s. → »Poppele«. – Ob Bed. 1 und 2 zusammengehören, ist nicht sicher. Steckt dahinter ein VN, z.B. *Jakob* > *Böppi, Beppi*?, oder ist es eine Bildung (Dim.) zu *Boppe* ›Puppe‹ (Städter als feine, gezierte Puppen)?

böpperle ›pochen‹ → »poppere«.

Boppi m.: Hundename.

Bor f.: ›Empore in der Kirche‹ [Stockach]. – Das Wort, mhd. *bor* ›oberer Raum, Höhe‹, ist gleicher Herkunft wie nhd. *Empore.* – Vgl. »Borbihn, Borkirche«.

bör ›senkrecht‹ → »beer«.

Bor-bihn f.: ›Empore in der Kirche‹ vereinz. Ortenau. – Wörtl. *Emporbühne.* – Vgl. »Bor«.

Bord n. (m.): *Bord, Boord* ›Rand, Ufer, Weg-, Ackerrand‹. *Aben uf dyner stainige Landstrooß, ball am linke Bord, ball wider ehnen am rechte* [Hebel]; *uf bede Börder glade ha* ›einen Rausch haben‹. – Gleicher Herkunft wie nhd. *Borte.*

Bor-kirche f.: *Borkirch(e), -chirche, -kilche, -chilche.* ♦ ›Empore in der Kirche‹ mancherorts. – Vgl. »Bor«.

Borpel f.: ›Unebenheit der Haut, Pustel, Pocke, Impfpocke‹ vereinz. Ortenau, Hanauerland. – Vgl. »Purple«.

borze schw.: ›sich am Boden, im Bett wälzen, sich abmühen, nicht vorankommen‹ vereinz. Südbaden.

Borzer m.: ♦ 1) ›kleiner dicker Kerl, Knirps, kleines Ferkel‹. ♦ 2) ›Huhn ohne Schwanz‹.

Borzete f.: ›unordentliches Knäuel‹; Ortsneckerei für Rotzingen: *Burg un Rotzigä git ä ganzi Borzetä!*

bös → »bees«.

Bosch m.: *Bosch* Schwarzw., Ortenau; *Bosche* Hegau, Bodenseegebiet. ♦ 1) ›mit Bäumen, Büschen bestandenes Areal, Forst, Busch‹. ♦ 2) ›Büschel‹ vereinz. SO-Baden. – Mhd. *bosch.*

Bosch-nägeli n.: ›Busch- oder Gartennelke‹ und ähnl. Blumen.

bosge schw.: *boosge* mancherorts, vereinzelt auch *bozge* ›etwas anstellen, eine Bosheit verüben, sich etwas zuschulden kommen lassen‹. *Het er näumis* ›etwas‹ *bosget, se will i's nit verroote* [Hebel]; *Wa hosch widr bozget?* [Epple]. – Zu mhd. *bôsen* ›schlecht sein, Böses tun‹. – Vgl. *bofzge.*

Bosget f.: ›Bosheit‹, vereinz. Südrand. Dir steht *d'Bosget in den Auge* [Hebel].

Bosse m., meist Pl.: ›Hausschuh, Winterschuh, Schnürstiefel‹ u. ä., nur SO-Baden. – Mhd. *bôze, boz* ›kurzer Stiefel‹.

Boße, Boßeme m.: ›Gebund, Strohbündel‹ Schwarzw., Ortenau, Brsg., Markgr.; *e Boße Strauh.* – Mhd. *bôze.*

bossle schw.: ♦ 1) ›ans Fenster klopfen, pochen, nächtliche Streiche spielen‹ mancherorts Ortenau, Kaiserst. ♦ 2) ›feine, nicht sehr ertragreiche Arbeit verrichten‹.

Bot n.: ›Gebot bei Versteigerungen‹ [Lörrach, Hattgn]. – Mhd. *bot* ›Gebot‹.

Bott m.: ›Bote, Briefträger, Ortsdiener‹; *se bringt der Bott vom Schwyzerland* [Hebel].

Botti f., m.: *Boddi, Bodde* ›Freiplatz im Fangspiel‹ vereinz. – Vgl. »Ghuder«.

Bottine f., n.: *Boddiine* ›Schuh, Stiefel‹ vereinz. – Frz. *bottine.*

bozge ›etwas anstellen‹ → »bosge«.

Brachs(m)e m.: *Brachse* [Hagnau]; *Breechsme* [Grenzach]; *Bresame* [Heitershm]. ♦ ›Der Fisch Brassen‹. – Mhd. *brahsem, brahsme.*

braffle schw.: *braffle, beraffle* ›kritisieren, tadeln, vorlaut anreden‹ mancherorts Ortenau. – Wörtl. *be-raffeln.*

brage schw.: ›sehr heftig und zornig weinen‹ Baar. – Vgl. »briëge«.

Brägel m.: *Brägel* verbr.; auch häufig Dim.: *Brägele, Brägeli.* ♦ ›Gebratenes, Angebratenes, in der Pfanne zusammen Gebackenes‹, bes. in Scheiben geschnittene Kartoffeln. In Ra. auch in übertragener Bedeutung: *Do hesch de Brägel* ›Da hast du die Bescherung‹; *Schmecksch dr Brägel* ›Merkst du, was los ist‹ Fasnachtsruf in Breisach, auf den man mit *Ahjo!* antwortet, auch Titel eines Buches von Gerhard Jung.

bräg(e)le schw.: *bräg(e)le* verbr.; *bräggle* SO-Baden. ♦ 1) ›prasseln, in Massen herunterfallen‹ vereinz. Kaiserst., Markgr., *bräglet voll* ›übervoll, dicht behangen‹. ♦ 2) ›in dünne Scheiben schneiden‹ nördl. Ortenau. ♦ 3) ›braten, rösten‹ verbr.; *brägledi Herdöpfel* ›gebratene Kartoffeln‹ [Auggen]; *brägledi Herdöpfel sinn au guet, wemme Hunger hett* [Glock Brsg.]. ♦ 4) ›quasseln, daherreden‹; *Was der d'Frau zuem Willkumm präglet, wird di nit brenne* [Hebel]. – Mhd. *breglen* ›braten, schmoren‹.

braisele ›brenzlig riechen‹ → »brenzele«.

brait-weg(s) Adj.: ›quer‹ [Sulzburg]. – Ggs. → »langeweg«.

bräle schw.: ›weinen‹ [Tiengen (Waldshut)].

Brand m.: ♦ 1) ›Durst‹ verbr. ♦ 2) ›Rausch‹. – Syn. → »Rusch«.

Brand-blätter Pl.: ›echte Pestwurz, Huflattich‹ [Ibent.].

Brandle m.?: ›Wiesensalbei‹.

Brasch(t) m.: ♦ 1) ›Ärger, Hast‹ Markgr. ♦ 2) ›wertloser Abfall‹ vereinz.

braschte schw.: ›erregt sein, aufgeregt handeln‹; *Der hett braschded un due* ›hat sich sehr aufgeregt, getobt‹ [Glock Brsg.].

Bräseler m.: ›Meckerer‹ [Konstanz].

Brät n.: ›Füllung der Bratwurst‹.

brät Adj.: ›mit Muskelfleisch durchwachsen, reif zum Schlachten‹ vereinz.

Brätsche f.: *Brätsch, Brätsche.* ♦ 1) ›Holzklapper zur Fastnacht‹ [Singen a. H.]. ♦ 2) ›schwatzsüchtige Person‹ [Ottersw., Bühl]. ♦ 3) ›grüne Schale der Walnuß‹ mancherorts südl. Schwarzw., Hotzw.

Brau-beere → »Brombeere«.

breche st.: *breche,* Part. Perf.: *broche*; 1. Pers. Sg. Ind. Präs.: *ich brich.* ♦ 1) ›brechen, durchbrechen‹. ♦ 2) ›Obst pflücken‹ Ortenau, Schwarzw., Brsg. (Verbr. s. Karte → »ginne«); Syn. → »ginne«.

Brechet m.: ›Zeit des Abbrechens überflüssiger Rebschosse‹ Markgr.

b-reiche schw.: ›erreichen, einholen‹. Markgr. – Wörtl. *be-reichen.*

Breme f.: *Breme, Bräme, Bremme, Bremm, Bräeme.* ♦ ›Viehbremse‹ und ähnl. Insekten. – Mhd. *brëme.*

Brenke f.: *Brenk, Brenkel.* ›Kübel, Eimer, Wassergefäß‹, nur nördl. Gebiet, südl. davon »Brente«.

brenne schw.: *brenne, bränne* verbr.; *brạnne* vereinz. Ortenau, Brsg.; *brinne* mancherorts Brsg., Markgr.; Part. Perf.: *(ge)brennt.* ♦ ›brennen‹. *Un d' Liechtli brennen alli no* [Hebel].

Brennete f.: ›Obstmenge, die auf einmal zu Schnaps gebrannt wird‹ [Mühlgn (Stock.)].

brennig Adj.: ›brennend‹; *lieber siben Engel as so ne brennige Satan* [Hebel].

Brennte-wi m.: ›Schnaps, Branntwein‹; *Trink e Schlückli Brenntewii* [Hebel]. – Wörtl. *brennte* (Part. Perf. zu »brenne«) *Wi.* – Vgl. »Brenz«.

Brente f.: *Brente, Brạnte, Bräente.* ♦ 1) ›kleines rundes Holzgefäß‹, häufig für Milch, oberes Markgr., Hotzw., Klettgau, südl. Baar, Hegau, Bodenseegebiet. ♦ 2) ›dunkelhaariges Mädchen‹ [Stockach]. – Das Wort, mhd. *brente,* kommt auch im Alpenraum in romanischen Mundarten vor und ist vermutlich ein vorgermanisches und vorrömisches Substratwort.

brentele schw.: *brendele, brentele* mancherorts Hegau, nördl. Bodensee; *breetele* Raum Meßkirch, Pfullendorf (Verbr. s. Karte → »brenzele«). ♦ ›brenzlig, verbrannt riechen‹. – Vgl. »brenzele«.

Brenz m.: ›Branntwein, Schnaps, Kirschwasser‹. *Un drüber lauft e Maa voll Wii un Brenz* [Hebel]. – Wörtl. *(Ge)brenntes.* – Vgl. »Brenntewi«.

brenzele schw.: *brenz(e)le, brens(e)le, brạnz(e)le, brạnds(e)le* mancherorts nördl. und mittl. Schwarzw., Ortenau, Brsg., Markgr.; *brengsele* vereinz. mittl. Schwarzw.; *bremsele, brạmsele* Dinkelberg; die folgenden Formen sind durch Nasalschwund und teilw. Dehnung bzw. Diphthongierung des vorherstehenden Vokals zu erklären (Staub'sches Gesetz, s. Einleitung), wobei in einigen Fällen auch eine Ausgangsform **brünseln* (vgl. nhd. *Brunst* zu *brennen*) vorauszusetzen ist: *breisele, braisele* mancherorts südl. Schwarzw., Baar; *broisele* obere Rench; *bröisele* mancherorts östl. Markgr., Hotzw.; *brösele* südl. Hegau, westl. Höri; *bresele* mancherorts Hegau, Höri, Bodanrück; *briss(e)le* oberes Elztal; *brisele, briisle* Ostteil des mittl. Schwarzw., Raum Furtwangen, St. Märgen, Neustadt; *brüsele* östl. Hotzw., Klettgau (Verbr. s. Karte → »brenzele«). ♦ ›verbrannt riechen, schmecken‹.

Breschte m.: *Breschde, Brạschde, Preschte.* ♦ ›Gebrechen, Krankheit, Beschwerden‹. *Was hesch für Breschde?* ›Was hast du für Beschwerden, Kummer‹ [Auggen]. *Er schafft den Arme Brot ins Huus un hailt die alte Presten us* [Hebel]. – Mhd. *brëste* ›Mangel, Gebrechen‹.

breschthaft Adj.: ›gebrechlich, krank‹. *Des alt Bäsli isch awwer allewil e bizili wurmstichig un preschthaft g'si* [A. Ganther].

Bretli n.: *Breetli, Bröötli* ›Plätzchen, Weihnachtsgebäck‹ mancherorts mittl. und südl. Schwarzw., Baar. – Syn.: »Guts 2, Springerli, Zuckerbretli«. – Eigentlich Dim. zu »Brot«.

bretsche schw.: *breetsche, brạatsche brööṭsche.* ♦ 1) ›schwatzen‹ [Degernau]. ♦ 2) ›schreien, über eine Distanz hinweg zurufen‹. *Brạatsch doch nit eso, ich hoer no guet!* [Freiamt]. ♦ 3) ›predigen, vorhalten‹ [Markelfgn].

Bretschel(e) → »Bretzel«.

Brett n.: *Brett, Brätt, Brạtt, Bräett* verbr.; in älterer Mundart, bes. im südl. Schwarzw., Wiesental auch *Britt.* ♦ ›Brett‹, dickere Bretter s. »Fleckling, Diele«. Ra.: *Hen 'r denn e Brett vor em Hirn?* [A. Ganther].

brett-schelb Adj.: ›querköpfig, überzwerch, verschroben, ungeschickt‹ vereinz. südl. Ortenau, Elztal, mittl. Schwarzw.; *en brettschelber Kerli* [Weiler (Vill.)]; *mit sellem brettschelbe Kerli will i nint z'due ha* [Waldk. (Elzt.)]. – Zum Grundwort s. → »schelb«.

Bretzel f. (n.): *Bretzel, Brạtzel* verbr.; in älterer Mundart jedoch häufig *Bretschel(e), Brätschel(e), Brạtschel(e)* und in der nördlichen Ortenau vereinz. *Brätschdel.* ♦ ›Gebäck in Gestalt verschlungener Arme‹. Häufig in Volksreimen und Liedern: *E Scheppli Wi, e Brätscheli dri, alli wemmer luschtig si* [Bahlgn]. *Gueten Owe Schätzele, kauf mer au e Brätzele* [St. Georgen i. Schw.]. Neujahrsspruch: *Prosit Neijohr un e Bretschel ans Ohr, wiä nä Schiiredor* [Ettenhm].

Bretzel-bue m.: ›Bretzelverkäufer‹, jedoch meist nur in Vergleichen: eine Rotznase, einen Rausch haben *wiä e Bretzelbue / Bretschlibue* ›eine lange Rotznase, einen gewaltigen Rausch haben‹ mancherorts.

brichte schw.: ♦ 1) ›berichtigen‹. *Heer emool un loss di brichte!* [O.weier (Rast.)]. ♦ 2) ›benachrichtigen‹. *Er hets Liseli brichtet.* ›in Kenntnis gesetzt‹ Wiesental.

Bride f.: *Briid, Britt, Bridde* ›eiserne Klammer‹, bes. das Eisenband am alten Bauernwagen, das Achse und Achsenstock zusammenhält, vereinz. und veraltet. – Frz. *bride* ›Bindeband, Zaum, Klammer‹.

Briëch-bengel → »Bruech 2«.

briëche ›die Wagenladung festspannen‹ → »Bruech 2«.

Briëche ›harte Häute um den Apfelkern‹ → »Bruech 1«.

Briëf m.: *Briäf, Briaf* ›Urkunde, Schriftstück, Brief‹. *Enanderno het 'r 's Briafli ufg'macht un g'lese* [A. Ganther].

Briëf-bott m.: *Briäfbott* ›Briefträger‹.

briëge schw.: *briägge, briäke, brüeke* ›leise vor sich hinweinen, weinerlich klagen‹ nur verwendet im Gebiet südl. einer Linie Freiburg – Singen a. H. (Verbr. s. Karte → »hile«); häufig bei Hebel: *I gang im Chilchhof zue, – / briegg alder nit* ›weine oder nicht‹ [Hebel]. *Wie wird's mer doch so waich um Brust un Herz? As wenn i briegge möcht, waiß nit, worum* [Hebel]. *Siider briegget d'Frau dehaim im ainseme Stübli* [Hebel]. – Wohl zu mhd. *berüegen* ›beichten, anklagen‹. – Syn. → »hile«.

Briëhe f.: *Briie, Briäj, Briäje, Brüäj, Brüäje, Brüäji.* ♦ 1) ›Brühe, Saft‹ verbr. ♦ 2) ›Jauche‹ mancherorts Ortenau und mittl. Schwarzw. (Verbr. s. Karte → »Mischtlache«); vgl. »Gille, Mischtlache« ♦ 3) ›langatmige Angelegenheit‹ *'s End vum Liad isch gsi: 'r het e ellelangi Brüeh uf Karlsrueh na b'richt* [A. Ganther]. *Hen awer numme kei Ängschde, daß i jetz e langi Brüeh mach drüwwer* [A. Ganther].

Briehets n.: *Briäts* ›Häcksel, Dreschabfall, Spreu‹ Linzgau. – Wörtlich *Gebrühtes,* weil man Spreu, zerkleinertes Stroh, Heu als Viehfutter mit heißem Wasser überbrühte.

briëhme schw.: *briäme* ›prahlen. angeben‹. – Wörtl. *be-rühmen.*

Briël[1] m.: *Briäl, Brüel* ›Schrei‹, *e Briäl abloo* ›einen Schrei loslassen‹ [Freiamt].

Briël[2] m.: *Briäl, Brüel* ›sumpfiges Gelände‹ vereinz., häufiger in zahlreichen Flurnamen, in amtlicher Schreibung oft *Brühl.* – Das Wort, mhd. *brüel* ›feuchte Wiese‹, ist aus gallisch **brogilos* übernommen.

briële schw.: *briäle, brüele.* ♦ 1) ›brüllen‹, von Mensch und Tier; *un wie ärger er brüelt, wie ärger suuft er* [Hebel]. ♦ 2) ›laut weinen‹ mancherorts (Verbr. s. Karte → »hile«). – Syn. → »hile«.

Briëli m.: *Briäli* ›Schreihals‹.

Bries n.: *Briis* ›Brustdrüse (des Kalbs)‹, als Gericht.

briësche schw.: ♦ 1) ›rauschen, toben‹ vom fernen Gewitter. ♦ 2) ›laut schreien‹.

Briëscheli n.: *Brieschelі, Brüescheli* ›zum Weinen verzogenes Gesicht‹ Markgr.

Briësch(t) m.: *Briäscht, Briäsch, Brüesch* ›erste Milch der Kuh nach dem Kalben‹, auch *Briäschmilch, Brieschtermilch* vereinz. – Vgl. »Biescht«.

Briesler m.: ›Nörgler‹ [Stahrgn]. – Zu schweiz. *sich erbrießen* ›aufbegehren‹.

briëte schw.: *briäte, brüete* mancherorts; bisweilen auch umlautlos *bruete* mancherorts Südrand, Bodenseegebiet ♦ ›brüten‹.

briët(l)ig Adj.: *briädig, briätig* mancherorts; *briädlig* [Lahr]. ♦ ›brütend‹.

Briëtschele n.: *Briätschele* ›zum Weinen verzogenes Gesicht‹ vereinz. Kaiserst. und Umg.; *e Briätschele mache* [Emmendgn]. – Wohl Dim. zu einem Wort, das andernorts als *Brutsche* bekannt ist. – Vgl. auch »Pritsche 3«.

Briggem m.: ›Bräutigam‹, veraltet bei Hebel. – Vgl. »Hochziter«.

Brigi f.: *Briggi, Brigi, Brüggi, Brügi* ›Bretterbühne, Bretteruntersatz‹, z. B. für Tiere im Stall, zum Lagern von Obst oder Kartoffeln, Bretterboden in der Scheune, Heubühne, brückenartige Bühne über der Einfahrt des Hotzenhauses u. ä., ein Wort des Südens und Südostens. – Etymologisch zu *Brücke* gehörig.

Brille f.: *Brill, Brille* verbr.; *Brülle* mancherorts am Südrand.

bringe st.: *bringe* verbr.; Part. Perf.: *brocht* (o kurz) mancherorts Brsg., Kaiserst., Markgr., westl. Hotzw.; *broot, proot* vereinz. östl. Baar, mancherorts Linzgau; *broocht, proocht* übriges Gebiet. ♦ 1) ›herbei-, mitbringen‹ *Chumm, do bring i der näumis* (etwas):

e Säckli voll dürri Chriesi [Hebel]. ♦ 2) ›bewirken, fertigbringen‹; *un was i nümme cha schlichte, bring zuem guete End* [Hebel]. Ra.: *epper unter de Bode bringe* ›jemandem so zusetzen, dass er daran stirbt‹. ♦ 3) in bestimmten Verbindungen: jemanden *um etwas bringen* ›verursachen, dass jemand etwas Zustehendes oder Eigentum verliert‹. *Die ... bringe is* (uns) *no um Glauben un Liebi, um Hoffnig un Himmel* [Hebel]; etwas *über sich bringen* ›sich überwinden‹; *awwer 'r het's halt nit üwwer sich broocht* [A. Ganther].

brinzle schw.: *brinzle, brinzele, brünzle, brünzele.* ♦ ›urinieren‹; *Wie machet's denn die Wirt? Sie brünzelet in e Fäßli i und säget, es sei vom beste Wi.* [Waldshut]. – Verkleinerung von → »brunze«.

bris(e)le ›brenzlig riechen‹ → »brenzele«.

Brisli n.: ›Abschlußsaum an Kleidern, Bund, Einfassung‹. Dim. zu mhd. *brîse* ›Einfassung, Einschnürung an Kleidungsstücken‹.

brixe schw.: ›sich stolz herausputzen‹ [Weisweil (Emm.)].

Brobrosem m.: ›Brotkrume‹, meist Pl. *Brobroseme,* auch *Brobrosle* vereinz. – Wörtlich: *Brot-brosem,* s. → »Brosem«.

broch Adj.: *brooch, bròòch* ›unbebaut, brach‹.

broche schw.: *brooche* ›ein Brachfeld pflügen‹ vereinz. und veraltet. *Zum Brooche bruucht er d' Wagese* ›Pflugschar‹ [Hebel]. – Mhd. *brâchen.*

Brochet m.: ›Zeit des Pflügens‹.

Brocke m.: ›(abgebrochenes) Stück‹, Dim.: *Breckli, Bröckele, Bröckli* u. a.; *Bröckli hueschte (lache)* scherzhaft für ›sich erbrechen‹ verbr.

brockle schw.: ›prahlen, renommieren‹ vereinz.

Brock-mose m.: ›Brosamen, Krümel‹ [Opfgn].

brockse schw.: ›murren, schelten‹ vereinz. Ortenau.

Broje Gen.?: ›Uferrand‹ [Meißenhm].

Broll f.: *Broll,* meist jedoch Pl.: *Brolle* ›Anschwellung, Verdickung, Knospe‹ Ortenau. – Vgl. »Bolle, Brum«.

Broll-auge Pl.: ›hervorstehende, stiere Augen‹ Ortenau. Vgl. »Bollaug«.

brolle schw.: ›anschwellen‹ Ortenau.

Brom-beere f.: *Brombeer, -beere, -beeri* (*-beer* nördlich, *-beeri* im Süden und *-beere* dazwischen) nördl. Schwarzw., südöstlicher Schwarzw., Baar, oberes Wiesental, Hotzw., mancherorts Klettgau; *Bromber(e)* mancherorts mittl. Schwarzw.; die in anderen Gebieten bezeugten Formen sind alles lautliche und z. T. sehr verschiedene Weiterentwicklungen, wobei hier nur die wichtigsten Formen aufgeführt werden und zwar im Pl., weil das Wort meist in der Mehrzahl gebraucht wird: *Braubeere, Broobeere* vereinz. in der Nachbarschaft zum Schwäbischen, *Bromere* mancherorts Hanauerland, Ortenau, *Bromerde, Bromerdre* [Altenhm, Schutterwald, Wittenw.]; *Bromele* [Bötzgn, Ihrgn, Waltershfn]; *Brumbeere* Brsg., *Brumbeeri* mancherorts südl. Brsg., Markgr., Klettgau, südwestl. Hegau; *Brumbere* mancherorts mittl. Schwarzw., oberes Elztal; *Brumbele* mancherorts unteres Elz- und Glottertal, vereinz. Kaiserst., Markgr.; *Brombele* [Konstanz], *Bruubeere, Bruubeeri* Hegau, Höri, Bodenseegebiet; *Brumere* Acher- und Renchtal; *Brumerde* [Wagsh., Legelsh., Kork]; *Blumbere* vereinz. mittl. Schwarzw., oberes Schuttertal; *Blumerde* [Nonnenw.]; *Blomerde* [Meißenhm]. ♦ ›Brombeere‹.

Brombeere-fäßli n.: *Brumbeerefäßli* ›Stachelbeere‹ [Waldk. (Elzt.)].

brome schw.: ›das Gesicht schwärzen‹ [Hagnau]. – Wörtlich *be-ramen,* zu mhd. *râm* ›sich ansetzender Schmutz‹.

Bromele, Bromere, Bromerde → »Brombeere«.

Broschtli m.: ›dicker kurzer Mensch‹ [Friesenhm]. Zu »Bross«.

Brosem m.: *Brosem*; Pl. *Brosme, Broseme* u. a.; Dim.: *Brösili, Brösli, Bresle, Bresli.* ♦ ›das weiche Innere des Brots, Abfall von Brotkrümeln, Brotkrume‹. *Iß nit de chrosplig Ranft vom Brot un loß die waiche Brosme stoh!* [Hebel]; *un jedes Brösili legt 'r uf d' Goldwog* [A. Ganther]; *e Bröösli Brot wär sy Bigehr* [Hebel]. – Wörtl. *Brosamen,* schon mhd. *broseme, brosme.* Nhd. *Brösel* ist ein alter Dim. zu diesem Wort. – Vgl. auch → »Brobrosem«.

Brosemues-bletz m.: *Broosemuesblątz* ›gefüllter Eierkuchen‹ [Ehrenstet.]. – Zum Grundwort s. »Bletz 2«.

Brosi m.: Kurzform für den männl. VN *Ambrosius.*

Bross m.: ›Knospe, junger Trieb‹ vereinz. – Mhd. *broz* ›Knospe, Sproß‹.

bross Adj.: ›spröde brüchig‹, vom Tabak [Diershm, Rheinbischofshm].

Brot n.: ♦ 1) ›das gebackene Brot‹; *naibaches Brot* ›neugebackenes Brot‹ [Münchw.]; *e Ränftli Brot* [Hebel]; *e Keidel Brot schnide* [Freiburg]; *e Mocke Brot* [Honau]; in vielen Ra.: *e Stuck Brot so groß wee en Roßzehe* ›Pferdehuf‹ [Radolfz.]; man muss den Ehegatten *bim erschte Laibli Brot ziäge* [Waldk. (Elzt.)]. *Der cha* (kann) *meh as Brot esse* Brsg. *Er luegt* *wiene Muus zueme Laib Brot* ›schaut begierig‹ eb. ♦ 2) ›Nahrung, Auskommen‹; *s täglich Brot*; *Un 's Bergwerch soll im Sege stoh! 's het mengge Burger 's Brot dervo* [Hebel]. Sprichw.: *Hesch dü Neider – hesch dü Brot, hesch dü kenn – hesch dü Nood* [Altenhm]. – Im Dim. ›Plätzchen‹ s. → »Bretli«.

Brot-bäre f.: dass. wie → »Brothange« Markgr. – Zum Grundwort s. »Bäre«.

Brote m.: *Brode, Bròde* ›Braten‹ mancherorts, häufiger »Brotis«; *De Broote ischt groote* ›geraten‹ [Epple].

Brot-hange, -henke f.: ›hängendes Gestell, auf dem (früher) der Brotvorrat aufbewahrt wurde‹.

Brotis m. (n).: *Brodis, Brodes* ›Braten‹. *Fir morge han i en Brodis* [Neust.]. *wenn er's het, seig's* (sei es) *Chäs, seig's Brotis, Tüübli un Strüübli* [Hebel]; Ra.: *Mach de Brootes it z räß!* ›übertreibe nicht‹ [Epple].

Brotis-rine f.: ›großer Topf zum Fleischbraten‹ [Krozgn]. – Zum Grundwort → »Rine«.

Brot-korb m.: ›Korb für Brot‹, meist jedoch in Ra.: *un henkt Ich der Brotchorb höcher* [Hebel].

Brot-lade f.: *Brotlaad, -lade* ›Tischschublade, in der Brot aufbewahrt wird‹.

Brötschi m.: ›Schwätzer‹ [Eschb. (Waldsh.)]. – Vgl. »bretsche«.

brotzle schw.: ›leicht bräteln‹ verbr.

Bru-beere → »Brombeere«.

bruche schw.: *bruuche, bruche, brüche;* Konjunktiv: *bruchtig, brüchtig.* ♦ 1) ›ge-, verbrauchen‹. *Sell kinnt i bruche* [A. Ganther]. ♦ 2) ›benötigen‹. *Derlai Dagdiab un Dummköpf brücht* (Konjunktiv) *m'r nit* [A. Ganther]. *I ha ne Garte hinterm Huus, un was i bruuch, das hol i druus* [Hebel]. Sprichw.: *Het me vill, so brauch me vill* [Mühlgn (Stock.)]. ♦ 3) ›mit magischen Praktiken behandeln, besprechen‹ Tiere, Menschen, veraltet.

Bruck f.: *Brugg, Bruck* verbr.; *Bruckch* vereinz. Hotzw., Klettgau; am Nordrand des Schwarzw., an Oos und Acher beginnt dann das Gebiet mit *Brigg*; Dim.: *Briggle, Briggli, Brückli.* ♦ 1) ›Brücke‹. *Er goht druf dar un über Steg un Bruck* [Hebel]. Abzählreim: *S goht e Mändli übers Brückli, hat e Säckli uf'm Bückli ...* [Schwerzen]. ♦ 2) ›Brückenartiges‹, z. B. Bretterboden im Stall u. ä. vereinz.

Bruech, Brüeche f.: *Bruech, Brüeche, Briäche, Briächi.* ♦ 1) ›die harten glänzenden Häute um den Kern im Apfel, das Kerngehäuse ohne Kerne‹ mancherorts Elztal, Umg. Emmendgn. ♦ 2) ›Spannvorrichtung, Kette, die um den Wagen gewunden wird‹ vereinz. Südbaden, Hegau; dazu auch das weiter verbreitete Verb *brüeche, brieche* ›die Wagenladung mit Kette und Knebel zusammenschnüren‹ mancherorts und der *Brüechbengel* ›Windebengel‹, sowie *Brüechkettene* ›Haltekette‹ und *Brüechnagel.* – Beide Bedeutungen gehören etymologisch zusammen; auszugehen ist von mhd. *bruoch* ›Hose‹, verwandt mit kelt. *braca* ›gallische Hose‹, engl. *breeches,* wobei hier das Umhüllende als Motivation unserer Bedeutungen angesehen werden kann.

Brueder m.: *Brueder* verbr.; Pl.: *Briäder, Brüeder*; Dim.: *Briäderle, Briäderli, Brüederli.* ♦ 1) ›Sohn derselben Eltern‹; *mi's Brueders Suhn, d'r Sepp* [A. Ganther]. ♦ 2) ›Ordensbruder, Mitglied einer Gemeinschaft, Gruppe‹; *wia grad zwi fidele Brüeder owwe ra kumme* [A. Ganther].

b-ruefe st.: ›etwas abergläubisch besprechen, verzaubern‹ veraltet.

Brüeih ›Brühe‹ → »Briehe«.

brüeije schw.: ›brühen, abbrühen‹.

brüele ›brüllen‹ → »briële«.

bruete ›brüten‹ → »briete«.

Brueteri f.: *Brueteri, Bruetere, Brieteri* ›brütende Henne, Glucke‹ mancherorts mittl. Schwarzw., Baar, Bodensee. – Vgl. »Bruethenne, Gluckeri«.

Bruet-henne f.: *Bruethenn, -henne* ›brütende Henne, Glucke‹ verbr. Ostteil des mittl. Schwarzw. – Vgl. »Brueteri, Gluckeri«.

Brügi ›Bretterboden‹ u. a. → »Brigi«.

Brühl → »Briel[2]«.

Brum n.: *Brumm,* Pl. wie Sg.; Dim. *Brimmli* vereinz.; *Brömli, Brömmli* [Wollb., Weil a. Rh.], hier auch Sg. *Broom.* ♦ ›Knospe des Rebstocks‹ mancherorts Kaiserst., Brsg., Markgr. – Vgl. »Broll«.

Brum-beere, Brumere → »Brombeere«.

Brummel-suppe f.: ›Zank, häusliche Szene‹; *Brummelsubbe koche* ›einen Groll am Brodeln halten‹ [Furtwangen].

Brummler m.: ♦ 1) ›Hummel‹ mancherorts Ortenau. ♦ 2) ›Brummkreisel‹ vereinz.; Syn. → »Tanzknopf«.

Brummli m.: ›brummiger, mürrischer Mensch‹.

brun Adj.: *bruun, brüün, bruu* ›braun‹; *scharmanti bruuni Bire, welschi Nuß* [Hebel].

Brunne m.: *Brunne* verbr., Pl. meist wie Sg., doch auch *Brinne* [Mahlbg]; *Brünne* [Eschb. (Waldsh.), Singen a. H.]. ♦ 1) ›natürlicher und von Menschen angelegter Brunnen‹; *der läufig Brunne* ›der ständig fließende Brunnen‹ Markgr.; *'s Bäumli blüeiht, un 's Brünnli springt* [Hebel]. Kindern erzählt man, die kleinen Kinder würden aus dem Brunnen geholt, mancherorts. ♦ 2) in der Wend. *e Brünneli (Brunni) mache* Kinderspr. ›urinieren‹.

Brunne-hisli n.: ›Teil des Schwarzwaldhauses wo im fließenden Trinkwasser, die Milch- und Rahmtöpfe stehen‹.

Brunne-miëterle n.: *Brunnemiäterle* ›Wassermolch, Salamander‹ mancherorts Ortenau, südl. Schwarzw.; im Linzgau und Umg. vereinz. auch *Brunnehiäter(le)*, in Bergalgn *-chüehli*. – Das Grundwort ist Dim. zu *Mutter* bzw. *Hüter* bzw. *Kuh*.

Brunne-putzer m.: *Brunnebutzer* ›wer Brunnen putzt‹, nur noch in Ra.: *schaffe wiä e Brunnebutzer* ›viel arbeiten‹.

Brunz-bluem f.: ›Löwenzahn‹ Hanauerland (Verbr. s. Karte → »Seichblueme«).

brunze schw.: *brunze, brunse* ›Urin lassen, harnen‹. – Mhd. *brunzen*. – Vgl. »seiche«.

Brunzete f.: ♦ 1) ›die auf einmal gelassene Harnmenge‹. ♦ 2) ›die Zeit (in der Nacht), in der man gewöhnlich zum Urinlassen geht‹.

Brunz-kachle f.: *Brunzkachle, -chachle*; Dim.: *-kächeli, -chächeli*. ♦ 1) ›Nachttopf‹ mancherorts. ♦ 2) ›Wiesenschaumkraut‹ [Malsburg].

brusche schw.: *bruusche* ›rauschen, brausen, plätschern‹ Markgr. *wie bruusche die Welle* [Hebel]. *'s Wasser het bruuschet* [Hebel]. – Mhd. *brûsche* ›das Brausen‹.

bruschle schw.: ›heimlich reden‹ [Stockach].

Bruscht f.: ♦ 1) ›Brustpartie bei Mensch und Tier‹. Er *od'mt widder uf, as wenn m'r em Zentnerstei vun d'r Bruscht nemme dät* [A. Ganther]. ♦ 2) ›Kleidungsstück, das die Brust bedeckt‹, z. B. gestärktes Vorhemd der Männerkleidung oder ärmelloses Leibchen bei Frauen (Tracht).

Bruscht-tuech n.: ›Männerweste‹; *e langbärdige Kerli mit eme rode Bruschtduech* [A. Ganther]; *mit de christalene Chnöpfen am perlefarbige Brusttuech* [Hebel]. – Vgl. »Schilee«.

Bruscht-zucker m.: ›Kandiszucker‹.

bruse schw.: *bruse, brüse* ›brausen‹.

brüsele ›brenzlig riechen‹ → »brenzele«.

Bruser m.: *Bruser, Brüser* ›Kreisel, Tanzknopf‹ verbr. – Syn. → »Tanzknopf«.

Brusili n.: *Brusele, Brusili* ›Kosewort für Kälbchen‹ vereinz. mittl. Schwarzw. – Vgl. »Bussel«.

Brut f.: *Bruut, Brutt, Brütt;* Dim.: *Brittli, Brüttli* usw. ♦ ›Braut‹. Ra.: *z döe ha wien e Brut im Bad* ›viel zu tun haben‹ [Opfgn]; *un my Haber stoht as wie ne Brüütli im Chilchstuehl* [Hebel]. Sprichw.: *E mengker hett e Brutt ghaa, aber kai Frau* [Glock Brsg.]. – Vgl. »Hochziteri«.

Brutsch f.: ›missmutige Miene‹ Markgr. Dazu *brutsche* ›murren, zürnen‹ und *brutschig* ›mürrisch‹. – Vgl. »Briëtschele«.

Brütsche f.: ›Blache, Decke‹ Markgr.

brutschle schw.: ›leise reden, leise rauschen‹ oberes Markgr.

Brut-seckel m.: *Bruttseckel*. ♦ 1) ›Kröte‹ mancherorts Brsg. ♦ 2) ›Schimpfwort‹ vereinz. Brsg.

bruttle schw.: ♦ 1) ›brodeln, sprudeln‹. *Jetz bruttlet er* (der Rhein) *abe go Rhiinau* [Hebel]. ♦ 2) ›plaudern, halblaut vor sich hinreden, brummeln, nörgeln‹. *„Ihr dummi Kerli," het d'r Xaveri brudd'lt* [A. Ganther]; *er hett allwiil öbbis z bruddle* ›er ist mit nichts zufrieden‹ [Glock Brsg.].

Bruttli m.: ›mürrischer, brummender Mensch‹.

bs Interj.: meist reduplizierend in Formeln wie *bs ws ws! bs bs ps!* ›Lockruf für Haustiere‹ Hunde, Katzen.

b-schände schw.: ›sich die Haut abschürfen, sich ritzen‹ vereinz. Klettgau, Hegau.

B-schau f.: ›Besichtigung, Umschau‹, früher auch die Begutachtung eines Anwesens der zukünftigen Braut, des Bräutigams; *Er goht uf d Bschau*. Auch *Bschauet(e), Bschauwedi*.

b-schaue schw.: ›anschauen‹ verbr.; *e Bilderbuch bschaüe* [Freiamt]; Ra.: *do kònnsch mi bschaüe, wie dr witt ...* ›da kannst du mich noch so anschauen (es ändert sich nichts‹ [Freiamt]-

B-scheid m.: ♦ 1) ›Nachricht, Antwort‹. ♦ 2) in der Wend.: *Bscheid tue* sich zutrinken, zuprosten. *Chumm, arme Maa, un tue ais Bschaid! Mer stoßen a!* [Hebel].

b-schieße schw.: *bschiäße, bschüße* ›aus-, hinreichen, fruchten, vorhalten‹; *des bschießt it* [Epple]; *s Geld will nümme bschüße* ›das Geld reicht nicht‹ [Tiengen (Waldsh.)]. *Näibache Brot bschiäßt nid* ›frisch gebackenes Brot ist schnell aufgebraucht‹. *Sie* (die Beeren) *bschießen ebe nie* [Hebel]; *des Johr bschießt s Fuedder nit* [Glock Brsg.]. – Mhd. *beschiezen*. – Vgl. »bschusslich«.

b-schisse st.: *bschisse, bschiiße* ›betrügen, hereinlegen‹.

b-schließe st.: *bschliäße* ›abschließen, zuschließen‹; das Part. lautet bisweilen *bschlosse, gschblosse. Gar still un heimli bschließt er d' Tür* [Hebel].

Bschnisel m.: ›Schnupfen‹ vereinz. Brsg. – Nebenform zu »Pfnisel«.

b-schnotte Adj.: *bschnodde, bschnudde, bschnotte*. ♦ ›knapp, eng, karg, elend‹; *dr Kittel isch mer z* *bschnotte* [Waldk. (Elzt.)]. *S hät bschnotte glanget* ›es hat gerade so ausgereicht‹ [Sunthsn]. – Mhd. *besnoten,* das Wort ist verwandt mit nhd. *schnöde,* das ursprünglich ›ärmlich, gering‹ bedeutete.

b-schreie st.: mancherorts; Part. Perf.: *bschraue.* ♦ ›etwas benennen, anrufen‹, auch ›abergläubisch beschwören‹.

b-schusslich, -schitzig Adj.: *bschussli* Baar; *bschitzig* [Ettenhm]. ♦ ›ausgiebig, gut nährend‹. – Beide Formen zu »bschieße«.

B-schütti f.: ›Jauche‹ Markgr.

b-segne schw.: ›mit einem Segen versehen, segnen‹; *Flueche het er chönne, ne Hex im rueßige Chemi hätt si bsegnet un bettet* [Hebel].

b-setze schw.: ›pflastern‹, vereinz. Südbaden; dazu der *Bsetzer* ›Pflasterer‹ oder der alte Freiburger Hausname *Zum Besetzhammer.*

B-setzi f.: *Bsetzi* ›Steinpflasterung, Stand für Tiere im Stall‹.

b-stande Adj.: ›gereift, älter, verheiratet‹. *e bstandene Ma, e bstande Wibervolch* allg. – Mhd. *bestanden* ›erwachsen‹.

b-steche st.: ›eine Wand verputzen‹, in Sunthsn auch ›tünchen, weißeln‹.

b-sueche schw.: *bsueche, bsüeche* ›besuchen‹.

b-sunder Adj.: *bsunder, bsunner* verbr., vereinz. auch *bsunderbar.* ♦ ›abgesondert, außerordentlich‹. *'s sin Rösli drin un Dorne dra, me cha nit jedes b'sunder ha* [Hebel].

b-sunders Adv.: ♦ 1) ›vornehmlich, in erster Linie‹. *B'sunders hen sich d'Wibslütt ... für ne an Lade g'legt* [A. Ganther]. ♦ 2) ›gut, außerordentlich‹. *Mir gohts nit bsunders.* ›mir geht es nicht gut‹ allgemein.

Buch[1] m.: *Buuch, Buch, Büch;* Dim.: *Bichli, Büchli.* ♦ ›Bauch, Unterleib‹; Ra.: wer sehr bleich ist, *sieht us, wie's Kätzli am Buch* [Waldk. (Elzt.)]; Sprichw.: *Lieber en Buuch vum Fresse wie en Buckel vum Schaffe* [Epple]. Kinder imitieren den Unkenruf mit dem Kinderreim: (lautnachahmend): *Much, much, much, – henn er miine Muëder noch nit gsehne mit dem gäle Buch, Buch, Buch* Mittelbaden.

Buch[2] → »Buech«.

buche schw.: *buuche, buche, büche* ›mit Aschenlauge waschen‹, ein schon längst abgekommenes Verfahren. – Benannt nach der dabei verwendeten Buchenholzasche. Mhd. *bûchen.* – Vgl. »sechte«.

Buchet f.: *Buchet, Büchet* ›Menge die auf einmal in Holzaschenlauge eingeweicht wird‹ [Mahlbg].

Buch-grimme n.: ›Leibweh‹ Markgr.

Buch-hus n.: *Buchhus, Büchhüs* ›Waschhaus, -küche‹ vereinz. – Zu »buche«.

Buch-kessel m.: *Büchkessel* ›Waschkessel‹ [Rust]. – Zu »buche«.

Bucholder m.: ›wilder Kerbel‹ mancherorts SO-Baden.

Buch-weh n.: ›Leibschmerzen‹; *ebbes lide kenne wiä s Buuchweh* ›etwas nicht ausstehen können‹ [E. Strube].

Buch-zuber m.: *Buchzuber, -zuwer* ›Waschzuber‹. – Zu »buche«.

Buck m.: ♦ 1) ›das Gebogene, Biegung (des Hutes), Knick‹ vereinz. ♦ 2) ›Beule, Erhebung, Anhöhe, Hügel‹, auch häufig in Flur- und Bergnamen. – Bildung zu »bucke«, mit nhd. *biegen* verwandt.

bucke schw.: *bucke* verbr.; *buckche* vereinz. Südrand. ♦ 1) ›den Rücken beugen, sich bücken‹ verbr. *Jetz buckt er si un bschaut e Blüemli* [Hebel]. ♦ 2) ›biegen‹ vereinz.

Buckel m.: *Buggel, Buckel,* Pl.: *Bickel, Bückel* vereinz. ♦ 1) ›verkrümmter Rücken bei Mensch und Tier‹, aber auch der ganz normale Rücken; Ra.: *D'r Hubert macht e Buck'l, wia e Katz, wenn's dunnert* [A. Ganther]; Ra.: *des macht der Chatz kai Buggel* ›das macht nichts‹ [Opfgn]; *rutsch mer de Buckel nab* ›du kanst mich ...‹ [E. Strube]; *Stiege m'r alli mitenand d'r Buck'l nuf* dass. [A. Ganther]. ♦ 2) ›Erhöhung, Erhebung, Bergrücken‹.

Buckel-kräze f.: ›Rückentragekorb‹ vereinz. SO-Baden; *Buckelgrätze drage* ›jemanden huckepack tragen‹; auch nur als Verb: *buckelgrätze* [Epple].

Buck-esel m.: ›Begleiter des als Christkind verkleideten Mädchens‹ [Teningen]. Zu → »Pickesel«.

Bücki ›Rückentraggefäß‹ → »Bicki«.

Buddel m., **Buddili** n.: *Buddel, Buddl;* Dim.: *Buddele, Buddeli, Buddili.* ♦ ›Kalb, Kosename für junge Kälber‹ mancherorts nördl. Schwarzw., davon abseits verbr. Hegau, Bodanrück, Bodenseegebiet. – Vgl. »Bussel«. – Ob das Wort zu »Pudel« gehört ist fraglich.

Budel m. (n., f.): *Buddel, Budel;* Dim.: *Buddele.* ♦ ›kleineres (flaches) Fläschchen, Trink-, Schnapsflasche‹. – Vgl. »Butelle, Guttere«.

Bue m.: *Bue* verbr. (außer den folg. Gebieten); *Büe, Böe, Boe* mancherorts Ortenau, Brsg., Kaiserst., *Bueb* Markgr., Hotzw., Klettgau; *Büeb* [Laufen, Müllhm, Schweighof]; Pl. *Buebe, Buewe;* Dim.: *Biebli, Büebli.* ♦ 1) ›Junge, Bube, Sohn, Junggeselle‹ verbr.; *meischderlosigi Buebe* ›ungezogene Knaben‹ [St. Märgen]; *Unsern Bue duet des it* [Epple]; *I bin's Burgermeisch-*

ders Bue [A. Ganther]. *Un 's Büebli folgt un wird e brave Chnab* [Hebel]; *Es het zletscht keiner meh gewüßt, ob er e Maidli oder e Bue isch,* so betrunken war man. Kinderreim: *Räge, Räge, Dropfe, D'Buebe mueß me chlopfe ...* Brsg; vgl. »Chnab«. ♦ 2) ›dienender Bursche, junger Knecht‹, veraltet. ♦ 3) ›Bauer im Kartenspiel‹. – Vgl. »Chnab«.

buebele schw.: ›Bubenspiele treiben‹ [Epple].

Buebe-rolli m.: ›Mädchen, das sich gern mit Jungen herumtreibt‹, auch *Buebeschmecker.*

Buebe-site f.: ›Oberseite des Brotes‹, Ggs. → »Maidlisite«.

Buebe-stehler m.: ›Nachtfalter‹ [Emmendgn]. – Vgl. »Maidlistehler, Mehlstaiber, Liëcht-, Suppestehler«.

Buebe-strähl m.: eine Kardenart, Pflanzenname. – Zum Grundwort s. »Strähl«.

Buech n.: *Buech,* Pl.: *Biächer, Büecher, Büechere*; Dim.: *Biächli, Büechli.* ♦ ›Buch‹. *'s Büechli het jo numme 32 Sidde* [A. Ganther]; *un in de Büechere lehrt* (lernt) *me's nit* [Hebel].

Bueche f.: *Buech, Bueche* ›der Baum Buche‹; *do Holder druf, do Büechli, Tanne dört* [Hebel].

Buechel f.: meist Pl.: *Buechele, Biächele* ›Bucheckern‹.

Büecher-schaft m.: ›Büchergestell‹. – Zum Grundwort s. → »Schaft«.

Bueg m.: *Bueg* mancherorts; *Buei, Bueu* [Ottenhm, Rheinbischofshm]. ♦ 1) ›Schulter, Schulterstück des Schweins, Rinds, Pferdes‹. ♦ 2) ›Holzstrebe, Schrägbalken‹ [Neukirch]. – Ahd. *buog,* germ. **bōg(u)-* ›Arm‹.

Buese m.: ›Brustteil des menschlichen Leibs‹. *Wie chlopft's mer im Buese, wie bin i so froh!* [Hebel]. – Mhd. *buosem.*

büetze ›ausbessern‹ → »bietze«.

Büez m., f.: ♦ 1) ›ausgebesserte Stelle am Fischnetz‹ [Reichenau]. ♦ 2) ›Mühe, Last, Krankheit‹. – Zur Herkunft s. → »bietze«.

Bühl ›Hügel‹ → »Bihl«.

Bul f.: ♦ 1) *Bull* ›Fischreuse‹ [Diershm]. ♦ 2) *Buul* ›großer, runder Korb‹ [Glashütte (Bühl)], auch *Buulekoreb* [O.weier (Rast.)]; vgl. »Schnitzbugel«.

Büle ›Beule‹ → »Bile«.

Bulldog m.: ›Traktor (ältere Modelle Anf. 20. Jh.)‹ verbr., inzwischen dafür eher → »Schlepper«. – Zu engl. *bulldog,* eingeführt über den Warennamen *Lanz Bulldog.*

Bülle f.: ›Zwiebel‹ Höri (Verbr. s. Karte → »Zibele«. – Vgl. »Bolle 2, Bölle, Zibele«.

Bulli n.: ›Kätzchen‹, auch Kosewort für Kätzchen, vereinz.; *Bulli mache* ›(ein Kätzchen) locken, schöntun‹ [E. Strube]. – Vgl. »Busi«.

bülse schw.: ›trocken husten‹ [Fahrnau, Schopfhm]; dazu der *Bülsi* ›trockener Husten‹ eb.

Bumberdon m.: ›Basstrompete‹ [Zährgn]. – Frz. *bombardon.*

Bummele f.: ›dicke Person‹ vereinz.

Bummer m.: ›kleines, dickes Wesen‹, Tier, Mensch, auch Name für bestimmte Haustiere. – Vgl. »Bumpel«.

bummere, bumpere schw.: ›einen lauten, dröhnenden dumpfen Ton machen, poltern‹. *Bummer nit so an de Tisch!*

Bummert → »Bangert 1«.

Bummi f.: ›Glaskugel‹ [Wyhlen].

bumpe schw.: ♦ 1) ›pumpen‹ verbr. ♦ 2) ›prügeln, hauen‹; *ich bump dir glii eini* ›ich gebe dir gleich eine Tracht Prügel‹ Lörracher Gegend.

Bumpel f.: *Bumpel, Bumple.* ♦ 1) ›dicke, unbeholfene Person‹. ♦ 2) ›dicke Tasche‹.

Bumperei, Bumpis Pl.: ›Prügel, Hiebe‹. – Zu »bumpe 2«.

Bumpjee m.: *Bumbjee, Bumbi* ›Feuerwehr(mann)‹, veraltet; *Un do isch 'r am e nedde Dag üwwereimol in alli Waldberger Verei itredde, zue de Bumbi, in d'Itracht, – so heißt d'r G'sangverei, in Durnerbund ...* [A. Ganther]. – Frz. *pompier.* Hierzu die *Bumbiemussik* ›Feuerwehrkapelle‹ eb.

Bunde m.: *Bunte, Bunde.* ♦ 1) ›Pfropfen (z. B. zum Verschließen von Flaschen, Fässern), Flaschenkork, Spund‹ mancherorts; vgl. »Pantoffelbunde«; die Knallbüchse der Kinder, bei der ein Stopfen herausknallte hieß *Buntebigs* oder *Bundeklepfi* vereinz. ♦ 2) ›Schnuller des Kleinkinds‹ mancherorts Ortenau, Brsg.; Syn. → »Lulli«. – Frz. *bonde* ›Spund, Zapfen‹.

Bungert m.: *Bungert* [Wutöschgn, Waldshut]; *Bummert* [Schwerzen, Ay]. ♦ ›Obstgarten‹. – Mhd. *bûngarte* ›Baumgarten‹.

Bunsch m.: ›Schlag‹ [Ringshm].

Bünti f.: *Bünt, Bünti, Bündi, Bünte, Bünde* vereinz. und veraltet; *Baint* [Großschönach]; *Boit* [Schwäblishsn]; *Biin* [Ottersw.], u. ä. ♦ ›umzäuntes Stück Land, Obstgarten, Feldgarten‹ u. a. *Er het in alle Reviere Würmli uf der Waid, in alle Bündtene* (Pl.) *'s Zehntrecht* [Hebel]. – Das Wort, das heute – in vielen Variationen – vor allem noch in Flurnamen weiterlebt, gehört zu ahd. *biunt(a)* ›umzäuntes Land‹.

Bupper m.: ♦ 1) ›etwas Hervorstehendes, Knoten, Beule‹ mancherorts zwischen Acher und Murg. ♦ 2) ›Haarknoten der Frauenfrisur‹ [Elzach, Ettenhm].

Bupple f.: ›Mitesser‹ [Waldk. (Elzt.)].

Bur m.: *Bur, Bür*; Pl.: *Bure, Büre.* ♦ 1) ›Bauer, Landwirt‹. *Un wenn im früeihe Morgerot der Buur in Feld un Fuhre* (Furche) *stoht* [Hebel]; Sprichw.: *Was de Bur nit kennt, frisst r nit* [Waldk. (Elzt.)]. *Je greßer de Mischthufe, as de reicher de Buur* [Epple]; *Die dimmschde Bure hen di greeschde Härdepfel* [E. Strube]. ♦ 2) ›Figur im Schach-, Kartenspiel‹.

bure schw.: ›Landwirtschaft betreiben, bauern‹; Sprichw.: *brav gmischdet isch halb buuret* [Stockach].

Bure-ditsch n.: *Buredütsch* ›(alemannische) Mundart‹ [Staufen (Brsg.)].

Bure-knecht m.: *Bureknecht, Büre-; -chnecht.* ♦ ›Bauernknecht‹; *woner no Burechnecht bim alte Statthalter gsi isch* [Hebel].

Burerei f.: *Burerej, Bürerej* ›Landwirtschaft‹, *mit de Bürerej isch hitt nimmi viel los* [Freiamt].

Bure-schübling m.: ›eine dunkle Hartwurst‹ [Erzgn, Eichberg (Waldsh.)]. – Vgl. »Schübling«.

Burgele n.: Kurzform für die weibl. VN *Walburga, Notburga.*

Burge-meischter m.: *Burgemaischder, Burger-, Borge-, Buri-,* so und ähnl. ♦ ›Bürgermeister‹; in älterer Mundart bisweilen »Mär, Schultis, Stabhalter, Vogt«.

Büri ›Bäuerin‹ → »Biri«.

burlande schw.: *borlande* [Sunthsn], *burlange* [Schiltach]. ♦ ›herumstrolchen, verschwenderisch umgehen‹.

Burlegiger m.: ›schlechter, minderwertiger Wein‹ [Klettgau]. – Das Wort geht auf die elsässische Fügung *pour les giger* ›für die Geiger‹ zurück, also der (schlechtere) Wein, der bei Festen den Musikern serviert wurde.

Burscht[1] m.: *Buurscht, Burscht* ›junger Mann, Bursche‹, im Pl. oft auch für ›Kinder allgemein‹. *Nix as Burscht* (Pl.) *und Manne* [A. Ganther]. *Sust sinn die junge Burst* (lies *Burscht*) *menggmol e wenig phatestig* (phantastisch = mutwillig) [Hebel]. *Un no het si no e Stall voll Burscht dehaim* [Freiamt]; Ra.: *en Buurscht mache* ›einen Trotzkopf aufsetzen‹ [E. Strube]; *des isch e Burscht wie Sauhoor, numme nit gar so fin* (fein) ›ein sehr grober Kerl‹ [Glock Brsg.].

Burscht[2] m.: *Burscht, Borscht* ›Borsten, struppiger Haarschopf‹ vereinz. – Mhd. *borst.*

burschte schw.: ›raufen, ringen, zanken‹ mancherorts mittl. Schwarzw., Elztal, Ortenau.

burschtig Adj.: ›streitsüchtig‹, *en burschtige Schwanz* macht die Katze, wenn sie einen Hund sieht [Breitnau].

Burti f., **Burtene** Pl.: *Burti, Borti, Burtene* ›Bündel ausgedroschenen Strohs‹ mancherorts südöstl. Schwarzw., Baar, östl. Hotzw., Klettgau, Hegau, vereinz. Bodenseegebiet. – Wörtl. *Bürde.*

Bürzi m.: ♦ 1) ›Haarknoten der Frauenfrisur‹. ♦ 2) ›Bürzel des Geflügels, Steiß‹. – Vgl. »Birzel«.

Busch(d) m.: *Busch, Buschd, Büschd,* Dim.: *Bischli, Bischdli.* ♦ 1) ›Unterlage für Traglasten auf dem Kopf‹. ♦ 2) *Bischli* ›Topflappen‹ [Lahr]. – Vgl. »Bausch«.

Buschel f.: ›Strohbündel‹ Linzgau.

buschele schw.: *buschele, büschele* ›wiehern‹ vereinz. – Syn. → »wiehere«. – Vgl. »Buscher«.

Buscher m.: *Buscher,* Dim.: *Buscherle, Büschli.* ♦ ›ganz junges Pferd, Füllen, Fohlen‹ mancherorts. – Syn. → »Fohle«.

Buschi n.: *Buschi, Buscheli* ›Wickelkind‹ nur im südl. Markgr. – Vgl. »bitschele«.

Buschle f.: ›Büschel, Bündel, Gebund‹, z. B. Reisig, Heu-, Getreidehalme, Zwiebeln usw.

buschper Adj.: ›munter, aufgeweckt, lebhaft, nett‹ mancherorts. *Un d'Vögeli maine's o, si werde so busper un froh* [Hebel]. – Vgl. »wuschber«.

Bus-hummel m.: ›Hummel‹ Brsg. – Vgl. »Bishummel«.

Busi f.: *Busi, Bussi, Büsi, Bissi*; Dim.: *Buseli, Busseli.* ♦ ›Lockruf und Kosename für Kätzchen, Katzen‹. – Vgl. »Bauser 3, Bulli«.

Busle f.: ♦ 1) ›(Staub-)Flocke, Zottel‹. ♦ 2) ›haarige Pflanzenteile, insbes. Kätzchen der Weide‹ verbr.

Büsli n.: ›Kosename für Katzen‹ [Hebel].

buslig Adj.: ›mit Fusseln behaftet, flaumig‹ Brsg., Markgr. – Zu → »Busle«.

Bussel m., **Bussili** n.: *Bussel, Bussl*; häufig nur Dim.: *Busseli, Bussili, Buseli.* ♦ ›Kalb, Kosename für junges Kalb‹ verbr. mittl. Schwarzw., Baar. – Vgl. »Buddel, Mummili«.

Butelle f.: *Butéll, Butélle, Bodéll, Bodélle* ›Flasche‹. Frz. *bouteille.* – Vgl. »Budel, Guttere«.

Butik f.: *Buttig, Büttik* ›Arbeitsraum, erbärmlicher Raum, Hütte‹. – Frz. *boutique.*

butsche ›anstoßen‹ → »putsche«.

Butscheer f.: *Buddschäär, Buddscheer, Butzscheer, Buddschäri, Boddschäär* u. ä. ♦ ›Sammelsurium, Kram, Plunder, Sache, Angelegenheit‹. *I wirf di ganz Buddscher de Bach na* [Hofstet. i. K.]. *Un e halwi Woch vor em Viehmärk isch schu d'ganz Butscher fer-*

tig gsi [A. Ganther]. *Jetz het nadürlig d'r Baschi d'r ganz Butzscheer uf'm Racke g'ha* [A. Ganther]. – Die Herkunft des auch in anderen Gebieten bezeugten Wortes ist nicht sicher geklärt, möglicherweise zu *Putzschere* oder zu *Budget,* wobei das Wort *Bescherung* mitgespielt haben kann.

bütschele ›wickeln‹ → »bitschele«.

Bütscheli-chind n.: ›Wickelkind, Baby‹; *schloofsch, e Bütschelichind, in dym verborgene Stübli* [Hebel]. – Vgl. »bitschele«.

butte, butschle schw.: ›(ein Kind) schaukeln‹ Hotzw.

Büttene ›Zuber‹ → »Bittene«.

Butter m.!: *Butter, Budder* verbr., jedoch weniger in dem Gebiet, in dem »Anke« gilt.

Butti[1] f.: *Butti, Butte* ›Schaukel, Schiffschaukel‹ mancherorts Kreis Lörrach, Waldshut. – Zu → »butte«. – Syn. → »Gugi«.

Butti[2] f.: *Butti, Buttig, Butte* ›Rückentragegefäß, -korb‹ vereinz. nördl. Ortenau, Bodenseegebiet; *Du bisch em Deufel us de Bude g'juckt, wo er mit U'ziffer g'handlet het* [Stockach]. – Vgl. »Bicki«.

buttle schw.: ›schaukeln, rütteln, herumwälzen‹ vereinz. Markgr.

Butz m.: ♦ 1) ›Strohpuppe, die man missliebigen Mädchen in der Nacht zum 1. Mai aufsteckt‹, veraltet vereinz. Ortenau, Brsg. ♦ 2) im Dim. *Butzele* kosend ›kleines, liebes Kind‹ *E munzigs schäs Butzele* [Epple]. ♦ 3) ›Vogelscheuche‹ mancherorts Ortenau, Brsg., Kaiserst. – Mhd. *butze* ›Schreckgestalt‹.

Butze, Butzge m.: *Butzge,* Pl. *Bitzge* verbr. mittl. Schwarzw., Elztal, südl. Ortenau, Brsg.; *Butze* übriges Gebiet (mit Ausnahme von »Ürbsi« im Markgr. und »Bicksi« vereinz. am Bodensee). ♦ 1) ›Überrest des gegessenen Apfels, Kerngehäuse‹. ♦ 2) ›vertrockneter Nasenschleim, Rückstand am Kerzendocht, eitriger Mittelpunkt eines Geschwürs‹; *de Butzge schmecke* ›etwas bemerken‹ [Teningen]. ♦ 3) ›schwarze Verbildungen am Getreide, Mutterkorn u. ä.‹ mancherorts Ortenau, Brsg., Kaiserst. – Mhd. *butze* ›abgeschnittenes Stück, Masse, Klumpen‹.

Butze-bök, -gäuke, -gökel, -gunkel, -graule, -krampe, -maa, -meckeler, -mommel, -mummel m.: so und ähnl. ♦ ›Popanz, Schreckgestalt, vermummte Gestalt, Vogelscheuche‹ mancherorts. – Vgl. »Butz«.

Butz-esel m.: ›Maskengestalt aus Villingen mit Eselskopf‹.

Butzge → »Butze«.

Butzli m.: ♦ 1) ›Schreckgestalt, Teufel‹ vereinz. Südbaden; Bei Hebel neben *Buzli* auch *Vizli Buzli.* ♦ 2) ›Vogelscheuche‹ mancherorts südl. Baar, Gegend von Blumberg. – Bildung zu mhd. *butze* ›klopfender Geist, Kobold‹.

Bützli n.: ›Eiterblaschen‹ vereinz. Hegau, Hochrhein; der alte Fürst *het kei Undädli un kei Bützli* [A. Hermann].

C

Unter »C« finden sich nur:
1) Wörter fremder Herkunft, die mit *Ch-* beginnen, z. B. *Chrischtkind,*
2) Wörter, die ausschließlich südl. der *K*-Verschiebungslinie bezeugt sind und die mit *Ch-, ch-* anlauten, z. B. *Chlimse* ›Spalte, Ritze‹.
Alle anderen mit *Ch-, ch-* beginnenden Wörter, die auch eine *K-, k-*Variante besitzen, z. B. *Kind-Chind, kalt-chalt* findet man unter »K«.

Cego ein Kartenspiel → »Zego«.
Chäche ›Quecke‹ → »Kecke«.
Chaigel m.: ›Kegel‹ [Hebel].
Challe m.: ›Glockenschwengel‹ vereinz. südl. Schwarzw. – Zu mhd. *kallen* ›rufen‹, engl. *call.*
chech ›gesund, stark‹ → »keck«.
Chelle ›Kochlöffel‹ → »Kelle«.
Chiib ›Neid‹ → »Kib«.
Chilchschpel → »Kirchspiel«.
Chille, Chilche → »Kirche«.
Chirsi ›Kirsche‹ → »Kriëse«.
chli ›klein, wenig‹ → »klei«.
chlimme st.: *chlimme* kleines und großes Wiesental, Hotzw.; Part. Perf. *gchlumme, kchlumme.* ♦ ›kneifen, pfetzen. zwicken‹. – Nebenform zu nhd. *klemmen.* – Syn. → »pfetze 1«.
Chlimse f.: ›Ritze, Spalt‹; *Es regnet no dur d' Bühni ab, es pfiift der Wind dur d' Chlimse* [Hebel]. – Mhd. *klimse.*
Chlungele f.: *Chlungele,* Dim.: *Chlüngeli* ›Wollknäuel‹. – Mhd. *klunge.*
Chlunki ›Nachlässiger‹ → »Glunki«.
chluschpere, chlüschperle schw.: *chluschbere, chluschberle, chlüschberle, chlischberle* Markg., Wiesental. ♦ 1) ›vertraulich flüstern, geheim bereden‹; *Dört chlüsperlets de Hüüser no* [G. Jung]. ♦ 2) ›knabbern‹ [Schopfhm].
chlüsle schw.: *chlüsle* ›flüstern, leise sprechen, tuscheln‹ ob. Markgr., Wiesental; *Druf hen si mit enander ag'fange z'chlüsle* [Schopfhm].
Chlütter(i) m.: ›wertloses Zeug, Kleingeld‹ [Schopfhm].
chlüttere schw.: ›den Darm entleeren‹ [Schopfhm].
Chnab m.: ›Knabe, Bursche, Jüngling‹ nur am Südrand gebr.; *Un 's Büebli folgt un wird e brave Chnab* [Hebel].
chniësche schw.: ›saumselig gehen, trotteln‹ Markgr.; wer so geht ist ein *Chniäschi.*
chnüble schw.: ›mit den Fingern kneifen, kratzen, klauben‹ Hotzw., Hochrhein.
chnufere schw.: ›langsam, ungeschickt arbeiten, nicht vorankommen‹ mancherorts Markgr., Wiesental. – Vgl. »knofere«.
chnulche, chnulpe schw.: ›schwerfällig arbeiten‹ Markgr.
Chnulpe Pl.: ›dicke, unbeholfene Finger‹, auch *Chnulpefinger* Markgr.
chnuppere schw.: ›mit Geduld mühselige Arbeiten verrichten‹ [Minseln].
Chnüri m.: ›kleiner, böswilliger, nörglerischer Mensch‹ Markgr. – Mhd. *knûre* ›Knoten, grober Mensch‹.
chnüsle schw.: ›in etwas herumsuchen, stöbern‹ Markgr.; *der Burst lengt in d' Täschen un chnüslet im Geld* [Hebel].
Chnüssi m.: ›böswilliger Nörgler‹ [Schopfhm].
cho ›kommen‹ → »kumme«.
Chöppel m.?: ›oberster Teil des Baumes‹ [Minseln].
chörb(e)le schw.: ›sich erbrechen‹ [Lörrach, Schopfhm].
Chorn-ferli n.: ›Maulwurfsgrille, Werre‹ verbr. Hotzw., Hochrhein. – Wörtl. *Kornferkel.*
chräb(e)le schw.: ›kraulen, kratzen‹ Raum Lörrach. – Umlautform zu mhd. *krabelen.*
Chrache m.: ›tiefe Schlucht, felsige Gegend‹ ob. Wiesental, Schopfhm.
chraue schw.: *chraue, chrauwe* ›kratzen‹ vereinz. Markgr. – Mhd. *krouwen.* – Vgl. »kraible«.
chresme schw.: *chressme, chräásme* vereinz. Markgr., Wiesental. ♦ ›klettern‹; *Aber an der Bruckwoog, nit wyt vom stainene Chrützli, chresme Zeller Büebli hoch an de felsige Halde* [Hebel]. – Vgl. »kressle«.
Chribis m.: ›Fehler in der Strickarbeit‹ Markgr.
Chriëmpel, Chriëmpli m.: ›wer hinkt‹ Markgr. – Wohl zu mhd. *kriemeln* ›schleichen‹.

Chrischt m.: ›Christ‹.
Chrischt-abend m.: ›Weihnachtsabend‹.
Chrischt-baum m.: *Chrischtbaum, -böum* ›Weihnachtsbaum‹.
Chrischt-kind n.: *Chrischkind, -kind*; häufig nur Pl.: *-kinnel, -kindle, -chindli* u. ä. ♦ 1) ›das Jesuskind (in der Krippe)‹. ♦ 2) ›verschleierte weibliche Person, die am Weihnachtsabend in die Häuser geht‹ vereinz. ♦ 3) ›abwertende Bezeichnung für eine nicht ernst zu nehmende Person‹; *Was will den des Chrischtkindli do?* [Freiamt]. ♦ 4) ›Weihnachtsgeschenk‹.
Chrischt-nacht f.: ›die Nacht vom 24. zum 25. Dezember‹; spielt in abergläubischen Vorstellungen eine große Rolle, z. B. soll in der Ch. das Vieh reden können, das Wetter in der Christnacht deutet auf das folgende Jahr voraus usw.
chroble schw.: ›kriechen‹ Markgr. – Vgl. »groble 2«.
chrosle, chrosme schw.: ›wimmeln, herumwuseln‹ mancherorts Hochrhein.
chruche schw.: *chruuche* ›kriechen‹ mancherorts östl. Hotzw., Klettgau, Höri. – Wörtl. *krauchen.*
Chrüsch ›Kleie‹ → »Grisch«.
chrüschle schw.: ›leise rascheln‹ [Schopfhm].
Chrüsli ›Weinkrug‹ → »Krus(e)«.
chu ›kommen‹ → »kumme«.
Chucher ›Korb‹ → »Kucher«.
Chueche ›Kufe‹ → »Kueche[2]«.
Chügeli-burz m.: ›Purzelbaum‹ mancherorts Wiesental und Umgebung. – Vgl. »Bockbürzel, Schimmbock(el)«.
chündig Adj.: ›ärmlich, bedauernswert‹ Markgr.; *un 's het gar chündigi Nahrig* [Hebel].
Chüng ›König‹ → »Kenig«.
Chüngeli ›Kaninchen‹ → »Kingeli[1]«.
chüre schw.: *chüüre* ›brummen, gurren‹ ob. Markgr. – Mhd. *kurren.*
chuttle schw.: ›schütteln, drücken, stoßen‹ [Feldbg].
Chuuscht ›Sitz am Kachelofen‹ → »Kunscht 2«.

D

Unter »D« vermisste Wörter können unter »T« stehen.

d → »die«.

da → »do«.

dä Adv.: ›dort‹ mancherorts SO-Baden. *Dä änne* ›dort drüben‹ [Sunthsn]. – Vgl. »dänne, dert«.

da-bei → »derbi«.

däble ›herumfingern‹ → »tope«.

dach-gäh Adj.: ›steil wie ein Dach‹ mancherorts. *Es ging dachgäh bergauf* [Hansjakob].

Dach-has m.: ›Katze‹ verbr.

Dach-känel, -kändel, -käner m.: *Dachkännel, -kändel* vereinz. Nordrand; *Dachkener, -käner, -kaner* Ortenau, mittl. Schwarzw., Brsg.; *Dachkiäner* Ostteil des mittl. Schwarzw., Raum St. Peter – St. Märgen; *Dachkänner, -kerner* Raum Neustadt, Baar, vereinz. Hegau, Bodanrück; *Dachchanel, -charnel, -charndel* südl. Brsg., Markgr., Wiesental; *Dachchengel* Hotzw., Klettgau; *Dachchenner* mancherorts Hegau, Höri; *Dachkeäner* Bodenseegebiet. ♦ ›Dachrinne‹. – Vgl. »Kanel, Traufkäner«. – Das Wort ist eine alte Entlehnung zu lat. *canalis* ›Rinne, Kanal‹.

dachle schw.: ›einen Schlag versetzen‹. *Der Has hani dachlet* ›dem Hasen habe ich (beim Schlachten) einen Schlag auf den Kopf versetzt‹ [Freiamt]. – Vgl. »dachtle«.

Dach-marder m.: ›Steinmarder‹, meist nur in der Ra.: *kreische wiä e Dachmarder* ›laut schreien‹.

dachte-los Adj.: *dochtelos, dotelos* ›ohne Saft und Kraft‹ von Speisen vom Gefühl im Magen, von der körperlichen Befindlichkeit, vereinz. nordöstliches Bodenseegebiet.

Dachter m.: ›steiler Abhang‹ Kinzigtal.

Dachtle f.: ♦ 1) ›Ohrfeige‹ vereinz. Ortenau, Markgr. ♦ 2) *Dächtli* ›altes Weib‹ Markgr.

dachtle schw.: ›eine Ohrfeige geben‹ Markgr. – Vgl. »dachle«.

Dach-traufe f.: *Dachtrauf, -tröuf, -traufe* ›der überstehende Teil des Daches‹.

Dackel m.: ♦ 1) ›Dachshund‹. ♦ 2) ›dummer, tolpatschiger Mensch‹. *D'r Seppli, will 'r e dummer Dack'l gsi isch* [A. Ganther].

dackle schw.: *daggle* ›beschwerlich gehen‹ [Emmendgn].

dädere, däderle schw.: ♦ 1) ›ziellos handeln‹ Markgr. ♦ 2) ›rasch und eintönig schwatzen‹ [Etthm].

Daderi m.: *Daaderi* ›Schwätzer‹ [Feldbg].

dadur-wille Adv.: *doodurwille* ›deswegen, deshalb‹ vereinz. Südrand.

da-für Adv.: *derfir, defir, drfir, derfür* ›zu diesem Zweck, dazu‹. *Des isch guet drfir* ›das hilft‹. *Er hät nint drfir kinne* ›er konnte nichts dafür‹. *'s isch schad derfür* [Hebel]. *Kumm, due muesch au ebbis ha d'rfür* [A. Ganther].

Dägel, Dägili ›Pfännchen, Lämpchen‹ → »Tegel«.

daguff ›munter‹ → »takuf«.

da-heim Adv.: *darhaim, drhaim* mancherorts, *dehaime* mancherorts mittl. Schwarzw.; *dehomm, dihomm* SO-Baden. ♦ ›zu Hause‹. *Wär i doch dehaim bym Müetterli hinter em Ofe!* [Hebel]. *d' Freud isch z'Röttle dehaim gsi* [Hebel]. *Er halt 's nimmi us deheim* [A. Ganther]; Ra.: *Du bisch do id dehaim* ›benimm dich!‹ [E. Strube]; *Däheim starbe d Litt!* sagt man, wenn man jemanden in einer fröhlichen Runde vom Nachhausegehen abhalten möchte, [Freiamt].

da-her Adv.: *derher, drher, drhar* ›an diesen Ort, herbei, hierher'; häufiger zusammengesetzt mit Verben wie *daherlottle, dahertschumple* u. a.

dai[1] Adv.: ›dort‹ nur Hotzw.; *dai enne* ›dort drüben‹; *desell dai* ›derjenige dort‹ [Eschb. (Waldsh.)]. – Wohl alter Lokativ zu *da*.

dai[2] ›den‹ → »dei[1]«.

daie schw.: *daue* mancherorts Kreis Offenburg; *daie, daaie* Ortenau, Brsg.; *daiwe, taiwe* Baar; *taie, taaie* südl. Schwarzw., mancherorts Klettgau; *täie* mancherorts Hegau; *tejbe, täibe* mancherorts Hegau, Bodenseegebiet; *töue* Höri. ♦ ›wiederkäuen‹. *Die Chue taied* [Schwerzen]. Auch substantiviert: die *Daie, Täui* u. a. ›das Wiederkäuen‹, z. B.: die Kuh hat die *Täui verlore* [Öhngn]. – Im mittl. Schwarzw. und im Markgr. existiert für wiederkäuen ein anderes Wort, nämlich »maie[2]«. – Wörtlich **däuen,* was mhd. *döuwen* entspricht und zu nhd. *verdauen* gehört.

daife ›taufen‹ → »taife«.
daige ›lustlos essen‹ → »teige«.
Dai-henker ›Teufel‹ → »Deuhenker«.
Daite m.: *Daide, Daite* vereinz. ›Vater, Papa‹ in der Kinderspr. – Vgl. »Datti, Dette, Detti«.
dajohr Adv.: ›dieses Jahr‹ Raum Säckingen; verkürzt aus *dasjohr*. – Vgl. »desjohr, diesjohr, hir«.
Däle f.: ›einfältiges Weibsbild‹ Bodensee.
dalge ›herumkneten‹ → »talke«.
Dalläpper m.: ›dummer Kerl‹ [Ringshm].
Dalläre f.: Schimpfwort, Bodensee.
Dalle f.: *Dalle, Dälle* verbr. ♦ 1) ›Vertiefung an Gerätschaften, am Körper, Delle‹; *I hon schu wieder e Dalle om neje Aüdo* [Ottoschwanden]. ♦ 2) ›Rausch‹; Syn. → »Rusch«.
dälle, dällere schw.: ›(mit der flachen Hand) schlagen, verprügeln‹; *s Füdle dälle* [U.alpfen].
Dallwatschi, Dallmatze m.: *Dallwatsch(i), Dallwatscher, Dallmatze.* ♦ ›Tollpatsch‹ vereinz. Ortenau.
damit Adv.: *dermit, demit* ›mit dem, mit Hilfe von‹. *Was tuet me denn dermit?* [Hebel]. *Wenn ... trinke magsch, se schöpf dermit!* (mit dem Becher) [Hebel].
Dampes m.: *Dampes, Dampis, Dämpis, Dämpfis.* ♦ 1) ›Wasserdampf‹. ♦ 2) ›Alkoholrausch, Wahnvorstellungen‹; Syn. → »Rusch«. ♦ 3) ›Asthma beim Pferd‹.
Dampf m.: ›Rausch‹ verbr. – Syn. → »Rusch«.
dämpfig Adj.: ♦ 1) ›schwül, dunstig‹ vereinz. Hegau. ♦ 2) ›schwerartmig, asthmatisch‹, meist von Pferden; *Wenn ä Roß long stoht, konns dämpfig wąre* [Ottoschwanden].
Dampf-nudle f.: ›Mehlspeise aus Hefeteig in Form von großen runden gedämpften Klößen‹; *der isch ufgonge wie ne Dampfnudle* sagt man von einer Person, die dick geworden ist [Freiamt].
da-nebe Adv.: *dernewe, drnewe, dernebe* u.ä. ›seitlich, neben daran‹. *Tiesehofe gfallt em nit un 's Chloster dernebe* [Hebel].
Dangel m.: ›durch Dengeln erzielte Schärfe der Sense‹, Bildung zu »dengle«.
danne Adv.: ›da, dort‹ mancherorts am Rand zum Schwäbischen.
dänne ›drüben‹ → »denne«.
dapp Adj.: ›feucht, schlapp‹, von Tabakblättern [Diershm, Lahr].
dar-an → »dra«.
dar-auf → »druf«.
dar-aus → »drus«.
dar-ein → »dri«.
darge schw.: ›kneten, knatschen‹ vereinz. ob. Markgr., unteres Wiesental; dazu *dargig* ›teigig‹ und *Dargis* ›Schlamm, unsauberer Teig‹.
dar-in → »drin«.
Darm-gicht(er) f., meist. Pl.: ›Darmverstimmung, Kolik‹ vereinz. – Vgl. »Gichter«.
dar-nach → »derno«.
dar-ob → »drob«.
Darre f.: *Darre, Dorre.* ♦ 1) ›Vorrichtung zum Dörren (von Obst, Hanf)‹. ♦ 2) ›Karfreitagsrätsche‹, vereinz. Brsg. – Mhd. *darre.*
därre schw.: ›rätschen, dauernd, langweilig reden‹ Brsg., Markgr, Hotzw. – Zu → »Darre 2«.
Därri m.: ›Schwätzer‹ vereinz. Südrand.
Dartsche f.: ›breiter, nasser Fleck, unsaubere Sache‹ [Bonnd.].
dar-über → »driber«.
dar-um → »drum«.
das[1] best. Artikel: *dass* verbr., in unbetonter oder nicht hervorgehobener Stellung auch *s* verbr., z. B.: *s Hus* ›das Haus‹; *das Halstuch mit sibefarbige Straife* [Hebel]; *'s Wasser schießt mehr in d' Auge* [Hebel].
das[2] Demonstrativpron.: *dass* verbr. ›dieses, das‹; *Das isch my Obebrot* ›Abendessen‹ [Hebel]; *Si spröche mitenander deis un das* [Hebel].
Däsli ›Haumesser‹ → »Dechsel«.
dass → »ass«.
Däter m.: ›rote, kreisrunde Hautflechte bei Mensch und Vieh‹ [St. Peter, Kappel i. T.].
datsche → »tatsche«.
Datte, Dätte, Datti m.: *Datte, Dätte* mancherorts; *Daddi, Tatti* vereinz. Markgr., Hotzw. ♦ ›Vater, Papa‹ in der Kinderspr. – Vgl. »Daite, Dette, Detti«.
dättele schw.: *dättele, dätterle* ›spielen‹, von Kindern. – Vgl. »gvätterle, gäckele«.
Dätteli n.: ›umständlich handelnde Frau, zimperliche Person‹ [Teningen].
Datterich m.: ›das Zittern der Glieder‹, zu *dattere* ›zittern‹ mancherorts.
dätterig Adj.: ›schwächlich, wackelig‹; *d Frieda hets schu long in de Bai, wegedem isch sie so däderig* [Ottoschwanden].
daude schw.: ›schaukeln, ein Kind in den Schlaf wiegen‹ [Schonach].
Daudel m.: ›langsamer, saumseliger, ungeschickter, beschränkter Mensch‹ mancherorts Ortenau, Brsg. Die weibl. Form hierzu ist *Daudle.* – Vgl. »Dubel, Dudel 2«.
Daude-wägili n.: ›Wiegenlied‹. *Wo si Dautewägili*

mit mer gsunge hän [O. Furtwängler], zu »daude« und »Wagle« ›Wiege‹.

Daudili n.: ›Wiege‹ vereinz. – Zu »daude«. – Vgl. »Wagle«.

daudle schw.: ♦ 1) ›jodeln‹ [Gengenb.]. ♦ 2) ›langsam arbeiten‹ [Zell a. H.]. ♦ 3) ›ohne Verstand gehen‹. – Evtl. Neubildung aus »dudle« und »daude«?

Daue altes Flächenmaß → »Taue«.

daue ›wiederkäuen‹ → »daie«.

Dau-nessel f.: *Daunessel, Dannessel* ›Taubnessel‹ vereinz.

debere ›lärmen, randalieren‹ → »tebere«.

Debes m.: Kurzform für den männl. VN *Matthäus*, entstanden aus *Mattebes*.

Dechsel m.: *Degsel* mancherorts. ♦ 1) ›Axt des Küfers, Zimmermanns‹, mit rechtwinklig zum Stiel angeordneter Schneide. ♦ 2) meist Dim.: *Dääsli* ›Haumesser mit nach innen gekrümmter Schneide‹ mancherorts südöstl. Schwarzw.; Syn. → »Säsli«. – Mhd. *dëhsel*.

Deckel m.: ♦ 1) ›oberer Abschluss eines Hohlraums‹, auch scherzh. für ›Hut‹. ♦ 2) ›Schwanz des Hasen‹ [Kinzigtal, Freiamt].

Decki f.: *Deck, Decke, Decki, Deckchi* ›Zimmer-, Zudecke‹. *Vorne druf, uf d'r gäle Decki sin zwi Eng'l gsi* [A. Ganther].

deckle schw.: ♦ 1) ›einen Deckel auf dem Schneckenhaus bilden‹, von Schnecken [Sulzburg, Stockach], so bilden sich *Deckelischnecke*. ♦ 2) ›draufschlagen (auf einen Deckel)‹ Markgr. ♦ 3) ›schnell davonrennen‹, wie ein Hase Brsg., Ortenau.

Dedili n.: *Dedili, Didili* ›kleine Ziege‹ [Rüßwihl].

de-gege Adv.: ›gegen, dagegen‹; Motto der Vorfreude auf Fastnacht: *s goht degege!* mancherorts.

de-heim Adv.: ›daheim, zuhause‹; Sprichw.: *Dehaim isch dehaim* ›es geht nichts über die Heimat‹ [Glock Brsg.].

dei[1] Präp.: ›den‹ (hinweisender Akkusativ von *der* m.) mancherorts Schwarzw.; *dei Bua* ›diesen Jungen‹; *in dei Kaschte* ›in diesen Schrank‹ [Gütenbach].

dei[2] ›dort‹ → »dai«.

Deich → »Dich«.

Deichsel → »Disle«.

deie ›wiederkäuen‹ → »daie«.

Deifel ›Teufel‹ → »Teifel«.

dein → »di[1]«.

deis Präp.: ›jenes‹, nur in der Wend.: *das un deis* ›dies und jenes‹, vereinz. bei Hebel und frühen alem. Autoren.

Deische m.: *Daische, Daaische* verbr. (außer Nordrand, Ortenau, Kaiserst., SO-Baden); *Daaidsche, Daaitschi* mancherorts Kaiserst., südl. Brsg., vereinz. südl. Klettgau; *Doedsche* mancherorts östl. Schwarzw., Baar. ♦ 1) ›Kuhfladen‹; *Wenn d Hirtebuewe on diä barfiäßige Bei gfrore hän, sin si ellimol in diä warme Kuehdaische gschdonde* [Ottoschwanden]; vgl. »Pflattere«. ♦ 2) ›Schmutzfleck, Schadstelle‹. ♦ 3) abschätzige Bez. für Menschen, bes. dicke, träge Frauen. – Ahd. *deisk*, mhd. *deisc* ›Mist‹.

deische schw.: *daische, daitsche* ›Kot fallen lassen‹. – Zu »Deische«.

Deisem m.: *Deisem, Daisem, Desem* verbr. Ortenau; *Deisedme, Deseme* vereinz. Ortenau; *Desume, Deigsume* Nordrand. ♦ ›Sauerteig‹, aus dem Rest vom vorherigen Backtag zubereitet, veraltet. – Mhd. *deisme* ›Sauerteig, Hefe‹. – Vgl. »Hab, Hebi[1], Surteig«.

Deitsche ›Kuhfladen‹ → »Deische«.

deiwe ›wiederkäuen‹ → »daie«.

delbe, delwe ›umgraben‹ → »telbe«.

delsch ›matt, glanzlos‹ → »dolsch«.

Demant m.: ›Diamant‹; *'s glitzeret zendum wie Gold un Silber un Demant* [Hebel].

Demes m.: Kurzform für den männl. VN *Nikodemus*.

demig Adj.: ›schwül‹ [Tribg]. – Bildung zu mhd. *toumen* ›dunsten, qualmen‹.

demol, diemol Adv.: *dämol, diämol* ›letzthin, früher‹ [O.münstert., Sunthsn]. – Erstes Glied zu *der* (Genitiv Pl.) bzw. zu *die*.

demorge Adv.: ›heute morgen‹ Markgr.

demort Adv.: ›jenseits, am Ufer drüben‹ [O. Furtwängler]. – Vgl. »Ort«.

Dengel-gschirr f.: *Dengelgschirr, Dạngelgschiir* u. ä. ♦ ›was man zum Dengeln braucht (Hammer, Dengelstock)‹.

Dengel-stock *Dengelstock, Dạngelstock* u. ä. ›Unterlage, auf der die Sense gedengelt wird‹, im Markgr. bisweilen auch nur *s Dạngel*, im Linzgau auch *s Dangelbeer*.

dengle schw.: *dengle* verbr. Schwarzw., mancherorts Ortenau, Brsg.; *dạngle* mancherorts Ortenau, Brsg., Kaiserst.; *dạngele* mancherorts südl. Brsg., Markgr.; *dengele* mancherorts Markgr.; *tengle* Baar, Hegau, Bodenseegebiet; *tengele* Hotzw., Klettgau, Höri. ♦ ›die Sense mit dem Hammer schärfen, dengeln‹; *i will jetz my Sägese dengle* [Hebel]. Der Anfang der Hebelschen Gedichte beginnt mit dem *Denglegaist*, der *in mitternächtige Stunde uf me silberne Gschir e goldeni Sägese denglet* [Hebel].

de-niede Adv.: ›da unten‹ [Lörrach].

Denk m.: ›das Denken‹ vereinz.; *I hon em en Denk gäe* ›ich habe ihn daran erinnert‹ [Stockach].

Denk-dra m.: ›Andenken‹ Kaiserst., Markgr. Auf die Frage neugieriger Kinder „Was hast du mitgebracht?", wird geantwortet: *E golde Nüteli* (Nichtslein) *un e lange Denkdra.*

denke schw.: *denke, denkche* verbr.; im Südosten vereinz. und veraltet auch mit Nasalschwund: *däikche, dẽẽge*; Part. Perf. *denkt.* ♦ 1) ›denken, vermuten‹. *Was hesch denkt?* Frage. *I denk my Lebtig dra* [Hebel]. *Sell ka m'r sich denke* [A. Ganther]. Häufig mit *wohl* in der Floskel: *denkwohl;* z. B.: *Denkwol, i sag der's* [Hebel]. Adverbialer Gebrauch in *I ha der s denk gsait* Markgr. ♦ 2) ›sich erinnern‹ in der Wendung: *s denkt mer noch* ›ich erinnere mich‹ verbr. – Vgl. »gedenke«.

denn Adv.: ♦ 1) ›dann‹ *Esset denn, un segn ich's Gott!* [Hebel]. ♦ 2) begründend ›denn‹; *han i's denn nit gsait?* [Hebel]. *Du Wunderfitz, was gaffsch denn so?* [Hebel].

denne Adv.: *denne, dänne, dääne, deänn(e)* ›drüben, jenseits, auf der anderen Seite‹ mancherorts; bes. in der Wend.: *hänne un dänne* ›hüben und drüben, hier und dort, überall, im Großen und Ganzen‹ vereinz.; an der Kommode *sin dro hänë un dänë viër kleini Schublädli* [O. Furtwängler]. – Vgl. »diwwe, enne, henne«.

Densch ›Damm‹ u. ä. → »Tensch«.

der best. Artikel: *der, dr* verbr.; in unbetonter Stellung *de, d*; bei flektierten Formen wie *dem*, kommen meist Schwundformen wie *em, im, am, m* vor, z. B. *im Vadder si Huet* ›dem Vater sein Hut‹; *am Otto ebbis vezelle* ›dem Otto etwas erzählen‹.

Derbele f.: ›Kuchen aus Teigresten‹ [Haltgn].

der-bi Adv.: *derbi, drbi* verbr. ›dabei‹. *Do drbi kommt nix rus* [Gütenb.]. *Der isch d'rbi gsi* [A. Ganther]. *„Blybt's derby, i gang", sait jetz der Fridli* [Hebel]. *s' Herz het 'm d'rbi bluet* [A. Ganther].

der-bis Adv.: *drbis, debis.* ›einstweilen, inzwischen‹ [Meßk., Stahrgn].

derche schw.: ›sich davonmachen‹ [Ettenhm, Baar]. – Zu hebr. *derech* ›Weg‹.

der-dur Adv.: *derdur, dedur* ›da hindurch, durch‹ verbr.; *Groß isch's Wasser gsi, un finster, wo si derdur sin* [Hebel]. Dazu auch Richtungsadverbien, wie *derdurab* ›da hindurch-hinunter‹, *derdurhinter* bzw. *-hinteri* ›da hindurch nach hinten‹ und *derduruf* ›da hindurch hinauf‹.

dere-gattig Adj.: ›derartig‹. – Vgl. »derig«.

derfe schw.: *derfe, deffe, dürfe, dörfe.* ♦ 1) ›bedürfen, können‹; man hat *nu deffe d Uhr ufziehe* ›man brauchte nur die Uhr aufzuziehen‹; *Nüt darf ewige Bstand ha* ›nichts kann ewig bestehen‹ [Hebel]. ♦ 2) ›die Erlaubnis haben, berechtigt sein‹. *Gell, i darf di duze?* [Hebel].

Dergli m.: ›kleiner Kerl‹ Ortenau. – Zu »torkle«.

der-gliche Adv.: nur in der Wendung: *dergliche due* ›sich den Anschein geben, vorheucheln‹ verbr. – Vgl. »markiere 2«.

derig Adj.: ›derartig, so beschaffen‹ vereinz. – Vgl. »asig, sonig, sodig«.

der-lange-weg ›längs‹ → »langeweg«.

derle ›ein- und ausgehen‹ → »tirle«.

derlecht Adj.: *deerläächt* ›kindisch, geistig nicht ganz in Ordnung‹; wörtl. *tör-lecht*, zu *Tor* ›Narr‹ mit der Ableitungssilbe *-lecht.*

der-leinig Pron.: ›solch‹; *derleinigi Batzelaiwli bacht dr Mällertbeck im Richebach aü* [Ottoschwanden].

der-lide st.: ›erleiden‹ Markgr.

der-nide Adv.: ›hier unten‹ [Hebel].

der-no Adv.: *drno, derno, dernu, deno, dno* verkürzt auch *dro* ›danach, anschließend‹. *I schloof derno so sanft wie du* [Hebel].

der-ohn Adv.: *derohn, drohn, derau, druu* ›ohne es, ohne dieses‹; *mir duets drũũ* ›mir genügt es ohne‹ [Sunthsn].

der-selbe → »dersell«.

der-sell Präp.: *dersell, desell* ›der schon Erwähnte, jener, selbiger‹, die weibliche Entsprechung: *diesell* und die neutrale *dassell.*

dert Adv.: *dert, dört* mancherorts; *det* Elztal; *dööd* [Menzenschwand]; *diet* [Stahrgn]. ♦ ›dort‹ verbr.; *Dört stoht der Bannstai im grasige Feld* [Hebel]; *säli dik Pfutle, wo dert uf ëm Bänkli sitzt* [O. Furtwängler]; *Un was meine n'r, was dert los gsi isch?* [A. Ganther]; etwas ›dort Befindliches‹ ist *dörtig* bzw. *dietig.*

der-vu ›davon‹ → »devu«.

der-wege Adv.: *derwege, drwege, dewege, derweg* ›deswegen‹.

der-wert → »Wert[1]«.

der-wil Adv.: *derwil, dewil, derwilscht* ›mittlerweile, unterdessen, während‹.

der-zue ›dazu‹ → »dezue«.

der-zwische Adv.: ›dazwischen‹ verbr.

des Präp.: demonstrativ ›das, dieses‹; *Des Züg do ka wege mir d'r Deif'l bache ha* [A. Ganther]; *des alt Bäsli* [A. Ganther]; Ra.: *des un sell* ›dies und jenes‹.

deschberat Adj.: ›verzweifelt‹ [Lahr]. – Lat. *desperatus.*

Descheli Schimpfw. → »Döscheli«.

des-drum Adv.: ›deshalb‹ [Lahr].

des-johr Adv.: ›dieses Jahr‹ mancherorts Gesamtbaden. – Vgl. »dajohr, diesjohr, hir«.

des-letscht Adv.: ›letzthin‹ verbr.

Dets m.: *Deets, Teets* ›Kopf‹, abschätzig, vereinz. Ortenau, Schwarzw. – Frz. *tête.*

Dette, Detti m.: *Dedde, Dette, Dedde, Detti, Tette, Tetti* vereinz. Brsg., Kreis Waldshut; verbr. Bodenseegebiet. ♦ ›Vater, Papa‹ in der Kinderspr. – Vgl. »Daite, Datti«.

detterle schw.: *dedderle, dötterle, dütterle.* ♦ 1) ›ängstlich sein‹ [Schopfhm]. ♦ 2) ›wahrnehmen, merken‹ mancherorts SO-Baden; *s hot mer allewil deterlet* [Stockach].

Deuhenker m.: *Daihenker, Deuhenker, Deuker* verhüllend für ›Teufel‹ vereinz., bes. im Norden.

deusele ›schleichen‹ → »disle«.

de-vu Adv.: *devuu, dervuu, devoo, dervoo* ›davon‹. *Furt, waidli furt! Do mag i nüt dervo!* [Hebel]. *Un 's Bergwerch soll im Sege stoh! 's het mengge Burger 's Brot dervo* [Hebel]. *Er sait: I bi jetz frei dervo* [Hebel].

de-weg, de-wegig Adv.: ›derart, so‹.

de-zue Adv.: *dezue, derzue* ›dazu‹. *Was denksch derzue?* [Hebel]; *tue au no ne Gwichtstai oder zwee derzue!* [Hebel]; in den Fügungen: *dezue do* ›dennoch‹ bzw. *dezue it* ›sicherlich nicht‹ [Stahrgn].

di[1] Possessivpron.: *di, dinn* ›dein‹; *Di Maa lyt unterm Sand!* [Hebel].

di[2] Personalpron.: ›dich‹; *sunsch v'rflueche di dini Kinder un Kindskinder* [A. Ganther].

Dich m.: *Dich, Diich.* ♦ 1) ›Damm, Stellfalle in einem Wassergraben, Kanal‹ mancherorts Ortenau, vereinz. Wiesental. ♦ 2) ›Tümpel, Geländevertiefung‹ vereinz. *Ruuscht nit der Tiich? Er schießt im Leerlauf ab am müede Mühlirad* (hier dürfte der Mühlteich gemeint sein) [Hebel]. – Bed. 1) entspricht mhd. *tich* und nhd. *Deich.* – Vgl. »Tensch«.

diche schw.: *diiche.* ♦ 1) ›sich beim Essen anstrengen‹ Kaiserst. ♦ 2) ›schleichen, leise gehen‹ mancherorts südl. Schwarzw., Wiesental, Hotzw. – Mhd. *tîchen* ›schaffen, treiben, schleichen‹.

Dichel, Dichle ›Holzrohr‹ → »Tichel«.

dick Adj.: *dick, dickch.* ♦ 1) ›in der Breite ausgedehnt, von großem Umfang‹: *Dia hen ihri dicki Nodizbüecher zoge* [A. Ganther]; Ra.: *durch dick un dünn* ›unter allen Umständen‹; *sell het 'r dick g'ha* ›das war ihm überdrüssig‹ [A. Ganther]; *s wird mer z dick* ›das ist stark‹ Markgr. ♦ 2) ›dickflüssig‹; *e dicki Suppe.*

dicklecht Adj.: ›dicklich‹ vereinz.

Dick-ruebe f.: ›Runkelrübe‹ mancherorts nördl. Schwarzw., nördl. Ortenau und davon abseits SO-Baden. – Syn. → »Runkel«.

die best. Artikel: *die* verbr., in unbetonter oder nicht hervorgehobener Stellung auch nur *d* verbr., z. B.: *d' Wirtene* ›die Wirtin‹ [Hebel]; *d' Sunn* ›die Sonne‹ [A. Ganther]; *d' Lüt* ›die Leute‹ [Hebel]; *die letschti Nacht* [Hebel].

Diëb m.: *Diäb, Deäb* ›wer stiehlt‹.

Diëcht Genus?: ›Schenkel beim Geflügel‹ Lörracher Gegend. – Ahd. *dioh,* mhd. *diech,* engl. *thigh.*

Diele m., f.: *Diile* vereinz. Hanauerland, nördl. Schwarzw., mancherorts Markgr., Hotzw.; *Dille* vereinz. mittl. Schwarzw., Brsg., Baar, verbr. Bodenseeraum. ♦ ›dickeres langes Brett‹. – Vgl. »Flecklig«.

Diele-wage m.: ›Wagen mit Seitenbrettern‹.

diëmol ›letzthin‹ → »demol«.

diëne schw.: *diäne, deäne* ›dienen‹.

Diënscht m.: *Diänscht, Deänscht* ›Dienst, Hofgesinde‹.

Dienstag → »Zischtig«.

dies-johr Adv.: ›dieses Jahr‹ verbr. (außer SO-Baden). – Vgl. »desjohr, hir«.

diët, diëtig ›dort‹ → »dert«.

diffisil Adj.: ›schwierig‹. – Frz. *difficil.*

difig Adj.: *diifig* oberes Markgr.; *diffig* vereinz. SO-Baden. ♦ ›rührig, aufgeweckt, geschickt, flink‹.

dige Adj.: ›geräuchert‹ mancherorts Hegau, Bodensee; *dige Floesch* ›geräuchertes Fleisch‹ [Stockach]. – Altes Partizip zu *gedeihen.*

digle schw.: ›einschnurren‹; vereinz. Südrand. – Zu »dige«.

Dili-schang m.: Scheltwort für einen Unpraktischen [Lörrach]. – Frz. *diligent* ›eifrig‹ und *Schang* ›Jean‹.

Dill-dapp m.: ♦ 1) ›Fabelwesen, fiktives Tier‹, bes. im Neckbrauch, wo man Unbedarfte in der Nacht mit einem Sack ausschickt um sie zu fangen; *Mit mir konnsch keini Dilldappe fonge* [Ottoschwanden]; vgl. auch »Elbetritsch«. ♦ 2) ›einfältiger, ungeschickter Mensch‹.

Dille[1] f.: ›Ackersenf‹, ein gelb blühendes Unkraut, vereinz.

Dille[2] ›dickes Brett‹ → »Diele«.

Dilwetritsch → »Elbetritsch«.

dimele schw.: *diimele* ›verdorben riechen‹ [Stockach]. – Wörtl. *dümelen.*

dimle schw.: *diimle* ›jemanden schikanieren, quälen‹ vereinz. Ortenau. – Wörtl. *däumeln* ›an den Daumen foltern‹.

dimmele schw.: ›tosen, dröhnen‹ oberes Elztal. – Wörtl. **tümelen*, eine Abl. zu mhd. *tumel* ›betäubender Schall, Lärm‹.

dimmer Adj.: *dimmer, dümmer* ›düster, dämmrig, dunstig‹, dazu *Dimmere* f. ›Dämmerung‹ mancherorts mittl. Schwarzw.

Dines m.: Kurzform für den männl. VN *Dionysius*, auch *Donisi*.

dinge st., schw.: ›jemanden oder sich in einen Dienst verpflichten‹. *un kai Chnecht hätt' zue n em dingt* [Hebel]. – Mhd. *dingen* ›(vor Gericht) verhandeln, einen Vertrag schließen, mieten‹.

Dingeler m.: ›ungeschlachter Kerl‹ vereinz.

dinn Adj.: *dinn, dünn*. ♦ 1) ›nicht dick‹; Ra.: *durch dick un dinn* ›unter allen Umständen‹. ♦ 2) ›dünnflüssig, gehaltlos‹: *e dinns Sippli*. ♦ 3) ›nicht dicht beieinander‹; *d Frucht stoht dinn*.

dinn(e) Adv.: *dinn, dinne* ›darinnen‹; *im Chämmerli dinn* [Hebel]; Ggs.: → »duss, dusse«. – Entstanden aus *da innen*.

Dinne(le) ›Flachkuchen‹ → »Dünne(le)«.

dinschtig Adj.: *dinschdig, dünschtig, döischdig, deischdig*. ♦ ›leicht nebelig, dunstig‹. – Wörtlich *dünstig*, eine Bildung zu »Dunscht«.

Dippel m.: ursprünglich eine Drehkrankheit des Viehs, heute vereinz. nur noch in der Wendung: jemandem *de Dippel bohre* ›jemandem die Meinung sagen, zurechtweisen, die Flausen austreiben‹. – Wohl aus dem Hebr.; jidd. *tippel* ›Epilepsie‹.

dipplig Adj.: *dibblig, dipplig, dippli, düpplig* ›benommen, taumelig‹. *s Käterli [isch] alt un diplig wore* [O. Furtwängler]. Ra.: jemanden *dipplig* schlagen ›bis zur Bewußtlosigkeit schlagen‹.

Dippsli n.: ›Räuschlein‹ [Lahr].

Dirli(tz)(-baum) m.: *Dürli(-baum)* [Wollb., Tegernau], *Dürrlitzi, Dirlitze* [Freiburg] ›Gelber Hartriegel, Kornelkirsch(baum), Cornus mas‹ Markgr., [Ichenhm].

Dirlips ›Runkelrübe‹ → »Turnip(s)«.

Dirmel m.: *Dirmel, Dermel* ›Taumel, Schwindelgefühl, Rausch‹ Ortenau; Syn. → »Rusch«; das dazugehörige Adj. ist *dirmelig*. – Mhd. *türmel* ›Schwindel, Taumel‹.

dirr Adj.: *dirr, dürr*. ♦ 1) ›getrocknet, verdorrt‹; *e Säckli voll dürri Chriesi* [Hebel]. ♦ 2) ›sehr mager‹; *Un wia in d'r Biw'l isch's zuegange, wo d' dürri Küeh d'feddi g'fresse hen* [A. Ganther]; Rätsel: *e dicki, dicki Mueter* (Butterfass), *e dürre, dürre Vater* (Stößel), *e feiß, e feiß Chind* (Butter); eine magere Frau ist *e Dirrhäddili*, vgl. »Hattle«.

Dirrli(s)-giger m.: ♦ 1) ›magere Person‹ [Lahr, Bötzgn, Mahlbg]. ♦ 2) ›Umstandskrämer‹, auch unbestimmte Schelte [Lahr, Schopfhm]. ♦ 3) ›Durchfall, Diarrhöe‹ [Birkend.]. – Vgl. »tirle«.

Dis m.: Kurzform für den männl. VN *Matthis, Mathias*.

disch Interj.: Zuruf und Lockruf bzw. Kosename für Schafe, *disch he!* [Wagensteig, Horben], *discher löh löh!* [Siegelau].

dischkeriere schw.: ›sich unterhalten, diskutieren‹; *Un wia m'r so dohocke un dischgeriere* [A. Ganther]. – Frz. *discourier*.

Dischkurs m.: *Dischkurs, Dischkursch* ›angeregtes Gespräch, Debatte‹. *D'r Wagewirt het sogar e Dischkurs mit 'm ag'fange, 's het alles nix baddet* [A. Ganther].

dischpediere schw.: ›disputieren, mit Worten streiten‹.

dischperat Adj.: ›zerstreut, vergesslich‹ vereinz. – Lat. *disparatus*.

dischperle schw.: ›dunkel werden‹ [Achern, Ottersw.]; dazu *dischperlecht* ›halbdunkel‹. – Abl. zu »duschper«.

Dischtel-zwigli n.: ›Distelfink‹, mancherorts Markgr., Wiesental. *Un 's Distelzwiigli vorne dra het's Sunntigröckli au scho a* [Hebel]. – Vgl. »Dischtili«.

Dischtili n.: *Dischdili, Dischili, Dischele* ›Distelfink‹. – Vgl. »Dischtelzwigli«.

Disle f.: *Dissel* Nordteil bis zur Kinzig und Schutter, vereinz. südl. Brsg.; *Disseld* [Ottenhm, Nonnenw., Allmannsw., Wittenw.]; *Dissle* Brsg., Elztal; *Diisle* mancherorts östl. Brsg. bis Titisee; *Diisel, Tiisel* Baar und südl. Randgebiete; *Diägsle, Diächsle* Markgr.; Wiesental, Hotzw., Klettgau; *Tiäsel, Diäsel* mancherorts Hegau, Höri; *Diägsel* Bodanrück, östl. Hegau, Bodenseegebiet. ♦ ›die Deichsel des Bauernwagens‹.

disle schw.: *diisle, dissele, düssle, düsle, düsele, deusele*. ♦ 1) ›schlummern, dösen‹ vereinz. ♦ 2) ›leise gehen, trippeln, täppeln, schleichen‹ verbr. Südbaden; *Er düüselet hinter de Sterne noo* [Hebel]; *de muesch dissele, sunscht vrwecksch no ebber* [Ottoschwanden]. ♦ 3) ›flüstern‹. *Aber wo der Hauptmaa by Fahrnau uusen an Wald chunnt, düsslet er: „Buebe, zruck!“* [Hebel]; vgl. »disme«.

disme schw.: *dissme, tissme* ›flüstern‹ verbr. SO-Baden. *Wa hänt der z dismid?* [Sunthsn]. – Mhd. *tisem* ›still‹.

Dissi m.: ›Angeber‹ [Lörrach].

dite schw., st.: *diite, ditte, düte* ›auf etwas deuten, hinweisen‹; *mid m Finger uf en ditte* [Mühlgn (Stock.)].

ditlich Adj.: *ditlich, ditli, ditlig, düttli, dütlig.* ♦ ›deutlich‹. *Schwätz dütli, wenn de rede witt* [Hebel]. *Un jetz ha i ag'fange langsam un dütlig* [A. Ganther].

ditsch Adj.: *ditsch, dütsch* ›deutsch‹. *V'rsteh'n 'r denn nit dütsch?* [A. Ganther]. *Halt still, un froog dy Gwisse zerst, 's cha Dütsch gottlob un folg sy'm Rot!* [Hebel].

Ditti n.: ›verzärteltes Kind, Puppe‹ vereinz. Markgr., Wiesental, Hotzw.

Ditti-moler m.: ›dicke, unbehaarte Raupe der Nachtschmetterlinge‹ [Grenzach]. – Aus lat. *tithymalus.*

Dittli ›Brust‹ → »Dutt«.

Ditung f.: *Diddung* ›Deutung‹ [Emmendgn].

diwwe Adv.: ›auf der anderen Seite, drüben‹ mancherorts nördl. Schwarzw., Ortenau. – Wörtl. **düben < da-üben.*

dno, denno ›dann, danach‹ → »derno«.

do Adv.: *do,* betont auch *doo.* ♦ 1) auffordernd, bei der Darreichung eines Dinges. *Do lueg! Do hesch e Blüemli* [Hebel]. *Do hesch! Loß andern au dervo!* [Hebel]. ♦ 2) räumlich ›an dieser Stelle, hier‹; *dört un do* ›dort und hier‹ [Hebel]; *Jetzt simmer do. Do bliibe mer nit lang!* [Hebel]; *Do un dert hen sie Lütt i'glocht* [A. Ganther]. ♦ 3) zeitlich ›eben gerade, zu dieser Zeit‹. *Do chunnt e Fliege, nai, wie dumm!* [Hebel]. ♦ 4) einleitend, eine Erzählung eröffnend. *Do hert jo alles uf! Do, bums, do dampft d'r Schnellzug ab* [A. Ganther]; *do isch guet furt goh* [Stahrgn]. Ra.: *Do bißt kei Mus kei Fade ab* ›Da ist nichts zu ändern‹ [A. Ganther]. *Do hilft nüt un batt nüt!* [Hebel].

Dobe ›Pfote‹ → »Tope«.

dobe Adv.: *dobe, dowe, dobbe, dowwe* ›droben, oben‹; *hinte dowwe* [Gütenb.]. – Entstanden aus *da oben.* – Vgl. »dunte«.

Dobel ›Schlucht, Tal‹ → »Tobel[1]«.

Doches m.: *Dooches* ›Hintern‹ vereinz. – Aus jidd. *toches,* hebr. *tachath* ›der Hintere‹.

döchle schw.: ›zwecklos hantieren, planlos werken‹ mancherorts ob. Markgr., Wiesental; dazu *Döchel* ›ungeschickter Mensch‹.

Docht(e) m.: *Docht, Dochte, Doocht, Doochte.* ♦ ›Kerzendocht‹ verbr. – Vgl. »Wiëche«.

Docke f.: ♦ 1) ›Puppe‹, veraltet, im Südosten auch *Dockenbabe.* ♦ 2) ›aufgesetztes Pfropfreis‹ vereinz. Hegau. ♦ 3) ›Büschel spinnreifen Hanfes‹ veraltet. ♦ 4) ›Stroh, Wergfackel‹ *Togge* [Hebel]. ♦ 5) *Dockeli* ›Schäfchen‹ (Kinderspr.) [Kinzigt.]; Schafe lockt man mancherorts mit *dock-dock-dock.* – Mhd. *tocke* ›Puppe, Wollbündel‹ u. a.

do-demit Adv.: ›damit‹ verbr.

do-derfir Adv.: ›dafür‹ [Brsg.]; *dodefir kriegt mer viel Gald* [Freiamt].

do-derno Adv.: ›danach‹ verbr.

do-derwege Adv.: ›deshalb‹ verbr.

do-derzue Adv.: ›dazu‹ verbr.

do-devu Adv.: ›davon‹ verbr.; *dodevu kommer schdarwe* [Freiamt].

do-drum Adv.: ›darum, deshalb‹ verbr.

do-drus Adv.: ›daraus‹ verbr.

do-durwille Adv.: ›deswegen, deshalb‹ [Kirchen].

doge Adj.: ›gekrümmt, gebogen‹ vereinz. Hegau; jemand geht *doge* [Schwäblishsn]. – Verbaladj. zu *deuhen*; vgl. auch nhd. *ducken.*

Dokter m.: ›Arzt‹, Pl. *Doktere, Doktre.*

doktere schw.: ›sich in einem langwierigen Heilungsprozess mit ständigen Arztbesuchen befinden‹.

dökterle schw.: ›nach Arzt, Krankenhaus riechen‹ [Schopfhm].

Dolasch m.: *Dolasch, Dalasch* ›Streichbrett des Gipsers, Verputzers‹ vereinz. – Wohl aus frz. *dalage* ›das Behobeln‹.

Dol-bitteme f.: ›große Bütte für Trauben‹, rund wie eine »Dole 2«, mancherorts Ortenau, Kaiserst.

Dolde, Dolder m.: *Dold(er), Dölder.* ♦ 1) ›Spitze einer Pflanze, Baumwipfel‹; *un wenn der Sturmwind tobt un brüllt, un's Dolder ab den Eichen trüllt* [Hebel]; *zwische de Dölde* (Pl.) [O. Furtwängler]. Brauchtum: In Sulzburg rufen die Kinder beim Holzsammeln für das Feuer zum *Schibeschlage*: *„Holz ab em Döldeli!"*. ♦ 2) übertr. ›Kopf‹. – Mhd. *tolde* ›Wipfel und Krone einer Pflanze‹.

döldere schw.: ›verhauen, verprügeln‹ [Fahrnau].

Dole f.: *Dole, Tole.* ♦ 1) ›unterirdische Wasserableitung, Abzugskanal, Gully‹; *s Schütloch fürs Abwaser, des louft dro nur ë Dôle uf de Akër usi* [O. Furtwängler]. ♦ 2) ›großer, runder Zuber‹ Kaiserst. – Ahd. *dola* ›Röhre, Graben, Rinne‹.

dole schw.: *doole, dolle, toole* ›aushalten, erdulden‹; *S dolt mi nimmi deheim* [Hochstet.]; *un länger hätt i's nümme tolt* ›und länger hätte ich es nicht mehr ausgehalten‹ [Hebel]; *un Dänzli ufmache das es amol dia Mëidli schiar nimi dôlet hät ufem Ofebank* [O. Furtwängler]. – Mhd. *doln* ›dulden, ertragen, geschehen lassen‹.

Dolf, Dolfi, Dölfi m.: Kurzform für den männl. VN *Adolf.*

Dolke m.: *Dolge, Dolke, Tolke.* ♦ 1) ›Klecks‹, bes. Tintenfleck; *do isch 'm e deif'lsmäßige Dolke uf's Blatt plumpst* [A. Ganther]; hierzu auch *dolke* ›klecksen‹ und vereinz. *Dolkepapier* ›Löschblatt‹ und *Dolkeputzer, -wischer* ›Radiergummi‹. ♦ 2) ›Alkoholrausch‹ [Diershm]; Syn. → »Rusch«. ♦ 3) ›dummer Kerl‹ [Altenhm]. – Das in Bed. 1) bei uns weit verbreitete Wort gehört zu mhd. *talke* ›Fleck, klebrige Masse‹.

Dolle m.: ›Simpel, Einfältiger, Dummkopf‹ mancherorts Ortenau, Hanauerland.

Dollis Pl.: ›Rutenschläge auf die Finger‹, eine frühere Disziplinarstrafe durch den Lehrer, mancherorts Hotzw.

Doll-ohren fiktiver ON; in der Ra.: *I bin doch nit von Dollohre* ›ich höre und begreife gut‹ [Ettenhm]. – Vgl. »Dulpen, Dummbach, Schenkezell«.

Doll-ohri m.: ›Schwerhöriger‹ mancherorts Hegau, Bodensee.

doll-ohrig, -ohret Adj.: ›schwerhörig, taub‹ mancherorts Hegau, Bodensee; *Die Musik – die macht om ganz dollohrig* [Epple].

Doll-weck m.: ›Tölpel, Tolpatsch‹ [Rheinbischofshm, Diershm].

dolsch Adj.: *dolsch* [Altenhm, Lahr]; *delsch* [Ettenhm, Ringshm]. ♦ ›glanzlos, matt, trüb, nicht ganz sauber, fleckig‹; *delschi Farbe* ›matte, gebrochene Farben‹ [Freiamt]. – Zu ahd. *tulisc* ›töricht‹; vgl. »dulsch«.

Dombro m.: ›zweirädriger Karren‹ vereinz. Hanauerland, veraltet. – Frz. *tombereau.*

Dommis ›Pfannkuchen‹ → »Dummis«.

Donau f.: der aus der Baar kommende und ins Schwarze Meer fließende Fluß; in SO-Baden interessante Mundartformen: *Toänne, Tonne, Tunne.*

Done f.: dass wie → »Dole 1«, vereinz. unteres Wiesental.

Donner → »Dunder«.

Donners-tag → »Dunschtig«.

Dope ›Pfote, ungeschickte Hand‹ → »Tope«.

Doppe-schlagis n.: ›ein Anschlag- und Versteckspiel‹ mittl. Elztal. – Bestimmungswort unklar, nach Bad. Wb. von *Topfschlagen* beeinflusst.

dopplet Adj.: ›doppelt‹; *d' Lüt sicht er dopplet* infolge Trunkenheit [Hebel]. *Jo d Kilwi isch ë doplët Fäscht un für mich gar ë drîfachs* [O. Furtwängler].

Dorethee f.: der weibl. VN *Dorothea*; auch in Kurzformen wie *Dordl, Dorli, Dora, Dorle.*

Dorf-bese m.: Scheltwort für unstet herumstreifende Frau, mancherorts.

Dorn m.: *Dorn* verbr.; der Pl. kommt in verschiedenen Typen vor: *Dern, Dörn, Dorne, Derner* mancherorts. ♦ ›Stachel an einer Pflanze, Dorngebüsch‹; *über Stock un Stai un Dorn* [Hebel]. *'s sinn Rösli drin un Dorne dra* [Hebel]. *E Kleinigkeit isch's grad nit gsi, durch Dick un Dünn, durch Hecke un Dorne z' krawwle* [A. Ganther].

Dorn-ägerschte f.: ›der rotrückige Würger‹, ein Vogel, der seine Beute auf Dornen aufspießt, vereinz. SW-Baden. – Zum Grundwort s. »Ägerscht«.

Dorn-dreihjer m.: dass. wie → »Dornägerschte« [Gengenb.].

Dorne-ghürscht n.: ›Dornenhecken‹ [Hebel]. – Zum Grundwort s. »Hurscht«.

Dorn-loch n.: ›kleines Loch im Sensenworb, worin der abstehende Fortsatz an der Sensen-Hamme einrastet‹ [Burte].

Doroßete Pl.: *Doròsedde* [Neudgn, U.baldgn]; *Durośende* Baar (19. Jh.). ♦ ›Speiseüberreste‹, veraltet. – Das Wort, das auch in anderen Mundarten reich bezeugt ist, gehört zu ahd. *urezzan* ›aus Überdruß zu essen aufhören‹; das anlautende *D-* ist der mit dem Wort verschmolzene Artikel.

Dorr-wegge f.: ›trockener, mehliger Hautausschlag‹ vereinz.

Dorsche m., häufig Pl., *Dorsch(e)* vereinz.; in SO-Baden (z. B. Stockach, Meersburg, Konstanz) auch *Dorse, Torse* vereinz. ♦ ›der Strunk in der Mitte des Krautkopfs‹. – Mhd. *torse* ›Kohlstrunk‹, dies aus ital. *torso,* lat. *tursus.*

dört, dörtig → »dert«.

Dosch f.: *Doosch(e)* ›(dicke) Kröte‹ mancherorts Brsg., Markgr.; Nebenformen: *Deesch* [St. Georgen (Freib.), Horben]; *Deedsch* [O.precht.]; *braiti Dosche* [Hebel]. – Vgl. »Krott«.

Döscheli n.: *Döschili, Deschili* ›unergiebig Arbeitende‹ [Feldbg], ›langsam handelnde Frau‹ [Teningen].

Dose f.: *Doos, Dose,* häufig jedoch noch *Duus, Duuse.* ♦ ›Gefäß (aus Blech), Büchse‹.

dose[1] schw.: *doose* ›leicht schlafen‹ mancherorts Raum Schopfhm – Lörrach. *'s gitt Lütt, si dose friili no, si chönne schier nit uuse choo* [Hebel]. – Mhd. *dôsen,* eine Nebenform zu nhd. *dösen.*

dose[2] → »tose«.

dösele schw.: ♦ 1) ›sanft schlafen‹ Markgr. ♦ 2) ›trippeln‹ [Schwerzen].

Döseler, Dösili m., n.: ›trippelndes Kind‹ [Schwerzen].

Dossel m.: ♦ 1) ›dämlicher Kerl‹ [Lörrach].

♦ 2) Dim.: *Dosseli* ›ungeschicktes Mädchen‹ [Lörrach, Furtwangen].

Dote ›Fach, Kasten, Lade‹ → »Tote«.

Doto f.: *Doddoo* [Hofstet., Siegelau, Möhrgn]; *Doode, Doodi* [Biberach, Leiberstung]. ♦ ›Mutter‹, familiär, kindersprachlich.

Dotsch → »Totsch«.

Dottel m.: *Doddel* [Überlgn a. B.], auch Dim.: *Doddeli* [Schopfhm, Lörrach, Auggen]. ♦ ›langweilige einfältige Person‹.

Dotti m.: ›Tölpel‹ [Lahr].

dr- (im Anlaut) s. auch unter »tr-«.

dra Adv.: *draa* verbr.; *dróó* mancherorts mittl. Schwarzw. ♦ ›daran‹. *D Murer sin dra schuld gsi* Brsg.; *I denk nit dra!* ›fällt mit gar nicht ein‹. *Liib un Lebe woog i dra* [Hebel]. *Du arme Tropf bisch übel dra* [Hebel]. *Vorne dra un owwe dra stoht: Gasthaus zum Hirschen* [A. Ganther]. *Und Raritätli, wo ihr Herz dra hängt* [Frieda Mayer].

drab Adv.: ›davon, deshalb, darob‹, begründend, mancherorts Südwestbaden; *verschrick nit drab* ›erschrick nicht darüber‹ [Hebel]. *I kinnt närrsch were drab* [Gütenb.]. – Verkürzt aus *dar-ab.* – Vgl. »drob«.

Drach m.: *Drach, Drack* [Baar, Altglashütten]. ♦ 1) ›sagenhaftes Untier, Drache‹. ♦ 2) ›Papierdrachen der Kinder‹. ♦ 3) ›feurige Himmelserscheinung, Meteor, Sternschnuppe, Wetterleuchten‹ vereinz. und veraltet. *S isch en füürige Drach gschosse* [Rotzgn].

Dra-denker, Dra-denkis m., n.: ›Erinnerung, Souvenir‹ verbr.

dra-henke schw.: ›sich eine Sache etwas kosten lassen‹, auch *drarucke, drawage.*

draie[1] schw.: *draaie, draaje, dräie, dreeje* mancherorts; *drääge, draige* vereinz. Raum Rastatt. ♦ ›drehen‹. *Dräih am Ring, so lang de witt, de bringsch en nit abe!* [Hebel]. *Ich dräih der's Messer im Liib um* [Hebel]. *Do het's vor Pläsir in d' Händ batscht un sich zwei- dreimol im Gring'l rum draiht un g'juchzt* [A. Ganther]; Ra.: *s drehh mer d Kuttle um* ›ich empfinde Ekel‹ [Stahrgn]. – Mhd. *dræjen.* – Vgl. »drille«.

draie[2] schw.: *draie, dräie, dräue, dreiwe* ›drohen, drohend bevorstehen‹; *un will's mit Dräue probire* [Hebel]. – Wörtl. *dräuen.*

Drai-öhri m.: ›Dummkopf, ungeschickter Kerl‹ [Möhrgn].

Drai-stuehl m.: ›Drehbank‹. *In Dräischtual selwer wird e Schpindle mit ëmë Schnindrädli îgschpane* [O. Furtwängler].

dra-lange schw.: ♦ 1) ›etwas beherzt berühren‹ (im Unterschied zu → »alange«); *Hesch droglongt?* ›Hast du ihn (den Weidezaun) angefasst?‹ [Freiamt]. ♦ 2) ›schnell und effektiv arbeiten‹ verbr.; *wemmer drolongt, no battets au* [Freiamt]. – Vgl. »hilange«.

dra-leere schw.: ›eine Flüssigkeit zugeben‹; *do muesch e Viertel Rahm dròòlääre* [Freiamt]; Ra.: *der het ghäärig dròògläärt* ›tüchtig Alkohol getrunken‹ [Freiamt].

dränse, drängse ›ächzen, stöhnen‹ → »drense«.

dräse schw.: ›siechen, unwohl sein‹ [Stockach, Markelfgn]. – Zu »drense«.

Drech ›Enterich‹ → »Trech«.

Dreck m.: *Dreck, Dräck, Dreckch.* ♦ 1) ›Kot, Schmutz, Kehricht, Erde‹. *Dreck henn si gfresse, jowohl!* [Hebel]; Ra.: *Dräck am Stecke haa* ›etwas zu verbergen haben‹ [E. Strube]; *do hesch de Dreck* ›da hast du die Bescherung‹ verbr. ♦ 2) ›schlechtes, wertloses Zeug‹. *Zeig emol der Dreck her* [A. Ganther]; *do isch dr Lêrër en Dräk degege gsi* [O. Furtwängler].

Dreck-bachele, -basche m.: ›unreinlicher Mensch, Schmutzfink‹ vereinz.

Dreck-bolle Pl.: ›Kotklunker an den Schenkeln von Tieren‹ mancherorts Ortenau. – Vgl. »Bäkle, Klatter«.

Dreck-eimer m.: ›blecherner Mülleimer‹.

dreckele schw.: ♦ 1) ›im Dreck herummantschen, mit Sand spielen‹. ♦ 2) ›nach Kot riechen‹, auch *katze-*, bzw. *chuehdreckele* Markgr.

Dreckerei, Drecklerei f.: ›Tun, bei dem viel Dreck entsteht‹.

Dreck-flärre m.: ›Schmutzfleck‹.

Dreck-holder m.: *Dreckholder, Dreckcholder* ›Wacholder‹ mancherorts Hotzw., Klettgau. – Entstanden aus: *d'Reckholder,* s. »Reckholder«.

Dreck-mor f.: ›unsaubere Person‹. – Zum Grundwort s. »Mor«.

Dreck-nueli m.: ›Schmutzfink‹, auch Schimpfwort. – Zum Grundwort s. »nuele«.

dreck-pfluder-naß Adj.: ›ganz naß‹, auch *dreckseichpfluderpatschnaß.*

Dreck-sack m.: ›schmutziger, niederträchtiger Mensch‹.

Dreck-schlutte f.: ›schlampige, unsaubere Frau‹ verbr.

Dreck-schmuarli m.: ›schmutziger Kerl‹ [Ringshm].

Dreck-ueli m.: ›Schmierfink‹ Markgr. – Zum Vornamen »Ueli«.

drehen → »draie[1]«.

drei Num.: *drei, drai* verbr.; *drii* Baar, Raum Neustadt, Hegau, Bodanrück; *drüü* mancherorts Wiesental, Hotzw., Klettgau, Höri. ♦ ›die Zahl drei‹, die Formen *drii, drüü* werden bes. bei Uhrzeitangaben verwendet, beim normalen Zählen eher *drei*. *E Johrer zwei, drei* ›ungefähr zwei, drei Jahre‹ [A. Ganther]; *D' Glocke het Drü gschlage* [Hebel]; *Drei Küai, zwo Gaise un zwo Säü* [O. Furtwängler]. Kinderreim: *Heile, heile, Säge, / drei Da Räge, / drei Da Schnee, s' dued dem Kindli gar nimm weh* [Schutterwald].

Drei-angel m.: *Draiangel, Driangel*. ♦ 1) ›dreieckiger, winkliger Riß in Kleidern‹. ♦ 2) ›dreiarmige Kerze, die an Karsamstag entzündet wird‹, veraltet.

Drei-kinnig m.: *Draikinnig, -chünnig* u. a. ›der Tag der Hl. 3 Könige (6. Jan.)‹.

Dreikritzli-messer n.: ›Messer mit drei Kreuzen in der Klinge, das Böses abwenden soll‹ veraltet.

Dreilig m.: *Drailig, Drailing*. ♦ 1) ›Fruchtmaß‹ [Hebel]. ♦ 2) ›3 Zoll dicke Bohlen‹ [Schwarzw.].

Dreisam f.: *Draisene, Draiseme* ›der Fluß Dreisam‹. – Ein Name keltischer Herkunft: *Tragisama* ›die Schnellfließende‹.

Drem, Dremel ›Balken‹ → »Tram«.

drense schw.: *drense, dränse, drạnse, drängse* mancherorts; mit Nasalschwund: *draise, traise, dreese, drease* u. a. mancherorts östl. Schwarzw., SO-Baden. ♦ 1) ›schwer atmen, keuchen, stöhnen‹ mancherorts; Ra.: *dränse wiä e gstopfti Gans* [Altenhm]. ♦ 2) ›jammern‹ vereinz. – Mhd. *trensen, trentschen* ›ächzen‹.

dresche schw.: *dresche, tresche, drösche* mancherorts; Part. Perf.: *drescht, dröscht*. ♦ 1) ›Getreide dreschen‹; *Endli isch er choo, un in der staubige Schüüre hai si en dröscht vo früeih um Zwai bis z' Oben um vieri* [Hebel]. ♦ 2) ›schlagen‹ verbr.

Dreschete f.: *Dreschete, Dröschete* ›Menge, die man auf einmal drischt‹ vereinz.

Dreschi f.: ›Dreschmaschine‹.

Dresch-pflegel m.: *Dreschpflegel, Drösch-, -pfleggel* u. ä. ›Dreschflegel‹.

dri Adv.: ›drein, darein‹. *Do isch schu e ganzi Prozessiun hinder re dri* (hinterdrein) [A. Ganther]. *Ihr luege jo dri, as wäre n'r vun de Dode ufg'stande* [A. Ganther]. *Druf schlacht si Eier-en-Anken ii un sträut e wenig Imber drii* [Hebel]; *Wemmer zehni nimmt, gits no einer drii!* [Ottoschwanden].

dribe Adv.: *driiwe, driwwe, dribe, drüwwe, drübe*. ♦ ›jenseits, auf der anderen Seite‹; *üwwer d'r Stroß drüwwe* [A. Ganther]; *z' Stroßburg drüwwe* eb. – Vgl. »enne, denne«.

Dri-beni m.: ›gutmütiger, anstelliger Kerl‹ [Furtwangen], Hochschwarzw. - Das Wort ist wohl zum im Bad. Wb. als „Trippbeni" angesetzten Wort zu stellen, das schon 1921 als veraltet galt und mit dem der 3. Knecht bezeichnet wurde.

driber Adv.: *driwwer, driwer, driber, drüber*. ♦ 1) räumlich ›oberhalb, darüber‹ *Sust gruuset's mer, wenn i drüber mueß* (nämlich über den Berg) [Hebel]. [Er] *het d'Sunndigkleider a'glegt un d'wiß un d'gäl Schärp schiaf drüwwer* [A. Ganther]. Ra.: *Drunter isch's un drüber gange* von großem Trubel, Durcheinander [Hebel]. ♦ 2) zeitlich ›währenddessen, darüberhinaus‹ *Drüber wird es chüel un d'Vögel sitzen un schwiige* [Hebel]. *e Stund odder ebbis drüwwer* [A. Ganther]. ♦ 3) begründend ›infolge davon, deswegen‹ *Er het si saumäßig driwwer g'ärgeret*.

driber-ab Adv.: ›darüber hinunter‹.

driber-nus, -usi Adv.: ♦ 1) ›darüber hinaus‹. ♦ 2) ›geistig verwirrt‹, verbr.

Dri-bord n.: ›Fischernachen‹ [Altenhm, Marlen]. – Wörtl. *Dreibord*, also Nachen, der aus drei Brettern besteht.

driëje schw.: *driäje, drüeje, drüe* ›dick werden, gut wachsen, zunehmen, gedeihen‹ verbr. (außer Hanauerland, nördl. Schwarzw.). *Esset, Chindli, gsegn es Gott, un wachset un trüejet!* [Hebel]. *So ez gämer dem Oskerli de Sukel un lëigenë frisch truche, ër wird dro scho wâse un drîaië* [O. Furtwängler]. – Das alte Wort, das auch als *druhen* ›gedeihen‹ bei Martin Luther vorkommt, ist verwandt mit mhd. *druo* ›Frucht, Gewächs‹, hierzu auch nhd. *Drüse* (urspr. Bed. ›Schwellung, Beule‹).

driele ›geifern‹ → »triele«.

Drille, Drilli f.: ♦ 1) ›sich drehender Gegenstand, Rolle, Windrad‹ u. a. ♦ 2) ›ungeschickter Mensch‹.

drille schw.: *drille, drülle* ›im Kreis drehen‹ mancherorts; *wemër awer do an dem Grif e weng drilët* [O. Furtwängler]. Da *fangt mi Bär a, sich z' drille un z' draihe wia e tredene Wurm* [A. Ganther]. Das Wasser *trüllt e wenggeli d' Räder* [Hebel]; Ra.: *Do chaasch drülle bis an Dulledee!* [Epple].

Driller m.: ♦ 1) ›Kurbel‹. ♦ 2) ›Spielkreisel‹; Syn. → »Tanzknopf«. ♦ 3) ›gedreht aufgesteckte Haarsträhne, Haarknoten‹ verbr.

Drillich m.: *Drill(i)ch* ›eine grobe Stoffart‹. Wörtlich ›dreifädiges Gewebe‹, zu *dri* ›dreifach‹ und lat. *licium* ›Faden‹. – Vgl. »Zwillich«.

drimmlig ›schwindlig‹ → »trimmelig«.

drin Adv.: ›darin, drinnen‹. *'s sinn Rösli drin un Dorne dra* [Hebel]. *Vor Zyten isch … e Hüüsli gsi;*

e Frau, e Chind, e Chatz hen g'ootmet drinn [Hebel]. *Un wia i grad midde drin bin, ufeimol kummt so ein* ... [A. Ganther].

dri-stecke schw.: ›hineinstecken‹; Ra.: *Iberall d Nase driistecke* ›neugierig sein‹ [Opfgn].

dritte schw.: nur in der Ra.: *was sich zweitet, drittet sich* ›was sich zweimal ereignete, geschieht auch ein drittes Mal‹ [Schopfhm], vereinz.

driwweliere → »tribeliere«.

dro ›danach‹ → »derno«.

drob Adv.: ♦ 1) ›oberhalb von, darüber‹. ♦ 2) ›darob, deswegen‹ begründend. *Er kann si freue drob, daß* ... vereinz. [Sie] *henn e Gragöhl mitenander; der Mond am Himmel wird schüüch drob* (der Mond wird wegen des Krakeels ganz scheu, verzagt) [Hebel]. – Vgl. »drab«.

drobe Adv.: *drowwe, drowe, drobe* ›droben, oben‹; *uffem Baum drowwe* [A. Ganther]. – Vgl. »dobe«.

Drock → »Tarok«.

drockse schw.: *droggse, drochse*. ♦ 1) ›sich herumdrücken, betteln‹ vereinz. ♦ 2) ›sich mühen, schnaufen, ächzen, klagen‹ mancherorts. Volksreim: *Drocks nit so, drocks nit so, s kummt e Zitt, bisch wider froh* [Eichstet.]. – Vgl. »druckse«.

drodle schw.: *droodle* ›verdrehen, drehen, rollen, wälzen‹ mancherorts Ortenau.

Drodlere f.: *Droodlere* ›eine Walze, etwas Zusammengewälztes‹; *fir e Schnäämonn brüchsch zerscht emol e Drodlere* [Freiamt]. – Vgl. »Trolle«.

drohne-briëtig Adj.: ›in einem Bienenstock nur Drohnen hervorbringend‹ [Gengenb.].

drole ›kullern, wälzen‹ → »trolle«.

Drossle, Droschtle f.: *Drossle* mancherorts Brsg.; *Drooschtle, Drooschdel, Droschdel, Trooschtle* verbr.; *Dröschdler* vereinz. Hotzw. ♦ 1) ›der Vogel Drossel‹; *wenn au d Finke un Droschtle no so schö pfifë* [O. Furtwängler]; *un kai Trostle singt, kai Summervögeli sunnt si* [Hebel]. ♦ 2) ›einfältige Frau‹ vereinz.

drucke schw.: *drugge, drucke, druckche*. ♦ 1) ›drücken, pressen‹. *Die goldne Chrone drucke schwer* [Hebel]. *'s druckt no mengge Chummer schwer* [Hebel]. ♦ 2) ›ein Buch drucken, etwas bedrucken‹. *e große viareckige Schild, un uf sellem isch mit druckde* (gedruckten) *Buechstawe g'stande* ... [A. Ganther]. Ra.: *schwätze künne wia druckt* ›redebegabt sein‹ [A. Ganther].

Druckerli n.: ›Liebkosung‹ [Minseln].

Druckete f.: *Druggete* ›Gedränge, Drückerei‹; *er isch bi de Druckete fascht vestickt* [Freib.].

druckse schw.: ›sich herumdrücken, sich vergeblich abmühen‹.

drüeje ›zunehmen‹ → »drieje«.

druele ›geifern‹ → »triele«.

Druese m.: ♦ 1) ›aus Weinhefe gebrannter Schnaps‹ mancherorts Markgr., Wiesental, wohl verkürzt aus *Drueseschnaps*, wobei *Druese* ursprünglich der trübe Bodensatz, die Hefe im Fass ist. ♦ 2) *roter Druese* ›eine ältere Rebsorte, roter Ruländer‹. – Mhd. *druosene* ›Bodensatz, Hefe‹.

druf Adv.: ›darauf‹. ♦ 1) örtlich ›(oben) auf‹; es *wachst do Holder druf* [Hebel]. ♦ 2) zeitlich ›dann, danach‹; *Druf göhn si wieder furt* [Hebel]. *„B'hüet di Gott", sait druf d'r Ochsewirt* [A. Ganther].

drufufe-lupfe, -lüpfe schw.: ›hinaufheben‹, auch im übertr. Sinne ›deutliche Hinweise geben, damit es auch der Naivste versteht‹ verbr.

Drüllchi, Drülli m.: ›ungeschickter Kerl‹ vereinz. am Südrand. – Vgl. »Drille«.

drum Adv.: *drum* verbr., *drom* vereinz. SO-Baden. ♦ 1) örtlich ›darum herum‹; *wu nit as Rebe zrings drum umme sin* [Dorn]; Ra.: *mit allem drum un dra* mancherorts. ♦ 2) folgernd, begründend ›deswegen, deshalb‹. *un niemes will en lobe drum* [Hebel]. ♦ 3) beziehend, zielend ›etwas betreffend‹; *schad drum* verbr.; *s isch em drum* ›er hat Lust dazu‹ verbr.

Drumm[1] ›Endstück, Klotz‹ u. ä. → »Trumm«.

Drumm[2], **Drummel** ›Pauke‹ → »Tromme«.

drunte Adv.: ›unten, drunten‹. *z'Karlsrueh drunde* [A. Ganther].

drunter Adv.: ›darunter, unterhalb‹. *Grad wia sie's Lingälili* (Linial) *nimmt un e schüne grade Strich drunder mache will, do poldert ebbis* [A. Ganther].

drunter-ine Adv.: ›ab und zu‹ Markgr.

drus Adv.: ›daraus‹. *Nei, nei, do wurd nix drus* [A. Ganther]. *I ha ne Garte hinterm Huus, un was i bruuch, das hol i druus* [Hebel]. Aus einem Abzählvers: *Herr suf us, un du bisch drus* [St. Märgen]; Ra.: *nimmi drüs kumme* ›nichts mehr verstehen, überfordert sein‹ [Freiamt].

Drusch m.: ›das Dreschen‹ [Lörrach].

du Personalpron.: ›du‹ 2. Pers. Sg.; *du* (stark betont), *de* (schwach betont), *d* (unbetont), z. B. *wie d witt* ›wie du willst‹, in nachgestellter und unbetonter Position häufig zum vorangehenden Wort gezogen: z. B. *Kummsch?* ›Kommst du?‹

Dube[1] f.: *Dub, Duwe* ›Fassdaube‹ verbr. Nordrand, nördl. Schwarzw., mancherorts Ortenau, Baar. – Im Süden → »Duge«.

Dube[2] ›Taube‹ → »Tube«.

Dubel m.: *Duuwel, Duubel.* ♦ 1) ›geistesschwacher, dummer, tölpelhafter Mensch‹ verbr. (außer SO-Baden). *Du bisch e Dubel!* [Lörrach]; *de Dubel mache* ›sich missbrauchen lassen, sich dumm stellen‹. ♦ 2) ›Rausch‹; Syn. → »Rusch«.

Dubel-schuel f.: ›Hilfs-, Sonderschule‹; Ra.: *Geh in d' Milchstrooß Nr. 1, in d' Dubelschuel!* [Freib.].

dublig Adj.: *duublig* ›einfältig, dumm‹.

duch Adj.: ›kleinlaut‹ am Südrand. – Vgl. »Ducht«.

Düchel ›hölzerne Röhre‹ → »Tichel«.

Ducherli ›Blässhuhn‹ → »Tucherli«.

Ducht f.: *Ducht, Duucht,* Pl. *Düechter* ›Krankheit, Seuche‹ vereinz. ob. Markgr. unt. Wiesental, [Schonach]. – Verwandt mit *deuhen* ›drücken, pressen‹, Grundbedeutung ›Drang, Druck‹.

ducke schw.: ♦ 1) ›untertauchen‹ vereinz. ♦ 2) ›sich bücken, sich fügen‹ verbr. *Jo, duck di numme nider, wie de witt!* [Hebel].

Duckel-muser *Duggelmuser, Duckelmiser, Duckelmüser*; dazu auch mancherorts *Duckelimuser* usw. ♦ ›unterwürfiger, verdruckter, verschlagener heuchlerischer Mensch‹.

ducks Adv.: ›geduckt, gebeugt‹; *ducks gehe* [Gernsb.].

Dudaim m.?: ♦ 1) bei Hebel ›eine Blume, wohl Alraun‹; *un bschaut e Bluemli; 's wird Dudaim sii* [Hebel]. ♦ 2) andernorts vereinz. ›Judenkirsche‹.

Düdättili n.: ›schwachsinniger, verkrüppelter Mensch‹ [Lahr].

Düddi n.: Kosename für Kälbchen [Minseln].

Dudel m.: *Dudel, Düdel* Ortenau, häufig Dim.: *Dudeli, Düdeli.* ♦ 1) ›Schnuller der Kleinkinder‹; *Gib em s Duddili, no briälts nimmi.* [Ottoschwanden]; Syn. → »Lulli«. ♦ 2) ›dickes, rundes Kind, schwerfällige Person‹ mancherorts Umg. Schopfhm; vgl. »Daudel«.

düdele, düderle schw.: ›langsam machen, trödeln‹ mancherorts Raum Lörrach – Schopfhm.

Dudenierli n.: *Duddeniirl, Duddiniärli, Duddeniärli* u. ähnl. ♦ ›etwas Winziges, eine Kleinigkeit‹ vereinz. Ortenau, Markgr.

dudere schw.: ›schnell und unordentlich sprechen‹ [Stockach].

Dudle f.: ›schwerfällige Frau‹ [Lörrach].

dudle schw.: *duddle, dudle, düdle.* ♦ 1) ›einen Dudelsack, ein Instrument blasen, (eintönig) tuten‹. ♦ 2) ›einen trinken‹; Syn. → »surpfle 2«. ♦ 3) ›ohne Eifer arbeiten‹.

Duelde, Duele f.: *Dueld, Duelde, Duele* ›Einsenkung, Talmulde, Delle‹ mancherorts Ortenau, mittl. Schwarzw., Markgr. – Verwandt mit nhd. *Tal.*

Duendle f.: Schimpfwort für eine Frau [Kaiserst.].

Duft m.: ♦ 1) ›dunstige Luft, Nebel, Tau, gefrorener Dunst, Reif‹; *Es chunnt e chüeli Obeluft un an de Halme hangt der Duft* [Hebel]. ♦ 2) ›hauchdünner Belag auf reifen Pflaumen und anderen Obstarten‹. ♦ 3) ›Geruch, Wohlgeruch‹; *Un wia 'r so stoht un des Düftli mit beide Naselöcher gierig iziahgt* [A. Ganther].

duftig Adj.: ♦ 1) ›dunstig, neblig, mit Raureif beschlagen‹. ♦ 2) ›(angenehm) riechend‹.

Duge f.: *Duge, Düge* ›Fassdaube‹ verbr. (außer Nordteil und Baar), dort »Dube[1]«. Aufgesetzte Daubenrohlinge werden *Dugeschrank* genannt. – Wörtl. *Dauge,* aus vulgärlat. *doga* ›Daube‹.

dule schw.: *dule, düle* ›scharf und angestrengt schauen, lauern‹ mancherorts Ortenau, Markgr.

dulfe schw.: ♦ 1) ›Hanf, Flachs brechen‹, veraltet. ♦ 2) ›schlagen, verprügeln‹, auch *verdulfe.* – Das Wort, das auch im Rheinfränkischen und Elsässischen bezeugt ist, gehört wohl wie »telbe« zu einer idg. Wurzel **dhel-, *dholo-* ›Wölbung, Höhlung‹ bzw. zu **dhelb-* ›graben, aushöhlen, herausschlagen‹.

Dullak m.: *Dullaak* ›der Vogel Dohle‹ mancherorts Hegau, Bodensee, Linzgau.

Dulli, Duller m.: ›Schnuller des Kleinkindes‹ mancherorts Brsg. – Syn. → »Lulli«.

Dulpen fiktiver ON; in Ra. wie *er isch (nit) vo Dulpe* ›er ist (nicht) dumm‹, mancherorts. – Vgl. »Dollohren, Dummbach, Schenkezell«.

dulsch, dülsch *dulsch, dilsch* ›undeutlich, neblig, trüb‹ vereinz. Ortenau. – Vgl. »dolsch«.

Dume m.: *Dume* vereinz. Ortenau, verbr, südl. Brsg., Markgr., südl. Schwarzw., Hotzw.: *Düme* mancherorts südl. Ortenau, Brsg., Kaiserst.; *Dumme* mancherorts Ortenau, mittl. Schwarzw., Baar, Hegau, SO-Baden. ♦ ›Daumen‹. Ra: *Diimli* (Dim. Pl.) *drille* ›Däumchen drehen = nichts tun‹ [Opfgn]; *Heb mr dr Dume* ›drück mir den Daumen‹ mancherorts; Kinderreim: *Des isch de Düme / der schittelt Pflüme / der hebt si uf / der trait sie heim / un der klei Kerli, der frisst alli elei!* Fingerspiel, Ortenau.

dume schw.: *dume, dumme* ›düngen‹ [Gütenb., Frickgn, Stockach]; der Dung ist in Gütenb. der *Dumet.* – Verwandt mit *Dung, düngen.*

dumm Adj.: ♦ 1) ›geistig unterbemittelt, unwissend, töricht‹; *un alt's Kameel, dummi Kueh un sunsch noch Üwwrnämme hen sie m'r gä* [A. Ganther]; Ra.: *dumm wiä Bohnestroh* ›sehr dumm‹; er ist *so* *dumm, daß m'r Rieg'lwänd mit 'm irenne künnt* ›sehr dumm‹ [A. Ganther]; Sprichw.: *Mit de dumme Lit wird mer rich* [O.rotweil]. ♦ 2) ›unangenehm, misslich‹; *e dummi Sach* [Lörrach]. *Nai, wie dumm!* ›wie unangenehm‹ [Hebel].

Dumm-bach fiktiver ON; in der Ra.: *er isch (nit) vo Dummbach* ›er ist (nicht) dumm‹. – Vgl. »Dollohren, Dulpen, Schenkezell«.

dummedum Adv.: ›überall, allenthalben‹ vereinz. mittl. Schwarzw. – Entstanden aus *da-um-und-um*.

Dummis m.: *Dummis* verbr. nördl. und mittl. Schwarzw., Ortenau (bes. Kinzigtal), Elztal, vereinz. Brsg.; *Dummes, Dommis* vereinz. ♦ ›(zerstoßener) Pfannkuchen, (zerhackte) Omelette‹. – Wahrscheinlich zu *Getummenes* ›Durcheinander‹. – Syn. → »Kratzete«.

Dumpf m.: ›Einbuchtung, Delle, Vertiefung‹ verbr. Hotzw., Markgr., südl. Schwarzw., vereinz. Brsg., mittl. Schwarzw.

dunde ›drunten‹ → »dunte«.

Dundel f.: abschätzige Bez. für Frauen, vereinz. Ortenau, Kaiserst. – Vgl. »Dunzel«.

Dunder, Dunner m.: *Donner, Dunner, Tonner, Tunner* vereinz. Nordrand und Südostecke; *Dunder, Tunder* verbr. übriges Gebiet. ♦ 1) ›Gewitterdonner‹; *Un wenn's am schwarze Himmel blitzt, un Gwülch ans Gwülch im Dunder chracht* [Hebel]. ♦ 2) Fluchwort, in Verwünschungen, Flüchen; *Dunder Deifl! Dunder un Schlag!* [A. Ganther]. *Dunder un 's Wetter fahr Ich in Chrage denn au!* [Hebel]; *Dunnder un Doria!* verbr.

Dunder-blueme f.: ›Arnika‹ im Süden.

dundere, dunnere schw.: *dunnere, tunnere* vereinz. Nordrand, Dinkelberg; *dondere, tondere* mancherorts Hotzw.; *dure* mancherorts Ostteil des mittl. Schwarzw.; *dore* [Schiltach, Schenkenz.]; *dundere* mancherorts mittl. Schwarzw., Ortenau, verbr. Brsg., Markgr.; *tundere* SO-Baden; *dungere* mancherorts nördl. Schwarzw., Hanauerland, Ortenau. ♦ ›donnern‹. *Wie het's nit um en blitzt un gchracht, un dunderet in der Wetternacht!* [Hebel]; Wetterregel: *Dunderets iber de kahl Wald, wirds nomol kalt* [Freiamt].

Dundere-wetter Interj.: Fluch, verbr.

Dunder-gras n.: ›Quecke‹ [Bötzgn]. – Syn. → »Quecke«.

Dunder-gugi m.: ›Hirschkäfer‹.

Dunder-kiil m.: ♦ 1) ›Stein, Keil, der angeblich von einem Blitzschlag herrühren soll und der zu magischen Praktiken, Heilungen taugt‹, auch *Blitzstein, Dunderstein* genannt, veraltet. ♦ 2) in Ausrufen, Verwünschungen: *zum Dunderkiil nomool!* [Stockach].

Dunder-nägili n.: ›Kuckucksnelke‹.

dunder-ritti Interj.: Fluch, verbr.

dunder-schiäß Interj.: Ausruf der Verwunderung, Verärgerung (entstanden aus: *dass dich der Donner schieß!*). *Dunderschieß! Wer rennt mer in my Gäu?* [Hebel].

dunder-schiäßig Adj.: ›verwünscht, verdammt, außergewöhnlich‹. *Du dunderschießige Lappi du!* [Hebel]; *ain dunderschiäßig dureschmiere* ›gehörig durchhauen‹ [Glock Brsg.].

dunder-schlächtig Adj.: dass. wie → »dunderschiäßig« vereinz. Nordrand.

dunders-nett Adj.: ›besonders nett‹. *O wenn i doch das Maidli hätt! Es isch so flink un dundersnett* [Hebel]. *Im dundersnedde Liesli / E zuckersüeßes Grüeßli* [A. Ganther].

Dunderwetter-stotze Pl.: ›Gewitterwolken‹ [O. Furtwängler].

dunge ›unten‹ → »dunte«.

dunke[1] schw.: *dunke, dunkche* ›dünken, scheinen‹. meist unpersönlich: *'s dunkt mi* ›ich denke, es kommt mir so vor‹; *Es dunkt mi aber, er irr si* ›ich denke, er irre sich‹ [Hebel]; *un sie hen mi meh wert dunkt as mi Danne- un Eichwald* [A. Ganther].

dunke[2] ›(ein)tauchen‹ → »tunke«.

dunkel Adj.: *dunkel, dunkchel* ›nicht hell, finster‹; *in der stille, dunkle Nacht* [Hebel].

Dunkeli, Dünkeli, Dinkeli ›Eingebrocktes‹ → »Tunke«.

Dünne, Dünnele f.: *Dünne, Tünne* mancherorts Hotzw., Hegau; *Dünnele, Dinnele* mancherorts Hegau, Bodenseegebiet. ♦ ›flacher Flammkuchen‹, mit Zwiebeln, Rahm oder Obst belegt. – Vgl. »Flammekueche, Waie«.

Dunscht m.: *Dunscht,* im südl. Schwarzw. auch vereinz. *Douscht.* ♦ ›Dampf, Dunst‹; *un in de Lüfte hangt e Meer voll Dunst un Wetter* [Hebel].

Dunschtig m.: *Dunnschdig* verbr. mittlerer Schwarzw., südl. Ortenau, Brsg., Markgr., mancherorts Baar, SO-Baden; *Tunnschtig* mancherorts SO-Baden; *Donnschdig, Tonnschtig* mancherorts südl. Schwarzw., Umg. Lörrach, Hotzw.; *Dunnerschdi* vereinz. untere Acher, Rench; *Duerschdi* mancherorts nördl. Schwarzw., mittl. Acher und Rench; *Duerschdig* mancherorts obere Acher; *Dungerschdi* mancherorts Hanauerland; *Dunderschdi* vereinz. Ortenau, südl. Hanauerland; neben diesen in größeren Gebieten verbreiteten Formen gibt es im Nordteil noch Formen wie: *Doerschdig, Doerschdi, Doanschdi, Dunnerschdi, Duanschdi, Dongerschdi, Döngerschdi, Dunnerschdig, Dunderschdig, Dungschdig* u. a. ♦ 1) ›der fünfte Tag der Woche‹; *der schmutzige Dunschdig* ›der Donnerstag vor Aschermittwoch‹, ein Fastnachtstermin. ♦ 2) in Verwünschungen, Ausrufen (wohl abmildernd für *Donnerschlag*): *Potz Dunnderschdag! Dunnderschdag un kei End!* [A. Ganther].

dunte Adv.: *dunde, dunte, dunne*, vereinz. auch *dunge, donne.* ♦ ›unten befindlich‹. *Un dunten isch si* (die Sonne, beim Sonnenuntergang) [Hebel]. – Entstanden aus *da unten.* – Vgl. »dobe«.

duppe schw.: *dubbe, duppe* ›sich niederbeugen, ducken, einnicken‹ vereinz. Ortenau, Markgr.

Dupp(er) *Dupp, Dupper* m., f. ›einfältige Person‹ mancherorts Ortenau, Hanauerland, auch Neckname der Bewohner von Waldshut.

duppig, düppig, dupperig, düpplig Adj.: ♦ 1) ›tappig, dumm, ungeschickt‹ [Achern, Emmendgn]. ♦ 2) ›dösig‹ [Zell a. H.]. ♦ 3) ›zitterig, schwindlig, benommen‹ [Lahr, Freiamt, Markgr.]. ♦ 4) ›wetterschwül, gewitterdrohend‹ [Donaueschgn, Möhrgn].

dur Präp., Adv.: *durch* verbr. nördl. und mittl. Schwarzw., Ortenau, vereinz. Brsg., Bodenseegebiet; *duur, duer* mancherorts Markgr.; verbr. Brsg., südl. Schwarzw., Hotzw. Klettgau, Hegau, Bodenseegebiet; *dure* verbr. Markgr.; *duri* vereinz. mittl. Schwarzw.; *dor, dorch* mancherorts Baar. – Präp.: ♦ 1) ›auf einer Seite hinein und auf der anderen Seite heraus, hindurch‹; *M'r mueß grusig schlau un schlitzöhrig si hüttigsdags, wenn m'r u'g'schore durch d' Welt kumme will* [A. Ganther]; *das es punktum zwische de zwäi Èscher duri gange isch* [O. Furtwängler]. Ra.: *d' Katz durch d'r Bach schlebbe* ›(für andere) eine unangehme Aufgabe übernehmen‹ [A. Ganther]; *e Strich durch d Rechnig mache* ›eine Sache hintertreiben‹. ♦ 2) ›auf Grund von, mittels‹; *Durch des Rumrutsche awwer isch m'r des lambelierig Lewe uf'm Hof dehinde ganz v'rleid worre* [A. Ganther]. – Adv. 3) ›ganz und gar, die ganze Zeit, ganz fähig‹; *s ganz Johr dur* [Schopfhm]; *un het er der Tag dure gwurstet* [Hebel]. *D Brôtwürscht sin scho duri* ›ganz und gar gegessen‹ [O. Furtwängler]. *Noddebeni, im Lese isch sie au besser durch gsi as er* (sie konnte besser lesen als er) [A. Ganther]. Ra.: *durch dick un dünn* ›unter allen Umständen‹ [A. Ganther]; *dur un dur* ›gänzlich‹, z. B. *nass* [Möhrgn]; häufig auch verkürzt vom trennbaren Präfix bei Verben, z. B.: die Schuhe sind *durch* (< durchgelaufen).

dur-ab Adv.: *duráb, durábe, durábi* ›von oben bis unten, ganz hinab‹ mancherorts. – Entstanden aus *durch-ab-(hin).*

dur-ane Adv.: *duráne* ›überall, durchweg‹; *un 's Chrütz isch ebe durane* [Hebel].

Duras m.: ›wilder Bube‹ [Kenzgn].

dur-brenne schw.: ♦ 1) ›hindurchbrennen, verbrennen‹, z. B. von der elektrischen Sicherung. ♦ 2) ›entlaufen, ausreißen‹.

Durch-schlag m.: ›grüner Speck (ungeräuchert)‹ um [Offenburg].

dur-dure Adv.: ›hindurch‹ [Schwerzen]. – Verstärktes »dur«.

dure[1] schw.: ♦ 1) ›eine Zeitlang dauern‹; *s het nimm lang duret* [Gütenb.]; *e Stund odder ebbis drüwwer wurds halt schu dure* [A. Ganther]. ♦ 2) ›Mitleid empfinden, bedauern‹; *un will es en so dûret hät* ›und weil er es bedauert hat‹ [O. Furtwängler]; *er durt mi* ›er tut mir leid‹ verbr.; *si duure mi bigott* [Glock Brsg.].

dure[2] Adv.: *duure, duuri, duri, dori* mancherorts; *durre* vereinz. Bodenseegebiet. ♦ 1) ›hinüber‹; *in d Schwiz duure* ›in die Schweiz hinüber‹ [Schopfhm]; *uf Stroßburg duri* ›nach Straßburg hinüber‹ [Staufen]; *holsch's un traisch's im Nochber duren* ›holst es und trägst es dem Nachbar hinüber‹ [Hebel]. ♦ 2) ›hindurch‹; *dur s Hus duri* [Stahrgn]; *wo dy Weg nit dure goht!* [Hebel]. ♦ 3) (zeitlich) ›vorüber‹.

dure-bole schw.: ›hinüberwerfen‹. – Zum Grundwort s. »bole«.

dur-enand(er) Adv.: *durenand, dorenand, durenander.* ♦ ›wirr, ohne Ordnung‹; *de Wurschtsalat isch no nit richtig durenonder gmocht* [Ottoschwanden]; als Substantiv: *der Durenander* ›Unordnung‹.

dure-schliefe schw.: *dur(e)schliefe* ›hindurchschlüpfen‹ Markgr.

dure-schlitze schw.: ›mit heiler Haut davonkommen‹ Markgr.

dürfen → »derfe«.

Dur-fili f.: ›Klauenfäule‹ [Bonnd., Todtnau]. – Wörtl. *Durch-fäule.*

durgle → »torkle«.

dur-go st.: *durgoo, durchgo, durchgehe.* ♦ 1) ›hindurchgehen‹; *Zieh der Bendel a, wo in de Ricklene durgoht* [Hebel]. ♦ 2) ›entfliehen, ausreißen‹. ♦ 3) ›genehmigt werden, tolerieren‹; *no emol öppis durgo lo* ›noch einmal etwas nachsehen‹.

dur-hechle schw.: ♦ 1) ›Flachs reinigen‹. ♦ 2) ›verleumden, über jem. tratschen‹ verbr.

Duris n.: ›Mitleid, Bedauern‹; in der festen Wendung *Duris ha* ›Mitleid haben‹.

dur-ko st.: *durkoo, durchoo, durchkumme.* ♦ 1) ›hindurchgelangen‹; es war so voll, man ist gar nicht *durkoo. Durch Oddehöfe isch 'r guet durchkumme* [A. Ganther]. ♦ 2) ›Erfolg haben, bestehen‹, z. B. eine Prüfung.

Durlips ›Futterrübe‹ → »Turnip(s)«.

dur-nab Adv.: ›nach unten hindurch‹ verbr.; auch *durnabzue* ›die ganze Strecke hinab‹ [O. Furtwängler].

Dur-nacht f.: ›Spinnstubenfest zur Weihnachtszeit, Silvesternacht‹, veraltet. – Wörtl. *Durchnacht.*

Durnips ›Runkelrübe‹ → »Turnip(s)«.

Durschlechte f. Pl.: *Durschlechde, Dạrschlechde* u. ä. ♦ ›Pocken, Impfpocken, rote Flecken auf der Haut‹, veraltet. – Unter Hinzufügung des Artikels zu ahd. *urslaht(i)* ›Ausschlag‹. – Vgl. »Urschlechte«.

Durscht m.: ›Durst‹.

dur-schwarte schw.: ›kräftig verprügeln‹ Markgr.

duruf Adv.: ›aufwärts, herauf‹ Markgr.

durus Adv.: ›hinaus‹ Markgr.

Dur-wachs m.: ›eingeschrumpfte Kartoffelknolle bei langer Trockenheit‹ [Wutöschgn]; die Kartoffel nennt man auch *durwuchsig.*

Dus m.: *Duus* ›Flause im Kopf‹; *en Duus im Kopf haa* [E. Strube].

dusche[1] schw.: *duusche, düüsche, dusche* ›tauschen‹.

dusche[2] ›zum Schweigen bringen‹ u. a. → »tusche«.

duschter, duschper Adj.: *duschder* (*u* kurz) mancherorts; *duschber* (*u* kurz) vereinz. nördl. Ortenau. ♦ ›dämmerig, (halb)dunkel‹; dazu das Verb *duschtere* ›düster werden‹ [Konstanz].

duschur Adv.: ›immer, stets‹ [Lahr]. – Frz. *toujours.*

Dusel m.: *Duusel, Dussel.* ♦ 1) ›Zustand oder Gefühl der Benommenheit, Angetrunkenheit‹. ♦ 2) ›unverschämtes Glück‹, neu.

dusle schw.: *duusle, dussle* ›dösen, einnicken, schlummern‹.

düsle ›schlummern, schleichen, täppeln, flüstern‹ → »disle«.

duslig Adj.: ♦ 1) ›dumm benommen‹. ♦ 2) ›schläfrig‹. ♦ 3) ›trübe‹, vom Rheinwasser [Märkt].

dusma Adv.: *dussmaa, düssmaa, duusmaa* ›sanft, still, langsam, bedächtig, niedergeschlagen‹. *Im Afang ischës ë wëng seli dûsma hergange uf dërë Kilwi* [O. Furtwängler]; *Was isch mit'r, de bisch äso düsma* [Ottoschwanden]. – Frz. *doucement.*

duss, dusse Adv.: ›draußen befindlich, außen‹; *im Freie dusse, wo d'Sunn o lacht* [Hebel]; Abzählvers: *Rote Epfel, dicke Nuss, blaue Pflumme, du bisch duss!* [Villgn]. – Entstanden aus *da-uße* ›da-außen‹ (der 2. Teil ist noch in »use[2]« erhalten), nicht zu verwechseln mit »drus«; Ra.: *de Boge duss ha* ›wissen, wie es geht‹ [Lörrach].

Dutsch m.: ♦ 1) ›Stoß‹ [Stockach]. ♦ 2) ›plötzlicher Regenguss‹ [Bonnd.].

Dutt f., **Dittli** n. Pl.: *Dudd,* Pl. *Dudde* vereinz.; häufiger Dim. Pl.: *Diddle, Diddli, Düttli.* ♦ 1) ›Milchzäpfchen kleinerer Säugetiere, Brustwarze beim Menschen‹. ♦ 2) ›weibliche Brüste, Mutterbrust‹, häufig kindersprachl. kindersprachl.; *des het kei Dutt un kei Futt* ›das schmeckt fad‹ [Hohberg], wörtl. ›das hat keinen Busen und keinen Hintern‹. Vgl. »Fidle«. – Mhd. *tute,* Dim. *tütel,* verwandt mit *Zitze* und *Titte.*

Duttenierli n.: ›etwas Winziges‹ vereinz. Ortenau.

duttere schw.: ›zagen, ängstlich sein, unruhig ahnungsvoll sein‹ mancherorts; *s dutteret mer* [Schopfhm].

dütterle ›ängstlich sein‹ → »detterle«.

Dutterli m.: *Dutterli, Dütterli.* ›schwacher, zaghafter Mensch‹ [Ettenhm]; ›beschränkter Mensch‹ Markgr.

Dutti[1] f.: ›hängende Schaukel‹ [Menzenschwand]. – Vgl. »Butti[1]«.

Dutti[2] n.: ›einfältige Person‹ [Schopfhm]. – Vgl. »Dudel 2, Duttle«.

Duttle f.: Schimpfwort für eine faule, schwerfällige Frau, verbr. – Vgl. »Dudel 2«.

Dutzed n.: *Dutzed* verbr.; *Dotzed* mancherorts. ♦ ›Einheit von 12 Stück‹; *e halb Dutzed* = 6 Stück [A. Ganther].

dutzed-wis Adv.: ›zu Dutzenden, dutzendweise‹.

Duwak ›Tabak‹ → »Tubak«.

duze schw.: ›jemanden mit „du" anreden‹; *Gell, i darf di duze?* [Hebel].

E

e[1] Interj.: *e* (ganz kurz) Ausruf, meist am Beginn eines Satzes mit dem Sinn ›ei, nun‹.

e[2] unbest. Pron., Artikel → »ein«.

eb[1] Konj.: *eeb, ebb, häb, öb* ›ehe, bevor‹; *mir gen jetz, ebb s z spoot isch* verbr.; *Allo göhn mer ins Wirtshus, eb de haimchunnsch* [Hebel]. – Vgl. »eh, voreb«.

eb[2] → »ob«.

ebbe Adv.: *ebbe, eppe, öbbe, öppe.* ›irgend, ungefähr, vielleicht, etwa‹; *So öbbe drei Wuche vor Wiehnecht* [Hebel]; *wenn ebbe eis e Briaf bringt* ›wenn vielleicht jemand uns einen Brief bringt‹ [A. Ganther]; *Doch wenn der Wunderfitz ain öbbe brennt* ›doch wenn die Neugier einen möglicherweise brennt‹ [Hebel]; *Doch öbbe ball, wenns Gottswill isch* ›doch vielleicht bald, wenn es Gottes Wille ist‹ [Hebel]. – Die Wortbildung ist im Zusammenhang mit »ebber, ebbis« zu sehen: alles sind verdunkelte Komposita, nämlich aus mhd. *ete-wa, ete-wer, ete-was*, wobei Lautentwicklung von *tw > pp / bb* angenommen werden muss.

ebber Pron.: *ebber* verbr. Schwarzw., Ortenau, Brsg.; *epper* verbr. südöstl. Schwarzw., Baar, Hegau; *eäpper* Bodenseegebiet; *öbber* Markgr., *öpper* Dinkelberg, Hotzw. Klettgau, südl. Hegau (Verbr. s. Karte → »ebber«). ♦ ›irgendwer, jemand‹; *s isch öpper doo* ›es ist jemand da‹ [Hausen i. W.]; *wenn ebber ebbis bringt* ›wenn jemand etwas bringt‹ [A. Ganther]; *er het gar nit g'merkt, daß ebber hinder em stoht* [A. Ganther]; *hot äbber äbbes it verstande?* [Epple]. – Zur Wortbildung s. »ebbe«. – Vgl. »ieme(s), naimer«.

ebber ›jemand‹
Vereinfacht nach: SSA Frage 350.1 und Badisches Wörterbuch

ebbis Indefinitpron.: *ebb(e)s, ebbis, eppis, eäppis, öbbis, öppis* (Verbreitung vergleichbar mit »ebber«). ♦ ›etwas, irgendwas‹; *der hat ebbis agstellt* [Rust]; *'r het no ebbis sage welle* [A. Ganther]; *si machen öbbis mitenander uus* [Hebel]; *Do ka m'r ebbis v'rlewe* ›da kann man etwas erleben‹ [A. Ganther]; *Kumm iß, dass äbbes wirscht* [Epple]; Sprichw.: *Äbbes ischt all meh as nint* [Epple]. – Vgl. »naimes«.

ebe[1] Adj.: *eebe, eewe* ›gleichmäßig flach‹.

ebe[2] Adv.: *eebe, eewe, ebbe.* ♦ 1) verstärkende, zustimmende, bestätigende Partikel; *un ebe das möchti gern wisse* [Hebel]; *e rüejig Herz un frohe Muet isch ebe doch no 's fürnehmst Guet* [Hebel]. ♦ 2) zeitlich ›soeben, jetzt‹. *Der Hirt fahrt ebe durs Dorf ab* [Hebel]. *Hen 'r ebbe e Briaf furtschicke welle?* [A. Ganther].

Ebeni f.: *Eebeni, Eebini, Eeweni* ♦ 1) ›ebene Fläche‹ verbr.; *in de Eeweni usse* ›in der Rheinebene‹ [Freiamt]. ♦ 2) n. *s Ebni* ›bestimmter Teil des Bauernwagens‹ Hotzenwald.

Ebel m.: *Ebel, Ewel* ›ebenes Geländestück‹, vereinz. mittl. Schwarzw.

Eber m.: *Euwer* verbr. nördl. Schwarzw., vereinz. mittl. Schwarzw.; *Ebber* mancherorts Hotzw., Baar, Klettgau, vereinz. SO-Baden; *Ewer* mancherorts mittl. und südl. Schwarzw.; *Eber* mancherorts Brsg., Elztal, Markgr., Hotzw.; *Aąwer* mancherorts südl. Ortenau; *Aąber* vereinz. Brsg., Markgr., Wiesental; in der Baar, im Hegau und im übrigen Südosten finden sich häufig Formen mit *N-* Anlaut (*Neäber, Nebber* u. ä.), die vom unbestimmten Artikel herrühren *'n Eber >Neber.* ♦ ›das männliche Zuchtschwein‹; *un es chunnt en Eber mit bluetige Wunde* [Hebel].

ebere schw.: ›schwer arbeiten‹ Gengenb. – Zu »Eber«.

Ebe-rechte m.: ›ein besonders Schlauer‹ Feldbg.

Ebersch-wurz(el) f.: ›große Wetterdistel‹ vereinz.

ebe-so-mähr Interj.: *ebesomäär, ewesemäär, ewes-*

domee. – Ausruf der Verwunderung ›wirklich?, auch noch?‹ Kinzigt., Baar. – Zu mhd. *märe* ›lieb‹.

Eb-hai n.: *Ebhai, Ebhöu, Äbhai* u. ä. ›die Pflanze Efeu‹, die altmundartliche Form wird heute durch *Efai, Eföu, Efeu* zurückgedrängt. – Mhd. *ephöu.*

ebi Adv.: *ebbi* mancherorts Bodanrück, Linzgau. ♦ ›hinunter‹. – Nebenform zu »abe, abi«.

ebig → »ewig«.

echt[1] Adj.: ♦ 1) ›rein, unverfälscht‹; er *isch awwer schin's e rechde, echde Judas gsi* [A. Ganther]. ♦ 2) ›leiblich wohl‹; *s isch mir nit echt* ›ich fühle mich nicht wohl‹ [Freib.]. – Das Wort, das aus dem Niederdt. stammt, gehört etymologisch zu *Ehe* und bedeutet ursprünglich ›gesetzmäßig‹.

echt[2] Adv.: *echd, ächd, ąchd,* auch erweitert *echderschd, echschd, echder.* ♦ 1) ›wohl, etwa, vielleicht, eigentlich‹, eine vor allem in Südbaden gebrauchte Partikel, die in vielfältiger Verwendung häufig in Fragen begegnet: *Er macht so lang, was trybt er echt?* ›was treibt er wohl?‹ [Hebel]; *öb's üüsem Huus echt au emool so goht* ›ob es unserem Haus vielleicht auch einmal so geht‹ [Hebel]; *wie wird' s mer echterst in der Fremdi goh?* ›wie wird es mir wohl in der Fremde ergehen?‹ [Hebel]; *Si sait: Halt's Muul! Verstohsch du's echterst besser?* ›kannst du es vielleicht besser?‹ [Hebel]. ♦ 2) ›plötzlich, schnell‹, nur am Kaiserst. in der Lautung *ogerscht* bezeugt. – Das Wort geht auf ahd. *echert, ecchert* (älter *ekkorodo*), mhd. *eht* in gleicher Verwendung zurück.

Eck(e) f., m., n.: ›Winkel, Spitze‹, auch Örtlichkeit in einer Ecke, mit einer Spitze, Bergvorsprung, abgelegener Winkel u. ä.; das Wort findet sich sowohl als *der, die* und *das Eck,* wie auch als *der* und *die Ecke; un wo n i ums Eck gang* [Hebel]; *Wia sie um's Eck rum biage* [A. Ganther]; Ra.: *an alle Ecke und Ende* ›überall‹ [A. Ganther].

Ecke-ballis, -treiberlis n.: ›Ballspiele der Kinder‹ vereinz.

Ecke-bergis, -guckerlis, -luegis n.: ›Versteckspiele der Kinder‹ vereinz.

Eckericht m.: ›Waldertrag an Eicheln und Bucheckern zur Schweinemast‹; in der Ortsneckerei zu Märkt: *Wenn einer vu dört will Geld verdiene, goht er uf Tüllige in Heuet un blibt z Märt im Herbst, goht z Chleichems in d Ern, chauft vum glöste Geld e Sau, wo er z Fischige in Eckericht schickt.*

Eckgesli ›Eidechse‹ → »Eidechs«.

eckimig Adj.: *éckiimig, éckimmig, éckimmich.* ♦ ›wunderlich, nervös, heikel, wählerisch im Essen‹ [O.schopfhm, Hugsw., Meißenhm, Lahr]. – Das Wort ist schon bei Moscherosch als *Eckkümig, Eckkümmich* bezeugt.

Eck-känschderli n.: ›Eckschränkchen‹ vereinz. Ortenau. – Vgl. »Känsterli«.

Eck-stein n.: ♦ 1) ›die Farbe Karo im Kartenspiel‹; *Wer spilt uus? un was isch Trumpf? Un gstoche das Eckstai!* [Hebel]. ♦ 2) im Versteckspielreim: *eins, zwei, drei, vier Eckelstein, alles muss versteckelt sein* [Freiamt].

eed Adj.: *eed, ööd.* ♦ 1) ›unbebaut, wüst‹ *s Fąld lit eed do* [Reute (Emm.)]. ♦ 2) ›leer, verlustig, verdorben‹; *d Ratte fress alles eed* ›die Ratten fressen alles weg‹ [Appenw.]. ♦ 3) ›leer im Magen, schwach vor Hunger‹; *s isch mer eed im Mage* [Rust]; *un wenn's em öd wird, lengt er ebe drii un biißt e Stückli Schwefelschnitten a* [Hebel].

Eel n.: *Eel, Öl* ›Pflanzenöl, Erdöl‹; Ra.: *Eel am Huet ha* ›betrunken sein‹ verbr.

Eeli f.: *Eeli, Öli* ›Ölmühle‹; *Stoht e Mühli näumen, en Öli oder e Riibi* ›eine Ölmühle oder eine Hanfreibe‹ [Hebel].

Eemd, Eemdet n.: *Eemd, Äämd* verbr. Schwarzw., Brsg., Markgr., Klettgau, Baar; *Eemdet, Äämdet* vereinz.; *Emmd* Hegau, SO-Baden; *Ąamd* mancherorts Ortenau, nordwestl. Brsg.; *Iimd* Raum St, Peter, Zartener Becken; *Öömd* vereinz. am Hochrhein. ♦ ›der zweite Grasschnitt, Grummet und die Zeit des zweiten Grasschnitts‹; *in's Ömd fârë* ›zur Grummeternte gehen‹ [O. Furtwängler]; *Im Ömded isches fasch wia im Heiwet, nu dases scho küal wird* [O. Furtwängler]. – Mhd. *â-mâd* ›das zweite Mähen‹.

eemde schw.: ›Grummet, Öhmd machen‹.

efange ›allmählich, endlich‹ → »afange«.

Efeu → »Ebhai«.

Egais, Egechsli → »Eidechs«.

Egde f.: ›Egge‹ mancherorts SO-Baden.

Egerde f.: *Ägerde, Agerde* ›nicht bebautes Land, Brache‹, heute kaum noch gebraucht, nur noch in zahlreichen FlN bezeugt. *Sellmol het e Buur uf der Egerte niden an Fahrnau Huus un Schüüre gha* [Hebel].

Egerscht ›Elster‹ → »Agerscht«.

Egertli n.: *Ägertli, Ägetli* ›Heideröschen, Daphne cneorum‹ Baar.

Egge f.: *Egge, Eege, Eeg* ›landwirtschaftliches Gerät zur Bodenbearbeitung‹; *'s isch e Plätzli näumen* (irgendwo), *'s goht weder Ege no Pflueg druf* [Hebel]. – Vgl. »Egde«.

egge schw.: *egge, eege.* ♦ 1) ›den Boden mit der Egge bearbeiten‹. ♦ 2) ›mit jemandem streiten, jemanden hart, grob hernehmen‹.

Egitzli, Egleisli → »Eidechs«.

Egli n.: *Egli, Egle* ›der Fisch Barsch‹ mancherorts Bodensee.

eh Adv.: ›bevor‹; *Eh e Viart'ljohr rum gsi isch* [A. Ganther]; *noch eh 's Nacht worre nisch* [A. Ganther]; Ra.: *eh weder as* ›eher als‹ [Diershm]. – Vgl. »eb, ehnder«.

Ehe-dippel m.: ›Pantoffelheld‹ [Waldk.].

Eh-halte m.: nur Pl.: *Eehaalte* ›Dienstbote, lediger, dienender Hausgenosse‹ mancherorts Baar, Hegau, Linzgau.

Eh-lütt Pl.: ›Eheleute, Gatten‹; *wer sinn im Wald die glücklichsten Ehlüt* [Hebel].

Ehmd ›Grummet‹ → »Eemd«.

ehnder Adv.: *ehnder, ender* verbr.; *ehder* mancherorts Ortenau, nördl. Brsg. ♦ ›eher, früher, vorher, bevor‹; *Un wemme gchämpft mueß ha, goht's, main i, ehnder no a im Freie dusse* [Hebel]; *E volle Muned ehnder as sunsch* [A. Ganther]; *ender wirfi's uff de Mischt, ass dassi's dem giib* ›eher werfe ich es auf den Mist, als dass ich es dem gebe‹ [Freiamt]; *ender as (wie) nid* ›wahrscheinlich‹. – Vgl. »eb, eh«.

ehne ›drüben, jenseits‹ → »enne«.

Ehr f.: ›Ehre, Ansehen‹; *'s soll mer en Ehr sii* [Hebel]; Pl. in dem bekannten Gedicht „Freude in Ehren", dessen erste Strophen beginnen mit: *Ne Gsang (Trunk, Chuß) in Ehre, wer will's verwehre* [Hebel]. Ra.: *Uf Ehr un Selikeit,* beteuernd [A. Ganther]; *d Ehr abschniide* ›verleumden‹ Markgr.

Ehre-chübel m.: ›äußerst ehrgeizige Person‹; vgl. »Ehrgizhäfeli«.

Ehr(e)-gsell m.: ›Brautführer, männlicher Ehrenbegleiter des Brautpaares‹ mancherorts mittl. Schwarzw., Baar, SO-Baden. – Das männl. Pendant zur »Ehrejumpfre, Ehremagd«.

Ehre-jumpfre, -magd f.: ›Ehrenjungfer bei Festumzügen, Brautjungfer‹. – Vgl. »Ehregsell«.

Ehrgiz-häfeli n.: ›unangenehm ehrgeiziger Mensch‹.

Ei n.: *Ei, Äi* mancherorts nördl. Ortenau, Hanauerland, davon abseits südl. Markgr.; *Ai* (kurz) mittl. und südl. Schwarzw., südl. Ortenau, vereinz. Brsg. Markgr.; *Aai* mancherorts nördl. Schwarzw., Brsg., Markgr. Hotzw., Klettgau, vereinz. Baar, Bodenseegebiet; *Ooi, Ooä, Ooa* mancherorts Baar, Linzgau; auffallend ist, dass in der Baar, im Hegau, der Höri und am Bodanrück für den Sg. Formen exististieren, die sich wie Pl. ausnehmen: ein *Aier, Aijer, Eijer* u. ä. ♦ 1) ›Ei von Vögeln, Ameisen u. ä.‹; *Eier-en-Anke* ›Spiegeleier‹ [Hebel]; *Un 's Würmli, us em Ei verwacht's, 's het gschloofen in sym Winterhuus* [Hebel]; *I will numme sehne, was üs d'r Deif'l hütt widder für e Ei in's Nescht legt!* [A. Ganther]. ♦ 2) ›Hoden‹. ♦ 3) scheltende Bez. für Menschen; *Du Ai!* [Freibg].

ei[1] Interj.: *ei, ai* Ausruf der Verwunderung, des Unwillens, des Konstatierens, auch reduplizierend: *eiei, eieiei* verbr.; *„Ei, ei, ei," het 'r an eim Stuck furt g'sait, „ei, ei, ei!"* [A. Ganther].

ei[2] Kardinalzahl → »ein«.

eia Interj.: *aia, aja, aje* mancherorts. – kindersprachlich, kosender Ausdruck, häufig in Kinderliedern: *aja bobaia* usw.

eich Pron.: *eich* nördl. und mittl. Schwarzw., Ortenau; *eich* (mit *ach*-Laut) Brsg., nördl. Markgr.; *öich, öüch* Markgr., Dinkelberg, Wiesental, *ei, ej* Elztal, Hochschwarzwald, Baar, Hegau, Bodanrück, Linzgau; *öi, öü* Hotzw., Klettgau, Höri; in unbetonter Stellung auch *iich, ich, ii* mancherorts. ♦ ›euch‹; *Eich soll jo e groſßi Krott in kleine Zeche* (Zehe) *zwicke!* [A. Ganther]; *Gott erhalt Ich gsun* [Hebel]; *machet ich numme lustig!* [Hebel].

Eich-bosch m.: ›Eichenschonung zur Rindengewinnung‹ Kinzigtal.

Eiche f.: *Eich, Aaich, Aiche, Oache* ›der Baum Eiche‹; *rechts un links der Buechewald un dunkleri Eiche!* [Hebel].

eiche[1] schw., st.: *eiche, eeiche* mancherorts nördl. und mittl. Schwarzw., Ortenau; *aiche, aaiche* verbr. (unter dem Einfluß der Schriftsprache); *iche, iiche* mancherorts nördl. Schwarzw., Baar, Hegau, Höri, Bodanrück, Linzgau; *oäche, oache* vereinz. in SO-Baden; abweichend zur Standardsprache wird das Wort in manchen Gebieten stark konjugiert: z. B.: *giche* ›geeicht‹. ♦ ›ein Gefäß, Fass eichen‹. – Vgl. »pfächte, sinne«.

eiche[2]**, eichis** Adj.: ›aus Eichenholz‹; z. B.: *eichis Holz* [Gengenb.]; *Eicheni Plütschi versägsch* ›eichene Blöcke zersägst du‹ [Hebel].

Eich-epfel m.: ›Gallapfel‹ verbr.

Eicher m.: *Aicher* mancherorts, oft nur im Dim: *Aicherli.* ♦ ›Eichhörnchen‹. – Verkürzt aus *Eichhorn.* – Syn. → »Eichhernli«.

Eich-häsli n.: *Aichhäsel* mancherorts Ortenau, Raum Kehl. ♦ ›Eichhörnchen‹. – Syn. → »Eichhernli«.

Eich-hermli n.: *Aichhärmle, -hermel, -hermli, -halemli, -hälmli* u. ä. ♦ ›Eichhörnchen‹. – Das Grundwort gehört zu mhd. *harme,* nhd. *Hermelin.* – Syn. → »Eichhernli«.

Eich-hernli n.: *Aichhernle, -hernli* u. ä. mancherorts. ♦ ›Eichhörnchen‹. – Syn.: »Eicher, Eichhermli, Eichhäsli, Eichkätzli, -kutz, Eischerli«.

Eichis n.: ›Eichenholz‹ Markgr. – Wörtl. *Eichenes.*
Eich-kätzli n.: *Aichkätzle, -kätzli* mancherorts an Kinzig und Schutter. ♦ ›Eichhörnchen‹. – Syn. → »Eichhernli«.
Eich-kutz f., **-kutzer** m.: *Aichkutz, Aichkutzer, -kützer*; Dim. *Aichkitzli.* ♦ ›Eichhörnchen‹ mancherorts Elztal, mittl. Schwarzw. – Syn. → »Eichhernli«.
Eidechs f.: *Eidegs, Aidegs, Aidechs, Oedegs* verbr.; häufig nur Dim.: *Eidegsle, Aidegsli, Aidechsli, Oedegsli* mancherorts; neben diesen Formen, die heute im ganzen Gebiet verbreitet sind, gibt es in den alten Mundarten noch eine riesige Fülle von alten Sonderformen (über 100!), von denen hier nur die wichtigsten Typen genannt werden können: *Hegais, Hekgais, Hekkoes, Hekesle, Hekesli* u. ä. mancherorts nördl. und mittl. Schwarzw., Baar, Hegau; *Hegegsli, Hegögsli, Hekechsli, Hegüchsli* mancherorts Dinkelberg, Klettgau; *Gegogs, Gegochs, Gegögsli, Gegöchsli* mancherorts südl. Schwarzw., oberes Wiesental, Hotzw.; *Egegsli, Egögsli, Egöchsli* vereinz. Hotzw.; *Egais* vereinz. Brsg.; *Ekgesli, Ekösli, Ekgoes, Ekoas* u. ä. mancherorts Hegau, Bodanrück, Linzgau; *Eglees, Egleesli, Egleesl* vereinz. nördl. Brsg.; sind schon viele dieser Formen in Anlehnung an *Hecke, Geiß, Ochse* gebildet, so gibt es weitere von diesen Gruppen abweichende volksetymologische Umdeutungen wie *Eelgleesli, Eelgląąsli, Eelschlangli* u. a. ♦ ›Eidechse‹, Bez. für verschiedene Arten ohne nähere Unterscheidung; Ra.: *so flink wie e Hekgais* [Hofstet. i. K.]. – Die bei uns altmundartlich bezeugten Formen sind Weiterbildungen zu ahd. *egidehsa,* mhd. *egedehse* ›Eidechse‹ und sie zeigen teilweise verblüffende Ähnlichkeiten mit niederländisch *hagedis* ›Eidechse‹.
eid-wedere Pron.: ›jedweder‹ [Lörrach].
eier Possessivpron.: *eier, aier* verbr. (außer Südrand); *oier, öüer* Markgr., Hotzw., Klettgau, Höri; *eiwer* [Langenschiltach, Brigach]; *eiber* [Buchenbg, O.baldgn, Sunthsn]; *ouer* [Auenhm]. ♦ ›euer‹; Ra.: *Zupfe iich an eiere eigene Nas* ›sucht die Schuld bei euch‹ [A. Ganther]. Auch als Höflichkeitsanrede im Sinn von heutigem „Sie“: *Euer Versli isch so nett un gschlacht* ›Ihr Gedicht ist nett und elegant‹ [Hebel].
Eier-in-Anken ›Eier in Butter zubereitet‹ → »Ei 1«.
Eier-mutschle f.: ›Weißbrot in Ei gebacken‹ [Gengenb.]. – Vgl. »Mutschel«.
Eier-totsch m.: ›eine Art Rührei‹ mancherorts SO-Baden.
eige Adj.: *eige, aige, oege* ›eigen‹; *sy aige Huus un Hof* [Hebel]; *i ha kai aigne Baum* [Hebel]; *i ha ne mit eigene Auge g'sehne* [A. Ganther]; *m'r het si eige Wort nit g'hört* [A. Ganther]. *S Eige zeige!* Titel eines Mundartbuches von Karl Kurrus 1979; Ra.: *Zupfe iich* (Euch) *an eiere eigene Nas* ›die eigene Schuld eingestehen‹ [A. Ganther].
Eiger f.?: ›Grasfläche zwischen zwei Äckern‹ Diershm. – Zu »Egerde«.
eigetli Adv.: *eigetli, aigetli, aigetlich, aigetlig, aigentli* mancherorts. ♦ ›genau genommen, im Grunde‹; *Fun dr Grosmuater wais i aigentli gar nint* ›gar nichts‹ [O. Furtwängler]; *dia däd eigetli nit e bizili Schuld treffe* [A. Ganther].
Ei-gspännel n.: *Eigschpännel, Aigspännl, Aispännel* so und ähnl. ›Sielscheit, Ortscheit am alten Bauernwagen‹ mancherorts Ortenau (Verbr. s. Karte → »Wogschit«). – Vgl. »Ortschit, Wogschit«.
ei-hifig Adj.: *eihüfig, eihifig, oahifig* ›schief gewachsen, einseitig‹. – Wörtl. *einhüftig,* die Form ohne *t* ist sprachgeschichtlich richtig: vgl. mhd. *huf* ›Hüfte‹.
ei-jo Interj.: *eijoo, aijoo* ›bekräftigender Ausruf‹. – Vgl. »ajo«.
eim → »ein 2«.
eime, eimets Adv.: *aime, aimes, aimeds* mancherorts Brsg., südöstl. Schwarzw.; *oeme, oame, oameds oome, omme* verbr. Baar, Hegau, Höri, Bodanrück, Linzgau (Verbr. s. Karte → »amenort«). ♦ ›irgendwo‹. – Vgl. »amenort, naime«.
Eimer m.: *Eimer, Aimer* verbr.; *Emer* mancherorts Raum Rastatt, Kork, Hanauerland; *Oimer* vereinz. nördl. und mittl. Schwarzw.; *Omer, Ommer, Oemer* mancherorts Höri, Bodanrück, Linzgau; veraltend finden sich *Uimer, Jumer* im Raum Hagnau-Pfullendorf. ♦ 1) ›kübelförmiges Gefäß mit einem Tragbügel‹. ♦ 2) ›veraltetes Flüssigkeitsmaß‹ ca. 40 l.
ei-mol Adv.: *eimool, aimòòl* ›einmal, zugleich‹; *uf eimol* ›plötzlich‹ verbr.; *uf eimol goht d' Diar uf* [A. Ganther]; *Uf aimôl, amë schöne Dâg* [O. Furtwängler]; *Eimol üwwer's ander het sie gsait ...* ›immer wieder hat sie gesagt‹ [A. Ganther]; Sprw.: *aimol isch kaimol* [Hebel].
ein Num., Pron., Art.: ♦ 1) Num. die Kardinalzahl ›ein‹; *ei, ai* ›ein‹; *ei Herz un ei Seel sim m'r gsi* [A. Ganther]; *S gôt awer it uf ai Schtraich* [O. Furtwängler]; vgl. auch »eins«. ♦ 2) unbest. Pron.: ›einer, jemand, irgendeiner‹, *ai, ain,* flektiert *ainer, aini, ain(e)s* usw., mit zahlreichen Varianten, auch *om, omm* im Südosten; *ein um d'r ander* ›einer nach dem andern‹ [A. Ganther]. *Ein vun denne Hase mueß dra glauwe* ›einer von diesen Hasen muss dran glauben‹ [A. Ganther]; *s friert eim* ›es friert einen, man friert‹

[Freiamt]; *des macht om nint uus* ›das macht einem nichts aus‹ [Epple]; *Sell därf om it wundere* [Epple]. ♦ 3) unbest. Artikel, meist abgeschwächt *e,* vor Vokalen *en,* nach Vokalen oder in Initialstellung *ne;* in den verschiedenen Genera und Kasus mit Flexionsendungen wie z. B. *eme, ere* usw; *e goldeni Sägese* [Hebel]; *e schüne Grueß* [A. Ganther]; *Ne Trunk in Ehre* ›ein Trunk in Ehren‹ [Hebel]; *ein schmettere* ›einen trinken‹ (weitere Bildungen hierzu s. → »surpfle«); *do ne grüene Rock* [Hebel]; *E frohe Maa, ne brave Maa* ›ein froher Mann, ein braver Mann‹ [Hebel]; *in eme schwarze Gwand* [Hebel]; *mit eme Laib Brot us'grüscht* [A. Ganther]; *mit ere grôbe Feile* ›mit einer groben Feile‹ [O. Furtwängler].

ein-, Ein- Vorsilbe bei Verben und Substantiven → s. »i-« bzw. »I-«, z. B.: *ibrocke* ›einbrocken‹, *Ibildig* ›Einbildung‹ usw.

eine-weg, ene-weg Adv.: *ainewääg, äänewääg, ännewąąg, annewääg* u. ä. ♦ ›trotzdem, dennoch, immerhin, gleichwohl‹; *Wëg sälem sin si awer anewäg mit Freidë un guatem Muat izoge* [O. Furtwängler]; *wenns aü schneit, mir gän ännewąąg furt* [Freiamt]; *sell isch e arm's Maidili gsi, arm un enneweg rich* [A. Ganther]; *S isch mer einewäg gliich* [Epple].

Einig f.: ›Strafgeld, Geldbuße (für Feldfrevel)‹ veraltet; *aß er* (der Feldhüter) *d' Feldhuet verlore un kenni Einig meh z'zieh het* [Hebel]. – Mhd. *einunge* ›Übereinkunft, Vertragsstrafe‹.

einisch Adv.: ›einmal, irgendeinmal‹ am südlichen Rand.

eins Num., Pron.: *eins, ains* mancherorts Schwarzw., Ortenau, Brsg.; *ens* mancherorts am Rhein entlang in der Umg. Kehl, Rastatt; *eis, ais* Markgr., Dinkelberg, Hotzw., Klettgau; *oins* verbr. an der oberen Rench; *ois* obere Wolfach; *oäs, oes* Baar, Hegau, Bodensee; *uis* Umg. Markdorf (Verbr. s. Karte → »eins«). ♦ 1) die Kardinalzahl ›eins‹; *Ais, zwai, drei, füar, fünf* [O. Furtwängler]; *'s schlagt e Viertel uf ais* [Hebel]; vgl. »ein«. ♦ 2) Pron.: ›einer, jemand‹; *'s grootet just nit ais wie 's ander* [Hebel]; *Eins het 's ander g'frogt* [A. Ganther].

ein-schichtig Adj.: ♦ 1) ›einsam (ohne Ehegatten) lebend‹ verbr. ♦ 2) ›einsam, abgelegen‹ [O. Furtwängler]. ♦ 3) ›nur mit einem Zugtier fahrend‹ verbr.

ein-schläfrig Adj.: ›nur für eine Person konzipiert‹, (von Betten gesagt) verbr.

einsem Adj: ›alleinstehend, einsam‹; *Siider brieg-get d' Frau dehaim im ainseme Stübli* [Hebel]. – Vgl. »einzecht«.

Einser m.: ›die Ziffer 1, insbesondere die Schulnote‹ verbr.

eint Pron.: *eint, aint* ›der (die, das) eine (vom andern, von mehreren)‹; *der einte Schuh* [Achern]; *Irrgaist haißt der aint', un Plooggaist haißt der ander* [Hebel].

Ein-tun n.: *Aidun, Aitue, Aidua* u. ä. in Fügungen wie: *das isch (mir, alles) E.* ›das ist egal, ein und dasselbe‹, oft nicht mehr als Substantiv verstanden; *Sell isch jetz aitue, denkt der Michel, gspielt isch gspielt* [Hebel]; *'s isch aitue, Chind, es schlacht emool e Stund* [Hebel]; *s isch mr eidue, ob mr seller Kerli d Zit bietet* (mich grüßt) *oder nit* [Waldk. (Elzt.)]; *un s Wûrum wäre mer au it ergründe, s isch amend au aidua* [O. Furtwängler]; davon abgeleitet auch Adv. wie *aiduenig, aidueisch* ›gleichgültig, egal‹. – Entstanden aus: *das ist ein Tun.*

einzecht Adj.: *ainzecht, aizecht, aisecht* ›einzeln, alleinstehend, isoliert‹. – Vgl. »einsem«.

eis → »eins«.

eisächt ›einsam‹ → »einzecht«.

Eischerli n.: ›Eichhörnchen‹ Lahr. – Syn. → »Eichhernli«.

eis-gangs Adv.: ›sofort, unmittelbar‹; *Ober hochi Felsen un über Stuuden un Hecke, aisgangs us de Schwytzerberge, gumpet er z' Rhiineck aben* [Hebel]; *no simër awer aisgangs unteri* [O. Furtwängler]. – Wörtl. *eines Gangs.*

Ei-spännel → »Eigspännel«.

ei-spännig Adj.: ›partnerlos‹; *e eispännigs Mannsvolch* ›ein lediger Mann‹ verbr.

Eiße f., m.: *Aiß, Aiße* mancherorts; *Oaße, Oäße, Oiße* vereinz. SO-Baden. ♦ ›Blutgeschwür unter der Haut,

Eiterbeule, Furunkel‹. – Ahd., mhd. *eiz*; zu germ. **aita-* ›Schwellung‹, idg. **oid-* (hierzu. das aus dem Griechischen übernommene medizinische Fachwort *Ödem*). – Vgl. »Materi«.

eitere schw.: *eidere, eitere* ›eitern‹.

eitue, eituenisch ›einerlei‹ → »Eintun«.

ei-wil Adv.: *áiwill, áiwiil* ›immer, in einem fort‹ vereinz. mittl. Schwarzw.; *un hät ou aiwil no so prëisisch gschwäzt* ›und hätte auch immer noch so preußisch geredet‹ [O. Furtwängler]; *S isch dro mit dr Zit aiwil eweng besër wore in dere Schual* ›es ist deswegen mit der Zeit immer etwas besser geworden in der Schule‹ [O. Furtwängler].

Elb m.: ›angeschwemmter Sandboden‹ [Singen a. H.]; auch *Elbsand* [Konstanz]. – Zum Farbwort »elben«.

elben Adj.: ›gelbbraun, weißgelb‹; *älbener (ąlbener) Grund* ›Lößboden‹ [Ettenhm, Ringshm]; *elbene Traube, älbener Wii* ›eine helle Trauben-, Weinsorte‹, auch subst. *Elben, Elber, Elbinger, Elbling* mancherorts. – Ahd. *elo-, elw-* ›gelbbraun‹. – Möglicherweise aus lat. *albus* ›weiß‹.

Elbe-tritsch m.: *Elbetritsch, Elwetritsch, Ilwetritsch, Ilmetritsch, Hilbertritsch, Dilwetritsch, Trilpetritsch* u. ä., mancherorts Ortenau, Schwarzw., Baar und in nördlich daran angrenzenden Gebieten (auch Pfalz, Südhessen). ♦ 1) ›Fabelwesen‹, meist in einem Neckbrauch, bei dem man Unbedarfte losschickt, um nachts dieses Wesen zu fangen; daher die Ra.: mit dem kann man *Elwedretsche fange* ›von einem Leichtgläubigen, Beschränkten‹ [Diershm]. ♦ 2) ›einfältige, langsame, beschränkte Person‹. – Wohl zu *Alb, Elf* ›mythische Wesen‹, Herkunft des 2. Teils unsicher.

Elbling ›Weinsorte‹ → »elben«.

Elend n.: ♦ 1) ›Not‹. ♦ 2) Schimpfwort; *s lang Elend* für eine große Person; *e bsoffe Elend* verbr.

elendig Adj.: ›nüchtern, schwach‹ Markgr. – Mhd. *ellende*.

Elge-maa m.: ›zu Nikolaus gebackenes Gebildbrot‹, vereinz. Hegau. – Wörtlich *Elggen-mann* (aus *Elgg* bei Zürich). – Vgl. »Baselmaa«.

eli-mol Adv.: ›zuweilen, manchmal‹ Brsg., Markgr. – Vgl. »jelimol«.

ellai → »allein(ig)«.

El-schit n.: *Elschitt*, Dim.: *Elschittli* ›Zugscheit am Bauernwagen‹ mancherorts südl. Hotzw., südl. Klettgau (Verbr. s. Karte → »Wogschit«). – Syn. → »Wogschit«.

Elsiss n.: ›Elsass‹; *Nähm di numme* (nur) *ne Maa im Elsis oder im Briisgau* [Hebel]; Ra.: *s Fiir im Elsis sehen* ›Sternchen sehen‹, wenn man sich irgendwo gestoßen hat oder einen Schlag versetzt bekam; *i hau dr eini ufs Grind, ass de s Fiir im Elsiss siehsch* Drohung [Waldk. (Elzt.)]. Die Bewohner des Elsass sind die »Wackes«.

Elster → »Ägerscht, Atzel«.

Eltere Pl.: *Eltre, Eltere* ›Eltern‹; *d' Eltere sinn gstorbe* [Hebel].

em[1] Pron.: ›ihm‹ (Dativ von *er*); *'s isch em wohl* [Hebel].

em[2] Art.: ›dem‹ (Dativ von *der, das*); *en Engel us em Paradiis* [Hebel]. – S. auch »der«.

emend ›am Ende, etwa‹ → »amend«.

eme(s) ›jemand‹ → »iemes«.

emmel Adv.: ›jedenfalls, wahrhaftig, gewiss doch, mindestens‹ Markgr. – Entwicklung aus *einmal*.

emol, emolig Adv.: ›einmal, zu einer bestimmten Zeit‹; verstärkend: *s isch emol kalt* ›es ist ganz schön kalt‹; *du bisch emol bös* ›du bist aber richtig böse‹ verbr.; *Gib acht, gib acht, es chunnt emol e Zyt* [Hebel].

enaime Adv.: ›irgendwo‹ vereinz. südöstl. Schwarzw. (Verbr. s. Karte → »amenort«); dafür häufiger »naime, näume«. – Syn. → »naime«.

enand(er) Präp.: *enand, inand, enander* ›sich gegenseitig, einander‹; *D'r Burgemeischder un d' G'meidirät stupfe enand un fange a z' kiddere* [A. Ganther]. *Menge chenn i mit Namen, un wemmer enander bigegne, biete mer is d' Zyt* ›grüßen wir uns‹ [Hebel].

enander-no Adv.: ›hintereinander, hintennach, nach und nach, so schnell wie möglich‹; *Si sait: „I chumm enandernoo"* [Hebel]; *Enanderno len sie d'r Kaffe im Stich* [A. Ganther]; *do hen sie d' Flügel lambe lo un sin enanderno zum Danzsaal nus* [A. Ganther]; *noo sinn sie aber enondernoo heimkumme* ›dann sind sie aber in dichter Folge nach Hause gekommen‹; *Mr kumme enondernoo* ›wir kommen gleich, so schnell wie möglich‹ [Freiamt].

enander-noi Adv.: *enandernooi, enondernooi.* ♦ ›einander nach‹; *sie sinn enondernooi grännt* ›sie rannten einander nach‹.

Ende-krischt m.: ›Christ, der am Ende aller Dinge kommt‹ [Gengenb.]. – Zu *Antichrist*.

ender ›eher‹ → »ehnder«.

End-finke Pl.: ›Hausschuhe aus Stoffstreifen (Stoffenden, Webkante)‹ vereinz. Hegau, Wiesental. – Vgl. »Selbendschue«. – Zum Grundwort s. »Finke«.

ene Interj.: *eene, ääne, änne* Reimwort in Abzähl-, Kinderversen: *Ääne dääne Dintefass ...* [Schopfhm]; *Ene mene muh / duss bisch du / duss bisch du no ganz lang nit / sag mer zerscht wie alt du bisch* darauf muss das Kind sein Alter sagen und dieses wird abgezählt [Hofsgrund]; *Änne, dänne ritzili ...* [Köndrgn]; auch in vielen Modifikationen wie z. B.: *enzili, zenzili, zitzili, zeh, eichili, beichili, knell!* [Lahr]; *Ennege, bennege, rumpeldi / riffel, raffel, mannewii / Anke, Beere, Schmalz / Hafer, Mehl un Salz / Tinte, Pfanne, Nuss / un du bisch duss* (Abzählreim) [Hofsgrund]. – Wohl auf einem romanischem Zählsystem (vgl. frz. *un, deux,* ital. *uno, due*) basierend.

ene-weg → »eineweg«.

Engel-sießß n.: *Engelsiäß, -süeß* ›Tüpfelfarn‹ vereinz.

Engerich m.: *Engerrich, Engerig, Engeri, Enderig, Enderle, Enderlig, Anderich* u. ä. ♦ ›Larve des Maikäfers, Engerling‹ mancherorts.

en-inne Adv.: ›inne‹; in der Wendung: *eninne werde* ›gewahr werden, inne werden‹ Markgr.; *un mach, aß der Maister nüt eninne wird* [Hebel].

Enkel m.: *Enkel, Enkchel,* manchmal nur Dim.: *Enkele, Enkili, Enkchele.* ♦ ›Brotende, aufgerissene Brotkruste, Brotanschnitt‹ mancherorts Klettgau. – Syn. → »Aschnitt«.

enne Adv.: *enne, enna, änne, ąnne, eene, ääne, ääner* u. ä. ♦ ›drüben, jenseits‹; *dert änne* ›dort drüben‹ [Sunthsn]; *ball am linke Bord, ball wider ehnen am rechte* ›bald am linken Ufer, bald wieder drüben am rechten‹ [Hebel]; *überem Bach ena isch s Häklenazis* ›über dem Bach drüben haben die Häklenazis (von *Nazi < Ignatius*) ihr Anwesen‹ [O. Furtwängler]; *dert ąne iber em Bach* ›dort drüben über dem Bach‹ [Tunsel]; *singt in de Hürste* (im Gebüsch) *verborge freudig der Hirtebueb, un wyter ehne tönt d' Holzax* [Hebel]; *Iberem Daal änne lit noch Schnee* [Freiamt]. *Sell Plätzli het e ghaimi Tür, un 's sinn no Sache ehne dra* ›und es sind noch Sachen auf der anderen Seite der geheimen Tür‹ [Hebel]. – Ahd. *enont* ›jenseits‹. – Vgl. »denne«.

enne-dra Adv.: ›drüben, auf der anderen Seite‹ verbr.

enne-dure Adv.: ›nach drüben hinüber‹ verbr.

Enner-länder Pl.: ›die Bewohner jenseits der Berge‹ Markgr.; im Wiesental nennt man so die überm Berg im „Rebland" Wohnenden.

enne-weg → »eineweg«.

Ent-decklete f.: *Entdeckchlete* ›die beim Honigschleudern entfernte Wachsschicht‹ [Eschb.].

Ente-maa m.: *Entemaa, -moo, -monn* ›Enterich‹ mancherorts mittl. Schwarzw. – Syn. → »Enterich«.

Ente-racker m.: ›Enterich‹ [Zell a. H.].

Enterich m.: *Enterich, Entrich, Entrech, Antrich, Anderich, Antrech* u. ä. ›männliche Ente‹. – Syn.: »Entemaa, Entevogel, Rätsch, Rech, Trech«.

Ente-vogel m.: *Endevogl, -voul, -vöwel* u. ä. ›Enterich‹ mancherorts Ortenau, Hanauerland. – Syn. → »Enterich«.

ent-zunde Adj.: ›entzündet‹ vereinz.

enzig Adv.: ›einzig‹; *jeds hänn si mer s änzig Mąsser gnumme, wu no ebis ghaüe het* ›jetzt haben sie mir das einzige Messer genommen, was noch scharf war‹ [Freiamt].

Epfel und Zs. auf *Epfel-* s. → »Apfel«.

eppe, epper, eppis → »ebbe, ebber, ebbis«.

er Pron.: *er,* nachgestellt und ohne Hauptton oft nur als *r* artikuliert. ♦ ›er‹ (3. Pers. Nominativ); *Er sitzt so gern by syner Frau* [Hebel]; *uf und d'rvu isch 'r, nus, nix as nus* [A. Ganther].

Erbele, Erberi → »Erdbeere«.

Erbse f.: *Erbs, Arbs, Erbse, Arbse, Erebs, Arebs.* ♦ ›Erbse‹; *Wie stöhn jetz raihewiis die Erbse wider do am schlanke Riis* [Hebel].

erbsle schw.: ♦ 1) ›Steinchen u. ä. gegen die Fenster werfen‹ Markgr. ♦ 2) ›hageln‹ [Gengenb., Bühl].

Erbs-respe f.: ›Reisig für Erbsenpflanzen‹ [Schopfhm].

Erd-äpfel m.: *Erdepfel, Erdepfl, Ardepfel* (trotz *-epfel* immer Sg.!). ♦ ›Kartoffel‹ verbr. mittl. Schwarzw. (Verbr. s. Karte → »Herdäpfel«); Volksmedizin gegen Brandwunden: *vun g'schabte Erdepf'l e bizili uf s v'rbrennt Füeßli bunde* [A. Ganther]. – In anderen Gebieten »Erdnuss, Herdäpfel, Grumbire«.

Erd-beere f.: es finden sich sehr viele Lautformen, hier nur die wichtigsten, alle im Pl. angegeben: *Erdbeere* mancherorts Nordrand, vereinz. (unter dem Einfluss der Schriftsprache) im ganzen Gebiet; *Er bere, Ärbere, Arbere* mancherorts nördl. und mittl. Schwarzw., vereinz. Ortenau; *Erbede* vereinz. an der unteren Schutter und Rench; *Erbele, Ärbele, Arbele* südl. Ortenau, Brsg., Kaiserst.; *Erbeere, Erbeeri* mancherorts Brsg. südl. Schwarzw.; *Arbeere, Arbeeri* südl. Brsg., Markgr.; *Ebeeri, Eäbeeri, Eäbeere, Embeere* Hotzw., Klettgau, Baar, Hegau, Bodenseegebiet. ♦ ›die Erdbeere‹. *E Büebli lauft, es goht in Wald am Sunntig Nomittag; es chunnt in d' Hürst un findet bald Erdbeeri Schlag an Schlag* [Hebel].

erd-besme schw.: *erdbeesme, erdbiisme* ›beben, von der Erde‹ [Ay, Schopfhm]. – Vgl. »besme«.

Erde-kaib m.: *Erdekaib, Erdechaib* ›durchtriebener Kerl‹ vereinz. – *Erden-* ist hier Verstärkung, ähnl. in *Erdesiäch, -strolch* u. ä.

erde-wohl Adj.: ›sehr wohl‹; *s isch mr ärdewohl* [Glock Brsg.].
Erd-gu m.: ›Erdgeruch und -geschmack‹, z. B. vom Wein. – Grundwort zu frz. *gout* ›Geschmack‹.
Erd-kime m.: *Erdkiime* ›unmittelbar am Boden abgehauene Stangenhölzer‹, als Rebstecken, mancherorts südl. Ortenau, Brsg.
Erd-krebs m.: *Erdkrebs, Erkrebs, Erdchrebs* u. ä. ♦ ›Maulwurfsgrille‹ mancherorts Baar, Hegau, Bodenseegebiet. – Vgl. »Werre«.
Erd-männli n.: ›zwerghafter, meist freundlicher in einer Höhle wohnender Erdgeist‹, vereinz.; sein Gegenstück ist das *Erdwibli.*
Erd-nuss f.: ›Kartoffel‹, in einem kleinen Gebiet zwischen Bühlertal, Kappelwindeck, Großw. und Wagshurst (Verbr. s. Karte → »Herdäpfel«. – Vgl. »Erdäpfel«.
er-drense schw.: ›verschnaufen‹ vereinz. Ortenau; *Er kann si schier nimm erdrense, so fett isch er* [Altenhm]. – Zum Grundwort s. »drense«.
Erds-grunds-bode m.: als Steigerung von *Erdboden* in Flüchen, wie *Di soll doch der Teufel in Erdsgrundsbode ine verschla* Markgr.; Ra.: *Kai anderer Mensch as s Dewese Hund het unserer Katz der Schwanz in Erdsgrundsbode ni grisse* [Lahr].
Ere, Ern m.: *Eern* mancherorts nördl. Schwarzw., vereinz. Raum Brigach; *Eere* oder verdeutlichend *Hus-Eere* Umgebung Bühl, verbr. Baar, nordwestl. Hegau. ♦ ›Hausgang, Hausflur‹. – Ahd. *arin, erin* ›Fußboden‹. – Vgl. »Hus-ere«.
ere schw.: *eere* ›nach der Brache pflügen‹ veraltet, [Sunthsn, Aasen]. – Ahd. *erren*, urverwandt mit lat. *arare* ›pflügen‹.
er-esse st.: ›aufessen‹ vereinz.
er-gege schw.: ›entgegen‹; *dym Aug ergege* [Hebel].
ergelig Adj.: *ergelig, erkelig, irkelig* ›ein stumpfes, prickelndes Gefühl auf den Zähnen, nach dem Essen von saurem Obst hervorrufend‹ Schopfhm und Umg., Höri; beim Essen vom grünen Obst bekommt man *irkelige Zäh* [Epple].
Ergili n.: *Ergili, Ergeli, Örgeli, Örkeli* ›kleiner Zuber, Kübel‹, bes. als Lesegefäß im Rebberg, Ortenau, Brsg., Markgr. – Aus lat. *orcula* ›Tönnchen‹.
er-huse schw.: ›erwirtschaften, zusammensparen‹. *Dr Samel hät s Uremache glêrt, isch ledig bliwe, hät aber gloubi e nät Gäldli erhuset* [O. Furtwängler].
er-lickere schw.: ›ausfindig machen, erspähen‹ mancherorts; *Min Schnauzli häts gli erlikëret kha wia des Ding gôt* [O. Furtwängler]. – Wahrscheinlich verwandt mit *lecken.*
er-lieche schw.: ›Setzlinge auslichten, ausziehen‹ Markgr.
er-luschtere schw.: ›erlauschen, erhorchen‹; *un kai menschlich Ohr het no sy Otmen erlustert* [Hebel].
er-mache schw.: ›bewältigen, fertig bringen‹ vereinz. Ortenau; *s mag s nit ermache* ›es ist nicht ausreichend‹ Markgr.
Ern[1] f.: *Ern, Ärn, Äärn* verbr., selten *Ernt* ›Ernte‹; *so im Sumër use so zwische em Heiwët un dr Ärn* [O. Furtwängler]; *'s isch e grusig heiße Midag gsi, wia sich's g'hört für e riechdige Ern* [A. Ganther]. – Mhd. *erne* ›Ernte‹.
Ern[2] ›Hausgang‹ → »Ere«.
erne schw.: ›(Getreide) ernten‹. – Zum Ernten von anderen Erträgen vgl. »eemde, ginne 2, haie, herbschte, krute 2, schwinge 2, wimmle, zupfe 2«.
erscht Num., Adv. ♦ 1) Ordnungszahl ›(der, die das) erste‹; *dr erscht sunnig Dag im Früehjor* [A. Ganther]. ♦ 2) Adv. ›zuerst, zunächst, dann, nachdem‹; *in dr erschde Zitt* ›anfangs‹ [A. Ganther]; auch einschränkend: *erscht gege Middag* [A. Ganther]; *S isch grad as wär's erscht geschtert gsi* [O. Furtwängler]; einen Gegensatz bezeichnend: *erscht recht!* ›trotzdem‹.
Erschti f.: ›Anfang‹; *i de Erschti* ›anfangs‹ [Sunthsn].
Erschti-zäpfli n.: ›ABC-Schütze‹ [Lörrach].
Erschtling m.: ›Kuh, Schwein, das zum ersten Mal Junge bekommt‹ vereinz. Ortenau.
er-welle schw.: ›aufkochen‹; *d Milch erwellt* [Altenschwand].
er-wibe schw.: ›durch Heirat einer reichen Frau erwerben‹; *er het's erwiibet* [Waldk. (Elzt.)]. – Vgl. »wibe«.
er-zeige schw.: ›ein Gespenst, Spuk anzeigen‹ mancherorts; *s hed sich ebbis erzeigt,* sagt man, wenn es nachts unerklärlich klopft, ein Bild von der Wand fällt usw. [Gengenb.].
es Personalpron. (Nominativ 3. Pers. Sg. n.) *es* verbr., in unbetonter, nicht hervorgehobener Stellung auch nur *s*, z. B.: *'s isch nit nötig gsi* [Hebel]; *S isch grad as wär's erscht geschtert gsi* [O. Furtwängler]; *Es wär nit guet* [Hebel].
Esch m.: ›Feldflur, größere Gewannabteilung‹ mancherorts SO-Baden, auch in Zs. wie *Eschhirt* ›Flurwächter‹, *Eschprozession, -ritt* ›Flurprozession‹;

häufig in FlN, dann auch in der Schreibung *Ösch.* – Ahd. *ezisc.*

Eschpel f., meist Pl.: *Eschbeli, Eschbele, Aschbeli* u. ä. ♦ ›Mispel (Mespilus germanica)‹, die gesamte Pflanze auch *Eschbelbaum* vereinz. – Vgl. »Heschpele, Meschpel, Neschpel«. – Lat. *mespilum.*

Eschper m.: ›die Futterpflanze Esparsette‹, auch *Escherklee* mancherorts.

Esel m.: ♦ 1) ›das Tier Esel‹; Ra.: *Do säit au ai Esel im andere Langohr* ›da schilt einer den anderen und keiner ist besser‹ [E. Strube]; Sprichw.: *Drei Bure mache en Esel wild* ›drei Bauern erschöpfen selbst die Geduld eines Esels‹ [Glock Brsg.]; *E Kalb git e Kueh, aber en Esel bliibt en Esel* [Epple]; *Er frogt nit viil drum wie ne Esel, wenn em der Sack abikeit* (herunterfällt) ›ihm ist es egal‹ [Glock Brsg.]. ♦ 2) ›vermummte Gestalt im Brauchtum der Advents-, Weihnachtszeit (Begleiter des Nikolaus, des Christkinds)‹ mancherorts Ortenau, Schwarzw. ♦ 3) Schimpfwort für dumme Menschen, auch Neckname für Bewohner bestimmter Ortschaften (auch *Eselsbrüter, -fresser, -ohre* u. ä.).

eso Adv.: ›so, auf diese Weise, solch‹; *mir schwạdse nid äso* ›so reden wir nicht‹; *des isch äso-ne dumme Kärli* [Freiamt].

esse st.: *esse, ạsse, eässe;* Part. Perf. *gesse*; deutliche Unterschiede zeigen sich bei der 2. Pers. Sg. Ind. Präs.: *du isch, esch* nördl. und mittl. Schwarzw., Ortenau; *du issisch, issesch* Brsg., südl. Schwarzw., Hotzw., Baar; *du issischt, issescht* mancherorts Klettgau, Baar, Hegau, Bodanrück; *du isst, du iss* mancherorts SO-Baden. ♦ ›Nahrung zu sich nehmen, essen‹; *z'Middag esse* mancherorts; *Was issisch?* [Hebel]; *mer trinke Himmelsluft un esse Rosinli* [Hebel]; *Esset, Chindli, gsegn es Gott!* [Hebel]; *Mir Wibslütt awwer hen flißig vum Kuklupf gesse* [A. Ganther]; Ra.: *bim Ässe schwitze n-un bim Schaffe friäre* Arbeitsscheuen nachgesagt [E. Strube].

Essig m.: *Essig* verbr.; *Essi* vereinz. Ortenau, Hegau; *Esse* [Hagnau]; *Essid* [Sunthsn, Frickgn]. ♦ ›Essig‹.

eßig ›schmackhaft‹ → »äßig«.

Essig-muettere f.: ›Grundsubstanz, Hefe zur Bereitung von neuem Essig‹. – Vgl. »Muettere 2«.

Essle f.: ›Nessel‹ Markgr.

Etter m.: *Etter, Ädder* ›Zaun, Umfriedung, Dorfzaun, Dorfumgrenzung‹; *Un er haig kai Schüüren un haig kai Zehnten im Etter* ›und er habe keine Scheuer und habe keinen Zehnten innerhalb des Dorfes‹ [Hebel]. – Ahd. *etar* ›Zaun, Umzäunung‹.

etz ›jetzt‹ → »jetz«.

etzgo Adv.: ›jetzt, nachgerade, nunmehr‹ [O. Furtwängler].

etzne ›Nachlese halten‹ → »ätzne«.

euch → »eich«.

euer → »eier«.

Eule → »Il², Heuel«.

Euter → »Gmelk, Uter«.

Ev f.: der weibl. VN Eva.

e-weg Adv.: *ewegg, ewạgg* ›weg, hinweg‹; *gang mer eweg!* [Staufen]; *duạn dini Bai do-n- ewạgg* ›nimm deine Füße da weg‹ [Freiamt]; *er goht ewegg* [Liel]. – Mhd. *enwëg.* – Vgl. »weg¹«.

ewe-hamig Adj.: ›ganz voll‹ Ortenau. – Eigentlich ›eben mit dem Ufer (*Hamm*)‹.

e-weng Adv.: ›etwas, ein wenig‹; *Machet doch ewäng voraa!* [Epple]. – Zusammengezogen aus *ein wenig.*

ewig Adj.: *ewig* verbr.; *ebig* vereinz. Brsg., SO-Baden. ♦ ›ohne zeitliche Begrenzung, andauernd‹; *s ewig Liächt* ›die dauernd vor dem Allerheiligsten in der kath. Kirche brennende Lampe‹ [Ettenhm]; Ra.: *ebig un drei Dääg* ›sehr lange‹ [Opfgn].

Ewigkeit f.: *Ewigkeit, Ebigkeit* ›(himmlische) Ewigkeit‹; Ra.: *do gohts zue wiä in de Ebigkeit voruse* ›da herrscht ein großer Trubel‹ verbr.

exkisi Interj.: *exkiisi, exgiisi, exchüsi.* – Entschuldigungsfloskel. – Frz. *excusez.*

expliziere schw.: *expliziere, ạschblizeere* ›erklären‹, veraltet.

express Adv.: ›absichtlich, eigens‹; *Expreß, d'r Kädder zuem Bosse* ›Absichlich, um Katharina zu ärgern‹ [A. Ganther].

extra Adv., Adj.: ›besonders, eigens, zum Trotz‹; *un ha g'sait, daß i extra vun Bonndorf herkumme wär* [A. Ganther]; als attributiv gebrauchtes Adj. auch flektiert: *sëlt hät mër ëxterë faise Mischt ... derzûa gnou* ›da hat man besonders feisten Mist dazu genommen‹ [O. Furtwängler].

F

Unter »F« vermisste Wörter können unter »V« stehen.

Fabrik f.: *Fabrik, Faww(e)rik* ›gewerblicher Großbetrieb‹; *In Karlsruh ist die Residenz, in Mannheim die Fabrik* (dort gab es die erste Großindustrie in Baden) aus dem Badnerlied; *er hät z Güatebach in dr Fabrik gschafet* [O. Furtwängler].

Fach n.: neben den üblichen Bedeutungen ›Fach in einem Schrank, Fachgebiet‹ sind in der Mundart bes. zu beachten: *Fach* als Fangvorrichtung für Fische (Sperre aus Weidenruten) und Abteilung zwischen den Balken in einem Fachwerk; Ra.: *unter Dach un Fach* ›in Sicherheit, geborgen‹ mancherorts; *kai Frau, kai Brot, kai Dach un Fach* [Hebel].

Fächtli n.: ›Faden eines Gewebes, Masche beim Stricken‹ Markgr.

Fackle f.: *Fackle, Fackel* verbr.; seltener *Facktle, Fakchtle* [Eschb. (Waldsh.)]. ♦ ›Fackel‹.

Fade m.: *Fade* verbr. Schwarzw., Ortenau, Brsg., Markgr., Hotzw.; *Fòde* mancherorts Ortenau, nördl. Brsg.; *Fadde* Baar, Klettgau, Hegau, Bodensee; Pl.: *Fäde, Fädde, Fade.* ♦ ›Faden‹; *sideni Fäde* ›seidene Fäden‹; *Nai, lueget doch das Spinnli a, wie 's zarti Fäde zwirne cha!* [Hebel]; Ra.: *öbbis z Fade schloo* ›etwas vorbereiten‹ [Glock Brsg.]; *s hengkt om e Fädele* ›es ist knapp‹ [O.weier (Rast.)]; *Do bißt kei Mus kei Fade ab* ›da ist nichts dran zu rütteln‹ [A. Ganther].

Fade-boli m.: *Fadeboli, -buli* ›Garnrolle‹ mancherorts mittl. Schwarzw.; auch *Fadebelderli, -budili* eb.

Fade-krättli n.: *Fadegräddli, -chrättli.* ♦ dass. wie »Fadezeinli« vereinz.

Fade-krugeli n.: dass. wie »Faderugili« Breisgau; *Fadekugili* [O.harmersb.].

fädeme schw.: ›einen Faden einfädeln‹ mancherorts südl. Schwarzw.; auch *iifädeme.* – Vgl. »fäsme«.

Fade-rugili n.: ›Garnrolle‹ mancherorts. – Zum Grundwort s. »Rugel«.

Fade-schide f.: dass. wie »Fadezeinli« [St. Georgen i. Schw.]. – Zum Grundwort s. »Schide«.

Fade-zeinli n.: ›Körbchen mit Nähzeug‹ – Zum Grundwort s. »Zeine«. – Vgl. »Fadekrättli«.

fädig Adj.: ›faserig‹, von Bohnen oder Fleisch gesagt [Lörrach].

Fägge ›Flügel‹ → »Fecke«.

Fähnis m.: ›leichtsinniger Mensch‹ mancherorts Elztal.

fähnle schw.: ›die Gipfel der Maispflanzen abhauen‹; in der Wendung *Welschkorn fähnle* [Ettenhm].

fahre st.: *fahre,* Part. Perf.: *gfahre*; abweichend von der Standardsprache lautet die 3. Pers. Sg. (mit Ausnahme von Teilen des östlichen mittl. Schwarzw.) *er fahrt.* ♦ 1) ›sich (mit einem Fahrzeug) fortbewegen‹; *z Acker fahre* ›pflügen‹ mancherorts Ortenau; *Der Hirt fahrt ebe durs Dorf ab* [Hebel]; *i fahr mit sellem Zug dert* [A. Ganther]; Sprichw.: *Lieber schlecht gfahre wie guet gloffe* [Epple]. ♦ 2) ›eine Bewegung machen‹; *Mir, d'Kamifegeri un ich, fahre in d'Höchi* [A. Ganther]; *„Herr Meister", sait d'r G'sell druf un fahrt durch sini Künschdlerlocke* [A. Ganther]. ♦ 3) ›loslassen, fahrenlassen‹; *eine fahre loo* ›Blähungen streichen lassen‹; Wortspiel mit Bed. 1) und 3) (einem Schaffner, der Fahrkarten knipst, in den Mund gelegt): *Ohne Loch ka me kon fahre loo* [Epple].

Fahr-kueh f.: ›Kuh, die auch als Zugtier dient‹, veraltet.

Faischter → »Fenschter«.

fal Adj.: ›feil‹ [Wangen (Höri)].

Falch m., f.: ›falbes Stück Vieh‹ mancherorts, seltener ist das Adj. *falch* ›fahl‹. – Alte Nebenform zu *fahl, falb.*

falge schw.: *falge* mancherorts südl. Ortenau, Brsg., Kaiserst., Markgr., vereinz. Klettgau, Baar, Hegau, Bodenseegebiet; *folge* vereinz. Brsg., Kaiserst.; *faalge* mancherorts Hegau, Höri, Linzgau. ♦ ›den Boden leicht aufhacken, leicht pflügen, zum zweiten Mal pflügen‹. – Vgl. »felge«. – Mhd. *velgen,* Part. *falcte* ›den Boden umbrechen, pflügen‹; vgl. engl. *fallow.*

Falget m.: ›die Zeit, in der man die unter »falge« beschriebene Arbeit verrichtet‹.

Falle f.: *Fall, Falle.* ♦ 1) ›das am Türverschluss einschnappende Teil, häufig auch die gesamte Türklinke‹; vgl. »Tirfalle«. ♦ 2) ›einschiebbarer Verschluss eines Wasserlaufs‹, z. B. zur Regulierung von Mühlbächen. ♦ 3) ›Vorrichtung zum Fangen von Tieren‹. ♦ 4) scherzh. für ›Bett‹ verbr.

falliere schw.: ›misslingen, fehlschlagen, Bankrott machen‹; dazu *das Fallement* ›Bankrott‹.

falsch Adj.: ♦ 1) ›gefälscht, unrichtig, unaufrichtig‹, wie in der Standardsprache gebraucht; *o Müeterli, wie falsch hesch prophezeit!* [Hebel]. ♦ 2) ›erbost, aufgebracht‹; z. B. *falsch werde* ›böse werden‹; *mach mi nit falsch* ›erzürne mich nicht‹.

fältle schw.: ›in Falten legen, zusammenfalten‹.

Famili f.: *Famili* verbr. in alter Mundart, heute mehr: *Familje*; *Famill* mancherorts Kinzigtal. ♦ ›Familie‹; *un 's stammt von ihnen im Schopfemer Chilchspil menggi Famili ab* [Hebel]; *Dës isch dr Schtüblidisch, do duat d Famili dra esse* [O. Furtwängler].

fange st.: *fange* verbr.; *fonge* mancherorts mittl. Schwarzw., vereinz. Ortenau, Brsg., *fö* [Stetten (Lörr.)]; *fön* [Brombach]; Part. Perf. *gfange, gfonge*; 3. Pers. Präs. ohne Umlaut: *er fangt* bzw. *fongt, fot*. ♦ 1) ›erhaschen, auf-, einfangen‹; *Un wil 'm halt sölli vill dra g'lege isch, denn Usrisser un Revoluzzer z' fange* [A. Ganther]. Ortsneckerei für Stetten (Lörr.), bei denen ›fang sie‹ *fö si* heißt: *Fö si, du si, sälli gäli, du hesch der Reche, hau ere du d Bei ab!* ›Fange sie, du sie, jene gelben (Frösche), du hast den Rechen, schlage ihr die Beine ab!‹ ♦ 2) sich *ebbis fange* ›etwas Unerwünschtes abbekommen‹, z. B. sich einen Holzsplitter unter die Haut einreißen, eine Krankheit bekommen; *mei, du fangsch si glii* ›du bekommst gleich eine Tracht Prügel‹ mancherorts.

Fangerlis, Fangetse, Fangis n.: ›das Fangspiel der Kinder‹.

Fänz Pl.: ›leere Sprüche, Flausen‹; *Fänz mache* mancherorts. Verkürzt aus »Alefanz, Firlefanz«?

färle ›ferkeln‹ → »ferle«.

Farre-wadel m.: ›Prügelstock‹, hergestellt aus dem geräucherten Glied des Farren (Stiers), verbr., auch *Farreschwanz*.

Fas m. und f.: ♦ 1) ›Tropfkante an der Wand, Holzschindel am Schwarzwaldhaus‹ [Horben]. ♦ 2) ›die Fläche eines Meißels, auf welchem geschärft wird, bis ein feiner Grat entsteht‹. ♦ 3) ›das so bearbeitete Werkstück selbst‹. – Vielleicht zu franz. *face* ›Kante geschliffener Seitenfläche‹.

Faschine f.: ›Reisigbündel‹ beim Wasser-, Festungsbau; *chresmisch* (kletterst) *näumen über d' Faschine* [Hebel]; dazu das Kollektivum *Faschinat* ebenfalls bei Hebel.

fascht Adv.: *fascht* verbr.; *fasch* [Gütenb.] ›nahezu, beinahe, fast‹; *d'r Durscht het 'n fascht umbrocht* [A. Ganther]. – Vgl. »schier«.

faschte schw.: ›fasten‹.

Fasel m.: ›Zuchstier‹ mancherorts am Nordrand (Murg). – Syn. → »Muni«.

fäsme schw.: ›die Nadel einfädeln‹ mancherorts südöstl. Schwarzw., Klettgau, Baar; auch *iifäsme* (= einfäsmen). – Vgl. »fädeme«.

Fasnet f.: *Faasnet* verbr. Brsg., mittl. und südl. Schwarzw., *Fassnet* verbr. Klettgau, Baar, Hegau, Bodenseegebiet; *Faasent, Fòòsent* mancherorts Ortenau, am Oberlauf von Schutter, Kinzig, Rench und Acher, vereinz. nördl. Schwarzw.; *Faasnaacht* mancherorts Ortenau, Hanauerland; *Faasnacht* vereinz. Markgr.; *Fassnacht* vereinz. am Hochrhein zwischen Waldshut und Konstanz; *Faasnecht* mancherorts Markgr., Dinkelberg, Wiesental, Hotzw.; *Faasenaacht* mancherorts Raum Bühl, Rastatt; *Fassnicht* [Dangstet., Lienhm] (Verbr. s. Karte → »Fasnet«); auch mit agglutiniertem Artikel *Bfassnet* < *d'Fassnet* mancherorts SO-Baden. ♦ ›die Tage vor dem Aschermittwoch‹, meist beginnend mit dem *schmotzige Donschdig* bzw. *schmutzige Dunschdig*; in manchen Gegenden (z. B. Basel) auch nach dem Sonntag Invokavit = *die alt Fasnet / Fasent* mancherorts; *Fasent isch kumme un ganz Waldberg isch v'rruckt gsi* [A. Ganther]; Ra.: *doherkumme wie die alt Fasnet* ›zu spät kommen‹ [Freiamt].

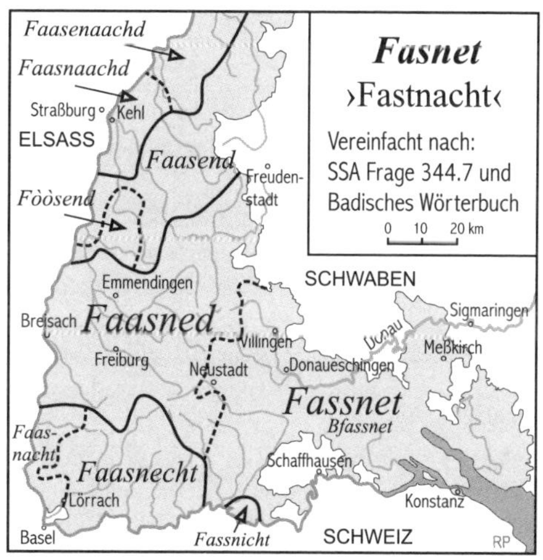

Fasnet-fiir n.: Formen s. »Fastnacht« und »Feuer«. ♦ ›Feuer am Sonntag nach Fastnacht mit Scheibenschlagen‹, s. »Schibe«.

Fasnet-häs n.: ›Narrenkleid‹.

Fasnet-kiëchli n.: *Fasnetkiächli, Fasnechtchüechli* usw., s. »Fasnet«. ♦ ›(zur Fastnacht) in schwimmendem Fett zubereitetes Gebäck‹, Zubereitung und Form mancherorts verschieden.

Fasnet-narr m.: ›fastnachtlich verkleidete Person‹; Reim: *Fasnetsnarr kridewiiß / het e Sack voll Häseliis* (Kleiderläuse) [Waldk. (Elzt.)].

Fasnet-zischdig m.: ›Dienstag vor Aschermittwoch‹, meist der Höhepunkt der närrischen Fröhlichkeit.

Fässli-trollis, -walis n.: ›das Kinderspiel, bei dem man sich einen Abhang hinab rollen lässt‹ mancherorts.

Fasson f.: *Fassoo, Fassoon* ›Aussehen, Form, Art und Weise‹; *das si so e schöni hôli Fasô üwerkume* ›dass sie so eine schöne hohle Form bekommen‹ [O. Furtwängler]. – Frz. *façon*.

Fass-riëgel m.: *Fassriägel* ›Querholz zum Verschließen des Fasstürchens‹.

Fätsche f.: *Fätsch* [Ettenhm]; *Fätsche* [St. Peter, Grimmelshfn]. ♦ ›Binde, Wickelband‹ veraltend; dazu *fätsche* ›ein Kind wickeln‹ [Hofstet. i. K., Donaueschgn], ein solchermaßen gewickeltes Kind ist ein *Fätschekind*. – Lat. *fascia* ›Binde‹.

Fatze m., **Fatzle** f.: ›Faser, Fetzen‹ vereinz. Ortenau; *das isch kei Fatze wert* ›überhaupt nichts wert‹ [Gengenb.].

fäuserle ›leicht regnen‹ → »finserle«.

Fauzel m.: ›elender Kerl, Nichtsnutz‹ [Auggen].

fauzle schw.: ♦ 1) ›in Schauern regnen oder schneien‹. ♦ 2) ›streunen‹ [Feldbg].

Faxe Pl.: *Fagse* ›Grimassen, Dummheiten, Possen, Unfug‹.

Fazenetli n.: *Fazenetli, Fazinetli* ›(Zier-)Taschentuch‹ mancherorts, meist veraltet; *Ne Fazenetli wiiß un rot* [Hebel]. – Aus ital. *fazzoletto*. – Syn.: »Poschetle, Nase-, Sack-, Schnitz-, Schnorz-, Schnupftuch, Pussierläppli«.

Fazi m.: Kurzform für den männl. VN *Bonifazius*.

Fe f., Pl.: *Fee* ›Masern, Röteln, Scharlach‹ vereinz. Ortenau. – Zu mhd. *fêch* ›bunt‹, wegen der roten Flecken des Kranken.

Feber → »Februar«.

Februar m.: *Februar* mancherorts gesamtes Gebiet (doch häufig neben altmundartlichem »Hornig«); *Februwar, Febrewar, Feberwar* vereinz. Ortenau, Hotzw., Bodenseegebiet; *Febrüar, Febriar* mancherorts Ortenau, Brsg.; *Fewer* mancherorts Ostteil des mittl. Schwarzw., nördl. Baar; *Feber* mancherorts südl. Ortenau, nördl. Brsg., verbr. Baar, Hegau. ♦ ›der Monat Februar‹.

fechte[1] st.: *fechde, fäächde, fạchde, feächde.* ♦ 1) ›bettelnd im Lande herumziehen, etwas erbitten‹. ♦ 2) ›fechten (als Kampf, Sport)‹ vereinz.; *un gfochte han i, wi ne Maa, un Bluet an Gurt un Säbel gha* [Hebel].

fechte[2] ›fürchten‹ → »ferchte«.

Fecke, Feckte m.: *Fegge, Fecke, Fägge, Fäcke, Fạgge, Facke* mancherorts Markgr., Wiesental; *Feggde, Feckte, Fạckte, Bfeckte, Pfạckte,* vereinz. Markgr., Dinkelberg, Hotzw.; *Feckchte, Bfeckchte, Bfạckchte* u. ä. verbr. Hotzw., Klettgau (die Formen auf *Bf-* sind durch Verschmelzung mit dem Artikel entstanden, s. »Fuscht«). ♦ 1) ›Flügel, Fittich‹; *Er* (der Engel) *hüetet si am Bettli Tag un Nacht; Er deckt si mit em waiche Fegge zue* [Hebel]; *Wo hesch die schwarze Fegge gnoh?* vom Storch [Hebel]; Ra.: *Die Bfeckchte lampe loo* ›traurig, verzagt sein‹ [Stühlgn], vereinz. ♦ 2) ›Rockschoß, Lappen, Fetzen‹ vereinz. – Syn. → »Fligel«.

feckle, feckte schw.: ›herumflattern, herumstreichen‹ mancherorts Südrand. – Zu »Fecke, Feckte«.

Feckte-schope m.: ›weite lange Männerjacke der Hotzentracht‹ [Rickenb.]. – Zum Grundwort s. »Schope«.

Feder f.: *Fedder, Fädder* nördl. Schwarzw., nördl. Ortenau, nördl. Baar, vereinz. Hegau; *Fạdder* vereinz. Ortenau; *Feder, Fäder* verbr. mittl. Schwarzw. Ortenau; *Fạder* vereinz. Ortenau; *Fạdere* nördl. Brsg., Kaiserst., Markgr.; *Federe, Fädere* oberes Elz-, Gutach-, Glotter-, Dreisamtal, südl. Schwarzw., Hotzw.; *Feddere, Fäddere* Baar, Raum Neustadt, Klettgau, westl. Hegau, Höri; *Feädder* Bodanrück, Linzgau; *Fiädder* vereinz. Umg. Markdorf (Verbr. s. Karte → »Feder«). ♦ 1) ›Feder aus dem Gefieder der Vögel‹; *Will me Gaister erblicke un hailigi Sachen erfahre, mueß me, wenn's zwölfi schlacht, nit in de Federe lige* [Hebel]. ♦ 2) ›Schreibfeder‹; *d' Winkleri, isch in d'r Feder*

besser durch gsi as er (konnte besser schreiben), *un wo's ebbis z'schriewe gä het, do het sie herhalde müen* [A. Ganther]. ♦ 3) ›Feder in der Uhr, in Geräten usw.‹.

Federe-wisch m.: ›herumstreunendes Kind‹ verbr.

federe-wiß Adj.: ›weiß wie eine Feder‹, vom neuen, fast durchgegorenen Wein gesagt; der Wein selbst wird *Federewisser* genannt.

Feder-resle n.: ›Federnelke‹ mancherorts Ortenau.

fege schw.: *fege, fäge* mancherorts nördl. und mittl. Schwarzw.; *fa̧ge* vereinz. südl. Ortenau; *feje, feie, faie* mancherorts Ortenau; *fehe* [Plittersd., Ottersd., Wintersd.] (Verbr. s. Karte → »fege«). ♦ 1) ›fegen, kehren‹; *un so fäget jeder sin Blaz* [O. Furtwängler]; vgl. »firbe, schweife, wische«. ♦ 2) ›herumstreichen, sausen‹ vereinz.

Feger m.: ♦ 1) ›Kerl‹, mit Bedeutungsnuancen zwischen tüchtig, anerkennend über wild, bis abschätzig. ♦ 2) ›Alkoholrausch, Schwips‹ mancherorts SO-Baden; Syn. → »Rusch«.

Fegete, Fegetse f.: *Fäget(e)* ›Kehricht‹ vereinz. Ortenau, Kaiserst.

Feg-fir n.: *Fäägfiir, -füür* u. a. ›Fegefeuer‹; *De hesch mi us em Fegfüür gholt* [Hebel].

Feg-nescht n.: *Fäägnescht* u. ä. ›unruhiges Kind, Person, die ständig herumstreicht‹.

Feg-wisch m.: dass. wie → »Fegnescht« [Waldk. (Elzt.)].

Fehl f.: *Fähl, Feäl* ›Fehler, wunde Stelle‹, z. B. wenn der Schuh am Fuß reibt, mancherorts SO-Baden.

fehle schw.: *fehle, fähle.* ♦ 1) ›einen Fehler machen, (sich) verfehlen, misslingen‹; *gfählt Brot* ›missratenes Brot‹; *Sell isch nit gfehlt* ›das ist kein Fehler‹ [Hebel]; *Zuem stille Grab im chüele Grund führt jede Weg, un 's fehlt si nit* [Hebel]. ♦ 2) ›nicht da sein, mangeln‹; *An dem solls nit fehle* [A. Ganther]; *Wo fehlts?* ›an was mangelt es, wo ist etwas mit der Gesundheit nicht in Ordnung‹ mancherorts; *Wenn de 's in Ehre hesch, soll's au an Plunder nit fehle* [Hebel]; *Fehlt der näumis* (etwas), *se schwätz, un hättsch gern näumis* (etwas), *se sag mer's!* [Hebel].

Fehl-stock m.: ›Kartoffelpflanze mit verzögertem Wuchs‹ [Gengenb.].

Fehr m.: ›Schiffsmann‹ [Reichenau], auch FN. – Zu mhd. *ferge* ›Fährmann‹.

Feie f.: ♦ 1) ›Fee‹. ♦ 2) ›Mädchen mit sittlich zweifelhaftem Ruf‹ Markgr.

Feieli, Feigeli ›Feilchen‹ → »Veieli«.

feil Adj.: ›verkäuflich‹; *Isch echt do obe Bauwele fail?* ›ist tatsächlich da oben Baumwolle feil?‹, bildlich vom vielen Schnee der in Massen herunterkommt [Hebel]; *wen si ku sin gi Krîase oder Pflume oder Heibîrli fail hâ* ›wenn sie gekommem sind, Kirschen oder Pflaumen oder Heubirnen feil zu halten‹ [O. Furtwängler]. – Vgl. »fal«.

Feilod(e) ›Veilchen‹ → »Veieli«.

feiole ›eilen, prügeln‹ → »fiole«.

feischter ›finster‹ → »finschter«.

Feischter ›Fenster‹ → »Fenschter«.

feiß, feißt Adj.: *faiß* mancherorts mittl. Schwarzw., S-Baden; *faißt* mancherorts Ortenau, Kaiserst., Wiesental. ♦ ›fett, wohlgenährt‹, ohne negativen Beiklang; *faisi Milich; faisi Tropfe* [O. Furtwängler]; *Mückli tanze jung un faiß* [Hebel]; *Ziehn si nit vo Dorf zu Dorf in lange Reviere faisti Matte?* [Hebel]; Ra.: *feist wiä ne Ool* (Aal) ›sehr dick‹ [Opfgn]; *der wird nit faißt un wemmen inne Ankehafe* (Buttertopf) *niistellt* [Glock Brsg.]. – Mhd. *veiz, veizt.*

Feißi, Feißti f.: ›Feistheit, Korpulenz‹ mancherorts S-Baden; Ra.: *zottle for Faißi* ›vor Beleibtheit schwabbeln‹ [Schwerzen].

Feizte f.: ›Zusammengefegtes‹ Ortenau. – Zu »Fegete«.

Felbe m.?: ›Weidenbaum‹, nur noch in Flurnamen und Namen von Seegewannen, z. B. *Feälbekopf* [Reichenau]. – Vgl. »Felme«.

Felch, Felche m.: *Felch, Felche, Feliche* mancherorts Bodensee. ♦ ›ein wertvoller Speisefisch aus dem Bodensee (Coregonus, Wartmanni)‹; bisweilen werden *Blau-, Sand-, Tiefen-, Weißfelchen* unterschieden.

Feld n.: *Feld, Fäld, Fąld, Feäld* verbr.; *Feeld* mancherorts südl. Markgr. ♦ ›freies Gelände, Ackerfeld, Flurstück‹; *in Feld un Flur; in Huus un Feld* [Hebel]; *wo n i gang im wyte Feld* [Hebel]; *di andere zwai Hüser hän kai Mekili* (Stückchen) *aige Feld usër dr Hofschtat un ëmë Garte* [O. Furtwängler]; Sprichw.: *s Feld hett Auge un der Wald hett Ohre* ›überall können Beobachter oder Zuhörer sein‹ [Glock Brsg.].

Feld-hiëter m.: *Feldhiäder* ›Feldhüter‹, mancherorts wo nicht »Bammert, Ferschter, Schitz« u. ä. gelten.

Feld-pikett n.: ›Vorpostentrupp, Feldwache‹, veraltet, noch bei Hebel belegt.

Feld-teufel m.: ›großer Schlepprechen‹ vereinz. südl. Hotzw.

Feld-tschaki m.: *Feldtschaggi* ›Feldhüter‹ [Konstanz].

Felge f.: *Felge, Fąlge, Felige* ›der äußere Radkranz‹, beim alten Bauernwagen aus mehreren gebogenen Stücken zusammengesetzt.

felge schw.: *fälge* mancherorts mittl. Schwarzw., Schuttertal. ♦ dass. wie »falge«.

Felme f.?: ›Silberweide‹ [Wyhl]. – Vgl. »Felbe«.

Felse m.: ›Felsen‹.

Felse-ghalt n.: ›Felsengemach‹, nur bei Hebel bezeugt.

Fenchel m.: *Fenchel, Fenichel* mancherorts; *Fenkel* [Schopfhm]. ♦ ›die Heilpflanze Fenchel‹.

Fenschter n.: *Fenschder, Fenschter* verbr.; *Fąnschder* mancherorts Ortenau, Brsg., Markgr.; *Feänschter* Bodenseegebiet; *Faischter, Feischter* mancherorts oberes Wiesental, Hotzw., Klettgau, Hegau; *Feäschter* mancherorts Baar; *Fengschder* [Mühlenb., Schweighsn]; Pl. wie Sg. verbr., *Fenschdere, Fenschtere* mancherorts Umgebung Kehl und Bodensee. ♦ ›Fenster‹; *an de Fenstere loose* ›lauschen‹ [Hebel]; *Ganz wüedig het 'r 's Fenschder zuebämmert* ›zugeschlagen‹ [A. Ganther].

ferchte schw.: *ferchde, firchde, förchde, ferche, förche, feechde, fiichde, fürche, füeche, fiche* u. a. ♦ 1) ›sich oder jemanden fürchten‹, mit Dativ: *Chumm, Agetli, un förcht der nit* [Hebel]; *De wirsch en doch öbbe nit förche* ›du wirst ihn doch etwa nicht fürchten‹ [Hebel]; *s Förche verhebe* ›mutig sein‹ [Lörrach]. ♦ 2) in Verbindung mit *machen* ›Furcht einjagen‹; *d Litt z ferche mache* ›den Leuten Angst machen‹ [Denzlgn]; *Mach mer die Maidli nit so z'förche* [Hebel].

Fercht(e)-butz m.: *Fercht(e)butz, Fircht(e)butz, Förchtibutz, Firchbutz, Fiributz* u. ä. ♦ ›furchsamer Mensch, Angsthase‹; ein solcher Mensch ist *förchbutzig* Markgr.

ferchtig Adj.: *ferchdig, förchdig, fiächdi(g), fechdig, fürchig, füetig* u. a. ♦ 1) ›furchtsam, ängstlich‹. ♦ 2) ›fürchterlich, erschreckend, schlimm‹; *ferchdigi Traim* ›Angstträume‹.

ferig Adj.: *ferig, färig, feri* mancherorts mittl. Schwarzw., Ortenau, Brsg. Markgr. (in alter Mundart), heute durch *fertig* zurückgedrängt. ♦ ›fertig, vollendet‹; *d Rächning ferig mache* [O. Furtwängler]; *'s Habermues wär ferig, se chömmet, ihr Chinder, un esset!* [Hebel].

ferke schw.: *färke* vereinz. SO-Baden; meist 3. Pers. Sg.: *s firket* ›es geht gut voran, die Arbeit macht gute Fortschritte‹; hierzu auch der *Ferker,* ein Mittelsmann, der früher zwischen den Hauswebern im Hotzw. und den Unternehmern fungierte. – Kontrahiert aus *fertigen.*

Ferkel → »Ferli«.

ferle schw.: ›Ferkel werfen‹ Umgebung von Schopfhm; *Ferlet näume ne Mohr, het au der Pfarer sy Säuli* ›Ferkelt irgendwo eine Muttersau, hat auch der Pfarrer sein Säulein‹ [Hebel].

Ferli n.: ›Ferkel‹ vereinz. Ortenau, Brsg., verbr. Wiesental, Hotzw., Klettgau, Bodanrück, Linzgau; sonst auch *Ferkel,* häufig jedoch *Saile, Milchsaile.*

ferm Adv.: ›fest, streng‹, veraltet; Ra.: *ain ferm in d Kur neh* ›einen streng behandeln‹ [Glock Brsg.]. – Frz. *ferme.*

fern(d) Adv.: *fern, fäärn* mancherorts südl. einer Linie Gernsbach – Offenburg – Altenhm; *fąąrn* mancherorts südl. Ortenau, westl. Brsg., Markgr.; *fernd, feärnd, fäärnd* Hegau, Höri, Linzgau. ♦ ›vor diesem Jahr, im letzten Jahr‹; *'s isch wider akerat wie fern* ›es ist wieder genau so wie voriges Jahr‹ [Hebel]; *S ischt fernd e guetes Johr gsi* [Epple]; *Der Engel sait: Sell cha nit sii, si henn en alle trunke fern* ›im letzten Jahr getrunken‹ [Hebel]. – Vgl. »vorfern«. – Mhd. *verne, vernet* ›im vorigen Jahr‹, zu dem etymologisch auch nhd. *firn* zu stellen ist.

ferndig, fernd(e)rig, fernig Adj.: *ferndig, fąrndig, ferndrig, fąrndrig, fernderig, fernig, fąrnig* mancherorts im Gebiet, in dem auch »fernd« gilt. ♦ ›letzjährig, vorjährig‹; *ferndrig Hei* ›Heu vom letzten Jahr‹ [Breitnau]; Ra.: *vrgange wiä dr fąąrndig Schnee* [Huttgn].

Ferni f.: ›Ferne, Entfernung‹; *es fahrt kai Wagen us der Ferni her* [Hebel]; *wo 'r in d'r Ferni 's Stroßburger Münschder g'sehne het* [A. Ganther].

Fern-schlamper m.: ›Geist auf der Fernhöhe, der die Leute in die Irre führt‹ [Neukirch].

Fersche(me) m. (f.): *Fersche, Färsche, Fąrsche* nördl. Schwarzw., Ortenau, nördl. Brsg.; *Ferschl* vereinz. obere Murg; *Ferse, Färse* mancherorts Brsg., Markgr., Hotzw., Klettgau, Hegau, Bodenseegebiet; *Fersele* mancherorts Baar, Hegau; *Ferschem, Ferscheme, Ferseme* mittl. Schwarzw., Brsg., Hochschwarzwald; *Fersene* vereinz. Markgr., oberes kleines und großes Wiesental; *Fersere* vereinz. Hotzw. ♦ ›die Ferse am menschlichen Fuß und das Fersenteil an Fußbekleidungen‹; *un göhn mitenander, vornen a der Grüen un an de Ferse der Michel* [Hebel]; Ra.: *enander an de Färscheme n-awiträdde* ›sich gegenseitig zu Leid leben‹ [E. Strube].

ferschle schw.: *ferschle, förschle.* ♦ 1) ›ausfragen‹. ♦ 2) ›ein wenig forschen‹ mancherorts.

Ferschter m.: *Ferschder, Feerschder* mancherorts; *Ferschdner, Ferschner* vereinz. Ortenau. ♦ ›Förster, Forstmann‹.

ferserle ›fein regnen‹ → »finserle 3«.

fertig Adj.: *ferdich, ferti, ferdig, fertig, firtig, förtig.* ♦ 1) ›bereit, gerüstet‹ *Bisch ball fertig?* [Hebel]. ♦ 2) ›vollendet, am Ende‹; *S isch scho ales fix un fertig usdenkt un beréchnet* [O. Furtwängler]; subst. *vo de Fertige kriege* ›Prügel beziehen‹ verbr.

Fes-bese m.: ›sich herumtreibendes Kind, Mädchen‹ mittl. Schwarzw.

Fescht n.: *Fescht, Fäscht, Fąscht*; Pl. *Feschder, Fäschter* u. ä. ♦ ›Fest, feierliches Begängnis‹; *Am Dag vor em Fescht isch's gsi* [A. Ganther]; *Jo d Kilwi isch ë doplët Fäscht un für mich gar ë drîfachs* [O. Furtwängler].

fescht Adj.: *fescht, fäscht, fąscht* ›fest, stramm, stark, heftig‹; *sini Brüeder hen schu fescht g'schnarch'lt* [A. Ganther]. Ra.: *ër hät schtif un fescht* (unerschütterlich) *bhouptet* [O. Furtwängler].

feschte schw.: ›Feste feiern‹.

Feschti f.: ›Festigkeit‹ [Gremmelsb.].

Fescht-kätter f.: ›eine Frau, die überall dabei sein will‹ Kinzigtal.

Fescht-tag m.: *Feschtdag* ›Fest-, Feiertag‹.

Fese f., m.: *Fääs* mancherorts nördl. Schwarzw., nördl. Ortenau; *Fesse* mancherorts Hotzw., Klettgau, Hegau; *Feäse* vereinz. Bodenseegebiet. ♦ 1) ›Hülse des Getreidekorns, Spreu‹ vereinz. Hegau. ♦ 2) ›die Getreideart Spelz (Triticum spelta)‹ mancherorts, veraltet. ♦ 3) eine Schweinekrankheit, bei der körnige Geschwüre an den Kiefern der Schweine auftreten und sie am Fressen hindern. – Mhd. *vëse* ›Hülse des Getreidekorns, Spreu, Spelz, Geschwür‹.

fese schw.: ›herumstreunen, sich herumtreiben‹ vereinz. mittl. Schwarzw.

Fesi m.: *Fesi* [Biberach, Siegelau], *Fesich* [Münchw.]. ♦ ›Sadebaum (Juniperus)‹. – Vgl. »Sefi«.

Fetti m.: *Fäddi, Fąddi* ›Flügel‹ vereinz. Hanauerland. – Gehört zu nhd. *Fittich.* – Syn. → »Fligel«.

Fettlauge-mehl n.: ›Mehlspeise‹ [St. Georgen (Freib.)].

Fett-schmudderi m.: ›Fettwanst‹ [Lörrach].

Fetze-granate Interj.: Fluch, verbr.

Fetzel m.: *Fetzel, Feezel, Fötzel* ›liederlicher, unzuverlässiger Mensch‹, vereinz. auch *Fotzeldorli.*

Feuer → »Fir«.

feuf ›fünf‹ → »finf«.

feuserle ›fein regnen‹ → »finserle«.

feuserlig ›fein, zart‹ → »finserlig«.

Fev f.: *Feef, Fefe,* Dim. *Fevele* ›Kurzform für den weibl. VN *Genoveva*‹.

fiche ›fürchten‹ → »ferchte«.

ficht Adj.: *ficht, fiicht, fücht, fiächt* ›feucht, nass‹; *wenn us em Nebel füecht un chalt der Risel an de Fenstere prallt* [Hebel]; auch erweitert: *fiächtig, füechtig.*

fichtele schw.: ›nach Feuchtigkeit riechen‹ vereinz.

ficke schw.: *figge, ficke.* ♦ 1) ›reiben, kratzen, scheuern‹; Ra.: *s fickt mi ite* ›es geht mich nichts an‹ [Stockach]. ♦ 2) ›Geschlechtsverkehr ausüben‹, neuer. – Das Wort ist eine Intensiv-, bzw. Frequentativbildung zu *fegen.* – Vgl. »fitsche«.

fickerig Adj.: ›nervös, fahrig‹ vereinz.

Ficki f.: ›Zwickmühle beim Mühlespiel‹.

Fick-mihli f.: ♦ 1) ›Mühlespiel‹. ♦ 2) dass. wie »Ficki«.

fidel Adj.: *fidéel* ›fröhlich, lustig‹ verbr.

fidele schw.: *fiidele, füüdele.* ♦ 1) ›schön tun‹. ♦ 2) ›schwänzeln‹ [Vögishm]. – Zu »Fidle«.

Fidele m.: *Fidéele, Fidéeli* früher häufiger männl. Vorname; Scheltwort für einfältigen Menschen, gutmütigen Trottel. – Nach dem hl. Fidelis.

Fideler m.: schimpfend für ›langsamer Mensch‹ [Schwerzen]. – Abl. zu »fidele«.

Fidle n.: *Fiidle* mancherorts nördl. Schwarzw., verbr. mittl. Schwarzw., Ortenau, Brsg.; *Fiddle* verbr. Baar, Raum Neustadt, Hegau, Bodensee; *Füüdle* ob. Markgr., Dinkelberg, Wiesental, westl. Hotzw.; *Füddle* östl. Hotzw., Klettgau, Höri, Reichenau; Dim.: *Fiideli, Füdeli* usw. ♦ ›Gesäß, Hintern‹; *s Fiidle versohle* ›den Hintern verhauen‹; *e Tüpfi, ... wo ne ke Heer – mit Salveni z' vermelde – 's Füdle druus gsalbt het* [Hebel]; Ra.: *er kindig sich ins Fidle* *biiße* ›er könnte sich in den Hintern beißen, vor Wut‹ [E. Strube]; *e Füdle voll ha* ›einen Rausch haben‹ verbr. – Mhd. *vüdelin*, das ist der Dim. zu mhd. *vut* ›Hintern, Scheide‹ (verwandt mit *Futt, Fotze* und urverwandt mit lat. *podex*).

Fidle-backe m.: *Füdlebacke, Füdle-* usw. ›Hinterbacken, Arschbacken‹.

Fidle-binder m.: ›Schultertuch, das auf dem Rücken gebunden wird‹ Kinzigtal.

Fidle-schlitte m.: *Fiddleschlitte, Füddleschlitte.* ♦ ›(primitiver) Kinderschlitten‹, mancherorts Höri, Bodanrück, Linzgau, im südl. Klettgau auch vereinz. *Füddletruckche.*

fidle-trimmlig Adj.: ›schwindlig, sehr übel‹ [Tribg]. – Steigerung von »trimmelig«.

Fidle-wisch m.: ♦ 1) ›Arschwisch‹, im Kindervers: *Kemifeger, Stapfleträger, hinter em Tisch, Fidlewisch* Markgr., Kaiserst. ♦ 2) ›ein Nichts, Winzigkeit‹ [Sulzburg].

Fiduz f.: *Fidúuz* ›Vertrauen, Zuversicht, Neigung‹; *i ha kei Fiduz derzue* ›ich habe kein Vertrauen, keine Lust dazu‹ [Lahr]. – Lat. *fiducia.*

Fiëber n.: *Fiäwer, Fiäber* ›Fieberanfall, fiebrige Krankheit‹; *der Tod het jetz my Wunsch erfüllt un het my hitzig Fieber gstillt* [Hebel].

fiëcht ›feucht‹ → »ficht«.

Fiëchte f.: *Fiäch, Fiächte* ›der Waldbaum Fichte‹.

fiëre schw.: *fiäre, füere.* ♦ 1) ›führen‹; *si füehrt ihr Büebli an der Hand* [Hebel]; *I füehr si selber ins Zuchthuus* [Hebel]; Ra.: *der füehrt ebbis im Schild* ›plant etwas, hat etwas vor‹ [A. Ganther]. ♦ 2) ›jemanden oder etwas fahren, transportieren‹; *wer fiärt mich uf Emmedinge?* ›wer bringt mich nach Emmendingen?‹ [Freiamt]. ♦ 3) ›ein weibliches Nutztier decken lassen‹; *e Soi fiäre* ›ein Schwein zum Eber bringen‹ [Freiamt].

Fiërlig m.: *Fiärlig* ›Transportfass‹. – Wörtl. ›Fass in dem Wein geführt (transportiert) wird‹.

fiëßle schw.: ›schnell gehen, trippeln, rennen‹ Ortenau. – Abl. zu → »Fueß«; vgl. »fueßele«.

fiëtere ›füttern‹ → »fuetere«.

Fiëteri f.: ♦ 1) ›Futtermenge, Fütterung‹. ♦ 2) ›Kleiderfutter‹ verbr.

Fifolder ›Schmetterling‹ → »Pfiffholder«.

Fige f.: *Fiig, Fige* ›Feige‹.

figere schw.: *fiigere* ›rennen, schnell laufen‹ ob. Markgr.

figig Adj.: ›hart, ungenießbar‹ [Gengenb.]. – Zu *Feige.*

fii Adj.: *fiin, fii* ›zart, fein‹, selten, heute durch nhd. *fein* zurückgedrängt; *loßt im Tüpfi Wachs vergoh, wie finer, wie besser* ›je feiner, je besser‹ [Hebel].

fiif ›fünf‹ → »finf«.

Fii-stai m.: ›Bonbon‹ Elztal, Simonswald. – Wörtl. *Fein-stein.*

Filipp m.: männl. VN, *Fillipp*, in Kurz- und Koseformen auch *Filp, Filble, Lipp, Lipps*; häufig in Doppelnamen wie *Filpjakob, Filpheiner, Filmarte, Hannfilp* u. ä.

Fill-buch m.: *Fillbuch, -buuch, -büch* ›Klatschmohn‹, mancherorts Ortenau, Kaiserst. – Vgl. »Fillmage«.

fillele schw.: *fillele, füllele* ›fohlen, ein Fohlen gebären‹ Ortenau, Markgr.

Fille-mutsch m.: *Fille-, Füllemutsch* ›Fohlen‹ [Bodersw., Schopfhm].

Fillete f.: *Fillede* ›Füllung eines Bratens‹ u. ä. vereinz. Ortenau.

Filli n.: *Fille* vereinz. Schwarzw., Brsg.; *Filli* mancherorts Brsg., Baar, verbr. Raum Neustadt, Hegau Bodensee; *Fiili* vereinz. unteres Markgr.; *Füüli* ob. Markgr., westl. Hotzw.; *Fülli* östl. Hotzw., Klettgau, Höri; Dim.: *Fillele, Filleli.* ♦ ›junges Pferd, Fohlen‹, wörtl. *Füllen.* – Syn. → »Fohle«.

Fill-mage m.: ›Mohn, Klatschmohn‹ mancherorts Ortenau, Kaiserst., Tuniberg. – Zum Grundwort s. »Mag« ›Mohn‹. – Vgl. »Fillbuch«.

Fillsel n.: ›die Füllung, die in ausgenommenes Geflügel gefüllt wird‹. – Vgl. »Fillete«.

Fimmel[1] m.: ›männlicher Hanf‹ mancherorts, heute veraltet. – Lat. *(cannabis) femella* ›weiblicher Hanf‹, botanisch aber umgekehrt, man glaubte früher, der kleinere Hanf müsse weiblich sein, weil in der Regel in der Tier- und Pflanzenwelt die kleinere Spezies weiblich ist.

Fimmel[2] m.: ›Spleen, Marotte, fixe Idee‹.

fimmle schw.: ♦ 1) ›Hanf ausraufen, Mais ausputzen‹ [Stockach, Bleichhm]. ♦ 2) in der Wendung *s fimmlet in de Zäh* ›Zahnweh haben‹ [Laufen].

Find m.: ›Feind‹.

finde st.: *finde* verbr.; *finne* mancherorts äußerster Nordrand; *finge* nördl. Schwarzw., Hanauerland, Südwestecke westl. von Lörrach, vereinz. oberes Elz- und Glottertal; Part. *gfunde, gfunne, gfunge* verbr. wie Infinitiv; am Rand zum Schwäbischen auch *gfonde.* ♦ ›durch Suchen zu einer Sache kommen oder zufällig darauf stoßen‹; *numme näumis find i nit* ›nur etwas (ganz Bestimmtes) finde ich nicht‹ [Hebel]; *'s hätt der Weg nit gfunde* [Hebel]; *e Mueder, wia sie kei besseri finde hätte künne* [A. Ganther];

Ra.: *'s sagen au e Tail, de saigisch glückli im Finde uf de Bänke, wo nit g'wüscht sinn* ›es sagen auch einige, du habest die Neigung zum Stehlen‹ [Hebel].
Fine f.: Kurzform des weibl. VN *Josefine.*
Finett m., f.: Name für Hunde, seltener Katzen.
finf Num.: *finf,* seltener *finef* verbr. nördl. und mittl. Schwarzw., Ortenau; *fenf* vereinz. zwischen unterer Rench und Kinzig; *fimf, fimbf* mancherorts mittl. und südl. Schwarzw., Brsg., nördl. Baar, Hegau, Bodanrück, Linzgau; *fünf* mancherorts Markgr., Dinkelberg; *fümf, fümpf* mancherorts Hotzw., südl. Klettgau, Höri, vereinz. Bodenseegebiet; *fiif* Baar, obere Wutach; *füüf* mancherorts Klettgau; *foif, föif* mancherorts Hotzw. (Verbr. s. Karte → »finf«). ♦ ›die Zahl fünf‹; *fünf Minude* [A. Ganther]; alleinstehend oder im subst. Gebrauch, bes. bei Zeitangaben, mit auslautendem *-e, -i,* z. B. *Wemme früeih verwacht, um vieri oder um fünfi* [Hebel]. *Un gli druf sin sie ig'schlofe, alli fünfi* [A. Ganther].

Finfer m.: *Finfer, Fimfer, Fümfer* usw. ♦ 1) ›die Ziffer 5‹. ♦ 2) ›Münze in der Einheit 5 (Fünfpfennig-, Fünfmarkstück u. ä.)‹. ♦ 3) ›Soldat des ehemaligen 5. badischen Infanterie-Regiments 113‹, 1. Hälfte 20. Jh.; *D' Fünfer z' Friburg, des ha i allbott sage höre, hen d' bescht Mussik im ganze badische Ländli* [A. Ganther].
finferle schw.: nur in der Wendung *du kannsch mich fimferle* ›du bist mir gleichgültig‹, mancherorts.
Finger-beeri f.: ›Fingerspitze‹ verbr. Markgr.
Finke m., meist Pl.: *Finke, Finkche* mancherorts südl. Ortenau, Brsg., Baar, Markgr., mittl. und südl. Schwarzw., Hotzw., Hegau, Bodensee. ♦ ›bequeme Hausschuhe, wärmende Winterschuhe aus Stoffstreifen, Wolle, Filz, häufig auch aus Stroh geflochten‹. – Das Wort, das auch in der Schweiz bezeugt ist, ist in mittellat. Glossen als *ficones* ›bequeme Mönchsschuhe‹ (Sg. *fico*) belegt. – Vgl. »Schlappe²«.
finkle schw.: *finkle, funkle* verbr. von der unteren Kinzig und Rench nordwärts. ♦ ›ein prickelndes, schmerzendes Gefühl in den Fingern verursachen, wenn sie von der Kälte in das Warme kommen‹. – Vgl. »hurnigle, nägle«.
finschter Adj.: *finschder, finschter* verbr. (außer den folgenden Gebieten); *fingschder* vereinz. Nordrand, mittl. Kinzig, obere Schutter; *fenschder* mancherorts Raum Kehl; *fiischder, fiischter* Ostteil mittl. Schwarzw., Baar, Raum Neustadt, östl. Hotzw., Klettgau, Hegau; *feischter, faischter* mancherorts Wiesental, westl. Hotzw. (Verbr. s. Karte → »finschter«). ♦ ›dämmerig, dunkel‹; *in ere finschdere Middernacht* [A. Ganther]; *un wiai zum Feischtr usiguk isches ganz fischter* ›und wie ich zum Fenster hinausgucke, ist es ganz finster‹ [O. Furtwängler]; Ra.: *zwische fischder un siehsch-mi-id* scherzh., ›im Dunkeln‹ [E. Strube]; *so finster wie in re Chue* ›sehr finster‹ [Hebel]; vgl. »kuefinschter«.

Finschter-butzis n.: ›Blindekuh-Spiel‹ [Schonach].
Finschteri f.: ›Finsternis, Dunkelheit‹. – Ggs. »Heiteri«.
finschter-miisle schw.: *fischdermiisle* ›Blindekuh spielen, im Dunkeln tappen‹ mancherorts Baar, Hegau. – Wörtlich *finster-mäuseln.*
finserle schw.: *findserle, föiserle, ferserle, fiserle.* ♦ 1) ›zerfasern‹. ♦ 2) ›zierlich, fein arbeiten‹

[Möhrgn]. ♦ 3) ›fein regnen, neblig schneien‹, vereinz. Südrand.

finserlig Adj.: *findserlig, föiserlig* ›fein, zart, winzig, schwächlich‹ Markgr.

fiole schw.: *fiόle, faiόle.* ♦ 1) ›eilen, dahinsausen, herumziehen‹ [Achern, Bühl, Waldkirch]. ♦ 2) ›durchprügeln‹. – Nhd. *faiolen.*

Fir n.: *Fiir, Fiär* verbr. (außer Südrand); *Füür, Füer* ob. Markgr., Hotzw., Klettgau, Höri; *Fäier* mancherorts Linzgau, Bodensee; Pl. *Fürer* Markgr. ♦ 1) ›Feuer, Brand‹; Pl. bisweilen *Fiirer, Fürer,* z. B. *was der Bloosbalg schnuufe mag, aß d' Füürer nit uusgöhn* [Hebel]; *in syne verrissene Stube, flackeret kai Füür* [Hebel]; Ra.: *i gieng für di durs Füür* ›für dich täte ich alles‹ [Hebel]; jemandem *e Fiir unders Fidle mache* ›ihm einheizen, ihn antreiben‹ [E. Strube]; Sprichw.: *gebrennti Chindere fürchte s Füür* [Glock Brsg.]. ♦ 2) als Bez. für (fiebrige, entzündliche) Krankheiten, z. B. *s wild Fiir* ›Gesichtsrose, Nesselfieber‹ u. ä., vereinz.

fir Präp.: *fiir, firr, für* verbr., in unbetonter Stellung auch abgeschwächt: *fer, fr.* ♦ ›für‹; *für sell will i sorge* [Hebel]; *'s wird nit z' bschriibe sii, was für e Lamento ins Land chunnt* [Hebel]; *guet für s Chopfweh* ›gegen die Kopfschmerzen‹; *Se do! für s De-Weg-zeige* ›dafür, dass du den Weg gezeigt hast‹; *fir umesunscht* ›umsonst‹; Ra.: einen *fer e Narre halde* [Mahlbg]; *s isch fir d Katz* ›umsonst‹; *Nix fir uguet* Entschuldigungsfloskel.

firaxe, firaxle schw.: ›schnell rennen, davonsausen‹ mancherorts Elztal, mittl. Schwarzw.

firbe schw.: *firbe* östl. Hegau, Bodanrück, Linzgau; *fürbe* vereinz. nördl. Höri, Reichenau; *ferbe* [Schwäblishsn, Mimmenhsn] (Verbr. s. Karte → »fege«). ♦ ›mit dem Besen kehren‹; *Etz moß i bloß no d Stube fürbe* [Epple]; *Hosch de Hof scho gfürbet?* [Epple]. – Mhd. *vürben* ›reinigen, säubern, fegen‹. – Vgl. »fege 1, schweife, wische«.

Firbete f.: ›das Zusammengefegte‹, vereinz. im Gebiet von »firbe«.

Fir-bihni f.: *Fiirbihni, Füürbühni* ›oberer Dachboden, Speicher‹ südl. Schwarzw., Wiesental, Hotzw. – Wörtl. *Feuerbühne.*

Fir-bluem f.: *Fiirbluem, Fürbluem* ›Klatschmohn‹ mancherorts.

fir-brinnig-rot Adj.: ›glutrot‹ [Konstanz]. – Wörtl. *feuerbrennigrot.* – Vgl. »firzindrot«.

Fir-dig m.: ›Feiertag‹ → »Firtig«.

fire[1] schw.: ›feiern‹.

fire[2] schw.: *fire, füüre* ›Feuer machen, feuern‹.

fire[3] ›nach vorn, hervor‹ → »firi«.

fire-choo st.: ›hervorkommen‹ [Waldshut]. – Zu den Wortbestandteilen vgl. »firi« und »kumme«.

fir-fießig Adj.: *firfießig, fürfüeßig* ›in Strümpfen, strümpficht‹; *firfießig* herumlaufen ›ohne Schuhe herumlaufen‹.

Fir-fueß m.: *Firfueß, Fürfueß.* ♦ 1) ›vorderer Teil des Fußes‹. ♦ 2) ›vorderer Teil des Sockens, Strumpfes‹.

fir-gää st.: *firgää, fürgää, -gäi* ›den Tieren Futter vorwerfen‹ verbr.; *wänn dr Bür om Morge in Stall goht, git r zärscht ämol fir* [Ottoschwanden].

Fir-gländ n.: ›unbebauter Ackerteil‹ [Rastatt].

Fir-haupt n.: *Firhaupt* mancherorts Brsg., Umgebung Kirchzarten, St. Märgen; *Firhaüpt, Firäupt* unteres Elz- und Glottertal, vereinz. nördl. Kaiserst.; *Firopp* vereinz. Umg. Neustadt; *Firhopt* vereinz. Baar. ♦ ›Ackerende, Pflugwendestelle, Randfurche‹. – Vgl. »Awand, Firort«.

firi Adv.: *fire, fere, firi, füre.* ♦ 1) ›vorwärts, nach vorn‹; *vo Zell bis füre go Rieche* ›von Zell bis vorne nach Riehen‹ [Hebel]. ♦ 2) ›hervor‹; *Kumm fire, i ha di gsäe* ›komm hervor, ich habe dich gesehen‹, ruft das Kind beim Versteckspiel [Epple]; *un i ziahg der Iseklotz us 'm Wink'l füri* ›und ich ziehe den Eisenklotz aus dem Winkel hervor‹ [A. Ganther]. – Entstanden aus *für-hin* bzw. *für-her.*

firig Adj.: *firig, firi, fürig* ›feurig‹; *e Kerli mit so fürige Malefizaigle* [A. Ganther].

firio Interj.: *firioo, füriοο* Ruf: ›es brennt, feurio!‹, auch Ausruf allgemeiner Verwunderung: *Potz Füürio!* [Hebel].

Firker m.: ›Wasserabfluss in der Küche, am Brunnen‹ u. ä., veraltet Hegau, Bodensee. – Wohl zu »ferke«, mit der Grundbedeutung ›Fortschaffer‹.

firle schw.: *firle, fürle, firchle, fürchle* ›Furchen ziehen‹. Bildung zu »Fure«.

Firlefanz m.: ›Tand, Unsinn‹ vereinz.

Fir-molli m.: ›Feuersalamander‹ Markgr.

fir-nehm Adj.: *firnehm, firnemm, fürnehm* ›bevorzugt, vorzüglich, vornehm‹; *Des isch s firnehmscht* ›das ist das Beste, Bevorzugte einer Sache‹ [Lahr]; *o schenket mer e Blüemli druus ... es soll my fürnehmst Blüemli sii* [Hebel]; *so fürnemi Lit dian s Häfili* (Nachttopf) *it unter d Betschtat schtelë* [O. Furtwängler].

Fir-obe(d) m.: *Fiirowed, -owe, -obe, -obed, Fürobe* u. ä., s. »Obe(d)«. ♦ ›Feierabend‹; Sprichw.: *De Fiirowe mueß mer am Morge sueche* ›wenn man rechtzeitig anfängt ist früher Feierabend‹ [E. Strube].

Fir-ort m., n.: ›Ackerende, Pflugwendestelle, Randfurche‹ oberes Elztal, [Freiamt], Wildgutach. – Zum Grundwort s. »Ort 1«. – Vgl. »Awand, Firhaupt«.

Fir-reche m.: ›grober Wurzelrechen‹, für Kartoffeln und Getreide [Elzach, Durb.]. – Wörtl. *Feuerrechen*, evtl. ursprünglich beim Reutebrennen (s. »Riti[2]«) benutzt.

fir-ritze-rot Adj.: ›sehr rot‹ [Lahr].

firschi, firsi Adv.: *firsi* mancherorts SO-Baden; *fürsi* Südrand; *firschi* mancherorts Schwarzw., Ortenau, Brsg.; *fürschi* vereinz. ♦ ›nach vorne, vorwärts‹ (Ggs.: »hinterschi«); *gang firsi!* ›geh vorwärts!‹ [Stahrgn]; häufig in der Fügung: *hinderschi un fürschi* ›vor und zurück‹, auch zusammengezogen *hintersi-fürsi* ›rückwärts, verkehrt‹ mancherorts; *'s mueß fürschi goh in d'r Welt; 's brucht nit alles uf 'm glichlige Fleck stoh bliewe* [A. Ganther]; *Uf der braite Bruck, fürsi hi un zruck* [Hebel]; *Sell Büechli het am e nedde Morge d'r Baschi in de Händ g'ha un durchbleddert, hinderschi un fürschi, zwei-, dreimol* [A. Ganther].

Fir-schitli n.: ›Querholz am Leiterwagen vorne und hinten, das die Seitenteile oben verbindet‹ Hegau.

Firscht[1] m.: *Firscht* verbr., *Fürscht* Südrand. ♦ 1) ›Dachfirst‹; die Firstpfette wird getragen von der *Firschtsule* oder der *Firschtstude* mancherorts. ♦ 2) ›Bergrücken, Grat‹ vereinz.; *Der Schwarzwald blybt uf rechter Hand mit syne Firste hoch un lang* [Hebel].

Firscht[2] m.: *Firscht, Fürscht* ›Fürst‹.

Firscht-baum m.: ›Firstbalken‹; in der Ra.: *wo eim der Firschtbaum uf d Nase lampet* (nämlich im Sarg).

Fir-stei m.: *Fiirstai, Füürstai* u. ä. ♦ 1) ›Feuerstein‹. ♦ 2) ›Bonbon‹ vereinz. und veraltet.; vgl. »Fiistei«.

Firte ›Schürze‹ → »Firtuech«.

Fir-teifel m.: *Fiirdeifel, Füürdüfel* u. ä. ›frei verpuffendes Schießpulver‹, als Kinder-Feuerwerk, vereinz.

Fir-tig m.: *Fiirdig, Firrdig, Fiärdig, -tig* verbr. (außer nördl. Schwarzw., Ortenau); *Fiärdich* vereinz. nördl. und mittl. Schwarzw.; *Firdi, Fiärdi* mancherorts nördl. Schwarzw., Ortenau, Hanauerland; *Fidig* mancherorts Linzgau, Bodanrück; *Feidig* Raum Meßkirch-Pfullendorf (schwäbisch). ♦ ›Feiertag‹; *'s chömme hüt viil Gäst, si henn e lustige Fiirtig* [Hebel].

Fir-trag m.: ›Grasertrag, Grünfutter‹ Elztal; *Firtrag hole* ›Futter holen‹ [Elzach].

Fir-tuech n.: *Firduech, Fürduech,* seltener *Firdi, Firte, Firdech.* ♦ ›Schürze‹ verbr. Schwarzw., Ortenau, Brsg., Markgr., vereinz. Hotzw., Klettgau, das übrige Gebiet hat »Schurz«; *Jetz e siide Fürtuech her* [Hebel]. – Wörtl. *Fürtuch* ›Vortuch‹.

Fir-ziig n.: *Fiirziig, Füürzüüg* u. ä. ›Feuerzeug‹.

fir-zind-rot Adj.: *fiirzinrot, füürzündrot* ›sehr rot‹. – Wörtl. *feuer-zünd-rot.* – Vgl. »firbrinnigrot, firritzerot«.

Fisch m.: *Fisch* verbr.; am Bodensee vereinz. auch *Fiisch.* ♦ 1) ›Fisch‹; *er ißt Pastete, Flaisch un Fisch* [Hebel]. ♦ 2) ›Silberfischchen, Lepisma saccarina, ein Küchenschädling‹, meist Dim.: *Fischli* mancherorts Ortenau, Kaiserst.

fischperle schw.: ›wispern, rascheln‹; *Es visperlet, es ruuscht im Laub* [Hebel].

fischter → »finschter«.

Fisel m.: ›männliches Glied‹ [Wolfach]. – Mhd. *visel, vësel* ›Penis‹.

fisele schw.: ›etwas gründlich untersuchen‹ [Stockach, Sulzburg].

fiselig Adj.: ›schwer zu entwirren‹ Markgr. – Zu »finserle 1«.

fiserle → »finserle«.

Fisimatente Pl.: ›Possen, Ausflüchte, Dummheiten, Umstände‹. – Nach populärer Deutung soll das Wort auf frz. *visite ma tente* ›besuch mein Zelt!‹ zurückgehen, womit angeblich französische Soldaten die einheimischen Mädchen in ihr Zelt locken wollten. Tatsächlich ist das Wort aber schon seit dem 16. Jahrhundert belegt, also in einer Zeit als noch keine französischen Heere hier waren. Nach Auskunft der etymologischen Wörterbücher des Deutschen handelt es sich bei dem Wort um Umbildungen zu *Visiment* ›Ausschmückung‹ bzw. *Fisiment* ›bedeutungsloser Zierat‹.

Fisseler m.: ›wer etwas genau durchsucht‹. Vgl. *Maidli-, Ohrefisseler.*

Fisser f., **Fisserle** n.: ›Faser, Fussel‹ vereinz. Ortenau.

fitsche schw.: ›hin- und herreiben, rutschen‹ vereinz. Hegau, Bodensee. – Vgl. »ficke«.

Fittich → »Fetti«.

Fitz[1], **Fitzer**[1] m.: ›leichter Peitschenhieb, leichte Schnittwunde‹ mancherorts S-Baden.

Fitz[2], **Fitzi** f.: ›Gerte, Rute zum Züchtigen‹.

fitze schw.: ♦ 1) ›mit einer Peitschenschnur, Gerte leicht schlagen‹ verbr. ♦ 2) ›sich schniegeln, daherstolzieren‹ vereinz.; Ra.: *gfitzt un gstriegelt* [Moos (Bühl)].

Fitzer[2] m.: ♦ 1) ›Stutzer, Geck‹. – ♦ 2) ›Krawatte‹ Ortenau. – Zu »fitze 2«.

Fitzi-granate, Fitzi-millione f.: Fluchwort.

fix Adj.: ♦ 1) ›behende, flink, schnell‹ vereinz. ♦ 2) in der Fügung: *fix un fertig* ›vollständig fertig‹; *bis am Viehmärk mueß alles fix un ferdig si* [A. Ganther].

Fixe-dunderwetter n.: Fluchwort [A. Ganther]; der erste Wortteil auch in anderen Flüchen wie *Fixesapramoscht, Fixefeier, Fixi-Bombe-un-Granate* u. a.

Fize f.: ›Gebäck aus besserem Mehl‹ [Freib.], veraltet, das Wort ist in Nordbaden häufiger bezeugt.

Fläch n.: ›Steinmeißel, eine Art Beil‹ [Ettenheimmünster].

Flachs m.: *Flachs* verbr., in SO-Baden auch *Flaas* mancherorts. ♦ ›Flachs, Lein‹.

flächsen Adj.: ›aus Flachs, flachsartig‹; *schöne, suufer gstrehlte, flächsene Hoore* [Hebel].

flacke schw.: ›flackern‹ [Stockach].

Flade m.: ♦ 1) ›flaches, dünnes Gebäck, Pfannkuchen‹ SO- und S-Baden; in schmale Streifen geschnitten als Einlage der *Flädlisuppe.* ♦ 2) ›bestrichene Brotscheibe‹ Ortenau.

Flädli-suppe f.: ›Fleischbrüh-Suppe mit Streifen von geschnittenen Pfannkuchen‹.

Flamme-kueche m.: *Flammekueche, Flammeküeche.* ♦ ›flacher Kuchen mit Quark- und Zwiebelauflage, der früher am Backtag gebacken wurde‹ vereinz. Ortenau, Kaiserst., auch *Flammwaaie* [Wasenwlr]. – Vgl. »Dünne, Waie«.

Fländerli n.: ›glitzerndes Metallblättchen zum Aufnähen (Tracht)‹ Kinzigtal. – Vgl. »Fläuderli«.

flankiere schw.: ›herumstreifen‹; *Uf alle Märte flankiert er* [Hebel]. – Vgl. »rumflankiere«.

Flarre m.: *Flarre, Flaare, Pflarre.* ♦ 1) ›ungefüges, großes Stück‹ vereinz. ♦ 2) ›Flecken, Dreckfladen‹ mancherorts SW-Baden. – Mhd. *vlarre.* – Vgl. »Flärre«.

Flärre f.: ♦ 1) ›breite Wunde‹ vereinz. Hegau. ♦ 2) ›großes, unförmiges Stück Speck, Fleisch, Brot, Kuchen‹ mancherorts. ♦ 3) ›Klecks, Flecken, Placken‹ mancherorts. ♦ 4) ›Rausch‹; Syn. → »Rusch«. – Mhd. *vlerre.* – Vgl. »Flarre«.

Flasche f.: *Flasch, Flasche* verbr. (außer Süden); *Fläsche* mancherorts südl. Brsg., verbr. Markgr., Hotzw., Klettgau, Bodenseegebiet; in Zs., ist *Fläsche* fast im ganzen Gebiet verbreitet, z. B. *Fläschezug, Fläschelzug, Bettfläsche.* – Vgl. »Guttere«.

fläschele schw.: ›nach unsauberer Flasche schmecken‹ verbr.

fläschle schw.: ♦ 1) ›mit dem Flaschenzug arbeiten‹. ♦ 2) ›abgeschwemmte Ackererde den Hang hinaufschaffen‹.

Fläschli-bock, -holz m., n.: ›Aufhängevorrichtung des Flaschenzugs‹.

Flaschner m.: ›Klempner‹ mancherorts SO-Baden.

flätig Adj.: *flädig, fledig* ›munter, emsig, flink‹ vereinz. – Mhd. *vlætic.*

flattiere schw.: *fladdiere, flattiere* ›jemandem schmeicheln, schöntun‹ mancherorts.

Flätt-wisch m.: ›Vogelflügel‹ vereinz. nördl. Schwarzw. – Syn. → »Fligel«.

flaudere schw.: *flaudere, fläudere* ›flattern‹ mancherorts; *bi dem Wind fläudere d Bledder bis ins Loch nab* [Ottoschwanden].

flauderig Adj.: ›flatterhaft‹ [Lörrach], eine solche Person ist ein *Flauderi* [Schopfhm].

Fläuderli n.: ›Papierfähnchen zum Schmücken von Bäumchen, die anlässlich eines Festes aufgestellt werden‹ [Freiamt]. – Vgl. »Fländerli«.

Flause f.: *Flaus, Flause* ›Ohrfeige, Handstreich‹, nicht zu verwechseln mit »Fluse« ›Streiche, Dummheiten‹.

Flechse f.: ›Sehne des Schweins‹ [Landeck].

flechte st. (schw.): *flechde, flechte, fleechde, fläächde, flạchde, flạạchde, pflächde, pfläächde, fleächte*; Part. Perf.: *gflochde, gflochte* verbr.; *gfloochte* nördl. und mittl. Schwarzw., Ortenau, vereinz. Brsg., Baar; *gflechtet, gflạạcht* vereinz. ♦ ›Zöpfe, Körbe usw. flechten‹; *un flechte Chindere d' Zupfe* [Hebel]; *Druf flicht si ihre Chranz ins Hoor* [Hebel].

Fleck, Flecke m.: *Fleck, Flegge, Flạgge, Flecke, Fleckche.* ♦ 1) ›Stoffstück, Flicklappen, Lederfleck zum Ausbessern der Schuhe‹; Ra.: *der Fleck nebe s Loch setze* ›etwas verkehrt anfangen‹ [Glock Brsg.]; vgl. »Bletz 1, Spatt«. ♦ 2) ›Flecken, gefleckte Stelle‹, auch Name für gefleckte Ochsen; vgl. »Flecki«. ♦ 3) ›Stelle, Platz, Ort‹; *do kumm i jo nit vum Fleck* [A. Ganther]; Ra.: *Un nit zeh Rösser hädde ne ehnder vum Fleck brocht* [A. Ganther].

flecke schw.: ♦ 1) ›Holz stellenweise entrinden‹. ♦ 2) ›Schuhe ausbessern‹. – Zu »Fleck 1«.

fleckere schw.: ›die Tür wiederholt auf- und zumachen‹ [Achern].

Flecki m., f.: Name für gefleckte Kühe, Ochsen, vereinz.

fleckle schw.: ›leicht schneien‹ verbr.

Flecklig m.: *Fleckli, Flecklig, Fleckchlig, Fleckling, Pfleckling.* ♦ ›Bohle, dickes Brett‹, z. B. als Bodenbelag im Stall. – Abl. zu mhd. *vlecke* ›Brett, Bohle‹.

Fleckli-häß n.: ›Fastnachtskleid aus vielen Stoffstücken‹. – Vgl. »Fleck 1« und »Häß«.

Fleder-mus f.: *Flädermuus, Flądermuus, Pflädermuus; -müüs.* ♦ ›Fledermaus, Vespertilio‹.

Flegel m.: *Flegel* vereinz. (neu); *Pflegel* verbr. (außer SO-Baden); *Pflejl, Pfläil* mancherorts Ortenau, Hanauerland; *Pfleggel* Baar, Klettgau und übriges SO-Baden. ♦ 1) ›Dreschflegel‹. ♦ 2) ›ungezogener, rüpelhafter, frecher Kerl‹ vereinz.

Flegel-hänki f.: *Pflegelhänki; -hänkchi* ›der Abschluss (mit einem Schmaus, einer kleinen Feier) des Dreschens‹. – Wörtlich ›das Aufhängen der Dreschflegel‹. – Vgl. »Sichlehänki«.

Fleisch n.: *Fleisch, Flaisch* verbr.; *Fleesch, Flääsch* mancherorts in der Rheinebene zwischen Schutter und Murg; *Fläisch* vereinz. nördl. und mittl. Schwarzw., oberes Markgr., Höri; *Floäsch, Flaesch* vereinz. SO-Baden. ♦ ›Fleisch‹; *un hole in der Metzg no Flaisch* [Hebel]; Ra.: *dy Flaisch un Bluet* ›deine eigenen Nachkommen‹ [Hebel].

Fleisch-bluem f.: Bez. für versch. Blumen wie ›Kuckucks-, Lichtnelke, Wiesenschaumkraut, Leberblümchen‹ mancherorts.

Fleisch-klee m.: ›Wiesenklee‹ wegen der fleischfarbenen Blütenkugeln, mancherorts Ortenau, Kaiserst.

Fleisch-küechli n.: ›aus Fleischresten und Wecken gebackene Bouletten, Frikadellen‹.

flenne schw.: *flenne, pflenne* ›weinen, plärren‹, meist tadelnd.

flesch Adj.: *flesch, flösch* ›schwammig weich, aufgedunsen, hypertroph‹, von Pflanzen, Fleisch, Menschen, mancherorts; *e flösche Bueb isch's gsi* [Hebel].

fleuchne schw.: ›aus den Händen schaffen, weglegen‹ [Sunthsn].

fleze schw.: *fleeze* mancherorts; *flaize* [Schiltach]. ♦ ›flößen, schwemmen‹. – Bildung zu »Floz« ›Floß‹.

Flezer m.: ›Flößer, Floßknecht‹. – Vgl. »fleze«.

Fliëge f.: *Fliäg* mancherorts östl. und südl. Teil des mittl. Schwarzw., Raum Neustadt, Raum Markdorf; *Fliäge* südl. Brsg., Markgr., westl. Hotzw.; *Fliig* Baar, Hegau, Bodanrück, Linzgau: *Fliige* Raum Blumberg; *Fleig* vereinz. Linzgau; *Flüge* südl. Kreis Waldshut, Höri, Reichenau (Verbr. s. Karte → »Fliëge«). ♦ ›Fliege, Stubenfliege‹; *D' Chäferli un d' Fliege, si chömme z' Stubete* [Hebel]. – Nördlich gilt → »Mucke«.

fliëge st.: *fliäge* verbr.; *flüge* südl. Kreis Waldshut, Höri. ♦ ›fliegen‹; *In große Wirble fliegt der Staub* [Hebel].

Fliëge-schißli n.: ♦ 1) ›Fliegenkot‹; *un wie ne Fliegeschiißli so liicht, wenn aim e Fliegen uf d' Hand schiißt* [Hebel]. ♦ 2) ›Winzigkeit‹.

Fliëge-tätscher m.: ›Fliegenpatsche‹ vereinz. SO-Baden.

Fliënke f.?: ♦ 1) ›Stück Brot‹ [Lörrach, Minseln]. ♦ 2) ›fliegendes Frauenkleid‹ [Holzen].

Fligel m.: *Fligel* mancherorts mittl. und südl. Schwarzw., Ortenau, Brsg., vereinz. Markgr.; *Fliggel* mancherorts Ostteil nördl. Schwarzw., Baar, Hegau, Bodensee; *Flegel, Fleggel* vereinz. Raum Kehl; *Flügel* mancherorts Wiesental, Hotzw.; *Flüggel* Klettgau, Höri; *Fleiel, Flejel, Fleigel* mancherorts untere Acher, Rench, Ortenau; bisweilen mit Verschmelzung des Artikels und Assimilation (*d'Fl- > Bfl-*): *Bfligel, Bfliggel* vereinz. ♦ 1) ›Vogelflügel‹; Ra.: *d' Flügel lambe lo* ›enttäuscht, mutlos sein‹ [A. Ganther]. – Syn.: »Fecke, Fetti, Flittich, Flättwisch«. ♦ 2) ›flügelähnliche Gegenstände‹, z. B. Rockschoß, Tür-, Fenster-, Nasenflügel.

Flirz m.: *Fliirz* ›vertrockneter Augenschleim‹ vereinz. Umgebung Schopfhm.

Fliß m.: ›Fleiß, Absicht‹; etwas *mit Fliß* tun ›mit (böser) Absicht, zum Trotz tun‹.

flißig Adj.: *flissig, flissi, flißig* ›fleißig, beharrlich‹; *gohsch denn au fliißig in d' Chilche?* – [Hebel].

Flittich m.: *Fliddich, Fleddich, Fleddig, Fleddi* mancherorts nördl. Schwarzw., Umg. Achern. ♦ ›Vogelflügel‹. – Syn. → »Fligel«.

flöchte, flöcke schw.: *flööchte* Umg. von Lörrach; *flöcke* [Dogern, Stühlgn]. ♦ ›in Sicherheit bringen, retten, flüchten‹. – Verwandt mit nhd. *flüchten.*

flocke, flockse schw.: ›pulsierend schmerzen, einen klopfenden Schmerz verursachen‹ mancherorts Ortenau, mittl. Schwarzw.

flodere schw.: *flodere, floddere* ›flattern‹ mancherorts.

Floh m.: *Floh, Fluh* verbr.; Pl. *Fleh, Flöh, Flih.* ♦ ›Floh‹; Ra.: er hört *d Fleh huschde* von einem Übergescheiten; Rätsel: *Wie komme d Flöh über de Rhin? – brun!* Brsg.

Floh-krut n.: *Flohkrutt* ›Knöterich‹.

flohne schw.: ♦ 1) ›Flöhe fangen‹. ♦ 2) ›prellen, belügen‹ [Lörrach].

Flömli Pl.: ›Flocken‹ [H. Salm].

flösch ›weich, fett‹ → »flesch«.

Floß n., **Floz** m.: das *Floß* mancherorts (neu); der *Flooz* mancherorts Ortenau, Schwarzw., *Flauz* [Schiltach]; Pl.: *Fleez.* ♦ ›zusammengebundene Holzstämme, die im Wasser zum Rhein geflößt werden‹, früher ein bedeutendes Gewerbe.

Flotsch(i) m.: ›unordentlicher, zerfahrener Mensch, Dreckskerl‹ [Schwerzen, Immeneich].

flotschig Adj.: *flottschig* ›unordentlich, verwahrlost‹, vereinz. SO-Baden.

flotterig Adj.: ›locker, lose, flatterig‹ mancherorts.

Floz → »Floß«.

Floz-wide f.: ›aus gedrehten dünnen Stämmchen verfertigtes Seil, mit dem die Stämme zu Flößen zusammengebunden werden‹ veraltet.

Flu ›Flaum‹ → »Flum«.

flucher Adj.: *flucher* (*-u-* kurz) ›locker, von Teig und Backwerk‹ oberes Markgr.

flueche schw.: ›fluchen‹; *er fluecht un sappermentet: „Chrütz un Stern“* [Hebel].

Flueh f.: ›aufragender Fels‹, nur noch in FlN des Südrandes, z. B. *Fluhacker, Nagelfluh.*

Flug m.: *Flugg, Flug.* ♦ 1) ›Aktion des Fliegens‹; *do obe zieht vom Chilchturn her en Üül* (Eule) *im stille Flug* [Hebel]. ♦ 2) ›eine Kette Rebhühner, Tauben‹. ♦ 3) Bez. für verschiedene Krankheiten bei Mensch und Tier (in der naiven Vorstellung: Krankheit die einen anfliegt), z. B. Röteln, Rotlauf, Gesichtsrose, Entzündungen usw.

Flügel → »Fligel«.

Flum m. (n.): *Fluu, Fluum, Flumm, Pfluu, Pfluum, Pflumm.* ♦ ›Daunen, Flaumfedern‹.

Flumer m.: ›Mop‹ [Epple].

Fluse Pl.: *Fluse,* neuer auch *Flause* ›Flausen, Dummheiten, verrückte Einfälle‹ vereinz.

Fluß m.: ♦ 1) ›größeres fließendes Gewässer‹ selten (neu). ♦ 2) Bezeichnug für verschiedene (fließende, reißende) Krankheiten, z. B. Rheuma, krankhafter Ausfluß u. ä.

fluttere schw.: *fluttere, pfluttere* ›einen flachen Stein über eine Wasserfläche hüpfen lassen‹, der Stein hierzu ist ein *Flutteri.*

flüttig Adj.: ›heiratsfähig‹ [Feldbg].

Fochtle Schimpfwort → »Fuchtle«.

Fock m.?: ›verhärteter Nasenschleim‹ [Stockach].

Fohle n.: ›junges Pferd‹ verbr. nördl. und mittl. Schwarzw., vereinz. übriges Gebiet. – Syn.: »Buschel, Filli, Huddel 3, Hutsch, Kutsch, Muscheli, Mutsch, Wutschel«.

Föhn → »Pfää«.

Fohre f.: *Fohre* Brsg., Elztal, Raum Neustadt, südl. Schwarzw., Markgr., westl. Hotzw.; *Fohr* vereinz. nördl. Schwarzw., Ortenau, verbr. mittl. Schwarzw.; *Forre* Klettgau, Baar, Höri; *Forr* Hegau, Bodanrück, Linzgau. ♦ ›der Baum Kiefer, Pinus silvestris‹. – Vgl. »Forle«.

Fohre-buppeli Pl.: *Fohreboppele, buppele, -buppeli, -bibbili, -büppili* u. a. ♦ ›Kiefernzapfen‹ mittl. Schwarzw., Brsg., Markgr. – Syn.: »Bippeli 2, Fohrebuseli, Fohregickeli, Fohrenäckeli, Fohrezäpfli«.

Fohre-buseli n.: ›Kiefernzapfen‹ [Hausach].

Fohre-gickel(i) m., n.: *Forregickel(i), Forregückel(i), -gückili* u. ä. ›Kiefernzapfen‹ mancherorts SO-Baden. – Syn. → »Fohrebuppeli«.

Fohre-näckeli n.: ›Kiefernzapfen‹ [Stockach]. – Syn. → »Fohrebuppeli«.

Fohre-zäpfli n.: ›Kiefernzapfen‹ mancherorts. – Syn. → »Fohrebuppeli«.

fo(n) ›fangen‹ → »fange«.

Foni m.: Kurzform für den männl. VN *Alfons.*

foppe, föpple schw.: ›necken, zum Besten halten‹. – Syn. → »vexiere«.

förche ›fürchten‹ → »ferchte«.

Forke ›Gabel‹ → »Furke«.

Forle f.: *Forl* nördl. Schwarzw., Ortenau; *Furl* Hanauerland, untere Rench, Acher; *Fordl* vereinz. nördl. Schwarzw. ♦ ›der Baum Kiefer, Pinus silvestris‹. – Vgl. »Fohre«.

Fose, Fosle f.: ›Franse, Faser‹ vereinz. – Vgl. »Fotzle«.

fosere schw.: ›faserig werden‹ [Lörrach].

Fotell m.: *Fodéll* ›Lehnstuhl‹, vereinz. und veraltet. – Frz. *fauteuil,* das seinerseits wieder aus einem fränkischen **Faldistol* ›Faltstuhl‹ entlehnt ist.

Fotz f.: *Fotz, Futz* ›weibliche Scheide‹.

Fotzel m.: ♦ 1) ›heruntergekommener Mensch‹. ♦ 2) ›streunender Hund‹.

Fötzel ›liederlicher Mensch‹ → »Fetzel«.

Fotzel-schnitte f.: ›Speise aus Weckscheiben, in Milch eingeweicht‹ [Auggen, Müllhm, Lörrach].

Fotzle Pl.: ›Quaste, Fransen, Flusen‹ mancherorts. – Vgl. »Fose«.

fotzle schw.: ♦ 1) ›fasern, zotteln‹. ♦ 2) ›in dicken Flocken schneien‹. ♦ 3) ›necken‹ verbr.; Syn. → »vexiere«.

Fotzli m.: ›struppiges Haar‹ bzw. ›Mensch mit ungekämmtem Haar‹.

fotzlig Adj.: ›schlaff herumhängen, schlampig‹.

Fotz-welle f.: ›letzter Bund Stroh, mit Zusammengerechtem‹ [Elzach].

fraa Adv.: *fraa, froo* ›besonders, insbesondere, zumal, hauptsächlich‹ vereinz. Ortenau, Kaiserst.; man kann jetzt keinen Kuchen backen, *froo wenn d Eier net rämmlig sin* ›besonders weil die Eier selten sind‹ [Weisweil (Emm.)]. – Entstanden aus *vor-ab.*

Framsele → »Fransle«.

Frank-rich n.: ›Frankreich‹.

Fransle f.: *Fransle, Framsele,* seltener *Franzle.* ♦ ›Franse‹.

Franz m.: häufiger (katholischer) männl. VN; auch in zahlreichen Zs. wie *Franzsef, -sepp, -seppili, -tone* (-anton), *-naz* (-ignaz) u. a.

Fränz f.: Kurzform für den weibl. VN *Franziska*; *Un wo i gar erscht 's Harzbure Franz g'hürot ha* [A. Ganther].

Franzos m.: ♦ 1) ›Franzose, Elsässer‹; Ra.: *D' Franzose ziage* (ziehen) *an der Sunne* ›es will Abend werden‹ [Bötzgn]. ♦ 2) nur Pl. *d' Franzose haa.* ›geschlechtskrank sein‹ mancherorts; ›Tuberkulose haben‹, vom Vieh, vereinz. ›Menstruation haben‹ [Ettenhm].

Franzose-krut n.: ›Bingelkraut‹ und andere lästige Unkräuter.

fräßig Adj.: ♦ 1) ›gefräßig‹. ♦ 2) ›wohlschmeckend, sich gut essen lassend‹ vereinz.

fratt Adj.: ›aufgescheuert, wund‹ [Bötzgn]. – Mhd. *vrat* ›halb faul, wund gerieben‹.

Frau f.: *Frau* verbr. Schwarzw., Markgr., Hotzw., Klettgau, mancherorts Brsg., Ortenau; *Frou* vereinzelt Umg. Bühl, verbr. Raum St. Georgen – St. Märgen, Baar, Hegau, Bodensee; *Fröu* mancherorts Raum Kehl; *Fräu, Fraü* mancherorts Ortenau, nordwestlicher Brsg. ♦ 1) ›verheiratete weibl. Person, Herrin des Gesindes‹, wenn nicht das mundartlichere »Wib« gilt; *d Frau Lehreri* ›die Frau des Lehrers‹ mancherorts; *Frau Hofrädi* [A. Ganther]; *d' Frau Vögtene* ›die Frau des Vogtes‹ [Hebel]; *der Michel, schlacht sy Frau* [Hebel]; *in dem Huus het d Frau d Hose aa* ›die Ehefrau hat das Sagen‹ Brsg. ♦ 2) ›weibl. Person allgemein‹; *So ne tolli Frau, un doch so güetig un fründli* [Hebel]; *un wo's um si luegt, se stoht in goldige Hoore, nummen en Ehle lang, e zierlich Frauweli* (Dim.) *vor em* [Hebel].

frau-base schw.: ›tratschen schwätzen‹ mancherorts.

Fraue-mänteli n.: Bez. für Pflanzen aus der Familie der Rosengewächse, Alchemilla; *Frauemänteli, Hasebrödli, würzige Chümmi* [Hebel].

Fraue-recht n.: ›ein Wirtshausfest für Frauen am Aschermittwoch‹, 1. Hälfte 20. Jahrh. [Freib.].

Fraue-schenkel m.: Name einer bestimmten Birnensorte, mancherorts.

Fraue-schueh m.: Name verschiedener Pflanzen wie Orchideen, Ragwurz, Pantoffelblume, Sturmhut, mancherorts, auch *Fraueschläppli.*

Fraue-tiërli n.: ›Marienkäfer‹, bisweilen auch *Frauenküehle* (-kühlein), *-schüehle.* – Mit *Frau* ist hier *Unsere Frau = Maria* gemeint.

Fraufaschte-chind n.: ›Sonntagskind‹ Markgr.; *De wirsch en doch öbbe nit förche, so ne Fraufastechind, wie du bisch* [Hebel].

Frau-faste → »Fronfaschte«.

frech Adj.: ♦ 1) ›herzhaft, mutig, kühn‹; *Er isch e freche Ritter gsi* ›ein kühner Ritter‹ [Hebel]. ♦ 2) ›ungestüm, jäh, schnell‹; *e Bôrerli verheit wemer z fräch âdrukt oder it ghörig salwet* ›einen dünnen Bohrer kaputtgemacht, wenn man zu ungestüm andrückt oder nicht genug schmiert‹ [O. Furtwängler]; sie hat *frech* sterben müssen ›plötzlich, unerwartet‹ [Falkau, Neukirch, Kappel (Freib.)]. ♦ 3) ›vorlaut, ungezogen, dreist‹ verbr.

fredig Adj.: ›munter, frohgemut‹; *freddig druflosmarscheere* ›munter ausschreiten‹ [Freiamt]. – Vgl. »flätig«.

Frei-bank f.: ›Fleisch-Verkaufsstelle, an der verbilligtes Fleisch verkauft wird‹.

Freid f.: *Fraid* Schwarzw., Brsg., Hotzw.; *Frejd* mancherorts nördl. Schwarzw., Ortenau, Baar, Hegau, Bodensee; *Freed, Frääd* vereinz. Rheinebene zwischen Murg und Kinzig; *Freud, Fräud, Fröid* mancherorts oberes Markgr., Hotzw., Klettgau, Höri. ♦ ›Freude‹; *In Freud un Schmerz* bzw. *Laid un Freud* [Hebel]; *er het si Freid dra g'ha* [A. Ganther]; *Die het e närschi Freud an ihrem Büebli* [Hebel].

freie[1] schw.: *fraie, freie, frääe, freue, fräue* (Verbr. wie »Freid«). ♦ ›sich freuen‹; *un 's Lewe het 'n nimmi g'frait* [A. Ganther]; *un i freu mi druf* [Hebel].

freie[2] schw.: ›einen Ehegatten suchen, freien‹, vereinz.

Freiete f.: ›das Freien, die Suche nach einer Ehegefährtin‹ vereinz.

fremd Adj.: *fremd, fra̧md, frömd, frönd, frend* (Verbr. wie »fremden«). ♦ ›von woanders, nicht ansässig, unbekannt‹; *us wyte fremde Ländere her* [Hebel]; *un stell di nit so fremd!* ›gib dich nicht so ängstlich!‹ [Hebel]; *me wird frend anenand* ›man lebt sich auseinander‹ [Stahrgn].

fremde, fremdele schw.: *fremde, fra̧mde* verbr.; *fremme* mancherorts Nordrand; *frende, frönde, frömde* mancherorts Dinkelberg, Wiesental, Hotzw., vereinz. Klettgau. ♦ ›vor fremden Leuten Angst haben, schüchtern sein, fremdeln‹; *i häi au seli gfremdet un mer gficht wia en Hoseschiser* [O. Furtwängler].

Fremdi f.: ›das Gebiet außerhalb der Heimat, die Fremde‹; *wie wird's mer echterst in der Fremdi goh?* [Hebel]; *wo si z Friburig unde in dr Fremdi gsi isch* [O. Furtwängler].

Fresche-mul n.: ›die Blume Löwenmäulchen‹ Kaiserst. – Wörtlich *Fröschen-maul* ›Froschmaul‹.

Fressasch f.: ›Mund, Gesicht‹, derb.

fresse st.: *fresse, fra̧sse* verbr.; 2. Pers. in der Südhälfte häufig *du frissisch(t), frissesch(t).* ♦ 1) ›Nahrung zu sich nehmen, von Tieren‹; *es chömme Lörecher Rößli, fresse der us der Hand* [Hebel]. ♦ 2) ›viel, unbeherrscht, unmanierlich essen‹, von Menschen; *die junge Burst* (Burschen) *maine, si haigen* (hätten) *ellai mit Löffle d' Glehrsamkait gfresse* [Hebel].

Fressete f.: ›Portion zum Fressen für die Tiere‹; *e Fressete Ruebe* ›Futterrüben‹ [Diersburg].

Fress-götti m.: ›Vielesser‹ [Lörrach].

frette schw.: ›antreiben und plagen‹ vereinz.

fretze schw.: ♦ 1) ›unberechtigt durch Vieh abweiden lassen‹. ♦ 2) ›das dürre Gras an Rainen abbrennen‹ [Sunthsn].

Freude → »Freid«.

freuen → »freie«.

Freund → »Frind«.

frevle schw.: ›Feld- oder Waldfrevel begehen‹ mancherorts.

Fri-burg n.: *Friiburg* verbr.; *Friiburig, Friibrg* vereinz. Brsg.; aus letzterer Form dürfte sich die vereinz. im südl. Schwarzw. und im Wiesental bezeugte Form *Friiberg* entwickelt haben, wie es auch bei Hebel heißt: *z' Fryberg in der Stadt, suufer isch's un glatt* (bei Zitaten dieses Verses wird heute in der Regel *Fryberg* durch *Friburg* ersetzt). ♦ ›die Stadt im Brsg.‹; *d Friburger Boppele* Neckname für die eingesessenen Bewohner.

Frider m.: Kurzform für den männl. VN *Friedrich.*

Fridli m.: Kurzform für den männl. VN *Fridolin*; bei Hebel kommen *'s hailige Fridelis Chalble* vor, dies waren ursprünglich Kälber, denen man am Tag des heiligen Fridolin (6. März) erstmalig das Joch auflegte.

Friëhlig m.: *Friälig, Früelig, Früeling* ›Frühling‹ Markgr., Hotzw.; sonst »Friëhjohr«; Sprichw.: *Wer im Früeling nit zablet, / wer im Heuet nit gablet. / Wer in de Äern nit früe ufstoht, / seller ka gucke, wies em im Winter goht* [Epple]. – Ggs.: »Spätlig«.

friëj Adj.: *friej, früej* verbr.; *friih* vereinz. nördl. Ortenau; Komparativ: *friejer, friejner, früehner, früehnder.* ♦ ›früh, frühzeitig‹; *Früeih, wenn der Tag verwacht* [Hebel]; *Mer schloofe, bis am Sunntigfrüeih* [Hebel]; *Er sei früaier e mol im Land gsi* [O. Furtwängler].

Friëj-johr n.: *Friäijohr, Frihjohr, Freijohr* u. ä. ♦ ›Frühling‹ verbr. (außer Süden, wo »Friëhlig« vorherrscht). – Ggs.: »Spotjohr«.

friëre st.: *friäre, freäre* verbr.; *früre* Hotzw., Klettgau, vereinz. Höri. ♦ ›frieren, gefrieren‹.

friese schw.: *friise* ›Bewässerungsgräben ziehen‹, vereinz. Südrand. – Das Wort gehört zu dem bei uns nur historisch belegten *Friese* ›Wasserbauarbeiter, Dammarbeiter‹, dazu auch *Friesax, Frieshau, Frieseschnur.*

Friësel m., n.: *Friäsel* Bez. für verschiedene Krankheiten, z. B. Masern, oder Krankheitssymptome, die sich in Bläschen, Hautausschlägen, Hautrötungen, Fieber oder Erkältung zeigen, mancherorts, veraltet. – Bildung zu mhd. *vriesen* ›Fieberschauer‹.

Frieseli n.: ›gewöhnliche Nelke‹ Markgr.

frii Adj.: ›frei‹.

friili Adv.: ›freilich‹, häufig als bestätigende Floskel; *Jo, friili will i, jo!* [Hebel]; *'s isch friili wohr* [Hebel].

Friko m.: ›Schmaus‹ [Ettenhm, Kippenheimwlr], ein besonderer Leckerbissen ist ein *Frikönli.* – Frz. *fricot* ›Ragout‹.

Frind m.: *Frind, Friind, Fründ* ›Freund‹; *e guete Fründ* [A. Ganther]; *Nu gunn Ich Gott der liebe Freude viil mit Eue brave Fründen in der Schwyz!* [Hebel].

frindli Adj.: *frindli, fründli, fründlig* ›freundlich‹; *e frindli Gsicht* [O. Furtwängler]; *un sag em fründli Gottwilche* [Hebel].

Frindschaft f.: *Frindschaft, Fründschaft.* ♦ 1) ›Freundschaft‹. ♦ 2) ›Gesamtheit der Verwandten‹ mancherorts. Volksglaube: *Wenn aim im Traum e*

Zahn usfallt, so zaigt's e Todesfall aa in der Fründschaft Brsg.

Frischtig m.: ›Frost‹; *der Salat het der Fristig gspürt* [Burte].

Fritig m.: *Friddig, Frittig* verbr.; *Friitig* mancherorts südl. Baar, Hegau; *Friddi* Gebiet zwischen unterer Murg und unterer Kinzig, Hanauerland; *Freitig* mancherorts östl. Baar, Linzgau; *Fraitig* mancherorts Höri, Bodanrück. ♦ ›der Wochentag Freitag‹; *d broamege Freitig* ›Freitag nach dem schmutzigen Donnerstag, an dem man jedem, den man erwischt, das Gesicht schwärzt‹ [Bermatgn]; *dr schmutzig Friddig* ›Freitag nach Fastnachtssonntag‹ [Ringshm]. *'s isch Friddig gsi* [A. Ganther]. Wetteregel: *wiä de Sunndig s Wedder wil haa, fangd r am Friddig z Obe scho aa* [Saig]; *wiä de Fridig am Schwanz, isch de Sunndig ganz* dass. [E. Strube].

Frog f.: ›Frage‹.

froge schw.: *froge* verbr.; *froie, fröie* Hanauerland, untere Kinzig; *fröwe* mancherorts in der Rheinebene zwischen Kinzig und Murg. ♦ ›eine Frage stellen, fragen‹; *er frogt: „Was isch my Schuldigkait!"* [Hebel]; *wo bisch gsi, wemmer froge derf?* [Stahrgn]; Ra.: *Frooge koschtet nint* [Epple]; Sprichw.: *Wers Klein nit frogt, isch s Groß nit wert* [Appenw.].

Froges n.: ›Fragerei‹ [Hebel].

frone schw.: urspr. ›Frondienste leisten‹, im 20. Jh. noch vereinz. als ›freiwillig Arbeitsdienst leisten, Gemeinschaftsarbeiten verrichten, beim Bau ohne Bezahlung helfen‹ u. ä.

Fron-faschte n.: ›vierteljährlich wiederkehrende Fasttage, Quatember‹, veraltet, vor allem in Zs., die im Volksglauben eine gewisse Rolle spielen, nämlich *Fronfaschtefrau, -wiib, -nacht, -gespenst, -männer* (teilweise auch als *Fraufaschte-* umgebildet, so z. B. Hebel); es handelt sich entweder um gespenstische Wesen oder Menschen, die in den Fronfasten geboren sind und die magische Fähigkeiten besitzen; vgl. »Fraufaschtechind«.

Frosch m.: *Frosch* verbr.; *Frösch* ob. Markgr., Hotzw., Klettgau, Höri. ♦ ›Frosch‹; *un schmecksch* ›riechst‹ *im Weiher d' Frösche scho?* [Hebel].

Frosche-giekser m.: ›altes, abgebrauchtes Messer‹ vereinz.

Frösche-luppler Pl.: Ortsneckerei für Holzhsn (Kehl), zu »Luppel«.

Frösche-malter m.: ›Froschlaich‹ mancherorts Markgr., Hotzw., Klettgau; nördl. davon *Freschlaich, Freschelaichl* u. ä. – Vgl. »Malter[2]«.

Froscht m.: ›Frost‹.

froscht-rissig Adj.: ›vom Frost verdorbenes Holz‹ [Burte].

Frucht f.: *Fruchd, Frucht* mancherorts Brsg., verbr. südl. Schwarzw., Markgr., Hotzw., Klettgau, Hegau, Bodensee; *Fruuchd, Fruucht* verbr. Schwarzw., Ortenau, Brsg.; *Fruechd, Fruecht* mancherorts Baar; *Frochd, Frocht* vereinz. untere Acher und einige Orte südl. von Donaueschingen; bisweilen mit assimiliertem Artikel: *Bfrucht, Bfruucht, Pf-*. ♦ ›die Gesamtheit des (auf dem Felde stehenden) Getreides‹, nur selten der Fruchtertrag; *'s grootet* (gerät) *Frucht un Wii* [Hebel]; *e Woche achdi nooch Himm'lfahrt, wo d' Fruucht goldgäl dri'gluegt het* [A. Ganther]; *D Früchte* (Pl.) *schtän schtolz in de Halme* [O. Furtwängler].

Frucht-boge m.: ›Getreideauffangvorrichtung an der Sense‹, mancherorts; auch *Fruuchtsprigel* [Oberw. (Rast.)].

Frucht-dot f.: ›Getreidekasten‹ [Oberw. (Rast.), Gutach]. – Zu »Tote«.

Frucht-nägeli n.: ›Kornblume bzw. Kornrade‹ [Rüßwihl].

früh → »friej«.

frumm Adj.: *frumm* verbr.; *fromm* vereinz. östl. Schwarzw. ♦ 1) ›fromm im religiösen Sinn‹; *Den Engle gfallt, was frumm un güetig isch* [Hebel]. ♦ 2) ›zahm, folgsam‹, bes. von Zugtieren.

Fründ ›Freund‹ → »Frind«.

Fu-balle f., (m.): *Fuballe, Pfuballe* ›Spielball der Kinder‹ vereinz. SO-Baden. – Vgl. »Bauballe«.

fu-balle schw.: ›Ball spielen, von Knaben‹.

Fuchs m.: *Fuggs* verbr.; Pl. *Figgs, Függs*; Dim.: *Figgsli*. ♦ 1) ›das Raubtier Fuchs‹; Ra.: *Stinke wie en Fuchs im Okdower* ›sehr stinken‹ [Kappelwindeck]. ♦ 2) ›Pferd mit rötlichem Fell‹; *Enanderno isch 'r furt, het si Füchsli g'satt'lt un isch dhalfüri kalebbert* [A. Ganther]. ♦ 3) ›listiger Mensch‹ oder Kind im Spiel *der Fuchs geht um*. ♦ 4) nur Dim. ›die Pflanze Fuchsie‹.

fuchse schw.: *fuggse* ›jemanden oder sich ärgern‹.

fuchsig Adj.: *fuggsig, fuggsi*. ♦ 1) ›rötlichbraun‹, bes. von fehlerhaftem Wein. ♦ 2) ›ärgerlich, wütend, aufgebracht, knickerig‹ mancherorts.

fuchs-teifels-wild Adj.: ›ganz rasend‹.

fuchtig Adj.: ›hitzig, erregt‹ [Wiechs].

Fuchtle f.: *Fuchtle, Fochtle, Fuechtel*. Scheltwort für eine überspannte, leichtsinnige, unsolide, liederliche weibliche Person, mancherorts.

fuchtle schw.: *fuchtle, fochtle*. ›mit einem Gegenstand, den Armen herumgestikulieren, fuchteln‹, dazu das Adj. *fuchtlig*.

fuch-zeh ›fünfzehn‹ → »fufzeh«.
fuchzig ›fünfzig‹ → »fufzg«.
fuckere schw.: ›schimpfen‹ [Sulzburg].
Fude m.: ›Wurzelballen des Riedgrases‹ vereinz. Ortenau. – Vgl. »Pfude«.
Fudi n.: ›Hintern‹ [Lörrach]. Vgl. »Fidle«.
Füdi m.: ›langsamer Mensch‹ [Waldshut], *Fudili* ›Umstandskrämer‹ [Gengenb.]. Vgl. »Fideler«.
Füdle ›Hintern‹ → »Fidle«.
Fueder n.: ♦ 1) ›Wagenladung‹. ♦ 2) ›großes Flüssigkeits-, Weinmaß (1500 l)‹.
Fuehre f.: *Fuhr, Fuehr, Fuehre* ›Fuhrwerk, Wagenladung‹; *e g'hörigi Fuhr Porz'lang'schirr* [A. Ganther].
füehre ›führen‹ → »fiere«.
Fuehr-werk n.: ›Fuhrwerk‹.
fuehr-werke schw.: ♦ 1) ›mit Wagen und Gespann arbeiten‹. ♦ 2) ›schalten und walten, grob mit etwas oder jemandem umgehen‹ verbr.
fuere schw.: ›nähren, sättigen, nützen‹ mancherorts; das Essen *fueret* ›nährt gut, sättigt‹ vereinz.; dazu auch das Adj.: *fuerig* ›nahrhaft, sättigend‹. – Mhd. *vuoren* ›unterhalten, nähren, speisen‹.
Fuerte f.: ›Furt im Altrhein‹ [Wyhlen].
Fueß m.: *Fueß*, Pl.: *Fiäß, Füeß* verbr.; Dim.: *Fiäßle, Fiäßli, Füeßli* verbr.; Pl.: *Füeßlene* [Hebel]. ♦ 1) ›die untere Körperextremität‹, gemeint sind Fuß, Unterschenkel und in manchen Gegenden auch das gesamte Bein bis zur Hüfte. Dort hat *Bein* meist die Bedeutung ›Knochen‹; vgl. »Bei«; *Im Hermännli sin d' Füeß wia Blei so schwer worre* [A. Ganther]; *s het gnueg misrabli Chrüppel gee; s hinkt menggen ohni Fueß un Hand* [Hebel]; Ra.: *sich mit Händ un Füeß wehre* ›sich entschieden zur Wehr setzen‹ mancherorts; *der Weg unter d' Füeß neh* ›losschreiten, vorangehen‹ [Hebel]; *uf de letschde Fiäß laufe* ›dem Tod entgegengehen‹ [E. Strube]; *rundi Fieß ha* ›betrunken sein‹; Sprichw.: *wer kai Sinn hett, der hett Füeß* ›was man nicht im Kopf hat (vergessen hat), muss man durch nochmaliges Zurückgehen holen‹ [Glock Brsg.]. ♦ 2) ›unterer Teil, Fußteil an Gegenständen‹, z. B. am Schrank.
fueß(e)le schw.: ›mit raschen, kleinen Schritten gehen‹; *un* (er) *fues'lt zue d'r hindere Diar nus* [A. Ganther]. – Vgl. »fießle«.
Fueßet(e) f., n.: ♦ 1) *Fueßet, Fueßete* ›Fußende des Bettes‹; Ggs. »Kopfet(e)«. ♦ 2) ›der untere Teil der Bettdecke‹.
Fueter n.: *Fueder, Fueter*. ♦ 1) ›Viehfutter‹. ♦ 2) ›Kleiderfutter‹; mancherorts in beiden Bed. auch *Fiäteri, Füeteri* f.
fuetere schw.: *fuedere, fuetere, fiätere, füetere* ›dem Vieh Futter geben, füttern‹; *„was du mit em Gras witt mache". – „Fuettere", sait er* [Hebel]; nicht zu verwechseln mit »futtere«.
Fueter-fass n.: *Fuederfass, Fueterfass* südl. Brsg., Markgr., Hotzw., Baar, Bodenseegebiet. ♦ ›Wetzsteinbehälter‹. – Syn.: »Kumpf«.
Fueter-gang m.: ›schmaler Gang im Stall, von wo man dem Vieh das Futter gibt‹.
Fueter-männli n.: sagenhaftes Männlein, das sich im *Fueterstock* (Heustock) versteckt hält und das heimlich das Vieh füttert, vereinz. mittl. Schwarzw.
fuf-zeh Num.: *fuffzeh(n)* verbr. Gesamtgebiet; *fuchzeh(n)* mancherorts nördl. und mittl. Schwarzw., vereinz. Brsg.; *füfzeh* mancherorts Markgr., Hotzw. ♦ ›die Zahl fünfzehn‹.
fufzg Num.: *fufzg* mancherorts Brsg., Hotzw., Baar, Klettgau, Hegau, Bodensee; *fufzig* mancherorts nördl. Schwarzw., Ortenau, Brsg.; *fuchzig* mancherorts nördl. und mittl. Schwarzw., vereinz. Ortenau; *fufzg* Ostteil des mittl. Schwarzw., oberes Elz- und Glottertal, vereinz. Linzgau; *füfzg* mancherorts Markgr., Hotzw.; *feufzg* Singen. ♦ ›die Zahl fünzig‹; *Buewe un Maidle, Männer un Wiwer, g'wiß Stucker fufzig, sechzig* [A. Ganther].
fuggere schw.: ›heimlich Handel treiben, Tauschhandel treiben, schachern‹, bes. von Kindern. – Nach dem ehemaligen Augsburger Kaufmannsgeschlecht der Fugger. – Vgl. »abfuggere«.
ful Adj.: *fuul, full, füül, füll*. ♦ 1) ›von Fäulnis ergriffen‹; *di fûle un fersauete Bleter ewegmache* (beim Kraut) [O. Furtwängler]; *Un lueg, do niden in de Hürste seig gwiß 's Eiermaidli glege, halber fuul* [Hebel]; *fuler Käs / Chäs* ›selbstgemachter Bauernkäse‹ mancherorts. ♦ 2) ›träge, bequem‹; *Mi Fünffüeßler, nit ful, haut un haut, daß d' Funke d'rvu spritze* [A. Ganther]; *Der Bammert* (Bannwart) *wird tägli liederlicher, füüler* (Komparativ), *versoffener* [Hebel]; *e fuli Misti* ›faule Person‹ Markgr.; Sprichw.: *fuli Ross iwerlade sich gern* [E. Strube].
Fular m.: *Fuláar* ›seidenes Halstuch (auch für Männer)‹. – Frz. *foulard*.
ful-ärtig Adj.: ›von fauler Art‹; *un 's Wirts fuulärtige Hofhund* [Hebel].
Fulbe ›Kissen‹ u. a. → »Pfulge«.
fule schw.: ›faul werden, faulen‹; *Der Epfel fuulet gern* [Epple].
fülele schw.: ›nach Fäulnis riechen‹ [Mengen].
Fulenzi, Fulenzia, Fulenzete f.: ›Erkältung, Grippe‹, häufig nur für vorgeschobene Erkältung,

um sich vor der Arbeit zu drücken. – Spielerische Veränderung zu *Influenza.*

fummle schw.: ›polieren‹ verbr.

Fundement n.: ›Fundament, Grund‹, *usem Fundement* ›von Grund auf‹ [Hebel].

fünf → »finf«.

fünfzehn, fünfzig → »fufzeh, fufzg«.

Funke m.: ♦ 1) ›Feuerfunken‹. ♦ 2) ›brauchmäßiges Höhenfeuer am 1. Fastensonntag‹; *der Funke* Hegau, Bodensee; der Tag ist der *Funkesunntig.*

funkle ›in den Fingern prickeln‹ → »finkle«.

Funscht → »Fuscht«.

Funsle f.: *Funsle, Funzle, Funzel.* ♦ 1) ›alte, schlecht brennende Lampe‹. ♦ 2) abschätzige Bez. für weibl. Personen.

Für ›Feuer‹ → »Fir«.

für → »fir«.

fürbe ›fegen‹ → »firbe«.

Furche → »Fure«.

fürch(t)ig ›furchtsam‹ → »ferchtig«.

füre ›nach vorn, hervor‹ → »firi«.

fure schw.: ›Furchen ziehen‹ Markgr. – Vgl. »firle«.

Fure f.: *Fuur, Fure,* seltener *Furre* verbr. Brsg., Markgr., westl. Hotzw.; *Fuur* Hanauerland, Raum St. Märgen, Furtwangen, St. Georgen, Neustadt; *Furr* vereinz. Linzgau; *Furi* mancherorts sudl. Schwarzw., Hotzw.; *Furri* Klettgau, östl. Hegau, Höri, Bodanrück, vereinz. Baar; *Forri* Baar, mancherorts Hegau; *Furch, Furich* nördl. und mittl. Schwarzw., Ortenau; *Furcht, Furicht* mancherorts an Wolfach, Acher und Rench. ♦ ›Furche‹; *Un wenn im früeje Morgeroot der Buur in Feld un Fure stoht* [Hebel]; Ra.: *Hütt mueß es Fure gee* ›heute muss es Fortschritte geben‹ Brsg.

Fure-legi f.: ›Grenzfurche‹ [Auggen].

Fur-fälli f.: ›die beim Pflügen talwärts gerutschte Erde‹; *Furfälli trage* ›diese Erde nach oben tragen‹ Markgr.

Für-fueß ›Teil des Fußes, Strumpfes‹ → »Firfueß«.

fürig Adj.: ›vorrätig, überschüssig‹ mancherorts Raum Schopfhm.

Furke, Furkle f.: *Furke* mancherorts an oberer Elz, Wolfach und Gutach, verbr. östl. Brsg., südl. Schwarzw., Raum St. Georgen bis Neustadt, Linzgau, Bodanrück; *Furche, Furchle, Furkche, Furkchle* (*ach*-Laut) mancherorts Hotzw., Klettgau; *Furkl* mancherorts Hegau, Bodanrück; *Furkle* mancherorts Hegau, Höri; *Forke* verbr. Baar, mancherorts Hegau; *Forkle* mancherorts Hegau. ♦ ›Gabel in der Landwirtschaft‹. – Das vom Eltzal und östlichen Brsg. bis zum Bodensee gut bezeugte Wort ist etymologisch von lat. *furca* ›Gabel‹ herzuleiten.

furke schw.: ›mit der Gabel (Furke) arbeiten‹ [Todtnaubg, Hüfgn].

für-ko st.: *fürcho, fürko* ›vorkommen, scheinen‹ [Hebel, Sulzburg].

Für-legi f.: ›verschiebbarer Laden am Schweinekoben‹ [Eschb. (Waldsh.)].

Furm f.: ♦ 1) ›Backform‹ vereinz. Ortenau, Kaiserst. ♦ 2) ›Metallknopf‹ auch Dim. *Furmele, Firmele.*

Furn m.: *Furn, Furm, Fürn, Firn* mancherorts an Bodensee und Rhein. ♦ ›eine Fischart‹, z. B. Weißfisch, Rotauge, Rotfeder.

für-nehm → »firnehm«.

Fur-ort n.: ›Furchenende‹ Breisgau.

fürschi, fürsi ›vorwärts‹ → »firschi«.

Für-stett f.: ›Herd‹ Markgr.

furt Adv.: *furt* verbr.; *fort* vereinz. (neu?). ›an einen anderen Ort, weg‹; *Furt isch er!* [Hebel]; *Furt, waidli furt!* [Hebel]; Ra.: *Un uf un furt* ›schleunig davon‹ [Hebel]; *nix as furt* ›nichts wie weg‹ [A. Ganther]; *an einer Dur furt* ›fortlaufend‹ [A. Ganther]; *in eim furt* ›andauernd‹ [Freiamt]; *un furt un furt* dass., tadelnd.

furt-hocke schw.: ›ständig außer Haus sein‹ verbr.

furt-mache schw.: ›eine Tätigkeit fortsetzen, weitermachen‹; *so wird furtgmacht bis um ë Füari rum* ›so wird fortgefeiert bis gegen vier Uhr‹ [O. Furtwängler]; *furtmache bis anne Hotumi* ›weitermachen bis zum St. Nimmerleinstag‹ [Freiamt].

Furt-solo n.: ›Spielzug beim Kartenspiel Zego‹ verbr. südlich.

Für-tuech ›Schürze‹ → »Firtuech«.

Für-wasser n.: ›Gegenströmung im Rhein‹ Fischerspr. [Grenzach].

Furz m.: *Furz* verbr. (außer Baar); *Bfurz, Pfurz* vereinz.; *Forz* verbr. Baar, mancherorts Hegau. ♦ 1) ›Darmwind, Blähung‹; er hat *e Furz abgloo* ›eine Blähung streichen lassen‹ [Weil a. Rh.]; Ra.: *us jedem Furz en Dunderschlag mache* ›gehörig übertreiben‹ [E. Strube]. ♦ 2) ›Unbedeutendes, Wertloses‹; *Firz im Kopf* ›Unsinn, verstiegene Pläne im Kopf‹. – Vgl. »Pfurz«.

furz-trucke Adj.: *furztrucke, -truche, -troche* ›sehr trocken‹ verbr.

Fuscht f.: *Fuschd* verbr. nördl. und mittl. Schwarzw., Ortenau, mancherorts Brsg., Markgr.; *Füschd* mancherorts Ortenau, Brsg., Markgr.; *Fuuschd, Fuuscht* südl. Schwarzw., oberes Wiesental, Hotzw., Klettgau, Baar, Hegau, Bodensee; *Füüschd, Füüscht* mancherorts Hotzw., Klettgau, Höri; *Funscht* vereinz. südl. Hegau, Höri; in Verbindung mit dem Artikel tritt im Süden bisweilen Verschmelzung des Artikels mit dem nachfolgenden Wort und Lautwandel (Assimilation) ein: *d'Fuscht* > *b'Fuscht* > *Bfuscht*; z. B.: *sich i Bfuuscht lache* ›sich ins Fäustchen lachen‹ [Mühlgn (Stock.)]. Pl.: *Fischt, Fiischt, Füscht.* ♦ ›die geballte Hand, Faust‹; Ra.: *e Fuscht im Sack mache* ›ohnmächtige Wut haben‹ [Lahr]; etwas *uf eigni Fuuscht mache* ›auf eigene Rechnung, ohne fremde Hilfe‹ [Mühlgn (Stock.)]; *mach e Fuuscht wenn kai Hand häsch* ›wie soll man sich wehren, wenn die Voraussetzungen fehlen‹ [E. Strube].

fuschte schw.: *fuschte, fuuschte* ›mit den Fäusten drohen, schlagen‹ vereinz.

Füschtel m.: ›Fausthammer‹ Markgr.

Füsi n.: ›Gewehr‹; veraltet; *Kai Hurlibaus, ke Füsi meh!* [Hebel]. – Frz. *fusil.*

Fussi f.: ›Durcheinander, Unordnung‹ vereinz. Hegau, Bodanrück.

futi Adj.: *fuddi* ›verdorben, wertlos‹ vereinz. – Frz. *foutu.*

futtere schw.: *fuddere, futtere* ›fluchen, schelten, schimpfen, murren, jammern‹ mancherorts; nicht zu verwechseln mit »fuetere«. – Vgl. »pfuttere«.

G

Unter »Gl-« und »Gr-« vermisste Wörter können unter Umständen auch unter »Kl-« bzw. »Kr-« gefunden werden.

gä st.: *gää* mancherorts Schwarzw., Brsg., Hotzw.; *gąą* mancherorts südl. Ortenau, Kaiserst., westl. Markgr.; *gee* mancherorts Brsg., verbr. Markgr., Wiesental; *geei* Ostteil des mittl. Schwarzw., obere Breg, Umg. St. Märgen; *gii* vereinz. Umg. Zartener Senke und davon abseits im Klettgau; *goi* obere Wolfach; *genn, gähn* verbr. in der Rheinniederung zwischen Rheinhsn und Greffern; *gąnn* vereinz. Hanauerland; *geng* [O.prechtal, Mühlenb.]; *gääe, gee'e* Baar, Hegau, Höri, Bodenseegebiet; *gewwe* verbr. am Nordrand, an Murg und Oos, *gääwe* vereinz. obere Rench; Part. Perf.: weitgehend wie Inf.; die 1. Pers. Sg. wird mit *i* gebildet, also z. B. *ich gib.* ♦ ›geben‹; *Euch gib i no vier Taler* [Hebel]; *'s het e Mordsradau gä* [A. Ganther]; *i möcht jetz Uskunft gä* [A. Ganther]; *Das git mer Chraft in Mark un Bai* [Hebel]; Ra.: *was hesch, was gisch* ›tüchtig, schnell, intensiv‹, z. B.: *Jetz goht's ringum, was hesch, was gisch!* ›jetzt geht es toll im Kreis herum‹ [Hebel]; *gäb Gott!* verbr.

Gää f.: ›Beerenwanze‹ u. a., mancherorts nördl. Schwarzw., Ortenau. – Die Herkunft des Wortes, wörtl. *Gähe*, das auch in anderen Dialekten bezeugt ist, ist bisher nicht erklärt. – Syn.: »Beerestinker, Gauch, Guckgauch 2, Kriësestinker, Salzkäfer, Stinkbock, Stinkkäfer, Stinkpuppele, Wendele 2«.

gääl Adj.: *gääl* verbr. (außer SO-Baden); *gąąl* mancherorts Ortenau, Brsg., Markgr.; *geel* mancherorts Kaiserst., südwestl. Brsg.; *geäl, gäel* Baar, Hegau, Bodenseegebiet. ♦ ›gelb‹; *un alli Farwe hen sie ag'numme, rot, gäl, grüen un blau* [A. Ganther]; *Un d' Blättli werden gel un rot* [Hebel].

Gääl-fiäßler Pl.: heute Neckname für die Bewohner von Baden, in früheren Zeiten auch für Schwaben.

Gääl-fink m.: ›Goldammer‹ vereinz; auch *Gäälpfitter* u. a.

Gääl-frau f.: ›Patin der Braut als Zeremonienmeisterin bei der Hochzeit‹, veraltet, südl. Schwarzw., Hotzw.

gäällecht Adj.: ›gelblich‹ mancherorts. – Zur Bildung vgl. »rotlecht«.

Gääl-nägeli n.: ›Goldlack, eine Gartenblume‹ vereinz.; auch *Gäälveieli,* wörtl. *Gelbveilchen; Gelveieli un Tulipa, un Sterneblume nebendra* [Hebel].

Gääl-ruewe f., Pl.: *Gäälräbe, Gäälruebe, Gäälriäbe* usw., s. »gääl« und »Ruebe«. ♦ ›Mohrrübe, Karotte, Gelbrübe‹.

Gääl-scheck m.: Name einer gescheckten Rinderrasse.

Gabel-weih m.: ›Milan‹ verbr.

Gable f.: *Gawwel* nördl. Schwarzw., mancherorts Ortenau, nördl. Baar; *Gowwel* vereinz. Hanauerland; *Gòwel* vereinz. südl. Ortenau; *Gawel* mancherorts mittl. Schwarzw., südl. Ortenau; *Gawle* mancherorts oberes Elz-, Gutach- und Glottertal, Kaiserst.; *Gable* verbr. südl. Brsg., südl. Schwarzw., Markgr., westl. Hotzw.; *Gòble* vereinz. Brsg., Markgr.; *Gabble* südl. Baar, Raum Neustadt, östl. Hotzw., Klettgau, westl. Hegau, Höri; *Gabbel* östl. Hegau, Bodanrück, Bodensee (Verbr. s. Karte → »Gable«). ♦ 1) ›Gabel‹ bes. Eßgabel, während die landwirtschaftliche Gabel im Südwesten auch »Furke« genannt wird. *Ales wa kan, nimt Rächë un Gable un gôt gi wende* [O. Furtwängler]. ♦ 2) ›gabelförmige Teile an Geräten‹, z. B. am Fahrrad, Pflug u. a.

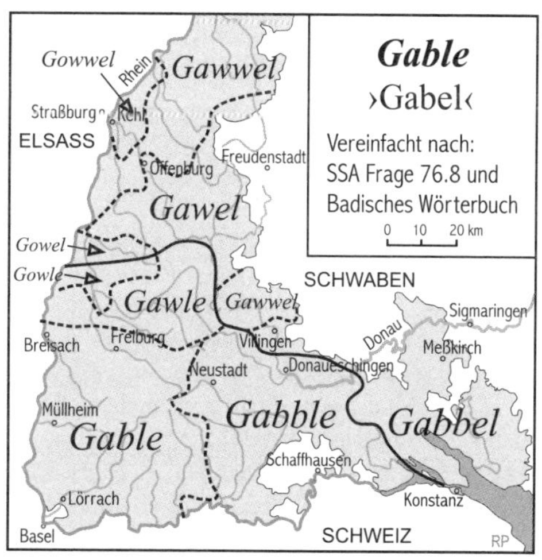

gable schw.: *gawle, gable.* ♦ 1) ›mit der Gabel fassen‹ verbr. ♦ 2) ›herumfuchteln, sich bemerkbar machen‹ vereinz.

Gablete f.: ›kurzes Stroh, das nach dem Dreschen aus dem Gemisch von Getreide und Stroh mit Gabeln entfernt wird‹ [Eschb. (Waldsh.)].

Gäch-zorn m.: ›Jähzorn‹ [Lörrach]. – Vgl. »gäh«.

gack Interj.: Nachahmung der Stimme des Huhns, kindersprachl. auch *Gack-gack* ›Huhn‹.

Gacke m.: ›Kerngehäuse des Obstes‹ [Frickgn, Lippertsr.].

gäckele schw.: *gäggle, gäggele* ›spielen, tändeln, sich mit Unnützem beschäftigen, scherzen, sich spielend balgen‹; *iß recht un gäckele nit so an diim Spinat rum* [Waldk. (Elzt.)]. – Syn. → »geile«.

Gackeli n.: ♦ 1) ›Ei‹ in der Kinderspr., auch erweitert: *Gackele-Ei, Ei-Gackele* u. ä.; Kindervers: *Ninili, Noneli, Bobbeli / bring om Kind ä Schobbili / moch em aü ä Gaggili dro / aß es besser schlofe koo* [Freiamt]. ♦ 2) Bez. für Blumen wie ›gelbe Narzisse, Dotterblume‹ vereinz.; auch *Gackelesblueme.*

Gäckeli m.: ♦ 1) ›kindische Person, Kindskopf‹, auch *Gäckis, Gäckler.* ♦ 2) ›kleines Ding‹, auch *Gäckeliszig.*

gäckelig Adj.: ♦ 1) ›kindisch, albern‹. ♦ 2) ›kleinlich‹. ♦ 3) ›minderwertig, kümmerlich‹; *die* (Blumen) *sind doch zu gäggelig* [Epple].

gäckeli-gääl Adj.: ›gelb wie ein Eidotter‹ verbr.

gacks Adv.: nur in der Wend.: *nit gig un nit gacks sage* ›keinen Ton von sich geben‹; *stöhn si wie Muulaffe do mit ihrer weltliche Wiishait, wüsse nit gyx no gax* [Hebel].

gackse schw.: *gaggse, gaagse.* ♦ 1) von der Stimme des Huhns beim Legen. ♦ 2) ›stockend reden, stottern‹ mancherorts; *e dumme Kerli ... wo kum Wui u Duschur* (frz. *oui, toujours*) *het gackse künne* [A. Ganther]; vgl. »stackle, stackse«.

Gäcks-nase f.: ›freches, vorlautes Mädchen‹ vereinz.

Gade m.: *Gadde, Gaade*; Pl.: *Gädemer* ›Gemach, Raum‹, z. B. Schlafzimmer, Oberstübchen, mancherorts mittl. Schwarzw., SO-Baden; *Dr Hanesli hät ... im owere Gade d Wërikschtat ufgschlage* [O. Furtwängler]. – Mhd. *gaden* ›Haus mit nur einem Raum, Kammer, hochgelegener Verschlag, Stockwerk‹ u. a.

Gäder n.: *Gäder, Geder* ›Sehnen, Flechsen, zähe Teile im Fleisch‹. – Wörtl. *Ge-äder* ›mit Adern Durchzogenes‹.

gädrig Adj.: *gädrig, gäderig* mancherorts, *göderig* vereinz. Südrand. ♦ 1) ›von Sehnen durchzogen, zäh, ungenießbar‹. ♦ 2) übertr. auf Menschen ›unleidlich, nicht einfach zu nehmen‹. – Abl. zu »Gäder«, also wörtlich *ge-äderig.*

Gäet n.: ›Unkraut‹ [Stockach], die Tätigkeit dazu heißt *gäete.* – Wörtl. *Gejät.* – Vgl. »jäte«.

gage, gagle, gagere schw.: *gaage, gääge, gaagle* ›hin- und herschaukeln, unruhig sitzen‹ mancherorts Südbaden.

Gagel m.: ›langer, aufgeschossener Mensch, Lackel‹ mancherorts Markgr.; ein Mädchen ist eine *Gake* [Auggen].

Gägerscht m.: *Gägerscht, Gäggescht* u. ä. ›Elster‹ mancherorts SO-Baden. – Vgl. »Ägerscht, Kägersch«.

Gägerschte-aug n.: ›Hühnerauge‹, mancherorts SO-Baden. – Syn. → »Hiënerauge«.

Gägi m.: ›schwächlicher Mensch‹ Bodensee.

gägs Interj.: *gäägs* Ausruf der Schadenfreude, spottender Zuruf.

gägse schw.: *gäägse* ›ausspotten, schadenfroh rufen, wüst schreien‹.

gäh, gäch Adv.: *gäh*, selten *geh* verbr. Schwarzw., Ortenau, Baar, Hegau, Höri, Bodenseegebiet; *gạh* mancherorts Ortenau; *gääch* mancherorts Brsg., Hotzw., Klettgau, vereinz. Markgr.; *gạạch* mancherorts Kaiserst.; *geech* Markgr. (Verbr. s. Karte → »gäh«). ♦ 1) ›plötzlich, unvermittelt‹. ♦ 2) ›steil, schroff, abschüssig‹; *wo's so gäh d' Hohli nuf goht* [A. Ganther]. ♦ 3) ›leidenschaftlich‹ vereinz. Hotzenwald. – Unsere Formen, denen nhd. *jäh* entspricht, gehören zu mhd. *gæhe, gâch.*

Gäh-hitze f.: ›plötzliche, unmäßige Hitze‹.

Gäh-hunger m.: ›plötzlich auftretender Hunger, Heißhunger‹.

gähne schw.: *gähne, gehne* verbr.; *gahne, gahne* mancherorts Ortenau, Brsg., Markgr., vereinz. Bodanrück, Linzgau; *gaihne, gihne* vereinz. Brsg. ♦ ›gähnen‹, häufig auch umschrieben wie: *s Muul ufsperre, nooch em Bettzipfel schnappe* u. ä.

gäh-nidig Adj.: ›jähzornig‹ vereinz. Ortenau. – Vgl. »gähwietig«.

gäh-wiëtig Adj.: *gähwiätig* ›jähzornig‹. – Vgl. »gähnidig«.

Gai n. (f.): *Gai* verbr.; *Gäi* vereinz.; *Göü, Gäu* Südrand. ♦ 1) ›Gebiet, Revier, Handelsbezirk, Interessenbereich‹, oft auch das Land um eine Stadt oder Bez. für best. Landschaften; *Er isch uf em Gai* ›er ist über Land, auf Reisen, unterwegs‹ [Freib.]; *er goht uf de Gai* ›er geht auf Brautschau‹ vereinz. Elztal; *Dunnerschieß! Wer rennt mer in my Gäu?* ›wer kommt mir in meinen Interessenbereich?‹ [Hebel]; *chumm mer nit in s Gäu* ›ins Gehege‹, verbr. ♦ 2) ›Vorhaben, Absicht‹; *er het ebbis im Gai* ›er hat etwas vor‹ [Freiamt].

gaitsche[1] schw.: *gaitsche* mancherorts Baar, Hegau; *göütsche* vereinz. Markgr., Hotzw. ♦ 1) ›schwanken, schaukeln, schwappen‹. ♦ 2) ›mit Wasser spielen‹ Markgr. – Vgl. »gutsche«.

gaitsche[2] schw.: *gaidsche* ›kreischend sprechen, gellend schreien, lärmen‹ mancherorts Brsg., Kaiserst. – Umlautform zu »gautsche«.

Gaitschete f.: ›Schaukel‹ mancherorts Baar. – Syn. → »Gugi«.

Gaitschi f.: *Gaitsche, Gaitschi* mancherorts Baar, Hegau; *Gäutschi* Markgr. ♦ 1) ›Schaukel‹. ♦ 2) ›Klatschmaul‹. – Umlautform zu *Gautsche*. Syn. → »Gugi«.

Gak m.: *Gaak, Gag.* ♦ 1) ›Rabenkrähe‹ mancherorts Markgr. (Verbr. s. Karte → »Krapp«). – Syn. → »Krapp 1«. ♦ 2) ›Rabenschrei‹.

Galge-holz n.: nur in dem Vergleich *falsch wie Galgeholz* [Freiburg].

Gallere(i) f.: *Gallrai(n), Gallerai, Galleraa, Gallere*‹ u. ä. ♦ ›Schweinskopfsülze‹ mancherorts. – Mhd. *galreide, galrei,* dies aus lat. *geladria.*

Galle-tag m.: *Galledaag* ›der Tag des hl. Gallus (16. Okt.)‹, Spruch: *Galletag isch verbi, was i etzne, das isch mi!;* auch in *Gallefescht, Gallekilwi* ›Kirchweih, die um den Gallentag gefeiert wird‹ oder *Gallepflüme* ›Pflaumen, die um den Gallentag reifen‹; die Tätigkeit des Nachlesens heißt in Meßk. *galle.*

Galli m.: ♦ 1) ›Aufschneider‹; vgl. »Galöri«. ♦ 2) ›kleine Schnapsflasche‹ mancherorts mittl. Schwarzw., Kaiserst. ♦ 3) ›Lenkvorrichtung des Hinterwagens am Langholzwagen‹, veraltet; vgl. »Schwicke, Wepfi«.

gällig Adj.: ›zornig, wütend‹ [Singen]. – Zu *Galle.*

galöppere → »kaleppere«.

Galöri m.: *Galeeri, Galöri, Glöri* ›grober, dummstolzer, raffinierter, durchtriebener Kerl‹, meist abschätzig gebr. – Vgl. »Trallari«.

Galosche f.: ›Holzpantoffeln‹ vereinz.

galschtere schw.: ›laut kreischen, lärmen‹ [Waldk. (Elzt.)]. – Vgl. »gelschtere, vergelschtere«.

Gammel m.: ›Übermut, Ausgelassenheit‹ mancherorts Baar, Hegau; dazu das Adj.: *gämmelich* ›ausgelassen, mutwillig‹. – Mhd. *gemelîch.*

gampe schw.: ♦ 1) ›schwanken, schaukeln‹ [Stockach]. ♦ 2) ›pumpen‹ mancherorts Hegau. – Mhd. *gampen* ›hüpfen, springen, stampfen‹. – Vgl. »gumpe 2«.

gämpfe schw.: ›umkippen‹ [Stockach].

Gampi, Gampete f.: ›Schaukel‹, *Gampi* [Stetten (Waldsh.)], *Gampete* [Büsgn]. – Syn. → »Gugi«.

ganfe schw.: *ganfe, gamfe* ›stehlen, entwenden‹ mancherorts. – Jidd. *ganewen,* verwandt mit nhd. *Ganove.*

Gang-bühni f.: ›Decke über dem Hausflur‹ [Stockach].

Gang-fisch m.: Bez. für best. Fischarten, im Bodensee meist für Felchenarten in bes. Wachstumsstadien, auch für Fische, die zur Laichzeit massenhaft see- oder rheinaufwärts wandern.

Ganggo m.: ›Laufbursche; gutmütiger Kerl, den man schicken kann‹ Markgräflerland u. ö. Neubildung, erstmals 1963 im Schweizer Satiremagazin »Nebelspalter«, in dem ein Pensionierter darüber klagt, im »Gango«-Verein zu sein, weil er ständig Sätze hört, wie *Gang go d Teppich chlopfe! Gang go d Milch hole!* usw. – Vgl. → »Tätschmer«.

gänglich Adv.: *gängli* ›nach und nach, in einem fort‹ [Gütenb.]; *s wird gängli fischtrër* (finsterer) [O. Furtwängler].

Gänglig m.: ♦ 1) ›Anfang einer Schnur, Leine, eingefädelter Faden‹; *de Gänglig verlore ha* ›den Faden verloren haben‹ [Burte]. ♦ 2) ›Weg‹ [Feldbg].

Gankalari m.: *Gankelari, Gankalari.* ♦ 1) ›Nichtsnutz‹ mancherorts Markgr. ♦ 2) Name eines Dorfgeistes in Steinen im Wiesental.

Ganke, Ganki f., m.: Schimpfw. für ›einfältige, zaghafte Person‹ [Sunthsn].

gankele schw.: *gankele, gangle* ›baumeln, schwanken‹, verbr.

gänkelig, gänkelecht Adj.: *gänkelig, ganklig, gängelig, gängelecht.* ♦ 1) ›nüchtern schwach, öd im Magen‹ mancherorts Markgr.; vgl. »bampelig«. ♦ 2) ›unsicher daherkommend‹. – Zu »gankele«.

Ganne m.: ›Haubentaucher‹ Bodensee. – Das Wort ist auch in der Schweiz belegt.

Gans f.: *Gans* mancherorts Ortenau, Brsg., Bodensee, verbr. Markgr., Hotzw., Klettgau; *Gons* nördl. und mittl. Schwarzw., mancherorts Brsg.; *Gongs* Elztal und Umg.; *Gous* Obere Kinzig, Wolfach, Gutach; *Gaus* vereinz. Zartener Becken, St. Peter; *Gaas* Baar, Hegau (Verbr. s. Karte → »Gans«); Pl.: *Gäns, Gängs, Gäis, Geis, Gääs* u. ä. ♦ 1) ›der Vogel Gans als Haus-

tier‹; *un im chlaine Hof regiere Hüehner, Gäns un Schoof* [Hebel]. ♦ 2) abschätzige Bez. für Mädchen, Frauen. – Die Formen ohne Nasal (*Gaus, Gaas* usw.) finden sich auch in allen Zusammensetzungen und in den Bezeichnungen für ›Gänserich‹; vgl. dazu das in der Einführung unter 2. 5. Gesagte.

Gäns-blueme f.: häufig Dim.: *-bliämli, -blüemli* ›Gänseblümchen, Maßliebchen, Margerite‹.

Ganseler m.: *Gonseler* mancherorts obere Rench, *Gouseler* mancherorts Linzgau. ♦ ›Gänserich‹.

Gansemer m.: *Gonsemer, Gongsemer, Gongsmer* [Freiamt], mancherorts Elztal, mittl. Schwarzw. ♦ ›Gänserich‹.

Ganser, Gansert m.: *Ganser, Gonser, Gansert, Gonsert* mancherorts nördl. und mittl. Schwarzw., Ortenau, Hanauerland, Linzgau; *Gauser, Gouser* mancherorts Zartener Becken, St. Peter und Umg., Linzgau; *Gaaser* Hegau. ♦ ›Gänserich‹.

Gänserich m.: *Gänserich* vereinz. Gesamtbaden, verbr. Hotzw., Klettgau; *Gạnserich* mancherorts Ortenau, Kaiserst., Markgr.; *Gaiserich, Geiserich, Gaaserich, Gouserich* u. a. mancherorts Baar, Hegau, Bodensee. – Syn.: »Ganseler, Gansemer, Ganser, Gansert, Gansger, Gänsinger, Gansmaa«.

Gäns-füeßer m.: eine veraltete Traubensorte.

Gansger m.: *Gansger, Gonsger* mancherorts Brsg. ♦ ›Gänserich‹.

Gäns-hut f.: *Gänshutt* ›Gänsehaut‹ nördl. und mittl. Schwarzw., Ortenau, Brsg., westl. Markgr., SO-Baden. Sonst »Hennehut, Hiënerhut«.

Gänsinger m.: *Gänsinger, Gaisinger, Gaasinger* mancherorts Baar, Hegau. ♦ ›Gänserich‹.

Gans-maa m.: *Gongsmonn, Gongsmoo, Gousmaa, Gousmoo* vereinz. mittl. und östl. Schwarzw. ♦ 1) ›Gänserich‹. ♦ 2) Schimpfw. für dumme Person [Kniebis, Schapb., Hausach].

Gant f., m.: ›Zwangsversteigerung, Bankrott‹, veraltet, bes. in Wendungen wie *in (uf) Gant kumme* ›auf den Bankrott zusteuern‹. – Das Wort ist romanischen Ursprungs, ital. *incanto,* altfrz. *encant;* hierzu auch der in Baden häufige FN *Ganter, Ganther, Gantner,* vom Beruf des amtlichen Versteigerers. – Vgl. »ver-, usgante«.

Gänt(n)er m.: ›Gemach, Nebenraum‹, bes. in landwirtschaftlichen Gebäuden, vereinz. Hegau.

ganz Adj., Adv. ♦ 1) ›unversehrt, vollständig, gesamt, ungeteilt‹; *s ganz Dörfli* [Hebel]; *de ganze Dag* [O. Furtwängler]; *durch's ganz badisch Ländli* [A. Ganther]. ♦ 2) ›durchaus, völlig, gänzlich‹; *Sie isch awwer ganz rot worre* [A. Ganther]; *Um Sepp isch's ganz anderscht z' Muet worre* [A. Ganther].

gäppe schw.: ›schwer atmen, keuchen‹ [Singen a. H., Radolfz.]; *Mont* (müssen) *die aber gäppe* [Epple]. – Verwandt mit ndt. *jappen* ›den Mund aufsperren‹.

gar Adj., Adv.: ♦ 1) ›fertig gekocht‹. ♦ 2) ›vollständig, besonders, sehr‹; *Nit gar wyt dervo* [Hebel]; *si isch gar grüseli landsem* ›sie ist sehr langsam‹ [Hebel]; *jetze bin i fascht un gar d Treppe nabgheit* ›fast gänzlich die Treppe hinabgestüzt‹ [Waldk. (Elzt.)].

Garbe f.: *Garb, Garwe, Garewe, Garbe* ›Getreidegarbe (ungedroschen)‹.

Garbe-bihni f.: *Garwebihni, Garbebühni* ›Abteil in der Scheune, wo die Garben gelagert werden‹.

Garbe-krut n.: ›Schafgarbe‹.

Garbe-seil n.: ›Seil zum Binden von Garben‹, auch ›Aufzugsseil für Garben in der Scheune‹.

gäre st.: ›gären‹ Bodenseegebiet, vereinz. Gesamtbaden, oft neben den altmundartl. Wörtern »järe, jäse«; *im badische Fäsli häts gjæset un gôre* [O. Furtwängler].

Gargle f.: *Gargel, Gargle* ›Nut am Ende der Dauben, in die der Fassboden eingefügt wird‹, bes. Sprache der Küfer. – Lat. *gargellum.*

garig Adv.: dass. wie → »gar 2«, Markgr.

Garn n.: ♦ 1) ›gesponnener Faden‹; *Het nit in churzer Zyt der Weber e Tragete Garn gholt?* [Hebel]. ♦ 2) ›Netz zum Fischen‹.

Gär-pfife f.: ›Gärtrichter auf dem Weinfass‹, vereinz.

garre schw.: *garre, gare* Brsg., Markgr., Baar; *gaurre* Meßk. ›knarren, knirschen‹; *kai Huustür gahret* [Hebel]. – Vgl. »girre, gurre«.

garschtig Adj.: *gaschdig, garschdi, garschdig* ›häßlich, widerwärtig, garstig, bösartig‹.

Garte m.: *Garde, Gaade, Garte* ›Garten‹; *zwi große Kriasebaim im Gärtli* [A. Ganther]; *I ha ne Garte hinterm Huus* [Hebel]; Ra.: *s Gärtli spritze* ›mit einer Frau intim werden‹ [E. Strube]; *überm Garde de Acker vergesse* ›das Angenehme dem Notwendigen vorziehen‹ [Glock Brsg.].

Garte-hag m.: ›Gartenzaun‹.

Garte-haieli n.: ›kleine Hacke (wörtl. *Haue* Dim.) für Gartenarbeiten‹.

Garte-has m.: ›Kröte‹ [Weisweil].

Garte-spettel m.: ›vertikal aufgenagelte Latte am Gartenzaun‹ [Menzenschwand].

gärtle schw.: ›im Garten arbeiten, gärtnern‹ mancherorts Ortenau. – Vgl. »gartne«.

gartne schw.: ›den Garten bestellen‹ mancherorts Südrand. – Vgl. »gärtle«.

Gascht m.: ♦ 1) ›Gast‹; *'s chömme hüt viil Gäst* [Hebel]. ♦ 2) ›wüster, böser Mensch‹; *e böse Gascht* Brsg

Gaschtemarei, Gaschterei f.: ›großartiges Essen, Bewirtung, Gelage‹ vereinz.

Gascht-huet m.: nur in Ra., z. B. *do isch dr Gaschthuet ball hunte* ›da ist die Neuheit (z. B. der Kleider) bald verschwunden‹ [Gengenb.], vereinz.

Gaser ›Gänserich‹ → »Ganser«.

Gass f.: ›Gasse, Straße‹; *d Gass fạage* ›die Straße kehren‹ [Ettenhm]; *nai looset, was gitt's uf der Gaß duß?* [Hebel].

Gasse-engel m.: ›wer in der Öffentlichkeit freundlich, zuhause aber unverträglich ist‹; Sprichw.: *Gasseengel un Huusdeuffel frässe uß ainer Schüßle* ›Menschen die sich nach außen freundlich geben, sind zuhause garstig, unfreundlich‹ [Glock Brsg.].

gässle schw.: ›durch die Gassen ziehen‹ [Lörrach].

gätsch Adv.: ›plötzlich, schnell‹ vereinz. südl. Schwarzw., Hotzw. – Vgl. »gäh«.

Gatter, Gätter n.: ›Gitter, Zaun, Gittertor, Transportkäfig für Tiere, Säge-, Wagengatter‹; *Gätterli* ›Gartentür‹ [Sulzburg, O.münstertal].

gätterlet Adj.: ›gitterförmig gestreift‹ Baar.

Gattig f.: ›Art, Gattung, Sorte‹; *s hett kai Art un kai Gattig* ›es taugt nichts‹ [Glock Brsg.]; *er seig waiß wunder mehr, as üüsers Gattigs un bschaut ain nit* [Hebel].

gattig Adj.: *gaddig, gattig* ›passend, geeignet, gerade recht, handlich, angenehm, ansehnlich‹; *Ne gattig Chilchli henn si do, so suufer wie in mengger Stadt* [Hebel]. – Abl. zu mhd. *gaten* ›vereinigen, zusammenkommen, an die Seite stellen‹, also das was ebenbürtig, zusammenpassend ist, gleicher Herkunft, auch nhd. *Gatte* ›Ehegatte‹.

gattle Adj.: ›artig, brav‹ [Stockach]. – Wörtl. *gattlich,* zu »gattig«.

Gatze, Gätzi f., n.: *Gadse* mancherorts Hotzw.; *Gädsi* mancherorts Markgr. ♦ ›Schöpfgefäß mit Stiel, Wasserkelle‹. – Vgl. »Schapfe«. – Ital. *cazza.*

Gäu ›Gegend‹ → »Gai«.

Gauch m.: *Gauch, Gouch* ›Beerenwanze‹ vereinz. Markgr.; vgl. »Guckgauch«. – Syn. → »Gää«.

Gaudi f.: ›Vergnügen, Belustigung‹; dazu auch das Verb *gaudiere* ›freuen‹ vereinz.

Gaufele f.: *Gaufele* [Neudgn]; *Goupfl* [Möhrgn]. ♦ ›die Höhlung der beiden aneinander gelegten Hände, Handvoll‹. – Mhd. *goufe* ›die hohle Hand‹.

Gäukel m.: ›Nichtsnutz‹ [Schopfhm].

Gaukel-fuhr → »Gugelfuhr«.

Gäukeli n.: *Gäukeli, Gaikeli* ›Scherz, Streich, Ungeschick‹ vereinz.

gaukle, gäukele schw.: ›Spaß machen, scherzen, tändeln, sich spielend balgen‹ Brsg., Markgr. – Vgl. »geile«.

gaukse schw.: ›bellen, heulen‹ [Grafenhsn i. Schw., Häusern, Tiefenhäusen, Brenden]. – Vgl. »gauze«.

Gaul m.: ›Pferd‹, vereinz. nur am Nordrand und in Ra. vom geschenkten Gaul, dem man nicht ins Maul schaut, sonst nur »Ross«. – Mhd. *gûl, goul.*

gaume schw.: ›Kinder, das Haus hüten, beaufsichtigen, behüten‹ mancherorts südl. Schwarzw., Hotzw.; *Gaumet wohl!* Abschiedsgruß; *Gaum is Gott* ›Behüt uns Gott‹ [Herrischried]. – Mhd. *goumen* ›Aufsicht haben, Wache halten‹.

gauple schw.: ›mit den Händen spielen, spielerisch nach etwas tappen (von jungen Katzen)‹ vereinz. Hegau, Bodensee. – Vgl. »geile, gope«.

gaurre ›knarren‹ → »garre«.
Gauseler ›Gänserich‹ → »Ganseler«.
Gautsche ›Schaukel‹ → »Gutschi«.
gautsche schw.: ♦ 1) ›schwätzen, plappern‹ mancherorts Kaiserst. ♦ 2) ›bellen‹ mancherorts Brsg., südl. Schwarzw., Hotzw. ♦ 3) ›planschen, spritzen‹ [Opfgn]. – Vgl. »gaitsche^2, gaukse, gauze«.
gauze schw.: ›bellen‹ mancherorts Hotzw. – Vgl. »gaukse, gautsche 2«.
ge- Präfix: Die Vorsilbe *ge-* wird in der Regel sowohl bei Verben wie auch Adjektiven und Substantiven vor Hauch-, Reibe- und Zischlauten abgeschwächt, z. B. *gheere* ›gehören‹, *gfährli* ›gefährlich‹, *Gschicht* ›Geschichte‹; Vor Verschlußlauten selten als *gi-* artikuliert, z. B. *Gibälk* ›Gebälk‹. Beim Partizip Perf. schwindet das *ge-* vor Verschlußlauten und Affrikaten, z. B. *bunde* ›gebunden‹, *denkt* ›gedacht‹, *kauft* ›gekauft‹, *zoge* ›gezogen‹ usw.
Ge-bai n.: ›Bauwerk, Gebäude‹. – Wörtl. *Gebäu.*
ge-beert Adv.: ›stracks, geradewegs‹ [Altenhm]. *D Katz isch gebeert iwwer de Haa* (Hag = Zaun) *niwwer* [Altenhm]. – Vgl. »beer«.
geben → »gä«.
Geb-wiler ON: Dorf im Elsass, wird aber nur in Ra. gebraucht: *Er isch meh vun Nimburg als vun Gebwiler* ›er nimmt lieber als er gibt = ist habgierig‹ [Freiburg]. – Vgl. »Schenkezell«.
ge-denke schw.: in der Fügung *des gedenkt mir* ›daran denke ich, das erinnere ich‹ mancherorts.
geder-händig Adv.: *geder-, gegderhändig* ›auf der Seite des Fuhrmanns gehend‹, vom Zugtier Hegau. – Vgl. »biderhändig«.
ge-ecksteinelt Adj.: ›kariert‹ [Altenhm].
geel ›gelb‹ → »gääl«.
gege Präp.: ›gegen‹; *'s Dorf uus un gegen em Rhii zue* [Hebel]; *Schön an Wuchs un Gsicht, un fründli gege de Lütte* [Hebel]; *D' anderi alli sin erscht gege Midag 's Städli oww ra kumme* [A. Ganther].
Gegis m.: ›Zauderer‹ Markgräflerland.
Gegni(g) f.: *Geegni* mancherorts mittl. Schwarzw., Ortenau; *Geegnig* Gegend von Lörrach bis Schopfhm. ♦ ›Umgegend, Landschaft‹; *in de sëlë Zitë, wo s Flächte* (Strohhutflechten) *ufku isch in der Gêgni, im Schweweldobel* [O. Furtwängler]; *i lueg e wenggeli d' Gegnig a* [Hebel].
gehen → »go«.
Gehre m.: *Gehr, Gehre, Gähre* mancherorts; *Gehrn* vereinz. Kinzigtal, Ortenau; *Gihre* Umg. von Rust. ♦ 1) ›Fischerspieß‹, veraltete Fischerspr., mancherorts am Rhein. ♦ 2) ›Schoß‹ mancherorts mittl. Schwarzw., Ortenau, Brsg., Kaiserst.; die Mutter nimmt das Kind *uff de Gehrn* [Hofstet.]. ♦ 3) ›spitz zulaufendes Grundstück‹, auch häufig in FlN. – Mhd. *gêr, gêre* ›Spitziges, Keilförmiges‹, hierzu auch nhd. *Gehrung* ›schräger Zuschnitt‹, Bed. 2 kommt von dem Winkel, den die beiden Beine bilden.
gehre schw.: *gehre, gähre* ›begehren, wünschen‹ ob. Markgr., Wiesental, Hotzw., Klettgau, Hegau; *un gersch ke Dank* ›und begehrst keinen Dank‹ [Hebel]; *Gähresch mi denn it?* ›Magst du mich denn nicht?‹ [Epple]; *I gehr kai Handgeld* [Hebel]; *z' Staufen uf em Märt henn si, was me gehrt* [Hebel]; *Un het er viil, se gehrt er viil* [Hebel]. – Ein altes Wort, ahd. *gerôn,* mhd. *gëren, gërn,* das auch in nhd. *begehren* steckt.
geifere schw.: *gaifere, gaafere, goefere.* ♦ 1) ›Speichel aus dem Mund rinnen lassen, geifern‹ verbr. Elztal, Brsg., südl. Schwarzw., Markgr., Hotzw., vereinz. Klettgau, Höri (Verbr. s. Karte → »triële«); Syn. → »triële«. ♦ 2) ›schimpfen, wüst reden‹ verbr.; wer dies tut ist ein *Geiferi.*
geile schw.: ›tändeln, sich necken, herumalbern‹ mancherorts nördl. und mittl. Schwarzw., Ortenau, Kaiserst., Brsg. – Mhd. *geilen* ›übermütig, ausgelassen sein, sich freuen‹. – Syn.: »gäckele, gaukle, gauple, gope«.
geine ›gähnen‹ → »gähne«.
Geischt m.: *Gaischt, Gäischt, Goescht* ›Geist, Gespenst‹; *der Denglegaist, ihr Chnabe vo Todtnau, saig* (sei) *e böse Gaist* [Hebel].
geise, güse schw.: *gejse, gaise, göise, güse* ♦ ›schrill schreien, kreischen‹ mancherorts Brsg., Markgr., Wiesental, südl. Schwarzw., Klettgau. – Das Wort ist mit »gingse« lautgesetzlich (vgl. Kapitel 2.5) aus **günsen* abzuleiten, das mit mhd. *gunseln* ›winseln, wehklagen‹ verwandt ist. – Vgl. »gigse, gingse, grille, güchse«.
Geis(er) m.: ›Schrei‹ vereinz. Brsg.; *e Gejs abloo* ›einen Schrei loslassen‹ [Freiamt].
Geiß f.: *Gaiß, Gaaiß* verbr. (außer SO-Baden); *Gäiß, Gääiß* mancherorts nördl. und. mittl. Schwarzw., Ortenau; *Geeß, Gääß* mancherorts nördl. Schwarzw., nördl. Ortenau, Hanauerland; *Gooß* Gegend um Blumberg – Tengen; *Gaaß* Umg. Gailgn, südl. Höri; *Goaß, Goeß* Baar, Hegau, Bodenseegebiet. ♦ 1) ›das Haustier Ziege‹; *un d' Schoof un Gaiße waiden uf mym Grab* [Hebel]; Ra.: *Des schleckt kai Geiß eweg* ›da kann man nichts dagegen machen‹ [Waldk. (Elzt.)]; *jetz isch dr Gaiß gschtrait* ›jetzt ist Ruhe, Schluss‹ [Waldk. (Elzt.)]; *wer e Gaiß stiehlt, isch kai Bockdieb* [Glock Brsg.]; Sprichw.: *Wenns de Geiß z*

wohl isch, no goht sie ufs Iis ›Übermut zahlt sich nicht aus‹ verbr. ♦ 2) übertr. ›dürre Person, Gestell‹ u. ä.

Geiß-beer f.: ›Frucht der Eberesche‹ mancherorts Schwarzw., vereinz. auch *Geißhasel.*

Geiß-blueme f.: ›Buschwindröschen‹, seltener ›Margerite, Maßliebchen‹, vereinz. auch *Geißemaie.*

Geiß-bock m.: *Gaißbock, Gäiß-, Goaß-* usw. s. »Geiß«. ♦ ›Ziegenbock‹; Ra.: *er luegt ummi wiene gestochene Gaißbock* ›schaut entgeistert‹ [Glock Brsg.].

geiße schw.: *gaiße, goaße, gooße* usw., s. »Geiß«. ♦ ›(wie eine Geiß) herumhüpfen, klettern‹.

Geiße-bart m.: ›Buschwindröschen, Anemone‹, auch *Geißebartli, -blueme, -bolleli, -maie(li), -trappe, -glöckli.*

Geiße-gichter Pl.: ›furchtbare, plötzliche Angst‹ vereinz. – Zum Grundwort s. »Gichter«.

Geiße-schinder m.: ›kalter, trockener Wind‹, auch *Geißetöter.*

Geiß-hättel f.: ›Zicklein‹, auch kindersprachlich für Ziege. Zum Grundwort s. → »Hattle«. – Vgl. »Geißmuttle«.

Geiß-hirtli n.: eine Birnensorte, verbr.

Geiß-kehl m.: ›eine bestimmte Kohlart‹ mancherorts an Kinzig und Rench. – Wörtl. *Geiß-köhl.*

Geißle f.: *Gaißel, Gäißel* nördl. und mittl. Schwarzw., Ortenau; *Gaischdel, Gäischdel, Geeschdel, Gaaschdel* mancherorts Ortenau, Hanauerland; *Gaißle, Gaaißle* Elztal, Brsg., Hochschwarzwald, Markgr., Hotzw., Klettgau; *Gooßle* Gegend um Blumberg – Tengen; *Goaßle, Goaßel, Goeßle, Goeßel* Baar, Hegau, Bodensee; *Gaaßle* Umg. Gailgn, Büsgn, südl. Höri. ♦ ›Peitsche‹; *Neben ... giigst der Wage, d' Gaißle chlöpft* (knallt), *un d' Sägese ruschet* [Hebel].

Geiß-muttle f.: kindersprachl. für ›Ziege‹. – Vgl. »Geißhättel«.

Geize Pl.: *Gaidse, Goidse, Goadse* u. ä. ♦ 1) ›Handhaben am Pflug‹, veraltend; vgl. »Rieschter^{2}, Sterz« ♦ 2) ›Wagenrungen‹ [Teningen, Hochd.]; Syn. → »Kipfe«.

Ge-jät n.: *Gjät* ›Unkraut‹, vereinz. SO-Baden.

gelb → »gääl«.

Geld n.: *Geld, Gạld, Gäeld* ›Geld, Vermögen‹; *e gsund un fröhlich Bluet goht über Geld un Guet* [Hebel]; Ra.: *Geld wiä Hai* ›viel Geld‹; Sprichw.: *Wo Geld isch, isch der Deuffel, un wo kais isch, isch r zwaimol* [Glock Brsg.]; *Geld regiert d Welt un der Deuffel d Lütt* [Glock Brsg.].

gelfere schw.: ›schimpfen‹ [Sulzburg, Stahrgn]. – Vgl. »belfere«.

gell Interj.: *gäll, gạll, gell.* – Bestätigung heischende Floskel am Anfang einer Aussage, verbr.; *Gell, do ussen isch's hübsch, un gell, de hesch der's nit vorgstellt?* [Hebel]; *Gell, i darf di duze?* [Hebel]; *Gäl, s gôt scho besër!* [O. Furtwängler]; auch erweitert: *Gellet si!* [Epple]. – Die Interj., nhd. *gelt,* ist eigentlich ein erstarrter Konjunktiv der 3. Pers. Sg von *gelten.*

gelschtere schw.: ›erschrecken, verscheuchen, geistern‹ [Diershm]. Vgl. »vergelschtere«.

gelt Adj.: ›unfruchtbar, keine Milch mehr gebend‹ [Burte]. – Vgl. »guscht«.

Gelte f.: ›rundes Holzgefäß, Kübel, Zuber, Holzeimer‹ u. ä., zu verschiedenen Verwendungen, z. B. Wasserholen, Spülen, Waschen, mancherorts Südbaden, Hegau, Bodensee; *e Geltë fol Sûrmilich* [O. Furtwängler]. – Lat. *galleta.*

gelte st.: *gelde, gelte* verbr.; Part. Perf.: *golde, golte, gulde.* ♦ 1) ›kosten, wert sein‹; *s Obst gilt dasjohr viel* ›Obst hat dieses Jahr einen guten Preis‹ [Stockach]; auch beim Anbieten einer Wette: *Was gilts?,* oft nur noch als beteuernde Formel: *Was gilt's, er cha nit sage: Jo!* [Hebel]. ♦ 2) ›gültig sein, geschätzt sein‹; *Seller awwer het's nit gelde lo* [A. Ganther]; *die Fahrkarte giltet nimmi* [Freiamt]. ♦ 3) in fester Wendung: *gelte lou* ›bleiben lassen‹ verbr.; *lemmers gạlte* ›lassen wir es dabei‹ [Freiamt].

Ge-päper n.: ›das Getute‹ Ortenau. – Abl. zu → »päpe, päpere«.

Geppel m.: ♦ 1) ›Triebwerk (zum Dreschen), das von Haustieren in Bewegung gesetzt wird‹. ♦ 2) ›altes Fahrrad‹ verbr. – Vgl. »Göpel«.

gerbe schw.: *gerbe, gerwe.* ♦ 1) ›Leder gerben‹; vgl. »lidere«. ♦ 2) ›verprügeln‹. ♦ 3) ›sich erbrechen‹, auch *kotze wie e Gerberhund.*

gere ›begehren‹ → »gehre«.

gern Adv.: *gern, gạrn, geän.* ♦ 1) ›bereitwillig, mit Freude, erwünscht‹; *des hör i gern* [A. Ganther]; *un hättsch gern näumis, se sag mer's!* [Hebel]. ♦ 2) jemanden *gern sehen, gern haben* ›lieben‹; Ra.: *kaasch mi gärn haa* iron., abschlägig [E. Strube]. ♦ 3) ›leicht, häufig‹; *des gits gạarn* ›das kann leicht passieren‹. ♦ 4) ›absichtlich‹; *des het er gạarn gmocht* ›das hat er absichtlich getan‹ [Freiamt]. ♦ 5) in der Wend.: *gut und gern* ›mindestens, sicher‹, z. B. bei Zahlenangaben.

gerpse schw.: *gerbse, gerpse, görpse* u. ä. ›rülpsen, aufstoßen‹ mancherorts östl. Hotzw., Klettgau, Baar, Hegau, Höri, Reichenau. – Syn. → »ufstoße«.

Gerschte f.: *Gerscht, Gạrscht, Gerschde, Gạrschde, -te.* ♦ 1) ›die Getreidepflanze Hordeum und ihre Frucht‹. ♦ 2) meist. Dim.: *Gerschdel, Gerschdli* ›Hab und Gut, Vermögen‹; *un 's ganz Gerstli, wo d' Alt z' sämmeg'rackert g'ha het, het d' Jung mit d'r Zitt v'rplembert* [A. Ganther].

Gerschte-feld n.: ›Feld mit Gerste‹, bes. in der Ra.: *er lugt ins Gerschtefeld* ›er schielt‹.

Gerschten-agle Pl.: ›Grannen der Gerste‹. – Zum Grundwort s. »Agle«.

Gerte f.: *Gert, Gerte* ›dünnes, biegsames Reis, Rute‹; *Zu selem* (nämlich zum Anspießen von Kartoffelknollen) *dûat mer e schnelig* ›elastisches‹ *Gêrtli haue* ›schneiden‹ [O. Furtwängler].

Gertel m.: *Gerdel, Gertel* ›Haumesser mit nach vorn gekrümmter Schneide‹, z. B. zum Reisigmachen, verbr. Dinkelberg, Wiesental, Hotzw., Klettgau; seltenere Formen: *Getel, Gerter, Gertner,* am Nordrand auch *Gertmesser.* – Wohl zu *Gerte,* im Sinn von ›Werkzeug zum Gerten abhauen‹. – Syn. → »Säsli«.

gescht(ert) Adv.: *geschd* mancherorts obere Rench, mittl. und untere Kinzig, Ortenau, Hanauerland; *gescht* mancherorts östl. Bodenseegebiet; *geschder* mancherorts nördl. Schwarzw., vereinz. Kander- und Wiesental; *geschter, geschtr* mancherorts Dinkelberg, südl. Hotzw., Baar, Hegau; *geschted* vereinz. Höri, Linzgau; *geschderd* vereinz. nördl. Schwarzw., Ortenau; verbr. mittl. und südl. Schwarzw., Brsg.; *geschdrd, geschtrd* mancherorts Markgr., Hotzw., Klettgau, vereinz. Hegau, Linzgau. ♦ ›am Tag vor dem heutigen, am Vortag‹; *S isch grad as wär's erscht geschtert gsi* [O. Furtwängler]; *Der Storch probiert sy Schnabel scho: de chasch's perfekt wie gester no!* [Hebel]. – Vgl. »nächt«.

gestockte Milch ›sauere Milch‹ → »Stockmilch«.

Ge-täfer n.: dass. wie »Vertäfer, Täfer« vereinz.

Ge-tiëch n.: *Gediäch* ›Weißzeug, Leinwand‹ [Altenhm, Schapb.]. – Wörtl. *Getüch,* eine Kollektivbildung zu *Tuch.*

Gettel n.: *Geddel* verbr. nördlich einer Linie Rust-Zell a. H.-Kniebis; *Geddle* mancherorts am Südrand des Gebietes von *Geddel* (Verbr. s. Karte → »Gotte«). ♦ ›Taufpatin‹. – Das Wort ist Dim. zu »Gotti«.

Getti m.: *Geddi, Getti* verbr. südl. einer Linie Lahr-Kniebis (außer Südrand); *Gedde, Gette* mancherorts am Rand zum Schwäbischen, Linzgau; *Göddi, Götti* Markgr.; Hotzw., Klettgau, Höri (Verbr. s. Karte → »Getti«). ♦ ›Taufpate‹; *De hesch e brave Götti gha* [Hebel]; *Dr Feter Pius isch au mi Göti gsi* [O. Furtwängler]; Sprichw.: *Geddi sii, isch e Ehr, aber s macht dr Biidel läär* [Opfgn]. – Für das Gebiet nördl. s. → »Pfetter, Pfetterich, Vetter«.

geuse ›schreien‹ → »geise«.

ge-vätterle → »gvätterle«.

gewwe ›geben‹ → »gä«.

G-fächt n.: *Gfäächt* ›amtliches Eichmaß‹ [Schweighsn]. – Zu »pfächte«.

g-fähr Adj.: ›gefährlich‹ Markgr.

G-fäll[1] n.: ›Glück, Glücksfall‹ Markgr.

G-fäll[2] n.: ♦ 1) ›Gefälle, unwegsame Gegend, Verhau‹ vereinz. ♦ 2) ›umgewehte Bäume‹.

G-färz n.: ›Umstände, Wesen‹ [O. Furtwängler]. Zu »Furz«.

G-feckte Pl.: ›Flügel‹; *bis er het lo Gfeckte hange* ›bis er klein beigab‹ [Hilzgn].

G-feerder, G-feerder-wese n.: *Gfeerder, Gfeeder.* ♦ 1) ›Rheuma, Gliederreißen, Kreuzweh‹ mancherorts Elztal, nördl. Brsg. ♦ 2) ›mühseliges Fuhrwerken‹ [Furtwangen].

G-feus n.: ›zerfaserte Sache‹ Markgr.

G-figel n.: *Gfiigel* ›Kleinvieh (Schafe, Kälber, Ziegen), Federvieh‹ mancherorts mittl. Schwarzw. – Kollektivbildung zu »Vogel« bzw. »Vieh«.

Gfir-fueß m.: ›vorderes Fußteil des Strumpfes‹ mancherorts Baar. – Vgl. »Firfueß«.

g-fitzt Adj.: ›schlau, gewitzt‹ [Waldshut].

G-flätter n.?: ›nasser Brei‹ am Südrand.

G-flütsch n.: ›Pech, Unglück‹; *du kommsch ins Gflütsch* [U.baldgn].

G-fötz n.: ›wertloses Zeug‹ Markgr.

g-fotzig Adj.: ›verkratzt‹ [Neukirch].

G-fräß n.: ♦ 1) ›(schlechtes) Essen‹. ♦ 2) ›schlechte Ware, Lumpenzeug, Gerümpel, Holzabfälle‹. ♦ 3) ›Ess- und Kauwerkzeuge, Mund, Maul‹, verächtl.; *i schla der d Hand is* (ins) *Gfräß* [U.alpfen]. – Vgl. »Gfriss«.

g-fräß Adj.: ›schmackhaft, zum Essen reizend, gefräßig‹; *bliibe gsund un gfräß* ›bleibt gesund und munter‹ verbr.

G-frïëri f.: ›Gemeinschafts-Gefrieranlage‹, Vorläufer der häuslichen Gefriertruhe in den 60er und 70er Jahren des 20. Jh. – Wortschöpfung mit ehemals großer Verbreitung.

G-frischt n.: ♦ 1) ›Reif, Frost‹. ♦ 2) ›Frostbeule‹ vereinz. – Vgl. »Gfröri«.

G-friss n.: ›Gesicht‹, meist abschätzig, mancherorts SO-Baden, vereinz. mittl. Schwarzw.; Ra.: *e Gfriss naadrucke* ›ein böses, schmollendes Gesicht machen‹ [E. Strube]; als *Affe-, Bäre-, Fuchsgfriss* auch Bez. für Fastnachtsmasken mit *Affen-, Bären-, Fuchsgesicht.* – Vgl. »Gfräß«.

G-fröri f.: ♦ 1) ›Reif, Frost‹. ♦ 2) ›Frostbeule‹ mancherorts Südbaden. – Vgl. »Gfrischt«.

G-fütsch n.: ♦ 1) ›Auswüchse an Bäumen‹. ♦ 2) ›Abfall‹. Kleines Wiesental.

g-häb Adj.: *ghääb, kääb, kąąb.* ♦ 1) ›gut gefügt, dicht, dicht daran, eng, knapp‹ nördl. und mittl. Schwarzw., Ortenau, Brsg., Baar; *dr Dekel isch aber it ganz käb gsi, un isch usglofe* [O. Furtwängler]; *Käb vor d'r Pfarrstaff'l halt d'r Wage* [A. Ganther]; *Ganz käb isch 'r an sim vädderlige Hüttli v'rbig'schliche* [A. Ganther]. ♦ 2) ›geizig‹, vereinz. – Wörtl. *gehäbe.* – Vgl. »bhäb«.

g-habe schw.: ›aufgehen‹ (Teig). – Vgl. »Hebi 2«.

G-häl n.: *Kääl, Keel* ›Rebenspalier, Rebengeländer‹ mancherorts Brsg. – Wörtl. *Ge-hälde,* eine Bildung zu »Hälde«, vgl. »Rebghäl(d)«.

G-halt m., n.: ♦ 1) ›Fach, Behälter, Gemach‹ mancherorts; *wie schön my Maideli do lyt im christalene Ghalt un in der silberne Wagle* [Hebel]. ♦ 2) ›Besoldung, Einkommen‹.

G-hänk n.: ♦ 1) ›verpfuschte Sache‹. ♦ 2) ›ungenießbare Eingeweide von Tieren‹ verbr. ♦ 3) ›männliche Geschlechtsteile‹ [Lahr]. – Zu »henke«.

Ghans-fir n.: ›am Johannistag abgebranntes Feuer‹ vereinz., veraltet.

Ghans-tribeli n.: meist Pl.: *Ghansdriwele, Khansdriwele* u. ä. ♦ ›Johannisbeeren‹ mancherorts Ortenau, nördl. Schwarzw. – Syn. → »Johannisbeeri«.

G-häß n.: ›Kleidung‹ mancherorts Hotzw., Klettgau. – Kollektivbildung zu »Häß«.

g-hebe schw.: *ghewe, kewe, ghebe, kebe* ›sich krank fühlen, unwohl sein, kränkeln‹ Schwarzw., südl. Ortenau, Kaiserst.; dazu die Bildungen *ghebele* ›ekeln‹ vereinz. SO-Baden und *ghebelig, kebelig* ›unwohl, eklig‹.

G-heid n.: ›Heidekraut‹ mancherorts Hotzw., Klettgau.

g-heie schw.: *gheie, ghaie, keie, keije, kaie.* ♦ 1) ›(zu Boden) werfen, fallen‹ verbr. südl. Ortenau, Brsg., südl. Schwarzw., Baar, Markgr., Hotzw., Klettgau, Hegau, Bodenseegebiet; *Er kait's* (das Pfeiflein) *ins Füür* [Hebel]; *do het 'r d' Daigschüssel vor Schreck uf d' Bode keie lo* [A. Ganther]; *'s Briafli isch 'm us de Händ keit* [A. Ganther]; Ra.: *en guete Stolperer kejt itte* (fällt nicht) [E. Strube]; Kindervers (Fingerspiel): *Der isch is Wasser keit / der hät ne ruuszoge / der hät ne homtrait / der hät ne is Bett gsteckt / un der hät ne zuedeckt* [Villgn]. ♦ 2) ›kränken, verdrießen, ärgern, reuen‹ mancherorts. – Das für den Süden unseres Gebietes sehr signifikante Wort ist auch im Luxemburgischen und Schweizerischen und anderswo bezeugt. Das Deutsche Wörterbuch (Stichwort *geheien*) nennt es „Ein altes Wort mit überaus merkwürdiger Geschichte" (DWb. 4.2.1, Sp. 2340). Ausgangspunkt ist mhd. *gehîwen* ›einen Hausstand gründen, beschlafen‹ (verwandt mit *Heirat*), mit Weiterentwicklungen wie ›verderben, misshandeln, hinwerfen‹ usw. – Vgl. »ugheit, umgheie«.

g-here schw.: *gheere, keere, kööre* ›gehören‹; *M'r g'höre halt zuem Alemannestamm* [A. Ganther].

g-herig Adj.: *gheerig, keerig, köörig.* ♦ 1) ›wie es sich gehört, in guter Verfassung, wohlauf‹; *s isch mr it keerig* [Stahrgn]. ♦ 2) verstärkend: ›tüchtig, recht, reichlich‹; *so isches mit ëme ghörige Schrame un eme Bloumol abgange* [O. Furtwängler]; *e rechdi Portiun, e g'hörige, e g'salzini, eini us 'm Efef* [A. Ganther].

g-hir Adj.: *ghiir, giir, kiir, ghüür* ›geheuer, heimelig‹, meist nur negiert, z. B. es ist nicht *ghiir* ›es ist unheimlich, es spukt‹.

g-hirchle, g-hirigse schw.: *ghirchle, ghürchle, kirchle, kirigse, kirkse* ›röcheln, keuchen, krankhaft husten‹ mancherorts mittl. Schwarzw., Ortenau, Brsg. – Wörtl. *gehürcheln, gehürchsen,* zu den bei »hirchle« dargestellten Formen.

G-hirgs(l)er m.: *Kirgser, Kirgsler* ›Husten‹ [Ringshm, Emmendgn, Zarten]. – Vgl. »ghirchle, ghirigse«.

g-hirote ›verheiratet‹ → »hirote«.

G-hisget n.: *Ghiisget, Ghüsget* ›der bewohnte Teil des Bauernhauses‹, vereinz. Baar, Hegau. – Wörtl. *Ge-häusget,* eine Bildung zu *Haus.*

g-hislet Adj.: *ghiislet, ghüüslet* ›kariert‹, von Stoff, vereinz. – Wörtl. *gehäuselt.*

g-hocke schw.: *ghocke, kocke* ›sitzen, hocken, ausruhen‹ mancherorts nördl. Brsg. – Nebenform zu »hocke«.

g-horig Adj.: *ghoorig* ›haarig, behaart‹; auch in Fastnachtsversen: *Ghoorig, ghoorig, ghoorig isch die Katz* [Bräunlgn]. – Wörtl. *ge-haarig.*

G-huder m.: *Kuder* ›Freiplatz im Fangspiel‹, vereinz. Achern und Umg. – Vgl. »Botti«.

g-hudere schw.: ›beim Schlittschuhlaufen in Hockstellung fahren‹ [Singen].

g-hufdig Adj.: *ghuufdig, kuufdig, küüfdig* ›gehäuft‹, meist in der Fügung *kuufdig voll* ›gehäuft voll, übervoll‹.

g-hurnigle schw.: *ghurniigle, ghurneegle, kurniigle, kurneegle* mancherorts Markgr.; *kanigle* [Kleines Wiesental]; *ghorniigle, ghorneegle, korniigle* vereinz. Elztal, nördl. Brsg. ♦ ›ein prickelndes, schmerzendes Gefühl in den Fingern verursachen, wenn sie von der Kälte in das Warme kommen‹. – Häufiger sind »hornigle, hurnigle«, im Norden »finkle, funkle«.

g-hüslet ›kariert‹ → »ghislet«.

G-hus-lit Pl.: *Ghusslitt* ›Mieter‹ vereinz. mittl. Schwarzw. – Vgl. »Huslit«.

Gicht, Gichter f.: *Gicht, Giicht* mancherorts; *Gichder, Giichder* mancherorts Ortenau, vereinz. S-Baden. ♦ ›gichtartige oder krampfartige Anfälle, Koliken, Zuckungen, Schreckzustände‹ u. ä., bes. bei Kindern; *'s het e Fieberli gha un laidige Gichter* [Hebel]; *Un 's Nochbers Chind isch sölli schlecht ... 's het Gichter gha die ganzi Nacht* [Hebel]. *Gichterli* nennt man das Zucken um den Mund von Neugeborenen, das wie Lächeln aussieht [Freiamt]. Gegen *Gichtern* wurden früher folgende Mittel eingesetzt *Gichtemersaft, Gichterhäuble, -kränzle, -pulver, -segen, -zettel.* – Das Wort bedeutet ursprünglich die durch Wortzauberei angehexte Krankheit.

Gicht-rose, Gichter-rose f.: ›Pfingstrose‹ mancherorts Ortenau, Brsg. – Der Name rührt davon, dass man den zahnenden Kindern die Samen in einer Halskette umhängte.

Gickel, Gickeler m.: *Giggel, Gickel* mancherorts südl. Schwarzw., Baar, Hegau; *Gickeler* verbr. Bodanrück Linzgau (Verbr. s. Karte → »Guller«). ♦ 1) ›Hahn‹; Syn. → »Guller«. ♦ 2) ›Stolz, Hochmut‹ verbr.; *sie het e Mords Giggel mit ihrem neje Mantel* [Freiamt].

gickele[1], **gicksle** schw.: *giggele, giggle, güggele, gigsle, gügsle.* ♦ 1) ›hervorspähen, lugen‹; *Gar haimlig un furchtsem güggelet's zuem Boden uus* [Hebel]. ♦ 2) ›fensterln‹ [Hotzenwald, Klettgau]. – Wörtl. *gückeln,* eine bildung zu »gucke«.

gickele[2] ›kichern‹ → »gigele«.

Gickeli n.: ›junge Ente‹ [Heitershm].

Gickerli n.: ›Gefängnis‹ [Breisach].

Gickis m.: *Giggis, Gigges, Gicks, Gückes* ›minderwertiger Schnaps, Fusel‹ vereinz.

Giebel m.: *Giibel, Gibbel, Giiwel, Giwwel* mancherorts; *Gewwel* mancherorts Ortenau. ♦ 1) ›Giebel des Hauses‹; *'s Stainemer Schlößli ... mit syne Stapflen am Gibel* [Hebel]. ♦ 2) ›Kopf‹, scherzh., abschätzig.

Gieße m.: *Giäße* ›Bach, Flußlauf, Wasserläufe des Altrheins‹ vereinz. Ortenau, entlang des Oberrheins.

gieße st.: *giäße* verbr., Part. Perf.: *gosse* ›gießen‹; *e bår goseni Isëblatë* [O. Furtwängler]. – ›Blumen gießen‹ → »sprenze«.

gife, gifle schw.: *giife, giifle* ›gierig nach etwas schauen‹ vereinz. mittl. Schwarzw., Elztal.

Gifitz m.: ♦ 1) ›der Vogel Kiebitz‹; Ra.: Antwort auf die Frage: Was gibts? *Gifitz un bacheni Heuleitere* [Appenw.], mit zahlreichen Varianten auch an anderen Orten. ♦ 2) ›schmächtiger, zorniger, sonderbarer, unsolider, ungezogener Mensch‹; dazu das Adj.: *gifitzig* ›aufbrausend, giftig, sonderbar‹ usw.

Gift-hafe m.: ›Bösartiger, Zorniger‹ Kaiserst.

Gift-nickel m.: ›aufbrausender, zorniger, gehässiger Mensch‹ mancherorts.

Gift-nodle f.: ›Libelle‹ vereinz. Brsg. – Syn. → »Wasserjumpfere«.

gigage schw.: ›schnattern‹, von Gänsen Markgr.

gigagle schw.: ›schaukeln, schwankend laufen‹ verbr. – Vgl. »gage«.

Gigampfi f.: ›Schaukel‹ vereinz. Hotzw. – Syn. → »Gugi«.

Gige f.: *Giig, Gige* ›Geige, Violine‹; *Ob em hangt der Himmel voll Sunne, Sternen un Giige* [Hebel].

gige schw.: *giige.* ♦ 1) ›auf der Geige spielen‹. ♦ 2) ›herumsummen, zirpen‹, von Insekten, Grillen usw.; Bauernregel: *wenn d Schnogen im Hornig giige, se miän si im Märze schwiige* [Vögishm].

gigele schw.: *giggele, giigele* ›kichernd lachen, herumalbern‹ mancherorts S-Baden; eine Person, die dies oft tut, hat *Gigelesuppe* gegessen. – Syn. → »kittere«.

Gigerte f.: *Gigerte, Gügerte* ›großer Haufen‹ [Schopfhm, Möhrgn].

gigs Interj.: *giiks* gesagt, wenn man z. B. ein Kind mit dem Finger oder einem spitzen Gegenstand stupft.

gigse schw.: ♦ 1) ›einen schrillen, quietschenden, knarrenden Ton von sich geben‹ verbr.; *Neben an der uufen un neben an der abe giigst der Wage* [Hebel]. Vgl. »geise«. ♦ 2) ›mit schlechtem Messer abschneiden‹ verbr.

Gigs-gäbili Interj.: Ausruf des Auslachens, wobei mit dem einen Zeigefinger über den anderen gestrichen wird (Kinderspr.) verbr. – Vgl. »gägs«.

gihne → »gähne«.

gihnig Adj.: ›gierig‹ [Schwäblishsn].

gilfe schw.: ›gellend schreien‹ vereinz.

Gil-furzer m.: ›Goldammer‹ [Furtwangen]. – Bildung zu *gelb, Gilb.*

Gille f.: *Gille* mancherorts südl. Schwarzw., Baar, Hegau, Bodanrück; *Gülle* verbr. Dinkelberg, Hotzw., Klettgau, Höri (Verbr. s. Karte → »Mischtlache«). ♦ ›Jauche, Sumpflache‹; *un lauft me noo, se sinkt men in e Gülle* [Hebel]; *Gen acht, Herr Preiß, sunsch keie n'r in d' Gülle!* [A. Ganther]. – Mhd. *gülle.* – Vgl. »Lache[1], Mischtlache«.

Gille-schapfe f.: ›Schöpfer für Jauche‹.

gimperig → »gumperig«.

gimsig Adj.: ›voll üppiger Triebkraft, geil‹ [Ettenhm]. – Vgl. »gumperig«.

Gingeles-krut n.: ›Labkraut‹ vereinz. Ortenau, auch *Girginkeli* [Münchw.].

gingse schw.: *gingse, ginkse* ›schrill, laut schreien, kreischen‹ mancherorts Elztal, Zartener Becken, obere Breg, südl. Schwarzw. – Vgl. »geise, gigse, güchse«.

Gink m.: ›Fußtritt‹ mancherorts Markgr., Hotzw., Klettgau.

ginke, ginkse schw.: ›mit dem Fuß stoßen, einen Tritt versetzen‹ mancherorts S-Baden.

Ginkel, Ginkele, Ginkeli m.: ♦ 1) ›hochaufgeschossener, langer, schlacksiger, schmächtiger Kerl‹; *awwer mit so eme Prinz Gingili het d'r Hermännli au nit g'schirre welle* [A. Ganther]. ♦ 2) ›Tunichtgut, unzuverlässiger Kerl‹, Schelte, verbr. ♦ 3) ›schlechter Wein‹ Markgr. – Vgl. »Gunkel«.

ginkele schw.: *ginkele, günkele* ›herumziehen, ein Lotterleben führen‹ Markgr. – Zu »Ginkel, Gunkel«.

Ginks m.: ›Schrei‹; *do hät mi Oskerli en Ginks glau* ›gelassen‹ [O. Furtwängler]. – Vgl. »gingse«.

ginne st.: *ginne* mancherorts südl. Brsg., südöstl. Schwarzw.; *günne* Markgr.; Hotzw., Klettgau, Höri; Part. Perf. *gunne.* ♦ 1) ›gewinnen‹; *Jetz het si' s gunne* von der Sonne, die den Nebel überwunden hat [Hebel]; *Lueg do, was i gunne ha: ne rote Karfunkel!* [Hebel]. ♦ 2) ›Obst ernten, Blumen pflücken‹ (Verbr. s. Karte → »ginne«); *Chriesi gunne* ›Kirschen gepflückt‹ [Hebel]; *Er trait si uf de Händen in der Gfohr, günnt Blüemli für si uf der grüene Fluer* [Hebel]; *Chriese, Zwetsche, Öpfel un Bire dued me günne, Trüübel schniide, Erdbeerli un Imbeerli zupfe, Herdöpfel grabe* [Glock Brsg.]. – Syn.: »breche 1, gwinne 2, krute 2«. – Das Wort ist durch Kontraktion aus »gwinne« entstanden.

Gintschete f.: ›Schaukel‹ vereinz. Bodanrück, Überlinger See. – Syn. → »Gugi«.

Gipfel m.: ♦ 1) ›Baumwipfel‹ mancherorts Ortenau, nördl. Schwarzw.; vgl. »Dolder«. ♦ 2) ›Gebäck in der Form eines Hornes‹ mancherorts S-Baden.

Gips m.: *Gips,* seltener *Jips* ›schwefelsaurer Kalk‹, in älterer Mundart häufig noch »Ips«.

Gir m.: ›Geier‹.

Girgele-krut n.: ›die Gartenmelde‹ [Münchw.].

Girle f.: *Girl, Gerl, Girle* ›eine Weidenart‹ [Rheinbischofshm, Diershm, Marlen]. – Zu mhd. *girel* ›eine Pflanze‹?

girre, girgse schw.: *girre, giire* ›ein knarrendes, knirschendes Geräusch verursachen‹. – Vgl. »garre, gurre«.

Gischpel m.: *Gischbel, Gischpel* ›fahriger, aufgeregter, schusseliger, ungeschickter, geckenhafter Mensch‹.

gise ›schrill schreien‹ → »geise«.

gitig Adj.: *giddig, gittig, giitig* ›gierig, hastig, geizig‹ mancherorts. – Zu mhd. *gît* ›Gier‹. – Vgl. »grittig«.

Gitli n.: ›Entchen, Kosename für Enten‹ vereinz. Brsg., Markgr.; nach dem Lockruf *git, git.*

Gitterli ›Fläschchen‹ → »Guttere«.

Git-wurm m.: ›Mitesser, Pickel‹ [Ay].

gitz Interj.: ›Lockruf für junge Ziegen und Enten, Gänse‹ mancherorts SO-Baden.

Gitze Pl.: ›(unerwünschte) Nebentriebe an Reben, Tabakpflanzen, Obstbäumen‹ usw., vereinz.; das Entfernen dieser Triebe wird *gitze, usgitze* genannt, wörtl. *(aus)geizen*. – Vgl. »Aberzein«.
gitze schw.: ›spritzen, bespritzen‹. – Wörtl. *gützen*, eine Bildung zu »Gutz«.
gitz(e)le schw.: ›Zicklein gebären‹ mancherorts. – Zu »Gitzi«.
Gitzi, Gitzili n.: *Gitzi, Gitzili, Gitzeli*. ♦ 1) ›junge Ziege, Zicklein‹ mancherorts S-Baden, Kinderspr.; *Was henki der denn dra?* (an den Christbaum) *Ne schöne Lebchuechemaa, ne Gitzeli, ne Mummeli un Blüemli wiiß un rot un gel* [Hebel]; Sprichw.: *E Gitzili git mit dr Zitt e Gaiß* ›man muss abwarten können‹ [Glock Brsg.]. ♦ 2) ›junge Ente, Kosename für Enten‹ vereinz. SO-Baden.
gizig Adj.: ›gierig, knauserig, geizig‹.
Giz-knäpper m.: ›geiziger Mensch‹ Lörracher Gegend.
G-jät n.: ›Unkraut‹ [Bonnd., Sunthsn].
G-länd n.: ♦ 1) ›Gegend, Umgegend‹. ♦ 2) ›Gartenbeet‹, Pl. *Gländer* verbr.
Glanker m.: ›Uhrenpendel‹, vereinz. SO-Baden.
glänzig Adj.: *glänzig, glänzi* ›glänzend‹; *so glatt un so glänzig* [Hebel]; *e G'siecht, so fründlig wie d'r glänzig Vollmuund* [A. Ganther].
glare schw.: ♦ 1) ›glotzen‹ [Degerfelden]. ♦ 2) ›hell und dunkel abwechseln, von Wolken‹ [Hänner, Ay]; vgl. »glire«.
Glaris n.: *Glaariis* ›Glatteis‹, dazu das Verb *glaariise* ›vereisen, Glatteis geben‹ vereinz. Hotzw.
Glas n.: *Glas* verbr., Pl.: *Gläser, Glässer* mancherorts; *Wenn der 's Gläsli schmeckt voll Chirsiwasser* [Hebel].
Glas-bumm f.: ›Glaskugel‹ [Gengb.].
Glascht m.: *Glascht, Glaascht* ›Glanz, schimmernde Helligkeit‹; *der Himmel stoht im Blitz un d' Welt im Glast* [Hebel].
Gläscht n.: ›Glasur, Emaille‹ [Schopfhm].
glaschte schw.: ›glänzen, wetterleuchten‹. Das Adj. dazu ist *glaschtig*.
Gläsi f.: *Gläse, Gläsi* Name für helle, zartfarbige Kühe, vereinz. mittl. Schwarzw.
gläsi Adj.: *gläsi, gläsig, glässig* ›gläsern, glasig‹ vereinz., sonst meist *glase* oder *gläserig*.
Glas-träger m.: ›wer die Erzeugnisse der Schwarzwälder Glashütten auf dem Rücken in den Handel bringt‹, 19. Jh., veraltet.
glatt Adj.: ♦ 1) ›gleichmäßig eben, nicht rauh, schlüpfrig‹; *nit daß üs der glatt Aal zwische de Finger nusschlupft* [A. Ganther]; *Gell, i ha glatti Tisch? Si sinn vom suuferste Marfel* ›Marmor‹ [Hebel]. ♦ 2) übertr. ›angenehm, ohne Probleme, reibungslos‹; *s isch glatt gange* mancherorts; *s isch glatt gsi* ›es war perfekt‹ Wiesental; *Jo weger, me maint, in der Stadt seig alles suufer un glatt* [Hebel].
glättere schw.: ›im Wasser spielen‹ [Schuttern]. – Vgl. »gluttere«.
Glätti f.: *Glätti, Glätte, Gletti* ›Glattheit‹.
Glätti-ma m.: ›Bügelbrett‹ südl.
Glatt-wasser n.: ›schlechtes Bier‹ [Gengenb.].
glaube schw.: *glauwe* nördl. und mittl. Schwarzw.; *gloiwe, glaüwe* Ortenau, [Freiamt], nördl. Kaiserst., nördl. Brsg.; *glawe, glöwe, glowe* mancherorts in der Rheinniederung zwischen Murg und Schutter; *glaübe* vereinz. Markgr.; *glaube* südl. Brsg., Markgr., Hotzw., Klettgau, Baar, Höri; *gloube* Hegau, Linzgau, Bodensee; Part. Perf.: *glaubt, gloubt, gloibt*. ♦ 1) ›(religiös) für wahr halten‹; *me glaubt's nit, wemme's nit gseh het* [Hebel]. ♦ 2) ›vermuten, für wahrscheinlich halten‹; *Vetter, wo simmer doch echterst? Bald glaub i, mer seige veriret* [Hebel]; *was glaubt er denn, wen er vor sich hat?* [A. Ganther]; Ra.: *dra glauwe müeße* ›(mit etwas Unangenehmem, dem Sterben) an die Reihe kommen‹.
G-leg n.: *Glegg, Glägg, Glett*. ♦ 1) ›Lage von Getreide, Heu‹, sowohl auf dem Boden wie auf dem Wagen oder in der Scheune, mancherorts SO-Baden. ♦ 2) ›Astreihe eines Jahres‹ Hotzw. – Wörtl. *Ge-lege*.
Gleich n.: *Glaich, Glaaich, Gleich*. ♦ 1) ›Gelenk, Glied am Körper‹; *im Mich'l sini Ärm sin ganz rot un blau worre un sin an de Glaich düchdig ufg'schwolle* [A. Ganther]; *mir dien alli Glaich weh* [Waldk. (Elzt.)]. ♦ 2) ›Kettenglied, Scharnier‹; *en blächene Dekël mit Glaich dra as mers hät kine ufmache wië Buach* [O. Furtwängler]. – Mhd. *geleich* ›Gelenk, Fuge, Glied‹.
gleiche schw.: ›im Gelenk bewegen, beweglich machen, funktionieren‹ vereinz. Brsg., Markgr.; Ra.: *sich gleiche loo* ›nachgeben‹ Markgr.
gleichig Adj.: ›gelenkig, beweglich‹ mancherorts. – Zu »Gleich«.
Gleis n.: ›Wagenspur, Bahngeleise‹.
gleitig Adj.: ›rasch‹ Markgr.
glenksem Adj.: ›gelenkig‹; *mit glenkseme Fingere* [Hebel].
glesere schw.: ›Steine übers Wasser hüpfen lassen‹ [Wyhl].
Glet ›Lage von Getreide‹ → »Gleg«.
gli ›sogleich‹ → »glich«.

Gliber n.: *Glibber* ›die edlen Eingeweide des Schlachttiers‹ (Herz, Lunge, Leber) meist als Gericht, mancherorts Bodenseegebiet. – Wörtl. *Geliber* (zu *Leber*).

glich Adj., Adv.: *gliich, glich* verbr.; in unbetonter Stellung und bei der Verwendung als Adverb häufig ohne Reibelaut: *glii, gli.* ♦ 1) Adj. ›von gleicher Beschaffenheit, identisch, einerlei‹; *no am gliche Dag* [O. Furtwängler]; *mir ka's glich si* ›mir kann es egal sein‹ [A. Ganther]. ♦ 2) Adv. ›anschließend, sogleich, sofort, unmittelbar‹; *gli noch 'm Esse* [A. Ganther]; *gli het 'r ne am Schlawiddig, un gli au üwwer em Knie* [A. Ganther]. Steigerung: *gliner* ›eher‹ [Lenzkirch].

glichlig Adj.: *gliichlig, glichlig.* ♦ 1) ›gleichmäßig, eben‹; *Es* (das Spinnlein) *spinnt un webt un het kai Rast, so gliichlig* [Hebel]. ♦ 2) ›gleich aussehend, identisch‹; *s glichlig Kleid* ›dasselbe Kleid‹.

Glick n.: *Gligg, Glick, Glück, Glükch* ›Glück, Wohlergehen‹; *'s isch e Glück, e groß Glück für d'r Speckbaschi gsi* [A. Ganther]; *Wenn de 's in Ehre hesch, soll's au an Plunder nit fehle, un an Segen un Glück* [Hebel]; *Zuem guede Glück isch's endlig mit sim Refmatis'm besser worre* [A. Ganther].

glickerle schw.: ›gluckernd trinken‹.

Glicks-bischili, -hämpfeli n.: ›das letzte Büschel der gemähten Ähren‹, wird oft gesegnet und besonders aufgehängt.

glidig Adj.: ›gelenkig‹ [Lörrach].

Glieder-weh n.: ›Rheuma, Arthritis‹ u. ä. Krankheiten, auch *Gliederreiße, -wese* mancherorts; *ke Wintergfrist, ke Gliederweh* [Hebel].

gliëje schw.: *gliäje, glüeje* ›glühen‹.

gliëjig, gliënig, gliëtig Adj.: *gliäjig, glüejig* mancherorts; *gliänig* [Gengenb., Gutach i. K.]; *gliädig, gliätig, glüedig* mancherorts. ♦ ›glühend‹; *mit glüejige Rueten un Zange* [Hebel]; Ra.: *Wo i des g'hört ha, isch m'r's grad gsi, as dät ma m'r mit eme glüehdige Ise ins Herz ni stoße* [A. Ganther].

G-liger n.: ›(Nacht)lager‹ [O. Furtwängler]. – Wörtl. *Ge-lieger,* zu *liegen.*

glii ›gleich‹ → »glich«.

gli-lechtig Adv.: ›gleich, bald‹ [Wieslet].

glim Adj.: *gliim* ›mild, gelinde‹, vom Wetter, mancherorts Ortenau; dazu das Verb *glime* ›mild werden, vom Wetter‹. – Wörtl. *ge-lim,* das zweite Glied zu mhd. *lîn* ›lau, matt‹.

Glimpf m.: ›Mäßigung, Angemessenheit, Nachsicht‹; *mit Glimpf* ›mit Glück‹ Markgr.

glimpfig Adj.: ›zart, weich, geschmeidig, gelinde‹ mancherorts.

glinze schw.: ›blinzeln, lugen, heimlich schauen‹ [Freib.].

Glinzerli ›Hahnenfuß‹ → »Glißerli«.

Glinz-gluri m.: Schimpfwort für einen Neugierigen [U.alpfen].

glire Adj.: *gliire* ›gleißen‹, dazu *gliirig* ›glänzend, hell und dunkel abwechselnd von Wolken‹ vereinz. südl. Markgr., südl. Hotzw. – Vgl. »glare«.

Glißerli n.: *Gliißerli, Glüßerli* ›Bez. für Hahnenfußarten, Scharbockskraut‹, vereinz. Südrand; auch *Glitzerli, Glinzerli, Glitzetle.*

glitscherig Adj.: ›glitschig‹.

Glitz m.: ›glänzender Gegenstand, z. B. Perlbesatz, Stanniol‹ vereinz.

glitzerig, glitzig Adj.: ›glänzend, gleißend‹ verbr.

g-loche ›herausgezogen‹ Part. zu → »lieche«.

Glocke f.: *Glock, Glogge, Glocke* verbr.; Dim.: *Gleckli, Glöckli.* ♦ 1) ›Glocke zum Läuten‹; *D' Glocke het Zehni gschlage* [Hebel]. ♦ 2) Bez. für Blumen mit glockenähnlichen Blüten wie z. B.: Glockenblume, Fingerhut, Akelei, Buschwindröschen u. a.

Glöri → »Galöri«.

gloschte schw.: ›schwach glühen, glimmen‹ mancherorts. – Vgl. »glumse, glunse, gluse«.

glose, glousele schw.: ›glimmen‹ Markgr.

glotze schw.: ›starr blicken, stieren, gaffen‹.

Glück → »Glick«.

Glucke f.: *Gluck* mancherorts nördl. Schwarzw., Ortenau; *Glucke* vereinz. SO-Baden. ♦ dass. wie »Gluckeri«.

Gluckeli, Glickerli n.: ›Küken‹ Ortenau, Kaiserst., südl. von Freib.

Glucker ›Klicker‹ → »Klucker«.

Gluckere[1] f.: ›Stachelbeere‹ mancherorts südl. Schwarzw., Hotzw.

Gluckere[2] ›Bruthenne‹ → »Gluckeri«.

Gluckeri f.: *Gluggere, Gluckere, Gluggeri, Gluckeri* Ortenau, Brsg., Markgr., Dinkelberg, Hotzw., Klettgau, SO-Baden; *Glüggeri* vereinz. Ortenau, Brsg. ♦ ›brütende Henne, Glucke‹; *d' Gluckere goht selbzwölft, un d' Lämmli waiden im Grüene* [Hebel]. – Vgl. »Brueteri, Glucke, Gluckerne«.

gluckerig Adj.: ›zum Brüten bereit, brütend‹ verbr.

Gluckerne f.: dass. wie »Gluckeri« verbr. oberes Wiesental, westl. Hotzw.

Glucks m.: dass. wie → »Gluckser« mancherorts südl. Schwarzw., Klettgau.

gluckse schw.: ♦ 1) ›ein gluckendes Geräusch machen, von der Henne, die brütet bzw. ihre Küken lockt‹. ♦ 2) ›den Schluckauf haben‹; vgl. »Gluckser«.

Gluckser m.: *Gluckser* verbr. (außer Südrand); *Glückser* vereinz. südl. Ortenau, nördl. Brsg. ♦ ›Schluckauf‹. – Vgl. »Glucks, Glucksi«.

Glucksi m.: *Glucksi* Markgr., Hotzw., südl. Klettgau; *Glucksis* Kaiserst.; *Gluckse* vereinz. Baar, mancherorts Höri, Reichenau. ♦ dass. wie → »Gluckser«.

glucksig Adj.: ›zum Brüten geneigt, vom Huhn‹.

glüeje ›glühen‹ → »gliëje«.

Gluet, Gluescht f.: *Gluet* verbr., *Gluescht* um Stockach; Pl. *Gluete, Gliäte.* ♦ ›Glut‹; *un dört e Dorf in Rauch un Gluet* [Hebel]; *ins Beegeliise duet mr Gliäte* [Freiamt].

Glufe f.: *Gluuf* Schiltach, vereinz. Baar; *Gluff, Gluffe* mancherorts Baar, Hegau, Höri, Bodenseegebiet (Verbr. s. Karte → »Gufe«); häufig Dim.: *Glifili, Glifeli, Glüfeli* u. ä. ♦ ›Stecknadel, Brosche‹. – Das Wort soll eine Entlehnung aus oberitalienisch *glove* ›Astgabel‹ sein, das wiederum aus ahd. *klobo* ›Falle, Schlinge, gespaltenes Holz‹ übernommen ist. – Vgl. »Gufe«.

G-lump n.: ›unbrauchbares Zeug, Gelumpe, Krempel‹.

glumse schw.: ›unter der Asche glühen, glimmen‹; *Es* (das Feuer) *glumst wohl selber ab* [Hebel]. – Vgl. »gloschte, glunse, gluse, motte«.

Glünk n.: ›Eingeweide‹ [Todtmoos, U.alpfen]. – Wörtl. *Gelünge.*

glunke, glunkere schw.: ›baumeln, schlaff herabhängen, schlottern‹.

Glunker m.: ♦ 1) ›was herabhängt‹, z. B. Quasten, Troddeln, Ohrgehänge, Pendel u. ä. ♦ 2) ›träger, nachlässiger, unzuverlässiger Mensch‹; vgl. »Glunki 2, Hemdglunker«.

Glunki f.: *Glunke, Glunki, Glünki, Glonki, Chlunki.* ♦ 1) ›Schaukel‹ vereinz. Ostteil und nördl. und mittl. Schwarzw.; Syn. → »Gugi«. ♦ 2) ›nachlässiger, träger Mensch‹; vgl. »Glunker 2«.

glunse schw.: ›glimmen‹ vereinz. Ortenau, Kaiserst. – Vgl. »gloschte, glumse, gluse«.

G-lur n., f., m.: *Gluur, Gluer, Glures* ›Nachwein, Tresterwein, schlechtes Getränk‹ vereinz. Bodenseegebiet. – Wörtlich *Ge-lur,* das etymologisch zu dem unter »Lir« dargestellten Wort gehört.

g-lure schw.: *glure, glüre.* ♦ 1) ›schielen, glotzen‹ vereinz. ♦ 2) ›langsam, nachlässig arbeiten‹ mancherorts Ortenau, Kaiserst.; dazu auch der *Gluri, Glüri* ›schwerfälliger, träger Mensch‹.

G-luscht m.: *Gluscht, Gluschde* ›Begierde, Verlangen‹, bes. nach Speisen; Ra.: *de Gluscht biäße* ›die negativen Folgen eines Genusses zu spüren kriegen‹ mancherorts. Zu *Gluscht* gehört auch das Verb *gluschde* ›gelüsten‹ und das Adj.: *gluschdig, glischdig.*

gluse schw.: ›glimmen‹ mancherorts nördl. Ortenau, nördl. Schwarzw. – Vgl. »gloschte, glose, glumse, glunse«.

gluttere schw.: ♦ 1) ›zum Vergnügen auf dem Eis schlittern‹ mancherorts mittl. Schwarzw. (Kinzigtal), Ortenau; Syn. → »schlifere«. ♦ 2) ›mit Wasser spielen, plätschern‹; vgl. »kluttere«.

Glutteri f.: *Gludderi, Gluddere* ›Gleitbahn auf dem Eis‹ mancherorts Kinzigtal.

G-mäch n.: ♦ 1) ›Fach, Abteil, Raum‹ vereinz.; *s haimli Gmäch* ›Toilette‹ [O. Furtwängler]. ♦ 2) ›schlecht gemachte Sache‹ [Waldshut].

G-mächt n.: *Gmächt, Gmäächt, Gmäch* ›Geschlechtsteile‹, bes. des Mannes, mancherorts.

g-mare schw.: *gmare, gmäre* ›sich gegenseitig aushelfen, zusammenarbeiten‹, mancherorts Hegau. – Mhd. *gemare* ›der mit einem andern zusammen einspannt, hilfeleistender Nachbar, Genosse‹.

G-mei f.: *Gmai, Gmaai* mancherorts Schwarzw., Brsg., verbr. Markgr., Wiesental; *Gmain, Gmein* mancherorts Ortenau, Brsg., Kaiserst.; *G(e)meen, G(e)mään* mancherorts Rheinebene nördl. und südl. von Kehl; *Gmaind* Hotzw., Klettgau, Raum Neustadt; *Gmoi* oberer Rench, Wolfach; *Gmoend, Gmoed* Baar, Hegau, Höri, Bodenseegebiet; *Gmoond* Raum zwischen Blumberg und Tiengen; *Gmaand* Büsgn, Gailgn, Öhngn. ♦ ›Gemeinde, Ortsgemeinde‹; *He, isch er denn us üüser Gmai?* [Hebel].

g-mei Adj.: *gmai, gmei* ›gewöhnlich, wie unsereins, leutselig‹, anders als im Nhd., wo *gemein* meist als ›niederträchtig‹ verstanden wird, hat die Mundart noch die ältere Bed. bewahrt: *Der neu Vikari vo Lörrech ... ne brave Heer un gmai mit de Lüte* [Hebel].

G-melk n.: *Gmelk* Elztal, obere Schutter, Kinzig, Gutach; *Gmelch* Raum St. Peter, Furtwangen, St. Georgen; *Gmalch* [Freiamt] (Verbr. s. Karte → »Uter«). ♦ ›Euter‹, das Wort gilt also nur im mittl. und Hochschwarzwald, in allen übrigen Gebieten gelten Lautformen von *Euter* s. dazu »Uter«.

G-miës n.: *Gmiäs, Gmües* ›Gemüse‹; Ra.: *Flaisch isch s bescht Gmies* [Opfgn].

G-millet n.: *Gmillet, Gmüllet, Gmill* u. ä. ›Getreidehülsen, Spreu, Abfälle von Stroh, Heu‹ u. ä., Baar, Hegau, Höri, Bodanrück. – Wörtlich *Ge-müllet,* zu mhd. *gemülle* ›das durch Zerstoßen, Zerreiben Entstandene‹. – Vgl. »Gnill«.

G-möl n.: *Gmööl* ›Molch, Salamander‹ mancherorts südl. Kreis Lörrach und Waldshut. – Bildung zu »Molle« ›Molch‹.
G-moz n.: ›Durcheinander‹ Baar.
g-muchig Adj.: dass. wie → »muchelig«.
G-muttel n.: ♦ 1) ›undeutliches Sprechen‹ verbr. ♦ 2) ›Durcheinander‹ [Feldbg].
Gnade-see m.: ›Teil des Bodensees nördl. der Reichenau‹.
gnage schw.: *gnagge* ›nagen, knabbern‹ mancherorts SO-Baden. – Mhd. *genagen* ›nagen‹.
gnägle schw.: dass. wie → »nägle«.
G-nams n.: *Gnaams.* ♦ 1) ›der einem gebührende Anteil, die einem gemäße Menge, Quantum‹. ♦ 2) ›Durcheinander, Kuddelmuddel‹ [Lahr].
gnappe ›nicken, humpeln‹ → »knappe«.
Gnattli ›Gebrechlicher‹ → »Knattel«.
g-nau Adj.: *gnau, gnäu* ›genau‹.
gnege, gnegse schw.: *gneege, gnääge, gneegse.* ♦ ›weinerlich tun, jammern‹ oberes Markgr.; eine Person, oder ein Kind, das fortwährend jammert ist ein *Gneegi, Gneegsi.*
gnepfe ›nicken, humpeln‹ → »knäpfe«.
Gnepfli eine Mehlspeise → »Knopf 4«.
gnigelt Adj.: bes. in der Wend.: *gniggelt voll* ›brechend voll, übervoll‹ mancherorts SO-Baden.
G-nill n.: ›Getreideabfälle, Spreu‹ mancherorts obere Rench. – Wörtlich *Ge-nüll*, wohl eine Nebenform zu »Gmillet«.
G-nischt n.: ›Holzabfälle, Späne, Reisig zum Feueranmachen‹ [Furtwangen, Wildgutach]. – Wörtl. *Ge-nist.*
gnischte schw.: *gnischde* ›zur Ruhe kommen, sich fügen‹ mancherorts mittl. Schwarzw., Ortenau.
gnitz ›nichtsnutzig, schlau‹ → »knitz«.
gnore schw.: ›schlummern, leicht schlafen‹ mancherorts Baar, SO-Baden.
gnotsche ›betatschen‹ → »knotsche«.
Gnüder, Gnöder n.: ♦ 1) ›Abfall von Stroh und Holz‹ Hotzenw. ♦ 2) ›minderwertige Menschen‹.
g-nueg Adv.: *gnueg, gnue* ›ausreichend, genug‹; *meh as gnue* [A. Ganther]; *doch hesch nit gnueg un möchtsch no meh* [Hebel]; Ra.: *jetzt isch gnueg Hai hunte* ›jetzt ist es genug, jetzt reichts, meine Geduld ist am Ende!‹.
go st.: Das nhd. *gehen* entsprechende Wort lässt sich in unserem Gebiet auf zwei Typen zurückführen, die von mhd. *gân* und *gên* herkommen (ähnl. Verhältnisse bei »sto«). Die Entsprechungen von *gên* (*e*-Gebiet = nördl. einer Linie Rust – Zell a. H. – Forbach) finden sich im Norden, d. h. *gih, gihe* im nördl. Schwarzw. und *gehn* in der Ortenau und im Hanauerland (zwischen Rust und Kehl); seltener ist *geh*, das nur in einigen Orten dicht am Rhein zwischen Rust und Neuenburg vorkommt; die Entsprechungen von mhd. *gân* sind *guu* im mittl. Schwarzw., im Elztal und im Zartener Becken, davon abseits noch im Klettgau; *goo* findet sich in der südl. Ortenau, in Brsg., Markgr., Hotzw., Hegau, Höri und am Bodanrück; die Kurzform *go* im Linzgau; *gou* Ostteil des mittl. Schwarzw., Baar; *gau* an der Grenze zum Schwäbischen (Verbr. s. Karte → »go«). Da das Wort häufig verwendet wird, soll im Folgenden auch ein Überblick über weitere Flexionsformen geboten werden: Part. Perf: *gònge* nördl. und mittl. Schwarzw.; *gange* übriges Baden; 1. Pers. Sg.: *ich geh* (*e*-Gebiet s. o.); *gòng* mittl. Schwarzw.; mancherorts Kaiserst.; *gang* übriges Gebiet; 2. Pers. Sg.: *du gehsch* (*e*-Gebiet s. o.); *gooscht* Baar, Hegau, Höri, Bodensee; *goosch* übriges Gebiet; 3. Pers. Sg.: *er geht* (*e*-Gebiet s. o.); *goot* übriges Gebiet; 1. und 3. Pers. Pl.: *mir / sie gihn* mancherorts nördl. Schwarzw.; *gehn* Hanauerland, Ortenau, Brsg.; *genn* mittl. und südl. Schwarzw.; *göhn* mancherorts Markgr.; *gönn* mancherorts Dinkelberg, Wiesental, Hotzw.; *gönnd* mancherorts Hotzw., verbr. Klettgau; *gonnt* Baar, Hegau, Höri, Bodanrück, Bodensee; 2. Pers. Pl. ähnl. wie 1. Pers. Pl., nur dass im Kreis Lörrach Formen mit *ihr göhnt* vorherrschen. ♦ 1) ›sich auf den Füßen fortbewegen‹, bes. ›weg-, fort-, hingehen‹; *Uf alle Märte flankiert er, goht uf jedi Chülbi* [Hebel]; auch ›umgehen von Gespenstern‹, z. B. *Beim Rennbaimli soll e Ries goh* [A. Ganther]; auch mit jemandem eine Liebschaft haben: *minan-*

der goh. ♦ 2) von Sachen, Zuständen ›sich erstrecken, funktionieren‹ u. a.; *der Weg goht uf Basel* ›der Weg erstreckt sich bis nach Basel‹; *s goht nit guet.* ♦ 3) in großen Teilen unseres Gebietes sind auch die sogenannten Infinitiv-Partikel hervorzuheben die als *gi, go, gu* in Sätzen wie *i gang go (gi, gu) esse* ›ich gehe essen‹ verwendet werden. ♦ 4) in adverbialer Funktion, eine nahe Zukunft ankündigend, in Sätzen wie *jetz wemmer go i s Bett* [Hattgn]; *jetz-go gli* [Furtwängler]. ♦ 5) in adverbialer Funktion der Art und Weise: *i wurr go sage* ›ich würde vielleicht sagen‹ Baar.

Gob f.: *Goob, Gòòb* ›Gabe, Geschenk, Abgabe‹.

gobe schw.: *gobe, gòbe* ›schenken‹, bes. bei Hochzeiten, veraltet. – Wörtl. *gaben* ›eine Gabe geben‹.

Gockeleier Pl.: ›aus Früchten des Fischerkörnerstrauchs (Semen cocculi) gewonnenes Mittel zum (unerlaubten) Fischen‹ (die Fische werden damit betäubt), veraltet [Ettenhm].

Gockler, Guckler m.: ›Hahn‹ verbr. nördl. Schwarzw. und angrenzende Rheinebene (Verbr. s. Karte → »Guller«). – Syn. → »Guller«.

Gocks m.: ›runder, steifer Herrenhut, Melone‹, veraltet.

Gof m., f.: ›unartiges Kind, Göre‹ mancherorts SO-Baden.

Gofere w.: *Gofere, Gufere* ›Waffel‹ vereinz. mittl. Schwarzw., Ortenau. – Aus frz. *gaufre,* das seinerseits aus dem Fränkischen entlehnt ist.

göise ›schrill schreien‹ → »geise«.

Goje f.: ›Jüdin, Frau, Mädchen‹, mit unterschidlichen, meist abschätzigen Bedeutungsschattierungen. – Aus. hebr.-jüd. *Goje* ›Nichtjüdin‹.

Gol m.: *Gool, Kool* ›Tor im Fußballspiel‹, heute veraltet. – Engl. *goal.*

Gold-ähre f.: ›Goldrute‹ mancherorts Ortenau.

Gold-hägele n.: ›der Fisch Elritze‹ [Achern].

Goldi m., f.: ein Kuhname, mancherorts mittl. und südl. Schwarzw.

Gold-kueh f.: ›Goldlaufkäfer‹.

Gole m.: ›langaufgeschossener, träger Kerl‹; *de lang Goli* [Epple].

Goli m.: ♦ 1) ›wer gerne spielt‹ Klettgau. ♦ 2) ›Torwart‹, zu → »Gol«.

golig Adj.: ›verspielt‹ Klettgau.

Goll m.: ›der Vogel Dompfaff‹ vereinz.

Goller m.: ›Kragen-, Schulterteil an Kleidungsstücken‹ u. ä., in der Volkstracht, bes. Hotzentracht. – Nhd. *Koller,* dies zu lat. *collarium,* frz. *collier.*

Gollis n.: ›meißelartiges Schusterwerkzeug mit zwei Kerben‹. – Wohl aus frz. *coulisse.*

Gondel ›Fischerboot auf dem Bodensee‹ → »Gundel«.

gönne → »gunne«.

gopaloni Interj.: ›Ausruf der Verärgerung, Fluch‹ Lörracher Gegend, Kandertal. – Vgl. »gopferdori«.

gope, gople schw.: *goobe, goope, goople, gooble, goopele.* ♦ ›an etwas herumspielen, sich spielend balgen‹ mancherorts östl. Hotzw., Klettgau, Hegau, Bodensee. – Syn. → »geile«.

Göpel m.: ›von Tieren angetriebenes Triebwerk‹ veraltet. – Vgl. »Geppel«.

gopferdori Interj.: ›Ausruf der Verärgerung, Fluch‹ vereinz. Südrand. – Umgebildet aus *Gott-verdamm-mi.* Vgl. »gottschtromi«.

gorgse, gorpse, gorzge schw.: ›gurgelnde Töne hervorbringen, würgen, rülpsen‹. – Syn. → »ufstoße«.

Gori[1] m.: Kurzform für den männl. VN *Gregori* mancherorts.

Gori[2] m.: *Goori, Goore, Gooris.* ♦ 1) ›Mut, Mumm, Kraft‹ mancherorts. ♦ 2) ›Geld‹ vereinz.

Gosche f.: *Gosch, Gosche.* ♦ 1) ›Maul, Mund‹, bei Mensch und Tier, nicht so derb empfunden wie etwa in der Standardsprache; Ra. als Antwort auf Kritik am Essen: *wenns nit schmeckt, hänggsch d Gosch uf Lohr* Ortenau. ♦ 2) ›(loses, dauernd plapperndes) Mundwerk‹; *halt d Gosch!* ›hör auf zu reden!‹.

gosche schw.: ›dauernd reden, freche Widerworte geben, unzufrieden schimpfen‹.

Gosche-hobel, Gosch-orgel m.: ›Mundharmonika‹ vereinz. – Syn. → »Schnorrehobel«.

Gott m.: häufig in Gruß-, Segensformeln, Beteuerungen, Ausrufen, Verwünschungen. *Gott grüeß Ich* (Euch), *Heer Pfarer!* [Hebel]; *Helf der Gott!* [Opfgn]; *Gse-Gott!* ›Gesegne es Gott‹ verbr.; *in Gotts Name* mancherorts; *i bitt di um's Gottshimm'lswille* [A. Ganther]; *aß Gott verbarm* verbr. im Süden; *vergelts Gott!* ›Dank‹ verbr. Bisweilen verhüllend und verändert wie z. B. in »bigoscht«. Ra.: *Gott un die Welt* ›alle, alles‹ verbr.; *s Gotteli balgt* ›es gewittert‹ Kinderspr. Ortenau.

Gotte ›Patin‹ → »Gotti«.

Gotte-häß n.: ›Kleidungstück, das der Pate / die Patin dem Patenkind schenkt‹, auch *Gottehemd, -hut, -kleid, -rock,* veraltet. – Zum Grundwort s. »Häß«.

Gotti f.: *Goddi, Gotti* Brsg., Elztal, Kaiserst., nördl. Markgr.; *Godde, Gotte* Dinkelberg, Hotzw., Klettgau, Ostteil des mittl. Schwarzw., südl. Schwarzw., Baar, Hegau, Bodenseegebiet (Verbr. s. Karte → »Gotte«). ♦ ›Taufpatin‹; *sait no 's Vreneli: So ne Gotte möcht i*

wohl au ha [Hebel]. – Für den Nordteil s. → »Gettel«.

Götti ›Pate‹ → »Getti«.

Gotti-kind n.: ›Patenkind‹ verbr.

Gotts-acker m.: *Gottsacker, Gottisacker; -ackcher* u. a. ♦ ›Friedhof‹ vorherrschend in SW-Baden (sonst »Kirchhof«); *z' Obbenau isch's kum e bizili lärmiger gsi as uf eme Gott'sacker* [A. Ganther].

gottschtromi Interj.: *gottschdroomi, gottschdroomr* u. ä. ♦ ›Ausruf der Beteuerung‹ vereinz. – Entstanden aus *Gott-straf-mich.*

gottsig Adj.: ♦ 1) ›einzig, allein, gottverlassen‹; mancherorts; *kei gottsiger Mensch* [A. Ganther]; *so gottsig allei im e grusige Wald* [A. Ganther]; *d'r Herr Pfarrer bringt kei Wörtli rus, kei gottsig's Wörtli* [A. Ganther]. ♦ 2) ›herzig, lieblich‹ Hotzw.

gottverdori Interj. → »gopferdori«.

gottversprich Adv., Kopula: *gottversprich* [Freib]; *goddmersprich, gopmersprich* [Rust, Stockach]; *guetersprich* mancherorts Ortenau. – Gesprächsfloskel in Sinne von ›sozusagen, das heißt, als ob‹.

gott-willche Adj.: ›willkommen, gegrüßt‹; *Sitz nider un bis mer gottwilche!* ›sei mir willkommen‹ [Hebel]; *un sag em fründli Gottwilche* [Hebel]. – Entstanden aus *Gott-willkommen.*

grää Adj.: *grää, gräe, gräa* ›fertig mit einer Arbeit, erschöpft‹ mancherorts SO-Baden. – Wörtl. *ge-rech* (im Südosten schwindet das *ch* in gewissen Positionen).

Grab n.: *Grab* verbr.; Pl. *Gräwer, Gräber* verbr. *Gräbere* vereinz.; *Henn si nit im Totebaum* (Sarg) *vier Richter ins Grab trait?* [Hebel].

Gräb n.: *Greeb* ›Beerdigung‹ vereinz. Kinzigtal, Elztal, Prechtal; *z Greeb guu* ›an der Beerdigung teilnehmen‹ [Hofstet.]. – Vgl. »Licht«.

Grabe m.: *Grabe, Grawe, Grabbe* ›Graben‹.

grabe st.: *grawe, grabe* verbr.; *grabbe* SO-Baden; Part Perf.: *gegrawe, grawe.* ♦ 1) ›die Erde auf-, umgraben‹. ♦ 2) ›Kartoffeln ernten‹; *Herdäpfel grabe* ›Kartoffeln ernten‹.

Grab-furkel, -gabel f.: *Grabbfurkel, Grabbgabel* u. ä. ♦ ›Gabelspaten‹ vereinz. SO-Baden.

Grab-schufle f.: *Grabschufle, Grabbschufel* ›Spaten‹ mancherorts Baar, Bodenseegebiet. – Syn. → »Spat 1«.

grad Adj., Adv.: ♦ 1) ›geradzahlig, geradlinig, direkt‹; *e grade Strich* [Freib)]; *'s isch au nit alles grad un recht* [Hebel]. ♦ 2) ›nur, bloß, unmittelbar, eben, erst recht, genauso‹ u. a. in vielfältigen Verwendungsweisen; *'r isch grad recht kumme* [A. Ganther].

Grägili n.: ♦ 1) ›Hausunke‹. ♦ 2) Spitzname [Gengenb.].

G-rähms n.: ›Gitter, Gitterwerk‹.

graid Adv.: ›deutlich wahrnehmbar‹ mancherorts Ortenau, vereinz. Hegau. – Wörtl. *ge-reit,* 2. Teil wie *be-reit.*

graiele schw.: *graiele, gröüele* ›grau werden, schimmeln, Fassgeschmack haben‹ vom Wein. – Abl. zu »grau«, wörtl. also *gräuelen.*

graikt Adj.: *graikt, graikcht* ›geräuchert‹ verbr. Part. zu »raiche, raige«.

gram-bampelig Adj.: ›von einem Schwächegefühl befallen, benommen‹ [Minseln].

grandig Adj.: ♦ 1) ›groß‹. ♦ 2) ›unfreundlich, mürrisch‹ verbr.; *lueg doch nit so grandig* [Freiamt].

Grane f.: *Gran* vereinz. Ortenau; *Grane* mancherorts Brsg., vereinz. SO-Baden; *Granne* vereinz. Brsg., Klettgau, Hegau; *Gròòn, Gròne* vereinz. nördl. und mittl. Schwarzw., Brsg.; *Gree, Greene, Gree, Greene* mancherorts nördl. und mittl. Schwarzw., Ortenau. ♦ 1) ›Ährenstachel, Granne (der Gerste)‹. ♦ 2) ›Fischgräte‹ mancherorts Ortenau, Brsg. – Vgl. »Agle«.

Graner, Granitz(l)er m.: *Graner* vereinz. Hotzw., Hegau; *Granitzer* vereinz. mittl. Schwarzw.; *Granitzler* mancherorts Brsg., Markgr. ♦ ›Hausierer, Jahrmarktshändler, der seine Waren in einem Kasten auf dem Rücken trägt‹, veraltet. – Zu slaw. *granica* ›Grenze‹.

Grapp ›Rabe, Krähe‹ → »Krapp«.

Gras[1] n.: ›Gras und grüne Wiesenkräuter, auch Unkraut‹; *es stöhn in saftige Tribe Gras un Chrüter* [Hebel].

Gras[2] m.: *Gras*, Dim. *Gräsle.* ♦ 1) ›Spitze des Fischerkahns‹ [Hagnau, Reichenau]. ♦ 2) ›Kinnbacken des Schweins‹ [Singen a. H.]. – Das Wort entspricht lautgesetzlich (Nasalschwund mit Dehnung des vorangehenden Vokals) mhd. *grans* ›Schnabel, Spitze‹.

Gras-aff m.: ›unreife Person‹ vereinz.

Gras-blueme f.: Bez. für verschiedene in Wiesen blühende Blumen, z. B. Kuckucksnelke, Margerite, Gänseblümchen.

Gras-boge m.: ›Netz mit zwei Bügeln, mit dem man Gras einholt‹ veraltet. – Vgl. »Reff 1«.

grase schw.: ♦ 1) ›Gras fressen, weiden‹; *an de Berge grase d' Schoof,* [Hebel]; Volksreim: *Ufem Wase grase d Hase* verbr. ♦ 2) ›Gras (mit der Sichel) abschneiden, einholen, Unkraut entfernen‹ mancherorts.

Gras-garte m.: ›Gelände, meist hinter dem Haus, für Grünfutter‹ verbr.

Gras-gumper m.: ›Heuschrecke‹ vereinz. – Vgl. »Haigumper«.

Grässling ›Gründling‹ → »Kresse«.

Gras-tuech n.: ›Tuch, in dem man Gras einholt‹.

Gräte n., Pl.: *Greet, Greede* mancherorts. ♦ 1) ›Fischgräte‹; vgl. »Grot«. ♦ 2) ›Ährenstachel (bes. der Gerste)‹ vereinz. nördl. und mittl. Schwarzw.

grätig Adj.: *grätig, grötig.* ♦ 1) ›viele Gräten habend‹. ♦ 2) ›mürrisch, missmutig‹ mancherorts.

gratliere schw.: *graddliere, graddeliere* ›gratulieren‹; *„Baschi", sait 'r, „i grat'lier üch* (euch)*; do luege: Nummero 80108 het 's groß Loos g'wunne"* [A. Ganther].

grätte schw.: dass. wie → »grattle 1«.

Grattel m.: *Grattel, Chrattel* ›Hochmut, Dünkel, Überheblichkeit‹; *e Graddel haa* ›stolz, eingebildet sein‹ [Opfgn]. – Das Wort gehört zu »grattle« und bedeutet hier ›überheblich mit gespreizten Beinen stehen‹; verwandt ist nhd. *Grätsche.* – Vgl. »Grättel, Grättimaa«.

Grättel m.: ›gegabeltes Teil am Hinterwagen des alten Bauernwagens‹. – Wörtl. ›Gespreiztes‹, vgl. »Grattel«.

grättig Adj.: ›gespreizt‹ Markgr.

Grätti-maa m.: ›Backwerk in Männchenform‹, zu Nikolaus, Neujahr, Ostern [Auggen]. – Vgl. »Kräppimaa«.

grattle schw.: ♦ 1) ›mit gespreizten Beinen gehen, mühsam gehen‹ mittl. Schwarzw., Ortenau. ♦ 2) ›klettern‹ verbr. – Vgl. »gritte, vergrattle«.

G-rätz n.: ›zänkisches Gerede‹ Markgr. – Zu »rätze«.

grau Adj.: *grau* verbr.; *gröu, graü, groi* mancherorts Ortenau, Brsg., westl. Markgr.; *grou* östl. Schwarzw., Baar, SO-Baden. ♦ ›aschefarben, grau‹; Ra.: *'r soll sich numme kai graui Hoor d'rwege wachse lo* ›sich keine Sorgen machen‹ [A. Ganther].

grau(b)lig Adj.: ›mürrisch‹.

graule schw.: *graule, graugle, grauwle, grauble.* ♦ ›klagend miauen, jammern von Menschen‹ mancherorts Schwarzw., Ortenau; ein solcher Mensch ist ein *Grauli, Grauwli* oder *Graulihafe.* – Vgl. »raule«.

Grau-moor f?: ›Bergente‹ Bodensee.

G-rech n.: *Grech, Greäch* ›oberste Etage in der Scheune‹ mancherorts mittl. und südl. Schwarzw., Hotzw., Hegau. – Wörtl. *Ge-rech*, vgl. auch »Hohreche«.

grech Adj.: *grech, gräe, grea, gröa, grä.* ♦ 1) ›fertig mit der Arbeit‹ Hegau. ♦ 2) ›erschöpft, mit den Kräften am Ende‹ [St. Georgen (Schw.)].

Gred f.: ›historische Fruchthalle, Kaufhaus‹ u. ä., mancherorts in Städten des Hegaus, Linzgaus, Oberschwabens. – Zu mhd. *grêde* ›stufenartiges Unterlager für Waren‹, dies aus lat. *gradus* ›Stufe‹.

Greddel m.: ›Pflugbalken‹ vereinz. nördl. und mittl. Schwarzw. – Vgl. »Grendel«.

Gredi f.: ›Geradheit, gerade Richtung, Senkrechte‹ verbr.; *er häts gärn exakt un dr Grêdi no gha* [O. Furtwängler]; *in d Gredi stelle* ›in Ordnung bringen‹ Markgr. – Wörtl. *Geräde*, zu *gerade.*

gredi Adv.: ›sofort‹ [St. Peter].

Greif f.: *Greif, Graif* mancherorts nördl. Schwarzw., Ortenau; *Grääf* [Freistett, Bodersw., Hesselhurst]. ♦ ›Gabel‹, bes. Mist-, Heugabel.

g-reit Adv.: *graid, groad.* ♦ 1) ›deutlich‹, meist in Verb. mit *sehen* und *hören*; man sieht die Vogesen *so graid* [Allmannsw.]. ♦ 2) ›nicht sehr deutlich, kaum‹ [N.schopfhm]. – Mhd. *gereit* ›leicht, schnell‹.

grell Adj.: ›hervorstechend, intensiv‹ von Farben, Geräuschen, Schmerzen.

Gremp, Grempler m.: *Gremp* mancherorts Ortenau; *Grempler* vereinz. Südrand. ♦ ›ambulanter Händler, Kleinhändler‹; die weibliche Kleinhändlerin ist die *Grempi, Grempe.* – Zu mhd. *grempeln, grempen* ›Kleinhandel treiben‹.

Grempel m.: ›Tand, Kram, Plunder‹ mancherorts.

Grendel m.: *Grendel, Grąndel* mancherorts mittl. und südl. Schwarzw., Ortenau, Brsg., Markgr., Hotzw.; *Grengel, Grąngel* vereinz. in der Rheinebene zwischen Ottersd. und Rust und in der Südwestecke vom Markgr.; *Chrangel* vereinz. Umg. Weil a. Rh.; *Grindel* mancherorts mittl. Schwarzw., Hotzw., verbr.

Baar, Hegau, Bodenseegebiet; *Gründel* mancherorts Klettgau, südl. Hegau, nördl. Höri. ♦ ›Pflugbalken‹, veraltet. – Mhd. *grindel* ›Riegelbalken‹. – Vgl. »Greddel«.

Grene ›Ährenstacheln‹ → »Grane«.

greschte schw.: ♦ 1) ›antreiben‹ [Todtm. u.ö.]. ♦ 2) ›eilen‹ [Ay].

Grete f.: *Gret, Grete* verbr.; häufig Dim.: *Gretli, Greti.* – Kurzform für den weibl. VN *Margarete.*

Gribel-nuss f.: *Griiwelnuss* ›Steinnuss‹ vereinz. Ortenau, Brsg.

grible schw.: *griible, griiwle, grüwle.* ♦ 1) ›mit den Fingern graben, an etwas herumklauben, kraulen‹ mancherorts; vgl. »gruppe«. ♦ 2) ›(sorgenvoll) nachdenken‹.

G-rick n.?: ›staudenbewachsener Steilhang‹ vereinz. mittl. Schwarzw.; *S isch an e Dail Orte wälts häldig, bin säle Grik wo seli Ahôrnehürscht schtän* [O. Furtwängler]. – Wörtl. *Ge-rick* ›Geschlinge‹; vgl. »Rick«.

Grickele f.: ›Stelle des Baums, wo sich die Äste teilen‹ [Riedlgn].

Grickerli n.: ›Grille‹ [O.kirch]. – Syn. → »Heimmauch«.

G-rider n.: ›das Zittern‹ [Rheinbisch.]. – Wörtl. *Ge-rider*, vgl. »ridere«.

g-ridig Adj.: ›räudig‹ Kaiserst. – Wörtl. *ge-räudig*, zu → »ridig«.

Griëbe Pl.: *Griiwe* Nordrand; *Griäwe* nördl. und mittl. Schwarzw., Ortenau, Elztal, östl. Brsg., Raum Neustadt; *Greäwe* mancherorts südl. Ortenau; *Griäbe* mancherorts Brsg., mittl. Schwarzw., Baar, verbr. südl. Schwarzw., Markgr., westl. Hotzw.; *Greäbe* mancherorts Brsg.; *Griibe* Baar, Hegau Bodenseegebiet; *Grübe* östl. Hotzw., Klettgau, Höri; *Grüebe* Umg. von Säckingen. ♦ ›ausgelassener Speckwürfel‹; *si bringt Salat un Grüebe dra* [Hebel].

g-riëbig Adj.: *griäbig, griäwig, greiwig* u.ä. ›ruhig, still, gelassen‹ mancherorts; vgl. »grueje«. – Wörtl. *ge-rühig*, zu *ruhig.*

Griel m.: *Griil, Grüül* ›großer Brachvogel‹ Bodensee.

Griën m.: *Griän, Griä* ›Kies, Kiesbank, Schotter‹, bes. an Flußläufen, mancherorts; häufig auch in Flurnamen und dort bisweilen hyperkorrekt *Grün* geschrieben. – Mhd. *grien* ›Kiessand, sandiges Ufer‹.

griën Adj.: *griän* mancherorts mittl. und südl. Schwarzw., Ortenau, Brsg., Markgr.; *griin* vereinz. nördl. Schwarzw.; *grii* mancherorts nördl. und mittl. Schwarzw., östl. Linzgau; *griä* Ostteil des mittl. Schwarzw., Hochschwarzw., Raum Neustadt; *greän* in der Rheinniederung von Kehl bis Müllhm; *greä* Baar, Hegau, Bodanrück, westl. Linzgau; *grüen* vereinz. Markgr., Dinkelberg, Hochrhein; *grüä* kleines Wiesental, Hotzw., Klettgau; *gröe, grö* südl. Hegau, Höri (Verbr. s. Karte → »griën«). ♦ 1) ›von grüner Farbe‹; *un alli Farwe hen sie ag'numme, rot, gäl, grüen un blau* [A. Ganther]. ♦ 2) ›frisch, saftig, nicht dürr‹; *un lueg doch, wie alles so grüen wird!* [Hebel]; *viel tausig Blätter grüen un frisch* [Hebel]; *un e so ë Krutkrätze fol grüa Fûater* [O. Furtwängler]. ♦ 3) ›unreif‹; Ra.: *noch grüen hinter de Ohre* [Auggen]. ♦ 4) ›nicht geräuchert‹; *grüener Speck* mancherorts.

griënlecht Adj.: *grianlecht, griäläächt* u.ä. ›grünlich‹. – Zur Bildung vgl. »rotlecht«.

Griënoch m.: *Grienoch, Greanoch, Greanocher, Grünenochi* ›schlecht aussehender Mensch‹ SO-Baden, dazu das Adj. *gräenochet, greanochig.*

Grieß m.: *Griäß* ›gröber als Mehl gemahlenes Getreide‹. – Vgl. »Grisch«.

Grieß-babbe m.: ›Grießbrei‹ mancherorts. Zum Grundwort s. »Babbe«. – Vgl. »Grießmues«.

Grieß-brett n.: *Griäsbrett* ›Brett über dem vorderen Achsenstock des Bauernwagens‹.

grieße schw.: *griäße, grüeße* verbr.; *griätse* selten und veraltet SO-Baden. ♦ ›grüßen‹; *un grüeßet 's Bammerte Schwooger!* [Hebel]; in Grußformeln: *Grüeß Gott, Meischder* [A. Ganther]; *Grüeß di Gott!* [Hebel]; *Gott grüeß di, Maideli!* [Hebel]; *Grüetsi!* [Laufenburg]; Ra.: *do gits kei Grüeß-Gott* ›da ist nichts zu machen‹ verbr.

Grieß-mues n.: ›Grießbrei‹ südöstl. Schwarzw., Baar, Linzgau. – Vgl. »Grießbabbe«.
Grieß-pflutte Pl.: ›Grießklöße‹.
grife st.: *grife, griffe* verbr.; Part Perf.: *griffe.* ♦ 1) ›erfassen, greifen‹; *un het 'm gli an d' Hoseseck griffe* [A. Ganther]. ♦ 2) ›Stacheln (gegen Glätte) in den Hufeisen anbringen‹ Ortenau.
Grille f.: *Grill, Grille.* ♦ 1) ›das Tier Grille, Heimchen‹ vereinz. ♦ 2) nur Pl.: ›sonderbare Launen‹; *do chasch der d' Grille vertriibe* [Hebel].
grille schw.: ›grell kreischen‹ mancherorts nördl. und mittl. Schwarzw., Ortenau; *D' Hofrädi un 's Fraili grille un schraie as wia* [A. Ganther]; *Wo dia Kindle 's Für g'sehne hen, hen sie grillt un g'schraue wia b'sesse* [A. Ganther]. – Vgl. »gigse, geise, gingse«.
Grimme n.: ›heftiger Schmerz im Gedärm, Kolik, Bauchgrimmen‹.
Grind, Grinde m.: *Grind, Grinde.* ♦ 1) ›steiniger, unbewaldeter Bergrücken, Bergkamm‹ nördl. Schwarzw., Ortenau, auch in zahlreichen Flur und Bergnamen. Wenn auch die *Hornisgrinde* in amtl. Schreibung Gen. f. aufweist, so ist der Name in alten Belegen und in der Volksmundart stets m.: *der Grinde, ufm Grinde* = Hornisgrinde. ♦ 2) (nur in der Form *Grind*) ›Schorf auf der Haut, krustiger Ausschlag, Mauke‹. ♦ 3) ›von der Kleeseide befallene Stelle im Acker‹ mancherorts Kaiserst. ♦ 4) ›Kopf, Hinterkopf‹, bisweilen abschätzig gebraucht, mancherorts S-Baden.
Grindel m.: ›Pflugbalken‹ → »Grendel«.
grindig *grindig, grindi* ›schorfig, räudig‹.
grine schw.: *griine* vereinz. ♦ 1) ›weinen‹ von kleinen Kindern, vereinz. ♦ 2) ›piepsen, zwitschern‹, von Vögeln; Kinderreim: *D Sunne schiint / s Vegeli griint* [Müllhm]. – Mhd. *grînen* ›den Mund verziehen‹ (zum Weinen, Lachen usw.).
g-ring Adj.: ›schwächlich, geringwertig‹; *e grings* ›ein leichtes‹ verbr.; häufig auch »ring«.
Grinkili Pl.: ›kleine, verkümmerte Früchte‹ vereinz. SO-Baden.
g-rinne st.: *grinne, grünne* ›gerinnen‹; *grunneni Milch* ›ungekochte saure Milch‹ SO-Baden.
grippe schw.: ›etwas heimlich (zum Naschen) stibitzen‹ mancherorts Ortenau.
Grips m.: nur in der Wendung: jemanden am *Grips* packen, nehmen ›am Hals, Kragen packen‹.
Grisch f., n.: *Grisch* mancherorts südl. Schwarzw., Hegau; *Grüsch, Chrüsch* mancherorts Südrand. ♦ ›Kleie‹. – Mhd. *grüsch* ›Kleie‹.
Grischt f.: ›Bergkamm‹ nur noch in FlN im Elztal und Welschensteinach. – Lat. *crista* ›Hahnenkamm‹.
grislecht Adj.: *griislecht, griislet, griisli* ›gesprenkelt, grau gefleckt‹ mancherorts.
G-riss n.: ›starke Nachfrage‹; *Um den* (ein zu versteigernder Prägstock) *isch awwer kei groß G'riß gsi* [A. Ganther]; ein begehrtes, von vielen Freiern umworbenes Mädchen hat das *Griss.* – Wörtlich *Ge-riss,* zu ›sich um etwas *reißen*‹.
gritte schw.: ›die Beine spreizen‹ Waldshuter Gegend. – Vgl. »grattle«.
g-rittig Adj.: *griddig, griddi* ›gierig‹ mancherorts Hanauerland. – Wörtl. *gereitig.* – Vgl. »gitig«.
Gritz m.: *Gritz, Chritz, Chrütz* ›Verstand, Mutterwitz, Schlauheit‹; er hat *Chritz im Hirni* [Istein].
grob Adj.: ♦ 1) ›von rauer Oberfläche, unbehandelt‹ von Gegenständen; *e gröbe Feile* [O. Furtwängler]. ♦ 2) ›roh, ungeschliffen' von menschlichem Verhalten; *Du grobe Burst* (Bursche) [Hebel]; *un der Üeli im Ruusch gitt grobi Reden un Antwort* [Hebel].
Grobian m.: *Grobian, Growian* ›roher, ungesitteter Mensch, Rohling‹.
groble schw.: ♦ 1) ›mit den Fingern tasten, an etwas herumfingern‹ vereinz. Baar, Hegau. ♦ 2) ›kriechen, krabbeln‹ mancherorts; du *groblesch uff alle vieren* [Hebel]; bisweilen auch *grobe, grobsle.* – Vgl. »chroble«.
grochse, grochz(g)e schw.: ›ächzen, jammern, klagen‹ mancherorts S-Baden. Wer ständig jammert ist ein *Grochzer, Grochzi, Grochzgi* u. ä.
Grolle m.: ›Engerling‹ SO-Baden.
Gropp, Groppe m.: ♦ 1) ›der Fisch Kaulkopf, Cottus gobio‹ mancherorts am Rhein, Bodensee. ♦ 2) ›Kaulquappe‹ mancherorts Hotzw., S-Baden.
Grosche m.: ›Bez. für ein bis 1872 übliches Geldstück‹, Wert = 2 Kreuzer = 9 Pfennig, veraltet. – Bisweilen hieß ein Backwerk *Groschelaible, Groscheweck,* weil es 1 Groschen kostete.
Gross n.: ›Spreu, leichte Getreidekörner‹, vereinz. Hegau.
groß Adj.: *groß* verbr.; *gròß* mancherorts mittl. Schwarzw.; Komp.: *greßer, größer.* ♦ 1) ›viel Raum einnehmend, körperlich, flächenhaft, linienmäßig groß‹; *s groß Vieh* ›Rinder, Pferde‹; Ra.: *Auge g'macht, so groß wia Pfluegrädle* [A. Ganther]. ♦ 2) ›erwachsen‹; *wenn i groß bin.* ♦ 3) ›erheblich, sehr‹; *'s isch e Ehr, e großi Ehr* [A. Ganther]; *Groß isch 's Laid nit gsi* [Hebel]; *Mit 'm Viech, mit de Äcker un Madde ha i mi nit groß abgä* [A. Ganther]; *si het groß nit vil Schöns bi nem gha* Markgr.

Groß-ähni, -ätti, -dätti m.: ›Großvater‹ mancherorts S-Baden, veraltet.
Großel, Groß(i)li f., n.: ›Großmutter‹ mancherorts.
Groß-hans m.: ›Angeber‹ [Freiamt], das Adj. dazu ist *großhansig.*
Groß-mueter f.: mancherorts, vgl. »Ähne, Großel, Näni, Oma«.
Groß-schnurri m.: ›Schwätzer, Angeber‹ Lörracher Gegend.
groß-tragig Adj.: ›dem Kalben nahe‹ Breisgau, Markgr. – Vgl. »tragig«.
Groß-vater m.: mancherorts, vgl. »Ähne, Ätti 2, Großähni, Opa«.
Grot m.: ›Fischgräte‹ mancherorts SO-Baden; dazu *Grötli* ›Fischgrätmuster‹ Markgr.
g-rote st.: *grode, gròde, grote.* ♦ 1) ›irgendwo hingelangen, hingeraten‹; *er isch an de Letz grode* ›an den Falschen geraten‹. ♦ 2) ›gedeihen, gelingen, gut werden‹; *'s grootet Frucht un Wii nit* [Hebel].
grotig Adj.: ›geizig‹ [Waldau, U.glottert.].
grötig → »grätig«.
grotzig Adj.: ›kümmerlich, klein, minderwertig‹ [Sulzburg].
grüble → »grible«.
Gruck m.: ›Täuberich‹, vereinz. Hegau.
g-rudle schw.: ›wimmeln‹, bes. häufig in der partizipialen Bildung *grudlet voll* ›übervoll‹, dazu die Abl. *grudlig* ›dicht behangen, sehr voll‹ mancherorts.
Gruebe f.: *Grueb, Gruebe, Gruewe* ›größeres Loch im Boden‹.
gruebe schw.: ›Rebzweige zur Vermehrung in Gruben legen‹ Kaiserst.
g-rueje schw.: *grueie, grüeje, gruebe* u. ä. ›sich ausruhen, ruhen‹ mancherorts, bes. SO-Baden. – Vgl. »griëbig«. – Wörtl. *ge-ruhen.*
Gruen-bire Pl.: *Gruenbire, Gruembire, Gruebire* u. ä. ♦ ›eine frühreife Birnensorte‹. – Bestimmungswort zu *grün,* nicht zu verwechseln mit »Grumbire«.
gruene schw.: ›grün werden, ergrünen‹ mancherorts.
Gruen-hattle f.: Birnensorte zum Mosten Brsg. – Zu »Hattle«.
Gruescht → »Gruscht«.
Grueß m.: *Grueß* verbr.; Pl.: *Griäß, Grüeß.* ♦ ›Gruß‹; *e Grueß ha i usrichde lo* [A. Ganther].
Grugeli n.: ›Spielkugel, Klicker‹ mancherorts nördl. Breisgau. Syn. → »Murmle«.
Grül ›Brachvogel‹ → »Griel«.
Grum-bire f.: *Grumbeer* mancherorts nördl. Schwarzw.; *Grumbiir* mancherorts nördl. Schwarzw., nördl. Ortenau; *Grumbiire* verbr. Markgr. (Verbr. s. Karte → »Herdäpfel«). ♦ ›Kartoffel‹. – Wörtl. *Grund-birne.* – Vgl. »Erdäpfel, Erdnuss, Herdäpfel«.
Grumbire-stock m.: ›Kartoffelbrei‹ Markgr.
Grumlete f.: ›Ackerscholle‹ [Bonnd.].
Grumpe Pl.: ›untere, minderwertige Tabaksblätter‹.
grumse schw.: ›murren, brummen, jammern‹ mancherorts S-Baden, Baar; *Un het er viil, se gehrt er viil un neest un grumset allewiil,* vom Unzufriedenen [Hebel]; das zugehörige Adj. ist *grumslig.*
Grumsel f.: ›Brotkrümel‹ [Ettenhm].
Grumslete f.: ›zerfaserte Masse, minderwertiger Abfall‹ [Jechtgn].
Grün FlN → »Grien«.
grün → »grien«.
Grund m.: ♦ 1) ›Unterlage, Boden, Erde‹; *Der isch uf mim eigene Grund un Bode g'wachse* [A. Ganther]. ♦ 2) ›Talgrund‹; *im chüele Grund* [Hebel]. ♦ 3) ›Ursache‹.
Grund-birne → »Grumbire«.
Grundel f.: ♦ 1) Bez. für kleinere Fische wie ›Bartgrundel, Steinbeißer, Gründling, Kaulkopf‹ mancherorts. ♦ 2) ›Kaulquappe‹ vereinz. Markgr.
Grunds-erds-bode m.: ›Erdboden‹, nur in Flüchen, Verwünschungen, das einen der Blitz in den G. hineinschlagen soll u. ä.
g-runne, g-runnig Adj.: ›geronnen‹; bes. in *grunne (grunneni, grunnigi) Milch* ›Dickmilch‹ mancherorts SO-Baden. – Vgl. »Surmilch 1«.
gruppe schw.: *grubbe* ›an etwas herumfingern, herumklauben, nichts zuwege bringen‹ mancherorts nördl. Schwarzw. – Vgl. »grible 1«.
Grüsch ›Kleie‹ → »Grisch«.
Gruscht m.: *Gruscht, Gruuscht, Gruäscht* ›altes Gerät, Gerümpel‹ mancherorts.
Gruschteli n.: ›altes Weiblein‹ mancherorts.
gruschtle, gruschte schw.: ›suchend stöbern, herumkramen‹.
gruse schw.: *gruse, grüse* ›grausen‹ verbr.; *s grüst mer grad vorem Heimguh* [Freiamt].
Grusel-beer ›Stachelbeere‹ → »Kruselbeer«.
Grüsel-horn n.: ›altes Feuerwehrhorn‹ [Lahr]; im Titel eines Buches von A. Siefert: *Grüselhornkläng.*
gruselig, grüselig Adj.: *grus(e)lig* vereinz.; *grüs(e)lig, grüs(e)li* mancherorts S-Baden. ♦ ›schaurig, fürchterlich‹, oft zur Verstärkung, Steigerung ver-

wendet: *si isch gar grüseli landsem* (sehr langsam) [Hebel].

grusig Adj.: *grusig, grüsig,* dass. wie → »gruselig« mancherorts; *'s isch e grusig heiße Middag gsi* [A. Ganther].

Grusiloch-zottli m.: ›sagenhafte Gestalt, mit der man Kinder erschreckt‹ [Lahr].

grüße → »grieße«.

G-saig n.: ›Zitzen des Schweins‹ verbr. – Wörtl. *Gesäuge.*

G-sälz n.: ›Marmelade‹ nur im Grenzgebiet zu Schwaben (Verbr. s. Karte → »Schlecksel«). – Syn. → »Schlecksel«.

G-säm n.: *Gsääm, Gseem, Gsööm.* ♦ 1) ›Sämereien, Samen‹. ♦ 2) übertr. ›Kinder, Jugendliche‹ vereinz. – Vgl. »Menschegsöm«.

G-sand m.: ›Sand‹, vereinz. Schwarzw., Ortenau, Brsg.

Gsanderli n.: ›Johannisbeeren‹ [Lörrach]. – Syn. → »Johannisbeeri«.

G-sang m.: ›Gesang‹; *Ne Gsang in Ehre, wer will's verwehre?* [Hebel].

G-satz m., **G-sätzli** n.: ›Satz, Absatz‹, bes. Abschnitt eines Textes, Strophe, Vers, auch Teil des Rosenkranzes, mancherorts.

g-schäfferle schw.: ›sich die Zeit vertreiben, spielen‹, von Kindern, mancherorts. – Vgl. »gvätterle«.

G-schäft n.: ♦ 1) ›Verrichtung, zugeteilte Tätigkeit, Geschäft‹; *dank Gott un fass' e frohe Muet, un gang ans Gschäft, un halt di guet!* [Hebel]. ♦ 2) ›Arbeitsstelle, Büro‹; *ich mueß ins Gschäft* verbr.

G-schältli n.: ♦ 1) ›schmaler Kragen am Rock‹. ♦ 2) ›Leibchen, Jäckchen‹ [Sulzburg].

G-schaudi m.: *Gschaudi, Gschaude* ›närrischer Mensch‹ vereinz. – Weiterbildung zu »Tschaute 2« bzw. zu »Schote«.

g-schecket, g-scheckig, g-scheckelt Adj.: ›gescheckt‹, bes. vom Fell der Kühe, Pferde.

g-schehe st.: *gschehe* verbr.; *gschehne* mancherorts Ortenau, Brsg., Kaiserst.; Part. Perf.: *gscheh(e)*; die 3. Pers. Sg. lautet häufig: *gschicht.* ♦ ›sich ereignen, geschehen‹; *i waiß nit, wie mer gschicht* [Hebel]; in der Verbindung *geschehen um* ›verlustig sein‹, z.B.: *un het der Schniider kai Noodle meh, sen isch's au um sy Nahrig gscheh* [Hebel].

G-scheid n.: ›Grundstücks-, Gemarkungsgrenze, Grenze eines Territoriums‹, dazu *Gscheidstein* ›Grenzstein‹.

g-scheit Adj.: *gscheit, gschait* verbr., *gschiit* vereinz. Ortenau, mancherorts SO-Baden. ♦ 1) ›klug, intelligent, gelehrt‹; *sëlr hät en gscheide Kopf gha* [O. Furtwängler]; Ra.: *gscheit wie ne Pfarer* [Hebel]; das Subst. dazu ist *Gscheiti.* ♦ 2) im Komparativ ›besser‹; *Er hetts gschiider bliibe loo* [Epple].

G-scheitli m., n.: ›gescheiter, pfiffiger Mensch‹, meist spöttisch anerkennend.

G-schi n.: *Gschii, Gschüü* mancherorts mittl. Schwarzw.; *Gschüüch* vereinz. Markgr. ♦ ›vermummte Gestalt, Vogelscheuche‹. – Wörtlich *Gescheuch.* – Vgl. »Schi, Schichi«.

G-schicht f.: *Gschicht* verbr.; *Gschiicht* mancherorts mittl. Schwarzw., Ortenau. ♦ 1) ›Erzählung, Märchen‹; *emol isch e Gschichtli im Kolender gschtande* [O. Furtwängler]. ♦ 2) ›geschichtliche Darstellung‹ u.ä.; *die biblisch Gschicht* ›Thema des Religionsunterrichts‹. ♦ 3) ›Sache, Angelegenheit‹; *Eim awwer het dia G'schicht nit baßt* [A. Ganther].

G-schiif n.: ›Obstschalen, Schälabfall‹ [Elzach]. – Kollektivbildung zu »Schefe«.

G-schinli n.: ›erscheinende Traubenknospe, Traubenblüte‹ Kaiserst.

G-schirr n.: ♦ 1) ›Gerät, Ausrüstung, Werkzeug‹; *Wo der Denglegaist in mitternächtige Stunde uf me silberne Gschir e goldeni Sägese denglet* [Hebel]. ♦ 2) ›Gefäß, Küchengeschirr‹; *de ganze Dag uf'm Märkt mit G'schirr handle* [A. Ganther]. ♦ 3) alles was zum Anschirren der Zugtiere erforderlich ist‹.

g-schirre schw.: ›mit jemandem auskommen‹; *Mit däm kaasch gschire* [Epple]; *'s isch nümme z' gschire mit em* [Hebel]; *awwer mit so eme Prinz Gingili het d'r Hermännli au nit g'schirre welle* [A. Ganther]. – Zu »Gschirr 3«, vom Umgang mit Pferde- oder Ochsengespannen.

Gschirr-lisi n.: ›schlampiges Frauenzimmer‹ Markgr.

Gschirr-schaft m.: ›Küchenregal‹ mancherorts. – Zum Grundwort s. »Schaft«.

G-schiss n.: ›viel Aufhebens, Umstände‹. – Wörtl. *Ge-schiss.*

g-schlacht Adj.: *gschlacht, gschlaacht* ›zart, glatt, biegsam, gut bearbeitbar‹, z.B. von Haut, Speisen, Stoffen, Boden u.a.; *Euer Versli isch so nett un gschlacht, aß i schier main, i haig 's selber gmacht* [Hebel].

Gschlaf m.: *Gschlaaf* ›Sklave‹ vereinz. – Wandel von *sk>schk>gsch.*

G-schlamassel n.: ›Unannehmlichkeiten, Durcheinander‹ vereinz. – Kollektivbildung zu »Schlamassel«.

G-schläpp n.: ›breiartiges Futter‹ verbr.

G-schlarp, Gschlärp n.: ›Geschmier, Unordnung‹ vereinz.

G-schlecht n.: ›Geschlecht, Familie‹; *am Gschląącht no, ghersch dü s Buckbüre* ›dem Aussehen nach gehörst du zur Buckbauern-Familie‹ [Freiamt].

G-schmack m.: ›Empfindung des Geruch- und Geschmacksinns‹.

g-schmecke schw.: ›munden‹; *no nimt jeder si Schtual un sitzt an sin bschtimtë Blaz an Disch un lost sis gschmekë* [O. Furtwängler].

G-schmeiß n.: ♦ 1) ›Schmeißfliegen, lästige Insekten‹. ♦ 2) ›Minderwertiges, Plunder‹. ♦ 3) ›Kaiserschmarren, eine Mehlspeise‹ [St. Georgen i. Schw., Weiler (Vill.)].

G-schmurris n.?: ›eine Speise aus Eiern und Obst‹ [St. Georgen (Freib.)]; häufiger »Schmurris«.

g-schnell Adj.: ›schnell‹.

G-schnuder n.: *Gschnuder, Gschnudder* ›Schnupfen‹ vereinz. SO-Baden.

g-schoflig Adj.: ›tölpelhaft, unpassend‹ (im Benehmen oder in der Kleidung); *lueg emol, wiä diä gschoflig òòzoge isch* [Freiamt].

G-schoss n.: ›großgewachsene oder aufgeregt herumspringende Person‹ verbr.

G-schpane m.: *Gschbane, Gschbanne* mancherorts SO-Baden. ♦ 1) ›Gefährte Freund‹. ♦ 2) ›das jeweilige Gegenstück (Zugtier, Strumpf)‹.

G-schpass m.: ›Spaß, Scherz‹; *Ich mach kai Gspaß* [Hebel]; *d'r Dreikünnigwirt meint z' erscht, 's wär numme G'spaß* [A. Ganther].

g-schpässig Adj.: ♦ 1) ›spaßhaft, lustig, drollig, witzig‹ mancherorts; vgl. »spassig«. ♦ 2) ›sonderbar, seltsam‹ vereinz.

G-schpauz n.: ♦ 1) ›etwas Spucke‹. ♦ 2) ›Leichtigkeit, Kleinigkeit‹ [Sunthsn].

G-schpengscht n.: *Gschbengschd, Gschbingschd, Gschbenscht* mancherorts; *Gschbaischt, Gschpeinscht* mancherorts SO-Baden. ♦ ›geisterhafte Erscheinung, Gespenst‹; *Wo de gohsch un wo de stohsch sinn Gspengster un Gspengster* [Hebel]; *aß d' Mensche so ne Furcht vor Gspengstere henn, un hätte's nit nötig* [Hebel]; *Ganz abg'magert isch 'r rumg'loffe un wia e G'spengscht, so bleich* [A. Ganther].

G-schperr n.: ♦ 1) ›sperrige Sache‹ verbr. ♦ 2) ›Atembeschwerden‹ [Appenw.].

G-schpiel n., f.: ›Begleiterin der Braut, Ehrenjungfer, Trauzeugin‹ mancherorts, jedoch veraltet.

g-schpiere schw.: *gschbiäre, gschbiire, gschpüre.* ›spüren, fühlen‹; *Die Tote gspüüre nüt dervo* [Hebel].

G-schpir m.: *Gschbiär, Gschbiir* ›Mauerschwalbe‹ mancherorts Kaiserst. – Vgl. »Spir«.

G-schpräch n.: *Gschpräch, Gschpröch* ›Unterredung, Gespräch‹; *se fangen uf aimol ihrer zwee ne Gsprööchli a* [Hebel].

G-schpratt n.: ›Sachen, die ausgebreitet sind und viel Platz einnehmen‹ Brsg.; *des isch wieder e Gschpratt uf dem Disch* [Freiamt].

g-schprattlig Adj.: ›gespreizt, viel Platz einnehmend‹ Kaiserst., Brsg.

G-schprier n.: *Gschpriir, Gschprüür* ›Spreu‹ vereinz. Markgr., Hotzw., Baar, südöstl. Schwarzw. – Kollektivbildung zu »Sprier«.

g-schpunaschplet Adj.: ›unordentlich‹ [U.glottertal].

G-schpusi n.: ›Geliebte(r)‹, oft mit leichtem Spott gesagt. – Mhd. *gespunse* ›Braut, Bräutigam‹.

g-schtable schw.: ›steif gefrieren‹ Markgr. – Zu mhd. *gestaben* ›erstarren, gefrieren‹.

G-schtad n.: ›Ufer, Gestade‹; *'s stoht e Schiff am Gstad* [Hebel].

g-schtämpft Adv.: ›gestopft‹, nur in der Fügung *gschtämpft voll* ›bis zum Rand voll‹ verbr.

g-schtät Adj.: ›beständig, ruhig, langsam‹; *nu gschtät!* ›nur sachte!‹ [Sunthsn]. – Bildung zu mhd. *stæte* ›fest, beständig‹.

G-schteer, G-schtoor n., m.: ›Abschnitt des Floßes aus gleichlangen Stämmen‹, Sprache der ehemaligen Holzflößerei; ein großes Floß wird aus mehreren *Gschdeere* zusammengestellt. – Zu altnordisch *staurr* ›Pfahl, Stange‹.

G-schtelláásch n., f.: ›Gestell, sperriger Haufen ungeordneter Gegenstände‹.

g-schtelle schw.: ♦ 1) ›abstellen‹, von der Uhr [O. Furtwängler]. ♦ 2) ›durch Zauber hemmen‹. ♦ 3) *si gschtelle* ›sich brüsten‹ [Sunthsn].

G-schtick n.: ›steinerner Unterbau der Straße‹ vereinz.

G-schtid n.: *Gschdiid, Gschdüüd* ›Kraut (z.B. von Kartoffelstauden, Bohnen), Buschwerk‹ mancherorts. – Wörtlich *Ge-stäude,* eine Kollektivbildung zu *Staude.*

g-schtif Adj.: *gschdiif, gschdiff, gschdifft* ›steif‹, z.B. von kalten Fingern, zähflüssigen Wundausscheidungen; Ra.: *Der isch so gschtiff wie e Sägbock* [Durb.].

g-schtiptig Adv.: nur in der Fügung *gschtiptig voll* ›sehr voll‹ [Schopfhm].

G-schtis m.: *Gschtiis* ›der höchste Trumpf im Zegospiel‹ verbr.

g-schtockt Adj.: ›geronnen‹, in *gschtockti Milch* ›Dickmilch‹ Kinzig-, Elztal.
g-schtogelet Adj.: ›lang aufgeschossen, langbeinig‹ vereinz. Baar.
G-schtör ›Floßteil‹ → »Gschteer«.
G-schtriet n.: ›Durcheinander‹ [Ettenhm]. – Zu mhd. *struot* ›Gebüsch, Sumpf‹.
g-schtrint Adj.: ›gestreift‹ vereinz. Markgr.
g-schtromt Adj.: ›gestreift‹, vereinz. Südrand.
G-schtrüpf n.: ›Gebüsch, Gestrüpp‹ am Südrand.
G-schtudierter m.: ›wer die höhere Schule besucht hat‹.
g-schuderig Adj.: ›zerzaust, struppig‹ vereinz.; ein solcher Mensch ist ein *Gschuderi* [U.alpfen].
g-schupft Adj.: ›verrückt‹ verbr.
G-schus n.: ›Gebrause‹ Hotzw.
g-schutz(l)ig Adj.: ›hastig, übereilt, unachtsam‹ [Freiamt, Elztal]. – Vgl. »schutzle«.
G-schwär n.: ›Geschwür, Schwären‹ vereinz. und veraltet.
G-schwei m., f.: ›Angehöriger der Heiratsverwandschaft‹, bes. ›Schwägerin‹, seltener ›Schwager, Schwiegermutter, Schwiegereltern‹, Anf. 20. Jh. noch an vielen Orten bezeugt, heute wohl veraltet; *Un 's Nochbers Chind isch sölli schlecht; my Gschwai het hinecht by nem gwacht* [Hebel]. – Vgl. »Schwei«.
G-schwelldi → »schwellen«.
g-schwelle, g-schwille st.: ›anschwellen‹ vereinz.
g-schwind Adj., Adv.: ›rasch, schnell‹ verbr.; *o rettet mi gschwind!* [Hebel]; *Sait's un pfift im Wald, un gschwinder, as me ne Hand chehrt, pfift's vo Wald zue Wald an allen Enden un Orte* [Hebel].
Gschwischter-kind n.: *Gschwischderkind, Gschwischtrigkind, Gschwüschtrigchind* u. ä. ♦ ›Vetter, Base (Cousin, Cousine)‹, veraltet.
g-segne schw.: ›segnen‹, meist nur in Segenswünschen zum Essen oder Trinken, im Sinn von ›Wohl bekomms!‹; *gseng Gott!* [Pfohren]; *Esset, Chindli, gsegn es Gott* [Hebel]; *mer stoßen a! Gsegott, un tröst der Gott dy Herz!* [Hebel].
G-sell m.: ♦ 1) ›Kamerad, junger Mann, Kerl‹; *der suufer Gsell* iron. vom Mann im Mond [Hebel]. ♦ 2) ›Handwerksgeselle (Stadium zwischen Lehrling und Meister)‹. ♦ 3) ›Begleiter des Brautpaares, Brautführer‹ u. ä., vereinz. und veraltet; vgl. »Ehregsell«.
G-sellschaft f.: ›Geselligkeit, (vergnügte) Menschengruppe‹; *un d' anderi düen im Mich'l G'sellschaft leischde* [A. Ganther]; *s isch e fideli Gselschaft gsi* [O. Furtwängler].
gsi Part. Perf. zu → »si« (sein).
G-sicht[1] n.: *Gsicht* verbr., *Gsiicht* mancherorts mittl. Schwarzw., Ortenau, Brsg.; *Gsiät* vereinz. SO-Baden; Pl. *Gsichder.* ♦ 1) ›Angesicht‹; *un ihr Gsicht wird sunnehell un lächlet so liebli* [Hebel]; Ra.: *e G'siecht, wia nün Dag Regewedder* ›ein missmutiges Gesicht‹ [A. Ganther]. ♦ 2) nur Dim.: *Gsichtle* ›Stiefmütterchen‹ [Gengenb.].
G-sicht[2] n.: *Gsicht, Gsücht,* häufig nur Pl.: *Gsichder, Gsüchder.* ♦ ›Bez. für verschiedene Krankheiten wie Fieber, Rheuma, Gicht u. a.‹, häufig nur in volksheikundlichen Formeln, veraltet. – Wörtl. *Ge-sücht,* eine Bildung zu nhd. *Sucht.*
Gsichts-lumpe m.: ›Waschlappen‹ mancherorts südl. Schwarzw., Hotzw.
G-sid n.: *Gsiid* ›Spreu‹ vereinz. mittl. Schwarzw. – Wörtl. *Ge-süd,* weil man die Spreu als abgebrühtes Viehfutter verwendete.
G-sifer n.: ›das in den Reben Ausgeputzte, Nebentriebe‹ [Kaiserst.]. – Zu »sufer«.
g-sprecklet Adj.: ›gefleckt, gesprenkelt‹.
g-sund Adj.: ›gesund‹; *E freie, frohe Muet, e gsund un fröhlich Bluet* [Hebel].
Gu m.: *Guu, Güü* ›Geruch, Geschmack, Beigeschmack‹ mancherorts; *e Wii, wo zweenig abgloo* (abgelassen) *wird, verliert der Guu* [Glock Brsg.]. – Frz. *goût.*
güchse schw.: *güüchse* ›gellend schreien‹ mancherorts Hotzw., Klettgau. – Vgl. »geise, gingse«.
Guck m.: ›das Zuschauen, der Zuschauer‹, nur in Ra. wie: *zwei Schaff un vier Guck* ›mehr Zuschauer wie Arbeiter‹ [Ettenhm].
Gucke, Guckel[1] f.: *Guck, Gugg* nördl. und mittl. Schwarzw., Ortenau; *Gugge, Gucke, Guckle, Gückle, Guggele, Guckel* übriges Gebiet; Dim.: *Giggli, Giggeli* u. a. ♦ 1) ›(spitze) Papiertüte‹. ♦ 2) übertr. ›Hut, Kopf‹; *uf Gucke kriege* [Schopfhm, Lörrach]. – Zu mhd. *Gugel* ›Kapuze‹.
gucke schw.: *gugge, gucke* ›schauen‹ verbr. bes. im südöstl. Schwarzw. und der Baar; *Un wia 'r so links un recht nooch sine Kleider guckt* [A. Ganther]. – Vgl. »luege«.
Gucke-berglis n.: *Guggeberg(l)is, Gugglisberglis* u. ä. ♦ ›Versteckspiel‹ mancherorts Ortenau, Kaiserst., Brsg. – Mhd. *guckenbërglîn* ›das Verstecken‹.
Gucke-hierli n.: *Guggehiirli, -hüürli, -huure* u. ä. ♦ ›Dachluke, Dachkammer, Mansarde‹ mancherorts SO-Baden. – Vgl. »Guckere«.
Gucke-hus n.: ›Dachluke‹ Markgr.
Guckel[2], **Gückel** m.: *Guggel, Guckel* mancherorts

Markgr., Wiesental; *Güggel, Gückel* Hotzw., Klettgau, Höri; *Guckeler, Gückeler* [Stockach, Konstanz] (Verbr. s. Karte → »Guller«). ♦ ›Hahn‹. – Syn. → »Guller«.

gückele ›spähen‹ → »gickele[1]«.

Gückeli-gügs m.: ›Purzelbaum‹ [Feldbg].

Gückel-rose f.: ›Pfingstrose‹ [Wollb.].

Gucke-menli n.: *Guckemeenli, -mönli.* ♦ 1) ›Unke‹ mancherorts. ♦ 2) ›Kaulquappe‹ vereinz.

Gucker m.: ›Kuckuck‹ vereinz.; Verwünschung: *zuem Gucker au; de Gucker soll di hole* verbr. – Vgl. »Guckgauch«.

Guckere f.: *Guggeere, Guggöre* u. ä. ›Dachluke‹ Hegau, Bodensee.

Guckernillis m.: *Gugger-, Gügger-, -nillis, -nüllis.* ♦ 1) ›Schleckerei‹ z. B. aus Zucker, Zimt, Nußkernen, mancherorts Ortenau, Elztal; Ra.: *Guckernillis im Häfili* ›nichts‹ [Ringshm]. ♦ 2) ›Plunder, wertloses Zeug‹ verbr. Markgr.

Gucker-uhr f.: ›Kuckucksuhr‹ [Gütenbach].

Guck-gauch m.: *Guggauch, Güggauch, Güggoich, Guggich* u. ä. ♦ 1) ›Kuckuck‹ mancherorts Ortenau, nördl. Schwarzw. ♦ 2) ›Beerenwanze‹ mancherorts Ortenau. – Syn. → »Gää«. ♦ 3) abschätzige Bez. für Menschen, auch Neckname für Bewohner verschiedener Orte. ♦ 4) Bez. für verschiedene Pflanzen wie ›Wiesenbocksbart, Löwenzahn, Sauerdorn, Buschwindroschen‹ vereinz. – Vgl. »Guckuck«.

Guckgauch-blueme f.: ›Buschwindröschen‹ vereinz. Ortenau, Brsg. – Vgl. »Guckucksblueme«.

Guckin-ofe m.: *Gugginofe, Guggiofe, Güggiofe* u. ä. ♦ ›Gugelhupf‹ mancherorts Ortenau, Baar.

Guckler ›Hahn‹ → »Gockler«.

Gucku m.: ›Kuckuck‹ [Singen a. H.].

Guckuck m.: *Guggugg, Guckuck, Güggügg* mancherorts. ♦ 1) ›der Vogel Kuckuck‹; Scherzfrage: *Wann brüelt dr Kuckuck s erschte Mol?* Antwort: *Nie* (er ruft immer Kuckuck); Volksglaube: *Wemme de Kuckuck vor Johanni brüele hört un hett Geld im Sack, no hett me s ganz Johr drin* [Glock Brsg.]. ♦ 2) ›der Teufel‹; Fluch: *zum Guckuck!* ›zum Teufel!‹ vereinz. ♦ 3) Bez. für verschiedene Pflanzen wie ›Wiesenbocksbart, Buschwindröschen, Lichtnelke‹ vereinz. – Vgl. »Gucker, Gucku, Guckgauch«.

Guckucks-blueme f.: Bez. für verschiedene Pflanzen wie ›Kuckucksnelke, Wiesenschaumkraut, Buschwindröschen, Küchenschelle, Sauerklee, Knabenkraut‹ mancherorts.

Guckucks-brot, -klee n.: ›Sauerklee‹ verbr. Brsg., südl. Schwarzw., Markgr., Hotzw., vereinz. übriges S-Baden.

guckus Interj.: *gugguus* Zuruf an Kleinkinder, wenn man Versteck mit ihnen spielt.

güde schw.: ›vergeuden‹ vereinz. Umg. Schopfhm; dazu die *Güderne, Güderi* ›verschwenderische Frau‹. – Mhd. *giuden* ›groß tun‹.

gudere schw.: *guudere* ›ein gurgelndes, gluckerndes, knurrendes Geräusch machen‹, bes. vom Gedärm, vereinz.

guet Adj.: *gued, guet* verbr.; *goed, göed, güed* mancherorts Hanauerland, Brsg., nördl. Markgr. ♦ ›gut, richtig, gütig, wohlwollend‹; *e guete Wii* [Hebel]; *Wärsch ellai, wie hättsch's so guet un lebtisch so rüejig* [Hebel]; *Dia G'schiecht isch guet gsi* [A. Ganther]; häufig in Grußformeln, Wünschen: *Gueten Obe!* [Hebel]; *geb is Gott e gueti Nacht!* [Hebel]; *i wünsch ich* (euch) *gueti Verrichtig!* [Hebel]; *e guets neis Johr* mancherorts; Ra.: *guet Wetter mache* ›für Harmonie sorgen, Fürsprache einlegen‹ mancherorts; *guet acht, nün Woche lang* ›mindestens 8–9 Wochen‹ [A. Ganther].

Guet-edel m.: ♦ 1) ›eine für das Markgr. typische Traubensorte‹. ♦ 2) ›Taugenichts‹, spöttisch, vereinz.

Gueteli ›Plätzchen‹ → »Guts«.

guetersprich → »gottversprich«.

guetig Adj.: *guedig* auch *goddig* mancherorts mittl. Schwarzw., Baar, Hegau. ♦ ›schnell, flink, hurtig‹; *mer muas guatig mache* ›man muss sich beeilen‹ [O. Furtwängler]. – Vgl. »gurtig«.

Guetili ›Bonbons‹ → »Guts«.

Guetnacht-pflumpfer m.: ›scherzhafter Abschiedsschlag, den sich Kinder abends beim Nachhausegehen geben‹ vereinz. Ortenau; andernorts auch: *Guetnachtbutsch, -schlapp, -watsch.* – Vgl. »Nachtpatsch, Nachtwatsche«.

Guet-schick m.: ›Schlingel, Tunichtgut‹ verbr. – Vgl. »Schick[2]«.

Guetsel ›Bonbon‹ → »Guts, Gutsel«.

Gufe f.: *Guuf* mancherorts nördl., mittl. und südöstl. Schwarzw., Ortenau; *Guuft* mancherorts nördl. Schwarzw.; *Guff* verbr. in der Rheinebene zwischen Murg und Schutter; *Gufe* verbr. Elztal, Brsg., Markgr., westl. Hotzw., *Guffe* mancherorts Klettgau (Verbr. s. Karte → »Gufe«); häufig im Dim.: *Gifili, Gifeli, Güfili* u. ä. ♦ ›Stecknadel‹, selten auch ›Brosche, Sicherheitsnadel‹; Ra.: *uf Gufe un Nodle* ›millimetergenau‹ [Opfgn]. – Nebenform zu »Glufe«.

Gufe-kissi n.: *Guufekissi, -chüsseli* ♦ 1) ›Nadelkissen‹ [Lörrach]. ♦ 2) Pflanzenname: ›Ackerwitwenblume‹ Markg.; ›Spinnen-Ragwurz‹ [Kiechlinsbergen].

Gufe-schisser m.: ›Libelle‹ [Ottersw.]. – Syn. → »Wasserjumpfere«.

gugampfe schw.: ›schaukeln‹ vereinz. Ortenau. – Vgl. »Gigampfe«.

guge, gugle schw.: *guge, güge, guugle, güügle* Verbr. wie »Gugi«. ♦ 1) ›hin und her bewegen, schwanken, schaukeln‹; *Der Bode wankt, aß d' Chilchtürn* (Kirchtürme) *guuge* [Hebel]. ♦ 2) ›pumpen‹. – Mhd. *gugen* ›sich hin und her bewegen, schwanken‹. – Vgl. »gutsche«.

Gugel-fuhr f.: *Guggelfuhr, Gugelfuhr, Kugelfuhr, Goulfuhr, Kuddelfuhr* u. ä. ♦ ›lärmende Possen, ausgelassenes Treiben‹ mancherorts Schwarzw., Ortenau, Brsg.

Gugel-hopf, -hupf m.: *Gugelhopf, Gugelhupf, Guggelhopf, Guggelhupf, Gucklopf, Gucklupf, Kucklupf, Kullupf* u. ä. ♦ ›runder (turbanförmiger) Napfkuchen, Bundkuchen, aus Hefeteig mit Rosinen‹. – Das Bestimmungswort soll zu *Gugel* ›kapuzenartiges Kleidungsstück‹, das Grundwort zu *Hefe* gehören.

Gügetse f.: ›Schaukel‹ [Endgn]. – Syn. → »Gugi«.

Güggernüllis, -nillis → »Guckernillis«.

Gugi f.: *Guug, Guge, Gugi, Gügi, Güge.* ♦ 1) ›Schaukel‹ mittl. Schwarzw., Ortenau, Kaiserst., Brsg. ♦ 2) ›Pumpschwengel‹. – Bildung zu »guge, gugle«. – Syn.: »Butti[1], Gaitschi, Gaitschete, Gampi, Gigampfi, Gintschete, Glunki 1, Gügetse, Gutschel, Gutschi, Hotzel, Reitle, Riti[1], Schaukle«.

Guhl ›Hahn‹ → »Gul«.

Gukummer f.: *Gugummer, Gugummere, Gogummere, Gugommer, Gogommer, Gagommer* u. ä. ♦ ›Gurke‹; sagt ein Kind: *Ich hab Hunger!*, antwortet man im Scherz: *Schlupf ine Gugummer!* [Freiamt]. – Aus lat. *cucumer.*

Gul m.: *Guul* vereinz. Südrand und im Raum Meßkirch; *Gulle* mancherorts Baar, Hegau; Dim.: *Güli* Markgr. ♦ ›Hahn‹; *se maint er, 's chräih ne Guhl an sellem Platz* [Hebel]; *'s schlacht kai Uhr, me hört ke Guhl, es lütet ke Glocke* [Hebel]. – Mhd. *gûl* ›männliches Tier‹, zu dem wohl auch nhd. *Gaul* ›Pferd‹ gehört. – Syn. → »Guller«.

Gulde m.: *Gulde* mancherorts; auch mit (entrundetem) Umlaut *Gilde, Gülde* selten. ♦ ›veraltete Münze‹; Sprichw.: *un wer nit uf e Chrützer luegt, der wird zuem Gulde schwerli choo* [Hebel].

guldig, gülde Adj.: ›aus Gold, goldfarbig‹; *in dyner guldige Locke Pracht* [Hebel]; *d'rzue d' groß gülde Sackuhr mitsamt d'r schwere güldene Uhrekett* [A. Ganther]. Ra.: Kinder vertröstet man auf die Frage „Was bringst du mir mit?" – *e golde Nixili un e silwer Wardewiili* mancherorts.

Gule f.: ♦ 1) ›Klatschmohn‹ [Sunthsn]. ♦ 2) *wildi Gule* ›Ausschlag bei Kindern‹; *schöni Gule* ›kleines Geschwür‹, auch ›Furunkel, Kuhpocken‹ verbr.

Gülle ›Jauche‹ → »Gille«.

Guller m.: *Guller* mittl. Schwarzw., Ortenau, Brsg., mancherorts nördl. Baar; *Guuler* mancherorts Kaiserst., südl. Brsg., nördl. Markgr. (Verbr. s. Karte → »Guller«) ♦ ›Hahn‹; *un kraiht wia e junge Guller* [A. Ganther]. – Syn.: »Gickel, Gickeler, Gockler, Guckel[2], Gückel, Gul«.

Guller-kride Pl.: ♦ 1) ›der Kamm des Hahns‹ [Marlen]. ♦ 2) Bez. für Pflanzen ›Hahnenkamm, Gladiole‹ [Marlen, Altenhm]. – Das Grundwort gehört zu lat. *crista* ›Hahnenkamm‹, frz. *crête.*

Gul-röter m.: ›Truthahn‹ [Villgn].

Gumme f.: *Gumm, Gumme* ›Geländemulde, Senke‹ mancherorts mittl. Schwarzw., oberes Elztal, Pl. *Gummene* [O. Furtwängler]; das Wort ist auch häufig in FlN erhalten, wie *Gummeck, Gummenwald, Gummenmatte* u. a. – Aus. gallisch *cumba* ›Senke‹, ein galloromanisches Relikt.

Gummi m.: ›Ladengehilfe‹, veraltet. – Frz. *commis.*

Gump m.: ›Satz, Sprung‹ vereinz.; häufiger ist »Gumper«.

Gump-brunne m.: ›Brunnen mit Pumpe‹; *Druf hen sie ne under de Gumpbrunne g'stellt un d'r dreistöckig Endres het 'm e g'sunde, kräfdige Dusch gä* [A. Ganther].

Gumpe m.: *Gumbe* mancherorts; *Gombe* vereinz. ♦ ›tiefe Stelle im Bach, Wasserloch, Tümpel, Pferdeschwemme‹.

gumpe schw.: *gumbe, gumpe.* ♦ 1) ›hüpfen, springen‹ verbr. Kaiserst., Brsg., Markgr., Wiesental, südl. Schwarzw., Hotzw., Klettgau (Verbr. s. Karte → »jucke«); *us de Schwytzerberge, gumpet er* (der Rhein) *z' Rhiineck aben in Bodesee* [Hebel]; Ra.: *gumbe wiä ne Floh (wiä ne jung Ressli)* ›wild umherhüpfen‹ [Opfgn]; Abzählvers: *En Fisch schwimmt im Wasser, en Frosch gumpt dri ni, wenn s Miisle is Loch rennt, no muesch du sii!* [Villgn]; vgl. »hoppe, hopse, jucke 1«. ♦ 2) ›hin- und herbewegen, pumpen‹ verbr. Ortenau, nördl. und mittl. Schwarzw. – Mhd. *gumpen* ›hüpfen, springen‹.

Gumper m.: *Gumber, Gumper.* ♦ 1) ›Satz, Sprung, Hüpfer‹. ♦ 2) ›wer springt‹, auch Tiere wie ›Spitzmaus‹, ›Heuhüpfer‹. ♦ 3) ›Pumpe‹; vgl. »Gumpi«.

gumperig, gümperig Adj.: ♦ 1) ›ausgelassen, zum Hüpfen aufgelegt‹ verbr. ♦ 2) ›zu sexuellen Aktivitäten, Übergriffen neigend‹, über Männer gesagt, verbr.; vgl. »gimsig«.

Gumpi f.: *Gumbi* ›Pumpe‹ vereinz. – Vgl. »Gumper 3«.

Gumpischt m.: *Gumpischt, Gompischt* u. ä. ›eingemachtes Kraut, eingemachte weiße Rüben‹ mancherorts mittl. Schwarzw., vereinz. S-Baden; heute veraltet; *Di näscht Woche diamer dro Gumpischt îmache* [O. Furtwängler]; Hebel kennt noch (im Gedicht „Der Statthalter von Schopfheim") die *Gumpist-öpfel* ›in Sauerkraut eingelegte Äpfel‹. – Mhd. *kumpost, gumpest* u. a. ›Eingemachtes‹, dies aus lat. *compositum.*

Gump-ross n.: ›Schaukelpferd‹ [Lahr].

Gumsle f.: *Gumsel, Gumsle* ›unordentliche, einfältige, aufgetaktelte weibl. Person‹ verbr.

Gundel f.: ›kleineres Schiff, Fischerboot auf dem Bodensee‹. – Schon vor längerer Zeit aus ital. *gondola* entlehnt.

Gunkel m.: *Gunggel, Gunkel, Günkel* ›schlampiger, nichtsnutziger Mensch‹ mancherorts Markgr., SO-Baden. – Vgl. »Ginkel 2«.

Günkeli-wage m.: ›Müllwagen‹ [Stühlgn].

gunkle schw.: ›baumeln, schaukeln, hin und her schlendern‹ mancherorts Südhälfte.

gunne[1] schw., st.: *gunne* verbr.; *gönne* vereinz. Markgr., Hotzw.; Part. Perf.: *gunnt* verbr., *gennt, gönnt* vereinz.; im Süden und Südosten häufiger auch *gunne.* ♦ ›gönnen, gewähren, gestatten, vergönnen‹; *loß der's schmecke! Gunn der's Gott der Heer!* [Hebel]; *wo's au vun Herze z' gunne isch* [A. Ganther]. – Vgl. »vergunne«.

gunne[2] Part. Perf. zu → »ginne«.

günne ›gewinnen, Obst ernten‹ → »ginne«.

Gupf m.: ›gewölbte Erhöhung, Hügel, Kopfteil des Hutes‹ vereinz. Südteil; *do der Rebberg uf; un wo n i oben am Gupf bi, lütet's überal* [Hebel]. – Mhd. *gupf, gupfe* ›Spitze, Gipfel‹.

Gürbsi ›Apfelrest‹ → »Irbsi«.

Gurgle f.: *Gurgel, Gurgle* ›Gurgel, Kehle‹; Ra.: *Proscht, Girgili* (Dim.), *s kunnt en Pflatschräge* Zuspruch beim Trinken [E. Strube].

Gurre f.: *Gurr, Gurre, Gorr, Gorre.* ♦ 1) ›altes Pferd, Mähre‹ vereinz. ♦ 2) abschätzige Bez. für weibl. Personen. – Mhd. *gurre* ›schlechte Stute, schlechtes Pferd‹. – Vgl. »Mähre«.

gurre schw.: *gure, gurre* ›ein krächzendes, knarrendes Geräusch machen‹ mancherorts SO-Baden. – Vgl. »garre, girre«.

gurtig Adj.: ›hurtig, schnell‹ mancherorts SO-Baden. – Vgl. »guetig«.

Gus m.: *Guus* ›männliches Glied‹ Bodenseegegend; dazu das Verb *guse* ›sich begatten‹.

gusche ›sich ducken, hinlegen‹ → »kusche«.

Guscht f.: *Guuscht* ›Gunst‹ vereinz. SO-Baden. – Lautgesetzlich (s. Kap. 2.5) aus *Gunst* entwickelt.

guscht Adj.: *guscht* mancherorts; *gusch* vereinz. ♦ ›(noch) nicht trächtig, nicht aufnehmend‹, bes. bei Kühen gesagt, wenn sie vor dem Kalben keine Milch geben, nicht aufnehmen oder wenn man sie ein Jahr lang mit dem Kalben aussetzen lässt; *di Kue got guscht* ›ist nicht trächtig geworden‹ Brsg. – Vgl. »mäs«.

Guscht(el) m.: *Guscht, Güscht, Guschdel, Guschtl* Kurz- bzw. Koseform für den männl. VN *Gustav*, bisweilen auch für *August.*

güse ›gellend schreien‹ → »geise«.

Güsel m.: *Güsel, Ghüsel, Güssel* ›Getreidehülsen, Spreu, Abfälle von Stroh, Heu‹ u. ä. mancherorts südl. Markgr., Hotzw., Klettgau. – Vgl. »Üsel«.

Guts, Gutsel n., häufig Pl.: *Guuts, Güüts* mancherorts Brsg., Markgr., Hotzw.; *Gutsi, Guttsi* mancherorts Markgr., Dinkelberg; *Gutsel, Gutsle* mancherorts nördl. Schwarzw., Ortenau; *Gutsli, Gutseli, Gutsili* mancherorts mittl. und südl. Schwarzw., Klettgau; *Gütseli, Gütsili* mancherorts Ortenau, nördl. Brsg., Kaiserst.; *Guetili* mancherorts Baar, Hegau; *Guetsle, Guetsele, Guetsili* mancherorts SO-Baden. ♦ 1) ›Bonbon, Süßigkeit‹; *d'r Bär het si Gutsili g'schlotzt un d' Auge v'rdrait vor V'rgnüege* [A. Ganther]. ♦ 2) ›Weihnachtsplätzchen‹ mancherorts mittl. Schwarzw., Hotzw., Klettgau, SO-Baden; vgl. »Zuckerbretli«. ♦ 3) ›Marmelade‹ verbr. Brsg., Markgr. (Verbr. s. Karte → »Schlecksel«); Syn. → »Schlecksel«.

Gutsch[1] ›Wasserschwall‹ → »Gutz«.

Gutsch[2]**, Gütsch** ›Fohlen‹ → »Kutsch«.

gutsche schw.: *guutsche, gutsche* ›hin und her bewegen, schaukeln, schwanken‹; verbr. wie »Gutschi«. – Vgl. »gaitsche, guge«.

Gutschel f.: ›Schaukel‹ mancherorts obere Rench. – Syn. → »Gugi«.

Gutschi f.: *Guutsch, Gutsch, Guutsche, Gutsche, Guutschi, Gutschi* mancherorts nördl. Schwarzw., Ostteil des mittl. Schwarzw., Raum Neustadt, vereinz. SO-Baden; *Gautsche, Goutsche* vereinz. Hegau. ♦ ›Schaukel‹. – Syn. → »Gugi«.

Gutsi ›Bonbon‹ → »Guts«.

Guttere f.: *Gudder* nördl. und mittl. Schwarzw., Ortenau; *Gutter* mancherorts Bodenseegebiet; *Guddere* mancherorts mittl. und südl. Schwarzw., verbr. Elztal, Brsg., Markgr.; *Guttere* Hotzw., Kettgau, Baar, Hegau, Höri; Dim.: *Gidderle, Gidderli, Gitterli, Gütterli* u. ä. ♦ 1) ›(bauchige) Flasche‹, aus Glas oder Steinzeug, z. B. für Schnaps, Öl, Weihwasser, Medizin, Getränke; *er hett bi sinere Chranket menk Gütterli gnoo* ›viele Fläschchen Medizin eingenommen‹ [Glock Brsg.]. ♦ 2) Schimpfwort für eine Frau; *alti Guttere* mancherorts. – Ein altes Wort, zu mhd. *gutrolf, kutterolf, gutterolf* u. ä. ›bauchiges, langes Glas‹ gehörig, das selbst wohl aus dem Lateinischen stammt. – Vgl. »Schlegel 3«.

guttere schw.: *guddere.* ♦ 1) ›glucksen, gluckern‹ mancherorts. ♦ 2) ›kichernd lachen‹ vereinz.

Gutz m.: *Gutz, Gütz, Gutsch* ›plötzlicher Erguss einer Flüssigkeit, Wasserschwall‹. – Vgl. »gitze«.

Gutzili Pl.: ›Schweinchen, Ferkel‹ in der Kinderspr., mancherorts SO-Baden.

gützle schw.: ›schnatternd frieren‹ am Südrand.

G-vatter m.: ›Verwandter, Vetter, Pate‹, veraltet; im Pl. bisweilem *Gvatterlitt* (Gevatterleute); *z Gfattr stou* ›die Patenschaft übernehmen‹ [O. Furtwängler]; *Bas Gvatter* [Hebel].

g-vätterle schw.: ›miteinander spielen, von Kindern; basteln, kindisches Zeug machen, tändeln, von Erwachsenen‹ mancherorts S-Baden; *dort han i au scho glebt ... un gvätterlet bis an my selig End* [Hebel]; auch vom Spiel des Windes: *Es wäiht e lustige Nachtluft, gvätterlet mit em Laub un exerziert mit de Halme* [Hebel]. – Die Benennung geht wohl vom Vater-Mutter-Spielen der Kinder aus. – Vgl. »gschäfferle«.

g-wackle schw.: ›loslaufen, watscheln‹ [Bromb.].

g-wacklig Adj.: ›locker, wackelig‹ vereinz. Südrand.

G-wähte f.: *Gwäht, Gwäet, Gwähte, Gwäete, Gwaite* u. ä. ›Schneehwehe‹ Bodanrück, Linzgau. – Kollektivbildung zu *wehen*. – Syn. → »Wehe«.

G-wal n.: *Gwaal* ›Gewälze‹ Markgr. – Zu »walen« ›wälzen‹.

G-walt f.: ›Gewalt‹.

g-waltig Adj.: ›groß, mächtig, gewaltig‹; *ganz g'waldigi Landrege* [A. Ganther].

G-wänd n.: ›Tür-, Fenstereinfassung, -gewände‹ mancherorts.

G-wann f.: *Gwann, Gwand* ›aus mehreren Äckern bestehender Teil der Feldflur‹.

g-wärme schw.: *gwärme* mancherorts; *gwörme, gwirme* vereinz. Süd- und SO-Baden. ♦ ›wärmen, anwärmen‹; *mer solë in d Schtube ri ku un is gwerme un trüchne* ›wir sollen in die Stube hereinkommen und uns wärmen und trocknen‹ [O. Furtwängler].

g-wehne schw.: *gwehne, gwöhne, gwenne.* ♦ 1) ›ein Tier an den Weidgang gewöhnen, ein Zugtier anlernen, abrichten, einspannen‹. ♦ 2) ›sich an etwas gewöhnen‹; *dia sin des Gschäft gwöhnt* [O. Furtwängler].

g-wehnlig Adj.: *gwehnlig, gwehnlich, gwehnli.* ♦ ›gewöhnlich, üblich‹; *der Rock kammer no fir gwehnlich ölege* ›diesen Rock kann man noch als Alltagskleidung anziehen‹; *gwehnlichi Litt* ›einfache Leute‹ [Freiamt].

G-wehr n.: ›Gewehr‹.

G-welb n.: *Gwelb, Gwölb* mancherorts; *Gwelm, Gwölm* vereinz. mittl. Schwarzw., SO-Baden. ♦ 1) ›Gewölbe, gewölbter Raum‹; *Wo näume luftigi Gaister ... in alte Gwölbere huuse* [Hebel]. ♦ 2) ›Rauchfang, -kammer im Schwarzwaldhaus‹.

G-welk n.: *Gwelch, Gwölk, Gwölkch* mancherorts; *Gwülch, Gwilch* Südrand. ♦ ›Wolkenbildung, Gewölk‹; *Un wenn's am schwarze Himmel blitzt, un Gwülch ans Gwülch im Dunder chracht* [Hebel].

G-well n.: ›Wellen, Wellengang am Bodensee‹. – Kollektivbildung zu *Welle.*

G-welledi Pl.: ›Küchle aus dünnen, länglichen Teigstücken‹ mancherorts mittl. und südl. Schwarzw. – Bez. weil der Teig mit dem Wellholz ausgewalzt wird.

G-werb n.: ♦ 1) ›Gelenk am menschlichen oder tierischen Körper‹. ♦ 2) ›Betrieb, Gehöft, handwerkliche oder betriebliche Tätigkeit, Gewerbe‹. – Bed. 1) zeigt noch die alte Bed., nämlich mhd. *gewërbe* ›Wirbel, Gelenke‹.

G-wett[1] n.: ›Gespann Zugtiere‹, veraltet. – Zu »wette« ›ins Joch spannen‹.

G-wett[2] n.: ›Wette‹ vereinz.

G-wicht n.: *Gwicht, Gwiichd* ›Gewicht, Schwere, Gewichtstein‹.

Gwicht-wasser n.: ›Weihwasser‹ [Furtwangen]. – Zu »wihe« ›weihen‹, wörtl. *geweihtes Wasser.*

Gwickerle ›Kauz‹ → ›Quäckerle‹.

G-wilch ›Gewölk‹ → »Gwelk«.

g-winne st.: Part. Perf. *gwunne.* ♦ 1) ›gewinnen‹ mancherorts; *daß m'r's groß Loos g'wunne hen, fufzigdaused Mark* [A. Ganther]. ♦ 2) ›Obst pflücken‹ mancherorts SO-Baden (Verbr. s. Karte → »ginne«). – In alter Mundart häufig → »ginne«.

G-wirz[1] n.: *Gwirz, Gwürz* ›Gewürz‹.

G-wirz[2] n.: ›Wurzelgewirr‹ [Lörrach].

g-wiss Adv.: ›sicher, sicherlich, unbedingt‹, meist eine Aussage verstärkend; *Gwiß nit!* [A. Ganther]; *sell isch gwiß* [Hebel]; *'s isch üch g'wiß nit guet!* [A. Ganther]; *s isch gwiß wohr* verbr.

G-wisse n.: ›Gewissen‹; *'s G'wisse het 'm kei Rueh glo* [A. Ganther]; *e rüejig Gwisse geb is Gott* [Hebel]; *Un wenn de am e Chrüzweg stohsch un nümme waisch, wo's ane goht, halt still, un froog dy Gwisse zerst* [Hebel]; Ra.: etwas *uf m Gwisse haa* ›für etwas (Böses) verantwortlich sein‹ mancherorts.

g-wisse Adj.: *gwisse* [Schwerzen]; *gweese* [Hänner]. ♦ ›holzig‹, von Rettich, Kohl u. ä. – Vgl. »wesel«.

G-witter n.: ›Gewitter‹; *s git e Gwitter* Brsg.

gwöhne, gwöhnlig → »gwehne, gwehnlig«.

G-wohnet f.: *Gwohnet, Gwuhnet* mancherorts; *Gwonnet, Gwunnet* mancherorts SO-Baden. ♦ ›Gewohnheit‹; *e daübi Gwuhnet* ›eine schlechte Angewohnheit‹ [Freiamt].

G-wölb, G-wölm → »Gwelb«.

g-wudele schw.: ›piepsend schnattern‹, von Gänsen [Königschaffhsn].

G-wülch ›Gewölk‹ → »Gwelk«.

G-wumsel n.: ›Gewimmel‹ Kaiserst. – Zu »wumsle«.

G-würz → »Gwirz«.

H

ha[1] schw., st.: *hann, haan* mancherorts Ortenau, Hanauerland; *henn* mancherorts zwischen unterer Schutter und Acher; *hòò* nördl. und mittl. Schwarzw., Elztal, nördl. Brsg.; *hò* (kurz) verbr. Linzgau; *haa* Ostteil des mittl. Schwarzw., Brsg., südl. Schwarzw., Markgr., Hotzw., Klettgau, Baar; *ha* (kurz) Hegau, Bodanrück; *hao, hau, hou* schwäbische Randgebiete (Verbr. s. Karte → »ha«); Part. Perf.: *ghett* nördl. Schwarzw., Ortenau; *khett, kchett* mancherorts Hegau, Bodanrück, Linzgau; *ghoo, ghòò* mittl. Schwarzw.; *ghaa* Brsg., südl. Schwarzw., Markgr., Hotzw., Klettgau; *gha* (kurz) mancherorts Hegau, Höri, Bodanrück; interessant sind auch noch die bes. im Süden häufig gebrauchten Konjunktivformen wie z. B. 3. Pers. Sg. Konjunktiv Präs.: *er heb, häi, hei, haig* usw.; Konjunktiv Prät. *häbig*; bisweilen werden unbetonte Pronomina (unter Lautangleichung zum Verb gezogen), z. B.: *hämmer* ›haben wir‹. ♦ ›haben‹; *I ha ne brave Maa* [Hebel]; *ich hon kei Muet mii* [Freiamt]; *du hesch d' Wohret gsait* [Hebel]; *er het e silwerigi Uhrkett* [A. Ganther]; *mir hen's Noochluege* [A. Ganther]; *mer hond no gnue am Alte* [Bodenseegegend]; *si henn der welle ne Tuck tue* [Hebel]; *I hör, der Üeli haig gmezget* ›ich höre, der Üeli habe geschlachtet‹ [Hebel]; *ihr hädde's bigott ball zuem Wachtmeischder brocht* [A. Ganther], *un i main i def sage i häb de rächte Wäg amol wider gfunde* ›und ich meine, ich dürfte sagen, ich habe den rechten Weg wieder einmal gefunden‹ [O. Furtwängler]; *Mit 'm Wedder he* (Konjunktiv: habe) *sie Glück g'ha* [A. Ganther]; *Me sait, das Maideli saig* (sei) *gwiß in sym zwölfte Jahr emool ellainig im Wald gsi, un heb* (Konjunktiv habe) *Erbeeri gsuecht* [Hebel]; *un wil ër ën guate Gsell brucht hetig* (Konjunktiv hätte) [O. Furtwängler]; *E dail hen gseit des sei e Zornruate Gotis un häbig nint guats zbedite* ›manche haben gesagt, das sei eine Zornrute Gottes und habe nichts Gutes zu bedeuten‹ [O. Furtwängler]; *s het viel* ›es sind viele, es gibt viel‹ verbr.; *ich ha's im Chrüz* ›mir tut der Rücken weh‹ verbr.; Sprichw.: *De Hett un de Wett hond no nie nint ghett* ›der ›Hätte‹ und der ›Wollte‹ haben noch nie etwas gehabt‹, d. h. mit ›hätte‹ und ›wollte‹ ist wenig zu erreichen [Epple]; *de Hetti* ›Hätte ich‹ *un de Wetti* ›Wollte ich‹ *sinn Brüeder gsi, aber all baid sinns Freiherre von Habenüt* [Glock Brsg.].

ha[2] Interj.: Ausdruck der Bestätigung, des Erstaunens; *Ha, des isch emol ebbes!* vereinz.

hä Interrogativum.: ›wie bitte?, ich habe nicht verstanden‹, gilt als unhöflich, tölpelhaft.

Hab[1] m. (f.): *Haab, Haabi* ›Sauerteigrest, der für den nächsten Backvorgang aufgehoben wird, Hefe‹ vereinz. Ortenau, Brsg., Markgr. – Vgl. »hawe, Hebi«.

Hab[2] f.: ♦ 1) ›Habe, Besitz‹ mancherorts; das ganze *Hab un Guet*. ♦ 2) ›Vieh, Viehbestand‹ SO-Baden; er hat einen ganzen Stall voll *Haab* [Überlgn a. B.].

häb ›ehe, bevor‹ → »eb[1]«.

habe → »ha[1]«.

Haber m.: *Hawwere* mancherorts Nordrand; *Hawwer* nördl. Schwarzw.; Ortenau, mancherorts Raum Furtwangen-Neustadt; *Hawer* mittl. Schwarzw., südl. Ortenau; nördl. Brsg.; *Hòwer* vereinz. südl. Ortenau; *Haber* mancherorts Brsg., Markgr., Dinkelberg, südl. Schwarzw., westl. Hotzw.; *Hòber* vereinz. Brsg.; *Habber* Baar, Klettgau, Hegau, Bodenseegebiet. ♦ ›die Getreidepflanze Hafer‹; *Gsait* (gesät) *het der Ätti der Haber im Früeijohr* [Hebel].

Haber-äpfel m.: ›eine Apfelsorte die in der Haferernte reift‹.

habere, häbere schw.: ›Hafer säen, ernten‹ vereinz. SO-Baden.

Haberet m.: ›Zeit der Haferaussaat‹ [Sunthsn]; sonst »Habersäet«.

Haber-geiß f.: *Habergeiß, -goeß.* ♦ 1) ›die letzte Hafergarbe oder wer den letzen Hafer schneidet‹, veraltet, auch *Habersau.* ♦ 2) ›dürre Person‹ vereinz. ♦ 3) ›das Spinnentier Weberknecht‹ mancherorts Ortenau. ♦ 4) ›Spielkreisel der Kinder‹ mancherorts mittl. und südl. Schwarzw., Brsg., Baar; Syn. → »Tanzknopf«.

Haber-gschirr n.: ›zur Hafer-, Getreidemahd hergerichtete Sense‹.

Haber-mark n.: *Habermark, -mart(e)* u. ä. ›Wiesenbocksbart‹; *Sunneblueme, Habermark un Dolden un Ruuchgras* [Hebel]; Sprichw.: *Habermarch macht Buebe starch* [Glock Brsg.].

Haber-säet m.: ›Zeit der Haferaussaat‹. – Vgl. »Haberet«.

haber-welsch Adj.: ›wirr, unverständlich sprechend‹ [Ettenhm]. – Vgl. »heckewelsch«.

Häbi f.: ›Hebamme‹; *er het müesse d Häbi nächte ruefe* [Glock Brsg.]; veraltet. – Vgl. »Hebamm«.

häbig[1] Adj.: ♦ 1) ›handhabbar, ereichbar‹ vereinz. ♦ 2) ›wohlhabend‹ [Überlgn].

häbig[2] Konj. Prät. zu *haben* → »ha[1]«.

Hack m.: ›Schlag, Streich‹; *uf de erscht Hack* ›auf Anhieb‹. – Vgl. »allhack«.

hacke schw.: *hacke, hackche* ›mit der Hacke arbeiten, etwas durch-, zerhacken‹; *Me hackt, solang der Tag aim hilft* [Hebel].

Häcke-strimpf Pl.: ›dicke Wadenstrümpfe, Gamaschen‹, veraltet.

Hacket m.: ›die Zeit des Hackens im Rebberg‹ Kaiserst., Markgr.

Häcksel n.: ›Kurzfutter‹ verbr.

Hädrich m.: ›Hederich‹, ein Unkraut [Brsg.].

Hafe m.: *Haffe* mancherorts an Murg und Oos, Baar, Klettgau, Hegau, Bodensee; *Hòòfe* vereinz. Ortenau, Brsg.; *Haafe* übriges Gebiet; Dim. *Häfeli, Häfili* u. ä. ♦ 1) ›Topf‹ verbr.; *e großе Hafe voll Milch* [A. Ganther]; *so fürnemi Lit dian s Häfili* (Nachttopf) *it unter d Betschtat schtelë* [O. Furtwängler]; Ra.: *mit em linke Aug e wëng in zwai Häfili guke* ›schielen‹ [O. Furtwängler]; *s Häfili sufer mache* ›einen Streit ausräumen‹ [E. Strube]; *I han em s Häfeli ufdeckt* ›ich habe sein Geheimnis gelüftet‹ [Epple]; Sprichw.: *Chlaini Häfeli laufe glii iiber, großi Häfe wääre nid ball voll* auf Menschen bezogen [Opfgn]. ♦ 2) ›Hafen für Schiffe‹ neuerer Import aus dem Niederdeutschen.

Hafe-datze Pl.: ›Topflappen‹ vereinz.

Hafe-käs m.: ♦ 1) ›Quark‹ mancherorts Ortenau (Verbr. s. Karte → »Bippeliskäs«). ♦ 2) ›Kleinigkeit, geringfügige Sache‹; *die blą̈art wąge jedem Hafekäs* [Freiamt].

Häfeles-gucker, -schmecker m.: ›wer anderen gern in die Kochtöpfe sieht, Neugieriger‹.

häfilig Adj.: ›verdattert‹ [O. Furtwängler].

Häfili-strecke n.: ›bei einer Hausschlachtung um Wurst betteln‹ [Harmersb.].

Häfili-stürze n.: ›Purzelbaum schlagen‹ [O. Furtwängler].

Hafner m.: *Hafner, Haffner* ›Töpfer‹.

Haft f.: ♦ 1) ›Gefangenschaft‹. ♦ 2) ›Handgeld für Hirtenbuben und Dienstpersonal‹, veraltet, bisweilen auch *Haftgeld.*

Hafte f.: *Haft, Hafte* mancherorts; Dim.: *Häftili.* ♦ ›Schließvorrichtung mit Haken und Öse‹, bes. an Frauenkleidern.

Häftli-macher m.: ›kleinlicher Tüftler, Pedant‹, meist jedoch nur in der Ra.: *uffbasse wiä e Heftlimacher* ›scharf aufpassen‹ mancherorts. – Vgl. »Hechelmacher«.

Hag m., n.: *Haag* verbr.; *Hoog* vereinz.; *Hau, Haa, Hai, Höu* mancherorts Ortenau; Pl.: *Hääg, Heeg, Häger, Heger* mancherorts. ♦ 1) ›Zaun, Einfriedigung‹ verbr.; *in de Gärte, am Hag un an de laubige Bäume* [Hebel]; Sprichw.: *Wo s Hag am niderschte ischt, goht mr drüber* ›man wählt in der Regel den Weg des geringsten Widerstandes‹ [Epple]. ♦ 2) ›Gebüsch, Hecke‹ vereinz. SO-Baden. – Mhd. *hac.*

häg Adj.: *hääg, heeg* ›steil, jäh‹ vereinz. Südrand; es geht *hääg uffe* ›steil hinauf‹ [Menzenschwand].

Hage m.: *Hagge* vebr. Baar, Raum Neustadt, Klettgau, Hegau, Bodensee; *Hägge, Häggi* vereinz. Hegau, Linzgau. ♦ ›Zuchtstier‹; Sprichw.: *Ich bin e Hägili fir mich un brumml wenn i will!* einer eigensinnigen Person in den Mund gelegt [Furtwangen]. Mhd. *hagen* ›Stier, Zuchtstier‹. – Syn. → »Muni«.

hage-bièche Adj.: *hagebiäche, -büeche, -buechig* u. ä. ♦ 1) ›aus dem Holz der Hainbuche‹. ♦ 2) ›hart, rau, unverwüstlich, derb‹, von Sachen und Menschen; auch subst.: *Sell ischt ganz en Hagebuechene* ›das ist ein Unbeugsamer, Hartherziger‹ [Epple].

Hage-butte, -butze f. Pl.: *Hagebudde, -butte* verbr. Schwarzw., Ortenau, Brsg., Markgr., westl. Hotzw.; *Hogebudde* vereinz. Ortenau, Brsg.; *Haue-*

budde, Höuebudde, Häwebudde vereinz. Umg. Kehl; *Haggebutte* mancherorts Höri, Hegau, Bodanrück, Linzgau; *Hagebutze, Haggebutze* vereinz. Ostteil des mittl. Schwarzw., verbr. Baar, Klettgau, Hegau, Bodensee. ♦ ›die Hagebutte, Pflanze und Frucht‹. – Vgl. »Hiefe«.

Hagel m.: *Hagel* verbr.; *Hòòjel, Hauel, Höuel* vereinz. Umg. von Kehl. ♦ ›als Eiskörner fallender Niederschlag‹.

Häge-mark n.: *Hägemark, Hagemark, -marik* u. ä. ♦ ›Frucht der Hagebutte und eine daraus gewonnene Marmelade‹ mancherorts.

hagle schw.: *haagle, haggle* ♦ 1) ›hageln‹. ♦ 2) ›schnell rennen‹ [Stahrgn].

Hag-resli n.: *Haagreesli, -rösli* ›Heckenrose‹ mancherorts Südrand.

Hag-schlupfer m.: *Hagschlupfer,* Dim.: *Hagschlipferli, -schlüpferli.* ♦ ›Zaunkönig‹. – Vgl. »Heckeschlupfer, Studehopper«.

Hag-seicher m.: grobes Schimpfwort für Lehrer.

Hag-stumpe m.: Name eines gefürchteten Räubers aus dem 19. Jh., vereinz. mittl. Schwarzw.; *dr Hagschtumpe un sini Schpiasgselle* [O. Furtwängler].

Hähern-vogel → »Hährevogel«.

Hahn m.: *Hahn, Hohn, Hoo* in Bed. 2 und 3 nur *Hahne, Hohne.* ♦ 1) ›Haushahn‹ vereinz.; *Chromet* (kauft) *jungi Hahne!* [Hebel]: vgl. »Guller«. ♦ 2) ›Fasshahn, Wasserhahn‹. ♦ 3) ›die gabelförmigen Arme am Vorderwagen‹ Brsg., Markgr.

Hahne-fueß m.: ›die Pflanze Hahnenfuß‹ mancherorts.

Hahne-maucher m.: ›Grille‹ [Rüßwihl]. Vgl. »Heimmauch«.

Hähr m.: *Häär, Haar, Hääre* ›Eichelhäher‹ mancherorts Rheinebene, Brsg. – Syn. → »Schäk[1]«.

Hähre-vogel m.: *Heerevogel* ›Eichelhäher‹, verb. Südrand; seltener *Heeregääk, -gääks, -jääk, -tschäk* u. a. – Syn. → »Schäk[1]«.

Hai n.: *Hai* mittl. und südl. Schwarzw., südl. Ortenau, Brsg., Hotzw., Klettgau; *Häi, Hei* Ostteil des mittl. Schwarzw., Baar, Hegau, Bodanrück, Linzgau; *Hau, Hou* nördl. Schwarzw., Rheinniederung zwischen Schutter und Murg; *Hoi, Höi* mancherorts Markgr., Dinkelberg, Hochrhein; *Höü* südl. Hegau, Höri. ♦ ›getrocknetes Gras des ersten Schnitts, Heu‹; *Es isch e Sach, by miiner Treu, am Morge Gras un z' Obe Heu* [Hebel]; *So isches hâlt uf dera Wælt, mäit mer it se gits ka Hei* [O. Furtwängler]; Ra.: *Geld wia Hai* ›viel Geld‹ [A. Ganther]; *Etz ischt gnueg Heu dunne* ›jetzt langt's aber!‹ [Epple]; Sprichw.: *Jung Hai un spot Äämd* (Öhmd) *gid schweri Ochse, sage d Wälder* (die Schwarzwälder) [Königschaffhsn]. – Mhd. *höuwe,* zu ›hauen‹.

hai Interj.: aufmunternder, befehlender Zuruf; *hai mach! hai, gang etz! hai, schaff emol* bes. im Hegau gebräuchlich, davon auch das Verb *haie* ›zur Arbeit antreiben‹.

hai-ai-ai Interj.: Ausruf des Unwillens, verbr.; *Haiaiai, wurum goht des nimmi?* [Freiamt].

Hai-bahn, -barn m., f.: *Haibahn, Heibarn, -bar, -bah, -boh* usw. ♦ ›aufgesetztes Heu, Aufbewahrungsort für das Heu‹ mancherorts. – Vgl. »Barn, Haibihni«.

Hai-baum m.: dass. wie »Wiesbaum«.

haibe ›Heu machen‹ → »haie«.

Hai-beer f.: ›Heidelbeere‹ mancherorts mittl. Schwarzw., Hotzw. – Benennung wegen ihrer Reife zur Zeit der Heuernte.

Haibet ›Heuernte‹ → »Haiet«.

Hai-bihni f.: ›Aufbewahrungsort für Heu‹. – Vgl. »Haibahn, Haistock«.

Hai-bire f.: ›eine zur Zeit der Heuernte reifende Birnensorte‹.

Hai-blueme f., Pl.: ›abgefallene Samen von Gras und Blumen im Heu‹, oft für Tee oder Heilbäder verwendet, mancherorts; *s ûlîdigischt* (unleidigste = unangenehmste) *isch gsi, wen aim* (beim Heutransport) *d Heibluame hinte am Hals awi keit sin un so artli kizelät hän de Bukel awi* [O. Furtwängler].

haie schw.: *haie, haue, hoie, höie, höüe* Verbr. wie »Hai«; *haune, houne* mancherorts an Schutter, Rench, Acher; *haiwe, heiwe* Ostteil mittl. Schwarzw., oberes Bregtal; *haibe, heibe* Baar, nördl. Hegau, Bodanrück, Linzgau. ♦ ›Heu machen, heuen‹.

Haiet m. (n., f.): *Haied, Haiet* mittl. und südl. Schwarzw., Ortenau, Brsg., Hotzw., Klettgau; *Heiet* vereinz. südl. Schwarzw., Hegau; *Haued, Houed, Hauned* nördl. Schwarzw. und Rheinebene zwischen Schutter und Murg; *Haiwed, Heiwed, Haibet, Heibet* Ostteil des mittl. Schwarzw., oberes Bregtal, Baar, nördl. Hegau, Bodensee. ♦ ›Heuernte‹, sowohl der Zeitraum wie auch der Ernteertrag; *Kûm isch dr Heiwet rächt um, gôt es alsgmach scho dr Ärn zu* [O. Furtwängler].

Hai-gans f.: ›Fest zum Abschluss der Heuernte‹, veraltet mancherorts Brsg., Schwarzw. – Vgl. »Haigeiß«.

Hai-geiß f.: ›die letzte Wagenladung Heu bzw. das Fest zum Abschluss der Heuernte‹ veraltet mancherorts Hochrhein, Bodenseegegend; *d Heugeiß füre*

›zum Abschluss der Heuernte feiern‹ [Malsburg]. – Vgl. »Haigans, Haikatz«.

Hai-gumper m.: *Haigumber, Höigumber* ›Wiesenheuschrecke‹ Brsg., Markgr., südl. Schwarzw., Hotzw. – Zum Grundwort vgl. »gumpe«. – Vgl. »Haihopper, Haijucker, Haischucker, Haistafzg, Hohbickser«.

Hai-hopper, -hopser m.: ›Wiesenheuschrecke‹ mittl. und südl. Schwarzw.

Hai-jucker m.: *Haijugger, Häijucker* ›Wiesenheuschrecke‹ Baar, Hegau, Bodenseegebiet.

Hai-katz f.: dass. wie → »Haigeiß« mancherorts mittl. Schwarzw.

Hai-liëcher m.: *Hailiächer, Höiliächer, Heiliächer*, so und ähnl. verbr. ♦ ›Gerät mit Widerhaken, um das Heu aus dem Heustock zu ziehen, Heurupfer‹. – Zum Grundwort s. »liëche«.

Hai-rüpfel m.: dass. wie → »Hailiëcher« [Wehr].

Hai-schucker m.: ›Heuschrecke‹ mancherorts Umg. von St. Georgen (i. Schw.). – Vgl. »Haigumper«.

Hai-stafzg, -stefzge, -stefzger, -strefzger, -steffe, -ströffel (u. ä.) m.: ›Heuschrecke‹ mancherorts mittl. Schwarzw., Baar, Hegau, Klettgau, Hotzw. – Vgl. »Haigumper«.

Hai-stock m.: ›Heu in der Scheune, Heuvorratsraum‹ mancherorts. – Vgl. »Haibihni«.

Haiz, Häuzerli m.: *Haiz, Haaiz, Häuzerli.* ♦ 1) ›verschnittener Eber‹ mancherorts [Freiamt], Elztal, Glottertal, Denzlingen; vgl. »Barg, Hauer«. ♦ 2) Koseform oder Lockruf für Schweine und Ferkel, mancherorts Ortenau, Brsg., mittl. Schwarzw., auch Dim.: *Haizli (Haizi) kumm!* vereinz.; vgl. »huss, hutz, suck«.

häkle schw.: *hekle, häkle, hökle.* ♦ 1) ›häkeln‹. ♦ 2) ›herbeiziehen‹.

Häklete f.: ›(noch unfertige) Häkelarbeit, Häkelzeug‹.

häl Adj.: *hääl, heel.* ♦ 1) ›glatt, schlüpfrig‹ Hegau, Linzgau; *Gib Obacht, s ischt häl dusse* [Epple]. ♦ 2) ›schlau, falsch‹ [Radolfz.]. – Ahd. *hâli.*

halb Adj., Adv.: *halb,* in flektierter Form *halwer* bzw. *halber*, z. B.: *e halwe / halbe Liter; s isch halwer / halber finfe* mancherorts; *er het e halber dot gschlage* verbr.; Ra.: *nint Halbs un nind Ganzes* ›nichts Richtiges‹ [E. Strube].

halb-ander → »selbander«.

Halb-dubel m.: ›Trottel‹ verbr.

Halb-spälter m.: ›der Länge nach aufgespaltenes Rundholz‹ [Ettenhm]; in der Flößersprache auch *Helblig.*

Hal(b)-weiße m.: *Hallwaise, Halbwaisig* u. ä. ›Mischfrucht aus Roggen und Weizen‹ veraltet. mancherorts, mittl. Schwarzw., Ortenau; *awr s Halbwaisig isch au it grad schlächt* [O. Furtwängler].

Halde f.: *Halde* verbr.; *Haalde* mancherorts Hotzw., Hegau. ♦ ›Berghang, Abhang‹; *Wie stöhn an sunnige Halde Reben an Reben uf* [Hebel]; häufig auch in Flur- und Örtlichkeitsnamen wie *Lange Halde, Haldenhof* usw.

Hälde f.: *Häld* ›Rebspalier (am Haus)‹ [Zell bei Offenburg]. – Vgl. »Ghäl«.

hälde schw.: *hälde, helde* ›(zum Ausgießen) neigen, schief halten‹, von Fässern, Flaschen, Bechern; *Kumm, hilf mer des Faß helde* [Epple]; *Der Todesbecher han i em gheldet, aß es ringer gang, un d' Auge han i em zuedruckt* [Hebel].

häldig Adj.: ›steil, abschussig‹; *sel häldig Wägli nuf* [O. Furtwängler].

Halftere f.: *Halfder(e), Halftere* mancherorts; *Hauftere* vereinz. südl. Schwarzw., Wiesental. ♦ ›ledernes Kopfzeug der Zugtiere‹.

Hälfti f.: ›Hälfte‹.

Häli n.: ›junges Schaf, Lämmchen‹, Kinderspr., Wiesental; *'s Mambecher Hätteli chunnt un wulligi Häli vo Zell her* [Hebel].

häling(e) Adv.: *hälinge, hälige, hälingge, häling, hälings.* ♦ ›heimlich, verstohlen, leise‹ mancherorts; *un newehär duat ër so hälinge pfitëlë* (kichern) [O. Furtwängler]; *Hälinge ischt so, dass mes it sieht* [Epple]. – Mhd. *hælingen* ›heimlich‹, verwandt mit nhd. *verhehlen.* – Vgl. »lisli, still«.

Halm[1] m.: *Halm* mancherorts, in Suden und Südwesten auch *Hälm, Häälm, Hällem.* ♦ ›Gras-, Strohhalm, Stoppel‹; *Glitzeret nit der Tau uf hunderttuusig Halme?* [Hebel].

Halm[2] m.: *Halm, Holm* ›Stiel der Axt‹ mancherorts mittl. Schwarzw., Raum Schopfhm. – Sonst → »Helm«.

Hälme f. Pl.: *Hälme, Helme* mancherorts Schwarzw., vereinz. Ortenau, Brsg., Markgr.; *Halme* mancherorts Ortenau, Brsg., vereinz. Markgr.; *Hälbe* [Stockach]. ♦ ›Spreu, Hülsen des Hafers‹. Der Korb für die Spreu heißt in diesen Gebieten *Hälmekorb, Hälmezeine.* – Das Wort gehört nicht zu *Halm*, sondern zu mhd. *hëlwe* ›Spreu‹.

Halm-reche m.: ›großer Handrechen für das Getreide‹.

häl-nüt Adv.: ›gar nichts‹ Markgr.

Halodri m.: ›Luftikus‹ verbr.

Hals m.: *Hals* verbr. (außer SO-Baden); *Haals* mancherorts SO-Baden. ♦ ›Hals bei Menschen und Tieren, Flaschenhals‹; Ra.: *gnue bis zuem Hals nuf* ›sattsam genug‹ [A. Ganther].

Hals-briini f.: ›Diphtherie‹ [Breisach]. Wörtl. *Halsbräune*.

hälse schw.: *hälse, helse* ›(die Patenkinder) beschenken‹ mancherorts Wiesental, südl. Schwarzw.; *Gib's sparsem, wie der liebi Gott, er helset nit alli Tage Zuckerbrot* [Hebel]; das Patengeschenk heißt dort die *Hälsete*. – Das Wort kommt daher, dass man den Kindern das Geschenk um den Hals hängte.

Hälsig, Hälsing m.: ›kurzer Strick, auch Kette, zum Anbinden des Viehs‹ mancherorts S-Baden. – Mhd. *helsing*.

Hals-kralle f.: ›Halskette‹. – Zum Grundwort s. »Kralle«.

Hals-nischter n.: ›Halskette‹. – Zum Grundwort s. »Nischter«.

Hals-tuech n.: ›Halstuch‹, oft Bestandteil der Tracht, Hebel spricht bei der Markgräfler Tracht vom *Mailänder Halstuech*.

Hals-weh n.: ›Halsschmerzen‹.

halt Adv.: *halt, haalt* begründende, erklärende Partikel. ♦ ›eben, nun, einmal‹; *wia's halt so goht* [A. Ganther]; *un wia ës halt so dr Brûch gsi isch* [O. Furtwängler]; *awwer e Kleinigkeit isch 's halt doch nit* [A. Ganther].

halte st.: *halde, halte* mancherorts; *haalte* vereinz. SO-Baden; Part. Perf. *ghalte*. ♦ 1) ›(Tiere) halten, erhalten, etwas in gutem Zustand halten‹; *Halt di numme wohl!* [Hebel]. ♦ 2) ›anhalten, stehenbleiben‹; *Halt s Muul!* ›halte dein Mundwerk‹; *Sie hen awwer nit g'halde; flott sin si druf losg'fahre* [A. Ganther]. ♦ 3) ›halten für, einschätzen‹; *Haltet mer my Grobhait für en Ehr* [Hebel]. – Die im Nhd. übliche Bedeutung ›festhalten‹ wird durch »hebe« ausgedrückt.

Halunk m.: ›Nichtsnutz, Strolch, Gauner‹; *E Spitzbue bisch, e Hallunk, e schlitzöhrige Kaib* [A. Ganther].

Hambecki n.: ›Handwaschbecken‹ mancherorts.

Hamber, Hamberer, Hamberli m.: ›Handwerksbursche, Landstreicher‹ mancherorts Ortenau, nördl. und mittl. Schwarzw., Hanauerland.

Hamberch n.: ›Handwerk‹, neben *Handwerch, Handwerk* veraltend; *My Hamberch hätt i glert, soso, lala* [Hebel].

Hamm m.: *Hamm, Hòmm* ›Abhang, steiles Ufer‹ Hanauerland, Ortenau.

Hamm(e)[1] m.: *Hamm* [Reichenau], *Hamme* [Bötzgn]. ♦ ›Netz zum Fischfang, Schöpfnetz‹. – Mhd. *ham, hame* ›sackförmiges Fangnetz‹.

Hamm(e)[2] m.: *Hamme* mancherorts Markgr., Wiesental, Hotzw.; *Homme* [Hofstet.]; *Hamm* [Stockach, Möhrgn]. ♦ 1) ›geräucherte Schweinskeule, Schinken‹; *Si henn doch e Hammen im Chöhl gha* [Hebel]; verbreiteter ist »Hammerstrumpf«. ♦ 2) ›hinterer Teil des Sensenblattes, wo es am Stiel befestigt wird‹. – Bed. 1) gehört sicherlich zu mhd. *hamme* ›Hinterschenkel, Schinken‹ in der Urbedeutung ›Gekrümmtes‹, wozu auch Bed. 2) passen dürfte.

Hämme m.: Kurzform für den männl. VN *Wilhelm*.

Hammel m.: ♦ 1) ›(verschnittenes) männliches Schaf‹. ♦ 2) meist in der Form *Hammele* ›Kälbchen‹, Kinderspr., auch Lockruf: *Hammele komm!*

Hammel-tanz m.: meist an Kirchweih veranstaltet Tanzbelustigung, bei der ein Hammel herausgetanzt wird / wurde, mancherorts Elztal, Brsg.

Hammer m.: *Hammer* verbr.; *Hòmmer* vereinz. Schwarzw. ♦ 1) ›Werkzeug zum Hämmern‹; *en hilzene* (hölzerner) *Hammer* [O. Furtwängler]. ♦ 2) ›Hammerwerk‹.

hämmer ›haben wir‹ → »ha[1]«.

Hammer-stotze m.: dass. wie »Hammerstrumpf« Hegau.

Hammer-strumpf m.: ›Schinken vom Schwein‹ Schwarzw., Brsg., Kaiserst. – Vgl. »Hamme[2] 1, Hammerstotze, Schunke«.

hammle schw.: ›herumtollen‹ vereinz.

Hampel, Hampeli m.: ›verschrobener, gutmütiger Mensch‹ vereinz.

Hampfele f.: *Hampfel, Hampfl, Hòmpfl* mancherorts Ortenau, nördl. Schwarzw.; *Hampfle* u. ä. übriges Gebiet.; Pl.: *Hampfele, Hampflete* mancherorts; Dim.: *Hämpfili*. ♦ ›so viel man in eine Hand kriegt, eine Hand voll‹; *Nummen* (nur) *e Hämpfeli Mehl* [Hebel]; *Sini bar erhûsede Hampfële Kronedâler* ›seine wenigen ersparten Hände voll Kronentalern‹ [O. Furtwängler].

hampfele-wis Adv.: ›handvollweise, mit ganzen Händen voll‹; *Scho gites Blüamli hampfelewîs* [O. Furtwängler].

hamschdere schw.: ♦ 1) ›gierig, viel essen, arbeiten‹. ♦ 2) ›auf den Dörfern Lebensmittel beschaffen‹ (in Notzeiten).

han ›haben‹ → »ha[1]«.

Hand f.: *Hand* verbr.; *Hònd* nördl. und mittl. Schwarzw., vereinz. Brsg.; *Hang* in der Ecke nordwestl. von Lörrach; *Heng* vereinz. südl. von Gernsbach an der Murg; Pl.: *Händ, Hend* verbr.; *Heng* mancherorts Hanauerland, mittl. Murg; *Hąng* Südwestecke; *Hand* (wie Sg.!, z. B. *zwei Hand*) mancherorts südl. Ortenau, vereinz. Brsg., Dinkelberg, Wiesental; Dim.: *Händli.* ♦ ›die Hand des Menschen‹; Ra.: *zwoo linki Händ haa* ›ungeschickt sein‹ [E. Strube]; *Aim d Händ under d Füeß lege* ›einem jeden Gefallen tun‹ [Glock Brsg.]; jemandem *us der Hand fresse* ›zahm, unterwürfig sein‹ verbr.; *d Händ iwwerm Kopf zemmeschlage* ›ratlos, entrüstet sein‹ verbr.; sich *mit Händ un Füeß wehre* verbr.; *gschwinder, as me ne Hand chehrt* ›sehr geschwind‹ [Hebel]; *un eimol üwwer's ander het 'r d' Händ g'riewe vor Freud* [A. Ganther]; Sprichw.: *mer git mit warme Händ un id mit kalte* ›man gibt besser, wenn man noch lebt‹ [E. Strube].

Händel m.: ›Streit‹ verbr.

Handeli n.: *Handeli, Handele* ›Pulswärmer, Handschuhe, bei denen die Finger frei sind‹ SO-Baden.

Hand-harmeni f.: ›Hand-, Ziehharmonika‹ mancherorts.

Hand-haupt n.: *Handhaupt, Handhopt, Handop.* ♦ ›Pflugwendestelle‹ vereinz. – Vgl. »Firhaupt«.

Hand-hebi f.: *Handhewi, Handhebi, Handhebbi.* ♦ ›Handgriff, Handhabe‹; scherzhafte Erwiderung auf die Frage *„Was machsch?": „E Handhebi an e Mehlsack!"* verbr.

hand-kehrum Adv.: ›sofort, ganz‹; *s isch mer handkehrum gliich* ›es ist mir völlig gleichgültig‹ [Glock Brsg.]; auch subst.: *im Handkehrum* ›sofort, ohne Mühe‹. – Vgl. »Handumkehri«.

handle schw.: ›Handel treiben, verhandeln‹; Sprichw.: *Fingerslang ghandelt isch besser as armslang gschafft* [Kappelwindeck] u. ö.

händle schw.: ›sich zanken, streiten‹, dazu das Adj.: *händlig* ›streitbar, streitsüchtig‹; Ra.: *E Wuet het 'r kriagt wia e händlige Guller* ›wie ein streitsüchtiger Hahn‹ [A. Ganther]. – Vgl. »strite«.

Hand-lumpe m.: *Handlumpe, -lompe* ›Handtuch‹, mancherorts Elztal, mittl. Schwarzw. – Häufiger ist → »Handzwehle«.

Hand-orgel f.: ›Ziehharmonika‹ verbr.

Händsche m.: *Händsche, Hendsche* mancherorts mittl. und südl. Schwarzw., Hotzw., Klettgau, Baar, Hegau, Bodensee; *Hänschig, Hänschi* nördl. und mittl. Schwarzw., mancherorts Ortenau; *Händschig* mancherorts südl. Brsg., nördl. Markgr.; *Handschig, Hanschig, Hanschi* mancherorts Ortenau, verbr. Brsg., Kaiserst.; *Handsche* Kreis Lörrach; am Nordrand finden sich vereinz. *Hänsching, Henschig, Hängschi, Henschi.* ♦ 1) ›Handschuh‹; Ra.: *S gschiid im Vadder recht, wenns mi an d Finger friärt, worum kauft er mer keini Hendsche?* [E. Strube]. ♦ 2) ›kleine, schwächliche Person‹ vereinz., auch: *e halbe Händschig* [Freiamt].

Hand-schuh → »Händsche«.

handsem Adj.: ›zahm, handfromm‹, vom Pferd [Kinzigtal].

Hand-umkehr(i) m., f.: ›Augenblick, Nu‹, nur in der Wend. *im Handumkehr* bzw. *in der Handumkehri* vereinz.; auch als Adv. bezeugt: *'s chönnt anderst werde, handumchehr* [Hebel]. – Vgl. »handkehrum«.

Hand-voll → »Hampfele«.

Hand-werk → »Hamberch«.

Hand-zwehle f.: *Handzwähle* ›Handtuch‹ mancherorts, veraltet. – Mhd. *hant-twähele, -zwehele.* – Vgl. »Zwehle«.

Hanf m.: *Hanf, Hannef, Hamf, Hambf, Hombf, Hamft* vereinz.; *Haaf* vereinz. Hegau. ♦ ›Hanf‹, früher zur Herstellung von Textilien angebaut, veraltet wie die dazugehörigen Wörter *Hanfacker, -blaule* ›Stampfmühle für Hanf‹, *-breche* ›Vorrichtung zum Brechen des Hanfs‹, *-darre* ›das Dörren des Hanfs‹, *-reezi* ›Teich zum Mürbemachen des Hanfs‹ u. a.; *spinnsch mer's Husemer Ise wie Hanf in gschmaidigi Fäde* [Hebel].

hange st.: ›sich in einem hängenden Zustand befinden, aufgehängt sein‹; *In sëlem Wandkaschte hinterem Schtubeôfe hange d Waidsek* (Säcke für Verpflegung) [O. Furtwängler]; *was hangt am grüene Wiehnechtchindli-Baum?* [Hebel]. – Vgl. »henke«.

hänge schw.: ›etwas auf-, einhängen‹ in der Mundart meist → »henke«.

Hangi f.: *Hange, Hangi* ›von der Decke herabhängendes Gerüst für Brot, Lebensmittel‹, veraltet. – Vgl. »Henki«.

hann ›haben‹ → »ha[1]«.

hänne → »henne«.

Hannoke Pl.: *Hannòke* ›die alteingesessenen Bürger‹ [Stockach, Radolfz.]. – Ursprünglich die mundartl. Form für *Hans-Jakob.*

Hans m.: männl. VN, Kurzform zu *Johannes.* Häufig in Doppelnamen wie *Hannoppel, Hannok* ›Hans-Jakob‹; *Hannfilp, Hansjerg, Hansjakob, Hansmärte* usw.

Hänschig ›Handschuh‹ → »Händsche«.

Hansel m.: ♦ 1) Name von Fastnachtsgestalten, z. B. in Überlingen, Villingen, Donaueschingen,

Konstanz; *Am Zischdig het's numme so g'wuss'lt un g'wimm'lt vun Maske. Tyroler un Tyrolerne, Ridder un Riddersfraile, Domino un Hansele* [A. Ganther]. ♦ 2) ›großer Handrechen‹ vereinz. SO-Baden.

Hans-Trapp m.: der Begleiter des Christkindes vereinz. nördl. Ortenau, Brsg. – Vgl. »Pelznickel«.

Hans-tribeli n.: meist. Pl.: *Hansdriwele, Hansdribele, Hansdribeli, Honsdribele, Hannisdribele, -drübeli* u. ä., mancherorts nördl. und mittl. Schwarzw., Ortenau, Brsg., Markgr. ♦ ›Johannisbeeren‹. – Syn. → »Johannisbeeri«.

Hans-wirmli n.: ›Johanniskäfer‹ verbr.

Häpe[1] f.: *Hääb, Haabe, Häbbe.* ♦ 1) ›primitives Blasinstrument aus Weidenrinde‹ vereinz. Ortenau, Kaiserst. ♦ 2) Kosewort für ein niedliches kleines Mädchen [Freiamt]. ♦ 3) ›magere Frau‹ [Kappelrodeck]. – Vgl. »Hippe[2]«.

Häpe[2] f.: *Hääb, Haab* ›Messer, Haumesser mit gekrümmter Schneide‹, vereinz. nördl. Schwarzw., Ortenau. – Mhd. *hepe* ›Messer von sichelartiger Gestalt für Gärtner und Winzer‹. – Vgl. »Hippe[3], Gertel, Säsle«.

häpe schw.: ›tuten, hupen‹; *ich hòn em ghabet, er hets nit gheert* [Freiamt].

harch Adj.: *harch, harrech, harrich, harrig, harchelig* u. ä. ♦ ›ranzig, bitter schmeckend‹ vereinz. Ortenau. – Mhd. *hare* ›herb‹.

Härlen Pl.: *Hörle(n), Härlin* ›abgeschnittenes Rebholz‹ [Hagnau, Überlgn a. B.]. – Vgl. »Särmde«.

Harpfe f.: ›Harfe‹ [Hebel].

Harrasch m.: *Harrasch, Harras* ›Wut, Rage, Aufregung‹ [Rheinbischofshm, Lahr].

Härri n., m.: ›Pferd‹, kindersprachlich oder kosend, mancherorts Baar, Hegau.

hart → »hert«.

hart-beiß Adj.: *hartbeiß, hertbaißt, haarbeiß, harbaiz, herbaißt* mancherorts mittl. Schwarzw., Brsg., Kaiserst., Markgr. ♦ 1) ›zäh, ausdauernd, abgehärtet‹. ♦ 2) ›hartherzig, geizig‹.

Härti f.: ›das Hartsein, die Härte‹ vereinz.

Härunkili Pl.: ›Aurikeln‹ Wiesental, Hotzw.

harze schw.: ♦ 1) ›Harz sammeln‹, veraltet, Personen, die dieser Arbeit nachgingen, waren die *Harzer.* ♦ 2) ›hapern, mühsam vorangehen‹; *'s wurd sicher d'rfür sunsch amenorts harze un happere* [A. Ganther].

Has m.: *Haas* verbr. (außer SO); *Hass* SO-Baden; Pl.: *Hase, Hasse*; Dim.: *Häsle, Häsli.* ♦ ›Hase‹; Ra.: *d' Hase backet wider* wenn nach Regen in den Wäldern Nebel aufsteigt [Grafenhsn i. Schw.]; Sprichw.: *e jedes Häsli find si Gräsli* ›für alle ist gesorgt‹ [Glock Brsg.].

Häs ›Kleidung‹ → »Häß«.

Haschierer m.: ›Gerichtsdiener, Häscher, Büttel‹ veraltet; *un mit em Haschierer im Turn zue* [Hebel].

Haschpel m., f.: *Haschpel* verbr., mancherorts auch *Häschpel, Haschpli.* ♦ 1) ›Haspel, Garnwinde‹; *Spinnet, Töchterli, spinnet, un Jergli, leng mer der Haspel!* [Hebel]. ♦ 2) ›übereifriger, hastiger, aufgeregter Mensch‹.

Hase-bluem f.: Bez. für versch. Frühlingsblumen wie ›Buschwindröschen, Sumpfdotterblume, gelbe Narzisse‹, vereinz.; auch andere Pfanzennamen werden mit *Hase-* gebildet, z. B. *Hasefutter, -kehl, -krutt, -maie, -sieß* u. a.

Hase-brodis m.: ›Hasenbraten‹.

Hase-brötli n.: ›Sauerklee‹; *Wechslet nit der Chlee mit goldene Chetteneblueme, Frauemänteli, Hasebrödli, würzige Chümmi* [Hebel].

Hase-klee m.: ›Sauerklee‹.

Hasel-hurscht f.: ›Haselstrauch‹; *in der nöchste* (nächsten) *Haselhurst* [Hebel]. – Zum Grundwort s. »Hurscht«.

haseliere schw.: ›Vorhaltungen machen, schimpfen, zanken‹; *Menggmol haseliersch* [Hebel]. – Frz. *harceler.*

Hase-müffeli, -möffeli n.: *Hasemüffele, -meffele* u. a. ›Leinkraut, Löwenmaul‹. – Grundwort zu »Muffel, Moffle«.

Hase-pfeffer m.: ›eine Art Hasenragout‹; *'s goht 'm nix üwwer e Hasepfeffer* [A. Ganther].

hase-rein Adj.: meist mit Negation: Etwas oder jemand *isch nit haserei(n)* ›ist nicht in Ordnung, hat Dreck am Stecken‹ mancherorts.

Hase-sprung m.: eine Art der Rebvermehrung, bei dem eine Rebe vom Nachbarstock heruntergebogen und eingegraben wird [Ettenhm, Au (Freib.)]. – Vgl. »vergruebe«.

Hasle, Häsle Pl.: *Haasle, Hääsle, Hässle* ›Haselsträucher‹ vereinz.

Häß n.: ♦ 1) ›Kleidung allgemein‹ mancherorts SO-Baden; vgl. »Plunder 1, Ghäß«. ♦ 2) ›bodenständige Fastnachtskleidung‹ verbr., das aus vielen Flicken zusammengesetzte *Häß* kann *Bletzle-, Fleckle-, Spättlehäß* genannt werden. ♦ 3) ›Bett- und Leibwäsche insgesamt‹ vereinz. – Mhd. *hâz, haeze* ›Kleidung‹.

Hassel, Hässel m.: *Hassel, Hässel, Hassle* ›ein kleiner silbergrauer Fisch, meist als Köderfisch verwendet‹ mancherorts Bodensee, Baar, Hochrhein.

hässig Adj.: ›gehässig, aufsässig, verhasst‹ mancherorts.

hättele schw.: ♦ 1) ›meckern‹ von der Ziege, vereinz. Baar, Hegau; vgl. »meckele«. ♦ 2) ›kichern, meckernd lachen, albern tun‹ eb; Syn. → »kittere«.

Hattle f.: *Hattel, Hattle,* Dim.: *Hätteli.* ♦ 1) ›weibliche Ziege, Zicklein‹, meist kindersprachl. oder kosend, auch als Lockruf für Ziegen, verbr.; *'s Mambecher Hätteli* (Dim.) *chunnt un wulligi Häli* (Schäfchen) *vo Zell her* [Hebel]. ♦ 2) ›weibl. Hase, Schaf‹ vereinz. mittl. Schwarzw. ♦ 3) Bez. für magere, alberne, einfältige Personen, aber auch kosend, bes. in Verbindung mit *klein; kleini Hattle* [Freiamt].

Hatz f.: ›Eile‹ verbr. – Vgl. »allhatz«.

Hatzel f.: ›Elster‹ vereinz. Nordrand. – Vgl. »Atzel«.

Hätzle ›Eichelhäher‹ → »Hetzle«.

Hau m.: ›abgeholztes (und wieder aufgeforstetes) Waldstück‹.

hau ›haben‹ → »ha[1]«.

Hauche m.: *Hauche, Houche* ›Haken, Schließhaken am Fenster, Haken der Türangel‹ mancherorts SO-Baden.

Hau-dautel m.: ›dumme Person‹ Kinzigtal.

haudere schw.: *haudere, höidere.* ♦ 1) ›(für Lohn) fuhrwerken‹. ♦ 2) ›sich abmühen, sich plagen‹ mancherorts.

Hauderer, Hauderi m.: ♦ 1) ›Fuhrmann‹ vereinz. und veraltet. ♦ 2) ›wer schwer, wild drauflos arbeitet‹. ♦ 3) Schimpfwort für übertrieben Arbeitende, Pfuscher.

Haue f.: *Hau* nördl. und mittl. Schwarzw.; *Haue* Elztal, Brsg., Markgr., Hotzw., Klettgau; *Haube, Hauwe, Houwe* mancherorts Umg. St. Georgen i. Schw.; *Houe* mancherorts Baar, Hegau, Bodensee; *Haü, Häu, Haüe, Häue* mancherorts südl. Ortenau, Kaiserst., nördl. Brsg.; *Hawe* vereinz. südl. Brsg. ♦ ›(schwerere) Hacke zur Bodenbearbeitung‹; *ball goht's wider uuse mit Hauen un Rechen in Garte* [Hebel]; *Un wenn im früeje Morgeroot der Buur in Feld un Fure stoht, se mueß er Charst un Haue ha* [Hebel].

haue st., schw.: *haue, houe, hauwe, haüe, häue* (Verbr. wie → »Haue«). ♦ 1) ›einen Hieb führen, ab-, umhauen‹ verbr. ♦ 2) ›schneiden, schneidend scharf sein‹; *Haut's Messer guet?* ›schneidet das Messer gut?‹ [Hebel]; *hauet Trüübli ab!* ›schneidet Trauben ab‹ [Hebel]; *Zun selem dûat mer e schnelig Gêrtli haue* ›dazu tut man eine elastische Gerte abschneiden‹ [O. Furtwängler]; Gruß beim Mähen: *Haut s es?* verbr.

Hauer m.: ›(verschnittenes) männliches Schwein‹ mancherorts Ortenau.

haufe ›zurücksetzen‹ → »hufe«.

häuig Adj.: ›brünstig vom Schwein‹ Hotzw. – Syn. → »rißig«.

Hau-mi-blau n.: ›fiktive Ware, nach der man Kinder oder Einfältige schickt‹. – Vgl. *I-bi-dumm.*

Hauptete f.: ›Kopfende des Bettes‹ Markgr.

Häuzerli ›kleines Schwein‹ → »Haiz«.

Hawacht m.: ›Waldhüter‹ vereinz. Raum Bühl-Rastatt. – Wohl entstanden aus *Hag-wacht.*

hawe schw.: *hawe, habe* ›durch Gärung in die Höhe gehen, auftreiben, gären‹, bes. vom Hefeteig, mancherorts Ortenau, Kaiserst. – Wörtl. *haben*, eine Bildung zu »Hab[1]«.

he Interj.: ♦ 1) *hee* Ausruf zur Erregung von Aufmerksamkeit; *He, sihsch's denn nit: e Maa!* [Hebel]; *„He", rüef i, „numme nit so hoffärdig"* [A. Ganther]. ♦ 2) *he* (kurz) bestätigende, konstatierende Floskel im Sinn von ›nun eben, nun ja‹, oft verbunden mit *ja* oder *nun*; *He jo, 's bringt jedi Nacht e Morgen* [Hebel]; *He nu, es goht is alle so* [Hebel]; *He, nadürlig isch 'r 's!* [A. Ganther]; *he nu, se denn* ›nun also‹ verbr.

Hebamm f.: *Hebamm, Hewamm* mancherorts; *Hebann, Hewann, Heband* mancherorts Ostteil des mittl. Schwarzw., Baar, SO-Baden. ♦ ›Hebamme‹; *s Gebharde Kätërli, sël isch d Hewan gsi* [O. Furtwängler]; stirbt ein Mensch im hohen Alter, sagt man: *do isch d Hewamm au nimmi schuld gsi!* verbr. – Die Formen *Hebann, Hewann* zeigen noch die alte Form, die auch in ahd. *hevianna* vorliegt. – Vgl. »Häbi, Wehmuetter«.

hebe st., schw.: *hewe* nördl. und mittl. Schwarzw., nördl. und östl. Brsg.; *hewwe* verbr. im Rheintal zwischen Murg und Kappel a. Rh.; *hebe* südl. Brsg., südl. Schwarzw., Markgr., westl. Hotzw.; *hebbe* mancherorts südl. Baar, Raum Neustadt, Klettgau, Hegau, Bodenseegebiet. ♦ ›halten, festhalten, dicht halten‹ (die nhd. Bed. ›etwas in die Höhe heben‹ s. → »lupfe«); *mer chönne's nit hebe* ›wir können es nicht festhalten‹ [Hebel]; *Mi Burgemeischderi awwer schreit Au un O un hebt sich's Nasduech vor's G'siecht* [A. Ganther]; *het 'r sich fescht am Höllmichili sim Tschobe g'hebt* ›hat er sich an Höllmichels Jacke festgehalten‹ [A. Ganther]; *Hoffentlich hebt's Wetter!* ›Hoffentlich hält das schöne Wetter an‹ [Epple]; *d Katz e wing hebe* ›die Katze liebkosen‹ [Freiamt]. – Vgl. »verhebe«.

Hebel m.: *Hebel* verbr.; *Hebbel* SO-Baden; *Hefel* verbr. Ostteil des nördl. und mittl. Schwarzw. ♦ 1) ›Sauerteig‹ Ostschwarzwald, SO-Baden; vgl. »Hebi 2«. ♦ 2) ›Hebelstange‹.

Hebi[1] f.: *Hebi, Hewi.* ♦ 1) ›Handhabe, Griff‹ vereinz. ♦ 2) ›Sauerteig‹ (eigentlich ›Hebemittel‹, verwandt mit »Hefe«) mancherorts mittl. Schwarzw., Brsg., Markgr.; *s Müetterli hett in Backede d Heebi iidue* [Glock Brsg.]; vgl. »Deisem, Hab[1], Hebel 1, Heblete, Hebteig, Surhebel, Surteig«.

Hebi[2] ›Hebamme‹ → »Häbi«.

Hebis n.: ›Fangspiel der Kinder‹ Markgr.

Heb-ise n.: ›Brecheisen‹ verbr.

Heblete f.: *Hebblete, Hefflete.* ›Sauerteig‹ vereinz. SO-Baden. – Vgl. »Hebi[1] 2«.

Heb-teig m.: *Hebdaig* mancherorts obere Acher, untere Rench. ♦ ›Sauerteig‹. – Vgl. »Hebi[1] 2«.

hechel-dick Adv.: ›sehr dicht beieinander stehend‹ vereinz.

Hechel-macher m.: ›wer Hecheln anfertigt‹, nur noch in der Ra.: aufpassen wie ein *Hechelmacher* ›scharf aufpassen, genau hinsehen‹. – Vgl. »Häftlimacher«.

Hechi f.: *Heechi, Höchi,* Pl. *Heechine* ›Höhe‹; *do isch d'r Franz in d' Höchi g'schnellt* [A. Ganther]; *un probiere d' Tön in ihrer Höchi un Tiefi* [Hebel].

Hechle f.: ›Hechel‹, ein Gerät, um früher Hanf oder Flachs zu reinigen; Ra.: *du kunnsch uf d Hechle* ›du wirst deine Sünden büßen‹ [Elzach].

hechle schw.: ♦ 1) ›Hanf, Flachs durch die Hechel ziehen‹, veraltet. ♦ 2) ›schwatzen, jemandes Tun tratschend kommentieren‹, auch *dur(ch)-, ushechle.*

Heck f.: ›Hecke, Gebüsch‹; Ra.: *über Stuuden un Hecke* ›durch dick und dünn‹ [Hebel]; *uf (bi) der Heck si* ›bei der Sache, präsent sein, aufpassen‹ mancherorts; *Er isch uf der Heck wiä ne Nachtwächter* [Glock Brsg.].

Hecke-luri m.: ›Trottel‹ [Durb.].

Hecke-schlupfer m.: ›Zaunkönig‹ vereinz. – Vgl. »Hagschlupfer«.

hecke-welsch Adj.: ›in undeutlicher, unverständlicher Sprache‹ mancherorts. – Vgl. »haber-, krut-, Kuderwelsch«.

Hecke-zeck f. (m.): ›Zecke‹ verbr. nördl. Schwarzw. – Syn. → »Zecke«.

Heck-geiß f.: ›Eidechse‹ [Rudenbg].

Hederich m.: *Hederig, Hạderig, Hedri, Hederich* u. ä. ♦ ›das Ackerunkraut Hederich‹.

Hefe f.: *Heef* mancherorts nördl. und mittl. Schwarzw.; *Heff, Häff* mancherorts mittl. Schwarzw., Ortenau; *Heffe, Häffe* mancherorts Ostteil des mittl. Schwarzw., südl. Schwarzw.; *Hạffe* südl. Ortenau, Brsg., nördl. Markgr.; *Hefi* vereinz. Dinkelberg, Wiesental, Hotzw.; *Heäf* Bodenseeraum; *Hepf, Hepfe* Baar, Hegau, Klettgau. ♦ 1) ›Bodensatz im Weinfass, Weinhefe‹ mancherorts; vgl. »Druese«. ♦ 2) ›(gekaufte) Hefe zum Backen‹ verbr.; vgl. »Deisem, Hebi[1] 2«.

hefli, hefeli ›sacht, langsam‹ → »hofle«.

Heft n.: ♦ 1) ›Griff, Handhabe an einem Werkzeug‹; Ra.: *s Heft in de Hand ha* ›die Herrschaft (im Haus) haben‹ verbr. ♦ 2) ›zusammengeheftetes Papier, Schreibheft‹, hier meist Pl. *Hefter.*

hefte schw.: ♦ 1) ›Rebenzweige an das Haltegerüst anbinden‹, eine sommerliche Arbeit im Rebberg, Ortenau. ♦ 2) ›mit großen Stichen provisorisch nähen‹ verbr.

Heggel m.: ›altes, schlechtes Messer‹ vereinz. Hegau.

hei Interj.: Ausruf der Freude, der Ermunterung, Verwunderung.

Hei-beer → »Heidelbeer«.

Heid m.: ›Nichtchrist‹, auch in Verwünschungen oder zu Verstärkung, z. B.: *heidemäßig* ›sehr‹; *Heidegeld* ›sehr viel Geld‹ oder *Heidelumperei* ›schlimme Zustände‹ [A. Ganther].

heide-galee Interj.: Ausruf der Verwunderung. – Vgl. »Mords-, mordsgalee«.

Heidel ›Heidelbeere‹ → »Hoadel«.

Heidel-beer f.: *Heidelbeer, Haidelbeer, Hoadelbeer, Hoädelbeer* verbr.; *Heedelbeer* mancherorts in der Rheinniederung zwischen Murg und Kinzig, meist Pl.: *-beere, -beeri*; verkürzte Formen (aus ahd. *heidberi*): *Haiber, Heiber, Heibere, Haiwer, Heiwer* mancherorts nördl., mittl. und südl. Schwarzw., Ortenau, Hotzw., Klettgau; *Hoabeer, Hoäbeer* mancherorts Baar; *Höibeer* vereinz. Hochrhein. ♦ ›die Waldfrucht Heidelbeere‹. – Syn.: »Blaubeeri, Hoadel, Schwarzbeer«.

Heidelbeer-männle n.: ›fiktive, geisterhafte Gestalt, die angeblich den Heidelbeersuchern ihre Beeren wegisst oder sonstigen Schabernack anstellt‹; Entsprechungen sind das *Heidelbeerwiibli* oder der *Heidelbeerwolf.*

heiklig Adj.: *heiklig, haiglig, haigli, hoakli, hoekli, haaglig, häägli, heidli.* ♦ ›sehr empfindlich, heikel, wählerisch‹, z. B. beim Essen (Verbr. s. Karte → »schnaikig«), bei der Gattenwahl, mancherorts. – Syn. → »schnaikig«.

Heiland m.: ♦ 1) ›der Erlöser, Jesus‹. ♦ 2) in Verwünschungen und Flüchen, z. B.: *Heiland sapperment!* u. a.

Heil-bock m.: ›verschnittenes Schaf‹ [Saig]. – Vgl. »verheile«.

heile schw.: ›heil werden, heil machen‹, oft in kindlichen Heilsprüchen wie z. B.: *Heili, heili Säge* (Segen), *morn gits Räge, morn gits Schnee, und es duot im Biäwli nimmi weh* [Wasenw.]. *Heile heile Horn, heilts hit nit, so heilts morn. Heile, heile Katzedreck, bis übermorn isch alles weg* [Reute (Emm.)].

heilig Adj.: ♦ 1) ›geheiligt, heiligmäßig‹, *die heilig Muettergottis; die heilige Mess. D'r Cyriakes isch e frumme, heilige Mann g'si* [A. Ganther]. ♦ 2) in Verwünschungen, Flüchen; *„O heiligs Dunnderwedder," het d'r Xaveri brüelt* [A. Ganther]; auch subst.: *alle Heilige vom Himmel owerab flueche* ›wild fluchen, toben‹ [E. Strube]. – Von da herzuleiten sind die »Helge« und der »Holg«.

Heili-wog m.: ›heilbringendes Wasser‹, es wird in der Christnacht um 24 Uhr vom Brunnen geholt [Endgn, Wasenwlr, Ettenhm]; Ra.: *Heiliwog – Gotteswog* [Wasenwlr]; *Heiliwog – Gottesgob* [Ettenhm]. – Das Grundwort gehört zu *Woge.*

heim Adv.: *haim, heim, hai, homm* ›nach Hause‹; *gang haim!* [Hebel]; *Trait* (trägt) *nit mengg Immli süeße Hunig haim* [Hebel]; *Ir kaiwe Buabe, mache das er haim kume!* [O. Furtwängler]; *Heim sin sie awwer nit* [A. Ganther].

Heimat-land n.: ♦ 1) ›das Herkunftsland‹. ♦ 2) Interjektion: Ausruf der Überraschung, verbr.

Heime-grickerle n.: ›Heimchen, Hausgrille‹ mancherorts Ortenau. – Syn. → »Heimmauch«.

heimes-zue Adv.: ›nach Hause‹; *no isch er ab, heimiszue* [Freiamt].

Heimet f., n.: ♦ 1) ›Heimat‹; *un isch abdampft, d'r Heimet zue* [A. Ganther]. ♦ 2) ›Elternhaus‹; *s Heimet kriege* ›das Elternhaus erben‹ [Freiamt].

Heim-garte ›gesellige Zusammenkunft‹ → »Hogarte«

Heimichel ›Heimchen‹ → »Heimmauch«.

Heimli n.: ›Heimchen, Grille‹; *un 's Haimli bettet dört un do* [Hebel]. – Syn. → »Heimmauch«.

Heimli-mucker m.: ›hinterhältige Person‹ [Feldbg].

Heim-mauch m.: *Heimmauch, Heimermauch(e), Hamauche* mancherorts mittl. Schwarzw., Baar, SO-Baden; *Heimichel, Haimichili, Heimucheli, Höimüchli, Heimermichli, Heinermichel, Hämbichel* u. a. Ortenau, Brsg., Kaiserst. ♦ 1) ›Heimchen, Hausgrille‹. ♦ 2) ›ängstlicher Mensch‹ [Malsburg]. – Syn.: »Bergschnättere, Grille, Heimegrickerle, Heimli, Much[1]«.

Heim-ritti f.: *Heimritti, Hoaritti* ›Besuch der jungen Eheleute im Elternhaus‹ [Baar].

heim-schleipfe schw.: ›nach Hause schleifen‹, v. a. in der Ra.: *einer heimschleipfe* ›einen Rausch nach Hause tragen‹ verbr.

heim-zahlen schw.: ›etwas vergelten, sich rächen‹; *un sie hen sich hi un her b'sunne, wia m'r's denne Danznarre heimzahle künnt* [A. Ganther].

heim-zeichle schw.: ›nach Hause locken‹ [O. Furtwängler].

Heiner m.: Kurzform für den männl. VN *Heinrich.*

Heinze Pl.: *Hainze, Haize* ›Gestell zum Trocknen von Heu und Klee‹ Ostbaden.

Heirat → »Hiret«.

heiraten → »hirote«.

heische schw.: *heische* verbr.; *höische* Umg. Lörrach. ♦ ›etwas fordern, erbitten, betteln‹; *Wemme Rächt hett, cha me Rächt haische* [Glock Brsg.].

Heischini f.: *Heischini, Heischine, Heischin* ›sandige, kiesige, unfruchtbare Stelle im Acker-, Wiesen-, Gartenboden‹ mancherorts Ortenau; dazu das Adj.: *heischinig* ›unfruchtbar, kümmerlich gewachsen‹. – Vgl. »Heißgräti«.

heiser, heiserig Adj.: *heiser, haiser* verbr. Elztal, Brsg., Markgr., südl. Schwarzw., Klettgau; *heiserig, haiserig* mancherorts nördl. und mittl. Schwarzw., südl. Ortenau, Hotzw.; *heiseri, haiseri* Raum Rastatt, Ortenau; *hoaser, hoeser* Baar, Hegau, Bodenseegebiet; *hòòser* Gebiet nödl. des Kantons Schaffhausen, *haaser* [Büsgn, Öhngn]; *heeser* [Hügelshm]. ♦ ›mit rauher oder belegter Stimme‹.

heiß Adj.: *heiß, haiß* verbr.; *hoas, hoes* SO-Baden; *hòòs, haas* mancherorts südl. Hegau, Höri. ♦ ›sehr warm‹; *'s isch e grusig heiße Midag gsi* [A. Ganther].

heiße schw.: *heiße, haiße, hoase, hoeße, hòòße, haaße* (verbr. wie *heiser, heiß*). ♦ 1) ›einen Namen haben‹; *Irrgaist haißt der aint', un Plooggaist haißt der ander* [Hebel]; *d' Itracht, – so heißt d'r G'sangverei* [A. Ganther]. ♦ 2) ›benennen‹; *Un sell Bilderzügs heißt m'r e Dodedanz* [A. Ganther]; *het's e V'rspruch gä, e V'rlobung, wia's d' Herrelütt heiße* [A. Ganther]. ♦ 3) ›beauftragen, befehlen‹; *Si henn si nit zwaimol lo haiße* [Hebel]. ♦ 4) ›bedeuten‹; *seller het wohl g'wißt, was es heiße soll* [A. Ganther].

Heißgräti f.: *Hoeßgrädi, Hoesgröidi* u. ä. dass. wie → »Heischini«; dazu das Adj.: *hoesgrätig, hoasgröidig.*

Heißi f.: ›Hitze‹ [Eschb.].

Heite f.: ›Kinderwiege‹ vereinz. SO-Baden; wohl zu Wiegenliedern, die mit *heita, beita* oder *haita, buata* usw. anfangen. – Vgl. »Wagle«.

heiter Adj.: ♦ 1) ›hell, licht‹ verbr.; *wu-n-er s Liecht ogmocht het, ischs uf eimol gonds heiter wore* *in de Stube* [Freiamt]. ♦ 2) ›lustig, schön‹ in der iron. Ra.: *jeds wirds heiter* ›nun gerät die Situation aus den Fugen‹ verbr.

Heiteri f.: ›Helligkeit, Tageslicht‹ Ortenau, Brsg., Markgr.

Heiwet ›Heuernte‹ → »Haiet«.

Heiz ›Eber‹ → »Haiz«.

Helf-der-Gott Interj.: sagt man zu einem Niesenden; iron. Erweiterung: *Helf-der-Gott in e Krappenarsch, flieg nufi, no kunnsch aü in Himmel ni!* [Endgn]; *im Helf-der-Gott* ›im Nu‹ [O. Furtwängler].

helfe st.: *helfe* verbr.; Part. Perf.: *ghulfe* Markgr.; *gholfe* übriges Gebiet. ♦ ›Abhilfe schaffen, helfen‹ *Helf is (uns) Gott!* [Hebel]; *Wo i mol gröser gsi bin, hani au gholfe trage* ›beim Tragen geholfen‹ [O. Furtwängler]; *'s het alles nit ghulfen un battet* [Hebel].

Helge m., meist Pl.: *Helge, Helje, Helige*; häufig Dim.: *Helgli, Helgle, Helgili, Helgele, Hergli, Hergeli.* ♦ ›Heiligenbild, Andachtsbild‹ aber auch ›Bild allgemein‹; *I leg der schöni Helgli drii* (in das Buch) [Hebel]; *i schenk dir e suufere Helge. D' Muetter Gottis luegt im goldene Helgen in Himmel* [Hebel]. – Zu »heilig«, wörtl. *der / die Heilige.*

Heli f.: *Heeli, Heele, Höli*; Pl.: *Heeline, Höline* verbr., *Hiil* mancherorts Hanauerland. ♦ ›Höhle‹.

Hell f.: *Hell, Höll, Helld.* ♦ 1) ›Hölle‹. ♦ 2) ›Winkel, in den Abfall geworfen wird‹, z. B. beim Schneider, Schmied, der Ölmühle, vereinz. und veraltet.

hell-gändig Adj.: in fester Fügung *hellgändig wohr* ›wirklich wahr‹ [Glottertal]. – Wörtl. *hell* ›rein‹ und *gängig* ›gehend‹.

hellig Adj.: *hellig, helli* ›nüchtern im Magen, matt, schwach infolge Hungers‹ mancherorts Ortenau, vereinz. mittl. Schwarzw.; *'s esch mr helli* [Lahr]. – Mhd. *hël* ›schwach, matt‹.

Helm n., m.: ›Stiel an Geräten (Axt, Hacke)‹ vereinz. Ortenau, Brsg. – Vgl. »Halm[2]«.

Hem-bitel m.: ›Hemdenmatz‹ [Margr.].

Hemder-brisli n.: ›Bündchen an den Hemdärmeln, Stoß am Hemdkragen‹. – Vgl. »Brisli«.

Hemder-knepfli n.: ♦ 1) ›Hemdenknopf‹. ♦ 2) Name für verschiedene Pflanzen wie ›Schafgarbe, Rainfarn‹ u. a.

Hemd-glunker, -glunki m.: *Hemdglunker, -glonker, -glunki, -glonki* mancherorts. ♦ 1) ›Kind, das im Hemd herumläuft‹. ♦ 2) ›Fastnachtsnarren, die in Nachthemden herumlaufen‹. ♦ 3) Pflanzenname ›Buschwindröschen‹. ♦ 4) scherzhafte Bez. für sauren, schlechten Wein. – Zum Grundwort s. »glunkere«.

Hemm n.: *Hemm* verbr. Schwarzw., mancherorts Brsg., Markgr.; *Hạmm* Ortenau, Brsg., Markgr.; *Hemd* mancherorts Raum Furtwangen – St. Georgen, Baar; *Hemb* Hotzw., Klettgau, Baar, Hegau, Höri, Bodanrück; *Hemmed* mancherorts Linzgau; Pl.: *Hemder, Hạmder, Hember, Hemmeder.* ♦ ›Hemd‹; *kei Kitt'l un keini Hose, nix, gar nix, numme 's Hemm* [A. Ganther]; *Gang, bring der arme Fischer-Liis e Säckli Mehl, e Hemdli wiiß* [Hebel]; Ra.: *in dere Wesch han ich kei Hemm* ›da habe ich nichts mit zu tun‹ [Gütenb.]; *alles was rạchd isch, aber s Hemm gheert in d Hose* ›hier muss ein Machtwort gesprochen werden‹ [Freiamt].

hen ›haben‹ → »ha[1]«.

Hengscht m.: ›Hengst‹.

hengschtere schw.: ›geräuschvoll mit etwas hantieren, dröhnen, donnern‹ vereinz. Kinzig-, Elztal.

henke schw.: ♦ 1) ›in einen hängenden Zustand bringen, daran-, aufhängen‹ mancherorts Ortenau, Brsg., Markgr.; *Was henki der denn dra?* (an den Christbaum) [Hebel]; *Henk dy Bettelgwand ... an d' Wand* [Hebel]; *wer het an siideni Fäde do ne Chnöspli ghenkt?* [Hebel]; Ra.: *un henkt Ich* (Euch) *der Brotchorb höcher* ›weniger zu essen geben‹ [Hebel]; Sprichw.: *Het me's lang, se loßt me's henke* [Hebel]. ♦ 2) ›sich oder jemanden erhängen (Selbstmord, Hinrichtung)‹; *er hät sich ghänkt* [Ettenhm]. – Vgl. »hange«.

Henker m.: ♦ 1) ›Scharfrichter‹ veraltet, noch in Verwünschungen *de Henker soll di hole* vereinz. ♦ 2) ›Gänserich‹ vereinz. mittl. Elztal.

Henkerli n.: ♦ 1) ›Liebesverhältnis‹ vereinz. südl. Ortenau, Kaiserst. ♦ 2) ›Traube, die beim Herbsten übersehen wurde‹; wenn sie der Bückiträger am Stock findet, bekommt er von der (jungen) Leserin *e Schmützli* [Sulzburg]; vgl. »Henkili«.

Henki f.: *Hänggi* ›Hängegestell für Brot‹ mancherorts Kaiserst. – Vgl. »Hangi«.

Henkili Pl.: *Henggili, Hạnggili* ›die ganze Traube‹, wurde oft zum späteren Verzehr aufgehängt, mancherorts südl. Ortenau, Brsg., Kaiserst. – Vgl. »Henkerli 2«.

Henn f.: *Henn* verbr. mittl. Schwarzw., SO-Baden (Verbr. s. Karte → »Huen«); Pl.: *Henne* mancherorts. ♦ ›weibliches Haushuhn‹; Abzählreim: *Eis, zwei, drei, d Henne legt e Ei, wer do druf tritt, der kunnt nit mit!* [Villgn]. – Sonst gilt »Huen«.

henne Adv.: *henne* mancherorts mittl. Schwarzw., Brsg., Baar; *heänne* [Stockach], *heänn* [Stahrgn]. ♦ ›diesseits, hüben‹; bes. in der Fügung: *henne un denne* ›hüben und drüben, auf beiden Seiten‹; *Also* *do isch henë un denë en Schrubschtok* [O. Furtwängler]; Abzählvers: *Henne, denne, du wotsch renne, henne, denne, diss un du häsch d Schiss!* [Villgn]. – Vgl. »denne«.

Henne-aug n.: ›Hühnerauge‹ mancherorts Schwarzw., SO-Baden. – Syn. → »Hiëneraug«.

Henne-bein n., **-fueß** m.: Bez. für verschiedene Hahnenfußgewächse, mancherorts.

Henne-hack m.: ›Hühnerhabicht, Gabelweihe‹ SO-Baden. – Vgl. »Hennevogel«.

Henne-hut f.: *Hennehutt, -huut* ›Gänsehaut‹ vereinz. Ostteil des mittl. Schwarzw., Baar. – Vgl. »Hiënerhut«.

Henne-pfitz m.: meist nur in der Ra.: *all(e) Hennepfitz* ›alle Augenblick, fortwährend, immer wieder‹; auch *alle Henneschiss.*

Henne-stall m., **-steig** f.?: ›Stall, Gehege für Hühner‹ mancherorts.

Henne-vogel m.: *Henne-, Hinnevogel, -voggel.* ♦ ›Hühnerhabicht‹ mancherorts. – Vgl. »Hiënervogel«.

Hepfe ›Hefe‹ → »Hefe«.

Heppli ›Krautkopf‹ → »Heptli«.

Heptli n.: *Heptli, Heptle* vereinz. Umg. St. Georgen i. Schw., Baar, Hegau; *Heppli, Hepple* mancherorts Bodanrück, Hegau, Linzgau; *Höppli* mancherorts südl. Hegau, Höri. ♦ ›Krautkopf‹. – Wörtl. *Häuptle* (Dim. zu *Haupt*).

her Adv.: *her, har* ›auf den Sprecher zu, her‹.

her-ab → »abe, ra, rab«.

her-auf → »ruf, ufe«.

her-aus → »rus, use«.

Herberge → »Herwed«.

Herbscht m.: *Herbscht* verbr.; *Herebscht* vereinz. nördl. Schwarzw.; *Hirbscht* vereinz. Ostteil des mittl. Schwarzw., südl. Schwarzw.; mancherorts Baar, Hegau, verbr. Höri, Bodenseegebiet; *Mit dr Zit isches ëm Herbscht zua gange* [O. Furtwängler]. ♦ 1) ›die Jahreszeit vor dem Winter‹ im ganzen Gebiet, aber oft neben »Spätlig, Spotjohr«. ♦ 2) ›Traubenlese, Ertrag der Reben‹ mancherorts in den Weinbaugebieten.

herbschte schw.: *herbschte, herbschde, hirbschte* ›Trauben lesen‹ verbr. Weinbaugebiete (wenn nicht »wimmle« gilt); *mer gehn go herbschde* ›wir gehen Trauben lesen‹ [Gündlgn].

Herbscht-gschirr n.: ›Geräte für die Traubenlese‹.

Herbscht-zobe n.: ›herbstliches Essen am Abend‹, bestehend aus »Kretzer 3« mit Nüssen und Brot [Buggingen].

Herd[1] m.: ›Küchen-, Kochherd‹.

Herd[2] f.: ›Viehherde‹; *In d' Haimet wandle Herd un Hirt* [Hebel].

Herd-äpfel m., meist Pl. (doch auch der Sg. lautet so): *Herd-, Hardäpfel, -epfel, -öpfel* ›Kartoffeln‹ verbr. südl. Ortenau, Brsg., südl. Schwarzw., Wiesental, Bodanrück, Hotzw., Klettgau, Baar, Hegau, Bodanrück, Linzgau; im Südwesten gilt *Herdäpfel* als Wort der katholischen Gemeinden, während das evangelische Markgr. »Grumbire« verwendet (Verbr. s. Karte → »Herdäpfel«); *welschi Herdäpfel* wird im Brsg. bisweilen der Topinambur genannt; Ra.: *De junge Litt gohts wiä de Härdepfl, d Auge gehn ene n-erscht uf, wenn si emol im Dreck ine stecke* [E. Strube]. – Vgl. »Erdäpfel, Grumbire«.

Herdäpfel-pflutte Pl.: ›Gericht aus einem Teig mit Kartoffeln, Mehl, Eiern, Milch‹ mancherorts Brsg. – Vgl. »Pflutte«.

herdäpfle schw.: ›Kartoffeln herausmachen‹ mancherorts SO-Baden.

Herder m.: ›Hüter der Gemeindeherde, Schaf-, Viehhirt‹, veraltet, daher auch der FN *Herder.*

here schw.: *here* verbr., *hire* vereinz. Hanauerland; *höre* Südrand. ♦ ›mit den Ohren wahrnehmen, hören‹, für das aktive Hören eher »horche, lose«.

her-ein → »ri, rin, ie, ine«.

Hergli ›(Heiligen-)Bild‹ → »Helge«.

Heri f.: ›die Zeit für das Aufhören‹; *jetzt isch Heeri* [Sunthsn]. – Wörtlich *Höre,* dies zu *(auf)hören.*

Hermann m.: ♦ 1) männlicher Vorname. ♦ 2) in der Ra.: *mach keini Hermännli* ›mach kein Aufhebens, keine Faxen‹ verbr.

Hernli-ma m.: ›Hörnermann‹, Droh-, Schreckgestalt für Kinder Markgr. – Vgl. »Hörnlibue«.

Herr m.: *Herr, Heer.* ♦ 1) ›Geistlicher, Pfarrer‹ veraltet. ♦ 2) ›wer etwas zu bestimmen hat, Vorgesetzter, sozial höher gestellte, gebildete, vornehme Person‹ im Ggs. zum Bauer; *d'r Herr Hofrat* [A. Ganther]; *un wird my Bürstli* (Bürschlein) *maisterlos* (ungezogen), *un maint, es seig der Heer im Huus* [Hebel]; *Du bisch jo e grußig nowle Herr worre!* [A. Ganther]; Sprichw.: *di große Herre biiße n-enand id* [E. Strube]. ♦ 3) Anrede an männl. Personen.

herre Adv.: ›hin, dahin, dorthin, her‹ Rothauser Land, Klettgau; *des kriege mer scho herre* ›das kriegen wir schon hin‹ [Birkend.].

Herren-vogel ›Eichelhäher‹ → »Hährevogel«.

Herre-schiëhli n.: ›die Pflanze Eisenhut‹ u. a., mancherorts.

Herr-gott m.: *Herrgott, Herrigott, Herrget.* ♦ 1) ›Gott der Herr, der (gekreuzigte) Christus‹; *links vum Herrigott* (Kreuz im Herrgottswinkel), *isch an d'r Wand im Kaiser si Bild g'hängt* [A. Ganther]; *Endlig, noch e Johrer sechsi het d'r liab Herrigott e Isehne g'ha un im Baschi si Wib in Himm'l ufg'numme* [A. Ganther]; Ra.: *de Härrged en guede Maa sii lau* ›sich um nichts kümmern‹ [E. Strube]. ♦ 2) Bestandteil in vielen Verwünschungen und Flüchen; *Herrgott nonemol!* Brsg.; *Herrgott sakre nunderdie!* [Zell (Offenb.)]; auch in Zs.: *Herrgottsdunderwetter! Herrgottsakrament!* u. a.

Herrgotts-bliëmli n.: Bez. für verschiedene Pflanzen wie ›Vergißmeinnicht, Kornblume, Stiefmütterchen‹ u. a.

Herrgotts-bröseli n.: ›gar nichts‹ [Mahlbg].

Herrgotts-käferli n.: *-käferle, -käfferle, -chäferli* u. ä. ♦ ›Marienkäfer‹ verbr. – Vgl. »Herrgottsküehle, -tierli, -vegeli, Liebherrgottskäferli«.

Herrgotts-küehle n.: ›Marienkäfer‹ mancherorts S-Baden; das Grundwort ist Dim. zu *Kuh.* – Vgl. »Herrgottskäferli«.

Herrgotts-schäfli Pl.: beim wogenden Korn im Winde sagt man: die *Herrgottsschäfli* gehn durchs Korn, vereinz.

Herrgotts-schiëhli n.: *-schiäli* Bez. für verschiedene Pflanzen wie ›Besenginster, Hornklee, Rittersporn‹ u. a.

Herrgotts-tag m.: ›das Fest Fronleichnam‹, auch erweitert: *Lieberherrgottstag, Unserherrgottstag.*

Herrgotts-tiërli n.: ›Marienkäfer‹ vereinz. mittl. Schwarzw. – Vgl. »Herrgottskäferli«.

Herrgotts-vegeli n.: *-vegele, -veggele, -veggeli, -vegeli* u. ä. ♦ ›Marienkäfer‹. – Vgl. »Herrgottskäferli«.

Herrgotts-winkel m.: ›Ecke in der Wohnstube katholischer Häuser mit Kruzifix, Marienfigur, Heiligenbildern u. ä.‹; *Kroddebreit het 'r sich in Herrigottswink'l ni g'setzt* [A. Ganther].

herrjee Interj.: Ausruf der Verwunderung, des Schreckens, dazu auch Nebenformen wie *herrjerem! herrjeggerli! herrjeggis!* u. a.

Herrschaft Interj.: Ausruf der Verärgerung, verbr.; daneben auch Erweiterungen: *Herrschafts nai!, Herrschaft nochemol! Herrschaftsine!*

hert Adj.: *hert* verbr. (außer SO), *hirt* mancherorts östl. mittl. Schwarzw., Raum Furtwangen – Neustadt, Baar, Hegau, Höri, Bodensee. ♦ 1) ›fest, nicht nachgiebig‹; *De lysch* (liegst) *zwor hert uf Sand un Chis* [Hebel]. ♦ 2) ›anstrengend, streng‹; *Ën hêrtë Winter isch es gsi* [O. Furtwängler].

hert-melchig Adj.: ›schwer zu melken‹. – Vgl. »hertziegig, zähmelchig«.

hert-ziegig Adj.: ›schwer zu melken‹ mancherorts nördl. und mittl. Schwarzw., Ortenau.

her-um → »rum, umme«.

Herwed f.: *Herrwed, Herrewed* ›Herberge, Mietwohnung‹ vereinz. mittl. Schwarzw. – Vgl. »Zerwed«.

Herz n.: ♦ 1) ›das Herz bei Mensch und Tier‹, auch als Sinnbild des Gemüts: *e fründlich Herz* [Hebel]; *was aim numme 's Herz erfreut* [Hebel]; Ra.: *ei Herz un ei Seel* ›einträchtig‹ [A. Ganther]; *Im Maihofer isch's Herz in d' Hose g'falle* ›er verzagte‹ [A. Ganther]. ♦ 2) ›das Innerste von Pflanzen‹, z. B. beim Salat; auch in Pflanzennamen, z. B. *Herzle.* ♦ 3) ›die Spielkartenfarbe Herz (beim französischen wie deutschen Blatt)‹.

Herz-bendel m.: nur in der Ra.: *das druckt mir fascht de Herzbendel ab* ›das tut mir seelisch weh, das bringt mich fast um‹ [Radolfzell].

Herz-kriëse f.: *Herzkriäse, -chriäse* ›Herzkirsche‹.

Herz-wasser n.: ›aufstoßender saurer Magensaft‹; *s Herzwasser isch mr komme* ›Vorstufe des Erbrechens‹; *do lits Herzwasser* als Kommentar, wenn ein Kind hinfällt Markgr.

Heschpele Pl.: ♦ 1) ›Mispel, Mespilus germanica‹ [Achern, Ottersw.]. ♦ 2) ›Holzäpfel‹ [Mühlenbach, Einbach]. – Vgl. »Eschpel, Meschpel, Neschpel«.

hess Interj.: *hess, höss* Zuruf an die Schweine, mancherorts SO-Baden.

Hetzle f.: ♦ 1) ›Elster‹; vgl. »Agerscht, Atzel«.

♦ 2) ›Eichelhäher‹ verbr. Markgr., Hotzw., Klettgau; vereinz. südl. Schwarzw.; Syn. → »Schäk[1]«. ♦ 3) Schimpfname für Frauen [Malsburg].

Heu → »Hai«.

heue ›Heu machen‹ → »haie«.

Heuel f.: *Heuel, Hoiel.* ♦ 1) ›Eule‹ vereinz. Hochrhein. ♦ 2) ›struppige Frisur‹. – Mhd. *hiuwel, hûwel* ›Eule‹. – Vgl. »Il[2], Schuderheuel«.

heuer ›dieses Jahr‹ → »hir«.

Hex f.: ♦ 1) ›Frau mit Zauberkraft, Hexe‹; *Flueche het er chönne, ne Hex im rueßige Chemi hätt si bsegnet un bettet* [Hebel]; Ra.: *no goht ewe n-au kai Hex ami* (an mich), entschuldigend gesagt, wenn man nicht korrekt gekleidet ist, z. B. wenn man zwei verschiedene Strümpfe anhat [E. Strube]. ♦ 2) ›als Hexe verkleidete Fastnachtsgestalt‹. ♦ 3) ›bezaubernde oder auch hässliche, bösartige weibl. Person‹; *'s isch ke lieblicher Gschöpf, aß so ne Hexli, wo jung isch.* [Hebel]. ♦ 4) ›Haut auf der gekochten Milch‹. ♦ 5) ›Rausch‹ Ortenau; Syn. → »Rusch«.

Hexe-bese m.: ♦ 1) ›Mistel‹ vereinz. ♦ 2) ›von einem Pilz her rührende Wucherung an Bäumen‹ vereinz.

Hexe-furz m.: ›Bovist‹ vereinz.

Hexe-guf f.: *Hexeguff, Hexeguuf* ›Sicherheitsnadel‹ mancherorts mittl. Schwarzw., Ortenau.

Hexe-laufe n.: ›Fastnachtsbrauch bei dem als Hexen verkleidete Burschen und Kinder herumziehen‹ mancherorts Baar; sie werden geneckt mit *onni, onni Hex het siebe, siebe Blätz het onni Hex* so und ähnl.

Hexe-nodle f.: ›Libelle‹. – Vgl. *Wasserjumpfere.*

Hexe-wetter f.: bes. in der Ra.: *wiä s Hexewedder* ›im Nu, sehr geschwind‹ [A. Ganther].

hi[1] Adv.: ›hier‹ vereinz.; *hi un da* ›hier und dort‹ [O. Furtwängler].

hi[2] Adv., Adj.: *hii* verbr., *hin* mancherorts Ortenau. ♦ 1) Richtungsadv. ›in der Richtung vom Sprechenden weg oder zum Boden hin‹; *wu gohsch hii?*; *hi un zruck* [Hebel]; *uf des hi* ›darauf, deswegen‹ [A. Ganther]; *un hockt sich an Disch hi* [A. Ganther]; häufig in Paarbildungen *hi un her, her un hi* mancherorts ♦ 2) Adj.: ›defekt, zerbrochen, gestorben‹; *'s Pfiifli wär hi!* [Hebel]; auch flektiert: *e hiëne Huet* verbr.; vgl. »hinig«.

hible schw.: *hiiwle, hiwwle, hiible, hibble, hüüble.* ♦ 1) ›jemanden am Kopf, den Haaren zausen, tadeln, züchtigen‹ mancherorts; *Scho z' Fasnecht isch er im Maister us de Hände gwütscht, sust hätt en der Statthalter ghüblet* [Hebel]; *Der will i scho hüble* ›ich werde sie schon zurechtweisen‹ [Glock Brsg.]. ♦ 2) ›die Henne bespringen, vom Hahn‹ Elztal, Wildgutach, vereinz. Markgr.; Syn. → »trete 2«. – Wörtl. *häubeln* ›an der Haube zausen‹.

hiche schw.: *hiiche* ›keuchend atmen, mit pfeifendem Ton die Luft einzehen‹ [Achern].

hiëchle schw.: ›wiehern‹ [Schliengen, Eimeldgn].

Hiëfe f. Pl.: *Hiäfe, Hiife, Hiffe* ›Hagebutten‹ mancherorts Simonswälder- und Elztal u. ö. – Vgl. »Hagebutte«.

Hiëne f.: *Hiine, Hiäne* ›Handhabe, Griff, an Körben, an der Tasse‹ vereinz. mittl. Schwarzw., Brsg., Markgr.

Hiëner-aug n.: *Hiäneraug, Hiäraug, Heäraug; -oig* u. a., s. Pl. von »Huen« und »Aug«. ♦ ›Hühnerauge‹ – Syn.: »Agerschten-, Gägerschte-, Henne-, Krajenaug«.

Hiëner-darm m.: ›Vogel-, Sternmiere‹, ein Unkraut, mancherorts.

hiënere schw.: ›sich emsig bücken, wie die Hühner‹ [Glattes].

Hiëner-hut f.: *Hiänerhutt, Hüenerhutt* mancherorts Brsg., südl. Schwarzw., östl. Markgr., Hotzw., Klettgau. ♦ ›Gänsehaut‹. – Vgl. »Gänshut, Hennehut«.

Hiëner-vogel m.: ›Hühnerhabicht‹ mancherorts S-Baden. – Vgl. »Hennevogel«.

Hiëner-weih m.: *Hienerwei, Hienliweih, Hüenliweih* u. ä. ›Hühnerhabicht‹ vereinz.

hiësig Adj.: *hiäsig* ›von hier, ortsansässig‹.

hiëte schw.: *hiäde, hiäte, hüete* ›beaufsichtigen, hüten‹; *Wo näume luftigi Gaister ... verborge Geld mit füürigen Auge hüete* [Hebel].

hifle schw.: *hiffle, hiifle, hüffle* ›Erde um aufstrebende Feldgewächse aufhäufen‹, wörtl. *häufeln.*

hi-lange schw.: ♦ 1) ›etwas aktiv berühren‹ verbr. ♦ 2) ›schnell und effektiv arbeiten‹ verbr. – Vgl. »dralange«.

hi-lässig Adj.: ›nachlässig‹ [O. Furtwängler].

Hilbe-tritsch → »Elbetritsch«.

Hilb-schit n.: *Hilbschitt, Hillschitt* ›kleines Zugscheit am Bauernwagen‹ mancherorts Elz- und Glottertal (Verbr. s. Karte → »Wogschit«). – Syn. → »Wogschit«.

hile st., schw.: *hiile, hüüle* verbr.; *hille* mancherorts Ortenau (Verbr. s. Karte → »hile«); Part Perf.: *ghiile, ghüüle* oder *ghiilt, ghüült* mancherorts. ♦ ›heulen, weinen‹; *do het 'r nit g'wißt, ob 'r lache oder hüle soll* [A. Ganther]; Ra.: *Scheen isch s gsi, viil Lidd hän ghiile,* scherzh., nach einer Beerdigung [Opfgn];

Sprichw.: *So viil aß me in der Jugend lacht, mueß me im Alder hüüle* [Glock Brsg.]. – Syn.: »plare, briëge, briële 2, schreie«.

hilpe schw.: *hilpe, hilwe, hülpe* ›hinken‹. – Vgl. »humple«.

Hilse[1], **Hilsche** f.: *Hildse, Hilsche, Hültsche.* ♦ ›Hülse, Schale‹; dazu das Verb *hülsche* ›enthülsen‹ [Schopfhm].

Hilse[2] ›Stechpalme‹ → »Hulse«.

hilze, hülzig Adv.: ›hölzern‹ mancherorts.

hi-mache schw.: ›zerstören, töten‹.

Him-beere f.: *Himbeer, -beere, -beri* u.a., meist Pl.: *Himbeere* nördl. Schwarzw., Ortenau, Brsg., südl. Schwarzw.; *Himpeere* mancherorts obere Breg, Raum Neustadt; *Himbere* mancherorts mittl. Schwarzw., Brsg.; *Himbeeri, Himpeeri* vereinz. Kaiserst., verbr. Markgr., Dinkelberg, mancherorts Wiesental, Hotzw., Klettgau; *Imbeere* mancherorts Raum Langenschiltach – Brigach, östl. Baar; *Imbeeri, Impeeri* mancherorts Hotzw., Klettgau, westl. Hegau; *Himbele, Himpele, Impele* Hegau, Höri, Bodanrück, mancherorts Linzgau; *Hümpele* vereinz. Höri, Reichenau; *Hiipele* mancherorts Linzgau, Raum Markdorf. ♦ ›Himbeere‹.

Himbele → »Himbeere«.

himbele ›hapern‹ → »humple«.

Himmel m.: *Himmel, Himml.* ♦ 1) ›Himmelsgewölbe, Firmament‹; *d' Sunn am Himmel lacht* [Hebel]. ♦ 2) ›Baldachin, Traghimmel‹. ♦ 3) ›das himmlische Reich, Jenseits‹; *Gott im Himmel siht's* [Hebel]; Ra.: *aim Himmel un Höll vorstelle* ›jemandem ernste Vorhaltungen machen‹ [Glock Brsg.]‹; häufig in Beteuerungen *du liäwer Himmel!,* zur Bildung von Verwünschungen und Flüchen wie z.B.: *Himmeldonnerwetter, -sakrament* oder zur Verstärkung *himmelangst, himmeltrurig.*

Himmel-datti, -dätti m.: ›der liebe Gott‹ Kinderspr.; Ra.: *de Himmeldätti schmält* (schimpft), gesagt, wenn es donnert [Lippertsr.].

Himmel-hell-blueme f.: ›Margerite‹ mancherorts S-Baden; wörtl. *Himmel-Hölle-Blume* wegen der Verwendung im Blumenorakel.

Himmel-hell-fegfir n.: ♦ 1) ›Kinderspiel mit Gänseblümchen als Orakel‹ [Wildtal]. ♦ 2) ›Margerite‹ [Furtwangen].

Himmels-schlissel m.: ›Schlüsselblume‹ u.ä. Pflanzen.

Himmels-tiërli n.: ›Marienkäfer‹ [Opfgn], auch *Himmelsmümmeli* [Waldkirch (Elzt.)].

himmle schw.: ›sterben‹, eher salopp, vereinz.

Himmletze f.: ›Dach über einem Himmelbett‹ vereinz. Markgr.

hin → »hi«.

hin-ab → »na[1], nab«.

hinächt ›gestern Nacht‹ → »hinicht«.

hin-auf → »nuf, ue, ufe, ufi«.

hin-aus → »nus, use, usi«.

hinecht → »hinicht«.

hin-ein → »ine, ini, ie, ni, nin«.

hinicht Adv.: *hinnicht* mancherorts Ortenau, Brsg., verbr. Hotzw., Klettgau; *hiinicht* vereinz. südl. Brsg., östl. Hotzw.; *hinnecht, hiinecht* verbr. Markgr., Wiesental; *hinnechtiä* vereinz. ♦ ›heute abend, vergangene Nacht‹; *hinächt hetts fescht gwindet* (gestürmt) [Glock Brsg.]; *Der hailig Christ isch hinecht choo* [Hebel]; *un bi so nüechter blibe hinechtie* ›und bin so nüchtern geblieben die ganze Nacht durch‹ [Hebel]. – Mhd. *hînacht.* – Vgl. »nächt«.

hinig Adj.: *hinnig, hiinig* ›defekt, zerbrochen‹ vereinz.; *e hinnige Pflueg* Brsg. – Abl. zu »hi[2] 2«.

hinke st.: *hingge, hinke* verbr.; Part. Perf.: *ghunke* mancherorts. ♦ ›hinken‹; *s hinkt menggen ohni Fueß un Hand* [Hebel].

hinkig Adj.: ›hinkend‹ mancherorts; *De hinkig Bott,* volkstüml. Name des seit 1800 erscheinenden Kalenders „Der Lahrer hinkende Bote".

hinne Adv.: ›hier innen, hier drin‹; *Do hine isch no ë Öfili* [O. Furtwängler].

Hinsch m., f.: *Hinsch, Hünsch, Hinsche.* ♦ 1) ›Eutererkrankung bei Kühen‹ mancherorts. ♦ 2) meist Pl. *Hinsche, Hinschene* ›Heunisch, eine veraltete Traubensorte‹.

hinte Adv.: *hinde, hinte* verbr.; *hinne* mancherorts nördl. Schwarzw., Ortenau; *hinge* mancherorts nördl. Ortenau, südwestl. Markgr. ♦ ›rückseitig, am Ende‹; *Du Schalk dört hinte, mainsch i seh di nit?* [Hebel]; *Do hinte bim Kazëweierli dailt si dr Wëg* [O. Furtwängler]; Ra.: *s isch hinde un vorne nüt mit em* ›er taugt hinten und vorne nicht‹ Brsg.; *s isch z hingerscht im hingere Hingerich* (FlN) *hingo go hinge* (binden) lautmalerische Bildung, die auf die Gutturalisierung *nd>ng* abhebt [Glock Brsg.].

hinte-na Adv.: ›hinten hinunter‹ verbr.; Ra.: *hintena moche* ›bankrott gehen‹ [Freiamt].

hinte-no Adv.: *hindenooch, -noo, -noi* ›hinterher‹, zeitlich wie örtlich; *Un 's Chäferli het hintenoo doch au sy Tröpfli überchoo* [Hebel]; *un zottlet alsgmach hintenoo* [Hebel]; Sprichw.: *hindenoo isch allwäg z spoot* [Glock Brsg.].

hinter Präp., Adv., Adj.: *hinder, hinter, hinner, hinger* Verbr. wie → »hinte«. ♦ ›hinter etwas befindlich‹; *dr Vollmuund isch als vun Zitt zue Zitt hinder de Wolke fürig g'schlupft* [A. Ganther]; *Wär i doch dehaim bym Müetterli hinter em Ofe!* [Hebel]; Ra.: *rot bis hinder d Ohre werde*, vor Verlegenheit, Scham, mancherorts; *Sell schriewe nüch awwer hinder d' Ohre* ›dieses merkt euch aber gut‹ [A. Ganther]; *hintere Wind* ›Ostwind‹ [Freiamt], je nach örtl. Gegebenheiten.

hinter-enander Adv.: *hinterenander, hingerenanger.* ♦ ›hintereinander‹; *si sin hinterenander kumme* ›sie haben Streit miteinander gehabt‹ [Freiamt].

hinteri Adv.: *hinderi, hindere, hinteri, hintere, hinnere, hingeri* Verbr. wie → »hinte«. ♦ ›nach hinten, hinten hin‹; *d' Isebah in's Renchdhal hinderi isch domols no nit gange* [A. Ganther]. – Entstanden aus *hinter-hin.*

hinteri-fir Adv.: *hinderifiir, hinderefiir, hinter(e)für* u. ä. ♦ ›das Hintere zu vörderst, verkehrt herum, geistig verquer‹; meist mit *zu* gebildet, z. B. *er isch ganz z hinderifiir* ›er ist ganz verwirrt, irr‹ [Denzlgn]; *un was i schwätz, isch hinterfür* [Hebel]; *Machet mi etz bloß it hinterefür* [Epple]; *me chännt schier z'hinderefür werre* [Glock Brsg.].

hinter-leit Adj.: ›falsch, hinterlistig‹ [Freiamt]. – Wörtl. *hinterlegt.*

hinter-letscht Adj.: ›gemein, moralisch verderbt‹ verbr.; meist substantiviert: *des isch s Hinterletscht* ›viel schlechter geht es nicht mehr‹ [Freiamt].

hinterschi, hintersi Adv.: *hinderschi, hintersi, hingersche* u. ä. ♦ ›rückwärts, nach hinten hin‹ mancherorts; *so hän e Dail fürschi un e Dail hinterschi drilet* ›so haben einige vorwärts und einige rückwärts gedreht‹ [O. Furtwängler]; häufig in der Paarformel *hinderschi firschi* ›von hinten nach vorne; vor und zurück, verkehrt‹ s. → »firschi«; Ra.: *hinderschi wachse* ›kleiner werden‹ verbr. – Entstanden aus *hinter-sich.*

hinter-sinnig Adj.: ›geistig verwirrt‹ vereinz. – Vgl. »zipfelsinnig«.

Hinter-wage m.: ♦ 1) ›der hintere Teil des Bauernwagens‹ verbr. ♦ 2) scherzhaft für ein ausladendes Gesäß bei Frauen [Freiamt].

hin-unter → »abe, abi, ebi, na, nab«.

Hipele → »Himbeere«.

Hipp f.: ›Beule‹ mancherorts untere Schutter, Hanauerland.

Hippe[1] f.: ›Faltenrock der Festtagstracht‹, auch die Tracht selbst, mittl. Schwarzw., Baar.

Hippe[2] f.: ›selbstgefertigtes hölzernes Blasinstrument‹ [Rotzgn]. – Vgl. »Häpe[1], Hüppe«.

Hippe[3] f.: *Hipp, Hippe* ›Gartenmesser mit gekrümmter Schneide‹ vereinz. Ortenau, Stockach. – Nebenform zu »Häpe[2]«.

Hippen f. Pl.: ›ein gerolltes, zylinderförmiges, hohles Gebäck‹ [Schenkenzell, Villgn, Stockach]. – Mhd. *hipe* ›Waffel, zusammengerollter Kuchen‹.

hir Adv.: *hiir* Baar, Hegau; *hüür* Klettgau; *hüer* Höri. ♦ ›dieses Jahr‹. – Wörtl. *heuer.* – Vgl. »dajohr, desjohr, diesjohr, hirig«.

hirate st.: *híraade, hüroode* ›heiraten‹; *die sin ghiraade* ›die sind verheiratet‹ verbr.; *si hed uf Lohr ghirade* ›sie hat geheiratet und ist nach Lahr gezogen‹ [Freiamt].

hirchle schw.: *hirchle, herchle* ›röcheln, rasselnd atmen‹. – Vgl. »hirgse«.

Hiret f., m.: *Hiret, Hüret* mancherorts; *Hiiriss* mancherorts mittl. Schwarzw., Baar. ♦ ›Eheabschluss, Heirat‹.

hirgse schw.: *hirgse, hergse, hürchse* ›husten‹ Kaiserst., SO-Baden. – Vgl. »hirchle«.

hirig Adj.: *hirig, hürig* verbr. wie »hir« ›diesjährig‹. – Wörtl. *heurig.*

Hirli m.: ›Hecht‹ [Altenhm, Marlen]. – Vgl. »Hürling«.

Hirn n.: *Hirn, Hirni* ›Gehirn, Schädel‹; Ra.: *hen 'r denn e Brett vor em Hirn?* ›seid ihr begriffsstutzig?‹ [A. Ganther]; *dem het s ins Hirni gregnet* ›der hat einen Rausch‹ [Siegelau].

hirne schw.: ›überlegen, nachdenken‹.

Hirn-schießer m.: *Hirnschiißer, Hirnschiäßer.* ♦ ›Libelle‹ mancherorts südl. Schwarzw., Baar, Hegau. – Das Grundwort ist teils als *Scheißer,* teils als

Schießer zu interpretieren. – Syn. → »Wasserjumpfere«.

Hirn-stecher, -stoßer m.: ›Libelle‹ vereinz. südl. Schwarzw., Baar. – Syn. → »Wasserjumpfere«.

hirn-wüetig Adj.: ›zornig, tobsüchtig‹ vereinz.

hirote st., schw.: *hirode, hirote* vereinz. Ortenau, verbr. Brsg., südl. Schwarzw., Baar, Hegau, Linzgau; *hirade* mittl. Schwarzw., Ortenau; *heirade* mancherorts nördl. Schwarzw.; *heirode, heirote* vereinz. nördl. Schwarzw., nördl. Linzgau; *hürode, hürote* Markgr., Dinkelberg, Hotzw., Klettgau, Höri; Part. Perf.: *ghiratet, ghürot* und *ghirate, ghirote* usw. ♦ ›eine Ehe schließen, heiraten‹; *D Sabi* (Sabine) *hät gloubi de Härigetshäiner ghirote* [O. Furtwängler]; *Isch s Marlies scho ghirode?* [Opfgn]; *un het im Kiaferfritsch si Jüngschdi g'hürot* [A. Ganther].

Hirsch, Hirz m.: *Hirsch,* in älterer Mundart im Süden vereinz. noch *Hirz.* ♦ 1) ›Hirsch‹; *Lauft me wie ne Hirz* [Hebel]. ♦ 2) Name von Gasthäusern *Zum Hirschen,* mda. *Zem Hirze.* ♦ 3) Name für Kühe, vereinz. – Die ältere Form, mhd. *hirz,* findet sich auch noch in zahlreichen FlN wie *Hirzberg, Hirzenloch, Hirzwald.*

Hirsche f., m.: ›Hirse, Hirsebrei‹, veraltet. – Vgl. »Schäppelhirsche«.

Hirsche-bittel, -bittler m.: ›Goldammer, Zeisig‹ mancherorts nördl. und mittl. Schwarzw.

Hirsch-gras n.: Bez. für verschiedene Pflanzen, meist Gräser, Unkräuter, wie Seggen, Simsen, Melden u. ä.

hirschig Adj.: ›tuberkulös‹, Benennung wegen der hirsekornähnlichen Knötchen.

Hirsch-mentig m.: ›Montag nach dem 1. Fastensonntag‹, war örtlich im mittl. und südl. Schwarzw. ein Tag, an dem man zu bestimmten Kapellen pilgerte, damit das Vieh nicht die *Hirschkranket* (s. »hirschig«) bekäme.

Hirt m.: ›wer Tiere hütet‹, meist *Hirtebuebe* und *Hirtemaidli,* die aus armen Verhältnissen stammten; *Der Hirt fahrt ebe durs Dorf ab* [Hebel]. – Vgl. »Herder«.

hirt ›hart‹ → »hert«.

hischt Interj.: *hischt, hüscht* Zuruf an Zugtiere „nach links!"; nördl. Schwarzw., Ortenau und (dazwischen ein Gebiet mit »wischt«) dann wieder im Markgr., Hotzw., Klettgau; *Hüst, Laubi, Merz!* (*Laubi* und *Merz* sind Ochsennamen) [Hebel]; *Er chunnt vom Weg, er trümmlet hüst un hott* [Hebel]; *er waiß nit hüscht un nit hott* ›er ist ratlos‹ [Glock Brsg.]. – Vgl. »hott, wischt«.

hisle schw.: ›heimlich tun‹ Kinzigtal.

hislig Adj.: *hiislig, hüüslig* ›haushälterisch, sparsam‹; *e gar hüüslig Wiibervolch* [Glock Brsg.].

Hißgir m.: ›vermummte Gestalt, die an Lätare oder am Ostermontag in einigen Dörfern des Markgräflerlandes mit einem Begleiter unter Singen von Versen von Haus zu Haus zieht, und Eier, Mehl, Butter u. a. bettelt‹. Ein Hißgiervers (unter vielen Varianten): *Dr Hisgir isch ä brave Ma, / er will gern Eier im Anke ha, / Holzschlegel übers Hus, / dr Hißgir hockt im Hühnerstall / un suft ich* (euch) *alli Eier us; / er hört das Ankefäßli rumple, / dr Hißgir soll ufgumpe* [1930 Buggingen]. – Das Wort soll sich aus ahd. *sisa-gomo* ›Uhu‹ entwickelt haben.

hit Adv.: *hidd, hitt* verbr. (außer Süden); *hüdd, hütt* Markgr., Hotzw., Klettgau, Höri; *häit, häid* mancherorts Linzgau. ♦ ›heute‹; *Der Üeli het hüt gmetzget* [Hebel]; *hit isch jo di groß Sunefischternis, dia miamer go bschouwe* [O. Furtwängler]; *Drißig Johr sim m'r hütt v'rhürot* [A. Ganther]; Ra.: *Lieber hüt as morn* [Hebel].

hitiä Adv.: *hiddiä, hüttiä* ›heute den ganzen Tag über‹; *i haa hüdiä noo nüd gässe* ›ich habe heute den ganzen Tag über noch nichts gegessen‹ [Lörrach]; *Un uf der Blaichi het si gschafft hütie un ie us aller Chraft* [Hebel].

hitig Adv.: *hiddig, hüddig, hittig* ›heutig, von heute‹; *d hittig Zitt* [Lahr].

hitigs-tags Adv.: *hiddigsdaags, hitzedaag, hüttigstags* ›heutigentags‹; *un hütigstags ... goht d' Chandrer Strooß verbei an selbem Ort* [Hebel]; *M'r mueß grusig schlau un schlitzöhrig si hüttigsdags* [A. Ganther].

hittele schw.: ›kichern, meckernd lachen‹ vereinz. südl. Hegau. – Syn. → »kittere«.

hitzig Adj.: ›heißblütig, leidenschaftlich, zornig, brünstig (vom Hund)‹.

hiwe Adv.: *hiwwe, hiwe* ›hier, auf dieser Seite‹ Ortenau. – Wörtl. *hüben.*

ho[1] Interj.: ›relativierende, ausweichende Äußerung‹, Frage: *We gohts?* – Antwort: *Ho, ällwäag!* [Sunthsn].

ho[2] → »hoch«.

hö Adj.: ›böse, zornig‹ vereinz. und veraltet Südrand [Hebel, Burte]. – Ahd. *hôni* ›verachtet‹.

Hoadel f.: *Hoadel, Hoedel* ›Heidelbeere‹ mancherorts Linzgau. – Syn. → »Heidelbeer«.

hobe Adv.: *hobe, howe* ›hier oben‹ verbr.; *Bliib howe!* [Freiamt]. Entstanden aus *hie-oben.* – Vgl. »hunte«.

Hobede ›Obertenne‹ → »Oberte«.

Hobel m.: *Howwel* nördl. Schwarzw., Ortenau, nördl. Baar; *Howel* mittl. Schwarzw., nördl. Brsg.; *Hobel* südl. Brsg., Markgr., westl. Hotzw.; *Hobbel* Klettgau, südl. Baar und übriges SO-Baden. ♦ 1) ›Werkzeug zum Hobeln‹; Ra.: *Du konnsch mr de Howwel usbloose* abschlägige Antwort [Oberw. (Rast.)], mancherorts. ♦ 2) übertr. ›die elektrische Straßenbahn‹ früher in Freib., weil sie wie ein Hobel hin und zurück fährt.

hobeln schw.: *howwele, howele, hobele, hobbele* Verbr. wie »Hobel«; Part. Perf.: *ghowelt, ghowwelt* nördl. und mittl. Schwarzw., Ortenau; *ghowlet, ghoblet* usw. übriges Gebiet. ♦ ›mit dem Hobel arbeiten‹.

hoch Adj.: *hooch* Ortenau, Schwarzw., Brsg., Markgr., Hotzw.; *hoo* mancherorts Ostteil des mittl. Schwarzw., Baar, Raum Neustadt, Hegau, SO-Baden; Komparativ: *heecher, hööcher* Ortenau, Schwarzw., Brsg., Markgr., Hotzw., Klettgau; *heeär, höer, heer* mancherorts Ostteil des mittl. Schwarzw., Baar, südl. Schwarzw., Hegau, und übriges SO-Baden; *heener* mancherorts südl. Baar, westl. Hegau; Superlat.: *heechscht, heegscht* verbr.; auch in der Flexion ergeben sich räumliche Unterschiede, z. B. ein hoher Baum (Verbr. s. Karte → »hoch«): *en hoocher Baum* Nordhälfte; *en hooche Baum* Südwesten; *en hooe, hoone Baum* übriges Gebiet; ähnl. bei Feminina, wo *hooche, hoochı, hooe, hooi* alternieren. ♦ 1) ›eine (große) Höhe habend, hochliegend‹; *zwai grôse, hôe Zimmer* [O. Furtwängler]; *Über hochi Felsen un über Stuuden un Hecke* [Hebel]; *un doch isch 'r drei Schueh hoch in d' Höchi g'hopst* [A. Ganther]. ♦ 2) ›eine hochgestellte Position haben‹; *denne hoche Herre* [A. Ganther].

Höchi ›Höhe‹ → »Hechi«.

Höchscht n.: ›höchste Erhebung im Gelände, Anhöhe, Bergrücken‹, vereinz. S-Baden, auch in FlN.

Hochset, Hochzig ›Hochzeit‹ → »Hochzit«.

Hoch-zit f., (n., m.): *Hochzeit, Hoozeit, Hoozitt* mancherorts Linzgau; *Hoochzitt, Hochzitt* Ortenau, Brsg., Markgr.; *Hochziit* Bodanrück; *Hoochzi* nördl. Schwarzw.; *Hoochzig*, seltener *Hochzig* mittl. Schwarzw.; *Hoosig* [Haslach i. K., Mühlenb.]; *Hoosdig* oberes Elztal, Raum St. Peter, St. Märgen, Neustadt; *Hoochset, Hoochsig* Hotzw., Klettgau; *Hoozig* Baar, Hegau (Verbr. s. Karte → »Hochzit«); Genus f. herrscht vor doch bes, die Formen *Hoosdig, Hoozig* weisen Genus n. und auch m. auf. ♦ ›Hochzeit, Hochzeitsfest, Hochzeitsgesellschaft‹; *zue d'r goldige Hochzig* [A. Ganther]; *Gohsch zum Hoosdig?* [Saig]; *S Hosdig isch nadürli im Schwert* (Gasthausname) *ghalte wore* [O. Furtwängler]; *ne ganzi Hochzyt* (Hochzeitsgesellschaft) *us em Hauestai* [Hebel]; Ra.: *ai Hosdig git s ander* ›eine Hochzeit folgt auf die andere‹ [E. Strube]; Sprichw.: *Vor dem Hochzit hört me d Giige, no dem Hochzit chumme d Liide* [Glock Brsg.].

Hoch-ziter m.: *Hoochzidder, Hochzitter, Hoosdiger* usw., s. »Hochzit«. ♦ ›der Bräutigam (am Hochzeitstag)‹; *So hät uf aimol dr Hochziter kai Hochziteri me gha* [O. Furtwängler].

Hoch-ziteri f.: *Hoochziddere, Hoochzidderi* usw. ♦ ›die Braut (am Hochzeitstag)‹.

Hock m.: ›geselliges Zusammensitzen, Dorffest‹ verbr. – Neuere Wortbildung.

Hocke f.: ♦ 1) ›Zählmaß = 4 Stück‹, bes. für Nüsse;

3 Hocken = 1 Dutzend; vereinz., meist veraltet. ♦ 2) ›Getreidehaufen‹ mancherorts SO-Baden.

hocke schw.: *hogge, hocke* verbr.; *hugge, hucke* mancherorts Ortenau, Baar. ♦ ›sitzen, sich setzen‹; *Wo sie am e schüne Morge widder binand in d'r Rotsstub hocke* [A. Ganther]; Ra.: *ein hocke ha* ›einen Rausch haben‹ verbr.

hocke-blibe st.: ›in der Schule nicht versetzt werden‹, schülersprachl. auch: *Hockis mache.*

Hockerli Pl.: *Hockerle, Hockerli, Huckerli* u. ä. ♦ ›Buschbohnen‹ südöstl. Schwarzw., Baar.

Hoe ›Huhn‹ → »Huen«.

hoekli → »heiklig«.

Hof m.: *Hof* verbr.; *Hooft* vereinz. Brsg. (veraltend); Pl.: *Heef, Höf.* ♦ 1) ›Hofraum, Gehöft, Bauernhof‹; *un im chlaine Hof regiere Hüehner, Gäns un Schoof* [Hebel]; *'s schwimmt mengge Maa im Überfluß, het Huus un Hof un Geld* [Hebel]. ♦ 2) häufig in Gasthausnamen wie *Badischer, Basler, Zähringer Hof.*

hoffärtig Adj.: *hofertig, hoferig* ›eitel, stolz‹; *numme nit so hoffärdig!* [A. Ganther]; *Jetz wärsch usstaffiert, as wenn de hofertig stoh wottsch* [Hebel].

Hoffnig f.: ›Hoffnung‹; *Un i ha ke Hoffnig meh* [Hebel].

hofle, hofele Adj.: *hofle, hofele, höfli, hefle, hofeli.* ♦ ›sacht, behutsam, langsam‹; vereinz. östl. Schwarzw., Baar, SO-Baden. – Wörtl. *höflich.*

höflich ›sacht, langsam‹ → »hofle«.

Ho-garte m.: *Hogarte* auch mit angetretener Präp.: *Zogarte < ze Hogarte.* ♦ ›Nachbarschaft, nachbarliche oder gesellige Zusammenkunft‹, nur SO-Baden; *z Hogarte gau* ›zu Besuch gehen‹ (sonst: *z Liecht go*) [Singen a. H.], vereinz. auch *Hostuebe(de)* bes. im Linzgau. – Wörtl. *Heim-garten, -stube.* – Syn. → »Stubete«.

hoh, höher → »hoch«.

Hoh-bickser m.: ♦ 1) ›Frosch, Kröte‹ mancherorts Hegau, Bodensee. ♦ 2) ›Heuschrecke‹ vereinz.

Hoh-dunschtig m.: ›Gründonnerstag‹ vereinz. und veraltet.

Hoh-liëcht n.: *Hohliächt* ›Lichtschimmer über nächtlichen Bergen, hellerer Hintergrund vor dem sich in der Dämmerung, Nacht Gegenstände abzeichnen‹ vereinz.; Ra.: *ko Hohliächt hoo* ›keine Ahnung haben‹; *dem goht e Hohliächt uf* ›dem dämmert es‹ [Stockach]. – Vgl. »Hohschi«.

Hoh-rai m.: ›hohe Böschung‹ verbr.

Hoh-reche m.: *Hohreche, -rache* ›oberste Etage, Speicher im Schwarzwaldhaus‹.

Hoh-rucke m.: ›das Rückgratstück des geschlachteten Schweins‹.

Hoh-schi m.: dass wie → »Hohliecht«.

Hoh-stud, -sul f.: ›senkrechte Ständer im Schwarzwald- und Hotzenhaus‹.

Hoh-welfle Pl.: ›in der Neujahrsnacht gebackenes Gebildbrot‹ Raum Bühl, veraltet.

Hoh-zit ›Hochzeit‹ → »Hochzit«.

hoi Interj.: meist Zuruf an Tiere ›Vorwärts!‹.

Hoke m.: *Hooge, Hooke, Hòòge* verbr.; *Hauge* vereinz. SO-Baden. ♦ ›Haken‹.

Hoke-maa m.: *Hoogemaa, -mann* ›Schreckgestalt für Kinder, die angeblich im Wasser haust und Kinder, die zu nah an das Wasser kommen, mit einem Haken hineinzieht‹.

Hoke-stecke m.: ›Spazierstock‹ verbr.

Holder m., f.: *Holder, Holdere* ›Holunder‹; *es wachst do Holder druf, do Büechli, Tanne dört* [Hebel]. – Mhd. *holder*, eine Kurzform zu *Holunder.*

Holder-bichs f.: *Holderbichs, -büchs* ›selbstgefertigte Knallbüchse aus einem ausgehöhlten Holunderast‹; *un het im Ochsewirtli d' Holderbüchs us de Händ g'risse un eimol üwwer 's ander mit knallt* [A. Ganther].

Holder-mues n.: ›aus Holunderbeeren gekochtes Mus‹ vereinz.

Holder-stock m.: ♦ 1) ›Holunderstrauch‹; Kindervers: *Rumpeli, rumpeli, Holderstock, wieviel Herner streckt de Bock?* dabei streckt man hinter dem Rücken des Kindes eine Anzahl Finger und das Kind muss raten, wieviele [Lahr]. ♦ 2) ›der / die Geliebte‹ veraltet; *Mainsch, i chenn dy Holderstock, dy chräftige Burst nit?* [Hebel].

hole schw.: *hole* verbr. (außer SW-Baden); *houle* vereinz. Brsg., nördl. Markgr.; *holle* Baar, Ostteil des südl. Schwarzw., östl. Hotzw., Hegau, Bodensee; Part. Perf.: *gholt, ghollt* westl. Hälfte; *ghollet* östl. Hälfte (Verbr. s. Karte → »hole«). ♦ ›etwas heran-, herbeiholen‹; *Gang, un bis* (sei) *so guet, un hol mer e wenggeli Wasser* [Hebel]; Ra.: *des soll der Daifel hole!* ›verwünscht!‹.

Holg m.: ›Kirchenfond, Kirchenpatron, Kirchenrechner‹ vereinz. SO-Baden. – Zu »heilig«, wohl aus *der Heilig* entstanden.

Holle-baus m.: ›Schreckgestalt für Kinder‹ mancherorts Hegau.

Holme Pl.: ›Wagenrungen‹ Klettgau. – Syn. → »Kipfe«.

holops Adv.: ›schnell, hurtig, fortwährend‹, vereinz. SO-Baden; *des moß holops gau* [Sunthsn].

Holz n.: *Holz,* Pl. *Helzer, Hölzer* verbr.; Dim.: *Helzle, Hölzle.* ♦ ›Gehölz, Holz‹; *'s Rädli vo birbaume Holz* [Hebel]; *ins Holz goh* ›in den Holzwald gehen, d. h. Bäume fällen, Holz holen usw.‹; von Frauen mit großen Brüsten sagt man scherzh., sie haben *Holz vorem Hus* verbr.; Sprichw.: *Uffm harte Bode wachst s bescht Holz* [Glock Brsg.].

Holz-bock m.: *Holzbock, Hoolzbock, Holzbockch.* ♦ ›Zecke‹ Klettgau, südl. Baar, Hegau, Höri, Bodensee. – Syn. → »Zecke«.

hölze, hölzig Adj.: *hölze, helze* vereinz.; *hölzig* vereinz. ♦ ›aus Holz‹; *Es isch e hölzene Becher drin* [Hebel]; *ne hölzigs Paar Schueh* [Riedichen].

Holz-gückel m.: ♦ 1) ›Tannenzapfen‹ [Singen]. ♦ 2) ›Eichelhäher‹ [Schopfhm].

Honig → »Hunig«.

hoo ›haben‹ → »ha[1]«.

Hoor n.: *Hoor* verbr. am gesamten Westrand, d. h. Rheinebene mit angrenzender Bergzone, vereinz. Südrand; *Hòòr* übriges Gebiet; meist im Pl. *d Hoor* verwendet; Dim.: *Häärli, Höörli* mancherorts. ♦ 1) ›Haar bei Menschen und Tieren‹; *gwäschen un d' Hoor gstrehlt* (gekämmt) [Hebel]; Ra.: *uffs Hoor glich* ›ganz und gar gleich‹ [Glock Brsg.]; *'r soll sich numme kai graui Hoor d'rwege wachse lo* [A. Ganther]; *Im Franz sin d' Hoor z' Berg g'stande* ›er war entsetzt‹ [A. Ganther]; *andri Hoor, andri Lütt; andri Lütt ander Glück* [Glock Brsg.]; *Churzi Hoor sinn glii bürschted* [Glock Brsg.]. ♦ 2) zum Vergleich von sehr Dünnem, Kleinigkeiten; *um kei Hoor besser* ›nicht um eine Kleinigkeit besser‹ [A. Ganther].

Hoor-amsel f.: ›ungekämmte Person‹.

hoorig Adj.: ♦ 1) ›behaart‹; Fastnachtsvers: *Hoorig, hoorig, hoorig isch die Katz ...* verbr. ♦ 2) ›heikel, bedenklich, gefährlich‹.

Hoor-igel m.: dass. wie → »Hooriil«.

Hoor-iil f.: *Hooriil, -aiel, -öiel, -üle* u. ä. ›ungekämmte, wirre Frisur und Person mit einer solchen‹.

hoor-klei Adv.: ›bis ins Kleinste, ganz und gar‹; *dia hen ihri dicki Nodizbüecher zoge un dia G'schiecht hoorklei ufnodiert* [A. Ganther].

Hoor-nodle f.: *Hoornoodel, -nodle* ›Haarnadel‹.

hoor-scharf Adv.: ›knapp, genau‹.

Hoor-schnuer f.: ›Zopfband‹, Bestandteil von Frauentrachten; *du Zeller Maidli mit dyner Margröfer Chappe, mit de lange Zupfen un mit der längere Hoorschnuer* [Hebel].

Hoor-tschäutel m.: dass. wie → »Hooriil«.

hoppe schw.: ›hüpfen‹ mancherorts südöstl. Schwarzw. (Verbr. s. Karte → »jucke«), sonst eher »gumpe 1, hopse, jucke 1«.

Hoppel m.: ›kleine Erhöhung, Beule‹ vereinz. nördl. Ortenau.

Hoppete f.: ›Kopfende des Bettes‹ mancherorts mittl. und südl. Schwarzw., SO-Baden. – Eine Bildung zu *Haupt,* wörtlich *Hauptete.*

Hoppezer m.: ›Frosch‹ vereinz. Linzgau. – Vgl. »Hohbickser«.

hopse schw.: ›hüpfen‹ verbr. Ortenau, nördl. und mittl. Schwarzw., Elztal (Verbr. s. Karte → »jucke«), sonst eher »gumpe 1, jucke 1, hoppe«.

horche schw.: ♦ 1) ›hören, zuhören, lauschen‹ Ortenau, Breisgau. ♦ 2) ›gehorchen‹; *Mai, dü fongsch eini, wenn dr nit horchsch!* [Freiamt].

hören → »here«.

Horn n.: *Horn,* Pl. *Herner, Hörner*; Dim.: *Hernle, Hernli, Hörnli, Hörndli.* ♦ 1) ›Horn von Tieren‹; auch in scherzh. Übertragung auf den Menschen: *du kriegsch uf d Herner,* als Androhung von Schlägen auf den Kopf, verbr.; Ra.: *en Stier ins Horn pfetze* ›nutzlose Anstrengungen betreiben‹ [E. Strube]. ♦ 2) ›Blasinstrument‹. ♦ 3) ›Teil des Wagens, an dem die Deichsel befestigt ist‹ [Vögishm].

Hörner-kappe f.: *Hernerkappe, Hörnerchappe, Hornkappe* ›Flügelhaube der Frauentracht‹ Hanauerland, Brsg., Markgr., auch *Hörnerlätsch.*

Hornet ›Februar‹ → »Hornig«.

Hornig m.: *Hornig* mancherorts südl. Brsg., Markgr., Hotzw.; *Horning* vereinz. Baar, mittl. Schwarzw., Klettgau; *Horni* mancherorts mittl. Schwarzw., Ortenau; *Horned* mancherorts mittl. und südl. Schwarzw., Hotzw., Klettgau; *Hornung* vereinz. mittl. Schwarzw.; *Horner, Horne* vereinz. am Hochrhein zwischen

Waldshut und Bodensee. ♦ ›der Monat Februar‹; Bauernregel: *Wenn d Chatz im Hornig an d Sunne lit, so lit si im Märze hinderem Ofe* [Glock Brsg.]; *Me gseht* (sieht) *im Hornig lieber e Wolf ummelaufe, aß e Maa ohni Tschobe* [Glock Brsg.]. – Mhd. *hornunc.*

hornigle ›in den Fingern prickeln, gleichzeitig regnen und schneien‹ → »hurnigle«.

Hornis f.: *Hornis* mancherorts südl. Schwarzw., Baar; *Hornissel* obere Murg; *Horneesel, Hornessel* mancherorts Nordrand; *Hornuus, Hornuss* mancherorts Schwarzw., Brsg., Hegau; *Hornatzel* mancherorts Hanauerland; *Hornüs, Hornüsle* mancherorts Ortenau, Brsg.; *Hornuus, Hornuusle, Hornussle, Hornaus, Hornausle* mancherorts Brsg., Markgr., Hotzw., Klettgau, Höri; *Hurnaus, Hurnausle* mancherorts Markgr.; *Hurnuus, Hurnuusle* mancherorts Klettgau, Bodenseegebiet; daneben existieren noch Formen auf *-er*, die Genus m. haben, z.B. *der Hornuser, Hornusser, Hurnauser, Hornüser* u.a. ♦ ›Hornisse‹; Ra.: *wild wiä ne Hoornuss* ›sehr wild, aufgebracht‹ [Opfgn]; Volksglaube: *Fünf Hornusse bringen e Roß um* [Glock Brsg.].

Horn-käfer m.: *Hornkäffer, Hornicheffer* ›Hirschkäfer‹ mancherorts S-Baden. – Vgl. »Hornschreder«.

Hörnli-bue m.: *Hörnlibue Hörndlibue* ›der Teufel‹, verhüllend, vereinz. S-Baden. – Vgl. »Hernlima«.

Horn-schreder m.: ›Hirschkäfer‹ vereinz.; *nit emol e Löchli für e Hornschröder het's in denne feschde Stei g'ha* [A. Ganther]. – Vgl. »Hornkäfer«.

Hornung ›Februar‹ → »Hornig«.

Hornus ›Hornisse‹ → »Hornis«.

hornuss(l)e schw.: ♦ 1) ›prickeln, schmerzen in den Fingern‹. ♦ 2) ›gleichzeitig regnen und schneien‹, vereinz. Ortenau.

Höschili n.: *Höschili, Hötschili* ›kleines Kind‹ [Schwerzen].

Hoschpis m.: ›nervöser Mensch‹ verbr.

Hosdig ›Hochzeit‹ → »Hochzit«.

Hose f.: meist im Pl. gebraucht: *Hosse* an der Murg und in der Rheinniederung zwischen Rastatt und Kehl, dann im Südosten: Baar, Raum Neustadt, Klettgau, Hegau und Bodenseegebiet; *Hose* verbr. übriges Baden. ♦ 1) ›Beinkleid‹; Ra.: *d Hose umkehre miäße* ›die Notdurft verrichten‹; *Im Maihofer isch's Herz in d' Hose gfalle* ›er bekam einen Schreck, verlor den Mut‹ [A. Ganther]; Sprichw.: *Wer d Hose voll hot, ka gut stinke* ›Wer die besseren Möglichkeiten hat, kann mehr erreichen‹ [Epple]. ♦ 2) ›Fruchthülse, Blattscheide‹, bes beim Getreide.

Höseli m.: ›einfältiger Mensch‹ [Lörr.].

Hose-lips m.: Fassfigur in Bahlingen, Namensgeber des dortigen *Hoselips-Fescht.* Grundw. wahrsch. zu *Philipp.*

Hose-lotteri m.: ›Hosenmatz, kleiner Bub‹ verbr.

Hose-plätzer m.: Schimpfw. für Schneider Markgr.

Hose-refder Pl.: ›Hosenträger‹ mittl. Schwarzw., Ortenau. – Das Grundwort ist Pl. zu »Reff 3«.

Hose-sack m.: ›Hosentasche‹.

Hose-spannis n.: ›Schläge auf den Hosenboden‹ verbr.

Hossel m.: ›Angsthase‹ Wiesental.

hott Adv., Interj.: Zuruf an die Zugtiere ›rechts!‹; Ra.: *hott am Pfohl* ›in Ordnung‹ [Glottert.]. Mhd. *hotte.* – Vgl. »hischt«.

hotte schw.: ›vorwärtsgehen‹; *s hottet* ›es geht gut voran‹ Markgr.

Hottle f.: ›Kinderwiege‹ vereinz. mittl. Schwarzw. – Syn. → »Wagle«.

hottle schw.: ›schaukeln‹ verbr.

hott-umi Adv.: ♦ 1) Zuruf an Zugtiere ›nach rechts‹. ♦ 2) in der Fügung *bis ane hottumi* ›endlos lang, bis in alle Ewigkeit‹ verbr. – Wörtl. *hottumhin.*

Hotz m.: ›Bewohner des Hotzenwaldes‹. – Herkunft unklar, vielleicht nach den gefältelten Pluderhosen, die ebenfalls *Hotzen* genannt wurden. Hierzu auch der *Hotzeblitz* ›Brandstiftung durch angeblichen Blitzschlag erklärt‹ und die *Hotzeflinte* ›altmodischer Regenschirm‹.

Hotzel f.: *Hotzel, Hutzel* ›Kinderschaukel‹ mancherorts Hanauerland. – Syn. → »Gugi«.

hü Interj.: *hii, hüü* Zuruf an Tiere ›vorwärts!‹.

Hube f.: ›Haube‹ vereinz.; Ra.: *gang mer ab de Hube* ›hör auf, mir lästig zu sein‹ [Mühlgn]; Ra.: *under d Hube choo* ›verheiratet werden‹ [Glock Brsg.].

Hubel m.: ›Kamm des Huhns‹ vereinz. S-Baden.

Huble f.: *Huble, Hüwle* ›Haarknoten der Frau‹ Markgr. oder ›Tolle des Kleinkinds‹ eb.

hüble ›zausen‹ → »hible«.

Huche m.: ›Donaulachs (Salmo hucho)‹ vereinz. S-Baden.

huche schw.: *huche, huuche* ›hauchen, einen Hauch ausstoßen‹.

Hüch-helgili n.: ›Hauchbildchen‹ Kaiserst. – Zum Grundw. s. → »Helge«.

Huckerli → »Hockerli«.

Huddlete, Huddeldis f.: ♦ 1) ›Wirrwarr, Durcheinander‹ vereinz. Ortenau. ♦ 2) ›Spinngewebe‹.

Hudel m.: *Hudel, Huddel*; Pl.: *Hudle, Huddle.* ♦ 1) ›Lappen, Tuch‹ mancherorts Ortenau, Brsg. ♦ 2) ›Sense mit Auffangvorrichtung (aus Tuch)‹ Baar. ♦ 3) ›Fohlen‹ mancherorts Hanauerland, Ortenau; Syn. → »Fohle«. ♦ 4) abschätzige Bez. für abgerissene, unordentliche Personen, vereinz. – Mhd. *hudel* ›Lappen, zerrissenes Tuch‹.

hudle schw.: *huudle* verbr., *huddle* am Nordrand. ♦ ›etwas oberflächlich, überhastet tun‹.

Hudle-bue m.: ›Tanzknopf‹ [St. Georgen (Freib.)]. – Syn. → »Tanzknopf«.

Huef m.: ›Huf von Tieren‹.

Huef-ise n.: ›Hufeisen‹.

Huen n., f.: *Huen* mancherorts Ortenau, Brsg., Markgr., Dinkelberg; *Hüen, Höen, Hoen* vereinz. im obigen Gebiet; *Hue* südl. Schwarzw., oberes Wiesental, Hotzw., Klettgau; *Hoe, Hoa* Baar, westl. Hegau; *Hoo* im nördl. Grenzbereich zum Kanton Schaffhausen, Höri (Verbr. s. Karte → »Huen«); Pl.: *Hihner* nördl. Schwarzw.; *Hiäner, Heäner, Hüener, Heener, Henner* mancherorts; *Heär, Hear, Hiär, Höer, Hüer* mancherorts SO-Baden. ♦ ›Henne, Huhn‹, das weibl. Genus ist häufig gebräuchl. – In Teilen des Schwarzw. und am Bodensee gilt »Henn«.

Hüener-aug, -vogel usw. s. → »Hieneraug, -vogel«.

Huer f.: ›Hure‹ verbr.; vor allem als Steigerungs- und Verwünschungswort in adj. Funktion gebr.: *der huere Nascht* ›der verflixte Ast‹; *huere Siëch* ›elender Kerl‹ verbr.

Hueschte m.: ›der Husten‹ verbr. (außer dort, wo »Wueschte« gilt).

hueschte schw.: ›husten‹. – Vgl. »wueschte«.

Hueschte-gutsli n.: ›Hustenbonbon‹.

Huet m.: ›Hut‹; er *langt d'r Huet vum Nagel un goht* [A. Ganther]; Ra.: *Adjee Huet,* gesagt, wenn man meint, dass etwas schiefgeht [Kappelwindeck].

hüete ›hüten‹ → »hiete«.

Huet-gupf m.: ›der obere Teil des Hutes‹ [Todtmoos].

huf Interj.: *huuf, hüüf, huif, huufe.* – Fuhrmannsruf an die Zugtiere „Zurück!" Dazu »hufe, hüfe«.

Hufe m.: *Huffe, Hufe, Hüffe.* ♦ 1) ›Stapel, Haufen‹, z.B. Heu, Mist. ♦ 2) ›große Menge‹ *en ganze Hûfe Büachr* [O. Furtwängler]. ♦ 3) ›Flächenmaß für Reben‹ mancherorts Brsg.

hufe schw.: *hufe, hüfe* mancherorts SO-Baden; *haufe, höife* mancherorts Schwarzw., Ortenau. ♦ 1) ›(mit dem Fuhrwerk) zurücksetzen‹; *do hauft 'r z'ruck* [A. Ganther]. ♦ 2) ›von etwas Abstand nehmen, einen Rückzieher machen‹ vereinz.

hufe-mol Adv.: ›oft, mehrfach‹; *e hufemol scho* ›schon oft‹ verbr.

hüfes-gnueg Adv.: ›überaus genug‹ verbr.

Huft f.: ›Hüfte‹, neben *Hift, Hüft, Hüfte* veraltend; *Der Jänner setzt sy Arm in d' Huft* [Hebel]. – Mhd. *huf.*

hui Interj.: Ausruf im Sinn von ›schnell, los!‹, auch subst. *im Hui* ›im Nu‹.

Hulftere f.?: ›der Strauch Wolliger Schneeball‹ vereinz. SO-Baden.

Hulli m.: ›großes Kopftuch für Frauen‹ [Schopfhm, Hattgn].

Hulse, Hilse Pl.: ›Stechpalmen, Ilex‹ mancherorts Ortenau. – Mhd. *huls.*

Hummel[1] m.: ›Zuchtstier‹ mancherorts an der oberen Rench und Kinzig. – Syn. → »Muni«.

Hummel[2] f., **Hummler** m.: *Hummel, Hummele* verbr., *Hummler* mancherorts Ortenau, Hegau. ♦ ›das Insekt Hummel‹.

humple, himple schw.: *humple, hümple, himple, himbele.* ♦ ›humpeln, hinken, nicht recht gedeihen, kränkeln, an Schwung verlieren‹; *dem si Gschaft himbelet aü ewing* ›seine Geschäfte gehen schlechter‹ [Freiamt].

Hund m.: *Hund* verbr.; *Hung* Südostecke (Efringen-Kirchen und Umgebung); *Hond* mancherorts an der Grenze zum Schwäbischen; Pl.: wie Sg. vereinz., meist aber *Hind* und am Südrand *Hünd* und in der Südostecke *Hüng.* ♦ 1) ›das Haustier Hund‹; *'s fräß' es ke Hund un ke Chatz* [Hebel]; *s Hüngli het s Chingli ins Hängli bisse* ›das Hündlein hat das Kindlein ins Händlein gebissen‹ imitiert die Aussprache von Tannenkirch und Umg. [Malsburg]; Sprichw.: *Dem böse Hund muß mer zwai Brocke hikeie* ›mit Bösen muss man vorsichtiger umgehen‹ [Glock Brsg.]; *En Hund und en Maa kaasch gwehne, aber it e Frau und e Katz* [Epple]; *wenn Hund un Katz mitnander uffwachse, no schläcke si uß aim Däller* ›Gewohnheit versöhnt‹ [Glock Brsg.]. ♦ 2) Schimpfwort; *bleeder Hund!* mancherorts.

hunds-liëderli Adj.: ›sehr unwohl‹ [Epple].

Hunds-resli n.: *Hundsresli, -rösli* ›Heckenrose‹.

hunge → »hunte«.

Hunig m.: *Hunig* verbr. Brsg., Markgr.; *Hunnig* verbr. nördl. und mittl. Schwarzw., mancherorts Ortenau; *Hunni* Hanauerland und nördl. Rheinebene, Raum Bühl; *Hunk* mancherorts mittl. und oberes Wiesental, Hotzw., Klettgau, vereinz. Baar, Bodensee; *Honk* vereinz. Baar, Hegau; *Honig* vereinz. S-Baden, oft als neuere Form; *Honnig* Höri, Linzgau, mancherorts Hegau (Verbr. s. Karte → »Hunig«). ♦ ›Bienenhonig‹; *Trait* (trägt) *nit mengg Immli süeße Hunig haim* [Hebel]; Ra.: *Hunig ums Muul schmiäre* ›schöntun, schmeicheln‹ [E. Strube]; Sprichw.: *Z'viel isch bitter, un wenns Hunig isch* [Waldkirch]; *mit aim Tröpfli Honig fangt me meh Mucke aß mime ganze Faß voll Essig* ›mit Freundlichkeit erreicht man mehr als mit Unfreundlichkeit‹ [Glock Brsg.].

hunte Adv.: *hunde, hunge* ›hier unten‹ Ortenau, nördl. und mittl. Schwarzw. – Entstanden aus *hieunten*. – Vgl. »hobe«.

Hupfe m.: *Hupf, Hupfe* ›Hopfen‹ mancherorts Ortenau, Brsg., Markgr.

hupfe-licht Adj.: ›sehr leicht (wie Hopfen)‹.

Hüppe f.: ›aus Weiden selbstgefertigtes Blasinstrument‹ mancherorts Markgr., Wiesental, Hotzw. – Vgl. »Hippe[2]«.

hür ›dieses Jahr‹ → »hir«.

Hurde f.: *Hurd, Hurde.* ♦ 1) ›Gestell, Geflecht zum Lagern oder Trocknen von Früchten‹; *roti Öpfel ab der Hurt* [Hebel]; Bauernregel: *Marii Geburt* (8. Sept.) *bringt d Öpfel in d Hurd* [Glock Brsg.]. ♦ 2) ›Zaun‹ [Kinzigt.]. ♦ 3) ›Rauchfang über dem Herd‹, veraltet, mancherorts Hotzw. – Mhd. *hurt* ›Flechtwerk‹.

hure schw.: *huure, hüüre* ›kauern, niederhocken‹ vereinz. südl. Schwarzw., mancherorts Wiesental, Hotzw.; *sehn's un huure nider am Stainebrückli un bette* [Hebel]. – Mhd. *hûren* ›kauern‹.

hurle schw.: ›in kauernder Stellung auf dem Eis rutschen‹ [Diershm]. – Syn. → »schlifere«.

Hürling m.: ›einjähriger Fisch‹ Bodensee. – Zu »hir, hür«.

hurnigle schw.: *hurniigle, hurniggle, horniigle, horniggle* südl. Ortenau, Brsg., südl. Schwarzw., Markgr., Hotzw., Klettgau, Baar; seltenere Formen: *hurneegle, horneegle* u. ä.; im Hegau und Bodenseeraum ist das *h-* geschwunden, dort hört man *unigle, unegle* u. ä. ♦ 1) ›ein prickelndes, schmerzendes Gefühl in den Fingern verursachen, wenn sie von der Kälte in die Wärme kommen‹; *Mamme, s uniglet mi ganz arg* [Epple]. – Vgl. »ghurnigle, finkle, nägle«. ♦ 2) ›gleichzeitig regnen und schneien‹ mancherorts; *Uf de Berge schneit's, un wyter nide hurniglet's* [Hebel].

Hurnis, Hurnissle → ›Hornis‹.

hurrle schw.: ♦ 1) ›durcheinander schneien und regnen‹ mancherorts Raum Schopfhm – Lörrach. ♦ 2) ›mit dem Kreisel spielen‹ vereinz. südl. Brsg.

Hurrli m.: ›Spielkreisel der Kinder‹ mancherorts Brsg., südl. Schwarzw., Markgr., Hotzw. – Syn. → »Tanzknopf«.

Hurrli-baus m.: ♦ 1) ›Sturmwind, Unwetter‹ vereinz. ♦ 2) ›aufbrausender Mensch‹; *bimen alde Hurrlibaus isch nit guet wohne* [Glock Brsg.]. ♦ 3) ›Spielkreisel der Kinder‹ vereinz; vgl. »Hurrlibue«; Syn. → »Tanzknopf«. ♦ 4) ›Kanone‹; *Un numme kaini Säbel meh! ... Kai Hurlibaus, ke Füsi meh!* [Hebel].

Hurrli-bue m.: ›Spielkreisel der Kinder‹ mancherorts Brsg., südl. Schwarzw., Hotzw. – Vgl. »Hurrli, Hurrlibaus 3, Murrli(bue)«. – Syn. → »Tanzknopf«.

Hurscht m., f.: *Hurscht* verbr., Pl.: *Hirscht, Hürscht.* ♦ ›Strauch, Hecke, Gebüsch‹; *Singt's Tierli nit in*

Hurst un Nast [Hebel]; *Was wisplet in de Hürste, was rüehrt si echterst dört?* [Hebel]; auch häufig in FlN und in Ortsnamen, z. B. *Gams-, Hessel-, Hohn-, Legels-, Unz-, Wagshurst.* – Mhd. *hurst.*

Hus n.: *Huus, Hüüs, Huss, Hous;* Pl.: *Hiiser, Hüüser, Hisser.* ♦ 1) ›Gebäude, Wohnhaus‹; *i suech un froog vo Huus zue Huus* [Hebel]; *'s sinn in menggem Dorf nit so viil Hüüser* [Hebel]; *Numme er un d' bucklig Fränz, d' elscht Mag, hen 's Hus g'hüet* [A. Ganther]; *s Hisli* ›Abort im Hof‹ verbr.; *im Hüüsli z due haa* ›den Abort aufsuchen‹ [Glock Brsg.]. Ra.: *usem Hisli sii* ›außer sich sein‹ verbr. ♦ 2) ›Öhr, Öse an Beilen, Hacken, Kärsten usw. in die der Stiel eingelassen wird‹. ♦ 3) ›besonderes Feld (Freiplatz, Hüpffeld) im Kinderspiel‹.

Husche f.: ›Ohrfeige‹ mancherorts.

huse schw.: *huse, hüse.* ♦ 1) ›seinen Wohnsitz haben, wohnen, haushalten‹; *Dia Litli hän zsemeghalte un gschafet un ghuset* [O. Furtwängler]; *Acht Dag druf awwer ha i d'r Haiberger Hof g'steigt* (ersteigert), *wo m'r hütt noch druf huse, glücklig un z'friede.* [A. Ganther]; *d' Häfnet-Jumpfere nit, wo vor undenkliche Zyte in dem Schlößli ghuuset het mit Vater un Muetter* [Hebel]. ♦ 2) ›schlimm wirtschaften, verschwenden, verwüsten‹.

Hus-ere m.: *Huus-eere, -heere* u. ä. ›unterer Hausgang im Bauernhaus‹ mancherorts nördl. der Acher sowie Baar und Umg. – Zum Grundwort s. »Ere«.

Huseri f.: ♦ 1) ›Pfarrhaushälterin‹. ♦ 2) ›fleißige, sparsame Frau‹ [Eschb.].

husig, huslig Adj.: ›haushälterisch, sparsam‹; *Fum Gaiserli* (PN) *hät mer ferzelt, er sei e üwertribe exakt un huslig Mâli* (Männlein) [O. Furtwängler].

Hus-lit Pl.: ›die zur Miete im Haus wohnen, Mieter‹. – Vgl. »Ghuslit«.

Hus-raichi f.: *Huusraichi, Huusraiki, Huusröiki.* ♦ ›Fest der Einweihung eines neuen Hauses mit Festmahl für die Nachbarn‹ vereinz.

huss[1]**, husse** Adv.: ›außen, draußen, heraus‹. – Entstanden aus *hie-usse* ›hier-außen‹.

huss[2] Interj.: Lockruf und Kosewort für Schweine, mancherorts, meist redupliziert: *huss-huss;* auch *hüss-hüss, husch-husch* u. a. – Vgl. »hutz, suck«.

hüst Zuruf an Zugtiere ›nach links!‹ → »hischt«.

Hut f.: *Huut* verbr. SO-Baden; *Hütt* mancherorts Ortenau, Brsg., Kaiserst.; *Hutt* verbr. übriges Gebiet; Pl.: *Hitt, Hütt, Hiit, Hüüt.* ♦ 1) ›Haut von Menschen, Tieren‹ verbr.; Ra.: *uf der fule Hutt lige* ›faul sein‹ [Opfgn]. ♦ 2) ›Fettschicht auf der gekochten Milch‹ mancherorts; als schwer zu sprechen und zu verstehen gilt die Frage *Witt dü d Hüt?* ›Willst du die Haut?‹ [Freiamt]. ♦ 3) ›der gesamte Mensch‹, meist nur mit Attributen wie *ehrlich, gut* usw.: *daß d'r Jörg e grundehrligi Hutt un ganz un gar kei Diab isch* [A. Ganther]; *ain namens Brouch, e wälz luschdigi Hût* [O. Furtwängler].

hüt ›heute‹ → »hit«.

Hutsch m.: ›Fohlen, junges Pferd‹ mancherorts nördl. Schwarzw.; auch vereinz. *Hutschel, Huschel.* – Syn. → »Fohle«.

Hutte f.: ♦ 1) ›(geflochtener) Rückentragekorb, Ranzen‹, z. B. zum Transport von Waren, Mist, Erde usw., verbr. Brsg., Markgr. ♦ 2) abwertend oder mitleidig für ›Frau‹; *armi Hutte* Wiesent. – Frz. *hotte,* das seinersets aber wieder auf fränkisch **hotta* zurückgeht. – Vgl. »Krätze«.

hutz Interj.: Lockruf für Schweine, auch Kosewort für Schweine, Ferkel in der Kinderspr. – Vgl. »Haiz 2, huss[2], Hutzel[2], suck«.

Hutzel[1] f.: *Hutzel, Hutzle.* ♦ 1) ›gedörrtes, unzerteiltes Obst‹, bes. Zwetschgen, Birnen. ♦ 2) ›abgemagerte, schrumplige Person‹ vereinz.

Hutzel[2] m., f.: *Hutzel* mancherorts, häufig nur Dim.: *Hutzeli.* ♦ ›Schwein‹ in der Kinderspr., mancherorts Baar, südl. Schwarzw., Hegau.

Hutzel-brot n.: ›Gebäck zu Weihnachten mit getrockneten Früchten (Birnenschnitzen)‹ nördl. Schwarzw. untere Kinzig. – Syn. → »Birewecke«.

hutzle schw.: ›ein Kind auf dem Rücken tragen‹ vereinz. Ortenau.

I

i- Präfix in Verbzusammensetzungen *ein-*, s. die Wortartikel unten.

i[1] Pron. → »ich, euch«.

i[2] Präp. → »in«.

iarrsch Adj.: ›irre, fehl‹; *bisch iarrsch dra* [O. Furtwängler].

Ibe f.: ›der Baum Eibe‹, vereinz., auch in Namen wie *Ibach, Ibental.*

ibel Adj.: *iwel, ibel, übel* ›schlecht, übel‹.

ibel-gheerig, -heerig Adj.: *iwel(g)heerig, ibel-* ♦ ›schwerhörig‹ mittl. Elztal.

ibel-zitig Adj.: ♦ 1) ›elend, gequält‹ [Glattes]. ♦ 2) ›ungeschickt‹ Feldbg.

iber Präp., Adv.: *iber, ibber, iwer, iwwer, über.* ♦ 1) räumlich ›oberhalb von etwas‹; *Un ebe goht er über e Steg* [Hebel]. ♦ 2) zeitlich ›während, in der Zeit von‹; *das nint rumlit un d Schtube sufer ufgwêrt isch über de Sundig* [O. Furtwängler]. ♦ 3) quantitativ ›mehr als‹ u. ä.; *e alde Kerli un schu üwwer drißig Johr v'rhürot* [A. Ganther].

ibere Adv.: ›hinüber‹ verbr.; vgl. »dure[2]«.

iber-eimol Adv.: ›plötzlich‹ verbr.

iber-enne Adv.: *iber-, iwwerenne* ›auf der anderen Seite, jenseits (des Berges)‹. Zs. aus »iber« und »enne«.

iber-kumme schw.: *iwerkumme, iberkuu, iberchuu, überchuu* ›bekommen, erhalten‹; *Un 's Chäferli het hintenoo doch au sy Tröpfli überchoo* [Hebel]. – Mhd. *überkumen* ›zu etwas gelangen, etwas gewinnen‹.

iber-nuf Adv.: dass. wie → »iberuffi«.

iber-obe, -obsi Adv.: ›droben, oben, im oberen Stockwerk‹ verbr.; *I ha ne Stübli überobe, zuem rueihe un zuem insigoh* [Ida Guldenschuh].

iber-schinig Adj.: ›im Schatten liegend‹, von Plätzen, wo die Sonne nicht hinscheint, d. h. die Sonne scheint darüber hinweg, ob. Wiesental.

ibersi-gent Adj.: ›aufgehend‹; *im ibersigände (Mond)* [Konstanz]. Wörtl. *über-sich-gehend*; vgl. »untersigent«.

iber-uffi Adv.: ›in den 2. Stock hinauf‹ verbr. im Südteil; nördl. »ibernuf«.

iber-windlige Adv.: nur in Verb.: *iberwindlige naije* ›mit langen Stichen den Stoffrand einfassen‹ [Glattes]; auch *iberbindlige neije* [Hebel].

iber-zwerch Adv.: *iberzwerch, ibberzwerch, iwwerzwerch; -zwerich, -zwerrich, -zwąrch, überzwerch, -zwąrch* u. ä. verbr. (außer dort, wo »iberzweris« gilt). ♦ 1) ›quer hinüber, diagonal‹ vereinz. ♦ 2) ›geistig verquer, querköpfig, eigensinnig‹ verbr.; *en iberzwerche Chaib* [Liel].

iber-zweris Adv.: *iberzweris, ibber-, über(e) zweris* u. ä. – dass wie »iberzwerch 1 und 2«, südöstl. Schwarzw., Hotzw., Klettgau, Baar, Hegau, Linzgau; *n überzwerisne Siäch* ›ein verquerer Kerl‹ [Randegg].

I-bi-dumm n.: ›fiktive Ware, nach der man Kinder oder Einfältige ausschickt‹ mancherorts, wörtl. *Ich-bin-dumm.*

i-bilde schw.: ›einbilden‹; *un 'r het sich wunder was druf ibild* [A. Ganther].

I-bildig f.: ›Einbildung‹.

i-bischle, i-bitschle schw.: ›einen Säugling einwickeln‹, veraltet.

ible schw.: ›schlimmer werden‹, von Wunden [Glattes].

i-bole schw.: ›einbüßen‹; *Er het's Vermöge iboolt* ›sein Vermögen eingebüßt‹. – Vgl. »bole«.

ibrig Adj.: *iwwrig, iwrig, ibrig* ›übrig‹.

i-brisle schw.: ›einnesteln, einschnüren‹ vereinz. Baar, Hegau. – Zu »Brisli«.

i-brocke schw.: ♦ 1) ›Brot in eine Suppe, in den Kaffee einbrocken‹. ♦ 2) *sich ebbes ibrocke* ›sich Verlegenheiten, Schwierigkeiten bereiten‹.

Ich f.: *Iich, Ich* mancherorts Ortenau, Brsg., Kaiserst.; *Ichet* mancherorts Baar, Hegau. ♦ ›(veraltetes) Flächenmaß‹, entsprach 1 bad. Morgen. – Mhd. *jiuch.* – Vgl. »Jich«.

ich[1] Personalpron.: *ich, iëch* in betonter Stellung, vom Brsg. ab südl. mit *ach*-Laut, in unbetonter Stellung stets nur *ii* bzw. kurz *i.* ♦ ›ich‹ (1. Pers. Sg. des Personalpronomens). *I ha mi g'schämt wia a klei Kind* [A. Ganther].

ich[2] ›euch‹ → »eich«.

iche ›ein Gefäß eichen‹ → »eiche«.
i-chlösle schw.: ›Zugtiere einspannen‹ [Schopfhm und Umg.]. – Zu *Kloß* ›Knebel‹.
Idder ›Euter‹ → »Uter«.
Idel, Iddel ›Fettschicht auf Milch‹ → »Nidel«.
i-digle schw.: *iidiigle* ›eintrocknen, runzlig werden‹, vereinz.
ië Adv.: *iie, ie* ›hinein, herein‹ Hotzw., Klettgau. – Entstanden aus *ein-hin.* – Vgl. »ine«.
iëbe schw.: *iäbe, üebe.* ♦ 1) ›etwas ein-, ausüben‹ verbr.; *Den Engle gfallt, was frumm un güetig isch un in der Hohait Demuet üebt* [Hebel]. ♦ 2) ›sich als unerklärliches, böses Omen ankündigen‹ mancherorts Dreisamtal, veraltet; *s hätt si g'iäbt* ›es hat sich etwas angekündigt‹ eb.
iëmes Pron.: *ieme(s), eäme(s), eeme(s), iime(s)* ›irgendwer, jemand‹ Rheinebene zwischen Murg und Schutter (Verbr. s. Karte → »ebber«); *s isch iäme doo* [Legelshurst]. – Mhd. *ie-man.* – Im übrigen Gebiet gilt »ebber« und »naimer«.
iëne Adv.: *iäne, eäne, eänes* ›irgendwo‹ mancherorts Rheinebene zwischen Elz- und Kinzigmündung (Verbr. s. Karte → »amenort«). – Syn. → »naime«.
I-fahr, -fahri n., m., f.: ›Scheuneneinfahrt‹ verbr.
i-fahre st.: ♦ 1) ›das Weidvieh heimtreiben‹. ♦ 2) ›das Saatgut unter den Boden bringen‹ verbr.
I-fall m.: *Iifall, Iifaal* ›Einfall‹; *so en boshäftige Ifâl* [O. Furtwängler].
i-fäsme ›einfädeln‹ → »fäsme«.
Ifer m.: ›Eifer‹; *d'r Höllmichili het vor ludder Freud un Ifer gar nit g'merkt, daß ebber hinderem stoht* [A. Ganther].
iferig Adj.: ›eifrig‹; *ou hät mer in dr Ziting iferig guket wa d Landschtänd dian bschlîase un wa d Presfreihait macht* [O. Furtwängler].
Iffe f.: *Iff, Iffe* ›Ulme‹ mancherorts Ortenau. – Ein altes Wort, schon ahd. *iffa.* – Vgl. »Ruscht«.
I-firi f.: *Iifiri, Iifüri* ›Holz zum Einfeuern, Brennholz‹ vereinz. S-Baden. – Wörtlich: *Einfeure.*
Igel m.: *Igel, Iggel* verbr.; *Ijel, Egel* vereinz. Rheinniederung; *Eigl, Eiel* mancherorts Ortenau. ♦ 1) ›das Tier Igel‹; Abzählvers: *Uf em Weg do lauft en Igel, des wär grad für dich en Striegel, fang en ii un du muesch sii!* [Villgn]. ♦ 2) ›Rausch‹ Ortenau; Syn. → »Rusch«.
I-gmachts n.: *Iigmachts, Iigmacks, Ibmachts* u.ä. ♦ ›Marmelade‹ Hotzw., Klettgau, Hegau, Höri, Bodenseegebiet (Verbr. s. Karte → »Schlecksel«). – Syn. → »Schlecksel«.
i-golschteret Adj.: ›zu dick angezogen sein‹ [Kenzgn]. – Vermutlich zu *Kolter* ›dicke Bettdecke‹, aus lat. *culcitra* ›Polster‹.
I-gschlächt n.: *Iigschläächt* ›das (essbare, edle) Eingeweide des Schlachttiers‹; *ë Site Schpäk un en Hamerschtrumpf; s Igschlächt un d Brôtwürscht* [O. Furtwängler]. – Ahd. *ingislahti.*
I-gschröt n.: ›zerhacktes Schweinefleisch‹ [Gengenb.].
I-guss m.: ›Inlett des Federbettes‹ [Binzen, Schopfhm].
I-gweid n.: ›Eingeweide‹.
ihm → »em«.
Ihmel ›Hohlmaß‹ → »Ohm«.
ihr Posessivpron. (3. Pers. Sg.): *ihr* verbr.; *Lueg, so ne Muetter het ihr Chindli lieb!* [Hebel]; auch zur Umschreibung des Genitivs, z. B.: *d'r Engländeri ihr Reis'sack* ›der Reisesack der Engländerin‹ [A. Ganther].
ihr Personalpron. (Nominativ 2. Pers. Pl.): *ihr* verbr.; *„Lache ihr numme", ha i denkt* [A. Ganther]; *Guet Nacht, ihr Nochbere* [Hebel]. – auch ›(veraltete) Höflichkeitsanrede‹; *So ne gscheite Maa, wie Ihr sust sind* [Hebel]; *un vun dere Zitt a het 'r numme noch per Ihr mit 'm Fideli g'schwätzt* [A. Ganther]; dazu das Verb *ihrze* ›mit *Ihr* anreden‹.
Iimd ›zweiter Grasschnitt‹ → »Eemd«.
i-knappe schw.: ›einnicken, schlummern‹ vereinz. – Vgl. »knappe«.
i-krome schw.: *iigrome, iichrome* ›einkaufen‹; *Hesch iichromt?* [Auggen]. – Zum Grundwort s. »krome«.
Il[1] f.: *Iil* ›Eile, Hast‹; *das mer si it verkëlt wëmër znacht im Wintr ë mol in dr Il hinte usi sot* ›Dass man sich nicht erkältet wenn man nachts im Winter einmal in der Eile hinten hinaus sollte‹ [O. Furtwängler].
Il[2] f.: *Iil, Ile* verbr.; *Ill* mancherorts mittl. Schwarzw.; *Ül* Südrand. ♦ 1) ›Eule‹; *do obe zieht vom Chilchturn her en Üül im stille Flug* [Hebel]. ♦ 2) nur Dim.: *Ileli* ›Nippes, unnützes Zeug‹ [Ihrgn].
I-lache ›Bettuch‹ → »Lilache«.
Ile-bobl Gen.?: ›Eule‹ [Meißenhm].
Ile-loch n.: ›Loch im Giebel der Scheune, durch das Eulen ein- und ausfliegen können‹.
Ile-spiëgel m.: *Ilespiägel* mancherorts; auch Sonderformen wie: *Ihre-, Immespiägel* vereinz. ♦ ›Schelm, Narr, Eulenspiegel‹.
Ilge f.: *Ilg, Ilge, Illig, Jilg(e), Gilge* Bez. für verschiedene Blumen wie ›Lilie, Schwertlilie, gelbe und weiße Narzisse‹. – Wohl Dissimilationsform zu lat. *lilium*

›Lilie‹ mit Abfall des anlautenden *L*; Ortsnamen wie *St. Ilgen* (bei Müllhm) gehören nicht hierzu, sie sind aus *Gilgen* < *Ägidius* (frz. *Gilles*) gebildet.

ilig Adj.: ›eilig‹; *Isch's ilig?* [Freib.].

Ilwetritsch → »Elbetritsch«.

im ›dem‹ → »der«.

i-mache schw.: ♦ 1) ›einwickeln‹ vereinz. S-Baden. ♦ 2) ›Lebensmittel, Obst, Sauerkraut zum Haltbarmachen in Gefäße, Gläser einlegen, einkochen‹; *Di näscht Woche diamer dro Gumpischt îmache* [O. Furtwängler].

Imbeeri → »Himbeere«.

Imber m.: ›Ingwer‹ mancherorts; *un streut e wenig Imber drii* [Hebel]. – Mhd. *ingeber* < lat. *gingiber.*

Imes m.: *Iimes, Immes, Immis*, seltener *Eemes, Emmes* mancherorts Ortenau, Brsg.; *Ümis* vereinz. Hochrhein. ♦ ›Imbiß, Tagesmahlzeit‹; *Was chost en Immis nit?* [Hebel]; *Chnöpfli un Suurchrutt isch e gueter Immis* [Glock Brsg.]. – Mhd. *immiz, inbiz.*

Imi n.: ›(veraltetes) Hohlmaß‹. – Das nur noch in historischen Texten bezeugte Wort gehört zu mhd. *imîn* < lat. *hemina.*

Imme m., f.: *Imme, Imm* mancherorts; *Emme* vereinz. Brsg., Markgr.; Dim.: *Immli* mancherorts; *Imbli* vereinz. ♦ 1) ›der Bienenschwarm, Bienenvolk‹, meist Genus m.; *de Imme schwirmt* [Altenhm]; Ra.: *Imme schniide* ›die Abtrittsgrube leeren, Jauche fahren‹ Ortenau; Sprichw.: *Hesch Imme un Schoof, lig nieder un schlof* [Glock Brsg.]; Volksglaube: *Wenn der Maischter im Huus stirbt, mueß mer d Immli rucke* ›den Bienenstock vom Platz rücken‹ [Glock Brsg.]. ♦ 2) ›die Biene‹ nur Gen. f., meist jedoch nur im Dim.; *Trait* (trägt) *nit mengg Immli süeße Hunig haim* [Hebel]; Ra.: *flissig wiä ne Imme* ›sehr fleißig‹ [Opfgn]. – Vgl. »Immevogel«.

imme-ghüslet Adj.: ›(wabenförmig) kariert‹ vereinz. Markgr. – Wörtlich *immen-gehäuselt.* – Vgl. »ghislet«.

Imme-krut n.: Bez. für verschiedene Pflanzen wie ›Sumpfspiere, Melisse, Geißbart‹.

Imme-picker m.: ›der Vogel Rotschwanz‹, auch *Immeraiber, -schnapper* mancherorts Kaiserst.

Imme-rumpf → »Rumpf«.

Imme-sugi f.: ›Taubnessel‹ [Opfgn]. – Vgl. »Bienesug«.

Imme-vogel m.: ›Biene‹ vereinz.

Impele → »Himbeere«.

impte schw.: *imde, imbte* ›okulieren, veredeln‹ [Ahsn, Hagnau, Meersburg, Kluftern, U.siggingen]. – Syn. → »zwige«. – Aus lat. *imputare.*

im-stand Adv.: ›fähig, willens‹; *Ich bin imstand, un sag hitt no ab* [Freiamt].

i-muche schw.: ›möglichst luftdicht abschließen, umhüllen‹ Kaiserst.

i-mummle schw.: ›einhüllen, in eine Decke einschlagen‹; *duen dich in dąr Teppich imummle* [Freiamt].

in Präp.: *in* verbr.; *en* vereinz. Ortenau; in SO-Baden auch nur *ii, i,* z.B.: *i de Schwiz* ›in der Schweiz‹ [Wolterdgn].

inand ›einander‹ → »enand«.

ine, ini Adv.: *iine, ini, ië* verbr. südl. einer Linie Freiburg – Villingen (nördl. davon »ri, rin«); *inner* vereinz. Linzgau (Verbr. s. Karte → »ine«). ♦ ›hinein, herein‹; *chömmet iine!* ›kommt herein!‹; *Un waisch denn selber au, du liebi Seel, worum de diine zarte Chinde d' Freud in so ne stachlig Bäumli iine henksch?* ›Warum hängst du deinen zarten Kindern die Freude in so ein stacheliges Bäumlein hinein?‹ [Hebel]. – Entstanden aus *ein-her.* – Vgl. »ië«.

ine-keie schw.: ›hineinfallen, einwerfen‹. – Vgl. »keie«.

ine-lappe schw.: ›hineinschlürfen‹ Markgr.

i-nemme st.: *iinemme, iinąmme, iinää, iinee.* ♦ ›einnehmen‹.

ine-mürde schw.: ›etwas (hinein)zwängen‹ [Schopfhm].

ine-pfitze, -pfurre schw.: ›hineinwitschen, schnell hineinschlüpfen‹ [Lörrach], Bodensee.

ine-schoppe schw.: ›hineinstopfen, hineinschieben‹ verbr.

Influensa f.: *Influensa* so und. ähnl., mancherorts;

daneben mit Anlehnung an *faul* oder *fallen* Bildungen wie *Infulendsa, Infallensa* u. ä. ♦ ›die Krankheit Grippe‹, veraltet.

innertsi Adv.: ›zuinnerst‹ Markgr.

i-pontschele schw.: ›fest einwickeln‹ [Stockach].

Ips m.: *Ibs, Ips* ›Gips‹ mancherorts in älterer Mundart.

Irbsi n.: *Irbsi* [Laufen, Schweighof, Huttgn]; *Ürbsi* verbr. Markgr., Dinkelberg; *Chürbsi* [Wies]; *Gürbsi* [O.wihl, Rotzgn]. ♦ ›Rest des abgegessenen Apfels‹. – Das auch in der Schweiz vertretene Wort lässt sich, was die Formen *Gürbsi* betrifft, wohl zu mhd. *grobiz, grübz* ›Kerngehäuse des Apfels‹ stellen, bei *Ürbsi* würde ich eine Herleitung von ahd. *ur-biz* im Sinne von ›das Er-bissene, Abgebissene‹ vorziehen.

irde Adj.: ›aus Ton gebrannt‹.

irigs Adv.: *irigs, irids, iriä, erigs, eriä* ›irgendwo‹ mancherorts Ortenau, nördl. Schwarzw. (Verbr. s. Karte → »amenort«). – Syn. → »naime«.

irkelig → »ergelig«.

Irte f.: *Irte, Ürte* ›Zeche, Rechnung‹, veraltet; *Machsch der öbbe d' Ürte?* [Hebel]. – Mhd. *ürte.*

Is n.: *Iis* ›Eis‹; *Verschmolze isch dr Schnê un s Is* [O. Furtwängler]; *zwei Bolle Iis schlotze* (Speiseeis) [Freiamt].

is → »uns«.

i-salze schw.: ›einsalzen‹.

Is-blachi f.: *Iisblachi, -blache* ›vereiste Stelle‹.

i-schenke schw.: ›einschenken‹; *e Gläsli vum Allerbeschde ig'schenkt* [A. Ganther]. *Jetz schenket ii un stoßet a* [Hebel].

i-schieße st.: *iischiäße* ›Brot in den Backofen einschieben‹; Sprichw.: *Ebb* (ehe) *me iischießt, mueß me zerscht ußlaibe* ›eins nach dem andern!‹ [Glock Brsg.].

Ise n.: ›Eisen‹; *Wie gieng' s im brave Hamberchsmaa?* (Handwerksmann) / *'s mueß jede Stahl un Iise ha* [Hebel]; Ra.: *en Ise verlore ha* ›ein uneheliches Kind haben‹ [Singen a. H.] und öfter; *ufs Iise luege* ›nach dem Rechten sehen‹, wörtl.: schauen, ob das Hufeisen in Ordnung ist [Hebel]; *Wo i des g'hört ha, isch m'r's grad gsi, as dät ma m'r mit eme glüehdige Ise ins Herz ni stoße* [A. Ganther].

ise Adj.: ›aus Eisen, eisern‹; *en hilzene Hamer oder au en schwëre isene Hamer* [O. Furtwängler].

Ise-bah f.: ›Eisenbahn‹.

i-seipfe schw.: ›einseifen‹; *d Adeli hät mer de Kopf îgsaipfet bis i ganz wîs gsi bin fole Schûm* [O. Furtwängler]; auch ›mit Schnee einreiben‹, Neckerei unter Kindern und Jugendlichen, verbr.

iser → »unser«.

Is-karch n.: *Iiskarch*, häufig Dim.: *Iiskärchel* ›niedriger Schlitten, auf dem man sich mit zwei Stöcken voranstößt‹ vereinz. nördl. Ortenau.

Is-pech n.: ›verharschter Schnee‹ [O. Furtwängler, Villgn].

i-stire schw.: *iistire, iistüre* ›bescheren, zuteil werden lassen‹; *der Engel stüürt im Chindli Tränen ii* [Hebel]. – Mhd. *stiuren* ›beschenken‹. – Vgl. »stire«.

i-striche st.: ›einstreichen‹.

it Verneinung → »nit«.

i-tätsche schw.: ♦ 1) ›verbeulen, durch einen Schlag eindellen‹; *de Huet isch iidatscht* [Freiamt]. ♦ 2) ›(plötzlich, siedend heiß) einfallen‹; *des isch mr iidätscht* [Eichstetten].

i-telbe schw.: ›eingraben‹ Ortenau. – Vgl. »telbe«.

itelich Adj.: *idili, idilich* ›unvermischt, lauter, rein‹; *im itiliche Öl* [O. Furtwängler]. – Wörtl. *eitelich,* zu *eitel* in der ursprünglichen Bedeutung ›lauter, rein‹. – Vgl. »luter, urchig«

Item m.: *Iddem.* ♦ 1) ›Umstand, Angelegenheit‹; *do het 'r au mit 'm üwwer den Iddem dischgeriert* [A. Ganther]. ♦ 2) ›Landstück, Gewann‹ vereinz. – Lat. *item* ›ebenso‹, in älterer Kanzleisprache meist bei Posten einer Aufstellung, eines Verzeichnisses.

Iter ›Euter‹ → »Uter«.

i-tue st.: ›hineintun, schließen, einsperren‹.

Itze m.: ›Dreck‹, in der Ra.: *der ganz Itze* ›der ganze Dreck‹ [Sulzburg].

Itzig m.: ›der jüd. VN *Isaak*‹ und allg. Bez. für ›Jude‹.

i-weige schw.: ›einweichen‹ verbr.

iwer ›über‹ → »iber«.

i-wete schw.: *iiwette* ›ins Joch einspannen‹, vereinz. und veraltet S-Baden; *Me rüstet e Wage, wettet d' Stieren ii un lait der Totebaum ufe* [Hebel]. – Vgl. »wete«.

iwwer ›über‹ → »iber«.

i-zeuchle schw.: *i-, inizeuchle* ›hineinziehen, locken‹ Bodensee.

J

ja Partikel, Interj.: *ja* verbr.; *jò, jòò* mancherorts; *jä, jää* mittl. und südl. Schwarzw.; *jou* mancherorts SO-Baden. ♦ 1) Bejahung, Bestätigungspartikel *Ja, sell sihn i* ›ja, das sehe ich‹ [Hebel]. ♦ 2) Interj. Floskel des Konstatierens, Zögerns, der Verlegenheit; *jo weger!* [Hebel]; *ja weisch denn nit ...* ›Ja weißt du den nicht?‹; *Jo, oha Wägili* [A. Ganther]; *Ja, um's Himm'ls Wille* [A. Ganther].

jährig Adj.: ›ein Jahr alt‹; *ä jährigs Schdiärli* [Teningen].

Jährling m.: *Jäärlig* ›ein einjähriges Haustier‹ z. B. Rind, Schaf [Schopfhm].

Jäk m.: *Jääk, Jääkch* verbr. Hegau; *Jaik* vereinz. Baar ♦ ›Eichelhäher‹. – Syn. → »Schäk[1]«.

jake schw.: ›rufen wie eine Dohle‹ Markgr.

jämmerscht Adv.: ›leider, jämmerlicherweise‹; *der Tag will jemerst no nit choo* [Hebel].

Jänner f.: ›der Monat Januar‹.

järe st., schw.: *järe, iäre, jąre* mancherorts Ortenau, Raum Oberkirch-Offenburg-Lahr; *jore* verbr. obere Rench, mittl. Kinzig zwischen Gengenbach und Hausach; *jire* mancherorts Hanauerland. ♦ ›gären‹. – Vgl. »gäre, jäse«.

Jascht m.: *Jascht* mancherorts; Pl.: *Jäschte.* ♦ 1) ›gärender Schaum‹ vereinz. ♦ 2) ›Hitze, Unruhe, Aufregung, Zorn‹; *Was hesch for Jäschte?* ›Was sorgt bei dir für Unruhe, Sorgen?‹ [Auggen]; *Trink e Schlückli Brenntewii, er chüelt der dii Jast ab!* [Hebel]. – Substantivbildung zu »jäse«.

jäschte schw.: ♦ 1) ›gären‹ Brsg.; Sprichw.: *D Jugend mueß gjäscht ha* ›zur Jugend gehört das Stürmisch-Sein‹ [Glock Brsg.]. ♦ 2) ›hasten, sich abhetzen, aufgeregt sein‹ Ortenau, Brsg., Markgr., vereinz. SO-Baden.

Jäschte(s) m., n.: *Jäschte, Jascht, Jeschte, Jäschtes.* ♦ ›aufgeregtes Handeln, sonderbare Einfälle, hastiger Mensch‹; *Was falle der für Jesten ii?* [Hebel].

jäse st., schw.: *jäse, iäse, iąse* südl. Ortenau, Brsg., Markgr., Hotzw.; *i'ise* vereinz. Markgr., Klettgau; *jässe, iesse* Klettgau, Hegau, Höri. ♦ ›gären‹. – Mhd. *jësen* ›gären‹. – Vgl. »gäre, järe, jäschte, verjäre«.

Jass m., n.: ›ein Kartenspiel‹, bes. am badischen Hochrhein und in der Schweiz gespielt.

jäte schw.: *jäde, jäte, jąde* ›Unkraut entfernen, jäten‹. – Vgl. »grase 2«.

jäukere schw.: ›antreiben, hetzten, schinden‹ oberes Markgr., Wiesental.

je[1] Adv.: ›je‹ zur Angabe von Verteilung oder Zeit; *sit eh un je* ›immer; *je nochem* mancherorts; *un je wüaschter es gmacht hät je liaber bini in d Schûal* [O. Furtwängler]; *Un je erger 's Liesli z' Friburg 's Heimweh noch 'm Babbagai kriagt het, um so dicker isch im Sepp si lederne Beid'l worre* [A. Ganther].

je[2] Interj.: Ausdruck des Konstatierens, des Bedauerns; *o jee!* mancherorts; *Jee, was han i gsait?* [Hebel]; *Jee, 's isch nit anderst, lueg mi a, wie d' witt!* [Hebel]. – Vekürzt aus »Jesus 2«.

Jedi f.: *Jeddi, Jedi, Jede* ›Jüdin‹ vereinz. Ortenau.

jed-weder Pron.: ›jeder (von beiden)‹ mancherorts; *'s cha's nit jedwedi Chue* [Hebel]; *es schlooft in jedwedem Chörnli chlai un zart e Chiimli* [Hebel].

jegger, jeggerli, jeggis Interj.: Ausruf des Schreckens, des Bedauerns; vgl. »Jesus 2«.

jeg-wed Pron.: ›jeglich‹ Markgr.

jeli-mol Adv.: *jellimool, jellemool* ›zuweilen, hie und da‹; Markgr., vereinz. mittl. Schwarzw.; *am Himmel, jelimol au uf der Erde* [Hebel]. – Mhd. *jelîh mâl.* – Vgl. »elimol«.

jemand → »iemes, ebber«.

jemerst ›leider‹ → »jämmerscht«.

jeminee Interj.: mancherorts, s. »Jesus 2«.

jemot Adv.: ›jenseits, drüben‹ [Waldk. (Elzt.)].

jerem Interj.: *jerem, jerum* mancherorts, s. »Jesus 2«.

Jerg m.: *Jerg, Jörg, Jeri* der männl. VN *Georg.* – Vgl. »Schorsch«.

Jerge-dag m.: ›der Georgstag (23. April)‹, war früher Termin für Zinsabgaben und Gesindeeinstellungen.

Jeschte → »Jäschtes«.

jesis-mäßig Adv.: ›sehr stark, sehr schlimm‹ verbr.; *der hets jesismäßig beeglet* ›der ist schlimm gestürzt‹ [Freiamt].

Jesus m.: ♦ 1) ›der biblische Jesus‹; Kindergebet: *I bin klei / Mi Herz isch rei / 's soll niamets drin wuhne / As Jesus allei* [A. Ganther]. ♦ 2) Interj.: dann meist *Jesses, Jessis* u.a.; *Jesis Mareie!* [Hebel]; *O Jesses nai!* [A. Ganther]; *Jesses, Jesses, was wurd au d'r Herr Pfarrer sage!* [A. Ganther]; *o Jesis Gott!* [Hebel]. – Von da abgeschwächt auch »je, jegger, jeminee, jerem«.

Jesus-veiele Pl.: ›Stiefmütterchen‹ mancherorts; an anderen Orten auch *Jesusblüemli, Jeseli.*

jetz Adv.: *jeds, jetz* verbr. (außer SO-Baden); *eds, etz* vereinz. oberes Wiesental, Hotzw., Baar, verbr. Klettgau, Hegau, Bodanrück, Linzgau. ♦ 1) ›zum gegenwärtigen Zeitpunkt, jetzt‹; *'s isch jetz e Johrer elfi* ›es sind jetzt etwa 11 Jahre her‹ [A. Ganther]; *Doch de bisch ke Maideli meh, de bisch jetz e Maidli* [Hebel]; *Jetz hemmer's un jetz simmer do* [Hebel]; *Hosch etz gnueg?* [Epple]. ♦ 2) Partikel, Gesprächsfloskel; Aufforderung; *Jetz schenket ii un stoßet a!* [Hebel]; *wa isch eds des fir ani do?* ›Was ist denn das für eine?‹ [Lenzk.].

jetz-go Adv.: ›jetzt dann, sogleich, bald‹ mancherorts mittl. und südl. Schwarzw.; *Bin denë Fetr un Bäsli wëmër awer jezgo e wëng nëwëduri gau, s git wäger schpätr ë mol Glëgehait e wëng binene âzkêre* [O. Furtwängler].

jetz-grad Adv.: ›jetzt, soeben‹ verbr.

Jich m.: *Jich* mancherorts Ortenau; *Jeich* [Oberw. (Rast.), Kappelwindeck]. ♦ ›ein Flächenmaß‹, entspricht einem Morgen, veraltet. – Mhd. *jiuch*; verwandt mit »Juchert«.

Jilge ›Lilie‹ → »Ilge«.

jire ›gären‹ → »järe«.

jo → »ja«.

Job, Jobbi m.: Kurzform für den männl. VN *Jakob*; *Jobbi, gang an d' Stuud, un leng mer der Fareschwanz abe!* [Hebel]. – Vgl. »Jockel«.

Joch n.: *Joch* verbr.; Pl.: wie Sg. mancherorts; *Jecher, Jöcher* mancherorts; Dim.: *Jechli, Jöchli.* ♦ ›das Joch für Zugtiere‹, sowohl Doppel-, als auch Einzeljoch (Stirnjoch), veraltet; *si henn kai Pflueg un henn kai Joch* [Hebel].

Jockel m.: *Joggel, Jockel* verbr.; Dim.: *Jogg(e)li* mancherorts. ♦ 1) Kurzform für den männl. VN *Jakob.* ♦ 2) ›gutmütiger, dummer Mensch, Hanswurst‹.

Johannis-beeri f.: *Johannisbeer, Johannesbeer, -beeri* u.ä. ♦ ›Johannisbeere‹ mancherorts nördl. und mittl. Schwarzw., Ortenau. – Syn.: »Beeri, Ghanstribeli, Gsanderli, Hanstribeli, Johannistribeli, Santihansbeeri, Santihanstribeli, Sunnetribli, Wibeeri 2«.

Johannis-käferli n.: ›Johanniskäfer‹ vereinz. – Vgl. »Johanniswirmle«.

Johannis-krut n.: ›Johanniskraut‹ als Heilpflanze und als Bestandteils der »Wihenne«.

Johannis-tribeli Pl.: ›Johannisbeeren‹ vereinz. – Häufiger »Ghanstribeli«. – Syn. → »Johannisbeeri«.

Johannis-wirmle n.: *Johanniswirmle, -würmle* ›Johanniskäfer‹ mancherorts Brsg., südl. Schwarzw., Baar, Hegau.

johle, jöhle schw.: ›johlen‹, auch ›schreien vor Schmerz‹; *mei, do het er gjohlt, wuner s Bai unters Rad brocht het* [Freiamt].

Johr n.: ›Jahr‹; Pl.: *Johr, Johre.* verbr., bes. Form in Wendungen wie: *e Johrer zehni* ›ungefähr zehn Jahre‹; *So währt's sibe Johr* [Hebel]; *Drißig Johr sim m'r hütt v'rhürot* [A. Ganther]; Ra.: *Johr ii, Johr uus* ›die ganze Zeit‹ [Hebel]; *er macht de Kalender fürs ander Johr* ›sinnt unnötig in die Zukunft‹ [Glock Brsg.].

Johr-holz n.: ›einjähriges Rebholz, Zuchtschoss‹ mancherorts Brsg., Kaiserst.

Johr-tag m.: ›Jahrestag‹, Ra.: *e Johrtag stifte* ›ein Durcheinander machen‹ [Stahrgn].

jomere schw.: *jomere* verbr.; *jumere* mancherorts Ortenau, mittl. Schwarzw.; *jömere* vereinz. SO-Baden. ♦ ›jammern, wehklagen‹.

Jomer-kreze f.: ›ein ständig jammernder Mensch‹ Markgr. – Vgl. »Kreze«.

Jon m. (n.): *Joon* mancherorts südl. Ortenau, verbr. Brsg., westl. Markgr.; *Juun, Juu* mancherorts mittl. Schwarzw., Zartener Becken; *Joo* östl. Markgr., Hotzw., südl. Schwarzw., Klettgau, Höri, Bodanrück; *Jou, Jau* Baar, Hegau, Linzgau; Pl.: *Jeen, Jee, Jii, Jöö* mancherorts; Dim.: *Jeeli, Jeendli, Jiili, Jööli, Jöndli* mancherorts. ♦ ›Streifen einer bebauten Fläche, die in einem Arbeitsgang bearbeitet werden kann‹, z.B. beim Jäten, Hacken, Durchforsten usw.; *jetz hacke mer noch e Ju nuf* [Freiamt]. – Mhd. *jân* ›Reihe‹. – Vgl. »Zilete«.

jone schw.: *jone, jöne, jaune* u.ä., s. »Jon«. ›streifenweise bearbeiten‹, vereinz.; dazu *jonwiis, juuwiis* ›streifenweise (vorgehen)‹.

jore ›gären‹ → »järe«.

Ju ›Arbeitsabschnitt‹ → »Jon«.

Juchert m., f.: *Juchert, Juchet, Jucherte, Jüüchert, Juurde* u.ä. mancherorts; *Iichert* [Hilzgn]. ♦ ›Flächenmaß‹, veraltet. – Mhd. *jûchart.*

Juchhee n., m.: ›etwas Hochgelegenes‹, z.B. Mansarde, oberster Rang im Theater, vereinz.

juchse, juchze schw.: ♦ 1) ›vor Vergnügen schreien, jauchzen‹ mancherorts. ♦ 2) ›wiehern‹ mancherorts Markgr. (Verbr. s. Karte → »wiehere«); Syn. → »wiehere«.

juchzge, jutzge schw.: ♦ 1) ›jauchzen‹; mancherorts; *e Züberli fol wârem Waser uf de Ofebank gschtelt, un dro hät s Büabli defe datsche un schtrampe un juchzge* [O. Furtwängler]. ♦ 2) ›wiehern vom Pferd‹ vereinz. mittl. Schwarzw. (Verbr. s. Karte → »wiehere«); Syn. → »wiehere«.

jucke schw.: *jucke, juckche.* ♦ 1) ›in die Höhe oder herabspringen, hüpfen‹ bes. SO-Baden (Verbr. s. Karte → »jucke«); *mir jucket i d Heh* vor Freude [Epple]. ♦ 2) ›zucken‹; *d' Halme schieße, d' Ähri schwanke, d' Sägese* (Sense) *juckt scho* [Hebel]. ♦ 3) ›kratzen‹ vereinz.

Jud m.: *Juud* verbr.; *Judd* mancherorts Ortenau, vereinz. ♦ ›Jude‹; Sprichw.: *Der Judd überlait si Sach vorm Handel un der Buur drno, drum henn d Buure s Noluege* [Glock Brsg.].

Jude-kirsi, -kriëse f.: *Judekirsi, -chirsi, -chriäse* u. a. ›Bez. für eine best. Kirschen-, bzw. Pflaumenart; Kornel-, Sauerkirsche‹.

Jude-knechele n.: ›Knöchelchen am inneren Ellbogen‹.

Jude-schnecke f.: ›Nacktschnecke‹ vereinz.

Jude-schuel f.: ♦ 1) ›Synagoge‹, veraltet. ♦ 2) übertr. ›da wo es laut hergeht, alle durcheinander ihre Stimme hören lassen‹; *un vo Baum zu Baum ... halte d' Vögeli Judeschuel un orglen un pfiife* [Hebel]. – Bed. 2 rührt von dem für Christen ungewohnten Eindruck in einer Synagoge her, wo man oft laut und jeder für sich betet.

Jude-veieli n.: ›Bez. für best. Veilchenarten, wilde Veilchen, Stiefmütterchen, Immergrün‹ mancherorts.

Jüdin → »Jedi«.

Jugend f.: ♦ 1) ›die Zeit vor dem Erwachsenwerden‹. ♦ 2) nur in der Wendung *Jugend kriäge* ›ein Kind bekommen‹ verbr.; *hesches schu gheert, s Lieseli kriägt Jugend* [Freiamt].

ju-hui Interj.: Ausruf der Freude; *Jûhui Kilwi* (Kirchweih), *sël isch di schönscht Zit im Jôr, do wird gëse un trunke, gsunge, danzet* [O. Furtwängler].

Jumpfer(e) f.: ›unverheiratete Frau, Jungfrau‹; *Jumpfere wie Milch un Bluet* [Hebel]; *Aber rootet jetz, wo d' Marggröfer Jumpfere higoht!* [Hebel]; *Dia Jumpferle awwer hen g'schnadert as wia* [A. Ganther].

Jun ›Reihe‹ → »Jon«.

jung Adj.: *jung* verbr.; Komparativ: *jinger, jünger.* ♦ ›noch nicht alt, neu‹; *Chromet* (kauft) *jungi Hahne!* [Hebel]; *'s chunnt alles jung un neu, un alles schliicht sim Alter zue, un alles nimmt en End* [Hebel]; Ra.: *jung wiä Milch un Blöed* ›in voller Jugendblüte‹ [Opfgn].

junge schw.: ›Junge werfen‹, von Haustieren, vereinz.; bei Hebel auch *jüngle*: *gent Achtig, wenn si jünglet* [Hebel].

Junkili n., meist. Pl.: *Junkele, Jinkili* ›junges Huhn‹ mancherorts Ortenau, nördl. und mittl. Schwarzw.

Junte f.: ›Frauenrock, Unterrock‹ mancherorts oberes Markgr., Wiesental, Hotzw.; *Jo, wedelet numme ... mit eue Junte!* [Hebel]. – Möglicherweise aus ital. *giunta* ›das Beigefügte‹.

Juppe f.: *Juppe, Jüppe, Jippe.* ♦ 1) ›Männerrock‹ (nur *Juppe*) mancherorts; vgl. »Mutze, Schope«. ♦ 2) ›Frauenrock‹, meistens *Jippe, Jüppe* mancherorts Hotzw., vereinz. SO-Baden. – Mhd. *juppe*, dies zu mlat. *juppa*, frz. *jupe*, ital. *giuppa.*

juscht Adv.: ♦ 1) ›recht, richtig, wohl‹ *er isch em näume gar nit just* [Hebel]; *De hättsch nit chönne juster choo* ›du hättest zu keinem rechteren Zeitpunkt kommen können‹ [Hebel]. ♦ 2) ›gerade, eben‹; *un me het just d' Glegehait nit gha* [Hebel]; *Seller awwer, wo just Vorschdand gsi isch, d'r Molermadhis, het Wind d'rvu bikumme* [A. Ganther].

juschtement Adv.: dass. wie → »juscht 2«; *Justement schmeckt's Pfiifli guet* [Hebel].

K

Unter »K« vermisste Wörter s. unter »gh-«, z. B. *keie* → *gheie*, *kirchle* → *ghirchle* usw.

ka ›(ich) kann‹ → »kenne²«.

käb ›dicht, eng, knapp‹ → »ghäb«.

käbesle schw.: *kchäbesle* ›Köpfchen bilden beim Kraut‹ Hotzw.

Kabis m.: *Kabis, Kabbis* mancherorts Brsg., südl. Schwarzw., Baar; *Kawis, Kawwis* vereinz. mittl. Schwarzw., Baar; *Kabbes* mancherorts Hegau; *Kchawis, Kchabis* vereinz. Brsg.; *Kchabbes* Bodanrück; *Chabis* südl. Brsg., Markgr., westl. Hotzw.; *Chabbis, Chabbes* östl. Hotzw., Klettgau, Höri. ♦ ›Weißkraut, Kohlkopf‹; Bauernregel: *Setzt me der Chabis vor Johanni, no gitts Chabis; drnoo gitts Chäbisli* [Glock Brsg.]; Volksglaube: *Wenn der Chabis wißi Blätter überchunnt* (bekommt), *so stirbt öbber ußm Huus* [Glock Brsg.]. – Dieses Wort, das sich auf unsere Südhälfte konzentriert, gehört zu mhd. *kabez* ›Kopfkohl‹, dieses ist wiederum ein altes Lehnwort zu lat. *caput(ia)* ›Haupt, Kohlkopf‹. – Vgl. »Krutt 2, Wisskrutt«.

Kabis-land n.: ›Feld, auf dem Kraut angebaut wird‹ mancherorts S-Baden.

Kachle f.: *Kachel, Kachle, Chachle.* ♦ 1) ›Topf, Pfanne, Trinkschale, Tasse‹ vereinz.; *Magsch us dem Chächeli Milch?* [Hebel]; *Wie suufer sinn die Chächeli gschwenkt* (gespült) [Hebel]; *Sälërë* (damals) *hani emol e zitlang müase al Dag in e Kächili brunze* [O. Furtwängler]. ♦ 2) ›Element des Kachelofens‹ vereinz. ♦ 3) ›Schimpfwort für weibl. Personen‹; *e ganz blödi Kachle* [St. Märgen].

kachle schw.: *kachle, chachle.* ♦ 1) ›ein brodelndes, gurgelndes Geräusch machen, röcheln, laut lachen‹ mancherorts ob. Markgr., Wiesental. ♦ 2) ›den Nachttopf benutzen‹ [Lörrach, Schopfhm]. ♦ 3) ›mit großer Geschwindigkeit fahren, rasen‹.

kachlig Adj.: *kachlig, chachlig* ›zerbrechlich‹; *alti chachligi Frau* [Burte].

Kad Gen.?: ›Gefäß, Behältnis für Mehl u. ä.‹ [Hebel].

Käfer m.: *Käfer, Käffer, Chäfer, Kchäfer, Kafer, Chafer.* ♦ 1) ›jede Art von Käfer‹; *Der Chäfer fliegt der Ilge zue* [Hebel]. ♦ 2) ›Rausch‹ Markgr.; Syn. → »Rusch«.

käferig Adj.: *käferig, chäferig* ›munter, lebhaft‹.

Kaffi m., n.: *Kaffi, Kaffee, Choffi* ›Kaffee‹; *Hesch du au scho Kaffi trunke?* [Hebel]; *Wo mer 's Kaffi trinken un Ankeweckli drin tunke* [Hebel].

Kaffi-schissle f.: *Kaffeetasse* ›mancherorts‹; *d' blüemige Kaffeschüssle, d' nettschdi, wo i im Kaschde g'ha ha* ›die geblümte Kaffetasse, die schönste, die ich im Schrank hatte‹ [A. Ganther].

kafle schw.: *kaafle, chaafle.* ♦ 1) ›nagen, beißen, knabbern‹, bes. in kleinen Bissen, mühsam kauen von alten Leuten usw., mancherorts Markgr., südl. Schwarzw., Hotzw., Hegau; *Wer it biße ka, duet kafle* [Epple]. ♦ 2) ›dumm reden‹ Markgr. – Vgl. »kifle«.

Kägersch f.: ›Elster‹ mancherorts Hegau, Bodensee. – Vgl. »Agerscht, Gägerscht«.

kai ›kein‹ → »kei«.

Kaib m.: *Kaib, Chaib* verbr., Pl. *Kaiwe, Kaibe, Chaiwe.* ♦ ›Schuft, schlechter gemeiner Mensch‹, auch schimpfend zu Tieren gesagt; *Sechs, siwwe Stund Wegs witt her sin so schlitzöhrige Kaiwe kumme* [A. Ganther]; *sidder dert trau i denne Kaiwe nimmi* [A. Ganther]. – Ein typisch alemannisches Wort, mhd. *keibe* ›Aas, Mensch, der den Galgen verdient‹; zur Bedeutungsentwicklung vgl. → »Kog«.

kaibe Adj.: *kaibe, kaiwe* ›verwünscht, nichtsnutzig‹, *dia kaiwe Buabe* [O. Furtwängler]; *sel isch e kaiwe Arwet* [O. Furtwängler]; in ähnlicher Bedeutung auch als Bestimmungswort in Zusammensetzungen wie *Kaibekerl, Kaibelebe, Kaibesiech, Kaibeziigs* usw.; im verstärkenden Sinn häufig auch als Präfix von Adj. wie z. B. *kaibedumm, kaibegern, kaiberiich, kaibeschee* ›sehr dumm, sehr gern, sehr reich, sehr schön‹.

kaibe-mäßig Adv.: ›sehr‹; *d' Sunn het kaiwemäßig brennt un g'stoche* [A. Ganther].

kaie¹ ›werfen, fallen‹ → »gheie«.

kaie² *chaie, kaie* schw.: ›kauen, wiederkäuen‹ Kaiserst., Markgr. – Wörtl. *käuen.* – Vgl. »daie«.

Kalaumes n.: ›leeres Gerede, dummes Zeug‹. – Aus jüd.-hebr. *chalomes* ›Träumereien‹.

Kalb n.: *Kalb, Chalb* verbr.; Pl.: *Kälwer, Kälber, Chälwer;* Dim.: *Kälbli, Chälbli, Chalbele* u. ä. ♦ 1)

›Junges der Kuh‹; *wie ne Chalb im Metzger folgt* [Hebel]. ♦ 2) Schimpfwort.

Kalbele f.: *Chalbele, Kalbele, Kalbene* ›Kuhkalb im 2. Jahr; Jungkuh, die zum ersten Mal trächtig ist‹ verbr.

kalbere, kelbere schw.: *kalbere, chalbere, kelbere, kelwere* ›kalben‹ verbr.; *d Chue het chalberet* [Malsburg].

Kalch m.: *Kalch, Kalich, Chalch* ›Kalk‹ verbr.

Käle → »Quendel«.

kaleppere schw.: *kalebbere, kalöppere* ›trippeln, dahinsausen, eilig rennen‹. – Weiterbildung zu nhd. *galoppieren.*

kalfaktere schw.: ›unqualifiziert an etwas herummachen, zögern‹ vereinz.

kältere schw.: ›kälter werden‹ Bodensee; *s kelteret* ›es wird kälter‹.

Kälti f.: *Kälti, Chälti* ›Kälte‹.

Kalwiller m.: *Gallwiler, Gallwiner* u. ä. ›eine Apfelsorte‹. – Frz. *calville.*

kambaise schw.: *kambaise, kambaize* ›sich zanken, streiten‹ mancherorts Ortenau.

Kämi ›Kamin‹ → »Kemmi«.

Kamille f.: *Kamille, Chamille, Kchamille* mancherorts; *Gramille, Kramille* SO-Baden. ♦ ›die Heilpflanze Kamille‹.

Kamisol n.: ›kurzer Männerrock, Kittel‹, veraltet.

Kamm m.: *Kamm, Chamm, Kchamm* verbr.; *Chambe* mancherorts Hotzw.; Pl.: *Kämm, Chämm* u. a. ♦ 1) ›Gerät zum Kämmen‹ mancherorts; neuer, in älterer Mundart »Strähl«; vgl. »Kampel«. ♦ 2) ›Kamm des Hahnes oder Huhns‹, hier oft auch noch in der Form *der Kamme, Chamme, Chambe* mancherorts. ♦ 3) ›Stielgerüst der Traube‹ Markgr.; vgl. »Trappe, Rappe[1]«.

Kammer(e) f.: *Kammer* Ortenau, Ostteil des mittl. Schwarzw., südl. Schwarzw., Baar, Hegau, Linzgau; *Kammere* vereinz. Brsg.; *Kòmmer* nördl. und mittl. Schwarzw.; *Kommere* Elztal und Umg.; *Chammer* Hotzw., Klettgau, Gegend südl. von Neustadt, Höri, Bodanrück; *Chammere* mancherorts Kaiserst., Brsg., verbr. Markgr., Wiesental, Dinkelberg (Verbr. s. Karte → »Kammere«). ♦ 1) ›Schlafraum, Kammer im Obergeschoß‹; *sini Brüeder hen schu fescht g'schnarch'lt in d'r Kammer drowwe* [A. Ganther]; *in Chuchi, Cheller un Chammer* [Hebel]; *si schlooft im stille Chämmerli* [Hebel]. ♦ 2) ›ständische Versammlung, Landtag‹, es gab früher in Baden die 1. und 2. *Kammer.* – Die Belege in der Südwestecke

zeigen noch das auslautende *-e* wie in mhd. *kamere* < lat. *camera.*

Kampel m.: *Kampel, Kòmpel* ›Kamm zum Feststecken des Haars‹ vereinz.

kample schw.: *kample, kòmple.* ♦ 1) ›kämmen‹ vereinz. Ortenau, Brsg. ♦ 2) ›sich streiten, händeln‹ vereinz.; *si hän kamplet mitenander* [Reute (Emm.)].

Kamuffel m., n.: ›dummer Kerl, Simpel‹ mancherorts.

Kanallje f.: ›Lump, Schurke‹.

Kandel[1], Kändel f.: *Kandel, Charndel, Kendel, Chendel, Cherndel* u. ä. ♦ ›Dachrinne, Wasserrinne‹ mancherorts Nordrand, südl. Brsg., Markgr., Dinkelberg, westl. Hotzw. – Vgl. »Kanel, Känel, Kaner, Käner«.

Kandel[2] m.: Berg südöstl. von Waldkirch, im Jahr 1111 als *in monte Kanden* belegt. – Name zu idg. **(s) kand* ›leuchten, hell‹, weil der schneebedeckte Gipfel in die Ebene leuchtet; von der selben Wurzel leitet sich auch der Flußname *Kander* ab.

Kanel, Känel m.: *Kanel, Chanel, Charnel, Känel, Kenel, Kennel, Chernel, Chengel.* ♦ ›Dachrinne, Wasserrinne‹ mancherorts Nordrand, Brsg., Markgr., Hotzw., Klettgau. – Wie »Kandel[1], Kändel, Kaner, Käner« sind diese Formen alte Entlehnungen (ahd. *chanali,* mhd. *kanel, kandel, kenel*) zu lat. *canalis* ›Wasserrinne, Kanal‹.

Kaner, Käner m.: *Kaner* mancherorts Ortenau, nördl. Brsg.; *Käner, Kener* nördl. und mittl. Schwarzw., östl. Brsg.; *Kenner* Baar, Raum Neustadt, Hegau; *Keäner* Linzgau, Bodanrück; *Chenner* südl. Hegau, Höri; *Kiäner* verbr. an Wolfach, oberer Kinzig, Gutach, obere Breg, Umg. St. Peter, St. Märgen.

♦ ›Dachrinne, Wasserrinne‹. – Vgl. »Kandel[1], Kändel, Kanel, Känel«.
kanigle → »ghurnigle«.
Kannebee n.: ›Sofa, gepolsterte Bank‹. – Frz. *canapé.*
Kanone f.: ♦ 1) ›großes militärisches Schießgerät‹. ♦ 2) ›Rausch‹ verbr.; Syn. → »Rusch«.
Känschterli n.: *Känschderli, Kanschderli, Chänschderli* u. ä. ♦ ›(an der Wand aufgehängtes) Schränkchen (in der Küche)‹, bes. als *Chuchichänschderli* wird das Wort häufig als typisches alemannisches Kennwort kolportiert. – Mhd. *kensterlîn,* das wohl zu lat. *canistrum* ›Korb‹ bzw. *canterius* ›Verschlag, Schrank‹ gehört.
Kans-tribeli, -fir → »Ghanstribeli, Ghansfir«.
Kante f.: *Kand, Kande, Chandte* ›Kanne‹ vereinz. und veraltet. – Alte Nebenform zu nhd. *Kanne,* ahd. *canneta, chanta.*
Kapf m.: ›Bergkuppe, Bergvorsprung‹, vereinz., häufiger noch in FlN. – Zu mhd. *kapfen* ›Ausschau halten, starren‹.
Käpili n.: ›Kapelle, Station bei der Prozession‹ Kaiserst.; der bei Prozessionen an den Stationen aufgestellte Wein wird *Käpiliwi* genannt [Endgn].
Kapott-huet m.: ›kleinerer Frauenhut‹, vereinz. Teil der Tracht.
Kappe f.: *Kapp, Kappe, Chappe.* ›Mütze, Kopfbedeckung‹, sowohl bei Männern als auch Frauen (vgl. »Hörnerkappe«); *du Zeller Maidli mit dyner Margröfer Chappe* [Hebel]; Ra.: *näb de Kabbe si* ›desorientiert sein‹ [E. Strube]; *er het mer d' Kappe gschrote* ›er hat mir die Meinung gesagt‹ [Freiamt]; *chasch mr in d Chappe jodle* bzw. *schisse* ›du kannst mich mal ...‹ [Lörrach]; *s mueß jede Narr si Chappe ha* [Glock Brsg.]; *gliichi Brüeder, gliichi Chappe* [Glock Brsg.].
Käpsili n.: ♦ 1) ›kleiner Knallkörper‹ [Emmendgn]. ♦ 2) ›ein besonders Schlauer, Experte‹; *dü bisch e richtigs Käpsili* [Freiamt].
kaputt Adj.: *kabudd, kabüdd, kchabutt* ›entzwei, vernichtet, zerstört, erschöpft‹; *'s künnt kaputt goh* [A. Ganther]; auch als Weiterbildung *kabüddig* (attributiv) [Emmendgn].
Kar n.: ♦ 1) ›strohgeflochtener Bienenkorb‹ vereinz. mittl. Schwarzw. ♦ 2) ›Nebenraum, Abteilung in der Scheune‹ mancherorts Hegau, Linzgau. – Mhd. *kar* ›Gefäß, Behälter‹.
Karbatsche f.: ›Peitsche mit kurzem Stiel und langem Lederriemen‹, von Fastnachtsnarren gebraucht, mancherorts SO-Baden.

Karch m.: *Kaarch, Karch, Karich, Körch* ›Karren, kleiner Wagen‹ Norden bis einschl. Rench, untere Kinzig und Schutter (Verbr. s. Karte → »Karch«); südl. davon »Karre«. – Mhd. *karrech,* dies aus gallisch-lat. *carruca.*
karchle schw.: *karchle, karichle, charchle* ›röcheln, keuchen, schnarchen‹ mancherorts Ortenau, Brsg., südl. Schwarzw., Hotzw. – Vgl. »karschte«.
Karch-salb(e) f.: ›Wagenschmiere‹ Ortenau; südlich davon → »Karresalbi«.
karde schw.: ›Wolle kämmen, schlichten‹ verbr. – Vgl. »verkarde, ufkarde«.
Kar(d)e-benedikte Pl.: ›gelbgrüne Distel, Kohldistel‹ u. ä., vereinz.
Karess f.: *Karess, Koress* ›Brautschau, Flirt‹ verbr.; *uf d Koress gu* [Freiamt]. – Vgl. »karessiere«.
karessiere schw.: *karessiäre* ›um jemanden werben, den Hof machen, verliebt tun, liebkosen‹. – Frz. *caresser.*
Kar-fritig m.: *Karfriddi, -friddig, Char-* so und ähnl. s. »Fritig«. ♦ ›Karfreitag‹.
Karfritigs-ei n.: ›an Karfreitag gelegtes Hühnerei‹, dem im Volksglauben vielfältige vorbeugende oder heilende Wirkungen nachgesagt werden.
Karfunkel m.: ♦ 1) ›roter Edelstein‹, bekannt aus dem gleichnamigen Gedicht Hebels: *Lueg do, was i gunne ha: ne rote Karfunkel!* [Hebel]. ♦ 2) ›Geschwür, Furunkel‹ mancherorts.
Karmonädli n.: *Karmenädli, Karmonädli* u. ä. ♦ ›Kotelette, (gebratenes) Rippenstück‹ vereinz.
Karre m.: *Karre* mittl. und südl. Schwarzw., Brsg., Baar, Bodenseegebiet; *Chaare* südl. Brsg., Markgr., Dinkelberg, Wiesental, westl. Hotzw.; *Charre* östl.

Hotzw., Klettgau, südl. Hegau, Höri; *Kcharre* vereinz. Hegau, Bodanrück (Verbr. s. Karte → »Karch«). ♦ ›Karren, kleiner Wagen‹.

Karre-salbi f.: *Karresalb, -salbe, -salbi, Charre-* u. ä. ♦ ›Wagenschmiere‹. – Vgl. »Karchsalbe«.

Karr-sili n.: *Karrsiili, Karrasüli* ›junges Schwein, Läuferschwein‹ vereinz.

Kar-samschtig m.: *Karsamschdi(g), Char-* so und ähnl. s. »Samschtig«. ♦ ›Karsamstag‹.

Karscht m.: *Karscht* mancherorts nördl. und mittl. Schwarzw.; *Kaascht* mancherorts Linzgau; *Karsch, Kaasch* mancherorts vereinz. nördl. und mittl. Schwarzw.; verbr. östl. Brsg., Raum Neustadt, Baar; *Charscht* Südrand. ♦ ›hackenartiges Gerät mit zwei oder drei Zinken‹, z. B. zum Ausgraben von Kartoffeln; *So um d Kilwiwoche rum wird dro rächt ans rûs-mache* (der Kartoffeln) *gange, do wird dr Karsch un der Bogekorb uf de Bukel gnau* (genommen)*, Zaine un Sek uf de Karë glade* [O. Furtwängler].

karschte, karschtle schw.: dass. wie → »karchle«, vereinz.

karte schw.: ›Karten spielen‹.

Kartoffel → »Erdäpfel, Erdnuss, Herdäpfel, Grumbire«.

Karussell n.: *Karrussell, Karesell* mancherorts. ♦ ›Karussell‹. – Vgl. »Ritiressli«.

Käs m.: *Kees, Chees* verbr.; *Kąąs* mancherorts Rheinebene Ortenau, Brsg.; Dim.: *Keesle, Keesli.* ♦ 1) ›Käse‹ verbr.; *Gang, Jergli, leng* (nimm) *e Chäs zuem Brot* [Hebel]; Ra.: *Nit vill Kees zum Brot gee* (geben) ›kurz, abschlägig reagieren‹ [Waldk. (Elzt.)]; *er meint er säi de Käs, debi stinkt er bloß* gesagt von jemandem, der sich unberechtigt etwas einbildet [E. Strube]. ♦ 2) ›Früchte der Malve‹ vereinz.; vgl. »Käslikrutt«.

Käs-bliëmli n.: *Keesbliämli, Cheesblüemli* u. ä. ♦ ›Margerite, Tausendschön‹ u. a.

Kaschbele f.: ›abgedeckter Steintrog für die Sauträнke‹ [Freiamt]. – Wörtl. *Kar-spüle*, Bestimmungswort zu mhd. *kar* ›Gefäß‹.

Kaschnee n.: ›Halstuch‹ vereinz. Ortenau, veraltet. – Frz. *cache-nez.*

Kaschoo n.: *Kaschoo, Gascho* vereinz.; Dim.: *Gascheerli* [Gengenb.]. ♦ ›Gefängnis‹. – Frz. *cachot.*

Kaschper m.: ♦ 1) der männl. VN *Kaspar.* ♦ 2) ›Spaßmacher, Hanswurst‹. ♦ 3) meist Dim. *Käschberle* u. ä. ›Teufel, Tod‹ mancherorts Ortenau; *s Käschberle hat n geholt* ›er ist gestorben‹ [Ettenhm].

käschperle schw.: ›Unfug treiben, Dummheiten machen, durch Unkenntnis kaputt machen‹ verbr.; *was hesch wieder kąschperlet?* [Freiamt].

Kascht m., f.: ›Speicher‹ mancherorts Rheinorte zwischen Kehl und Ottersdorf.

Kaschte m.: *Kaschde, Kaschte, Chaschte*; Pl.: *Käschde, Chäschde*; Dim.: *Käschdle, Käschdli, Chäschtli.* ♦ 1) ›Schrank‹ verbr.; *i ha mi aldi liawi Buretracht us 'm Kaschde hindefüri g'holt un a'glegt* [A. Ganther]; *gspunne hätt's mit Händ un Füeße; hätt' em nit d' Muetter 's Rädli* (Spinnrad) *in Chaste gstellt un gsait: „Gedenke des Sabbats!"* [Hebel]. ♦ 2) ›Lade, Tischschublade‹ mancherorts. ♦ 3) ›dicke, große Person‹.

Käsli-krut n.: *Keslikkrutt, -krütt* usw. ›Malve‹. – Vgl. »Käs 2, Käspappel«.

Käs-pappel f.: dass. wie »Käslikrutt«, mancherorts SO-Baden.

Kassroll f.: *Kassroll* mancherorts; *Kaschtroll* vereinz. ♦ ›Schmorpfanne, Kasserole‹.

käs-wiß Adj.: ›sehr bleich, weiß‹.

katholisch Adj.: *kadolisch, kodolisch, gadolisch, kchatolisch.* ♦ ›katholisch‹; *un ihr Gsicht wird sunnehell un lächlet so liebli, aß me möcht katholisch werde* [Hebel].

Kathrin f.: der weibl. VN *Katharina*, auch in Kurzformen wie *Kätt, Kätter, Kathri, Kättri, Kätteri* u. a., Dim.: *Kätterli.*

kätsch, kätschig Adj.: ›(allzu) weich, zart, kraftlos‹, von Fleisch, Früchten, Pflanzen, mancherorts Ortenau.

Kätter(li) → »Kathrin«.

Katz f.: *Katz, Chatz, Kchatz* verbr.; Dim.: *Kätzli, Kätzle, Chätzli.* ♦ 1) ›das Haustier Katze‹; Ra.: *s isch fir d Chatz* ›umsonst‹ [Opfgn]; *d' Katz durch d'r Bach schlebbe* ›(für andere) etwas Unangenehmes auf sich nehmen‹ [A. Ganther]; *d Katz zem Muuse trage* ›gehörig nachhelfen‹ [E. Strube]; *das macht der Chatz kai Buggel* ›das ist unbedeutend‹ [Glock Brsg.]; Sprichw.: *Wenn d Katz e Ross wär, kennt mr an de Baim nufritte* [Waldk. (Elzt.)]. ♦ 2) meist. Dim.: ›Blütenkätzchen des Haselstrauchs, der Weide‹; vgl. auch »Katzebulli 2«.

Katze-buckel m.: ›gewölbter Buckel‹.

Katze-bulli, -busele Pl.: ♦ 1) ›Kosename für die Katze‹ mancherorts. ♦ 2) ›Blütenkätzchen von Weide oder Haselstrauch‹ mancherorts Ortenau, mittl. Schwarzw., Brsg.

Katze-kopf m.: *Katzekopf, -chopf.* ♦ 1) ›Kopf der Katze‹. ♦ 2) ›Böller, kleine Kanone‹. ♦ 3) ›Birnen-, Apfelsorte‹. ♦ 4) ›runder Pflasterstein‹.

katze-niëchter Adj.: *katzeniächder, katzenüechter* ›stocknüchtern‹; *Ich awwer, katzenüechder wia i bin, spring enanderno in d' Höchi* [A. Ganther].

Katze-roller, -rolli m.: ›Kater‹; Verbr. s. »Roller, Rolli«.

Katze-tope Pl.: ♦ 1) ›Pfote der Katze‹. ♦ 2) meist Dim.: *Katzedeble, -depli, döpli, -tebli, -töbli* Bez. für verschiedene Pflanzen, deren Blüten an Katzenpfoten erinnern. ♦ 3) ›ein Konfekt‹ [Furtwangen]. – Zum Grundwort s. »Tope«.

Katze-wadel, -wedel m.: ♦ 1) ›Schwanz der Katze‹ vereinz. ♦ 2) ›Schachtelhalm‹ verbr. ♦ 3) ›Blutweiderich‹ Ortenau. ♦ 4) vereinz. Bez. für weitere Pflanzen wie Königskerze, Bärwurz, Katzenbaldrian u. a.

kätzle schw.: *kätzle, chätzle* ›Junge werfen, von der Katze‹ S-Baden.

Katzlere, Kätzleri f.: *Katzler, Kätzleri, Chätzleri.* ♦ ›weibliche Katze‹ mancherorts mittl. Schwarzw., Ortenau, Brsg., Markgr., Hotzw.

Katzuff m.: ›Metzger‹, vereinz. – Jidd. *kazzow.*

kaue schw.: *kaue, koue* verbr. (außer den unten genannten Gebieten); *käue, kaüe* mancherorts südl. Ortenau, nördl. Brsg.; *chaue, kchaue* Markgr., Klettgau, vereinz. Höri, Bodanrück; *chöue, chöüe* vereinz. ob. Markgr., Dinkelberg, Klettgau, Höri und die zwischen Rhein und Kanton Schaffhausen gelegenen Orte; Part. Perf. *gkaut, gchaut* usw. ♦ ›mit den Zähnen zerkleinern, kauen‹.

kaufe schw.: *kaufe, köufe, kaüfe, koufe, chaufe* verbr.; Part. Perf. *(g)kauft, (g)kaüft, (g)chauft.* ♦ ›durch Kauf erwerben, kaufen‹; *i ha si neu am Chanderer Märt gchauft* [Hebel]; *e neii Kaffemühli kaufe* [A. Ganther].

kause, kausere schw.: *chause, chausere* ›husten‹ mancherorts Hotzw., Klettgau, Randegg.

Kechi f.: *Kechi, Keche,* Pl.: *Kechine, Chechine, Chöchine.* ♦ ›Köchin‹; *im Pfarre si Köchi* [A. Ganther].

keck Adj.: *keck, check* mancherorts, aber auch *kech, chech, chạch* vereinz. ♦ 1) ›fest, kernig, kräftig‹, von Sachen und Menschen: *chạche Spạck* ›kerniger Speck‹ [Schopfhm]. ♦ 2) ›nicht schüchtern, beherzt, kühn‹; *wo ... us ... d' Wisen uuseluegt un check go Todtnauer Tal springt* [Hebel]; *ich bin so kạck,* sagt man, wenn man als Gast beherzt zugreift [Freiamt]; auch *keckli* Ortenau.

Kecke f.: *Kegge* südl. Ortenau; nördl. Brsg., Kaiserst.; *Chạgge* südl. Brsg., nördl. Markgr.; *Chäche, Chạche* Markgr. ♦ ›das Unkraut Quecke‹ – Syn. → »Quecke«.

Keer, Keär → »Keller«.

Kefi *Kefi, Chäfi* n.: ›Gefängnis, Käfig‹ verbr.

Kehl m.: *Kehl, Chehl, Chöhl* ›Kohl, Wirsingkohl‹, bes. im Süden und SO; *Si henn doch e Hammen* (Schinken) *im Chöhl gha* [Hebel]. – Syn. → »Wirsching«.

Kehl-krut n.: *Kehlgrudd* ›Wirsingkohl‹ mancherorts Raum Hornberg. – Syn. → »Wirsching«.

kehre schw.: *kehre, chere.* ♦ 1) ›wenden, umkehren‹; Ra.: *un gschwinder, as me ne Hand chehrt* ›blitzschnell‹ [Hebel]. ♦ 2) ›Wasser durch Verstellen der Schleusen über die Felder leiten‹ Markgr. – Vgl. »wende«.

kehren → »fege 1, firbe, schweife, wische«.

Kehri f.: *Kehri, Chehri, Kehre.* ♦ 1) ›Weg-, Straßenbiegung‹; vgl. »Rank«. ♦ 2) ›Reihenfolge‹; *D Cheeri isch an uns* ›wir sind an der Reihe‹ [Riedlgn]. ♦ 3) ›Weile, Zeitlang‹; *En andri Chehri mehr!* ›zu anderer Zeit mehr‹ [Hebel].

Kehr-wisch m.: ›Handbesen‹.

kei Pron.: *kai, kei* verbr. (außer den folgenden Gebieten); *kain* mancherorts Ortenau, nördl. und mittl. Schwarzw.; *kchai* Dinkelberg, Hotzw., Klettgau; *kenn* mancherorts Rheinebene nördl. von Kehl; *koi* obere Rench und Wolfach; *koe* obere und mittl. Brigach, Linzgau; *koo, ko* mancherorts Baar, Hegau, Linzgau; *kchoo* Umgebung Blumberg, Höri; neben diesen Formen existieren abgeschwächte Kurzformen, die in unbetonter Stellung vorkommen: *ka, ke, ko* u. ä. ♦ ›kein, niemand, nichts‹; *kei Mensch* ›niemand‹; *Kei Wunder au!* [A. Ganther]; *er rüehret jo kei Glid* [Hebel]; *un kein het meh in andere traut* [A. Ganther]; *mach keini dummi Streich* [A. Ganther]; *Keis het g'wißt, woni, wonus* ›niemand wußte ein und aus‹ [A. Ganther]; *aber e wüeste Maa isch er gsi, wie's ken meh in sibe Heere Ländere gitt* [Hebel].

Keidel m.: ›großes (keilförmiges) Stück Brot‹ mancherorts Ortenau, Brsg.

keie ›werfen, fallen‹ → »gheie«.

keis ›keines‹ → »kei«.

Kelle f.: *Kelle, Chelle* ›Kochlöffel‹ Hotzw., Klettgau; bisweilen dort auch *Chochchelle* ›Kochkelle‹.

Keller m.: *Keller* nördl. und mittl. Schwarzw., mancherorts Ortenau; *Cheller* südl. Brsg., ob. Wiesental, Hotzw., südl. Klettgau; *Kạller* mancherorts südl. Ortenau, Kaiserst.; *Chạller* Markgr.; *Kerr, Keer, Keär, Kcheär* obere Murg, Ostteil des mittl. Schwarzw., Zartener Becken, Raum Titisee-Neustadt, Baar, Hegau, Bodanrück, Linzgau; *Cherr, Cheer* nördl. Klettgau, südl. Hegau, Höri. ♦ ›Keller, im Boden eingetiefter Vorratsraum‹, z. B. für Kartoffeln, Wein; *Jetz awwer flink in Keller na un e Fläschli Wi g'holt* [A. Ganther]; *„Vreni, gang in Cheller!" un „Vreni, leng mer z'* *trinke!"* [Hebel]. – Die Formen *Keer, Keär* usw. sind schon in mhd. *ker* neben *kelre, keller* grundgelegt.

Keller-hals m.: ›gewölbter, vorspringender Kellereingang‹ vereinz. Ortenau.

Kelsch m.: *Kelsch, Chölsch* ›Stoff für Bettüberzüge, gestreifter Barchent‹ ursprünglich blau. – Wörtl. *Kölsch.*

kelsch-blau Adj.: *kelschblau, kelschbloi, chelschblau.* ♦ ›sehr blau‹, meist von kaltgefrorenen Gliedern gesagt, urspr. ›blau wie (der Stoff) Kölsch‹; *un e Spanne lang hangt d' Zungen usen, un chölschblau isch er bis an Hals* [Hebel].

Kemmi n.: *Kammi, Kamii* mancherorts nördl. Schwarzw., und Ostteil des mittl. Schwarzw., Brsg.; *Kamiin, Kammin, Kòmiin* mancherorts Ortenau; *Kòmii* mancherorts mittl. Schwarzw.; *Kemii* Elztal, östl. Brsg., obere Breg, Hochschwarzwald; *Kemmi* Hegau, Bodensee; *Kemmik, Kemmid* Baar; *Chammi* südl. Brsg., nördl. Markgr.; *Cheemi, Chemmi* ob. Markgr., Wiesental, Hotzw., Klettgau, südl. Höri; *Kchemmi* vereinz. S-Baden (Verbr. s. Karte → »Kemmi«). ♦ ›Kamin, Schornstein‹; *e Kämi uf'm Hus* [O. Furtwängler]; *un d' Chemi rauchen au alsgmach* [Hebel]; *un looset* (hört), *wie' s windet, wie's im Chemi tost* [Hebel]; *Durch's Kami isch 'r usbroche* (der Vogel) [A. Ganther]; Ra.: *öbbis in s Chämmi schriibe* ›etwas als Verlust abschreiben‹ [Glock Brsg.]; *er het nütt* (nichts) *im Chemmi hange* ›ist arm‹ [Glock Brsg.].

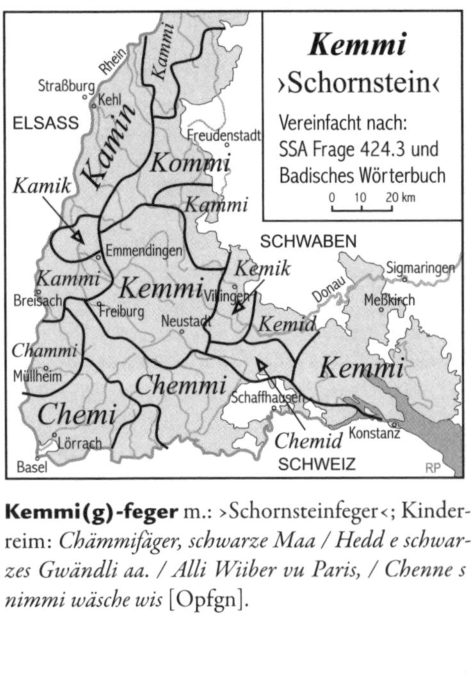

Kemmi(g)-feger m.: ›Schornsteinfeger‹; Kinderreim: *Chämmifäger, schwarze Maa / Hedd e schwarzes Gwändli aa. / Alli Wiiber vu Paris, / Chenne s nimmi wäsche wis* [Opfgn].

Kendel, Kenel ›Dachrinne‹ → »Kandel[1], Kanel«.

Kener ›Dachrinne‹ → »Kaner«.

Kengel m.: *Kengel, Chengel* ›was herabhängt, Gehänge‹, z. B. Glockenschwengel, herabhängender Nasenschleim, Traubenhängel u. a., in der Fischerspr. auch Stiel des Bootsriemens. – Mhd. *kengel.*

Kenig m.: *Keenig* mancherorts nördl. und mittl. Schwarzw., Brsg.; *Kennig* mancherorts Baar, Hochschwarzwald, Hegau, Bodenseegebiet; *Kinnig* verbr. nördl. und mittl. Schwarzw., südl. Ortenau; *Kiinig* mancherorts Brsg.; *Kenni, Kinni* Ortenau, Hanauerland; *König* mancherorts Markgr., Hotzw.; *Kchennig, Chennig* mancherorts Raum Blumberg; *Kchönig, Kchönnig* Dinkelberg, Hotzw., Klettgau, Höri; *Chüng* neben den oben genannten Formen im Wiesental, Hotzw. und Klettgau. ♦ 1) ›König, gekrönter Monarch‹; *vo Steffistag bis numme Drei Chünig* [Hebel]. ♦ 2) ›der König im Karten-, Kegel-, Schachspiel‹; *triffsch mer der Chünig* (beim Kegeln) [Hebel]. ♦ 3) nur im Dim.: ›Zaunkönig‹ *Kinigli* [O. Furtwängler]; *Chünggeli* [Bürchau].

Kenigs-vegeli n.: *Kenigsvegeli, Kinnigs-* ›Zaunkönig‹ mittl. Schwarzw. – Vgl. »Kenig 3«.

kenne[1] schw.: *kenne, kąnne, chenne, chąnne, kchenne* verbr.; Part. Perf.: *kennt, chennt, gchennt.* ♦ ›mit etwas bekannt sein, kennen, erkennen‹; *I ha ne gli widder kennt* ›Ich habe ihn sofort wieder erkannt‹ [A. Ganther]; *un mengge, wo n i gchennt ha, lyt scho lang im Chrüzgang hinterm Münsterplatz un schlooft* [Hebel].

kenne[2] st., schw. (Modalverb): *kenne* mancherorts Schwarzw., Ortenau, verbr. Hegau, Bodanrück, Linzgau; *kinne* mancherorts Schwarzw., Ortenau, verbr.

Baar; *chenne* südl. Brsg., Umgebung Bonndorf-Blumberg; *chönne* oberes Markgr., Hotzw., Klettgau, Höri (Verbr. s. Karte → »kenne«); Flexion bei Hebel: *ich chaa, du chaasch, er chaa, mer chönne, ihr chönnet, sie chönne*; Konjunktiv Prät.: *ich chönnt, du chönntsch, er chönnt, mer, ihr, sie chönnte.* ♦ ›können, beherrschen, vermögen, in der Lage sein‹; *Flueche het er chönne* [Hebel]; *un chönne si d' Sprüchli un d' Psalme?* [Hebel]; Ra.: *der chaa meh aß Brot ässe* ›der ist ein fähiger Kerl‹ [Glock Brsg.].

Kenschterli → »Känschterli«.

Ker → »Keller«.

Kerli m.: *Kerle, Kerli* ›junger Bursche, Mannsbild, Kerl‹; *Ain arme Kerli bin i* [Hebel]; *un 'r isch doch schu e alde Kerli un schu üwwer drißig Johr v'rhürot* [A. Ganther].

Kerne m.: *Kerne, Cherne* ›Fruchtkern, Körnchen‹.

kerne schw.: *kerne, kirne* ›auskernen‹, z. B. Nüsse.

Kerze f.: *Kerz, Kerze, Cherze* verbr.; *Kirz, Kirze* mancherorts Ortenau, mittl. Schwarzw., verbr. Linzgau. ♦ ›Wachs-, Talglicht, Kerze‹. – Vgl. »Schandel«.

kerze-grad Adj.: ›sehr gerade‹.

Kerze-stock m.: ›Kerzenleuchter‹.

Keschte[1] f.: *Kescht, Keschde, Cheschte, Chischte*; Pl.: *Kischtene, Käschtene Chischtele.* ♦ ›(Edel-)Kastanie, Esskastanie‹. – Mhd. *kestene,* aus lat. *castinea.*

Keschte[2] ›Unkosten‹ → »Koschte«.

Keschte-igel m.: *Keschde-iggel, -igel; Keschdeniggel, -igel* u. ä. ›die stachelige Hülle der Kastanie‹.

Kessi n.: *Kesse, Kessi, Chessi* ›großer (metallener) Kessel‹, z. B. zum Waschen, zum Kochen von Schweinefutter; *So näti, kugeligi wîsi Rüabli wäre sufer gschelt, im große Kësi mit e bar Râne schö waich kochet* [O. Furtwängler]; Ra.: *s Kessi verbrennt* ›Katzenjammer haben‹ eb. – Mhd. *kezzî,* dies aus lat. *catinus.*

kessle schw.: *chessle* ›rasseln, poltern‹ [Schopfhm].

ketsch ›weich, kraftlos‹ → »kätsch«.

Ketsche f.: *Ketsche, Ketschi* ›zusammengebundenes Astwerk mit Stämmen als Schleife, zum Holztransport oder hinten an ein Fahrzeug (zum Bremsen) angehängt‹ mancherorts Schwarzw., Kaiserst.; Brauchtum: in den Weinbauorten des Kaiserstuhls wurde an den letzten Herbstwagen eine *Ketsche* angehängt, auf die sich die Kinder stellten oder setzten.

ketsche schw.: ›auf dem Boden schleifen, mühsam schleppen, auf dem Rücken tragen‹ mancherorts. – Mhd. *ketschen.* – Vgl. »kreze«.

Ketschete f.: ›Bündel, Reisigbündel auf dem man Holz schleift‹ vereinz.

Ketsch-karch m.: ›zweirädriger Handkarren‹ mancherorts Ortenau.

Kette, Kettem(e), Kettene f.: *Kett* nördl. und mittl. Schwarzw., Ortenau; *Kedde, Kette* nördl. Brsg., vereinz. südl. Schwarzw.; *Chette* vereinz. Hochrhein; *Kettem* vereinz. Raum östl. von St. Georgen i. Schw., verbr. Linzgau; *Ketteme* südl. Schwarzw., Baar, nördl. Hegau; *Chetteme* südl. Brsg., Hotzw., Klettgau, südl. Hegau; *Chettene* Markgr., Wiesental. ♦ ›Kette‹; *'s chostet sechs Gulde* (das Tabakspfeiflein) *ohni 's Bschläg dra un ohni 's Chettemli* [Hebel]. – Die dreisilbigen Formen im Süden entsprechen mhd. *ketene.*

Kette-glaich n.: ›Kettenglied‹, vereinz. – Zum Grundwort s. »Glaich«.

Kette(me)-blueme f.: *Ketteblueme, Ketteme-, Kettene-, Chettene-* ♦ ›Löwenzahn‹ vereinz., häufiger → »Kettemestock«; *Wechslet nit der Chlee mit goldene Chetteneblueme* [Hebel]. – Benennung, weil Kinder daraus (Hals)ketten machen. – Syn. → »Seichblueme«.

Ketteme-stock, Kettene- m.: ›Löwenzahn‹ mancherorts südl. Brsg., Klettgau, südl. Hegau (Verbr. s. Karte → »Seichblueme«). – Syn. → »Seichblueme«.

ketzere schw.: *ketzere, chetzere* ›aufgeregt schimpfen‹, von Eichelhähern gesagt Markgr.

Khans-fir, -tribeli → »Ghansfir, -tribeli«.

Ki → »Kinn«.

Kiäner ›Dachrinne‹ → »Kaner«.

Kib m.: *Kiib, Chiib* ›Neid, Ärger, Zorn‹ vereinz. S-Baden; *i bi voll Chiib un Gift* [Hebel]. – Vgl. »kibe, kibig«.

kibe schw.: *kiwe, kibe, chiwe, kchibe.* ›schmollen, grollen, zürnen, trotzen‹; *er chibet* ›ist zornig‹ [Dettighfn]. – Mhd. *kîben.*

Kibel[1] m.: *Kiwwel, Kiwwl* nördl. Schwarzw., Ortenau, am Oberlauf von Brigach und Breg, Raum St. Märgen; *Kiiwel* (vereinz. auch *Kiibel*) mittl. Schwarzw., nördl. Brsg., Dreisamtal; *Chiibel* südl. Brsg., nördl. Markgr.; *Chibbel* Raum Bonndorf – Blumenfeld; *Chübel* ob. Markgr., Wiesental, westl. Hotzw.; *Chübbel* östl. Hotzw., Klettgau, Höri; *Kibbel* mancherorts Baar, Hegau, Linzgau; *Kchibbel* vereinz. Bodanrück (Verbr. s. Karte → »Kibel«). ♦ ›rundes, leicht konisches Gefäß (früher aus Holzdauben, heute auch aus Metall oder Plastik), Kübel‹, z. B.: zum Tränken von Tieren, zum Waschen, für die Weinlese, für Mörtel usw.; *en Küwel fol hais Waser in dr Kuchi* [O. Furtwängler]; Ra.: *s schittet wiä mit Kiwele* ›regnet stark‹ [Reute (Emm.)].

Kibel[2] → ›Unterkiefer‹ → »Kifel«.

Kiber, Kider m.: ›starker Husten‹ mancherorts.

kibig Adj.: *kiwig, kibig, chibig* ›schlecht gelaunt, neidisch, zänkisch‹; *si sin chibig mitenander* [Auggen]. – Abl. zu »kibe«.

kible schw.: ♦ 1) ›stark regnen‹. ♦ 2) ›erbrechen‹. – Wörtl. *kübeln.*

Kibler m.: ›Handwerker der Kübel anfertigt, Böttcher, Küfer‹ vereinz.; auch *Kifer.*

Kich ›Küche‹ → »Kuchi«.

kiche schw.: *kiche, kiiche, chiiche* ›schwer atmen, keuchen‹.

Kidder ›Täuberich‹ → »Kuter«.

kidelig Adj.: *kidelig, chidelig* ›sehr klein‹. – Zu → »Kidli«.

kiderig ›faserig‹ → »kuderig«.

kidig Adj.: *kidig, chittig* ›stockdunkel‹ Markgr. – Vgl. »kutznacht«.

Kidli n.: *Kiidel, Kiidli, Chideli* ›eine Kleinigkeit, Körnchen‹ mancherorts Ortenau, mittl. Schwarzw., vereinz. Markgr.; *e Kîdli Resätli un Mäiro* ›etwas Reseda und Maioran‹ [O. Furtwängler]. – Mhd. *kît, kîde* ›Sprössling‹.

Kië m.: *Kiä* [St. Georgen (Schw.)]; *Käe* [Möhrgn]; *Chi, Che, Cheä* vereinz. SO-Baden. ♦ ›Kienspan‹.

kiëhl, kiëhlecht Adj.: *kiäl, kiälecht, chüel* ›kühl‹, von der Temperatur aber auch vom Gemüt; *e chüeli Nacht* [Hebel]; *'s zieht allewiil schärfer un chüeler* [Hebel]; *küehl wia e Iszapfe bin i bliewe* [A. Ganther].

kiënzle schw.: *kiänzle, chiänzle* ›schmeicheln‹ vereinz.

Kifel m.: *Kifel, Chifel, Kiffel, Chiffel* mancherorts mittl. und südl. Schwarzw.; *Kibel* vereinz. oberes Elztal (Verbr. s. Karte → »Kifel«). ♦ ›Unterkiefer, Kinn‹.

kifle schw.: *kiifle, chiifle.* ♦ 1) ›auf etwas herumbeißen, kauen‹ mancherorts. ♦ 2) ›nörgeln, kritteln‹ vereinz. – Vgl. »kafle«.

Kilch m.: *Kilch, Kchilch* ›eine Weißfischart im Bodensee‹ [Hagnau, Reichenau, Bradlen], auch *Kilchfelchen* [Überlgn].

Kilche → »Kirche«.

Kile-suppe f.?: ›Bohnenkraut‹ Hotzw.

Kilwi f.: *Kilwi* mancherorts Ortenau, mittl. und südl. Schwarzw., nördl. Brsg.; *Kilbi* vereinz. Brsg.; *Chilbi* südl. Brsg., Markgr., Hotzw., Klettgau; *Kilbig, Chilbig* mancherorts südl. Baar, westl. Hegau; *Kirwe* nördl. Schwarzw.; *Kirwi* obere Acher, Rench; *Kirbi, Kirbe* östl. Hegau, Bodanrück, Linzgau; *Chirbi* vereinz. Höri; *Kirwig, Kerwig, Kerwig, Kerbig* vereinz. Baar, Hegau (Verbr. s. Karte → »Kilwi«). ♦ ›das Fest zum Jahrtag der Kirchweihe‹ heute meist jährlich wiederkehrendes Fest mit eher weltlichem Charakter, mit reichlichem Essen, Trinken, Tanz und speziellem Brauchtum; *d Mûatr hät scho Kiächli bache uf d Kilwi. Jûhui Kilwi, sël isch di schönscht Zit im Jôr* [O. Furtwängler]; *Uf alle Märte flankiert er, goht uf jedi Chülbi* (die hier bei Hebel gebotene Form mit *-ü-* ist in den heutigen Mundarten nicht belegt, vielleicht ist es hier nur eine hyperkorrekte Schreibung); *un d' Burebuewe bi de Kirwene* (Pl.!) *un uf de Hochzigge mit denne Dolchmesser enander „B'hüet di Gott" sage* (d. h. sich mit Messern bedrohen) [A. Ganther]; abschlägige Ra.: *der ka mer uf d Kirbi kumme* [Stahrgn];

Sprichw.: *Jedi Kilwi hät en Mittwoch* ›alles hat einmal ein Ende‹ [E. Strube].

Kime m.: *Kimme* Ortenau, mittl. Schwarzw.; *Kiime, Chiime* übriges Gebiet. ♦ 1) ›Pflanzenkeim‹ verbr. ♦ 2) ›von der Nase hängender Schleimstrang, Rotznase‹ mancherorts Ortenau. – Mhd. *kîm(e)* ›Keim‹.

kime schw.: *kime, chime* ›keimen‹.

Kimlig m.: *Kiimlig, Chiimlig* ›Keimling‹.

Kimmi m.: *Kimmich, Kimmig, Kimmi, Chümmi, Chümmich* u. ä. ♦ ›Kummel, Kümmelpflanze‹; *würzige Chümmi* [Hebel].

Kind n.: *Kind, Chind* verbr.; *Ching* Südostecke (Umgebung von Efringen-Kirchen); Pl.: *Kind, Chind, King, Ching* dann aber auch *Chinde, Kinder, Chinder, Kindere* mancherorts; Dim.: *Kindli, Kindle, Chindli.* ♦ ›Kind, Sprössling, Nachkomme‹; *mit Wîb un Kind* [O. Furtwängler]; *Potztausig, 's Chind isch au verwacht* [Hebel]; *un hungrig by andre Chinde stöhn* [Hebel]; *'s Habermues wär ferig, se chömmet, ihr Chinder, un esset!* [Hebel]; *d' Muetter rüeft de Chindlene* (Dim. Pl.) [Hebel]; *Esset, Chindli!* [Hebel]; *wunderfizige Kindere* [O. Furtwängler]. Sprichw.: *D Chindre luege den Eltre meh uff d' Finger un d' Füeß aß uff 's Muul* ›das Vorbild der Eltern erzieht mehr als Worte‹ Brsg.

Kind-betteri f.: ›Wöchnerin‹; Volksglaube: *Wenn e Chindbettri stirbt, soll mere d Schueh in de Dodebaum* (Sarg) *mitgee, si mueß sechs Woche lang zruckcho un s Chindli go säuge* [Glock Brsg.].

kindele schw.: *kindele, chindele* ›kindisch tun, noch mit Kindern spielen (tadelnd)‹.

Kinder-scheesli n.: ›Kinderwagen‹.

Kinder-schuel f.: ›Kindergarten‹.

Kindle-krut n.: ›Aronstab‹ Hotzw.

Kindle-latsche Pl.: ›großer Ampfer‹ [St. Märgen, Buchenb.].

Kindle n.: ›Pupille‹ vereinz. Nordrand. – Benennung wegen der konvexen Spiegelung, die den Betrachter im Auge des Gegenübers als kleines Männchen (Kindlein) darstellt; auf der gleichen Beobachtung beruht auch das Wort *Pupille*, das auf lat. *pupilla* ›Püppchen‹ zurückgeht.

Kindlis-brunne m.: ›Brunnen, aus dem angeblich die kleinen Kinder kommen‹ mancherorts.

Kinds-magd f.: *Kindsmagd, -maag* ›wer Kinder hütet‹ mancherorts; *So, muesch e wing Kindsmagd sii?* [Freiamt].

Kine n.: *Kinee, Kinä* ›ein Knabenspiel, bei dem ein angespitztes Holz fortgeschlagen wird‹ [Diershm, Schwarzach, Sasb. (Achern)].

Kingeli[1] n.: *Kinggele, Kinggeli* mancherorts Brsg.; *Chinggeli* südl. Brsg., nördl. Markgr.; *Chünggeli* übriges Markgr.; *Chünggel, Chünkel* vereinz. Hotzw., Klettgau; auch bisweilen mit angehängtem *-has, z. B. Kinggelihas* u. ä. ♦ ›(wildes) Kaninchen‹. – Mhd. *küniclîn, künglîn*, dies aus lat. *caniculus* ›Karnickel‹. – Vgl. »Kulhas«.

Kingeli[2] ›Zaunkönig‹ → »Kenig 3«.

Kini → »Kinn«.

Kinig ›König‹ → »Kenig«.

Kinn n.: *Kinn* mancherorts Ortenau; *Kiin* mancherorts nördl. Schwarzw.; *Kinnig* mancherorts mittl. Schwarzw., südl. Ortenau; *Kini* nördl. Brsg., Kaiserst.; *Chini* südl. Brsg., Markgr., Hotzw.; *Chinni* mancherorts östl. Hotzw., Klettgau; *Chüni* vereinz. Klettgau; *Kii* mancherorts Wolfach, obere Kinzig, Baar, Hegau, Bodanrück, Linzgau; *Chee* südöstl. Hegau, Höri (Verbr. s. Karte → »Kifel«). ♦ ›Unterkiefer, Kinn‹. – Vgl. »Kifel«.

Kinn-bäckli n.: *Kinnbäckli, -bạkli, Kimbäckli.* ♦ ›Unterkiefer des Schweins‹ verbr.

kinne ›können‹ → »kenne[2]«.

Kinzge f.: *Kinzge, Chinzge* ›tief eingeschnittener Hohlweg‹ Brsg., bes. Kaiserst., Tuniberg, auch in zahlreichen Flurnamen. – Das Wort gehört wie der Gewässername *Kinzig* etymologisch zu keltisch **quentika* ›Einschnitt, Schlucht‹.

Kipfe Pl.: *Kipfe, Chipfe* südl. Hälfte, nördl. gilt → »Runge«; *Kipfel* mancherorts südl. Baar, südl. Schwarzw. ♦ ›die seitlichen Stützen am Bauernwagen‹. – Mhd. *kipf, kipfe*, aus lat. *cippus* ›Pfahl‹. – Syn.: »Geize 2, Holme, Proffe, Runge[1], Schwibe 1, Stuche 2«.

kipferle schw.: nur in der Wendung *du kasch mi kipferle* ›du bist mir gleichgültig‹ [Sulzburg].

kipple schw.: ›sich (neckend) streiten, zanken‹ mancherorts Ortenau, Kaiserst.; *was hen ihr die ganz Zitt z kibble?* [Freiamt]. – Syn. → »vexiere«.

Kirbi ›Kirchweih‹ → »Kilwi«.

Kirbse f., **Kirbs** m.: *Kirbs, Kirbse, Chürbse, Kirbis, Chürbis.* ♦ ›Kürbis‹.

Kirche f.: *Kirch, Kirich* nördl. und mittl. Schwarzw., Ortenau nördl. Brsg.; *Kirche* Zartener Becken, Hochschwarzwald, Linzgau; *Chirche* mancherorts Klettgau, Höri; *Kilche* mancherorts Baar; *Chilche* südl. Brsg., Markgr., südl. Schwarzw., vereinz. Klettgau, Hegau; *Chille* Dinkelberg, südl. Hotzw. (Verbr. s. Karte → »Kirche«); die Formen mit *-l-* sind weitgehend am Schwinden, während für das Mittelalter *Kilche, Chilche* geradezu als alemannisches Kennwort gilt. ♦ ›Kirche, Gottesdienst‹; *D Kirch isch us* ›der Gottesdienst ist zu Ende‹ [Schutterwald]; *Maideli, loos un sag: gohsch denn au flíißig in d' Chilche?* [Hebel]; Ra.: *r goht mit dr Kirch ums Dorf* ›handelt, spricht umständlich‹ [Waldk. (Elzt.)].

Kirche-diëner m.: *Kirchediäner, Chilchediäner* ›Mesner, Küster‹ mancherorts Markgr. (Verbr. s. Karte → »Mesmer«). – Vgl. »Mesmer, Sigrischt«.

Kirche-hirt m.: *Kirichehirt* ›Aufseher während des Gottesdienstes‹ mancherorts mittl. Schwarzw., in der Ortenau auch *Kiricheriäger, -riärer* u. ä.

Kirch-hof m.: *Kirchhof, Kirich-, Kerich-, Kilch-, Chilch-* u. ä. ♦ ›Friedhof (um die Kirche)‹ verbr. (außer SW-Baden, dort »Gottsacker«); *i gang im Chilchhof zue* ›ich sterbe bald‹ [Hebel]; *der Chilchhof isch nit wyt. Wer waiß, wer bal dört lyt?* [Hebel].

Kirch-spiel n.: *Kirchspiel, Chilchspel* ›Einzugsbereich der Pfarrkirche, Gemeinde‹.

Kirch-weih → »Kilwi«.

Kirgs(l)er ›Husten‹ → »Ghirgs(l)er«.

kirne → »kerne«.

Kirni-brot n.: ›Weißbrot‹ [St. Märgen].

Kirsche f.: *Kirsch, Kirscht* nördl. Schwarzw., Unterlauf von Acher, Rench und Kinzig (Verbr. s. Karte → »Kriëse«).

Kirsche-plotzer m.: ›schwerer Kirschkuchen‹ mancherorts Raum Bühl.

Kirwe ›Kirchweih‹ → »Kilwi«.

Kischte f.: *Kischt, Kischde, Chischte.* ♦ 1) ›Kiste‹; im Dim. *Kischtli* auch ›Anschlagkästchen für Eheaufgebote‹. ♦ 2) ›Alkoholrausch‹; *Der het e Kischde* [St. Georgen i. Schw.]; Syn. → »Rusch«.

kischt(er)ig Adj.: *kischdig, kischderig, chiischterig.* ♦ 1) ›heiser, erkältet, kratzig im Hals, hustend‹ Ortenau, Brsg., Hotzw. ♦ 2) ›holzig, rauh‹, von Rettichen, bzw. Rüben; *die Ruewe sin disjohr glich kischderig wore* [Ottoschwanden]. – Wohl zu *keuchen.* – Vgl. »kuderig«.

Kissi n.: *Kissi* nördl. Brsg., Kaiserst., südl. Schwarzw., Baar, Hegau, Bodanrück, Linzgau; *Kisse* nördl. davon; *Chissi* südl. Brsg., mancherorts südl. Schwarzw., Raum Bonndorf – Blumberg; *Chüssi* Markgr., Wiesental, Hotzw., Klettgau, Höri. ♦ ›Kissen, Polster‹.

Kiti f.: *Kiddi, Kitti, Chitin* ›weibl. Taube‹ vereinz. – Fem. Form zu »Kut«, wörtl. also *Käutin.*

Kitschli ›Fohlen‹ → »Kutsch«.

Kitt f.: ›Schar von Vögeln (Rebhühner), Wurf Junge (Ratten, Mäuse)‹ vereinz. nördl. Ortenau. – Mhd. *kütte.*

kitt Adj.: ›frei von Verpflichtungen, nichts mehr schuldig, quitt‹ Ortenau, Brsg. – Verwandt mit *quitt.*

Kitte, Kiddene → »Quitte«.

kittere schw.: *kiddere, chiddere, chittere* ›unterdrückt lachen, kichern‹ verbr.; *d' G'meidirät stupfe enand un fange a z' kiddere* [A. Ganther]. – Syn.: »gigele, hättele 2, hittele, kuttere, meckele 3, pfittele, pfittere, pfitterle, pfuttere 2«.

Kitter-loch f.: ›weibl. Person, die gern und viel lacht‹ [Freiamt].

kitze-bohne(le) schw.: *kitzelbohne, kitzelbuhne, kitzebohne, kitzebuhne* mancherorts nördl. Schwarzw., vereinz. Ostteil des mittl. Schwarzw.; *kitzebaile, kitzebohnele, kutzebohnele, kutzebohne, kitzebehnele* Baar, Hegau Bodenseegebiet, dazu viele weitere Varianten. ♦ ›leicht hageln, graupeln‹, dazu das Substantiv *Kitzebohne, Kitzelbohne* usw. ›kleine Hagelkörner. Graupeln‹.

Klabaschter m.: *Klabaschder, Chlabaschter* ›Alabaster‹ veraltet; *Wiiß sinn si wie Chlabaster un waich wie Anke* [Hebel].

kläferig Adj.: ›saftig‹, vom Holz, Kinzigtal.

Klaff f. (m.): *Klaff, Chlaffe.* ♦ 1) ›Spalte, Einschnitt, Kerbe‹ vereinz. ♦ 2) ›Klappertopf‹ (Pflanze) mancherorts.

Klaff-ehri m.: *Klafféeri* ›Schlingel‹ [Waldk. (Elzt.)]. – Urspr. wohl jemand mit klaffendem (geschlitzten) Ohr, vgl. »schlitzehrig« oder doch zu »Kleferi«.

Klammere f.: *Klammer, Klammere, Chlammere.* ♦ 1) ›Vorrichtung zum Festklemmen, Klammer‹. ♦ 2) ›große schwarze Waldameise‹ mancherorts.

Klank m.: *Klank, Chlank, Chlänk, Klenk* ›Verschluß, Knoten eines Weiden- oder Strohbandes‹, z. B. beim Heften von Weinstöcken, Binden von Getreidegarben. – Mhd. *klanc.*

Klapf m.: *Klapf, Chlapf.* ♦ 1) ›Knall‹, z. B. ›Peitschenknall‹ verbr.; *D' Hofrädi un 's Döchderli schiaße in d' Höchi un rüefe uf ei Klapf* ›rufen auf einen Schlag‹ [A. Ganther]. ♦ 2) ›Klaps, patschender Schlag‹. ♦ 3) ›Alkoholrausch‹; Syn. → »Rusch«. – Mhd. *klapf.*

kläpfe schw.: *kläpfe, klepfe, chlepfe, chläpfe, chlöpfe.* ♦ ›mit der Peitsche knallen‹; *d' Gaißle chlöpft, un d' Sägese ruschet* [Hebel]; *d'r Chrischida het mit d'r Geisel klepft* [A. Ganther]. – Syn. → »knälle, schnelle«.

Kläpfer m.: *Klepfer, Kläpfer, Chlepfer.* ♦ 1) ›Knall‹; vgl. »Klapf«. ♦ 2) ›schwere Stiefel‹ vereinz. ♦ 3) ›Schweinsblase, blasenähnliche Früchte oder Hülsen an Pflanzen, harte Traubenbeeren‹ die, wenn man sie zerdrückt, mit einem leichten Knall zerplatzen, mancherorts. ♦ 4) ›feste, große Kirschen‹. ♦ 5) ›kleine pralle Fleischwurst‹ Markgr., weil sie (wie eine Knackwurst) beim Hineinbeißen knackt. ♦ 6) leicht abschätzige Bez. für Menschen, bes. für kleine, gedrungene. ♦ 7) ›Rausch‹; Syn. → »Rusch«.

Kläpper f.: ›Mund‹, derb Ortenau.

kläppere schw.: *kläppere, kląppere chläppere, chlöppere.* ♦ ›klappern, klirren, klatschen‹. – Vgl. »verkläppere«.

klarinedere schw.: ›tüchtig Alkohol trinken‹ [Freib.].

Klarnett f., meist n.: *Klarnedd, Klaneed, Klanett.* ♦ ›Klarinette‹.

Klattere Pl.: ›Kotklunker an den Schenkeln von Kühen‹ Bodanrück, Linzgau. – Vgl. »Bäkle 1, Rolle 2«.

Klaue-sucht f.: *Klauesucht, Chlauesucht, -suucht* ›Maul- und Klauenseuche‹.

Klaus m.: *Klaus, Klose.* ♦ 1) Kurzform für den männl. VN *Nikolaus.* ♦ 2) meist nur *Klose, Glose* ›(Paten-)Geschenk zum Nikolaustag‹ SO-Baden; *de Glose hole* ›das Patengeschenk abholen‹ [Stahrgn]. – Vgl. »Santiklaus«.

Klause-maa m.: *Klausemaa, Klusemaa, Klosemaa.* ♦ ›Gebäck zu Nikolaus in Männchenform‹, in SO-Baden vereinz. auch der Nikolaus, der am Vorabend des 6. Dez. zu den Kindern kommt. – Vgl. »Nikelaus«.

Klause-picker m.: ›Nikolausbegleiter‹ mancherorts.

klebe schw.: *kläwe, kläbe, kląbe, chläwe* ›kleben‹.

Klebere f.: *Kläwere, Kläbere, Kląbere, Chläbere, Chläbbere.* ♦ ›Klebkraut, Klette‹. – Vgl. »Klibe«.

Klee m.: *Klee, Klää, Klii, Chlee* ›Klee‹; *Wechslet nit der Chlee mit goldene Chetteneblueme* [Hebel].

klefere schw.: *klefere, chlafere.* ♦ 1) ›lärmen, toben‹ [Freiamt]. ♦ 2) ›schwatzen‹ Markgr.

Kleferi m.: *Klefeeri* (Betonung 1. Silbe), *Chlaferi.* ›Lausejunge, Nichtsnutz, Schwerenöter‹ u. ä., eine leichte Schelte, bisweilen jedoch mit anerkennendem Unterton. – Mhd. *kleferæ* ›Schwätzer‹.

klei Adj.: *klai* vereinz. nördl., mittl. und südl. Schwarzw., Ortenau, nördl. Brsg., Baar, Linzgau; *kloi* verbr. obere Rench, obere Wolfach; *kläi* vereinz. nördl. Schwarzw., Raum obere Breg, St. Märgen; *klain, kleen* mancherorts Ortenau; *chlai* südl. Brsg., Markgr., Hotzw., Klettgau, westl. Hegau; *klee* Bodanrück, Linzgau; *chlii* mancherorts Wiesental, Hotzw., Klettgau (Verbr. s. Karte → »klei«). ♦ ›von gerin-

ger Dimension oder Anzahl, nicht groß‹; *e klei Wiili* ›eine kleine Weile‹ [A. Ganther]; *was streckt si do im chliine Bett* [Hebel]; *Chumm, waidli chumm, du chlaini Muus!* [Hebel]; *I ha mi g'schämt wia a klei Kind* [A. Ganther]; Ra.: *chlai wiä Gligerli* ›sehr klein‹ [Opfgn]; jemanden *um d'r klei Finger wickle künne* ›von jemandem alles verlangen können‹ [A. Ganther].

kleibe schw.: *klaibe, chlaiwe* ›verkleben, zukleistern, zuschmieren‹.

Kleid n.: *Kleid, Klaid, Chlaid, Kchlaid* verbr.; *Klaad* [Gailgn]. ♦ 1) ›Frauenkleid‹ verbr. ♦ 2) ›Kleidung‹, meist im Pl. gebr.; *städischi Kleider* ›Kleidung nach städtischer Mode‹ [A. Ganther]; *Un wer het im ganze Dorf die suuferste Chlaider* [Hebel]. – Für Kleidung insgesamt s. auch »Plunder, Häß, Gehäß«.

Kleider-kaschte m.: *Kleiderkaschde, Chlaiderchaschde* so u. ä. ♦ ›Kleiderschrank‹ bes. im Süden.

Kleie f.: *Kleie, Klaie, Chlaie* ›Kleie‹.

klei-munz(el)ig, -wunzig Adj.: ›sehr klein, winzig‹ vereinz.

klemme schw.: *klemme, chlemme* mancherorts. ♦ 1) ›einzwängen, klemmen, kneifen‹; *'s Ochsewirts Finger klemme guet* ›halten gut fest‹ [A. Ganther]; Syn. → »pfetze 1«. ♦ 2) ›Wein trinken‹ Markgr. – Vgl. »verklemme, chlimme«.

Klenk ›Bindeband‹ → »Klank«.

klepfe ›knallen‹ → »kläpfe«.

Klepfer ›Knall‹ u. a. → »Kläpfer«.

Klepper m., f.: ♦ 1) ›altes, mageres Tier oder ebensolcher Mensch‹. ♦ 2) ›Pflanzen, mit klappernden dürren Fruchtständen‹, z. B. Mohn, Taubenkropf, Pechnelke.

Klesli n.: *Kleesli, Chleesli, Chlöösli* ›Querriegel, Knebel als Verschluß an einer Kette‹ Markgr., Hotzw., Klettgau, Hegau, Höri. – Das Wort ist als Dim. zu *Kloß* anzusehen.

klettere schw.: *kleddere, klettre, klạddere, chlettere* ›klettern‹.

Klevner m.: eine alte Traubensorte.

Klibe, Klibere f.: *Kliwe, Klibe, Klibere, Chlibere.* ♦ ›Klebkraut, Klette‹ vereinz. – Vgl. »Klebere«.

klibe st.: *klibe* Baar, Hegau, Bodanrück, Linzgau; *chlibe* mancherorts südl. Hegau, Raum Blumberg-Bonndorf; *chlübe* Klettgau, Höri; Part. Perf.: *klobe* u. a. ♦ ›kneifen, zwicken‹. – Ahd. *kliuban.* – Syn. → »pfetze«.

klible schw.: ›aufklauben‹ [Epple].

Klickel m.: ›Quaste, Troddel‹ Hegau, Linzgau.

Klicker m.: ›Spielkugel, Murmel‹. – Syn. → »Murmle«.

klimme ›kneifen‹ → »chlimme«.

Klimse ›Ritze, Spalt‹ → »Chlimse«.

Klobe m.: *Klowe, Klobe, Chlobe*; Dim. *Klewele, Klebele.* ♦ 1) ›Bolzen, Pflock, Türangel‹ u. ä. ♦ 2) ›(kurze) Tabakpfeife‹. ♦ 3) ›(massiges, ungefüges) Pferd‹; *Mit Müeh und Not het m'r dia Klowe widder ig'fange un abunde* [A. Ganther]. ♦ 4) ›ungeschlachter, derber Kerl‹.

klocke schw.: ›klopfen‹ Bodenseegegend.

Klofter n. (m., f.): *Kloofder, Chloofder, Chlòòfter* ›veraltetes Raummaß (4 m^3)‹ für Holz. – Mhd. *klâfter* ›Spannweite der Arme‹, nhd. *Klafter.*

klopfe schw.: *klopfe, chlopfe* ›klopfen, schlagen‹; *'s Herz het m'r klopft, bum, bum, bum* [A. Ganther].

klor Adj.: *kloor, chloor* ›klar, hell‹; *Auge chloor un blau* [Hebel].

Kloschter n.: *Kloschter, Chloschter* ›Kloster‹.

klube schw.: *kluwe, klube, chlube, klübe* ›mit den Fingern an etwas herumklauben (z. B. zwischen den Zehen oder im Gesicht), ungeschickt hantieren‹, im Süden auch *chlüüble* in der selben Bedeutung.

klübe ›kneifen‹ → »klibe«, ›klauben‹ → »klube«.

Klucker m., f.: *Klugger, Chlugger,* auch Dim.: *Chlüggerli.* ♦ ›Spielkugel, Murmel, Klicker‹ südl. Schwarzw., Brsg., Markgr. – Syn. → »Murmle«.

Kluft f.: *Kluft, Chluft.* ♦ 1) ›klaffender Spalt, Höhle‹, vereinz; *wo ... us tief verborgene Chlüfte d' Wisen* (der Fluß Wiese) *uuseluegt un check go Todtnauer Tal springt* [Hebel]. ♦ 2) ›Zange des Nagelschmieds‹ Markgr.

Klupper m. (f.): *Klubber, Klubbere,* Dim.: *Klibberli* u. a. ♦ ›Büschel, Bündel, was in dichtgedrängten Haufen zusammenhängt‹, z. B. Kirschen, Nüsse, mancherorts Ortenau, Brsg.; *do hange ganzi Klubbere Kriäse* (Kirschen) [Ringshm].

Kluse f.: *Kluse, Chluse.* ♦ 1) ›Felsspalt‹. ♦ 2) ›abgeschlossene Kammer, Klause‹, dazu *chluse* ›eng hausen‹ und *chlusig* ›eng, schmal‹, am Südrand.

kluttere schw.: *kluddere, chluttere* ›im Wasser plätschern, fließen, gluckern‹ Ortenau, Brsg., vereinz. Markgr.

Knabe → »Chnab«.

Knäckis m.: *Knäckes, Kneckes, Kneckis, Knạckis* u. ä. ♦ ›kleiner Kerl, Knirps‹ Ortenau, nördl. und mittl. Schwarzw.; *Der klai Kneckis het so e Gosch!* [Gengenb.].

Knaisli, Knisli n.: *Knaisli, Kniisli, Knöusli, Chnöisli, Chnüüsli* u. ä. ›knorriger Auswuchs‹, bes.

›knuspriges Endstück des Brotlaibes‹ verbr.; Syn. → »Aschnitt«. – Vgl. »Knuse«.

knälle schw.: ›knallen‹ verbr. nördl. Schwarzw., nördl. Ortenau. – Syn. → »kläpfe«.

Knäller m.: ♦ 1) ›Knall‹. ♦ 2) ›Kirschen mit knackigem Fruchtfleisch, Schneebeeren‹, weil sie beim Hineinbeißen bzw. Zerdrücken *knälle.*

Knams ›Anteil‹ → »Gnams«.

knäpfe schw.: *gnebfe, gnepfe, gnipfe* verbr. Ortenau, Brsg., Kaiserst. ♦ 1) ›nicht im Gleichgewicht sein, kippen, einnicken‹; *er duet gnepfe* ›er nickt ein‹ [Epple]. ♦ 2) ›hinken, humpeln, ausrutschen‹. – Bildung zu »knappe«.

Knäpfi, Knipfi f.: ›Punkt des Umkippens‹ verbr.; Ra.: *s isch uf de Gnipfi gstonde* ›es war kritisch und ist nochmal gutgegangen‹ [Freiamt]. – Zu »knäpfe«.

knappe schw.: ♦ 1) ›(zustimmend) mit dem Kopf nicken, ein Nickerchen machen‹. ♦ 2) ›wackeln, sich bewegen‹ vereinz. SO-Baden. ♦ 3) ›hinken‹. – Mhd. *gnappen* ›wackeln, hinken‹.

Knapper m.: ›wer immer zustimmt‹ oft auf Gemeinderäte bezogen. – Zu »knappe 1«.

Knäpperli m.: ›langsamer Mensch‹ Ortenau.

Knärbel m.: ›aufgeplatzte Kruste, Anschnitt am Brot‹ mancherorts zwischen Oos und Acher. – Syn. → »Aschnitt«.

knarfle, knärfle schw.: *knarfle, knärfle, chnarfle.* ♦ ›knabbern, geräuschvoll an etwas herumnagen, knirschen‹; *in den Eichle chnarflet d' Sau* [Hebel]; *un schobbt no ebbis zuem Knarfle in sini langi Burerockflüg'l hinde ni* [A. Ganther].

knätsche schw.: *knätsche, knạtsche, chnätsche, chnätschge.* ♦ ›klatschende, knackende oder schmatzende Geräusche machen‹.

Knattel, Knatt(e)li m.: ›langsamer, gebrechlicher Mensch‹ gutmütig bis abschätzig gebr.

knaue ›knien‹ → »kneie«.

Knaul m.: *Chnäuel, Knoil, Knëil, Knëile, Chnule, Chnüli*; Dim.: *Kneiwili.* ♦ ›Knäuel‹ verbr. – Vgl. »Knuppe«.

Knecht → »Kneecht«.

Kneecht m.: *Kneecht* verbr. Schwarzw.; *Knạạcht* Ortenau, nördl. Brsg., Kaiserst.; *Knecht* vereinz. (neuer); *Kneacht, Kneächt* Baar, vereinz. Linzgau; *Kniicht* Zartener Becken – St. Peter; *Chnecht* südl. Schwarzw., Hotzw., Klettgau; *Chnạạcht* südl. Brsg., Markgr.; *Chneacht, Chneächt* südwestl. Hegau, vereinz. Höri, Bodanrück; *Kneat, Kneät* Hegau, Linzgau; Pl. meist wie Sg. ♦ ›Knecht auf dem Bauernhof‹; *un kai Chnecht hätt' zue n em dingt* ›kein Knecht hat sich bei ihm verdingt‹ [Hebel]; *d'r Alt un d'r Bue un d'r Knecht un viar, fünf Daglühner* [A. Ganther].

kneie schw.: *knaue, knoue* nördl. Schwarzw. und angrenzende Rheinebene; *knöie* mancherorts Hanauerland; *kneje* Westteil des mittl. Schwarzw., nördl. Brsg., Zartener Becken; *knaie* mancherorts Raum Titisee – Neustadt; *knejwe* Raum Schiltach – Hornberg, oberes Elztal, St. Märgen, Baar; *kniible* mancherorts Hegau, Bodanrück, Linzgau; *kneible* Stahrgn; *kniile, knaiele, knuile* mancherorts Bodanrück, östl. Linzgau; *chneje* südl. Brsg., nördl. Markgr., Raum Bonndorf – Blumberg; *chnöie, chnoie, chneue* oberes Markgr., Wiesental. Dinkelberg, Hotzw., Klettgau; *chnüle* mancherorts Höri (Verbr. s. Karte → »kneie«). ♦ ›auf den Knien liegen, knien‹; *Sie kneit vor em, uf em Bode; un er duet ere d'r Sege gä* [A. Ganther].

kneitsche ›kneten‹ → »knotsche«.

kneiwe ›knien‹ → »kneie«.

knell Schallwort → »ene«.

knepfe ›nicken‹ → »knäpfe«.

Knepfli eine Mehlspeise → »Knopf 4«.

knette schw.: *gnạdde, knädde, chnädde* ›mit den Händen mengen, kneten‹.

Knie n.: *Knie, Chni,* am Südrand *Chnü, Chneu*; am Nordrand (obere Murg) *Knau, Knou* und im östl. Linzgau *Knui.* ♦ ›Knie‹; *un legt d'r Hermännli üwwer's linke Knie un v'rwalkt 'n ganz ordenanzmäßig* [A. Ganther].

knielinge Adj.: ›knieend, im Knien‹ [Konstanz]. – Vgl. »stendlinge«.

kniëmpe(re) schw.: *kniämpere, chniämbe, chni-*

ämple. ♦ 1) ›viel arbeiten mit wenig Erfolg‹ Breisgau, Ortenau, vgl. »knofere«. ♦ 2) ›auf dem Stuhl schaukeln, sich unruhig gebärden‹; tadelnd zu einem Kind: *was hesch aü allewil z kniëmpere* [Freiamt]. ♦ 3) ›daherhinken‹.

knien → »kneie«.

Knie-riäme m.: ›Spannriemen des Schuhmachers‹; *Dem* (dem Lehrbub) *si Buck'l, der het ebbis v'rzehle künne vum Meischder sim Knieriame* (weil er damit geschlagen wurde) [A. Ganther].

Knie-rinke m.: ›Strumpfband‹ SO-Baden, veraltet.

Knie-schissele n.: ›Kniescheibe‹.

Knilz f.: *Knilz, Knils, Knelz, Knels* ›Stechmücke‹ mancherorts Ortenau.

Knipe, Knippe m.: *Kniip, Knipp, Kniipe, Chnippe.* ♦ ›(altes) Messer, Taschenmesser, Messer des Schuhmachers zum Lederschneiden‹ vereinz. – Mhd. *knîp, knîpe* ›Messer‹, engl. *knife.*

knipfe ›kippen‹ → »gnepfe«.

knischte schw.: ›quetschen‹ mancherorts mittl. Schwarzw.

Knisel m.: ›Schnupfen‹ mancherorts südöstl. Schwarzw. – Syn. → »Schnupper«.

Knisli ›Endstück des Brotes‹ → »Knaisli«.

knitsche schw.: *knitsche, chnütsche* ›quetschen, drücken‹.

knitsche-blau Adj.: ›ganz blau‹, z. B. von gefrorenen Fingern, mancherorts Ortenau, Brsg.

knitz, knitzig Adj.: *gnitz, knitz,* seltener: *gnitzig, knitzig*; ›unbrauchbar, nichtsnutzig, verschlagen, listig, pfiffig, schlau‹, vorwiegend im Raum Karlsruhe aber auch südl. davon belegt, in einem Bedeutungsspektrum, das zwischen tadelnd bis anerkennend angelegt sein kann; bisweilen von Sachen, aber meist auf Menschen bezogen; *e knitze Krott* ›ein schalkhaftes Mädchen‹ [Baden-Baden]; *Luegs jetz a des gnitzig Wichtli* [Gerhard Jung]. – Das Wort ist aus **keinnütz(ig)* entstanden. – Vgl. »konzig«.

Knoblauch → »Knoblig«.

Knoblig m.: *Knowwli* mancherorts nördl. Schwarzw., Ortenau; *Knowelig* obere Murg; *Knoowlig* mancherorts Westteil des mittl. Schwarzw., südl. Ortenau, nördl. Brsg.; *Knooblig* mancherorts Brsg., Kaiserst.; *Knooble, Knoowle* mittl. Schwarzw., oberes Elztal, östl. Brsg., Umgegend von St. Peter – St. Märgen; *Knobble, Knowwle* obere Brigach und Breg, Baar, mancherorts Hegau, Linzgau; *Knobbele* mancherorts Hegau, Bodanrück, Linzgau; *Chnooblich* (seltener *Chnooblech*) südl. Brsg., Markgr., Dinkelberg, westl. Hotzw.; *Chnobblich* östl. Hotzw., Klettgau, südl. Hegau, Höri. ♦ ›Knoblauch, Allium sativum‹.

Knode m.: *Knode, Chnode, Knoder;* Dim.: *Chnödli* ›Fuß-, bzw. Handknöchel‹.

knofere schw.: *knofere, chnofere.* ♦ 1) ›mühsam, hart arbeiten‹. ♦ 2) ›an etwas herumbasteln, pfuschen‹; vgl. »chnufere«. ♦ 3) ›etwas überdenken, besserwisserisch bekritteln‹, vereinz.

Knoferi, Knuferi m.: ›einer der hart, aber nicht sehr effektiv arbeitet‹ verbr.

Knois, Knoiser m.: ›Endstück des Brotes‹ [Freiamt]. – Vgl. »Knaisli«.

Knopf m.: *Knopf, Chnopf* verbr.; Pl.: *Knepf, Chnöpf.* ♦ 1) ›Knopf als Verschlußvorrichtung an Kleidungsstücken‹; *mit de christalene Chnöpfen am perlefarbige Brusttuech* [Hebel]. ♦ 2) ›knotige Verdickung, Knoten, Knauf‹ u. ä.; *e nowle Stock mit eme silwerige Knopf* [A. Ganther]. ♦ 3) ›Knospe an Blumen, Bäumen, Reben‹ mancherorts. ♦ 4) im Dim.: *Gnepfli, Knepfli, Knepfle, Chnöpfle* ›eine Mehlspeise aus länglichen Stücken Nudelteig, die vom Brett in das kochende Wasser geschabt werden‹ (heut meist fertig zu kaufen), in Schwaben *Spätzle* genannt; *d'r Franz het nämlig nix liawer gesse as Knöpfle* [A. Ganther]; Ra.: *I cha doch nit der Schimmel hebe, Teig arüehre un Chnöpfli mache* Markgr.; an einen Unentschlossenen gerichtet: *Was isch, mochemer Knepfli, oder esse mer de Daig so?* [Freiamt].

Knopfi f.: ›Knopffabrik‹, z. B. A. Raymond in Lörrach, verbr.

Knöpfle ›Spätzle‹ → »Knopf 4«.

Knöpfle-glocke f.: ›Glocke des Freiburger Münsters, die freitags um 11 Uhr läutet‹.

Knorbe m.: *Knorbe, Knorwe* ›Knorren, knotige Verdickung‹ mancherorts Ortenau. – Sonst → »Knorze«.

Knorre m.: ♦ 1) ›knorriges Stück, Auswuchs‹. ♦ 2) ›Erdscholle‹ mancherorts Baar, obere Wutach; Syn. → »Scholle«.

Knorze m.: *Knorze, Chnorze.* ♦ 1) ›knotige Verdickung, Knorren‹. ♦ 2) ›kleiner Kerl, Knirps‹.

knorze schw.: *knorze, chnorze* ›mühsam oder ungeschickt an etwas herumschaffen‹; wer so arbeitet ist ein *Knorzi* [Malsburg].

Knoschpe f.: *Knoschp, Knoschbe, Chnoschpe.* ♦ 1) ›Blüten-, Fruchtknospe an Pflanzen‹. ♦ 2) ›Rohrkolben‹, dessen Blätter zum Abdichten von Fässern oder Booten verwendet werden, auch *Knoschbemännli* [Malsburg].

Knoschpili n.: ›Knorpelstückchen im Fleisch, Speck‹ [Emmendgn].

Knote(r) m.: *Knode(r)* ›Knöchel‹ mancherorts.

knotsche, knoze schw.: *knoodsche, knòòdsche, knaitsche, chnaitsche, gnooze* ›mit den Händen betatschen, kneten, unsachgemäß drücken‹.

Knübel m.: *Knübel, Chnübel* ›Knoten‹ Markgr. – Mhd. *knübel* ›Knöchel‹.

Knuppe m.: *Knubbe, Knübbe, Chnubbe* ›Knorren, Knoten, Beule, Geschwulst‹. – Vgl. »Knübel, Knutte«.

knuppe schw.: *knubbe, knübbe, chnübbe* ›stoßen, puffen‹; ein leichter Stoß, Puff mit dem Ellenbogen usw. ist ein *Knupper, Knüpper, Chnüpper.*

Knuse m.: *Knusse* vereinz. Umg. von Lahr; *Knuse* vereinz. Hegau. ♦ ›aufgeplatzte Kruste, Anschnitt am Brot‹ [Lahr]. – Dim. dazu ist »Knaisli«. – Syn. → »Aschnitt«.

Knutte m.: *Knudde, Knüdde, Chnudde* ›Knoten, Beule, Geschwulst‹ mancherorts. – Vgl. »Knuppe«.

knuttle schw.: *knuttle, chnuttle.* ♦ 1) ›zusammendrücken, -knüllen‹. ♦ 2) ›schütteln‹ Feldbg, Lahr.

Knuttli m.: ›langsamer, behäbiger Mensch‹; eine dicke Frau ist eine *Chnuttle* Markgr.

knuttlig Adj.: ›zerknittert‹ verbr.

ko ›kommen‹ → »kumme«.

kobäß Adj.: *kobääß, kowääß* ›wählerisch im Essen, eigenartig‹ mancherorts SO-Baden.

Kobert-decke f.: ›Steppdecke‹; *mit Föderematratze un gschtäpete Kobertdekene* (Pl.) [O. Furtwängler]. – Entweder zu ital. *coperta* oder von der Webart *Köper.*

Kochete f.: *Kochet, Kochete, Chochete* ›Menge, die man für eine Mahlzeit braucht‹.

Köchi ›Köchin‹ → »Kechi«.

kochig Adj.: ›kochend‹ verbr.; *pass uf, s isch kochig heiß* [Freiamt].

Koder m.: *Koder, Kodder, Choder, Chodder.* ♦ ›schleimiger Auswurf, Rachenschleim‹.

kodere schw.: *kodere, koddere, chodere, choddere, chödere.* ♦ 1) ›spucken, Schleim auswerfen‹. ♦ 2) ›unverständlich sprechen, lallen‹.

Koderi, Köderi m.: Schimpfw. für einen wüst Schreienden Markgr.

Kog m.: *Kog* verbr.; *Kogg* SO-Baden. – Bez. mit breitem Spektrum (meist abschätzig aber auch anerkennend) für durchtriebene, verschlagene, renitente Menschen, Schlingel, Spitzbub, Nichtsnutz u. ä.; *Der elendige Kog!* [Epple]; oft auch adjektivisch gebraucht, z. B. *der koge Siech!* oder als positiv steigernde Vorsilbe: *e kogenetts Maidli.* – Das Wort, mhd. *koge,* bedeutet ursprünglich ›Seuche, Aas‹ und hat eine vergleichbare Bedeutungsentwicklung wie »Kaib, Lueder, Schalm, Schelm, Siëch« durchgemacht.

Köhl ›Weißkraut‹ → »Kehl«.

kohl-beer-schwarz Adj.: ›sehr, ganz schwarz‹ vereinz.; häufiger: »kohlrabeschwarz«.

Kohle f. (m.): *Kohl, Kohle, Chohle* ›Kohle‹; *Chruusi Löckli het er gha un Auge wie Chohle* [Hebel]; *e Schtuk Saipfe un en Kôl* (hier Genus m.!) *dezua* [O. Furtwängler].

Kohler m.: ›Kohlenbrenner, Köhler‹.

Kohli m.: *Kohli, Choli, Cholli.* ›dunkelhaariges, -häutiges Wesen, schwarzes Tier‹.

kohl-rabe-schwarz Adj.: *kohlrabeschwarz, kohlraweschwarz, cholrabeschwarz* ♦ ›sehr, ganz schwarz‹; *du hesch jo kohlraweschwarzi Dobe* ›schmutzige Hände‹ [Waldk. (Elzt.)].

Kolasti f.: Kurzform für den weibl. VN *Scholastika.*

Kolbe m.: *Kolbe, Kolwe.* ›Kolben‹.

Kolderi m.: ›leicht erregbarer Mensch oder ebensolches Tier, Polterer‹ mancherorts; dazu *kolderig* ›widerspenstig, trotzig‹ und *koldere* ›zornig lärmen‹.

Koliander m.: ›Koriander‹ Ortenau.

komme ›kommen‹ → »kumme«.

König → »Kenig«.

konzig Adj.: *konzig* mancherorts Baar und Umg., zum Schwäbischen hin auch *koinzig, kuinzig* (so z. B. Martin Heidegger in „Der Feldweg"). ♦ ›nichtsnutzig, sonderbar, raffiniert‹. – Das Wort ist aus **keinnützig* entstanden, so wie »knitz«.

Kopf m.: *Kopf, Chopf* verbr., Pl.: *Kepf, Chöpf;* Dim.: *Kepfle, Kepfli, Chöpfli.* ♦ 1) ›oberster (bei Tieren vorderster) Körperteil‹; *um e guede Kopf isch 'r kleiner as alli anderi* [A. Ganther]; Ra.: *der Chopf hiihebe miäse* ›verantwortlich sein‹ [Opfgn]; einem *de Kopf zwische d Ohre setze* ›gehörig zurechtweisen‹ [E. Strube]; *d' Händ üwwer em Kopf z'sämmebatsche* vor Erstaunen, Entrüstung [A. Ganther]; Sprichw.: *Was oner it im Kopf hot, moß er mit de Fieß mache* [Epple]; *mer haut kaim der Chopf zwaimol abe* [Glock Brsg.]. ♦ 2) ›Kopfähnliches (z. B. Salatkopf) oder nach oben / vorne Hervorstehendes (z. B. Berggipfel)‹ u. ä.; *es het no ke Blüemli 's Chöpfli* (Blütenköpfchen) *zaigt* [Hebel]. ♦ 3) ›geistiger Urheber, Denker‹; *Wil dr Schmitëlënz ... ën Diftler un en findige Kopf gsi isch* [O. Furtwängler].

kopf-birzle schw.: ›Purzelbaum schlagen‹ vereinz. nördl. Brsg.

Kopfet(e) f. (n.): *Kopfet, Kopfete, Chopfete* ›Kopfende des Bettes‹; *un het's* (das Kind) *ins Bett ans Kopfet g'legt* [A. Ganther]. – Ggs. »Fueßet(e)«.

Kopf-stick n.: ›Teil vom Kopf des geschlachteten Schweins‹ mancherorts mittl. Schwarzw., Brsg.

Kopf-weh n.: ›Kopfschmerzen‹.

koppe, koppere schw.: *koppe, koppere, choppe(re)* u. ä. ♦ ›rülpsen, aufstoßen‹ Bodanrück, Linzgau. – Syn. → »ufstoße«.

korant Adj.: ›rüstig, in Ordnung‹. – Frz. *courant.*

koranze → »kuranze«.

Korb m.: *Korb, Koreb, Chorb* verbr.; Pl.: *Kerb, Chörb*; Dim.: *Kerwli, Kerbli, Chörbli.* ♦ ›(aus Weiden) geflochtener Behälter, Korb allg.‹; *Was deckt er echt im Chörbli zue?* [Hebel]; *Drei Hase hesch im Korb g'ha* [A. Ganther]; *e nett's Körwli mit Veilode* (Veilchen) [A. Ganther]; andere Syn. → »Zeine«.

Kor(es) n.: *Koor, Koores* ›Gesindel, Pack‹ vereinz. Ortenau, Elztal; *Mit sellem Kor will i nint z'due ha* [Waldk. (Elzt.)]. - Zu *Korps* ›Großverband eines Heeres‹, aus frz. *corps.*

Korn n.: *Korn, Chorn.* ♦ 1) ›einzelnes Samen-, Saatkorn‹; *es schlooft in jedwedem Chörnli chlai un zart e Chiimli* [Hebel]. ♦ 2) ›Getreide allgemein‹ dann aber speziell ›Roggen‹ bes. nördl. Hälfte, während im Süden oft ›Dinkel, Spelz‹ gemeint ist, solange noch Dinkel als Brotgetreide angebaut wurde; *d Frûchtkäschte für s Korn un für de Hawër* [O. Furtwängler].

Korn-ferkel → »Chornferli«.

Korn-nägeli n.: ›Kornblume‹ mancherorts SO-Baden, sonst *Kornblueme, -rose.*

Korn-rose f.: *Kornros(e), Chornrose.* ♦ 1) ›Kornblume‹ vereinz. SO-Baden. ♦ 2) ›Klatschmohn‹ Klettgau.

Korona f.: ›Gruppe, Schar, Gesellschaft‹ verbr.; *die ganz Korona.* – Lat. corona ›Kranz, (Zuhörer-)Kreis‹.

koschber Adj.: *koschber, koschper, choschper.* ♦ ›wertvoll, kostbar‹ vereinz.; *si henn doch chosper Porzeliin* [Hebel]; *un chosperi goldene Chappe* [Hebel].

Koschdanz ON; *Koschdanz, Koschdenz, Koschdetz, Choschdetz* u. ä. ♦ ›die Stadt Konstanz am Bodensee‹.

koscher Adj.: ›rein, einwandfrei‹ mancherorts. – Hebr. *kaschar* ›rein nach den jüdischen Speisegesetzen‹.

Koscht f.: *Koscht, Choscht* ›Speise, Zehrung, Lebensmittel‹.

Koschte Pl.: *Koschde, Keschde, Chöschte* ›Unkosten, Auslagen‹; *vun de andere Köschde ... gar nit z' schwätze* [A. Ganther].

koschte schw.: *koschde, choschte* ›seinen Preis haben, kosten‹; *'s chostet sechs Gulde* [Hebel]; *'s het'n e schwer Geld koscht* [A. Ganther]; Ra.: *'s wurd jo nit grad 's Lewe koschde* [A. Ganther].

Koschtets m.: *Koschdets, Choschtets* u. ä. – Bez. für verschiedene Heilpflanzen wie Quendel, Dost, vereinz., veraltend. – Nach der mittelalterlich-lateinischen Pflanzenbezeichnung *costus,* bzw. *constantia.*

Kotteli-gfräß n.: ›Sauerkraut mit Bratkartoffeln‹ mancherorts in St. Märgen und Umg.

Kott-fleisch n.: ›Sülze, Kuttelfleisch‹ mancherorts Ortenau.

kotts Interj.: Bestandteil in Ausrufen der Verwunderung, des Fluchens, wie z. B.: *kotts-sapperlott, kotts-dauset* u. ä. – Verhüllender Genitiv zu *Gott.*

kotze schw.: *kotze, chotze* ›sich erbrechen‹ verbr.; Ra.: *üssehne wiä kotzt un gschisse* ›sehr mitgenommen, übel aussehen‹ [Freiamt].

Kotzer m.: *Kotzer, Chotzer* ›starker Husten‹ mancherorts.

kotzere schw.: *kotzere, ketzere, chotzere, chötzere* ›Brechreiz verspüren‹; *s heb mi kotzeret* [Simonswald].

Kotzete f.: *Kotzete, Chotzete* ›das Erbrochene‹.

Kowwel m.: ♦ 1) ›Federschopf bei Vögeln und Geflügel‹. ♦ 2) ›Haarschopf, Haarknoten, Tolle‹ nördl. Ortenau.

kräbele, krabele schw.: ›leicht kratzen, kraulen‹ Markgr.; *s tuet mer chrabele* ›ich empfinde einen leichten inwendigen Schmerz‹ Feldbg.

krable ›kriechen‹ → »kroble«.

kräbs(l)e ›kriechen‹ → »krebse«.

Krach m.: *Krach, Chrach* ›Knall, Lärm, Streit‹.

krache schw.: ♦ 1) ›einen krachenden Ton von sich geben‹; *wenn alles blitzt un chracht* [Hebel]. ♦ 2) ›zerbrechen, zusammenstürzen‹.

Kracher *Kracher, Chracher.* ♦ 1) ›krachendes Geräusch‹. ♦ 2) ›alter Mann‹. ♦ 3) ›Kirschen, Trauben, die „krachen" wenn man hineinbeißt‹.

Krache(r)li Pl.: *Krachele, Kracheli, Chrächerli.* ♦ ›geröstete Brotwürfel, Croutons‹.

kräckse schw.: ›ächzen, stöhnen, krächzen‹ mancherorts Ortenau.

Krage m.: *Krage, Chrage* verbr. (außer SO-Baden); *Kròge, Chròge* mancherorts südl. Ortenau, Brsg., Markgr.; *Kragge, Chragge* östl. einer Linie Waldshut, Titisee, St. Märgen, Hornberg; vom Nordrand bis zum Hanauerland finden sich in kleinen Gebieten: *Krarre, Kraje, Kroije, Kroue, Kröue, Kröwe* u. ä. ♦ ›Kragen, Hals‹; Ra.: *s goht 'm an Krage* ›jetzt wird er belangt, es geht um seine Existenz‹ mancherorts; Verwünschung: ›*s Dunder un 's Wetter fahr Ich* (Euch) *in Chrage denn au!* [Hebel].

krageele schw.: *krageele, kragööle* ›laut schreien‹ verbr.; der so entstehende Lärm heißt *Kragöl*, der dies tut ist ein *Kragöli.*

Krai f.: *Kraaj, Krääj* mittl. Schwarzw.; *Chraaj, Chraaje* mancherorts um Belchen und Blauen; *Kraajer* m. mancherorts Zartener Becken (Verbr. s. Karte → »Krapp«). ♦ ›Krähe, Rabe‹. – Syn. → »Krapp 1«.

kraible schw.: *kraible, graiwle, chraile* ›kratzen, herumscharren‹ vereinz. mittl. Schwarzw., Brsg., vereinz. südl. Schwarzw. – Vgl. »chraue«.

Kraiel, Kraibel m.: *Kraiel, Kreil, Kreiwel, Chräbel, Kraibel, Chraiel, Chräuel.* ♦ 1) ›Karst, dreizinkige Hacke‹ vereinz. ♦ 2) ›Kralle, Finger‹. ♦ 3) ›Kratzspur‹. – Mhd. *kröuwel, kröul.*

kraije schw.: ♦ 1) ›krähen‹. ♦ 2) ›schmähend sprechen‹ Markgr.

Kraje-aug n.: *Kraajeaug, Kräjenaug, Krähnaug; -äug* usw. ♦ ›Hühnerauge‹ mancherorts Ortenau, nördl. und mittl. Schwarzw.; häufig veraltend neben → »Hiëneraug«.

Krajer ›Krähe‹ → »Krai«.

Kraker m.: *Kraager* ›Rabenvogel, Krähe‹ mancherorts Brsg. (Verbr. s. Karte → »Krapp«). – Syn. → »Krapp 1«.

Kralle f.: *Kralle* verbr. Schwarzw., Baar, vereinz. Hegau; *Krälle* mancherorts nördl. Ortenau; *Krolle* mancherorts südl. Ortenau, nördl. Brsg.; *Chralle* südl. Brsg., Markgr., Hotzw., Klettgau, südl. Hegau; häufig nur Dim.: *Kralleli, Krälleli, Chralleli, Chrälleli, Chrällili.* ♦ 1) ›Perlen (am Rosenkranz, an der Perlenkette u. ä.)‹. ♦ 2) ›Christbaumkugeln‹. ♦ 3) ›Bläschen in Flüssigkeiten‹ vereinz. – Durch Verkürzung entstanden aus *Koralle.* – Vgl. »Nischter, Päterle«.

Kralle-kette f.: ›Perlenkette‹.

Kramanzlete f.: *Kramanzlete, Chramanzlete.* ♦ 1) ›Verzierung, Zierrat, Tand‹; *goldene Chappe mit Chramanzlete drum* [Hebel]. ♦ 2) ›unnötige Umstände, Palaver‹. – Mhd. *gramanzie.*

Krambol m.: *Krambóól* ›Lärm, Radau, Aufruhr‹; *Sini fünf Trabande hen in d'r Werkstatt e Krambol g'macht, daß m'r 's eigene Wort nit g'hört het* [A. Ganther]. – Frz. *carambole.*

Krämme ›Gehege für Schweine‹ → »Kremme[1]«.

krämme ›kratzen‹ → »kremme«.

Krampe m.: *Krampe, Krompe, Krampes.* ♦ 1) ›Drahtstift, Klammer‹. ♦ 2) ›kleiner, untersetzter Kerl‹, auch abwertend für Kind, meist Pl.; *hener ejri Krompe deheimgloo?* [Freiamt].

Krämpe m.: ›hebel- oder spitzhauenähnliches Gerät zum Bewegen von Holzstämmen‹, bes. in der Waldwirtschaft und bei der Flößerei verwendet.

krampfe schw.: *krampfe, chrampfe* ›schwer arbeiten, schuften‹ vereinz. S-Baden.

Krängel m.: ›Geringeltes, Ranke‹ mancherorts Ortenau. – Vgl. »Kringel«.

Kranitzler ›Händler‹ → »Graner«.

krank Adj.: *krank, chrank, chrankch* ›nicht gesund‹; *se wird mer 's Herz uf aimol chrank* [Hebel].

Kränk f.: ›Krankheit, Siechtum‹ mancherorts Ortenau.

Kranket f.: *Kranket, Chranket* ›Krankheit‹; *Er het e schweri Chranket gha* [Hebel].

Kranz m.: *Kranz, Chranz.* ♦ 1) ›gewundener Ring aus Blumen, Grünzeug‹, z. B. als Kopf-, Grabschmuck; *Druf flicht si ihre Chranz ins Hoor* [Hebel]. ♦ 2) ›Kuchen in Kranzform‹.

kränze schw.: ›Kränze flechten‹, subst. dass. wie → »Kränzlete«.

Kränzlete f.: ›Zusammenkunft der Ledigen, die einem aus ihren Reihen zur Hochzeit Kränze flechten, um Elternhaus und Kirche zu schmücken‹ verbr.

Kränzli-jumpfer f.: ›Brautjungfer‹ vereinz.

Krapp m.: *Grabb, Krapp.* ♦ 1) ›Rabenvogel, Krähe, Dohle‹ verbr. nördl. und mittl. Schwarzw., Ortenau, mancherorts Brsg., Markgr. (Verbr. s. Karte → »Krapp«); Ra.: *e Fraid ha, wiä ne Grabb ame fule*

Ebfel [Opfgn]. – Syn.: »Gak 1, Krai, Kraker, Quak 1, Quaker, Rapp«. ♦ 2) ›kleines Kind‹ vereinz.

Krappe-arsch m.: nur in der scherzh. Redewendung an einen Niesenden: *Helf der Gott in e Krappearsch, no kasch in Himmel ufe fliege!*

Kräppi-maa m.: ›Backwerk in Form eines Männchens mit gespreizten Beinen‹ [Lörrach]. – Vgl. »Grättimaa«.

kraschple schw.: ›rascheln, nagen‹ vereinz. Ortenau, Baar.

Kratte f.: *Kradde, Kratte, Chratte* ›Korb‹, vereinz. auch ›Rückentragkorb, Nähkorb‹ mancherorts SO-Baden, vereinz. übriges S-Baden.; Ra.: *Mer kennd grad meine, d Kradde wär e Zaine!* ›Du hast eine große Einbildung‹ [Waldk. (Elzt.)]. – Mhd. *kratte, gratte*, verwandt mit »Kreze«. – Syn. → »Zeine«.

Krattel ›Stolz‹ → »Grattel«.

kratze schw.: *kratze, chratze* ›kratzen‹.

Krätze ›Rückentrage‹ → »Kreze«.

Kratzete f.: *Kratzede, Chratzede.* ♦ 1) ›in der Pfanne zerhackter oder verrührter Pfannkuchen‹ mancherorts Ortenau, verbr. Brsg., Markgr., Hotzw., Baar, SO-Baden. ♦ 2) ›losgekratzte Überreste, zusammengekratzte Teigreste‹ u. ä. mancherorts. – Syn.: »Dummis, Mocke 3, Schmurris«.

krauche ›kriechen‹ → »chruche«.

Krauteri m.: Schimpfwort für Männer [Malsburg].

Krawall m.: *Krawáll* verbr.; *Krabáll* vereinz. SO-Baden. ♦ ›Lärm, Radau‹.

Krawatt f.: *Krawátt* mancherorts; *Krabatt* vereinz. SO-Baden; oft Dim.: *Krawättli, Krabättli* mancherorts. ♦ ›Halsbinde, Schlips‹; *Schnaww'lschueh un Manschedde un e fladderigs Krawäddli un Künschdlerlocke* [A. Ganther]; Ra.: jemanden *am Krawąddli packe* ›jemanden unsanft anfassen, würgen‹.

Krebs m.: *Krebs, Krąbs, Kreäbs, Chrebs.* ♦ 1) ›das Krustentier Krebs‹. ♦ 2) ›Teil des Spinnrades, über den der gesponnene Faden in die Spule läuft‹; *un im Chrebs e Spüeli* [Hebel]. ♦ 3) ›bösartige Geschwulst, Karzinom‹.

krebse, krebsle schw.: *krebs(l)e, krąbs(l)e, chrebsle.* ♦ 1) ›kriechen, krabbeln, klettern‹. ♦ 2) ›dahinsiechen‹. – Vgl. »chresme, chruche, kressle, krise, kroble« und »Simsekrebsler«.

Kremme[1] m.: ›Gehege beim Haus, als Aufenthaltsort, Wühlplatz für Schweine‹ verbr. mittl. Schwarzw., auch »Sukremme«.

Kremme[2] n.: *Kremme, Krämme* ›krampfartige Schmerzen, Bauchgrimmen‹ nördl. und mittl. Schwarzw.; *griäni Epfel moche s Krämme* [Hofstet. i. K.].

kremme schw.: *kremme, krąmme* ›kratzen‹ Ortenau, Hanauerland, vereinz. mittl. Schwarzw. – Mhd. *krimmen* ›die Krallen zum Fange krümmen, kratzen‹.

Kremmer m.: ›ein im Wachstum zurückgebliebenes Schwein‹ Ortenau.

Krempel ›Tand‹ → »Grempel«.

Kresse f., **Kressling** m.: *Kresse, Kressig* mancherorts am Rhein; Dim.: *Kressle* [Altenhm]; *Kressling* vereinz. Bodensee. ♦ ›der Fisch Gründling, Gobio fluviatilis‹.

Kressi, Kressig f., m.: *Kresse, Krąsse, Kressi, Chressel, Kressig, Chrissig, Chressich* u. ä. ♦ ›Brunnenkresse‹.

kressle schw.: *kressle, chressle* Hotzw., SO-Baden. ♦ ›kriechen, krabbeln, klettern‹. – Vgl. »chresme, chruche, krebse, krise, krobe«.

Kreszenz f.: *Kreszenz, Kresenz, Kresl, Senzi* der weibliche VN *Crescentia.*

Kretz m.: ›Kratzer, Schramme‹ vereinz. – Vgl. »Kretzer 1«.

kretze, kritze schw.: *kretze, chretze, chritze.* ♦ 1) ›ritzen, kratzen‹. ♦ 2) ›krächzende Töne von sich geben, schnarrend, mit belegter Stimme sprechen‹. ♦ 3) ›in Gärung befindlich, vom neuen Wein‹.

Kretzer m.: *Kretzer, Chretzer.* ♦ 1) ›Kratzer, Riß, Kratzwunde‹. ♦ 2) ›Vorrichtung zum Bremsen des Wagens‹, eine Kette oder eine Art Bremsschuh, mit der das blockierte Rad am Boden schleift, veraltet. ♦ 3) ›neuer Wein in einem bestimmten Gärstadium (noch süß aber schon angegoren)‹; vgl. »Suser«. ♦ 4) ›Neckname für Bewohner südl. der Baar, die *k* im Anlaut als *ch* sprechen‹. ♦ 5) ›ein Bodenseefisch‹, meist ›Flußbarsch‹, ist schwer zu putzen.

Kreze f.: *Kreez* mancherorts nördl. und mittl. Schwarzw., Ortenau; *Krąąz* mancherorts südl. Ortenau; *Kreeze, Krääze* Elztal, Hochschwarzwald, Baar, Hegau, Bodenseegebiet; *Krąąze* vereinz. nördl. Brsg.; *Chreeze* südl. Brsg.; Markgr., Hotzw., Klettgau, südwestl. Hegau, Höri. ♦ 1) ›Rückentrage‹, manchmal als Korb oder auch als Gestell; *Was me bruucht ins Muul, in Chuchi, Cheller un Chammer, strömt zue alle Toren ii, in Zainen un Chreetze* [Hebel]; vgl. »Hutte, Kratte«. ♦ 2) ›Hosen-, Schürzenträger‹ vereinz. SW-Baden; *mit de Schwyzer Hosen un mit der sammete Chreeze* [Hebel]. ♦ 3) Schimpfwort für (alte) Frauen. – Mhd. *kretze* ›Tragkorb‹.

kreze, krezle schw.: ›auf dem Rücken tragen‹, insbes.: ›die abgeschwemmte Erde mit der Rückentrage

(»Kreze«) den Berg hinaufschaffen‹ mancherorts. – Vgl. »ketsche«.

kribbele-krabbele Interj.: *kriwwelekrawwele, kribbelekrabbele* u. ä. – Schallwort in einem Gebärdenspiel, wobei man kleine Kinder kitzelt.

Kribbis-krabbis n.: *Kriwwiskrawwis, Kribbiskrabbis, -krabbes* u. ä. ♦ ›Durcheinander, Krimskrams‹; *Mach mr kai Chribbis-Chrabbis für* ›red kein unverständliches Zeug‹ [Glock Brsg.].

kribble schw.: ›kitzeln, kraulen‹ [Sulzburg].

Krid f. (n): ›Kamm des Hahnes oder Huhns‹ mancherorts Ortenau. – Frz. *crête* < lat. *crista.*

Kride f.: *Krid, Kride, Chride* ›Kreide‹.

Kriëche f.: *Kriäche, Chriäche* ›eine kleine, runde Pflaumenart, Schlehenpflaume‹. – Mhd. *krieche* < lat. (*pruna*) *graeca.*

Kriëg m.: *Kriäg, Chriäg* ›Kampf, Krieg‹; *d'r drißigjährig Kriag* [A. Ganther]; *'s het en End mit Chrieg un Schlacht* [Hebel].

kriëge schw.: *kriäge* verbr.; *chriäge, kchriäge* vereinz. S-Baden; *kreje, kriäje* mancherorts nordwestl. Ortenau. ♦ ›bekommen, erhalten‹; *E Wuet het 'r kriagt wia e händlige Guller* [A. Ganther]; *de kriägsch si glii!* ›du bekommst gleich eine Tracht Prügel‹ verbr. – Vgl. »iberkumme«.

Kriëse f.: *Kriäs* mittl. und Ostteil des südl. Schwarzw., mancherorts Ortenau; *Kriäse* Elztal, südl. Ortenau, Brsg., mancherorts Linzgau; *Kriäsi* mancherorts Baar, Hegau, Bodanrück, Linzgau; *Chriäse* südl. Brsg., nördl. Markgr.; *Chriäsi* mancherorts Markgr., Wiesental, verbr. Hotzw., Klettgau, südl. Hegau, Höri; *Chiärsi, Chirsi* südl. Markgr., Dinkelberg (Verbr. s. Karte → »Kriëse«). ♦ ›Kirsche‹;

Chromet (kauft) *süßi Chirsi!* [Hebel]. – Mhd. *kriese.* Unser Wort ist etymologisch zu »Kirsche« (aus lat. *ceras(i)um* ›Kirsche‹ und *cerasus* ›Kirschbaum‹) gehörig, nur ist bei dem alemannischen Wort von einer anderen vulgärlateinischen Nebenform, nämlich lat. *cerēsia* auszugehen ist, wobei das *e* in der unbetonten ersten Silbe abgeschwächt > **k^{e}rēsia* > **krēsia*, das lange *e* diphthongiert > **kriesia* und der Auslaut abgeschwächt wurde > *Kriesi.* – Vgl. »Kirsche«.

Kriës(e)-baum m.: ›Kirschbaum‹.

Kriëse-hähr m.: *Kriäsehähr, Chriäsihähr* u. ä. ♦ ›Eichelhäher‹ mancherorts mittl. Schwarzw. – Vgl. »Kriesehetzle, Kriesetätsch«. – Syn. → »Schäk[1]«.

Kriëse-hetzle, -hex(le) m., f.: *Chriäsehätzle, -hex, -häxle.* ♦ ›Eichelhäher‹ mancherorts südl. Schwarzw., Hotzw. – Vgl. »Kriesehähr«. – Syn. → »Schäk[1]«.

Kriëse-kratte m.: *Kriäsekradde, Chriäsechratte.* ♦ ›Korb (zum Pflücken von Kirschen)‹.

Kriëse-stinker m.: *Kriäsistinker, Chriäsistinker.* ♦ ›Beerenwanze‹ mancherorts Bodanrück, Linzgau. – Syn. → »Gää«.

Kriëse-tätsch m.: *Kriäsedetsch* ›Eichelhäher‹ mancherorts südl. Schwarzw. – Vgl. »Kriesehähr«. – Syn. → »Schäk[1]«.

Kriëse-wasser n.: *Kriäsewasser, Chriäsewasser.* ♦ ›Kirschbranntwein‹.

kriminalisch Adj.: ›außerordentlich, sehr‹ vereinz.

Kringel m.: ›Kreis, Kreisförmiges‹; *im Kringel ume* ›im Kreis herum‹ [Sulzburg].

Kripfe f.: *Kripfe, Krepfe, Chripfe, Chrepfe, Chrüpf.* ♦ 1) ›Futterkrippe für das Vieh‹; *d Kripfe üsbutze* ›die Krippen saubermachen‹ [Freiamt]. ♦ 2) ›altes, baufälliges Haus‹ [U.alpfen].

Krippel m.: *Krippel, Chrüppel.* ›Krüppel, schwächliches Wesen‹, als Schimpfwort gegenüber Kindern gebraucht.

kripplig Adj.: *kripplig, chrüpplig* ›verkrüppelt‹ mancherorts.

kripsle schw.: ›kritzeln, unleserlich schreiben‹ vereinz. Ortenau, Brsg.

krische st.: ›laut schreien, kreischen‹.

Krischtier n.: ›Klistier‹; dazu auch *krischtiere* ›ein Klistier geben‹.

krise schw.: *kriise* ›kriechen, von Kindern, Würmern‹, Hegau, Bodenseegebiet. – Mhd. *krîsen.* – Vgl. »chruche, kebse, kressle, krobe«.

Kriter-busch(el), -bischel n., m.: ›am Fest Mariä Himmelfahrt geweihter Kräuterbusch‹ mancherorts; in der Gegend um Ettenhm kamen folgende Pflanzen in den *Krittrbuschl* (mundartl. Namen):

Kerz, Schiferkrütt, Magdalenekrütt, Fleischkrütt, Mollikepfli, Kardebenedikte, Böewesträhl, Hundertdäusertdalerkrütt, e Schwertlilie, Aschdere, Dahlie, e Ziiwl. – Syn.: »Krutbippele, -buschel, Maidlipalme, Wihbuschel, -henne«.

Kritzeli n.: ›Krick- und Knäckente‹ Bodensee [Epple].

Kriz n.: *Kritz* verbr. (außer SO und Süden); *Kriiz* mancherorts Baar, Hegau, Höri; *Chritz* südl. Brsg., nördl. Markgr., Raum Bonndorf; *Chriiz* Raum Blumberg; *Chrütz* ob. Markgr., Hotzw., Klettgau; *Chrüüz* mancherorts südwestl. Hegau, Höri; *Krejz* Raum Schiltach, Schenkenzell, mancherorts Linzgau. ♦ 1) ›das Kreuz Christi, christliches Symbol, Bekreuzigungszeichen, Kruzifix, Prozessions-, Wegkreuz‹ u. ä.; *d Prozessiun ... mit Krüz un Fahne* [A. Ganther]; *d Mâtlä häb so hælinge s Kriz gmacht* ›die Magdalena habe so heimlich ein Kreuz geschlagen‹ [O. Furtwängler]. ♦ 2) ›(unterer) Rücken, Wirbelsäule‹. ♦ 3) ›Leid, Kummer Last‹; *Un het me Chrütz un Harm, sen isch me ringer arm* [Hebel]. ♦ 4) Bestandteil in Verwünschungen, Flüchen; *er fluecht un sappermentet: „Chrütz un Stern"* [Hebel]; *Krütz Dürke* [A. Ganther]; *Chrüz-Bickel-uns-Doriwetter* [Glattacker].

Kriz-blueme f.: Bez. für verschiedene Knabenkrautarten.

Krizer m.: *Kritzer, Chrützer* u. ä. ›Kreuzer, veraltete Münzeinheit‹; *un d' Krüegle für anderthalb Krüzer sin weggange wia d'r Weck am Lade* [A. Ganther]; Sprichw.: *wer nit uf e Chrützer luegt, der wird zuem Gulde schwerli choo* [Hebel].

Krizer-brot, -laibli, -weckli n.: ›Brot, Weck für einen Kreuzer‹ veraltet.

Kriz-stock m.: ›Fensterkreuz‹.

Kriz-weg m.: *Kritzweg, Chrütz-* u. a. ♦ 1) ›Wegkreuzung‹; *Wo näume luftigi Gaister uf em Chrützweg stöhn* [Hebel]; *Un wenn de am e Chrüzweg stohsch un nümme waisch, wo's ane goht* [Hebel]. ♦ 2) ›in 14 Stationen dagestellter Leidensweg Christi, auch die Andacht, in der dieser Weg betrachtet wird‹, in katholischen Gegenden.

kriz-wis Adv.: *kritzwis, chrützwis* ›kreuzweise‹.

krobe, kroble schw.: *kroobe* mancherorts Kander- und Wiesental; *krooble, chrooble* mancherorts Schwarzw., Ortenau, Brsg., Markgr.; *kroobsle* vereinz. ♦ ›kriechen‹, z. B. von Käfern, kleinen Kindern usw. – Vgl. »krebse«. – Verwandt mit nhd. *krabbeln.*

Krom m.: *Kroom, Chroom, Chroo.* ♦ 1) ›gekaufte Ware‹, z. B. vom Jahrmarkt mitgebrachte Geschenke usw.; *er sei ou emôl z Furtwange uf em Märkt gsi, wo er dr Adelhaid en Krôm kouft hät* [O. Furtwängler]; Sprichw.: *wer am Morge mueß dreimol hinderenander nieße, chunnt an dem Tag no ne Chrom über* [Brsg.]. ♦ 2) ›wertloses, überflüssiges Zeug, Angelegenheit‹.

krome schw.: *krome, chrome* ›kaufen, einkaufen‹ verbr. Südhälfte; *es rueft in allen Ecke: Chromet Chirsi, chromet Anke, chromet Andivi! Chromet Ziebele, geli Rüebe, Peterliwurze!* [Hebel]. – Zu nhd. *kramen,* dazu *Krämer* ›Kleinhändler‹.

Krone f.: *Kron, Krun* mancherorts nördl. und mittl. Schwarzw., Ortenau, Baar, Linzgau; *Kroo, Kruu* mancherorts an Wolfach und oberer Kinzig; *Krone* Brsg., mancherorts südl. Schwarzw., Hegau; *Chrone* südl. Brsg., Markgr., Hotzw., Klettgau, südl. Hegau, Höri. ♦ ›Krone, Bekrönung‹; *Die goldne Chrone drucke schwer* [Hebel].

Krone-taler m.: *Krone-, Krunedaler* ›veraltete Münze‹; *zwi Malderseck voll Krunedhaler* [A. Ganther].

Kropf m.: *Kropf, Chropf.* ♦ 1) ›Verdickung am Hals durch Anschwellung der Schilddrüse‹. ♦ 2) ›Hals, Kropf des Vogels‹; *Un kais* (kein Vöglein) *goht hungerig ins Bett, wo nit sy Tail im Chröpfli het* [Hebel]. ♦ 3) ›Auswuchs‹, z. B. an Pflanzen, am Brot; im Markgräflerland ›Brotanschnitt‹. ♦ 4) ›kleiner Kerl, Knirps‹, auch *Kropfer.*

Kroschpele f.: *Krooschbele, Kreeschbele, Chrooschpele* u. ä. ›Knorpel im Fleisch‹ mancherorts SO-Baden. – Mhd. *krospel.*

kroschpele schw.: *kroschple, chroschple* ›knabbern, knuspern‹ Markgr.

kroschpelig Adj.: *kroschpilig, chrischplig, chröschpelig.* ♦ ›knusprig‹ Markgr.

krose schw.: *krose, chrose* ›knirschen, knarren, rasselnd atmen‹ u. a., mancherorts Baar, SO-Baden, ob. Markgr.

Krös-hemd n.: ›weitärmeliges Männerhemd mit gekräuseltem Kragen als Teil der Hotzentracht‹.

Krott f.: *Krott, Chrott.* ♦ 1) ›Kröte, Unke‹; *e Zain voll krepirdi Krodde* [A. Ganther]; Ra.: *e Chrott im Hals haa* ›nicht richtig sprechen können‹ [Opfgn]. ♦ 2) Kosewort für kleine Mädchen. – Vgl. »Dosch«.

krotte-breit Adj.: ›sehr breit‹, bes. gesagt, wenn sich jemand breit hinsetzt, flach hinfällt; *kroddebreit het 'r sich in Herrigottswink'l ni gsetzt* [A. Ganther]; *plumps, flieg i kroddebreit uf d'r Bode hi* [A. Ganther].

krotte-falsch Adj.: ›sehr falsch‹; *un fange jo d'r Radezkymarsch a z'blose, viarstimmig un wia kroddefalsch!* [A. Ganther].

Krotte-gigser m.: ›altes, schlechtes Messer‹; verbr., in SO-Baden auch *Krotteheggel*; vereinz. auch *Krottesäbel, -schinder, -stecher* u. a.

krotte-voll Adj.: ›sehr voll‹, neben der konkreten Bed. auch im Sinn von ›voll betrunken‹.

krotzig *krotzig, chrotzig.* ›sehr klein‹ Markgr.

Krucke f.: *Kruck, Krucke, Chrucke, Chruckche.* ♦ 1) ›Stütze von Gehbehinderten, Krücke‹ verbr. ♦ 2) ›Gerät mit abgewinkeltem Stiel zum Scharren‹, z. B. für Straßenschmutz, Ofenglut, Getreidekörner. ♦ 3) ›Griff‹, z. B. an der Sense, am Ruder. ♦ 4) abschätzige Bez. für magere, bucklige, alte Menschen oder auch Tiere. – Mhd. *krucke.*

Krueg m.: *Krueg, Kruag, Chrueg.* ♦ 1) ›Krug‹; *goht kai Chrueg in Cheller* [Hebel]; *het er z' Obe s' Chrüegli glüpft* (zum, Trinken) [Hebel]; *un d' Krüegle für anderthalb Krüzer sin weggange wia d'r Weck am Lade* [A. Ganther]. ♦ 2) Bez. für versch. Pflanzen, bes. ›Träubelhyazinthe‹.

krugele schw.: ›rollen, kugeln‹, vereinz., sonst eher »rugele«.

krumm Adj.: *krumm, chrumm* ›gebogen, krumm‹; *wen ebis krum un schälb rumghanget isch* [O. Furtwängler]; *Un krummi Bei hen beidi g'ha* [A. Ganther]. Auch sehr häufig in FlN wie z. B.: *Krummenacker, Krumme Matte, Krummer Morgen.*

Krumm-holz n.: ♦ 1) ›gebogenes Holz zum Aufhängen geschlachteter Schweine‹ mancherorts. ♦ 2) ›Wagner, Stellmacher‹ Schwarzw., Ortenau, nördl. Brsg., Kaiserst.; *d Chrumbholze machen öbbis mit der Axt* ›die Axt ist ihr Hauptwerkzeug‹ [Glock Brsg.].

Krupf(el) m.: *Krupf, Krupfel, Chrupf* ›kleine Gestalt, Knirps, Krüppel‹ mancherorts.

krus, kruselig Adj.: *kruus, chruus, kruuslig, krüüselig* u. ä. ♦ ›gelockt, gekräuselt‹ vereinz.; *Wie siht er nit so gattig uus in syne Locke schwarz un chruus* [Hebel].

Kruschte f.: *Kruscht, Kruschte* ›Kruste‹, am Brot, am Braten, auf einer Wunde, mancherorts.

Krus(e) f.: *Kruus, Chruuse* vereinz., häufiger nur im Dim.: *Krüüsli, Chrüüsli* u. ä. ♦ ›Schüssel, Schale, Krug‹ bes. ›Weinkrug, Weinkanne‹; *un der Irrgaist wohnt im Wii. Us Channen un Chruuse stygt er aim in Chopf* [Hebel]; *Im grüene Chrüüsli stoht der Wii* [Hebel]. – Mhd. *krûse* ›Krug, irdenes Trinkgefäß‹.

Krusele, Krusel-beer(i) f.: *Krusele* mancherorts Brsg. und südl. Gegenden; häufiger: *Krusselbeer, Kruselbeer, Krüselbeer, Chruselbeeri, Chrüselbeeri* u. ä. ♦ ›Stachelbeere‹. – Das Wort entstammt einem alten **Krusel(beere)* germanischer Herkunft, aus dem auch frz. *grosseille* und mlat. *grossularia* gebildet sind. – Syn. → »Gluckere[1], Krutzele, Rutzele«.

krus(e)le schw.: *krusele, krusle, krüsele, chrusele, chrüsele* u. ä. ♦ 1) ›kraus machen, kräuseln‹. ♦ 2) ›kraulen, krabbeln, streicheln‹ S-Baden. ♦ 3) ›flüstern‹ mancherorts Markgr.

kruselig → »krus«.

Krusel-kehl m.: ›Wirsingkohl‹ mancherorts Ortenau, mittl. Schwarzw. – Syn. → »Wirsching«.

Krusel-krut n.: *Kruselkrutt, Krusselkrutt* ›Wirsingkohl‹ mancherorts nördl. Schwarzw. – Syn. → »Wirsching«.

Krusle f.: *Krusel, Krusle, Krüsel, Krüsle* ›Locke, Gekräuseltes‹.

Krut n.: *Krutt* verbr. Schwarzw., nördl. Ortenau, Hanauerland; *Krütt* südl. Ortenau, nördl. Brsg., Kaiserst.; *Kruut* mancherorts Baar, Hegau, Bodanrück; *Chrutt* südl. Brsg., Markgr., Hotzw., Klettgau; *Chruut* südwestl. Hegau, Höri; *Krout* mancherorts Linzgau (Verbr. s. Karte → »Krut«); Pl. (bes. für Bed. 1): *Kridder, Kritter, Chrütter, Chrüter.* ♦ 1) ›Blattpflanze allgemein, Kräuterpflanze‹; *giftigi Chrüter* [Hebel]; *es stöhn in saftige Tribe Gras un Chrüter* [Hebel]; Sprichw.: *Für der Tod isch kai Chrutt gwachse* [Brsg.]. ♦ 2) ›Weißkraut‹ verbr. (außer dort, wo »Kabis« gilt); Ra.: *Chrutt un Röebe* ›Durcheinander‹ [Opfgn]; Reim: *Chrudd fillt dr Böebe d Hudd* [Opfgn].

Krut-bippele, -buschel n., m.: ›am Fest Mariä Himmelfahrt geweihter Kräuterbusch‹ mancherorts nördl. und mittl. Schwarzw. – Syn. → »Kriterbuschel«.

Krut-dorsche m.: ›Kohlstrunk‹ vereinz. – Vgl. »Dorsche«.

krute schw.: *krudde, krütte.* ♦ 1) ›Unkraut jäten‹ vereinz. ♦ 2) ›Beeren, Obst pflücken‹ mancherorts mittl. Schwarzw., Elztal (Verbr. s. Karte → »ginne«); Syn. → »ginne«.

krutig Adj.: ›keck, aufgeblasen‹ mancherorts Kaiserst., Markgr.

Krut-land n.: ›mit Kraut bepflanztes Stück Land, Krautgarten‹.

Krut-schisser m.: *Kruttschisser, Krüttschisser, Chruttschisser* u. ä. ♦ ›Kohlweißling‹.

Krut-schlämpe m., Pl.: ›Gericht aus Mangold‹ mancherorts. – Vgl. »Schlämpe, Schlämpekrut«.

Krut-seckel m.: *Kruttseckel, Krüttseckel.* ♦ 1) ›Kröte, Frosch‹ vereinz. ♦ 2) ›Kohlweißling‹ vereinz. nördl. Schwarzw. ♦ 3) ›täppischer Kerl‹ Elztal, nördl. Brsg.

Krut-storze m.: ›Kohlstrunk‹, im Pl. *Kruttsterze* auch mancherorts als Ortsneckerei.

krut-welsch Adj.: ›unverständlich, widerspenstig‹ vereinz. Ortenau. – Vgl. »heckewelsch«.

Krutzele f.: *Krutzele, Chrutzele* ›Stachelbeere‹ mancherorts SO-Schwarzw. – Syn. → »Krusele«.

Kruzi- Interj.: verstärkendes Präfix in Verwünschungen, Flüchen, wie z. B.: *Kruzidunderwetter, Kruzisack, Kruzitürken.* – Verkürzung zu *Kruzifix.*

ku ›kommen‹ → »kumme«.

Kübel → »Kiwel«.

kuche schw.: *kuche, küche, kuuche, chuuche* ›hauchen‹ Ortenau, Brsg., Markgr.; *chuuch e wenig d' Schiiben a, s isch, aß me besser luege cha* [Hebel]. – Mhd. *kûchen.*

Kucher m.: *Kucher, Chucher.* ♦ 1) ›Korb‹ mancherorts Hochrhein zwischen Waldshut und Schaffhausen; Syn. → »Zeine«. ♦ 2) ›Tüte‹ vereinz. südl. Hegau. – Mhd. *kucher, kocher* ›Gefäß‹.

Kuchi f.: *Kech* an Murg und Oos; *Kich* nördl. Schwarzw., nördl. Ortenau; *Kuch* Hanauerland; *Kuchi* mittl. und südl. Schwarzw., nördl. Brsg., obere Baar, mancherorts Hegau, Linzgau; *Kuche* mancherorts Linzgau; *Chuchi* südl. Brsg., Markgr., Hotzw., Klettgau, südl. Hegau, Höri; *Kchuchi* vereinz. Bodanrück; *Kochi, Chochi* mancherorts Baar, Raum Blumenfeld (Verbr. s. Karte → »Kuchi«); Pl.: *Kuchene, Chuchene* mancherorts. ♦ ›Küche‹; *Mitë in dr Kuchi isch en grôse, gmûrete Fürhërd* [O. Furtwängler]; *bi mir isch's sufer* (sauber, ordentlich) *in d'r Kuchi; wenn's numme üwwerahl so sufer wär* [A. Ganther].

Kuchi-känschterli n.: *Kuchikänschderli, Chuchichänschterli, -kaischterli.* ♦ ›kleiner Küchenschrank‹. – Zum Grundwort s. → »Känschterli«.

Küchle s. → »Kueche[1]«.

Kuckuck → »Guckuck«.

Küdde(ne) → »Quitte«.

Kuder[1] m.: *Kuder, Kudder, Chuder, Chudder* ›Abfall von Hanf oder Flachs beim Hecheln, geringe Sorte Hanf, alter Stoff‹ mancherorts, heute veraltet. – Mhd. *kuder.* – Vgl. »Werg«.

Kuder[2], Küder ›Täuberich‹ → »Kuter«.

Kuder[3] ›Freiplatz beim Fangspiel‹ → »Ghuder«.

kuderig, kiderig Adj.: *kud(r)ig, kudrich, kid(e)rig, kidri, küderig, chüderig* u. ä. ♦ 1) ›zerzaust, struppig‹, von Frisuren, Gebüsch u. ä. ♦ 2) ›faserig, holzig‹ von Rettichen gesagt Ortenau, mittl. Schwarzw., Kaiserst. ♦ 3) ›krank, verschleimten Husten habend‹ Ortenau. Vgl. »kischterig«.

Kuder-welsch n.: *Kuderwelsch, Küdderwelsch, Chuderwelsch.* ♦ ›unverständliche Sprechweise, dummes Gerede‹.

Kue f.: *Kue, Chue* verbr.; *Küe, Köe* mancherorts Ortenau, Hanauerland; Pl.: *Kiä, Kiäj, Kiäje, Chüe, Chiäj, Chüej* u. a. ♦ 1) ›Kuh‹; *Uf de Matte waide d' Chüeih* [Hebel]; *Un wia in d'r Biw'l isch's zuegange, wo d' dürri Küeh d' feddi g'fresse hen* [A. Ganther]; Ra.: *finschter wie in re Chue* ›sehr finster‹; Sprichw.: *Mer kaan alt wäre wiä e Kue un lehrt immer no dezue* [E. Strube]. ♦ 2) ›dumme, ungeschickte Person‹; *dummi Kueh un sunsch noch Üwwrnämme hen sie m'r gä* [A. Ganther]. ♦ 3) meist Dim., Bez. für verschiedene Pflanzen, z. B. ›Herbstzeitlose und ihre Frucht, Salomonssiegel, Traubenhyazinthe‹.

♦ 4) Bez. in Spielen: ›Blinde Kuh‹ oder Stein im Mühlespiel, Stein, den man über das Wasser hüpfen lässt u. a.; *Ziehn i der Nüntelstai, gschickt bau i Mühlen an Mühle, „Uf un zue, un mir die Chue!“* [Hebel].
Kue-buddel m.: ›weibliches Kalb‹ mancherorts SO-Baden; sonst meist *Kuekalb.*
Kueche[1] m.: *Kueche, Chueche* verbr.; *Köeche, Küeche* vereinz. am Rhein entlang. ♦ ›Kuchen‹, im Dim. *Kiechli, Chüechli* auch kleineres Backwerk, bes. »Fasnetkiechli« u. ä.; *Wenn der 's Gläsli schmeckt voll Chirsiwasser un der Chueche drii* [Hebel].
Kueche[2] m., f.: *Kueche, Chueche* ›Schlittenkufe‹ vereinz. S-Baden. – Ahd. *chuocha.*
kueche schw.: ›zerdrücken‹ [Ottoschwanden]; *drufrum kueche* eb.
Kue-dei(t)sche m.: ›Kuhfladen‹. – Vgl. »Kuepflatter«.
kue-finschter Adj.: ›sehr finster‹.
Kue-mockeli, -mummele n.: ›Kuh‹ in der Kinderspr., mancherorts.
Kuene Pl.: *Kuene, Küene, Koene, Chuene* ›Schimmelschicht auf vergorenen Flüssigkeiten‹, bes. auf Wein. – Mhd. *kâne, kôn* u. ä., dies aus lat. *canus* ›grau‹.
Kue-pflatter, -pflatsche m.: ›Kuhfladen‹ mancherorts. – Vgl. »Kuedei(t)sche«.
Kue-wadel, -wedel m.: ›Kuhschwanz‹.
kufdig ›gehäuft‹ → »ghufdig«.
Kuffer m.: ›Koffer‹; *eier Reis'sack oder eier Kufferli* (Dim.) *packe* [A. Ganther].
Kugel-fuhr → »Gugelfuhr«.
Kugel-hupf → »Gugelhopf«.
Kugilis n.: *Kugilis, Kigilis, Chügelis* ›das Murmel-, Klickerspiel‹; *Kugilis mache* ›mit Murmeln spielen‹.
Kugle f.: *Kuggel* an Murg und Oos, nördl. Brigach, östl. Hegau, Bodanrück, Linzgau; *Kugel* mancherorts nördl. und mittl. Schwarzw., südl. Ortenau; *Kugle* südl. Ortenau, nördl. Brsg., Kaiserst., Dreisamtal; *Kuggle* Raum Neustadt-Villingen, Baar, westl. Hegau; *Chug(e)le* südl. Brsg., Markgr., Wiesental, westl. Hotzw.; *Chuggle* Klettgau, südl. Hegau, Höri; *Koul, Köul, Köwel* mancherorts in der Rheinebene zwischen Rastatt und Rust (Verbr. s. Karte → »Kugle«). ♦ ›Kugel‹; *un ha mit Treu un Tapferkait dur Schwert un Chugle 's Lebe trait* ›durch Schwerter und Gewehrkugeln das Leben davongetragen‹ [Hebel]; Ra.: *wiä Kuggel us em Rohr* ›sehr schnell‹ [O. Furtwängler].
kühl s. → »kiehl«.

kujoniere, kurniere, kuniere schw.: ›quälen‹ Markgr. – Frz. *couillonner.*
Kukumer ›Gurke‹ → »Gugummer«.
Kul-has, Kil-has m.: ›Kaninchen‹ mancherorts Ortenau, mittl. Schwarzw. – Vgl. »Kingeli[1]«.
kum Adv.: *kuum, küüm, chuum* ›kaum‹; *„Jo, jo," sait d'r Harzbur un ka's Lache kum v'rhewe* ›kann das Lachen kaum unterdrücken‹ [A. Ganther].
Kumedi f.: *Kumėedi.* ♦ 1) ›Schauspiel, Komödie, Possen‹. ♦ 2) ›Unfug, Ärger‹; *des Bai mocht mer hit wieder Kumeedi* [Freiamt].
kumme st.: *kumme* verbr. nördl. einer Linie Breisach, Freiburg, Furtwangen, Blumberg, Stockach, Konstanz; *komme* vereinz. nördl. Schwarzw., nördl. Ortenau; *kuu* mancherorts Hochschwarzwald, Hegau, Bodanrück; *chumme* vereinz. westl. Hegau; *chuu* südl. Brsg., nördl. Markgr., mancherorts Klettgau; *choo* Markgr., Dinkelberg, Wiesental, Hotzw., mancherorts Klettgau, Höri; *kchuu* vereinz. Hegau, Bodanrück (Verbr. s. Karte → »kumme«); die Verbflexion kann hier nicht für alle Gebiete dargestellt werden, hier nur die Varianten wie sie Hebel hat: *ich chumm, du chunnsch, er chunnt, mer chömme, ihr chömmet, sie chömme*; Part. Perf. *choo*; Imperat. Sg.: *chumm*, Pl. *chömmet*; dazu Konjunktiv Prät.: *chömm.* ♦ ›kommen‹; *Bisch hungerig, chasch wider cho!* [Hebel]; *es chunnt e Zyt, würd' s anderst goh* [Hebel]; dass *mer e weng besser in d Müli kämtig gi Brod hole* (Konjunktiv II) ›dass man ein wenig besser in die Mühle käme, Brot zu holen‹ [O. Furtwängler]; *wenn er numme chömmti* ›wenn er nur käme‹ [Malsburg]; Ra.: *Ihr kumme grad wia g'ruefe* [A. Ganther];

s chunnt mer ›es fällt mir ein‹ verbr.; *i kumm der glii,* als Drohung verbr.; *kumm i hitt id, kumm i morge* über einen Unzuverlässigen [E. Strube]; Kindervers: *Kunnt e Miisli / bout e Hiisli / kunnt e Mickli / bout e Brickli / kunnt en Floh / un der biißt do* [Hofsgrund]; Kindervers, bei dem man mit den Fingern am Arm des Kindes hochläuft und schließlich am Ohrläppchen zieht: *Kunnt en Bär vu Konstanz her, do klopft er a, goht e Stegle wiiter nuf, do zieht er dra* [Villgn].

kummediere schw.: ›kommandieren‹.

Kümmel → »Kimmi«.

Kummet n., m.: *Kummet* verbr.; *Chummet* südl. Brsg., Markgr., Wiesental; *Chümmet* mancherorts Dinkelberg, Wiesental; *Kommet* mancherorts Baar, SO-Baden; *Kömmet* Hotzw.; seltenere Formen: *Kommit, Kummich, Kimmet, Chimmet, Chummert.* ♦ ›Halsgeschirr von Zugtieren‹.

Kummiss m.: ›Kommiss, Militär‹.

Kumissione Pl.: ›Einkäufe, Erledigungen‹; *Kummissione mache* ›Einkäufe in der Stadt erledigen‹ St. Peter. – Frz. *commission* ›Auftrag, Besorgung‹.

kummlig Adj.: *kummli, kummlig, chummlig* ›angenehm, behaglich, passend, zukömmlich‹; *Gell es isch chummli so?* [Hebel]; *sell müeßt mer e chummligi Sach sii* [Hebel].

Kummod f., n., m.: *Kummóod, Chummóod* ›Kommode‹.

kummod Adj.: *kummóod, chummóod* ›bequem, passend, handlich‹.

Kumpf m.: ›Wetzsteinbehälter‹ nördl. und mittl. Schwarzw., veraltet. – Mhd. *kumpf.* – Syn.: »Fueterfass, Steifueter, Wetzfueter«.

Kümpfel m.: *Chümpfel, Kempfel.* ♦ 1) ›große Schüssel‹ Altenschwand, Immeneich, Willargn. ♦ 2) ›Vorrichtung zur Regulierung von Wasser am Weiher‹ Schonach, Gütenb.

Kundewitte Pl.: ›gutes Betragen, Lebensart, Geschick‹ mancherorts Ortenau, mittl. Schwarzw. – Frz. *conduite.*

Kunditer m.: ›Konditor‹.

Kunkle f.: *Kunkel, Kunkle, Chunkle* ›Spinnrocken‹; *'s Rädli vo birbaume Holz, un an der Chunklen e Riiste* [Hebel]; *i gang z Kunkle* ›ich gehe zum geselligen Beisammensein‹ (s. »Kunklete«) [Reiselfgn]. – Mhd. *kunkel,* dies aus lat. *conucla,* zu lat. *colus* ›Spinnrocken‹.

Kunklete f.: ›Zusammensein in der Nachbarschaft an Winterabenden (zum Spinnen, zur Unterhaltung, s. »Kunkle«)‹ vereinz. Baar, südöstl. Schwarzw. – Syn. → »Stubete«.

Kunrad m.: der männl. VN *Konrad,* dazu aber mundarliche Varianten wie *Kured, Kuäred, Chuäred* und *Kuoni, Kuonli* u. ä.

Kunscht f. (m.): *Kunscht, Chunscht* mancherorts; *Kuuscht, Kauscht, Chauscht, Chuuscht* vereinz. SO-Baden, Hochrhein. ♦ 1) ›Können, Kunstfertigkeit‹. ♦ 2) ›Kachelofen (bzw. Anbau am K.), gekachelte Ofenbank‹ u. ä., bes. im Schwarzwaldhaus; *er hockt uf dr Chunscht un wärmlet si* ›und wärmt sich‹ [Auggen]; *unser Ofe hett der Chunscht nit umsunscht* [Glock Brsg.].

Kunstant m.: der männl. VN *Konstantin* mit Varianten wie *Kunscht, Kunschter, Kuschl, Stinne* u. a.

kunträr Adv.: *kunträr, kunteräri* vereinz. ›entgegengesetzt, im Gegenteil‹; *s'isch awwer um kei Hoor besser worre, kunträr* (es wurde noch schlimmer) [A. Ganther]; *mer chönne nit chlage, kunteräri, si henn is ghulfe* [Hebel]. – Frz. *contraire.*

Kunzert n.: ›Konzert‹.

Kur f.: in der Wend.: jemandem *die Kur mache* ›schmeicheln, schöntun, hofieren‹. – Frz. *faire la cour.*

kuranze schw.: *kuránze, koránze* ›jemanden plagen, schikanieren‹ vereinz.

Kurasche f.: *Kuráasch, Koráasch, Kuráasche* ›Mut, Entschlossenheit‹; dazu das Adj.: *kuraschiert.*

Kürbis → »Kirbse«.

Kur-gascht m.: *Kur-, Kürgaschd,* (1. Silbe kurz und betont), meist Pl.: *-geschd* ›Feriengast, Tourist, Urlauber‹ verbr.

kurz Adj.: *kurz, churz* verbr.; Komparativ: *kirzer, chürzer.* ♦ ›von geringer Erstreckung (räumlich und zeitlich)‹; Ggs. »lang«; *e kurze, fuchsrode Burevollbart* [A. Ganther]; *D' Zyt wird aim doch churz im Laufe, wemmen au näumis mitenander z' rede waiß* [Hebel]; Ra.: *über churz un lang* ›irgendwann einmal‹ [Hebel]; *kurz abunde sii* ›kurz und schnippisch antworten‹ [E. Strube].

Kurz-fueder n.: ›Häcksel (mit Rübenschnitzeln oder Hafer vermischt) als Viehfutter‹ mancherorts.

Kurz-wil f.: *Kurzwiil, Churzwiil* ›Zeitvertreib‹; *'s isch ebe für Churzwiil* [Hebel].

kusche schw.: *gusche, kusche* ›sich ducken, hinlegen, still sein‹, Zuruf an Hunde: *Gusch di!* ›nimm Platz‹. – Frz. *coucher.*

kuschtere schw.: ›wühlen, herumkramen‹ vereinz. Brsg., Markgr., Wiesental.

Kut, Kuter, Kiter m.: *Kutt, Kuut, Chutt, Kudder, Kidder, Küdder, Chutter, Chuuder* u. ä. ♦ ›männliche Taube, Täuberich‹ verbr. (außer Markgr.). – Mhd. *kûte, kute.* – Vgl. »Ruker«.

Kute f.: *Kudd, Küdd, Küdde* ›Vertiefung, Grube‹ mancherorts nördl. Ortenau, Raum Bühl; Dim.: *Kiddili* [Lahr]. – Mhd. *kûte.*

Kutsch m.: *Kutsch, Gutsch, Kütsch, Gütsch*; Dim.: *Kitschel, Gitschel, Kütschli, Kitschli* u. a. ♦ ›Fohlen‹ mancherorts Ortenau, nördl. Brsg. – Syn. → »Fohle«.

Kutter[1] m.: *Kudder, Kuddr* ›Abfall, Kehricht‹ mancherorts Baar.

Kutter[2] ›Täuberich‹ → »Kut«.

kuttere schw.: *kuddere, küddere, kuddre* ›glucksend lachen, kichern, gurren‹ nördl. und mittl. Schwarzw., Ortenau. – Syn. → »kittere«.

Kuttle[1] f.: *Kuddl, Kuddel, Kuddle, Chuttle.* ♦ 1) ›Eingeweide, Kaldaunen‹, meist von Schlachttieren, aber auch (scherzh.) übertragen auf die Eingeweide von Menschen, z. B. in den Ra.: *guete Kuddle haa* ›viel vertragen können‹; *öbbis uf dr Chuttle haa* ›etwas auf dem Kerbholz haben‹ Wiesental. ♦ 2) ›aus Eingeweiden zubereitete Speise‹, z. B. zubereiteter Rindermagen, Würste aus Rinder-, Schweinsblut, Sülze u. a. mancherorts. – Spätmhd. *kutlen.*

Kuttle[2] f.: ›Regenumhang, altes Kleidungsstück‹ vereinz. mittl. Schwarzw. – Wohl Bildung zu mhd. *kutte* ›Mönchskutte‹.

Kuttle-krut f.: Bez. für verschieden Pflanzen wie ›Dost, Wasserdost, Eberraute‹, vereinz., meist als Bestandteil des an Mariä Himmelfahrt geweihten Kräuterbüschels.

kuttlig Adj.: ›weit geschnitten, sackartig, zu groß‹, von der Kleidung; *der kuttlig Rock kònn i nimmi òòlege* [Freiamt]. – Zu »Kuttle[2]«.

Kutz f., m.: *Kutz, Chutz.* ♦ 1) Lock- und Kosename für die Katze, auch Scheuchruf für Katzen: *Kutz, do weg!* [U.glottertal]. ♦ 2) in der Wend. *nim Kutz mache* ›keinen Ton mehr von sich geben‹ [Neusatz]. ♦ 3) ›verworrenes Haar‹ vereinz. Markgr.

kutze-bohne(le) ›graupeln‹ → »kitzebohne(le)«.

kutzlig Adj.: ›kitzlig, heikel‹ [O. Furtwängler].

kut(z)-nacht Adj.: *kutz-, küütnacht* ›stockdunkel‹ vereinz. mittl. Schwarzw. – Vgl. »kidig, kuefinschter«.

Kuz m.: *Kutz, Kütz, Chutz.* ♦ 1) ›Kauz (kleine Eule)‹. ♦ 2) ›sonderbarer Mensch‹.

L

Labig f.: ›Erfrischung, Labung‹ [Reute (Emm.)].

labig → ›lebendig‹ → »lebig«.

Lache[1] f.: *Lach, Lache.* ♦ 1) ›Wassertümpel, zeitweise überschwemmtes Gelände‹, auch häufig in FlN. ♦ 2) ›Jauche‹ verbr. Markgr. (Rebland), Linzgau (Verbr. s. Karte → »Mischtlache«). – Vgl. »Mischtlache«.

Lache[2] Grenzmarkierung → »Looche«.

lache schw.: ›lachen‹; *Was gitt's do z'lache?* [A. Ganther]; Ra.: *s Lache n-un s Bläre n-in eim Säckli haa* ›schnell vom Lachen in das Weinen übergehen‹ [E. Strube]; *do het 'r nit g'wißt, ob 'r lache oder hüle soll* [A. Ganther]; *do hen sie sich schier bucklig g'lacht* [A. Ganther].

Lache-fass n.: ›Jauchefass‹ mancherorts SO-Baden. – Zu »Lache[1] 2«.

läch(e)re schw.: ›zum Lachen reizen‹; *s hett mi gläch ret* [Glock Brsg.].

lächerig Adj.: ›Lachen erregend, lächerlich‹ mancherorts nördl. und. mittl. Schwarzw.

Lachete f.: ›andauerndes Gelächter‹; *Die zwei hen wieder ä Lachede* [Berghaupten].

Lach-guttere f.: ›andauernd kicherndes, lachendes Mädchen‹ vereinz.

lächig Adj.: dass. wie → »lächerig« mancherorts Brsg., S-Baden.

Lach-kätter f.: dass. wie → »Lachguttere« vereinz.

Lachs m.: ›der Fisch Lachs, Salmo salar‹, nur in der 2. Jahreshälfte so genannt, sonst »Salm«, wurde früher in großen Mengen im Rhein gefangen.

Ladättere f.: ♦ 1) ›Kopf‹, scherzh., abschätzig; *Hau em oni uf d Ladättere* [Epple]. ♦ 2) ›Laterne‹ Markgr., [Konstanz]. – Bed. 1) wohl zu frz. *la tête* ›Kopf‹. – Vgl. »Lozern«.

Lade[1] f.: *Laad, Lade.* ♦ 1) ›Truhe, größerer Kasten‹ verbr. ♦ 2) nur Dim.: *Lädli* ›Schachtel, Büchse‹ mancherorts.

Lade[2] m.: *Lade* verbr. (außer SO-Baden), *Ladde* SO-Baden. ♦ 1) ›verschließbare Klappe, Fensterladen‹ u. ä.; *d' Läde schettere druf un druf* ›die Läden klappern fortwährend‹ [Hebel]; Ra.: *sich an d' Lade lege* ›sich für etwas stark machen‹. ♦ 2) Ladentisch, Kaufladen‹; Ra.: weggehen *wia d'r Weck am Lade* ›reißenden Absatz finden‹ [A. Ganther]. ♦ 3) ›reich verziertes Brustteil der Frauentracht‹, veraltet [Neukirch, Gütenb.].

lade st.: *lade* verbr. (außer SO-Baden), *ladde* SO-Baden; *lode* vereinz. Ortenau, nördl. Brsg.; 3. Pers. Sg. Ind.: *er laad* nördl. Schwarzw., Ortenau, vereinz. mittl. Schwarzw.; *er ladd* Hotzw., Klettgau, Baar, Hegau, SO-Baden; *er ladet* mancherorts südl. Ortenau, mittl. Schwarzw., verbr. Brsg., Markgr.; *er lodet* vereinz. südl. Ortenau, Brsg.; *er läd, lädd* Ostteil des mittl. Schwarzw., Raum St. Peter – St. Märgen, oberer Brigach und Breg. ♦ 1) ›aufladen, beladen‹; *lad mer nüt uf dy Gwisse!* [Hebel]; in Ra. auch übertr.: *geladen haben* ›betrunken sein‹ verbr.; *geladen sein* ›Wut haben, grollen‹ mancherorts. ♦ 2) ›eine Schusswaffe laden‹; *er ladet syni Pistole* [Hebel]. ♦ 3) ›jemanden zu einem Fest, einem Termin laden, einladen‹; das Einladen (zu einer Hochzeit) oblag früher *dem Lader, Läder, der Ladfrau, dem Ladmädle* u. ä.

lädele schw.: ›einen Einkaufbummel machen‹. – Neuere Bildung zu »Lade[2] 2«.

Laf, Läf n.: *Laaf* mancherorts ob. Markgr.; *Lääf, Leef* vereinz. nördl. Markgr. ♦ ›Lippe‹. – Verwandt mit → »Lapp, Lefzge«.

Lafari m.: *Lafáari* ›langweiliger, lässiger Mensch‹ verbr.

Lafere f., **Laferi** m.: *Laafere, Laaferi* ›schwatzhafte Person, Dummschwätzer(in)‹, auch *Lafergosche, Laferdäsche.*

lafere, läfere schw.: ›schwatzen, labern, lallen‹.

Laffe f.: ♦ 1) ›Ruderblatt‹ mancherorts am Bodensee. ♦ 2) ›Schulterblatt des Schlachtviehs, Vorderschinken‹ [Stockach, Konstanz]. ♦ 3) ›Teil, Beschlag am Bauernwagen‹ vereinz. Hochrhein. – Mhd. *laffe.*

Laffeet(e) f.: *Lafféed, Lafeede* ›Gesicht, Mund‹ verbr.; *i haü der eini uf d Lafääde* [Freiamt]. – Frz. *la faîte.*

Laffi, Lafiigi m.: ›Nichtsnutz‹ [Sulzburg, Waldk. (Elzt.)].

läg Adj.: *lääg* ›sanft ansteigend oder abfallend, einigermaßen flach‹ mancherorts mittl. Schwarzw., südl. Ortenau.; *läägi Felder* [Furtwangen]. – Mhd. *læge.*

Lägele n., f. m.: ›kleines oder größeres Fass, Trinkfässchen‹ vereinz. und veraltet. – Wie »Logele« zu mhd. *lâgel, lægele* u. ä., dies zu lat. *lagella, lagena.*

lahm Adj.: *lahm, lamm.* ♦ 1) ›gelähmt‹. ♦ 2) ›welk, schlaff‹ verbr. Südhälfte.

Lahm-arsch(i) m.: ›langsamer, träger, bequemer Mensch‹, dazu das Adj.: *lahmarschig.*

lai, laib Adj.: *lai* südöstl. Schwarzw.; *laib* obere Brigach und Breg (Verbr. s. Karte → »lis«). ♦ ›fade, zu wenig gesalzen‹. – Wohl eine Bildung zu nhd. *lau,* wörtl. *läu.* – Syn. → »schlai«.

Laib m.: *Laib* verbr.; *Loeb, Loab* im schwäbischen Grenzgebiet. ♦ ›Brotlaib‹, im Dim. *Laible, Laibli, Laiwli* vereinz. auch Bez. für kleinere Gebäcke, Wecken; *e große Hafe voll Milch un e große Laib Schwarzbrot* [A. Ganther].

Laich m.: *Laich* verbr.; *Loech* mancherorts Bodensee. ♦ ›Fisch-, Froschlaich‹.

Laiel f.: ›dünne Stelle im Eis, hervorgerufen durch eine Gasblase unter dem Eis‹ Bodensee [Epple]; *Guck nu dia gruusig Laiel a; dert treet* (trägt) *mi's Iis jo numme* [Radolfzell]. – Vgl. »Wunne²«.

Laifel, Laifzge, Laipfe f.: *Laifel, Leifel, Laifle, Leefel* mancherorts nördl. Schwarzw., Ortenau; *Laifzg, Laifzge* mittl. Schwarzw., *Laifze* vereinz. südl. Ortenau; *Laipfe, Laipfede* mancherorts südl. Ortenau, Brsg., Markgr., dazu seltenere Varianten wie *Leifelzte, Laichel, Naifel* u. a. ♦ ›die grüne Schale der Walnuss‹; das Entfernen dieser Schale (auch der Maisblätter) ist *laifle, laifzge, laipfe, laipfle* usw. – Mhd. *loufel, löufel.*

Laifer m.: ♦ 1) ›wer läuft‹ vereinz. ♦ 2) ›halbwüchsiges Schwein‹ ca. 8-12 Wochen alt, bisweilen auch ›junges verschnittenes Schwein‹.

laifig Adj.: *laifi, leifi, laifig, leifig.* ♦ 1) ›brünstig‹, bes. von Hündinnen. ♦ 2 ›fließend, flüssig‹; *dr leifig Brunne* ›Laufbrunnen‹ [Gütenb.].

Laim(e) m.: *Laime* mancherorts nördl. und mittl. Schwarzw., nördl. Brsg., Kaiserst.; *Läime, Lähme* mancherorts nördl. Schwarzw., Umg. Kehl; *Loime* Ostteil des nördl. und mittl. Schwarzw.; *Laim* Brsg., südl. Schwarzw., Markgr.; *Lai* Hotzw., Klettgau; *Loe* Baar, Hegau, Höri; *Lomm* Bodanrück, Linzgau; *Loem, Luem, Luim* Raum Markdorf-Pfullendorf (Verbr. s. Karte → »Laime«). ♦ ›Lehm, Lehmboden‹; häufig auch in FlN oder als Bestandteil von Necknamen für Bewohner verschiedener Orte wie *Laim(e)rutscher, -schenkel, -dätscher, -wängscht.*

Laipfe ›Walnussschale‹ → »Laifel«.

Laise ›Stütze der Wagenleiter‹ → »Lis, Lisele«.

Laise-bengel Pl.: ›seitliche Stützleisten der Wagenleitern‹ [Freiamt], mittl. Kinzigtal (Verbr. s. Karte → »Lis«). – Vgl. »Lis, Lisele«.

Laitsch(i) m.: ›wer sich herumtreibt‹ vereinz. Hochrhein.

Lalli m.: *Lalle, Lalli* ›einfältiger, dummer Mensch, Dummschwätzer‹; *un han ene wiascht gscit* (habe sie mit wüsten Wörtern bedacht): *Daigaf, un Sûkopf un Lali un Tralâri* [O. Furtwängler]. – Vgl. »Löli«.

Lälli m.: *Lälle, Lälli* ›Zunge‹, oft abschätzig, verbr.; *aim dr Lälli zeige* ›jemandem die Zunge herausstrecken‹; *Lälli* ist auch der Neckname für die Einwohner von Basel [Wiesental], früher war am Turm der Rheinbrücke der sog. *Lällechünig* (Lällenkönig) angebracht, ein gekrönter Kopf, der bei jeder Schwingung des Turmuhrpendels die Zunge heraussteckte. – Verwandt mit nhd. *lallen* ›mit schwerer Zunge sprechen‹.

Lamento n.: *Laméndo* ›Klage, Wehgeschrei‹; *Mer henn's Lamento öbbe gseh* [Hebel].

Lamm n.: *Lamm*, Dim.: *Lämmli, Lämmle.* ♦ 1) ›junges Schaf‹; *un d' Lämmli waiden im Grüene* [Hebel]. ♦ 2) Gasthausname *Zum Lamm.*

lammediere schw.: *lammedíäre* mancherorts; Part. Perf. *(ge)lammedíert.* ♦ ›jammern, sich beklagen, lamentieren‹.

lamm-frumm Adj.: ›sehr zahm, harmlos‹; *un isch widder lammfrumm uf si Bänkli newe d'r Vog'lkefig hig'hockt* [A. Ganther].

Lämmli-salat m.: ›Feldsalat‹ mancherorts Markgr., Wiesental; oft auch nur *Lämmli* (Verbr. s. Karte → »Ackersalat«). – Syn. → »Ritscherli«.

lampe, lamp(e)le schw.: *lambe, lampe, lambele* u. ä. ♦ ›(schlaff) herabhängen, kraftlos an etwas ziehen‹; bei dieser Schlampe *lampet de Unterrock wider fire* (hervor) [Epple]; Ra.: *d' Flüg'l lambe lo* ›mutlos, niedergeschlagen sein‹ [A. Ganther].

Lämpe m.: *Lämbe, Lämpe.* ♦ 1) ›Stück Fleisch von der Wamme, dem Bauch‹. ♦ 2) ›Fleischlappen am Kinn des Hahns, Doppelkinn bei Menschen‹ vereinz.; *e Lämpe mache* ›Schwierigkeiten bereiten‹ Wiesental.

lampe-lierig Adj.: ›lustlos, liederlich‹; *Durch des Rumrutsche awwer isch m'r des lambelierig Lewe uf'm Hof dehinde ganz v'rleid worre* [A. Ganther].

län Adj.: *lään* ›ruhig‹ vom Wasser, Fischerspr. Umgebung Grenzach.

Land n.: *Land*; Dim.: *Ländli.* ♦ 1) ›das feste Land, Ufer‹ im Ggs. zum Wasser; *über Land un Meer* [Hebel]. ♦ 2) ›landwirtschaftlich genutzte Fläche‹, bes. Gartenbeet, mancherorts, bes. in Zs. wie *Bohne-, Krutt-, Tabakland.* ♦ 3) ›geographisch-politische Einheit, Landschaft‹; *im ganze badische Ländli* [A. Ganther]; *jetz chasch im Land nit bliibe* [Hebel]; Ra.: *in sibe Heere Ländere* ›weit herum‹ [Hebel].

land-ab → »landuf«.

Lande, Lander(e) f.: ♦ 1) ›Gabeldeichsel‹. ♦ 2) ›die beiden Griffstangen an Schiebekarren‹. ♦ 3) ›Rebgerüst, Spalier‹. – Zu mhd. *lander* ›Stangenzaun‹, zu dem auch nhd. *Geländer* gehört.

Landel m.: Kurzform für den männl. VN *Landolin,* nach einem Heiligen, der in Ettenheimmünster verehrt wird.

Lander[1] m., meist Pl.: ›Bewohner der Rheinebene‹ im Ggs. zum »Wälder«, der im Schwarzwald oder zum »Täler« der in Tälern (z. B. Elztal) zuhause ist.

Lander[2] m.: ›Kittel‹ [Zell a. H.].

landsem → »langsam«.

Lands-maa m.: ›wer aus der gleichen Gegend, dem gleichen Land kommt‹, Pl.: *Landslitt, -lütt* u. a.

Land-stroß m.: ›Landstraße‹; *bis an Stetten aben uf dyner stainige Landstrooß* [Hebel].

land-uf Adv.: ›im Land hinauf‹; *landuf 's Kinzigdhal hinderi* [A. Ganther]; häufig in der Paarbildung: *landuf – landab* ›hin und her, überall‹ mancherorts.

Land-watte f.: ›großes Fischernetz‹ Bodenseefischerei.

Land-wid → »Langwid«.

lang Adj.: ›von größerer Erstreckung (räumlich, zeitlich)‹; Ggs. »kurz«; *zwenzig Ehle lang un brait* [Hebel]; *si langi spitzigi Nas* [A. Ganther]; *do bliibe mer nit lang!* [Hebel]; Sprichw.: *Het me's lang, se loßt me's henke* [Hebel]; häufig auch Bestandteil in FlN wie *Langenbuck, Langmatte, Langwasen* usw.

lange, länge schw.: *lange* mancherorts Schwarzw., Ortenau, nördl. Brsg.; *länge, lenge* südl. davon. ♦ 1) ›ausreichen, genügen‹; *aber meinsch, des lengt em?* [St. Märgen]; *'s längt mer jetz!* ›es reicht, meine Geduld ist am Ende‹ [Freib.]. ♦ 2) ›mit der Hand erfassen, herholen, darreichen‹; *d'r Burgemeischder langt's Schlüssili un will uffschliaße* [A. Ganther]; *Bas Margret, leng mer e Schöppli!* [Hebel]; *Druf lengt der Pfarer in Sack un nimmt e Briise un schnupft* [Hebel]; *läng mr s Gwehr* Ausruf der Entrüstung, des Erstaunens, verbr. ♦ 3) ›ohrfeigen‹; *ebberem eini länge* [Opfgn].

lange-weg Adv.: ›der Länge nach‹; *'r isch de langeweg abegheit* ›der Länge nach hingefallen‹.

Längi f.: ›Länge‹; *so hät dës Ding uf d Längi it welë guat dua* [O. Furtwängler].

Langi-wil f.: *Lang(e)wiil, Lang(i)wiil* ›Langweile‹; *eimol üwwer's ander gähnt er vor Hitz un Langwiel* [A. Ganther]; dazu das Adj.: *langwilig.*

langlecht Adj.: ›länglich‹ vereinz.

lang-sam Adj.: *langsam* verbr.; *longsom* Hanauerland; *landsem, lansem* Wiesental. ♦ ›lange Zeit brauchend, allmählich‹; *si* (die Sonne) *isch gar grüseli landsem* [Hebel].

Lang-wid f.: *Langwiid, Langwidd, Lankwitt* vereinz. im ges. Gebiet, verbr. Bodanrück, Linzgau; *Longwidd, Lonkwidd* verbr. nördl. Schwarzw. und Hegau, vereinz. Ortenau; *Landwiid, Landwitt* mancherorts mittl. und südl. Schwarzw., Brsg., Markgr., Klettgau, Höri; *Landwigg, Londwigg* vereinz. Ortenau; *Londwiid, Londwitt* mancherorts mittl. und südöstl. Schwarzw.; *Lambitt, Lambett, Lombedd* vereinz. Ortenau, Hanauerland; dazu noch seltenere Varianten. ♦ ›Verbindungsstange zwischen Vorder- und Hinterteil beim alten Bauernwagen‹. – Mhd. *lanc-wit,* das Grundwort gehört zu ahd. *witu* ›Holz‹.

lanze schw.: ›Erfolg haben, gelten, sich ereignen‹; *s lanzt* ›es passiert etwas‹ [Emmendgn]; *bi dem kannsch nit lanze* ›bei dem kannst du nichts erreichen‹ [Lahr]; *mr weiß nit, was lanzt* ›man weiß nicht wohin das führen soll‹ [Freiburg]; *etz woescht, wo's lanzt* ›jetzt weißt du, wo es gilt‹ [Radolfzell]; *Am G'siecht will i's im ablese, was lanzt* [A. Ganther].

Lapp f.: ›Mund‹ Ortenau.

Lappe m.: ♦ 1) ›Stück Tuch, Fetzen‹ verbr. ♦ 2) ›Ruder‹ Hanauerland.

lappe schw.: dass. wie → »läpple«.
Lappe-duttel m.: ›ungeschickter, einfältiger Mensch‹ vereinz.
läppere schw.: *läbbere, läppere.* ♦ 1) ›trinken, schlürfen, verplanschen‹ von Flüssigkeiten, mancherorts; Syn. → »surpfle 2«. ♦ 2) ›sich allmählich zusammenhäufen‹, *s läpper(e)t sich so zamme* mancherorts.
lapperig Adj.: ›lasch, welk, kraftlos‹ mancherorts Ortenau, Brsg.
läpperig Adj.: ›dünn, wässrig, gehaltlos‹, von Suppen, Getränken u. ä.
Lappi m.: *Labbi, Lappi, Lapp* ›einfältiger Mensch, Tölpel, Flegel‹; *Du dunderschießige Lappi du!* [Hebel].
läpple schw.: *läpple, lapple* ›schlürfen, Flüssigkeiten schlappen‹.
Lapp-ohr n.: ›großes abstehendes Ohr, Schlappohr‹, auch umgeknickte Ecke einer Heft-, Buchseite, mancherorts.
Läri m.: Schimpfwort bei Hebel: *Die dunderschießige Läri!* [Hebel].
lärme schw.: ♦ 1) ›Lärm schlagen‹ vereinz. ♦ 2) ›schimpfen, schelten‹ mancherorts Ortenau, mittl. Schwarzw., Brsg. (Verbr. s. Karte → »schelte«).
Lärme-stange f.: ›hochaufgeschossene weibliche Person‹ vereinz.
Larve f.: *Larv, Larve* ›Gesichts-, Fastnachtsmaske‹. – Syn.: »Maschkere, Schemme, Schlaraff, Schnaraffel, Schurtig«.
Läsche, Läscheme f.: ›Baumrinde‹ vereinz. mittl. Schwarzw.
Läschem Gen.?: ›Glück‹, nur in der Wendung *Läschem hoo* [Freiamt].
Laschge Pl.: ›das Ackerunkraut Ampfer‹ [Freiamt].
Lascht f.: ›Bürde, Last‹; *do het 'r si Lascht in's Gras g'legt* [A. Ganther].
läse ›lesen‹ → »lese«.
lass Adj.: ›nachlässig, lax, schlaff‹ vereinz., in Konstanz *läss* ›ungesalzen‹.
Lätari ohne Genus.: der Sonntag Lätare, ein wichtiger Brauchtumstermin; vgl. »Hißgir, Schibeschlage«.
latinisch Adj.: *ladinisch* ›lateinisch‹.
Lätsch f., m.: *Läddsch, Läädsch, Laddsch.* ♦ ›Schleife, Schlaufe, Masche, Knoten‹ verbr. – Ital. *laccio,* lat. *laqueus* ›Schlinge‹; gleicher Herkunft ist nhd. *Latz.* – Vgl. »Wagelätsch«.
Latschari m.: *Lattschäari* ›schlaksiger, schlapper, herumlungernder, träger, unsolider Kerl‹, meist als Schimpfwort. Dazu der *Latschariplatz,* wo sich die Eckensteher treffen.
latsche schw.: ›nachlässig, schleppend herumgehen‹.
Lätsch(e) f., m.: *Lettsch, Lättsch, Läätsch, Lattsch, Lettsche.* ♦ 1) ›(geschwollene, hängende, schmollende) Lippe‹, meist etwas abschätzig neben »Lippe, Lippel« mancherorts; *der Bue macht e Lätsche, wil er nit mit därf* [Waldk. (Elzt.)]; *dü machsch ä Ladsch, das siebe Schuehmacher druf hocke kinne un jeder het noch e Gsell debii* [Freiamt]. ♦ 2) ›breites Pflanzenblatt‹ vereinz.
lätsche schw.: *lättsche.* ♦ 1) ›im Wasser planschen, sudeln, geifern‹. ♦ 2) ›lecken, schmatzend saugen, den Mund verziehen‹ mancherorts.
Latschi m.: *Laatschi, Laatsche,* dass. wie → »Latschari«.
latschig Adj.: *laatschig, lattschig* ›nachlässig, schwach, schlaff‹.
Latte f.: *Latt, Latte.* ♦ 1) ›schmales, längliches Kantholz‹; Ra.: etwas / jemanden *uf dr Latt ha* ›nicht ausstehen, leiden können‹ mancherorts; *daß m'r awwer kein zwische ni babb'lt; sell ha i uf d'r Latt; s' macht mi fuchsdeif'lswild* [A. Ganther]. ♦ 2) ›Rausch‹ mancherorts; Ra.: *E Latt wiä e Bretschelbu* ›stark betrunken‹ [Umg. Offenburg]; Syn. → »Rusch«.
lättere schw.: ›mit Wasser, Flüssigkeit planschen, verschütten, herunterrieseln‹.
Lätteri m.: ›Durchfall‹ verbr.
Lattich m.: *Laddich, Laddi, Laddig* ›(wilder) Lattich, Huflattich‹ u. ä., vereinz.
Lattwing Pl.: ›Ackerwinde‹ [Unzhurst, Moos (Buhl), Schwarzach].
lau[1] Adj.: *lau, läu, laü* ›lauwarm‹; *Am haitere Maitag wäiht's so lau* [Hebel].
lau[2] ›lassen‹ → »lo«.
Laub n.: *Laub, Läub, Laüb* ›Blattwerk von Bäumen und Sträuchern‹; *es rüehrt si ke Läubli* (Dim.) [Hebel]; *Es visperlet, es ruuscht im Laub* [Hebel].
Laube f.: ♦ 1) ›gangartiger Vorraum, Dachraum, Speicher‹ in alten Hotzenwaldhäusern und im Hegau und Bodenseegebiet; *Gang uf d Laube uffi und hol mer e Zoane* (Korb) *voll Holz* [Radolfzell]. ♦ 2) ›Wirtshaus(name)‹ Kaiserst.
laube schw.: *laube, läube* ›Laub sammeln‹ oder in Weinbauorten ›überschüssiges Reblaub entfernen‹.
Laub-flecke Pl.: *Laubflecke, Läubflecke* ›Sommersprossen‹ verbr. Brsg., südl. Schwarzw., Markgr., Hotzw.; im östl. Hotzw. vereinz. auch *Laubriseli.* – Syn. → »Summerflecke«.

Laubi m., f.: Name für Rinder, Kälber, bei Hebel bes. für Zugochsen: *Hörsch, wie der Laubi schnuuft?* – Wohl zu *Laub* im Sinn von ›der laubartig Gefleckte‹ oder aber zu schweizerisch *laub* ›lieb‹.

Laub-risele Pl.: ›Sommersprossen‹ vereinz. Hotzw. (Verbr. s. Karte → »Laubflecke«). – Syn. → »Summerflecke«.

Lauch m.: *Lauch, Läuch, Laüch* ›Porree, Lauch‹.

Laue m.: ›flaches Lastschiff mit breitem Heck und Bug, Fähre‹ mancherorts Bodensee, Hochrhein.

laufe st.: *laufe, loufe, läufe, laüfe* verbr.; Part. Perf.: *gloffe* verbr. ♦ ›sich normalen Schritts zu Fuß fortbewegen‹ im Ggs. zu ›fahre, renne, springe‹; *I lauf no, was i laufe cha* [Hebel]; *Was lauffsch denn so?* [Hebel]; *du lauf'sch im Trapp* [A. Ganther]; *un 's Wasser* (Tränen) *lauft mer d' Backen ab* [Hebel]; Ra.: *e männigi Ohm Wasser isch d'r Rhin na g'loffe* ›viel Zeit verging‹ [A. Ganther].

Läufer → »Laifer«.

läufig → »laifig«.

Lauf-narr m.: ›Mitglied der Stockacher Narrenzunft‹.

Lauf-stecke m.: ›Gehstock‹ verbr.

Lauge-bretzel f.: *Laugebretzel, Laugebretschel* u. a. ♦ ›Salzbretzel‹.

Laugele n., f.: *Laugele, Laugeli, Lougele* ›ein kleiner Weißfisch‹ mancherorts Bodensee, auch Neckname für die Bewohner von Allensbach.

Laum m.: *Laum, Laam* ›Dampf, Dunst‹ mancherorts Ortenau. – Mhd. *loum* ›Feuchtigkeit, Dunst‹.

Lavor n.: *Lawóór, Lafóór* ›Waschbecken, Waschgarnitur aus Porzellan‹, vereinz. und veralt; auch verdeutlichend: *Wäschlafoor*. – Frz. *lavoir*.

laxiere schw.: ›abführen‹, meist subst.: viele grüne Äpfel essen, *des git s Laxiäre* [Hofstet.]; dazu die *Laxiri* ›Abführmittel‹; *e scharfi Laxiri* [A. Ganther] und *s Laxier* ›Durchfall‹ Elztal.

Leb m.: *Leeb, Lööb* ›Löwe‹. – Am Südrand und im Südosten auch »Leu«.

Lebe n.: Lautung wie »lebe«, s. d. ♦ 1) ›das Leben, die Existenz‹; *ne rüejig Lebe hen si do* [Hebel]; *'s wurd d'r jo nit grad 's Lewe koschde* [A. Ganther]; Ra.: Paarformel: *bi Liib un Lebe* ›bei allem was mir lieb ist‹ [Hebel]. ♦ 2) ›Lebhaftigkeit, fröhliches Treiben‹; *Potz Himm'lstern, het's do a Lewe gä im Land* [A. Ganther]. ♦ 3) ›das lebende Fleisch‹, *ins Läwe schniide* z. B. beim Schneiden der Fingernägel, dem Beschneiden von Hufen.

lebe schw.: *läwe, lewe, lạwe, lebe, lạbe, lewwe, lebbe, leäbe.* ♦ ›leben, lebendig sein, existieren‹; *Vo was jetz lebe?* [Hebel]; *wenn de züchtig lebsch* [Hebel]; *wo dr Grosfater no glëbt un ghandiert hät* [O. Furtwängler]; *si henn in Friden un Liebi mitenander glebt* [Hebel]; *Vor villhundert Johr het 'r g'lebt un isch e frumme, heilige Mann g'si* [A. Ganther].

lebendig Adj.: *lewendi, lewendig, lawendig, lebendig* ›lebend, lebhaft‹ mancherorts Nordrand und Elztal (Verbr. s. Karte → »lebig«); *z' mol awwer isch 'r lawendig worre* [A. Ganther].

Leber(e) f.: *Läbere* mancherorts Brsg., südl. Schwarzw., Hotzw.; *Lạbere* mancherorts südl. Brsg., Markgr.; *Läwere* vereinz. Zartener Becken, Brsg.; *Lạwere* mancherorts nördl. Brsg.; *Läwwere* mancherorts Raum St. Märgen, südöstl. Schwarzw.; *Läbbere* südöstl. Schwarzw., Baar, östl. Hotzw., Hegau, Höri; *Läber, Läwer, Lạwer, Läwwer* nördl. und mittl. Schwarzw., Ortenau; *Läeber* Bodanrück. Linzgau. ♦ ›das Organ Leber, das aus der Leber des Schlachttiers bereitete Gericht‹; Ra.: *frisch vun d'r Lewer weg* ›geradeheraus‹ [A. Ganther].

Leber-knepfli Pl.: ›Leberklößchen‹.

lebig Adj.: *läwig, lewig, lạwig, lạbig, lebig, lewwig, lebbig, leäbig* (Verbr. s. Karte → »lebig«). ♦ ›lebend, lebendig, vital‹; *un vor is her marschiert der Puhuh in Flamme, über Stock un Stai un Dorn, e lebigi Fackle* [Hebel].

Lebtig m.: *Läwdig, Läbdig, Lebtig* u. ä. ♦ 1) ›Lebenszeit‹, wörtlich *Lebtag*; meist in Formeln mit vorangestelltem *mein, dein, sein, unser* usw.: *I denk my Lebtig dra* [Hebel]; *Es isch em au für siner Lëbtig e Lêr gsi* [O. Furtwängler]. ♦ 2) ›Aufhebens, ausgelassenes Treiben, Lärm‹; *e Lebtig mache* von einem Huhn gesagt, das gelegt hat und dies durch Gackern

anzeigt, Markgräflerland; *en Lebdig verfihre* [Waldkirch (Elzt.)].

Leb-zelte Pl.: *Leäbzelde* ›Lebkuchen‹ vereinz. Linzgau. – Mhd. *lëb(e)zelte.*

lech, lecherig Adj.: *lech, lecherig* vereinz.; *läech, lääch* verbr. Hegau, Höri, Bodenseegebiet. ♦ ›undicht, wasserdurchlässig‹, bes. von ausgetrockneten Holzgefäßen; im größten Teil wird *verlechert* gebraucht, das Part. zu »verlechere«. – Beide verwandt mit nhd. *leck.*

-lecht Suffix zur Bildung von Adjektiven, die eine Nähe oder Ähnlichkeit zum Grundwort ausdrückt, vgl. »dick-, gääl-, griën-, gris-, kiëhl-, rotlecht« u. a.

Leck f., n.: ›Schicht, Lage‹, bes. vom Heu, Getreide, mancherorts Ortenau, Brsg. – Mhd. *lecke, legge,* das zu *legen* gehört. – Vgl. »Legi«.

lecke schw.: *legge, lecke, leckche* ›mit der Zunge lecken‹.

leckerig, leckerscht Adj.: *leggerig, leggersch(t)* ›wählerisch im Essen, Fressen‹ mancherorts nördl. Schwarzw. (Verbr. s. Karte → »schnaikig«). – Syn. → »schnaikig«.

Leckerli n.: ›Honiggebäck, Lebkuchen‹, bekannt sind die *Basler Läckerli.*

Leder n.: *Läder, Leder, Ledder, Leädder* ›gegerbte Haut, Leder‹; Ra.: *vum Leder ziege* ›ordentlich loslegen‹ [A. Ganther].

ledere schw.: *leddere, lạddere.* ♦ 1) ›dreinschlagen, verhauen, verprügeln‹. ♦ 2) ›bezahlen‹. ♦ 3) ›einen trinken‹ vereinz; Syn. → »surpfle 2«.

ledig Adj.: *ledi, ledig, leddig* ›unverheiratet‹; *Ër isch no en ledige, alte Bua* [O. Furtwängler]; Sprichw.: *ledig gstorwe n-isch au id verreckt* [E. Strube].

leer Adj.: *leer, läär, lạar, leär* ›nicht voll, nichts enthaltend‹; *Zwar isch's Chrüegli leer* [Hebel]; *si Plätzli isch leer gsi un isch leer bliewe* [A. Ganther].

leere schw.: ›schütten‹ verbr.; *in Schittstei gleert* ›in den Abfluss geschüttet‹ [Freiamt].

Leffel m.: *Leffel, Löffel.* ♦ 1) ›Löffel zum Essen, Kochen‹; *Wüschet d' Löffel ab, un bett ais! Danket dem Heeren!* [Hebel]; Ra.: sie *maine, si haigen ellai mit Löffel d' Glehrsamkait gfresse* ›sie allein seien besonders schlau‹ [Hebel]. ♦ 2) ›Ohr, Ohrmuschel‹, bes. beim Hasen; *du kriegsch an d Leffel!* ›du kriegst eine hinter die Ohren‹ [Emmendgn].

leffle schw.: *leffle, löffle* ›löffeln‹.

Lefitte Pl.: bes. in der Ra.: einem *die Lefidde (ver)lese* ›jemandem die Meinung sagen, zurechtweisen‹; *sällem hät awer dr Fater de Lefite fërläse* [O. Furtwängler]. – Wörtl. *Leviten.*

Lefze, Lefzge f.: *Lefz, Lefze* vereinz.; *Lefzg, Lefzge* mancherorts oberes Elz- und Glottertal, Baar, vereinz. Markgr., südl. Hotzw.; *Leäfzge* mancherorts Linzgau. ♦ ›Lippe‹, bisweilen nur abschätzig oder für Lippen von Tieren; *un haig* (habe) *dem Chranke d' Finger ins Ohr glait un uf d' Lefzgen au* [Hebel]. – Vgl. »Laf, Lätsch, Lippel«.

Legasch f.: *Legáasch* ›abgelegte Zählkarten beim Zegospiel‹ vereinz.

lege schw.: *lege* Schwarzw., südl. Ortenau, Brsg., Markgr., Hotzw.; *legge* SO-Baden; *leie, laie* mancherorts nördl. Schwarzw., Ortenau, Hanauerland; Part. Perf.: *g(e)legt, g(e)leggt* nördl. und mittl. Schwarzw., mancherorts Brsg.; *g(e)lait, g(e)leit* u. ä. übriges Gebiet. ♦ ›in eine liegende Stellung bringen, an eine Stelle hinlegen‹; sich *ins Bett (ufs Ohr) lege* ›schlafen gehen‹; *un legt d'r Hermännli üwwer's linke Knie un v'rwalkt 'n ganz ordenanzmäßig* [A. Ganther]; *er leits uf de Disch* [Freiamt]; Ra.: sich *für ne an Lade g'legt* ›sich für ihn eingesetzt‹ [A. Ganther]; *jedes Brösili legt 'r uf d' Goldwog* ›ist pedantisch‹ [A. Ganther].

Legi f.: *Lege, Legi, Leggi.* ♦ 1) ›Lage, Gelege‹, bes. von Heu, Getreide, Futter; vgl. »Mahd, Sammlete, Schore, Zatte«. ♦ 2) ›Wehr, Damm‹ mancherorts Südhälfte; *In d' Huusemer Matte schießt's* (das Wasser) *un d' Legi ab mit große Schritte go Fahrnau* [Hebel].

Lehm → »Laim(e)«.

lehne schw.: *lehne* verbr. (außer den folgenden Gebieten); *lenne* mancherorts Bodenseegebiet; *lihne* vereinz. mittl. Schwarzw.; *lähne* mancherorts Schwarzw., Baar, Hotzw., Klettgau, Hegau, Höri.

♦ ›borgen, ausleihen‹; *Lehn mer gschnell zwoe Mark* [Radolfzell]. – Vgl. »lie, vertlehne«.

Lehr-bue m.: ›Lehrling, Auszubildender‹.

lehre schw.: *lehre, lähre* ›lernen‹, seltener auch ›lehren‹; *gent Achtig, un lehret, was men ich ufgitt!* [Hebel]; *Vor vierzeh Johre henn si alle 's A-B-C no by mer glehrt* [Hebel]; *un het in sine junge Johre bim Schniederendres z' Waldberg d' Schniederei g'lehrt* [A. Ganther]; *Meischder, lehre mi z' erscht 's Leder klopfe* [A. Ganther]; *der Bueb lehrt nüt un wemmes m mit Chochlöffel ins Muul iischmieert* [Glock Brsg.]; Wortspiel mit lehren (= lernen) und leeren: *Wieder ebbis dezue glläärt, uf dass mr s nit veschitte!* Kaiserstuhl.

Lehrer m.: *Lehrer, Lährer*; die Frau des Lehrers ist *d' Lehreri, Lehrere.*

Leh-scheidi f.: ›Hofgrenze‹ vereinz. mittl. Schwarzw.

Lei f.: ›Art, Gattung‹ veraltet, vereinz. mittl. Schwarzw.; *s isch ka Läi gsi wo denë Kërli it igfale isch* [O. Furtwängler]. – Mhd. *lei, leie* ›Art‹, dies aus altfrz. *ley.*

lei ›fade, wenig gesalzen‹ → »lai«.

Leicht-käferli n.: *Lejchtkäferli, Laichtkäferli* ›Glühwürmchen‹ vereinz. – Bestimmungswort zu *leuchten.*

leidig Adj.: ›traurig, leidvoll‹; *'s het e Fieberli gha un laidige Gichter* [Hebel].

leie ›liegen‹ → »lige«.

Leifel, Leifzge u. a. ›grüne Schale der Walnuss‹ → »Laifel«.

leigle, leigne schw.: ›leugnen‹ vereinz.

leine schw.: *laine, loane* ›anlehnen‹ vereinz. südl. und südöstl. – Mhd. *leinen.*

Leipfe ›grüne Schale der Walnuss‹ → »Laifel«.

Leis n., f.: *Leis, Lais, Loas* ›Wagen-, oder Schlittenspur, Fahrrille‹. – Mhd. *leis, leise* ›Spur, Geleis‹, vgl. nhd. *Gleis < Ge-leise.*

Leischte m.: *Leischd, Leischde, Laischde, Loeschde* ›hölzernes Fußmodell des Schuhmachers‹, noch in Ra.: wie *alles über ai Laischde schlage* ›etwas undifferenziert, unpassend angehen‹ Brsg.

Leise, Leisele u. ä. ›Stütze der Wagenleiter‹ → »Lis[1], Lisele«.

Leitere f.: *Leider, Leiter, Leidere, Leitere, -ai-, Loeter, Loater, Loatere.* ♦ 1) ›Steigleiter‹; *Un stellt 'm enanderno d' Leider un gitt 'm e Bogekorb, daß 'r sich breche ka, was 'r will* [A. Ganther]; Ra.: den dem etwas herunter gefallen ist, tröstet man: *Bis* (sei) *froh, dass des nabkäit isch un id uffizue, sunsch miäßtsch de ganz Dag mit de Laidere n-ummenand renne* [E. Strube]. ♦ 2) ›leiterähnliches Seitenteil am Heuwagen‹. ♦ 3) ›Rippenstück des Schlachttiers‹ mancherorts.

Leit-fass n.: ›Fass für die gestoßenen oder gemahlenen Trauben vom Rebberg nach Hause‹ Markgr. – Mhd. *leitfaz*, das Bestimmungswort zu *leiten* ›führen‹, also Fass zum Heimführen / Transport der Trauben.

Leit-seil n.: *Leiseil, Leitsel, Loedsoel* ›Seil oder Riemen, mit dem der Fuhrmann die Zugtiere lenkt‹.

len ›lassen‹ → »lo«.

Lene[1] f.: *Lene, Leni* Kurzform für den weibl. VN *Magdalene, Helene.*

Lene[2] f.: *Lene, Läne* ›Waldrebe‹ vereinz.

Lenz m.: Kurzform für den männl. VN *Lorenz.*

lenzig Adj.: ›ausgelassen, sonderbar‹ Markgr. – Zu mhd. *lenzen* ›lustig, übermütig sein‹.

lese[1] st.: *lese* vereinz. nördl. Schwarzw.; *läse* verbr. Schwarzw., mancherorts Brsg., Markgr., westl. Hotzw.; *lässe* Baar, Klettgau, Hegau, Höri; *ląse* Hanauerland, südl. Ortenau, westl. Brsg., Markgr.; *läese* Linzgau; Part. Perf.: *glese, gläse*; 1. Pers. Sg. Ind. häufig: *ich liis.* ♦ 1) ›sammeln‹ Kartoffeln, Trauben usw.; *die arme Chinder hen barfiß zwische de Stupfle gfalleni Ähri glesen* [Hebel]. ♦ 2) ›Geschriebenes lesen‹; *Der Hügli cha jo nit Gschribes lese* [Hebel]; *Seller* (Name) *wär awwer so heidemäßig wüescht g'sud'lt, daß 'n kei Deif'l lese künnt* [A. Ganther]; Ra.: *d Lewidde lese* ›ordentlich die Meinung sagen‹.

lese[2] schw.: *lese, löse.* ♦ 1) ›etwas losmachen‹. ♦ 2) ›Geld einnehmen, durch Kauf erlösen‹; *Nai, der löset nüt* [Hebel]. – Mhd. *lœsen.*

lete schw.: *lete, löte.* ♦ 1) ›löten‹. ♦ 2) ›(Alkohol) trinken‹ verbr.

letscht Adj., Adv. ♦ 1) ›am Ende befindlich, eine Reihe beschließend‹; *im letschte Summer*; *'s letscht Stuck, e nedds, nedds Liad* [A. Ganther]; *oder wemme vo hinnen im letschte Stündli soll schaide* [Hebel]. ♦ 2) ›letzhin, neulich, kürzlich‹ vereinz. Nordrand; häufiger aber *letschthi(n), ledschti < letzt-hin.*

Lette m.: *Ledde, Ladde* ›Tonerde, schwerer Lehmboden, toniger Mergel‹. – Mhd. *lette.*

letz Adj.: *letz, lätz, läetz.* ♦ 1) ›links‹ vereinz.; *e lätzi Schlaupfe* ›eine linke Masche beim Stricken‹; *en läz gmachte Sak* ›ein nach links gestülpter Sack‹ [O. Furtwängler]. ♦ 2) ›verkehrt, unrichtig, falsch, unpassend, widrig, verquer‹, sowohl von Gegenständen, Zuständen wie auch von Menschen, verbr.; *S êrscht Mol wär des Schualgou gar it emol eso läz gsi, am andere Dag häte mër awer agfangë drab z grûse* [O. Furtwängler]; auch subst.: *an d'r Letz kumme* ›an den Falschen geraten‹ [A. Ganther]; Ra.: *ebber isch letz im Chopf* ›nicht ganz richtig im Kopf‹ [Opfgn]; *er duet ganz lätz* ›ist außer sich‹ [Glock Brsg.]; *de Finger im läze Loch* haben ›etwas verkehrt machen‹ [O. Furtwängler]; *Bischt mit em lätze Fueß ufgstande* ›alles läuft verkehrt‹ [Epple]; *ebber letz mache* ›jem. völlig aus dem Konzept bringen‹ [Freiamt]; *zuem Letze füehre* ›zum Unrechten kommen‹ Markgr.; *oh letz!* Ausruf des Entsetzens verbr.; auch erweitet: *Oh letz am Bändel!* [Opfgn]. – Mhd. *lez, letze.*

letze schw.: *letze, lätze, lątze* ›mit einer Hacke oder einem Karst den Boden umhacken‹ mancherorts Ortenau; dazu verwendet man die *Letzhau, -höu.*

Letz-sul f.: *Letsuul* ›Zaunpfosten, Eckpfosten am Gartenzaun‹ mancherorts SO-Baden. – Bestimmungswort zu mhd. *letze* ›Hindernis, Grenzbefestigung‹.

Leu m.: *Läi, Leu, Löü* vereinz. Hochrhein, Höri, Konstanz. ♦ ›Löwe‹; *muetig wie ne Leu* [Hebel]; *Sinn Leuen oder Bäre do?* (hier Gasthausnamen) [Hebel]. – Mhd. *leu* eine alte Form für *Löwe.* – Vgl. »Leb«.

Lewat m.: ›Kohlreps, Rübsen, Brassica napus bzw. rapa‹, verbr.

Li, Liine ›Radnagel‹ → »Lun, Lune«.

Lib m.: ›Leib, Körper, Unterleib‹; *bim lebendige Lîb verbrant* [O. Furtwangler]; *Liib un Lebe woog* (wage) *i dra* [Hebel]; *Am ganze Lib het 'r ziddert wia Espelaub* [A. Ganther].

Lib-ding, Lib-dig n.: *Libbding, Libbdigg* ›die für das Altenteil ausbedungenen Rechte, Anteil des Altbauern und seiner Frau‹; *ufs Libbding gu* [Freiamt]; die Alten werden *Libbdigger, Lebdiger* genannt; sie wohnen im *Libbdinghus, Libbdighisle* u. ä.

Libli n.: *Liiwle, Liible, Liibli.* ♦ 1) ›westenartiges Kleidungsstück für Männer‹; vgl. »Bruschttuech, Schilee«. ♦ 2) ›Mieder, Leibchen für Frauen, Kinder‹; *Vom brait verbendlete Liibli fallt bis zue de Chnödlenen abe Fältli an Fältli* [Hebel].

Lichs m., f.?: *Lichs* (mit *ach*-Laut), *Liächs, Liggs, Liggse.* ♦ ›eine Art Lehmboden‹ mancherorts Markgr.

Lich(t) f.: *Lich* (kurz) nördl. Schwarzw.; *Licht* mittl. Schwarzw., Eltzal, Ortenau, nördl. Brsg.; *Liich* Hotzw., Klettgau, vereinz. SO-Baden; *Liiche* vereinz. südöstl. Schwarzw.; *Liicht* Brsg., Markgr., südöstl. Schwarzw., Hegau, Höri, Bodenseegebiet; *Liächt* mancherorts Brsg., Markgr., vereinz. Baar. ♦ 1) ›Leichnam‹. ♦ 2) ›Leichenbegängnis, Beerdigung‹; *e scheeni Liiche* ›ein schönes Begräbnis‹ [Hornberg an der Schwarzwaldbahn]; *ze de Liicht lade* ›zur Beerdigung einladen‹ [Stockach]; *i gang a d Liich* ›ich gehe zur Beerdigung‹ [Büsgn]. – Die Bed. ›Leichenbegängnis‹ ist schon im Mhd. belegt. – Vgl. »Gräb«.

licht Adj.: *licht, liicht.* ♦ 1) ›von geringem Gewicht‹; *un nimmt d'r Korb am Arm, – licht isch 'r grad nit gsi* [A. Ganther]; Ra.: *wi ne Fliegeschiißli so liicht* [Hebel]. ♦ 2) ›mühelos, nicht schwierig‹ *wia 'r üch licht denke künne* ›wie ihr euch mühelos denken könnt‹ [A. Ganther].

lichte schw.: *liichde, lüüchde, laichde, lejchde* ›leuchten‹ vereinz., in der älteren Mundart eher »zinde«.

Lichti f.: *Lichti, Liichti* ›Leichtigkeit‹ mancherorts.

Lich(t)-sageri f.: ›Frau die (früher) mitteilte, das jemand gestorben ist und zur Beerdigung einlud‹ bes. Schwarzw., Ortenau, sonst auch *Lich(t)biätere, -bitteri, -bettene, -heißeri.*

Lid m.: *Liid.* ♦ 1) ›Deckel auf Zubern oder Fässern‹ mancherorts mittl. Schwarzw., Markgr. ♦ 2) ›Augenlid‹.

lide st.: *liide.* ♦ 1) ›erdulden, erleiden‹; *derthi, wo 'r als junger Burscht Hunger het müesse lide* [A. Ganther]; *Un glitte, was me liide cha* [Hebel]. ♦ 2) ›gestatten, erlauben, gern haben‹; *I liid's nit!* [Hebel]; *dr Fatr kan's it lîde, wen ë Sach e so umeand lit* [O. Furtwängler].

Lidere f.: Bez. für verschiedene Fische wie ›weibl. Lachs, alte Seeforelle, Brachse‹ mancherorts Hochrhein, Bodensee.

lidere schw.: *liddere, liidere.* ♦ 1) ›ein Tierfell zu einem Pelz gerben‹ vereinz. ♦ 2) ›hin- und herzerren, hauen, durchprügeln‹ mancherorts. – Mhd. *lëderen.* – Vgl. »gerbe«.

liё schw.: *liä* vereinz. an Dreisam und Wildgutach. ♦ ›borgen, ausleihen‹. – Wörtl. *leihen*, sonst verbr. »lehne, vertlehne«.

liëb Adj., Adv.: *liäb.* ♦ 1) ›liebenswert, geliebt‹; *Er luegt in d' Welt so lieb un guet* [Hebel]; Ra.: *d'r liab lang Dag* ›den ganzen Tag hindurch‹ [A. Ganther]. Wortspiel (mit *Liebhaber*): *s chunnt uf de liäb Haber aa, hätt säll Ross gsait* [Schopfhm]. ♦ 2) im Komparativ *liäber* ›besser, eher‹ *du kämscht liäber itte* ›du kämst besser nicht‹ [Stockach]; *schriib's lieber in e Buech* [Hebel]; Ra.: *do hądsch aü liäber ins Bett gschisse* ›da hättest du besser etwas anderes getan‹ [Freiamt].

Liëbhergotts-bliëmli n.: Bez. für verschiedene Blumen wie Wiesenschaumkraut, Ehrenpreis, Sumpfvergißmeinnicht. – Vgl. »Herrgottsbliemli«.

Liëbherrgotts-käferli n.: ›Marienkäfer‹, vereinz. – Vgl. »Herrgottskäferli«.

liëche st., schw.: *liäche, liiche, lüche* Südhälfte; Part. Perf. *gloche, gliächt* vereinz. ♦ ›herausziehen, auszupfen, ausreißen‹, z. B. vom Heu aus dem Heustock, vom Flachs aus dem Boden; der Haken zum Herausrupfen des Heus ist der *Liächer* oder »Hailiecher«; die auf einmal herausgerupfte Menge ist die *Liächet* vereinz. – Mhd. *liechen, lüchen*.

Liëcht n.: *Liächt* verbr.; *Leächt* mancherorts Rheinebene zwischen Altenhm und Grieshm; *Liät* mancherorts östl. Baar, Hegau, Bodensee. ♦ 1) ›Tageslicht, Helligkeit‹. ♦ 2) ›künstliche Lichtquelle, Kerze‹, hier auch Pl. *Liächter* mancherorts; *d' Liachder usblose* [A. Ganther]; *am Michelsdâg* (29. September) *wird s ërscht môl bim Liacht gschafet* [O. Furtwängler]; Ra.: *do isch 'm e Liacht ufgange* ›da wurde es ihm klar‹ [A. Ganther]; Brauchtum: *z' Liächt go* ›sich an Winterabenden in gemütlicher Runde (beim Spinnen) versammeln (häufig unter Teilnahme der jungen Burschen)‹ mancherorts; auch *Liächtgang* genannt; Syn. → »Stubete«. ♦ 3) meist Dim.: *Liächtli, Liächtle* ›die Samenkugel des Löwenzahns‹; ›wilde Schlüsselbume‹ [Malsburg].

Liëcht-gämmili n.: ›Abendvergnügen‹ [O. Furtwängler]. – Vgl. »Gammel«.

Liëcht-gang s. → »Liecht 2«.

Liëcht-mess f.: ›das Fest Mariä Lichtmess (2. Febr.)‹, an dem in der kath. Kirche die Kerzen geweiht werden; im früheren bäuerlichen Kalender ein markanter Termin: Ra.: *Liechtmess – Spinne vergess un bi Tag z Nacht ess* [Amoltern], ähnl. mancherorts.

Liëcht-span m.: *Liächtspa(n)-, -spoo* u. ä., s. »Span«. ♦ ›Kienspan zur Beleuchtung‹ veraltet; *se chunnt er an Liechtspoh un hebt's Pfiifli unter un trinkt in gierige Züge, bis es brennt* [Hebel]; *Un wo n i uf em Schniidstuehl sitz für Basseltang, un Liechtspö* (Pl.) *schnitz* [Hebel].

Liëcht-stehler m.: ›Nachtfalter, Nachtschmetterling‹ mancherorts Markgr., Wiesental. – Syn. → »Buebestehler«.

Liëcht-stock m.: ›Leuchter, Leuchtkerze‹ mancherorts; *Un der Joppi nimmt e Hampfle Liechtspöh un setzt si neben e Liechtstock hi* [Hebel].

Liëd n.: *Liäd* ›Lied, Gesang‹; *chumm, sing e Liedli so un so!* [Hebel]; Ra.: *s End vum Liad* ›das dicke Ende‹ mancherorts.

liëderig Adj.: *liäderi, liäderig, liädri(g)*. ♦ 1) ›liederlich, geringwertig, schlecht‹, von Lebewesen und Sachen; *des liaderlig Babierfetzli* [A. Ganther]. ♦ 2) ›körperlich unwohl, elend, krank‹; *s isch mer liäderig wore* ›ich wurde schwindlig, ohnmächtig‹ [Tribg]; Ra.: *liädrig wiä zum Umgheie* ›nah an der Ohnmacht‹ [Opfgn].

liëge st.: *liä, liije* mancherorts nördl. Schwarzw., Hanauerland; *lüge, lügge* mancherorts östl. Hotzw., Klettgau, Höri; *liige* Raum Bonndorf – Blumberg, südl. Hegau, Bodanrück; *leäge* vereinz. Brsg.; *liäge* verbr. übriges Gebiet; Part. Perf.: *gloje, gloue, glowe, gloge*. ♦ ›die Unwahrheit sagen, lügen‹.

liegen → »lige«.

Liëne f.: *Liäne, Leäne* ›Waldrebe‹.

liësche schw.: ›weinen, das Gesicht verziehen‹ Hotzenwald. – Vgl. »Lätsch(e)«.

Liësch(t) m.: *Liäsch, Liäscht* ›gras- oder schilfartige Wasser- oder Sumpfpflanze‹, in getrocketem Zustand auch zum Abdichten von Fässern verwendet.

lige st.: *liige* südl. Ortenau, Südteil des mittl. Schwarzw., Brsg., Markgr., südl. Schwarzw., westl. Hotzw.; *ligge* SO-Baden; *leie, läie* nördl. Schwarzw., Ortenau, Hanauerland (Verbr. s. Karte → »lige«); Part. Perf.: *g(e)läie, g(e)laie* u. ä. nördl. Schwarzw., Hanauerland; *glääge* mittl. und südl. Schwarzw., östl. Brsg., westl. Hotzw.; *glaage* südl. Ortenau, westl. Brsg., Kaiserst., Markgr.; *glägge* Baar, südöstl. Schwarzw., Klettgau, Hegau, Höri; *gläege* Bodanrück, Linzgau. ♦ ›eine waagrechte Lage einnehmen, liegen, sich befinden‹; *D' Muetter isch gstorben, der Vater au, sie lige nebenenander* [Hebel]; *d' Chnecht sinn uf em Ofebank glege* [Hebel]; *Un wil 'm halt sölli vill dra g'lege isch* ›weil es ihm viel bedeutet hat‹ [A. Ganther].

Li-lache n. (m.): *Liilache, Lillache* mancherorts; *Ililache* mancherorts mittl. und südl. Schwarzw. ♦ ›Leintuch, Betttuch‹, veraltet. – Mhd. *lîlachen*, ahd. *lînlahhan* ›Lachen aus Leinen‹.

Lilächeli n.: ›Flieder‹ mancherorts Markgr. – Frz. *lilas*, engl. *lilac*. – Vgl. »Sirinke«.

Lim m.: *Liim, Limm* ›Leim, Kleber‹.

lime schw.: *lime* verbr.; *limme* mancherorts mittl. Schwarzw., untere Acher, Rench und Kinzig. ♦ ›leimen‹.

Lim-siëder m.: *Liimsiäder* vereinz., *Loemsiäder* vereinz. SO-Baden. ♦ ›langsamer, träger Mensch‹, Schimpfw. – Wörtl. *Leimsieder*.

lind Adj.: ›weich, sanft, zart‹, z. B. vom Wetter, von Früchten, mancherorts; *e linde Epfl* ›ein weicher Apfel‹ [Hofstet.].

Linde-bluescht m.: ›Lindenblüte‹.

Line n.: ›Leinen‹.

line, linen Adj.: *linne, line, lini* mancherorts; *linnen, linen* mancherorts. ♦ ›aus Leinen‹; *e line Tuech* ›leinenes Tuch‹ [Reichenau]; *e linenis Hemd* [Paradies].

link, links Adj., Adv.: ♦ 1) ›auf der linken Seite, linksherum‹; *rechts un links der Buechewald* [Hebel]; *un pfetzt ganz fidel 's link Aug zue un lacht un lacht* [A. Ganther]; *un d'r Refmatis'm im linke Bei* [A. Ganther]; Sprichw.: *Links rum goht's au um d Welt* ›Wenn es auf eine Weise nicht geht, so geht es vielleicht auf die andere‹ [Waldk. (Elzt.)]. ♦ 2) ›verkehrt, umgewendet‹; *d Hose links drehe* [Freib.]. ♦ 3) ›linkshändig‹; meist subst.: *e Linke(r), e Linkser* ›ein Linkshänder‹, häufig jedoch attributive Bildungen wie: *e linke Datschi, Datscher, Dalbi, Dotschi, Dobe, Topi* usw. – Vgl. ›letz‹.

Link(s)-tatsch(i) f., m.: *Link(s)datsch, -datsch, -datschi, -datscher, Linksdotsch, -dope, -topi, -doper* u. a. ♦ ›Linkshänder‹. – Vgl. »links 3«.

linse, linze schw.: ›scharf, heimlich beobachten, spähen‹ mancherorts; *in Kochhafe linse* [Freiamt].

Lin-tuech n.: ›Leintuch‹. – Vgl. »Lilache, Line«.

Lippel m.: *Libbel* ›Lippe‹ nördl. und mittl. Schwarzw., Ortenau, Brsg., mancherorts Markgr.; *der Libbel hänke losse* ›mutlos missmutig sein‹ [Gengenb.]. – Weitere altmundartliche Formen, die heute oft neben *Lippe* stehen, sind »Laf, Läf, Lefze, Lefzge, Lätsche, Luppel«.

Lippi-läppeli m.: ›ein Geist‹ [Hebel].

Lipp(s) → »Filipp«.

Lire[1] f.: *Lire, Liäre, Liäri, Lüre, Lure* ›Nachwein, Tresterwein, schlechtes Getränk, schale Brühe‹ mancherorts; auch in Zs. wie *Liribriäi, Lirekaffee* u. ä. – Wie »Glur« gehört unser Wort zu mhd. *lûre, liure*, dies aus lat. *lora, lorea*.

Lire[2] f.: *Liir, Liire, Liiri*. ♦ 1) ›Leier, Lyra, Drehorgel‹ vereinz. ♦ 2) ›Drehkurbel‹. ♦ 3) ›Singsang‹. ♦ 4) in Ra. wie: *immer die alt Lire* immer das Gleiche, eintönige Wiederholungen, Einerlei usw.

Lire-bläsi m.: ›langsamer, schwerfälliger Mensch‹ vereinz. SO-Baden. – Vgl. »Liri«.

Lire-kibel m.: *Liirekibel, -chübel* u. ä. ›rundes Holzgefäß mit Handgriff oder Bogenhenkel in dem früher Sauermilch u. ä. zum Trinken mit aufs Feld genommen wurde‹ mancherorts SO-Baden; in Ortsneckreimen jedoch in der ganzen Südhälfte bekannt, z. B.: *z Huse isch dr Liirichübel, z Raitbech isch dr Deckl drüber* [Schopfhm].

Lirete f.: ›eintöniges Geleier, ewiggleiches Gerede‹.

Liri m.: ›langsamer Mensch, Trödler, Zeitvergeuder‹ mancherorts.

Lis[1], **Lisele** f., (m.): *Liss* verbr. nördl. Schwarzw.; *Lissele* Brsg.; *Lisele* vereinz. Brsg., mancherorts Linzgau; *Lesele* Hegau, Bodanrück; *Löusele* Höri, Reichenau; *Laise* mancherorts südl. Ortenau; *Löise* Dinkelberg; *Laisele, Leisele, Läisele* Baar, südöstl. Schwarzw., westl. Hegau (Verbr. s. Karte → »Lis«). ♦ ›die äußeren Stützleisten der Wagenleiter am alten Bauernwagen‹; wegen des paarweisen Vorkommens häufig nur Pl., auch in den Zs.: → »Laisebengel, Stocklaise, Sperlaise, Stirlaise«; vgl. auch »Luntspere, Spore, Stuche 2«. – Mhd. *liuhse*, nhd. *Leuchse*, wobei für unsere Belege zahlreiche Nebenformen gelten.

Lis[2], **Lisel, Lisbet** f.: *Liis, Liss, Lisel* mancherorts, Dim.: *Lis(e)li.* ♦ Kurzform für den weibl. VN *Elisabeth*; *'s Liesli het 'm vor Fraid e Schmützli* (Kuss) *gä* [A. Ganther].

lis Adj.: *liis* Ortenau, Brsg., Markgr., Hotzw., Klettgau, Bodenseegebiet; *läis, lais* vereinz. südl. Schwarzw., oberes Wiesental. ♦ 1) ›leise‹ verbr. ♦ 2) ›fade, zu wenig gesalzen‹ (Verbr. s. Karte → »lis«); der Ggs. ist »räß«. – Syn. → »schlai«.

lisch Adj.: *lisch* (kurz) ›lauwarm, tauend‹ mancherorts Bodensee; *s wird lisch* ›die Kälte bricht, es taut auf‹ [Konstanz].

Lischte f.: *Liischt, Liischde, Lischde* ›Leiste, Querleiste‹.

lisle schw.: *liisle,* Part. Perf.: *gliislet* ›leise sprechen‹ [Emmendgn].

lis(li) Adj., Adv.: *liis, liisli, liislig* ›leise‹; *Schwätz liisli, Ätti* [Hebel]; *i mueß d'r's lies in's Ohr sage* [A. Ganther]; *Un liisli uf de Zeeche goht ... der Sunntig, un 's schlooft alles no* [Hebel]. – Vgl. »hälinge, still«.

lisme schw.: *liisme* mancherorts Wiesental, westl. Hotzw., Hochrhein; *lissme* östl. Hotzw., Klettgau, südl. Hegau, Höri. ♦ ›stricken‹, veraltend. Das Strickzeug ist im angegebenen Gebiet die *Lismete,* die Stricknadel die *Lismenodle.* – Mhd. *lismen, gelismen.*

Lismer m.: ›Strickjacke, Strickweste‹ Hochrhein, Bodanrück.

Lit Pl.: *Litt, Lütt, Liid, Lüüd* verbr.; im Dativ Pl. auch *Lüte* (so Hebel, z.B.: *alle Lüte gfallt's*). ♦ 1) ›Leute, Menschen‹; *Grüeß Gott, ihr Lüt* [Hebel]; *di kleine Litt* ›die einfachen Leute‹; *so fürnemi Lit dian s Häfili* (Nachttopf) *it unter d Betschtat schtelë* [O. Furtwängler]; *'s sinn herwärts Schwarzwald gar viil bravi Lüt* [Hebel]; Sprichw.: *s gidd allerhand Lidd, numme kaini runde, sunscht chend mer cheegle mid enne* [Opfgn]. ♦ 2) ›Angehörige, Gesinde‹; *do hett au d'r Ochsewirt sini Lütt uf's Feld g'schickt* [A. Ganther].

lite st. (schw.): *lidde, litte, lütte, liite* verbr.; Part. Perf. *glidde, glitte, glütte* verbr., seltener *glittet.* ♦ ›mit einer Glocke, Schelle läuten‹; *'s lütet z' Staine* (im Ort Steinen) *Mittag* [Hebel]; *d' Glocke schlagen a, un lütte selber Bettzyt wyt un brait* [Hebel]; *Si lüte weger 's Zaiche scho* [Hebel].

litere ›gerben, misshandeln‹ → »lidere«.

Literi, Litering f.: *Lidderi, Littere, Liddering* ›der erste Brand beim Schnapsbrennen‹. – Wörtl. *Läutere, Läuterung* also die durch ein zweites Brennen zu läuternde Flüssigkeit.

lit-schi Adj.: *littschii* ›menschenscheu, ungesellig‹ vereinz.

litse schw.: ›verhalten weinen‹ [Rüßwihl].

lo st., schw.: *loo* mancherorts Ortenau, verbr. Brsg., Markgr., Klettgau, Höri, östl. Hegau, Bodanrück; *lo* (kurz) Hotzw.; *loon, lonn* vereinz. Ortenau; *lou* mancherorts südöstl. Schwarzw., Baar; *lau, lao* vereinz. Ostrand des Schwarzw., nördl. Linzgau; *luu, lu* mancherorts Klettgau, südöstl. Schwarzw.; *leen* vereinz. Ortenau, Hanauerland; *lasse* untere Murg, *losse* nördl. und mittl. Schwarzw.; Part. Perf.: *gloo, glo, glou, glau, gluu, glosse* u. ä, im mittl. Schwarzw. dagegen *glosst* (schw.!). ♦ ›lassen, (be-, unter-, veran-, zulassen)‹; *loß der's schmecke!* [Hebel]; *lönt* (Imperat. Pl.) *si mache* [Hebel]; *doch, will Ihr 's sin, will i 's Recht loo gelte* ›will ich das Recht gelten lassen‹ [Hebel]; *'s G'wisse het 'm kei Rueh glo* [A. Ganther]; *Enanderno* (nacheinander) *len sie d'r Kaffe im Stich* [A. Ganther]; *loß sii!* ›lass es bleiben!‹ [Freiamt]; Ra.: *loß di heimgiege* [A. Ganther]; etwas geht schief *vor luter Loß-mi-aumit* ›vor lauter Hast und mangelnder Sorgfalt‹ verbr.

lobe schw.: *lowe, lobe* ›loben‹.

Loch n.: *Loch* verbr.; Pl.: *Lecher, Löcher*; Dim.: *Lechli, Löchli.* ♦ 1) ›natürliche oder künstliche Vertiefung, Öffnung, Höhlung, Bohrung‹; Ra.: *sufe wiä ä Loch* ›viel Alkohol trinken‹; *uff'm letschte Loch pfiffe* ›am Ende sein‹ [Glock Brsg.]; *in ei Loch niluege* ›abwesend vor sich hinstarren‹ [A. Ganther]; *nuus welle, wo kai Loch isch* ›verzweifelt sein‹ [E. Strube]. ♦ 2) ›Verletzung, Beschädigung‹; *e Loch im Kopf* mancherorts. ♦ 3) ›enges, unansehnliches Zimmer, dunkle Behausung, Gefängnis‹; *Dës Winkili isch also* *ë so e fischdr Loch* [O. Furtwängler]. – ♦ 4) ›enges, kleines Seitental, Zinken‹; *im Loch hinte* [Freiamt].

Locke f. (m.): ♦ 1) ›Haarkringel‹ verbr. ♦ 2) ›Büschel, Bündel, Häufchen‹; *e Löckli Heu* ›ein bisschen Heu‹ [Hebel].

Loder m.?: ♦ 1) ›lodernde Flamme‹ Markgr. ♦ 2) übertr. ›Rausch‹ eb.; Syn. → »Rusch«.

Loe ›Lehm‹ → »Laim(e)«.

loebe schw.: ›beim Essen übrig lassen‹ [Lippertsr., Liggersd.]; dazu die *Loebete* ›Essensrest‹ eb. – Mhd. *leiben.*

loed-werke schw.: *loedwerke, loid-* ›jemandem zuleide leben, böswillig Schaden zufügen‹ mancherorts Hegau, Bodenseegebiet. – Wörtl. *leid-werken.*

Loff-bott m.: ›Laufbursche, Handlanger‹ [Diersburg]; *Also horch emol, ich bin doch nit diner Loffbott!* sagt man, wenn man ständig für jemanden Zubringerdienste leisten soll.

Logel m., n., **Logele, Logeli** f.: *Logel* mancherorts Ortenau, Brsg., Markgr.; *Logele, Logeli* vereinz. Kaiserst., Markgr.; *Lojel, Lauel, Löwel, Lögel* u. ä. mancherorts nördl. von Kehl. ♦ 1) ›kleines Fässchen, in dem Getränke mitgeführt oder gefangene Fische befördert werden‹ u. ä.; *un e Logel voll Wii* [Hebel]. ♦ 2) ›Kaffeetasse‹ nur Dim. [Endgn]. – Mhd. *lâgel, lâgele,* dies aus lat. *lagella.*

Logele-träger m.: ›Reservezapfen beim Schneiden der Reben‹, mancherorts südl. Brsg., Markgr. wohl so genannt, weil man daran die »Logele« hängt.

Loh f., m., n.: ›Gerberlohe‹, veraltet.; die zahlreichen FlN mit *Loh* können hierher (Wald zur Lohrindengewinnung) oder aber zu mhd. *lôh, lôch* ›lichter Wald, Gebüsch‹ gehören.

Loh-käs m.: ›aus gestampfter Gerberlohe gewonnenes Brennmaterial‹, veraltet; *schwätz kei Lohkäs* ›rede keinen Unsinn‹ [Lahr].

Lohn m.: *Lohn* Ortenau, Brsg., Markgr. (Rebland); *Luhn* vereinz. an unterer Acher, Rench und mittl. Kinzig; *Lue* vereinz. nördl. Schwarzw., *Luh* nördl. und mittl. Schwarzw., Zartener Becken; *Loh* südöstl. Schwarzw., Hotzw., Klettgau, Hegau, Bodenseegebiet; *Lauh, Louh* Raum St. Georgen, Baar (Verbr. s. Karte → »Lohn«); Pl.: *Leh, Lehn, Läh, Löh, Löhn, Lihn, Lih.* ♦ ›Lohn, Taglohn, Belohnung‹; *Am Zahltag ... bringsch der Lohn im Nastuech haim* [Hebel].

Lohne ›Radnagel‹ → »Lune[2]«.

Löli m.: *Lööli* Markgr.; *Leeli* [Reute (Emm.)]. ♦ ›dummer, beschränkter Kerl‹. – Das Wort, wohl mit »Lalli« verwandt, ist auch in der angrenzenden Schweiz häufig gebraucht.

Lohn
›Entlohnung‹
Vereinfacht nach: SSA Frage 278.2 und Badisches Wörterbuch

Lomel f., n.: *Lomel, Lumel, Lummele* ›altes Messer, Messerklinge‹ mancherorts Ortenau, Markgr., Hegau. – Mhd. *lamel,* dies aus lat. *lamella* ›Metallblättchen‹.

Lomm ›Lehm‹ → »Laim(e)«.

Lon, Lone ›Radnagel‹ → »Lun, Lune«.

Lond-wid → »Langwid«.

Looche m. (n., f.): ♦ 1) ›Grenzstein, Grenzmarkierung, Grenze‹ mancherorts; bisweilen auch *Loochestei(n).* ♦ 2) übertr. ›Pfahl‹ [Bühl], ›Schwarzbrot in Stollenform‹ [Zell a. H.]. – Mhd. *lâche* ›Kerbe im Grenzbaum, Grenzmarkierung‹.

lopprig Adj.: ›locker, lose‹; *die lange Fenster schnattere dervo un 's lopprig Chrüz* [Hebel]. – Vgl. »lotterig«.

Los f.: *Loos, Lous.* ♦ 1) ›Muttersau‹, verbr. Baar, Hegau, Bodenseeraum; im übrigen Gebiet → »Mor«. ♦ 2) Schimpfwort gegen Frauen. – Mhd. *lôse.*

los Adj., Adv.: *los, lous* ›nicht fest, locker, lose‹.

losch Adj.: ›locker, weich, schwammig, aufgetrieben‹ mancherorts Ortenau.

loschore schw.: *loschóre* ›verstohlen horchen, auskundschaften, herumspionieren‹. – Vgl. »lose 1, luschtere[2]«.

lose schw.: *lose, louse.* ♦ 1) ›hören, zuhören, lauschen‹; *Loos, i will der näumes* (etwas) *verzähle* [Hebel]; *Looset, was i euch will sage!* [Hebel]; *Hœrsch wia si pfife, mër wän go weng lôse wa si verzelë* [O. Furtwängler]; *O, wie het der Michel gloost* [Hebel]. ♦ 2) ›gehorchen‹ mancherorts. – Mhd. *losen.*

löse ›lösen, Geld erlösen‹ → »lese[2]«.

Losement, Loschement, Loschii n.: ›Behausung, Wohnung‹ vereinz. – Frz. *logement, logis.*

losse ›lassen‹ → »lo«.

Los-tag m.: ›einer von 12 Tagen zwischen Weihnachten und Dreikönig‹, jeder Tag wird nach altem Volksglauben als wetteranzeigend für einen der Monate des folgenden Jahres angesehen.

Lot n.: ♦ 1) ›Senkblei‹ zur Bestimmung der Senkrechten; Ra.: *s ischt alls im Lot* ›alles in Ordnung!‹ [Radolfzell]. ♦ 2) ›veraltete kleine Gewichtseinheit‹.

lötig Adj.: ›vollwertig, lauter, rein‹ Markgr. – Mhd. *lœtic* ›das rechte Gewicht edeln Metalls enthaltend‹.

Lotsch f.: ›schwerfällige Frau‹ vereinz.

lotsche schw.: ›schwerfällig, schlurfend gehen‹ vereinz.

Löt-seckel m.: *lödsegl* Schimpfwort für einen Mann Markgr. – Zu »Seckel«.

Lottel m.: ›gleichgültiger, nachlässiger, nichtsnutziger Kerl‹. – Vgl. »Lotterer, Lotteri«.

lottere schw.: ♦ 1) ›locker befestigt sein, schlottern‹; *Der ganze Karre lotteret* von einem klapprigen Auto [Epple]. ♦ 2) ›an etwas wackeln, rütteln‹.

Lotterer, Lotteri m.: dass. wie → »Lottel«; *der Lotteri kaasch zu nint bruuche* [Epple].

lotterig Adj.: ›locker, lose‹ mancherorts. – Vgl. »lopprig«.

Lott-ise n.: ›Eisenkeil mit Ring‹, bes. zum Abschleppen von Holzstämmen, zum Drehen der Stämme, mancherorts Schwarzw.

lotze schw.: ♦ 1) ›lose sein, schlaff herunterhängen‹ mancherorts. ♦ 2) ›unordentlich herumlaufen‹ vereinz. Markgr.

Lotzer, Lotzi m.: dass. wie → »Lottel«; *dem freche Lotzi sott mer e Husche gee* (eine Ohrfeige geben) [Glock Brsg.]. – Vgl. »verlotzt«.

lotzig Adj.: ›unordentlich‹ verbr.

Löwe → »Leb, Leu«.

Lozern f.: *Lozérn, Luzérn* ›Laterne‹ vereinz. Ortenau. – Lat. *lucerna.*

lu ›lassen‹ → »lo«.

Luberd m.: ›ein Anschlag- und Versteckspiel‹ [Waldk. (Elzt.)].

lüche ›herausziehen‹ → »lieche«.

luck Adj.: ›locker, mürbe, porös‹ verbr.; *nit luck lo* ›nicht locker lassen, beharrlich bleiben‹; *der Riegel do isch luck* [Waldk. (Elzt.)]; Sprichw.: *nit lugg gee, gwinnt* ›Beständigkeit führt zu Erfolg‹ [Glock Brsg.]. – Mhd. *lucke, lücke* ›locker‹. – Vgl. »lucker«.

Lucke f.: *Luck, Lucke* ›Zwischenraum, Lücke‹; *un schiaßt wie nit g'schiet uf d' Luck zue* [A. Ganther].

lucke schw.: ›sich lockern‹ Markgr.

lucker Adj.: ›locker‹, vereinz.; *Wie wird der Bode so lucker* [Hebel]. – Vgl. »luck«.

Ludi m.: *Luudi, Luddi.* ♦ 1) Kurz- oder Koseform für den männl. VN *Ludwig* oder *Leodegar*; vgl. »Lui«. ♦ 2) ›Dreckskerl, Lump, Flegel‹. ♦ 3) ›ausgelassene Freude‹ mancherorts.

ludrig Adj.: ›welk, schlaff‹ oberes Acher- und Renchtal. – Vgl. »lummerig«.

Lueder n.: Schimpfwort für Mensch und Tier. – Mhd. *luoder,* in ursprünglicher Bed. noch ›Lockspeise‹, dann aber auch negative Bez. für Menschen. – Vgl. »Kaib, Kog, Schalm, Siech«.

luege schw.: *lueje, lüeje, löeje, löewe* mancherorts Hanauerland; *lüege* mancherorts westl. Ortenau, Brsg.; *luege* verbr. übriges Gebiet. ♦ ›schauen, (nach-)sehen, Acht geben‹; *Lueg doch!* ›Schau!‹; *me maint, me lueg ins Paradiis!* [Hebel]; *Mer wenn doch luege, wer no do inn isch* [Hebel]; *Awwer wia sie au luege, witt un breit isch nix z' sehne* [A. Ganther]; *se* (so) *het er gluegt vu Huus zu Huus* [Hebel]; Ra.: sie *hen sich schier d' Auge us'm Kopf g'luegt* ›angestrengt ausgeschaut‹ [A. Ganther]; *er luegt wiene Müüsli zueme Laib Brot* [Glock Brsg.]. – Das Wort ist weit verbr., nur im südöstl. Schwarzw. und der Baar gilt »gucke«.

Luegi f.: ›Gesicht, Miene‹ Markgr.

Luft f., m.: ♦ 1) ›Luftzug, Wind‹; *e kiäls Liftli* (Dim.) [Kappel a. Rh.]; *zu dem dr Luft de Sômë* (Samen) *us ëm Wald owerab trage hät* [O. Furtwängler]; *s goht e chalde Luft* [Vögishm]. ♦ 2) ›Luftraum, Atmosphäre, Atemluft‹. ♦ 3) ›freier Raum, Platz, Zwischenraum‹.

lufte schw.: ›winden, stürmen‹ mancherorts Hochrhein, Hegau, Höri; *s luftet aber emol grüselig* ›es windet heftig‹ [U.lauchrgn].

Lug, Luge m.: *Luug, Luge, Lugge, Luggi* ›Lüge, Unwahrheit‹ mancherorts.

lügen → »liëge«.

Lugen-beitel, -bittel m.: *Lugebaidel, Lugibeidel, Lögebittel* u. ä. ♦ ›verlogener Mensch, notorischer Lügner‹.

Luh ›Lohn‹ → »Lohn«.

Lui m.: Kurzform (aus dem Frz.) für den männl. VN *Ludwig.*

lulle schw.: ›an etwas lutschen, schlotzen, saugen‹ mancherorts.

Lulli m.: ›Sauger der Kleinkinder, Schnuller‹ südl. Ortenau, Brsg., nördl. Markgr.; auch *Lullizapfe.* – Syn. → »Bunde 2, Dudel 1, Dulli, Duller, Nulli, Nolle, Nuckel, Nucki, Nuttel, Schlotzer 1, Schlutzer, Schnuckel, Schnulli, Suckel, Zapfe 3, Zipfel 2«.

Lummel[1] m.: ›Lende des Schlachttiers, Braten aus Lendenfleisch‹. – Mhd. *lumbel* < lat. *lumbulus* ›Lendchen‹.

Lummel[2] ›Messerklinge‹ → »Lomel«.

lummerig Adj.: *lummerig, lummrig* ›welk, schlaff, weich‹, z. B. von Pflanzen, Früchten, Körpergewebe, Gebäck, aber auch von schlappen, energielosen Menschen. – Vgl. »ludrig, lumpelig«.

Lump m.: ›Nichtsnutz, Trinker‹; *Du alte Lump, wie stoht der nit der Bettelsack so zierlig a!* [Hebel]; Sprichw.: *Im Limbli ghäärd s Stimbli* ›der letzte Rest in der Flasche gehört dem Trinker‹, scherzh. gesagt [Opfgn]; auch *Lumpazi, Lumbazi* mancherorts und Bestimmungswort in vielen Schimpfwörtern wie *Lumpebagasche, Lumpebande, Lumpegfigel, Lumpegsindel, Lumpehund, Lumpekor, Lumpemensch, Lumpepack, Lumpeseckel, Lumpetier, Lumpevolk* u. a.

Lumpe m.: *Lumbe, Lumpe* verbr.; Dim.: *Limpli, Lümpli.* ♦ ›Tuchfetzen, Lappen‹; Ra.: *danze wiä de Lumbe am Stecke* ›ausgelassen tanzen‹ verbr.

Lumpe-liëd n.: ›Lied mit derbem, anrüchigem Inhalt‹.

lumpelig Adj.: dass. wie »lummerig« mancherorts mittl. Schwarzw., Baar, Hegau.

lumpe-lierig Adj.: ›langweilig, elend‹ [Ganther].

Lumpi f.: ›Betrieb, in dem Lumpen verarbeitet werden‹ [Emmendgn].

lumpig Adj.: ♦ 1) ›zerlumpt‹; der *lumbige Strolch* [A. Ganther]. ♦ 2) ›schlecht, minderwertig‹; *was nutzt üs all des lumbig Geld?* [A. Ganther].

Lun, Lune[2]**, Lunt** m. (f. vereinz. Brsg.): *Luun, Lunn, Lune* mancherorts südl. Ortenau, Brsg., Markgr.; *Loon, Lonn, Lone* mancherorts Dinkelberg, Wiesental, Hochrhein; *Lund* mancherorts östl. Brsg., Hochschwarzwald, östl. Hotzw., nördl. Klettgau, Linzgau; *Lunde* obere Murg; *Lond* südöstl. Schwarzw., Baar, Hegau, Bodanrück; *Lung* südl. Klettgau; *Lomm* Höri; *Lii, Liine, Liäne, Leäne* mancherorts nördl. und mittl. Schwarzw., Ortenau. ♦ ›Nagel, der das Abgleiten des Rades von der Achse verhindert‹. – Ein altes Wort, mhd. *lun, lon, lune, löne, lunse* u. a., das mit nhd. *Lünse* verwandt ist. Die Nordschwarzwälder Formen *Lii, Liine* usw. gehen auf *Lün, Lüne* u. ä. zurück. – Vgl. auch »Null«, das im Kinzig- und Elztal gilt.

Lune[1] f.: *Luun, Lune, Lüne* ›Gemütsstimmung, Laune‹ mancherorts.

Lune[2]**, Lung, Lunt** ›Radnagel‹ → »Lun«.

Lunge-krut n.: Bez. für versch. Pflanzen wie ›Aaronstab, Lungenkraut-Arten‹.

Lunt-spere Pl.?: *Lundspeere, Londspeere, Lungspeere.* ♦ ›seitliche Stütze der Wagenleiter‹ verbr. Klettgau, mittl. Wutach (Verbr. s. Karte → »Lis«). – Bestimmungswort zu »Lune[2], Lunt«, zum Grundwort vgl. »Sperlaise, Spore«.

Lunzi m.: ›Lausbub, Strolch‹ mancherorts Brsg.

lupfe, lüpfe schw.: *lupfe* verbr. (außer den folg. Gebieten); *lüpfe* verbr. oberes Markgr., Dinkelberg, Kander- und Wiesental, südwestl. Hotzw.; *lipfe* nördl. Schwarzw. und nördl. Markgr. ♦ ›etwas anheben, in die Höhe heben‹; *un 's Chäppli lüpfe z' rechter Zyt* [Hebel]; *un es lüpft mer 's Herz, un 's Wasser schießt mehr in d' Auge* [Hebel]; *un z' letscht het 'r d' Füeß schier nimmi lupfe künne* [A. Ganther]; *s lupft mi* ›es kommt mir hoch, es ekelt mich‹ verbr.; *s het e glupft* ›er hat Konkurs gemacht‹ verbr.; Ra.: einen *lupfe* ›einen heben = Alkohol trinken‹; Syn. → »surpfle 2«. – Mhd. *lupfen, lüpfen.*

Lupp-beer f.: ›Preiselbeere‹ mancherorts Schwarzw.

Luppel m.: ›Lippe‹ [Lahr]. – Vgl. »Lippel«.

Lure f.: ›Klette, Distel‹ vereinz. Hotzw.

lure schw.: *lure, lüre* ›auf der Lauer liegen‹. – Mhd. *lûren.*

Lüre[1] f.: ›Rückstand beim Butterauslassen‹ Höri, vereinz. Bodanrück. – Syn. → »Ankebutter«.

Lüre[2] ›schlechtes Getränk‹ → »Lire[1]«.

lurtsche schw.: ♦ 1) ›schlurfen, schleppend gehen‹ vereinz. ♦ 2) ›undeutlich reden‹ vereinz. Markgr.

Lus f.: *Luus, Lüüs* verbr.; Pl.: *Lais, Liis, Lüüs.* ♦ ›Laus‹; Ra.: *s lauft eim e Lus iwer d Läwere* ›etwas führt zur Verstimmung‹ [E. Strube]; *Lieber e Luus im Chruut als gar kei Fleisch* [Epple].

Lus-angel m.: dass. wie → »Lusbue« vereinz. Ortenau.

Lus-bue m.: *Luusbue, -bueb* ›frecher Junge‹; *Ihr Luusbuewe!* Pl.

Lusche f.: *Lusch, Lusche.* ♦ 1) ›nicht zählende Spielkarte‹. ♦ 2) Schimpfwort für Frauen.

Luscht f.: ›Lust, Freude‹.

luschtere[1] schw.: *luschdere* (*u* kurz), *lischdere* ›nach etwas gelüsten‹.

luschtere[2] schw.: *luuschd(e)re* mancherorts, häufig kurz: *luschd(e)re, lüschd(e)re.* ♦ ›aufmerksam lauschen, horchen, lauern, auflauern‹; *S isch au e bârmol ein ku z lûschterë wa i machig* ›es ist auch ein paarmal jemand gekommen um zu schauen was ich mache‹ [O. Furtwängler]. – Mhd. *lûstern, lustern.* – Vgl. »erluschtere, loschore, lose, spanife«.

luschtig Adj.: ›lustig‹; *e wëlz luschtigi Kilwi* ›eine sehr lustige Kirchweih‹ [O. Furtwängler].

Luser m.: dass. wie → »Lusbue« mancherorts.

Lus-reche m.: ›Kamm‹, scherzh.

Lussi f.: ›Freiraum, Muße, unbeaufsichtigter Zustand‹ mancherorts Baar, Hegau; Sprichw.: *wenn d Katz furt isch, hont d Miis* (Mäuse) *Lussi* [Stockach]; *Du hosch Lusi* [Epple]. – Wohl verwandt mit mhd. *losen* ›von einer Verpflichtung lösen, erlösen‹.

lut Adj.: *lutt, luut, lütt,* ›weithin hörbar, laut‹; *I säg es frei un säg es luut* [Hebel]; *dr Strolch het ganz lutt „d'r Jäger aus Kurpfalz" pfiffe* [A. Ganther].

Lüt ›Leute‹ → »Lit«.

lüte ›läuten‹ → »lite«.

luter Adj., Adv.: *ludder, lüdder, luter.* ♦ 1) Adj. ›rein, unvermischt, klar‹ verbr.; *er stellt en luter* (den Wein) *uf de Tisch* [Hebel]; die Trauben werden *ludder,* wenn sie reifen und dann leicht durchsichtig werden, Markgr.; mann sagt dann auch *sie luddere* eb. ♦ 2) ›unbefruchtet vom Hühnerei‹ mancherorts. ♦ 3) Adv. ›nur, ausschließlich, bloß‹; *un han for luter Zorn gar it gmerikt …* [O. Furtwängler]; *Vor ludder Fraid het 'r ein Burz'lbaum um d'r ander g'schlage* [A. Ganther]. – Mhd. *lûter.* – Vgl. → »urche«.

luterig Adj.: dass. wie → »luter 1a und 1b« mancherorts; *d Milch ludderig* (pur, unvermischt) *trinke* [O.biederbach]; *e lutterigs Ei* [Munzgn].

Lutter m.: *Ludder* vereinz. Brsg.; *Lüdder* [Menzenschwand]. ♦ ›breiiger, dickflüssiger Schmutz‹.

Luzern ›Laterne‹ → »Lozern«.

M

Maa m.: *Maa* verbr. Ostteil des mittl. Schwarzw., Baar, Hochschwarzwald, ob. Markgr., Wiesental, Hotzw., Klettgau, Hegau, Höri, Bodenseegebiet; *Mònn* nördl. und mittl. Schwarzw., mancherorts Ortenau; *Mann* Hanauerland, Ortenau, Brsg., nördl. Markgr. (Verbr. s. Karte → »Maa«); Pl.: *Manne, Mònne,* in neuerer Mundart auch *Männer* (die Gesamtheit auch »Mannsvölcher«); Dim.: *Maali, Männli, Mạnnli, Männle, Mändli.* ♦ 1) ›erwachsene Person männlichen Geschlechts, Mann, Ehemann‹; *E frohe Maa, ne brave Maa!* [Hebel]; *Fum Gaiserli hät mer ferzelt er sei e üwertribe exakt un huslig Mâli* [O. Furtwängler]; *In mim Heimetneschdli, do het schier alles d'r glichlig Namme; d' Manne heiße Sepp un d' Wiwervölker Seppe* [A. Ganther]; Sprichw.: *Wa de Maa mit em Wage hambringt, dreit* (trägt) *mäng Wiib mit em Schurz widr usi* [Epple]. ♦ 2) meist Dim.: ›männliches Tier, bes. Hund‹. ♦ 3) in Gasthausnamen *Zum Wilden Mann* mancherorts; *Im wilde Mann in d'r Salzstroß, hen sie ig'stellt* [A. Ganther].

maan ›ich mag‹ u. a. → »mege«.

mache schw: *mache* verbr.; *moche* mancherorts mittl. Schwarzw., Elztal, Brsg.; Part. Perf. *gmacht* verbr.; Konjunktiv Präs. 1. Pers.: *machig* vereinz.; Prät. 1., 3. Pers. *miäch(t)* mancherorts südl. Schwarzw., Brsg., Markgr., Hotzw. ♦ 1) ›herstellen, produzieren, zubereiten, herrichten‹; *Do hät mër guati Uhre gmacht* [O. Furtwängler]; *Wer so ne Liedli mache cha* [Hebel]; *Er haut die schönste Büechli um, macht Bohnestecke druus* [Hebel]. ♦ 2) ›tun, sich verhalten, etwas ausführen, bewirken, verursachen‹; *Wa machsch?* ›was tust du?‹ [Epple]; *jetz root mer, was i soll mache* [Hebel]; *es* (das Frühaufstehen) *macht e frische, frohe Muet* [Hebel]; *Zaig, was machsch für Äugli?* [Hebel]; *un dian ich nit schiniare, mache grad wia wenër dehaim wäre* [O. Furtwängler]; *Was koschts? – Des macht 3,50.* [Freiamt]. ♦ 3) ›sich eilen‹; *Hai mach!* ›Beeile dich‹ [Stahrgn]; *sie müeßte jetz e bizili flink mache* [A. Ganther].

Machi f.: *Mache, Machi* ›Arbeitsvorgang, Behandlung‹; *des Ührli ischt in de Machi* ›die Uhr ist in der Reparatur‹ [Radolfzell]; *Si henn scho wider en andre in der Machi* [Hebel].

machulle Adj.: ›bankrott, zugrundegerichtet, verarmt‹. – Aus dem Jiddischen.

Macke m., f.: ›Fehler, Mangel, Schadstelle, Gebrechen‹. – Hebr. *makkah* ›Schlag‹.

mäckele[1] schw.: ›muffig, schlecht riechen‹ vereinz. Brsg., Markgr.

mäckele[2] schw.: ›nörgeln, kritisieren, herummakeln‹ vereinz; *së lias er aim schtou un diai e so ferdriasli mäkelë* ›so lasse er einen stehen und täte so verdrießlich nörgeln‹ [O. Furtwängler]. – Vgl. »moke«.

Madam f.: ›feine Dame, Herrin‹, auch Anrede, veraltet; *der Reis'sack do sott 'r abgä; er wär vun ere Madam, wo mit 'm Schnellzug us'm Owwerland kumme wär* [A. Ganther].

Madame-schenkle Pl.: Name einer länglichen Birnensorte.

Madlee(ne) → »Magdalene«.

Mag m.: *Maag, Magg* ›Mohn‹ vereinz., veraltet. – Ahd. *mâgo*, mhd. *mâge* ›Mohn‹. – Vgl. »Mäggich, Mags, Magsame«.

Magd f.: *Maag, Maagd* verbr. nördl. Schwarzw., untere Kinzig und Schutter, Hanauerland; *Maggd* übriges Gebiet, im Westen vereinz. *Mòògd*; Pl.: *Määg,*

Määgd, Mäggd. ♦ 1) ›Dienstmagd, Dienstbotin‹; *Wenn als am Sunndig nomidag d' Knecht un d' Mägge danze gange sin* [A. Ganther]; *ke Magd wär by n em blibe vo Steffistag bis numme Drei Chünig* (der Stefanstag, 26. Dez., war Termin für den Gesindewechsel) [Hebel]. ♦ 2) ›kleines Mädchen‹ vereinz. in kosender Anrede: *du bisch e liäwi Magd* [Altenhm].

Magdalene f.: weibl. VN, häufig in der Form *Madlene, Madleen, Madlee* u. a.

Magdalene-krut n.: *Magdalenekrutt, Madlenekrutt* u. a. ♦ ›Rainfarn‹, kommt an Mariä Himmelfahrt in den Kräuterbüschel.

Mage m.: *Mage* verbr. Schwarzw., Brsg., Markgr., westl. Hotzw.; *Mare* an der Murg zwischen Forbach und Gernsbach; *Mòge* mancherorts südl. Ortenau, Brsg., Markgr.; *Magge* verbr. Baar, südöstl. Schwarzw., östl. Hotzw., Klettgau, Hegau, Höri, Bodensee; im Hanauerland und dem nördl. angrenzenden Gebiet bis zum Ufgau finden sich: *Mawe, Mäwe, Möwe, Maue, Mäue* u. a. ♦ ›Magen‹; *D'rwilscht hen denne Manne ... awwer düechdig d' Mäge g'rump'lt* [A. Ganther].

Mager-milch f.: ›entrahmte Milch‹ verbr.

Mäggich m.: ›Mohn‹ mancherorts südöstl. Schwarzw., Hochrhein. – Vgl. »Mag«.

Mag-kimmi(g) m.: *Makimmi, Makimmich, Makimmig.* ♦ ›Feldkümmel‹ auch als Gewürz, mancherorts Ortenau, Kaiserst.

Mags m.: *Maags, Maggs, Maas, Mòòs* ›Mohn‹ mancherorts Ortenau (*Maas, Mòòs*) und davon abseits in SO-Baden. – Zur Etymologie vgl. »Mag«.

Mag-same m.: *Magsame, -some, -sume* u. a. ♦ ›Mohn, Mohnkörner‹ mancherorts. – Vgl. »Mag«.

Mahd f., **Mahde** m.: *Mahd* Baar, Hegau; *Mahde* mancherorts südl. Markgr., Dinkelberg, Hotzw.; *Madde* Klettgau; *Madd* Höri, Bodanrück, Linzgau. ♦ ›Reihe frisch niedergemähten Grases, Grasschwade‹. – Im übrigen Gebiet »Schore«.

Mähder m.: ›wer Gras, Getreide mäht‹; *Der Mähder un der Morgestern stöhn zytli uf un wache gern* [Hebel].

mähen → »maie«.

mahle st.: *mahle* verbr.; *mohle* mancherorts Ortenau, Brsg.; *malle* Klettgau; Part. Perf. *gmahle, gmohle, gmalle.* ♦ ›Getreidekörner, Kaffeebohnen u. ä. zermahlen‹; *hilfsch* (die Wiese) *de Müllere mahle* [Hebel].

Mahl-gang m.: ›Mahlvorrichtung‹, eine Mühle hat meist mehrere Mahlgänge.

Mahl-zeit → »Mohlzitt«.

mahne schw.: ›erinnern, gemahnen‹ mancherorts; *er mahnt mi so an der Vadder säälig* ›er erinnert mich (in seiner Art) so an den verstorbenen Vater‹ [Waldkirch (Elzt.)].

Mähre f.: *Mähre, Mähr* vereinz.; *Märr* nördl. und mittl. Schwarzw.; *Mąrr, Mąare* mancherorts Ortenau, Brsg., Markgr., Dinkelberg, Wiesental; *Märre* übriges Gebiet. ♦ 1) ›Stute‹ vereinz. ♦ 2) ›altes, abgearbeitetes Pferd‹ verbr. ♦ 3) abschätzige Bez. für weibl. Personen. – Mhd. *merhe.* – Vgl. »Gurre«.

mai Interj.: Ausruf der Verwunderung, Freude, Warnung; *O! mai! säl isch amol ebis Delikats gsi* [O. Furtwängler]; *mai, do simmer grennt!* ›da sind wir ganz schön gerannt‹ verbr.; *mai, mai, des derfsch nit!* an ein Kind gerichtete Warnung, meist durch den erhobenen Zeigefinger verstärkt, [Freiamt]. – Das Wort ist ein erstarrter Imperativ zu »meine«.

maibe ›wiederkäuen‹ → »maie²«.

Maidli n.: *Maidli* verbr. (außer in den folgenden Gebieten); *Maidl* mancherorts nördl. Schwarzw., untere Acher und Rench; *Mäidl, Mädl* vereinz. Hanauerland; *Maidle* mancherorts südwestl. Brsg., westl. Markgr.; *Mäidli, Mejdli* obere Kinzig, Wolfach, Gutach, obere Breg, südöstl. Baar, Hegau; *Mädli* Bodanrück, Linzgau (Verbr. s. Karte → »Maidli«); Pl.: *Maidlene, Maidele, Mäidlin*; obwohl das Wort schon ein Dim. ist, kann es mit *-ili, -eli* noch einmal diminuiert werden: *Maidele, Maideli, Maidili* u. a. Dadurch bekommt das Wort einen verniedlichenden Aspekt. ♦ 1) ›weibliches Kind von der Geburt bis zum Erwachsenenalter, junge, noch unverheiratete Frau‹; *du Zeller Maidli mit dyner margröfer Chappe* [Hebel]. ♦ 2) ›Tochter‹; *Drei kohlschwarzi,*

Maidli
›Mädchen‹
Vereinfacht nach: SSA Frage 484.2 und Badisches Wörterbuch
0 10 20 km

dreijährigi Büewle, Drilling us d'r erschde Eh', un zwei Maidele, Zwilling us d'r zweite Eh' [A. Ganther]. ♦ 3) ›Freundin, Braut‹; *I mueß my Maidli ha, do hilft nüt un batt nüt!* [Hebel]. ♦ 4) ›Dienstmädchen‹. – Vgl. »Maidschi«.

Maidli-fisseler, -fusseler m.: dass. wie »Maidlischmecker« mancherorts Baar, SO-Baden. – Vgl. »Maidlirolli, Maidlischmecker«.

Maidli-palme m., f.: ›an Mariä Himmelfahrt geweihter Kräuterbüschel‹, vereinz. Brsg., Hotzw. – Syn. → »Kriterbuschel«.

Maidli-rolli m.: dass. wie »Maidlischmecker« mancherorts Ortenau, Brsg., Markgr.

Maidli-schmecker m.: ›Junge, der lieber mit Mädchen als mit seinesgleichen zusammen ist‹.

Maidli-sit(e) f.: ›die untere Seite, Kruste des Brotlaibs‹ mancherorts.

Maidli-stehler m.: ›Nachtfalter, Nachtschmetterling‹ mancherorts mittl. Schwarzw., [Freiamt]. – Syn. → »Buebestehler«.

Maidli-strähl m.: Bez. für verschiedene Pflanzen mit gezahnten Blättern oder stachligen Fruchtständen, z. B. Disteln, Igelkolben u. a.

Maidschi n.: *Maidschi*, Pl. *Maidschne* ›Mädchen‹, bei Hebel: *meng Maidschi scharf in d' Auge gnoh* [Hebel]; *wohl het er bravi Maidschne gseh, wie's Rösli rot, wiiß wie der Schnee* [Hebel]. – Sonst »Maidli«.

Maie m.: *Maaie, Maie, Määie* verbr. ♦ 1) ›der Monat Mai‹; *un chömmet, wenn der Maie wider grüent* [Hebel]. ♦ 2) ›Blume, Blumenstrauß, Topfblume‹; *un mit em Maien uf em Huet* [Hebel]. ♦ 3) ›grünbelaubter Frühlingszweig, geschmücktes Bäumchen‹, oft zu besonderen Anlässen, Festen, Hochzeiten oder Prozessionen aufgestellt; *en Maie stecke* in der Nacht zum 1. Mai seiner Angebeteten einen geschmückten Zweig, ein Bäumchen (*Maiebaum*) ans Haus stecken, mancherorts; Sprichw.: *Wem me nit hold isch, dem steckt me kai Maie* [Glock Brsg.].

maie[1] schw.: *maaie*, seltener *maie* (*ai* kurz) verbr.; *määie* mancherorts nördl. Schwarzw., obere Breg; *mää*e mancherorts Höri, verbr. Linzgau; Part. Perf. *gmait, gmäit, gmaigt, gmäht, gmägt.* ♦ ›Gras, Getreide abmähen‹; *si henn jo zletscht vo 's Maiers grasige Matte selber die schönste gmäiht* [Hebel]; *d Mäder sin âgrukt un dängle iri Sägisë* (Sensen), ... *wen's Mäie âgôt* [O. Furtwängler].

maie[2] schw.: *maaie, majje, meie* mancherorts südl. Brsg., nördl. Markgr., oberes Wiesental, nördl. Hotzw.; *möie, moie, mäue* südl. Markgr., Dinkelberg, südl. Hotzw.; Hochrhein; *maiwe, maibe, meibe, meiwe* oberes Kinzigtal, Wolftal, obere Schutter, Elztal. ♦ 1) ›wiederkäuen von Rindern‹. ♦ 2) übertr. ›langsam, unlustig kauen, von Menschen‹. – Vgl. »daie«, das im übrigen Gebiet verbreitet ist.

Mai(e)-bluem f.: *Maibluem, Maiebluem* ›Maiglöckchen‹ mancherorts.

Maie-bluescht m.: ›im Mai blühende Bäume‹ bes. ›Flieder‹ mancherorts.

Maie-deische m.: ♦ 1) ›wer am 1. Mai zuletzt aufsteht oder sich an diesem Tag hereinlegen lässt‹ mittl. Schwarzw. (auch *Maiekueh*). ♦ 2) ›Strohwisch, Strohfigur, die man in der Nacht zum 1. Mai missliebigen Mädchen ans Haus steckt‹ mancherorts Ortenau.

Maie-hafe m.: ›Blumentopf‹ mancherorts. – Vgl. »Maie 2« und »Hafe«.

Mai(e)-käfer m.: *Mai(e)käfer, -käffer, -chäffer* u. a. ♦ ›Maikäfer‹; Ra.: *lache wia e junge Maikäfer* ›vor Freude strahlen‹ [A. Ganther].

Mai(e)-resli, -risli n.: ›Maiglöckchen‹.

maiig Adj.: *mai'ig* so und ähnl. ›brünstig von der Stute‹ mancherorts mittl. Schwarzw. – Sonst »rossig«.

Mairo(n) m.: *Mairoo, Mäiroo, Mairoon* ›Majoran‹; *en Balsemine, en Mäiro un ë Resätli, das mer am Sundig au ebis Wôlgschmekigs* (Wohlriechendes) *in's Knopfloch schteke kan* [O. Furtwängler].

maiwe ›wiederkäuen‹ → »maie²«.

Mal → »Mol«.

malad(er) Adj.: *malóod, malóoder* u. ä. ›erschöpft, unwohl, kränkelnd‹. – Frz. *malade.*

malche schw.: ›hastig essen‹ [St. Georgen (Freib.)].

mälche ›melken‹ → »melke«.

Malefiz n.: ursprünglich ›Verbrechen‹, in der Mundart aber meist nur als Bestandteil von Zs. in den Bed. ›sehr, verflucht‹, z. B.: *malefizblond* ›rotblond‹, *malefiznett* ›sehr nett‹, *Malefitzkaib, -kerli, -siech* ›verfluchter Kerl‹ usw.

Maleschte Pl.: *Malléschde* ›Beschwerden‹ vereinz. – Bildung zu frz. *malaise.*

Malle(r) m.: *Malle, Malli, Maller* ›Kater‹ vereinz. Raum südl. von Rastatt, Hegau, Bodensee. – Vgl. »Rolli«.

Mall(e)-schloss n.: *Maleschloss, Malle-, Maler-, Mader-, Marre-* u. ä. ♦ ›Koffer-, Vorhängeschloss‹. – Mhd. *malch-, malensloz* ›Hängeschloß‹, das Bestimmungswort zu ahd. *malha* ›Ledersack, Ledertasche‹, das über das Altfranzösische und Anglonormannische als ›Reisesack, Posttasche‹ in das engl. *mail* ›Posttasche, Post‹ übernommen wurde.

Malter[1] n. (m.): *Malder, Malter* mancherorts; *Maalder* vereinz. Hegau. ♦ ›veraltetes Getreidehohlmaß‹, bisweilen auch noch in *Maltersack* ›großer Sack‹.

Malter[2] m., f.: ›Froschlaich‹, vereinz. mittl. und südl. Schwarzw.

malträtiere schw.: ›misshandeln‹.

Malzere f.: *Maalzere* dass. wie → »Molzer« [Opfgn].

Mama, Mamme f.: *Mamaa, Mamma* vereinz. und neuer; *Mamme,* seltener *Mòmme* mancherorts. ♦ 1) ›Mutter‹, meist Kinderwort, am Bodensee jedoch auch für ›Mutter‹ in der älteren Generation. ♦ 2) ›Milchflasche für Kleinkinder‹, meist im Dim.: *Mämmele, Mämmeli.*

Mamme-kindli n.: ›verwöhntes, verhätscheltes Kind‹.

Mammet veraltetes Feldmaß → »Mannsmahd«.

Mampfel f.: ›Mundvoll, Happen‹ vereinz. – Vgl. »Mumpfel«.

mampfle schw.: *mampfle, mompfle* ›mit vollen Backen essen‹ [Freiamt].

Mamsell f.: *Mamsèll, Mamsel, Momsel* ›vornehmes Fräulein‹, häufig jedoch abschätzig ›Frauenzimmer, Dämchen‹. – Frz. *mademoiselle.*

man Indefinitpron. s. → »mer«.

manch → »meng«.

mangle schw.: ›vermissen, entbehren‹; *dr Maa manglet si Frau* ›der Mann vermisst seine Frau‹.

Mangold m.: *Mangold* mancherorts; ältere Formen sind: *Mangel, Mangeld, Mongeld, Mongled, Manglich, Mandlich, Manichel, Maniget* u. a. ♦ ›die Gemüsepflanze Mangold‹ mancherorts.

Manier f.: ›Art und Weise, Benehmen‹; dazu das Adj. *manierlich.*

mänig Adj.: *mänig, meinig, mönig, möisch.* ♦ ›mondsüchtig, missgestimmt, launisch, lustlos, schläfrig‹ vereinz. – Das Wort ist eine Ableitung zu mhd. *mâne* ›Mond‹, nämlich mhd. *mænic* ›mondsüchtig‹; zur Bedeutungsentwicklung kann nhd. *launisch* als Parallele dienen, das zu lat. *luna* ›Mond‹ gebildet ist.

Maniget → »Mangold«.

mänk ›manch‹ → »meng«.

mänke schw.: ›wehleidig jammern‹ vereinz. Ortenau.

mänkele schw.: ›langsam, lustlos essen oder trinken‹ Brsg., Markgr., Wiesental. – Syn. → »schleze«.

Mann → »Maa«.

manne schw.: ›einen Mann heiraten‹, veraltet. – Vgl. »wibe«.

Manne-velcher → »Mannsvolch«.

Männi m.: Kurz- oder Koseform für den männl. VN *Hermann.*

männig ›manch‹ → »meng«.

Mannig-falt m., f., n.: ›Blättermagen des Rindes‹ mancherorts.

Manns-hauet, -häuet f.: *Mannshaued, -häüed.* ♦ ›altes Flächenmaß für Acker-, Wiesen- und Rebland‹ veraltet Ortenau, Kaiserst., Brsg. – Ursprüngl. ›was ein Mann an einem Tag bearbeiten (mähen, hacken) kann‹. – Vgl. »Mannsmahd«.

Manns-leit Pl.: ›die Männer‹ mancherorts nördl. Schwarzw. nördl. Ortenau. – Vgl. »Mannsvolch«.

Mann(s)-mahd f.: *Monnsmahd* vereinz. nördl. Ortenau; *Mammed* vereinz. SO-Baden. ♦ ›veraltetes Maß für Äcker und Wiesen‹. – Vgl. »Mannshauet«.

Manns-volch n.: *Mannsvolch,* meist aber Pl.: *Mannevelcher, -völcher, Mannsvelcher* u. ä. ♦ ›einzelner Mann‹, bzw. ›Männer als Gruppe, Gesamtheit‹; das Gegenstück ist das »Wibervolch«; *des Mannsvolch wird doch imstand sii, zuem e Machtwort schwätze* [Freiamt]; *sämtlichi Mansfölicher us dene beide Hüser* [O. Furtwängler]. – Vgl. auch »Mannsleit«.

Mansarde-guller m.: ›Schürzenjäger bei den in der Mansarde wohnenden Dienstmädchen‹ [Freiburg].

Mär m.: *Määr* ›Bürgermeister‹ veraltet, mancherorts Ortenau. – Frz. *maire.*

Märbel f.: *Märbel, Märwel, Märfel* vereinz.; Pl.: *Märwili, Märfili* u. ä., vereinz. ♦ ›Schnellkügelchen der Kinder, Klicker, Murmel‹. – Zu »Marfel« ›Marmor‹, weil es ursprünglich Marmorkügelchen waren.

March f.: ›das waldige Tiefland zwischen Freiburg und dem Kaiserst.‹, heute übergeordneter Name der darin liegenen Dörfer. – Zu »Mark[2]« ›Grenze, Grenzland‹ mit alemannischer Aussprache der Lautverbindung *rk* > *rch* (vgl. *stark* > *starch*).

Marcher m.: ›Feldmesser‹; bes. bei Hebel. – Zu »Mark[2]«.

Mareie-bluem f.: ›Margerite‹ u. a. Blumen, mancherorts SO-Baden.

Marfel m.: ♦ 1) ›Marmor‹; *Gell, i ha glatti Tisch? Si sinn vom suuferste Marfel* [Hebel]. ♦ 2) ›Spielkugel, Murmel‹ vereinz.; vgl. »Märbel«.

Maria f.: *Maria* verbr.; häufig in Kurzformen wie *Marie, Marei, Mei,* im Dim.: *Meili, Meijli, Mariele, Mareile, Mareli* u. a. ♦ 1) ›die hl. Maria, Mutter Jesu‹, häufig in Ausrufen, Stoßgebeten: *Jessis*

Mareije! O Jemarei!, Mariandjosef! u. ä. ♦ 2) weibl. VN; *'s Chüünggi un's Anne-Bäbi un d' Marei* [Hebel]; häufig in Doppelnamenformen wie: *Mariann* < *Maria-Anna; Meibääbi* < *Maria-Barbara; Mariliss, Meiliss, Marlis* < *Maria-Elisabeth; Mariev* < *Maria-Eva; Marseppe, Marisef* < *Maria-Josefa; Meikätt(er)* < *Maria-Katharina; Maiselm* < *Maria-Salome; Maruschel, Meiursch* < *Maria-Ursula.*

Marien-käfer m.: vereinz. mundartlich eher »Herrgottstierle, -vögele, Maienkühle« u. a.

marixle schw.: ›umbringen, abmurksen, schinden‹ vereinz.

Mark[1] n., m.: ›Knochenmark‹; *es friert ain bis in Mark un Bai* [Hebel].

Mark[2] f.: *Mark* vereinz. Nordrand; *March* mancherorts S-Baden. ♦ ›Ackergrenze, von Grenzsteinen markiertes Grundstück, Gemarkung‹. – Vgl. »Ziel 2«.

Mark[3] f.: *Mark, Mòrk, Marrik, Mòrrik*; Dim. *Märkle, Märkli.* ♦ ›die Münzeinheit Mark‹; *fufzigdaused Mark* [A. Ganther].

markiere schw.: ♦ 1) ›kennzeichnen‹ selten. ♦ 2) ›nachahmen, so tun als ob‹ mancherorts; *er margiärt de Meischder* ›spielt den Meister‹ [O.biederbach].

Mark-stei m.: ›Grenzstein‹.

Märkt m.: *Märkt* mittl. und südl. Schwarzw., vereinz. südl. Brsg.; *Märk, Märik* verbr. nördl. Schwarzw., mancherorts Ortenau; *Märkcht* Hotzw., Klettgau, südl. Hegau; *Märt* mancherorts Markgr., Wiesental, Baar; *Markt* südl. Ortenau, nördl. Brsg., verbr. Hegau, Höri, Bodenseegebiet; *Markcht* vereinz. Höri; *Mark, Marik* Markgr. nördl. Ortenau; *Mart* mancherorts Brsg., Markgr. ♦ ›Markt, Jahrmarkt‹; *z' Staufen uf em Märt* [Hebel]; *de ganze Dag uf 'm Märkt mit G'schirr handle* [A. Ganther]; *er sei ou emôl z Furtwange uf em Märkt gsi* [O. Furtwängler]; *Uf alle Märte flankiert er, goht uf jedi Chülbi* [Hebel]; Ra.: *de Märkt isch verloffe* ›es ist vorbei‹ [E. Strube]; Kinder vertröstet man: *Wart numme, wenn i widder z'Märt gang, chauf i dr e guldigs Niewewägeli un e lange Denkdra* [Brsg.]; Sprichw.: *Wenn d Narre z Märt chomme, löse d Chrämer Geld* [Glock Brsg.]. Spiel mit Kindern: *do hesch e Daler / gang uf de Märkt / kauf e Kiehli / un e Kälwli / un e ganz klei Griwiligriwiligrawili* (bei jeder Verszeile patscht man dem Kind auf die Handfläche, bei der letzten kitzelt man diese) [Waldk. (Elzt.)].

märkte schw.: ›handeln, um den Preis feilschen‹.

Märkt-schese f.: ›Wagen der Marktfrauen‹.

Märkt-wib n.: ›Marktfrau‹.

Märkt-zeine f.: ›auf dem Kopf getragener Korb der Marktfrauen‹.

Märli n.: ›Märchen‹; *'s sinn doch nummen erdichtete Märli* [Hebel].

marode Adj.: *maróde, maródi, mardi* ›krank, hinfällig‹; in substantivischem Gebrauch: *d' Marodi* ›Marodeure, Plünderer‹, so bei Hebel. – Frz. *marode.*

Märr(e) ›altes Pferd‹ → »Mähre«.

Marsch m.: ♦ 1) ›Fußmarsch‹; dazu das Verb *marschiere*; Aufforderung: *alle Marsch!* ›Los jetzt!‹ [O. Furtwängler]. ♦ 2) ›Marschmusik‹; Ra.: *de Marsch blose* ›gehörig die Meinung sagen‹.

Marsche ›Schleife‹ → »Masche«.

marsche, martsche schw.: ein bestimmtes Kartenspiel spielen; *zwischen Arbet un Rueih un zwische Studieren un Martsche* [Hebel]; *er martschet näume, wenn er cha* [Hebel]. – Frz. *mariage* ›Heirat‹, aber auch Bez. für ein bestimmtes Kartenspiel.

Märt ›Markt‹ → »Märkt«.

Marte, Märte, Märti m.: Kurzformen für den männl. VN *Martin.*

Martini m.: ›der Martinstag, 11. Nov.‹, war früher Termin für Jahreszahlungen, Pacht usw.; in Haslach, Ettenhm mit dem *Mardinimärkt.*

Martins-kracher Pl.: *Mardiskracher* eine Apfelsorte, Ortenau, Elztal.

März m.: ♦ 1) ›der Monat März‹. ♦ 2) ein Name für Ochsen; *Hüst, Laubi, Merz!* [Hebel].

Märze-bliëmli n.: *Märzebliämle, -bliämli, -blüemli* u. a. – Name für verschiedene Frühlingsblumen wie Buschwindröschen, Gänseblümchen, Leberblümchen, Narzisse u. a.

Märze-busele Pl.: ›Blütenkätzchen von Weide oder Hasel‹; Hotzw., Klettgau, in der Nähe auch *Märzekätzli.*

Märze-flecke Pl.: *Märzefleckche* ›die Sommersprossen‹ Klettgau (Verbr. s. Karte → »Laubflecke«). – Syn. → »Summerflecke«.

Märze-gleckli n.: dass. wie → »Märzebliemli«.

Märze-kalb n.: ›wer am 1. März gefoppt wird‹ mancherorts, andernorts auch: *Märzefülli, Märzekue.*

Märze-kegel Pl.: *Märzekchegel, Märzechegel* ›Sommersprossen‹ mancherorts Hegau, Höri (Verbr. s. Karte → »Laubflecke«). – Syn. → »Summerflecke«.

Märze-riseli Pl.: *Märzeriisele, Märzerissele, Märzerisseli, Mirzerisli* ›Sommersprossen‹ mancherorts Bodanrück, Linzgau (Verbr. s. Karte → »Laubflecke«). – Syn. → »Summerflecke«.

mäs Adj.: *määs, mäis* ›unbefruchtet, nicht trächtig‹ vereinz. Bodenseegebiet; *si* (die Kuh) *goot määs* [Dettgn]. – Form mit Nasalschwund zu andernorts belegtem *mans, mäns.* – Vgl. »guscht«.

Masche f.: *Masch, Masche, Marsche* verbr.; Dim.: *Mäschli.* ♦ 1) ›Strickmasche, Masche am Fischernetz‹. ♦ 2) ›Band, Schleife, Krawatte‹ mancherorts. ♦ 3) ›gedrehter Verschluß an Weiden- oder Strohbändern zum Binden der Reben‹ mancherorts Kaiserst., Brsg., Markgr.

Maschkere f.: *Maschgere* mancherorts Baar, Hegau, Bodenseegebiet; Dim.: *Mäschgerle.* ♦ ›Fastnachtsmaske, maskierte Gestalt‹. – Ital. *maschera* (gesprochen *maskera*). – Syn. → »Larve«.

mascht, maschtig Adj.: ›fett, üppig gewachsen, stark entwickelt, gesund‹ von Pflanzen, Tieren; *maschde Matte* ›fette Wiesen‹ [Köndrgn].

Mase ›Fleck, Mal‹ → »Mose«.

Maß → »Moß«.

Maß-bluem f., **-blüemli** n.: ›Maßliebchen, Gänseblümchen, Margerite‹ mancherorts Südrand.

Maß-holder m.: ›Feldahorn‹ vereinz.

Massion f.: ›große Menge‹ Markgr.

maß-lidig Adj.: *maßlidig, maßleidig* ›überdrüssig, verdrießlich, missgestimmt‹ mancherorts, veraltend. – Mhd. *mazleidec* ›voll Widerwillen‹.

Materi f., selten m.: *Madéeri, Madéering* u. ä. ›Eiter in einer Wunde‹. – Lat. *materia.*

Mätschete f.: ›Schneemorast‹ [Herdern]. – Kollektivbildung zu *Matsch.*

mätt Adj.: ›zu schwach gesalzen, fade‹ vereinz. nördl. Schwarzw. – Wohl zu nhd. *matt.* – Syn. → »schlai«.

Matte f.: *Matt, Matte* ›Wiese‹, verbr. (außer SO-Baden, wo *Wiese* gilt); Ra.: *des isch e gmaihti Matte* ›die Sache ist erledigt; die Dinge ergeben sich aufs Schönste‹ [Freiamt]. – Das auf mhd. *matte* zurückgehende Wort gilt als typisch alemannisch; es hat nichts mit nhd. *Matte* ›Bodenbelag, Teppich‹ zu tun, sondern gehört etymologisch zu *mähen, Mahd,* bedeutet also ›Wiese, die gemäht wird‹, vergleichbar engl. *meadow.* – Vgl. »Wies«.

mattegerlig Adj.: *maddägerlig* ›nicht recht beieinander, ungeschickt‹; *i bin maddägerlig* oder *s isch mer maddäggerlig* [Waldk. (Elzt.)].

Mattengeli n.: *Maddengeli, Maddengele* sowie zahlreichen Nebenformen wie: *Maddenneli, Mattendeli, Maggedenneli* usw. ♦ ›Schlüsselblume‹. – Die obengenannten Formen sind Weiterbildungen zu »Battengeli«, dies aus *Batenke* < lat. *betonica.*

matter-dällig Adj.: ›müde, zerschlagen‹ Markgr.

Matt-haue f.: *Matthaue, -höie* ›schwere Hacke zum Einrammen der Rebstecken‹ Kaiserst.

Matze, Matzes m.: ›ungesäuertes Brot (für das Passahfest der Juden)‹ mancherorts.

mau Adj.: ›schlecht‹ Höri.

Mauch m.: ›Zuchtstier‹ mancherorts mittl. Schwarzw. – Syn. → »Muni«.

mauche schw.: ›brüllen, schreien, kreischen‹ mancherorts Appenw. und Umgebung; ein Kind, das ständig weint, ist ein *Maucheli.*

mauchig Adj.: *mauchi, mauchig, meuchig* ›faul, trocken, wurmstichig, schlecht aussehend‹ vereinz.

Maudel m.: ›Tolpatsch‹ Ortenau.

maue schw.: ♦ 1) ›wie ein Kater schreien‹. ♦ 2) ›weinen‹ Ortenau.

mäue ›wiederkäuen‹ → »maie^2«.

Mäuel m.: ›Schmollmund, Trotzkopf‹ mancherorts oberes Markgr.; *e Mäuel mache* ›ein beleidigtes Gesicht machen‹ [Lörrach].

maugere schw.: ›kränkeln‹, hauptsächlich vom Vieh gesagt, Markgr.

Mausches ›Mumps‹ → »Moisis«.

mauze, maunze schw.: ♦ 1) ›miauen‹, von der Katze. ♦ 2) ›weinerlich jammern‹ vereinz.

Mechanik f.: *Mechanik, Michanik* u. ä. ›Bremse am Bauernwagen‹ Kaiserst., Brsg., Markgr., Dinkelberg (Verbr. s. Karte → »Mick«). – Syn. → »Mick, Micki«.

mechte ›möchte‹ → »mege«.

meck Interj.: Nachahmung der Ziegenstimme, oft redupliziert: *meck-meck,* auch Spottruf für den Schneider.

meckele schw.: ♦ 1) ›meckern, blöken‹ von Ziegen, Schafen, vereinz. mittl. und südl. Schwarzw., Klettgau, SO-Baden; sonst »hättele, meckere«. ♦ 2) ›wiehern‹ von Pferden, mancherorts mittl. Schwarzw.; Syn. → »wiehere«. ♦ 3) ›lachen, kichern, meckernd sprechen‹ von Menschen; Syn. → »kittere«. ♦ 4) ›nach Bock riechen‹ Markgr.

meckere schw.: ♦ 1) ›meckern‹ von der Ziege, verbr.; vgl. »hättele, meckele«. ♦ 2) ›nörgeln, kritisieren‹.

Meer-rettig m.: *Meereddi, Meerrạddi, Meerreddich, Meerreddig* mancherorts; *Mírrädig* Breisgau; *Meerreedig, Meerreedich, Meerräädich* mancherorts Südrand, SO-Baden. ♦ ›die Pflanze Meerrettich‹.

Meer-schwinle n.: ›Meerschweinchen‹.

Meer-trible n., meist Pl.: *Meertriwel, Meertriwili,*

Meertribel, Merrtrüble. ♦ ›Rosinen‹ mancherorts Brsg., Markgr. – Vgl. »Rosine«.

mege unregelm. Verb: *meege* mittl. und südwestl. Schwarzw., Brsg.; *megge* südöstl. Schwarzw., Baar, Hegau, Bodanrück, Linzgau; *mööge* oberes Markgr., Dinkelberg, westl. Hotzw.; *mögge* östl. Hotzw., Klettgau, Höri; im nördl. Schwarzw. und der Ortenau wird heute meist nur die Form des Konjunktiv Prät. *meechte, mechte* gebraucht (Verbr. s. Karte → »mege«), bei der 1.-3. Pers. Sg. im Indikativ Präs. jedoch häufig: *i maan, du maansch, er maan.* ♦ ›gern wollen, wünschen, mögen‹; *Mag itte* ›ich will nicht‹ [Epple]; *Aber 's het si niemes möge* ›aber es hat sie niemand gewollt‹ [Hebel]; *i han's awer fasch it ferwarte möge* ›ich habe es aber fast nicht abwarten wollen‹ [O. Furtwängler]; *Jetz chömmet, Lüt, wer will un mag* [Hebel]; *Magsch e Pfifli Tubak rauche* [Hebel]; *mir ischs glich, s moon kumme wie s will* ›es mag kommen, wie es will‹ [Freiamt].

megig Adj.: *megig, meggig, möögig* ›liebenswert‹; der *Hironimus wo so en mögige Mensch gsi isch* [O. Furtwängler].

meglig Adj.: *meegli, meggli, meeglig, mööglig, miigli, migglig, müglig* u. ä. ♦ ›möglich, machbar‹; *so ball as möglig* [A. Ganther].

meh unbest. Zahladj., Adv.: *meh* mancherorts Schwarzw., Ortenau, Brsg., Markgr., vereinz. übriges Gebiet; *me* mancherorts Baar, Hotzw. und übriges SO-Baden, vereinz. übriges Gebiet; *mäh* mancherorts mittl. Schwarzw., Brsg.; *mih* vereinz. obere Murg, Wolfach, Elztal. ♦ 1) als Komparativ von *viel* ›in höherem Grade, größerer Menge‹; *Hesch gnueg, un witt no meh?* [Hebel]; *Wia ein e Schobbe meh trunke het as sunsch* [A. Ganther]. ♦ 2) steigerndes Adv. vor Konjunktionen der Vergleichung ›mehr (als), mehrfach‹; *meh as gnue* (genug), *meh as eimol* [A. Ganther]; *meh als daused Gulde wert* [A. Ganther]. ♦ 3) in Verbindung mit einer Negation ›nicht, nichts, nicht weiter‹; *un nix het 'n meh ufhalde künne* [A. Ganther]; *de bisch ke Maideli meh* [Hebel].

Mehl n.: *Mehl* vereinz. nördl. und mittl. Schwarzw., westl. Brsg.; *Mähl* verbr. (außer Rheinfront und SO-Baden); *Mąhl* mancherorts Ortenau, nördl. Brsg., oberes Markgr., *Meäl, Mäel* Baar, SO-Baden. ♦ ›Mehl‹; Ra.: *S isch bös bache mim griene Holz, wemme kai Mehl hett* Brsg.

Mehl-staiber m.: *Mehlstaiwer, Mehlstaiber, Mehlstiber.* ♦ ›ein Nachtschmetterling‹, selten, vereinz. auch *Mehlstehler.* – Syn. → »Buebestehler«.

Mehl-suppe f.: ›Suppe aus in Fett geröstetem Mehl und Wasser‹; *greeschde* (geröstete) *Mählsuppe* [Neustadt]; *ibrennti Mählsuppe* verbr.; *daigi Biire* (teigige Birnen) *un Mählsuppe* ›Gericht des Wiesentälers‹.

Mehl-wisch m.: *Mehlwisch, Mählwüsch* u. ä. ♦ ›kleiner Handbesen‹ z. B. zum Fegen des Tisches usw., veraltet.

mehnscht Adj.: Superlativ von *viel* ›meist‹, mancherorts nördl. Schwarzw., Rheinebene zwischen Murg und Acher; im südlichen Gebiet dafür »meischt«. – Formal eine Steigerungsform zu *mehr: *mehner – *mehnst.*

Meili → »Maria«.

mein → »mi[1]«.

meine schw.: *maine, maaine* mittl. und südl. Schwarzw., südl. Ortenau, Brsg., Markgr., Hotzw.,

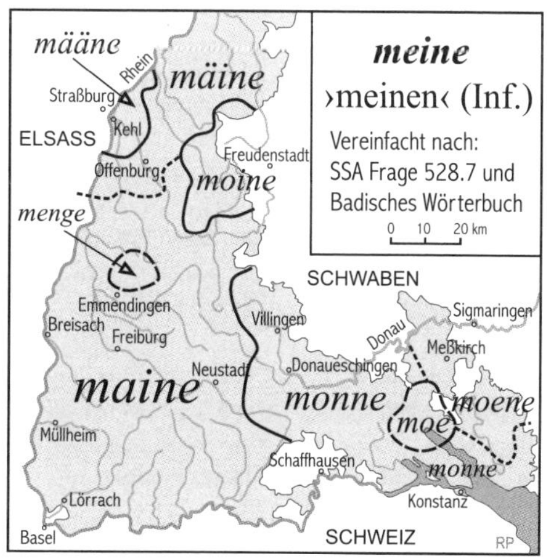

Klettgau; *mäine, mejne* mancherorts nördl. Schwarzw., Ortenau; *moine* obere Rench, Wolfach; *määne* Raum Kehl; *mänge* östl. Brsg.; *monne* Raum St. Georgen, Baar, Hegau, Bodensee (Verbr. s. Karte → »meine«); Part. Perf.: *gmaint, gmejnt, gmäänt, gmonnt.* ♦ ›der Meinung, Ansicht sein, im Sinn haben, vermuten‹; *we monnscht?* ›was meinst du?‹ [Radolfz.]; *I hon gmonnt* [Epple]; *Meine n'r?* ›meinen Sie?‹ [A. Ganther]; *Sell monn i au!* [Epple]; *gell, de mainsch, i sag der, wer?* [Hebel]; *un 'r het grad g'meint, d'r Schlag trifft 'n* [A. Ganther]; *Wo's awwer z' regne ag'fange het, daß m'r hätt meine künne, d' Eng'l im Himm'l däte d' Züwwer un d' Büdde raschüdde* [A. Ganther]; auch substantiviert in der Ra.: *De Monner ischt en Esel* was zu dem gesagt wird, der nur vermutet, aber nichts Genaues weiß [Epple]. – Vgl. »mai«.

mein-eidig Adj.: ♦ 1) ›einen Meineid abgelegt habend‹. ♦ 2) ›arg, sehr, stark‹; *er het sich meineidig gschämt* [Freib.]; *s isch meineidig chalt* [Glock Brsg.].

meischt Adj., Adv.: *maischd, maischt* verbr.; *mäischd* vereinz. nördl. und mittl. Schwarzw.; *maisch, meesch* mancherorts Klettgau, Bodenseegebiet; *meeschd* vereinz. Brsg.; *meescht* mancherorts Baar, Hegau. ♦ 1) Adj.: Superlativ zu *viel* ›die größte Menge, die Mehrzahl von‹; *D' Dummi awwer, – sell sin d' Meischdi gsi* [A. Ganther]. ♦ 2) Adv.: ›in der Mehrzahl der Fälle, gewöhnlich, meistens, zumeist‹. – Vgl. »mehnscht«.

Meischter m.: *Maischder, Meischter* verbr.; *Määschder* mancherorts nördl. Rheinfront; *Mäischder* vereinz. mittl. Schwarzw., Markgr.; *Mòòschter, Moaschder* Baar, Hegau, Bodenseegebiet. ♦ 1) ›Herr, Dienstherr‹; *Alli guete Gaister ... Loben ihre Maister* [Hebel]. ♦ 2) ›Handwerksmeister‹; *Um* (dem) *Meischder het m'r natürlig meh glaubt as im G'sell* [A. Ganther]. ♦ 3) ›Sieger, der Beste‹; *Maischder wạre* ›etwas beherrschen, in den Griff bekommen‹; *un wämer it derzua duat, wird mer kum më Maischter* ›und wenn mann nichts dazu tut, wächst einem die Sache über den Kopf‹ [O. Furtwängler]; *de Maischter zeige* ›den andern die Übermacht fühlen lassen‹ verbr.

meischter-gschäftig Adj.: ›wichtigtuerisch, herrisch, vorwitzig‹ mancherorts mittl. Schwarzw., Ortenau, Brsg.

meischter-los(ig) Adj.: ♦ 1) ›zuchtlos, ungezogen, ungehorsam‹ mancherorts; *un wird my Bürstli* (Bürschlein) *maisterlos, un maint, es seig der Heer im Huus* [Hebel]. ♦ 2) ›wählerisch oder lustlos im Essen‹ mancherorts obere Breg (Verbr. s. Karte → »schnaikig«); Syn. → »schnaikig«.

mekele schw.: *meegele, meekele* ›hervorlugen, spähen‹ mancherorts Hegau, Bodensee.

Meks f.: ›Metzgerei‹ Höri. – Vgl. »Meksete, Metzgete«.

mekse, mekste schw.: *meggse, meckse* verbr. SO-Baden; *mekste* [Lahr]. ♦ ›schlachten‹. – Sonst → »metze, metzge«.

Meksete f.: dass. wie → »Metzgete« SO-Baden.

melche, melke st.: *melge, mälge, mellige, mällige* verbr. nördl. und mittl. Schwarzw., mancherorts Ortenau; *mạlge, mạlige* mancherorts Ortenau, nördl. Brsg.; *mạlche* (*ach*-Laut = [x] in Karte) westl. Brsg., mancherorts Markgr.; *mälche* (*ich*-Laut = [χ] in Karte) Raum St. Peter, St. Märgen; *mälche* (*ach*-Laut) südl. Schwarzw., oberes Wiesental, Hotzw., Klettgau, Baar, westl. Hegau. Höri; *mäelke, mäelche* u. ä. mancherorts Bodanrück, Linzgau (Verbr. s. Karte → »melche«); Part. Perf.: *gmolke, gmolche, gmulche*; die Formen der 1.–3. Pers. Sg. haben meist *i*, also: *i milch, du milchsch, sie milcht / milkt* mancherorts. ♦ ›melken‹; *wen dia Dilig* (Mechthilde) *grad am mäliche gsi isch* [O. Furtwängler].

meng Adj.: *mengg, menk,* in flektierten Formen *mengge, menggi, menggs,* bzw. *-nk-, mennigi, männigs* usw. ♦ ›manch, mancher, manche, manches‹, zur Bez. einer unbestimmten oder größeren Menge; *Es schnuuft mengg Gaißli dört un mengge schöne Bock* [Hebel]; *s hinkt menggen ohni Fueß un Hand* [Hebel]; *Menggi henn si zsemmegrottet zwische de Berge* [Hebel]; *menk schö Buach* [O. Furtwängler]. – Mhd. *manec, menig.*

meng-mol Adv.: *menggmool, menkmool.* ›manchmal, oft‹; *Drum het mer d' Muetter menggmol prophezeit* [Hebel].

menig ›launisch‹ u. a. → »mänig«.

Menli n.: *Meenli, Möönli.* ♦ 1) ›Unke, Kröte‹ mancherorts. ♦ 2) ›Kaulquappe‹ mancherorts Ortenau.

Menne f.: *Menne, Menni* ›Zugtiergespann‹ mancherorts Hegau, Linzgau, veraltet. – Mhd. *mene, menî.*

menne schw.: ›Tiere vor den Pflug spannen, sie antreiben oder führen‹ mancherorts Hegau, Linzgau. – Mhd. *menen, mennen,* mlat. *minare,* ital. *menare,* frz. *mener.*

Mensch m., n.: *Mensch, Mąnsch.* ♦ 1) ›Person, Mensch‹; *kai Mensch* ›niemand‹ verbr.; *Gott Lob un Dank für Mensch un Vih!* [Hebel]; *d'r Mensch fangt erscht owwe am Amtsdianer a* [A. Ganther]. ♦ 2) ›Frau, Mädchen, Schatz‹, hier immer Genus n. und im Pl. oft *Menscher*; meist positiv aber bisweilen auch abschätzig gebraucht.

Mensche-gsöm n.: ›Menschenmenge‹ [Lörrach]. – Wörtl. *Menschen-gesäm,* s. »Gesäm 2«.

Mentig m.: *Meendig* westl. Brsg., Markgr.; *Määndig* mittl. und südl. Schwarzw., Hotzw., Klettgau; *Määntig* Baar, SO-Baden; *Mąandig* mancherorts südl. Ortenau, nördl. Brsg.; *Miindig* vereinz. im Gebiet St. Peter – St. Märgen – Zartener Becken; *Määndi* mancherorts Ortenau, Westteil des nördl. Schwarzw.; *Miini, Määni, Määnig* an Murg und mancherorts nördl. Rheinebene. ♦ ›der Wochentag Montag‹.

mer Indefinitpron.: kommt je nach Stellung oder Betonung in Varianten wie *merr, mr, me, ma* u. ä. vor. ♦ ›man‹; *Mër hät aber bal nint me defe sage* ›Man hat aber bald nichts mehr sagen dürfen‹ [O. Furtwängler]; *wia mer e so seit* [O. Furtwängler]; *M'r ka's de Lütt nimmi recht mache* [A. Ganther]; *der isch so g'schüd* (gescheit), *daß m'r 's gar nit glauwe ka* [A. Ganther].

Meringe Pl.: ›Sahnegebäck, Baiser‹, vereinz. – Frz. *meringue.*

Merite Pl.: ›Verdienste‹; *Gang, verdien der au so ain mit diine Merite* [Hebel]. – Frz. *mérite.*

Merschel m.: *Meerschel, Meersel, Mörschel, Mörsel, Mürschel, Mürsel, Mirschel, Mirsel.* ♦ 1) ›Mörser‹ vereinz. ♦ 2) ›schwere Spaltaxt, Hammer zum Spalten‹ verbr. Schwarzw., Markgr., Hotzw., vereinz. übriges Gebiet; vgl. »Schlegelax«. ♦ 3) ›dicker Kopf, Kopf‹ abschätzig, scherzh., vereinz.

mersi Interj.: *mersi, mersii* ›danke!‹; *Noch eh d'r Jörg recht Merci het sage künne* [A. Ganther]. – Frz. *merci.*

merzle schw.: ♦ 1) ›handeln, tauschen, verhandeln, geizen‹ mancherorts mittl. Schwarzw., Ortenau. ♦ 2) ›ungeschickt an etwas herumschneiden‹ eb.; *märzel do on dem Brot net so rum!* [Kappelwindeck]. – Mhd. *mërzeln* ›handeln, schachern‹; dies zu lat. *mercellarius* ›Kleinhändler, Kaufmann‹.

Meschpel f.: *Meschbel, Meschble,* Dim. *Meschbeli.* ♦ ›Mispel (Mespilus germanica)‹ vereinz. – Vgl. »Eschpel, Neschpel«.

meschugge Adj.: *meschugge, maschugge, meschügge* u. ä. ›geistig durcheinander, verrückt‹ mancherorts. – Jidd. *meschugge.*

Mesmer m.: *Meesmer* verbr. Schwarzw., südl. Ortenau, Brsg.; *Messmer* vereinz. nördl. Schwarzw., verbr. Baar, südöstl. Schwarzw., Klettgau, Hegau, Höri, Bodenseegebiet; *Wessmer, Weesmer* vereinz. Hotzw.; *Messner* vereinz. nördl. Schwarzw., mancherorts in der Rheinebene zwischen Kinzig und Murg (Verbr. s. Karte → »Mesmer«). ♦ ›Kirchendiener, Küster‹; *do kummt d'r alt Eckewalder, d'r Mesmer ag'wacklt* [A. Ganther]; die Frau des Mesners ist die *Mesmeri.* – Mhd. *messnære,* die Formen *Mesmer* sind durch Assimilation an das anlautende *M* entstanden. – Vgl. »Kirchediëner, Sigrischt«.

Mesner → »Mesmer«.

Mess[1] f.: ♦ 1) ›die heilige Messe, Eucharistiefeier in der Kirche‹; *No der hailige Meß* [Hebel]; Ra.: *stilli Mess halte* ›nicht miteinander reden‹ [E. Strube]. ♦ 2) ›mehrtägiger Jahrmarkt‹ [Freiburg]; *Un wenn in d' Meß mit Guet un Geld der Chaufheer raist im wyte Feld* [Hebel].

Mess[2] n.: *Mess, Määss* mancherorts; Dim.: *Meeßli,*

Määßli, Meeßel, Messel, Messle u. a. ♦ 1) ›Maß, Maßzahl‹ bei Längenmaßen; *der hets Mess* ›der ist groß genug [Tribg]‹. ♦ 2) ›(kleines) Hohlmaß, Messgefäß‹, veralt.; Ra.: *D' Engländeri het awwer vum Seschder no nit emol e Mäßli v'rstande* ›so gut wie nichts verstanden‹ [A. Ganther]; Sprichw.: *Mer konn nit e Seschder* (altes größeres Hohlmaß) *in e Mässel schidde* gesagt, wenn jemand zuviel einschüttet und es überläuft.

Mess³ n.: ›Messing‹ vereinz.; *Schtange us em gschlagene Meß* [O. Furtwängler]. – Mhd. *messe.*

messe st.: *messe, mąsse, meässe* ›Maß nehmen / halten, messen‹; *mer rechnen un schriibe... un messen un wäge* [Hebel].

Messer n.: *Messer, Mąsser, Meässer* verbr.; Pl. *Messere* mancherorts; *Haut 's* (schneidet) *Messer guet?* [Hebel]. Ra.: *das Messer haut's kalt Wasser bis uf de Bode* ›von einem stumpfen Messer‹ [Fessenb.]; *uf dem Mąsser konnsch uf Stroßburg ridde* dass. [Freiamt]; *do goht mer s Mąsser im Sack uf* ›das empört mich‹ eb.

Mess-krom, -mocke m.: ›Mitbringsel vom Jahrmarkt (für Kinder)‹ vereinz.

Metti f.: *Meddi, Medde* ›Frühmesse, weihnachtliche Mitternachtsmesse‹ vereinz.

Mettle m., f.: *Mettle, Meddl, Middle* ›Larve des Maikäfers, Engerling‹ Hotzw., Klettgau; *s hett Mettle* [Stühlgn]. – Vgl. »Engerich, Molle 3«.

metze, metzle schw.: ›schlachten‹ mancherorts Ortenau, Hanauerland. – Sonst → »mekse, metzge«.

metzge schw.: *metzge* verbr. (außer Ortenau, SO-Baden); *metzige* vereinz.; *Der Üeli het hüt gmetzget* [Hebel]; *wenn grad e frisch gmezgeti Su im Salz lit* [O. Furtwängler]. – Mhd. *metzigen.* – Vgl. »metze, mekse«.

Metzger-gang m.: ›ein vergeblicher Gang‹; *der Metzgergang hädde n'r üch spare künne* [A. Ganther].

Metzgete f.: ›Schlachtfest, Hausgeschlachtetes‹ SW-Baden; Sprichw.: *e Metzgede will wettgmacht sii* ›jede Gabe verlangt eine Gegengabe‹ [Glock Brsg.]. – Vgl. »Meks, Meksete«.

Metzig, Metzg f.: ›Metzgerei‹; *un hole in der Metzg no Flaisch* [Hebel]. – Mhd. *metzige.*

mexe ›schlachten‹ → »mekse«.

mi¹ Possessivpron.: *mii, mi* verbr. (außer SO-Baden); *miin* vereinz. Markgr.; *minn* verbr. im Gebiet an unterer Kinzig und Rench und davon abseits im gesamten Südosten, die Baar und den Hotzw. eingeschlossen; *ming* mancherorts zwischen Oos und Acher; *minner* (also z. B. *minner Brueder*) mancherorts Raum Offenburg – Kehl – Achern. ♦ 1) ›mein, zu mir gehörig‹; *i chenn mii Ätti wohl* [Hebel]; *mini Nochbere* [A. Ganther]; *er isch vun minere Größi* [A. Ganther]. ♦ 2) in Erzählungen bei Erwähnung von handelnden Personen; *Mi Hermännli isch ganz v'rdaddert do'g'stande* [A. Ganther]; *Mi Franz het awwer nix d'rvu g'merkt* [A. Ganther]. ♦ 3) in Beteuerungen, Ausrufen: *Mi Seel!* [Münchw.]; *Mi Sechs!* vereinz.; *'s isch miner sechse wohr!* [St. Märgen].

mi² Personalpron.: ›mich‹; *Es dunkt mi* [Hebel]; *Was luegsch mi a?* [Hebel].

miän ›müssen‹ → »miësse«.

Michel m.: *Michel, Michl* verbr.; Dim.: *Michele, Micheli, Michili.* ♦ 1) ›der hl. Erzengel Michael und sein Fest (29. Sept.)‹; Ra.: *dr Michel zünt a, un dr Josef blôst ab* ›vom Michaelstag an bis zum Josefstag wird bei Licht gearbeitet‹ [O. Furtwängler]. ♦ 2) männl. VN. ♦ 3) ›läppischer Mensch‹ vereinz.

mich(e)le, michtele ›moderig, muffig riechen‹ → »muchele, muchtele«.

Mick, Micki f.: *Migg* mancherorts nördl. Schwarzw., Rheinebene zwischen unterer Kinzig und Murg; *Miggi, Micki* mittl. und südöstl. Schwarzw., Ortenau, nördl. Brsg., Baar, westl. Hegau (Verbr. s. Karte → »Mick«). ♦ ›Bremse am Bauernwagen‹. – Das Wort gilt als Verkürzung von gleichbedeutendem frz. *mécanique* (vgl. »Mechanik«). – Syn.: »Bickeni, Mechanik, Mickeni, Schrube 2, Sperri, Strichi, Wicki, Wickeni«.

Mick, Micki
›Wagenbremse‹
Vereinfacht nach:
SSA Frage 122.7 und
Badisches Wörterbuch
0 10 20 km

micke schw.: ›die Wagenbremse betätigen‹; einem Starrsinnigen in den Mund gelegt: *do het de Großvad-*

der gmiggt, do het de Vadder gmiggt un do wird wieder gmiggt, un wenns berguff goht [Freiamt].

Mickeni f.: ›Bremse am Bauernwagen‹ mancherorts östl. Hegau, nördl. Bodanrück (Verbr. s. Karte → »Mick«). – Vgl. »Mechanik, Mick«; Nebenformen sind »Bickeni« und »Wickeni«. – Syn. → »Mick«.

Mickerli n.: *Migerli* Kosename für ›kleine Katze‹ [Tribg].

Miëche m.: *Miäche, Meäche* ›großes Stück (Brot, Speck u. ä.)‹ mancherorts Brsg. – Vgl. »Wiëche[2]«.

miëd Adj.: *miäd, müed* ›müde, ermüdet‹; *me wird vom Schaffe selber müed* [Hebel].

Miëdi f.: *Miädi, Müedi* ›Müdigkeit‹; *vor Hitz un Müedi sin 'm nämlig d' Auge zueg'falle* [A. Ganther].

miëge schw.: ›eigensinnig jammern‹, von einem Kind [Lörrach].

Miëj f.: *Miej, Müej* verbr.; *Miih* vereinz. nördl. Ortenau. ♦ ›Mühe‹.

Miëltsche f.: *Miäldsche, Müeldsche, Müelsche.* ♦ 1) ›aus Teigresten gebackenes kleines Brot, kleiner Flachkuchen‹ mancherorts oberes Markgr., Wiesental, Hochrhein. ♦ 2) ›verzogener Mund, unzufriedenes Gesicht‹ vereinz.

Miës n.: *Miäs* ›Moos‹, neben *Moos* veraltend, mancherorts.

miësse unregelm. Verb: *miässe* verbr. Schwarzw., östl. Brsg., Markgr., nördl. Baar; *meässe* mancherorts nördl. und westl. Brsg., vereinz. nordwestl. Markgr.; *müsse* mittl. Wiesental, Hotzw., Klettgau; *miän* Rheinniederung zwischen Acher und Kinzig, Hanauerland; *messe* südl. Baar, Umg. Blumberg, Hegau, Bodanrück, Linzgau; *mösse* vereinz. Klettgau, Umg.

von Gailingen, Höri, Reichenau (Verbr. s. Karte → »miësse«); Part. Perf.: *gmiässt, gmeässt* aber auch wie Inf., mancherorts. ♦ ›müssen, gezwungen sein, sollen‹; *Am nächste Samstig het alles müesse suufer sii* [Hebel]; *i mueß der's bikenne* [Hebel]; *de muesch nit, wenn d' nit witt* [Hebel]; *daß m'r au des bigot bassiere mueß!* [A. Ganther]; *Doch maint sy Muetter, 's müeß* (Konjunktiv) *nit sii* [Hebel]; *Sie müeßt* (Konjunktiv) *deheim hüede het sie g'sait* [A. Ganther]; *mër maint mer müesig* (Konjunktiv) *drî bîsë* ›man meint, man müsse hineinbeißen‹ [O. Furtwängler].

Miëti f.: *Miäte, Miäti* ›Miete‹.

Mihl-arz(t) m.: *Mihlarz, Mihlarzt, Mihlaaz* u. ä. ♦ ›Mühlenbauer, wer Mühlen ausbessert‹ mancherorts nördl. und mittl. Schwarzw., Ortenau.

Mihli f.: *Mihl, Mihli* verbr. (außer den folgenden Gebieten); *Mühli* ob. Markgr., westl. Hotzw.; *Mülli* östl. Hotzw., Klettgau, Höri; *Milli* südöstl. Schwarzw., Baar, Bodensee; *Miäl, Miäli* mancherorts Hanauerland, Umgegend von Müllhm; Pl.: *Mihlene, Mühlene* usw. ♦ 1) ›Mahlmühle für Getreide‹; Ra.: *Wasser uf d Mühli* ›vorteilhafte Situation‹ mancherorts. ♦ 2) ›Figur im Mühlespiel und das Spiel selber‹.

Mikte, Miktig → »Mittwoch«.

Milch f.: *Millich* nördl. und mittl. Schwarzw., Ortenau; *Millech* vereinz. Brsg., Markgr.; *Milch* (*ich*-Laut) vereinz. Ortenau, Schwarzw., verbr. östl. Hegau, Linzgau; *Milch* (*ach*-Laut) Brsg., südl. Schwarzw.; Hotzw., Klettgau, westl. Hegau, Baar. ♦ 1) ›Milch der Haustiere, Muttermilch‹; *e große Hafe voll Milch* [A. Ganther]; Ra.: *Backe wie Milch un Bluet* ›rosige, gesunde Wangen‹ [Hebel]. ♦ 2) ›milchähnlicher Saft von Pflanzen‹.

Milch-bart m.: ›Rest an der Oberlippe vom Milchtrinken‹, auch ›junger unreifer Mensch‹.

Milcher m.: ♦ 1) ›männlicher Fisch‹, auch *Melcher, Milchner.* ♦ 2) ›Milchlieferant‹ [Konstanz]. ♦ 3) ›Löwenzahn‹ vereinz. Linzgau (Verbr. s. Karte → »Seichblueme«). – Syn. → »Seichblueme«.

Milch-hus, -hisli n.: *Milchhuus*, meist Dim.: *Milchhiisli, -hüsli* ›hölzerner Verschlag am Brunnen zum Kühlen der Milch‹, bes. am Schwarzwaldhaus.

Milch-laibli n.: ›Milchbrötchen‹ vereinz. häufiger *Milchweckli.*

Milch-saili n.: *Milchsaili, Milchsüli* u. a. ›junges, saugendes Ferkel‹.

Milch-sihe f., **-siher** m.: *Milchsii, Milchsihe, Milchsiher* u. ä. ♦ ›Seiher zum Sieben der gemolkenen Milch‹.

Milch-stock m.: *Milchstock* mancherorts Hegau,

Höri, Linzgau; *Milchedstock* mancherorts Bodanrück (Verbr. s. Karte → »Seichblueme«). ♦ ›Löwenzahn‹. – Syn. → »Seichblueme«.

Milch-suppe f.: *Milchsupp, Milchsubbe, Milchsuppe.* ♦ 1) ›Suppe aus Milch (früher als Morgenessen, statt Kaffee)‹; Ra.: *ussehe wiä kotzeti Millichsuppe* ›schlecht, übernächtigt aussehen‹ [E. Strube]. ♦ 2) ›bleichgesichtige Person, Milchgesicht‹.

Miller m.: *Miller* verbr., *Müller* Südrand; *Meller* vereinz. Hanauerland. ♦ 1) ›Handwerker, der das Getreide mahlt, Müller‹; *hilfsch de Müllere* (Pl.) *mahle,* vom Wasser der Wiese [Hebel]; Sprichw.: *Magsch hiegoh wo d witt mit diner Frucht, muesch allwil zum Müller* spielt darauf an, dass alle Müller ihre Kunden gern betrügen [Glock Brsg.]. ♦ 2) ›Kohlweißling‹. ♦ 3) ›heller Maikäfer‹.

Millere f.: *Millere, Mirre* ›Fettschicht auf der ungekochten Milch‹ mittl. Schwarzw. (Gegend von St. Peter, St. Märgen), nördl. Brsg., Kaiserst., Elz-, Glotter- und Dreisamtal. – Das Wort soll aus *Milchrahm* entstanden sein, wogegen jedoch das Genus f. spricht.

Millijon f.: *Mill(i)joon, Mill(i)juun* ›Million‹, häufig zur Steigerung von Verwünschungen und Flüchen, z.B.: *Millione Sabberment!* [Tribg].

mill(i)jonisch Adj.: *mill(i)joonisch, mill(i)juunisch* ›millionenmäßig, riesig, sehr‹; *Des het 'n awwer milliunisch g'nick'lt* (geärgert) [A. Ganther].

Miltau m.: *Mildau(e), Meldau, Mildai, Meldöu* u. ö. ♦ ›grauweißer Belag auf Pflanzenblättern und Obst (durch Pilz verursacht)‹.

Milzi n., f.: ›Milz‹ mancherorts.

mim < *mit dem, mit ihm* → »mit«.

Mimpfeli ›Stückchen Brot‹ → »Mumpfel«.

min Possessivpron. → »mi[1]«.

Mina, Mine f.: Kurzform für den weibl. VN *Wilhelmine, Hermine.*

Minch, Minnich m.: *Minch, Mench, Mink, Minnich* u. a. ♦ 1) ›Mönch‹. ♦ 2) ›kastriertes Pferd, Wallach‹ mancherorts.

mind, minder Adj., Adv.: ›schlecht, geringwertig‹; *en minde Kerle* [Epple]; *des isch minderi War* [Radolfzell].

Minschter n.: *Minschder, Minschter, Münschter.* ♦ ›bedeutende Kirche‹, in unserem Gebiet das Münster von Freiburg, Breisach, Säckingen, Reichenau-Mittelzell, Konstanz und Überlingen; außerhalb das von Straßburg und Basel.

mint-halbe Adv.: *minthalb(e)* u. ä. ›wegen mir, meinetwegen‹.

mint-wege Adv.: *min(e)twege, -wäge* u. a. ›meinetwegen‹; *se* (so) *cha si's miintwege höre* [Hebel]. – Vgl. »miran«.

Minutt f.: *Minúdd, Minüdd* ›Minute‹.

Minz f., n.: *Minz, Münz.* ♦ 1) ›Geldstück, Münze‹. ♦ 2) Genus n.: ›Kleingeld, Wechselgeld‹; *i ka it weächsle, i ho ko Minz* [Stockach].

mir[1] Possessivpron.: *miir* verbr., unbetont auch *mirr.* ♦ ›mir‹; *mir schmeckt's gottlob* [Hebel]; *Mir ka koner äbbes vormache* [Epple]; Ra.: *mir nix dir nix* ›unverzüglich, ohne Umstände‹ [A. Ganther].

mir[2] Personalpron. (Nominativ 1. Pers. Pl.): *miir* verbr., unbetont auch *mirr, merr, mr.* ♦ ›wir‹; *Mer singe gern, mir junge War* ›Wir singen gern, wir jungen Leute‹ (*mer* und *mir* in einem Satz!) [Hebel]; *mir zwi* (wir beiden) *basse nit z'sämme* [A. Ganther]; *Mir sind des it gsi* [Epple].

miraa ›meinetwegen‹ → »miran«.

Mirakel n.: *Miráakel, Mirággel, Meráakel* usw. ♦ ›Wunder, wundersame, aufsehenerregende Begebenheit‹. – Lat. *miraculum.*

mir-an Adv.: *miiraan* [Altenhm]; *mirraa, miiraa* mancherorts Hochrhein, Hotzw. ♦ ›von mir aus, meinetwegen‹; bei Hebel in zwei Wörtern geschrieben: *Sie sait: Mir a, es chunnt mer uf e Zentner au nit a* [Hebel].

mirb Adj.: *mirb* verbr. (außer den folgenden Gebieten); *mürb* mancherorts Hochrhein, Klettgau, Höri; *merb* Orte nördl. von St. Georgen; *murb* Brsg., Markgr. und davon abseits Hegau, Bodanrück, Bodensee; *morb* Baar; *muur* oberes Wiesental, Hotzw., mancherorts Klettgau. ♦ ›mürbe, locker, bröselig, brüchig‹.

Mirre ›Fettschicht auf der Milch‹ → »Millere«.

Mischel-frucht f.: ›Mischgetreide‹ mancherorts. – Vgl. »Mischlete«.

mischle schw.: *mischle, mischele, müschle* ›etwas durcheinander mengen, mischen‹, z. B. Spielkarten; *un müschlet d' Charten* [Hebel]. – Mhd. *mischeln.*

Mischlete f.: ›Mischgetreide‹, auf dem Acker zusammen angebaut, etwa Gerste und Hafer oder Roggen und Weizen; *d Frûchtkäschte für s Korn un für de Hawër odr d Mischletë* [O. Furtwängler].

Mischt m.: *Mischt* verbr., *Mescht* vereinz. Hanauerland und südl. Oberrhein. ♦ 1) ›Stallmist (als Dung verwendet)‹; *Mischt spreite* (*zettle, verwerfe*) ›Mist auf dem Feld verteilen‹ verbr.; Sprichw.: *Mischt goht über alli Lischt* ›mit Mist düngen hilft auf jeden Fall‹ [Glock Brsg.]. ♦ 2) ›wertloses Zeug, Abfall, untaugliche Arbeit‹.

Mischt-bäre f.: *Mischtbạạr* [Bodersw.]; *Mischtberre* mancherorts SO-Baden. ♦ ›Trage oder Schubkarre für den Misttransport‹ mancherorts. – Zum Grundwort s. »Bäre«.
Mischt-benne f.: *Mischtbenn, -benne* ›Karren zum Dungführen‹ mittl. Schwarzw. – Zum Grundwort s. »Benne«.
Mischt-dälli f.: ›gestieltes Brett zum Plattschlagen des Mistes auf dem Wagen‹. – Vgl. »Mischttatscher«.
mischte schw.: ♦ 1) ›koten, vom Vieh‹ vereinz. ♦ 2) ›den Stall entmisten‹ verbr. ♦ 3) ›mit Mist düngen‹ mancherorts.
Mischt-greif f.: ›Mistgabel‹ mancherorts Ortenau.
Mischt-gruebe f.: ›Misthaufen‹, befindet sich in [Menzenschwand] unter dem Dach, direkt neben dem Stall.
Mischti f.: *Mischt, Mischte, Mischti* ›Miststätte, Dunggelege‹; *Do isch for der Mischti hër ën lange Bank ufgrêcht wôre* [O. Furtwängler]; auch *Mischtgruebe, Mischthuffe*.
Mischt-kratzerli n.: ›Hähnchen‹ verbr.
Mischt-lache f.: *Mischtlach, Mischtlache* mancherorts nördl. und mittl. Schwarzw., Ortenau, Brsg. (Verbr. s. Karte → »Mischtlache«). ♦ ›Jauche‹. – Vgl. »Gille, Lache[1]«.

Mischtlache-loch n.: ›Jauchegrube‹.
Mischt-tatscher m.: *Mischtdatscher* dass. wie → »Mischtdälli« mittl. Schwarzw., Ortenau, Brsg.
mi-sechs, mi-seel Beteuerungen → »mi[1] 3«.
miserabel Adj.: *miserawel, miserabel, misrablig*. ♦ ›schlecht, elend, erbärmlich‹.
misli-still Adj.: *miislistill, müüslestill* u. ä. ›mäuschenstill, sehr still‹; *un 's wurd müslestill in d'r Stub* [A. Ganther].
miss-verginschtig Adj.: ›missgünstig, neidisch‹.
mit Präp.: *mid, mit* verbr.; *med, met* mancherorts Hanauerland und Rheinfront südl. bis in das Markgr.; oft mit unbetonten Artikeln, Pronomen kontrahiert zu *middem, mim* < *mit dem, mit ihm*. ♦ ›mit‹; Ra.: *mit Müeh und Not* ›gerade noch, mühsam‹ [A. Ganther].
mit-enand(er) Adv.: ›gemeinsam, miteinander‹; *So sin sie mitenand in zweide Stock nuf* [A. Ganther]; *Si spröche mitenander deis un das* [Hebel]. Ra.: *En Guete, mitenand!* ›Guten Appetit!‹ [Epple].
mit-halte st.: ›mit teilnehmen, mitessen‹; *witt au mithalde?* ›Einladung, am Essen teilzunehmen‹ [Münchw.].
mit-sant Präp.: *mitsant, mitzant* verbr., seltener *mitsamt*. ♦ ›zusammen mit‹; *un dro duat mers mitzant alem in's Schtändli* [O. Furtwängler].
Mittag m.: *Middaag* verbr. (außer NW und SO); *Mittaag* mancherorts Baar, Klettgau, SO-Baden; *Middaa*, seltener *Middòò* mancherorts nördl. Schwarzw., Ortenau; *Middòòg* vereinz. südl. Ortenau, nördl. Brsg.; *Middau* [Auenhm]; *Middöu, Meddöu* [Auenhm, Legelshurst]. ♦ ›Mittagszeit‹, in der Südhälfte auch ›Nachmittag‹; *'s het nit z' Mittag gesse* [Hebel]; *'s het schu lang elfi bämb'lt g'ha un 's isch Middag zue gange* [A. Ganther].
mitte Adv.: *midde, mitte* ›in der Mitte, mitten‹, räumlich und zeitlich; *midde uf's Dischli* [A. Ganther]; *midde underem Hochamt* [A. Ganther]. – Vgl. »mittle«
Mittel f.: *Middel, Middl* ›Mitte‹ mancherorts Ortenau; *stell d Schissel in d Middl* [Sasb (Achern)]. – Vgl. »Mitti, Mittle«.
Mitti f.: *Middi, Mitti, Midd* ›Mitte‹ mancherorts; *in d'r Middi vum Bahhof* [A. Ganther]. – Vgl. »Mittel, Mittle«.
Mittle f.: *Middli, Meddli* ›Mitte‹ mancherorts am Oberrhein zwischen Bühl und Kaiserst. – Vgl. »Mitti, Mittel«.
mittle Adv.: dass. wie → »mitte« Brsg.; *mittle in de Stuwe* [Freiamt].
mittler-wil(scht) Adv.: *middlerwiil, middlerwiilscht, -willscht*. ♦ ›unterdessen, inzwischen, mittlerweile‹; *un mittlerwilscht sie des g'sait het, isch si em eso uf d'r Lib g'ruckt* [A. Ganther].
Mitt-nacht f.: ›Mitternacht‹; *bis spoot in d' Mittnacht* [Hebel]; häufig auch *Mitternacht*.

Mitt-woch m., **-wuche** f.: *Middwoch, Mittwoch* verbr. (außer in den folgenden Gebieten); *Mittwuch* mancherorts südl. Ortenau, nördl. Kaiserst.; *Middwuche, Mittwuche* westl. Brsg., Markgr., Wiesental, südl. Hotzw., Klettgau; *Miktig* Hegau, Bodanrück, Reichenau; *Mikchtig* südl. Hegau, Höri; *Mikte* östl. Baar, Linzgau; *Mikchte* Raum Blumberg (Verbr. s. Karte → »Mittwuche«). ♦ ›der Wochentag Mittwoch‹. – Die Formen *Mikte* usw. sind kotrahiert aus mhd. *mittewoche* > *mitteche* > *mittche* > *mikte.*

Mo → »Mond«.
möchte → »mege«.
Mocke m.: *Mogge, Mocke, Mockche* verbr.; Pl.: *Mogge, Megge, Möcke* mancherorts. ♦ 1) ›Brocken, großes Stück‹, bes. von Nahrungsmitteln, großen Weintrauben, Erde u. ä. ♦ 2) ›Bonbon‹ vereinz. SO-Baden. ♦ 3) ›zerstoßener Pfannkuchen‹ mancherorts Raum St. Peter, Dreisamtal, auch *bacheni Mocke*; Syn. → »Kratzete«. ♦ 4) ›dicke Person‹ vereinz. – Mhd. *mocke* ›Klumpen, Brocken‹.
Mockel m. (f., n.): *Moggel, Mockel* mancherorts; Dim. *Meggele, Meggeli, Möggeli.* ♦ 1) ›Brocken, Klumpen, Stück‹, z. B. Brot, Fleisch, Holz; im Dim. häufig für kleine Happen; vgl. »Mocke, Mumpfel«. ♦ 2) ›junges Rind, Kalb‹, häufig im Dim., auch als Koseform und Lockruf, vereinz. ♦ 3) ›dicke Person, rundliches Kind‹.
Modder m.: ›Vogelmiere, Kresse, lästiges Unkraut‹ mancherorts mittl. und südl. Schwarzw.
Model m. (f., n.): *Mood(e)l* verbr.; *Modd(e)l* SO-Baden. ♦ 1) ›Schablone, Form, Stempel, Hohlform mit Muster zum Verzieren von Butter, Käseformgefäß, Puddingform‹ u. ä. ♦ 2) ›Aussehen, Körperbau, Typ‹ mancherorts SO-Baden; *desch de gliich Moddel we de Vattr* ›der sieht genau wie sein Vater aus‹ [Möhrgn].
Modi f.: *Modi, Mode* verbr.; *Modde* SO-Baden. ♦ 1) ›Gewohnheit, Sitte, Brauch‹; *Am Owed vorher het'r awwer noch, wia's eso Modi isch bi üs, mit sine Fründ d'r Abschied g'fiert* [A. Ganther]; *e daübi Moodi* ›eine schlechte Angewohnheit‹ [Freiamt]. ♦ 2) ›Kleidermode‹.
modle schw.: *moodle, moddle.* ♦ 1) ›formen (mit Modelmuster)‹. ♦ 2) ›die Reben zum ersten Mal hacken‹ mancherorts Markgr.
Moffle, Muffle f.: ♦ 1) ›Mund‹ mancherorts mittl. Schwarzw., Elztal; *e Moffle mache* ›mit dem Mund eine Grimasse schneiden‹ [Waldkirch (Elztal)]. ♦ 2) häufig im Dim. *Möffeli, Meffeli, Müffeli* ›Schnauze eines Hasen, Schnute eines Kindes (kosend)‹.
moffle schw.: ›mit vollen Backen kauen, mümmeln‹ mancherorts. – Vgl. »muffle, mumpfle«.
mögen → »mege«.
möglich → »meglig«.
Mohl-zit f.: ›Mahlzeit‹.
Mohr[1] m.: ♦ 1) ›Mensch mit schwarzer Hautfarbe‹. ♦ 2) Pl. *Mohre* Neckname für die Bewohner zahlreicher Orte Badens. ♦ 3) meist Dim.: *Mohrli, Mohrle* Bez. und Namen für Tiere mit schwarzem Fell (Kühe, Hunde, Katzen).
Mohr[2] ›Mutterschwein‹ → »Mor«.
Moisis m.: *Moisis, Mausis, Mausches* u. ä. ♦ ›Entzündung der Ohrspeicheldrüse, Mumps‹ vereinz. Ortenau (Verbr. s. Karte → »Wochetippel«). – Syn. → »Pfuser«.
moke schw.: *mòòge* ›jammern, nörgeln, meckern‹ mancherorts Hegau, Bodensee. – Vgl. »mäckele[2]«.
Mol n.: *Mool, Mòòl* verbr.; Pl.: *Meler, Möler.* ♦ 1) ›Fleck auf der Haut‹, sowohl Bluterguss, Muttermal wie auch Narbe, Beule, mancherorts; vgl. »Mose«. ♦ 2) ›Zeitpunkt‹; *des Mol* ›dieses Mal‹ [Teningen]; *uf's Mol* ›auf ein Mal, überraschend‹; oft verkürzt und dann als Adv., Partikel gebraucht (und klein geschrieben), s. »mol 2«.
mol Adv., Partikel: *mool, mòòl.* ♦ 1) ›multipliziert mit‹. ♦ 2) verkürzt aus *einmal* mancherorts; *Er hät au mol e Drumë gha* ›er hat auch einmal eine Trommel gehabt‹ [O. Furtwängler].
mole schw.: *mole, mòle* ›malen‹.
Moler m.: ›Maler‹.
Moleschte Pl.: *Moleschde, Maleschde* ›Unannehmlichkeiten, Beschwerden, Leiden‹. – Lat. *molestia.*
Molke(t) f.: *Molke* vereinz., *Molkget* vereinz. Orte-

nau; *Mulche* vereinz. Markgr. ♦ ›die wässrige Flüssigkeit, die sich beim Gerinnen der Milch oder beim Buttermachen absetzt‹.

Molle m., f.: *Molle, Molli, Mölle.* ♦ 1) ›Salamander, Molch‹ mancherorts; der Feuersalamander wird meist der *geele Molle* genannt. ♦ 2) ›Kaulquappe‹ mancherorts, vereinz. auch ›Kröte‹ oder Fischarten mit breitem Kopf; vgl. »Mollekopf«. ♦ 3) ›Engerling‹ mancherorts Baar, SO-Baden; vgl. »Engerich, Mettle, Ulwurm«. ♦ 4) ›Kopf, dicker Kopf‹, abschätzig, scherzh., auch »Molli«. ♦ 5) ›dicke, rundliche Dinge oder Personen‹. ♦ 6) nur Dim.: *Melleli* ›kleine Aprikosen‹ [Nimburg].

Molle-kopf m.: *Mollekopf, Mollikopf, Mollichopf* u. a. ♦ 1) ›Kaulquappe‹. ♦ 2) ›dicker Kopf, Mensch mit einem solchen, eigensinniger Mensch‹. ♦ 3) Bez. für verschiedene Pflanzen wie ›Wiesenknopf, Träubelhyazinthe‹ u. a.

Molli, Mölli, Mollis m.: ›dicker Kopf‹ vereinz.; *e Molli nòòdrucke* ›beleidigt sein‹ [Freiamt].

mölsch Adj.: ›weich, breiig, mürbe‹, z. B. von Birnen.

Molt-brett n.: ›Streichbrett am Pflug, das den Boden beim Pflügen umlegt‹ mancherorts Rheinebene zwischen Murg und Schutter. – Bestimmungswort zu mhd. *molt* ›Erde‹.

Molzer m.: ♦ 1) ›Naturallohn des Müllers‹ mancherorts. ♦ 2) ›Mischgetreide‹, z. B. zusammen ausgesäter Roggen und Weizen, vereinz. Hanauerland, veraltet. – Mhd. *multer, mulzer*, dies aus lat. *mol(i)tura.* – Vgl. »Malzere, Mischlete«.

molzere schw.: ›Getreide oder Mehl als Mahllohn einbehalten‹ mancherorts. – Vgl. »multere«.

Mond m.: *Moond* Ortenau, Brsg., westl. Markgr.; *Monnd* mancherorts Linzgau, verbr. Raum Markdorf; *Muund* mancherorts an mittl. Acher, Rench und Kinzig; *Muu* nördl. und mittl. Schwarzw., Elztal, Zartener Becken; *Mòò* obere Kinzig, Wolfach, Gutach; verbr. östl. Markgr., Wiesental, südöstl. Schwarzw., Hotzw., Klettgau, Hegau, Höri, Bodanrück, vereinz. Linzgau; *Mau, Mao, Mou* obere Brigach und Breg, Baar (Verbr. s. Karte → »Moo«). ♦ 1) ›der Erdtrabant Mond‹; *d Muu schint* ›der Mond scheint‹; *Lueg, Müetterli, was isch im Moo? He, sihsch's denn nit: e Maa!* [Hebel]. ♦ 2) ›das Weiße unter dem Fingernagel‹ vereinz.

Monele n.: ›Buschwindröschen‹ Umg. von Wolfach.

mone-morge → »mornemorge«.

Monet m.: *Mooned, Moonet* Ortenau, Brsg., Markgr., westl. Hotzw., davon getrennt vereinz. Baar, verbr. Hegau und übriges SO-Baden; *Monnet* südöstl. Schwarzw., östl. Hotzw., Klettgau, vereinz. Bodensee; *Maunet, Mounet* mancherorts obere Brigach, Baar; *Muunet, Muuned* nördl. und mittl. Schwarzw., Elztal, Raum St. Peter, Zartener Becken (Verbr. s. Karte → »Monet«). ♦ 1) ›Monat‹. ♦ 2) meist Dim.: *Munetli* u. ä. ›Maßliebchen, Gänseblümchen‹ mancherorts.

mönig ›mondsüchtig, missgestimmt‹ → »menig«.

Mönli ›Unke, Kröte‹ → »Menli«.

monne → »meine«.

Montag → »Mentig«.

Montur f.: *Monduur, Munduur, Mondüür* ›Kleidung, Anzug‹, veraltend.

Moo → »Mond«.

Moos n., f.: ›sumpfiges Land, Sumpfwald‹, mancherorts; häufig in FlN, z. B. *Mösle, Mooswald* bei Freiburg. – Vgl. »Riëd, Sumpf«.

Moos-bluem f.: Bez. für verschiedene Pflanzen, bes. ›Sumpfdotterblume‹.

Moos-brummler, -hummler m.: ›Hummel‹ mittl. Schwarzw.

Moos-weih m.: ›Hühnerhabicht‹ [Rüßwihl]. – Vgl. »Weih«.

Mor f.: *Moor.* ♦ 1) ›Mutterschwein‹ verbr., außer am Bodensee, wo »Los« gilt; im Dim. *Moorli, Meerli, Möörli* auch ›weibliches Ferkel‹; *Ferlet näume ne Mohr* ›ferkelt irgendwo ein Mutterschwein‹ [Hebel]; *e erschts Meerli* ›ein Schwein, das zum ersten Mal ferkelt‹ [Freiamt]. ♦ 2) ›unreinliche Person‹ verbr. ♦ 3) ›Assel, Keller-, Mauerassel‹ meist Dim., mancherorts. ♦ 4) ›Pressbalken an der Kelter‹ mancherorts Kaiserst. – Mhd. *môr, môre.*

Morchel, Moroch f.: *Murichel* vereinz. Ortenau; *Morooch, Morauch* mancherorts Baar, SO-Baden. ♦ ›Speisemorchel‹.

mordisch, mordialisch Adj.: ›gewaltig, sehr‹. – Zu *Mord,* das hier und in der Vorsilbe »mords-« als Steigerung dient.

Mords-, mords- Steigerungspartikel im Sinn von ›übermäßig, außergewöhnlich, sehr‹, in vielen Zs. wie z. B.: *Mordsarbeit, mordsgalee, Mordskälte, mordsmäßig, Mordsradau, Mordswuet* usw.

More-dutte Pl.: ›die Traubensorte Blauer Trollinger‹ badische Weinbaugebiete. – Bildl. übertr., wörtl. Bed. ›Zitzen der Muttersau‹.

Mores Pl.: ›Anstand, Respekt, Furcht‹ mancherorts.; Drohung: *dich will i Mores lehre!* [Tribg].

Morge m.: *Morje* mancherorts nördl. Schwarzw. und am Rhein hinab bis in das Hanauerland; *Morge* übriges Gebiet. ♦ 1) ›die frühe Tageszeit‹; *vom früeje Morge bis in d' Nacht* [Hebel]. ♦ 2) ›altes Flächenmaß‹.

Morge-esse n.: ›Frühstück‹, *s z Morgeesse richte* verbr.

morgen → »morn«.

Morge-suppe f.: ♦ 1) ›erstes Frühstück‹; *Morgesuppe,* weil man früher noch keinen Kaffee trank, sondern eine Suppe zu sich nahm. ♦ 2) ›das Essen des Brautpaars am Hochzeitmorgen‹ [Freiamt].

morgets Adv.: *morgeds, morges, morjes* ›am Morgen, morgens‹ Ortenau; *wia 'r in d'r Früehi morgets an Bahhof nus will* [A. Ganther].

morn Adv.: *morn* verbr.; *morje, moriä* vereinz. Nordrand; *morge* vereinz. Schwarzw., Bodenseegebiet. ♦ ›am morgigen Tag, am Morgen‹; *Hütt morn, in aller Früehi* [A. Ganther]; Ra.: *Lieber hüt as morn* [Hebel]; *morn am Morge* ›morgen früh‹ [Freiamt]. – Mhd. *morne,* eine Nebenform zu *morgen.*

morndrigs Adv.: *morndrigs, mornderigs, mondrigs* ›morgig, am morgigen Tag, tags darauf‹ Markgr., Hochrhein, SO-Baden.

morne-morge Adv.: *monnemorge* ›am nächsten Morgen‹ [Epple]. – Aus »morn« + *am Morge.*

Mörsel ›Mörser, Axt, Hammer‹ u. a. → »Merschel«.

morze schw.: ›anstrengend arbeiten, an etwas herumhantieren‹ vereinz. – Vgl. »moze«.

Moschget-nuss → »Muschkat«.

Moscht m.: ♦ 1) ›frisch gekelterter Traubensaft‹ verbr. ♦ 2) ›vergorener Obstsaft aus Äpfeln oder Birnen‹ verbr. – Mhd. *most,* dies aus lat. *mustum.*

Moscht-bire Pl.: ›zum Mosten verwendete Birnen‹. – Vgl. »Wadel-, Wirgbire«.

Moschti f.: ›Raum, Betrieb, in dem der Obstwein gekeltert wird‹ mancherorts.

Moscht-kopf m.: ›dicker Kopf‹ verbr.

Moscht-wog f.: *Moschtwoog* ›Senkwaage zum Bestimmen des Mostgewichtes‹.

Mose m., f.: *Mose, Mòse* Schonach, Gütenbach, St. Peter, St. Märgen, vereinz. südl. Schwarzw., verbr. östl. Markgr., Dinkelberg, Wiesental, westl. Hotzw., südl. Hegau, Höri, Konstanz; *Mosse* vereinz. südl. Klettgau; *Moos* Hegau, Bodanrück Linzgau; Dim.: *Möösli* vereinz. ♦ ›Fleck‹, bes. blauer Fleck auf der Haut durch Schlag, Quetschung; Wundmal; Stoßflecken an Obst u. a.; *grose schwarzi Môsë* an den Kartoffeln [O. Furtwängler]; am Apfel *isch nummen au kai Möseli* (Dim.) *dra* [Hebel]. – Mhd. *mâse.*

Moses ›Mumps‹ → »Moisis«.

Moß n.: *Mooß, Mòòß, Mäß* verbr. ›Maß‹, im Bes. ›altes Flüssigkeitsmaß (unterschiedliche Größen, 1–1½ l)‹, ›Trockenmaß (für Getreide, Schmalz, Fische)‹ oder ›Längenmaß‹ mancherorts; *Gsinnet* (geeicht) *isch er gsi uf sibe Mooß un e Schöppli* [Hebel]; Ra.: *s Maß isch em kalt wore* ›er hat sich zuviel vorgenommen‹ (aus der Schmiedsprache) [Freiamt].

Motsch-kopf m.: *Motschkopf, -chopf* ›Dickschädel, Trotzkopf‹ mancherorts.

motte, mottere schw.: ›glimmen, schwelen‹, vom Feuer, vereinz. Hotzw., SO-Baden. – Vgl. »glumse«.

moule Adj.: ›betrunken‹ [Ettenhm]. – Aus dem Jidd.

moze schw.: ›an etwas (unsachgemäß) herumhantieren, sich beschäftigen, spielerisch etwas tun‹ u. ä. – Vgl. »morze«.

Mu → »Mond«.

mu Interj.: Nachahmung der Stimme der Kuh, auch subst. *Mu, Muh* kindersprachl. für ›Kuh, Kalb‹.

Much[1] m.: *Much*, meist Dim.: *Mücheli.* ♦ 1) ›Grille‹ vereinz. Markgr.; Syn. → »Heimmauch«. ♦ 2) ›Feuerkröte‹ [Unzhurst], auch *Muchkrott.*

Much[2] f.: *Much, Muche, Mauche* ›eine Krankheit an den Hufen, Fesseln der Pferde‹ vereinz. – Nhd. *Mauche.*

much(e)le, muche schw.: *muchele, muchle, müche, müchele* Ortenau, mittl. Schwarzw., Elztal; *miichele* vereinz. SO-Baden. ♦ 1) ›moderig, muffig riechen‹ ♦ 2) ›etwas verbergen, heimlich tun, heimlich beiseite schaffen‹. – Zu mhd. *mûchen* ›verstecken, verbergen‹. – Vgl. »muchtele«.

much(e)lig, muchig, muchtelig Adj.: *muchig, müchig, much(e)lig, müchlig, muchdelig, michdelig.* ♦ 1) ›schimmlig, grau, modrig, ranzig, dumpf riechend‹ mancherorts Ortenau. ♦ 2) ›schwül‹; *müchig* Kaiserst.

Muchete f.: *Muchede, Müchede* und weitere Bildungen wie *Muchlede, Müchetze.* ♦ ›Versteckplatz zum Aufbewahren von Obst‹ (im Heu, Stroh usw.). – Kollektivbildung zu »muche«. – Vgl. »Mutich«.

muchtele schw.: *muchdele* vereinz.; *michdele* (*i* kurz) mancherorts südl. Ortenau, Brsg.; *miichdele, miitele* mancherorts SO-Baden. ♦ 1) ›modrig, muffig riechen‹. ♦ 2) ›heimlich flüstern‹ [Waldk. (Elzt)]. – Vgl. »muchele«.

mucht(ig) Adj.: *mucht, muchtig.* ♦ 1) ›schwach, kränklich‹ mancherorts Markgr., SO-Baden. ♦ 2) ›nüchtern‹ [Lörrach].

muchzge schw.: ›ächzen, stöhnen‹ [Schopfhm].

Mucke f.: *Muck* verbr. nördl. und mittl. Schwarzw., Ortenau, Hanauerland; *Mucke* mancherorts Brsg. (Verbr. s. Karte → »Fliëge«) ♦ ›Fliege, Stubenfliege‹. – Im Süden → »Fliëge«.

Muckefuck m.: ›Kaffeeersatz‹.

Mucke-schiss m.: ♦ 1) ›Fliegenkot‹. ♦ 2) ›Kleinigkeit‹.

Mucke-seckeli n.: ›Kleinigkeit‹. – Zu »Seckel 1«.

Mucke-tatscher, -tätscher m.: ›Fliegenklatsche‹.

Muckili m.: Kurz- und Koseform für den männl. VN *Nepomuk.*

Mucks, Muckser m.: *Muggs, Muggser, Müggser* ›einzelner, schwacher oder unterdrückter Laut‹ verbr.

müde → »miëd«.

mudere schw.: ♦ 1) ›matt, unwohl sein, kränkeln‹ mancherorts, bes. westl. Gebiete. ♦ 2) ›unbeständig sein, vom Wetter‹ mancherorts mittl. Schwarzw., Ortenau; Wortspiel: *S Wädder mudert un d Mueder wädderet* [Schutterwald]. – Vgl. »muttere«.

mud(e)rig Adj.: *mudri* mancherorts Ortenau, Hanauerland; *müdderig* [Freiamt]; *muderig, mudrig* übriges Gebiet. ♦ 1) ›trübselig, unpässlich, abgespannt, mickrig, kränklich‹, von Pflanzen, Tier und Mensch. ♦ 2) ›unbeständig, wechselhaft, trüb‹ vom Wetter; *s isch muderig hitt* [Möhrgn]. – Zu »mudere«.

muechelig Adj.: *muecheli(g)* ›kleinlaut, von schlechtem Gewissen geplagt‹ [Epple]. – Wohl zu »muchele 2«.

Muelde f.: *Mueld* nördl. und mittl. Schwarzw., Hegau, Höri, Bodenseegebiet; *Moeld, Möeld* mancherorts Hanauerland, südl. Ortenau; *Moelde, Müelde* mancherorts westl. Brsg., westl. Markgr.; *Muelde* verbr. im übrigen Gebiet. ♦ 1) ›Backtrog‹ verbr. ♦ 2) ›flache Geländevertiefung‹ vereinz.

Mueld(e)-kratzede f.: ›aus der Backmulde zusammengekratzte Teigreste‹, vereinz. auch *Muelde-scharrete.*

muele schw.: ›im Dreck wühlen‹ [Schonach, Gremmelsb.]. – Sonst meist »nuele«.

mueme schw.: *mueme, müeme, möeme* Hanauerland, südl. Ortenau, Westteil des mittl. Schwarzw.; *mome* rechts der Murg; *mume* nördl. Schwarzw. und Ostteil des mittl. Schwarzw. (Verbr. s. Karte → »triële«). ♦ ›Speichel aus dem Mund triefen lassen, geifern‹. – Syn. → »triële«.

Muemete f.: ›Geifer‹ vereinz. im Gebiet von »mueme«.

Mues n.: *Mues, Mües, Möes* ›Marmelade‹ mancherorts südöstl. Schwarzw., vereinz. Hochrhein (Verbr. s. Karte → »Schlecksel«). – Syn. → »Schlecksel«.

Muet m.: ♦ 1) ›Beherztheit, Wagemut‹; *Awwer 'r het e Muet un e Wille g'ha, wia 'n Adler* [A. Ganther]. ♦ 2) ›Gemüt, froher Sinn, Übermut‹; *do wurd' s 'm ganz anderscht z' Muet* [A. Ganther]; *E freie, frohe Muet* [Hebel].

Muetter f.: *Muedder, Muetter* verbr. Schwarzw., Markgr., Hotzw., Klettgau; *Moedder* vereinz. südl. Ortenau, Brsg.; *Möedder, Müedder, Müdder* (Sg.!) mancherorts Ortenau, Hanauerland, Brsg.; *Motter, Modder* Baar, Hegau, Höri, Bodenseegebiet; Pl.: *Miäddere, Meäddere, Müettere, Mottere* usw.; Dim.: *Miädderli, Müetterli* usw. ♦ ›Frau, die ein Kind geboren hat‹; *Lueg, so ne Muetter het ihr Chindli lieb!*

[Hebel]; *Isch d' Muedder nit deheim?* [A. Ganther]; *Wär i doch dehaim bym Müetterli hinter em Ofe!* [Hebel]; Sprichw.: *e n-anderi Mueder hät au e liäb Kind* ›es gibt noch andere (Vertröstung bei Liebeskummer)‹ [E. Strube].

Muetter-ditti n.: ›Nesthäkchen, Mamakind‹ vereinz. – Vgl. »Dutt«.

Muettere f.: *Mueddere, Muettere.* ♦ 1) ›Schraubenmutter‹. ♦ 2) ›Bodensatz beim Essig‹ vereinz.

Muetter-gottis f.: ›die hl. Maria, Mutter Jesu‹; *Hailigi Muetter Gottis!* (Ausruf) [Hebel].

Muettergottis-blueme f.: Bez. für versch. Pflanzen; dazu weitere Pflanzennamen wie z. B.: *Muetergottishaar, -krutt, -kunkle, -palme, -rute, -schefe, -schmacket, -schühle, strähl* u. a.

Muettergottis-käferli n.: ›Marienkäfer‹ mancherorts.

Muetter-krut n.: ♦ 1) ›Katzenminze‹ vereinz. ♦ 2) ›Kamille‹ [Münchw.].

Muetterles n.: ›das Mutter- und Kind-Spielen der Kinder‹.

muetterseel(e)-ällai Adj.: viele Varianten, vgl. »Muetter« und »alleinig« ›ganz allein‹ verbr.

Muetter-sproch f.: ›Muttersprache‹, speziell: ›Dialekt‹; erst im 20. Jh. durch die *Muettersproch-Gsellschaft* weiter verbreitet, erste Belege bei H. Burte: *My liebi Muetersproch.*

muffele schw.: ›muffig riechen‹, auch *muffzele, muffzgele.*

Müffeli n.: ›Mäulchen, Schnütchen‹ ob. Markgr. – Vgl. »Moffle«.

muffle schw.: *muffle, müffele* ›(tüchtig) kauen, mümmeln, knabbern, schnüffeln (von Hasen)‹ mancherorts. – Vgl. »moffle, mumpfle«.

müggele schw.: ›verhalten lachen‹ [Burte].

Mühe → »Miej«.

Mühle → »Mihli«.

muke, müke schw.: *mugge, müüke* ›brüllen, muhen‹ von Kühen, vereinz. S-Baden.

Mul n.: *Muul* nördl. Schwarzw., Wolfach, obere Kinzig, Elztal, östl. Brsg., Hochschwarzwald, Baar, Markgr. und das ganze SO-Baden; *Mull* mittl. Schwarzw., Unterlauf von Kinzig und Rench; *Müül* mancherorts südl. Ortenau, östl. Brsg., Kaiserst.; Pl.: *Miller* (im Gebiet von *Mull*); *Müler* oberes Markgr., Hotzw., Klettgau, südl. Hegau, Höri, Reichenau; *Miler* übriges Gebiet. ♦ 1) ›Maul der Tiere‹ verbr.; *Es* (das Würmchen) *streckt si un spert 's Müüli uf* [Hebel]. ♦ 2) ›Mund des Menschen‹, neutrale, nicht abwertende Bez.; *un essen un trinke. Was me bruucht ins Muul* [Hebel]; *Halt's Mul, aldi Nachtül!* [A. Ganther]; Ra.: *s Muul nit uffbringe* ›nichts reden‹ [Opfgn]; *kei Blatt vor's Mul nemme* ›sich deutlich ausdrücken‹ [A. Ganther]; sie *hen Mul un Nas ufg'sperrt* (vor Staunen) [A. Ganther]; *s Mul gunne* ›den andern ausreden lassen‹ verbr.; *ebberem e frech Muul aahänke* ›freche Widerworte geben‹ [Opfgn].

Mul-aff m.: ›wer mit offenem Mund herumsteht, gafft, ratlos ist‹; *stöhn si wie Muulaffe do mit ihrer weltliche Wiishait* [Hebel]; häufig nur in der Wend.: *Mulaffe feil halte / ha* ›untätig herumstehen‹.

Muläri m.: ›zielloser Mensch‹ [Glattes].

mulbrig Adj.: ›bedrohlich, schlecht‹ vereinz.

Mulche → »Molke(t)«.

mule schw.: ›Widerworte geben, schelten, nörgeln, maulen‹.

Mulete f.: ›lautstarker Disput, Gemaule‹ vereinz.

Muli m.: *Muli, Mule* ›Schwätzer‹.

Müller → »Miller«.

Mul-orgle f.: ›Mundharmonika‹. – Syn. → »Schnorrehobel«.

multere, mulzere schw.: ›den Mahllohn in Natura nehmen‹ vereinz. mittl. Schwarzw., Ortenau. – Vgl. »Molzer, molzere«.

Mul-wurf, Mul-werfer m.: *Muulwurf* mancherorts nördl. Schwarzw., *Müülwurf* vereinz. südl. Ortenau; *Muulwerfer* mancherorts nördl. Schwarzw., Ortenau; *Müülwerfer* vereinz. Ortenau; *Muulwelfer* vereinz. am Rhein zwischen Rastatt und Kehl. ♦ ›Maulwurf‹. – Im übrigen Gebiet »Scher, Schermus«.

Mulzer ›Mischgetreide, Mahllohn‹ → »Molzer«.

mume ›geifern‹ → »mueme«.

Mumm-aff m.: ›wortkarger Mensch, Stoffel, Dummkopf‹ vereinz. Brsg., Markgr.

Mummel m.: ›Zuchtstier‹ mancherorts am Rhein zwischen Kinzig und Murg. – Syn. → »Muni«.

mummele schw.: ›leise brummen‹ (von Kühen) Markgr.

Mummel-galli m.: ›Trotzkopf‹ Ortenau.

Mummili n.: *Mummeli, Mummili* Lockruf und Kosenamen für Kühe und Kälbchen, Kinderspr. mancherorts.

Mumpf m.: *Mumpf* mancherorts Ortenau, Brsg. (Verbr. s. Karte → »Wochetippel«); neuer: *Mumps, Mums* eb. ♦ ›die Entzündung der Ohrspeicheldrüse, Mumps‹. – Syn. → »Pfuser«.

Mumpfel m. (f.): *Mumpf(e)l* mancherorts Ortenau; sonst meist Dim.: *Mimpfele, Mimpfili, Mümpfeli, Mümpfili* mancherorts Ortenau, Markgr. ♦ ›klei-

nes Stückchen Brot, Häppchen‹. – Vermutlich aus *Mund-voll* entstanden. – Vgl. »Mocke, Mockel«.
mumpfle, mümpfle schw.: ›mit vollen Backen kauen, zahnlos kauen, mümmeln‹ mancherorts. – Vgl. »moffle, muffle«.
Mund m.: ♦ 1) ›Mund‹ in der Mundart selten, eher »Mul«. ♦ 2) im Dim.: *Mindli, Mündli* ›aufgeplatzte Kruste, Anschnitt am Brot‹ mancherorts südl. Hegau, Bodanrück; Syn. → »Aschnitt«.
mundjee Interj.: Ausruf des Erstaunens, des Bedauerns; *Potz Mundie!* [Hebel]. – Frz. *mon dieu.*
Munet → »Monet«.
Muni m.: *Muuni* Elztal, südl. Schwarzw. Brsg., Markgr., Hotzw.; *Munni* mancherorts südl. Klettgau; *Mooni* vereinz. südl. Schwarzw. ♦ ›Zuchtstier‹. – Syn.: »Fasel, Hage, Hummel[1], Mauch, Mummel, Stier«.
Muni-fisel m.: ›Prügelstock‹, hergestellt aus dem getrockneten Glied des Farren, Brsg., Markgr.; Ra.: *aim der Munifisel amesse* ›verhauen‹ [Glock Brsg.]. – Vgl. »Farrewadel«.
Muni-schelle f.: ›Hodensack des Zuchtstiers‹ [Lörrach].
munkele schw.: *munkele, munkchele* ›heimlich reden, tuscheln‹.
munkeli-brun Adj.: *munkelebruu, munkilibruun, munkelesbrüün,* so und ähnl. ♦ ›gelblichbraun, schmutzigbraun‹ oft in der Ra.: *munkelebruun wiä e Rehfidle (Hirzefüdle)* vereinz.; *d Edwine hät munkelebruni Hôr gha* [O. Furtwängler].
Munki, Munkes m.: *Munggi, Münggi, Munki, Munkes* ›unfreundlicher, mürrischer, verschlagener Mensch‹ mancherorts Ortenau, Brsg., Markgr.
munkig Adj.: *munkig, monkig, münkig* ›verschlossen, wortkarg, mürrisch, ewig nörgelnd‹ Ortenau, SW-Baden.
Münster → »Minschter«.
munzig Adj.: ›klein, winzig‹ mancherorts. – Vgl. »wunzig«.
müpfe schw.: ›sich abfällig äußern, tadeln, kritisieren‹ Markgr., Wiesental.
Mur[1], Mure f.: *Muur* mancherorts nördl. und mittl. Schwarzw., verbr. Baar, südöstl. Schwarzw., Markgr., Hotzw., Klettgau und SO-Baden; *Muer* mancherorts nördl. und mittl. Schwarzw., Ortenau; *Muure* obere Schutter, Elztal, obere Brigach und Breg, verbr. südl. Brsg., Rheinorte im Markgr.; *Müür* mancherorts südl. Ortenau; *Müüre* nördl. Brsg., [Freiamt], Kaiserst. (Verbr. s. Karte → »Mur«); Dim.: *Mierli, Miirli, Müürli* u. a. ♦ ›gemauerte Wand, Mauer‹; *Sihsch dört vorne's Röttler Schloß – verfalleni Muure?* [Hebel].

Mur[2] m., n.: ›Morast, Schlamm, sumpfiges Loch, Schmutzlache‹ Ortenau, Brsg.
mur, murb, mürb ›mürb‹ → »mirb«.
Murbili n.: ›altes, verhutzelte Weiblein‹ [Stockach, Konstanz], in Villingen auch Fastnachtsfigur mit der Maske einer alten Frau, die Erfahrung, Witz und Weisheit ausdrücken soll, bildet zusammen mit dem »Surhebel 3« ein Paar.
Mürch(el) m.: ›schwerfälliger Mensch‹ [Schopfhm, Malsburg].
murchig Adj.: ›sehr trocken‹, vom Boden [Burte].
mürde schw.: ›plagen, zwängen‹, bes. Tiere, vereinz. Markgr. – Mhd. *mürden.*
mure schw.: *mure, müre.* ♦ 1) ›eine Mauer errichten‹. ♦ 2) ›beim Kartenspiel Trümpfe zurückhalten‹.
Murer m.: *Murer, Müürer* ›Maurer‹ verbr.; Ra.: *Drinke wiä ne Murer* ›viel trinken‹ [Opfgn].
mürge schw.: ›brummen‹ [Lörrach].
Mur-grundel f.: ›im Schlamm sich aufhaltender Fisch, Schlammpeitzker‹, vereinz. auch ›Molch, Kaulquappe‹.
murig Adj.: ›morastig‹.
Murli m.: ›Schmutzfink‹ Ortenau.
Murmle f.: *Murmle, Murmel* ›Spielkugel, Murmel‹. – Syn.: »Grugeli, Klicker, Klucker, Ribling, Schneller, Schusser«.
Murr m.: ›Kraft, Schneid‹; der hat *Murr in de Knoche.*
Murre f.: *Murre* mancherorts; *Morre* [Stockach]. ♦ 1) ›große Semmel, mürber Wecken, Milchweck‹ u. a. mancherorts Ortenau, vereinz. Baar, Hegau; berühmt sind die *Lohrer Murre* ›Murren aus Lahr‹.

♦ 2) ›aufgeplatzte Kruste, Anschnitt am Brot‹ vereinz. nördl. Klettgau; Syn. → »Aschnitt«.

murrle schw.: ›schnurren‹, von Katzen Markgr.

Murrli, Murrli-bue m.: ›Tanzkreisel‹ vereinz. Ortenau, Kaiserst., Markgr. – Vgl. »Hurrlibue«. – Syn. → »Tanzknopf«.

Mürsel ›Hammer‹ → »Merschel«.

murz Adv.: ›ganz und gar‹ vereinz. SO-Baden. – Mhd. *murz(es).*

Mus f.: *Muus, Müüs* verbr.; Pl.: *Miis, Müüs*; Dim.: *Miisli, Miisle, Müüsli.* ♦ 1) ›das Nagetier Maus‹; Ra.: *Do bißt kei Mus kei Fade ab* ›daran ist nichts zu ändern‹ [A. Ganther]; *des isch soviel wiä de Miis pfiffe* ›das ist nutzlos‹ [E. Strube]; Sprichw.: *Wenn d Muus satt isch, bitterlet s Mähl* [Waldk. (Elzt.)]; Kindervers, bei dem man mit den Fingern am Arm des Kindes hochläuft und schließlich am Ohrläppchen zupft: *geht e Miisli 's Stegli nuf, do klopft's an, geht e Stäpfili wider nuf – un do klingelt's an!* [Lahr]. ♦ 2) kosende Bez. für kleine Kinder; *Chumm, waidli chumm, du chlaini Muus!* [Hebel]. ♦ 3) ›Muskel am Handballen, Ellbogenknochen‹ nur Dim., vereinz. ♦ 4) nur Dim.: *Miisli* ›aufgeplatzte Kruste, Anschnitt am Brot‹ an der Wolfach; Syn. → »Aschnitt«.

Musch f.: ›unordentlich, sonderbar gekleidete, zweifelhafte Frau‹ mancherorts.

muschele, mutschele schw.: *muschele, muschle, müschele.* ♦ 1) ›flüstern, tuscheln‹ vereinz. ♦ 2) ›wiehern, vom Pferd‹ mancherorts südl. Brsg. (Verbr. s. Karte → »wiehere«); Syn. → »wiehere«.

müschele ›Karten mischen‹ → »mischle«.

Muscheli f.: ›Fohlen‹ Markgr., Wiesental. – Syn. → »Fohle«.

muschig Adj.: ›gedrückt, mürrisch, kränklich‹ Markgr.

Muschkat m.: *Muschgaad, Muschkaat* ›das Gewürz Muskat‹, auch *Moschgetnuss.*

Muschter n.: ♦ 1) ›Probestück, Vorlage, Muster‹. ♦ 2) meist abschätzige Bez. für weibl. Personen (geschmacklos gekleidet, unordentlich, leichtfertig usw.); aber auch kosend, anerkennend für ein kleines pfiffiges Mädchen: *Du bisch doch e Muschder* [Freiamt].

Muschter-ländli n.: bes. Ende 19. und Anf. 20. Jh. häufig verwendete Bez. für Baden (wegen seiner Verfassung, der frühen Industrie und Prosperität).

muse schw.: *muse, müse.* ♦ 1) ›Mäuse fangen‹ mancherorts. ♦ 2) ›in etwas herumkramen, stöbern, schnüffeln‹ mancherorts mittl. Schwarzw., Ortenau.

Muser m.: *Muser, Müser* ›Mausefänger‹, veraltet; als *Museri, Müseri* f. von Katzen gesagt, z. B.: *iseri Katz isch e guedi Museri* ›unsere Katze fängt viele Mäuse‹ [Schonach].

muse(re) schw.: *muse, musere* mancherorts; *muusge* mancherorts SO-Baden. ♦ ›sich mausern‹, vom Federkleid des Geflügels. – Vgl. »schmuse 3«.

Musik f.: *Muusik* mancherorts mittl. und südl. Schwarzw.; *Mussik* mancherorts S-Baden; *Mussi, Müssi, Müssik* Hanauerland, Ortenau, Brsg. ♦ 1) ›Tonstück‹; *'s goht m'r nix üwwer e floddi dürkischi Mussik* [A. Ganther]. ♦ 2) ›Musik-, Blaskapelle‹. ♦ 3) ›Tanzveranstaltung‹. ♦ 4) ›Mundharmonika‹ und andere Musikinstrumente.

Mus-jäk m.: ›Eichelhäher‹ mancherorts SO-Baden. – Wohl umgestellt aus »Nuss-jäk«. – Syn. → »Schäk[1]«.

Mus-kegel m.: *Muskeggel, -kegel* ›Mausekot‹ mancherorts Ortenau, mittl. Schwarzw., Brsg.

Mus-kinig m.: *Muuskini, -kinig* ›Zaunkönig‹ mancherorts Ortenau, nördl. Schwarzw.

müsle-still → »mislestill«.

Mus-ohr n.: *Muusohr* vereinz., meist nur Dim.: *Muusöhrli, -ehrli* usw. ♦ 1) ›Ohr der Maus‹. ♦ 2) Bez. für verschiedene Pflanzen wie ›Feldsalat‹, ›Ackervergißmeinicht‹ u. a.

Muss m.: Kurzform für die männl. VN *Hieronymus, Erasmus*; Dim.: *Mussli, Mussel.*

müssen → »mieße«.

Mußle m.: ›dicke Person‹ [Zell-Weierb.].

Muti(ch) m., f., n.: *Muddi, Muddich, Muddig.* ♦ ›Versteckplatz zum Aufbewahren von Obst‹ (im Heu, Stroh usw.) mancherorts Ortenau, Brsg., Markgr. – Vgl. »Muchete«.

Mutsch m.: ›Fohlen‹ [Bodersw., Legelshurst]. – Syn. → »Fohle«.

Mutschel f.: Bez. für verschiedene Backwaren, z. B. ›mondförmiges Hefegebäck, runder Wecken, längliches Weißbrötchen Milchweck‹ u. a.; das Wort ist nur noch vereinz. in verschiedenen Teilen Badens gemeldet und heute weitgehend veraltet. – Mhd. *mutsche, mütschelîn* ›ein Brot von geringer Größe und Beschaffenheit‹.

Mutsch(i)-kopf m.: ›Trotzkopf‹ mancherorts.

Mutt(e), Mütt m., f.: ›veraltetes Getreidemaß, Holzbehälter‹, vereinz. – Mhd. *mutte, mütte* < lat. *modius* ›Maß‹.

muttere schw.: ›brummen, murren, vor sich hin schimpfen, schlecht aufgelegt sein‹ mancherorts; *un mutteret nümme* [Hebel]; Ra.: *muddere un pfuddere* ›dauernd vor sich hin schimpfen‹ [Freiamt]. – Vgl. »muttle[1] 2«.

Muttle f.: ♦ 1) ›Ziege‹, meist kindersprachl., auch Lockruf für Ziegen, mancherorts S-Baden. ♦ 2) scherzh., bis abschätzige Bez. für weibl. Personen, bes. geschwätzige.

muttle[1] schw.: ♦ 1) ›meckern von der Ziege‹. ♦ 2) ›brummeln, murren, maulen, nörgeln‹. – Mhd. *mutelen*. – Vgl. »muttere«.

muttle[2] schw.: ›Reben an alten, schlecht tragenden Stöcken zurückschneiden‹ mancherorts nördl. und südl. Brsg., verbr. Kaiserst. – Das Wort ist früh aus lat.-rom. **muttilare* entlehnt und dürfte noch aus der Römerzeit stammen.

Muttli m.: ›wer undeutlich spricht, vor sich hin brummt‹ mancherorts.

muttlig Adj.: ♦ 1) ›matt, welk, müde, wacklig‹ vereinz. ♦ 2) ›mürrisch‹; *mudlig un brudlig* [Tribg]. – Vgl. »muderig«.

Mutze m.: ›Männerjacke‹ mancherorts Ortenau, Hanauerland. – Mhd. *mutze* ›kurzes Oberkleid, bes. des weibl. Geschlechts‹. – Vgl. »Juppe, Schope«.

mutze schw.: ›sich herausputzen‹, vereinz. Ortenau, Kaiserst.

Mutzili n.: ›Kuss‹ mancherorts mittl. Schwarzw. – Vgl. »Schmutz«.

Muu → »Mond«.

N

n[1] Partikel, Einschub zwischen Wörtern, die mit Vokal enden und anfangen (hiatustilgendes *n*), z. B.: *wo-n-i* ›wo ich‹; *bi-n-iis* ›bei uns‹.

n[2] Art.: ›ein‹ *n Maa* ›ein Mann‹.

na[1], **nab** Adv.: *naa, nabb* verbr. nördl. einer Linie Munzingen, Zarten, Urach, Villingen (südl. davon »abe, abi«). ♦ ›hinab, hinunter‹; *Jetz awwer flink in Keller na un e Fläschli Wi g'holt* [A. Ganther]; Ra.: etwas ist *de Bach naa (nab)* ›es ist verloren, vergeblich‹.

na[2] Adv.: *naa* Mittelbaden; *nòò* mittl. Schwarzw. ♦ ›(zu etwas) hin‹; er *hät zitterët wia e Eschbelaub wo dr Hund zuanem na isch* [O. Furtwängler]; häufige Vorsilbe bei Verben wie z. B.: *nago* ›hingehen‹, *namache* ›anbringen, hintun‹, *nastelle* ›hinstellen‹ usw. – Entstanden aus *hinan.*

nä ›nehmen‹ → »nemme«.

nab Adv.: *nabb* ›abwärts, hinab‹ Ortenau. – Vgl. »nabi«.

Nabe f.: *Naab, Nabe, Nawe* verbr.; *Nabb* Hegau, Bodenseeraum; *Nabbe* Hotzw., Klettgau. ♦ ›durchbohrtes Mittelteil des Wagenrades‹ .

Nabel m.: *Nabel, Nawel, Nawwel* verbr.; *Nabbel* Hegau, Klettgau. ♦ 1) ›Vernarbung in der Bauchmitte‹. ♦ 2) verächtlich für Menschen in den Zs.: *Geiz-, Zähnabel* ›Geizhals‹.

Nabel-drillete f.: ›Bauchgrimmen, Aufregung‹ Bodensee; *Me kennt grad d Nabeldrillete kriege!* ›Es ist zum Verrücktwerden!‹; andernorts auch *Nabelsurre* u. ä.

Nabe-ring m.: ›Eisenring um die hölzerne Radnabe‹.

nabi Adv. *nabbi, nawwi* vereinz. ›hinab‹. – Wörtl. *hinab-hin.* – Vgl. »nab«.

Nache m.: *Nache* ›Kahn, Fischerboot‹ mancherorts. – Vgl. »Ache«.

nach-hin → »nooi«.

Nächi f.: *Näächi, Neechi, Nööchi* ›Nähe‹; *'r stammt amenorts us eme Neschdli in d'r Nächi dertrum* [A. Ganther]; *Chömm mer kain in d' Nööchi!* [Hebel].

Nacht f.: *Nacht* südl. Baden; *Naat* mancherorts Bodensee, Baar; *Nòòcht* mittl. Schwarzw.; *Naacht* übriges Gebiet. ♦ ›Nacht‹; *ds Nacht esse* ›zu abend essen‹; *Guet Naacht!* ›Gute Nacht‹.

nächt, nächte Adv.: *nächt, nääächt, neecht, na̧acht* verbr.; *näät* Bodensee; daneben auch hin und wieder *neechte, nääächte* bes. mittl. Schwarzw. ♦ ›vergangene Nacht, gestern‹; *neecht s owend* ›gestern abend‹ [Sexau]; *'s het siider nächte nüt meh gha* ›es (das Spätzlein) hat seit gestern nichts mehr (zum Fressen) gehabt‹ [Hebel]. Vgl. »hinächt, nächtig, vornächt«.

nachte schw.: *naachte* verbr.; *nòòchte* Renchtal, mittl. Schwarzw.; *naate* Hegau, Bodensee. ♦ ›dämmern, Nacht werden‹; *es naachtet schoo* Tribg. – Vgl. »nachtele«.

nachtele, nächtele schw.: *naachtele, na̧achtele* vereinz. Kaiserst., Markgr.; *nääächtele, nääächtle* vereinz. Schwarzw. ♦ dass. wie → »nachte«; *es nechtelet schau* ›es dämmert schon‹ [Schiltach].

nacht-fährtig Adj.: *naachtferti, nachtferdi* vereinz. ›mondsüchtig, nachtwandlerisch‹ – Zu mhd. *nahtvahr* ›Nachtfahrerin, Drude, Hexe‹.

Nacht-frau f.: *Naachtfrau, Nòòchtfrau, -fröu* mancherorts mittl. Schwarzw.; *naxbfròu* Höri. ♦ ›nächtliches Schreckgespenst, mit dem man Kinder ängstigt‹ .

Nacht-gschirr n.: *Nòòchtgschirr* Oberw. (Rast.). ♦ ›Nachttopf‹ ; vgl. »Nachthafe«.

Nacht-hafe m.: *Nachthaafe, -haffe* vereinz. ♦ ›Nachttopf‹.

Nacht-husche f.: dass. wie → »Nachtdatsch« [Zell i. W.].

nächtig Adj: ›vergangene Nacht, gestern abend‹ vereinz. Markgr.; vgl. → »nächt«.

Nacht-iil, Nacht-heuel f.: *Naachtiil* vereinz. Ortenau, mittl. Schwarzw.; *Nachthöiel* Markgr. ♦ 1) ›abendlich fliegende Eule‹. ♦ 2) ›nächtliches Schreckgespenst, mit dem man Kinder ängstigt‹. ♦ 3) ›Nachtschwärmer‹.

Nacht-krapp m.: *Nachtkrapp, Naachtkrapp, Nòòchtkrapp, Nachkrapp* mancherorts Ortenau, nördl. und mittl. Schwarzw. ♦ 1) ›nächtliches Schreckgespenst, mit dem man Kinder ängstigt‹ ♦ 2) ›Nachtschwärmer‹.

Nacht-mohl n.: ›das heilige Abendmahl‹; *un chunnsch us der Schuel un gosch zuem hailige Nachtmohl* [Hebel].

Nacht-patsch, -putsch m.: *Nachtbatsch* Willstätt; *Nachtbutsch, Nabutsch* Südbaden, Bodensee. ♦ dass. wie → »Nachtdatsch«.

Nacht-riegel m.: *Naachtriigel, -riggel* u. ä. vereinz. ♦ ›innerer Riegel, der nachts vorgeschoben wird‹.

nachts, nachtse Adv.: *nachts, naachts* mancherorts; *nachtse, naachtse* mancherorts Schwarzw. ♦ ›zur Nachtzeit, während der Nacht‹.

Nacht-schlapp(er) f., m.: ›Klaps, den sich Kinder abends beim Nachhausegehen geben, Gutenachtschlag‹ mancherorts Ortenau. – Vgl. »Nachttatsch«.

Nacht-tatsch m., **-tätsch** f.: *Nachtdatsch, -dätsch.* ♦ ›Schlag mit der flachen Hand, den sich Kinder beim abendlichen Auseinandergehen geben‹ mittl. Schwarzw. – Zum Grundwort s. »Tatsch«. – Vgl. »Nachthusche, Nachtpatsch, Nachtschlapp(er), Schloftätsch«.

nackedig, nackig Adj.: *naggig, nagged* mancherorts Ortenau, Brsg.; *nackedig* Markgr.; *näggig, näckig* vereinz. Schwarzw., Baar, SO-Baden; *näckchdig* vereinz. Hochrhein, Höri. ♦ ›unbekleidet, nackt, bloß‹; *si nimmt ihr nackig Chind in d' Arm* [Hebel].

Nacke-schisser *Nacke-, Näckeschisser* Breisgau. – m.: ›Nackedei‹.

Nacki-butz *Nacki-, Näcki-, Näckedbutz* mancherorts Südbaden. – m.: ›Nackedei‹.

näckse, näkse schw.: *näggse, naggse* Schwarzw., Ortenau, Kaiserst.; *näägse* mancherorts Markgr. ♦ ›ungeschickt an etwas herumschaffen, ungeschickt schneiden‹.

Nädlig m.: *Näädling, Näädlig, Nöödlig* u. ä. ›so viel Faden. als man auf einmal einfädelt‹ mancherorts; *du mer mol e Näädlin Faade niimache* [Yach].

näfe schw.: ›quälend bitten, nörgeln, quengeln‹ [Hebel].

näge, nägere, nägse schw.: *näge, nege, negere.* ♦ ›nörgeln, quengeln‹ mancherorts.

Nagel m.: *Nagel* verbr. (außer den folgenden Gebieten); *Naggel, Naggl* südöstl. Schwarzw., Baar, Klettgau, Hegau und übriges SO-Baden; *Nawel, Näwel, Naul, Nöul* u. ä. mancherorts in der Rheinebene zwischen Murg und Schutter. ♦ 1) ›Eisenstift mit flachem Kopf‹; Ra.: *de Nagel uf de Kopf treffe* ›genau das Richtige machen‹ mancherorts. ♦ 2) ›Finger-, Zehennagel‹.

Nagel-flueh f.: ›Fels mit Einschlüssen wie Nagelköpfe‹; heute nur noch FlN, *dört hinte d' Nagelflue mit ihrem Schnee* [Hebel]. – Mhd. *vluoh* ›Felsabsturz, Felswand‹.

Nägeli Pl.: *Nägele, Nägeli, Nägili, Näggele* u. a. ♦ Bez. für verschiedene Nelkengewächse und ähnl. Pflanzen. – Wie nhd. *Nelke* (< niederdt. *Nägelke*) ist auch unser Wort eine Verkleinerungsform zu *Nagel,* weil die Blüten an die Form der früher handgeschmiedeten Nägel erinnert.

na-gheie schw.: *naagheie, naakeie* ›hinabfallen, hinunterfallen‹. – Zum Grundwort s. »gheie«. – Vgl. »gheie«.

nagle schw.: *nagle, naggle* verbr.; *neegle* Ostteil des mittl. Schwarzw. ♦ ›Nägel einschlagen‹.

nägle schw.: *neegle, neggle, niggle* mancherorts mittl. Schwarzw. ♦ ›ein prickelndes, schmerzendes Gefühl in den Fingern verursachen, wenn sie von der Kälte in das Warme kommen‹. – Vgl. »finkle, hurnigle«.

nägse ›nörgeln‹ → »näge«.

Nähts m. (n.): *Nähts, Nạhts* ›Nähfaden, Zwirn, Garn‹ mancherorts Ortenau, nördl. Schwarzw.

nai Negationspartikel: *naai* verbr. (außer den im Folgenden genannten Gebieten); *naa* Höri, Bodanrück; *noi* verbr. an oberer Rench, Wolfach und oberer Kinzig; *noe* am Ostrand des mittl. Schwarzw. zum Schwäbischen hin; *nei, nej* mancherorts nördl. und mittl. Schwarzw., Hegau; *nui* mancherorts östl. Linzgau. ♦ 1) Verneinung; *Nai, weger nai!* ›Nein, wahrlich nein!‹ [Hebel]. ♦ 2) Ausdruck der Verwunderung, der Entrüstung; *Nai, was de saisch!* [Hebel]; *Nai looset, wie n er welsche cha!* [Hebel].

näi Adv.: *näi* verbr.; *nei, nai* vereinz.; *nöu, nöi, neu* mancherorts Hanauerland, Markgr. ♦ ›vor kurzer Zeit hergestellt, ungebraucht, neuartig, neu‹; *e neui Chilche* [Hebel]; *d' nei Kaffemühli* [A. Ganther]; *'s chunnt alles jung un neu, un alles schliicht sim Alter zue, un alles nimmt en End* [Hebel].

näi-briëschtig Adj.: ›kürzlich gekalbt habend, frischmelkend‹, von der Kuh, vereinz.; andernorts auch *näimelkig, näimelket* u. ä. – Vgl. »Briësch(t)«.

Näi-bruch m.: ›neu umgepflügtes Land‹ mancherorts nördl. Schwarzw., SO-Baden.

Näie m.: *Näie, Nöie, Naie* u. ä., vgl. »näi«. ›neuer, diesjähriger Wein‹ verbr.

naie schw.: *naaie* verbr.; *nääie* mancherorts Ortenau; Part. Perf.: *gnait, gnejt, gnaigt, gnägt* u. ä. ♦ ›nähen‹.

Naieri f.: *Naaiere, Naaieri, Näheri* ›Näherin‹.

Naiet f.: *Naiet, Naiete* ›Näharbeit, an was man gerade näht‹.

näilig Adv.: *näili, näilig* usw. ›kürzlich, unlängst‹.

naime, naimet(s) Adv.: *naime, noime, nöime,*

nöüme verbr. südl. Brsg., Markgr., Dinkelberg, vereinz. Hotzw., Klettgau; *naame, noame* Höri; *naimet, naimets* vereinz. Hotzw., Klettgau; *näeme* mancherorts Linzgau (Verbr. s. Karte → »amenort«). ♦ ›irgendwo, irgendwie‹; *un näume schliicht der Iltis unterm Dach* [Hebel]; *s isch mer naime niene recht* ›es ist mit gar nicht wohl‹ [Glock Brsg.]. – Mhd. *neizwâ* (entstanden aus *ich ne enweiz wâ / wër / waz* ›ich weiß nicht wo / wer / was‹, s. hierzu auch die Wörter »enaime, naimer, naimes«. – Syn.: »amenort, eime, enaime, iëne, irigs«.

naime-dure Adv.: *neumedure* ›irgendwie‹ [Bromb.].

naimer Pron.: *naimer, näumer* ›irgendwer, jemand‹ vereinz. südl. Brsg., Markgr.; *un wenn näumer chunnt* [Hebel]. – Mhd. *neiz-wër*, weiteres s. → »naime«. – Vgl. »ebber, iemes«.

naimes Pron.: *naimes, näumis* mancherorts Markgr.; *neames, nemes* vereinz. Linzgau. ♦ ›irgendwas, etwas‹; *Verzähl is näumis, o Ätti!* [Hebel]; *Fehlt der näumis, se schwätz, un hättsch gern näumis, se sag mer's!* [Hebel]. – Mhd. *neiz-waz*, weiteres s. → »naime«. – Vgl. »ebbes«.

naise schw.: *naise, näise, naüse, nause.* ♦ 1) ›nörgeln, quengeln, weinerlich bitten‹ mancherorts Ortenau, mittl. Schwarzw., Kaiserst., vereinz. SO-Baden. ♦ 2) ›in etwas herumstöbern‹ ob. Markgr. ♦ 3) ›wählerisch im Essen sein, da und dort etwas kosten‹ mancherorts östl. Hotzw., Klettgau, Hegau; vgl. »schnaike«.

naisele schw.: *naisele, naüs(e)le, nausle.* ♦ 1) ›näselnd sprechen, nörgeln‹ vereinz. Kaiserst. ♦ 2) ›in etwas herumstöbern‹ mancherorts Elztal.

naisig Adj.: *naisig, näisig, nöusig* ›wählerisch im Essen, feinschmeckerisch, heikel‹ Zartener Becken, südöstl. Schwarzw., südl. Baar, Hegau, Höri, mancherorts Klettgau (Verbr. s. Karte → »schnaikig«). – Syn. → »schnaikig«.

na-keie ›hinfallen‹ → »nagheie«.

Name m.: *Name* verbr. Dinkelberg, Raum Schopfhm; *Nomme* nördl. und mittl. Schwarzw.; *Namme* übriges Gebiet; Pl. *Nämme* mancherorts. ♦ 1) ›Eigenname‹; *Sy Namen isch in Stadt un Land by große Heere wohlbikannt* [Hebel]; *alli dia nowli Nämme* (Pl.) [A. Ganther]; Ra.: *In's Heere Gotts Name!* [Hebel]. – ♦ 2) ›Schimpfname‹; *er het em Nämme gsait, dass es Gott erbarmt* [Freiamt].

name schw.: *namme* ›mit Namen nennen, benennen‹ mancherorts SO-Baden.

nämlig Adj., Adv.: *nämli, nämmli, nämlig, nämmlig.* ♦ 1) ›der-, die- dasselbe‹; *akurat d'r nämlig Heckerbart wia ich* [A. Ganther]; *s isch bigott der nämlig Vadder* ›gleicht dem Vater aufs Haar‹ [Glock Brsg.]. ♦ 2) Adv. ›denn, und zwar‹; *Ä andermol hämer s Gegedail, nämli e Mondsfinschternis* (Mondfinsternis) *gsea* [O. Furtwängler].

Nane, Näne, Näni[1] f.: ›Großmutter‹, seltener auch ›Mutter‹ mancherorts SO-Baden, Hochrhein, ob. Markgr. – Wohl aus *Ahne* mit vorn angetretenem *n-*; vgl. *Nascht* ›Ast‹.

nängere, nangse, nängse schw.: ›durch die Nase sprechen, weinerlich sprechen, nörgeln‹ mancherorts Ortenau, Brsg. – Vgl. »ningere«.

Näni[2] m.: ›Großvater‹ mancherorts Linzgau, östl. Hegau.

Narr m.: *Narr, Naar.* ♦ 1) ›närrischer Mensch, Enthusiast‹; Sprichw.: *On Narr macht hundert Narre* [Epple]; *Wer sich verloßt ufs Erbe, der blibt e Narr bis zum Sterbe* [Glock Brsg.]. ♦ 2) ›zur Fastnacht verkleidete Gestalt‹. ♦ 3) Bez. für aufgeschossene oder missratene Pflanzen, Früchte.

Narre-beinli n.: ›Musikantenknochen‹ Ortenau, Kaiserst., ob. Markgr.

Narre-laufe n.: ›Umzug der Narren‹ vereinz. SO-Baden.

Narre-some m.: ›Nachwuchs der Narren, maskierte Fastnachtskinder‹.

narr(i)sch, närr(i)sch Adj.: *narrrisch, narrsch, narscht, närrisch, närrsch, näärsch, näärscht* u. ä. ♦ ›verrückt, töricht, sich wild gebärdend, vernarrt sein‹; *mr sin um d'r Disch rum danzt wia närrisch* [A. Ganther]; *Schwätz mer nit so närsch* [Hebel]; *Du machscht mi no ganz närrsch mit dim ewige Gschwätz* [Epple]; *Mi Maa isch ganz närrsch uf Herdepfelsaloot* [Epple].

Narro m.: *Narroo* mancherorts; Dim. *Narroole, Narrooli* vereinz. ♦ 1) ›zu Fastnacht verkleideter Narr‹ mancherorts mittl. Schwarzw. ♦ 2) in Fastnachtsreimen und Fastnachtsrufen, meist *Narrii – Narroo!* verbr.

närrschele, närschtele schw.: *närrsch(e)le, närrschdele* ›herumalbern, verliebt tun‹ mancherorts Brsg., Markgr.

Narte f.: ›flache Mulde des Metzgers, Trog‹ vereinz. nördl. Ortenau. – Mhd. *narte.*

nartli ›eigenartig‹ → »artlig«.

Nascht m.: *Naschd, Nascht* verbr.; Pl. *Neschd, Näscht*; Dim.: *Näschdli, Nạschdli.* ♦ ›der Ast von Bäumen und Sträuchern‹; *e longe Nascht* [Furtwangen]. *Singt's Tierli nit in Hurst un Nast (st=scht)* [Hebel]; Ra.: *in d Nescht kumme* ›in Rage geraten, sich aufregen‹ [Freiamt]. – Das anlautende *N* ist durch Verschiebung der Wortgrenze entstanden: *en Ascht* > *en Nascht*; vgl auch »Ache«.

Nase f.: *Nase* südl. Schwarzw., Brsg., Markgr., westl. Hotzw.; *Nòòse* mancherorts Südteil des mittl. Schwarzw., nördl. Brsg.; *Nasse* südöstl. Schwarzw., östl. Hotzw., Klettgau, SO-Baden; *Naas* Ortenau; *Nòòs* Ostteil des nördl. und mittl. Schwarzw. ♦ 1) ›Riechorgan‹; Ra.: *Mul un Nas uffsperre* ›erstaunt dreinschauen‹ verbr.; *e fiini Nas ha* ›ein gutes Gespür entwickeln‹ vereinz.; *Zupfe iich an eiere eigene Nas* ›sucht den Fehler bei euch selbst‹ [A. Ganther]. ♦ 2) ›nasenartig Hervorstehendes‹, z. B. an Geräten, Knoten u. ä. ♦ 3) Name eines Weißfischs, an Rhein und Bodensee.

Nase-bäkel, -bolle m.: ›vertrockneter Nasenschleim‹ mancherorts.

Nase-strübli n.: ›Nasenstüber‹ [Rüßwihl].

Nas(e)-tuech n.: ›Taschentuch‹ mancherorts; *un bringsch der Lohn im Nastuech haim* [Hebel]. – Syn. → »Fazenetli«.

Nase-wasser n.: nur in Ra. wie *des isch mer e Nasewasser* ›das ist für mich eine Kleinigkeit, etwas Unbedeutendes‹ mancherorts.

Nässi f.: ›das Naßsein, die Nässe‹.

Naube ›Launen‹ → »Nuppe«.

näume ›irgendwo‹ → »naime«.

näumes ›irgendwas‹ → »naimes«.

nause, näuse ›nörgeln, naschen, schlecken‹ → »naise«.

nausele, näusele ›näselnd sprechen, nörgeln‹ → »naisele«.

Nauser m.: ›innere Jacketttasche‹ [Meißenhm, Ettenhm]. – Möglichweise zu »Oser« gehörend.

Nazi m.: Kurzform für den männl. VN *Ignatius*.

neb(e), neber Präp.: *newwe, nąwwe, newe, nebe, nąbe* mancherorts; dazu *newwer, neber* usw., vereinz. auch *nebb*. ♦ ›direkt an der Seite befindlich‹; *Do neb dr Dür zua* ›Da neben zur Tür hin‹ [O. Furtwängler]; *Schnarchle mer doch nicht so! Me cha jo nit nebe der schloofe!* [Hebel]; *d'r Jörg, wo newe drüwwe am G'länder g'schdande nisch* [A. Ganther].

Nebe-auge Pl.: ›beiderseits des Hauptauges befindliches Knospenpaar am Rebstock‹ mancherorts Rebbaugebiete.

nebe-dra Adv.: *newwedraa, nebedraa* usw. ›seitlich anschließend‹; *un wia des liab Bächli newedra so nett ries'lt* [A. Ganther],

nebe-duri Adv.: ›nebendran vorbei, beiseite‹.

nebe-her Adv.: ♦ 1) ›seitlich entlang‹. ♦ 2) ›beiläufig, außerdem‹; *un säl got e so newehär* ›und dies wird so beiläufig mit erledigt‹ [O. Furtwängler].

Nebel m.: *Newwel, Nąwwel, Nebbel, Nebel, Nąbel, Neäbel* mancherorts; *Niäbel* vereinz. Linzgau. ♦ ›dunstige Luft, Nebel‹; Ra.: häufige Scherzfrage: *Wiä wit got de Nebel?* - Antwort: *Bis NN., dert fangt de Nabel aa* (o. ä.).

nebe-nand Adv.: ›nebeneinander‹.

nebe-nus Adv.: ›seitwärts hinaus, abseits‹; *Do, wia 'r z'letscht ganz wüedig mit d'r Fuscht newenus haut* [A. Ganther]; Ra.: *nąwenüs mache* ›den Partner betrügen‹ [Freiamt].

Neber → »Eber«.

nebets Adv.: *neweds, näweds, nąweds, näbets* u. ä. ♦ ›neben, an der Seite‹; *het 'r sich newets an d'r Haldi e famos Summerhus hibaue lo* [A. Ganther].

nebetsi Adv.: *newedsi, nąwedsi, nebetsi* u. ä. ›in seitlicher Richtung, beiseite, daneben‹; *un dr Fater hät dia Sach amol wider un wider müase newezi leigë* [O. Furtwängler]. – Entstanden aus *neben-sich*.

nebe-usi Adv.: ›nebenhinaus, seitwärts‹ mancherorts SO-Baden.

neckele schw.: ›schlecht riechen‹ vereinz. Lörracher Gegend. – Intensivum zu mhd. *necken* ›Geruch von sich geben‹.

nee ›nehmen‹ → »nemme«.

Neig-bändli n.: ›Weidenrute zum Anbinden der niedergebogenen Zuchtrute am Rebstock‹ Kaiserst., Tuniberg.

neige schw.: ›Reben zu Bögen formen und festbinden‹ Kaiserst.

neigig Adj.: ›hochtrachtig‹ von der Kuh [Waldk. (Elzt.)].

nein → »nai«.

nemme st.: *nemme* verbr. vom Kaiserst., Zartener Becken und Raum Furtwangen – St. Georgen bis zum Nordrand; *nąmme* mancherorts in der Rheinebene der Ortenau und des Breisgaus; *neämme* mancherorts SO-Baden; *nee, nää* Markgr., Hotzw.; *näe, näa* mancherorts Baar, Hegau, Höri; *nii* vereinz. Klettgau; Part. Perf.: *gnumme* verbr (außer folgenden Gebieten); *gnomme* mancherorts Baar, SO-Baden; *gnuu* südl. Brsg., nördl. Markgr.; *gnoo, knoo* Markgr., Hotzw.; *knguu, kngoo* mancherorts Klettgau, Höri; 1. Pers. Sg.: *ich nimm, nümm*; 2. Pers. Sg.: *du nimmsch, nümmsch, nimmscht*; 3. Pers. Sg.: *er nimmt, nümmt*; 1.–3. Pers. Pl.: *mir / ihr / sie nemme, nąmme, nąąme, nemmet, nammet, neämmet* u. a. ♦ ›packen, ergreifen, an sich nehmen, zu sich nehmen‹; *Euch hätt si* *in d' Arm gnoh* [Hebel]; *wil 'm e zentnerschwere Stei vum Herze g'numme gsi isch* [A. Ganther]; Ra.: *d'rno künne n'r Gift druf nemme* ›da könnt ihr ganz sicher sein‹ [A. Ganther]; *denn tät i it nemme* (zum Mann nehmen) *un wenn er en goldene Hintere hätt* Hegau.

Nemtig Pl.: ›dieser Tage, neulich‹; *si isch die Nemtig go Basel* [Hebel]. – Wohl aus *näume die Tage* entstanden.

Neschpel f.: *Neschbel,* Pl. *Neschbele* ›Mispel (Mespilus germanica)‹ vereinz. – Mhd. *nëspel.* – Vgl. »Eschpel, Heschpele, Meschpel«.

Nescht n.: *Nescht, Nąscht, Neäscht.* ♦ 1) ›Niststätte der Vögel‹; *'s Vögeli fliegt vom Nest* [Hebel]; Ra.: *do möes es naime ne Näscht haa,* gesagt, wenn plötzlich etwas haufenweise auftritt [Opfgn]; *I will numme sehne, was üs d'r Deif'l hütt widder für e Ei in's Nescht legt!* ›was uns heute Schlimmes widerfährt‹ [A. Ganther]. ♦ 2) ›Haarknoten am Hinterkopf von Frauen‹ vereinz. ♦ 3) ›Bett‹; *Rus! usem Nescht, es dâget scho* [O. Furtwängler]. ♦ 4) kleines Dorf‹; *'r stammt amenorts* (irgendwo) *us eme Neschdli in d'r Nächi dertrum* [A. Ganther]. ♦ 5) ›Bez. für Mädchen oder Frauen‹, teils kosend, teils tadelnd; vgl. »Fegnescht«.

Neschtel m.: ›Schnürband‹.

Nescht-häkle n.: ›jüngstes (spätgeborenes) Kind‹ vereinz.; weitere in verschiedenen Gebieten geltende Bez. sind: *Neschthockerli, -hopper, -kidder, -pflutter* u. a. – Alle diese Bez. gehen vom Bild des jüngsten Vogels im Nest aus.

neschtle schw.: ♦ 1) ›zubinden, mit Schnüren hantieren‹ verbr. ♦ 2) ›schlagen‹ Ortenau.

nese schw.: ›unzufrieden sein‹ [Hebel]. Vgl. »grumse«.

nete schw.: *neede, neete* ›jemanden zu etwas drängen, nötigen‹; *du hesch nind z' neede* ›du hast keine Eile‹ [St. Peter].

netig Adj.: *needi, needig, nötig* ›notwendig‹; *Es wär nit nötig gsi* [Hebel]; *ich mueß needig ufs Klo* [Freiamt].

nett Adj.: *nett, nątt.* ♦ 1) ›schön anzuschauen, liebenswürdig‹; *s isch e nett's Maidli gsi* Brsg.; *e nett's Körwli mit Veilode* ›Veilchen‹ [A. Ganther]; *d' blüemige Kaffeschüssle, d' nettschdi, wo i im Kaschde g'ha ha* ›die geblümte Kaffetasse, die schönste, die ich im Schrank hatte‹ [A. Ganther]. ♦ 2) ›angenehm, gut‹; *se hät es si grad no net trofe das …* ›so hat es sich gerade noch gut getroffen dass …‹ [O. Furtwängler]; *Euer Versli isch so nett un gschlacht* ›so gut und ebenmäßig‹ [Hebel].

netze schw.: ›nass machen‹; *de Garde netze* verbr.

neu → »näi«.

neume ›irgendwo‹ → »naime«.

neun → »ni[2]«.

ni[1], nin[1] Adv.: *nii* verbr. nördl. einer Linie Munzingen, Zarten, Urach, Villingen (südl. davon »ine, ie«); *ninn* in der Rheinebene zwischen Schutter und Acher; *ning* mancherorts zwischen Acher und Oos. ♦ ›hinein‹; *des isch d' alt Rumb'lkammer. Do kummt eso alt's Zügs als ni* [A. Ganther].

ni[2], nin[2] Num.: *nii* östliche Hälfte des Schwarzw., mancherorts Hegau; *ninn* am Rhein zwischen Acher und unterer Kinzig; *nii* Ortenau, Brsg., nördl. Markgr.; *nüün* oberes Markgr., Dinkelberg; *nüü* oberes Wiesental., Hotzw., Klettgau, Höri; *niini* mancherorts Baar, westl. Hegau; *neun* mancherorts Hegau. ♦ 1) ›die Zahl neun‹; bei isolierten Zahlangaben meist zweisilbig, z. B.: *niine, nüüne, naine* usw.; *Er isch sellemols e Johrer nüni, zehni alt g'si* ›ca. neun, zehn Jahre alt gewesen‹ [A. Ganther]; Ra.: *e G'siecht g'macht, wia nün Dag Regewedder* [A. Ganther]. ♦ 2) im Subst. (meist mit Präp.) *Niine, z'Niine, z'Nüüni* ›die Zwischenmahlzeit am Morgen (um 9 Uhr)‹, auch »Ninibrot, Niniesse« usw.; *z'Nüüni nää* ›gegen neun einen Imbiss nehmen‹ Markgr.

nicht → »nit[1]«.

nichts → »nix«.

nickle schw.: ♦ 1) ›sich über etwas ärgern, verdrießen, jemanden reizen‹; *Des het 'n elend g'nicklt* [A. Ganther]. ♦ 2) ›spielerisch mit den Hörnern stoßen‹, von Rindern, vereinz. südl. Schwarzw., Brsg., Markgr., Hotzw. ♦ 3) ›prickeln in den Fingern, wenn sie vom Frost ins Warme kommen‹ vereinz.; vgl. »hornigle«.

nide Adv.: *nidde* mancherorts nördl. und mittl. Schwarzw.; *niide* Markgr. ♦ ›unten‹; *dort niden isch Todtnau* [Hebel]; *Uf de Berge schneit's, un wyter nide hurniglet's* [Hebel]; *Un wia sie nidde im Boge sin* [A. Ganther]. – Vgl. »niedsi«.

Nidel m.: *Niidel, Niidle, Iidel, Iddel* ›Fettschicht auf der Milch‹ Hofsgrund, Obermünstertal und dann in einem geschlossenen Gebiet im Klettgau. – Das Wort kommt auch in der Schweiz vor und gehört zu zentralladinisch *nida* ›abgerahmte Buttermilch‹; die Form *Iddel* ist durch Verschiebung der Wortgrenze entstanden; vgl. dazu »Ache«. – Vgl. »Millere, Raum«.

nidig Adj.: *niidig, niidi, nindig.* ♦ 1) ›übellaunig, erzürnt‹ mancherorts. ♦ 2) ›neidisch, missgünstig‹.

Nidi-racker m.: ›Neidhammel‹ [Kleines Wiesental].

nidsi ›abwärts‹ → »niedsi«.
niё Adv.: *niä* verbr., *neä* mancherorts ›zu keiner Zeit, nie‹; *sell han i nie gseh* [Hebel].
niёchtele schw.: *niächdele, nüechdele* ›modrig, schimmlig riechen‹ südl. Schwarzw., Markgr., Hegau; dazu das Adj.: *niächtelig, nüechtelig* ›muffig riechend‹. – Vgl. »muchtele 1«.
niёchter Adj.: *niächder, niächter, nüechter* verbr.; *neächter* mancherorts südl. Ortenau, Brsg.; *niäter, nüeter* mancherorts Linzgau. ♦ ›noch nichts gegessen habend, nicht betrunken‹; *Nüechter bin i gwiß. I ha en ainzig Schöppli trunke gha im Adler* [Hebel]; Sprichw.: *Was ainer nüechter denkt, sait r im Rusch* (Alkoholrausch) [Glock Brsg.].
Niёchteri f.: ›Nüchternheit‹; *vor Niächderi schlącht wąąrde* ›schlechtwerden, infolge leeren Magens‹ [Istein].
niёchterlinge, -lings Adv.: ›in nüchternem Zustand‹.
niedsi Adv.: *niidsi, niddsi* ›nach unten, niederwärts‹ Markgr., Hotzw., Klettgau, Höri; *un was vom Boden obsi chunnt, mueß au zuem Bode nidsi goh* [Hebel]. – Entstanden aus *nied-sich*. – Vgl. »obsi«.
niedsi-gends Adv.: ›den abnehmenden Mond betreffend‹ am Südrand. – Vgl. »obsigends, untersigent«.
Niё-gnue m.: ›unersättlicher Mensch‹ Kaiserst.
niёle ›wühlen‹ → »nuele«.
niёme, niёmed, niёmer, niёmes Pron.: *niime, niimes* nördl. Schwarzw.; *niäme, niämed, niämer, niämes* verbr. (außer den folg. Gebieten) *neäme, neämed, neämer, neämes* u. a. mancherorts Rheinebene, verbr. Baar, SO-Baden. ♦ ›kein Mensch, niemand‹; *'s sinn ghaimi Sache, niemes rootet, was* [Hebel]; *s het niämęs nüt gsait* ›es hat keiner irgend etwas gesagt‹ (doppelte Verneinung) [Malsburg].
niёne, nirigs Adv.: *niene, neäne, niener, nieners*; Verbr. des Stammvokals wie bei »nieme«; *nirrigs, niärgs* verbr. zwischen Kehl und Rastatt (Verbr. s. Karte → »niёne«). ♦ ›an keiner Stelle, nirgends‹; *Hesch wider niene ke Platz gwüßt?* [Hebel]; Es *het Euch no niene niemes gseh* ›es hat euch noch nirgends niemand gesehen‹ doppelt verneint, d. h. ›dort hat dich noch keiner jemals gesehen‹ [Hebel].
Niёne-wägeli n.: dass. wie »Nixli«; einem Kind, das ungeduldig fragt, was das Christkind bringt, entgegnet man: *E Näenewägele und e goldigs Nintele druf* [Epple].
Niёnke m.: ›großes Stück (Brot, Speck u. ä.)‹ [Waldk. (Elzt.)]. – Vgl. »Miёche, Wiёnke«.

niёse schw. (st.): *niäse* ›niesen‹.
nigel-nagel-näi Adj.: ›sehr neu‹.
Nikelaus m.: *Nigg(e)laus, Nickch(e)laus* u. ä. ♦ 1) ›der hl. Nikolaus‹, bes. als Brauchtumsgestalt der Vorweihnachtszeit (6. Dez.) wo er als Bischof verkleidet oder sonstwie vermummt, die Kinder besucht, vgl. auch »Klausemaa, Santiklaus«. ♦ 2) männl. VN.
nimmi Adv.: *nimm* mancherorts nördl. Schwarzw., Ortenau; *nimmi, nimme* verbr.; *nümmi, nümme* Südrand; *numme* SO Baden. ♦ ›nicht mehr, nicht länger, nicht wieder, nimmer‹; *hät mёr nimi dra denkt* [O. Furtwängler]; *Me chunnt schier nimme weg dervo* [Hebel]; *i will nimmi flueche* [A. Ganther].
nin ›neun‹ → »ni^{2}«.
Nina f.: ›Bett, Schläfchen‹ in der Kinderspr.; *Nina mache* [Munchw.].
Nin-aug n.: *Niinoig, Nünnaug, Inaich* u. ä. ›das fischähnliche Tier Neunauge‹ vereinz. bes. am Rhein.
nindig ›zornig‹ »nidig«.
Niner-stei, Ninlig-stei, Nintel-stei m.: *Ninerstei, Nünerstei* usw. ♦ ›das Mühlespiel‹ mit je neun Spielsteinen; *Ziehn i der Nüntelstai, gschickt bau i Mühlen an Mühle* [Hebel].
ningere schw.: ›weinerlich bitten, quengeln, nörgeln‹, bes. von Kindern. – Vgl. »nängere«.
Nini-brot, -esse n.: ›Zwischenmahlzeit morgens zwischen Neun und halb Zehn‹ mancherorts Schwarzw., Baar, Bodensee. – Vgl. »Znini«.
Nini-schläfer m.: ›Langschläfer‹ [Emmendgn].
Ninlig m.: *Niinlig, Nünlig* mancherorts Brsg., Markgr. ♦ ›Getreidehaufen mit neun Garben‹, die darüber liegende zehnte Garbe war einst als Abgabe (Zehnten) bestimmt.

nint ›nichts‹ → »nix«.
Nischel m.: *Nischel, Nischdel, Nüschel* ›(großer) Kopf‹ vereinz.
Nischter ›Rosenkranz, Perlen‹ → »Nuschter«.
nisle schw.: *niisle, nüüsle* ›leise, näselnd sprechen‹ mancherorts.
Niss f.: ›Ei und Larve der Laus‹.
nit[1] Adv.: *nidd, nitt* nördl. und mittl. Schwarzw., Ortenau, Brsg., unteres Markgr., Baar, westl. Hegau; *niid* südl. Klettgau; *nedd* mancherorts nördl. Schwarzw., und Gegend von Schiltach, Hornberg; *nüdd* mancherorts oberes Markgr., unteres Wiesental; *idd, itt* südöstl. Schwarzw., Hotzw., nördl. Klettgau, Bodenseegebiet (Verbr. s. Karte → »nit«). ♦ ›nicht, Ausdruck der Verneinung‹; *han i's denn nit gsait?* [Hebel]; Ra.: *ums Vrecke nit* ›unter keinen Umständen‹ [Münchw.]; *ob sie welle oder nit* dass. [A. Ganther]; *des nimmt mich nitewunder* ›das überrascht mich nicht‹ verbr.

nit[2] ›nichts‹ → »nix«.
nix Indefinitpron.: *nigs, nix* verbr. nördl. einer Linie Endingen, Haslach i. K., Schapbach; *nind, nint* südöstl. mittl. Schwarzw., Elztal, Raum St. Peter – St. Märgen, Baar, Hegau, Bodanrück, Linzgau; *nidd, nit* Brsg., nördl. Markgr.; *niid, niit* Raum Neustadt, Schluchsee; *nüdd, nütt* oberes Markgr., westl. Hotzw.; *nüüt* östl. Hotzw., Klettgau; *nünt* Höri (Verbr. s. Karte → »nix«). ♦ ›nichts, Bez. für das vollständige Fehlen‹; *'s het nix battet* ›nichts genutzt‹ [A. Ganther]; *s duet dr näemed nint* ›es tut dir niemand nichts = keiner tut dir etwas‹ [Epple]; *'s chostet nüt* [Hebel]; *Nüt darf ewige Bstand ha* [Hebel]; *Fun dr Grosmuater wais i aigentli gar nint* [O. Furtwängler]; *Er duet nint aß wiescht si* [Epple]. Ra.: *wääge nid un wider nid* ›wegen gar nichts, umsonst‹ [Opfgn]; Einleitungsfloskel: *Nix für u'guet; e schüne Grueß solli üch usrichde* [A. Ganther]; Sprichw.: *Vu nint kunnt nint* [Epple]; *Wo nüt isch, isch ball dailt* (geteilt) [Glock Brsg.].

Nixli n.: *Nixli, Nüteli, Nitteli, Ninteli* ›fiktiver Gegenstand‹, meist in Antworten auf die Frage: Was bringst du mir mit? – *E goldiges Nitteli* [Eichstet.]. – Vgl. »Nienewägeli«.
Nix-nutz m.: *Nixnutz, Nittnutz, Nintnutz, Nüttnutz* u. ä. ♦ ›Taugenichts, Nichtsnutz‹. – Vgl. »nütnutz«.
no[1], **nooch**[1] Präp., Adv.: *nòòch* nördl. Schwarzw.; *noch* Ortenau; *noo, nòò* übriges Gebiet. ♦ ›nach, nachher, nachhin, dann‹, räumlich, zeitlich; *noch lenks* ›nach links‹ Auenhm; *nòò de achte* ›nach 8 Uhr‹ Münchw.; *noo un noo* ›nach und nach‹, auch kontrahiert: *nootnoo, noodinoo* u. ä.; *nooch eme guedi Wieli* [A. Ganther]; *No der hailige Meß* [Hebel]; *wenn nomol ein vun de Zuehörer nischwätze däd, no* (dann) *däd 'r de Saal rume lo* [A. Ganther].
no[2], **nooch**[2] ›nahe‹ → »noh«.
no[3] → »noch«.
nobel Adj.: ›vornehm, großzügig‹, *des isch nobel gsi vunem* [Freiamt].
noch Adv., Konj.: *noch* mancherorts Schwarzw., Ortenau, Brsg.; *noo, no* verbr. (Länge oder Kürze oft abhängig von der Betonung, Hervorhebung). ♦ 1) Adv. ›gerade stattfindend, noch, dazu, bisher‹; *'s isch ebe no alles still un tot* [Hebel]; *bringsch mer doch no Freud un haiteri Stunde* [Hebel]; *Denkt's d'r noch?* ›erinnerst du dich noch?‹ [A. Ganther]; *Goht s no?*

›Geht es noch?‹, d. h. ›ist es dein Ernst?‹ [Opfgn]. ♦ 2) Konj. in negierender Aufzählung *weder – noch. Weder dass no sąll* ›weder dies noch das‹ [Reute (Emm.)]; *'s isch e Plätzli näumen, 's goht weder Ege no Pflueg druf* [Hebel].

Nochber m.: *Noochb(e)r, Nòòchb(e)r* verbr. Schwarzw., Ortenau, Markgr., Hotzw., Klettgau; mancherorts Brsg.; *Nochb(e)r* (*o* kurz) mancherorts Brsg., nördl. Markgr., südöstl. Schwarzw., Baar, Hegau, Höri, Bodensee; *Nòòbuur* vereinz. Linzgau. ♦ ›Nachbar‹; *Er het e böse Nochber gha* [Hebel]; *Druf trait er's Mehl ins Nochbers Huus* [Hebel].

Nochberi f.: *Noochbere, Noochberi, -òò-, Nochbere, Nochberi, Noochberne* u. a. ♦ ›Nachbarin‹; *un si Nochberi, e Zigüneri* [A. Ganther].

Nochbers-lit Pl.: ›Nachbarn, Nachbarschaft‹.

nöcher ›näher‹ → »noh«.

Nöchi ›Nähe‹ → ›Nächi‹.

Nockele n.: *Nockele, Nuckele, Ockele* ›Beule, Verdickung‹ vereinz. Hegau. – Die Form *Ockele* ist durch Verschiebung der Wortgrenze entstanden; vgl. dazu »Ache«. – Etymologisch zu nhd. *Nocken* gehörig.

noddere schw.: ›sich an etwas zu schaffen machen, herumfingern‹ vereinz. SO-Baden.

Node ›Atem‹ → »Odem«.

noderhand Adv.: ›nachher‹ Breisgau.

Nodle f.: *Noodel, Nòòdel* nördl. und mittl. Schwarzw., Ortenau, Bodenseegebiet; *Noodle, Nòòdle* Brsg., Markgr., südl. Schwarzw., Hotzw., Klettgau, Baar, südl. Hegau, Höri; *Noddel, Noddle* mancherorts im Gebiet zwischen St. Georgen i. Schw. und Neustadt (Verbr. s. Karte 7 in Kap. 2.8). ♦ 1) ›Nadel mit Öhr zum Stopfen, Nähen‹; zur Stecknadel vgl. »Glufe, Gufe«. ♦ 2) ›Blätter von Nadelbäumen‹. ♦ 3) ›Libelle‹; Syn. → »Wasserjumpfere«.

noh, nooch Adj.: *nòh* östl. Schwarzw., Baar, Hegau, Höri, Bodensee; *nooch* Brsg., Markgr.; *nòòch* mancherorts südl. Schwarzw., verbr. Hotzw., Klettgau; *nuh* vereinz. Umg. von St. Peter; *nood, nòòd* mancherorts nördl. und mittl. Schwarzw., Ortenau; Komparativ: *neher, nehder, neecher, nöòcher*; Superlat.: *neegscht, nehscht* u. ä. ♦ 1) ›räumlich nicht weit entfernt, in der Nähe, nahe‹; *nooch bynenander wohne Freud un Laid* [Hebel]; *wie n er nööcher chunnt* [Hebel]; *Un erger wurd's, des G'schrei, immer erger; un nächer kummt's immer nächer* [A. Ganther]. ♦ 2) ›zeitlich dicht dran, nach / in kurzer Zeit‹; *Nô sëlëm* (danach) *wäre dia Wälzili gschnitë* [O. Furtwängler]; *Am nächste Samstig* [Hebel]; *bi d'r nägschde Wahl* [A. Ganther].

Noht f.: *Noht, Nòht* ›Naht‹.

noime(ts) ›irgendwo‹ → »naime«.

Noll ›Radnagel‹ → »Null[1]«.

Nolle f.: *Noll* ›Schnuller des Kleinkinds‹ vereinz. untere Acher und Rench. – Syn. → »Lulli«.

No-mittag m.: *Nommiddaag, Nommittaag* verbr. (außer den folgenden Gebieten); *Nommiddaa* mancherorts mittl. Schwarzw., Ortenau, Hanauerland; *Nummiddaag* Gebiet St. Peter – St. Märgen, Zartener Becken; *Oomittag* mittl. Hotzw. ♦ ›die Zeit zwischen Mittag und Abend, Nachmittag‹. – In manchen Teilen SO-Badens gebraucht man als Bez. für diese Tageszeit stattdessen nur *Mittag* oder *z'Oobe, z'Oowe, gege Oowe.*

nommi Adv.: ›mehr, noch mehr‹; *er het als nommi gholt* ›er hat immer mehr geholt‹ [Freiamt].

no-mol, non-emol Adv.: *nomool, nomòòl* verbr.M *nomoll, nomell* vereinz.; *numòòl* [Schenkenzell]; *noonemool, nòònemòòl* verbr. ♦ ›zum wiederholten Male, nochmals‹; *do bin i nomol ufg'stande* [A. Ganther]; *I han 's dro gli nomol frisch pakt* ›ich habe es darob gleich nochmal frisch angepackt‹ [O. Furtwängler]; *Chumm, bschau di Götti nonemool un briegg nit so* [Hebel]. – Die Formen entsprechen nhd. *nochmal* und *nocheinmal.*

Nonne ›kastriertes Schwein‹ → »Nunne«.

nonsig Adj.: ›geizig‹ Ortenau. – Zu *nichtsig.*

nooch ›nach‹ → »no[1]«.

Nooch-druck m., **Noochdruckete** f.: ›Most, der beim Pressen zuletzt aus der Kelter läuft‹.

Noo(ch)-emd n.: *Noocheemd, Nooeemd, Nooäämt* u. a. ♦ ›dritter Grasschnitt‹. – Zum Grundwort s. »Emd«.

Nooch-geburt f.: ›Nachgeburt‹, selten, Bez. für die Nachgeburt bei Haustieren (Kühen) s. unter »Siferi«.

Noo(ch)-haldig f.: *Noochhaldig, Noohaldig* ›Trauergottesdienst nach der Beerdigung‹.

noo(ch)-her Adv.: *noochhäär, noohäär, nocher, nor* ›anschließend, danach, dann‹ vereinz. Schwarzw., mancherorts Ortenau, im übrigen Gebiet eher »derno«; *un wenn i ne ha, nor rüef i üch* [A. Ganther]; *Wenn auwer d' hochi Herre z'Karlsrueh pfiffe, nor mueß m'r halt danze* [A. Ganther].

no(och)-lege schw.: *noochlege, nooleege* ›Brennmaterial zum Feuern nachlegen‹. – Vgl. »noochschire«.

noo(ch)-schire schw.: *noochschire, nooschire.* ♦ dass. wie → »noochlege« mancherorts Baar, SO-Baden.

noo(ch)-schleife, -schleipfe, -schleike schw.: ›hinterherschleifen, hinter sich herziehen‹.

noo(ch)-sueche, -siëchle schw.: *noochsueche, noosueche* mancherorts; *noosiächle* vereinz. Linzgau. ♦ ›hängengebliebene Trauben nachlesen‹ vereinz. – Syn. → »ätzne«.

Nooch-wiseli n.: ♦ 1) ›jüngstes Geschwisterchen Nesthäkchen‹. ♦ 2) ›kleinstes Tier eines Wurfs‹ mancherorts.

nood ›nahe‹ → »noh«.

nooi Adv.: *nooi, noi* mancherorts, *noni* [Singen a. H.]. ♦ ›hintennach‹, räumlich und zeitlich; auch häufig erster Bestandteil in Verben wie *noikumme, noilaufe, noispringe*. – Entstanden aus *nach-hin*.

nor ›nachher, dann‹ → »noochher«.

nore schw.: ♦ 1) ›leicht schnarchend schlummern‹ vereinz. ♦ 2) ›in etwas herumwühlen‹, bes. von Schweinen vereinz.

norge schw.: ›an etwas stoßen, rütteln‹ vereinz. mittl. Schwarzw.

norgse schw.: *norgse, norigse, nurigse*. ♦ 1) ›ungeschickt an etwas herumschneiden‹ vereinz. Ortenau. ♦ 2) ›nörgeln, kritisieren‹ vereinz. Ortenau; *Sell isch eso, wenn au so g'schüdi Gselle / Allbott dra norgse, rüttle, krittle welle* [A. Ganther].

Not f.: *Not,* Pl. *Neet, Neete, Nöte* ›Notlage‹; oft in der Paarformel: *Müeih un Not* [Hebel]; *D' Not lehrt bette, d' Not lehrt schaffe, d' Not lehrt der Bammert Pfiifli putze* [Hebel]; *Spar in der Zitt, no hesch in der Not* [Glock Brsg.].

not Adv.: ›notwendig, nötig‹ mancherorts; *sell han i id not* ›das habe ich nicht nötig‹ [Gütenbach].

Notari m.: ›Notar‹.

note-beni Interj.: *noddebeni* ›nebenbei bemerkt, wohlverstanden‹; *Noddebeni, 's Knöpflemache het 'r losg'ha, besser wia e Schwoweköchi* [A. Ganther]. – Lat. *nota bene*.

Noter f.: *Nòòter* ›Schlange, Natter‹ vereinz. Hegau, Bodensee.

nötlig Adj.: ›bedürftig‹ [Lörrach].

notnoo ›nach und nach‹ → »no[1]«.

nottle schw.: *noddle, nottle* ›sich hin- und herbewegen, locker sitzen, wackeln, rütteln‹ Schwarzw., Ortenau, Brsg.; *mir noddlet e Zòh* ›ein Zahn wackelt mir‹ [Hofstet.].

November m.: *Nofémber, Nofémbr, Nofąmbr.* ♦ ›der 11. Monat im Jahr‹.

nu[1] Interj.: *nu, nuu* einleitendes, bestätigendes *nun,* mancherorts; *Nu gunn Ich Gott der liebe Freude viil* ›nun gönne Euch Gott viele liebe Freuden‹ [Hebel]; *Nu, Jörg, denksch a nix hütt?* [A. Ganther]; *nu se (denn)* ›nun also, sei es so‹ verbr.

nu[2] → »nur«.

nucke schw.: ›mit dem Kopf nicken‹.

Nuckel m.: *Nuggel, Nuckel, Nüggel* ›Schnuller für Kleinkinder‹ Markgr., Wiesental, Hotzw., Klettgau. – Syn. → »Lulli«.

nuckele schw.: ›saugen, lutschen, in kleinen Schlucken trinken‹ mancherorts.

Nucki m.: dass. wie → »Nuckel« mancherorts Hochrhein. – Syn. → »Lulli«.

Nudle f.: *Nudel, Nudle, Nuddle, Nüdel, Nüdle.* ♦ 1) ›Nudel, Mehlspeise‹; *s git gschnite Nudlë un Rindflaisch un Râne* [O. Furtwängler]. ♦ 2) ›rundliche, lustige Person‹.

nudle schw.: *nudle, nüdle.* ♦ 1) ›Gänse mit Futter stopfen‹ veraltet. ♦ 2) ›(zärtlich, kosend) herumwälzen, herumwalken‹ mancherorts nördl. und mittl. Schwarzw.; Text eines Kinderliedes: *Nudle mi nit, nudle mi nit! Bin no kleimunzig, wart bis i größer bin, wart bis ëm Sundig!* [O. Furtwängler].

Nudle-dille m.: ›Nudelbrett‹ verbr. – Grundw. zu »Diele«.

nudlig Adj.: ›rundlich, wohlgenährt‹.

nuefer Adj.: ›munter, wohlauf, gesund‹ oberes Markgr. – Vgl. »vernuefere«.

nuele schw.: *nuele, nüele, niäle* ›wühlen, durchstöbern, hart arbeiten‹ mittl. Schwarzw., Ortenau, Brsg., Markgr., Kaiserst., Baar, SO-Baden; Ra.: *Des isch scho antue, wiä de Sau s Nuele* ›das liegt in der Natur, wie bei der Sau das Wühlen‹ Hegau.

Nueli m.: ›wer rastlos oder nicht sorgfältig herumschafft‹ mancherorts.

Nuel-mus f.: ›Wühlmaus, Maulwurf‹ mancherorts.

nuf Adv.: *nuff* verbr. südl. einer Linie Freiburg – Villingen (Verbr. s. Karte → »ufe«); *nouf* vereinz. Linzgau. ♦ ›hinauf‹; *Druf isch 'r nuf un het e nowle Rock ag'legt* [A. Ganther].

Nülchi m.: ›ungeschickte Person‹ kleines Wiesental.

Null[1] m.: *Null, Noll, Nolle* ›Achsnagel‹ mancherorts obere Kinzig, Elztal. – Vgl. »Lun, Lune«.

Null[2] f.: ›die Ziffer 0‹, auch *der Nuller*; im Bes.: *uf Nummero Null* ›auf der Toilette‹ [A. Ganther].

nulle schw.: ›an etwas herumlutschen, saugen‹ mancherorts Ortenau.

Nulli m.: ›Schnuller des Kleinkindes‹ mancherorts mittl. Schwarzw., Ortenau, Brsg., vereinz. übriges S-Baden; vereinz. auch *Nullizapfe*. – Syn. → »Lulli«.

num Adv.: *numm* mancherorts, *nümm, nomm* vereinz. ♦ ›hin, hinüber‹; *un so gotes aiwil ruf un nab un rum un num* [O. Furtwängler]; *Der het's zerscht gar nit glauwe welle un isch gli in d' Kirche num, ge luege* ›und ist in die Kirche hinüber, um nachzusehen‹ [A. Ganther]. – Entstanden aus *hin-um.*

numme[1] Adv.: *numme* verbr., *umme* vereinz. Hotzw. ♦ ›nur, bloß‹; *Sind numme ordli!* ›verhaltet euch bloß ordentlich!‹ [Hebel]; *Numme langsam!* [A. Ganther]; *numme langsam, numme nid huddle* ›immer langsam, nur nicht hudeln‹ verbr., in einem Wort geschrieben als Aufkleber der Muettersproch-Gsellschaft; *Numme eim isch's nit um's Lache gsi* ›nur einem war nicht nach Lachen zumute‹ [A. Ganther]; *Wart numme, s chummt nonemol en andri Zitt* [Glock Brsg.]. – Mhd. *numme < niht wan.*

numme[2], **nümme** → »nimmi«.

nun Adv.: *nunn* ›hinunter‹ vereinz. nördl. Schwarzw., nördl. Ortenau. – Vgl. »na[1], nab«.

nundidjee Interj.: *nunndiddjée, nunndeddje* u. ä. ♦ ›Ausruf der Verärgerung, Fluch‹ vereinz. – Frz. *nom de Dieu.*

nune schw.: *nune, nüne* ›summen‹ Markgr.

Nunne f.: *Nunn, Nunne* verbr. ♦ 1) ›Nonne‹. ♦ 2) ›verschnittenes weibliches Schwein‹ veraltet, mancherorts; dazu die veraltete Berufsbezeichnung *Nunnemacher* ›Kastrierer‹ mancherorts.

Nuppe Pl.: *Nubbe, Nübbe, Noibe, Naube* ›Launen, Schrullen, Tücken‹, vereinz. überall; *er het Nubbe im Chopf* Markgr.; *Der hett Nubbe hinder de Ohre* [Glock Brsg.].

nur Adv.: *nur, nor, nuu, nu* ›nicht mehr als, nichts anders, bloß, ausschließlich, nur‹; *s wird awer nu gfirët wen dr Forwind e so sakerisch pfifet* ›es wird aber nur Feuer gemacht, wenn der Ostwind so stark bläst‹ [O. Furtwängler].

nus Adj.: *nuus* nördl. Schwarzw., Ostteil des mittl. Schwarzw.; *nuss* mittl. Schwarzw., Elztal, nördl. Brsg.; *nüss* mancherorts Ortenau, nördl. Brsg.; *nous* vereinz. Linzgau. ♦ ›hinaus‹; *do hauft 'r z'ruck un will enanderno zue d'r Diar nus* [A. Ganther]. – Vgl. »use«.

Nüschel ›Kopf‹ → »Nischel«.

Nuschter, Nüschter n.: *Nuschder, Nuschter* mancherorts südl. Schwarzw., Wiesental, Bodanrück, Linzgau; *Nüschter, Nüschterli* (Dim.) Dinkelberg, Klettgau, Höri; *Nischder, Nischter* mancherorts mittl. und südöstl. Schwarzw., südl. Ortenau, Brsg., Baar, Hegau. ♦ 1) ›die Kette des Rosenkranzes‹ verbr. in den oben genannten Gebieten. ♦ 2) ›Perlenkette, Halskette‹ mancherorts. – Entstanden aus *(Pater) noster*; vgl. »Päterle«.

nuschtere schw.: *nuschdere, nuuschtere* ›etwas durchstöbern, durchwühlen‹ mancherorts. – Vgl. »naise 2«.

Nüschter-kralle Pl.: *Nischderkralle* ›Perlen (vor allem am Rosenkranz)‹ vereinz. mittl. Schwarzw., Elztal. – Zum Grundwort vgl. »Kralle«.

nusle schw.: dass. wie → »nuschtere« [Waldk. (Elzt.)].

nüsle ›leise sprechen‹ → »nisle«.

Nuss f.: *Nuss* verbr.; Pl. *Niss, Nüss,* daneben aber in alter Mundart auch *die Nuss, die Nusse.* ♦ ›Frucht des Walnußbaums und des Haselstrauchs‹; *welschi Nuß* ›Walnuss‹ [Hebel].

nuss-baime Adj.: ›aus Nussbaumholz‹ vereinz.; *di schöne nußbêmënë Mäser an de Zuglade* ›die schönen Nussbaum-Maserungen an den Schubladen‹ [O. Furtwängler].

Nuss-bihni f.: ›niederer Raum über der Wohnstube des Kinzigtal-Hauses zum Trocknen der Nüsse‹.

nusse schw.: ♦ 1) ›Nüsse abschlagen, pflücken‹. ♦ 2) ›verprügeln‹ vereinz.

Nuss-häher m.: ›Eichelhäher‹ mancherorts Baar und Umg. – Syn. → »Schäk[1]«.

Nuss-jäk m.: ›Eichelhäher‹ verbr. Baar und Umg. – Vgl. »Nussschäk«. – Syn. → »Schäk[1]«.

Nuss-laipfe f.: ›die grüne Schale der Walnuss‹ vereinz. – Vgl. »Laifel, Laipfe«.

Nüssli Pl., **Nüssli-salat** m.: ›Feldsalat‹ verbr. Dinkelberg, Wiesental, Hotzw., Klettgau (Verbr. s. Karte → »Ackersalat«). – Syn. → »Ritscherli«.

Nuss-quäcker m.: ›Eichelhäher‹ mancherorts südöstl. Schwarzw., Baar. – Vgl. »Nusshäher«. – Syn. → »Schäk[1]«.

Nuss-schäk m.: ›Eichelhäher‹ mancherorts mittl. und südöstl. Schwarzw. – Vgl. »Nussjäk«. – Syn. → »Schäk[1]«.

nüt[1] ›nicht‹ → »nit[1]«.

nüt[2] ›nichts‹ → »nix«.

nütelig Adj.: ›schlecht entwickelt‹ Markgr.

nüt-nutz Adj.: ›unwert, keinen Wert habend‹ Markgr. – Vgl. »Nixnutz«.

Nuttel m.: *Nuddel, Nüddel* ›Schnuller des Kleinkindes‹ mancherorts nördl. Schwarzw. – Syn. → »Lulli«.

nutz Adv.: ›nützlich, brauchbar, wert‹; *'s isch nit viil nutz* [Hebel]; *des wär nix meh nutz für sie* [A. Ganther].

Nutze m.: ›Nutzen, Ertrag‹, im Bes.: vom Milchertrag einer Kuh, sie ist *guet im Nutze,* wenn sie viel Milch gibt [Achern].

O

o Interj.: *o, oo* Ausruf des Staunens, Zweifels, Bedauerns, Schmerzes; *O, lueg doch* [Hebel]; *„O Jesis", sait es, „was sih n i!"* [Hebel]; *O heiligs Dunnderwedder!* [A. Ganther]. – Vgl. »ah, oha«.
oame, oeme ›irgendwo‹ → »eime«.
ob[1] Konj.: *obb* vereinz. nördl. und mittl. Schwarzw.; *ebb* verbr.; *öbb* Südrand. ♦ 1) ›ob‹ als Einleitung von indirekten Fragesätzen; *lueg, öb alles sicher isch* [Hebel]. ♦ 2) Einleitung von Äußerungen der Ungewißheit oder des Zweifels; *mër wän go weng lôse wa si verzelë un sæa ob mers ferdolmätsche kine* ›wir wollen ein wenig hören was sie erzählen und sehen, ob wir es verdolmetschen können‹ [O. Furtwängler]. ♦ 3) in Vergleichen mit *als; D' Sunn het g'schiene, grad as ob sie d' Engele frisch butzt un boliert hädde* [A. Ganther].
ob[2] Präp.: *obb.* ♦ 1) ›oberhalb, über‹; *Ob em hangt der Himmel voll Sunne, Sternen un Giige* [Hebel]; *Früeih, wenn si* (die Sonne) *hinterm Morgerot wohl ob em Schwarzwald uue goht* ›über dem Schwarzwald aufgeht‹ [Hebel]; *An dr Wand ob dr Betschtat sin zwo Dofle ghanget* [O. Furtwängler]. ♦ 2) ›auf‹; in der elliptischen Wendung *ebbis ob due* ›etwas auf den Herd stellen und zum Kochen bringen‹ verbr.
Obacht f.: ›Achtung‹ verbr.
öbbe ›etwa‹ → »ebbe«.

öbber ›jemand‹ → »ebber«.
öbbis ›etwas‹ → »ebbis«.
obe Adv.: *owwe* nördl. Schwarzw., Ortenau, davon abseits südöstl. Schwarzw., Baar; *oowe* mittl. Schwarzw., Brsg.; *oobe* südl. Brsg., Kaiserst., Markgr., Dinkelberg, westl. Hotzw.; *obbe* östl. Hotzw., Klettgau, südl. Baar, Hegau, Bodenseegebiet (Verbr. s. Karte → »obe«). ♦ ›hoch gelegen, der unteren Seite gegenüber‹; *un sihsch am Himmel obe Stern an Stern?* [Hebel]; *owwe uf 'm Wage hocke un leie sechs flachskopfigi Maidele un Büewle* [A. Ganther].
Obe(d) m.: *Oowe* verbr. nördl. und mittl. Schwarzw., Ortenau, nördl. Brsg.; *Oowed* vereinz. Baar; *Owwe* mancherorts südöstl. Schwarzw.; *Owwed* obere Murg; *Oobe* mancherorts mittl. Kinzigtal, verbr. südl. Brsg., Markgr., Dinkelberg, westl. Hotzw.; *Oobed* östl. Hotzw., Klettgau, südl. Baar, Hegau, Höri, Bodenseegebiet (Verbr. s. Karte → »Obe(d)«). ♦ ›der Abend, die Zeit vor der Nacht‹; *Gueten Obe!* [Hebel]; *Wo i gege Owed widder heim kumme bin* [A. Ganther]; häufig mit *zu,* was meist ›abends‹ bedeutet, z. B.: *het er z' Obe s' Chrüegli glüpft* [Hebel].

obe-dobe Adv.: *owedoowe, obedoowe* usw. ›ganz oben gelegen‹. – Vgl. »iberobe«.
obe-dure Adv.: ♦ 1) ›oben hindurch, am oberen

Ende‹. ♦ 2) ›vornüber‹; *er isch obeduri bogget* ›er ist vornüber umgefallen‹ [Freiamt].

oben-abe Adv.: *owenabe, obenabe* usw. ›von oben herab‹.

Ober-ar(ch), -äre f.: ›obere Leine des Zugnetzes‹, Fischerspr. an Rhein und Bodensee.

Ober-bihni f.: ›oberster Raum auf dem Dachboden, in der Scheune‹ mancherorts.

Ober-gscheitle m., n.: ›Neunmalkluger‹.

Ober-land n.: ›das badische Oberland, die südlichen Landesteile Badens‹.

Ober-luft m.!: ›Nord-, Nordostwind‹ mancherorts; Bauernregel: *Oberluft spoot – Morge im Kot* ›abends Ostwind – am andern Morgen Schlechtwetter‹ Höri.

Oberte f. (m.): *Oowerde, Owwerte, Ooberte, Obberte, Obbete, Urbete* u. ä. ♦ ›obere Etage im Schwarzwald-, Hegau- und Bodenseehaus, Obertenne‹, meist vom Hang her über eine Rampe direkt mit dem Wagen zu erreichen. – Das Wort, das auch im Schwäbischen und in der Schweiz vorkommt, ist eine Abl. zu *oben*, ahd. **obarôti* ›oben gelegener Ort‹.

Ober-wind m.: *Owwerwind, Oberwind, Ewwerwind* u. a. ♦ ›warmer Wind aus südl. oder südwestl. Richtung‹ verbr., in SO-Baden jedoch ›Ostwind‹. – Vgl. »Vorwind, Ortwind«.

Obletz ›veraltete Jochdeichselbindung‹ → »Umbletze«.

obsenat Adj.: *obsenáat, obsenóot* u. ä. ›widerborstig, unleidlich, reizbar‹. – Lat. *obstinatus.*

obsi Adv.: ›aufwärts, nach oben‹ mancherorts Brsg., Markgr.; *un was vom Boden obsi chunnt, mueß au zuem Bode nidsi goh* [Hebel]. – Entstanden aus *obsich.* – Vgl. »niedsi«.

Ob-sicht f.: ›Aufsicht, Obacht‹; *un uf d' Burger Obsicht gah* [Hebel].

obsi-gends Adv.: ›den zunehmenden Mond betreffend‹ am Südrand. – Vgl. »niedsigends«.

Obst n.: *Oobst* vereinz. nördl. Schwarzw.; *Obbst* neben *Obbscht* verbr.; *Obbs* vereinz. Markgr., mancherorts Höri. ♦ ›Früchte, Obst‹.

Obst-hurd f.: ›Lattenrost zum Lagern oder Trocknen von Obst‹.

Ochs m.: *Oggs* verbr. Schwarzw., Brsg., vereinz. übriges Baden; *Ochs* (*ach*-Laut) vereinz. Südrand. ♦ 1) ›verschnittenes männl. Rind‹, diente früher als Zugtier, (in südl. Gebieten eher »Stier 2«; Ra.: *s isch grad, as wemme e Ochs ins Horn pfetzt* ›es nützt alles nichts‹ Markgr.; Sprichw.: *Alti Ochse ziäge langsam aa* ›nur gemach!‹ [Waldk. (Elzt.)]. ♦ 2) Schimpfwort für starrköpfige, bornierte, dumme Personen. ♦ 3) ›Wirtshausname‹ *Zum Ochsen*; der Inhaber ist der *Ochsewirt.*

ochse schw.: ›schwer arbeiten‹ verbr.

Ochse-bruscht f., **-fleisch** n.: ›Fleisch von Ochsen und daraus zubereitetes Gericht‹ verbr.; wie → »Rindfleisch« Teil des früher üblichen Festessens *Ochsebruscht mit Meereddichsoos un Salzherdöpfel* [Menzenschwand].

Ochsen-aug n.: ♦ 1) ›Spielgelei‹ mancherorts. ♦ 2) Bez. für verschiedene Blumen wie Stiefmütterchen, Margerite; auch *Ochsebluem.*

ochsenig → »osnig«.

Ockele ›Verdickung‹ → »Nockele«.

öde → »eed«.

Ode(m) m.: *Ode, Odem* verbr.; *Node* [Wolfenwlr]. ♦ ›Atem‹; *kai Huustür gahret, un kai Odem schnuuft* [Hebel]; *er isch schier nimmi z' Odem kumme* [A. Ganther]. – Die Form *Node* ist durch Verschiebung der Wortgrenze entstanden; vgl. »Nascht«.

oder Konj.: *oder, odder* verbr.; *Glaubet's oder nit!* [Hebel]; *ob 'r will odder nit* [A. Ganther]; auch in offen bleibenden Drohungen wie *Hau ab, oder!*, sowie in Zustimmung heischenden Zusätzen wie *No gemmer, oder?* verbr.

Odere f.: *Oder, Òder, Odere, Òdere.* ♦ 1) ›Blutgefäß, Ader‹; *s isch em e Eederli* (Dim.) *platzt* [Freiamt]. ♦ 2) ›Luftblase‹ in der Ra.: *der Rhi het e Odere* ›der Rhein bildet Blasen, er steigt‹ [Glattes].

Oder-männli n.: ›die Pflanze Odermennig, Agrimonia eupatoria‹ als Heilpflanze verwendet, vereinz.

Ofe m.: *Oofe* verbr. (außer SO); *Offe* SO-Baden; Pl.: *Eefe, Effe, Ööfe, Öffe.* ♦ ›Ofen zum Backen, Heizen‹; *Wär i doch dehaim bym Müetterli hinter em Ofe!* [Hebel]; Ra.: *de Offe isch zemmebroche / ummekeit* ›die Frau hat entbunden‹, vom Bild des gewölbten Leibes, der mit einem Ofen verglichen wird, Schwarzw.; Sprichw.: *Der wo znächscht bim Ofe hockt, cha si Buckel am beschte wärme*, von guten Beziehungen [Glock Brsg.]; *Me suecht d Chatz nit hinderem Ofen, wenn si noch nie dahinde gsi isch* [Glock Brsg.].

Ofe-krucke f.: ›Gerät zum Herausscharren der Asche, Glut aus dem Ofen‹ mancherorts.

Ofer f.: *Oofer* Dim.: *Ooferli*, der weibl. VN *Afra.*

Ofe-schlupfer Pl.: ›Hefegebäck, Gugelhupf‹ u. a., auch *Ofeguckis, -nuddle* u. a.

ofetierig Adj.: ›wunderlich, griesgrämig‹ Kinzigtal; *ofetürliger Kaib* ›Kerl‹ Ortenau. – Eigentlich *abenteuerig*, zu mhd. *aventiure.*

offe Adj.: ›geöffnet, offen stehend‹; *en offe Grab* [Hebel]; *D' Diar isch grad offe g'stande* [A. Ganther].
offe-diirli Adv.: ›offensichtlich, anscheinend‹ [Waldk. (Elzt.)].
offe-rus Adv.: ›freimütig, offen heraus‹ *Redd offe-rus!* ›Sag es ganz offen‹ [Schutterwald].
ogerscht ›schnell‹ → »echt² 2«.
oha Interj.: *oha, öha, ohä, eha.* ♦ 1) Ausruf des Erstaunens, mancherorts; *Jo, oha Wägili!* [A. Ganther]; vgl. »aha, o, oho«. ♦ 2) Fuhrmannsruf: ›Halt! Langsam!‹; *halt, oha, halt!* [A. Ganther]; *„Öha," rüeft d'r Chrischdia, ziaght düchdig a un bringt 's Fuhrwerk widder in d' Reih* [A. Ganther].
Ohm n., f., m.: *Ohm, Ohme, Uhm, Uhme*; Dim.: *Ehmli, Ihmli, Ihmel.* ♦ ›altes Hohlmaß für Wein‹, meist 150 l, aber an anderen Orten auch nur 50 l. – Lat. *(h)âma* ›Eimer‹.
Öhmd, Ohmed ›der zweite Grasschnitt‹ → »Eemd«.
ohni Präp., Adj., Konj.: *ohni* verbr. Rheinniederung zwischen Kehl und Basel, Markgr., mancherorts südöstl. Schwarzw.; *uhni* Schwarzw., Baar, Hegau, SO-Baden, *unni* Klettgau. ♦ ›frei von, nicht versehen mit‹; *s hinkt menggen ohni Fueß un Hand* [Hebel]; Ra.: *so dumm, daß m'r Rieg'lwänd mit 'm irenne künnt, uhni daß 'r 's merke dät* [A. Ganther].
oho Interj.: Ausruf des Erstaunens, der Entrüstung; *„Oho, oho," hört m'r z'mol e düchdige Wiwerstimm weddere* [A. Ganther]. – Vgl. »oha«.
Ohr n.: *Ohr* verbr.; Pl. *Ohre*; Dim.: *Ehrli, Öhrli.* ♦ ›Hörorgan bei Mensch und Tier‹; *d Ohre zuehebe* ›zuhalten‹; *un wischbert ere ebbis in's Ohr* [A. Ganther]; *d'r Höllmichl het sine Ohre nit traut* [A. Ganther]; Ra.: *d Ohre lampe loo* ›mutlos, enttäuscht sein‹ mancherorts; *sich ufs Ohr lege* ›schlafen‹; *sich ebbis hinder d Ohre schribe* ›sich etwas gut merken‹ [Opfgn].
Ohre-butzer, -butzler, -bitzler m.: ›Ohrwurm, Forficula auricularia‹ mancherorts nördl. und mittl. Schwarzw. – In unserem Gebiet gibt es über hundert Varianten zur Bez. dieses Tiers; im Folgenden sind nur die in größeren Gebieten vorkommenden Typen abgehandelt.
Ohre-fiseler m.: ›Ohrwurm‹ mancherorts Linzgau.
Ohre-gribler, -grübler m.: ›Ohrwurm‹ Markgr., Dinkelberg.
Ohre-klammer, -klemmer m.: ›Ohrwurm‹ mancherorts Ortenau, Bodanrück.
Ohre-läppli n.: ›Ohrläppchen‹.
Ohre-mickser, -minzer, -mitz(l)er m.: ›Ohrwurm‹ mancherorts Brsg., südl. Schwarzw., Baar.
Ohre-mückel(er) m.: ›Ohrwurm‹ mancherorts Hotzw.
Ohre-mutzel, -mützer m.: ›Ohrwurm‹ mancherorts Ortenau, südl. Schwarzw.
Ohre-schlupfer m.: ›Ohrwurm‹ mancherorts nördl. Ortenau.
Ohre-wigsler, -wimsler, -wiseler m.: ›Ohrwurm‹ mittl. Schwarzw., vereinz. südl. Schwarzw.
Ohr-fige f.: ›Ohrfeige‹.
oi Interj.: Ausruf der Überraschung, Bewunderung, des Bedauerns.
Oktober m.: *Ogdower, Oktower, Ogdober, Oktober, Okchtober.* ♦ ›der 10. Monat‹; *am nünde Okdower* [A. Ganther].
Oktober-tee m.: scherzh. für ›Wein‹ vereinz.
okuliere schw.: ›Rosen, Obstbäume veredeln‹ mancherorts. – Syn. → »zwige«.
Öl → »Eel«.
Olem m.: *Olem, Oulem* ›große Menge, Masse‹ vereinz. – Aus hebr. *olam* ›Weltall, Ewigkeit, Leute‹.
Öli ›Ölmühle‹ → »Eeli«.
om ›einem‹ → »ein 2«.
Oma f.: ›Großmutter‹ kindersprachl., neuere Bez.; Vgl. »Großel, Großmueter, Ähne, Näne«.
ome ›irgendwo‹ → »eime«.
Omed ›der zweite Grasschnitt‹ → »Eemd«.
Omelett → »Amlett«.
Omese → »Ameise«.
Omittag → »Nomittag«.
omme ›irgendwo‹ → »eime«.
Omol ›Muttermal‹ → »Amal«.
Ool m.: ›Aal‹.
ool-feiß Adj.: ›fett‹, von Personen. – Zum Grundwort s. → »feiß«.
Oos n.: ›Ährenstacheln, Spreu‹, früher mit heißem Wasser als Viehfutter zubereitet, verbr. Zartener Becken, Raum St. Peter – St. Märgen, obere Breg und Wutach, davon abseits auch nördl. der Murg. – Das Wort gehört zu mhd. *âs* ›Futter, Köder‹. – Vgl. »Oser«.
Opa m.: ›Großvater‹ kindersprachl., neuere Bez., sonst meist »Großvater« an einigen Orten auch noch »Ähni, Näni«.
oper ›schneefrei‹ → »aber²«.
öppe ›etwa‹ → »ebbe«.
öpper ›jemand‹ → »ebber«.

Orasche f.: *Oraasche* ›Orange‹ verbr.; die entsprechende Farbe ist *oraasch* bzw. *oraaschig.*

ordeli, ordlig Adj.: *ordeli, ordili* mancherorts; *ordli, ordlig* mancherorts Schwarzw. ♦ ›geordnet, wie es sich gehört, gehörig‹; *Sind numme ordli!* ›seid nur ordentlich!‹ [Hebel]; *Jo, i will Ich's putze un ordeli wider bringe!* [Hebel]; *d'r Präsident isch e ordlige Herr gsi* [A. Ganther].

ordenanz-mäßig Adj.: ›tüchtig, kräftig, sehr‹ [Lahr].

Org(e)le f.: *Orgele, Orgle, Orgel* ›Orgel‹ auch ›Mund-, Ziehharmonika‹; *un druf, wo d' Orgle verbrummt het, fangt er z' predigen a* [Hebel].

Orgele-pfife f.: ›Orgelpfeife‹.

Örgeli ›Zuber, Kübel‹ → »Ergili«.

orgle schw.: ♦ 1) ›Orgel spielen‹; Sprichw.: *Solang me orglet, ischt Kerch it us* ›man soll nicht vorzeitig aufgeben‹ [Epple]. ♦ 2) ›wehklagen, räsonieren‹ mancherorts.

Örliger, Örligertuch n.: ›ein Wollstoff‹, veraltet, nur noch bei Hebel.

Ornig f.: *Ornig, Orning, Ordning* ›Ordnung‹; *s Hûswêse in der Orning halte* [O. Furtwängler].

Oroßete ›Reste‹ → »Doroßete«.

Ort n.: ♦ 1) ›Rand, Ende, Grenze eines Ackers, Weinbergs‹ mancherorts mittl. Schwarzw., Brsg.; *s Ort hacke* ›die Grenze sichtbar machen‹ [Krozgn]. ♦ 2) ›Stelle, Platz, Örtlichkeit‹; *goht d' Chandrer Strooß verbei an selbem Ort* [Hebel]. ♦ 3) ›Dorf. Siedlung‹. – In Bed. 1 ist noch die alte Bed. von *Ort* erhalten, nämlich ›Spitze, äußerstes Ende‹.

Ort-gang m.: ♦ 1) ›Brettersims am Dachrand zum Giebel hin‹. ♦ 2) ›Rebzeile an der Grenze zum Nachbarn‹ [Meersburg].

Ort-gasse f.: *Ortgass* dass. wie »Ortgang 2« mancherorts Ortenau.

Ort-mocke m.: ›Anschnitt, Reststück‹ an Speck, Wurst, Brot, mancherorts mittl. Schwarzw.; anderenorts auch *Ortstick.*

Ort-schit n.: *Ortschitt,* häufig im Dim.: *Ortschittli, -schittle* ›kleines Zugscheit am Bauernwagen‹ mancherorts Raum Hornberg im Schwarzw. (Verbr. s. Karte → »Wogschit«). – Syn.: → »Wogschit«.

Orts-etter m.: ›der bebaute Ortsteil mit Häusern und Gärten‹. – Zum Grundwort s. »Etter«.

Ort-wind m.: ›Nordwind‹ mancherorts Hegau, Bodensee, auch *Ortluft.* – Vgl. »Vorwind«.

Ort-zil(e)te f.: dass. wie »Ortgang 2«, mancherorts Ortenau, Brsg.

Os ›Spreu‹ → ›Oos‹.

Oschte m.: ›die Himmelsrichtung Ost‹.

Oschter-blueme f.: Bez. für verschiedene Blumen wie ›Gelbe Narzisse, Buschwindröschen, Küchenschelle, Leberblümchen‹ mancherorts.

Oschtere Pl.: *Oschdere, Oscht(e)re* ›Ostern‹; *Lueget, so triib i's vo Faßnecht bis Ostre, vo Ostre bis Pfingste* (*st* = *scht*) [Hebel].

Oschter-fiër n.: *Oschderfiär* ›zur Osternacht angezündetes Feuer‹ vereinz.

Oschter-has m.: ›Osterhase‹.

Oschter-kalb n.: ›wer an Ostern zuletzt aufsteht‹, vereinz. S-Baden.

Oschter-luzei f.: die Pflanze Aristolochia clematitis, auch *Oschterluzeikrut* oder in volksetymologischen Umdeutungen *öschterli Zeit* u. ä.

Oschter-schit n.: ›im Osterfeuer angebranntes Scheit, das zur Abwehr von Blitz, Feuer, Unwetter in Haus oder Stall aufbewahrt wird‹, vereinz. Ortenau, mittl. Schwarzw.

Oschter-tauf m.: ›am Karsamstag geweihtes Taufwasser‹, man besprengt damit Haus, Stall, Scheune, auch Obstbäume, vereinz.

O-schwinge Pl.: *Òòschwinge* ›Abfälle beim Flachsbrechen, Dreschen, Spreu‹ vereinz. mittl. Schwarzw. – Mhd. *âswing* ›was vom Flachs abgeschwungen wird‹.

Oser m.: ›Vorratstasche, Schultasche‹, vereinz. und veraltet; *un jetz göhnt in d' Schuel, dört hangt der Oser am Simse!* [Hebel]; der Schulranzen meist → »Schueloser«. – Zur Etymologie s. »Oos«.

osling Adj.: *oosling* ›brünstig von der Kuh‹ Gebiet der oberen Brigach. – Vgl. »osnig«.

osnig Adj.: *oosnig, oosenig* ›brünstig von der Kuh‹ Ostteil des mittl. Schwarzw., nördl. Baar; auch verbal: *oosne* ›rindern‹ eb. – Wörtl. *ochsenig, ochsen* (das *ch* ist geschwunden). – Syn. → »rinderig«.

P

Unter P vermisste Wörter können auch unter B stehen.

packe schw.: *packe, packche.* ♦ 1) ›fassen, ergreifen‹; *beim Krawättle packe* [Freib.]. ♦ 2) ›bewältigen‹ *er hets it packt* ›er konnte es nicht heben, schaffen‹ [Gremmelsb.]. ♦ 3) ›ein- zusammenpacken‹. ♦ 4) ›sich davonmachen‹ *pack di vom Ofen abe!* [Hebel].

Padascheer → »Badascher«.

Paledi m.: *Páledi, Báledi* ›dickeres Halstuch‹ Hegau. – Frz. *palatine* ›Pelzkragen‹.

Palme m.: *Balme* verbr., *Palme* selten ›an Palmsonntag geweihter Zweig, Busch‹, oft an langer Stange, mit Bändern, Eiern, Äpfeln, Kreuzen oder buntem Papier verziert.

Palm-esel m.: *Balmeesel* ›wer am Palmsonntag als letzter aufsteht, als letzter in die Kirche kommt‹ u. a. vereinz.

Palto m.: *Baldo, Baldon* ›langer, weiter Mantel‹ veraltet. – Frz. *paletot.*

Pantoffel m., meist Pl.: *Bandoffle,* verkürzt auch *Toffle, Doffle* mancherorts. *chumm waidli, leg d' Pantofflen a un 's Tschööpli* [Hebel]. – Vgl. »Finke«.

Pantoffel-bunde m.: *Bandofflbunde, -bonde* vereinz. ♦ ›Korkstopfen als Flaschenverschluss‹, auch *Bandoffelzapfe* vereinz. – Im ersten Wortteil bedeutet *Pantoffel* ›Kork‹, während *Bunde* zu frz. *bonde* ›Spund, Zapfen‹ zu stellen ist, vgl. »Bunde 1«.

Päpe, Päper f.: *Pąąp, Päbe, Päbi* häufiger *Päber, Päbere* mancherorts. ♦ ›Hupe, Tute, Blasinstrument‹, auch selbstgefertigt aus Weidenrinde u. ä. – Vgl. »Häpe«.

päpe, päpere schw.: ♦ 1) ›tuten, auf einem einfachen Blasinstrument blasen‹. ♦ 2) ›furzen‹ vereinz. ♦ 3) ›tüchtig trinken‹ mancherorts; Syn. → »surpfle 2«. – Vgl. »pupe«.

Papelott f.: *Babelott(e), Babeljott* ›(eingewickeltes) Bonbon‹ vereinz. und veraltet. – Frz. *papillotte.*

Papp m.: ♦ 1) *Bapp, Papp* mancherorts ›Kleister, Klebstoff‹. ♦ 2) ›breiartige Speise‹ → »Babbe«.

Pappe m.: *Babbe* ›Vater‹ verbr.; vertraulicher als → »Vatter« [Menzenschwand].

pappe, päppe schw.: *pappe, bäbbe* ›kleistern, kleben‹ mancherorts; *des bäbbt* ›das hält‹ verbr. – Vgl. »Papp[1]«.

Pappe-deckel m.: *Babbedeggl* ›Bogen Karton‹ verbr.; *leg e Babbedeggl drunter* [Freiamt]; auch salopp für ›Führerschein‹.

Pappele f.: ›Malve‹, vereinz.; auch *Pappelechrutt* [Efrgn], *Pappelros* [Rastatt]. – Vgl. »Käspappel«.

Päpper m.: *Bäpper* ›Aufkleber‹ verbr.

päppere schw.: *bäbbere, päppere* mancherorts. ♦ 1) ›mit dem Schnabel klappern‹, vom Storch; *Er* (der Storch) *pepperet noch alliwil* [Hebel]. ♦ 2) ›rasch, unverständlich sprechen‹ mancherorts. – ♦ 3) ›auf die Toilette gehen‹ Kinderspr. [Ihrgn]; vgl. »rapple 3«.

päpperle schw.: *bäpperle* ›petzen‹ verbr. Wer dies tut ist ein *Bäpperli* oder eine *Bäpperligosche.*

pappig Adj.: *babbig, pappig* ›klebrig‹. – Vgl. »Papp[1]«.

papple schw.: *babble* ›sinnlose Zeug reden, schwatzen‹; *oh, loss sie babble* ›lass sie doch reden‹ verbr.

Parablee m.: *Barablee, Parablii* u. ä. ›Regenschirm‹, veraltet. *Chromet ... Paraplü* ›kauft Regenschirme‹ [Hebel]. – Frz. *parapluie.* – Vgl. »Regendach«.

parat Adj.: *baráat, paráat* ›bereit, fertig, gerichtet‹. *D'Kaffetasse sin schu uf 'm Disch barad g'stande* [A. Ganther].

pariere schw.: *bariere* ›gehorchen‹.

parle schw.: *barle* ›reden, lallen von Kindern‹ [Diershm]. – Frz. *parler.*

parlimentiere schw.: ›lang hin und her reden‹ verbr.

Partie f.: *Bardie* ›Anzahl von Zusammengehörigem‹; *e Bardie Dolch un Bischdole un derlei Zügs* [A. Ganther].

partu Adv.: *barduu, baduu* ›unbedingt, um jeden Preis‹. – Frz. *partout.*

pasche schw.: *baasche* ›würfeln‹; hierher auch *Baasch* ›bestimmter Wurf mit Würfeln (gleiche Augenzahl, Preiswurf)‹, in Freiburg auch *Pascher* ›große Murmeln‹.

Paseli n. Pl.: *Baasili* ›Stiefmütterchen‹, seltener *Paasee* [Markelfgn]. – Frz. *pensée.*

passe schw.: *basse, passe.* ♦ 1) ›warten, aufpassen‹. *Paß Obacht, de verluegsch di suscht* [G. Jung]. ♦ 2) ›genau gefügt, angemessen, angenehm sein‹. Ra.: *s basst wie e Fuscht uf e Aug* [Oberw. (Rast.)].

Passeltang m.: *Bassldang* ›Kurzweil, Zeitvertreib‹, veraltet. *Un woni uffem Schnid-Stuhl sitz für Basseltang, un Liechtspöhn schnitz* [Hebel]. – Frz. *passer le temps.*

passiere schw.: *bassiere, passiere.* ♦ 1) ›hinreichen, genügen‹ *s bassiert* ›es geht eben noch, es reicht gerade‹ [Ettenhm]. ♦ 2) ›sich ereignen‹; *s isch nüt bassiert* [Birkend.].

Päterle n.: *Peterle, Peterli* ›Perle des Rosenkranzes, Perlenartiges‹ Linzgau. – Die hier genannten Formen sind Dim. zu *Poter,* s. »Poter(l)e«, dieses wiederum ist entstanden aus *Pater(noster).* – Vgl. »Kralle, Nischter, Poter(l)e«.

Patsch m.: ♦ 1) ›Handschlag‹. ♦ 2) ›Hand‹, Kinderspr., meist Dim.; *gib mer s Batscheli* ›gib mir deine Hand‹, auch *Batschhändli* verbr.

patsche, pätsche schw.: *badsche, patsche, bädsche* mancherorts. ♦ ›mit der flachen Hand schlagen, ein klatschendes Geräusch machen‹. *Do het's vor Pläsir in d'Händ batscht* [A. Ganther].

Pätscherles n.: *Bädscherles mache* ›das Spiel Schinkenklopfen spielen‹ [Rust].

Patschi f.: *Badschi* ›Notlage, Klemme, Patsche‹. *Er weiß gar nit, wia us dere dumme Batschi ruskumme* [A. Ganther].

patsch-nass, pätsch- Adj.: *badschnass, bädschnass.* ♦ ›durch und durch nass‹, auch »pflätschnass«.

Pech-arsch m.: *Becharsch* ›Schuster‹, scherzh., vereinz. Ortenau. Auch weitere Bildungen wie *Pechfurzer, -hengscht, -michel* usw.

Peches m.: *Beches* ›Schuster‹ [Diershm]. – Vgl. »Pecharsch«.

Pelz m.: *Belz, Pelz.* ♦ 1) ›Haarfell von Tieren‹ verbr. ♦ 2) ›Haut, Rahm auf der Milch‹ mancherorts Baar, Bodenseegebiet.

Pelz-märte m.: *Belzmärde, -märdi, -mardi* u. ä. ›vermummte Brauchtumsgestalt, die um den Nikolaustag oder Weihnachten auftritt‹, Begleiter des Nikolaus oder des Christkinds, mancherorts Ortenau, Markgr., häufiger ist »Pelznickel, Pickesel, Rupelz«.

Pelz-nickel m.: *Belzniggel, Belzeniggel.* ♦ dass. wie »Pelzmärte«, mancherorts.

Pensel ›Pinsel‹ → »Bemsel«.

pepperle ›klopfen‹ → »poppere«.

Perl-sucht f.: ›Tuberkulose‹, bei Rindern, vereinz.

Perron m.: *Pärroon* ›Bahnsteig‹, veraltet.

Peter m.: *Peter, Peder,* auch *Petrus.* ♦ 1) der Apostel (und seine Festtage), *Peter un Paul* (29. Juni); *Petri Stuhlfeier* (22. Febr. bzw. 18. Jan.), mit dem Brauch *Peterlispringe* [Wagshurst u. Umg.]; *Petri Kettenfeier* (1. Aug.). ♦ 2) männl. VN; Dim.: *Peterli, Peterle.* ♦ 3) ›kurze, leichte Frauenjacke‹ mancherorts; vgl. »Bettpeter«.

Peterle ›(Rosenkranz)-Perle‹ → »Päterle«.

Peterli m., n.: *Peterli, Pederle, Peterling* u. ä. ›Petersilie‹. *Chromet Ziebele, gell Rüebe, Peterliwurze!* [Hebel].

Peternell f.: der weibl. VN *Petronilla.*

pexiere schw.: ›etwas anstellen, verbrechen‹. *Wa hesch bagsiärt?* ›Was hast du Schlimmes angestellt?‹ [Ettenhm]. – Bildung zu lat. *peccare* ›sündigen‹.

Pfää f., m.: *Pfää, Pföö* ›aus den Alpen kommender, warmer Wind, Föhn‹ Bodenseegebiet. *Us em Appezell do dobe / kummet über Berg und See / Wolke n'obe n'abe gschobe / lauwarm loamgeal. – Des isch d' Pfäh* [Sernantinger / Radolfzell]. Das Wort gehört, wie nhd. *Föhn,* zu mhd. *fönne,* dies aus lat. *favonius*; die hier vorliegende Lautung ist durch Verschmelzung mit dem Artikel *d'Fää* > *Bfää* > *Pfää* entstanden.

pfächte schw.: ›amtlich visitieren, eichen‹ Bodensee. – Mhd. *phehten* ›messen, eichen‹, dies zu lat. *pactus*; das Wort bedeutet also etwa ›vertragsmäßig überprüfen, ermessen‹. – Vgl. »eiche[1], sinne«.

Pfaffe-bire f.: ›eine kleine, späte Birnensorte‹, vereinz.

Pfaffe-käppli n.: Pflanzenbezeichnung, z. B. für ›Akelei, Knabenkraut‹ oder die Früchte des Spindelbaums, vereinz.

Pfägse f.: ›Blasinstrument der Kinder aus Pflanzenstengeln, Rinde‹, vereinz. mittl. Schwarzw.

Pfand-wisch m.: ›Strohwisch als Verbotszeichen‹, zum Benutzen von Wegen, Abweiden von Wiesen, Kleeäckern u. ä., verbr. bes. SO-Baden.

Pfanne-bletz m.: ›Pfannkuchen‹ vereinz. Hotzw., Klettgau, auch *Pfannedünne* Baar.

Pfarrer m.: *Pfarrer, Pfaarer,* seltener *Pfaar, Pfarr.* ♦ ›Geistlicher einer Gemeinde‹; Ra.: *gscheit wie ne Pfarer* [Hebel]. *Er saits wie ne Pfarrer* ›er kann sich gut ausdrücken‹ Brsg.

Pfäuk m.: ›stinkender Kerl‹ [H. Burte].

Pfeffer m.: *Pfeffer, Pfäffer, Pfaffer.* ♦ 1) ›das Gewürz Pfeffer‹; Ra.: *wo de Pfeffer wächst* ›weit weg‹; *Salz un Pfeffer* ›weiß und schwarz‹, z. B. von Tuchen. ♦ 2) ›mit Pfeffer zubereitete Speise, Hasenpfeffer‹. ♦ 3) ›eingekochtes Beerenobst‹ [Schonach, Niederwasser (Triberg)], Bedeutungsverschiebung ähnlich wie bei »Gesälz«.

pfefferle schw.: ›nach Pfeffer schmecken‹ [Mengen (Freib.)].

Pfelle f.: ›der Fisch Elritze‹ Brsg.

Pfennig m.: *Pfennig* verbr., *Pfenni* mancherorts Ortenau. ♦ ›kleine Münzeinheit (zwischen 1871 und 2002)‹. Ra.: *uf Heller un Pfennig* ›bis zum letzten Rest‹; Kinderreim: *En Pfennig uf s Händli / kaufsch dr e Ländli / e Geiß un e Kueh / e Rössli dezue / für s Kälbli e Plätzli / un alli ghöre miim Schätzli* [Hofsgrund].

Pferch m.: *Pferch, Pferich* ›Umzäunung für Schafe‹.

Pfetter, Pfetterich m.: *Pfetter* mancherorts Raum Kehl, *Pfetteri, Pfettri* Hanauerland, *Pfetterig, Pfettrig* mancherorts nördl. Schwarzw. (Verbr. s. Karte → »Getti«). ♦ ›Taufpate‹. – Vgl. »Getti, Vetter«.

pfetze schw.: ♦ 1) ›kneifen, zwicken‹. Ra.: *en Ochs ins Horn pfetze* ›Nutzloses tun‹ [Ettenhm]; Syn.: »chlimme, klemme 1, klibe, zwicke«. ♦ 2) ›gemütlich einen trinken‹ *e Schöppli pfetze*; Syn. → »surpfle 2«.

Pfiënke f.: *Pfiänke* ›eintöniges Blasinstrument‹ [Schonach], dies zu einem Verb *pfiänke* ›weinen, tröten, Musik machen‹.

Pfife f.: *Pfiff, Pfiffe, Pfiife.* ♦ 1) ›Pfeife (Musikinstrument)‹, auch (aus Weiden) selbstgefertigte Pfeifen der Jungen; Sprichw.: *Wenns nit im Holz stickt, gitts kai Pfiffe* ›wenn die Voraussetzungen fehlen, ist nichts zu machen‹ [Glock Brsg.]. ♦ 2) ›Tabakspfeife‹. *Denkwol, jetz leng i au in Sack un trink e Pfiifli Rauchtubak* [Hebel]. ♦ 3) ›männl. Glied‹.

pfife st.: *pfiffe* nördl. u. mittl. Schwarzw., Ortenau, Brsg., westl. Markgr.; *pfiife* südl. Schwarzw., ob. Wiesental, Hotzw., Klettgau, Hegau, Baar, Bodenseegebiet. ♦ 1) ›mit dem Mund oder einem Instrument pfeifen‹; Ra.: *Des isch de Miise* (Mäusen) *pfiffe* ›das ist vergeblich, nutzlos‹ [Stockach]. *Do pfiif i druf* ›darauf kann ich gut verzichten‹ [St. Blasien]; Sprichw.: *gscheider pfiffe wiä schwätze* ›in manchen Situationen ist es gut wenn man nichts sagt‹ [E. Strube]. ♦ 2) ›von Vögeln, Mäusen, vom Wind‹; *Hörsch, wie's Läubli ruuscht, un hörsch, wie d'Vögeli pfife?* [Hebel]. *Dr Wind pfiifet* [Gütenb.]; *Es pfift der Wind dur d' Chlimse* (Ritzen) [Hebel].

Pfife-deckel m.: *Pfiffedeckel, Pfiife-* ♦ 1) ›Deckel des Pfeifenkopfs‹ veraltet. ♦ 2) ›Schlauberger, Pfiffikus‹ mancherorts Ortenau. ♦ 3) abschlägige Redensart: *Jo, Pfiffedeckel!* verbr.

Pfife-roß n.: *Pfiiferessli* mancherorts Baar und Umgebung. ♦ ›Holzpferdchen als Kinderspielzeug, das anstatt des Schwanzes eine Pfeife hat‹ veraltet.

Pfiff m.: ♦ 1) ›Pfeifton‹. ♦ 2) ›Kniff, List, Schliche‹. ♦ 3) ›kleinste Ausschankmenge‹.

Pfiffholder m.: *Pfiffholder, Pfiffolder, Fifolder* mancherorts nördl. Schwarzw., Ortenau (zwischen Schutter und Murg). ♦ ›Schmetterling‹ (häufig schon neben neuerem *Schmetterling*); südl. davon »Summervogel«. – Zu ahd. *fifaltra* ›Schmetterling‹.

Pfigse → »Pfitze«.

pfile schw.: ›schwerfallen, verdrießen‹; *Es pfiilt mi* ›es verdrießt, schmerzt mich‹, vereinz. Markgr., Südrand. – Wörtl. *be-vielen* ›es dünkt mich zu viel‹.

Pfingscht-butz m.: dass. wie → »Pfingschtdreck« vereinz. Bodenseegebiet.

Pfingscht-deische m.: dass. wie → »Pfingschtdreck« [Bonnd. i. Schw.].

Pfingscht-dreck m.: ›Brauchtumsgestalt im (berittenen) Pfingstumzug‹, vereinz., meist veraltet, auch: ›wer an Pfingsten zuletzt aufsteht‹. – Vgl. »Pfingschtbutz, Pfingschtdeische, Pfingschtkäs, Pfingschtpflütter«.

Pfingschte Pl.: *Pfingschte, Pfinkschte* verbr.; *Pfäischte, Pfaischte* mancherorts südl. Schwarzw., Hotzw.; *Pfäigschte* [Karsau, Bergalgn]; *Pfeingschte* [Plittersd.]; *Pfeinschte* [Ottersd.]. ♦ ›das Fest Pfingsten‹.

Pfingscht-käs m.: dass. wie → »Pfingschtdreck« [Altenhm, Kiechlinsbergen].

Pfingscht-nägeli n.: ›um Pfingsten herum blühende Nelke‹ und ähnl. Pflanzen, vereinz.

Pfingscht-pflütter m.: dass. wie → »Pfingschtdreck« mancherorts Hotzw. und angrenzende Gebiete.

Pfingscht-tag m.: ›der Pfingstsonntag‹, war früher der Termin für Hirten- und Schellenmärkte, z. B. am Hünersedel oder Bäreneckle.

Pfingscht-tauf m.: ›zu Pfingsten geweihtes Wasser‹, mit ihm wurden Felder besprengt [Ettenhm].

Pfingscht-tschuppe f.: Bez. für versch. Pflanzen wie Erdpfriemen, Wunderklee, vereinz. Hotzw.

Pfingscht-wecke m.: ›Backwerk, das Kinder zu Pfingsten bei ihren Paten holen‹ mancherorts mittl. Schwarzw.

Pfipfis m.: *Pfipfis, Pfipfes, Pfipfi* verbr.; im Bodenseegebiet auch *Pfiffis, Pfnippes* u. ä. ♦ ›die Geflügelkrankheit Pips‹. – Aus lat. *pītuīta* ›Verschleimung‹.

Pfirschig m.: *Pfirschig, Pfirsching, Pfersig, Pfirschi, Pferschi* mancherorts; daneben *Ferserich* [Singen a. H.].

pfise schw.: *pfiise.* ♦ 1) ›ein zischendes, pfeifendes Geräusch machen‹, z. B. von Wasser, das man in die Glut schüttet. ♦ 2) ›einen feinen scharfen Schmerz machen‹ [Waldk. (Elzt.)]. – Vgl. »pfuse«.
pfittele, pfittere, pfitterle schw.: ›kichern, verstohlen lachen‹ nördl. und mittl. Schwarzw., Baar. – Syn. → »kittere«.
Pfitteli ein Gebäck → »Pfutle 3«.
Pfitze f.: *Pfitz, Pfitze* mancherorts Ortenau, mittl. Schwarzw., nördl. Brsg.; auch: *Pfigs, Pfigse* [Freiamt, Schonach, Wagensteig]; häufig Dim.: *Pfitzli, Pfitzle.* ♦ ›Pustel, Bläschen, Ausschlag auf der Haut, Geschwür‹. – Das Wort ist eine Umlautvariante zu »Pfutze«.
pfitze schw.: ›schnell wohin entwischen, sausen, einen wischenden Schlag (z. B. mit der Peitsche) versetzen‹ vereinz. – Vgl. »pfurre«.
Pfitzer m.: ♦ 1) dass. wie → »Pfitze« vereinz. Ortenau. ♦ 2) ›Ruten-, oder Peitschenhieb‹, zu »pfitze«.
pfitzere schw.: dass. wie → »pfittele« [Todtmoos].
Pfitz-uf m.: ♦ 1) ›aufbrausender Mensch‹. ♦ 2) ›ein Gebäck, das in seiner Form stark aufgeht‹.
pflächzge *pflächzge, pflägse* ›weinen, schreien‹ [O. Furtwängler].
pfländere schw.: ›einen Stein über das Wasser springen lassen‹ [Weisweil (Emm.)].
Pflänz Pl.: ›Einbildung, Flausen‹ [Lörrach].
pflappere schw.: dass. wie → »pfländere«. – Vgl. »fluttere«.
Pflartsch m.: ›breite, dicke Masse‹ Markgr. – Vgl. »Pflattere«.
pflartsche schw.: ›eine Arbeit ungeschickt ausführen‹ Markgr.
pflarze schw.: *pflarze, pflaze* ›laut weinen, plärren‹ mittl. Schwarzw. – Vgl. »pflürtsche«.
pfläschtere schw.: ›pflastern‹.
pflatsche schw.: *pflòòtsche.* ♦ 1) ›sich faul hinlümmeln, träge herumhängen‹. ♦ 2) ›klatschen‹, vom Regen. – Vgl. »pfluntsche«.
pflätsche schw.: ›plätschern, im Wasser herumspielen‹.
Pflätschete f.: ›vom Herumplanschen herrührende Wasserlache‹; *e Pflätschete mache* [Singen a. H.].
pflätsch-nass Adj.: ›durch und durch nass, triefnass‹. – Vgl. »pflätternass«.
Pflatsch-rege m.: ›Platzregen‹; Ra.: *Proscht Girgeli, s kunnt e Pflatschrǫge* ›Prost Gurgel, es kommt ein Platzregen‹ [Freiamt].
Pflatsch-rose f.: ›Pfingstrose, auch Klatschmohn‹ [Simonswald, Ettenhm]. – Vgl. »Plapperrose«.
Pflatter(e) m. (f.): ›breiiger Fladen, verkleckerter Brei, Schmutzfleck, Kuhfladen‹. – Vgl. »Deische, Pflartsch«.
pflättere, pflattere schw.: ›im Wasser planschen, Wasser verspritzen, verschütten, platschend regnen‹.
Pflätterli-krut n.: ›Gemüse aus zerhacktem Spinat, Mangold oder Wirsing‹.
pflätter-nass Adj.: ›durch und durch nass, triefnass‹. – Vgl. »pflätschnass, pflutternass, plätternass«.
Pflätterte f.: dass. wie → »Pflätschete« [Ringshm].
Pflegel ›Dreschflegel‹ → »Flegel«.
pflenne → »flenne«.
pflimle schw.: *pflimle, pflümle.* ♦ 1) ›leicht, oberflächlich arbeiten, pfuschen‹. ♦ 2) ›in etwas hineinzwängen‹, von Menschen und Sachen; *in d Ecke pflimle* [Freiamt].
Pflirzi m.: ›unbeholfener Mensch‹ [Zell i. W.]. – Vgl. »Tappi«.
Pflisel m.: ›Schnupfen‹ vereinz. südl. Schwarzw., Hotzw. – Syn. → »Schnupper«.
pflittig Adj.: ›flügge von Vögeln‹, wörtlich *pflüttig.*
pfloder-ful Adj.: ›durch und durch faul‹ Baar. – Zu »Pflutter«.
pfloder-lind Adj.: ›ganz breiig, weich‹ Baar. – Zu »Pflutter«.
Pflodi m.: ›nachlässiger Mensch‹ [Singen a. H.].
Pflotsch m.: ›Kot‹ oberes Markgr.
pflotsche → »pflatsche«.
pfluchse schw.: ›niesen‹ mancherorts südl. Schwarzw., Hotzw. – Vgl. »pfnuchse«.
Pfluder ›Kot‹ u. ä. → »Pflutter«.
pfludere ›flattern, plätschern‹ u. a. → »pfluttere«.
Pflueg m.: ♦ 1) ›Gerät zum Pflügen‹ verbr.; *'s isch e Plätzli näume* (irgendwo), *s goht weder Ege no Pflueg druf* [Hebel]. ♦ 2) ›Wirtshausname Zum Pflug‹ vereinz.
Pflueg-ise n.: ›Pflugschar‹ Ortenau, Kaiserst., südl. davon »Wegise«.
Pflueg-rad n.: ›Rad am Pflug‹, häufig in der Ra.: *er het Auge gmacht, so groß wia Pfluegrädle* ›vor Erstaunen die Augen aufgerissen‹ [A. Ganther].
Pflume f.: *Pflum, Pflumm, Pflüm, Pflume, Pflüme* ›Pflaume‹.
Pfluntsch f.: ›dicke Person‹.
pfluntsche schw.: dass. wie → »pflatsche 1« vereinz. Ortenau.
pflürtsche schw.: ›weinen, plärren‹ [Singen a. H.]. – Vgl »pflarze«.
Pflürzi m.: ›Schlafsand in den Augen‹, Wiesental.

Pflutsch m.: ›Straßenschmutz, Schneematsch, Morast‹ mittl. Schwarzw., Hegau. – Vgl. »Pflutter«.

Pflutt(e) f. (m.): meist im Pl. *Pflutte.* ♦ 1) ›fleischlose Klöße aus Kartoffeln, Mehl oder Grieß mit Milch zubereitet‹. ♦ 2) ›dicke Person‹ mancherorts.

Pflutter m.: *Pfluder, Pfloder* vereinz. Baar, Hegau; *Pflutter* verbr. ♦ 1) ›aufgeweichter Straßenschmutz, Dreck, Mist‹; vgl. »Pflutsch«. ♦ 2) ›jüngster Vogel im Nest, Nesthäkchen‹, häufiger *Neschtpflutter,* vereinz. auch *Pflutterling, Pflitterli.*

pfluttere schw.: *pfluttere, pfludere.* ♦ 1) ›flattern, mit den Flügeln schlagen‹. ♦ 2) ›im Wasser herumplanschen‹. ♦ 3) ›plätschern, brodeln, quallern‹ von Flüssigkeiten. ♦ 4) ›unordentlich arbeiten‹.

Pflutteri m.: ›Rausch‹ Markgr. – Syn. → »Rusch«.

pflutterig Adj.: ♦ 1) ›breiig, weich, schlammig‹. ♦ 2) ›dünn gekleidet‹; *Lauf nit so pfludderig rum!* [Freiamt].

pflutter-nass Adj.: dass wie → »pflätternass« vereinz.

Pflutter-wetter n.: ›schlechtes, nasskaltes Wetter‹ verbr.

pflutzge schw.: ♦ 1) ›niesen‹ hinteres Dreisamtal; vgl. »pfnuchse«. ♦ 2) ›schluchzen, weinen‹ [Heitershm].

pfnächse schw.: ›schnaufen, keuchen, ächzen, jammern‹ mancherorts Hegau.

Pfnisel m.: *Pfnisel, Pfnüsel* ›Schnupfen, Rachenkatarrh‹ südl. Brsg., Markgr., Wiesental, Klettgau, Hegau. *Er* (der schnaufende Zugochse) *het der Pfnüsel* [Hebel]. – Bildung zu »pfnuse«, wörtl. *Pfnüsel.* – Syn. → »Schnupper«.

pfnuchse schw.: ›niesen‹ Hotzw., Hegau, Bodenseegebiet. – Vgl. »pfluchze, pflutzge, pfnutzge, pfuchze, pfutzge 2«.

pfnurre schw.: ›schnurren von der Katze‹ [Degernau].

pfnuse schw.: ›schnaufen, mit verschnupfter Nase schnuffeln‹ [Lörrach, Singen a. H.]. – Mhd. *phnûsen* ›niesen, schnauben‹.

Pfnüsel ›Schnupfen‹ → »Pfnisel«.

pfnutzge schw.: ›niesen‹ vereinz. – Vgl. »pfnuchse«.

Pfohl m.: *Pfohl, Pföhl* verbr.; *Pfaul, Pfoel* vereinz. SO-Baden. ♦ ›Pfahl‹.

Pfoler m.: ›junges männliches Rind‹ südl. Ortenau, Brsg., vereinz. Markgr.

Pfolle f.: ›Pflaume‹ [Anselfgn].

Pfo-sand m.: ›feiner Sand‹ mancherorts Hegau, vereinz. übriges Gebiet. – Erster Wortteil zu mhd. *fohe* ›Füchsin‹, wegen der Farbe oder weil Füchse in diesen Sandlagerstätten gerne ihren Bau anlegen.

Pfoser m.: ›unruhiger, unstet arbeitender Mensch‹ [Stockach].

pfränge schw.: ›einzwängen, drücken‹ vereinz. nördl. Ortenau.

Pfrieme Pl.: *Pfrimme, Pfremme* ›Bez. für verschiedene Ginsterarten‹ oder ähnl. Pflanzen, vereinz. Ortenau, Brsg. – Vgl. »Ramse«.

pfuchze schw.: *pfuchze, pfuugse, pfugse, pfuufzge, pfuuchzge* u. ä. ♦ 1) ›niesen‹ vereinz. ♦ 2) ›fauchen‹, von Tieren und Menschen. ♦ 3) ›zischen‹, z. B. wenn Wasser mit großem Druck aus einer engen Öffnung kommt. – Vgl. »pfnuchse«.

Pfude m.: ›Haarknoten der Frau‹ [Halberstung].

pfude schw.: ›murren, schelten‹ [Sunthsn].

Pfuder m.: ›Stoß, Puff‹ mancherorts Ortenau.

pfudere schw.: ›stoßen, stupfen‹ mancherorts Ortenau.

pfüdi Interj.: Ausruf des Abscheus ›pfui‹ Baar.

Pfühl ›Kissen‹ → »Pfulge«.

Pfulbe ›Kissen‹ → »Pfulge«.

Pfulge m. (n., f.): *Pfulge, Pfulige* mittl. Schwarzw., südl. Ortenau, Brsg., südl. Schwarzw.; *Pfulbe, Fulbe* mancherorts Markgr., Wiesental, Baar, Bodenseegebiet; *Pfulwe, Pfulfe* vereinz. nördl. Schwarzw., Acher, untere Rench, Baar; *Pfulme* [Büsgn, Worblgn, Dettighfn]. ♦ 1) ›Kissen‹, meist Kopfkissen im Bett, bisweilen größeres, zweischläfriges Kissen, Sofakissen u. a. ♦ 2) ›Tragholz über dem Achsenstock des bäuerlichen Wagens, Pflugkarrens‹ vereinz. – Aus lat. *pulvinus* ›Kissen, Polster‹.

Pfumpf m.: ♦ 1) ›unschön Zusammengepresstes‹. ♦ 2) ›dicker Mensch‹ vereinz.

pfumpfe schw.: ›sanft stoßen, stauchen, eindrücken‹.

pfupfe, pfupfere schw.: ♦ 1) ›ein puffendes, klopfendes, zischendes Geräusch von sich geben‹. ♦ 2) ›stoßweise, verhalten lachen‹. ♦ 3) ›pulsieren, periodisch schmerzen, innerlich ärgern‹, *s pfupferet mi halt grüsig, dass er de Zueschlag kriegt het* [Freiamt]; auch subst.: *s Pfupfe* ›Durchfall, Bauchweh‹ [Lörrach].

Pfupferli n.: ›kleines Auto oder Motorrad‹ [Sulzburg].

pfuppere schw.: ›zusammenpfuschen, flicken‹ [Sunthsn].

Pfurpf m.: ♦ 1) ›Stoß, Stupfer‹ Kaiserst., Brsg. ♦ 2) ›kleiner, im Wachstum zurückgebliebener Mensch‹ mancherorts Ortenau.

pfurpfe schw.: ♦ 1) ›stoßen, stupfen‹ Kaiserst. ♦ 2) ›pfuschend nähen‹; vgl. »zurpfe«.
Pfurre m.: ›Stoß, Schubs, Tritt‹ vereinz.
pfurre schw.: *pfurre* mancherorts; *pforre* vereinz. Hegau. ♦ ›eine surrend schnelle Bewegung machen, herumsausen, flitzen‹. – Vgl. »pfitze«.
Pfurz m.: *Pfurz, Pfuurz* ›Furz‹; *all Pfurz* ›dauernd, immer wieder‹ verbr.
Pfus-ärmel m.: ›bauschiger Ärmel, Puffärmel‹. – Zu »pfuse«.
Pfus-backe m.: *Pfusbacke, Pfüsbacke* ›dicke Backe, Pausbacke‹.
pfusche schw.: *pfusche* verbr.; *pfüsche* vereinz. Ortenau, nördl. Brsg. ♦ ›oberflächlich, schlampig arbeiten‹.
pfuse schw.: *pfuse, pfüse.* ♦ 1) ›ein zischendes, brausendes Geräusch machen‹; vgl. »pfise«. ♦ 2) ›trotzig schmollen, zornig schnauben, aufbrausen, greinen‹; *Hehr mr uf z pfuse oder s git!* Drohung mit Schlägen [Hofstet. i. K.]. ♦ 3) ›ein Schläfchen machen, schläfrig sein‹. – Mhd. *phûsen.*
Pfuser m.: *Pfuser, Pfüser.* ♦ 1) ›aufgeschwollenes Gesicht (durch Entzündung der Ohrspeicheldrüse), Mumps‹ verbr. Kaiserst., südl. Brsg. (Verbr. s. Karte → »Wochetippel«; Syn.: »Backemautschi, Moisis, Mumpf, Wochetelpel, Wochetippel«. ♦ 2) ›Furz‹. ♦ 3) nur Dim.: *Pfuserli, Pfusili* u. ä. ›Schmalzgebäck‹, weil es beim Backen im heißen Fett zischt. – Bildung zu mhd. *phûsen, phnûsen* ›sich aufblähen‹.
Pfus-guller m.: ›Trotzkopf‹ Kinzigtal. – Zu »Guller«.
Pfusi m.: dass. wie »Pfuser 1« [Görwihl].
pfusig Adj.: ♦ 1) ›aufgedunsen, schwammig‹. ♦ 2) ›trotzig‹.
pfute schw.: *pfutte* ›krank sein‹ vereinz. mittl. Schwarzw.
pfutig Adj.: *pfuttig* ›krank‹ [Schonach, Furtwangen].
Pfütter m.: ›Nesthäkchen, Grünschnabel‹ [Freiburg]. – Vgl. »Pflutter 2«.
pfuttere schw.: ♦ 1) ›brodeln, zischen, glucksen‹. ♦ 2) ›verhalten lachen, kichern‹ südl. Schwarzw.; Syn. → »kittere«. ♦ 3) ›murren, schelten‹.
Pfuttle f.: *Pfuttle, Pfüttle.* ♦ 1) ›bollige Kotausscheidungen von Tieren‹, auch »Rosspfuttle«. ♦ 2) ›korpulente, unförmige Person‹; *Pfuttili* ›Dickerchen‹ Ortenau. ♦ 3) meist Dim. *Pfüttele, Pfittele, Pfittili* ›kleines rundes Gebäck‹, in verschiedenen Formen und Zubereitungsarten verbreitet.
pfuttle schw.: ♦ 1) ›unlustig arbeiten‹ Markgr. ♦ 2) ›dösen, sich im Bett herumdrücken‹ mancherorts.
Pfutze m. (f.): ›Pustel, Bläschen, Ausschlag auf der Haut, Geschwür‹ Umgebung Rastatt-Bühl. – Vgl. »Pfitze«.
pfutzge schw.: *pfutzge, pfutze.* ♦ 1) ›zischen, fauchen‹ mancherorts Hegau, Bodensee. ♦ 2) ›niesen‹ mittl. Schwarzw., Brsg.; vgl. »pfnuchse, pfuchze«.
Pfutzge m.: ›Pfropf‹ Mittelbaden.
Pfuzi-gägäk n.?: ›Kohlmeise‹ Ortenau.
Phatest, phatestig → »Fatest, fatestig«.
Pi f.: *Pii, Piin* ›Pein, Qual‹, vereinz.
piche schw.: *biche* ›mit Pech abdichten‹ vereinz.
Pichi f.: *Bichi* ›Schmutzkruste, verklebte Haare‹ [Sunthsn]. – Zu »piche«.
Pich-kappe f.: ›verwirrte, verfilzte Haare bei Frauen und Mädchen‹ [Halberstung]. – Vgl. »Pichi«.
Pick m.: *Pick, Bick, Bicke* ›Groll, heimlicher Haß‹; *e Bigge* auf jemand haben [Lahr]. *Uf d'r Wallraff het awwer d'r Fünffüeßler schu d'längscht Zitt e grusige Bick g'ha* [A. Ganther].
Pick-esel m.: *Bickesel* ›Begleiter des Nikolaus oder des Christkinds‹, eine Brauchtumsgestalt der Adventszeit in verschiedener Ausprägung, vereinz. mittl. Schwarzw., Brsg., Kaiserst. – Vgl. »Pelzmärte, Klausepicker«.
Pinsel → »Bemsel«.
pipäppele schw.: *bibäbbele* ›verzärteln, verwöhnen‹ [Lörrach].
pipele schw.: ›mit den Fingern an etwas bohren‹ Kinzigtal.
Pippele ›Küken‹ → »Bippeli 1«.
pitsch Interj.: Schallwort, das klatschende Geräusche begleitet, auch *pitsch-patsch.*
pitschiere schw.: *bidschiere.* ♦ 1) ›siegeln‹ (zu *Petschaft*). ♦ 2) ›jemanden in eine missliche Lage bringen, ihm bös mitspielen, betrügen‹ mancherorts. *Du bisch bös bitschiert* [Singen a. H.].
Pladeri m.: ›Schwätzer‹ [Feldbg].
Plaffon m.: *Plaffoo, Plaffoon* ›Zimmerdecke‹ mancherorts Ortenau, Hanauerland, vereinz. Elztal, Brsg. – Vgl. »Bihni 1«. – Frz. *plafond.*
Plamper m.: ♦ 1) ›baumelndes Ding, Uhrkette, Pendel‹; *der het e große Blamber abenke* [Glock Brsg.]. ♦ 2) ›dem Ufer zulaufende Wellen‹ [Grenzach].
plampere, plämpere schw.: ›hängen, pendeln lassen‹.
plämp-voll Adj.: ›gerüttelt voll‹ [Freib.].
Plapper-rose f.: *Plabberros, -rose* ›Klatschmohn‹ mancherorts Ortenau, nördl. Brsg. – Vgl. »Pflatschrose«.

Plapser m.: ›Wurststück‹ [Waldk. i. Elzt.].

Plär m.: ›Schrei, Aufschrei‹; *e Bla̜ar abloo* ›einen Schrei loslassen‹ [Freiamt].

plare, pläre schw.: *blaare* vereinz. Südosten; *bläära* verbr. Südwesten, vereinz. übriges Gebiet. ♦ 1) ›blöken, brüllen, schreien‹ von Tieren wie Schafe, Rinder u. a. ♦ 2) ›weinen, heulen, flennen‹ von Menschen (Verbr. s. Karte → »hile«). Ra.: *I ha bläret wia en Dachmarder* ›sehr geweint‹ [Gütenbach]; Sprichw.: *Lieber e Johr lang bläre wie's ganz Läbe* Trost bei Liebeskummer [Epple]; Syn. → »hile«.

Plär-hage m.: *Bläärhagge* ›Kind, das viel weint‹ [Stahrgn, Stockach]. – Zum Grundwort s. »Hage«.

Plari, Pläri m.: ›wer viel weint‹ [Stahrgn, Mühlgn].

Plärre[1] f.: *Plärre, Blärre* ›Fleck auf der Haut‹, z. B. nach Prellungen [Stockach, Stahrgn]. – Vgl. »Flarre«

Plärre[2] f.: *Bläre* ›aus Weidenrinde gefertigtes Blasinstrument der Kinder‹ [Waldk. i. Elzt.].

Pläsier n., f.: ›Vergnügen, Freude‹. *Mit klääne Kind hot me vill Pläsier* [Stockach]. Sie *chömme zum Pläsier ufs Land* [Hebel]. *Do het's vor Pläsir in d' Händ batscht* [A. Ganther]; Sprichw.: *Jedem Dierle sei Bläsierle* [Epple]. – Frz. *plaisir.*

Plättere f.: ›schwatzhafte, faule Frau‹ vereinz. Brsg., Markgr.

plättere schw.: ›platschend regnen‹ [Görwihl]. – Vgl. »pflättere«.

plätter-nass Adj.: ›klatschnass‹ [Tiengen (Waldsh.)]. – Vgl. »pflätternass«.

plätze ›flicken‹ → »bletze«.

Plauderi m.: ›leichter Rausch‹ [Glattes]. – Syn. → »Rusch«.

pletsche schw.: ›ein platschendes Geräusch machen‹ [E. Flamm/Wyhl]; auch übertragen *wenns bloß nit emol pletscht* ›wenn es nur nicht plötzlich mal einen Knall macht‹ eb.

Plog f.: *Ploog* ›Plage‹.

ploge schw.: *ploge* verbr.; *ploje, blowe* vereinz. nördl. Ortenau. ♦ ›quälen, plagen, peinigen‹; *plogti Herdepfel* ›fettsparend und daher leicht angebrannt zubereitete Bratkartoffeln‹ Markgr.

plotze schw.: ›geräuschvoll aufschlagen, hinfallen‹ mancherorts Ortenau. *Do bin i uf d'r Stuehl blotzt* [A. Ganther].

Plotzer m.: ♦ 1) ›dumpfer Aufprall, Fall‹. ♦ 2) ›Kuchen aus einem Rührteig mit vielen Kirschen samt Steinen‹ verbr., auch *Griäseblotzer.*

Plotz-fass n.: ›Stoßbutterfass‹ [Konstanz].

plumpe schw.: ›buttern‹ verbr. Ortenau, nördl. Schwarzw.

Plumpere f., (m.): ›minderwertiges Kleid‹, lumpen- oder fähnchenartig Kinzigtal.

Plump-fass n.: ›Butterfass‹ Verbr. wie »plumpe«. – Vgl. »Stoßfass«.

Plump-milch f.: ›Buttermilch‹ verbr. Ortenau, nördl. Schwarzw. – Syn. → »Ankemilch«.

Plunder n., m.: ♦ 1) ›Kleider, Kleidung‹ verbr. Brsg., Markgr., Wiesental; *un di arme Lüt in ihrem verrissene Plunder* [Hebel]; Ra.: *Brot un Blunder verdiene* ›den ganzen Lohn beziehen‹ [Glock Brsg.]; *Nimmt's di wunder, schlief* (schlüpfe) *ins Blunder* [Glock Brsg.]. – Vgl. »Häß«. ♦ 2) ›Habseligkeiten, wertloses Zeug‹ abschätzig, mancherorts. – Mhd. *blunder, plunder* ›Hausgerät, Wäsche, Kleider, Bettzeug‹.

Plunni f.: Kurzform für den weibl. VN *Apollonia* [Hebel].

plütsche schw.: ›schlagen, klopfen‹ Markgr.

Plütschi n.?: ›Holzklotz, Sägeblock‹ nur bei Hebel bezeugt: *eicheni Plütschi versägsch* [Hebel]. – Zu mhd. *plotze, plötzel* ›unförmiges Stück‹?

pochle schw.: ♦ 1) ›klopfen, ein pochendes Geräusch machen‹, z. B. mit Holzschuhen. ♦ 2) ›zum Spaß an die Läden klopfen‹, vor allem in der *Pochelnacht* (im Advent) [Vögishm].

Poli m.: *Pòli, Bòli* (offenes *o*) ›großer Schlepprechen mit dem man Reste von Heu, Getreide zusammenrecht‹ mancherorts Hegau, Klettgau, Bodensee; die Arbeit mit diesem Rechen selbst heißt *pole.* – Das Wort ist auch im Schwäbischen und Schweizerdeutschen belegt und wird von ital. *pala* ›Schaufel‹ hergeleitet. – Syn. → »Schleifrechen«.

polke schw.: ›Erdklumpen auseinanderschlagen‹ [Zell a. H.].

Polschter n.: *Bolschter,* häufiger in alter Mundart *Bulschter* ›Sitzpolster‹.

Polter[1] m.: *Polter, Bolter* ›Rückstand beim Butterauslassen‹ Hegau. – Vgl. »Blotter«.

Polter[2] m.: *Bolter* ›Haufen aufgeschichteter Stämme‹ [Hundsb.].

poltere schw.: ♦ 1) ›poltern‹. ♦ 2) ›Kartoffeln ausmachen‹ Kinzigtal, vgl. »polke«. ♦ 3) ›leicht stinken‹, von in Fäulnis übergehendem Fleisch [Altenhm].

popeia Interj.: *popeia, bobeia, popeie, bobeie* u. ä. ♦ ›Schallwort in Wiegenliedern‹; *D'Engeli ... singen: Eie Popeie!* [Hebel], auch für ›Wiege, Bettchen‹.

Poppel m.: ♦ 1) ›Knäuel‹ [Schiltach, Sunthsn].

♦ 2) ›große Geschwulst, Gewächs‹, Dim. *Beppeli* verbr. – Vgl. »Bolle«.

Poppele m.: Name von verschiedenen Geistern, bes. dem *Poppele (Poppili) von Hohenkrähen* im Hegau. – Wohl zu »poppere, pöpperle« ›pochen, klopfen, rumoren‹, also ›Klopfgeist‹.

poppere, pepperle schw.: *pepperle, bepperle, pöpperle, böbberle, bobbere, poppere.* ♦ ›leicht, sanft klopfen, wiederholt, schnell pochen‹. *Un im Vertäfer popperet der Wurm* [Hebel]. *Er pöpperlet am Lädemli* [Hebel].

Poschetle n.: ›Ziertaschentuch der Herren‹, veraltet [Schopfhm]. – Dim. zu frz. *pochette.*

Poscht f.: *Poscht,* häufiger *Boscht.* ›die Post‹; der Postbote ist der *Poschtli* verbr.

poschte schw.: ›einkaufen‹ [Bromb.].

Poschtur f.: ›äußere Gestalt‹; *der het e gueti Poschtür* ›der hat eine stattliche Figur‹ [Freiamt]; dazu *puschturli were* ›eine erwachsene Gestalt entwickeln‹ [Appenw.].

Poter(l)e Pl.: *Potere, Poterle* ›Perle (des Rosenkranzes)‹ mancherorts Bodanrück, vereinz. Linzgau. – Zur Herkunft vgl. »Päterle«.

Pot-schamber m.: ›Nachttopf‹ verbr. – Frz. *pot de chambre.*

potz Interj.: Schallwort oder Teil von Verwünschungen (dort verhüllend für *Gotts-*). *Daß di Potz! Potz tausig!* [Hebel]; *Potz Himmelstern! Potz Blitz! Potz Bluescht! Potz Dunnerschlag!* [A. Ganther].

präschtiere schw.: ›aushalten, ertragen‹ [Hebel]; *Wenns so furtgoht, ischs ball nimme z präschtiere* [Glock Brsg.]. – Lat. *praestare.*

Pratsch m.: ›Schlag mit der flachen Hand‹ [Bötzgn]. – Vgl. »Patsch 1«.

pressant Adj.: ›eilig, dringend‹. – Vgl. »pressiere«.

pressiere schw.: *pressiere, bressiere, bressiäre.* ♦ ›Eile haben, dringend sein‹; *s pressiert mer* ›ich habe es eilig‹. *Sell pressiert jo nit* [Hebel]. *Im Hermännli het's arg pressiert* [A. Ganther].

Prigel m.: *Priigel, Prügel, Priggel.* ♦ 1) ›Stock, Knüppel‹. ♦ 2) nur Pl.: ›Hiebe, Schläge‹; *e düchdige Tracht Prüg'l* [A. Ganther]. Er *het müesse lide un* (hat) *meh Prüg'l as Brodbröckele g'faßt* [A. Ganther].

Pris m.: *Briis, Briss* ›Preis‹; Ra.: *um ke Priis* ›keinesfalls‹.

Prise m., f.: *Briis, Priis, Briise, Priise, Briss* ›Menge die man zwischen Daumen und Zeigefinger fassen kann‹, z. B. Salz, Schnupftabak. *Druf lengt der Pfarer in Sack un nimmt e Priise un schnupft* [Hebel]. *Jo, sait 'r un nimmt e Pris* [A. Ganther].

Pritsche f.: *Pritsch, Britsch, Pritsche.* ♦ 1) ›flaches Gerät zum Schlagen, bes. Narrenpritsche‹. ♦ 2) ›Bretterpodium, Lager, Liege aus Brettern‹; *seller hätt' alles drin zue Kruzefetze z'sämmeg'haue, Disch un Stuehl, Ofe un Pritsch* [A. Ganther]. ♦ 3) ›zum Weinen verzogener Mund‹; vgl. auch »Brietschele«.

pritsche schw.: ›klatschend schlagen‹.

Proffe Pl.: *Broffe, Proffe* ›Wagenrungen‹ Dinkelberg, südl. Hotzw. – Syn. → »Kipfe«.

proper Adj.: *propper, brobber* ›sauber, schmuck, ordentlich‹. *'s Rootsheere Huus, 's isch wohr,'s siht proper uus* [Hebel].

Protasi m.: Kurzform für den männl. VN *Protasius.*

Pudel m.: *Pudel, Püdel, Budel, Puddel, Buddel.* ♦ 1) ›die bekannte Hundeart mit kraushaarigem Fell‹. ♦ 2) ›Fehler beim Kegelspiel‹. ♦ 3) abschätzige Bezeichnung für Menschen (minderwertig, schmutzig).

Puff m.: *Puff, Buff.* ♦ 1) ›Stoß, Knuff‹ vereinz., auch *Puffer.* ♦ 2) ›Beule, Bausch‹, z. B. am Kleid. ♦ 3) ›Bordell‹.

puffe schw.: ›stoßen, stupfen‹; Ra.: *z puffe kumme* ›mit jemandem zusammentreffen, sich ergeben (von einer Gelegenheit)‹ verbr.

Puhuh m.: ›Irrlicht, feurige gespenstische Erscheinung‹ mehrfach bei Hebel im Gedicht „Geisterbesuch auf dem Feldberg": *Sait's, un vor is her marschiert der Puhuh in Flamme* [Hebel].

pupe, pupere schw.: *pupe* mancherorts SO-Baden; *püpe* Kaiserst.; *puppe, buppe* Markgr., Wiesental; *pupere* [Föhrental]. ♦ 1) ›tuten, mit dem Horn blasen‹, dazu die *Pupe, Püpe* ›Weidenpfeife‹. ♦ 2) ›in die Hosen machen‹. – Vgl. »päpe«.

Puppele, Püppele n.: *Puppele, Buppele, Bippele, Bipp(e)li, Bübbli* ♦ 1) ›Blütenstände, Knospen verschiedener Pflanzen‹, z. B. Aaronstab, Klatschmohn. ♦ 2) ›weibliche Brustwarzen‹ vereinz. Markgr. ♦ 3) ›Tannen-, Föhrenzapfen‹ mancherorts Ortenau. ♦ 4) Dim. zu *Bubb* ›Puppe‹.

puppele schw.: ›mit Puppen spielen‹ verbr.

Puppeler m.: *Bubbeler, Bübbeler, Bubbler, Pupler* auch *Buppert.* ♦ ›Wiedehopf‹ mancherorts Ortenau. Kaiserst.; Ra.: *stinke wiä e Bübbeler* ›sehr stinken‹, wegen des stinkenden Nestes dieses Vogels. – Vgl. »Pupphahn«.

puppelig Adj.: ›klein, unscheinbar‹ mancherorts.

Pupp-hahn m.: *Pupphaa, Bupphòò* u. ä. ›Wiedehopf‹ vereinz. Ortenau.

püpple schw.: ›anstrengende, Aufmerksamkeit fordernde Kleinarbeit verrichten‹; *wenn der ebbis z püpple het, no ischsem wohl* [Freiamt].
Purgatz f.: ›Abführmittel, -kur‹, meist nur noch in der Ra.: *des isch ärger als e Purgatz / Burgatz* ›das ist eine ziemliche Tortur, Quälerei, Mühe‹ vereinz. – Mittellat. *purgatio* ›Reinigung‹.
Purple Pl.: ›Pustel, Impfpocken‹ vereinz. Kaiserst., Markgr. – Vgl. »Borpel«.
Pussasch f.: ›Liebesverhältnis, Liebschaft‹, veraltet.
pussiere schw.: *pussiere, bussiere* ›flirten, eine Liebschaft haben‹.
Pussier-läppli n.: ›Ziertaschentuch‹ verbr.
Putsch m.: *Putsch, Butsch, Bütsch* ›Stoß, patschender Schlag, Knall‹ vereinz.
putsche schw.: *putsche, butsche* ›mit dumpfem Stoß anprallen, stoßen‹; *Chind, gang nit noh zue der Chue, s isch e bösi, sie butscht* [Glock Brsg.].
putze[1] schw.: ♦ 1) ›reinigen‹. ♦ 2) ›sich schmücken‹; *jetz simmer butzt un gstrählt* ›es ist alles in Ordnung‹, aber auch ironisch gebraucht, im Sinn von ›es ist nichts mehr zu ändern, wir müssen die Situation hinnehmen, wie sie ist‹ mancherorts; *auch putzt un gschtriegelt.*
putze[2] schw.: ♦ 1) ›stoßen, schlagen‹; *sie het em eini butzt* ›sie hat ihm einen Schlag versetzt‹ verbr. ♦ 2) salopp für ›sterben‹; *s het e butzt* verbr.
Putzete f.: *Butzede, Butzedi* ›Nachgeburt bei Tieren‹ mancherorts mittl. Schwarzw. – Syn. → »Siferi«.
Putz-gunkel m.: in der Ra.: *d Putzgunkel mache* ›das Aschenbrödel machen‹ Lörracher Gegend. – Das Grundwort zu »Gunkel«.
Putz-lumpe m.: ›Putzlappen‹ verbr.; *midem Butzlumbe unem Schdrubfer de Bode butze* [Freiamt].

Q

Quäckerle, Quickerle n.: ›Steinkauz‹ mancherorts, gilt als Todesbote.

Quader m.: ♦ 1) ›rechtwinklig behauener Steinblock‹. ♦ 2) ›durch Pfade, Buchsbaum abgetrenntes viereckiges Stück Gartenland‹ Hegau, Bodenseegebiet. – Die auch im Vorarlbergischen vorkommende Bed. 2 wird dort unmittelbar von rätorom. *quadra* ›quadratisches Grundstück‹ abgeleitet.

Quak m.: *Quaak.* ♦ 1) ›Rabe, Kolkrabe, Rabenkrähe, Saatkrähe‹ verbr. südöstl. Schwarzw., Hotzw., Klettgau, Hegau, Höri (Verbr. s. Karte → »Krapp«); Syn. → »Krapp 1«. ♦ 2) ›kleines Kind‹ vereinz.

quak Interj.: ♦ 1) ›Lockruf für Enten‹. ♦ 2) Imitation des Froschquakens.

quake, quakse, quäkse schw.: *quake, quakse, quòòkse, quäkse.* ♦ 1) ›quaken, quäkende Laute von sich geben‹ mancherorts; *das es so jämerli quäkset* (das Vöglein) [O. Furtwängler]. ♦ 2) ›husten, schniefen und damit verbundene Laute von sich geben‹ [Freiamt].

Quaker m.: dass. wie → »Quak 1« mancherorts Bodanrück, Linzgau (Verbr. s. Karte → »Krapp«). – Syn. → »Krapp 1«.

quakse → »quake«.

Quakser m.: ›Husten, Erkältung‹; *er het de Quòòkser* [Freiamt]. – Zu »quake 2«.

quallere schw.: ›brodeln, von kochenden Flüssigkeiten‹ vereinz.

Quark → »Bippeliskäs, Ziger, Hafekäs, Schmierkäs«.

Quartier n.: ♦ 1) ›Unterkunft, Obdach‹. ♦ 2) ›Stadtviertel‹.

quärze schw.: ›maulen, schimpfen‹ Markgr.

Quaschte f.: ›Troddel, Quaste‹.

Quecke f.: *Queck* das Unkraut, mancherorts nördl. Schwarzw. – Syn.: »Dundergras, Kecke, Schlich-, Schloapf-, Schnur-, Spitzgras, Schnurwurzel, Wurzle 2, Zwecke«.

Queck-silber n.: *Quecksilber, -silwer.* ♦ 1) das silberglänzende flüssige Metall. ♦ 2) ›unruhige Person‹.

Quendel m.: *Quendel, Kääle, Quängeli* u. a. ♦ 1) ›die Pflanze Quendel, Thymus serpyllum‹. ♦ 2) ›Fleischkraut, Origanum‹.

quer Adv.: *quer, quạr* ›schräg, quer‹; *un quer durs Feld* [Hebel].

Queri f.: ›die quere Richtung, Quere‹.

Quetsch f.: *Quetsch, Quạtsch, Quetschel* ›Zwetschge‹ verbr. Ortenau, mancherorts nördl. Schwarzw. (Verbr. s. Karte → »Zwetschge«).

Quetsch-kommod f.: ›Ziehharmonika‹, scherzh.

quitt Adj.: ›frei von gegenseitigen Verpflichtungen‹, in älterer Mundart häufiger »kitt, wett«; *der Chilchhof macht vo allem quitt* [Hebel].

Quitte f.: *Quitt, Quitte* verbr., seltener *Quett, Kidde, Küdde, Chidene, Chüddene.* ♦ ›die Pflanze Quitte (Cydonia) und ihre gelben Früchte‹.

quitte-geel Adj.: *quittegeel, -gelb* u. ä. ›sehr gelb‹.

quokse → »quakse«.

R

r Kurzform des Pers. Pron. *er* in unbetonter Stellung; z. B. *Noch kei fünf Minude isch 'r gange gsi* [A. Ganther].

raa, rab Adv.: *raa* nördl. und mittl. Schwarzw., Ortenau, nördl. Schwarzw.; *rabb* Elz- und Dreisamtal, Gegend von Furtwangen – St. Georgen, nördl. Baar, Linzgau (Verbr. s. Karte → »abe«). ♦ ›herab, herunter‹; *kumm mol rab, s isch ebber doo* ›komm mal herunter, es ist jemand da‹ [Bleibach]; *Wo d'r Herr Pfarrer am e Sunndigs vun d'r Kanz'l ra v'rkünd' het* [A. Ganther]; *s Waser schiast scho de Wäg rab wia en Bach* [O. Furtwängler]. – Entstanden aus *her-ab.*

raa-keie, rab-keie schw.: ›herunterfallen‹.

Raasche f.: ›Wut, Übereifer, Hast‹ vereinz. – Frz. *rage* ›Wut, Zorn‹.

Rab ›Rabenvogel‹ → »Rapp«.

Rabarber(a) m.: *Rabarwer, Rabarber, Rabarbera.* ♦ ›Rhabarber‹.

Rabatz m.: ›Lärm, Aufruhr‹ vereinz.

Räbe f.: ›Rübe‹ Klettgau. – Vgl. »Ruebe, Rüebe«.

rabose, rabüse schw.: *rawóse, rabóse* mancherorts Ortenau, Schwarzw.; *rawúse, rawise, rabüse* vereinz. ♦ ›sich wild gebärden, wüten, rasen, toben‹. – Vgl. »ragoze, rambische«.

Rache-putzer m.: ›minderwertiger Wein, Schnaps, billige Zigaretten‹, scherzh., vereinz. – Vgl. »Rattegickel«.

rack Adj.: ›steif, stramm‹ vereinz. Ortenau.

räckse ›verkümmern‹ → »reckse«.

Rad n.: *Rad* verbr.; *Radd* mancherorts nördl. Ortenau, Höri, Reichenau; *Ròòd* vereinz. Ortenau, Brsg.; Pl. wie Sg. oder *Rädder, Räder*; Dim.: *Rädle, Rädli.* ♦ ›Rad am Wagen, Fahrrad, Radförmiges‹; Ra.: *unter d Räder kumme* ›auf Abwege geraten, scheitern‹ vereinz.

Radau m.: *Radáu* verbr.; *Radäu, Radai* vereinz. Kaiserst. ♦ ›Lärm, Krach‹.

Radde f.: *Radd, Radde, Ratte* ›die Pflanze Kornrade, Agrostemma‹.

raddekal Adj.: ›gründlich, radikal‹.

räde ›Getreide sieben‹ → »rede²«.

radibutz Adv.: ›ganz und gar‹ vereinz. – Vgl. »ratzebutz«.

Rädle-pflueg m.: ›das Rädergestell des Vorderpflugs‹ mittl. Schwarzw.

Rädling m.: dass. wie → »Rädlepflueg« SO-Baden.

Rafe m. (f.): *Raafe, Raffe* ›Dachsparren‹ Hotzw., Klettgau, Baar, Hegau. – Mhd. *rave,* hierzu auch engl. *roof* ›Dach‹.

Raffle f.: *Raffel, Raffle.* ♦ 1) ›kammartiges Gerät‹, z. B. zur Flachsbearbeitung, zum Abstreifen von Heidelbeeren. ♦ 2) ›Reibeisen, Raspel‹ vereinz. ♦ 3) ›Mund (mit Zahnlücken)‹. ♦ 4) ›hagere, dürre, geschwätzige Person‹; *e schwarzi Raffle* ›eine schwarzhaarige Frau mit scharf geschnittenen Gesichtszügen‹ [Freiamt].

raffle schw.: ♦ 1) ›mit der »Raffle 1« arbeiten‹. ♦ 2) ›schwatzen, tratschen‹.

Räge ›Regen‹ → »Rege«.

ragoze schw.: dass. wie → »rabose« SO-Baden.

Raguschter f.: ›listige, verschlagene Frau‹ vereinz. SO-Baden.

räh, räch Adj.: ♦ 1) ›gliedersteif‹ von Pferden [Saig]. ♦ 2) ›ranzig‹, von Butter [Möhrgn, Berau]. ♦ 3) ›wählerisch im Essen‹, bes. vom Vieh.

rähele schw.: ›ranzig riechen oder schmecken‹ vereinz. SO-Baden.

Rahm → »Raum«.

Rahme f.: *Rahm, Rahme, Ramm, Ramme* ›Rahmenwerk, Bilder-, Türrahmen‹ usw.; neuer *der Rahme* = nhd. *Rahmen*; *überem Kanabê in dere grôse, schwarze Ramë isch dr Moses* (Bild des biblischen Moses) [O. Furtwängler].

Rahme-schenkel m.: ›starkes Vierkantholz‹.

rahn Adj.: *rahn, rann, ròhn* u. a. ›lang und dünn, zierlich, schmächtig‹; *e rahns Birschtli* ›ein schmächtiges Bürschlein‹ [Munzgn]. – Mhd. *rân* ›schlank, schmächtig‹.

Rahne f.: ›rote Bete‹, oft mit verdeutlichendem Zusatz: *rodi Rahne*; *s git gschnite Nudlë un Rindflaisch un Râne* [O. Furtwängler].

Rai m.: *Rai* verbr. (außer den folgenden Gebieten);

Rain nördl. Schwarzw., Ortenau, Kaiserst.; *Roi* Ostteil des mittl. Schwarzw.; *Roe, Roa* Baar, SO-Baden; *Roo* südl. Hegau. ♦ ›langgezogener (grasbewachsener) Abhang, Böschung, Geländestufe‹.

Raiber m.: *Raiwer, Raiber* ›Räuber‹ auch scherzh. für ›lebhafte, wilde Buben‹.

Raiberlis n.: *Raiwerles, Raiberles, Raiwerles* ›das Räuber- und Gendarmspiel der Kinder‹.

raiche, raige schw.: *raiche, räiche, räuche, roiche, raige, raike, räuke, raickche.* ♦ 1) ›Fleisch, Speck, Wurst räuchern‹ mittl. Schwarzw., nördl. Brsg. und alle Gebiete südl. davon. ♦ 2) ›Rauch entwickeln, qualmen‹ mittl. und südl. Schwarzw., Brsg., Markgr., SO-Baden. – Vgl. »graikt, rauche«.

raichele schw.: *raichele, räuchele, raigele, röugele.* ♦ ›nach Rauch riechen‹ vereinz.

raichere schw.: ›Fleisch, Speck, Wurst räuchern‹ verbr. nördl. des Gebietes, in dem »raiche 1« gilt.

Raiel m.: *Rai(e)l, Röi(e)l, Reu(e)l* ›männliche Katze, Kater‹ mancherorts ob. Markgr., Hotzw. – Abl. zu »raule« ›miauen, brünstig schreien‹, wörtl. *Räuel.*

Raif, Raift ›Rand‹ → »Ranft«.

raige, raike ›räuchern, rauchen‹ → »raiche« und »rauche«.

Raips, Raipser m.: ›das Rülpsen, Überdruss an Speisen‹ vereinz. mittl. Schwarzw.

raipse schw.: *raibse, raipse* ›rülpsen‹ mancherorts mittl. Schwarzw., Ortenau, Brsg., Markgr. – Syn. → »ufstoße«.

Räkeli n.: ›Unke, Molch, Kaulquappe‹ mancherorts mittl. Schwarzw.

Raller m.: ›Kater‹ mancherorts an Murg und Oos. – Vgl. »Ralli«.

Ralli, Ralle, Rälli, Rälle m.: ›Kater‹ verbr. östl. Hegau, Höri, Bodenseegebiet (Verbr. s. Karte → »Rolli«). – Vgl. »Raiel, Raller, Rälling, Roller, Rolli«.

Rälling m.: ›Kater‹ mancherorts südl. Baar, westl. Hegau, dort vereinz. auch *Rällinger* (Verbr. s. Karte → »Rolli«). – Vgl. »Ralli«.

Ramasser → »Rebmesser«.

rambische schw.: *rambiische, rambüüsche,* dass. wie »rabose«.

Rambur m.: eine Apfelsorte.

ram-deesig Adj.: *rammdeesi, rammdeesig, ramdösig* u. a. ♦ ›benommen, schwindelig im Kopf‹.

ramessiere schw.: ›zusammenhäufen, herumkramen‹. – Frz. *ramasser.*

Ramf, Ramft ›Rand‹ → »Ranft«.

Rammel m.: ›Brunst, Paarungszeit bei Tieren‹.

rammle schw.: ♦ 1) ›sich paaren, begatten‹, bes. von Hasen, Kaninchen. ♦ 2) ›sich herumwälzen, balgen‹ von Kindern, vereinz.

Rammler m.: ›männlicher Hase, männliches Kaninchen‹.

rammlig, rämmlig Adj.: *rammlig, rammli, rämmlig, rämmli.* ♦ 1) ›brünstig‹ von Hasen, seltener von Katzen, im nördl. Schwarzw. auch vom Schwein; Syn. → »rißig«. ♦ 2) ›reichlich vorhanden, häufig‹, *rämmlig voll* ›ganz voll‹ Ortenau, Kaiserst.

Rampas m.: ♦ 1) ›derbe, vitale Person‹ vereinz. ♦ 2) ›saurer Wein‹ [Hagnau].

Rampe, Rämpe m.: *Rambe, Rombe, Rämbe.* ♦ ›großes, dickes (keilförmiges) Stück‹, meist Brot, Speck, Ortenau; *Schniid mer en Rämbe Brot raa* [Schutterwald]. – Vgl. »Ranft, Ranke«.

Rämpel m.: ›schwächliche Person‹ Markgr.

Rampes m.: ›selbstgebautes Gefährt, Seifenkiste‹, auch *Rampenelli* [Epple].

rams Adj.: ›kraft- und willenlos, schlapp‹ mancherorts mittl. Schwarzw., Ortenau.

Ramse, Ramsele f., meist Pl.: *Ramse, Romse, Ramsele.* ♦ ›Ginster‹ Südteil des mittl. Schwarzw., Elztal, vereinz. nördl. Schwarzw., Kaiserst., südöstl. Schwarzw. – Ein altes Wort, als *ramese* im Mittelniederdeutschen bezeugt, mit Entsprechungen im Altnordischen, Angelsächsischen, Keltischen, Slawischen, Griechischen.

ramse schw.: *ramse, romse* ›zusammenraffen‹ vereinz. – Wohl aus frz. *ramasser.*

Rams-kopf m.: ›dumme, törichte Person‹. – Ursprüngliche Bed.: ›Hammel-, Widderkopf‹.

Rams-nase f.: ›abwärts gebogene Nase‹ vereinz. – Zu mhd. *ram* ›Widder‹.

Randich m.?: ›rote Bete‹ SO-Baden.

Rändle, Rännle ›Fegemühle‹ → »Rendle«.

Ranft m.: *Ranft* mancherorts nördl. und mittl. Schwarzw.; *Ramft, Rampft, Rampf(e)* Brsg., Markgr.; *Rauft, Rouft, Rauf* obere Brigach und Breg, südl. Schwarzw.; *Raif* südl. Schwarzw., Hotzw., Klettgau; daneben noch viele kleinräumige Varianten wie *Raaf, Roof, Raift, Rempft, Ronft* u. a. ♦ ›Rand‹, bes. ›Rand am Brot, Backwerk, Brotanschnitt‹. – Mhd. *ranft* ›Einfassung, Rand, Brotrinde‹. – Syn. → »Aschnitt«.

Ranftete f.: *Ranpftede, Rampftede* u. ä. ›Brotrinde, Brotkruste‹ mancherorts Brsg., Kaiserst.

ranftig Adj.: *raufdig* ›verharscht, krustig‹ Ortenau.

Range f., m.: *Rang, Range* ›gebogene Spante, Rippe

des Fischerbootes‹ Hanauerland, Hochrhein, Bodensee.

rangschiere schw.: ♦ 1) ›herrichten, zurechtmachen, versorgen‹. ♦ 2) ›Eisenbahnwaggons rangieren, in engen Verhältnissen lenken‹.

Rank m.: *Rank* verbr.; *Ronk* nördl. und mittl. Schwarzw.; *Rankch* Dinkelberg, Hotzw., Klettgau, südl. Hegau, Höri. ♦ ›Wegbiegung, Kurve, Kehre‹; *wu dr Wää* (Weg) *e Rank macht* [Schutterwald]; *s Schtägli isch e weng häldig un gôt unde no im Rank rum* ›die Stiege ist etwas abschüssig und macht unten eine Kehre‹ [O. Furtwängler]; Ra.: *de Rank (net) kriege* ›eine Sache (nicht) hinbekommen‹; *Dem Freund un Brueder soll me nit der Rank verlaufe* ›listiges Zuvorkommen ziemt sich nicht‹ [Glock Brsg.]. – Mhd. *ranc* ›das Ringen, schnelle Wendung‹.

Ranke m.: ›großes, derbes Stück‹, meist Brot, Speck, nördl. Schwarzw., Ortenau, SO-Baden. – Vgl. »Rampe, Ranft, Ränkel«.

ranke schw.: ›sich ändern, wechseln‹ [Freiamt], Elztal. – Bildung zu »Rank« im Sinn von sich umkehren, wenden.

Ränkel m., n.: dass. wie → »Ranke«, auch ›aufgeplatzte Kruste, Anschnitt am Brot‹, meist Dim. *Ränkeli* Bodanrück, Linzgau.

Ranze m.: *Ranze* verbr., *Ranzer* vereinz. Schwarzw., Ortenau. ♦ 1) ›Rückentragetasche, Ranzen der Schulkinder‹; *Schnall 's Ränzli uf d'r Rucke; mach, mach! Wenn Küeh hüede witt* [A. Ganther]. ♦ 2) ›Bauch, Rumpf, Leib‹; Ra.: *de Ranze fuchse* (ärgern) ›wenig essen‹ [Konst]; *de Ranze vollhaue* ›eine Tracht Prügel verabreichen‹ [Freiamt]; Sprichw.: *liäwer e Ranze vom Fresse wiä en Buckel vom Schaffe* [E. Strube].

Ranze-blitze, -pfife, -weh n.: ›Bauchweh, Leibschmerzen‹ mancherorts.

ranzlig Adj.: ›ranzig‹ vereinz.

Rapp m.: ›Rabenvogel, Krähe‹ mancherorts Baar, südl. Schwarzw. (Verbr. s. Karte → »Krapp«). – Mhd. *rappe* ›Rabe, schwarzes Pferd‹. – Syn. → »Krapp 1«.

Rappe[1] m.: *Rapp, Rappe* ›Stielgerüst der Traube‹ mancherorts Ortenau, Brsg., Bodensee. – Vgl. »Trappe, Kamm 3«.

Rappe[2] m.: *Rapp, Rappe* ›schwarzes Pferd‹; Ra.: *uf Schuemachers Rappe* ›zu Fuß‹ [O. Furtwängler]. – Etymologisch zu »Rapp« und wohl auch zu »Rappe[3]« gehörig.

Rappe[3] m.: alte Münzeinheit, heute noch in der Schweiz die kleinste Münze, der *Rappen*. – Die frühesten Belege beziehen sich meist auf Münzen Freiburger Währung und hatten als Prägung einen Adlerkopf aus dem Wappen der Freiburger Grafen, der wohl spöttisch als *Rabe*, in der Mundart »Rapp« s. d. bezeichnet wurde.

rappe schw.: ›mit der *Rapp*, einem Reibeisen oder einem kammartigen Gerät zum Abstreifen der Heidelbeeren arbeiten‹ vereinz. Ortenau, Kaiserst.

Rappel m.: ›Anfall von Verrücktheit‹.

Rappetitzli n.: *Rabbeditzle, Rappetitzli* u. ä. ›lustige Erzählung, Schwank, (gesungener) Schelmenvers‹ vereinz.

räppezig Adj.: ›rauh, schorfig‹ mancherorts Ortenau.

rappidi-kappidi Adv.: ›schnell, hurtig, ruck-zuck‹ vereinz. SO-Baden.

Räppis m.: ›saurer, minderwertiger Wein, Tresterwein‹ vereinz. – Vgl. »Rattegickel«.

rapple schw.: ♦ 1) ›ein klapperndes, rasselndes, rumpelndes Geräusch machen‹; *un wia's siadig Hexewedder rapp'lt 's leer Fuehrwerk* [A. Ganther]. ♦ 2) ›in Massen fallen, in großer Anzahl vorhanden sein‹. ♦ 3) ›Urin lassen‹, von Kindern, vereinz. Nordrand. ♦ 4) ›einen närrischen Anfall haben‹.

Rasanti m.: ›Barbierer, Rasierer‹ vereinz. SO-Baden. – Ital. *rasante.*

Raschple *Raschple, Raschpel* f.: ›Raspel‹.

raschple schw.: ›raspeln‹; *d'r G'sell feilt un raspelt druf los, daß 'm numme so's Wasser vun d'r Stirn ratröpf'lt* [A. Ganther].

rasig Adj.: ›rasend‹ Markgr.

Räson f.: ›Anstand, Manieren, Respekt‹.

räsoniere schw.: *räsoníre, räsenire* ›kritisieren, nörgeln‹.

räß Adj.: *rääß* verbr.; *reeß* mancherorts Markgr.; *ręąß* westl. Ortenau, mancherorts nördl. Brsg. ♦ 1) ›scharf schmeckend, zu stark gesalzen‹; *rääße Käs* ›scharfer, gelbgewordener Käse‹ [Hofstet.]; häufig in Reimen folgender Art: *Appezeller Mädele, / wie machtmr denn de Käs? / Me duet en in e Kibele / un druckt en mit em Fidele, / drum isch de Käs so räß* [Epple]. ♦ 2) ›streng, unangenehm, widerspenstig‹; *bis it se räß* ›sei nicht so böse‹ [Herrischried]; auch subst.: *Des ischt e Räßi* ›eine Frau mit spitzer Zunge, beißenden Reden‹ [Epple].

rassle schw.: ›rasseln, in Massen herunterprasseln‹; *'s raßlet im Nußbaum* [Hebel].

rasslig Adj.: ›brünstig vom Schwein‹ Hegau, Bodanrück, Linzgau. – Syn. → »rißig«.

rätig Adj.: *rätig, rötig* ›nach einer Beratung zu einem Entschluss gekommen‹ vereinz.; *zeletscht sin si rätig worre* [Sunthsn].

ratsch Interj.: Äußerung, die eine schnelle Bewegung begleitet; *Ratsch, wurd's hinder m'r zueg'schlosse* [A. Ganther]; *un ritsch, ratsch, ritsch, ratsch het d'r Wallraff z'feile ag'fange* [A. Ganther].

Rätsch, Rätscher *Rätsch, Rätscher, Ratsch, Ratscher.* ♦ ›männliche Ente, Erpel, männliche Gans, Gänserich‹ südl. Ortenau, Brsg., Markgr. – Syn. → »Enterich«.

Rätsch-base f.: ›schwatzhafte Person‹, auch *Rätschkäther, -bärbel, -bäse, -gosche.*

Ratsche, Rätsche f.: *Ratsch, Rätsch, Ratsche, Rätsche, Rätschi.* ♦ 1) ›Lärminstrument, Schnarre, Klapper‹, z. B. als Utensil von Fastnachtsnarren, als Klapper an den Kartagen. ♦ 2) ›Mühle zum Zerkleinern‹, z. B. Rüben, Trauben, Obst, mancherorts Ortenau. ♦ 3) ›Mund, Mundwerk, schwatzhafte Unterhaltung, schwatzhafte Person‹.

ratsche, rätsche schw.: ♦ 1) ›die »Rätsche 1« bedienen‹. ♦ 2) ›krächzen‹, von der Elster, Ente. ♦ 3) ›mit einer Mühle zerkleinern, häckseln‹. ♦ 4) ›schwatzen‹.

Rätscher ›Enterich‹ → »Rätsch«.

Rätsel n.: ›Denkaufgabe, Geheimnis‹; *i stand vor eme Rätsel* ›ich stehe vor einem Rätsel, das ist mir unbegreiflich‹ [Reute (Emm.)].

Ratte f.: *Radd, Ratt, Radde, Ratte* ›Hausratte, Wanderratte‹ Schwarzw., Ortenau, Brsg., Markgr.; *i bi voll Chiib* (s. »Kib«) *un Gift aß me Ratte mit mer chönnt vergee* [Hebel]. – Vgl. »Ratz[1] 2, Rattmus«.

Ratte-gickel m.: ›sauerer, minderwertiger Wein, Tresterwein‹ mancherorts nördl. Ortenau. – Vgl. »Racheputzer, Räppis«.

Ratt-mus, Ratz-mus f.: *Rattmuus, Rattmüüs* vereinz. Brsg., Markgr.; *Ratzmuus* südöstl. Schwarzw., Baar, Hegau, Höri, Bodanrück. ♦ ›Ratte‹. – Vgl. »Ratte, Ratz[1] 2«.

Ratz[1] m.: ♦ 1) Tier aus der Familie der Marder oder Schläfer: ›Marder, Iltis, Hermelin, Siebenschläfer, Haselmaus‹, meist in der Ra.: *schlofe (schnarche) wiä e Ratz* mancherorts. ♦ 2) ›Ratte‹ Hotzw., Klettgau, Linzgau; vgl. »Rattmus«.

Ratz[2] f.: ›Mühle zum Zerkleinern von Futterrüben‹ Ortenau. – Wörtl. *Ratze,* eine Bildung zu einem dort gebräuchlichen Verb *ratze* ›abnagen, zerschnitzeln‹.

rätze schw.: *rätze, ratze.* ♦ 1) ›ein kratzendes, knirschendes, knarrendes Geräusch machen‹ Markgr. ♦ 2) ›nagen, abschaben‹ mancherorts. ♦ 3) ›jemanden necken, aufreizen‹ nördl. Schwarzw., Ortenau; Syn. → »vexiere«.

Rätzel n.: ›gespenstisches, brustbeklemmendes Wesen‹. – Vgl. »Schrättele«.

Ratz-mus ›Ratte‹ → »Rattmus«.

rau Adj.: *rau* mancherorts Schwarzw., Brsg., Markgr., vereinz. Hotzw.; *röu, roi, rai* Ortenau, nördl. Brsg. ♦ ›nicht gekocht oder gebraten, roh‹; *er ißts Fleisch aso rau wiä ne Kraij* ›er isst das Fleisch roh wie eine Krähe‹ [Hofstet.]. – Mhd. *rou.*

raubse schw.: ›raufen‹ [Rüßwihl].

Rauch m.: *Rauch* verbr. (außer den folg. Gebieten); *Räuch, Roich, Roüch* mancherorts Ortenau, nördl. Brsg., Kaiserst., südwestl. Markgr.; *Rouch* SO-Baden; Sprichw.: *Wo Rauch isch, isch Füür* (Feuer) ›bestimmte Anzeichen trügen nicht‹ [E. Strube].

rauche schw.: *rauche* mancherorts nördl. und mittl. Schwarzw.; *räuche, roüche* mancherorts Ortenau; *raiche, räiche* mancherorts Brsg., südl. Schwarzw., Baar, SO-Baden; *raige* westl. Brsg., nordwestl. Markgr.; *räuke* oberes Markgr. Dinkelberg; *raikche* vereinz. Hotzw.; *rüüche* östl. Hotzw., Klettgau, daneben seltenere Formen wie *raache, riiche, rouche* u. a. ♦ 1) ›Rauch entwickeln, qualmen‹; *un d' Chemi* (Kamine) *rauchen au alsgmach* [Hebel]. ♦ 2) ›Tabak rauchen‹; *Magsch e Pfiifli Tubak rauche* [Hebel]. – Vgl. »raiche«.

räuche, räuchere ›räuchern‹ → »raiche« und »raichere«.

Rauch-tubak m.: ›Tabak‹, im Ggs. zu Kautabak; *se lengt er endli au in Sack un trinkt e Pfiifli Rauchtubak* [Hebel].

räudig → »ridig«.

Rauf, Rauft ›Rand‹ → »Ranft«.

Raufe f.: *Rauf* nördl. und mittl. Schwarzw.; *Raufe, Roufe* Brsg., südl. Schwarzw., Baar, SO-Baden; *Rouf, Roif, Raif* mancherorts Ortenau, nördl. Brsg. ♦ ›Futterraufe‹. – Vgl. »Barn«.

raufe schw.: ›rupfen, herauszupfen, sich balgen‹.

rauftig ›verharscht‹ → »ranftig«.

raule schw.: ›(klagend) miauen, brünstig schreien‹, von Katzen, Katern, mancherorts. – Vgl. »graule, Raiel«.

Raum m.: *Raum, Raume* mancherorts Schwarzw., Brsg., Hotzw.; *Roum, Roume* mancherorts an Acher und oberer Kinzig; *Roim, Röim, Roime, Röime* mittl. Schwarzw., Ortenau, Brsg.; *Ròòm* nördl. Schwarzw., Baar, Hegau und übriges SO-Baden; *Ròòme* obere Wolfach und Rench; *Ruum* Brsg., nördl. Markgr.; *Ruu, Ruun* Markgr., Dinkelberg, unteres Wiesental;

daneben seltenere Formen wie *Roo, Rou, Rau* u. a. ♦ ›Fettschicht auf der Milch, Rahm, Sahne‹; Ra.: *de Ròòm abschepfe* ›das Beste für sich abzweigen‹ [Möhrgn]. – In Teilen des Schwarzw. gilt »Millere«, im Klettgau »Nidel«.

raunze schw.: ›knurren‹, vom Kater Markgr.

Rau-rife m.: *Rauriif, -riife* u. a. ›Raureif‹.

Rause ›Wasserrinne‹ → »Runs«.

Rausle f.: *Rausle, Rausel* Bez. für weibl. Personen, die flatterhaft, ungepflegt oder geizig sind, vereinz.

Rawasche f.: *Rawáasch, Rawáasche* ›Unordnung, Verwüstung, Überstürzung‹ vereinz. – Frz. *ravage.*

Rebach m.: *Reebach, Reewach, Rewwach, Reifich, Reiwis* u. a. ♦ ›Gewinn, Profit‹. – Entspricht nhd. *Reibach* und ist aus westjiddisch *reiwach, rebach* bzw. *ribis* übernommen.

Reb-bammert m.: *Rebammert, Rąbammert* ›Aufseher in den Weinbergen‹ Kaiserst., Brsg., Markgr. – Zum Grundwort s. »Bammert«.

Reb-berg m.: *Reberg, Rąbąrg, Reberi* u. a. ›mit Weinreben bepflanztes Stück Land, Weinberg‹; *Jetz gang i do der Rebberg uf* [Hebel].

Reb-bur m.: *Rebuur, Rąbuur, -büür* ›Weinbauer, Winzer‹, seine Frau ist die *Rebüüri, Rebiiri.*

Reb-buschle n.: ›Rebholzbündel‹ vereinz. SO-Baden. – Vgl. »Rebwelle«.

Rebe f.: *Reeb, Rääb, Rąąb, Rebb, Rąbb, Reäb, Rääwe, Rąąwe, Rääbe, Rebbe.* ♦ 1) ›Ranke des Weinstocks, Rebschoß, Weinstock insgesamt‹; *un wo im Feld en Ähri schwankt, un wo am Pfohl e Rebe rankt* [Hebel]; *Wie stöhn an sunnige Halde Reben an Reben uf!* [Hebel]. ♦ 2) nur Pl.: ›mit Weinreben bepflanztes Stück Land‹; *fimpf Stickli Rąbe* ›fünf Weinbergsparzellen‹ [O.bergen]; *er schaffet i de Räbbe* [Reichenau].

Rebe-schnidet m.: ›die Zeit des Rebenschneidens‹ Markgr.

Reb-ghäl(d) n., **Reb-häld** f.: *Rebghääl, Rąbghąąl, Rebgheelt, Rebhell, Räbheld, Rąbhąlt* u. a. ♦ ›Rebspalier am Haus‹ mancherorts Ortenau, Brsg. – Zum Grundwort s. »Ghäl«.

Reb-hisli n.: ›Weinbergshäuschen‹.

Reb-land n.: ›Gegend mit Weinbau‹, meist ist jedoch das Markgräfler Weinland (im Ggs. zum *Webland*) gemeint.

reble schw.: *reewle, rąąfle, reeble, rąąble* ›sich abmühen, Mühsal erdulden, leiden‹ mittl. Schwarzw., Brsg., Markgr.; *wenn der usechömmet un unter fremde Lüte schaffe müent un reblen un Brot un Plunder verdiene* [Hebel]; *der het no gheerig rąąfle miässe,* gesagt, wenn jemand vor seinem Tod lange leiden musste [Freiamt]. – Frequentativum zu mhd. *rëben* ›sich bewegen‹.

Reb-lit Pl.: *Reblitt, -liit, -lütt.* ♦ 1) ›Winzer, Weinbauer‹ Bodenseegebiet. ♦ 2) ›Arbeiter im Weinberg, Tagelöhner‹ mancherorts.

Reb-lus f.: ›Reblaus‹.

Reb-luser m.: ›Mitglied der Kommission, die in den Weinbergen den Reblausbefall untersucht‹.

Reb-maa m.: *Rebmaa, -mann.* ♦ 1) ›Winzer, Weinbauer‹ Bodenseegebiet. ♦ 2) ›Arbeiter im Weinberg, Tagelöhner‹ Ortenau, Kaiserst.

Reb-messer n.: *Rebmesser, Rääbmesser, Rąbmąsser, Räämesser, Rąąmąsser* u. ä. ♦ 1) ›Messer mit nach innen gekrümmter Schneide‹ zum Rebschnitt, Abschneiden der Trauben. ♦ 2) Neckname für verschiedene Ortschaften in der Ortenau, im Brsg., im Markgr.

Reb-stecke m.: *Rebstecke, Rąbstącke* usw. ›Stützpfahl des Weinstocks‹; Ra.: *Bai wie Räbstecke* ›lange, dürre Beine‹ [Opfgn].

Reb-stock m.: *Rebstock, Rąąbstock.* ♦ 1) ›Weinstock‹. ♦ 2) Gasthausname „Zum Rebstock"; *wenn 'r im Rebstock odder im Adler sini Schöpple pfetzt het* [A. Ganther].

Reb-tag m.: ›bestimmter Tag, in dem bei geschlossenen Weinbergen Rebarbeiten verrichtet werden dürfen‹, veraltet.

rebtig Adj.: ›ertragreich‹, von Reben; *e rąbtiger Berg* ›ein mit Reben bepflanzter Berg‹ Kaiserst.

Reb-welle f.: *Reewell, Reewelle, Rebwelle, Rąbwąlle* u. ä. ♦ ›Rebholzbündel‹.

Reb-zile(te) f.: ›Reihe, in der die Weinstöcke stehen‹ mancherorts Brsg., Markgr.

Rech ›Enterich‹ → »Trech«.

Reche f.: *Reche, Rąche, Reäche.* ♦ 1) ›Gerät mit Zinken zum Zusammen-, Auf-, Glattrechen‹. ♦ 2) ›rechenartige Gegenstände‹, z. B. ›Brett mit Kleiderhaken, Gitter in Wasserläufen um Treibholz u. ä. abzufangen‹. ♦ 3) ›hagere oder üble weibliche Person‹.

Reche-balke m., **-haupt** n.: ›Querholz am Rechen, in dem die Zähne stecken‹.

Rechete f.: ›das Zusammengerechte‹; auch *Rechetse, Rechletse* u. ä.

rechle schw.: ›mit dem Rechen arbeiten‹ vereinz., sonst meist *reche.*

Rechnig f.: *Rechnig, Rąchnig, Rechning, Rechnung.* ♦ ›Rechnung‹; Ra.: *e Strich durch d Rechnig mache* ›Pläne durchkreuzen‹ [A. Ganther].

recht Adj.: *recht, rącht, reächt* verbr.; *reät* mancherorts Bodenseegebiet. ♦ 1) ›die rechte Seite betreffend‹; Ra.: *der luegt mim rechde Aug ins linke Weschdedäschli* ›er schielt‹ [Glock Brsg.]. ♦ 2) ›dem Recht entsprechend, richtig, ordnungsgemäß, wohlauf, geeignet‹; *wie's recht un billig isch* [Hebel]; *nix isch recht gsi* [A. Ganther]; *bisch nimmi recht im öwwere Stock?* ›bist du noch recht bei Verstand?‹ [A. Ganther]. ♦ 3) steigernd, verstärkend: ›arg, sehr, gehörig‹; *s Annili isch mit 'm B'scheid recht z'friede gsi* [A. Ganther]; *Do isch 'r awwer erscht recht a'gange* ›da ging es gehörig los‹ [A. Ganther].

rechte, rechtige schw.: ›ums Recht streiten‹.

Recke m.: ›Stier, starke Kuh‹ vereinz.

Recke-dure m.: *Reckedure, Reckeduere* u. ä. ›Wacholder‹. – Das Grundwort gehört wohl zu *Dorn.* – Vgl. »Reckholder«.

Reck-holder m.: *Reckholder, Rąckholder* ›Wacholder‹ verbr. südl. einer Linie Lahr-Hornberg, nördl. davon »Weckholder«. – Mhd. *reckholter.* – Vgl. »Dreckholder, Reckedure, Weckholder«.

reckse schw.: *reckse, rąckse* ›nicht recht gedeihen, kümmern, kränkeln, dahinsiechen‹ mancherorts Ortenau, mittl. und südl. Schwarzw., Brsg.; *er reckst bees rum* [Schutterwald].

Reckser m.: ♦ 1) ›langwierige Krankheit, Siechtum‹ verbr. wie → »reckse«; *I han de Reckser am Hals* [Neustadt]. ♦ 2) ›verdorrter Baum‹ Kaiserst.

Red f.: *Reed* verbr., *Redd* mancherorts SO-Baden. ♦ ›Unterredung, Aussprache, Rede‹; *mit Wort un Red un Grueß* [Hebel]; *Schu e männigi floddi Red ha i in mine sechsedrißig Diantschtjohr g'hört gha; so e g'salzini us 'm Efef awwer no nia* [A. Ganther]; Ra.: *kei Reed devuu* ›nichts davon, keine Rede‹, abschlägig; *mii Reed* ›das habe ich schon immer gesagt‹ [Freiamt].

Redde(r)-mann m.: ›Wintergerste‹ vereinz. südl. Ortenau. – Wohl wörtl. *rett den Mann*, weil es die frühest reifende Frucht ist.

rede[1] schw.: *rede, redde* mancherorts Ortenau, vereinz. übriges Baden; Part. Perf.: *gredet.* ♦ ›sprechen, eine Unterredung führen‹, sonst meist »schwätze«; *A jedes red't si Schprôch* [O. Furtwängler]; *Maister Üeli, i ha mit Euch e wenggeli z' rede* [Hebel]; *Was peppersch? Mer verstöhn di nit. Schwätz dütli, wenn de rede witt* [Hebel]; Sprichw.: *De Pfarrer redet it zweimool* [Epple].

rede[2] st., schw.: *rääde* mancherorts Schwarzw.; *redde* obere Breg, Hegau, Bodanrück; *reäde* Linzgau; Part. Perf.: *grääde, greäde* mancherorts; *gräädet, greädet* vereinz. ♦ ›durch ein Sieb lassen‹, bes. ›Druschgetreide von Spreu, Unkrautsamen durch Sieben reinigen‹. – Mhd. *rëden* ›durch das Sieb schütten, sieben‹. – Vgl. »ritere«.

Redete f.: ›Abfall beim Getreidesieben‹ vereinz. SO-Baden.

redlig Adj.: *redli, redlig.* ♦ 1) ›rechtschaffen, redlich‹ vereinz.; *Un wers nit redli maint un guet* [Hebel]. ♦ 2) steigernd: ›gehörig, sehr‹; *dr git si redli Miäih* ›Mühe‹ [Reute (Emm.)]; *si het ihr redli Huuschrütz au* ›sie hat gehörige Belastungen in der Familie (hier: mit ihrem Mann)‹ [Hebel].

Reff n.: *Reff, Räff* verbr. (außer den folgenden Gebieten); *Rąff* mancherorts südl. Ortenau, nördl. Brsg.; *Rääf* mancherorts Markgr.; *Rąąf* südl. Brsg., westl. Markgr.; *Reäff* Linzgau; *Refd* mancherorts im mittl. Schwarzw.; *Refts, Reftsk* vereinz. Raum Stühlgn – Blumberg. ♦ 1) Gitterwerk in unterschiedlichen Bedeutungen, wie: ›Futterraufe, gitterförmige Auffangvorrichtung am Sensenwurf, Vorrichtung zum Transport von Gras, Lattengitter als Rückentragvorrichtung. Seitengitter am Wagen, Wagenkorb‹; Ra.: *du hesch 's letscht im Räf* ›mit dir ist es bald aus‹ [Hebel]. ♦ 2) ›kammartige Geräte und Rechen‹. ♦ 3) ›Tragegurt am Ranzen, Hosenträger‹ nördl. und mittl. Schwarzw. ♦ 4) übertr. ›hagere, dürre, streitsüchtige weibliche Person‹; *die alte Räffer von Burewiwer* [Gütenb.]. – Mhd. *rëf* ›Stabgestell zum Tragen auf dem Rücken‹.

refle ›sich abmühen‹ → »reble«.

Regard f.: ›Respekt, Furcht‹. – Frz. *regard* ›Blick, Beachtung, Rücksicht‹.

Rege m.: *Rääge* mancherorts mittl. und südl. Schwarzw., westl. Hotzw.; *Rąąge* südl. Ortenau, westl. Brsg., Markgr. (Rebland); *Räänge* mancherorts mittl. Schwarzw.; *Rąąje, Rääje* mancherorts nördl. Schwarzw., Ortenau, Hanauerland; *Regge, Rägge* Baar, südöstl. Schwarzw., östl. Hotzw., Klettgau, Hegau, Bodanrück, Höri; *Reäge* Linzgau. ♦ ›Regen, Regenguss‹; *e warme Rege* [Hebel].

Rege-dach n.: ›Regenschirm‹, in alter Mundart verbreitet, heute veraltend, dafür *Regeschirm,* seltener ist die Bez. *Regeflinte* [St. Märgen]; Ra.: *gespanne si wiä e n-ald Rägedach* ›vor Erwartung sehr gespannt sein‹ [E. Strube].

Rege-molli m.: *Regemolli, -molle* ›Feuersalamander‹ vereinz. Schwarzw.

Rege-schittler m.: ›Turmfalke‹ vereinz. Schwarzw., Ortenau. – Die Bez. kommt aus dem Volksglauben, nach dem man annahm, dass der Falke bei seinem Rüttelflug den Regen aus den Wolken schüttelt.

Rege-vogel m.: Bez. für versch. Vögel wie ›Eichelhäher, Wiedehopf, Spechtmeise‹ mancherorts.

Rege-wetter n.: ›Regen, regnerisches Wetter‹; Ra.: *e G'siecht mache, wia nün Dag Regewedder* ›sehr betrübt dreinschauen‹ [A. Ganther].

regiere → »rengeniere«.

regig Adj.: ›regsam, rührig‹ vereinz. S-Baden.

regne schw.: *räägne, ṛạagne* südl. Ortenau, Brsg., Markgr., westl. Hotzw.; *räggne, räknge* östl. Hotzw., Klettgau; *räänge* Ostteil des mittl. Schwarzw.; *ränge* (*ä* kurz) südöstl. Schwarzw., östl. Hegau, Bodanrück, Linzgau; *räjjene, räggern, räine* nördl. Schwarzw.; *ṛạaje* Rheinebene der Ortenau; *räägle* Umgebung von Offenburg, *rängle* Baar, Hegau, Höri (Verbr. s. Karte → »regne«). ♦ ›regnen‹; *Si schloofe wohl un traue Gott, wenn's Spieß un Nägel regne wott* [Hebel]; *Wo's awwer z' regne ag'fange het, daß m'r hätt meine künne, d' Eng'l im Himm'l däte d' Züwwer un d' Büdde raschüdde* [A. Ganther]; Volksreim: *Es rengelet es schneielet, es goht en kalte Wind, d Maidle leget Händsche a un d Buebe laufet gschwind.* [Villgn].

regne
›regnen‹
Vereinfacht nach:
SSA Frage 308.4 und
Badisches Wörterbuch

Reh n.: *Reh, Räh* ›das Waldtier Reh‹; das männliche Tier ist der *Rehbock,* das weibliche die *Rehgeiß.*

Reh-fidle n.: *Rehfiidle, -füüdle* ›Hinterteil des Rehs, Spiegel‹, meist nur in der Ra.: *munkelebruu wiä e Rehfiidle* ›von suspekter gelbbrauner Färbung‹ mancherorts. – Das Grundwort zu »Fidle«.

Reh-lebere f.: ›Leber des Rehs‹, meist nur in Schnellsprechversen wie z. B.: *z Basel uf de Rhiibruck litt* (liegt) *e raui Rählebere* [Wehr].

rehrle schw.: ›rinnen, rieseln, stark träufeln‹ verbr.; *s Wasser ischere ... über s Gsicht awi grörlet* [O. Furtwängler].

reie st., schw.: *reie, reje, raie* verbr. (außer den folgenden Gebieten); *roue, roje* mancherorts mittl. Schwarzw., Ortenau; *röüe, röje* Südrand; Part. Perf. stark: *graue, grauwe, geröwe, gräue* u. a.; Part. Perf. schwach: *greit, grejt, grait, gröut, greibet, greiwed* u. a. ♦ 1) ›eine Tat bedauern, Reue empfinden‹; *un s häts' au ir Lebdig nia graue* ›und es hat sie auch ihr Leben lang nie gereut‹ [O. Furtwängler]. ♦ 2) ›eine Sache nicht wegwerfen wollen, ihren Verschleiß bedauern‹ mancherorts mittl. Schwarzw., SO-Baden; *de Kittel reit mi* ›der Kittel ist mit zu gut zum Anziehen, ich möchte ihn noch schonen‹ [Stahrgn].

Reif[1] m.: *Raif, Raaif* verbr. (außer den folgenden Gebieten); *Raaife* südöstl. Schwarzw.; *Rääf* vereinz. Raum Kehl; *Roof* südl. Hegau; *Roafe* Raum Villingen – St. Georgen; *Roaf, Roef* Baar, Hegau, Bodenseegebiet. ♦ ›Reif (am Fass, am Wagenrad)‹.

Reif[2] ›gefrorener Tau‹ → »Rife«.

reifle schw.: ♦ 1) ›einen Reif vor sich hertreiben‹ als Knabenspiel. ♦ 2) ›sich eilen‹.

Reiflis n.: ›das Reifentreiben‹ als Knabenspiel.

Reigel, Reiger m.: *Reigel* ob. Markgr.; *Reiger* bei Hebel. ♦ ›Reiher‹; *en alte Turn ... un Raiger sitze druff* [Hebel]. – Mhd. *reigel, reiger.*

reine schw.: *reine, raine* Ortenau, Brsg.; *rääne* mancherorts Hanauerland. ♦ 1) ›säubern, verlesen, zurichten‹, von Speisen, Salat, Bohnen, Linsen, Ortenau. ♦ 2) ›verdorrte Ranken am Rebstock abschneiden‹ Kaiserst., Tuniberg. ♦ 3) ›die Nachgeburt abstoßen, von der Kuh‹ Hanauerland; vgl. »versifere«.

Reinet f.: *Rainet, Rainte, Reinte, Ränet* u. a. ♦ ›Nachgeburt‹, bei Tieren, verbr. Rheinebene zwischen Acher und Kinzig, Hanauerland. – Vgl. »reine 3«. – Syn. → »Siferi«.

Reise Pl: ›Tragriemen an Rückentraggefäßen, Ranzen‹ Brsg., Markgr. – Vgl. »Reff 3«.

Reitle f.: ›Kinderschaukel‹ Klettgau. – Syn. → »Gugi«.

Remadis m.: *Remadiss, Remediss, Reismaddis* u. viele Nebenformen. ♦ ›Rheumatismus‹.

Remis f.: *Remíis* vereinz.; Dim.: *Remíisel* ›Schuppen‹.

Rendle, Rennle f. (m., n.): *Rändle, Rennle, Ṛạndle, Rendli, Rennli, Rändel* u. a. ♦ ›Sieb zum Reinigen des Druschgetreides‹, heute auch ›Windgebläse, Fegemühle zum Körnerreinigen‹ verbr. Markgr., südl.

Schwarzw., Wiesental, östl. Hotzw.; dazu das Verb *rendle, rennle* usw. ›Körner enthülsen, schroten, reinigen‹. – Ahd. *rennila,* mhd. *rennele.*

Renette f.: *Renett, Renette, Ranette* ›eine beliebte Apfelsorte‹. – Frz. *reinette.*

Renge ›Regen‹ → »Rege«.

rengeniere schw.: ›beherrschen, regieren‹, vereinz., häufiger dafür *regiere; un's Volch regiert mit bluetige Hände* [Hebel].

rengle ›regnen‹ → »regne«.

renke, renkle schw.: ›einen Schlitten, ein Fahrzeug lenken, rangieren‹. – Zu »Rank«.

Renk-schit n.: *Renkschitt, Rankschitt, Renkschiit* u. a. ♦ ›Verbindungsholz zwischen den beiden Armen des Bauernwagens‹ verbr. außer dort, wo »Rischitt, Schwibe« gilt.

Renn m.: *Renn, Rann* ›Schubs, Stoß‹, z. B. mit dem Ellbogen; *e Rann gaa* ›einen Stoß versetzen‹ [Münchw.].

renne schw.: *renne, ranne* verbr.; Part. Perf. *grennt* verbr. ♦ ›sich schnell bewegen, eilen‹; *alles rennt an d' Fenschder, un luegt* [A. Ganther]; *dr Schlite isch awer an Bôm na grent un s hätë ze Krut un Fäze ferschmëteret* [O. Furtwängler]. – Vgl. »springe 2«.

rentiere schw.: ›sich lohnen‹.

renzle schw.: ›schaukeln‹ [Radolfzell, Reichenau].

Reps m.: ›Raps, eine Futter und Ölpflanze‹.

Reps-kischt f.: ›Kiste mit Rädern als Kinderspielzeug, klappriges Gefährt‹ vereinz. Ortenau.

resch Adj.: *reesch, rääsch* verbr. (außer den folgenden Gebieten), *resch* vereinz. Ortenau; *röösch* Südrand. ♦ 1) ›knusprig, geröstet, krachdürr‹, von Backwaren, Speisen, Heu u. ä.; *bis si* (die Kartoffeln) *rösch brote gsi sin* [O. Furtwängler]. ♦ 2) ›jugendlich, attraktiv, vital‹ vereinz. – Mhd. *rösch, rösche.*

Reschili n.: ›Gericht aus gerösteten Innereien (Leber, Lunge)‹ mancherorts mittl. Schwarzw.

Reschpe ›Fußrist‹ → »Rischt«.

Rescht m.: ›Rest‹.

reschte schw.: *reeschde, rääschde, rööschte* ♦ ›rösten‹; *greschti Griëssuppe* ›geröstete Grießsuppe‹ verbr.

Resettli n.: ›Reseda‹; *Resätli un Mäiro* (Majoran) [O. Furtwängler].

reteriere schw.: *redderíäre* ›sich zurückziehen, einen Rückzieher machen‹. – Frz. *retirer.*

Reti f.: *Reti, Röti* ›Röte, Rotfärbung‹.

Retikül ›Handtasche‹ → »Ridikil«.

Retili n.: *Retili, Rötili* ›Rotkehlchen‹ mancherorts. – Wörtl. *Rötele,* eine Bildung zu *rot.* – Vgl. »Rotbrischtli«.

Rettig m.: *Reddi, Raaddi, Reddig, Raddig, Reedig* Schwarzw., Ortenau, Brsg., Markgr.; *Reetich, Räätich* SO-Baden, u. a. ♦ ›Rettich‹.

retur Adv.: *redúur, retúur* ›zurück‹; *wo sie nachts widder redur g'fahre sin* [A. Ganther]. – Frz. *retour.*

Retzelte, Retzlete f.: ›die Nachlese, das Nachgelesene‹. – Zu »retzle«.

retzle schw.: ♦ 1) ›hängengebliebene Trauben nachlesen‹ Ortenau, Täler des nördl. und mittl. Schwarzw. ♦ 2) ›Ähren, Obst, Nüsse, Kartoffeln nachlesen‹ vereinz. – Ein altes Wort der Winzer, das auch im Elsass bekannt ist; es wird von lat. / ital. *racimolari* ›kleine Trauben nachlesen‹ hergeleitet. – Syn. → »ätzne«.

reuen → »reie«.

reze schw.: *reeze, rööze, röörse* ›Hanf, Flachs in die »Rezi« (s. d.) legen‹, veraltet. – Mhd. *rôzen, rœzen,* das die oberdeutsche Entsprechung zu dem aus dem Niederdeutschen stammenden *(ver)rotten* ist.

rezent Adj.: ›schmackhaft, pikant, gut gewürzt‹ verbr. – Aus der Apothekersprache, lat. *recens, recentis* ›jung, lebendig, erfrischend‹.

Rezi f.: *Reez, Reezi, Röözi, Röösi* u. ä. ›Wasserloch, in dem man früher den Hanf, Flachs einlegte, damit die holzigen Teile anrotten und dann beim Trocknen mürbe werden‹. – Wörtl. *Röze,* zu mhd. *rœze* und zu dem Verb »reze« gehörig.

Rhi m.: *Rhi* verbr.; *Rhiin* südl. Ortenau; *Rhinn* nördl. Ortenau; *Rhing* zwischen unterer Acher und Murg. ♦ ›der Fluß Rhein‹; *z' Basel an mym Rhii, jo, dört möchte i sii!* (die „Nationalhymne" der Basler) [Hebel]; Ra.: *e männigi Ohm Wasser isch d'r Rhin na gloffe* ›eine große Zeitspanne verging‹ [A. Ganther].

Rhi-schnok f.: ♦ 1) ›eine Schnakenart‹ vereinz. Ortenau. ♦ 2) ›Libelle, Weberknecht‹ vereinz. südl. Ortenau, Brsg., Markgr.; Syn. → »Wasserjumpfere«. ♦ 3) meist Pl.: *Rhiischnoke* häufiger Neckname für Bewohner von Rheinorten.

ri, rin Adv.: *rii* verbr. nördl. einer Linie Kaiserst. – Villingen (südl. davon »ine, ie«); *rinn* Rheinebene zwischen Schutter und Acher; *ring* mancherorts zwischen Acher und Oos (Verbr. s. Karte → »ine«). ♦ ›herein‹. – Vgl. »ine, ie«.

Ri-arm m.: ›einer der beiden nach vorn zusammenlaufenden Hölzer am vorderen Bauernwagen, zwischen denen die Deichsel steckt‹ Schwarzw., Ortenau. – Wörtl. *Reih-arm,* zu *reihen* ›lenken‹.

ribe st.: *ribe, riwe* ›reiben‹; *Doch endli riibt er d' Augen uus* [Hebel].

Ribel, Ribele m.: *Ribel, Ribbel* meist jedoch Pl. oder Dim.: *Riwweli, Riwerli, Ribeli, Riberli* u. a. ♦ 1) ›Vorrichtung zum Reiben, Wisch zum Scheuern, Reibeisen‹ vereinz. Markgr. ♦ 2) ›Abrieb, Würstchen, wenn man feuchte Hände aneinanderreibt‹. ♦ 3) ›(geröstete) Teigbrösel, Kracherle, Reststück des Brotes, Kruste‹. ♦ 4) ›gerippter Stoff, Manchester‹, auch z. B. in *Ribelerock, -stoff, Riberlishose.*

Ribelis-suppe f.: *Riwilissupp(e), Riwerlissupp(e)* usw. ♦ ›Suppe mit Streuseleinlage‹.

Riber m.: *Riber, Riwer.* ♦ 1) ›Drehriegel an Fenstern, Klappen‹ nördl. Schwarzw., Ortenau, SO-Baden. ♦ 2) häufig Dim.: *Riberli, Riwerle* ›kleiner hölzerner Fasshahn‹ Ortenau, Brsg., Markgr. ♦ 3) ›Gerät zum Reiben in der Küche‹ vereinz.

Ribi f.: *Ribi, Riwi* ›Vorrichtung zum Reiben‹, früher Mühle zum Reiben von Hanf, Flachs; *Stoht e Mühli näumen, en Öli* (Ölmühle) *oder e Riibi* (Reibmühle) [Hebel].

Rib-ise n.: *Riibiise, Riiwiise* u. ä. ♦ 1) ›Reibeisen, Raspel‹. ♦ 2) ›garstige, zänkische weibliche Person‹.

rible schw.: *ribble* ›heftig, schnell hin- und herreiben‹.

Ribling m.: *Ribbling,* seltener *Riibling* ›Klicker, Murmel‹ vereinz. mittl. Schwarzw., verbr. Brsg., vereinz. Markgr. – Aus dem Rotwelschen *Rübling, Ribling* ›Würfel‹, schon im Liber vagatorum bezeugt. – Syn. → »Murmle«.

Ribling-hiler m.: ›Kind, das gleich weint (heult)‹ bzw. ›Geizhals‹, seit 1957 auch Name einer Freiburger Fastnachstzunft.

rich Adj.: *rich* (*i* kurz) nördl. einer Linie Endingen – St. Georgen; *riich* südl. davon. ♦ ›begütert, wohlhabend, reich‹; *d'r richscht* (Superlat.) *Bur im ganze Dhal* [A. Ganther]; *Un bisch nit riich an Gülte, un bisch nit riich an Gold, en ehrli Gmüet isch über Geld* [Hebel]; *sell isch e arm's Maidili gsi, arm un enneweg* (trotzdem) *rich* [A. Ganther].

Richi f.: *Richi, Rüchi* ›Rauheit, das Rausein‹. – Abstraktum zu »ru, ruch«, wörtl. *Räue.*

richle schw.: *richle, riichle.* ♦ 1) ›röcheln‹ vereinz. mittl. Schwarzw. ♦ 2) ›grunzen, wiehern‹ mancherorts Markgr.

richte schw.: *richde, richte, riichte, rechde, riächte.* ♦ 1) ›etwas herrichten, zuwege bringen‹; *i richt dro* (deswegen) *gli no e Geltë* (Gefäß) *fol Sûrmilich, as dia Lit ebis z trinke hän* [O. Furtwängler]; *do hen si ziddig alles g'riecht* (Part. Perf.) *für d' Reis* [A. Ganther]. ♦ 2) ›Rechtsfälle entscheiden, ein Urteil fällen‹.

Richter m.: *Richder, Richter, Riichder.* ♦ 1) ›Kamm mit breiten Zinken‹; *un hent Ich* (Euch) *gwäschen un d' Hoor gstrehlt mit em Richter?* [Hebel]. ♦ 2) ›wer Recht spricht‹; *Der himmlisch Richter siht's* [Hebel].

Richti f.: *Richti, Richte, Reechti, Riechti, Rieti, Riti* u. ä. ♦ ›Nachgeburt‹ bei Tieren, mancherorts südl. Hotzw., nördl. Klettgau, Baar, Hegau, Bodanrück, Linzgau. – Syn. → »Siferi«.

Richtig f.: *Richtig, Richtung* ›Richtung‹.

richtig Adj.: *richdig, richdi, richtig, riichdig, rechdig.* ♦ 1) ›korrekt, ordnungsgemäß, geeignet‹; *un was mi der Vetter ermahnt het, han i richtig versorgt* [Hebel]. ♦ 2) ›gesundheitlich, geistig in Ordnung‹. ♦ 3) steigernd ›sehr‹; *s isch richdig guet gsi* ›es war sehr gut‹ [Neustadt].

Rick m., n.: *Rick, Ricke* mancherorts, Pl.: *Ricke, Ricklene.* ♦ ›Knoten, Schleife, Schlinge, Masche‹; *lątzi un rąchdi Ricke* ›linke und rechte Maschen‹ [Freiamt]; *Zieh der Bendel a, wo in de Ricklene durgoht,* an der Tracht [Hebel]. – Mhd. *ric* ›Band, Fessel, Knoten, Schleife‹. – Vgl. »Schlick«.

ridere schw.: *riidere* ›zittern, beben, erschauern‹ Ortenau; häufig in der Paarformel *riidere un ziddere* [Lichtenau]. – Mhd. *rideren* ›zittern‹. – Vgl. »Grider«.

ridig Adj.: *riidi, riidig, rüüdig* ›mit Räude behaftet‹; Sprichw.: *Under viil Schoof isch au e rüüdigs* [Glock Brsg.]. – Vgl. »gridig«.

Ridikil n., m.: *Riddikil, Riddekil, Ridikül* u. ä. ♦ ›Handtasche, Tragbeutel‹ ältere Mode, mancherorts. – Frz. *réticule.*

Rie̋be → »Ruebe, Rüebe«.

rie̋che st.: *riiche, riäche, rüche* mancherorts; Part. Perf. *groche.* – anders als in der Standardsprache bedeutet es nicht ›mit der Nase wahrnehmen‹, das wird in der Mundart mit »schmecke« ausgedrückt. Es bedeutet ♦ 1) ›einen Geruch absondern, Geruch haben‹ ob. Markgr. ♦ 2) ›Rauch absondern, blaken‹, vom Ofen oder einer unsauber brennenden Flamme, östl. Hotzw., Klettgau, vereinz. SO-Baden.

Rie̋d n.: *Riid, Riäd* ›feuchtes, sumpfiges Gelände‹, auch häufig in FlN und in Bezeichnungen für (ehemals) sumpfige Landstriche, wie z. B. die Rheinniederung westlich von Rastatt, die Niederung bei Ichenheim, Allmannsw., Nonnenw., die Gegend bei Überlingen am Ried, Beuren am Ried, Riedöschingen, Riedböhringen. – Vgl. »Moos, Sumpf«.

Rieder ›Gras-, Heureihe‹ → »Rueder«.

Ried-geiß f.: ›der Vogel Bekassine, eine Sumpfschnepfe‹ [Bleichhm].

rie̋fe schw., st.: *riäfe* verbr. (außer den folgenden Gebieten); *reäfe* vereinz. am Rhein zwischen Kehl und

Müllhm; *rüefe* Hotzw., Höri; Part. Perf.: *gruefe, griäft* mancherorts. ♦ ›rufen‹; *der Wächter rüeft scho ölfi!* [Hebel]; *un wie n er „Hephata" grüeft haig* (gerufen habe) [Hebel]; *un s Mâreli, si Wib, hät über is griaft mer solë in d Schtube ri ku* [O. Furtwängler]; Ra.: *Ihr kumme grad wia g'ruefe* [A. Ganther].

Riegel m.: *Riigel* verbr. (außer den folgenden Gebieten); *Riggel* südöstl. Schwarzw., Baar, Klettgau, Hegau, Bodensee; *Reigel, Reiel, Reil* u. a. mancherorts nördl. Schwarzw., nördl. Ortenau, Hanauerland. ♦ 1) ›Schieber zum Verschließen von Türen‹. ♦ 2) ›Querriegel an Ketten‹. ♦ 3) ›Querleisten im Fachwerk‹.

Riegel-wand f.: ›Fachwerkwand‹; Ra.: *so dumm, daß m'r Rieg'lwänd mit 'm irenne künnt* ›sehr dumm‹ [A. Ganther].

riëje schw.: *rieje, riäje* ›rudern‹ vereinz. entlang des Rheins, wo nicht *rudere, ruedere* gilt. – Mhd. *rüejen*, engl. *row*.

riëjig Adj.: *riejig, riäjig* mancherorts; *röäig* mancherorts südl. Brsg., Markgr.; *rüejig* Hotzw.; *riäwig* mancherorts nördl. Schwarzw., Ortenau; *riäbig, rüebig* SO-Baden. ♦ ›ruhig, still‹; *Bis rüebig!* ›sei still!‹ [Epple]; *Am Sunntig rueih* (Imperativ) *un bett un sing* [Hebel]; *e rüejig Gwisse geb is* (uns) *Gott* [Hebel].

Riëme[1] m.: *Riäme* verbr. (außer den folgenden Gebieten); *Riime* mancherorts nördl. und mittl. Schwarzw.; *Reäme* Kaiserst., südwestl. Brsg.; *Räeme* Baar, Hegau, Bodensee; *Rääme* Ungebung von Blumberg – Tengen. ♦ 1) ›Leder-, Peitschen-, Treibriemen‹. ♦ 2) ›männliches Glied‹. ♦ 3) ›schmaler Streifen (Speck, Tuch, Land, Brett)‹; *stygt rechts an sunnige Halde goldene Leewat uf in Feldere, Riemen an Rieme* [Hebel].

Rieme[2] m.: *Riime* ›Ruder, Stoßruder‹. – Mhd. *rieme*, dies aus lat. *remus*.

Riëmli-kueche m.: *Riämlikueche* ›Kuchen mit einem Gitter aus Teigstreifen, Linzer Torte‹ [Freiamt].

riëre schw.: *riäre, reäre, rüere.* ♦ 1) ›sich bewegen‹. ♦ 2) ›(mit einem Löffel) rühren‹. ♦ 3) Butter machen‹ Hotzw., Baar und übriges SO-Baden; vgl. »rumple 2«. ♦ 4) ›den Boden leicht hacken‹.

Riër-fass n.: *Riärfass, Rüerfass* ›Butterfass‹ Hotzw., SO-Baden.

Riër-hau f.: *Riärhau, -höi* ›Hacke zur leichten Bodenbearbeitung‹.

Riër-milch f.: *Riärmilch, Rüermilch* ›Buttermilch‹ Dinkelberg, Hotzw., SO-Baden.

Ries m.: *Riis* ›große Person, Riese‹.

Riëschter[1] m., n., f.: *Riäschder, Reäschder, Riäschdere* ›aufgesetzter Lederflicken (am Schuh)‹. – Vgl. »Bletz, Spatt« und »riëschtere«.

Riëschter[2] m., n., f.: *Riäschder, Reäschder* ›Streichbrett am Pflug, Pflugschar, Griffe am Pflug‹. – Vgl. »Geize, Sterz«. – Ahd. *riostar.*

riëschtere schw.: ›einen Flicken auf Schuhe setzen‹. – Zu »Rieschter[1]«, hierzu auch die FN *Riester, Riesterer*, die ursprünglich Bez. für den Flickschuster waren.

Riesel m.: *Riisel* ›Hagelkorn‹ mancherorts Markgr., SO-Baden; *wenn us em Nebel füecht un chalt der Risel an de Fenstere prallt* [Hebel].

riesele schw.: *riisele, riisle, rissle.* ♦ 1) ›(in Massen) herunterfallen‹, von Niederschlägen, von Getreidekörnern usw.; *Es rislet mengge Tropfe Schwaiß* [Hebel]. ♦ 2) ›plätschern, fließen‹; *un wia des liab Bächli newedra so nett ries'lt* [A. Ganther].

Riesling m.: eine alte Traubensorte.

Riëssel[1] m.: *Riëssel, Rüessel* ›Rüssel‹, häufig auch wie nhd. *Rüssel.*

Riëssel[2] m.: *Riëssel, Rüessel* Ortenau, Brsg., Markgr. ♦ 1) ›Rußfleck, dunkle Stelle‹. ♦ 2) ›dunkelhäutige, brünette Person‹. – Das Wort ist eine Bildung zu »Rueß«.

rif Adj.: *riif* ›erntereif‹ SO-Baden; sonst »zitig«.

Rife m.: *Riffe* verbr. nördl. einer Linie Istein – Freiburg – Kniebis; *Riife* südöstl. davon; *Räife* mancherorts im schwäb. Übergangsgebiet. ♦ ›gefrorener Tau, Raureif, Spätfrost im Frühjahr‹; *s het e Rife* [Schutterwald]; *'s het scho chlaini Riife gha* [Hebel].

Rifeli n.: ›kleines Stück‹; *e Rifeli Brot* [Sulzburg]. – Dim. zu »Ranft«.

Riffe ›Wundschorf‹ → »Rufe«.

riffle schw.: ›durch einen Kamm ziehen‹, Flachs oder Heidelbeersträucher zum Abstreifen der Beeren, mancherorts.

rigole schw.: *rigóole* ›den Boden bearbeiten, umgraben‹. – Frz. *rigoler* ›Gräben ziehen‹.

Rihe m.: *Rihe* verbr. Schwarzw., Ortenau, Brsg., mancherorts SO-Baden; *Rih* mancherorts Hanauerland. ♦ ›der Rücken des Fußes, Rist, Reihen‹.

Rihr-milch f.: *Rihr-, Rührmilch* ›Buttermilch‹ Baar, Klettgau, Hegau und übriges SO-Baden. – Syn. → »Ankemilch«.

rilze ›sich herumwälzen‹ → »rulze«.

Rime Pl.: *Rime* vereinz.; Dim.: *Riimli* ›Vers, Reimpaar, kleines Gedicht‹; *Riimli riiße* ›reimen, Gedichte machen‹ [Wehr].

rin ›herein‹ → »ri«.

Rinde f.: *Rind, Rinde* verbr. (außer den folgenden Gebieten); *Rindeme* Baar; *Rindsche, Rintsche* mancherorts Ostteil des nördl. Schwarzw., verbr. Hotzw., Klettgau; *Ring, Reng* mancherorts Hanauerland; *Runge* Südwestecke Markgr. ♦ 1) ›Baumrinde‹ verbr. ♦ 2) ›Brotkruste‹ mancherorts Ortenau, Hanauerland, südl. Schwarzw., Hotzw., Baar, Hegau.

Rinder-fade m.: ›Schleimausfluss aus der Scheide der Kuh‹ mancherorts Ortenau.

rinderig Adj.: ›brünstig von der Kuh‹ Schwarzw., Ortenau, Brsg., Baar, SO-Baden. – Syn.: »osling, osnig, stierig«.

Rind-fleisch n.: ›Fleisch vom Rind und das daraus zubereitete Gericht‹; *Rindfleisch un Nudlesuppe* ›ein Festtagsgericht aus gekochtem Rindfleisch, serviert mit Meerrettichsoße und → »Rahne« und einer Nudelsuppe vorneweg‹ [Freiamt].

Rinds-bittel m.: ›ungeschickter, dummer Kerl‹ vereinz. Ortenau, mittl. Schwarzw.

Rine f.: *Rine* Brsg., Markgr. (Rheinebene); *Rinne* mancherorts südl. Schwarzw. ♦ ›(eiserner) Brattopf, Kasserole, Bratpfanne‹. – Ahd. *rîna.*

Ring m.: ›Fingerring, ringförmige Gegenstände und Flächen‹; *Dräih am Ring, so lang de witt, de bringsch en nit abe* [Hebel]; *s goht im Ring rum* ›im Kreis herum‹ [Freiamt].

ring Adj.: *ring* verbr.; *reng* vereinz. Hanauerland; Komparativ: *ringer.* ♦ 1) ›leicht zu bewältigen, mühelos, unschwer‹; *mit ringer Mih* ›mit wenig Mühe‹ [Oberw. (Rast.)]; *Dem goht d Arbet ring vu de Hand* [Epple]; im Komparativ *ringer* auch ›besser, lieber‹; *Hättscht ringer s Muul ghalte!* [Epple]; *Der Todesbecher han i em gheldet, aß es ringer gang* ›den Todesbecher habe ich ihm gegeben, dass (das Sterben) leichter geht‹ [Hebel]. ♦ 2) ›schmächtig, schwächlich‹; *Wil i no e arig ring Bürschli gsi bin* [O. Furtwängler]. – Mhd. *ring.*

ring-hörig Adj.: ›hellhörig‹, von Räumen, die mit dünnen Wänden umgeben sind [Glattes].

Ringklo(de) f.: *Ringkloo, Rengkloo, Ringklood, Ringlodde* u. ä. ♦ ›eine saftig-gelbe runde Pflaumensorte, Reineclaude‹. – Frz. *prune de la Reine Claude,* die Gemahlin des Königs Franz I. von Frankreich.

ring-sinnig Adj.: ›leichtsinig, unbekümmert‹ Überlgn a. B.

rings-(r)um, -umme Adv.: ›rings herum‹; *Jetz goht's ringum, was hesch, was gisch!* [Hebel].

Rinke m.: ♦ 1) ›ringförmiges Polster zum Tragen von Kopflasten‹ Ortenau, nördl. Schwarzw. ♦ 2) ›Strumpfband, Schnalle, Spange‹ vereinz. SO-Baden.

rinkeli-gänkeli Adv.: ›kurvenreich‹; bes. in der Wendung *ringgeli-gänggeli fahre* ›eine kurvenreiche Strecke fahren‹ Markgräflerland.

Rink-heide f.: *Rinkhaide, Rinkaise* ›Heidekraut‹ mittl. Schwarzw., Elztal, Ortenau.

Rinkiseli Pl.: eine Apfelsorte.

rinne st., schw.: *rinne, renne, rünne.* ♦ 1) ›hervorsickern, undicht sein‹ verbr. ♦ 2) ›hervorsprossen, keimen‹ mancherorts SO-Baden.

Rintsche → »Rinde«.

Ripp f.: *Ripp* verbr.; *Rippe* vereinz. Klettgau; Dim.: *Rippli.* ♦ 1) ›Rippenknochen, Gericht aus Schweinerippen‹. ♦ 2) ›magere, zanksüchtige weibliche Person‹.

Ripp-bächle n.: ›Speckseite, Rippenstück vom Schwein‹ mittl. Schwarzw., Brsg.

Ris[1] n.: ♦ 1) ›dünner (unbelaubter) Zweig‹ verbr.; *An alli Bäume nüt als Riis!* [Hebel]; *Mi Muater hät mi gschlâgë / Mitëm birchebömene Rîs,* aus einem Liedtext [O. Furtwängler]. ♦ 2) ›Tannengrün, Reisig‹ verbr.; am Bodensee in der Fischerspr. auch ›mit Reisig gebildete Hege- und Fangplätze‹.

Ris[2] m.: ›Reis (Getreidepflanze und ihre Frucht)‹.

Ris-agel, -angel f.: ›dürre Tannen-, Fichtennadel‹ Schwarzw.

Ris-bäse m.: ›Reisigbesen‹.

Ris-buschel f.: ›Reisigwelle‹ Baar, SO-Baden.

Ri-schit n.: dass. wie → »Renkschitt«, mancherorts mittl. Schwarzw., südl. Ortenau. – Wörtl. *Reihscheit.*

Rischling(er) m.: ›eine gelblichweiße Traubensorte‹.

Rischpe f.: ›buschiger Blüten- oder Fruchtstand bei Pflanzen, Rispe‹ vereinz.

rischple schw.: ›rascheln‹ kleines Wiesental.

Rischt m.: *Rischt, Rescht* verbr.; *Reschpe* mancherorts Brsg., Markgr. ♦ ›Fußrücken, Rist‹, seltener auch ›Hand-, Fußgelenk‹.

Rischte f. (m.): *Rischde, Riischde* ›Büschel Hanf, Flachs‹; *un an der Chunklen* (am Spinnrocken) *e Riiste mit eme zierliche Band* [Hebel]. – Mhd. *rîste* ›zusammengedrehtes Bündel gehechelten Flachses‹, das aus lat. *restis* ›Strick‹ übernommen sein soll.

rischte[1], **rischden** Adj.: *riischde* ›aus grobem Hanf, Flachs‹ mancherorts; *e riischdi Hemd* [Kappel (Neust.)]; *riischdeni Hạmber* (Hemden) [Gersb.]. – Zu »Rischte«.

rischte[2] schw.: ›sich oder etwas herrichten, zurüsten‹; *bisch grischt?* ›bist du fertig?‹ [Sasbach (Kaiserst.)].

Rise n.: *Risse, Riiße* ›reißende Gliederschmerzen, Rheuma, Gicht‹.

rise[1] schw.: *riise, risse,* ♦ 1) ›fallen von Nebel‹ Markgr., Wiesental. ♦ 2) ›Holz in einer Rinne ins Tal gleiten lassen‹. – Mhd. *rîsen.*

rise[2] st.: *risse, riiße* verbr.; Part. Perf: *grisse.* ›reißen‹; *un hätere bigotsli e Fêdr us em Schwanz grise* [O. Furtwängler]; Ra.: *s risst mi* ›ich habe inneren Schmerz‹ Markgr, aber auch: ›ich kann mich kaum wach halten‹ [Freiamt]; *un wenn m'r's im Deif'l us 'm Rache risse müen* [A. Ganther].

Risele Pl.: *Riisele, Riisle* mancherorts mittl. Schwarzw.; *Rissele, Risselin* Baar, Linzgau (Verbr. s. Karte → »Laubflecke«). ♦ ›Sommersprossen‹. – Vgl. »Märzeriseli«; Syn. → »Summerflecke«.

Riser m.: *Risser, Riißer.* ♦ 1) ›Wein, Apfelmost in der ersten Gärung‹; vgl. »Suser«. ♦ 2) ›Haumesser‹ mancherorts Schwarzw.

Ris-hirte m.: ›Person, die das *Risen* der Baumstämme (s. »rise[1] 2«) überwacht‹.

Risi f.: *Riis, Risi,* seltener *Riise* ›Abhang, Schneise, Rutschbahn, auf der man Baumstämme zu Tal gleiten lässt‹, früher im Schwarzw., Hotzw. weit verbr. – Mhd. *rise* ›Wasser-, Holzrinne an einem Berg‹.

Ris-rebe f.: ›Rebe, die keine Früchte trägt‹ Markgr.

Riss[1] m.: ♦ 1) ›was durch Auf-, Zerreißen entsteht‹. ♦ 2) ›Zeichnung‹. ♦ 3) ›Aufschneiderei, Späße, Witze‹ vereinz.; *mach konne* (keine) *so Riss!* [Stockach].

Riss[2] n.: *Riis, Riss* ›Viereck, in dem die Kegel aufgesetzt werden, Kegelgarnitur, Kegelspiel‹ vereinz.

Ris-sächsli n.: ›Haumesser zum Reisigmachen‹ mittl. Schwarzw.

rißig Adj.: *rissig, riißig, rüßig* ›brünstig vom Schwein‹ mancherorts mittl. und südöstl. Schwarzw., Ortenau, Brsg., Klettgau, Baar, Hegau, Höri. – Syn.: »häuig, rammlig 1, rasslig, rosslig 2, schwinig«.

Ris-welle f.: ›Reisigwelle‹.

rite[1] st.: *ridde, ritte, rite* verbr.; Part. Perf. *gridde, kritte.* ♦ ›reiten‹; Kniereitereim: *Ridde, ridde Ross, / Z Basel stoht e Schloss. / Z Friibeg stoht e guldi Hus / Doo löege drei scheeni Jumpfere rus* usw. [Opfgn].

rite[2] schw.: *ridde, ritte* vereinz. Markgr., Hotzw., Hochrhein; Part. Perf.: *grittet.* ♦ ›schaukeln‹.

Ritel m.: *Riddl, Riddel* ›gegabelter oder vorn mit einer kleinen Schaufel versehener Stock, mit dem der Pflüger anhaftende Erde, Pflanzenreste vom Pflugschar entfernt‹; auch *Ritelstecke* Ortenau. – Wörtl. *Reutel.*

Riter[1], **Ritere** f. (m.): *Ridder* nördl. einer Linie Endingen, Triberg, Villingen; *Riddere, Rittere, Riitere* südliches Gebiet. ♦ ›rundes, weitmaschiges Sieb, mit dem man das Druschgetreide von Spreu, Abfall, Unkrautsamen usw. aussiebt‹. – Mhd. *rîter,* ahd. *rîterea* ›Sieb‹, urverwandt mit lat. *cribrum.*

Riter[2] m.: *Ridder*; Dim.: *Ridderli* ›kleines für Kinder mundfertig geschnittenes Brotstückchen mit Belag‹; *Ridder moche* ›mundgerechte Stücke machen‹ [Freiamt].

ritere schw.: *riddere, rittere* Ortenau, Brsg., Markgr., Hotzw., Klettgau; *riitere* mancherorts Baar, Hegau; im schwäbischen Übergangsgebiet auch *reitere.* ♦ ›durch ein Sieb lassen‹, bes. ›Druschgetreide von Spreu, Unkrautsamen durch Sieben reinigen‹. – Zur Herkunft s. »Riter, Ritere«.

Rit-haue f.: *Rithau, Rithaue* usw. ›schwere Hacke zum Roden‹. – Wörtl. »Reuthaue«.

Riti[1] f.: *Riddi, Ritti, Riti* ›Kinderschaukel‹ vereinz. Brsg., mancherorts Markgr., Dinkelberg, südl. Hotzw., Klettgau. – Syn. → »Gugi«.

Riti[2] f.: *Riddi, Ritti, Ridde, Ritte, Rütti* u. a.; Pl.: *Rittene.* ♦ ›gerodetetes und urbar gemachtes Stück Land, Reute‹, bes. im mittl. Schwarzw., wo früher noch der Reutewaldbau geübt wurde, bei dem Hänge mit Niederwald gerodet, niedergebrannt (*Ritti brenne*) und dann eingesät wurden. Auch häufiger FlN (nach ehemals gerodeten Stücken benannt) und vereinz. Siedlungsname (*Reute, Rütte, Winden-, Kollmarsreute* u. a.). – Mhd. *riute.*

ritsche ›rutschen‹ → »rutsche«.

Ritscherli m., n.: ›Feldsalat‹ Ortenau, mittl. Schwarzw., vereinz. S-Baden (Verbr. s. Karte → »Ackersalat«). – Syn.: »Ackersalat, Lämmlisalat, Nüssli, Nüsslisalat, Sunnewirbeli 1, Tochter 2, Töchterlisalat«.

Ritte f.: *Ritte, Ritti* ›Federsack des Deckbetts, Inlett‹ vereinz. – Vgl. »Bettritte«.

rittle schw.: *rittle, rüttle* ›rütteln‹; *un dräiht's Stundeglas un rüttlet's e wenig un chlopft druf* [Hebel].

Ro ›Rahm‹ → »Raum«.

roblig Adj.: *robblig* ›holprig, uneben, rauh‹. – Vgl. »rublig«.

Roches m.: *Rooches* ›Wut, Zorn‹ vereinz. Ortenau. – Jidd. *rouges.*

rochle schw.: ›grunzen, schnarchen, röcheln‹ Brsg., Markgr.

Rock m.: *Rock* verbr.; *Rockch* Hochrhein; Pl. *Reck, Röck*; Dim.: *Reckl, Reckle, Reckli.* ♦ 1) ›jacken-, mantelartige Oberbekleidung für Männer‹; *'s het emol* *im grüene Rock e borstige Jäger zuegluegt, wie si spile* [Hebel]; Ra.: *sich e rot's Röckli v'rdiane* ›sich einschmeicheln‹ [A. Ganther]; Sprichw.: *Rock un Hose verdecke mängke Mose* (Mängel) ›moralische Mängel werden oft durch gute Kleidung überspielt‹ Markgr. ♦ 2) ›Frauenrock, sowohl von der Hüfte abwärts (Halbrock) als auch als ganzes Kleid‹.

Roe ›Abhang, Böschung‹ → »Rai«.

roebe schw.: ›das Fischernetz auswerfen‹ Bodensee.

Rogge m.: ›die Getreideart Roggen‹ verbr. Südhälfte, nördlich davon eher »Korn 2«.

Rogle Pl.: ›Froschlaich, Kaulquappen‹ vereinz. mittl. Schwarzw.

Rogner m.: ›weiblicher Hering‹.

roh → »rau«.

Rohm ›Rahm‹ → »Raum«.

Rohr n.: ♦ 1) ›Röhricht, Schilf‹. ♦ 2) ›Röhre, Röhrenförmiges‹. ♦ 3) nur Dim.: *Rehrli* ›junges Bürschchen, Spaßmacher‹.

Rohr-aff m.: ›geschnitzte Trompeterfigur an der Schwalbennest-Orgel im Freiburger Münster‹, Ra.: *du brüelsch wie ne Rohraff* ›brüllst laut‹ [Feldbg]. – Ursprünglich groteske, bewegliche Figuren im Straßburger Münster, die beim Bälgetreten das Maul aufrissen und aus der bei der Pfingstprozession übermütige Burschen die Andächtigen anschrieen (Els. Wörterb. I, 16).

Rolle f.: *Roll, Rolle.* ♦ 1) ›etwas Zusammengerolltes, Rollenförmiges‹. ♦ 2) Pl.: ›Dreckklunker an den Schenken von Kühen‹; vgl. »Bäkle, Klattere«.

rolle schw.: ♦ 1) ›rotieren, wälzen‹. ♦ 2) ›urinieren‹, Kinderspr., auch *Rolli mache.* ♦ 3) ›brünstig sein‹ von Rind, Schwein, Katze.

Roller m.: ›Kater‹ Ortenau, mancherorts mittl. Schwarzw. (Verbr. s. Karte → »Rolli«). – Vgl. »Ralli«.

rollerig, rollig Adj.: ›brünstig von der Katze‹ nördl. Schwarzw., Hanauerland, Ortenau, vereinz. Brsg., Hotzw.

Rolli, Rölli m.: *Rolli* Südteil des mittl. Schwarzw., südl. Schwarzw., Brsg., Markgr., nördl. Hotzw., nordwestl. Baar; *Rölli* südl. Hotzw., Klettgau. ♦ ›Kater‹. – Vgl. »Ralli«.

Rone-picker, -popper m.: ›Specht‹ Brsg., südl. Schwarzw., Markgr., Wiesental. – Das Bestimmungswort ist *Rone* ›dürrer Baumstamm‹ das im gleichen Gebiet vereinz. bezeugt ist und zu mhd. *ron, rone* ›umgefallener Baumstamm‹ gehört.

ronkisch Adj.: ›faul von Kartoffeln‹ mancherorts Hegau. – Benannt nach dem deutschkatholischen Wanderprediger *Joh. Ronge,* der 1844 in Baden auftrat, als gleichzeitig eine Kartoffelfäule grassierte.

Rosch m.: ›Kopf‹, vereinz. Ortenau, Brsg. – Jidd. *rosch.*

rösch ›knusprig‹ → »resch«.

Roscht[1] m.: *Rooscht* ›Gitterrost, Bratrost‹.

Roscht[2] m.: *Roscht* (*o* kurz) ›Eisenoxyd‹; Ra.: einem *de Roscht raamache* ›gehörig die Meinung sagen‹ [Münchw.].

roschte schw.: ›rosten‹.

Rose f.: *Ros, Rose* verbr. (Verbr. s. Karte 8 in Kap. 2.9); Dim.: *Reesle, Reesli, Rösli.* ♦ ›die Pflanze Rose‹; *'s sinn Rösli drin un Dorne dra* [Hebel]. Sprichw.: *D Zitt bringt Rose, aber zerscht chumme Chnöpf* (Knospen) [Glock Brsg.]; Kinderlied: *Reihe, Reihe, Rose, scheeni Aprikose, Veilchen un Vegissmeinnicht, alli Kinder setze sich! Adie Papa, Adie, Mama, Seppili, Seppili, hoppsassa!* [Lahr].

Rosine f.: *Rosine* mancherorts; häufig nur Dim.: *Rosinle, Rosinli.* ♦ ›getrocknete Weinbeere‹. – Vgl. »Meertrible, Wibeeri, Zibebe«.

Ros-krut n.: ›Klatschmohn‹ mancherorts SO-Baden.

Rosmeri m.: ›die Pflanze Rosmarin‹; *Wer sprützt mer alli Früeih my Rosmerii?* [Hebel].

Ross n.: *Ross* verbr., Pl.: *Ross, Resser, Rösser*; Dim.: *Ressle, Ressli.* ♦ 1) ›Pferd‹; *Sepli, spann's Roß a* [Hebel]; *D'Rösser werrre ganz schü* (scheu) [A. Ganther]; Ra.: *e ghabertes* (gut mit Hafer gefüttertes) *Roß un e gschmalzter* (gut mit Schmalz genährter) *Maa, die rißt me nit ball zemme* [Glock Brsg.]; Kinderreim

(Kniereitereim): *Reite, Reite Rößli, z Bade schtot e Schlösli!* [O. Furtwängler]. ♦ 2) ›kräftige, derbe, arbeitsame Person‹. ♦ 3) häufiger Gasthausname *Zum Ross, Zum Rössle.*

Ross-bire f.: ›Pferdeapfel‹ mancherorts obere Breg. – Vgl. »Rossbolle«.

Ross-blueme f.: ›Löwenzahn‹ verbr. südöstl. Schwarzw. (Verbr. s. Karte → »Seichblueme«). – Syn. → »Seichblueme«.

Ross-bolle m.: ›Pferdeapfel‹ weit verbr. – Vgl. »Rossbire, -pfudle, -puddle«.

Ross-borple Pl.: ›die Knollen des Topinambur‹ woraus Schnaps gebrannt wird, vereinz. Ortenau. – Vgl. »Rossherdäpfel, Rossler«.

Ross-breme f.: *Rossbreme, Rossbräme, Rossbrąme* ›Rinder-, Viehbremse‹.

rosse schw.: ›sich wild, ungestüm gebärden‹ mancherorts mittl. Schwarzw., Ortenau.

Rosser m.: ›Pferdeknecht‹.

Ross-(h)erdäpfel Pl.: ›Knollen des Topinambur‹ woraus Schnaps gebrannt wird, mancherorts Ortenau, Hanauerland, Brsg., Markgr.; vereinz. auch *Rosserdnuss, Rossgrumbire.* – Vgl. »Rossborple, Rossler«.

Ross-huebe Pl.: ›Huflattich‹ mancherorts Südbaden. – Das Grundwort ist eine alte Nebenform zu *Huf,* weil das Blatt der Pflanze einem Pferdehuf ähnlich sieht. – Mhd. *rossehuof.*

rossig, rössig Adj.: *rossig* verbr. (außer den folg. Gebieten); *rossi* Hanauerland; *ressig, rössig* südl. Brsg., südl. Schwarzw., Markgr., Hotzw., Klettgau, Hegau, Höri. ♦ ›brünstig, von der Stute‹. – Vgl. »maiig, rosslig«.

Ross-käfer m.: *Rosskäfer, -chäfer* usw. ›Mistkäfer‹ verbr.

Ross-kimmi m.: *Rosskimmi(g), Rosschümmi* ›Bärenklau‹ und andere weißblühende Doldengewächse, mancherorts.

Ross-kopf m.: *Rosskopf, -chopf.* ♦ 1) ›Kopf eines Pferdes‹. ♦ 2) ›Kaulquappe‹ verbr. nördl. Brsg., mittl. Schwarzw., vereinz. Markgr., Hotzw., Klettgau. ♦ 3) ›Libelle‹ Kinzigtal, vereinz. Markgr., Hotzw.

rossle schw.: ›rasseln, in Massen fallen, rieseln‹ Ortenau, Kaiserst.

Rossler m.: ›Topinambur und der daraus bereitete Schnaps‹ mancherorts Ortenau. – Vgl. »Rossborple, Rossherdäpfel«.

rosslig Adj.: ♦ 1) ›brünstig von der Stute‹ vereinz. Ostteil des mittl. Schwarzw.; vgl. »rossig«. ♦ 2) ›brünstig vom Schwein‹ mancherorts nördl. und mittl. Schwarzw.; Syn. → »rißig«.

Ross-lippel m.: ›Fausthandschuh‹ mancherorts nördl. und mittl. Schwarzw. – Benennung nach der Form, die einer Pferdeunterlippe gleicht.

Rössli-riti f.: ›Karussell‹ Markgr., Hotzw.

Ross-pflume f.: ›eine große rötliche Pflaumenart‹.

Ross-pfuttle m.: *Rosspfuddle, Rosspfüddle* ›Pferdeapfel‹ mancherorts mittl. und südl. Schwarzw., Brsg., Markgr., westl. Hotzw. – Vgl. »Rossbolle, -puddle«.

Ross-puddle m.: ›Pferdeapfel‹ mancherorts Hotzw.

Ross-schinder m.: Bez. für kalte Winde aus nördl. oder östl. Richtung, mancherorts.

Ross-veieli n.: *Rossveieli, Rossveilode* u. a. ›Hundsveilchen, nicht riechendes Veilchen‹ mancherorts.

Rot m.: *Rood, Root, Ròòd* ›Ratschlag, Beratung‹; *froog dy Gwisse zerst ... un folg sy'm Rot!* [Hebel].

rot Adj.: ›die Farbe rot, rotfarbig‹; *un Blüemli wiiß un rot un gel* [Hebel]; Ra.: *um kei rods Kiähli* ›unter keinen Umständen‹ [Gengenb.].

Rot-beeri f.: *Rotbeeri, Roteeri* ›Erdbeere‹ Hotzw.

Rot-brischtli n.: ›Rotkehlchen‹ vereinz. – Vgl. »Retili«.

rote st.: *roode, roote, ròòde.* ♦ 1) ›einen Ratschlag, eine Empfehlung geben‹; *i möchts kâerë Büri rôte das si do dra dät schmîrzelë* ›ich möchte es keiner Bäuerin raten, dass sie daran spart‹ [O. Furtwängler]. ♦ 2) ›eine Vermutung anstellen, rätseln, erraten‹.

Rot-hus n.: *Roothuus, Ròòthuus, Roothüüs* ›Rathaus‹.

Rot-krut n.: *Rotkrutt, Rotkrütt, Rotchrutt* ›Rotkraut‹ verbr., außer in SO-Baden, wo »Blaukrut« gilt.

rotlecht Adj.: *rotlecht, rotleächt, rotlącht, rotläächt* u. a. ♦ ›rötlich, rotfarben‹. – Mhd. *rœtelëht.* – Farbbezeichnung auf *-lecht,* vgl. »gäällecht, grienlecht, grislecht«.

Rot-moor f.?: ›Tafelente‹ Bodensee [Epple]. – Vgl. »Graumoor«.

Rot-rahne f.: ›rote Bete‹ mancherorts Ortenau, Markgr.; auch *roti Rahne* mancherorts.

Rot-scheck m.: ›Rind mit rotgeflecktem Fell‹.

Rot-scheni f.: *Rotscheen, Rotscheni* ›starke entzündliche Rötung der Haut‹ vereinz. Ortenau, Elztal. – Das Grundwort gehört zu ahd. *scôni* ›glänzend, leuchtend‹.

Rot-schwänzli n.: ›Rotschwänzchen‹.

Rot-sucht f.: Bez. für Krankheiten mit rotem Ausschlag wie ›Masern, Röteln, Windpocken, Scharlach‹ mancherorts.

Rotte, Rottel[1] f.: Bez. für die Fischarten ›Rotauge, Rotfeder‹ mancherorts.

Rottel[2]**, Rottig** f.: *Roddel, Roddi, Roddich, Roddig* ›Knöterich‹ Ortenau.

rottle schw.: ›rütteln, schütteln‹ Ortenau, Linzgau.

Rotz m.: ♦ 1) ›Nasen-, Rachenschleim‹ verbr. ♦ 2) ›Krankeit von Haustieren mit schleimigem Ausfluss aus der Nase‹.

Rotz-bue m.: ›Lausejunge, frecher Bursche‹.

Rotz-kengel m.: ›zur Nase heraushängender Schleimstrang‹.

Rotz-lumpe m.: ›Taschentuch‹, abschätzig.

rözen → »reze«.

Ru ›Rahm‹ → »Raum«.

ru, ruch Adj.: *ruu, rüü, ruch, ruuch, rüch, roü* u. ä. ♦ 1) ›eine raue Oberfläche habend, kratzig, struppig‹; *e ruche Hond* ›Hand mit spröder Haut‹ [Oberw. (Rast.)]. ♦ 2) ›unfreundlich, unwirtlich, barsch, derb, grob‹ vom Wetter, von Zuständen und Personen; *Der Jänner isch e ruuche Maa* [Hebel].

ruble schw.: ›herumwirbeln, von Schnee, Regen‹ Markgr.

rublig Adj.: *rubblig, rüblig, ruublig* ›uneben, rau‹, von der Haut, von Materialoberflächen. – Vgl. »roblig«.

Ruch[1] m.: ›Geruch, Duft‹ vereinz.

Ruch[2] m.: ›Haubentaucher‹ Bodensee [Epple].

ruch ›rau, struppig‹ → »ru«.

Rüchi ›Rauheit‹ → »Richi«.

Rucke m.: *Rugge, Rucke* verbr.; *Rigge* Hanauerland. ♦ 1) ›Rücken, Rückenpartie bei Mensch und Tier‹; *Schnall 's Ränzli auf d'r Rucke* [A. Ganther]. ♦ 2) ›rückwärtiger Teil an Kleidern, Gegenständen‹. ♦ 3) ›flache, längliche Erhöhung‹.

rucke schw.: ›sich oder etwas (ruckartig) fortbewegen‹; *ruck e bitzeli* ›rück ein Stückchen weiter‹; *un doch, ruckt alles wyters, alles chunnt un goht* [Hebel]; *Un mittlerwilscht sie des g'sait het, isch si em eso uf d'r Lib g'ruckt* [A. Ganther].

Rückel m.: ›unansehnliches Wesen‹ [Glattes].

Ruck-grot n.: ›Rückgrat‹.

Ruck-korb m.: ›Rückentragekorb‹.

Rud f. (m.): *Ruud, Rüüd* ›Regen-, Hagelschauer‹ vereinz. Ortenau.

Ruebe, Rüebe f.: *Ruewe* mancherorts mittl. Schwarzw., Ortenau; *Riäwe* Ostteil des Schwarzw., obere Brigach und Breg; *Ruebe* Brsg., nördl. Markgr.; *Riäbe* SO-Baden; *Rüebe* Markgr., Hotzw. ♦ ›Rübe‹ allgemein, für Futter- und Essrüben kann es dann spezielle Zusätze wie *geeli, wißi, roti Ruebe* usw, geben, aber auch spezielle Wörter wie »Dickrübe, Runkel, Turnip(s)« u. a. – Die Belege in unserem Gebiet verweisen auf zwei Ausgangsformen, nämlich mhd. *ruebe* und *rüebe.*

ruebe ›ruhen‹ → »rueje«.

Ruebe-gschi n.: *Riäwegschii, Riäbegschi* ›Vogelscheuche‹ mancherorts südöstl. Schwarzw. – Zum Grundwort s. »Gschi«.

Ruebe-mihli f.: ›mechanische Vorrichtung zum Zerschnitzeln der Futterrüben‹, mancherorts, bisweilen auch *Rueberätschi, -ratze(r).*

rüebig ›ruhig‹ → »riëjig«.

Ruech m.: ♦ 1) ›gieriger Mensch, Vielfraß‹. ♦ 2) ›schlechter Kerl‹ vereinz. ♦ 3) nur Pl.: *die Rueche* Übername der Schweizer bei den Konstanzern.

ruechig Adj.: ›habgierig, geizig‹.

Rueder n.: *Rueder,* seltener *Riäder* ›in Reihen zusammengerchtes Gras, Heu‹ Ostteil des mittl. Schwarzw., Elztal, Raum Neustadt – St. Georgen, nördl. Baar. – Vgl. »Schore, Zatte«.

ruedere schw.: ›poltern, rauschen, rumpeln‹; Ra.: *gescht z Obe hets gruederet bi uns* ›hat es eine Auseinandersetzung gegeben‹ [Freiamt].

Ruedi m.: Kurzform für den männl. VN *Rudolf.*

Ruef m.: ♦ 1) Ausruf. ♦ 2) ›Versteigerung‹, in der Wend.: *an (de) Ruef kumme / bringe* zur Versteigerung kommen, versteigert werden. ♦ 3) ›Leumund‹.

rüefe ›rufen‹ → »riefe«.

Ruej f.: *Ruai, Ruej, Rua, Rue, Rüej, Rui, Röi* u. a. ♦ ›Ruhe‹; *kai Rueh un kai Rast* [Hebel]; *So almælig isch wider Rua wôre im Land* [O. Furtwängler]; *'s G'wisse het 'm kei Rueh glo* [A. Ganther].

rueje schw.: *rueje* verbr. (außer den folgenden Gebieten); *roeje* mancherorts Ortenau, Brsg., Markgr.; *röwe* vereinz. Hanauerland; *ruege* mancherorts nördl. Schwarzw., Ortenau; *ruewe, ruebe* Baar, Hegau, Höri, Bodensee; Part. Perf.: *gruejt, gruugt.* ♦ ›ruhen, ausruhen‹; bes. im SO gibt es auch Formen mit der Vorsilbe *ge-* vgl. »grueje«.

Ruesche f.: *Ruesch, Ruesche, Rusche* ›Ulme‹ vereinz. Ortenau, Brsg., Singen a. H. – Zusammen mit »Rueschte« zu nhd. *Rüster* gehörig.

Rueschte f.: *Ruescht, Rueschte* ›Ulme‹ vereinz. Ortenau; auch in zahlreichen FlN und im ON *Rust* (Ort an einer ehemaligen Ulme) belegt. – Vgl. »Ruesche«.

Rueß m.: *Rueß, Roeß, Rüeß* ›Ofenruß‹.

rueße schw.: ♦ 1) ›rußen‹ aber auch ›Ruß entfernen‹, z. B. *s Kämmi rueße* ›den Kamin fegen‹ [Hofsgrund]. ♦ 2) ›rasen, schnell rennen‹ verbr.

rueßig Adj.: *rueßi, rueßig* ›mit Ruß bedeckt, schmutzig‹; *ne Hex im rueßige Chemi* (Kamin) [Hebel]; *Bim Schlosserkarl hen sie numme ruesige Dobe bikumme* [A. Ganther].

Ruete f.: *Ruet, Ruede, Ruete, Roete, Rüete.* ♦ 1) ›langer, biegsamer Zweig, Rutenbündel‹; *Vom zarte Beseris e goldig Rüetli* (Dim.)*, schlank un nagelneu* [Hebel]; Ra.: *mer mueß sich selber kai Ruete uf der Buggel binde* ›man soll es sich selbst nicht schwer machen‹ [Glock Brsg.]. ♦ 2) ›Stiel des Dreschflegels‹. ♦ 3) veraltetes Längen- und Flächenmaß, Markgr., vereinz. übriges Gebiet.

ruf Adv.: *ruff* verbr. nördl. einer Linie Freiburg – Villingen (südl. »ufe, ue«); *rouf* vereinz. Linzgau. ♦ ›herauf‹.

Rufe f.: *Rufe* südl. Brsg., Markgr., westl. Hotzw.; *Ruffe, Ruff* südöstl. Schwarzw., Hegau, Höri, Bodensee; *Riffe* östl. Hotzw., Klettgau. ♦ ›Kruste auf einer Wunde, Wundschorf, Grind, Narbe‹; *Chindli ... mit ihre braite Rufe, schüüch un fremd* [Hebel]. – Mhd. *ruf, rufe* ›Schorf, Aussatz‹. – Vgl. »Bletz 5«.

rufen → »riefe«.

rufig, ruflig Adj.: ›schorfig, schrundig‹ vereinz.

Rufolk m. (f.): *Ruufolg, Rüüfolg* ›Aalraupe, ein Fisch‹, mancherorts Ortenau, Breisach. – Mhd. *rufolc.*

ru-fräßig Adj.: ›nicht wählerisch beim Essen, alles essend, ohne Tischsitten essend‹ vereinz.

Rugel m., f.: *Rugel, Ruggel, Rüggel, Rugle* ›runde Scheibe, Spule, Rollenförmiges‹ mancherorts.

rug(e)le schw.: ›rollen, wälzen, kullern‹, z. B. einen Abhang hinabrollen. – Mhd. *rugelen* ›sich rühren, bewegen‹.

ru-härig Adj.: ›rauharig, robust‹ vereinz.

ruhen → »rueje«.

ruhig → »riëjig«.

Rühr-milch ›Buttermilch‹ → »Rihrmilch«.

ruke schw.: *rugge, rucke, ruke* ›gurren, grunzen, quaken‹ mancherorts.

Ruker m.: *Rugger, Rucker, Rügger* ›Täuberich‹ mancherorts Markgr. – Vgl. »Kuter«.

Rülpi m.: ›roher Mensch, ausgelassenes Kind‹ Markgr.

rulze, rilze schw.: *rulze* vereinz.; *rilze* Baar. – sich herumwälzen, herumtoben.

Rum, Rüm ›Rahm‹ → »Raum«.

rum Adv.: *rumm* verbr. nördl. einer Linie Freiburg – Villingen (südl. davon »umme«). ♦ ›herum‹, örtlich und zeitlich; *so rum gôts fürschi!* ›so herum geht es vorwärts‹ [O. Furtwängler]; *Wenn dr Blüajët rum isch* ›wenn die Blütezeit vorbei ist‹ [O. Furtwängler]; *Eh e Viart'ljohr rum gsi isch* [A. Ganther]; *kumm rum* ›komm herüber‹ verbr.; Ra.: Paarformel: *rum un num* ›herüber und hinüber, hin und her‹ mancherorts.

rume schw.: *rume, rüme, rôme, rumme, rümme.* ♦ ›aus dem Weg räumen, in Ordnung bringen‹, auch von Wiesen, Gärten, Reben; *no dät 'r de Saal rume lo* [A. Ganther].

Rumete f.: *Ruumede.* ♦ 1) ›Rest, Überbleibsel‹. ♦ 2) ›das Aufräumen‹.

rum-flankiere schw.: ›unordentlich herumliegen‹; *bi dir flankierts Schuelsach immer in de ganze Stube rum* [Freiamt].

rum-fuhrwerke schw.: ›herumhantieren, planlos herumschaffen‹.

rum-luege schw.: ›umschauen‹; Ra.: *um s Rumluege* ›sofort, plötzlich‹ [Freiamt].

rum-mache schw.: ♦ 1) ›einen Acker umpflügen‹; *Siderhær* (seither) *het dr Schtäfe des Äkerli nimi rummache lau* (lassen) [O. Furtwängler]. ♦ 2) ›(unqualifiziert) an etwas herumschaffen, sich mit etwas beschäftigen‹.

Rümmechrüsliger m.: ›eine säuerliche Apfelsorte‹. – Das auch in der Schweiz bekannte Wort ist bei uns nur bei Hebel im Gedicht „Die Mutter am Christabend“ genannt.

Rummele f.: ›Hummel‹ vereinz. Markgr.

Rumpel-fass n.: ›Butterfass‹. – Zu »rumple 2«.

Rumpel-milch, Runtel-milch f.: ›Buttermilch‹ mancherorts Brsg., Zartener Becken. – Syn. → »Ankemilch«.

rumpes Adv.: nur Bestandteil in zweigliedrigen Fügungen wie *rumpes-un-stumpes, rumpis-un-stumpis, rumpis-stumpis* u. ä. ♦ ›ganz und gar‹; *Sie hen rumpis un stumpis alles gässe* [Wehr].

Rumpf[1] m.: ›strohgeflochtener Bienenkorb‹ mittl. Schwarzw., [Freiamt].

Rumpf[2] m., **Rumpfle** f.: ›Knitter, Falte in Textilien‹ mancherorts; auch ›Runzel‹ [Radolfz].

rumpf(e)lig Adj.: ›runzelig, schrumpelig, faltig‹.

rumpfle schw.: ›knittern, Falten bekommen‹.

rumple schw.: ♦ 1) ›ein grollendes, polterndes Geräusch machen, rumpeln‹ verbr. ♦ 2) ›Butter machen‹ mittl. und südl. Schwarzw., mancherorts Brsg., Markgr. – Vgl. »riere 3«.

rundement Adv.: ›durchaus, unbedingt‹, *des het er rundement nit welle* ›das wollte er auf keinen Fall‹ [Freiamt].

Rung m., f.: ›Augenblick, Weile‹ mancherorts Brsg.,

Markgr., Hotzw.; *wart e Rung* [Hausen i. W.]; *Er isch e Rung im Welschland gsi* [Hebel]; auch im Dim.: *e Rüngli* ›eine kleine Weile‹ [Bürchau].

Runge[1] Pl.: ›seitliche Stützen am Bauernwagen‹ nördl. und mittl. Schwarzw. – Syn. → »Kipfe«.

Runge[2] → »Rinde«.

Runkel f.: ›Futter-, Runkelrübe‹ mancherorts Hotzw., Klettgau, vereinz. SO-Baden; im Brsg. auch *Runkelruebe*. – Syn.: »Angersche, Dickrueb, Turnip(s)«.

Runs f., m.: *Runs, Runz* mancherorts; *Raus, Rause* mancherorts oberes Markgr. ♦ ›Rinnsal, künstlich angelegte Wasserrinne‹. – Die Formen *Raus, Rause* sind lautgesetzlich (Staubsches Gesetz) durch Nasalschwund und Diphthongierung entstanden. – Mhd. *runs, runst, runse.*

runse, runsle schw.: *runse, rause, räusle* ›Bewässerungsgräben ziehen‹; *dort han i au scho ... Matte graust* ›in Wiesen Gräben gezogen‹ [Hebel].

runter Adv.: *runder, runner* ›herunter‹ vereinz. nördl. Schwarzw. (sonst »ra, rab, abe, abi«).

Runzle f.: ›(altersbedingte) Falte in der Haut, in eingeschrumpftem Apfel‹ verbr., im Ggs. zu »Rumpfle« [Freiamt].

Rup m.! (f.): *Rubb, Rupp, Rübb* verbr.; seltener *Ruup, Rüüp, Ruppe, Rüppe, Roup, Roupe.* ♦ ›Schmetterlings-, Insektenlarve, Raupe‹; *e Rübb em Salat* [Kippenheimwlr].

Ru-pelz m.: *Rubelz, Rübelz* ›vermummter Begleiter des Nikolaus‹ mancherorts mittl. Schwarzw., Ortenau, Brsg. – Vgl. »Pelznickel«.

Rupe-schisser m.: ›Kohlweißling‹ vereinz.

Rupf m.: ›ruckartige, rupfende Bewegung‹.

Rupfel, Rüpfel m.: ♦ 1) ›etwas Verkümmertes, Kleines seiner Art (Frucht, Kind)‹ Markgr. ♦ 2) ›freches Kind, Lausbub‹ eb.

Rupf-igel m.: ›wildes Kind‹ [Lahr].

rure, rurle schw.: ›drohend knurren‹, von Tieren [Glattes].

rus Adv.: *ruus* mancherorts nördl. Schwarzw., Ostteil des mittl. Schwarzw., nördl. Baar; *russ* mittl. Schwarzw., nördl. Ortenau, Elztal, mancherorts Brsg., Kaiserst.; *rüss* mancherorts Ortenau, nördl. Brsg.; *rous* mancherorts Linzgau (Verbr. s. Karte → »use[2]«). ♦ ›heraus‹; *Kumm rüss!* [Wyhl]; *numme rus mit* ›nur heraus damit‹ [A. Ganther].

Rusch m.: *Rusch, Rüsch, Ruusch* verbr.; Dim.: *Rischli, Rüschli.* ♦ ›Alkoholrausch‹; *e Rusch wiä e Bretschelbue* ›ein gehöriger Rausch‹ [Durbach]; Sprichw.: *Was einer nüechter denkt, sait 'r im Rusch* [Brsg.]. – Syn.: »Bäkle 3, Blass 4, Brand 2, Dalle 2, Dampes 2, Dampf, Dippsli, Dirmel, Dolke 2, Dubel 2, Feger 2, Flärre 4, Hex 5, Igel 2, Käfer 2, Kanone 2, Kischte 2, Klapf 3, Kläpfer 7, Latte 2, Loder 2, Pflutteri, Plauderi, Sarass 2, Sawackel, Schicker, Schwips, Serm, Sirmel 2, Spitz 3, Staiber[1], Stich 4, Stips, Storax, Struß 2, Sturm 3, Surbel, Turbe 2, Zapfe 4, Zolge 2«.

Rusche ›Ulme‹ → »Ruesche«.

rusche schw.: *rusche, rüsche, ruusche* ›rauschen, rascheln‹; *d' Sägese ruschet* beim Mähen [Hebel]; *Hörsch nit, wie's Wasser ruuscht* [Hebel]; *e Mêrmuschl, ... wen mërs ans Or hebt, hört mër s Mêr rûsche* [O. Furtwängler].

Rüssel → »Riëssel[1]«.

Rute f.: *Rutt, Rütt, Ruut.* ♦ 1) ›die Pflanze Raute (Ruta graveolens)‹, oft Bestandteil des an Mariä Himmelfahrt geweihten Kräuterbüschels. ♦ 2) ›Fensterscheibe‹ vereinz. mittl. Schwarzw. ♦ 3) ›schräg geschnittenes Stoffstück, Einsatz, Zwickel an Hemden, Schürzen, Strümpfen‹ vereinz.

rutsche schw.: *rudsche, rutsche* mancherorts; *ritsche* mancherorts nördl. Schwarzw., nördl. Ortenau; *rütsche* vereinz. Markgr. ♦ ›rutschen, gleiten‹.

Rütscherle ›Feldsalat‹ → »Ritscherli«.

Rutscherli n.: ›kleiner Holzschlitten‹ verbr.

rutzebutz Adv.: ›vollständig, ganz und gar‹ vereinz.; häufiger *rumpis-stumpis* u. ä., s. → »rumpes«.

Rutzele Pl.: *Rutzele* [Säckgn]; *Rützele* [Blasiwald, Höchenschwand]. ♦ ›Stachelbeeren‹. – Syn. → »Krusele«.

ru-werke schw.: *ruwerge, rüwerche* ›schwer arbeiten, schuften‹ Ortenau, Brsg.

S

s → »das« und »es«.
sää ›sehen‹ → »sehne«.
Säär ›Pflugmesser‹ → »Sech«.
Sabi m.: *Sabbi, Sappi, Sabii, Zabbi* (meist endbetont) ›Holzhauerhacke mit gekrümmter Spitze zum Heben oder Heranziehen der Baumstämme‹ vereinz. Schwarzw., Hegau, Bodensee. – Zu rätoromanisch *zapin.*
sabië Interj.: Ausruf im Sinn von ›geh weg, Platz da, Obacht, schau her‹ mancherorts Wiesental, Hotzw., Klettgau.
Sach n., f.: *Sach* verbr.; Pl.: *Sache* mancherorts; Dim.: *Sächli, Sächeli* mancherorts. ♦ 1) ›einzelner Gegenstand, Ding‹ *dr Fatr kan's it lîde, wen ë Sach e so umenand lit* [O. Furtwängler]. ♦ 2) meist. n.: ›Gesamtheit von Gegenständen, Hab und Gut, Besitztum (z. B. Kleider, Waren, Lebensmittel)‹; *der het si Sach kriegt* ›sein Erbteil bekommen‹ [Tribg]; *Mir hond üser Sach!* ›wir sind gut versorgt‹ [Epple]; *s'müeßde für derardigi Schlawacke Handschelle her, daß m'r ne ihri Deif'lsdobe festklemme künnt un 's Sach vor ne sicher wär* [A. Ganther]. ♦ 3) meist f. ›Angelegenheit, Umstand, Ursache‹; *un wer sy Sach nit ordli tuet, dem bring i au kai Sege mit* [Hebel].
Sächsli ›Haumesser‹ → »Säsli«.
Sack m.: *Sack* verbr.; *Sackch* Dinkelberg, Hotzw., Klettgau, Höri; Pl. *Säck, Säckch* verbr.; Dim.: *Säckli, Säckchli, Säckle.* ♦ 1) ›Sack (für Getreide, Kartoffeln usw.)‹; Ra.: *d' Chatz im Sack chaufe* ›etwas ohne zu prüfen übernehmen‹ [Hebel]; *wiä en umkehrte Sack sii* ›sich völlig anders als zuvor verhalten‹ [E. Strube]; Sprichw.: *e leerer Sack blibt nit stoh* (übertragen auf die Ernährung und die damit verbundene Leistungskraft) [Glock Brsg.]. ♦ 2) ›Hosen-, Rocktasche‹; *Druf lengt der Pfarer in Sack un nimmt e Brüse un schnupft* [Hebel]. ♦ 3) ›Hodensack‹. ♦ 4) Schimpfwort, meist mit Attribut wie *alter, blöder, fauler Sack* usw.
Säckel → »Seckel«.
sacker-djee, saker-non-de-djee Interj.: *saggerdjee, sakredee, sackcherdii, sackernundidje* u. ä., mancherorts. ♦ ›Ausruf der Verwunderung, der Verärgerung‹. – Frz. *sacre-dieu* bzw. *sacré nom de dieu.*
sack(e)risch Adj.: ›verwünscht, verflixt‹ vereinz.
sacker-lot, -ment, -moscht Interj.: ›Ausruf der Verwunderung, der Verärgerung‹ mancherorts; abschwächende Bildung zu *Sakrament*, wie auch in den Flüchen, Ausrufen *sackerment, sackertrend, sackerziment, sakramoscht* usw. – Vgl. »sapperlot«.
Sack-geld n.: ›Taschengeld‹.
Säckli-strecke n.: ›Heischebrauch beim Schlachtfest oder bei Taufen, wobei ein an einer Stange befestigtes Säckchen durchs Fenster gestreckt wird‹ mancherorts mittl. Schwarzw.
Sack-messer n.: ›Taschenmesser‹.
Sack-tuech n.: ›Taschentuch‹. – Syn. → »Fazenetli«.
Sack-uhr(e) f.: ›Taschenuhr‹.
Sadel ›Hühnersitzstange‹ → »Sedel«.
Sadrach m.: ›verwegener, schlimmer Kerl‹, vereinz.
Säet m.: *Säet, Saaiet* ›die Zeit des Säens, Aussaat‹.
sage schw.: *sage, sòge, saje, sae, saa, säge, sägge, sagge* u. a. verbr.; 3. Pers. Sg.: *er sait, seit* verbr.; *er säät, sätt* mancherorts Hanauerland; *er sòòt* südl. Hegau, Höri; Part. Perf.: *gsaagt, gsait, gsält, gsoot, gsäget* mancherorts. ♦ ›sich mündlich artikulieren, aussprechen‹; *I möcht der no allerlai sage* [Hebel]; *Hädde n'r des jetz nit gli sage künne* [A. Ganther]; *Nai, was de saisch!* [Hebel]; *stoht er uf un sait ke Wort* [Hebel]; *du hesch d' Wohret gsait* [Hebel]; *Do ha i g'sait, i wär nit g'studiert; 's Redehalde wär nit mi Sach* [A. Ganther]; *wie sait men üch suscht?* ›wie nennt man euch, wie heißt ihr?‹ [Glock Brsg.]; Ra.: *Seet er Hund, seet si Katz* von einem gegensätzlichen Paar [Epple]; *Wer nüt* (nichts) *sait, wemmern frogt, hett au en Antwort gee* [Glock Brsg.].
säge schw.: *säge, säje, saje, sägge, säege* ›sägen‹.
Sägedse, Sägese ›Sense‹ → »Segese«.
Sägi f.: *Sääg, Säi, Sai, Sää, Sägi, Säege, Sagi, Säge.* ♦ ›Werkzeug zum Sägen, Sägewerk‹.
Sägis ›Sense‹ → »Segese«.
Sägsli ›Haumesser‹ → »Säsli«.

sähe ›sehen‹ → »sehne«.

Sahr m., n.: *Sahr* mancherorts Ortenau; *Sohr* [Grenzach]. ♦ ›Ried-, Schilfgras, Segge‹. – Ahd. *sahar.*

saie schw.: *saaie, saie, säie* ›Samen aussäen‹; Sprichw.: *D Frucht mueß me nit z dick säie un d Chindere nit z faißt fuettre, suscht falle se um* [Glock Brsg.].

saige schw.: *saige, seige, söige* ♦ 1) ›an der Mutterbrust, am Euter, Gesäuge trinken lassen‹. ♦ 2) ›saugend trinken‹.

Saigi f.: ›Gesäuge bei Hündinnen oder Mutterschweinen‹ mancherorts Wiesental, Hotzw. – Wörtl. *Säuge,* zu *saugen.*

Sais ›Sense‹ → »Sens«.

sakramentiere schw.: ›fluchen, schimpfen‹ mancherorts.

Salat m.: *Saláat, Seláat, Salòòt, Selòòt, Solaat* u. a. ♦ 1) ›Salat‹; *zwai Betr Salôt* ›zwei Beete Salat‹ [O. Furtwängler]. ♦ 2) ›Durcheinander, unangenehme Bescherung‹; *do hoscht ets de Salòòt!* Hegau.

salbadere schw.: ›langatmig reden, kurpfuschen‹ vereinz.

Salbe f.: *Salwe, Salbe, Salbi* ›Heilsalbe, Schmiere‹; *Ball het ain go Basel müessen Salbi hole* [Hebel]. – Vgl. »Karresalbi«.

salbe *salwe, salbe.* ♦ 1) ›Heilsalbe auftragen‹. ♦ 2) ›schmieren, einschmieren‹, z. B. die Stiefel, die Wagenachse, vereinz. S-Baden. ♦ 3) ›langsam, umständlich sein‹ vereinz.

Salbei m.: *Salbei(e), Salwei(e)* mancherorts; *Selwe, Selfe, Selwi* vereinz. SO-Baden. ♦ ›Salbei‹.

Sale f.: *Sale, Salle* ›Salweide‹ vereinz. Ortenau, Stockach; häufig noch in FlN wie *Salenbach, Salengrund, Salenwerd* u. a. – Mhd. *salhe.*

säll, säller, sälli ›jenes, jener, jene‹ → »sell«.

salli Interj.: *salli* mancherorts; *solli* Markgr., Hotzw. ♦ ›Grußformel zur Begrüßung oder zum Abschied‹. – Frz. *salut.*

Salme m.: ›Lachs (vor dem Laichen)‹, danach *Lachs.* Die Jungform wird auch *Sälmling* genannt. Am Hochrhein bei Grenzach gab es größere Holzbauwerke zum Salmenfang, die man *Salmewoog* nannte. Auch in Gasthausnamen *Zum Salmen* vereinz. – Lat. *salmo.*

Sälme f.: Kurzform für den weibl. VN *Salomea* vereinz.

Salopp m.: ›Nichtsnutz, Schelm‹ mancherorts Ortenau.

Salpeterer Pl.: ›Anhänger einer politisch-religiösen Protestbewegung des 19. Jh. auf dem Hotzenwald‹, benannt nach dem Begründer, dem Salpeterhändler Albiez.

salveni Interj.: entschuldigende Floskel, im Sinn von ›mit Verlaub‹, veraltet; *mit Salveni z' vermelde* [Hebel]. – Lat. *salve venia.*

salvent Adj.: ›den Anforderungen gewachsen, bei guter Gesundheit‹; *ich bin halt eifach nimmi salvent* [Freiamt]. – Bildung zu lat. *salvare* ›heilen, retten‹.

Salvete f.: *Salfeed, Salfeede* ›Mundtuch, Serviette‹. – Mittellat. *salveta,* ital. *salvietta.*

Salz n.: *Salz, Sals* verbr. außer SO; *Saalz, Saals* südöstl. Schwarzw., Hotzw., Klettgau, südl. Baar, SO-Baden; Ra.: *so netig wiäs Salz in dr Supp* ›sehr nötig‹ [Offenburg]; *du kriägsch us em Salz!* Androhung von Prügeln [Schonach].

Salz-käfer m.: ›Beerenwanze‹ mittl. Schwarzw. – Syn. → »Gää«.

Salz-maa m.: nur in der Ra.: *laufe wiä e Salzmaa, -mann* ›schnell laufen‹ vereinz. Ortenau. – Wohl ursprüngl. Salzschmuggler über den Rhein.

Salz-muttle f.: ›Holzgefäß an der Wand mit Klappdeckel zum Aufbewahren des Kochsalzes‹, mancherorts südöstl. Schwarzw.

Samen → »Some«.

Sammet m.: ›Samtgewebe‹; *vun Sammet un Side* ›von edlen Stoffen, fein‹ [A. Ganther].

sammet Adj.: ›aus Samt, samten‹; *Un do isch e Brusttuech, sammet un roserot* [Hebel]; *e rot Schächtili mit ëmë samede Bölschterli drin* [O. Furtwängler].

sämmle schw.: ›(ein)sammeln‹ verbr.

Sammlete, Sämmlete f.: ›hingebreitete Schwaden Getreides, das zu Garben gebunden wird‹ südöstl. Schwarzw., Hotzw., SO-Baden. – Vgl. »Zatte«.

sampf(t) Adj.: ›sanft, mild, freundlich‹ vereinz.; bei Hebel jedoch *sanft*, z. B. *schloft sanft un wohl.* Dazu die gleichbedeutende Abl. *sampflecht* [Herdern].

Samschtig m.: *Samschdig, Samschtig* verbr. (außer den folgenden Gebieten); *Somschdig* nördl. und mittl. Schwarzw.; *Samschdi, Somschdi* Hanauerland, Ortenau; *Samstig* östl. Hegau, Bodanrück, Bodensee. ♦ ›der Wochentag vor dem Sonntag‹; *Der Samstig* (zu lesen *Samschtig*) *het zuem Sunntig gsait: Jetz han i alli schloofe glait* [Hebel].

Sand m.: *Sand* verbr.; *Sònd* nördl. und mittl. Schwarzw.; *Sang* äußerste Südwestecke nördl. von Weil. ♦ ›Sand, Sandboden‹; *un mengge schlooft im tiefe Sand* [Hebel].

Sand-blatt n.: ›Blatt aus dem unteren Bereich der Tabakpflanze‹ bad. Tabakanbaugebiete.

Sand-felche m.: ›eine Felchenart im Bodensee‹.

sandle schw.: ›im Sand spielen‹, von kleinen Kindern.

sängiljee Adv.: ›eigenartig, sonderbar‹ vereinz. – Frz. *singulier.*

Sanikel m.: ›die Heilpflanze Sanicula europaea‹.

Sank m.: *Sangg, Sank, Sònk, Sankch* ›Bodensenke, Vertiefung‹ mancherorts Brsg., Südbaden. – Bildung zu *senken.*

Sanktus-bue m.: ›Messdiener‹ vereinz.; Ra.: *jetz Sanktusbue schạll!* ›jetzt gilt es!‹ [Ettenhm].

Santi-hans-beeri f.: *Santihansbeer(i), Sòntihannsbeer, Dsantihansbeer*, auch verkürzt: *Dsanterli, Dsankerli* u. ä. ♦ ›Johannesbeere‹ vereinz. Entstanden aus *Sankt-Johanns-Beere.* – Syn. → »Johannisbeeri«.

Santi-hans-tribeli n.: *Santihannstribeli, -triweli, -trübli* u. ä. ♦ ›Johannisbeere‹ mancherorts Schwarzw., Markgr. – Vgl. »Santihansbeeri«. – Syn. → »Johannisbeeri«.

Santi-klaus m.: *Santi(s)klaus, Sòntiklaus* mancherorts mittl. Schwarzw., Brsg.; *Santichlaus, -chloos* mancherorts Markgr., Wiesental; *Sammichlaus, Sammechlaus* u. ä. Hotzw., Klettgau, Höri; *Santiklòòs* SO-Baden. ♦ ›der Heilige Nikolaus und sein Tag‹, bes. als adventliche Brauchtumsgestalt, die am Vorabend des 6. Dez. die Kinder besucht.

Santi-meter m.: *Santimeter, Sondimeder* ›Zentimeter‹ verbr. – Lautung nach frz. Aussprache.

sapper-lot, -ment, -moscht Interj.: dass. wie »sackerlot«; dazu weitere Bildungen wie *sapperment, sapprement, sappermoscht. Z' Müllen an der Post; Tausig Sappermost* [Hebel]. Alles Abschwächungen zu *Sakrament.*

sappermente schw.: ›fluchen‹ mancherorts; *er fluecht un sappermentet: „Chrütz un Stern“* [Hebel].

Sarass m.: ♦ 1) ›Schleppsäbel‹ veraltet. ♦ 2) ›Alkoholrausch‹ mancherorts, auch *Soress*; Syn. → »Rusch«. ♦ 3) Tunichtgut.

Sarg m.: verbr., in älterer Mundart »Totebaum«.

Särmde f.: *Särmde, Sạrmde* mancherorts Kaiserst.; *Särme* Raum Appenw. – Oberkirch; *Sände, Sạnde* Ortenau, südl. Brsg. ♦ ›abgeschnittenes Rebholz, Rebholzwelle‹, auch *Sändewelle* u. ä. – Ein altes Winzerwort, Relikt des römischen Weinbaus, lat. *sarmenta* ›Rebreisig‹.

Särme ›Rebholz‹ → »Särmde«.

Säsli n.: *Sääsli, Seesli, Sạạsli, Sääsle, Sääsel* u. ä. mancherorts Ortenau, mittl. Schwarzw., Brsg.; *Sägsli, Sạgsli* vereinz. nördl. Markgr., südöstl. Schwarzw. ♦ ›Haumesser mit nach vorn gekrümmter Schneide‹. – Mhd. *sehselin* zu ahd. *sahs* ›langes Messer, kurzes Schwert‹. – Syn.: »Beckser, Dechsel 2, Gertel, Schnäker«.

satt Adj.: ♦ 1) ›mit Nahrung gesättigt, sattsam genug‹; *Jetz ha i satt* ›jetz habe ich genug‹ [A. Ganther]. ♦ 2) ›dicht zusammengepresst, straff, eng‹; *d Hose sin mer z'satt* [Weln]; *un wil dr Schnê e so sat gsi isch* [O. Furtwängler].

Satte f.: *Sadde* ›weites Gefäß in dem die Milch den Rahm absetzt‹ vereinz.

Satz m.: ♦ 1) ›Reihe zusammengehöriger Dinge‹, z. B. Geschirr, grammatischer Satz. ♦ 2) ›was sich absetzt‹, z. Boden-, Kaffeesatz. ♦ 3) ›Sprung, Hüpfer‹ vereinz. Ortenau.

Sau f.: *Sau, Sou* verbr. (außer den folgenden Gebieten); *Söi, Söu, Soi* mancherorts Ortenau, [Freiamt], nördl. Brsg., Kaiserst.; *Suu* mancherorts südl. Markgr., Dinkelberg, Hotzw., verbr. südöstl. Schwarzw., Baar, Klettgau und SO-Baden (Verbr. s. Karte → »Sau«); Pl. wie Sg. oder *Sai, Sei, Sej, Soue, Saue* mancherorts; *Seib* vereinz. mittl. Schwarzw.; Dim.: *Saile, Seile, Saili, Seili, Sejli* verbr.; *Süli, Sülli* ob. Markgr., Hotzw., Klettgau, Höri; *Sili* Baar, Hegau, Linzgau. ♦ 1) ›Schwein‹ allg. Bezeichnung, im Dim. oft ›Ferkel‹; *Ferlet näume ne Mohr* (ferkelt irgendwo ein Mutterschwein), *het au der Pfarer sy Säuli* [Hebel]; *in den Eichle chnarflet* (frißt knirschend) *d' Sau* [Hebel]; Ra.: *do kennt mr uf de Sau furt* ›es ist zum Verrücktwerden‹ mancherorts; *kei Sau kummt drus* (niemand kennt sich aus) *us denne* *v'rruckde Nämme* [A. Ganther]; *furtrenne wiä d Soi vum Trog* ›alles stehen und liegen lassen‹ [Freiamt]; Sprichw.: *S hot scho oft e blinde Suu e Eichel gfunde* [Epple]. ♦ 2) Schimpfwort für unreinliche, unflätige, unzüchtige Personen.

Sau-Antoni m.: *Suu-Antoni, Suudoni* ›der heilige Antonius der Einsiedler‹, der mit einem Schwein dargestellt wird (im Ggs. zum hl. Antonius von Padua) vereinz. mittl. Schwarzw., Hotzw.

Sau-bacheli, -baschi m.: *Soubachele* [Diershm]; *Suubachili* [Radolfz]; *Soubaschi* Markgr.; *Subasche, -baschi* [Stockach, Radolfz.]. ♦ ›unreinliche Person‹. – Vgl. »Sauludi«. – Zum Grundwort s. »Bachel«.

Sau-benne f.: ›Korb, Kiste zum Transport junger Schweine‹ mittl. Schwarzw., Ortenau, Brsg. – Zum Grundwort s. »Benne«.

Sau-birschte Pl.: *Söubirschde; Sou-, Suborschde, -burschde* u. a. ›Schweineborsten‹ mancherorts.

Sau-bloter, -blotere f.: ›Harnblase des geschlachteten Schweins‹; aufgeblasen und an einen getrockneten Ochsenziemer gebunden, dient sie als Utensil der Fastnachtsnarren sowie, an Gasthäusern aufgehängt, auch als Zeichen, dass frisch geschlachtet wurde.

Sau-blueme f.: *Söublueme* ›Löwenzahn‹ vereinz. Brsg., Hotzw. – Syn. → »Seichblueme«.

Sau-dätsch m.: *Saudatsch, Söidätsch* ›Löwenzahn‹ mancherorts Hotzw. (Verbr. s. Karte → »Seichblueme«). – Syn. → »Seichblueme«.

saue schw.: *saue, söue, soie.* ♦ 1) ›beschmutzen, herumschmieren, pfuschen‹. ♦ 2) ›stark (bei stürmischem Wetter) regnen‹.

sau(e)le schw.: ›fein regnen‹ mancherorts Schwarzw., Ortenau.

Sau-gatter n.: *Sugatter* u. ä. ›Lattenverschlag zum Schweinetransport‹ vereinz.

Sau-gfräß n.: *Suugfräss* ›schlechtes, unzumutbares Essen‹ mittl. Schwarzw.

Sau-glocke f.: nur in den Ra.: *d Suglock(e) rushänke (ziehe, litte)* ♦ ›Grobheiten, Unziemlichkeiten von sich geben‹ vereinz.

Sau-gschläpp n.: *Suugschläpp* ›flüssiges Schweinefutter‹ mittl. Schwarzw.

Sau-igel m.: *Suuigel, -iggel; Söuig(g)el* u. ä. ♦ 1) ›eine besondere Art Igel‹ vereinz. ♦ 2) ›schmutziger, wüster, unanständiger Mensch‹.

Sau-kremme m.: *Soukremme, Sukremme, -gremme.* ♦ ›Gehege beim Haus, als Aufenthaltsort, Wühlplatz für Schweine‹ verbr. mittl. Schwarzw., auch nur »Kremme«.

Sau-ludi m.: *Souludi, Söi-, Suu-; -luddi* ›Schmutzfink, unflätiger Mensch‹ mancherorts. – Vgl. »Saubacheli, Sauigel 2, Saunickel, Sauribel 1«.

Saum[1] m.: *Saum* verbr. (außer den folgenden Gebieten); *Soim, Söum* Ortenau, nördl. Brsg.; *Sööm* vereinz. Hanauerland; *Soom, Sòòm, Somm* Baar, südöstl. Schwarzw., Hegau, SO-Baden. ♦ ›umgenähter Rand, Saum an Textilien‹.

Saum[2] m.: *Saum, Soum* mancherorts Markgr.; *Sòòm* [Singen a. H.]. ♦ ›veraltetes Hohlmaß für Wein‹. – Mhd. *soum* ›Last eines Saumtiers, Gewichts-, Hohlmaß‹.

sau-mäßig Adj.: ♦ 1) ›sehr schlecht‹. ♦ 2) steigernd ›sehr‹; *saumäßig gscheit* ›sehr gescheit‹ [Tribg].

saume schw.: *saume, söime, some, sòme* Verbr. wie »Saum[1]«. ♦ ›einen Saum machen‹, mancherorts auch *saimele, sömele.*

Sau-nickel m.: dass. wie → »Sauludi«.

Sau-ohr n.: *Sauohr, Söiohr* ›breitblättriger Wegerich‹ mancherorts.

Säure → »Siri«.

Sau-ribel m.: *Suuriwel, Suuribel.* ♦ 1) dass. wie → »Sauludi«. ♦ 2) ›missmutig dreinblickender Mensch‹.

Sau-ris f.: *Sauriis, Söiriis* ›Käfig, in dem junge Schweine befördert werden‹ Ortenau.

Sau-schwob m.: *Sauschwoob, Söischwob, Suuschwob.* ♦ ›Württemberger, Schwabe‹, leicht spöttisch. Aus der Perspektive der Schweizer oder Elsässer auch generell für ›(Reichs)deutscher‹.

Sau-seich m.: ♦ 1) ›Schweineurin‹. ♦ 2) ›dummes haltloses Gerede, Unsinn, Unordnung‹.

Sau-stock m.: *Saustock, Söistock, Suustock* ›Löwenzahn‹ vereinz. Hotzw., südöstl. Schwarzw. – Syn. → »Seichblueme«.

Sau-stude f.: *Saustude, Söistude* u. ä. ›Löwenzahn‹ mancherorts Markgr. (Verbr. s. Karte → »Seichblueme«). – Syn. → »Seichblueme«.

Sau-tribe(rle)s n.: ein Kinderspiel.

Sawackel m.: *Sawackel, Sar(e)wackel* u. ä. ›(leichter) Rausch‹. – Syn. → »Rusch«.

Schabbes m.: *Schawwes, Schabbes, Schabbis* ›Sabbat, allwöchentlicher Feiertag der Juden am Samstag‹.

Schabbes-deckel m.: ♦ 1) ›Zylinderhut‹. ♦ 2) ›alte, sonderbare Kopfbedeckung‹ abschätzig, mancherorts.

Schabélle f.: ›Stuhl‹ mancherorts Hotzw., veraltet. – Lat. *scabellum*.

Schabete f.: ›Ab-, Zusammengeschabtes‹ z. B. Teigreste.

Schache m.: ›kleines Waldstück‹ vereinz. S-Baden; häufiger noch in FlN, z. B. *an dem Schachen, das Schächle* u. a. – Mhd. *schache* ›einzeln stehendes Waldstück‹.

schäche, schächte schw.: ›schielen, verstohlen schauen, spionieren‹ vereinz. Schwarzw., Brsg., Markgr., mancherorts Baar, SO-Baden.

Schachtle f.: *Schachdel, Schachtle.* ♦ 1) ›Karton, Schachtel‹. ♦ 2) ›abschätzige Bez. für Frauen‹; *aldi Schachdel!*

schad Adv.: ›schade‹; *s isch nit schad um en* verbr.

Schaf → »Schof«.

Schäfe ›Schote‹ → »Schefe«.

Schäfer m.: *Schefer, Schäfer, Schöfer* ›Schafhirt‹.

schaffe schw.: *schaffe* verbr.; Part. Perf.: *gschafft, gschaffet.* ♦ 1) ›arbeiten, hantieren‹ verbr.; *si sinn vom Schaffe her un hi, gar sölli müed un schlööfrig gsi* [Hebel]; *Am Sunntig rueih un bett un sing; Am Werchtig schaff dy Sach!* [Hebel]; Ra.: *G'schafft het 'r wia e Brunnebutzer* [A. Ganther]; *Er isch am liebschte, wo scho gschafft isch* von einem Arbeitsscheuen [Waldk. (Elzt.)]; Sprichw.: *d' Not lehrt schaffe* [Hebel]; *wiä mer isst, so schaffet mer* [E. Strube]. ♦ 2) ›vollbringen, bewältigen‹.

schäffele schw.: ›spielerisch, ein wenig arbeiten‹ mancherorts.

Schaffer m.: ›wer viel arbeitet‹, das weibl. Gegenstück ist die *Schafferi.*

Schaffete f.: ›an was man gerade arbeitet, Pensum Arbeit‹ vereinz.

Schäff-hei n.: *Schäffei* ›Schachtelhalm‹ [Gütenb.], wurde zum Abschrubben von Geschirr benutzt. – Vgl. »Schafthai«.

schaffig Adj.: *schaffig*, vereinz. auch *schäffig* ›arbeitsam‹; *en schafige Ma* [O. Furtwängler].

Schaft m. (n.): ♦ 1) ›Brett, Gestell an der Wand für Geschirr, Bücher‹; *un wenn er d' Bible vom Schaft lengt* [Hebel]. ♦ 2) ›schmale Weinbergsterrasse‹ vereinz. Kaiserst. – Verwandt mit *Schaff* ›Gefäß‹, wobei die Herkunft des epithetischen *t* nicht geklärt ist.

Schaft-hai n.: ›Schachtelhalm‹ mancherorts Ortenau. – Wörtl. *Schaftheu.*

schagerniere schw.: *schagerniire* mancherorts Ortenau; *schägerniire* [Lörrach]. ♦ ›sich bekümmern, ärgern, jemanden plagen‹. – Frz. *chagriner.*

Schagrille Pl.: ›Sorgen, trübsinnige Gedanken, Launen, Schwierigkeiten‹.

schaibe, schaible → »schaube«.

Schaib-huet m.: *Schaibhuet, Schaabhuet, Schaiwhuet.* ♦ ›Sonnenhut, Strohhut‹ mancherorts Ortenau. – Das Grundwort gehört zu »Schaub«. – Vgl. »Schatthuet, Schihuet«.

schaike schw.: ♦ 1) ›vor sich her stoßen‹ Brsg. ♦ 2) ›lustlos im Essen stochern‹ vereinz. Brsg., Markgr.

Schäk[1] m., f.: *Schääg, Schäák* Ortenau, nördl. und mittl. Schwarzw., vereinz. SO-Baden; *Schạag* mancherorts Ortenau, Hanauerland. ♦ ›Eichelhäher‹. – Syn. → »Hähr, Hährevogel, Hetzle 2, Jäk, Kriësehähr, Kriësehetzle, Kriësetätsch, Musjäk, Nusshäher, Nussjäk, Nussquäcker, Nussschäk«.

Schäk[2] f.: ›schlampige, verschrobene Frau‹ vereinz. Nordrand.

Schäke m.: ›langer Werktagsrock‹ vereinz. Baar, SO-Baden, veraltet. – Wohl zu frz. *jaque.*

Schal m., f.: ♦ 1) ›viereckiges größeres Umschlagtuch‹ als Bestandteil der älteren Frauentracht, mancherorts Ortenau, Schwarzw. ♦ 2) ›Schal als modernes Kleidungsstück um den Hals getragen‹.

Schaländer m.: ›Aufenthaltsraum in der Brauerei‹ [Freib]. – Wort des Brauereihandwerks, wohl zu altfrz. *chalandre* ›Schiff, Mannschaftsraum‹.

Schale f.: *Schaal, Schale* verbr. (außer den folgenden Gebieten); *Schòòl, Schòòle* mancherorts südl. Ortenau, nördl. Brsg.; *Schalle* SO-Baden. ♦ ›Umhüllung, Schale an Früchten, Kartoffeln, Zwiebeln, Eiern‹.

Schälete f.: *Schälet, Schelet, Schälete* u. a. ›das Abgeschälte, Schälabfälle‹ mancherorts Schwarzw., Markgr. – Vgl. »Schälsete, Schälzeme, Schälzich, Schelferte, Scherete, Schinze(le)«.

schal-los Adj.: ›ohne Schale‹, von Eiern.

Schalm m.: ♦ 1) ›abgemagerte Seeforelle‹ Reichenau. ♦ 2) ›zu Scherzen, boshaften Streichen aufgelegter Mensch‹ Baar, SO-Baden. – Mhd. *schalme* ›Seuche, Kadaver, Aas‹; hierzu auch FlN wie *Schalmenacker, Schalmengrube, Schalmenwasen* wo früher verendetes Vieh vergraben wurde; vgl. »Schelm«. – Zur Bedeutungsentwicklung vgl. »Kog«.

Schalotte f.: *Schalótt(e)* ›eine kleinere Zwiebelart‹.

Schäl-ripple n.: ›Gericht aus dem Rippenstück des Schweins‹ vereinz.

Schälsete f.: dass. wie → »Schälete« Ortenau, Brsg.

Schalt-bäre f.: *Schaltbäär, -bạar, -bääre, Schallbaar* u. ä. ›einrädriger Schubkarren mit über das Rad gezogene leiterförmiger Brücke‹ mancherorts Hanauerland, Ortenau, Renchtal. – Bestimmungswort zu »schalten 1«, zum Grundwort s. »Bäre«. – Syn. → »Schaltkarch«.

schalte schw.: *schalde, schalte,* seltener *schòlde* verbr. (außer dem Gebiet, wo »schirge, schürge« gilt); *schalge* obere Murg; Part. Perf.: *gschalte.* ♦ 1) ›(ein Fahrzeug) schieben, vorwärts stoßen‹. ♦ 2) ›nach Belieben schalten‹; *schalte un walte.* ♦ 3) ›einen Schalter, Schalthebel betätigen‹; auch übertr. ›etwas verstehen, nachvollziehen‹; *dò hòn i erscht gschalde* ›dann habe ich es erst verstanden‹ [Freiamt].

Schalt-karch, -karre m.: *Schaltkarch, Schallkarch* nördl. Schwarzw.; *Schaltkarre, Schallkarre, -charre* mancherorts mittl. und südl. Schwarzw., Brsg. ♦ ›Schubkarre mit leiterförmiger Brücke‹ um [Offenburg], andernorts teilweise auch mit Kastenaufbau. – Syn.: »Schaltbäre, Schubkarch, Schürgkarre, Stoßkarre«.

schalú Adj.: ›eifersüchtig, aufgebracht‹ vereinz. – Frz. *jaloux.*

Schälzeme Pl.: dass. wie → »Schälete« mittl. Schwarzw., Baar.

Schälzich n.: dass. wie → »Schälete« mancherorts nördl. Schwarzw., Ortenau.

Scham f.: *Schaam* verbr. außer SO; *Schamm* mancherorts SO-Baden. ♦ 1) ›Schamgefühl‹. ♦ 2) ›Geschlechtsteil‹, bes. ›Scheide der Kuh‹ SO-Baden.

Schambedis m.: der männl. VN *Jean Baptiste,* meist jedoch als gutmütiger Spottname für den Elsässer. – Vgl. »Schan«.

schämme schw.: *schämme* verbr.; *schạmme* Rheinebene von Diershm bis Lörrach, Markgr. ♦ ›sich schämen‹; *Schämsch di nit?* [A. Ganther]; dazu das Adj.: *schämmig* ›verschämt, beschämend‹.

Schämmi f.: ›Scham, Schamgefühl‹; vereinz. auch *Schämmedi.*

Schan m.: *Schää, Schang* vereinz.; Dim.: *Schangel.* ♦ der männl. VN *Jean (Johann),* auch als gutmütiger Spottname für den Elsässer. – Vgl. »Schambedis, Schangi«.

Schand f.: *Schand, Schònd.* ♦ 1) ›Schmach, Schande‹; *Spott un Schand* [A. Ganther]; *alle Schand sage* ›beschimpfen‹ [Epple]. ♦ 2) ›Scham‹; *die het iwwerhaupt kei Schand* ›die schämt sich überhaupt nicht‹ [Schonach, Gremmelsb.].

Schandarm m.: *Schandar(e)m, Schòndar(e)m* ›Schutzmann, Polizist, Gendarm‹.

Schandarmetlis n.: ›das Räuber- und Gendarmen-Spiel der Kinder‹ vereinz.

schande-halber Adv.: *schandehalber, -halwer.* ♦ ›anstandshalber, notgedrungen‹; *i han em schandehalber miän e Schoppe zahle* ›ich habe ihm anstandshalber einen Schoppen zahlen müssen‹ [Wehr].

schand-gaschtig Adj.: ›anstößig, unzüchtig‹ [U.ibental].

Schand-geld n.: ›extrem hoher bzw. lächerlich niedriger Geldbetrag‹; *mini Nochbere, wo d' Stämm um e Schandgeld in d'r Nächi rum v'rfuggert hen* [A. Ganther].

Schandle f.: *Schandel, Schòndel* mancherorts nördl. und mittl. Schwarzw., Ortenau; *Schòngle* vereinz. Elztal; *Schandle* mancherorts Brsg., südl. Schwarzw. ♦ ›Kerze, Stearin-, Unschlittkerze‹, bisweilen auch *Schand(e)lliächt*; der Kerzenleuchter ist der *Schandlestock.* – Altfrz. *chandelle,* dies aus lat. *candela* ›Kerze‹.

Schand(s)-lus f.: ›Warze, brauner Fleck auf der Haut‹ vereinz. SO-Baden. – Wörtl. *Schandlaus.*

Schangi m.: ♦ 1) der männl. VN *Jean (Johann)* vereinz. Markgr., Wiesental. ♦ 2) ›junger Bursche, Freund eines Mädchens, Weiberheld‹ vereinz. Markgr., Wiesental. – Vgl. »Schan«.

schangschiere schw.: ›wechseln, auswechseln‹, z. B. die Kleider, die Wohnung, die Farbe, den Glauben u. a., auch vom wechselhaften Wetter, mancherorts; *un schangschiersch der Glauben un würsch e luthrische Chetzer!* [Hebel]; *Hienächt dörft s Wädder wol schangschiere* [Glock Brsg.]. Sprichw.: *Witwe un Wedder schangschiere über Nacht* [Brsg.]. – Frz. *changer.*

Schank m.: ›Schrank‹ vereinz. an Murg und Oos. – Mhd. *schanc.*

Schanz[1] f.: *Schanz, Schans, Schaas* ›günstige Gelegenheit, Aussicht auf Erfolg, Glück‹ vereinz. Ortenau, mittl. und südl. Schwarzw., Brsg.; *hesch halt Schaas ghaa* ›hast halt Glück gehabt‹ [Neustadt]. – Frz. *chance* bzw. altfrz. *cheance* < lat. *cadentia* ›Fallen der Würfel‹.

Schanz[2] f.: ›militärische Schanzanlage‹ mancherorts; auch in FlN *Schanz, Schänzli.*

schanze schw.: ›schwer arbeiten, Schanzarbeit leisten‹ vereinz.; *Sie sin gli an d' Ärwet un hen g'schafft un g'schanzt as wia* [A. Ganther]; *do haißts gschanzt, suscht batts nüt* ›Da muss tüchtig zugelangt werden, sonst nützt es nichts‹ [Glock Brsg.]; Ra.: *g'schafft un g'schanzt het 'r uf Mord un Brand* [A. Ganther].

schäpere schw.: *schääbere* ›dauernd drauflos reden‹ vereinz. Ortenau.

Schapf(e) m., f.: *Schapf, Schapfe* mancherorts. ♦ 1) ›Schöpfkelle, Schöpfgefäß, Schöpfer‹ verbr.; vgl. »Gatze, Schuefe, Schuepfe«. ♦ 2) Schimpfwort für Frauen; *alder Schapfe!* [Freiamt]. – Mhd. *schapfe.*

Schappel, Schäppel m.: *Schabbel, Schappel, Tschäppel* vereinz. mittl. Schwarzw.; *Schäbbel, Schäppel* verbr. mittl. Schwarzw., vereinz. Ortenau, Brsg., Hotzw. ♦ ›kronenartiger, mit Perlen, Bändern und Flitter behangener Kopfputz‹, Bestandteil der Mädchen-, Frauentracht, die Größe variiert zwischen faustgroß (Hotzw.) und größer als ein Fußball (St. Georgen im Schw.). – Mhd. *schapel* < altfrz. *chapel* ›Hut, Helm, Kranz‹.

Schäppel-hirsch(e) m.: ›geselliges Essen am Vorabend des Hochzeitstages‹; war ursprünglich ein Hirsebrei (*Hirse* ›*Hirsche*), für diejenigen die beim Herrichten des Schäppels der Braut halfen.

Schäppel-maidli n.: ›in Tracht gekleidetes Mädchen mit Schäppel‹.

Schar[1] f. (n.): ›Eisenschneide am Pflug, Pflugschar‹ nördl. und mittl. und südöstl. Schwarzw., Linzgau. – Vgl. »Pfluegise, Wegise«.

Schar[2] ›Schwade‹ → »Schore«.

Schär ›Maulwurf‹ → »Scher«.

Scharaban m.: *Scharabaa(n), Scharebaa, Scharebang* u. ä. ♦ ›leichter offener Wagen mit Sitzbänken‹ mancherorts, veraltet. – Frz. *char à bancs.*

scharaus Interj.: Reimwort in einem Heischevers, der am Vortag von Petri Stuhlfeier (22. Febr.) gesungen wird: *scharaus, scharaus / Äpfel un Birne zum Lade raus!* mancherorts Kinzigtal, veraltet, der Brauch des Herumspringens und Heischens wird *Peterlispringe* oder *Scharause* genannt.

scharf → »scharpf«.

Schärfi f.: ›das Scharfsein, die Schneide‹ vereinz.

schärle schw.: ›Heu Öhmd zu Reihen zusammenrechen‹, im Hochschwarzwald auch ›Kartoffeln häufeln‹. – Abl. zu »Schore«.

scharmant Adj.: ›liebenswürdig, reizend, schön‹; *Scharmanti bruuni Bire, welschi Nuß Scharmanti roti Öpfel ab der Hurt* [Hebel]. – Frz. *charmant.*

scharmeziere, schärmeziere schw.: *scharmezíire, schärmezíire, schärmizíire, scharmąssere.* ♦ 1) ›plänkeln, müßig auf und ab gehen‹ vereinz. ♦ 2) ›kommandieren, schimpfen‹ vereinz. – Zu it. *scaramuccia* ›Geplänkel‹.

scharpf Adj.: ›scharf‹ vereinz. und veraltet am Südrand, sonst immer *scharf, scharef;* Hebel verwendet ein Mal *e scharpfe Bifehl,* sonst immer *scharf,* z. B.: *e scharfe Schmerz.* – Mhd. *scharpf.*

Scharr(e)-laibli n.: ›aus Teigresten am Backtag gebackenes kleineres Brot‹ mancherorts, vereinz. auch *Scharretelaibli, Scharr(e)wecke.* – Vgl. »Scherrelaibli«.

Scharrete f.: ♦ 1) ›Auseinander-, Zusammengescharrtes‹. ♦ 2) ›in der Pfanne zerkleinertes Omelett‹ vereinz., sonst »Kratzete«. ♦ 3) ›(angebrannte) Bodenkruste im Topf‹ vereinz. – Vgl. »Scherrete«.

Scharr(e)-waie m.: ›am Backtag aus Teigresten gebackener Flachkuchen‹ mancherorts Markgr., Hotzw. – Zum Grundwort s. »Waie«.

Scharri f.: *Scharri, Scharre, Scharr* ›Gerät zum Zusammenscharren, Teigscharre‹.

Scharsch f.: ›Amt, (höherer) Dienstgrad‹ vereinz., veraltet. – Frz. *charge.*

Schartek f.: ›alter Gegenstand‹ meist jedoch abschätzig für weibl. Personen verwendet.

schärwängs Adv.: ›schief, verquer‹ mancherorts Markgr.; *dämm si Sach isch schärwängs* ›verquer, kompliziert‹ [Egrgn].

scharwenzle schw.: ›sich übereifrig hin und her bewegen, liebedienern, schöntun‹.

schasgene schw.: ›Alkohol trinken‹ vereinz. Ortenau, Brsg. – Jiddisch *schaskenen.* – Syn. → »surpfle 2«.

schasse schw.: ♦ 1) ›(ver)scheuchen, verjagen‹ mancherorts. ♦ 2) ›aus einer Schule, einem Dienstverhältnis gefeuert werden‹. – Frz. *chasser.*

Schatte, Schätte m.: *Schadde, Schatte* südl. einer Linie Lahr – Hornberg, nördl. davon: *Schädde.* ♦ ›Schatten‹; *zwische Berg un Berg im chüele, duftige Schatte* [Hebel]; *Un wia 'r so under dem Birebaum im Schädde leit un schloft* [A. Ganther].

Schatte-baum m.: in übertr. Bed.: *e Schaddebaum habe* ›ein behagliches Plätzchen, eine wenig anstrengende Position haben‹ vereinz.

Schätter f. (m.): *Schädder, Schätter, Tschätter.* ♦ 1) ›Rassel, Klapper, schepperndes Instrument, Fahrzeug‹. ♦ 2) Pflanzen oder Pflanzenteile deren trockene Fruchtstände beim Schütteln klappern, meist Dim., z. B. ›Klappertopf, Feld-, Hellerkraut, Fruchtstand der Herbstzeitlose‹ u. a. ♦ 3) abschätzige Bez. für weibl. Personen, vereinz.

Schätter-äpfel m.: ›Apfel dessen Kerne beim Schütteln schlottern‹ vereinz.

Schättere f.: *Schättere, Tschättere.* ♦ 1) ›Rassel‹. ♦ 2) abschätzige Bez. für weibl. Personen oder Kühe.

schättere schw.: *schättere, tschättere* ›klappern, scheppern, blechern klingen, klirren‹; *Es schettert uf em Chilchedach* (vom Hagel) [Hebel].

Schättere-musik f.: ›Blech-, Marschmusik‹.

Schatt-huet m.: ›Hut als Sonnenschutz, Strohhut‹ vereinz. Ortenau. – Vgl. »Schaibhuet, Schihuet«.

Schatulle f.: *Schadúll, Schadúlle, Schatúlle.* ♦ ›Schachtel, Kassette‹.

Schatz m.: *Schatz* verbr.; Pl.: *Schätz*; Dim.: *Schätzle, Schätzli, Schätzeli.* ♦ 1) ›Menge kostbarer Gegenstände, Hort‹. ♦ 2) ›geliebte Person, Geliebte, Liebhaber, Braut, Bräutigam‹; *Jetz luegt er's a un nimmt's in Arm, er chüßt's un isch bym Schätzli froh* [Hebel]; *D' Wiwer hen ihri Manne un d' Jumpfere ihri Schätz düchdig d'rzwische g'numme* (haben ihnen tüchtig die Meinung gesagt) [A. Ganther].

Schaub m. (f., n.): *Schaub* verbr.; *Schöib, Schoib* mancherorts südl. Ortenau, Brsg.; Kaiserst.; *Schaob* mancherorts Baar, SO-Baden; *Schoob* Bodanrück, Reichenau; Dim.: *Schaibli, Schöibli, Tschäubli* mancherorts. ♦ 1) ›Bündel, Büschel, Wisch Stroh‹, z. B. zum Rebenbinden, zum Binden der Gaben, zum Dachdecken (früher), für die Strohflechterei usw. ♦ 2) ›Strohwisch als Warn- und Verbotszeichen‹, z. B. für geschlossene Wege im Traubenherbst, Brsg., Markgr. – Mhd. *schaub, schoub.*

schaube, schaib(l)e schw.: *schaube, schauwe, schaibe, schöibe, schoibe, schoiwe, schaible* u. ä. ♦ ›Stroh für das Binden der Reben herrichten und bündeln‹, eine Winterarbeit der Rebbauern. – Abl. zu »Schaub«.

Schäufele ein Gericht → »Schifili«.

Schaukle f.: *Schaukel, Schaukle, Schaukchle* ›Schaukel‹ mancherorts, die altmundartlichen Syn. → »Gugi«.

Schaute m.: *Schaute, Schoute* ›närrischer, absonderlicher Mensch‹ mancherorts Ortenau, Kaiserst. – Aus dem Hebräischen.

Schawaris n.?: ›Lärm, Spektakel, Katzenmusik, die man in der Hochzeitsnacht vollführt‹ Siegelau, Elztal, Prechtal. – Frz. *charivari.*

schechle schw.: *schechle, schechele, schöchle* ›Gras, Heu auf »Schoche« setzen‹; *Henn si näume gmäiht, un henn si gwarbet un g'schöchlet* [Hebel].

Scheck m., f.: *Scheck, Schạck* ›Haustier (Kuh, Pferd) mit gescheckteｍ Fell‹ auch Name für solche Tiere.

scheckig Adj.: ›gescheckt, gefleckt, bunt‹.

scheel Adj.: *scheel, schääl, schạạl.* ♦ 1) ›schieläugig, schräg blickend‹; *z' erscht het 'r e summersprossige, scheli Wittfrau g'numme* [A. Ganther]. ♦ 2) ›verquer, überzwerch, unbeständig‹; *e scheeler Kaib* [Kork].

scheele → »schiele«.

scheen Adj.: *scheen* Hanauerland, Ortenau, Westteil des mittl. Schwarzw., Brsg.; *schee* mancherorts nördl. Schwarzw., obere Kinzig, Gutach, Breg; *schää, schäi* südöstl. Schwarzw., Hegau, Bodanrück, Linzgau; *schii* mancherorts nördl. und mittl. Schwarzw.; *schön* Markgr.; *schöö* Hotzw., Klettgau, Höri; Komparativ: *schener, schiner, schöner*; Superlat.: *schenscht, schinscht, schönscht.* ♦ 1) ›schön anzuschauen, anzuhören, ästhetisch‹; *Schön an Wuchs un Gsicht* [Hebel]; *un si singe schön* [Hebel]. ♦ 2) ›angenehm‹; *sisch grad e so schö Wëter* [O. Furtwängler]; Ra.: *ame schöne Dag* ›einestags‹ [O. Furtwängler]. ♦ 3) steigernd, ›sehr‹; *trage ne numme recht schün mitenand* [A. Ganther]; oft auch ironisch; eine *scheni Bscherig* ›eine böse Überraschung‹.

Schefe f.: *Scheef, Schääf, Schefe, Schäfe, Schạfe, Scheffe, Scheäfe.* ♦ ›Umhüllung, Schote von Hülsenfrüchten (Bohnen, Erbsen, Linsen, Wicken)‹. – Vgl. »Schilz«.

Scheffel m.: veraltetes Hohl- und Getreidemaß.

Scheiche Pl.: *Schaiche* ›große, plumpe Beine, Füße‹ mancherorts oberes Markgr.

scheiche schw.: *schaiche, schüüche* ›scheuchen, verjagen‹; *Schüüch d' Hiäner us em Garte* [Wehr].

Scheid m.: *Schaid, Schääd* ›Grenze zwischen Grundstücken‹ mancherorts Hanauerland und die Rheinebene nördlich davon; bisweilen auch *Schaidgrabe* ›Grenzfurche‹.

Scheide f.: *Schaid, Schäid, Schaide, Schoed, Schoede.* ♦ 1) ›Hülle, Futteral für Hieb- und Stichwaffen, Messer, Brillen, Schreibzeug‹. ♦ 2) ›weibliches Geschlechtsteil‹, bes. von Tieren. ♦ 3) ›Keil zum Holzspalten, Eisenkeil mit Holzaufsatz‹ verbr.; (im östl. Schwarzw. auch *Schoabisse=Scheid-bisse* bzw. *Schoedwecke*).

Scheid-glocke f.: *Scheidglock* dass. wie → »Scheidzeiche« mancherorts an Murg und Oos.

Scheid-zeiche n.: *Schaidzaiche, Schaidzoeche.* ♦ ›das Läuten für einen Verstorbenen, Totenglocke‹ verbr. Ortenau, Schwarzw., Brsg., Baar. – Syn.: »Scheidglocke, Schiding, Sendlite«.

Scheie f.: ♦ 1) ›Zaunlatte, Zaunpfahl‹ mancherorts Markgr., Wiesental, Hotzw., Klettgau, Höri; *Un Gärten ab, un Gärten uf, hen alli Scheie Chäppli uf* [Hebel]; die Nachtluft *pfiift dur d' Scheie her am Gartehag* [Hebel]. ♦ 2) übertr. ›große Klaue, großer Fuß‹ vereinz. – Mhd. *schîe.*

Schein-mich f.: *Scheinmelch, Scheimilch, Schäänmilch* u. ä. ♦ ›Milch der Kuh kurz vor und nach dem Kalben‹ mancherorts Hanauerland, Ortenau.

Scheiß m.: *Schais, Schäis* ›Blähung, Furz‹ nördl. und mittl. Schwarzw., Ortenau, vereinz. Brsg.; *en Schais lo* ›eine Blähung fahren lassen‹ [Neusatz]. – Nicht zu verwechseln mit »Schiss«.

schelb Adj.: *schelb, schạlb.* ♦ 1) ›schief, schräg, krumm‹; Ra.: *de Hussäge hanged schelb* ›es gibt Unstimmigkeiten, Streit im Haus‹ [Gütenbach]; Sprichw.: *kei Häfili isch eso schelb, s basst e Deckili druf* ›für jeden findet sich ein Partner‹ [E. Strube]. ♦ 2) übertr. ›linkisch, sonderbar, verschroben, widerwärtig‹ *en schelber Kaib* [Elzach]. – Mhd. *schëlb* ›schief, schielend‹. – Vgl. »brettschelb«.

Schelf n.: ›Wandbrett, länglich-schmaler Vorsprung‹ [Waldk. (Elzt.)].

Schelfer f.: *Schelfer*, Pl.: *Schelfere* ›die Schale von Obst, Kartoffeln, Zwiebeln‹ SO-Baden. – Vgl. »Schälete, Schelferte«.

schelfere schw.: ›sich abschälen‹.

Schelferte, Schelfete f.: meist Pl.: *Schelferde, Schelfede* Brsg., Markgr., Wiesental; daneben auch Formen wie *Schelfedse, Schelfedsge, Schelftere.* ♦ dass. wie → »Schelfer«.

Schelle f.: *Schell(e), Schạll(e).* ♦ 1) ›Handglocke, Kugelschelle, Haus-Klingelanlage‹ verbr.; *d'r Präsident het düchdig g'lidde mit d'r silwerige Schell* [A. Ganther]. ♦ 2) eine Farbe im deutschen Spielkartenblatt. ♦ 3) ›ringförmige Klammer für Rohre, Schläuche, Handschelle‹ mancherorts. ♦ 4) ›Hodensack‹ mancherorts. ♦ 5) Bez. für begriffsstutzige, liederliche Personen.

schelle schw.: ›klingeln, mit einer Handglocke schellen‹ verbr.; Schnellsprechvers: *Schelle Sie nit an sellere Schelle, selli Schelle schellt nit; schelle Sie an sellere Schelle, selli Schelle schellt.*

Schelle-märkt m.: ›zu Pfingsten stattfindender Jahrmarkt, an dem früher die Hirtenbuben Schellen für ihre Tiere kauften oder tauschten‹, heute allgemeine Jahrmärkte, bekannt ist der Schellenmarkt auf dem Fohrenbühl zwischen Hornberg und Schramberg, auf dem / der Biereck zwischen Hofstetten und Biederbach und bis ca. 1970 auf dem Bäreneck, Gemeinde Biederbach.

schelle-werke schw.: *schellewerige, schellewerije, schellewerche, schạllewạạriche* u. ä. ♦ ›zur Strafe für ein Vergehen eine Arbeit im öffentlichen Interesse ableisten, Sträflingsarbeiten verrichten, wild drauflos schuften‹ veraltet; mancherorts Ortenau, Schwarzw., Brsg., Markgr.; *der suufer Gsell mueß schellewerche dört* vom Mann im Mond, der für seine Freveltaten Reisigwellen machen muss [Hebel]. – Das Wort, das auch im Elsässischen, Schwäbischen und Schweizerdeutschen bezeugt ist, kommt daher, dass man den Sträflingen ein mit einer Schelle versehenes Schandgerät umhing oder dass sie Hand- oder Fußschellen tragen mussten.

Schell-krut n.: ›Schöllkraut‹ vereinz.

Schelm m.: *Schelm* verbr.; *Schölm* Südrand. ♦ 1) ›Dieb, Gauner, Spitzbube‹; *Sëlbige Zite sin d Schelmë* (gemeint ist der Räuber Hagstumpen und seine Bande) *au no it e so uf s Gëld us gsi* [O. Furtwängler]; Sprichw.: *d Schelme mueß me mit Schelme fange, wemme si verdwische will* [Glock Brsg.]. ♦ 2) ›aufgeweckter, zu Scherzen und Streichen aufgelegter Mensch‹. – Das Wort kommt häufig auch in FlN vor (z. B. *Schelmenacker, -halde -loch, -wasen*) und verweist dort noch auf die ursprüngliche Bed. ›Aas, verendetes Vieh‹, weil es Plätze bezeichnet, wo das verendete Vieh begraben wurde. – Vgl. »Schalm«. – Zur Bedeutungsentwicklung vgl. → »Kog«.

schelte st.: *schelde, schelte, schạlde, scheälte*; Part. Perf.: *gscholde, gscholte, gschulde.* ♦ ›schimpfen, tadeln‹ verbr. außer Südrand, wo »schimpfe« und

Teilen des Schwarzw., wo »lärme 2« gilt (Verbr. s. Karte → »schelte«); *du hesch immer ebbis z' schelde* [U.biederbach]; Sprichw.: *Was der Atti schilt, das hätt er gern* ›was mancher verurteilt, daran liegt ihm‹ Markgr.

Schemel m.: *Schäämel, Schämmel, Schạmmel.* ♦ 1) ›niederes Bänkchen ohne Lehne, Fußschemel‹. ♦ 2) ›schemelartiger Querbalken am Bauernwagen, am Schlitten‹.

Schemme f.: ›geschnitzte Holzmaske für Fastnachtsgestalten‹ Baar, Bodensee. – Mhd. *schëm, schëme* ›Schatten, Larve, Maske‹. – Syn. → »Larve«.

schenant Adj.: *schenant, schinant* ›schüchtern, scheu, verlegen‹; *er isch halt e weng schenant* [Schutterwald]. – Frz. *gênant.*

scheniere schw.: *scheniere, schiniere*; Part. Perf.: *scheniert, gscheniert.* ♦ 1) ›schüchtern sein, Hemmungen haben‹; *nu it schiniere!* ›Keine Hemmungen! Greifen Sie zu!‹ [Stahrgn]. ♦ 2) ›behindern, stören, im Wege sein‹.

Schenkel m.: *Schenkel, Schạnkel.* ♦ 1) ›oberer Teil des Beins‹; Ra.: *de Schenkel ufs Längscht hänge* ›große Schritte machen‹ [E. Strube]. ♦ 2) ›Stamm, Ast des Rebstocks‹ Weinbauorte. ♦ 3) ›längliches Gebäck‹ meist Dim.: *Schenkeli, Schạnkcheli* [Freib., Wehr].

Schenke-zell ON; häufig in der Ra.: *er isch nit vu Schenkezell* ›er ist nicht freigiebig‹. – Ähnl. Bildungen s. → »Dummbach, Gebwiler«.

Schenki f.: *Schenke, Schenki* ›Schmaus bei Hochzeiten, Nachhochzeit‹ mancherorts südl. Schwarzw., Hegau.

schepp, schepps Adj.: *schebb(s), schạbb(s)* ›schief, schräg, krumm‹; *schebbsi Absätz* [Neustadt]; Ra.: *er hätt schepps glaade* ›ist betrunken‹ [Wehr].

schepple schw.: *schepple, schöpple* ›einen Schoppen nach dem andern trinken‹ mancherorts. – Wörtl. *schöppeln.*

Scher m., **Scher-mus** f.: *Schäär, Schạar, Schärr, Schäärmuus, Schạarmuus, -müüs.* ♦ 1) ›Maulwurf‹ mittl. Schwarzw., südl. Ortenau und das gesamte Gebiet südl. davon; *de Schärr hot gstoße* ›hat Haufen aufgeworfen‹ [Konstanz]. ♦ 2) ›Wühlmaus‹ vereinz. nördl. Schwarzw., Ortenau. – Mhd. *schër.*

scherb Adj.: *scherb, scheerb, scherf* ›trocken, ausgetrocknet‹, z. B. vom Boden, vom Brot, Ortenau, Baar, Markgr.; *der Bodde isch scherf* [U.mettgn].

Scherbe f.: *Scherb(e), Schạrb(e), Scherwe.* ♦ 1) ›Bruchstück von Gegenständen aus Ton, Glas, Porzellan‹; *Er lengt in glasige Scherbe, tuet e Schrai* [Hebel]. ♦ 2) ›Gefäß, Blumentopf, Kaffeetasse, Krug‹ vereinz. ♦ 3) ›altes, unansehliches Gerät oder ebensolche Person‹, abschätzig, vereinz. ♦ 4) ›dünnes, rautenförmiges Gebäck in schwimmendem Fett gebacken‹.

scherbele schw.: ›(zu Scherben) zerbrechen‹ SO-Baden.

Schere f.: *Scher(e), Schạr(e).* ♦ 1) ›Werkzeug zum Schneiden‹. ♦ 2) ›gitterartige Streckschere, ein Narreninstrument‹.

schere[1] st., schw.: *schere, schạre*; Part. Perf. *gschert* und *gschore.* ♦ ›mit einer Schere abschneiden, scheren‹; *d'r Bart schere lo* [A. Ganther].

schere[2] schw.: ♦ 1) ›sich kümmern, bekümmern, sorgen‹. ♦ 2) ›sich wegscheren‹; *scher di!* ›verschwinde!‹

Schere-dengler, -schliffer m.: ♦ 1) ›Scherenschleifer, der von Haus zu Haus zieht‹; *'s lauft so Waar jetz gnueg im Land, wo bettlen un stehle,Schereschliifer, Hafebinder, alti Soldate* [Hebel]. ♦ 2) ›Nichtsnutz, Landstreicher, feiger Kerl‹ mancherorts.

Scher(e)-hufe m.: *Schäär(e)huffe, -huufe, -hüffe.* ♦ ›Maulwurfshaufen‹; Sprichw.: *Wenn s sii möeß, chaa mer am e Schäärehuffe Arm und Bai verbreche* [Opfgn].

Scherete f.: dass. wie → »Schälete« mancherorts südl. Schwarzw., Markgr., Dinkelberg.

scherle schw.: *scheerle, schöörle* ›die Erde lockern, häufeln‹ mancherorts südl. Schwarzw., Markgr. – Wörtl. *schörlen*, eine Bildung zu »schore«.

Scherli-henki(-fescht) n.: ›Fest zum Abschluss der Weinlese‹ Kaiserstuhl.

Schermi f.: *Schermi, Scherme* ›Schutz, Obdach‹ Brsg., Kaiserst. – Etymologisch zu nhd. *Schirm* gehörig.

Scher-mus ›Maulwurf‹ → »Scher«.

Scher-muser m.: ♦ 1) ›Maulwurfsfänger‹. ♦ 2) Schimpfwort für einen Nichtsnutz [Malsburg].

Scherre f.: *Schärr(e), Schäär(e)* ›Gerät zum Zusammenkratzen, Unkrautentfernen‹.

scherre schw.: *schärre, scheärre* ›scharren, kratzen‹ nördl. und mittl. Schwarzw., Ortenau, vereinz. SO-Baden.

Scherr(e)-laibli n.: ›aus Teigresten am Backtag gebackenes kleineres Brot‹ mancherorts mittl. Schwarzw., Ortenau, SO-Baden. – Vgl. »Scharrelaibli«.

Scherrete f.: ›das Zusammengescharrte‹ mancherorts. – Vgl. »Scharrete«.

Schese f.: *Schees(e), Schääs(e).* ♦ 1) ›leichte Pferdekutsche‹, veraltet; *d'r Lindewirt het d' nowl'scht Sches* *richde un d' beschdi Rösser ispanne lo* [A. Ganther]. ♦ 2) ›Kinderwagen‹, auch *Schesewagge* Baar; *s Maidili isch üs dr Schäse birzlet* ›gepurzelt‹ [Freiamt]. ♦ 3) ›altes oder sonderbares Vehikel‹ mancherorts. ♦ 4) abschätzige Bez. für Frauen, vereinz. – Frz. *chaise.*

Schesslong n.: *Schessloo, Schesslong* u. ä. ♦ ›gepolsterte Liege mit einem Kopfteil auf einer Seite, Sofa‹. – Frz. *chaise-longue.*

schettere ›scheppern‹ → »schättere«.

Scheune → »Schire«.

Schi[1], **Schin** m.: ♦ 1) ›Sonnen-, Mond-, Lichtschein‹. ♦ 2) ›Lampenschirm‹ [Gütenbach]. ♦ 3) ›Anschein‹.

Schi[2], **Schichi** f., n.: *Schii* mancherorts Ortenau, *Schiichi* mancherorts östl. Brsg., Gegend von St. Märgen, Neustadt; *Schüüchi* Hotzw., Klettgau. ♦ ›Vogelscheuche‹. – Vgl. »Butz 2, Butzebök, Gschi«.

schi[1], **schich** Adj.: *schii, schiich* mittl. Schwarzw., Kaiserst., Brsg., südöstl. Schwarzw., Baar, Hegau; *schüü, schüüch, schüech* Markgr., Hotzw., Klettgau, Höri. ♦ ›scheu, schüchtern, zaghaft‹; *D' Rösser werrre ganz schü* [A. Ganther]; *un bis* (sei) *nit so schüüch, un sag em, wie's der um's Herz isch* [Hebel]; Ra.: *schiich wiä ne Aichhäärnli* ›sehr scheu‹ [Opfgn].

schi[2] ›schön‹ → »scheen«.

Schibe f.: *Schiib, Schibe* ›Scheibenförmiges, Fensterscheibe‹; *chuuch e wenig d' Schiiben a* ›hauche etwas die Fensterscheibe an‹ [Hebel].

Schibe-fasent f.: *Schiwefasnt* ›Sonntag nach Fastnacht, an dem das »Schibeschlage« stattfindet‹ [Emmendgn].

Schibel m.: *Schiwel, Schiwwel, Schibel, Schibbel, Schübel, Schübbel.* ♦ ›Ackerscholle, Brocken, Ballen, Büschel‹ mancherorts Brsg., Markgr., Hotzw., südöstl. Schwarzw., Klettgau. – Mhd. *schübel* ›Büschel, Haufen, Menge‹. – Syn. → »Scholle«.

Schibe-schlage n.: *Schiweschlage, Schibeschlage; -schlaa.* ♦ ›Brauch an einem bestimmten Termin nach Fastnacht (meist 1. Fastensonntag), bei dem flache, quadratische, mit einem Loch in der Mitte versehene Holzscheiben in einem Feuer (*Schibefiir*) angeglüht und dann mit einem Stock über eine Rampe (*Schibebank, -bock*) von einem Hang in die Nacht geschlagen werden‹ mancherorts südl. Ortenau, Elz- und Dreisamtal, Brsg., Kaiserst., Markgr., Wiesental, Hotzw.; dabei werden vielerlei Sprüche aufgesagt, wie z. B.: *Schibi, Schibo / wemm soll die Schibe go? / Diä Schibe soll im Schätzli go. / Un goht se nit so gilt si nit* usw. Viele FlN wie *Schibeberg, -buck, -bühl, -rain* bezeichnen Plätze, an denen (früher) Scheiben geschlagen wurden.

Schi-bittel, -butz m.: ›scheuer, schüchterner Mensch‹ mancherorts.

Schibling m.: *Schibling, Schübling, Schüblig.* – Bez. für eine bestimmte Wurst, meist eine Art ›Bratwurst, Brühwurst oder Dauerwurst‹, vereinz. Schwarzw., Baar, mancherorts Markgr., Hotzw., Hegau, Bodensee. – Mhd. *schübelinc* ›Wurst, Bratwurst‹.

schi-butzig Adj.: ›scheu, schüchtern‹ [Freiamt].

Schichi ›Scheuche‹ → »Schi[2]«.

Schick[1] m.: ›gutes Aussehen, Eleganz‹; *er het Schick* ›hat gutes Auftreten‹ mancherorts; dazu das Adj. *schick* ›elegant‹. – Frz. *chic.*

Schick[2] m.: ♦ 1) ›Angemessenheit, Tauglichkeit, Geschick‹; *er het Schick drin* ›darin hat er Geschick‹ [Schonach]; *mit dr Blueme hon i disjohr kei Schick* [Freiamt]. ♦ 2) ›Gelegenheit, Glückstreffer, Schnäppchen‹; *i weiß e guete Schick* ›ich kenne eine gute Gelegenheit‹ Wiesental; *er het e Schick gmacht* ›ein gutes Geschäft gemacht‹ [Waldk. (Elzt.)]; *d'r Holzhand'l isch m'r d' Hauptsach gsi; un i mueß sage, i ha nit winnig guedi Schick g'macht* [A. Ganther]. ♦ 3) ›Streich, Reinfall‹; *er isch zue alle Schick guet* ›er lässt keinen Streich aus‹ [Glock Brsg.]. – Mhd. *schic* ›Gelegenheit‹.

Schick[3] m.: ›Stück Kautabak, Priem‹, veraltet; Ra.: *dohängge wie de Schick am Elfi-Zug* [Freiamt]; dazu das Verb »schicke[2]«. – Frz. *chique.*

schicke[1] schw.: *schigge, schicke, schickche.* ♦ 1) ›senden, schicken‹. ♦ 2) ›sich anschicken, herrichten‹; *Jetz will i mi schicke, aß ich wider wyters chumm* [Hebel]. ♦ 3) ›sich tummeln, sich beeilen, sich entfernen‹; *los, schick dich ewing* ›rutsch etwas weg‹ [Freiamt]. ♦ 4) ›sich schicklich verhalten, sich in etwas fügen‹; *me mueß si dri schickche* [Wehr].

schicke[2] schw.: ›Kautabak kauen‹. – Vgl. »Schick[3]«.

schicker Adj.: ›betrunken‹; dazu das Subst. *Schicker* ›Alkoholrausch‹. – Jidd. *schikker.*

Schickse f.: *Schiggs, Schiggse, Schickse* mancherorts; Dim.: *Schicksel.* ♦ 1) ›Mädchen‹, meist aber ›Christen-‹ bzw. (später) ›Judenmädchen‹. ♦ 2) abschätzige Bez. für weibliche Personen ›aufgedonnerte, unsolide Person, Dirne‹. – Jidd. *schikse.*

Schid m., **Schide, Schidle** f.: *Schiid, Schiide, Schidde.* ♦ ›mittelgroßer Korb mit zwei Griffen‹ mancherorts mittl. Schwarzw., Baar. – Syn. → »Zeine«.

Schiding f.: *Schidung, Schiding, Schidding* ›Totengeläut‹ verbr. SO-Baden; *me lütet Schidding* [Reichenau]. – Syn. → »Scheidzeiche«.

schiё schw.: *schiiä, scheje, schöie* ›scheuen‹ mancherorts.

Schiёbe, Schiёbele Pl.: *Schiäwe* mancherorts nördl. Schwarzw., Ortenau; *Schiäbe* mancherorts Brsg., Markgr.; *Schiäw(e)le* mancherorts Ortenau, mittl. Schwarzw., nördl. Brsg.; *Schiäbele* südl. Brsg., südl. Schwarzw., Klettgau, Baar, Hegau und übriges SO-Baden; *Scheäbele* vereinz. Kaiserst., Rheinebene; *Schüäbele* mancherorts Klettgau. ♦ 1) ›Kopfschuppen‹ verbr. ♦ 2) ›Fischschuppen‹ *Scheäwle* [Weisweil (Emm.)]. – Vgl. »Tschiёbe, Schuppele«.

schiёbe st.: *schiäwe, schiäbe* verbr.; Part. Perf.: *gschowe, gschobe.* ♦ 1) ›einen Gegenstand vorwärts, zur Seite schieben‹; *un schiabt mi zue d'r Diar nus* [A. Ganther]. ♦ 2) ›sich hervorschieben‹, z. B. von Knospen oder Zähnen; *si schiäwe* ›die zweiten Zähne kommen‹ [Freiamt]; *Bei de Klääne schiäbet d Zäh scho* [Konstanz]. ♦ 3) ›weggehen, abschieben‹. ♦ 4) ›ungesetzlichen Handel, Schleichhandel treiben‹.

Schie-bei n.: *Schiibai, Schiibain, Schiboe, Schibaa* u. ä. ♦ ›Schienbein‹.

Schiёber m.: *Schiäber.* ♦ 1) ›Gerät zum Schieben‹ mancherorts. ♦ 2) ›Abschlussbrett am Kastenwagen vorn und hinten‹ südl. Brsg., Markgr., Hotzw., Klettgau, Höri; vgl. »Schild 4«. ♦ 3) ›ein Tanz ohne Drehbewegungen‹.

schiёch Adj.: *schiäch* verbr.; *schääch* [Konstanz]. ♦ 1) ›schief, krumm, häßlich, schielend‹ vereinz. ♦ 2) ›falsch, hinterlistig‹; *e ganz schiäche Kaib* ›ein ganz falscher Kerl‹ [Freiamt]; *en schääche Siäch,* dass. [Konstanz]. – Mhd. *schiec.*

Schied(e) ›Korb‹ → »Schid«.

schiefere, schieferle schw.: ›flache Steine über das Wasser hüpfen lassen‹ mancherorts.

schiёke ›hinken‹ → »schiёnke«.

Schiёki m.: ›wer ungleichmäßig läuft‹ vereinz. SO-Baden, sonst *Schiäker, Schiänker.*

schiele schw.: *schiile, schille* verbr.; *scheele* mancherorts nördl. Schwarzw., Ortenau. ♦ ›schielen, schief blicken‹.

Schiele-binkis, -mauki m.: *Schiilebingis* Markgr.; *Schillemauki, -moki, -mokes* u. ä. mancherorts SO-Baden. ♦ ›Mensch, der schielt‹.

Schiene-korb m.: *Schiinekorb, -chorb* ›aus gespaltenen Ruten geflochtener Korb, Spankorb‹.

Schiener ›Korb‹ → »Schiner«.

schiё(n)ke schw.: *schiäke, schiänke, tschiänke* ›schief gehen, schlurfen‹ mancherorts; die Schuhe sind *krumm gschiäkt* [Appenw.].

schier Adv.: *schiir, schiär, scheär* ›fast, nahezu, beinahe‹; *I hätt schier näumis gsait* ›ich hätte beinahe etwas gesagt‹ [Hebel]; *Schier kei Nacht isch v'rgange, wo's 'm nit traimt he* (habe) [A. Ganther].

schier-gar Adv.: verstärktes »schier«.

schiёße st.: *schiäße* verbr.; *scheäße* mancherorts in der Rheinebene zwischen Müllheim und Kehl; Part. Perf.: *gschosse.* ♦ 1) ›einen Schuß abgeben‹; *schießet näumen e Hirzli* (schießt irgendwo ein Hirschlein) [Hebel]. ♦ 2) ›vom (über den Himmel) Schießen der Sternschnuppen‹; *s isch e Stern gschosse* [Ichenhm]. ♦ 3) ›etwas fortschießen‹, z. B. Klicker, Brot in den Ofen usw. ♦ 4) ›üppig wachsen, ins Kraut schießen‹; *d' Halme schieße* [Hebel]. ♦ 5) ›schnell strömen, eilends dahinschießen‹; *Un wenn i 's sih vo wytem, se schießt mer 's Bluet ins Gsicht* [Hebel].

Schiёßi f.: ›schaufelähnliches Gerät, um Brot in den Backofen zu schießen‹ vereinz.; mancherorts auch *Schiäßer, Schissel, Schüssel* (alle Genus m.!).

Schiff n.: ♦ 1) ›größeres Wasserfahrzeug, Fischerkahn‹; *'s stoht e Schiff am Gstad* (Ufer) [Hebel]. ♦ 2) ›eingebauter Warmwasserbehälter im Herd‹. ♦ 3) ›Behälter für Weihrauchkörner in der Kirche‹. ♦ 4) ›Platz unter dem Dach auf beiden Seiten der Einfahrt am Scheunentor‹ [Malsburg]. ♦ 5) nur Dim.: *Schiffle, Schiffli* ›längliche Uniformmütze ohne Schild‹.

schiffe schw.: ›urinieren‹ burschikos.

Schiff-ländi f.: ›Schiffsanlegestelle‹.

Schiffonjee m.: ›kleinerer Schrank, Nähtischchen‹. – Frz. *chiffonier.*

Schifili n.: *Schifili, Schifeli, Schüfeli* ›Gericht, das von in einer Salzlake eingelegtem und geräuchertem Fleisch aus dem Schulterblattbereich (Bug) des Schweins bereitet wird, Schäufele‹.

schifte schw.: ›Rebstecken aneinander schäften‹ Kaiserst.

schi-heilig Adj.: *schi(n)hailig* ›heuchlerisch, scheinheilig‹.

Schi-huet m.: ›Sonnenhut, Strohut‹ mancherorts Wiesental, Baar; *un der Schiehut nimmsch in d' Hand am siidene Bendel* [Hebel]. – Vgl. »Schaibhuet, Schatthuet«.

schiich ›scheu‹ → »schi[1]«.

schikaniere schw.: *schiganiáre, schiggeniáre* u. ö. ♦ ›jemandem kleinliche Schwierigkeiten bereiten, drangsalieren, plagen‹.

Schild m. (n.): ♦ 1) ›Schutzschild, Hinweis-, Reklametafel‹ u. ä. ♦ 2) ›Mützenschild‹. ♦ 3) ›Zifferblatt der Schwarzwalduhr‹. ♦ 4) ›Abschlussbrett am Kastenwagen vorn und hinten‹ vereinz. Schwarzw., Baar;

vgl. »Schiëber 2«. ♦ 5) ›Stück Gartenland‹ Hotzw., ›schmale Rebterrasse‹ vereinz. Brsg. ♦ 6) ›vierzipfliges Gebäck‹ vereinz. SO-Baden, auch *Schildbrot.*

Schild-kappe f.: *Schildkapp(e), -chappe* ›Schirmmütze‹.

Schild-krott f.: ›Schildkröte‹ vereinz. Ortenau, Bodensee.

Schi-leder n.: *Schilääder* u. a. ›Scheuklappen des Pferdes‹.

Schilee n.: *Schillée, Schilli, Schille* ›ärmellose Weste‹. – Frz. *gilet.* – Vgl. »Libli 1, Bruschttuech«.

Schiller-wi m.: ›rötlich schillernder Wein‹.

Schilpe m.: *Schilwe, Schilbe, Schilpe, Schülpe* ›Scholle, Erdbrocken‹ mancherorts Ortenau, Markgr., SO-Baden. – Wörtl. *Schülpen,* eine Weiterbildung zu mhd. *schülle* ›Scholle‹.

Schilz f.: ›Schote von Bohnen, Erbsen, Schalen von Früchten‹ mancherorts obere Rench. – Vgl. »Schefe, Schälzeme«.

Schimb-mähre → »Schindmähre«.

Schimm-bock(el) m.: ›Purzelbaum‹ mancherorts südöstl. Schwarzw. und SO-Baden. – Wörtl. *Schindbock.* – Vgl. »Bockbürzel, Chügeliburz, Schummbock«.

Schimmel m.: ♦ 1) ›weißliche, schimmelige Schicht‹. ♦ 2) ›Tier mit hellem Fell‹, auch Name für solche Tiere.

schimpfe st., schw.: *schimpfe* Südrand (Verbr. s. Karte → »schelte«) (nördl. »lärme 2, schelte«); Part. Perf.: *gschumpfe* mancherorts; *gschimpft* vereinz. ♦ ›lautstark seinen Unmut äußern, schelten‹.

schimpfele schw.: ›spielen, von Kindern‹ [Au am Rhein]. – Mhd. *schimpfen* ›scherzen, spielen‹.

schinde st.: *schinde* mancherorts; *schinge, schenge* vereinz.; Part. Perf.: *gschunde.* ♦ 1) ›die Haut, das Fell abziehen, sich die Haut abschürfen‹. ♦ 2) ›sich oder jemanden plagen, zu harter Arbeit antreiben‹; *Wenn e riiche Buur die Arme plooget un schindet* [Hebel]. ♦ 3) ›beim Kartenspiel einen Trumpf zurückhalten, um einen noch höheren Stich zu erzielen‹ vereinz.

Schindel-kappe f.: *Schindel-, Schingelkapp* ›veraltete Frauenhaube‹ vereinz. Hanauerland.

Schinder m.: *Schinder* verbr.; *Schinger, Schenger* vereinz. Ortenau. ♦ 1) ›wer verendete Tiere verwertet, Abdecker‹, häufig nur noch in Flüchen, Ausrufen, Floskeln wie z. B.: *Pfui, dr Schinder!* Markgr.; *was Schinders isch denn los?* [A. Ganther]; *un wa wais dr Schinder no als* [O. Furtwängler]; *des soll dr Schinder hole!* [Schutterwald]. ♦ 2) ›wer Menschen, Tiere drangsaliert, schikaniert‹.

Schinder-gruebe f.: ›Stelle, wo verendetes Vieh vergraben wird‹ mancherorts; auch *Schindacker, Schind(er)wase* u. a.

Schind-hole, -holdere Pl.: *Schindholle, Schindoole, Schin(d)holdere* u. ä. ♦ ›Hautflechte, Hautausschlag, grindiger Haarausfall‹ veraltet, mancherorts südöstl. Schwarzw., Hotzw. – Das Grundwort gehört wohl zu mhd. *hal* ›Hülle, Schale‹ und wurde teilweise an »Holder« angeglichen.

Schindle f.: *Schindel, Schindle* ›Holzschindel‹, zum Dachdecken oder Verkleiden von Außenwänden.

Schindle-bock m.: ›Bock mit Spannvorrichtung zum Bearbeiten von Schindeln‹ mancherorts Schwarzw.

Schind-lueder n.: dass. wie → »Schinnoos« mancherorts.

Schind-mähre f.: *Schindmähr(e), Schimbmähre, Schimmähre.* ♦ ›altes Pferd, Klepper‹.

Schindole ›Hautflechte‹ → »Schindhole«.

schine st., schw.: *schine, schinne* verbr.; Part. Perf.: *gschine, gschunne, gschune* mancherorts; *gschiint* vereinz. nördl. Schwarzw. ♦ 1) ›Lichtstrahlen aussenden, leuchten‹ *Un d' Sternli schiine no so froh* [Hebel]. ♦ 2) ›den Anschein haben‹; vgl. »schints«.

schinegle schw.: ›schwer arbeiten, schuften, sich oder jemanden plagen‹.

Schiner m.: *Schiner, Schinner* ›runder oder ovaler Korb mit zwei Griffen‹ mancherorts Hotzw., Klettgau. – Syn. → »Zeine«.

Schinken s. → »Schunke«.

Schinn-oos n.: *Schinnoos, Schennoos* ›Schelte für durchtriebene, unverschämte, tückische Personen‹, seltener auch für Tiere, nördl. und mittl. Schwarzw., Ortenau. – Wörtl. *Schindaas.* – Vgl. »Schindlueder«.

schints, schins Adv.: *schiints, schints, schiins, schinns* ›augenscheinlich, anscheinend‹; *'s dät 'm leid; 's müeßt schien's e V'rwechslung si* [A. Ganther]; *der Pfarrer, schiint's, well zytli cho* ›der Pfarrer, so scheint es, wird gleich kommen‹ [Hebel]. – Aus dem Verb *schiine* ›scheinen‹ entstanden, heute adverbial gebraucht.

Schinze(le), Schinzete, Schinzige f., meist. Pl.: ♦ ›Schalen, Abgeschältes von Äpfeln, Kartoffeln, Zwiebeln usw.‹ mittl. und südl. Schwarzw., Hotzw., Wiesental. – Vgl. »Schälete«.

Schipf f.: *Schibf, Schebf* ›Heu- oder Strohboden über der Tenne‹ mancherorts Hanauerland, Ortenau.

Schipfe f.: *Schipfe* verbr. vom Elztal bis in den südl. Schwarzw.; *Schippe* vereinz. Baar. ♦ ›Zaunlatte (häufig aus Schwartenbrettern, gespaltenen Scheiten)‹. – Vgl. »Scheie, Schupfe«.

Schippe[1] f.: ♦ 1) ›Schaufel‹ vereinz., bes. ›Schäferschippe‹. ♦ 2) ›die Spielkartenfarbe Pik‹ vereinz. – Vgl. »Schufle«.

Schippe[2] ›Zaunlatte‹ → »Schipfe«.

schirdele schw.: *schirdele, schirdere* ›den Boden flach aufhacken, Unkraut hacken‹, bes. im Weinberg, mancherorts Markgr. – Vgl. »schirfle«.

Schire f.: *Schiire* Elztal, Brsg., nördl. Markgr.; *Schiir, Schiär* nördl., mittl. und südöstl. Schwarzw., Ortenau, Baar, Hegau, Bodanrück, Linzgau; *Schüre* ob. Markgr., Dinkelberg, Wiesental; *Schüür* Hotzw., Klettgau, Höri. ♦ ›Scheune, Scheuer‹; *Sellmol het e Buur uf der Egerte niden an Fahrnau Huus un Schüüre gha* [Hebel]; Sprichw.: *Alti Schire brenne gern* bezogen auf Liebschaften im Alter [E. Strube].

schire schw.: *schire, schiere, schüre, schirre.* ♦ 1) ›ein Feuer schüren‹ verbr. ♦ 2) ›einen Streit entfachen, aufhetzen‹ vereinz.

Schire-birzler Pl.: *Schirebirzler, Schürebürzler* ›fahrendes Volk von Artisten, Gauklern, Seiltänzern, Landstreicher‹, auch Bez. für Lausbuben, unstete Menschen, mancherorts Ortenau, Brsg., Markgr., Hotzw. – Wörtlich *Scheuerpurzler.*

Schir(e)-bodde m.: ›Scheuertenne‹ mancherorts Klettgau, Hegau, Höri.

Schire-bruck f.: ›vom Hang her führende Zufahrt zur Scheune‹ [Freiamt, Schweighsn].

Schir(e)-tenn n., f.: ›Tenne der Scheune‹ verbr. (außer dem Gebiet, in dem »Schirebodde« gilt).

schirfle schw.: *schirfle, schiirfle* ›den Boden leicht aufhacken, Unkraut abhacken‹ Brsg. – Vgl. »schirdele«.

schirge, schürge schw.: ›schieben‹ südl. Brsg., Markgr., Dinkelberg, Hotzw., Klettgau. – Mhd. *schürgen* ›stoßen, schieben‹. – Vgl. »schalte 1«.

Schirschle Pl.: ›äußere Hülle‹, von Kastanien, Bohnen, vereinz. Ortenau.

Schiss f., m.: *Schiss* verbr.; *Schiiß* SO-Baden. ♦ 1) ›Fliegenschiss‹. ♦ 2) ›Durchfall‹. ♦ 3) in Verbindung mit *haben* ›Angst, Furcht‹. ♦ 4) ›Kleinigkeit, Nichtigkeit‹; *des goht di en Schiiß aa* ›das geht dich nichts an‹ [Konstanz].

Schiss-dreck m.: *Schissdreck, Schiisdreck.* ♦ 1) ›Exkrement, Kot‹. ♦ 2) übertr. ›wertloses Zeug, Nichtigkeit‹.

schisse st.: *schisse, schiiße* verbr.; Part. Perf.: *gschisse.* ♦ ›den Darm entleeren, scheißen‹ auch ›furzen‹; Ra.: *du chaasch mer in d'Chappe schiiße* abschlägige Ra. [Wehr]; *redd oder schiss Buechstabe* drastische Aufforderung, zu sprechen [Diershm]; Sprichw.: *mer kann nit schisse un Krutt hacke* ›man kann nicht zwei Dinge gleichzeitig erledigen‹ [Lahr].

Schisse-bach fiktiver ON in Volksreimen und Ra.: *Schissebach isch au e Stadt, wenn au kaini Hiser hat* [Neustadt]; abschlägige Ra.: *Jo, Schissebach!* ›Nichts wars!‹ [Freiburg].

Schissel[1] f.: *Schissel, Schüssel* verbr.; *Schessel* vereinz. Ortenau. ♦ 1) ›flaches Gefäß, Schüssel‹ verbr. ♦ 2) ›Tasse‹ verbr.; Ra., auf die vergängliche Schönheit bezogen: *Mr siehts am Scherwe noch, dass es emol e scheens Schisseli gsi isch* [Lahr]. ♦ 3) ›Gelenkkapsel‹ vereinz. ♦ 4) altes, klappriges Auto.

Schissel[2] ›Backofenschieße‹ → »Schießi«.

Schissel-brett n.: ›Wandbrett in der Küche zur Aufbewahrung von Geschirr‹.

Schisser m.: ♦ 1) ›ängstlicher Mensch‹. ♦ 2) ›Durchfall‹.

Schissete f.: *Schissete, Schiißete* ›das Geschissene, Durchfall‹ vereinz.

Schiss-gasse f.: *Schissgass(e), Schiißgass(e).* ♦ fiktive Gasse, als Symbol des Ruins in Ra. wie: *d Schissgass nab go* ›dem Ruin zutreiben‹ [Tribg]; mancherorts auch *Schissmatte.*

Schiss-hafe m.: ›Nachttopf‹ mancherorts.

Schiss-hoke m.: ›Gelenk an den Hinterbeinen von Tieren‹ mancherorts Ortenau.

Schiss-has m.: ›Angsthase‹ verbr.

Schiss-hus n.: *Schisshuus, -hüüs; Schiishuss* u. ä.; oft. Dim.: *-hiisli, -hüüsli.* ♦ 1) ›Abort, Abtritt, Toilette‹. ♦ 2) ›langer oder dummer Kerl‹ vereinz.

Schiss-kerli m.: ♦ 1) ›nichtsnutziger niederträchtiger Mensch‹. ♦ 2) ›Angsthase‹ vereinz.

Schiss-malter, -melde m., f.: ›Gänsefußgewächs, Melde‹ ein Ackerunkraut.
Schit n.: *Schidd, Schitt* verbr. (außer dem folgenden Gebiet); *Schiit* mancherorts Baar, Hegau, Höri, Bodanrück; Pl. *Schidder, Schitter, Schiiter.* ♦ ›längliches, gespaltenes Holzstück, Scheit‹.
schitte[1] schw.: *schidde, schitte, schütte* verbr.; Part. Perf.: *gschitt, gschiddet, gschüttet.* ♦ 1) ›ausgießen‹. ♦ 2) ›heftig regnen‹; *nai looset, wie s' schüttet* [Hebel].
schitte[2], **schittere** schw.: *schidde, schitte* Schwarzw.; *schiddere* mancherorts Ortenau. ♦ ›Holz in Scheite spalten‹ *Holz schidde* [Tribg].
Schitter-bigi f.: ›Stapel von Holzscheiten‹ mancherorts; Ra.: *Schulde haa wiä Schitterbige* ›viel Schulden‹ [E. Strube]. – Zum Grundwort s. »Bigi«.
Schittete f.: *Schittete, Schüttete.* ♦ 1) ›auf einen Haufen Geschüttetes‹ vereinz. ♦ 2) ›heftiger Regen, Wasserguss‹.
Schitti f.: *Schitti, Schütti.* ♦ 1) ›Regenguss, Platzregen‹. ♦ 2) ›Raum unter dem Dach‹ mancherorts Baar, südöstl. Schwarzw.; *Schütti* Klettgau. – Zu *schütten,* weil dort das gedroschene Getreide hingeschüttet wird.
Schitt-stei m.: *Schittstai, Schüttstai* ›Ausguss, Wasserstein in der Küche‹. – Wörtl. *Schüttstein.* – Vgl. »Wasserstei«.
Schittstei-dragoner, -rolli m.: ›(resolute) Küchenhilfe, Dienstmädchen‹, scherzh.
Schi-wirmli n.: *Schiinwirmli, Schiiwirmli, -würmli.* ♦ ›Glühwürmchen, Johanniskäfer‹ mancherorts südl. Brsg., Markgr., Hotzw.; *Un's Schiiwürmli chunnt, potz tausig! mit em Laternli* [Hebel]. – Wörtl. *Schein-würmlein,* zu mhd. *schînen* ›leuchten‹. – Vgl. »Zindwirmli«.
Schlabutz m.: ♦ 1) ›Schmaus, festliches Essen und Trinken‹ mancherorts SO-Baden. ♦ 2) *in Schlabutz ini kumme* ›in etwas Unangenehmes geraten‹ [Stockach].
Schlachti m.: ›Metzger‹ vereinz. Markgr.
Schlackel m.: ›hoch aufgeschossener Kerl‹ mancherorts Ortenau.
schläf(e)le schw.: ›ein bisschen schlafen, schlummern‹.
schlafen → »schlofe«.
schläfere schw.: ›schläfrig machen‹ vereinz. SO-Baden; *s schläfert mi* ›ich werde müde‹ [Stahrgn].
schläf(e)rig *schleef(r)ig, schlöf(e)rig* ›schlafbedürftig, müde‹; *si sinn vom Schaffe her un hi gar sölli müed un schlööfrig gsi* [Hebel].
Schläfi f.: *Schlef(i), Schläf(i), Schläf(e), Schlöfe, Schlöfi* u. ä. ›Schläfenpartie seitlich am Kopf‹.
Schlag m.: *Schlag* verbr. (außer den folgenden Gebieten); *Schlòòg* vereinz. südl. Ortenau; *Schlaa, Schlòò* Ortenau, Acher-, Renchtal; *Schlagg* östl. Hegau, Höri; Pl.: *Schleeg, Schlääg, Schlee, Schläi, Schlegg.* ♦ 1) ›Schlag, Hieb‹. ♦ 2) ›schlagartiges Geräusch, Donner-, Glockenschlag‹; *mit em letschte Schlag im luftige Chilchturn* [Hebel]; Ausruf: *Potz Blitz un Schlag!* [A. Ganther]. ♦ 3) ›schlagartig auftretende Krankheit, Schlaganfall‹; *un 'r het grad g'meint, d'r Schlag trifft 'n* [A. Ganther]; oft verharmlosend im Dim.: *e Schlägle.* ♦ 4) ›in einer Fläche abgehauenes Waldstück, Landstück, Distrikt‹; *es* (das Büblein) *chunnt in d' Hürst un findet bald Erdbeeri Schlag an Schlag* [Hebel]. ♦ 5) ›Teilstück beim Umgraben im Weinberg, Furche, Reihe‹. ♦ 6) ›Klappe, Tür, Verschlag‹. ♦ 7) ›Art, Rasse, Menschenschlag‹.
Schlage f.: ›Ablaufrinne quer über Wald- und Feldweg‹ [Malsburg].
schlage st.: *schlage* nördl. und mittl. Schwarzw., mancherorts Ortenau; *schlare* obere Murg; *schlòge* vereinz. südl. Ortenau, nördl. Brsg.; *schlagge* vereinz. Bodanrück; *schlawe, schlöwe, schläwe, schlaue* mancherorts Hanauerland; *schlaie, schloie* zwischen unterer Schutter und Rhein; *schlaa* verbr. südl. einer Linie Breisach-Freiburg-Triberg Schiltach; Part. Perf.: *gschlaa, gschlage*; 2. und 3. Pers. Sg. Ind. Präs. umlautlos: *du schlaasch; du schloosch; er schlaagt* SW-Baden, in anderen Gebieten: *du schlegsch, schläichsch(t); er schlegt, schleet* u. a.; 1. Pers. Pl.: *mir schlage* Schwarzw., Ortenau; *mir schleen, schlöön* südl. Brsg., Markgr., Hochrhein; *mir schlanet, schlannet* mancherorts südöstl. Schwarzw., Baar, Hegau, Höri, Linzgau. ♦ 1) ›mit der Hand oder einem Gegenstand schlagen, hauen‹; Liedanfang: *Mi Muater hät mi gschlâgë / Mitëm birchebömene Rîs* [O. Furtwängler]; Ra.: *du ghörst gschlage wie e Trommel ufm Jahrmärt* [Möhrgn]. ♦ 2) ›eine ruckartige, pulsierende Bewegung machen‹. ♦ 3) ›schlagend bedienen, durch Schlagen herstellen, bilden‹; *Worum schlagsch denn Füür?* [Hebel]; *Seifeschum isch g'schlage worre* [A. Ganther]. ♦ 4) ›durch Schlagen anzeigen‹; *D' Glocke het Zehni gschlage* [Hebel]; Ra.: *e gschlageni Stund* ›eine volle Stunde‹ Brsg.
Schlag-hus n.: ›Schlachthaus‹ vereinz. und veraltet.
Schlag-raum m.: ›Schlagsahne‹ vereinz. Ortenau. – Zum Grundwort s. »Raum«.
Schlag-rum, -rumet(e) m.: *Schlagruum, -rüüm, Schlaruum, Schlaarüüm, Schlagrumed(e)* u. ä.

♦ ›Platz, an dem Holzeinschlag vorgenommen wurde und das dort übriggebliebene Astholz, Reisig‹, meist in Versteigerungen angeboten: *e Schlagruum steige* vereinz.

schlai Adj.: *schlai, schläi* nördl. und mittl. Schwarzw., südl. Ortenau, nördl. Brsg.; *schlaib* vereinz. Ostteil des mittl. Schwarzw. (Verbr. s. Karte → »lis«). ♦ ›fade, zu wenig gesalzen‹. – Syn.: »lai, lis, mätt«.

schlamäd(e)re schw.: ♦ 1) ›schlacksig, nachlässig herumlaufen, schlurfen‹ Ortenau, Kaiserst. ♦ 2) ›langsam, lustlos essen‹ vereinz.

Schlamassel m. (n., f.): ›schlimme Lage, Malheur, Durcheinander, Gerümpel‹.

Schlämpe m.: *Schlembe, Schlempe, Schlạmbe* u. ä. ♦ 1) ›Tuchfetzen, herabhängender Zipfel, Hautfetzen, Einriss‹; vgl. »Schlanz, Schlarpe, Schlenke 1«. ♦ 2) ›Haut auf der gekochten Milch‹. ♦ 3) ›große Scheibe Speck, Fleisch, Brot‹. ♦ 4) ›Schließvorrichtung an Ketten, Koffern, Klappen‹. – Abl. zu mhd. *slampen* ›schlaff hängen‹.

Schlämpe-krut n.: ›Mangoldgemüse, in ganzen Blättern gekochtes Kraut‹ mancherorts.

Schlamper m.: *Schlamper, Schlämper* ♦ 1) ›weiter Oberkittel‹ mancherorts SO-Baden. ♦ 2) ›schlampige Person‹.

Schlampi m.: dass. wie → »Schlamper 2« mancherorts Hotzw.

schlämple schw.: ›baumeln‹, im Bes. ein Streich, bei dem man Dosen, Holzstücke an eine Türklinke bindet und durch Ziehen an einem Seil gegen die Tür scheppern lässt, mancherorts Ortenau.

schlän Adj.: ›sanft abfallend‹ [Opfgn, Biengen]. – Vgl. »schlaus, schleiter«.

Schlange-blueme f.: *Schlangebluem, Schlôngebluem.* ♦ 1) ›Löwenzahn‹ verbr. an Murg, Oos und unterer Acher (Verbr. s. Karte → »Seichblueme«. – Syn. → »Seichblueme«. ♦ 2) Bez. für weitere Pflanzen wie ›Tormentill, Knabenkraut, Weidenröschen‹ vereinz.

Schlange-fanger m.: ›langer, schlacksiger, auch unzuverlässiger Kerl‹ vereinz. Ortenau.

Schlange-krut, -leiter n.: ›Farnkraut‹ vereinz.

Schlanz, Schlänz m.: ›Riß in Textilien, Rißwunde‹ verbr.; *Loch im Söckli / Schlanz im Röckli* [G. Jung]. – Vgl. »Schlarpe 1«.

schlänze schw.: *schlänze, schlạnze.* ♦ 1) dass. wie »schleize« mancherorts. ♦ 2) einen *schlenze* ›einen trinken‹ Markgr.; Syn. → »surpfle 2«.

Schlänzer m.: ›Riss in der Haut, in Textilien, Fetzen‹ vereinz.

Schlapp m.: ›flüssiger Bestandteil der Viehtränke‹ vereinz. Ortenau.

schlapp Adj.: ›müde, abgeschlafft‹.

Schlappe[1] f.: *Schlapp, Schlappe.* ♦ 1) ›schlampige Person‹. ♦ 2) ›schwatzhafte Frau‹ vereinz. ♦ 3) ›Klaps, Schlag, Niederlage‹ mancherorts.

Schlappe[2] m.: ♦ 1) ›bequemer oder ausgelatschter Schuh, Hausschuh‹. ♦ 2) ›nasser Schuh durch versehentliches ins Wasser Treten‹ Breisgau; vgl. »Wattis«.

schlappe schw.: ♦ 1) ›nachlässig gehen, latschen‹. ♦ 2) ›mit der Zunge (auf)lecken‹. ♦ 3) ›schwatzen, tratschen‹.

Schlappe-dengler m.: ›Taugenichts, unzuverlässige Person‹, ursprünglich abfällig für Schuhmacher, verbr.

schlappere schw.: dass. wie → »schlappe 2« vereinz. Ortenau.

Schlapp(er)-gosche f.: *Schlabb(er)gosch(e)* ›loses Mundwerk und Mensch mit einem solchen‹.

schläpperle schw.: ›schlottern, lottern‹ [Gütenb.].

schläpple schw.: ›in kleinen Schritten gehen, trippeln‹ vereinz. Ortenau.

Schlaraff f.: ›Gesichtsmaske zu Fastnacht; zu Fastnacht maskierte Gestalt‹ mancherorts nördl. Schwarzw., Ortenau. – Syn. → »Larve«.

Schlarf f.: ›geschwätzige, scharfzüngige Frau‹ mancherorts Ortenau. – Vgl. »Schwarf«.

Schlarpe, Schlärpe m.: ♦ 1) ›Stofffetzen, Hautfetzen, Hautriss‹; vgl. »Schlanz 1, Schlämpe«. ♦ 2) ›Dreckfladen, Klumpen‹. ♦ 3) ›Hausschuh, Schlappen‹ Hegau, Bodanrück.

schlarpe schw.: ›schleppend gehen, schlürfen‹; wer dies tut, ist ein *Schlarper* [Konstanz]. – Vgl. »schlurpe«.

schlärpe schw.: dass. wie → »schlappe 2« [Glattes].

Schlätterli ›Spottvers‹ u. ä. → »Schletterli«.

Schlauch → »Schluch«.

Schlauder f.: ›eiserne Klammer zum Zusammenhalten von Mauern, Maueranker‹ vereinz.

Schlauder-kauz, Schlaudri-kauz m., n.: ›Gericht aus verschiedenen Zutaten, Art Gulasch‹ auch Bez. für zusammengemengtes Essen, unzumutbarer Fraß; auch Titelgeschichte eines Buches des Lahrer Autors Philipp Brucker.

Schlaufe, Schlaupfe f. (m.): *Schlauf, Schlaufe, Schloif, Schlaüf* u. ä. verbr.; *Schlaupfe, Schloupfe* mancherorts südöstl. Schwarzw. ♦ ›Schlinge, Schleife‹.

Schlauli m.: *Schlauli, Schloili, Schlaule* ›schlauer Mensch, Schlauberger‹ mancherorts.

schlaus Adv.: ›allmählich ansteigend oder abfallend, schräg, sachte‹ mancherorts Ortenau. – Vgl. »schlän«.

Schlawack m.: *Schlawagg* auch *Schlawaggel* ›heruntergekommener Kerl, Nichtsnutz, Vagabund‹ mancherorts; *der kummt här wiä en Schlawackl* [Konstanz]. – Ursprünglich Bez. für als Mausefallenhändler, Saisonarbeiter herumziehende Slowaken.

Schlawiner m.: ›gerissener Bursche, Schlitzohr, Taugenichts‹ vereinz. – Ursprüngl. *Slawonier* ›Mensch aus Slawonien‹.

Schlawittich m., n.: *Schlawiddich, Schlawiddig, Schlafiddich* u. ä. – nur in Ra. wie *einen am Schl. kriäge (nemme, packe, hebe).* ♦ ›am Kragen, Rock, Schopf packen; sich jemanden vornehmen, zurechtweisen‹.

Schleche → »Schlehe«.

schlecht Adj.: *schleecht* Schwarzw.; *schläächt* mancherorts Raum Neustadt; *schlą̨acht* mancherorts Ortenau, westl. Brsg., nördl. Markgr.; *schlącht* ob. Markgr.; *schlecht* südl. Schwarzw., Hotzw., Klettgau; *schleächt, schleacht* Baar, SO-Baden; *schläed* vereinz. Baar, Hegau. ♦ 1) ›mangelhaft, misslich, negativ, ungünstig‹, von Sachen, Zuständen. *Mit alliwiil schlechtere Charte spielt er alliwiil schlechter* [Hebel]. ♦ 2) ›gesundheitlich unwohl‹; *for Niächderi schlą̨acht warde* ›vor Nüchternheit übel werden‹ [Istein]. ♦ 3) ›charakterlich schlecht, niederträchtig‹; *Doch was vom Herze chunnt, isch au nit schlecht* [Hebel].

Schleck m.: *Schleck, Schleckch, Schląck.* ♦ 1) ›Marmelade, Konfitüre‹ mancherorts mittl. Schwarzw. Hanauerland (Verbr. s. Karte → »Schlecksel«); Syn. → »Schlecksel« ♦ 2) ›Leckerbissen, Schleckerei‹, bes. in der Ra.: *sell isch kai Schleck* ›das ist kein Honigschlecken, das ist beschwerlich‹ [Schutterwald].

schlecke schw.: *schlecke, schląc̨ke, schleäcke.* ♦ 1) ›mit der Zunge lecken‹; Ra.: *sell schleckt kei Geiß eweck* ›da ist nichts zu ändern‹ Markgr. ♦ 2) ›gern leckere Speisen essen, naschen‹.

Schleckel, Schleckli n.: ›Marmelade, Konfitüre‹ mancherorts Ortenau, mittl. Schwarzw. – Syn. → »Schlecksel«.

Schleckel-flade, Schleckli-flade m.: ›mit Marmelade bestrichene Brotscheibe‹ mancherorts Ortenau.

schleck(e)rig, schleckig Adj.: ›wählerisch beim Essen, feinschmeckerisch, genäschig‹ Ortenau, Schwarzw. (Verbr. s. Karte → »schnaikig«). – Syn. → »schnaikig«.

Schlecks n.: dass. wie → »Schleck 1« vereinz. Wolftal. – Syn. → »Schlecksel«.

Schlecksel, Schlecksli n.: ›Konfitüre, Marmelade‹ nördl. Schwarzw. – Syn.: »Gsälz, Guts 2, Igmachts, Mues, Schleck 1, Schleckel, Schlecks, Strichi 2«.

Schleeche → »Schlehe«.

Schlegel m.: *Schlegel, Schleggel.* ♦ 1) ›Schlagwerkzeug, Trommelschlegel‹. ♦ 2) ›Hinterkeule‹. ♦ 3) ›Weinflasche, bauchiges Gefäß‹; *so Bänk wo mer d Gutërë* (s. »Guttere«) *un d Schlêgl un e so Sache druf schtelë kan* [O. Furtwängler].

Schlegel-ax f.: ›schwere Spaltaxt‹ mancherorts Markgr., SO-Baden. – Vgl. »Merschel 2«.

schlegle schw.: ›mit den Beinen zucken, um sich schlagen, strampeln‹; *mit Händ un Füeß het 'r sich g'wehrt un um sich g'schleg'lt wia b'sesse* [A. Ganther].

Schleh-bichse f.: *Schlehbigs(e)* vereinz.; *Schleebiis* [Schenkenzell]. ♦ ›selbstgefertigte Knallbüchse der Knaben‹ vereinz.

Schlehe f.: *Schleh, Schlehe, Schleije, Schlehche.* ♦ ›der Schlehdorn und seine Frucht‹; *Wie wäiht e frische Maieluft, voll Chriesibluest un Schleecheduft!* [Hebel].

schlei ›wenig gesalzen‹ → »schlai«.

Schleie f., m.: *Schlai(e), Schleije* ›der Fisch Schleie, Tinca vulg.‹, in seiner Jugendform auch *Schleijemüüsle* [Reichenau].

Schleife f.: ›aufziehbare Verknotung, Haar-, Zierschleife‹ vereinz.; mundartlicher sind »Klank, Lätsch, Masche 2, Rick, Schlupf«.

schleife[1], **schleipfe** schw.: *schleife, schlaife, schloafe, schleipfe, schloapfe*; Part. Perf.: *gschleift.* ♦ 1) ›auf dem

Boden schleifend bewegen‹; Ra.: *einer heimschleipfe* ›betrunken sein‹ verbr. ♦ 2) ›etwas mühsam herbei- oder fortschleppen‹. – Vgl. »schleike«.

schleife[2] ›abschleifen‹ → »schliffe«.

Schleifete, Schleipfete f.: *Schlaifete, Schlaipfete, Schloepfete, Schloapfete.* ♦ ›Last, die auf einmal getragen werden kann‹ mancherorts.

Schleifi, Schleipfi f.: *Schlaif(e), Schlaifi, Schlaipf(e), Schlaipfi, Schloepf(e)* u. ä. ›als Schleife dienendes Transportmittel, Pflug, Eggenschleife‹.

Schleif-reche, Schleipf-reche m.: ›großer Nachziehrechen‹ mancherorts Hochrhein, SO-Baden. – Syn.: »Pole, Halm-, Schleik-, Schleppreche«.

schleike schw.: *schlaike, schlaikche* ›über den Boden schleifen‹ Hotzw., Klettgau. – Vgl. »schleife«.

Schleik-reche m.: dass. wie »Schleifreche« Hotzw., Klettgau.

schleipfe → »schleife«.

schleiter Adj.: ›leicht ansteigend oder abfallend‹ vereinz. südl. Schwarzw., Markgr. – Vgl. »schlän«.

schleize schw.: ›der Länge nach die Schale, Schote abziehen, spleißen‹ Ortenau. – Vgl. »schlänze«.

Schlemil m.: ›durchtriebener Kerl, Schlingel, Einfaltspinsel‹ vereinz. – Aus dem Jiddischen.

Schlempe ›Haut auf der Milch‹ → »Schlämpe«.

Schlenke m.: ♦ 1) ›Schlinge, herabhängender Stofffetzen‹ mancherorts; vgl. »Schlämpe«. ♦ 2) nur Pl. ›Löwenzahn‹ SW-Baden zwischen Kander und Rhein (Verbr. s. Karte → »Seichblueme«). – Syn. → »Seichblueme«.

Schlenkel m.: ♦ 1) ›Aufhängeschlaufe an Kleidern‹ Hochrhein, SO-Baden. ♦ 2) ›Schlingel, Spitzbub‹ eb.

schlenkere schw.: ♦ 1) ›hin und her schwingen, schleudern‹. ♦ 2) ›schlendern‹ vereinz. ♦ 3) ›jemanden entlassen, feuern‹ vereinz.

Schlenz ›Riß‹ → »Schlanz«.

schlenze ›aufschlitzen‹ → »schlänze«.

Schlepper m.: ›Traktor‹ vereinz.

Schlepp-reche m.: ›großer Zugrechen‹ mancherorts Wiesental, Hotzw., Hochrhein. – Syn. → »Schleifreche«.

Schletterli n.: *Schledderle, Schledderli, Schlötterli, Schlötterlig* u. ä. ♦ 1) ›Anhängsel‹ vereinz. Ortenau. ♦ 2) ›üble Nachrede, Spottname, lustiger Spottvers, Scherzlied‹ mancherorts; jemandem *e Schlädderli aahänke* ›Spottnamen geben, Schlechtigkeiten nachsagen‹ [Riegel].

schleze schw.: *schleeze*, seltener auch *schlääze* ›wählerisch, lustlos essen oder trinken‹ mancherorts mittl. Schwarzw., Ortenau. – Syn.: »mänkele, naise 3, schnaike, teige«.

schlezig Adj.: ›wählerisch im Essen‹. – Vgl. »schnaikig«.

Schlich m., meist. Pl.: *Schlich* (*i* kurz!) ›Schleichweg, Kniff, List‹; jemandem *uf d Schlich kumme* ›seine Machenschaften durchschauen‹ [Münchw.].

schliche st.: *schliiche* verbr.; *schliche* (*i* kurz!) zwischen Murg und unterer Elz. ♦ ›sich leise oder langsam fortbewegen, schleichen‹; *un näume* (irgendwo) *schliicht der Iltis unterm Dach* [Hebel]; *do goht üwwereimol d' Diar uf; un wer schlicht ri?* [A. Ganther].

Schlich-gras n.: ›Quecke‹ mancherorts SO-Baden. – Syn. → »Quecke«.

schlichle schw.: ›Wein oder Most mit einem Schlauch aus dem Fass abziehen‹. – Wörtl. *schläucheln.*

Schlichti f.: ›klebriger Brei, mit dem der Weber die Kettfäden glättet‹. – Mhd. *slihte* ›Glätte‹.

Schlick[1] m.: *Schlick, Schlickch.* ♦ 1) ›(wiederaufziehbare) Schleife, Schlaufe, Knoten‹ südöstl. Schwarzw., Hotzw., Hochrhein; vgl. »Rick«. ♦ 2) ›Bündel, Haarsträhne‹ vereinz.

Schlick[2] f.: *Schlick, Schleck* ›lückenhafte Stelle, Zahnlücke, Scharte‹ mancherorts Ortenau. – Vgl. »Schlucke«.

Schliëbe m.: *Schliäwe, Schleäbe* ›klaffende Wunde‹ mancherorts Ortenau.

schliëfe st.: *schliäfe, schlüfe* mancherorts mittl. und südl. Schwarzw., Markgr.; Part. Perf.: *gschloffe.* ♦ ›hinein-, herauskriechen, schlüpfen‹; *schliefsch in d' Hürst* ›schlüpfst in die Büsche‹ [Hebel]; *d' Bibili sin gschloffe* ›die Küken sind geschlüpft‹ [St. Märgen].

schliënke schw.: ›schlottern, von Kleidungsstücken‹ ob. Markgr.

Schliëße f.: *Schliäß, Schliäße.* ♦ 1) ›Keil seitlich am Fass, der verhindert, dass es wegrollt‹ Weinbaugebiete. ♦ 2) ›Riegel am Fasstürchen‹ vereinz. Ortenau, Kaiserst. ♦ 3) ›Verschluss eines Wasserlaufs, Schleuse‹ vereinz. nördl. Ortenau.

schliëße st.: *schliäße* verbr.; *schlüße* mancherorts Klettgau, Höri; Part. Perf. *gschlosse.* ♦ ›ab-, ver-, zuschließen‹ meist nur von Schlössern, sonst *zuemache.*

Schliëß-gufe f.: ›Sicherheitsnadel‹ vereinz. Markgr. – Zum Grundwort → »Gufe«.

schlife st.: *schlife, schliffe* verbr.; Part. Perf.: *gschliffe, gschleffe.* ♦ 1) ›mit einem Schleifstein, Schleifpapier bearbeiten‹ verbr.; *mit sinere g'schliffene Sens'* [A. Ganther]. ♦ 2) ›ohne Schlittschuhe über eine

Eisbahn gleiten‹ nördl. Schwarzw., Markgr.; Syn. → »schlifere«.

schlifere schw.: *schlifere, schliffere* ›ohne Schlittschuhe über eine Eisbahn gleiten‹ Brsg., südl. Schwarzw., Hotzw., Klettgau, Baar, Hegau. – Syn.: »gluttere, hurle, schlife 2, schlime, schlisere, schludere 1, schlusere«.

Schliferi f.: *Schliferi, Schlifferi* ›Gleitbahn auf dem Eis‹ mancherorts Brsg., südl. Schwarzw., Hotzw. – Vgl. »Schlifi 1, Schlifete, Schluderi, Schuseri«.

Schlifete f.: ›Gleitbahn auf dem Eis‹ Linzgau. – Vgl. »Schliferi«.

Schliffel m.: ›grober, ungehobelter Mensch‹ Ortenau, vereinz. SO-Baden.

Schliffer m.: ♦ 1) ›in die Haut gedrungener Holzsplitter‹ vereinz. nördl. Ortenau. – Syn. → »Sprisse«. ♦ 2) ein veralteter Schleifwalzer [Glock Brsg.].

Schlifi f.: *Schlifi, Schliffi.* ♦ 1) ›Gleitbahn auf dem Eis‹ Markgr.; vgl. »Schliferi«. ♦ 2) ›Schleifmühle, Edelsteinschleiferei‹ vereinz.

Schlif-stei m.: ›Schleifstein‹; Ra.: *e Muul mache wie ne Chue, wenn si uf dr Schliffstai spait* ›den Mund eigenartig verziehen‹ [Glock Brsg.].

Schlim m.: *Schliim* verbr.; *Schlimm* mancherorts mittl. Schwarzw., Hanauerland. ♦ ›schleimige Körperflüssigkeit, Schleim‹.

schlime, schlimere schw.: *schlime, schlimme, schlimmere* ›ohne Schlittschuhe über eine Eisbahn gleiten‹ mancherorts Hanauerland. – Zu einer Wurzel **sli-* ›gleiten‹. – Syn. → »schlifere«.

schlipfe, schlipfere schw.: ›gleiten, ausrutschen‹ mancherorts südöstl. Schwarzw., Markgr., SO-Baden.

schlirge schw.: ›besudeln‹ ob. Markgr.

schlisere schw.: ›ohne Schlittschuhe über eine Eisbahn gleiten‹ Dinkelberg. – Syn. → »schlifere«.

Schlissel m.: *Schlissel, Schlessel, Schlüssel.* ♦ 1) ›Gerät zum Schließen von Schlössern‹ verbr.; *d'r Burgemeischder langt's Schlüssili un will uffschliaße* [A. Ganther]; auch übertr.: *de hesch jo e Schlüss'l, wo alli Diare ufmacht, e Beid'l voll Geld* [A. Ganther]. ♦ 2) ›Querriegel an Ketten, der in einen Ring eingehängt wird‹ mancherorts mittl. und südl. Schwarzw., vereinz. Brsg., Markgr. ♦ 3) meist Dim.: *Schlissele, Schlisseli* ›Schlüsselblume‹; mancherorts Brsg., Markgr. – Vgl. »Schlisselblueme«.

Schlissel-blueme f.: ♦ 1) ›Schlüsselblume, Primula veris‹ mancherorts überall; vgl. »Aurikele, Battengeli, Himmelsschlissel, Mattengeli, Schlissel 3«. ♦ 2) Bez. für andere Blumen wie ›Knabenkraut, Lungenkraut, Lichtnelke‹ u. a.

Schlitt(e), Schlittig m. (f.): *Schlidde, Schlitte* verbr.; *Schledde* mancherorts Hanauerland; davon zu trennen ist *die Schlitt,* seltener *die Schlitte* mancherorts mittl. Kinzig, [Freiamt], südl. Ortenau; *Schliddig* verbr. Ostteil des nördl. Schwarzw.; *Schliddi* Westteil des nördl. Schwarzw. und angrenzende Rheinebene. ♦ 1) ›Schlitten‹, sowohl Rodelschlitten der Kinder wie auch Pferde-, oder Transportschlitten; Ra.: *mit eim Schlidde fahre* ›gründlich die Meinung sagen, grob hernehmen‹. ♦ 2) abschätzige Bez. für Frauen, vereinz.

schlitte, schlittle schw.: ›in Schlitten transportieren, rodeln‹ vereinz.

Schlittere f.: ›Gleitbahn auf dem Eis‹ vereinz. Brsg., Markgr.

schlittere schw.: ♦ 1) ›auf einer glatten Fläche (aus) gleiten‹ vereinz. ♦ 2) ›mit dem Schlitten befördern, rodeln‹ mancherorts.

Schlitt-hauche m.: ›Schittenkufe‹ südl. Schwarzw., Wiesental. – Grundwort zu »Hauche« ›Hakenförmiges‹.

schlitze schw.: ♦ 1) ›aufschlitzen‹ mancherorts. ♦ 2) ›Wiesen-, Brach- oder Rodungsland zum ersten Mal mit dem Pflug aufbrechen‹ mancherorts SO-Baden. ♦ 3) ›schlüpfen‹ Markgr.

schlitz-ehrig Adj.: ›schlau, schlitzohrig, durchtrieben‹ mancherorts; *M'r müen's jetz schlau un schlitzöhrig apacke* [A. Ganther]. – Vgl. »Klaffehri«.

Schlitz-grabe m.: ›Bewässerungsgraben in Wiesen‹ vereinz.

Schlitz-sack m.: ›länglicher, nach beiden Seiten über die Schulter getragener Sack mit einem Schlitz in der Mitte‹ vereinz. mittl. und südl. Schwarzw. – Vgl. »Weidsack«.

Schloapf-gras n.: ›Quecke‹ mancherorts Höri. – Wörtl. *Schleifgras* wegen der sich lang dahinschleifenden Wurzeln. – Syn. → »Quecke«.

Schlof m.: *Schloof, Schlòòf* verbr.; Dim.: *Schleefli, Schlööfli* ♦ ›Schlaf‹; *i haa Schloof* ›ich bin müde‹ [Wehr]; *Gott git's de Siinen im Schloof!* [Hebel (nach Psalm 127)]; Ra.: *ebbis fallt aim im Schlof nid ii* ›etwas, was man nie zu tun gedenkt‹ [Opfgn].

Schlof-äpfel m.: ›durch den Stich der Rosengallwespe verursachter struppiger Auswuchs an Rosen-, Weißdornbüschen‹ vereinz.

Schlof-dreck m.: ›vertrockneter Augenschleim‹ mancherorts Ortenau, mittl. Schwarzw. – Vgl. »Flirz«.

schlofe st.: *schlofe* nördl. Schwarzw., Ortenau, Brsg., Markgr.; *schlòfe* übriges Baden; *schlaufe* vereinz. südl.

Hegau; Part. Perf. *gschlofe, gschlòfe* verbr.; 2. und 3. Pers. Ind. Präs. ohne Umlaut: *du schloofsch(t), er schlooft.* ♦ 1) ›sich dem Schlaf hingeben, im Zustand des Schlafens sein‹; *er hot zwei drei Stund gschlòfe* [Schenkenzell]; *schlofet alli wohl!* [Hebel]; *hütt nacht am zwölfi, wenn alles schloft* [A. Ganther]; Ra.: *schlofe wiä e Ratz* bzw. *Dachs* ›fest schlafen‹ mancherorts; Sprichw.: *am warme Ofe isch guet schlofe* [Glock Brsg.]. ♦ 2) ›nicht aufmerksam sein, etwas verpassen‹; *Der schloft am helle Daa* [Schutterwald].

Schlof-koldere(r) m.: ›Mensch oder Tier mit Schlafsucht, wer dauernd müde ist‹ vereinz. südöstl. Schwarzw., Baar. – Das Grundwort gehört zu nhd. *Koller*; vgl. »Kolderi«.

schlof-koldrig Adj.: *schlofgoldrig* ›schlecht schlafend‹ Elzt., [Altglashütten]. – Vgl. »Kolderi«.

Schlof-liis Pl.: *Schloofliis, -lüüs* ›fiktive Läuse‹ nur in der Ra.: *d Schloofliis kumme (bisse)*, gesagt, wenn Kinder sich vor Müdigkeit kratzen, die Augen reiben.

Schlof-tätsch f., m.: ›Gutenachtschlag der Kinder‹ mittl. Schwarzw. – Vgl. »Nachttatsch, Tatsch«.

schlorpe, schlorpfe ›schlurfen‹ → »schlurpe«.

Schlorum m.: ›minderwertige Ware, Kram, Gerümpel‹ mancherorts Ortenau, nördl. Brsg.

Schloss n.: *Schloss* verbr.; Pl. *Schlesser, Schlösser*; Dim.: *Schlessli, Schlößli.* ♦ 1) ›Vorrichtung zum Schließen, Vorhängeschloß‹; *Er soll e anders Schloß an d' Diar mache* [A. Ganther]; Ra.: *hinter Schloss un Riegel* ›im Gefängnis‹. ♦ 2) ›Becken, Schwanzansatz, Scheide der Kuh‹ vereinz. ♦ 3) ›Burg, Schloßanlage‹; *Sihsch dört vorne' s Röttler Schloß – verfalleni Muure?* [Hebel]; häufig in Kniereitereimen: *rite, rite Rößli, ze Bade (Basel) stoht e Schlößli* usw.

Schloße f.: *Schloße, Schlòße* ›Hagelkörner, Hagelunwetter‹; *Schlòße wea Duwenaier* ›wie Taubeneier‹ [Münchw.]. – Mhd. *slôze.*

schloße schw.: ›hageln‹; *s schloßet un weddret un hurnigelt, me maint, s wott üs alles in Grundserdbode niiverschlage* [Glock Brsg.].

schloß(e)-wiß Adj.: *schloß(e)wiss* ›sehr weiß, blass‹ Ortenau, Kaiserst.

Schloss-hund m.: nur in Ra.: *bellen, heulen, frieren, kotzen wie ein Schlosshund* steigernd; *Sie het g'schraue* (geschrieen) *un due wia e Schloßhund* [A. Ganther]. – Das Wort bezieht sich auf den an der Kette „angeschlossenen" Hund.

Schloss-rolle f.: ›Trollblume‹ mancherorts SO-Baden.

Schlötterli ›Spottvers‹ u. ä. → »Schletterli«.

schlotze schw.: ›saugend lutschen, schlecken, genießerisch schlürfen‹ Ortenau, Schwarzw., Brsg., Markgr., mancherorts SO-Baden; *it vebisse, bloß schlotze!* ›Mahnung an das Kind, das Bonbon nicht zu zerbeißen‹ [Konstanz]; *d'r Bär het si Gutsili g'schlotzt un d' Auge v'rdrait vor V'rgnüege* [A. Ganther]. – Vgl. »schlutze«.

Schlotzer m.: ♦ 1) ›Schnuller der Kleinkinder‹, früher ein Saugbeutel aus einem Lappen, in dem ein Stück Zucker, Brot usw. eingebunden war; vgl. »Schlutzer«; Syn. → »Lulli«. ♦ 2) ›Lutscher, Zuckerstange‹. ♦ 3) ›Taubnessel‹ vereinz. nördl. Ortenau; so benannt, weil die Kinder den süßlichen Nektar der Taubnessel aus den Blüten saugten. – Vgl. »Bienesaug«.

Schluch m.: *Schluch* (*u* kurz!) mancherorts nördl. und mittl. Schwarzw., Ortenau; *Schlüch* (*ü* kurz!) Ortenau, mancherorts mittl. Schwarzw., nördl. Brsg.; *Schluucht* vereinz. Bodanrück, Linzgau, Reichenau; *Schluuch* restliches Gebiet. ♦ 1) ›elastische Röhre, Schlauch‹ verbr. ♦ 2) ›Mark des Kuhhorns‹ vereinz. Schwarzw. ♦ 3) ›enger Durchgang zwischen Häusern‹.

Schlucht f.: *Schluucht, Schluecht, Schluet* ›Schößling, Austrieb‹ mancherorts SO-Baden.

schluchzge schw.: ›heftig weinen, schluchzen‹; *„Sibe Johr un sibe Chrütz!" so schluchzget si* [Hebel]. – Vgl. »schlutzge«.

Schlucke f.: *Schluck, Schlugge.* ♦ 1) ›lückenhafte Stelle, Zahnlücke, Scharte‹ mancherorts Ortenau. ♦ 2) ›steiler Pfad, der vom Hohlweg zum Rebstück führt‹ mancherorts Kaiserst. – Mhd. *slücke,* hierzu auch »Schlick[2]«.

schlucke schw.: *schlugge, schlucke, schluckche.* ♦ ›schlucken, schlingen‹.

Schlucke-mul n.: ›Mund mit Zahnlücken‹ vereinz.

Schlucker m.: ›bedauernswerter Kerl‹, meist mit Zusatz *arm,* z. B.: *dia zwi armi Schlucker* [A. Ganther].

Schluder[1] f.: *Schluder, Schlüder.* ♦ 1) ›Schleuder‹ vereinz. Ortenau. ♦ 2) ›Rutschbahn auf dem Eis‹ [Kippenhm, Mahlbg]; vgl. »Schluderi«. ♦ 3) ›schludrige, unseriöse Person‹ vereinz.

Schluder[2] m.: *Schludder* ›Schleim, Rotz‹ [Konstanz]. – Vgl. »Schnuder«.

schludere schw.: ♦ 1) ›ohne Schlittschuhe über eine Eisbahn gleiten‹ mancherorts südl. Ortenau; Syn. → »schlifere«. ♦ 2) ›flink aber nachlässig arbeiten, pfuschen‹ mancherorts. ♦ 3) ›Speichel aus dem

Mund rinnen lassen‹ mancherorts SO-Baden; Syn. → »triële«. – Mhd. *sludern* ›schleudern, schlenkern‹.

Schluderi f.: ›Gleitbahn auf dem Eis‹ vereinz. südl. Ortenau. – Vgl. »Schliferi, Schlifi, Schluder[1] 2, Schuseri«.

schlud(e)rig Adj.: ♦ 1) ›schlampig, nachlässig‹ vereinz. ♦ 2) ›glitschig‹ [Riegel].

Schludrian m.: ›schlampiger Mensch‹.

Schluecht, Schluet ›Austrieb, Zweig‹ → »Schlucht«.

schlumpe schw.: ›Wolle reinigen und kämmen‹ veraltet; dazu *die Schlumpi* ›die Spinnerei, Watte- und Matratzenfabrik in Elzach‹.

Schlunk m.: *Schlonk, Schlunk* ›Schlund‹ vereinz.

Schlunze Pl.: ›Stränge eines Zopfes‹; *drei Schlunze gent* (geben) *e Zopf* [Stockach].

Schlupf m.: *Schlupf* nördl. und mittl. Schwarzw., Ortenau, Markgr.; *Schlopf* mancherorts Hanauerland. ♦ 1) ›Schleife, Knoten, Schlinge, Masche‹. ♦ 2) ›Schlupfwinkel, Zwischenraum, enger Durchschlupf‹ vereinz.

schlupfe schw.: ›hindurch-, hinein-, hinausschlüpfen‹, z. B. von Küken aus dem Ei, von Pflanzen aus der Erde, von Menschen in die Kleider usw. – Vgl. »A-mi-na-Schlupferle«.

Schlupfer m.: ›Muff zum Warmhalten der Hände, Pulswärmer‹ mancherorts.

Schlupfetse f., **Schlupfet(s)les** n.: dass. wie »Schlupfis«, mancherorts SO-Baden.

Schlupfis n.: ›das Versteckspiel der Kinder‹ Schwarzw., Ortenau, Markgr.; *Schlupfis mache* ›Verstecken spielen‹ [Münchw.].

Schlupf-kappe f.: ›Haube mit großer Schleife‹ Frauentracht im Hanauerland. – Vgl. »Hörnerkappe«.

Schlure m., f.: abfällige Bez. für liederliche Menschen beiderlei Geschlechts.

schlure schw.: ›müßig herumgehen, schlurfen‹ mancherorts Ortenau; sonst meist *schlurfe.*

Schluri m.: *Schluri, Schlüri* ›Nichtsnutz, spitzbübische Person‹ mancherorts.

Schlurpe m.: *Schlurbe, Schlorbe, Schlorpe.* ♦ 1) ›ausgetretener Schuh, Latschen, Hausschuh‹ mancherorts; Ra.: *blos mer in d Schlurbe!* abschlägig [Auggen]. ♦ 2) ›hängende Lippe, Schmollmund‹; *e Schlurpe mache* ›den Mund verziehen‹.

schlurpe, schlurpfe schw.: *schlurbe, schlorbe, schlurpfe, schlorpfe.* ♦ 1) ›die Füße schleifen lassen, schlurfen‹. ♦ 2) ›in kleinen Zügen hörbar einschlürfen‹.

Schlurpi m.: *Schlurbi, Schlurpi, Schlorpi* ›schlaffer, nachlässiger, unordentlicher Mensch‹.

schlusere schw.: ›ohne Schlittschuhe über eine Eisbahn gleiten‹ vereinz. Brsg. – Syn. → »schlifere«.

Schluss m. (n.): ♦ 1) ›Ende, Beendigung‹ verbr. ♦ 2) ›Verschlußhaken, Öse an Kleidern‹ [Konstanz]. ♦ 3) ›Scheide der Kuh‹ Genus n., vereinz. Ortenau.

Schlüssel → »Schlissel«.

Schlut f. (m., n.): *Schluut, Schluet* ›sumpfige Niederung, Senke, Altwasserarm‹ mancherorts nördl. Schwarzw., Ortenau. – Mhd. *sluot* ›Schlamm, Pfütze‹.

Schlutti f.: *Schludd, Schludde, Schlutte, Schluddi, Schlutti.* ♦ 1) ›nachlässige, liederliche, schlampige, übelbeleumundete Person‹ verbr. ♦ 2) ›weite Jacke, weites Oberkleid‹ mancherorts Markgr., Hotzw. ♦ 3) ›schlampige Person‹. – Bed. 2 sicher zu mhd. *slute* ›weites Frauenoberkleid‹.

schlutze schw.: dass. wie »schlotze« mancherorts nördl. Ortenau.

Schlutzer m.: dass. wie »Schlotzer 1« vereinz. nördl. Ortenau. – Syn. → »Lulli«.

schlutzge schw.: ›schluchzen‹ Markgr. – Vgl. »schluchzge«.

schmächle schw.: ›schmunzeln, lächeln‹ vereinz.

schmal Adj.: *schmal* verbr.; *schmòòl* mancherorts Rheinebene; Komparativ: *schmaler, schmäler, schmeler.* ♦ 1) ›von geringer Breite, mager, dünn‹. ♦ 2) ›gering, kärglich‹; *schmali Koscht* ›kärgliches Essen‹ [Münchw.].

schmäle schw.: ›tadeln, Vorwürfe machen, schimpfen‹; *was hilft jetzt balgen un schmäle!* [Hebel]. – Mhd. *smeln* ›klein machen‹.

Schmäli f.: ›Schmalheit‹.

Schmalz n.: ›ausgelassenes Fett‹; *s Schmalz usloo* ›auslassen‹ [Münchw.]. – Vgl. »Schmer, Schmutz«.

Schmalz-bettelei f.: ›armselige Zustände, entwürdigende Bittstellerei‹.

Schmalz-bire f.: eine Birnensorte.

Schmalz-blueme f.: Bezeichnung für Pflanzen mit schmalzig glänzenden Blättern wie ›Butterblume, Sumpfdotterblume, Hahnenfuß‹ u. a.

schmälze schw.: ›mit Schmalz übergießen, beim Kochen Fett zusetzen‹; *gschmelzti Herdepfel* verbr.

Schmalz-hafe m.: ›Topf für Schmalz‹.

schmalzig Adj.: ›fettig, üppig‹ vereinz.

Schmarre m. (f.).: *Schmarre* mancherorts; *Schmare* [Wehr]. ♦ ›Narbe, Schadstelle‹.

Schmatz m.: ›Kuss‹, vereinz., häufiger ist jedoch »Schmutz[2]«.

schmatzge schw.: ›schmatzen‹ südl. Schwarzw., Markgr., Hotzw.; *der Buzli leert sii Brenntewiigläsi un schmazget* [Hebel].

schmecke schw.: *schmegge, schmecke* verbr.; *schmöck-che* vereinz. Hochrhein. ♦ 1) ›mit der Zunge schmecken, munden‹; *Schmöckcht's der?* [Wehr]; Sprichw.: *Sott jeder emol wisse, wiä fremd Brot schmeckt* ›jeder sollte einmal Erfahrungen in der Fremde gemacht haben‹ [Zell a. H.]. ♦ 2) ›mit der Nase riechen, einen Geruch absondern‹ verbr.; *do schmeckt's nach Rauch* [Bühlertal]; *Oh, die schmecket aber!* Ausruf nach dem Riechen an einem Veilchenstrauß [Epple]. – Vgl. »gschmecke«.

Schmecker m.: ♦ 1) ›Nase‹. ♦ 2) ›Genießer, Schnupperer‹. ♦ 3) ›Sträußchen wohlriechender Blumen‹, wird vor dem Kirchgang ins Knopfloch gesteckt, vereinz.

Schmecket(s) n.: ›Bohnenkraut, Salbei‹ vereinz.

Schmecki f.: ›wohlriechende Substanz, Parfüm‹ Markgr.

Schmeiße f.: ›Schmeißfliege‹ mancherorts; vgl. »Schmeißmucke«.

schmeiße st. (schw.): *schmaiße* mancherorts Wolfach, obere Kinzig; *schmoiße, schmöiße* vereinz. Markgr. (Verbr. s. Karte → »schmeiße«). ♦ ›werfen‹. – Vgl. »schmisse«.

Schmeiß-mucke f.: ›Schmeißfliege‹. – Vgl. »Schmeiße«.

Schmele f.: *Schmele, Schmäle, Schmale, Schmelle, Schmeäle.* ♦ ›hochaufschießendes Rispengras, Schmiele‹; *Tensch an Tensch un Schmehlen an Schmehle het der Üeli gmäiht* [Hebel]; *hani us de Schmæle so e Art Schtrouschua zemegflochte* [O. Furtwängler]; Ra.: Kindern, die zur Heimkehr drängen, wird folgender Dialog unter Geißen in hoher und tiefer Stimmlage vorgesprochen: *Miäderli, wenn gemmer heim? – Erscht welle mer noch drei Schmäle fresse, no gemmer heim* [Lauf]. – Mhd. *smêle.*

schmelze st.: ›durch Wärme auflösen, flüssig werden‹.

Schmer m.: *Schmeer, Schmeär, Schmärr* ›Fett, bes. rohes Fett von Schweinen‹; Sprichw.: *Wemme d Katz zum Schmer stellt, no frisst si en* [Stockach]. – Vgl. »Schmalz«.

Schmerz m.: *Schmerz, Schmarz, Schmeärz* ›leibliches und seelisches Weh‹; *Viil Süeß macht numme Schmerz* [Hebel]. – Vgl. »Schmirze«.

Schmetterling m.: *Schmedderling, Schmadderleng* u. ä. ♦ ›Falter mit großen, bunten Flügeln‹, heute überall bekannt, verdrängt die altmundartl. Bezeichnungen »Pfiffholder, Summervogel«.

Schmied m.: *Schmidd, Schmitt* mancherorts nördl. und mittl. Schwarzw., Ortenau, nördl. Brsg. und dann wieder Hegau, Höri, Bodanrück, Linzgau; *Schmedd* mancherorts Hanauerland; *Schmied* übriges Gebiet. ♦ ›Handwerker der Eisen schmiedet‹; Ra.: *Gohsch liawer zuem Schmitt as zuem Schmittli* ›geh lieber gleich an die übergeordnete Instanz‹ [A. Ganther].

Schmiede → »Schmitti«.

Schmiele → »Schmele«.

Schmierasche f.: ›Geschmier‹.

schmiere schw.: *schmiire, schmiäre, schmeäre.* ♦ 1) ›be-, einschmieren‹; Sprichw.: *schmiere un salbe hilft allethalbe* (Wortspiel mit Bed. 1. und 2.) [Radolfz.]; vgl. »salbe 2, schmirbe«. ♦ 2) ›mit Geschenken gewogen machen‹ vereinz.

Schmierete f.: ›Geschmier, Aufgeschmiertes‹ mancherorts.

Schmieri f.: ›Schmiere‹.

Schmier-käs m.: ›Quark‹ Hanauerland (Verbr. s. Karte → »Bippeliskäs«).

Schmier-mi-ab n.: ›fiktive Ware, nach der man Kinder oder Einfältige schickt‹, wörtl. *Schmier-mich-ab.* – Vgl. »Hau-mi-blau«.

schmirbe schw.: *schmirbe, schmiärbe, schmerbe, schmürbe.* ♦ ›schmieren‹ vereinz. Hegau, Bodanrück, Linzgau. – Mhd. *smirwen.*

Schmirze Pl.: ›Schmerzen‹ mancherorts Ortenau, mittl. Schwarzw., dazu auch das Verb *schmirze* ›schmerzen, brennen, von Wunden‹.

Schmisett n.: *Schmisétt* vereinz., auch nur Dim.: *Schmiséttli, Schmisettle* ›Hemdbrust, gefältelter Spitzenkragen‹. – Frz. *chemisette.*

Schmisse Pl.: ›Blattläuse‹ [Emmendgn].
schmisse st.: ›werfen‹ mancherorts nördl. Schwarzw., Ortenau (Verbr. s. Karte → »schmeiße«). – Vgl. »schmeiße, werfe 1«.
Schmitti f.: *Schmiddi, Schmidde, Schmitte.* ♦ ›Werkstatt des Schmiedes‹; *Gerstestampfi, Sägen un Schmidte* [Hebel]; Ra.: *vor d Schmiddi kumme (müeße)* ›vor Gericht gezogen werden‹ mancherorts.
schmitzle schw.: *schmitzle, schmützle* ›küssen‹. – Bildung zu → »Schmutz[2]«.
schmolle schw.: ›schmunzeln, verschmitzt lachen‹ Ortenau.
Schmollis m.: nur in der Wendung: *Schmolis trinke / mache* ›auf „Du" trinken, Brüderschaft trinken‹ vereinz.
Schmu, Schmus m.: ›unwahres Gerede, Schwindel‹. – Aus jidd. *schmuo*, hebr. *schmuot* ›Gehörtes‹.
schmud(e)rig Adj.: ›schwül, nach Aas stinkend, schmierig‹ vereinz. Ortenau, mittl. Schwarzw.
Schmurb m.?: ›Hieb, durch einen Schlag entstandenes Mal‹ vereinz. SO-Baden.
Schmurli m.: *Schmurli, Schmurle* ›Schmierfink‹ mittl. Schwarzw., Ortenau; zu einem Verb *schmure, schmurle* ›im Schmutz wühlen, sudeln‹ eb.
Schmurris n.: ›(zerkleinerter) Pfannkuchen‹ vereinz. Markgr., Hotzw. – Bildung zu *schmoren*, wie »Brotis« zu *braten*. – Syn. → »Kratzete«.
schmürzele schw.: ›sparen, knausern‹ Markgr.
Schmus ›Schwindel‹ u. a. → »Schmu«.
schmuse schw.: *schmuse, schmüse.* ♦ 1) ›schmeicheln, Komplimente machen‹, dazu *Schmuser, Schmuserei.* ♦ 2) ›liebkosen, sich anschmiegen‹. ♦ 3) ›sich mausern‹ mancherorts Breisgau; vgl »musere«.
schmuslig Adj.: ›schmierig, unsauber‹ vereinz., z. B. von Heidelbeeren, die durch vieles Angreifen unansehnlich geworden sind.
Schmutter(e) f.: ›blutunterlaufene Strieme, Schramme‹ verbr. SO-Baden.
Schmutz[1] m.: *Schmutz* verbr. (außer SO); *Schmotz* mancherorts Baar, Hegau, verbr. Bodanrück, Linzgau. ♦ ›ausgelassenes Fett, Butter, Kochfett‹ verbr.; *e Hafe voll Schmutz* [Schutterwald].
Schmutz[2] m.: *Schmutz* verbr.; Dim. *Schmitzli, Schmützli.* ♦ ›Kuß‹; *Nu jo denn, wenn d' mer e Schmutz gisch!* [Hebel]; *druf het 'r d'r Bärw'l e Schmutz gä* [A. Ganther]; *lueg mi fründli a un gib mer herzhaft e Schmützli!* [Hebel]. – Mhd. *smuz, smutz*, verwandt mit *schmatzen*. – Vgl. »Schmatz, schmitzle«.
schmutzig Adj.: *schmutzi, schmutzig* verbr.; *schmotzig* mancherorts Baar, Hegau, Bodanrück, Linzgau. ♦ 1) ›fettig‹ verbr. ♦ 2. in der Fügung: *de Schmutzige (Schmotzige) Dunschtig (Donschtig)* ›der letzte Donnerstag vor Aschermittwoch‹, ein Termin für fastnachtliches Brauchtum. insbesondere für den Umzug der »Hemdglunker«.
Schnabel m.: *Schnabel, Schnabbel, Schnawel, Schnòwel, Schnawwel.* ♦ 1) ›Schnabel der Vögel‹; *Der Storch probiert sy Schnabel scho* [Hebel]. ♦ 2) ›Mund, Mundwerk des Menschen‹; *Me schwätzt, wie aim der Schnabel gwachse isch* [Hebel]. ♦ 3) ›Schnabelförmiges‹, z. B. ›Ausguss an Gefäßen‹. ♦ 4) *Schnebele, Schnebeli* ›Hecht‹ Fischerspr. Bodensee; wegen des schnabelförmigen Kopfes.
schnäder-fräßig Adj.: ›wählerisch im Essen‹ vereinz. Markgr., Hotzw. (Verbr. s. Karte → »schnaikig«). – Syn. → »schnaikig«.
schnäfle ›schnitzen‹ → »schnefle«.
schnäger Adj.: ›hager, mager‹ Brsg., Markgr.; *e schnägere Kerli* [Freiburg].
Schnaik f.: *Schnaik, Schnäk* u. a. ♦ 1) ›wählerische, genäschige Person‹. ♦ 2) ›Mund‹.
schnaike schw.: *schnaike, schnöuke* u. a. (vgl. »schnaikig«). ♦ ›wählerisch im Essen sein, schnüffeln, schnuppern‹ mancherorts Gesamtgebiet; Ra.: *hesch gschnöukt?* fragt man, wenn jemand den Schluckauf hat [Schopfhm]. – Syn. → »schleze«.
Schnaiker m.: dass. wie → »Schnaik 1«.
Schnaikete f.: ♦ 1) ›Appetithäppchen‹ [Krozgn]. ♦ 2) ›Reste vom Essen, Futterreste im Trog‹ mancherorts Brsg., Markgr.
schnaikig Adj.: *schnaigig, schnaigi, schnaikig, schneigig, schnöukig, schnäkig* u. ä. ♦ ›wählerisch

im Essen, Fressen, genäschig‹ mancherorts mittl. und südl. Schwarzw., südl. Ortenau, Brsg., Markgr., Hotzw., Klettgau, Baar (Verbr. s. Karte → »schnaikig«); Ra.: *schnaikig wiä ne Gaiß* ›sehr wählerisch‹ [Opfgn]. – Syn.: »heiklig, leckerig, meischterlosig 2, naisig, schleckerig, schnäderfräßig, semper«.

Schnäker m.: ›Haumesser mit nach vorn gekrümmter Schneide‹ vereinz. SO-Baden. – Syn. → »Säsli«.

Schnalle f.: *Schnall, Schnalle.* ♦ 1) ›Schließe an Kleidern, Gürteln, Schuhen‹. ♦ 2) ›Türklinke‹ verbr. SO-Baden; vgl. »Falle 1, Tirfalle, Schnerre«. ♦ 3) ›Fruchtansatz, kleine, unreife Früchte, Gallen‹ mancherorts. ♦ 4) ›leichtes Mädchen, Dirne‹.

schnalle schw.: ›zusammenschnüren, packen‹; *s Bindeli schnalle* ›sein Bündel packen, seine Position verlassen‹.

Schnäpf(e) m.: ›Rand, Ecke, Kante, Vorsprung‹ mancherorts Ortenau, mittl. Schwarzw.

schnappe schw.: ♦ 1) ›etwas zu fassen versuchen, ergreifen‹; *gschnappt wąre* ›ergriffen werden (z. B. von der Polizei)‹. ♦ 2) ›nach Luft schnappen‹; *un schnuft un schnappt un ka schier nimmi z' Odem kumme* [A. Ganther].

Schnapper m.: ›Atemzug, Schnaufer‹.

schnappere schw.: ♦ 1) ›schnattern, klappern‹ vereinz. ♦ 2) ›auf der Nähmaschine nähen‹ Wiesental.

schnäppere schw.: ♦ 1) ›schnellen, schnipsen‹. ♦ 2) ›ein schnappendes, klapperndes Geräusch machen, schwatzen‹ mancherorts.

Schnäpperli n.: ›äußerste Kante‹; vor allem in der Ra.: *ufem Schnäpperli sitze* ›auf der Kippe, gespannt sein‹ verbr. – Vgl. »Gnepfi, Schnättere«.

Schnapp-hut m.: ›Trachtenhut der Frauen des Elztales und Hochschwarzwaldes‹.

Schnapp-karch m.: ›zweirädriger hoher Kippkarren‹ Ortenau.

Schnapp-sack m.: ›Sack, Beutel zum Umhängen‹ vereinz., veraltet; *Es luegt do ain my Schnappsack a* [Hebel].

Schnaps m.: ♦ 1) ›Branntwein‹; *Schnaps brenne* [O.kirch]. ♦ 2) ›Rüffel, Verweis‹ vereinz.; *e Schnaps kriege* [Freib.].

schnapse schw.: ›Schnaps brennen‹.

schnäps(e)le schw.: ›(oft, heimlich) Schnaps trinken‹.

Schnapser m.: ♦ 1) ›Schnapstrinker, Alkoholiker‹. ♦ 2) ›Zollbeamter, der das Schnapsbrennen überwacht‹. ♦ 3) ›Gefreiter‹ Soldatenspr., veraltet.

Schnaps-guttere f.: ›größere, bauchige Flasche zum Aufbewahren von Schnaps‹. – Zum Grundwort s. → »Guttere«.

Schnaraff(el) m.: ›Fastnachtsmaske‹ vereinz. Ortenau; auch *Schnaraffelsgsicht.* – Syn. → »Larve«.

schnarchle schw.: *schnarchle* verbr.; *schnarichle* vereinz.; *schnaachle* mancherorts SO-Baden; *schnorchle* mancherorts Ortenau, Brsg. ♦ ›schnarchen, rasselnd atmen‹; *Schnarchle mer doch nicht so! Me cha jo nit nebe der schloofe!* [Hebel].

Schnarpf m., **Schnarpfe** f.: ›Narbe‹ mancherorts Hotzw.

schnärre → »schnerre«.

schnarr-mule schw.: *schnarrmule, schnarrmüle* ›Hunger, leiden, darben‹ Ortenau.

Schnarze f.: ♦ 1) ›Ansatzstelle von Ästen, Blättern‹ z. B. an Tabakpflanzen, Bäumen, Ortenau. ♦ 2) ›Wurzelstumpen‹ vereinz. Markgr.

Schnatte f., m.: *Schnatt, Schnadde, Schnatte.* ♦ 1) ›(klaffende) Wunde, Kerbe‹ mancherorts Schwarzw., Ortenau, Brsg., Markgr., Hotzw.; *un menggi tiefi Schnatte bis ins Herz* [Hebel]; *wen awer emôl ain en Schnate im Gwisë hät, se wiles si schiar nimi ferhaile* [O. Furtwängler]. ♦ 2) ›abgeschnittenes Stück, Schnitte‹ vereinz. ♦ 3) ›Scheide der Frau‹ derb, vereinz.

schnattere schw.: ♦ 1) ›schnattern von Enten, Gänsen‹. ♦ 2) ›schwatzen‹. ♦ 3) ›vor Kälte schlottern‹. – Vgl. »schnättere«.

Schnättere f.: ♦ 1) ›am Ende des Wagens hervorstehendes Wagenbrett‹, als Mitfahrgelegenheit, südl. Schwarzw., SO-Baden; *sitz uf d Schnäddere!* [Stahrgn]. ♦ 2) ›schwatzhaftes Mundwerk, schwatzhafte Person‹ vereinz.

schnättere schw.: ♦ 1) ›klappern, scheppern‹ mancherorts südöstl. Schwarzw., SO-Baden. ♦ 2) ›schnattern‹ von Enten, Gänsen. ♦ 3) ›schwatzen‹.

Schnätter(e)-markt m.: ›Wochenmarkt‹ SO-Baden.

schnätze, schnätzle ›(ab)schneiden, schnitzeln‹ → »schnetze, schnetzle«.

schnaue schw.: ♦ 1) ›gähnen‹ vereinz. Ortenau. ♦ 2) ›unwillig brummen‹ Markgr. – Mhd. *snöuwen, snowen, snâwen* ›schnauben, schnappen‹.

schnäukig ›wählerisch‹ → »schnaikig«.

Schnaupe m., f.: ›Ausguss, Auslauf an Gefäßen‹ vereinz.

Schnauz m.: *Schnauz, Schnöuz.* ♦ 1) ›Schnauzbart‹. ♦ 2) Hundename, oft. Dim.: *Schnauzli.*

Schnauze f.: ♦ 1) ›Maul, Schnauze‹. ♦ 2) ›Mund‹, abschätzig.

schnauze schw.: *schnauze, schnouze.* ♦ 1) ›jemanden grob anfahren, ausschimpfen‹. ♦ 2) ›schnell fahren, sausen‹; *Numme nit gschnauzt!* ›Nur sachte!‹ Brsg. ♦ 3) ›mit dem Schneepflug (s. »Schnauzi«) einen Weg bahnen‹ südl. Schwarzw.

Schnauzi f.: ›Bahnschlitten, eine Art Schneepflug‹ mancherorts Hotzw., südl. Schwarzw.

Schneck m., f.: *Schneck, Schnegg, Schnągg, Schneägg.* ♦ 1) ›das Weichtier Schnecke‹; Ra.: *langsam wie e Schneck* mancherorts; *e Hitz, dass d Schnegge belle* ›sehr heiß‹ Ortenau; *Seller Schneck het gsait, wu ner sibe Johr amme Baum nuffchroche n isch un isch abikeit* (heruntergefallen): *s Überiile* (Übereilen) *duet kai guet* [Glock Brsg.]; auf die Frage „Was treibst du?" antwortet man: *Schnecke uf d Frankfurter Mess (ibers Brochfeld) tribe* [Ettenhm]; Kinderreim: *Schnegg, Schnegg, streckch d Hörner uff / suscht hau i der aini druff* [Wehr]. ♦ 2) ›Schneckenförmiges‹, z. B. Wendeltreppe, gewundenes Backwerk, Frisur mit schneckenförmig gerollten Zöpfen u. a. ♦ 3) ›weibliches Geschlechtsteil‹. ♦ 4) abschätzig für Frau, Mädchen.

Schnecke-nudle f.: ›schneckenförmig gerolltes flaches Hefegebäck mit Rosinen und Zuckerguss‹ Schwarzw., Ortenau, Brsg., Markgr.

Schnecke-tänz Pl.: *Schneggedänz, Schnąggedanz* ›übertriebene Höflichkeiten, Umständlichkeiten, Ausflüchte‹ Schwarzw., Ortenau, Brsg., Markgr.

Schnee m.: *Schnee* verbr.; *Schnää* mancherorts Ostteil des Schwarzw., Elz-, Glottertal; *Schnii* mancherorts Hanauerland; Dim.: *Schneendli* Markgr. ♦ ›Niederschlag aus kristallisierten Regentropfen‹; *de färndrige Schnee* ›letztjähriger Schnee‹ [Waldk. (Elzt.)]; *Un wo me luegt, isch Schnee un Schnee* [Hebel]; Ra. und Vergleiche: *wis wiä (dr) Schnee* ›sehr weiß‹ mancherorts; *E Underschied müeßt si, wia zwische Schnee un Rueß* [A. Ganther].

Schnee-balle m.: ♦ 1) ›Schneeball‹. ♦ 2) Bez. für verschiedene Gerichte, z. B. ›Klöße aus Eischnee und Zucker‹ vereinz. oder ›Art Fastnachtsküchle‹ vereinz. Ortenau. ♦ 3) ›der Zierstrauch Gemeiner, Wolliger Schneeball‹.

Schnee-gans f.: ♦ 1) ›Wildgans, die in keilförmigen Formationen im Herbst und Frühjahr über das Land zieht‹. ♦ 2) ›alberne, einfältige weibl. Person‹ mancherorts.

Schnee-gleckle n.: *Schneegleggle, Schneeglöckle.* ♦ 1) ›Schneeglöckchen‹ verbr. ♦ 2) ›Buschwindröschen‹ Hotzw., Hegau, Baar.

schnee-kride-wiß Adj.: ›sehr weiß‹.

Schnee-schueh m.: ›Ski‹, veraltet, Hochschwarzwald; *Schneeschueh fahre* [Yach].

Schnee-wächte, -wehe(te) → »Wächte, Wehe«.

schnee-wiß Adj.: ›sehr weiß, blütenrein‹. – Vgl. »schneekridewiß«.

Schneferli n.: ›kleines abgeschnittenes Stück, Häppchen‹; *so ne Schnąferli dät i no ąsse* (essen) [Freiamt].

schnefle schw.: *schnäfle, schnąfle* mancherorts mittl. und südl. Schwarzw., Brsg., Markgr., Hotzw.; *schnäffle* Baar, Höri, SO-Baden. ♦ 1) ›Schnitzarbeiten verrichten‹ oft als winterliches Kleingewerbe (*Schnäflerei*), wo Rechen, Löffel, kleine Holzgefäße u. ä. angefertigt wurden. ♦ 2) ›in kleine Stücke schneiden, schnitzeln, an etwas (unsachgemäß) herumschneiden‹ mancherorts.

Schnefler m.: ›wer Gebrauchsgegenstände aus Holz anfertigt‹ veraltet. – Vgl. »schnefle 1«.

schneie schw. (st.): *schnaie, schneje* verbr.; *schnije* vereinz. Ortenau; Part. Perf.: *gschnait, gschnejt, gschnaiet* mancherorts; *gschneigt, gschneibt, gschnigt* vereinz. Ortenau; *gschnije* [Stockach]; *gschnoue* [Reichenau, Urnau]. ♦ ›das Fallen von Schnee‹; *s kunnt zuem schneie* ›es fängt an zu schneien‹ [Münchw.]. Ra.: (tröstend) *wege dem schneits nit schwarz* [Zell a. H.]; Bauernregel: *schneits in de Dreck, geht er lang nit weg* [Appenw.]; Volksreim: *s schneit, s schneit / das Fetze keit / de Nigelaus isch nimi weit* [Neustadt].

schneiele, schneierle schw.: ›leicht schneien‹; Volksreim: *ses schneielet un beielet / es goht e chüele Wind / d Maidli lege Händsche n a / un d Bube laufe gschwind* [Hasel].

schneikig ›wahlerisch‹ → »schnaikig«.

schneizle schw.: *schnoadsle* ›Äste, Reben zurückschneiden‹ vereinz. Bodenseegebiet.

schnell Adj.: *schnell, schnąll, schneäll* ›mit großer Geschwindigkeit, plötzlich‹; Ra.: *schneller as dr Blitz* ›sehr schnell‹; *so schnell e Gaiß tritt* ›plötzlich, unversehens‹ [A. Ganther]. – Vgl. »gschnell«.

Schnell-bappler m.: ›wer schnell spricht, Norddeutscher‹; auch *Schnellschwätzer.*

Schnell-boge m.: ›Flitzbogen der Kinder‹ vereinz. Ortenau.

schnelle schw.: ♦ 1) ›eine schnellende Bewegung machen‹ verbr.; Ra.: *an d Nase schnelle* ›plötzlich zum Vorschein kommen‹ [E. Strube]. ♦ 2) ›mit der Peitsche knallen‹ Bodanrück, Linzgau. – Syn. → »kläpfe«.

Schneller m.: *Schneller,* meist *Schnellerli* (Dim.) ♦ 1) ›Spielkugel, Klicker‹ mancherorts mittl.

Schwarzw., Ortenau; auch *Schnellerkigeli* u. ä.; Syn. → »Murmle«. ♦ 2) ›unreife Früchte‹, z. B. Kirschen, Äpfel, vereinz. ♦ 3) ›schnellende Bewegung, Schwung, Ruck‹.

Schnell(er)-haube f.: ›Frauenhaube der Linzgauer Tracht‹ Linzgau.

Schnell-kathrin f.: *Schnellkaddrin, -kädder* ›Durchfall‹.

schnellze schw.: ›(mit dem Finger) schnippen, schnalzen‹ vereinz. nördl. Ortenau.

Schnepf f.: *Schnepf, Schnąpf, Schneäpf.* ♦ 1) ›der Vogel Schnepfe‹. ♦ 2) abschätzige Bez. für kecke, liederliche weibl. Personen, Dirnen.

schnepfle schw.: *schnäpfle, schnąpfle* ›an etwas herumschneiden, schnitzeln‹ mancherorts. – Vgl. »schnipfle«.

Schnerre f.: ›Türklinke‹ Bodensee, Linzgau. – Vgl. »Falle 1, Schnalle 2«.

schnerre schw.: ♦ 1) ›schnarren, sausen lassen‹ vereinz. ♦ 2) *sich schnerre* ›sich täuschen, falschen Erwartungen aufsitzen‹ mancherorts Ortenau, Brsg.; *do wirsch di awer schnärre* [Reute (Emm.)].

Schnetli m.: *Schneedli, Schnäädli* ›kleiner Weißfisch, Hasel, Elritze‹ Fischerspr., Hanauerland. – Wörtl. *Schnötling*, verwandt mit »Schnotfisch«.

schnetze ›beschneiden‹ → »schneze«.

schnetzle schw.: *schnetzle, schnątzle, schneätzle.* ♦ ›in kleine Stücke schneiden, schnitzeln‹; *Wo der Ätti Tubak schnätzlet* [Hebel]; aus einem Kniereitereim: ... *die erscht spinnt Side, die zweit schnetzlet Kride* ... [Neukirch].

schneuzen → »schnitze[1]«.

schneze schw.: *schneedse, schnäädse* ›Baumstämme an der Stirnseite abrunden, damit sie beim Transport besser gleiten‹ verbr. Schwarzw.; auch *schnoze* genannt; das abgerundete Ende ist dann der *Schnoz.*

Schnid-bock m.: *Schnidd-, Schniidbock, Schniibock, -bockch* u. ä. ♦ dass. wie → »Schnidesel« vereinz. Ortenau und SO-Baden.

schnide st.: *schniide* verbr. (außer dort, wo »schninde« gilt); Part. Perf.: *g(e)schnidde, gschnitte.* ♦ 1) ›mit einem Schneidwerkzeug durchtrennen, zerteilen, ab-, einschneiden‹; *Brot, Zibele schnide* mancherorts; *d Klaue schnide* beim Vieh [Münchw.]; Ra.: *de Imme schnide* ›die Abtrittgrube leeren‹ [Ettenhm]. ♦ 2) ›mit Sichel oder Sense abmähen‹; *Frucht schnide* [Reute (Emm.)]; *Jetz chömmet, Lüt, wer will un mag, un heuet, schniidet, hauet Trüübli ab!* [Hebel]. – Vgl. »haue 2, schninde«.

Schnider m.: ♦ 1) ›Schneider‹, das weibliche Pendant oder seine Frau ist *die Schnideri, Schnidere*; Ra.: *friere wi e Schnider* ›sehr frieren‹ vereinz.; *de Schnider ha* ›die Menstruation haben‹ mancherorts; häufig in Neckversen: *Der Schnider mit der Scheer / haut de Geiß de Deckel her* u. ä. [St. Märgen]. ♦ 2) Name für versch. Tiere wie ›Libelle‹ mancherorts; ›Wasserläufer, Heuschrecke‹ vereinz.; auch Name für kleinere Fischarten wie ›Laube, Elritze, Albe, Gründling‹ u. ä.

Schnider-bock, -geiß m., f.: Necknamen für den Schneider.

Schnider-käs m.: ›Brotbelag aus Kümmel und Salz‹ vereinz. Ortenau.

Schnid-esel m.: *Schniideesel, -essel* ›Schnitzbank auf der man über einen Fußhebel Werkstücke festklemmt‹ südl. Schwarzw., Hotzw., Klettgau. – Syn. → »Schnidstuel«.

Schnidet m.: ›die Zeit des Rebschnitts‹ Markgr.

Schnidete f.: ›abgeschnittene Scheibe‹.

Schnid-messer n.: *Schnidmesser, Schnittmesser.* ♦ 1) ›Zugmesser mit zwei Handgriffen‹ vereinz. ♦ 2) ›Rebmesser mit nach vorn gekrümmter Schneide‹ meist in der Form *Schnimesser, Schlimesser* vereinz. Bodensee.

Schnid-stuel m: *Schniid-, Schnidd-, Schnindstuehl* u. ä. ♦ dass. wie → »Schnidesel« mancherorts Schwarzw., Markgr., SO-Baden; *Un wo n i uf em Schniidstuehl sitz für Basseltang, un Liechtspö schnitz* ›zum Zeitvertreib Lichtspäne schnitze‹ [Hebel]. – Syn.: »Schnidbock, -esel, Schnitzbock, Schnitzelbank, Ziehbock«.

Schniferli → »Schnuf«.

Schniffel[1] m.: ›kleines (abgeschnittenes) Stückchen‹ mancherorts SO-Baden, sonst → »Schnipfel«.

Schniffel[2] f. (m.): ›Maul, Mundpartie‹ vereinz. Ortenau. – Wörtl. *Schnüffel*, verwandt mit »Schnufle«.

Schnill(je) f.: ›gehäkeltes Koftuch, gehäkelter Schal‹, auch *Schnilljeschal* mancherorts Ortenau, veraltet. – Frz. *chenille* ›Raupe, samtartig gewirkte Textilie‹.

schninde st.: ›schneiden‹ verbr. obere Acher, obere Schutter, obere und mittl. Kinzig, Elz, Gutach und Breg; das Part. wie bei »schnide«.

Schninder m.: ›Schneider‹ verbr. wie »schninde«.

Schnipfel m.: ›kleines abgeschnittenes Stück, Schnipsel‹ verbr.

schnipfle schw.: ♦ 1) ›in Stücke schneiden, zerschnitzeln‹ verbr. ♦ 2) ›ungeschickt an etwas herumschneiden‹ vereinz. – Vgl. »schnepfle«.

Schnir-gras ›Quecke‹ → »Schnurgras«.

Schnirkel m.: ›Schnörkel‹ vereinz.

Schnisel m.: ›Schnupfen‹ vereinz. mittl. Schwarzw. – Syn. → »Schnupper«.

Schnitte f.: ›abgeschnittenes Stück Brot, bestrichene Brotscheibe‹ Markgr., Hotzw., Klettgau. – Vgl. »Flade, Schleckelflade, Strichi 2, Stricher«.

Schnitt-laub n.: ›Schnittlauch‹ mancherorts Umg. Rastatt, SO-Baden.

Schnitt-laüch m.: ›Schnittlauch‹ Kaiserst. – Vgl. »Schnittlech«.

Schnittle ›Schnittlauch‹ → »Schnittlig[1]«.

Schnittlech m.: *Schnittlech, Schnittlich* ›Schnittlauch‹ Markgr., Hotzw. – Vgl. »Schnittlaub, -laüch, Schnittlig[1]«.

Schnittlig[1] m.: *Schnittli, Schnettli, Schnittle, Schnittlig, Schnittling* u. ä., verbr., außer im Süden, wo »Schnittlech« gilt. ♦ ›Schnittlauch‹; Sprichw.: *Di beese Wiiwer hen de schenscht Schnittle* [E. Strube].

Schnittlig[2] m.: ›abgeschnittener, unbewurzelter Rebentrieb als Steckling‹ mancherorts Weinbaugebiete.

Schnitt-messer → »Schnidmesser«.

Schnitz m.: ♦ 1) ›in Scheiben, Spalten geschnittenes Stück von Früchten, Kartoffeln‹, bes. ›Dörrobst aus zerschnittenen Birnen, Äpfeln‹; häufig Zutat zu Gerichten: *Knepfli un Schnitz, Dummis un Schnitz* mancherorts Schwarzw.; Ra.: *doohocke wie siebe Pfund Schnitz* ›zusammengesunken, hilflos, teilnahmslos dasitzen‹ [Freiamt]. ♦ 2) ›Felchen im ersten Jahr‹ [Reichenau]. ♦ 3) ›witziger Ausspruch, Spaß, Flunkerei‹; auch im Titel von Mundartbüchern: *luschdigi Schnooge un Schnitz* [Fritz Broßmer]; *Witz un Schnitz vom Hotzenwald* [Matt-Willmatt].

Schnitz-bock m.: dass. wie → »Schnidstuel« vereinz.

Schnitz-brot n.: dass. wie »Schnitzwecke« vereinz. Schwarzw., Ortenau, Brsg., Markgr. – Syn. → »Birewecke«.

Schnitz-buckel m.: ›krummer Rücken, Buckel‹ Ortenau, Brsg., Markgr.

Schnitz-budel m.: *Schnitzbudel, -buddel, -büdel, -büll.* ♦ dass. wie »Schnitzbugel« mancherorts mittl. Schwarzw., Ortenau.

Schnitz-bugel f.: *Schnitzbuul, -bugel, -baugel, -bougel.* ♦ ›hoher bauchiger Korb aus Weidengeflecht mit Deckel, zum Aufbewahren von Dörrobst‹ nördl. und mittl. Schwarzw., Ortenau, veraltet. – Zum Grundwort, das wohl mit *Bauch, Beule* oder *biegen* verwandt ist, vgl. »Bul 2«.

schnitze[1] schw.: *schnitze* verbr. (außer den folgenden Gebieten); *schnize* vereinz. mittl. Schwarzw., verbr. Baar, Hegau, Bodanrück, Linzgau; *schninze* Ostteil des mittl. Schwarzw., oberes Elztal, Simonswälder Tal; *schnütze* ob. Markgr., Hotzw.; *schnüze* Klettgau, Höri. ♦ ›sich schneuzen, niesen‹; *schnütz emool d Nase!* [Wehr]. – Mhd. *sniuzen.*

schnitze[2] schw.: ›Schnitzarbeiten ausführen, in Stücke schneiden‹ vereinz. – Vgl. »schnefle«.

Schnitzel-bank f.: ♦ 1) dass. wie »Schnidesel« mancherorts Ortenau, Hanauerland, westl. Markgr.; bisweilen auch *Schnitzelstuel*; Syn. → »Schnidstuel«. ♦ 2) ›Moritat, Scherz-, Spottgedicht‹; auch *Schnitzelbanklied* vereinz. Ortenau, Brsg.

Schnitz-gack n.: ›Kopftuch der Bauersfrauen‹ [St. Georgen i. Schw.] um 1930.

Schnitz-giger m.: ›Musikant, der für etwas zu essen aufspielt‹, meist nur noch als abschätzige Bez. für (aufschneiderische) männl. Personen, vereinz. Ortenau, Markgr.

schnitzig Adj.: ♦ 1) ›gut spaltbar‹. ♦ 2) ›begierig auf etwas‹ Markgr.

Schnitz-kratte m.: ›Korb für gedörrte Obstschnitze‹ Ortenau. – Vgl. »Kratte«.

schnitzle schw.: ›in kleine Stücke schneiden‹ mancherorts.

Schnitz-lied n.: ›in der Neujahrsnacht gesungenes Lied, für das die Sänger Schnitze bekommen‹ [Ottenhöfen, Seebach (Achern)].

Schnitz-täler m.: *Schnitzdäler* ›Bewohner von bestimmten Schwarzwaldtälern‹, nämlich Glotter- und Eltzal sowie Prechtal und Bewohner des hinteren Murgtales.

Schnitz-tuech n.: ›Taschentuch‹ vereinz. – Syn. → »Fazenetli«.

Schnitz-wecke m.: ›Gebäck zu Weihnachten mit getrockneten Früchten (Birnenschnitzen)‹ Brsg., Markgr., Wiesental. – Syn. → »Birewecke«.

schnodere schw.: *schnoddere, schnodere.* ♦ 1) ›mit verstopfter Nase schleimrasselnd atmen‹ vereinz. ♦ 2) ›im Schlamm, Wasser herumwühlen‹ vereinz.

schnoderig Adj.: ›schleimig, schmierig‹.

Schnok(e) f., m.: *Schnoog, Schnòòg, Schnòòk* verbr. (außer SW-Baden); *Schnooge* Brsg., Markgr. ♦ 1) ›Schnake, Stechmücke‹ südöstl. einer Linie vom Dinkelberg zur Baar herrscht Genus m. vor, also *der Schnook*, sonst *die Schnook(e).* ♦ 2) ›Witz‹; vgl. »Schnitz 2«.

schnoke schw.: ›krabbeln (von Kindern)‹.

Schnore Pl.: ›Ackerschollen‹ vereinz. Linzgau.

Schnorre, Schnörre f.: *Schnorre* Baar, SO-Baden; *Schnörre* mancherorts Klettgau, Hotzw.; *Schnöre* Markgr., westl. Hotzw. ♦ ›Maul, Mund‹; *Druf putzt er d' Schnören ame Tschäubli ab* [Hebel]; *halt d Schnorre!* [Singen a. H.]; *Halt s Muul, suscht hau i dr d Fuuscht i d Schnorre!* [Epple]. – Vgl. »Schnurre«.

schnorre, schnörre schw.: ›schwatzen, maulen, schimpfen‹ verbr. wie »Schnorre, Schnörre«.

Schnorre-gige f.: ›Mundharmonika‹. – Syn. → »Schnorrehobel«.

Schnorre-hobel m.: ›Mundharmonika‹ [Stockach]. – Syn.: »Goschehobel, Mulorgle, Schnorregige, Schnuffelrutsch, Schnurregige«.

Schnorre-wackler, Schnörre- m.: ›wer viel dummes Zeug redet, Schwätzer‹ vereinz. Markgr., SO-Baden.

Schnorri, Schnöri m.: ›Großmaul, Dummschwätzer‹.

Schnorz m.: ›Rotz‹ vereinz. Brsg., mittl. Schwarzw.

Schnorz-lumpe m.: ›Taschentuch‹ vereinz. mittl. Schwarzw. – Syn. → »Fazenetli«.

Schnorz-nase f.: ›Rotznase‹ vereinz. Schwarzw.

Schnot-fisch m.: dass. wie »Schnetli« [Weisweil (Emm.)].

Schnotz m.: ›Nasenschleim, Rotz‹ [Schonach].

Schnotz-beeri f.: ›Sumpfheidelbeere‹ mancherorts mittl. Schwarzw., Baar. – Benennung wegen ihres schleimigen Saftes. – Vgl. »Schnuderbeeri«.

schnotze schw.: ›die Nase laufen lassen, schneuzen‹ mittl. Schwarzw.

Schnotzer m.: ›Schnupfen‹ vereinz. Ostteil des mittl. Schwarzw. – Syn. → »Schnupper«.

Schnoz ›abgerundetes Baumstammende‹ → »schneze«.

Schnuckel, Schnückel m.: *Schnuggel, Schnüggel* ›Schnuller des Kleinkinds‹ mancherorts Hotzw. – Syn. → »Lulli«.

schnuckele, schnückerle schw.: ›sich anschmiegen‹.

Schnuckerli n.: ♦ 1) ›Kosewort für Kinder‹. ♦ 2) ›Lockruf und Kosewort für Schweinchen‹ vereinz.

Schnuder m.: *Schnuder* mancherorts; *Schnudder* vereinz. SO-Baden. ♦ ›Nasenschleim, Rotz‹. – Vgl. »Schluder²«.

Schnuder-beeri f.: ♦ 1) ›Sumpfheidelbeere, Rauschbeere‹ mancherorts Markgr., Hotzw.; vgl. »Schnotzbeeri«. ♦ 2) ›Frucht der Eibe‹ eb.

Schnuder-bue m.: ›Lausbub, Rotzjunge‹. – Vgl. »Schnuderi 2«.

schnudere schw.: ♦ 1) ›Nasenschleim, Rotz absondern‹ mancherorts. ♦ 2) ›Nasenschleim hochziehen, schnuppern‹ vereinz.

Schnuderi m.: ♦ 1) ›Schnupfen‹ vereinz. Hochrhein; Syn. → »Schnupper«. ♦ 2) ›Lausbub, Rotzjunge‹.

Schnuder-nase f.: ›Rotznase‹.

Schnuf, Schnufer m.: ♦ 1) ›Atemzug, Schnaufer‹; *er het kai Schnufer meh due* [Tribg]; Ra.: *kai Schnuuf due* ›keinen Muckser von sich geben‹ [Ay]. ♦ 2) meist Dim.: *e Schniferli* ›eine Kleinigkeit‹; *kai Schniferli sage* ›gar nichts sagen‹ [Freiamt].

schnufe schw.: *schnufe, schnüfe* ›hörbar, schwer atmen, schnaufen‹; *kai Huustür gahret, un kai Odem schnuuft* [Hebel].

Schnuffel ›Schnauze, Mund‹ → »Schnufle«.

Schnuffel-rutsch f.: ›Mundharmonika‹ vereinz. Ortenau. – Syn. → »Schnorrehobel«.

schnuffle schw.: ›schnuppern, schnüffeln‹.

Schnufle f. (m.): *Schnuufle, Schnufel, Schnuffel, Schnüüfle, Schnüfel.* ♦ 1) ›Schnauze, Maulpartie von Tieren‹. ♦ 2) ›Mund, Schmollmund‹ beim Menschen; *e Schnifili moche* (von Kleinkindern gesagt) [Freiamt]. ♦ 3) ›Holzschuhe‹ Ortenau; vgl. »Bochle«. – Vgl. »Schniffel²«.

Schnulli m.: ›Schnuller des Kleinkinds‹ mancherorts mittl. Schwarzw. – Syn. → »Lulli«.

Schnupfer ›Schnupfen‹ → »Schnupper«.

Schnupf-nudle f.: *Schnupfnudel* dass. wie → »Schupfnudle« vereinz. Ortenau.

Schnupf-tuech n.: ›Taschentuch‹ vereinz. – Syn. → »Fazenetli«.

Schnuppe m.: *Schnubbe,* seltener *Schnübbe.* ♦ ›Schnupfen‹ verbr. nördl. und mittl. Schwarzw., vereinz. übriges Gebiet. – Syn. → »Schnupper«.

Schnupper m.: *Schnubber, Schnübber, Schnupper* mancherorts (außer nördl. Schwarzw. und Markgr.); *Schnupfer* mancherorts SO-Baden. ♦ ›Schnupfen‹. – Syn.: »Knisel, Pflisel, Pfnisel, Schnisel, Schnotzer, Schnuderi 1, Schnupfer, Schnuppe, Strengel, Struchete«.

Schnur-gras, Schnür-gras n.: *Schnurgras, Schnurrgras* vereinz.; *Schnüürgras, Schnürgras, Schnürrgras.* ♦ ›Quecke‹ mancherorts östl. Hotzw., Klettgau, Hegau. – Syn. → »Quecke«.

Schnurpf m.: ›Narbe, schlecht Zusammengenähtes‹ mancherorts SO-Baden.

schnurpfe schw.: ›stümperhaft zusammenflicken, nähen‹ südl. Schwarzw., Hotzw. – Vgl. »zurpfe«.

Schnurrant m.: ›herumziehender Musikant‹.

Schnurre f.: *Schnurr* vereinz. nördl. und mittl. Schwarzw., Ortenau; *Schnurre* mancherorts Brsg., südl. Schwarzw., nördl. Markgr.; *Schnure* mancherorts Markgr. ♦ ›Maul, Mund‹. – Vgl. »Schnorre«.

schnurre schw.: *schnurre* Schwarzw., Ortenau, Brsg.; *schnure* ob. Markgr.; *schnuere* vereinz. SO-Baden. ♦ 1) ›einen summenden, schnarrenden Ton hervorbringen‹. ♦ 2) ›an Fastnacht durch die Lokale ziehen und die Wirtshausbesucher durchhecheln oder ihnen mit verstellter Stimme „Schandtaten" vorhalten‹; vgl. »strähle 2«. ♦ 3) ›schrumpfen, sich zusammenziehen‹.

Schnurre-gige f.: ›Mundharmonika‹. – Syn. → »Schnorrehobel«.

Schnurre-putzer m.: *-butzer* ›Barbier, Friseur‹ scherzh., vereinz.

Schnurres m.: ›Schnurrbart‹ Ortenau.

schnurrig Adj.: ›drollig, sonderbar‹ vereinz. Ortenau.

Schnur-wurz(el), Schnür- f.: ›Quecke‹ vereinz. SO-Baden. – Syn. → »Quecke«.

Schnüsel ›Schnupfen‹ → »Schnisel«.

Schnuß m.: *Schnuus* ›Platzregen‹ [Bärental, Brunnadern (Bonnd.)].

schnuttle schw.: *schnuddle* ›unsauber, flüchtig arbeiten, sprechen, essen‹ nördl. und mittl. Schwarzw., Ortenau.

Scho n.: ›hinteres und vorderes Ende des Fischerkahns‹ Hochrhein. – Mhd. *schohe*. – Vgl. »Schor[2]«.

scho Adv.: *scho, schò* verbr. (außer den folgenden Gebieten); *schunn* Hanauerland, Ortenau; *schu* nördl. und mittl. Schwarzw., Zartener Becken, vereinz. Klettgau; *schau, schao* vereinz. an der Grenze nach Schwaben. ♦ 1) ›bereits, schon‹; *Mer mäje scho ne halbi Stund* [Hebel]; *un 'r isch doch schu e alde Kerli un schu üwwer drißig Johr v'rhürot* [A. Ganther]. ♦ 2) bestätigend, einschränkend; *hä scho* ›ja schon‹ [O. Furtwängler]; *'s wurd sich schu widder mache* [A. Ganther]; *ë Meidili wär mër scho liabr* [O. Furtwängler]; *dia wär m'r schu recht; aber waisch, 's isch m'r halt doch z' winnig* [A. Ganther].

schobbel-ohrig Adj.: ›schwerhörig‹ vereinz. SO-Baden.

Schoche m.: *Schoche* mancherorts Südhälfte; meist jedoch Dim.: *Schechli, Schöchli.* ♦ ›Heu-, Öhmdhaufen auf der Wiese‹. – Vgl. »Birling, Hufe 1«.

schocheli-schoch Interj.: ›Ausdruck, der das Schaudern vor Kälte ausdrückt‹; *Schocheli schoch, wie schnatteret jetz un briegget mi Chiimli!* [Hebel]. – Verwandt mit »schuchere, schuckere«.

Schochet m.: ›Schlachter, Schächter bei den Juden‹ vereinz. und veraltet. – Aus dem Hebräischen.

schöchle → »schechle«.

Schocke m.: *Schogge* ›büschelartiger Pflanzenwuchs, Auswuchs‹ Ortenau.

Schocker m.: ›Schiff zum Aalfang‹ am Rhein. – Wort und Sache kommen Anfang des 20. Jh. aus den Niederlanden.

Schof n.: *Schoof, Schòòf* verbr.; Pl. wie Sg. mancherorts; *Scheef, Schööf* mancherorts; Dim.: *Scheefl, Scheefle, Scheefli, Schööfli.* ♦ 1) ›Schaf‹; *un d' Schoof un Gaiße waiden uf mym Grab* [Hebel]; *un lönt d' Schööfli uus! Der Hirt fahrt ebe durs Dorf ab* ›lasst die Schäfchen heraus (aus dem Stall), der Hirte kommt durch das Dorf‹ [Hebel]; Sprichw.: *S hen viel gduldigi Schoof Platz im Stall* ›mit Geduld und gutem Willen kann man auch in beengten Verhältnissen auskommen‹ [E. Strube]. ♦ 2) ›Schimpfwort für dumme Menschen‹. ♦ 3) nur im Dim.: ›Schäfchenwolken‹ mancherorts; ›Weidenkätzchen‹ vereinz. mittl. Schwarzw; ›Tannenzapfen‹ vereinz.

schofel Adj.: ›niederträchtig, gemein, knauserig‹; *s isch e schofler Kerl* [Schutterwald]. – Aus dem Hebräischen.

schöffle schw.: ›fesseln‹ Hotzw.

Schof-seckel m.: Schimpfwort für Männer, verbr. – Vgl. »Seckel«.

Schof(s)-nose Pl.: ›eine längliche Apfelsorte‹ vereinz. Ortenau.

Schoklad m.[!]: *Schogg(e)laad, Schugglaad* ›Schokolade‹.

Schol f.: *School* ›Fleischbank, Schlachthaus‹ vereinz. Markgr., veraltet. – Mhd. *schâl, schâle* ›Fleischbank‹, dies aus lat. *scala* ›Stufe, Treppe‹.

Scholle m.: ›Erdbrocken, Ackerscholle‹; Ra.: *e Scholle nüslache* ›herzhaft lachen‹ verbr. – Syn. → »Bolle 1, Knorre 2, Mocke 1, Schibel«.

Scholli m.: ♦ 1) ›Freund, Kumpan‹, meist in der Wendung *Mei lieber Scholli!* Ausdruck des Erstaunens, der Warnung. ♦ 2) Hundename, vereinz. – Wohl aus frz. *jolie* ›hübsch, niedlich‹.

schon → »scho«.

schön → »scheen«.

schone schw.: *schone, schòne* verbr.; *schune* vereinz. ♦ 1) ›etwas wenig strapazieren, pfleglich behandeln‹ verbr. ♦ 2) unpersönlich *es schont / schonet* ›das Wetter hält noch an, es gibt keinen Regen bzw. der Regen hört gerade auf‹ mancherorts SO-Baden; *jetz schonet's* ›jetzt hört der Regen auf‹ [Buch (Waldsh.)].

Schope m.: *Schobe, Schowe, Schope, Schòbe, Schòpe,*

Tschobe, Tschòbe, Tschope; Dim.: *Schebli, Tschebli, Tschöpli.* ♦ 1) ›Männerjacke‹, bes. Anzugsjacke, Weste, Trachtenkittel, Winterrock; *I bi ne frische Maa, i ha ne lustig Tschööbli a* [Hebel]; *steckt's Briafli in Tschobe, langt d'r Huet vum Nagel un goht* [A. Ganther]; *wißsidine Bumbhose un e blausammets Tschöbli het 'r a'gha* [A. Ganther]. ♦ 2) ›(lose herabhängende) Frauenjacke, Trachtenjacke für Frauen‹. – Mhd. *jope, joppe, juppe*, dies aus ital. *giubba, guppa*, das selbst wieder aus arab. *ǧubba* stammt. Bei den Formen mit *Tsch-* ist der Artikel zum Wort gezogen worden: *d' Schobe > Dschobe, Tschobe.*

Schope-fligel m.: ›dünn ausgewalztes, mit einem Zackenrädchen ausgeschnittenes und in schwimmendem Fett zubereitetes Gebäck‹ mancherorts mittl. Schwarzw., Elztal.

Schopf m.: *Schopf* verbr.; Pl. *Schepf, Schöpf* ›landwirtschaftliches Nebengebäude, Schuppen‹.

Schoppe m.: *Schoppe* verbr., Pl. ebenso; Dim.: *Schepple, Scheppli, Schöppli.* ♦ 1) ›becherartiges Trinkgefäß (für Wein)‹; *Chumm numme, bis de dy Schoppe trunke hesch* [Hebel]; *Nüechter bin i gwiß. I ha en ainzig Schöppli trunke gha im Adler* [Hebel]; *wenn 'r im Rebstock odder im Adler sini Schöpple pfetzt het* [A. Ganther]. ♦ 2) ›veraltetes Hohlmaß‹ (meist zwischen 0,25 und 0,5 Liter); *Gsinnet* (geeicht) *isch er gsi uf sibe Mooß un e Schöppli* [Hebel]. ♦ 3) ›Nuckelflasche für Babys‹ Brsg.; *hets s Schoppili schu kriegt?* [Freiamt].

schoppe schw.: ›hineinstopfen‹ verbr.; *d Händ in Sack schoppe* ›die Hände in die Hosentasche stecken‹ [Sunthsn]; *un scho schoppsch dr de Kueche ins Muul* [Epple]; *wië der s Hemm wieder in d Hose gschoppet het* [Freiamt]. – Mhd. *schoppen*, verwandt mit *schieben.*

Schoppe-glas n.: ›gläserner Trinkschoppen‹; Sprichw.: *im Schoppeglas versuffe meh Lütt, aß im Rhii* [Glock Brsg.].

Schor[1] f.: ›Spaten‹ mancherorts nördl. Schwarzw., Ortenau. – Syn. → »Spat«.

Schor[2] f.: dass. wie → »Scho« Hanauerland.

schorbe schw.: *schorbe, schorwe* ›den Boden leicht aufhacken‹.

Schore f. (m.): *Schore, Schòre* mancherorts mittl. Schwarzw., verbr. Brsg., nördl. Markgr.; *Schoor* nördl. und mittl. Schwarzw., Ortenau; *Schaar* südöstl. Schwarzw. ♦ ›Reihe frisch niedergemähten Grases, Schwaden, Reihe von zusammengerechtem Gras, Heu, Öhmd‹. – Vgl. »Mahd«.

schore schw.: ♦ 1) ›zusammen-, wegscharren‹, z. B. Straßendreck, Mist, das Werkzeug dazu ist der *Schorer.* ♦ 2) ›mit dem Spaten umstechen‹ nördl. und mittl. Schwarzw.; vgl. »Schor[1]«.

Schor-grabe m.: *Schoorgrawe, -grabe* ›Abflussrinne für Jauche im Stall‹ südl. Schwarzw., Hotzw. – Vgl. »Schorkanel«.

Schor-kanel m.: *Schorkanel, -käner, -chänel, -chärnel, -chanel, -charnel* u. a. ♦ dass. wie »Schorgrabe«, südl. Brsg., Markgr. – Zum Grundwort s. »Kanel«.

Schor-nickeli n., meist Pl.: ›die grünen Fruchtansätze von Früchten‹, Kirschen, Zwetschgen, Äpfeln, Markgr., Hotzw.

Schorsch m.: der männl. VN *Georg* (nach frz. Aussprache).

Schoß m.: ♦ 1) ›beim Sitzen gebildete Beuge zwischen Unterleib und Oberschenkeln, Schoß der Frau‹; *Si nimmt ihr Chind uf d' Schoß* [Hebel]. ♦ 2) ›Rockschoß‹.

Schoss m.: ♦ 1) ›junger, langer Austrieb an Pflanzen, Schössling‹ vereinz. ♦ 2) ›Stelle, wo das Wasser dahinschießt‹, Fischerspr. Hochrhein.

Schossel f.: Kurz- und Koseform für den weibl. VN *Josefine.*

Schote ›Narr‹ → »Schaute«.

Schotte m., f.?, Pl.: ›sich bei der Quark-, Käseherstellung absetzende wässrige Flüssigkeit, Knollen in der Sauermilch‹ [Adelhsn, Möhrgn, Stockach] veraltet. – Das Wort ist im Alpenraum weit bezeugt, ahd. *scotto*, dies aus lat. *excocta.*

Schotterli n.: *Schodderli, Schedderle* ›nicht fest geschlossener Salat-, Krautkopf‹ vereinz. Ortenau.

schottle schw.: ›rütteln, schütteln, wackeln‹ mancherorts; *d Scheese schottle* ›den Kinderwagen wackelnd in Bewegung halten‹ [Freiamt].

schrä Adj.: ›angetrocknet, spröde, von der Schnittfläche des Brotes‹ [Ottersw., Kappelwindeck]. – Mhd. *schrâch, schrôch.*

Schrage m.: *Schraa, Schraae, Schraue, Schröwe, Schraje, Schrage, Schròge, Schragge* u. a. ♦ 1) ›Gestell, Bock, Untersatz‹, z. B. wo das geschlachtete Schwein drauf gelegt wird. ♦ 2) ›Bahre, Liege, hartes Bett‹; *du würsch au ball uf em Schrage lige* ›du wirst auch bald auf der Totenbahre liegen, d. h. mit dir geht es zu Ende‹. – Mhd. *schrage* ›Gestell mit kreuzweise angeordneten Beinen‹.

schrams Adv.: ›schräg, seitwärts‹ [Furtwängler].

Schrandele f.: ›Kerze‹ mancherorts mittl. Schwarzw.; *d Hochziteri hät ... d Schrandele vom Disch gnau un hät ëm Hosdig usizunde* ›die Braut hat die Kerze vom Tisch genommen und der Hochzeitsgesellschaft heimgeleuchtet‹ [O. Furtwängler]. – Nebenform zu »Schandle«.

Schranne f.: ›lange, transportable Bank ohne Lehne‹ [Möhrgn]. – Mhd. *schranne.*

schränze schw.: *schränze, schrąnze.* ♦ 1) ›Stoff zerreißen‹ vereinz. ♦ 2) ›das *r* ähnlich wie *ch* aussprechen‹ [Ringshm, Ettenhm] (bildlich vom Geräusch, wenn man Stoff zerreißt). – Mhd. *schrenzen.*

Schrätt(e)li n.: *Schrättle, Schrättele, Schrätteli, Schräcksli* u. ä. ♦ ›dämonisches Wesen, Alp, Sagengestalt‹, setzt sich nachts Menschen auf die Brust, plagt Mensch und Vieh usw., verbr.; zur Abwehr wird der *Schrättelefuß,* ein fünf- bis achtzackiger Stern auf Hausbalken aufgemalt oder eingeritzt; oder man führt ein *Schrättelemesser* mit sich, in dessen Griff oder Klinge drei Kreuze angebracht sind. – Dim. zu nhd. *Schrat.*

Schreck(e) m.: ♦ 1) ›plötzliches Erschrecken, Entsetzen‹ verbr.; *do het 'r d' Daigschüssel vor Schreck uf d' Bode keie lo* [A. Ganther]; er *tuet e Schrai, un luegt mit Gruus un Schrecke der Grüen a* [Hebel]. ♦ 2) in der Wendung *Schreck(en) läuten* ›festliches Läuten, bes. in der Weihnachtsnacht‹ vereinz., veraltet.

Schrecksli ›Dämon‹ → »Schrätteli«.

schrefle schw.: ›zu gefrieren beginnen‹; *s schreflet* ›es gefriert‹ Bodensee [Sernantinger / Epple]. – Zu mhd. *schrëffen* ›reißen, ritzen, kratzen‹, hier von der rauen, gefrorenen Oberfläche.

schreie st.: *schraie, schreie* verbr.; *schriie, schriche, schrige* vereinz. Ortenau; Part. Perf.: *gschraue, gschroue* verbr.; *gschroie, gschröue* mancherorts Ortenau, Brsg., Markgr.; *gschriee* vereinz. (nach dem Nhd.). ♦ 1) ›laut rufen, brüllen, schreien‹ *do het 'r Hoch un Hurrah g'schraue* [A. Ganther]. ♦ 2) ›(laut) weinen‹ mancherorts Schwarzw. (Verbr. s. Karte → »hile«); *die hed arg gschraue* (bei der Beerdigung) [Tribg]. – Syn. → »hile«.

schribe st.: *schribe, schriwe* verbr.; Part. Perf.: *gschriwe, gschriwwe, gschribe, gschribbe* verbr.; *gschrewwe, gschrewe* mancherorts Ortenau. ♦ 1) ›etwas schriftlich aufzeichnen‹; Ra.: *das chaasch ins Chäämi schribe* ›das kannst du abschreiben‹ [Wehr]; verbr.; ein amtlicher Brief ist *e Schriwes, Schribes.* ♦ 2) *sich schreiben* ›sich nennen, mit amtlichem Familiennamen heißen‹; *er schriibt si „Stefan Kirner"* [O. Furtwängler].

Schriner m.: *Schriner, Schrinner* verbr.; *Schringer* [Wintersd., Sandw.]. ♦ ›Tischler, Schreiner‹.

schrite schw.: *schridde* mancherorts Ortenau.; *schriite* [Hebel]. ♦ ›mit festen, angemessenen Schritten gehen, etwas abschreiten‹; *Un schriitet spoot e Mensch dur d' Nacht derher* [Hebel].

Schrofe m.: *Schrofe* mancherorts Ortenau, Schwarzw.; *Schroffe* [Möhrgn, Radolfzell]. ♦ ›hervorstehender, jäh abfallender, zerklüfteter Fels, Felsklippe‹, auch in FlN. – Mhd. *schrove, schroffe.*

Schroppe m.: ›Steinbrocken, der beim Behauen von Mauersteinen abspringt‹ Ortenau, [Freiamt]; *Friäjer hän se jeder Schrobbe zuem Müüre gnumme* [Ottoschwanden].

Schrot n., m.: ♦ 1) ›Einschnitt, Kerbe‹ vereinz. ♦ 2) ›geschrotete Getreidekörner‹. ♦ 3) ›Schrotkügelchen in Schrotpatronen‹. ♦ 4) ›abgetrenntes Stück, Brocken‹ vereinz. ♦ 5) ›großer, hoher Zuber, Bottich‹ [Friesenhm, O.schopfhm, Gengenb.]. – Mhd. *schrôt* ›Hieb, Schnitt, abgeschnittenes Stück, Gefäß‹.

Schrot-ax f.: ›große Axt der Holzfäller‹.

schrote schw.: ♦ 1) ›mit der Axt Baumstämme anhauen, Fällkerben machen‹ verbr. ♦ 2) ›Getreide schroten‹. ♦ 3) ›Heu vom Heustock abschneiden, Traubenpresskuchen auseinanderschneiden‹ Brsg., Markgr. ♦ 4) ›Fässer mittels Rollen, Schrotleitern bewegen‹. – Mhd. *schroten* ›hauen, schneiden, abschneiden‹.

Schroti f.: *Schrodi, Schroti* südl. Brsg., Markgr., Hotzw., Klettgau; seltener *Schroter* m. ♦ 1) ›Werkzeug mit dem man das Heu vom Heustock abschneidet‹. ♦ 2) ›Schrotmühle‹ vereinz. – Vgl. »Spat 2«. – Bildung zu »schrote«.

Schrube f.: *Schruub, Schrüüb, Schrube, Schruwe, Schrüwe* verbr.; *Schrufe* SO-Baden. ♦ 1) ›Gewindeschraube‹ verbr.; vgl. »Strube«. ♦ 2) ›Bremse zum Zudrehen‹ vereinz. Ortenau (Verbr. s. Karte → »Mick«); Syn. → »Mick«.

schrumpfle schw.: ›eingehen, einschnurren, runzlig werden‹ verbr.; ein vertrockneter Apfel ist *schrumpflig.*

Schrunde f.: *Schrunn, Schrung, Schrunde, Schrunge, Schronde.* ♦ f.: ›Riss in der Haut‹ verbr.; *Schrunge on de Häng* ›Schrunden an den Händen‹ [U.biederb.].

schu ›schon‹ → »scho«.

Schü n. (m., f.): *Schii, Schüü* ›Bratensaft, Soße‹ vereinz. – Frz. *jus* ›Saft‹.

schü, schüch ›scheu‹ → »schi«.

Schub-ball m.: ›Gummiball und das damit gespielte Ballspiel‹ vereinz. mittl. Schwarzw., Elztal.

Schübel ›Scholle‹ → »Schibel«.

Schub-karch, -karre m.: ›Schubkarre‹ mancherorts. – Syn. → »Schaltkarch«.

Schübling eine Wurst → »Schibling«.

schüche ›scheuchen‹ → »scheiche«.

schuchere schw.: ›schaudern vor Kälte‹ nördl. Schwarzw. – Vgl. »schuckere«.

Schüchi ›Scheuche‹ → »Schi[2]«.

Schuck[1], Schucker m.: ›Anstoß, Schubs‹ verbr.; *Gimmer en Schuck!,* ruft das Kind, das auf der Schaukel angestoßen werden möchte [Epple]. – Vgl. »Schupf«.

Schuck[2] m.: ›Mark (Währungseinheit)‹ vereinz. Ortenau, Kaiserst. – Aus hebr. *schuk* ›Markt‹, jidd. ›Markt, Mark‹.

schucke schw.: ♦ 1) ›schubsen‹ nördl. und mittl. Schwarzw., Ortenau, Brsg. (südlich davon → »schupfe«). ♦ 2) ›sich zuwerfen‹ *Bachstai schucke* ›Backsteine durch Zuwerfen weiterbefördern‹ [Jechtgn]. ♦ 3) nur im Part. Perf. *gschuckt* ›verrückt‹.

schuckere schw.: ›schaudern, frösteln‹ Ortenau. – Vgl. »schudere«. – Zu mhd. *schucken* ›zittern, vibrieren‹.

schucks-wis Adv.: ›stoßweise‹.

Schuddig ›Elzacher Fastnachtsgestalt‹ → »Schurtig«.

schud(e)re schw.: *schuud(e)re, schüüd(e)re, schuddere, tschuudere, tschüüdere.* ♦ ›sich vor Kälte (Erregung, Angst) schütteln, schaudern‹. – Vgl. »schuckere«.

Schuder-heuel f.: *Schuderheuel, Schudderheuel, Tschuderheuel.* ♦ 1) ›(große) Eule, Nachtkauz‹; vgl. »Schuhu«. ♦ 2) ›Person mit struppigem, wirrem Haar‹. – Zum Grundwort s. »Heuel«.

schud(e)rig Adj.: ›schaurig, schauderhaft‹; *so schuudrig wie der Tod* [Hebel].

Schuefe f.: ›Schöpfgefäß mit langem Stiel‹ mancherorts ob. Markgr, Dinkelberg. – Mhd. *schuofe.* – Vgl. »Schapfe, Schuepfe«.

Schueh m.: *Schueh, Schüeh, Schöeh* verbr.; Pl. wie Sg.; Dim.: *Schiähle, Schiähli, Schöehli* mancherorts. ♦ 1) ›Fußbekleidung (aus Leder, Textilien)‹ verbr.; Ra.: *i möcht nit in sine Schuehe stoh* ›ich möchte nicht an seiner Stelle sein‹ [Glock Brsg.]; *Bloos mr in de Schueh!* abschlägige Antwort verbr. ♦ 2) veraltetes Längenmaß (ca. 30-32 cm); *E Hopser, drei Schueh hoch, het 'r uf des hi g'macht* [A. Ganther].

Schueh-bießer m.: ›Schuhflicker‹ veraltet. – Das Grundwort gehört zu mhd. *büezen* ›bessern, ausbessern‹ und ist verwandt mit nhd. *besser, Buße*; auch der FN *Albiez* gehört hierher, entstanden aus *alt+bießer.*

Schueh-macher m.: ›Handwerker, der Schuhe herstellt und instandhält‹ verbr., bisweilen neben »Schueschter«; Sprichw.: *Schuehmachers Kinder renne n-in kabutte Schueh rum* [E. Strube]. Volksreim: *Schuehmächerlis Bue / schleed Nägili in d Schueh / Hätts Lechli verlore / mueß e neis nibohre* [E. Strube]. – Vgl. »Schuehbießer, Schuehni, Schueschter«.

schuehne schw.: ›Schuhe machen, schustern‹ Markgr.

Schueh-neschtel m. (n.): ›Schnürsenkel‹ mancherorts. – Vgl. »Schuehriëme«.

Schuehni m.: ›Schuhmacher‹ Kander- und Wiesental, Dinkelberg, Hotzw.

Schueh-riëme m.: dass. wie → »Schuehneschtel« mancherorts.

Schuel f.: *Schuel, Schüel* ›Schulgebäude, Schule, Unterricht‹; *chunnsch us der Schuel* ›du kommst aus der Schule = wirst aus der Schule entlassen‹ [Hebel]; *Schuel halte* ›unterrichten, lehren‹.

Schueler, Schiëler m.: ›Schüler‹, das ältere *Schueler* wird heute immer mehr von *Schiäler* abgelöst.

Schueler-bue m.: ›Schüler, Schulbube‹, das weibl. Gegenstück ist das *Schuelermaidli.*

Schueler-hutte f.: ›Schulranzen‹ vereinz. Brsg., Markgr., Hotzw. – Zum Grundwort s. → »Hutte«.

Schuel(er)-ranze m.: ›Schulranzen‹, daneben häufig auch *Schuel(er)sack, -tasche.*

Schuel-lehrer m.: ›Lehrer‹, die ältere Bez. → »Schuelmeischter«.

Schuel-meischter m.: ›Dorf-, Volksschullehrer‹, veralt.

Schuel-oser m.: ›Schultasche, -ranzen‹ vereinz. südl. Ortenau, Markgr. – Vgl. »Oser«.

Schuepfe f.: *Schuepf* mancherorts Hanauerland; *Schuepfe* Markgr., südl. Hotzw., Hochrhein. ♦ ›Schöpfgerät mit langem Stiel‹ Hanauerland. Vgl. »Schapfe«.

Schueppis f., m.: *Schueppis, Tschueppis* heute nur noch FlN in einigen Orten im Hotzenwald, in älteren Texten als *Schupose* u. ä. Bez. für ein Grundstück, Flächenmaß. – Mhd. *schuopoze.*

Schueschter m.: *Schueschder* mancherorts; *Schoeschder, Schüeschder, Schöeschder* vereinz. Ortenau. ♦ ›Schuhmacher‹. – Vgl. »Schuehmacher«.

Schufle f.: *Schufle, Schuffle, Schüfle, Schüfel*; Dim.: *Schiifili, Schüfili* u. a. ♦ 1) ›Schaufel, Schippe‹. ♦ 2) ›Schaufelähnliches‹, z. B. Gerät zum Wenden von Speisen in der Pfanne, Tortenheber, meist Dim. ♦ 3) ›Schaufeln am Mühlrad‹. ♦ 4) nur Dim.: ›Schulterblatt des Schweins und ein Gericht aus dem geräucherten Fleisch aus dem Schulterblattbereich‹, auf Speisekarten meist als *Schäufele* angeboten. ♦ 5) ›die obere, mittlere Schneidezahnpartie‹. ♦ 6) ›die Spielkarte Pik‹, vereinz.

schufle schw.: *schufle, schüfle* verbr.; *schifle* vereinz. ♦ ›schaufeln‹.

Schuhu m.: ›Eule, Uhu, Waldkauz‹ mancherorts. – Vgl. »Schuderheuel«.

Schülpe ›Erdbrocken‹ → »Schilpe«.

Schultis m.: *Schuldis* ›Bürgermeister‹ vereinz. obere Rench, obere Kinzig, Wolfach. – Verkürzt aus *Schultheiß.*

Schulz m.: ›Bürgermeister‹ mancherorts nördl. Schwarzw., Ortenau. – Wie »Schultis« aus *Schultheiß* verkürzt.

Schum m.: *Schuum, Schüüm, Schumm* verbr.; *Schumme* obere Acher. ♦ ›Schaum‹. – Vgl. »Schwum«.

schum-bees Adj.: ›bitterböse‹; *e schumbeeses Maidli* [N.hsn].

schume schw.: *schume, schüme, schumme, schime.* ♦ ›Schaum entwickeln‹.

Schum-leffel m.: ›Schaumlöffel‹.

Schumm-bock m.: ›Purzelbaum‹ [Stockach]. – Vgl. »Schimmbock«.

schu(n) ›schon‹ → »scho«.

Schunke m.: ›Schinken‹ SO-Baden. – Vgl. »Hammerstrumpf«.

Schunke-tatschis n.: *Schunkedatschis, Schunkedetsches* u. ä. ›das Gesellschaftsspiel Schinkenklopfen‹.

Schupf m.: ›Stoß, Schubs‹ Markgr., südl. Schwarzw. – Vgl. »Schuck«.

Schupfe f.: ›Zaunlatte‹ mancherorts Brsg. Ra.: einen *uf dr Schubfi ho* ›auf jemanden einen Groll hegen‹ [Kirchzarten]. – Vgl. »Schipfe«.

schupfe schw.: ♦ 1) ›schieben, schubsen, stoßen‹ verbr. ♦ 2) nur im Part. Perf. *gschupft* ›närrisch, nicht normal‹ vereinz.; *e gschupft Hueh* ›eine überspannte Frau‹ [Wehr].

Schupf-nudle f.: ›fingerlange Nudeln aus Kartoffelteig, die mit den Händen in kleine Wülste ausgerollt und dann in kochendes Wasser gegeben werden‹ verbr.

Schuppe, Schüppel *Schubb, Tschupp, Schuppe, Schübel, Schübbel, Tschübbel* u. ä. ♦ 1) ›(struppiger) Haarschopf, Federschopf beim Geflügel‹ mancherorts. ♦ 2) ›Person mit unfrisiertem, wirrem Haar, wildes Kind‹. ♦ 3) ›Bündel, Wickelkind‹. – Vgl. »tschuppe«.

Schuppele Pl.: ›Kopfschuppen‹ vereinz. – Vgl. »Schiëbe«.

Schur f.: ♦ 1) ›Gras-, Kleeschnitt bzw. das in Mähbreite Abgeschnittene‹ [Kippenhm]. ♦ 2) ›Mühe, Plagerei, Strapaze‹ mancherorts; *des war e Schur!* ›das war eine schwierige, mühsame Sache‹ [Konstanz].

Schüre ›Scheuer‹ → »Schire«.

Schurf m.?: ›abgescheuerte, abgeschürfte Stelle‹ [Tribg, Reute (Emm.)].

schürge ›schieben‹ → »schirge«.

Schürg-karre m.: *Schürgcharre* vereinz. Hotzw. ♦ ›Schubkarre‹. – Syn. → »Schaltkarch«.

schurigle schw.: ›jemanden plagen, schikanieren‹ mancherorts.

Schurm m.: ›Schirm, Obdach‹ vereinz. Ortenau. – Ablautende Bildung zu *Schirm.*

schurme schw.: ›durch Besprechen, Beschwören heilen‹ veraltet. – Vgl. »bruche 3«.

Schurtig m.: *Schüürdig* [Gengenb.]; *Schuurdi, Schuudi* vereinz. Ortenau, mittl. Schwarzw.; *Schuddi* [Fautenb., Ulm (Oberk.)]; *Schuddig* [Elzach]. – m.: ›zu Fastnacht verkleidete Narrengestalt‹. – Ursprünglich *Schurtag,* das wäre nhd. *Schauertag,* ein Tag in der Fastnachtszeit, der in unserem Gebiet auch vielfach in historischen Quellen bis in das 19. Jahrhundert nachweisbar ist. Es war ein Tag, der oft mit einem Rechtstermin verbunden war und der mit einem Umtrunk, einem gemeinsamen Mahl oder ausgelassenem Treiben begangen wurde. Zur Herkunft des Wortes gibt es viele mehr oder weniger plausible Deutungen. Vielleicht zu *schuren* ›mit Wasser spritzen‹, einem Fastnachtsbrauch, der nach E. H. Meyer noch im 19. Jh. in Auenhm und ca. 1920 auch in Rheinbischofshm, Diershm üblich war.

Schurz m.: *Schurz, Schuurz* verbr.; *Schorz* mancherorts südöstl. Schwarzw., Baar; Pl.: *Schirz, Schürz*; Dim.: *Schirzel, Schirzle, Schirzli.* ♦ ›Schürze‹ verbr. – Vgl. »Firtuech«.

Schürzling m.: ›Reservezapfen am Rebstock‹ [Meersburg].

schuse, schusere schw.: *schuse, schüse, schusere, schüsere* obere Elz, [Gutach, Freiamt], Zartener Becken, Raum St. Märgen, vereinz. Baar. ♦ 1) ›auf dem Eis gleiten, schlittern, Schlitten fahren‹. ♦ 2) ›schnell dahinströmen, brausen, tosen‹.

Schuseri, Schusi f.: ›Gleitbahn auf dem Eis‹ mancherorts Elztal, mittl. Schwarzw. – Vgl. »Schliferi«.

Schuss m.: ♦ 1) ›Schuss mit einer Waffe‹. ♦ 2) ›schießende Bewegung, Schuss einer Flüssigkeit‹. ♦ 3) ›Ordnung, Funktionstüchtigkeit‹ *im Schuss halte* [Münchw.].

Schüssel[1] → »Schissel«.

Schüssel[2] ›Backofenschieße‹ → »Schießi«.

schuss(e)le schw.: ›hastig, fahrig handeln, unüberlegt herumrennen‹ mancherorts; wer so handelt ist *schuss(e)lig*. – Vgl. »schutzle«.

Schusser m.: ›Klicker‹ vereinz. Ortenau, Brsg. – Syn. → »Murmle«.

Schutte f.: ›Schuttplatz, Müllkippe‹ [Epple].

Schütti ›starker Regenguss, Dachboden‹ → »Schitti«.

Schuttig ›Elzacher Fastnachtsgestalt‹ → »Schurtig«.

Schutz m.: ♦ 1) ›Schuss‹ veraltet neben »Schuss 1«. ♦ 2) ›Schwall Wasser, Milch, anstürmende Masse‹ vereinz. ♦ 3) ›was auf einmal in den Backofen geschossen wird‹ [Konstanz].

Schutz-gable f.: ›zweizinkige, lange Gabel, mit der das Heu auf den Wagen gereicht wird‹ vereinz.

schutzle schw.: ›fahrig, unkonzentriert handeln, kopflos herumrennen‹ Markgr. – Vgl. »schussle«.

Schutz-mann m.: ›Gendarm, Polizist‹, veraltend; *Dia zwi Schutzmänner, wo grad d'r Dianscht uf 'm Bahhof g'ha hen* [A. Ganther]; im Pl. auch *Schutz-litt*.

schuu ›schon‹ → »scho«.

schwad(d)ere, schwaddle schw: ›im Wasser herumplanschen, Wellen schlagen, herumzappeln‹; *Enderätscher* (Erpel) *schwadere im Bach* [Köndrgn]. – Mhd. *swateren* ›rauschen, klappern‹.

Schwager → »Schwoger«.

Schwägeri f.: *Schwegeri, Schwägeri* verbr.; *Schwögeri* mancherorts Markgr., Hotzw., Klettgau, Höri; *Schwejere, Schwejeri, Schweieri* mancherorts Hanauerland, Ortenau. ♦ ›Schwägerin‹.

Schwäher m.: *Schwäher, Schwäär* ›Schwiegervater‹, veraltet.; auch bisweilen *Schwähervatter*.

Schwalbe, Schwalme f.: *Schwalb, Schwalbe, Schwalwe, Schwaalbe, Schwalm* mancherorts, das Wort wird jedoch meist nur im Dim. benutzt: *Schwälble, Schwälbli, Schwälwel, Schwälmle, Schwälmli, Schwelmeli, Schwąlmli, Schwemmli* (!) u. ä. ♦ ›Vogel aus der Familie der Schwalben‹, bes. Mehl-, Rauch-, Uferschwalbe; *Doch wenn im Früehlig 's Schwälmli singt* [Hebel]; *D Storche sinn scho do un d Schwälmli chömmen au ball* [Glock Brsg.].

Schwalbe-krutt n.: ›Schöllkraut‹ vereinz. Ortenau.

Schwall[1] m.: *Schwall, Schwaal* ›längliche Geländeerhebung, Böschung, langgezogener Rain‹ mancherorts nördl. und mittl. Schwarzw., Elztal. – Zu mhd. *swal* ›angeschwollene Masse‹.

Schwall[2] m.: ›Wasserschwall, plötzlich Hereinbrechendes‹ vereinz.

Schwalli m.: ›dicke Person, etwas Dickes‹ vereinz. mittl. Schwarzw., Brsg.

Schwamm m.: *Schwamm, Schwòmm, Schwumm* verbr.: Pl.: *Schwämm, Schwimm, Schwümm* verbr.; Dim. Pl.: *Schwämmli, Schwümmli.* ♦ 1) ›Pilz, Schwammpilz‹ verbr., häufig veraltend. ♦ 2) ›Schwamm zum Wischen der Tafel, Badeschwamm‹.

Schwämpel m.: ›Glockenschwengel‹ mancherorts Ortenau.

schwämple schw.: ›etwas pendeln, baumeln lassen‹ Ortenau, auch als Jungenstreich, bei dem man abends Gegenstände an einem Seil gegen Haustüren pendeln lässt.

Schwank m.: *Schwank, Schwònk.* ♦ 1) ›Arbeitsbreite, Streifen, den ein Mäher mit einem Sensenhieb umlegt‹ mancherorts Hanauerland, Ortenau, nördl. Brsg., Kaiserst. ♦ 2) ›lustiges Stück, Schwankerzählung‹ vereinz.

schwanke schw.: *schwanke, schwònke, schwankche.* ♦ 1) ›sich hin und her bewegen, schwankend gehen‹. ♦ 2) ›hin und her überlegen, unschlüssig sein‹; *Hesch e gueti Wahl, so schwank nit lang!* [Hebel].

Schwanz m.: *Schwanz, Schwònz* verbr.; Pl.: *Schwänz*; Dim.: *Schwänzle, Schwänzli.* ♦ 1) ›Schwanz von Tieren‹; Ra.: *de Schwanz einziehe* ›einen Rückzieher machen‹. ♦ 2) ›Penis‹. ♦ 3) ›Schwanzähnliches‹, z. B. ›hinteres Teil, Schleppe, Kometenschweif‹.

schwanze, schwänzle schw.: ♦ 1) ›mit dem Schwanz herumschlagen‹, bes. von Kühen beim Melken, mancherorts. ♦ 2) ›geziert, affektiert herumgehen, scharwenzeln‹ mancherorts.

Schwarf f.: ›freches Mundwerk und Person mit einem solchen‹ [Friesenhm, Lahr]. – Vgl. »Schlarf«.

Schwarte f.: *Schwart, Schwarte, Schwaad(e).* ♦ 1) ›dicke, feste Hautschicht‹, bes. am geräucherten Schweinespeck. ♦ 2) ›im Sägewerk abfallende äußere Bretter mit Rinde‹, auch *Schwartebord, -brett.* ♦ 3) ›altes, dickes, wertloses Buch‹ vereinz.

Schwarte-mage m.: ›große, in einen Saumagen, Dickdarm gefüllte Wurst mit grober Füllung‹.

Schwarz-beer f.: ›Heidelbeere‹ vereinz. südl. Schwarzw. – Syn. → »Heidelbeer«.

Schwärzi f.: ›Schwärze‹.

schwarz-lecht Adj.: ›schwärzlich‹.

Schwarz-wurst f.: ›Wurst aus Blut, Speckwürfeln, zerkleinertem Fleisch und Innerereien‹ Schwarzw., Ortenau, Brsg.

Schwätz-bas f.: ›Klatschweib‹.

schwätze schw.: *schwätze, schwạtze* ›reden, sich unterhalten‹; *Mer sott schwätze mitenander* ›man sollte einmal miteinander reden‹ [Epple]; *eweng drumrum schwätze* ›um die Sache herumreden‹ [E. Strube]; *i schwätz jo ou kai rassereines Konschtanzerisch me* [Konstanz]; Ra.: *r schwätzt viel, wann de Dag lang isch* ›er redet dauernd unbedeutendes Zeug‹ [Opfgn]; *Schwätz oder schiiß Buechstabe n-ass mers lääse kann* ›sag doch endlich etwas‹ [E. Strube]; Sprichw.: *wer viel schwätzt, lüegt viel* [Glock Brsg.].

Schwätzete f.: ›Plauderei, Schwätzchen‹.

schwaudere schw.: ›viel und Unnützes daherreden‹ Ortenau, Brsg., Markgr.

Schwauderi m.: *Schwauderi, Schwoüderi.* ♦ 1) ›wer viel und Belangloses daherredet‹ Brsg., Markgr. ♦ 2) ›alkoholbedingtes Stadium der Redseligkeit‹ Markgr.; *dr Schwauderi ha* Markgr.

Schweb m.: *Schwebb, Schweäb* ›mit einer Art Boje markierte Fischfangstelle im Bodensee‹ [Reichenau].

Schwede-rieb f.: ›Futterrübe, Bodenkohlrabi‹ vereinz. SO-Baden.

Schwefel m.: *Schwefel, Schwạfel, Schweffel, Schweäffel.* ♦ ›gelbes Mineral, das (früher) zum Bestäuben von Rebstöcken oder zum Ausschwefeln von Fässern (mit der *Schwefelschnitte*) verwendet wurde‹.

Schwefel-hölzli n.: ›Streichholz‹; *Eis vu denne Mohrebüewle het nämlig mit Schwef'lhölzle g'spielt un het jo eim vun de flachskopfige Maidele 's Röckli a'zunde* [A. Ganther]; *Chromet* (kauft) *Ziebele, geli Rüebe, Peterliwurze! Schwebelhölzli, Schwebelhölzli* (sic! sonst nie Formen mit *b*) [Hebel].

Schwei f.: ›Schwiegermutter‹ vereinz. und veraltet. – Vgl. »Gschwei«.

Schweibel m.: *Schweiwel, Schweibel.* ♦ 1) ›Drehknüttel zum Festspannen der Wagenladung‹ [Schenkenz., Bollschw.]. ♦ 2) ›gutes Essen‹ [Waldk. (Elzt.)].

schweible schw.: *schweible, schwoafle, schwoable.* ♦ 1) ›durch Drehen eines Knüttels fest zusammenspannen‹ mancherorts Schwarzw., SO-Baden. ♦ 2) ›tüchtig essen‹ [Waldk. (Elzt.)]. – Mhd. *sweibeln* ›schwanken, taumeln‹.

schweie schw.: *schwaie, schwaije* ›schwenken, schwingen, wedeln‹ mittl. Schwarzw., SO-Baden; *er hät s Nastuech gschwait* [Sunthsn]; die Ministranten *schwaie* das Rauchfass [St. Märgen].

schweife schw.: ›kehren, fegen‹ Brsg. (Verbr. s. Karte → »fege«). – Vgl. »fege, firbe, wische«.

Schweifete f.: ›Kehricht‹ verbr. im Gebiet von »schweife«.

schweine schw.: *schwaine* ›Gebüsch, Hecken durch Abhauen entfernen‹ Hotzw., veraltet. – Mhd. *sweinen*, eine Kausativbildung zu mhd. *swînen* → »schwine[1]«.

Schweiß m.: *Schwais, Schweiß, Schwoeß, Schwoaß.* ♦ ›ausgeschwitzte Körperflüssigkeit‹; *Es rislet mengge Tropfe Schwaiß* [Hebel].

schweiße schw.: *schwaiße, schwoeße, schwoaße* u. a. ♦ 1) ›Flüssigkeit absondern, nässen, rinnen‹, z. B. von einer Wunde, von undichten Fässern, vom tauenden Schnee, Markgr. ♦ 2) ›Werkstoffe zusammenschmelzen, schweißen‹. – Mhd. *sweizen.*

schweize schw.: ›rösten‹ Markgr. – Mhd. *sweizen* ›heiß machen, rösten‹.

Schweizi f.: ›Mehlschwitze, gebrannte Mehlsuppe‹ Markgr. – Zu → »schweize«.

Schweizi-suppe f.: ›Suppe aus Mehlschwitze, gebrannte Mehlsuppe‹ Markgr.

Schwelke f. (m.): *Schwelg, Schwelch, Schwilch, Schwelge, Schwilge.* ♦ ›Flieder, Wolliger Schneeball‹ und deren Zweige, mancherorts Ortenau, Kaiserst. – Mhd. *swëlge.*

Schwelle f.: ♦ 1) ›Vorrichtung, wo man Wasser aufstaut, Wehr‹ vereinz.; vgl. »schwelle[2] 1« ♦ 2) ›Schwellung‹, bes. von einem Peitschenhieb herrührend, vereinz.

schwelle[1] st.: *schwelle*; Part. Perf.: *gschwolle, gschwulle.* ♦ ›sich im Volumen ausdehnen, anschwellen‹; *d' Odere schwelle* [Hebel].

schwelle[2] schw.: ♦ 1) ›Wasser aufstauen‹; *i schwill de Bach* [Stockach]. ♦ 2) ›aufquellen lassen, zum Quellen bringen‹, z. B. Holzgefäße, damit sie dicht werden, Markgr.; vgl. »verschwelle«. ♦ 3) ›im Wasser sieden, kochen‹, bes. Kartoffeln; mancherorts Schwarzw., verbr. Brsg., Markgr.; *gschwelldi Herdepfel (Grumbire)* ›Pellkartoffeln‹ eb.; auch *Schwellherdepfel, Schwellgrumbire* u. ä. oder nur kurz: *Gschwelldi* mancherorts.

Schwemmi f.: *Schwemme, Schwemmi* ›Wasserstelle, wo Pferde gebadet werden, Pferdeschwemme‹.

Schwengel m.: *Schwengel, Schwạngel, Schwingel, Schwenkel.* ♦ ›Pumpen-, Glockenschwengel‹ mancherorts.

schwenke schw.: *schwenke, schwạnke, schwenkche.* ♦ 1) ›etwas hin und her bewegen, mit etwas winken‹. ♦ 2) ›im oder mit Wasser spülen‹ Geschirr, Gläser, Wäsche; *Wie suufer sinn die Chächeli gschwenkt* [Hebel]; *d Wäsch schwenke, bis alli Seipfe hus isch* [Ottoschwanden].

Schwenker m.: ›Gehrock, Frack‹.

schwer Adj.: *schweer, schwạạr.* ♦ 1) ›von großem Gewicht, ein bestimmtes Gewicht habend‹; *wia Blei so schwer* [A. Ganther]. ♦ 2) ›schwierig zu bewerkstelligen, schwer zu ertragen‹; *die Kueh isch schwer z melche* (melken). ♦ 3) steigernd: ›sehr, arg‹ *der hett schwer Geld* ›ist reich‹ [Schutterwald].

schwere schw.: ›mit einem Gewicht beschweren‹ vereinz.

Schweri f.: ›Schwere, das Schwersein‹.

schwer-läschti(g) Adj.: ›schwerfällig‹ Ortenau.

schwer-melkig Adj.: *schwermelgig, -mạlgig, -melchig.* ♦ ›schwer zu melken‹.

Schweschter f.: *Schweschder, Schweschter, Schwöschter.* ♦ 1) ›die leibliche Schwester‹. ♦ 2) ›Ordens-, Krankenschwester‹.

Schwetti f.: ›feuchte Stelle, durch Verschütten oder Planschen entstandene Pfütze‹ mancherorts kleines und großes Wiesental, ob. Markgr. – Wohl zu mhd. *swetic* ›weich, schwammig‹. – Vgl. »Wetti[1]«.

Schwib-boge m.: *Schwiiboge, -boje.* ♦ 1) ›freischwebender Gewölbebogen‹ mancherorts. ♦ 2) ›mit Tannenreisig und Blumen geschmückte Ehrenpforte‹ z. B. zu Festen am Dorfeingang mancherorts Ortenau.

Schwibe Pl.: *Schwiwe, Schwibe,* seltener *Schwewe, Schwebe.* ♦ 1) ›Wagenrungen‹ mancherorts Elztal, Breisgau, Markgr.; Syn. → »Kipfe«. ♦ 2) ›Verbindung der Deichselarme, Tragholz über dem Achsenstock‹ vereinz. mittl. Schwarzw.; vgl. »Renkschit«.

Schwibel m.: *Schwibbel, Schwibble, Schwible* ›der hintere Griff der Sense‹ vereinzelt Südhälfte. – Mhd. *swibel.*

Schwicke f.: *Schwigg, Schwigge, Schwicke, Schwicki.* ♦ ›Vorrichtung zum Steuern des Langholzwagens hinten‹ mancherorts nördl. und mittl. Schwarzw., Brsg., Hotzw., Baar; vgl. »Galli 3, Wepfi«.

schwicke schw.: ›den Langholzwagen an der Hinterachse steuern‹.

Schwieger(i) f.: *Schwiger* auch *Schwigeri.* ♦ ›Schwiegermutter‹ vereinz. und veraltend neben *Schwiegermuetter.*

Schwieger-lit Pl.: *Schwigerlitt* ›Schwiegereltern‹ vereinz. mittl. Schwarzw.

Schwieger-muetter f.: *Schwigermuedder, Schweier-; -müetter* usw. ♦ ›Schwiegermutter‹.

Schwieger-suhn m.: *Schwigersuu, -suhn* usw. ♦ ›der Ehemann der Tochter‹, häufig neben dem altmundartlichen »Tochtermaa«.

Schwieger-tochter f.: *Schwigerdochter, -tochter, -dechter* u. ä., s. »Tochter« verbr.; *Schweierdochder* Hanauerland. ♦ ›die Ehefrau des Sohnes‹, verbr., jedoch im Westen häufig neben dem altmundartlichen »Suhnsfrau«.

Schwieger-vater m.: *Schwigervadder* u. a. ♦ ›der Vater des Ehegatten‹. – Vgl. »Schwäher«.

schwige st.: ›schweigen‹; *un d' Vögel sitzen un schwiige* [Hebel].

schwimme st.: *schwimme* verbr.; *schwümme* Markgr., Hotzw., Klettgau, Höri; Part. Perf.: *gschwumme.* ♦ 1) ›in einer Flüssigkeit schwimmen‹; Ra.: *der schwimmt wiä e Wetzstai* ›kann nicht schwimmen‹ [Schutterwald]. ♦ 2) übertr. ›über viel verfügen‹; *'s schwimmt mengge Maa im Überfluß* [Hebel].

schwine[1] st.: *schwine*; Part. Perf.: *gschwunne* ›an Umfang oder Gewicht verlieren, eingehen, abnehmen, schwinden‹ mancherorts. – Mhd. *swînen.*

schwine[2] Adj.: *schwine, schwini, schwinni* ›vom Schwein‹.

Schwinge f.: *Schwing, Schwinge.* ♦ 1) ›messerähnliches Gerät, mit dem man die holzigen Teile von Hanf und Flachs abschlägt‹ veraltet. ♦ 2) ›Knüppel, Stange zum Abschlagen von Nüssen, Obst‹ mancherorts, auch *Schwinggerte* genannt. ♦ 3) ›flache Sprosse an der Wagenleiter, der Schubkarre, am Schlitten‹ verbr. ♦ 4) ›kleines Zugscheit am Bauernwagen‹ meist Dim.: *Schwingeli* mancherorts SO-Baden (Verbr. s. Karte → »Wogschit«); Syn. → »Wogschit«. ♦ 5) ›flacher Korb‹ vereinz. Ortenau.

schwinge st.: ♦ 1) ›etwas herum-, hin und her schwingen‹. ♦ 2) Nüsse schwingen = ›Nüsse mit einer Stange herunterschlagen‹.

Schwinig f.: ›Muskelschwund‹ Markgr. – Abl. auf *-ung* zu → »schwine[1]«.

schwinig Adj.: ›brünstig vom Schwein‹ Markgr. – Syn. → »rißig«.

Schwinis n.: *Schwinis, Schwinnis, Schwines.* ♦ ›Schweinefleisch‹; *dr Dokter het gsait, i derf kei Schwiines mih esse* [Ottoschwanden]. – Wörtl. *Schweinenes*, elliptisch aus *schweinenes Fleisch* eine Bildung zu »schwine[2]«.

Schwips m.: ›(leichter) Alkoholrausch‹. – Syn. → »Rusch«.

Schwitt f.: ›Gruppe, Gesellschaft, Bande‹ vereinz. – Frz. *suite* ›Gefolge‹.

schwittisiere schw.: ›(haltlose) Reden führen, prahlen, schwadronieren, herumschlendern‹. – Zu »Schwitt«.

Schwittjee m.: ›großsprecherische Person, Charmeur, Lebemann‹. – Zu »Schwitt«.

schwitzig Adj.: ›verschwitzt‹.

Schwitz-sierle n.: ›Hitzepustel‹ [Kappelwindeck]. – Zum Grundw. s. → »Sier«.

Schwiz f.: *Schwitz, Schwiiz* ›das Land Schweiz‹; *Nu gunn Ich* (Euch) *Gott der liebe Freude viil mit Eue brave Fründen in der Schwyz* [Hebel]; die Einwohner sind die *Schwizer, Schwitzer.*

Schwizer-chlüri m.: ›Übername für die Schweizer‹ [Lörrach].

Schwizer-lälli, -löli m.: dass. wie → »Schwizerchlüri«.

schwizerle schw.: ›wie ein Schweizer reden, Schweizerdeutsch sprechen‹.

Schwizer-maidli, -wib, -wibli n.: ›Regenbremse‹ verbr. mittl. und südöstl. Schwarzw., Baar, Klettgau. – Vgl. »Schwob 3«.

Schwob m.: *Schwoob, Schwòòb* verbr.; *Schwobb* vereinz. Ortenau, Kaiserst.; Pl.: *Schwowe, Schwobe.* ♦ 1) ›wer aus Schwaben stammt‹; Sprichw.: *Schwobe schaffe, mir* (Badener) *denke.* ♦ 2) ›Küchenschabe‹, auch *Schwobekäfer.* ♦ 3) ›Regenbremse‹ [Hasel, Gersb.]; im südl. Schwarzw., Hotzenw. auch *Schwowebremme, -maidli, -wiwli* genannt; vgl. »Schwizermaidli«. ♦ 4) nur Dim.: *Schwöbli* ›eine bestimmte Wecksorte‹ [Lörrach].

Schwobe n.: ›Schwabenland‹, *im Schwowe-n-usse* ›im Schwäbischen draußen‹ [Furtwangen].

Schwobe-alter n.: ›das Alter von 40 Jahren‹, weil angeblich die Schwaben erst mit 40 Jahren gescheit werden.

Schwoger m.: *Schwoger, Schwòger* verbr.; *Schwojer, Schwöwer* mancherorts, Hanauerland, Ortenau; *Schwogger* vereinz. Umg. von Brigach; *Schwauger* [Singen a. H., Randegg]. ♦ ›Schwager‹.

schwulche schw.: ›jemanden durchprügeln‹ [Emmendgn].

Schwulitäte Pl.: *Schwulidäde, Schwulitäte, -deede.* ♦ ›Verlegenheiten, Schwierigkeiten‹; *Du hesch mich in Schwulideede broocht* [Schutterwald].

Schwum m.: *Schwuum, Schwumm* ›Schaum‹ Klettgau, Wutach.

Schwumm → »Schwamm«.

Schwummel f.: ›eine große Binsenart‹, SO-Baden, Ortenau, Kaiserst., auch ›Bündel aus Binsen, mit dessen Hilfe man schwimmen lernte‹.

se[1] Interj.: auffordernder Ausruf, im Sinn von ›da, hier!‹; *Se, do hesch e Messer!* [Hebel]. – Mhd. *sê.*

se[2] ›so, dann‹ → »so 3«.

sebo Adj.: *sebbo* vereinz.; *sebumm* [Gengenb.]. ♦ ›gut, in Ordnung‹; *sie isch nit gonz sebbo* ›sie ist gesundheitlich nicht ganz in Ordnung‹; *s Wedder isch nid sebumm* ›das Wetter ist unbeständig‹ [Gengenb.]. – Frz. *c'est bon.*

Sech n.: *Sech, Sạch* verbr. (außer den folg. Gebieten); *Seech, Sạạch* Markgr., Hotzw.; *Seäch, Seä, Säer* (teilw. *ch*-Schwund) Bodanrück, Linzgau. ♦ ›Pflugmesser‹, schneidet den Boden senkrecht vor dem Pflugschar auf.

sechere schw.: ›ungeschickt an etwas herumschneiden‹ Ortenau.

sechs Num.: *sechs* verbr.; alleinstehend und bei Uhrzeitangaben meist *sechse, sechsi.* ♦ ›die Zahl sechs‹; *'s isch sechsi uf em Zifferblatt* [Hebel]; *Sechs, siwwe Stund Wegs witt her sin so schlitzöhrige Kaiwe kumme* [A. Ganther].

sechte schw.: *seechde, seechte, säächde, seächde* vereinz. Brsg., verbr. Markgr., Hotzw., Klettgau, Hegau. ♦ 1) ›durch ein Tuch seihen, filtern‹, z. B. die Milch nach dem Melken, Markgr., Hotzw.; die Vorrichtung dazu ist der *Sechter*; vgl. »sige, siie«. ♦ 2) ›mit Aschenlauge waschen‹ (dabei wurde ebenfalls die Lauge durch ein Tuch geschüttet), veraltet, vereinz. Baar, Klettgau, Hegau, Büsingen; vgl. »buche«. – Mhd. *sihten* ›durchsieben‹.

Sechter m.: *Seechder, Säächder* usw. ›Sieb, Filter, Trichter‹. – Vgl. »Seiher«.

Seckel m.: *Seggel, Seckel.* ♦ 1) ›Hodensack, Penis‹ verbr. ♦ 2) Schimpfwort für männliche Personen ›Dreckskerl‹. – Wegen des maskulinen Genus kein Dim. zu »Sack«, sondern eine eigene Ableitung, mhd. *seckel* ›Beutel, Geldbeutel‹.

seckle schw.: ›rennen‹ mancherorts; Ra.: *seggle wiä ne Angschdhas* ›schnell davonrennen‹ [Opfgn].

Sedel m.: *Sedel, Sädel* verbr. Ostteil des mittl. Schwarzw., oberes Elztal, vereinz. Brsg., Markgr., südl. Hotzw.; *Sạdel* mancherorts südl. Ortenau, Brsg., Markgr., Dinkelberg; *Seddel, Säddel* mancherorts südöstl. Schwarzw., Klettgau. ♦ ›Sitzstange der Hühner im Stall‹; auch mit verdeutlichendem Zusatz *Hiäner-, Hennesedel* u. ä. – Mhd. *sëdel* ›Ruhesitz, Sessel‹.

Seech ›Pflugmesser‹ → »Sech«.

seecht Interj.: meist *mi seecht!* beteuernd; wohl verhüllend für ›bei meiner Seel!‹; *Jetz, was Euer Versli abetrifft, uf my Seecht, i bi voll Chiib un Gift* [Hebel]. – Vgl. »sex«.

seechte ›filtern, mit Aschenlauge waschen‹ → »sechte«.

See-gfrörni f.: ›das Zufrieren des Bodensees‹.

See-hase Pl.: ›Übername für die Bodenseeanwohner‹.

Seel f.: ♦ 1) ›Seele, Gemüt‹; *un goht's der nit dur d' Seel, wie diini Chindli ... verwildren* [Hebel]; Ra.: *ei Herz un ei Seel* ›einträchtig‹ [A. Ganther]; sich auf etwas stürzen *wia d'r Deif'l üwwer e armi Seel* [A. Ganther]. ♦ 2) ›empfindsame, liebe Person‹; *Chumm, liebi Seel, un iß jetz z' Nacht!* [Hebel]. ♦ 3) in Beteuerungen: *mi Seel!* oder *miner Seel!* ›bei meiner Seele‹, vgl. »mi[1] 3, seecht, sex«. ♦ 4) ein bestimmtes Gebäck, Salzbrot in Stangenform.

See-ötterli n.: wohl ›Wasserkalb, Gordius aquaticus‹, ein ca 10 cm langer Wurm [Reichenau].

Sefi, Sefel, Sefe-baum m.: *Sefi, Sefig, Sefel, Sefe(l)-baum* u. ä. ♦ ›Sadebaum, Juniperus sabina‹ vereinz. – Entstanden aus *Seben(-baum) > Seven(-Baum),* dies aus lat. *sabina.* – Vgl. »Fesi«.

Sege[1] m.: *Sege, Säge* verbr. (mit Ausnahme der folgenden Gebiete); *Säje, Säie, Sạie* Rheinebene zwischen Ottenhm und Rastatt; *Sạge* südl. Ortenau, Kaiserst., Markgr.; *Segge* südöstl. Schwarzw., Baar, Klettgau, Hegau, Höri; *Seägge* Bodanrück, Linzgau. ♦ ›Segen‹; *un wer sy Sach nit ordli tuet, dem bring i au kai Sege mit* [Hebel]; Kinderreim: *Heile, heile Säge, Kätzli uf de Stäge, Miisli uf em Dach, Mäidili, Mäidili lach!* [E. Strube].

Sege[2] ›Fischnetz‹ → »Segi«.

segene schw.: ›mit der »Segi« fischen‹.

Segese f.: *Sägese, Sạgese* Brsg., Markgr., Wiesental, südl. Schwarzw., westl. Hotzw.; *Seggese* südöstl. Hotzw., südl. Klettgau; *Sägeds, Sägedse* mancherorts mittl. Schwarzw., Elztal; *Sägis* Ostteil des mittl. Schwarzw., Raum St. Peter – Hinterzarten; *Seggis, Segges* südöstl. Schwarzw., Baar, westl. Hegau, Höri; *Seägges* Bodanrück, Linzgau (Verbr. s. Karte → »Sägese«). ♦ ›Sense‹; *zuem Mäje bruucht er d' Sägese* [Hebel]; *d Mäder sin ågrukt un dängle iri Sägisë* [O. Furtwängler]. – Mhd. *sëgense, sëgesse.* – Vgl. »Sens«.

Segi f.: *Segi, Seggi, Sege* mancherorts SO-Baden; Pl. *Segene.* ♦ 1) ›großes Zugnetz der Fischer‹. ♦ 2) übertr. ›beschmutzter nachschleifender Kleidersaum‹. – Schon mhd., es gibt eine mhd. Reimpaardichtung aus dem Alemannischen: *des tiufels segi* ›des Teufels Netz‹. Ein altes Lehnwort aus lat. *sagena.*

Segner m.: *Seggner* ›eine Art Lastschiff auf dem Bodensee‹, veraltet.

sehen → »sehne«.

sehndli Adj.: ›(er-)sichtlich‹ vereinz. Markgr. – Wörtl. *sehentlich.*

sehne st.: *sehne, sähne* nördl. und mittl. Schwarzw., nördl. Brsg.; *sạhne* südl. Ortenau, Kaiserst.; *sähn, sạhn* mancherorts Ortenau, Hanauerland; *senne* südöstl. Baar, Hegau; *seänne* mancherorts östl. Hegau, Bodanrück, Linzgau; *senge* Raum Gutach – Schönwald – Hornberg; *sehe, sähe* vereinz. nördl. und südöstl. Schwarzw., Höri, Linzgau; *sihe, sihne* mancherorts Ostrand des mittl. Schwarzw., obere Brigach, Zartener Becken, St. Peter; *seh, säh, sạh* südl. Brsg., Markgr., Hotzw., Klettgau (Verbr. s. Karte → »sehne«); Part. Perf.: *gseh, gsäh, gsạh, gsehe, gsähe, gsihe, gsihne, gsähn, gsạhn, gsehne, gsähne, gsạhne, gsenne, gseänne, gsenge* (Verbr. wie Inf.); die erste Pers. Sg. wird in der Regel mit *i* gebildet, z. B.: *ich sih (sich, sihn) di* ›ich sehe dich‹; *ich sih (sich, sihn) nid* ›ich sehe nichts‹. ♦ ›mit den Augen wahrnehmen, sehen‹ (das aktive, bewusste Hinsehen, Spähen ist eher »luege«); *Sihsch dört selle Stern?* [Hebel]; *Me wird sänne!* [Epple]; *Sehnt der* (seht ihr) *jetz dört 's Schlößli mit synen eckige Gible?* [Hebel]; *z' Bürglen uf der Höh, nai, was cha me seh!* [Hebel]; *I will numme sehne, was hütt widder los isch* [A. Ganther]; Ra.: *Er siht it guet, er heert it guet, kaan nimmi waili* (s. »weidli«) *laufe* ›mit ihm ist nicht mehr viel los‹ [E. Strube].

Sehne, Sehneri f.: *Sähne* [Glashütte (Stockach)]; *Sihne* [Oberw. (Rast.)]; *Sehneri* [Bickensohl]; *Sehnere* [Schiltach]. ♦ ›Schwiegertochter‹, veraltet. – Wörtlich: *Söhnin, Söhnerin,* eine Bildung zu *Sohn.* – Vgl. »Suhnsfrau«.

sehr[1] Adj.: *sehr, sähr.* ♦ 1) ›wund, aufgerieben, entzündet‹ mancherorts Schwarzw., Ortenau, Brsg., Baar, Bodensee; *e sehre Hals ha* [Buchenbach]; *d Hütt isch sähr* ›die Haut ist wund‹ [Auenhm]; *dr isch ganz sehr zwische de Bai* ›hat sich wund gelaufen‹ [Reute (Emm.)]. ♦ 2) ›bloß, unbewachsen‹, vom Boden [Zell a. H., Buchenbach]; *an ere sehre Stell wachst nind* [Buchenbach]. – Mhd. *sêr* ›wund, verwundet, verletzt‹.

sehr[2] als steigerndes Adv. ist in der Mundart nicht üblich, dafür eher → »arg 2, fescht, gar 2, gherig, grusig, gwaltig, heide-, jesis-, kaibemäßig, millijonisch, mordisch, richtig 3, saumäßig 2, selli[1], scheen 3, schwer 3, siëdig 2, stark 2, uding, u-, viehmäßig, welts, wetterisch«.

sehre schw.: ›wund sein‹ mancherorts Elztal, Brsg. – Zu »sehr[1]«.

sehrle schw.: ›nässen von Wunden‹. – Zu »sehr[1]«.

Seich m.: *Seich, Saich, Soach.* ♦ 1) ›Urin, Jauche‹ mancherorts. ♦ 2) ›Wertloses, Ärgernis, Unsinn‹; *was mochsch do fir e Seich?* [Freiamt]. – Mhd. *seich.*

Seich-blueme f.: *Seichbluem, -blueme* ›Löwenzahn‹ mancherorts Ortenau, Brsg. (Verbr. s. Karte → »Seichblueme«). – Benennung wegen der harntreibenden Wirkung. – Syn.: »Ammelemaie, Bettschisser 2, Bettseicher 2, Bissangli, Brunzbluem, Guckgauch 4, Kettemeblueme, Kettemestock, Milcher 3, Milchstock, Rossblueme, Saublueme, Saudätsch, Saustock, Saustude, Schlangeblueme 1, Schlenke 2, Sunnewirbeli 2, Totsch 2«.

seiche schw.: *saiche* verbr. (außer den folgenden Gebieten); *säiche* vereinz. nördl. Schwarzw., Markgr.; *sääche, seeche* Hanauerland; *soeche* Baar, Hegau, übriges SO-Baden; *sòòche* südl. Hegau; *saache* Büsgn, Öhngn. ♦ 1) ›Urin lassen‹, bes. von Tieren, bei Menschen derb. ♦ 2) ›regnen‹, derb. – Vgl. »brunze«.

Seichet(e), Seichzig f.: ›Urin, Jauche‹ vereinz.

Seife → »Seipfe«.

seig Konjunktiv zu »si[1]«.

Seigel m.: ›Leitersprosse, Stufe der Hühnerleiter‹ Markgr. – Mhd. *seigel.*

Seiher m.: *Seijer* ›Sieb‹ [Lahr]. – Vgl. »Sechter«.

Seil n.: *Seil, Sail, Sääl, Seel, Soal, Sòòl*; Pl.: *Seiler* usw. ♦ ›Schnur, Seil, Strick‹, meist aus Hanf; Ra.: jemanden *am Soel abiloo* ›im Stich lassen, übervorteilen‹ [Radolfzell].

sein → »si[1]«.

seine schw.: ›wehklagen‹ [U.baldgn].

Seipfe f.: *Seipf, Saipf* vereinz. mittl. Schwarzw.; *Seipfe, Saipfe* mittl. und südl. Schwarzw., Brsg., Hotzw., Klettgau; *Seipfi, Saipfi* Markgr.; *Seif, Saif* nördl. und mittl. Schwarzw., Ortenau; *Seef* mancherorts am Rhein zwischen unterer Oos und Schutter; *Sòòpfe, Saapfe* Raum Blumberg – Tengen – Gailingen; *Soepfe, Soapfe* Baar, Hegau, Bodenseegebiet (Verbr. s. Karte → »Seipfe«). ♦ ›Seife‹.

Seipfe-blodere f.: ›Seifenblase‹; *Seipfeblodere mache* [Ettenhm].

selb-ander Pron.: *selbander, sạlbander, zhalbander, zhalwander* u. ä. ♦ ›mit sich selbst zu zweit‹; *'s schmeckt besser, wenn's selbander goht* [Hebel]; Ra.: *zalwander heim gau* ›betrunken sein‹ [E. Strube]. – Mhd. *selbander*, der zweite Wortteil gehört zu mhd. *ander* ›der zweite‹; vergleichbare Bildung wie »selbdritt«.

selb-dritt Pron.: ›mit sich selbst zu dritt‹; *Wo n er ins Wirtshuus chunnt, se sitzt my borstige Grünrock hinter em Tisch selbdritt un müschlet d' Charten* [Hebel]. – Vgl. »selbander«.

Selbend n., w.: *Selwend* [Schönau i. Schw.]; *Salwend* [Marlen, Schwarzach, Sasb. (Achern), Lahr]; *Sallwäng* [Altenhm]; *Salbend* [Kappelrodeck];

Sellwein [Ottersd., Oberw. (Rast.)]; *Seälbend* [Liggersd.]; *Seelband* [Stockach]. ♦ ›Webkante am Tuch‹; bisweilen in Streifen abgeschnitten und zum Verfertigen von geflochtenen Hausschuhen verwendet, veraltet. – Mhd. *sëlp-ende.*

selber Pron. (undeklinierbar): *selber, selwer* verbr.; *sạlwer* mancherorts Hanauerland, südl. Ortenau, nördl. Brsg.; *sạlber* mancherorts südl. Brsg., westl. Markgr.; *seälber* Bodanrück, Linzgau; auch erweitert *selberts* [Furtwangen]. ♦ ›in eigener Person, selbst‹; *I waiß nit; bschauet en selber!* [Hebel]; *Koche, Butze, Wäsche, alles het 'r selwer b'sorge müen* [A. Ganther]; Sprichw.: *Selber dau – selber hau* ›was man selbst getan hat, hat man oder muss man in eigener Person ausbaden‹ [Epple].

selbig Adj.: ›gleichartig, der-, dasselbe‹ Markgr.; *Sëlbige Zite sin d Schelmë au no it e so uf s Gëld us gsi* ›zur gleichen Zeit waren die Schelmen auch noch nicht so sehr auf Geld aus‹ [O. Furtwängler].

selbig(s)-mol Adv.: *selwig(s)mool, selbigsmool, selligsmool* u. ä. ›damals‹. – Vgl. »sellemols«.

Selfe → »Salbei«.

selig Adj.: ♦ 1) ›im Zustand der Seligkeit‹. ♦ 2) übertr. ›berauscht‹.

sell, seller, selli Pron.: *sell, sạll* (n.), *seller, sạller* (m.), *selli, sạlli* (f.); Pl.: *selle.* ♦ ›dies(e/r), jene(r/s), das-, der-, dieselbige‹; *dess un sell* ›dieses und jenes‹ verbr.; *Sell isch verbei* [Hebel]; *sell kaasch mer glaube* [Epple]; *Seller isch wia us de Wolke g'falle* [A. Ganther]; *bsunders selli Frau* [Hebel]; *mit sellem hätt's ke Gfohr* [Hebel]; *Selle vun mine Leserne un Leser, wo sich z' Friburg nit uskenne* [A. Ganther]. – Zu mhd., nhd. *selb,* also etwa *selbiger, selbige, selbiges,* nicht aber, wie oft fälschlich vermutet wird, zu frz. *celle, celui* u. a.

sell(e)-mol(s) Adv.: ›damals, zu jener Zeit‹; *mer hät sälmol nint* (nichts) *gwist* [O. Furtwängler]; *sellemools bin i krank gsiin* [Schutterwald]; *Sellmol het e Buur uf der Egerte niden an Fahrnau Huus un Schüüre gha* [Hebel]; *un sellemols un nümmemeh* [Hebel]; *er isch sellemols e Johrer nüni, zehni alt g'si* [A. Ganther]. – Wörtlich *selbenmals.* – Vgl. »selbigsmol«.

Sellerich m.: *Selleri, Sellerich, Sellerig, Zelleri, Zellerich, Zellerig.* ♦ ›die Gemüsepflanze Sellerie‹.

selle-weg(e) Adv.: ›deshalb, deswegen‹.

selli[1] Adv.: *selli, sölli* ›sehr, ziemlich, beträchtlich‹ Südhälfte; *Drum isch si jetz so sölli müed* [Hebel]; *druf regnet's gar sölli* [Hebel]; *Im Jörg het d'r Schobbe sölli g'schmeckt* [A. Ganther]. – Mhd. *solich.*

selli[2] ›diese, jene‹ → »sell«.

selligs-mol Adv.: ›damals, einst‹ mancherorts. – Vgl. »selbigsmol, sellemols«.

sell-zit Adv.: ›damals, zu jener Zeit‹ Markgr.

selsch Adv.: ›dort drüben‹ [Maulburg].

selt Adv.: ›drüben, gegenüber, auf der anderen Seite‹ [O.prechtal, Elzach, Gütenbach]; *Sëlt uf dr andere Site fum Schtübli* [O. Furtwängler]; auch mit weiteren Adv. zusammengesetzt wie z. B.: *selt-ane* ›dort entlang‹, *selt-unte* ›dort unten‹ usw.

semper Adj.: *sember, semper, sạmper* mancherorts Markgr., Wiesental, Hotzw., Hochrhein, seltener *semperig* (Verbr. s. Karte → »schnaikig«). ♦ ›wählerisch beim Essen, Fressen‹, von Mensch und Vieh; *aber 's Vieh isch semper, 's will alli Morge sy Gras ha* [Hebel]. – Syn. → »schnaikig«.

Sempf(t) → »Senft«.

Sende ›Rebholz‹ → »Särmde«.

Sendete f.: was beim Hausschlachten den Bekannten gesendet wird (Würste, Fleisch) [Sunthsn].

Send-lite n.: *Sendlite, -litte, -laite* ›das Läuten, wenn jemand gestorben ist‹ mancherorts Bodenseegebiet. – Syn. → »Scheidzeiche«.

Senft m.: *Senft, Sempft* mancherorts, *Senf, Sempf* vereinz. ♦ ›Senf‹; Ra.: *si Sembf dezuegä* ›besserwisserische Kommentare abgeben‹.

Seng-essel f.: *Sängessel* [Meißenhm]; *Zengässel* [Ettenhm]; *Zengnessle* [Freiamt]. ♦ ›Brennnessel‹.

sengle schw.: *sengle, zengle* ›anbrennen, sengen‹; *d Brennessel het mi gsengelt* [Lahr].

Senkel m.: ›Senklot‹; Ra.: einen *in Senkel stelle* ›zurechtweisen‹ mancherorts.

Sens f.: *Sens* nördl. Schwarzw., nördl. Ortenau; *Sais, Säis* Rheinebene zwischen Altenhm und Wittenw. (Verbr. s. Karte → »Sägese«). ♦ ›Sense‹; *mit sinere g'schliffene Sens'* [A. Ganther]. – Im Gebiet südl. → »Segese«.

Sentir, Sentur f.?: *Sendíir* [Marlen]; *Sendúur* ob. Markgr. ♦ ›Miederband, am Rock angenähter Gürtel‹. – Frz. *ceinture.*

Sepp m.: Kurzform für den männl. VN *Josef*; Dim.: *Seppli; Sepli, spann's Roß a* [Hebel].

Seppe f.: Kurzform für den weibl. VN *Josefa*; auch *Sepfe*; *In mim Heimetneschdli, do het schier alles d'r glichlig Namme; d' Manne heiße Sepp un d' Wiwervölker Seppe; ebbis anderschts kennt m'r schier nit* [A. Ganther].

September m.: *Sepdämber, Sepdạmber* u. ä. ›der Monat September‹.

Ser ›Pflugmesser‹ → »Sech«.

serbe, serble schw.: ›kränkeln, siechen, dahinschwinden‹; *Der Bomm serblet* [Epple]. – Mhd. *serblen, serwelen.*
Serbel m.: ›kränkliche Person, verkümmerte Traube‹ Markgr., Hotzw. – Zu »serble«.
serblig Adj.: ›nicht recht gedeihend, kränklich, kümmerlich‹.
Serm m.: ›Rausch‹ Ortenau. – Vgl. »Sirmel«. – Syn. → »Rusch«.
Serr f.: ›Riegel, Schlagbaum, Lücke im Zaun‹ [Oberw. (Rast.), Fautenb.], veraltet. – Ein altes Wort, das auch noch in FlN bezeugt ist; es ist aus romanisch *serra* ›Verschluss, verschließbares Tor im Dorfzaun‹ u. a. übernommen.
Seschter n., m.: ♦ 1) ›veraltetes Getreidehohlmaß‹ verbr. ♦ 2) ›Kopf, dicker Kopf‹ abschätzig. – Mhd. *sëhster, sëster,* dies aus lat. *sextarius.* – Vgl. »Simmere«.
Sesli ›Haumesser‹ → »Säsli«.
setze schw.: ♦ 1) ›sich in eine sitzende Position begeben, sich hinsetzen‹; *Jetz gang i uf Grootwohl zue der nächste Türen ii un setz mi, wo Platz isch* [Hebel]; *Kroddebreit het 'r sich in Herrigottswink'l ni g'setzt* [A. Ganther]. ♦ 2) ›etwas an einer Stelle ab-, hinsetzen‹; *un langt si großi Brill ... un setzt sie uf d' Nas'* [A. Ganther]; *un wo mer gsezt wore sin* (in eine Sitzordnung nach schulischer Leistung), *bini dr dritoberscht wore* [O. Furtwängler]. ♦ 3) ›Pflanzen, Setzlinge, Stecklinge in den Boden setzen‹; *Herdepfel setze* [Bleibach]; vgl. »stupfe 2«.
Setzlig m.: ♦ 1) ›Setzpflanze, Setzling‹. ♦ 2) ›Erstklässler, Sextaner‹.
Setz-stei m.: ›Grenzstein zwischen Gemarkungen‹.
Seven-baum → »Sefi«.
Severi m.: *Seweri, Sewer* Kurzform für den männl. VN *Severin.*
sex Interj.: meist *mi sex!*; *s isch mi sex e gheerige Wäscher gsi* ›das war ein starker Bursche, das muss man sagen‹ [Freiamt]; wohl verhüllend für ›bei meiner Seel!‹. – Vgl. »seecht, Seel«.
si[1] unregelm. Verb: *sii* verbr.; *sinn* mancherorts Ortenau; Part. Perf.: *gsii, gsi, gsinn* verbr.; *gwää* mancherorts an Murg und Oos; 1. Pers. Sg. Ind.: *bin* verbr. (außer Süden); ich *bii, bi* Markgr., Hotzw., Klettgau, Baar, SO-Baden; *be* vereinz. südl. Hegau; 2. Pers. Sg.: du *bisch, bischt*; 3. Pers. Sg.: er / sie *isch*; 1. Pers. Pl.: wir *sinn* verbr.; *sind* Hotzw., Klettgau, Baar, SO-Baden; *send* vereinz. südl. Hegau; 2. und 3. Pers. Pl.: ihr / sie *sinn, sind*; Imperat. Sg.: *bis, bisch* bzw. *sei, seig*; Konjunktiv I, 3. Sg.: *er sei / seig / sig*; s. auch → »wär«. ♦ 1) absolut ›existieren, vorhanden sein‹; *Lueg, Müetterli, was isch im Moo?* [Hebel]; Ra.: *s isch, wiä's isch* mancherorts. ♦ 2) mit Bestimmungen (Hilfsverb); *'s cha sii* ›es kann sein‹ [Hebel]; *Bis zfride!* ›Sei zufrieden!‹ [Hebel]; *Seig doch nit so närsch!* [Hebel]; *es isch ihr Willen un Wunsch gsi* [Hebel]; *'s isch e siadige Hitz gsi* [A. Ganther]; *Bald glaub i, mer seige veriret* (wir seien verirrt) [Hebel]; Ra.: *nit so sii welle* gesagt im Sinn von ›sich nicht anstellen, nicht knickrig zeigen wollen‹.
si[2] Posessivpron.: *si, sii, sinn* (flektiert: *siner, sins, sim, sine, sini* usw.). ♦ ›sein‹, 3. Pers. Sg. (bei m. und n.); *Si Heckerbart isch jetz allerdings nimmi schwarz* [A. Ganther]; *fum Schmitelënz un sim Wîb* [O. Furtwängler]; *d'r Höllmichli het sine Ohre nit traut* [A. Ganther]; *d'r Jörg mit sinere Lascht* [A. Ganther]; *Sini fünf Trabante* [A. Ganther]; *ob 'r nit emol sini Kriase v'rsueche wott* [A. Ganther]; Sprichw.: *Gott git's de Siinen im Schloof!* [Hebel].
si[3] Reflexivpron. → ›sich‹.
Siberi ›Nachgeburt‹ → »Siferi«.
sich Reflexivpron.: *sich* nördl. Hälfte; *si* Südteil, ♦ ›sich‹; *de Vadder laid si òò* ›der Vater zieht sich an‹ [Bleibach]; *wie färbt si der Rase* [Hebel]; *es rüehrt si ke Läubli* [A. Ganther]; *'r soll sich numme kai graui Hoor d'rwege wachse lo* [A. Ganther].
Sichle f.: *Sichle, Sichel* verbr.; *Sechle* mancherorts Baar. ♦ ›Sichel‹.
Sichle-hänki f.: *Sichlehänki, -hänkchi* ›Abschlussfest zur Ernte‹, veraltet. – Vgl. »Flegelhänki, Haigans, -geiß«.
sichtig Adj.: ›klar, hell, gute Fernsicht bietend‹ [Konstanz].
Side f.: *Siide* verbr. (außer den folgenden Gebieten); *Siid* Rheinebene zwischen Murg und Ettenbach; *Sidde* verbr. in einem schmalen Streifen zwischen der oberen Breg, über den Raum Neustadt bis zum Hochrhein bei Waldshut. ♦ ›Seide, Nähseide‹; *en Sterne Siide* ›auf eine sternförmige Pappe gewickelte Nähseide‹ [Hilzgn]; Ra.: *in Sammet un Side* ›sehr gut ausgestattet, luxuriös‹ [Rickenb.].
side, siden Adj.: ›aus Seide‹; *side, sidi, siden* mancherorts; *e sides Halsduech* [Bermersb. (Rast.)]; *en sidene Rock* [Bernau].
Side-bridli n.: *Sidebridle, -bridli* ›zarte, empfindliche Person‹. – Wohl zu *Braut.*
Side-has m.: ›Kaninchen‹ vereinz.
sider, siederie Adv.: *sidder, sitter, siider, siiderii* ♦ ›seit, seitdem‹; *Un siider schmeckt mer' s Esse nit*

[Hebel]; auch verstärkt: *siderie* (wohl aus *sider-je*): *Siiderie wird' s größer un haimli schöner un stärcher* [Hebel]; *I bin halt efange e alde krittlige Kerli, sitter daß i pensieniert bin* [A. Ganther]; *di grôse Buawe, sidr si us dr Schûal sin* [O. Furtwängler]; auch *siderher* ›seither‹; *Siderhær het dr Schtäfe des Äkerli nimi rummache lau* [O. Furtwängler]. – Mhd. *sider* ›hernach, später‹.

Sidian m.: *Sidian, Siddjan* ›durchtriebener, wilder, niederträchtiger Kerl‹, meist als Schimpfwort mit teilweise anerkennendem Unterton ›Teufelskerl‹; *mit derlei Züg's het 'r sie v'rgift, d'r Sidian* [A. Ganther]. – Wohl zu frz. *citoyen*, hier bezogen auf die frz. Revolutionäre.

sie Personalpron. (Nominativ 3. Pers. Sg. f. und 3. Pers. Pl.) *si, sii* ♦ ›sie‹; *'s isch e Si, es isch kai Er* [Hebel]; *Si duuret ain, die gueti Frau* [Hebel]; *Si spröche mitenander deis un das* [Hebel].

Sieb n.: *Siib* verbr. (außer den folgenden Gebieten); *Sibb* Hanauerland und nördl. davon, Hegau, Höri und übriges SO-Baden. ♦ ›Gerät zum Sieben‹, in der Landwirtschaft, der Küche usw. – Vgl. »Riter«.

siebe[1] schw.: *sibe, siwe* verbr.; *siwwe* Hanauerland; *sibbe* SO-Baden. ♦ ›durch ein Sieb schütten‹.

siebe[2] Num.: *sibe* südl. Brsg., Markgr., Dinkelberg, Wiesental, westl. Hotzw.; *sibbe* südöstl. Schwarzw., östl. Hotzw., Klettgau, Hegau, Bodenseegebiet; *sübbe* vereinz. südl. Hegau, Höri; *siwe* oberes Kinzigtal, Elztal, nördl. Brsg.; *siwwe* nördl. und mittl. Schwarzw.; Ortenau, obere Brigach und Breg, Raum St. Peter; *sewwe* vereinz. Hanauerland (Verbr. s. Karte → »siebe«); alleinstehend meist *sibene, sibeni, sibbene, sibbeni, siwwene, siwweni* usw. ♦ ›die Zahl 7‹; *siebe*

Wuche no Pfingste [Hebel]; *sechs, siwwe Stund Wegs* [A. Ganther]; *vor sechs Johr, nei vor siwwini isch es gsi* [A. Ganther]; als Ordinalzahl *sibbt, sibbte, siwwede* u. ä.; *s siewet Buech Mose* ›ein Buch, das angeblich magische Kräfte hat‹ [Meißenhm]; Ra.: jemand *vu de sibte Bitt* ›üble Person‹, nach der 7. Bitte des Vaterunsers [Endgn].

siebe-gscheit Adj.: ›überklug‹.

Sieben-schläfer m.: ♦ 1) ›Tier aus der Familie der Bilche‹. ♦ 2) ›der 27. Juni‹, auch *Siebenschläfertag*; Volksglaube: wenn es an diesem Tag regnet, regnet es sieben Wochen lang.

Siëch m.: ›widerwärtiger, unverschämter, raffinierter Mensch‹ meist als Schimpfwort verwendet. – Substantivbildung zu mhd. *siech* ›krank, aussätzig‹. – Zur Bedeutungsentwicklung vgl. »Kog«.

siëch Adj.: ›die Eigenschaften eines »Siech« habend‹ vereinz., z. B. *der siäche Chaib!*

sieche ›seihen‹ → »sige«.

siëchle schw.: *siächle, süechle* ›hängengebliebene Trauben, Kartoffeln, Obst nachlesen‹ mancherorts Hegau, Höri, Bodenseegebiet. – Wörtl. *sücheln*, eine Bildung zu *suchen*. – Syn. → »ätzne«.

siëde st.: *siäde* verbr. (außer den folgenden Gebieten); *side* verbr. an Oos und Murg und mancherorts südöstl. Schwarzw., westl. Hegau; *seäde* vereinz. am Rhein vom Hanauerland bis in das Markgr.; *süde* südl. Hotzw., Klettgau; Part. Perf.: *gsodde, gsotte* verbr. ♦ ›in kochendem Wasser aufbereiten‹, z. B. Kartoffeln, Fleisch, Wäsche; *Do hent Er's!* (das Tabakspfeiflein) *Schabet's, siedet's, putzet's* [Hebel]; Ra.: Antwort auf die Frage „Was gibts zu essen?“: *gsoddeni Häilaidere n-un brodeni Strähl* [E. Strube].

siëdig Adj.: *siädig, sidig.* ♦ 1) ›siedend, heiß‹; *die siedige Kränk* ›Fieber‹ in Verwünschungen, vereinz.; *s tribt mer de siedige Schweiß rus* ›mir ist glühend heiß‹ [Lahr]. ♦ 2) verstärkend ›sehr, enorm‹ vereinz.; *im siadige Kalopp* ›in scharfem Galopp‹ [A. Ganther]; Ra.: *wia's siadig Hexewedder* ›in großer Eile, mit Höllenlärm‹ [A. Ganther].

Siëmere m, f.: ›Jammerlappen‹ [Schonach, Gremmelsb.].

siëne schw.: *siäne, siänge* ›jammern, näseln‹ [Schonach].

sieß Adj.: *siäß, süeß.* ♦ 1) ›einen süßen Geschmack habend‹; *s het vill* (Kirschen) *dies Johr; un süeß sin sie, sölli süeß* [A. Ganther]. ♦ 2) ›angenehm, lieblich‹; *Nooch bynenander wohne Laid un Freud, un was der 's Lebe süeß un liebli macht* [Hebel]; Ra.: *siäß tue* ›schöntun, heucheln‹ [Wehr].

Sießer m.: ›süßer, unvergorener Wein‹ vereinz. Ortenau, Brsg., Markgr. – Vgl. »Suser«.
sießlecht Adj.: *siäß-, süeßlecht* ›süß, süßlich‹.
sifere schw.: *sifere* verbr.; *süfere* Südrand; *sibere* Baar, Hegau, Bodenseegebiet. ♦ 1) ›saubermachen, säubern‹. ♦ 2) ›Geiztriebe am Rebstock entfernen‹ Kaiserst., Brsg. ♦ 3) sich *sifere.* ›die Nachgeburt abstoßen‹ mancherorts, häufiger aber → »versifere«.
Sifer(e)te f.: *Siferte, Siwerte, Siberete, Süberete* u. ä. ♦ dass. wie »Siferi«, mancherorts mittl. Schwarzw., Höri.
Siferi f.: *Siferi* südl. Ortenau, Brsg., südl. Schwarzw., nördl. Markgr.; *Süferi* mancherorts Markgr., Hotzw.; auch *Siferig, Süberig* u. ä. ♦ ›die Nachgeburt der Kuh‹. – Wörtlich *Säubere, Säuberung.* – Syn.: »Verrichtig, Versiferig, Putzete, Reinet, Richti, Sif(e)rete«.
Siffel m.: *Siffel, Süffel* ›Trunkenbold‹.
siffle schw.: *siffle, süffle* ›genießerisch, in kleinen Schlucken trinken‹.
Sifzer, Sifzger m.: ›Seufzer‹.
sifzge schw.: *siifzge, süfzge* ›seufzen‹.
sig Konjunktiv zu »si[1]«.
Sigaar f.: ›Zigarre‹.
sige schw.: *sige* ›durch ein Tuch seihen, filtern‹, z. B. die Milch nach dem Melken, verbr. in drei verschiedenen Gebieten und zwar: um Achern, um Rust herum und im südlichen Klettgau; in Konstanz gilt *siiche*; die Vorrichtung zum Seihen ist die *Sige* oder der *Siicher.* – Ahd. *sîgan* ›sinken, tropfen‹, verwandt mit nhd. *seihen.* – Vgl. »sechte, siie«.
Sigrischt m.: *Siigrischt,* seltener *Siigerischt, Siggrscht* ♦ ›Mesner, Küster‹ vereinz. Brsg., mancherorts Dinkelberg, oberes Wiesental, westl. Hotzw., Hochrhein (Verbr. s. Karte → »Mesmer«). – Vgl. »Mesmer, Kirchediener«.
sihe ›sehen‹ → »sehne«.
siie schw.: *siie, sije* verbr.; *seie, saie* an der Grenze zum Schwäbischen. ♦ ›durch ein Tuch seihen, filtern‹, z. B. die Milch nach dem Melken; die Vorrichtung dazu ist die *Siie* oder der *Siier.* – Mhd. *sîhen,* nhd. *seihen.* – Vgl. »sechte, sige«.
Sil-bengel m.: *Sillbengel, Sibengel, Simbengel.* ♦ ›Zugscheit am Bauernwagen‹ Dinkelberg, südl. Markgr., südl. Hotzw. (Verbr. s. Karte → »Wogschit«). – Bestimmungswort zu mhd. *sil* ›Seil, Riemen, Zuggeschirr‹. – Syn. → »Wogschit«.
Silber n.: *Silwer, Silber* ›das Edelmetall Silber‹; *loß i d'r ne bim Goldschmidt in Silwerfasse* [A. Ganther].
silber, silberig, silbern Adj.: *silber(ig), silbern, silwer(ig), silwern.* ♦ ›aus Silber‹; *drin schtëket e silberi Medailion* [O. Furtwängler]; *silberni Glöckli* [Hebel]; *Hütt noch trait 'r ne* (den Eberzahn) *an's Großvadders silwerige Kett* [A. Ganther].
Sile f.: *Sile* südl. Baar, Hegau, vereinz. Bodanrück, Höri; *Süle* vereinz. südl. Hegau, Höri. ♦ ›Ahle, Pfriem des Schuhmachers‹. – Ahd. *siula,* zu *siuwen* ›nähen‹.
Sili-bire f.: *Silibire, Sülibirre* ›eine kleine Mostbirnenart‹. – Wörtl. *Säulein-birnen.*
Sil-wog f.: *Sillwoog, -wòòg* ›Zugscheit am Bauernwagen‹ mancherorts mittl. Schwarzw. (Verbr. s. Karte → »Wogschit«). – Syn. → »Wogschit«.
Silz f.: dass. wie → »Sulz« [O.weier (Rast.), Kappelwindeck].
sim ›seinem‹ → »si[2]«.
Simass m.: ›ein (buntgemusterter) Stoff‹ vereinz. und veraltet. – Frz. *siamoise.*
Sim-bach m.: *Simbach, Simpach* ›dummer Mensch, Simpel‹ vereinz. – Vgl. »Dummbach, Simpel«.
Sime m., f.: *Siime* ›Randleiste, Fuge zwischen Bodenbrett und Seitenwand des Fischerkahns‹ [Weisweil (Emm.), Grenzach].
simeliere schw.: ›überlegen, vor sich hin sinnen‹. – Zu lat. *simulare,* frz. *simuler* ›etwas vortäuschen‹, wobei jedoch die Bed. von *sinnieren* eingewirkt hat.
Simmel, Simmel-mehl n.: ›Weizenmehl‹ vereinz. Ortenau, Markgr., Hotzw. – Mhd. *simel, simele,* dies aus lat. *similia* ›feinstes Weizenmehl‹, zu dem auch die bairische *Semmel* gehört.
Simmere n.: *Simmer, Simmere, Simmeri, Simmri.* ♦ 1) ›veraltetes Getreidehohlmaß‹ verbr. nördl. Schwarzw., vereinz. Ortenau. ♦ 2) übertr. ›großer Kopf‹ verächtl. – Mhd. *sumber,* Dim. *sümberin* > *sümmeri, simmeri* ›Hohlmaß, Scheffel‹. – Vgl. »Imi, Seschter«.
simmerig Adj.: ›auf der Sonnenseite, sonnenbeschienen‹, bes. von Berghängen, mancherorts Ortenau, mittl. Schwarzw., Baar; *e simmerige Garte* [Freiamt]. – Wörtl. *sümmerig,* eine Bildung zu *Summer* ›Sommer‹, also ›auf der Sommerseite‹.
simmre schw.: ›summen, sirren‹ Kinzigtal.
Simpel m.: *Simbel, Simpel, Sümpel* ›einfältiger, dummer Mensch‹. – Frz. *simple.*
Simri ›Hohlmaß‹ → »Simmere«.
Simse m., f.: *Simse* verbr.; *Simbse* vereinz. Baar, SO-Baden; *Simsel, Sinsel, Sindsel* südl. Brsg., Markgr., Hotzw., vereinz. Klettgau; *Simsme* südl. Klettgau. ♦ ›Sims an Gebäuden, Ofen-, Fenstersims‹; *jetz göhnt in d' Schuel, dört hangt der Oser* (Ranzen) *am Simse!* [Hebel].

Simse-krebsler m.: ›minderwertiger Wein‹, wörtl.: Wein(stock) der am Sims emporkriecht, vereinz. – Vgl. »krebsle«.

Sinapf m.: ›Einfaltspinsel‹ [Stahrgn].

Sind f.: *Sind, Sünd* ›Verfehlung, Sünde, empörendes Verhalten‹; Ra.: *s isch e Sünd* [A. Ganther]; *i tät mi (der) Sünd förchte* ›das mache ich nicht, weil es eine Sünde ist‹ Markgr.; auch verkürzt: *sich sindferchte* dass. [Mahlbg]; *Sünd un schaad* ›sehr schade‹ verbr.

sine schw.: *siine* [Elzach, U.prechtal]; *seene* [Furtwangen]. ♦ ›zufrieden murren, von der Kuh beim Wiederkäuen‹. – Das Wort, das auch in der Schweiz bezeugt ist, soll lautmalerischen Ursprungs sein.

singe st.: *singe* verbr.; Part. Perf.: *gsunge.* ♦ 1) ›ein Lied singen‹; *un wenn si 's Schloflied gsunge henn* [Hebel]; *G'sunge un pfiffe het 'r vor Fraid* [A. Ganther]; *Haimiszua* (heimzus) *hän si gsunge wia de Läriche* [O. Furtwängler]. ♦ 2) ›einen singenden, hellen Ton von sich geben, pfeifen‹ meist von Vögeln, aber auch von Gefäßen auf dem Herd, von Tieren (Rind, Katze); *un d' Vög'l hen g'sunge, 's isch e Staat gsi* [A. Ganther]; *im Dorneghürst* (Dornengebüsch), *wo d' Trostle* (Drosseln) *nit singe* [Hebel].

singerig Adj.: ›zum Singen aufgelegt, sangesfreudig‹.

Singerne f.: ›Sängerin‹ Markgr.

Singes n.: ›das Singen, der Gesang‹.

sinkele schw.: *singgele, sünggele, sünkele, zingele.* ♦ 1) ›schmerzen, kribbeln‹, bes. wenn die Hände von der Kälte ins Warme kommen, bei Brennesselverbrennungen oder nach Schlägen, vereinz. Kaiserst. ♦ 2) ›vibrieren, Hitze abstrahlen‹ vom Ofen, vereinz. mittl. Schwarzw. ♦ 3) ›nach Glut, versengt riechen‹ Elztal, Markgr. – Wohl eine Bildung zu *sengen.*

sinne schw.: ›ein Hohlmaß eichen‹; *Gsinnet isch er gsi uf sibe Mooß un e Schöppli* [Hebel]. – Mhd. *sinnen,* dies zu lat. *signare.* – Vgl. »eiche[1], pfächte«.

sinniere schw.: ›nachdenken, sinnen‹.

sinn-los Adj.: ›bewußtlos‹; *un sinnlos trümmlet 's Kätterli nider* [Hebel].

Sire f.: *Sire, Süre* mancherorts; oft nur Dim.: *Sirli, Sirle, Sürle.* ♦ ›Bläschen auf der Haut, Ausschlag, kleines Geschwür‹. – Mhd. *siure.*

sir(e)le schw.: *siir(e)le* ›säuerlich riechen‹. – Wörtl. *säuerlen.*

Siri f.: *Sire, Siri, Süri* ›säuerlicher Geschmack, säuerliche Substanz, Säure‹.

sirig Adj.: ›habgierig‹ [Möhrgn].

Sirinke f.: *Siringge, Sirinke, Sürinke, Zirinke, Zirike* mancherorts; Dim.: *Zirinkli.* ♦ ›Flieder‹; *o lueg: die schöne Zirinkli!* [Hebel]. – Zu mittellat. *syringa.* – Vgl. »Lilächeli«.

sirlich Adj.: *siirlich, siirli.* ♦ 1) ›säuerlich, vom Geschmack‹. ♦ 2) ›verdrießlich, sonderbar‹.

Sirmel m.: *Sirmel, Sermel, Sürmel.* ♦ 1) ›einfältiger, närrischer Mensch‹. ♦ 2) ›Rausch‹; Syn. → »Rusch«.

sirmle schw.: *sirmle, sürmle.* ♦ 1) ›taumelig, wirr im Kopf sein, dösen‹ Markgr. ♦ 2) ›ziellos herumlaufen‹.

sirmlig Adj.: *sirmlig, sürmlig* ›taumelig, benommen‹.

sirpfle ›Alkohol trinken‹ → »surpfle«.

sit, siter, siterie Präp.: *sitt, sidder, siider, siideriä.* ♦ ›seit, seitdem, seither‹; *Un siider schmeckt mer's Esse nit* [Hebel]; *Siiderie wird's größer un haimli schöner un stärcher* [Hebel]. – Wörtl. *seit, seit-her, seither-je.*

Site f.: *Sitt, Sitte, Site.* ♦ 1) ›seitlicher Teil von Gegenständen, Seitenpartie des Menschen‹; *d' link Fuscht in d' Sitt g'stemmt* [A. Ganther]; *Sëlt* (drüben) *uf dr andere Site fum Schtübli* [O. Furtwängler]; *Gong uf d Sitte!* ›Mach Platz!‹ [Freiamt]; Ra.: *uf d Sitte glade ha* ›einen Rausch haben‹ verbr. ♦ 2) ›Buch-, Heftseite‹; *dr Rotschriewer het grad d' letscht Sitt vum a Akdestuck fertigg'hok'lt* (abschätzig für ›mit krakeliger Schrift fertig geschrieben‹) [A. Ganther].

sitze st.: *sitze* verbr.; Part. Perf.: *gsesse*; Konjunktiv: *sitzig* vereinz. ♦ 1) ›in sitzender Haltung sein, hocken‹; *Jetz sitz i do un waiß kai Trost* [Hebel]; *D' Hofrädi un 's Döchderli sin grad vor em Hus am Gardedischli g'sesse un hen d'r Kaffe trunke* [A. Ganther]; *'s seige Grappe* ›Krähen‹ *gnueg druf gsessen un haigen am Tuech pickt* [Hebel]; Ra.: *ein sitze ha* ›einen Rausch haben‹; vgl. »hocke«. ♦ 2) ›sich (fest) an einer bestimmten Stelle befinden, positioniert sein‹; *Un üüser Huus, es sitzt jo wie ne Chilchli uf em Berg* [Hebel].

so[1] Adv.: ♦ 1) ›auf solche Art, dermaßen, solch‹; *So isch recht* [A. Ganther]; *So währt's sibe Johr* [Hebel]; *So now'l het d'r Mich'l no nia z' midag gesse* [A. Ganther]; *So ne Maa wie du* [Hebel]. ♦ 2) ›etwa, ungefähr‹; *so um Zowe rum* ›ungefähr um die Abendzeit‹ [O. Furtwängler]; *so im Sumër use so zwische em Heiwët un dr Ärn* [O. Furtwängler]; *So un so, un das un deis* [Hebel]. ♦ 3) folgernd: ›wenn, dann‹ in unbetonter Stellung bisweilen abgeschwächt *se,* z. B.: *un witt mi, se hol mi!* ›und willst du mich, dann hole mich‹ [Hebel]; *un hättsch gern näumis, se sag mer's!* ›und hättest du gern etwas, so (dann) sage es mir‹ [Hebel]. – Vgl. »eso«.

so[2] Interj.: bestätigende, konstatierende Floskel; *So, Nazi* (Ignaz), *do hesch d' Supp!* [A. Ganther]; *„So, des isch nett," het d' Ochsewirdi druf gsait* [A. Ganther]. – Vgl. »sodele«.

Socke m., f.: ♦ 1) ›kurzer Strumpf, (gestrickter) Hausschuh‹ vereinz. ♦ 2) Schimpfwort, sowohl für Männer, als auch für leichtfertige Mädchen, vereinz.

socke schw.: ›herumlaufen, rennen‹ Hegau.

Sod m.: ›Sumpfloch, sumpfiger Boden‹ vereinz. Ortenau, mittl. Schwarzw.; häufiger noch in FlN. – Mhd. *sôt* ›Brühe, Pfuhl, Brunnen‹.

sodele Adv.: *sodele, sodeli* abschließendes, bestätigendes ›so‹, im Sinn von: ›so, das wär geschafft!‹.

sodig Adv.: ›so beschaffen, solch‹; Ra.: *s gibt soddige und soddige* ›es gibt solche und solche‹ mancherorts. – Vgl. »sonig«.

Sohle f.: *Sohl, Sohle, Soll, Solle.* ♦ 1) ›Fußsohle‹. ♦ 2) ›Schuhsohle‹. ♦ 3) ›Sohlenartiges‹, z. B. ›Kufe am Schlitten, Teil des Pfluges, der in der Furche schleift‹ u. ä.

Sohn → »Suhn«.

Sohr ›Schilf‹ → ›Sahr‹.

Solat → »Salat«.

Sol-baum m.: *Soolbaum* ›mittlerer, dicker Durchzugsbalken unter der Zimmerdecke‹ mittl. Schwarzw., Elztal. – Mhd. *solboum* ›Schwellbaum‹.

soldäterle schw.: ›Soldat spielen‹ veraltet; das Spiel selbst wird *Soldätles* genannt.

so-lei, so-leinig Adv.: ›derart, solcherlei‹ [Freiamt, Tribg]; *I wodd kei sonigi Underhose, i wodd liawer ä soleinigi!* [Freiamt]. – Vgl. »derleinig«.

solle schw.: *solle* verbr.; *selle* mancherorts Ortenau; Konjunktiv-Formen: *ich sodd, du soddsch / sottesch / söddsch, er sodd, mir / sie sodde, ihr sodde / soddet* u. a.; Konjunktiv II: *soddig.* ♦ 1) ›verpflichtet sein, etwas zu tun, sollen‹; *i soll's nit tue* [Hebel]; *du soddsch di schämme!* ›du solltest dich schämen!‹ [Elzach]. ♦ 2) als Ausdruck des Wunsches; *soll der Himmel Euer Chind in Gnade biwahre* [Hebel]; *Es sott der jo gunnt sii* [Hebel]; *Di soll der Dunner un 's Wetter in Erdsboden abe verschlage!* [Hebel].

solli Gruß → »salli«.

sölli ›sehr, beträchtlich‹ → »selli[1]«.

Some m.: *Soome, Sòòme* verbr.; *Suume* nördl. und mittl. Schwarzw. ♦ 1) ›Saatgut‹. ♦ 2) ›der keimende, aufgegangene Samen, die Saat‹; vgl. »Soot«. ♦ 3) ›Blütenstand, Fruchtansatz der Weinrebe‹. ♦ 4) ›Fischbrut‹. ♦ 5) ›kleines Kind, lärmende Kinderschar, Rasselbande, Gesindel‹.

Sommer → »Summer«.

sonig Adv.: ›so beschaffen, solch‹ mancherorts; *Sîsch! sônigi Liadli singë dia Vögili* [O. Furtwängler]. – Vgl. »sodig«.

Sonne → »Sunne«.

sonst → »sunscht«.

Soot f.: *Soot, Sòòt* ›Gesätes, Saat‹ mancherorts nördl. Schwarzw., Ortenau, im Süden eher → »Some 1b«.

Sootel m., f.: *Soodel, Sòòdel, Sordele* ›Streifen Ackers, der in einem Gang des Sämanns besät wird‹ vereinz. mittl. Schwarzw., Markgr., Baar. – Mhd. *sâtel* ›Ackermaß‹.

Sor ›Riedgras, Schilf‹ → »Sahr«.

Sores ›Rausch‹ → »Sarass«.

Sorg f.: ♦ 1) meist Pl. ›Sorgen‹; *mach du dir kaini Sorge* [Gütenb.]. ♦ 2) ›Sorgfalt, Vorsicht‹ *Sorg gäe* ›Obacht geben‹ [Epple]; *gib Sorg uf di Sach* [Epple]; *henn au Sorg mit de Iirichtig* ›passt auf die Einrichtung auf‹ [Wehr].

Sortel ›Arbeitsbreite‹ → »Sootel«.

Soß f.: ♦ 1) ›Tunke, Soße‹. ♦ 2) ›(lästige) Angelegenheit, Bescherung‹; *Underwegs het d'r Jörg dia ganz Sos nomol herschlage müen, wia alles gange nisch* [A. Ganther].

sott ›sollte‹ → »solle«.

sottere schw.: ›langsam braten‹ [Konstanz].

Spächeli, Spächteli Pl.: *Spächeli, Spechili, Spechele, Spächteli, Spächtele* ›Holzspäne zum Feueranmachen‹ nördl. und mittl. Schwarzw., SO-Baden. – Dim. Pl. zu mhd. *spache* f. ›dürres, kleines Brennholz‹. – Vgl. »Sprissel 2«.

Spächtis, Spächtlis n.: *Spächtis, Spächtle, Spächt(i)lis* ›ein Spiel, bei dem ein vorn zugespitzter Holzstab (der *Spächtel*) in den Boden geworfen wird, so dass er stecken bleibt, und dann von anderen Spielern zu treffen und umzulegen versucht wird‹ mancherorts.

Spachtle f.: ♦ 1) ›Spachtel‹. ♦ 2) ›einfältige weibliche Person‹.

spachtle schw.: ♦ 1) ›mit der Spachtel arbeiten‹. ♦ 2) ›tüchtig essen‹.

Spage(tt) n.: *Spágett* mancherorts; *Spagge* mancherorts SO-Baden; *Spagáad* vereinz. ♦ ›dünne Schnur, Bindfaden, Zwirn‹. – Ital. *spaghetto.*

Spal nur Pl.: *Spääl* [O.prechtal]; *Späle* [Ringshm]. ♦ ›Verbindungsstäbe, die Schlittenbaum und Kufen zusammenhalten, bzw. Art Hölzer im Fachwerk‹ veraltet. – Mhd. *spale.*

spalte schw.: *spalde, spalte* verbr. (außer SO-Baden), *spaalte* SO-Baden. ♦ ›Holz spalten‹.

Spälte(r) m.: *Spälter* vereinz. nördl. Schwarzw., Elztal; *Spälte, Späälte* mancherorts Hotzw., Klettgau,

Hegau; *Speälte* mancherorts Bodensee. ♦ ›aufgespaltenes Holzscheit‹. – Mhd. *spëlter.*

Spalt-merschel m.: ›große Spaltaxt‹ mancherorts. – Vgl. »Merschel 2«.

Spalt-wecke m.: ›Spaltkeil‹. – Zum Grundwort s. → »Wecke[2]«.

Span m.: *Span* mancherorts Ortenau, Brsg.; *Spaa* vereinz. südöstl. Schwarzw., Bodensee; *Spon, Spoo, Spòò, Spou* übriges Gebiet; *Spuu* Zartener Becken; Pl.: *Spä(n), Spöö, Spii.* ♦ ›Holzspan zum Feueranmachen, Hobelspan‹ u. ä.

Span-brenner, Spä- m.: *Spòòbrenner, Spääbrenner* u. ä. ♦ ›Geizhals‹ vereinz.

späne schw.: ♦ 1) ›Holzspäne machen‹ [Reute (Emm.]. ♦ 2) ›rennen, sich beeilen‹, salopp, mancherorts. ♦ 3) ›angeben‹ [Buchenbach].

Späner m.: ›Angeber‹, Schülerspr., verbr. Breisgau.

spängle → »spengle«.

spanife, spanifle schw.: *spaníife, spaníifle* ›spähen, scharf beobachten‹; *Un wia alles dohockt un spanift* [A. Ganther]; *d'r Schandarm het sich schier d' Auge rus g'luegt un si Hals v'rstreckt vor Spaniefe nooch dem Durchbrenner* [A. Ganther]. – Vgl. »luschtere[2]«.

Spann-bengel m.: ›Knebel, mit dem man die Kette um die Wagenladung spannt‹.

Spanne f.: ›Maß von der Länge einer Handspanne‹; *sechs Spanne* [A. Ganther]; *un e Spanne lang hangt d' Zungen uuse* [Hebel].

spanne schw.: ♦ 1) ›Spannung geben, ein Seil, eine Saite spannen‹; *un spanne d' Saiten* [Hebel]. ♦ 2) ›erwartungsvoll auf etwas schauen, auf etwas erpicht sein‹; *Alles luegt un spannt un kein duet e Schnüferli* [A. Ganther]; *uf so e Ämtli spanne* [A. Ganther]; *gspannt sii* ›erwartungsvoll, neugierig sein‹.

spare schw.: ♦ 1) ›verschonen, erhalten‹; *Jetz bhüet Ich Gott un spar Ich* (Euch) *frisch un gsund* [Hebel]. ♦ 2) ›etwas zurücklegen, Geld sparen, einsparen‹; *der Metzgergang hädde n'r üch spare künne* [A. Ganther].

Sparglemente Pl.: *Sparg(e)lemende, Sparglimende, Sparglamende* u. a. ♦ ›unnötiges Getue, Umstände, Faxen‹; *Mach kei Sparglemende!* [A. Ganther]; *d'r Ochsewirt macht nit lang Sparglemende un hockt sich an Disch hi* [A. Ganther]. – Wohl zu ital. *spargimento.*

sparig Adj.: ›sparsam‹; *e sparig Wiib* [Möhrgn]. – Vgl. »sparsem«.

Sparre m.: *Sparre* mancherorts; *Spare* Brsg., Markgr. ♦ ›Dachsparren‹; im Südosten gilt »Rafe«; Ra.: *e Sparre (im Chopf) ha* ›verrückt sein‹.

Sparrifanzel m.: *Sparrifanzel, Sparrafanzel* u. ä. ♦ ›unsolider Mensch, Sprüchemacher‹.

spar-sem Adv.: ›sparsam‹; *Gib's sparsem, wie der liebi Gott* [Hebel]. – Vgl. »husig, sparig«.

spassig, spässig, spässlich Adj.: ›spaßhaft, drollig‹ vereinz. – Vgl. »gschpässig«.

Spat, Spati f., **Spate** m.: *Spatt* vereinz. SO-Baden; *Spaddi, Spatti* vereinz. Markgr., Hotzw.; *Spade, Spòde, Spate* mancherorts verbr.; *Spatte* SO-Baden. ♦ 1) ›Spaten‹; Syn.: »Grabschufle, Schor, Stechschufle«. ♦ 2) ›Werkzeug, mit dem man Heu vom Heustock abschneidet‹; oft verdeutlichend auch *Haispate, -spatte* u. ä.; vgl. »Schroti«.

spät → »spot«.

Spätlig m.: *Spetlig, Spötlig* ›Herbst‹ vereinz. südl. Brsg., verbr. Markgr., Dinkelberg, Wiesental; *I ha's scho siiderm Spöötlig gmerkt* [Hebel]. – Vgl. »Herbscht 1, Spotjohr«. – Ggs.: »Friëhlig«.

Spatt n.: *Spadd, Spatt* verbr. Schwarzw., Ortenau; Pl. *Spätter*; Dim.: *Spättli.* ♦ ›Flicken, kleines Stück (aus Stoff, Leder)‹; *e Spatt uf d Hosse setze* [Auenhm]; bei Schneefall rufen die Kinder: *d Schnider isch gstorwe, d Spättli keie raa* [Ettenhm]. – Vgl. »Bletz, Fleck, Riëschter[1]«.

spätt(e)le schw.: ›zusammenflicken‹.

Spättli-bue, -hansili m.: ›Fastnachtsgestalt in einem Gewand aus schuppenartigen Stoffstückchen (vgl. »Flecklihäß«)‹ [Furtwangen].

Spatz m.: ›Sperling‹; *Do fliegt e hungerig Spätzli* (Dim.) *her!* [Hebel]; Sprichw.: *E Spatz in d'r Hand isch besser as siwwe Duwe uf 'm Dach* [A. Ganther]; *d Spatze un d Müüs finden alles* [Glock Brsg.].

Spatze-frack m.: ›Gehrock mit langen Schößen‹ veraltet; *ufeimol kummt so ein mit so eme Spatzefrack* [A. Ganther].

spaue, späue schw.: *spaue, spoue* mancherorts an oberer Acher, Rench und mittl. Kinzig; *späue, spaüe* mancherorts Ortenau, südl. Markgr., Wiesental, Dinkelberg (Verbr. s. Karte → »speie«); Part. Perf.: *gspaut.* ♦ ›spucken, ausspeien‹. – Syn. → »speie«.

Spauz m.: ›Spucke, Ausgespucktes‹; Ra.: *des isch mer e Spauz* ›eine Kleinigkeit‹.

späuze schw.: ›speien‹ verbr. Höri (Verbr. s. Karte → »speie«). – Syn. → »speie«.

Spauzete f.: ›das Ausgespieene, Spucke‹ mancherorts. – Vgl. »Speizig«.

Späuzich ›Spucke‹ → »Speizig«.

späuzle schw.: ♦ 1) ›speien‹ Umg. von Gailingen (Verbr. s. Karte → »speie«); Syn. → »speie«. ♦ 2) ›Essen oder anderes mit leichten Spuckbewegungen aus dem Mund schaffen‹; z. B. von Kleinkindern, die des Fütterns überdrüssig werden; *s Kind spoizlet* [Freiamt].

Spazing f.: ›Zwischenraum, Spielraum‹ Uhrmachersprache; *ob d Rêdër* (des Uhrwerks) *al di richtig Schbazing hen* [O. Furtwängler]. – Lat. *spatium*.

spechte *speechde, spööchte* ›spähen, erspähen‹ vereinz. – Bildung zu nhd. *spähen*. – Vgl. »usspechte«.

Spech(t)eli ›Anfeuerholz‹ → »Specheli«.

Speck m.: *Späck, Speck, Speckch, Spạck, Speäck, Speack*. ♦ ›Schweinespeck; Speckseite‹; *geraicherter Spạck* [Auenhm]; *z Owe esse mir Schpeck* [Schutterwald]; *'s wär e Syte Speck wohl us der Büttene z' hole* [Hebel].

Speck-brett(li) n.: ›Vesper-, Schneidbrett‹; Schnellsprechvers: *Der Pabscht hedd s Speggbrädd z spot bstellt* [Opfgn].

Speck-schwarte f.: ›Schwarte an der Speckseite‹; Ra.: *aim e Speckschwärtli durs Muul striiche* ›lüstern machen‹ [Glock Brsg.].

Speck-site f.: ›Seite (geräucherten) Specks‹; Ra.: *mit dr Wurscht no der Specksitte werfe* ›das Kleinere für das Größere dransetzen‹ [Glock Brsg.].

speibe, speiwe schw.: ›speien‹ mancherorts von oberer Kinzig, Gutach bis in die Baar. ♦ ›spucken, ausspeien‹ (Verbr. s. Karte → »speie«). – Syn. → »speie«.

Speiche f.: *Speich, Speiche, Spoeche, Spoache*. ♦ ›Speiche des Wagenrades‹.

speiche schw.: ♦ 1) ›rennen, herumlaufen‹ vereinz.; jemanden *speiche* ›fortjagen, hinauswerfen‹ vereinz. ♦ 2) *spoeche* ›abstützen, eine Stütze unterstellen‹ [Konstanz]; vgl. »sprieße«.

Speicher → »Spicher«.

Speidel ›Keil‹ → »Spidel«.

speie schw.: *speije, späije* mancherorts mittl. Schwarzw., Elztal, südl. Ortenau, Brsg., nördl. Markgr., Hochschwarzw. (Verbr. s. Karte → »speie«); Part. Perf. *gspeit*. ♦ ›spucken, ausspeien‹. – Syn.: »spaue, späue, späuze, späuzle, speibe, speize, speizle, spitze, spuize«.

Speis m.: *Spais, Speis* ›Mörtel‹. – Verwandt mit nhd. *Speise*, das auf vulgärlat. *spesa* zurückgeht.

speize schw.: *speijze, spaize* mancherorts nördl. Schwarzw., Hotzw., Hegau, Bodanrück, Linzgau (Verbr. s. Karte → »speie«). ♦ ›spucken, ausspeien‹. – Syn. → »speie«.

Speizig n.: *Speizig, Späuzig* ›Spucke, Ausgespienes‹; *d'r Höllmichili awwer het d'r Kuderpfropfe* (Pfropfen aus Werg für die Knallbüchse) *mit Speizig naß g'macht* [A. Ganther]. – Vgl. »Sputzig«.

speizle schw.: *speijzle, spaizle* Klettgau. ›spucken‹. – Syn. → »speie«.

Spelz m.: ›die Getreideart Dinkel‹.

spengle schw.: ›an etwas herumbasteln, Spenglerarbeiten verrichten, auf etwas einhämmern, Krach machen‹ mancherorts.

Spenzer m.: ›kurze (Trachten-)Jacke‹ teils für Frauen, teils für Männer. – Engl. *spencer*.

Sperbel m.: ›Sperber‹ Markgr., sonst *Sperber*.

Sperenze Pl.: *Sperenze, Spirenze* mancherorts; auch oft nur Dim.: *Sperenzle* usw. ♦ ›Flausen, Dummheiten, Unsinn‹.

Sper-laise Pl.: *Speerlaise, Sperrlaise, Sperlöise* u. ä. ♦ ›seitliche Stützen der Wagenleiter‹ mancherorts ob. Markgr. (Verbr. s. Karte → »Lis«). – Vgl. »Lis, Lundspere, Spore«.

sperr-angel-wit Adv.: ›sehr weit geöffnet‹ mancherorts; *do rißt 'r d' Auge n uf, sperrang'lwitt* [A. Ganther]. – Vgl. »sperrwagewit«.

sperre schw.: ›bremsen‹; Ra. (einem borniert Rückständigen in den Mund gelegt): *Do hett mi Vadder gspärrt un do spärr i au, un wenn s der Berg uffigoht* [Glock Brsg.]. – Vgl. »Sperri«.

sperr-hemmig Adj.: ›bockig, widerspenstig‹ Markgr.

Sperri f.: *Sperr, Sperri* mancherorts Ostteil des nördl. Schwarzw.; *Speeri* Linzgau, südl. Bodanrück (Verbr. s. Karte → »Mick«). ♦ ›Bremse am Bauernwagen‹. – Syn. → »Mick«.

Sperr-nacht f.: ›die letzte Nacht vor Heiligabend‹ mancherorts Ortenau.

sperr-wage-wit Adj.: dass. wie → »sperrangelwit« Markgr.

Spettel m.: ♦ 1) ›Quersprosse der Leiter‹; mancherorts Hotzw. ♦ 2) ›Haselrute im Fachwerkbau‹ [Worblgn].

spettle schw.: ›verspotten‹ nördl. Schwarzw., Ortenau. – Wörtl. *spötteln.*

Spettli ›Flicken‹ → »Spatt«.

Spezel, Spezi[1] m.: ›spezieller Freund‹; *Middlerwilscht sin dia zwi Bechnazi awwer d' beschdi Speez'l worre* [A. Ganther].

Spezi[2] n.: ›ein Mischgetränk, vorzugsweise aus Limonade und Cola‹ verbr.

Spicher m.: *Spiicher, Spicher.* ♦ 1) ›Räumlichkeit oder (beim Schwarzwaldgehöft) separates Häuschen für Getreide- und sonstige Vorräte‹ mancherorts. ♦ 2) ›Leibgedinghaus‹ vereinz. Schwarzw.

spicke schw.: ♦ 1) ›(erstaunt) dreinschauen‹; *Des wär e G'spaß! Do däde n'r spicke!* [A. Ganther]; *Gell, do spicksch!* [A. Ganther]. ♦ 2) ›verstohlen spähen, heimlich in unerlaubte Hilfsmittel schauen‹ Schülersprache. ♦ 3) ›werfen‹, bes. Äpfel, Kartoffeln auf einen Stock spießen und dann wegschleudern, vereinz. mittl. Schwarzw., Ortenau.

Spickel m.: ›eingesetzter Stofffleck, Zwickel‹ [Möhrgn, Konstanz]. – Vgl. »Spatt, Spidel 1«.

spickle schw.: dass. wie → »spicke 2«.

Spidel m.: *Spidel, Spiddel* mancherorts Ortenau, mittl. Schwarzw.; *Speidel* vereinz. östl. Baar. ♦ 1) ›Keil, Zwickel‹. ♦ 2) ›großes Stück Brot‹ vereinz. Ortenau. – Mhd. *spidel* ›Splitter, Fetzen‹.

Spiëgel m.: *Spiägel* verbr. (außer den folg. Gebieten); *Spiäl, Späiel, Späil, Spiil* mancherorts westl. Ortenau, Hanauerland. ♦ 1) ›Spiegel‹ *Un wo i mi im Spiag'l ag'luegt ha* [A. Ganther]. ♦ 2) Name für Pferde, Kühe mit weißem Fleck [Wolfhag, Birnd.].

spiele schw.: *spiile, spille* ›ein Spiel spielen, sich spielerisch betätigen‹; Sprichw.: *Chindre müen gspielt ha* [Glock Brsg.].

spiële schw.: *spiäle* mancherorts nördl. und mittl. Schwarzw., Baar, Hegau SO-Baden; *spüele* Hochrhein, Höri (Verbr. s. Karte → »ufwäsche«). ♦ ›Geschirr spülen‹. – Vgl. »wasche 2, ufwasche«.

spiënzle schw.: ›mit etwas prahlen, einen Gegenstand prahlerisch vorzeigen (um andere neidisch zu machen, zu necken)‹ mancherorts. – Vgl. »gägse«.

Spieß m.: *Spiis, Spiss, Spiäß, Speäß.* ♦ 1) ›spitze Waffe‹, früher bisweilen Utensil des »Bammert«, vereinz. ♦ 2) ›spitzer Gegenstand, spitz zulaufendes Grundstück‹. ♦ 3) ›in die Haut gedrungener Holzsplitter‹ mancherorts Raum St. Peter – Hornberg (Verbr. s. Karte → »Sprissel«); Syn. → »Sprisse«. ♦ 4) ›Stricknadel‹ vereinz. ♦ 5) ›Feldwebel‹ Soldatenspr. – Mhd. *spiz* ›Bratspieß, Holzspieß, Splitter‹.

Spieße m.: ›in die Haut gedrungener Holzsplitter‹ verbr. südöstl. Schwarzw., Baar, Hotzw., Klettgau und übriges SO-Baden (Verbr. s. Karte → »Sprissel«). – Syn. → »Sprisse«.

spieß-eckig Adj.: ›dreieckig zulaufend, von Grundstücken‹.

Spill f.: *Spill, Spell* ›Spindel‹ vereinz. Ortenau. – Mhd. *spille.*

Spill-mucke ›Spinne‹ → »Spimucke«.

Spi-mucke f.: *Spimucke, Spillmucke* ›Spinne‹ mancherorts Hotzw., Klettgau. – Syn. → »Spinne«.

Spinat m.: *Spinaad* verbr.; *Spinòòd* vereinz. ›die Gemüsepflanze Spinat und das daraus bereitete Gemüse‹. – Vgl »Binätsch, Pflätterlikrut«.

Spinne f., m.: *Spinn, Spinne* verbr. (außer den Gebieten, in denen die unten bei Syn. genannten Bezeichnungen vorkommen). ♦ ›Spinnentier‹, Genus. m. im südl. Breisg., im Markgr. und Hotzw. häufig belegt, man sagt also dort: *der Spinn.* – Syn.: »Spinnepoppele; Spinn(h)oppe, Spinn(h)oppele, Spimucke«.

Spinn(e)-hudle f., meist Pl.: *Spinn(e)huddel, -huddle, -huudle* u. ä. ♦ ›Spinngewebe‹ Schwarzw., mancherorts Hotzw.; in Gebieten, wo andere Bez. für die Spinne gebraucht werden, gelten dann diese als Bestimmungswörter, z. B. *Spinnhoppehuudle.* – Zum Grundwort s. → »Hudel 1«.

Spinne-nescht n.: ›Spinngewebe‹ mancherorts Südhälfte; in Gebieten, wo andere Bez. für die Spinne gebraucht werden, gelten dann diese als Bestimmungswörter, z. B. *Spinnhoppenescht, Spimuckenescht* u. a.

Spinne-poppe(le) f., n.: *Spinnepoppe, Spinnepoppele, -bobbele, -buppe* u. ä. ♦ 1) ›Spinne‹ vereinz. Baar, Hegau; Syn. → »Spinne«. ♦ 2) ›Spinngewebe‹ mancherorts Markgr., Baar, Bodenseegebiet; Antwort eines Bademeisters auf die Frage, was er im Winter mache: *Ha, da tu ich ammel die Spinnenboppele obenabenfürben* [Epple].

Spinn-(h)oppe f., m.: *Spinnhopp, Spinnoppe, Spinnhoppe* u. ä. ♦ ›Spinne‹ südl. Ortenau, [Freiamt], Glottertal, Kaiserst., westl. Brsg., nördl. Markgr. – Syn. → »Spinne«.

Spinn-(h)oppele f., n.: *Spinnoppele, Spinnopele, Spinnhoppele, Spinnhopple* u. ä. ♦ ›Spinne‹ mancherorts südöstl. Schwarzw., westl. Hegau. – Syn. → »Spinne«.

Spir, Spir-schwalbe f.: *Spiir, Spirre, Spiirle,*

Spiirschwalbe vereinz. ♦ ›Mauersegler, Turm-, Rauch-, Mehlschwalbe‹. – Mhd. *spîre* ›Turmschwalbe‹. – Vgl. »Gschpir«.

Spirenze ›Possen‹ → »Sperenze«.

Spittel ›Keil‹ → »Spidel«.

Spitz m. (f.): ♦ 1) ›dreieckiges, spitzzulaufendes Teil, Grundstück‹ vereinz. ♦ 2) ›durchbrochenes Gewebe, Spitzen‹ *Brüsseler Spitz* m.! [Radolfzell]. ♦ 3) ›Rausch‹ vereinz.; Syn. → »Rusch«. ♦ 4) ›schlauer, gerissener Kerl‹; *alter Spitz!* verbr. ♦ 5) eine Hunderasse.

spitze[1] schw.: ›spucken, ausspeien‹ Hanauerland (Verbr. s. Karte → »speie«). – Syn. → »speie«.

spitze[2] schw.: *spitze, spetze.* ♦ 1) ›anspitzen, spitz machen‹; Ra.: *d Ohre spitze,* gut zuhören, vom Bild des Hundes; Neckvers: *Wunderfitz hett d' Nase gspitzt* [Wehr]. ♦ 2) ›genau aufpassen, sich erhoffen, erpicht sein auf‹; *er hat uf die Berta gspitzt* ›er hat es auf die Berta abgesehen‹ [Baden-B.].

Spitz-gras n.: ›Quecke‹ mancherorts südl. Schwarzw., Hotzw. – Syn. → »Quecke«.

Spitz-gucke f.: ›spitz zulaufende Tüte‹. – Zum Grundwort s. »Gucke«.

spitzig Adj.: ›spitz zulaufend‹; *si langi spitzigi Nas* [A. Ganther].

Sponsari m.: ›Eheunterricht, Brautexamen‹ vereinz., veraltet; *si gond zum Sponsari* [Engelswies]. – Lat. *sponsalia.*

Spoo → »Span«.

Spore Pl.: *Spoore* ›seitliche Stützen der Wagenleiter‹ mancherorts an Rench und unterer Kinzig (Verbr. s. Karte → »Lis«). – Vgl. »Sperlaise«.

spot Adj.: *spoot* verbr.; *spòòt* Rheinebene zwischen Oos und Markgr.; Komparativ: *speter, später, spöter.* ♦ ›spät, verspätet‹; *bis spoot in d' Mittnacht* [Hebel]; *Vum frühje Morge bis in d' spot Nacht ni* [A. Ganther]; *Wie länger Nacht, wie spööter Tag* [Hebel].

Spot-johr n.: ›Herbst‹ verbr. (außer SW- und SO-Baden). – Vgl. »Herbscht, Spätlig«. – Ggs.: »Friëjjohr«.

Spränzel m.: ›hagerer Mensch‹ → »Sprenzel«.

sprattle schw.: ♦ 1) ›auseinander breiten, ausstreuen‹ mittl. Schwarzw. ♦ 2) ›gespreizt, selbstbewußt gehen oder stehen‹ eb. – Vgl. »spreite«.

Sprättle n.: ›Prise, kleine Menge, die man zwischen die Finger nimmt (und verstreut)‹ vereinz. mittl. Schwarzw.

sprattlig Adj.: ›sperrig, breitbeinig, fahrig‹.

Sprau ›Spreu‹ → »Sprei«.

spreche st.: *spreche, sprąche, spröche* vereinz., häufiger in Zs. wie *versprechen.* ♦ ›sich sprachlich äußern, reden‹; *Si spröche mitenander deis un das* [Hebel].

Sprei f.: *Sprai, Spräi, Spröi* mancherorts Schwarzw., Ortenau, Brsg.; *Sprau* vereinz. Rheinebene. ♦ ›Abfall von Getreide, Spreu, Spelzen‹. – Vgl. »Spreiel, Sprier«.

Spreiel n.: *Sprejel, Spruil, Sproul, Spraugel* ♦ ›Getreideabfälle, Spreu, Spelzen‹ vereinz. Schwarzw., Markgr. Bodenseegebiet. – Vgl. »Sprei«.

Spreite f.: *Spreit, Sprait, Sproete.* ♦ 1) ›Bettdecke‹ Hanauerland. ♦ 2) ›ausgebreitetes Gras, Getreide‹ vereinz. Ortenau; *uf der Spräid leije* ›von Gras, Heu‹ [Altenhm]. ♦ 3) ›Platz, wo die Fischernetze ausgebreitet, zum Trocknen aufgehängt werden‹ Bodensee.

spreite, spreitle schw.: *spraide, sprejde* verbr. Schwarzw.; *sprede, spräde* vereinz. Ortenau, Hanauerland; *sproete* Hegau, Linzgau; *spraidle* mancherorts südl. Ortenau, nördl. Brsg. (Verbr. s. Karte → »spreite«). ♦ ›etwas auseinanderbreiten‹, z. B. Mist auf dem Feld, ein Tischtuch usw. – Mhd. *spreiten.* – Vgl. »sprattle 1, worbe, zette«.

Spreiz m.: ›Zigarette‹; *e Spreiz drille* ›eine Zigarette drehen‹ [Freib.].

sprenze, sprenge schw.: ›mit Wasser besprengen, Blumen gießen‹ nördl. Schwarzw. (Verbr. s. Karte → »spritze«); *Due au no s Grab sprenze.* – Mhd. *sprenzen.* – Syn.: »spritze 2, tränke 2«.

Sprenzel m.: ›hochaufgeschossener, hagerer, dürrer Mensch‹ Ortenau, Markgr., Hotzenw. – Zu mhd. *sprenzel* ›Geck‹?

Spreu → »Sprei«.

Sprich Pl.: *Sprich, Sprüch* ›haltlose Reden, Floskeln‹; *nint wie Sprich* ›nichts wie Gerede‹ [Epple]; *Wia awwer druf z' schwätze a'fangt un großi Sprüch macht* [A. Ganther]; aber auch ›Redensarten, Sinnsprüche‹: *s mueß wohr sii, wie's e Sprüchli gitt: „Si säje nit un ernte nit"* [Hebel].

Spriegel m.: *Spriggel* ›Bogenförmiges‹, z. B. bügelförmiger Henkel am Korb, Getreideauffangbogen an der Sense, Tragbogen für die Wagenplane u. ä.

Sprier f., meist Pl.: *Spriir, Sprüür, Spriär, Sprüere, Sprejer* u. ä. ♦ ›Abfall von Getreide, Spreu‹ Markgr., Hotzw., Klettgau, südöstl. Schwarzw., Baar und übriges SO-Baden. – Vgl. »Gschprier«.

Sprieß(e) m., f.: ›Stütze, Stützbalken‹.

sprieße schw.: ›abstützen‹.

springe st.: ♦ 1) ›einen Sprung tun, über etwas springen‹; *Ich awwer, ... spring enanderno in d' Höchi* [A. Ganther]. ♦ 2) ›schnell laufen, rennen‹ mancherorts; *spring nit furt* [Hebel]; vgl. »renne«. ♦ 3) ›einen Sprung bekommen, zerspringen‹.

Springerli n.: ›Weihnachtsgebäck‹ verbr. nördl. Schwarzw., mancherorts Brsg. – Vgl. »Bretli, Guts, Zuckerbretli«.

Springete f.: ›das dauernde, lästige Herumlaufen‹.

Sprisse, Sprißе m.: *Sprisse* mancherorts Raum Achern, verbr. südl. Ortenau, Brsg., westl. Markgr.; *Spriäße, Spreäße* Ortenau; *Spriße* mancherorts Markgr., Dinkelberg (Verbr. s. Karte → »Sprissel«). ♦ ›in die Haut gedrungener Holzsplitter‹. – Syn.: »Schliffer, Spieß 3, Spieße, Sprissel 2«. – Mhd. *sprîze* ›Splitter, Lanzensplitter‹.

Sprissel, Sprißel m.: *Sprissel* nördl. und mittl. Schwarzw.; *Sprißel* an der Wolfach, südl. Schwarzw., Markgr., Hotzw., Klettgau, Baar (Verbr. s. Karte → »Sprissel«). ♦ 1) ›in die Haut gedrungener Holzsplitter‹ nördl. und mittl. Schwarzw.; *Sprüss'l* (hyperkorrektes *ü*) *in d' Finger* [A. Ganther]; Syn. → »Sprisse«. ♦ 2) meist Dim. oder Pl. *Sprisseli, Sprissele, Sprißeli, Sprißele* u. ä. ›dünne Holzspäne zum Feueranmachen‹; vgl. »Spächeli«. ♦ 3) ›Leitersprosse‹ *Sprissel* [Stahrgn, Mühlgn]. – Mhd. *sprîzel* ›Splitter‹.

spritze schw.: *spritze* verbr.; *spretze* mancherorts Ortenau; *sprütze* Südrand. ♦ 1) ›im Strahl hervorschießen, von Flüssigkeiten‹. ♦ 2) ›mit Flüssigkeiten besprengen, Blumen gießen‹ (Verbr. s. Karte → »spritze«); Syn. → »sprenze«.

Spritzer m.: *Spritzer, Sprützer.* ♦ 1) ›Wasserspritzer‹. ♦ 2) ›kleiner Regenschauer‹; *'s tröpflet scho, ne Sprützerli chunnt, druf regnet's gar sölli* [Hebel].

Sproch f.: *Sprooch, Spròòch* ›Sprache, Sprechweise‹; *„Seppli" ha i endlig g'ruefe, wo m'r d'r Sproch widder kumme nisch* [A. Ganther].

spröche → »spreche«.

Sprosse f.: *Spross, Sprosse* ›Leitersprosse‹.

Spruch-buech n.: ›Katechismus‹ bei Hebel: *chasch alli Sprüchli im Spruchbuech?*

Sprutz m.: ›(starker) Spritzer, Wasserguß‹ mancherorts; *Mach no e Sprutz Maggi draa!* [Wehr].

sprütze → »spritze«.

Spuele f.: ›Spule, Garnrolle‹.

spuele schw.: ♦ 1) ›auf eine Spule wickeln‹ vereinz. ♦ 2) ›viel essen‹; *i han s Zowenesse gspuelet* [Nitz]; vgl. »wickle«. ♦ 3) ›dreinschlagen‹ vereinz.

spuize, spuizle schw.: ›spucken, ausspeien‹ östl. Linzgau (Verbr. s. Karte → »speie«). – Syn. → »speie«.

Spunde m.: ›Zapfen zum Verschließen des Einfüllloches des Fasses‹.
Spund(e)-loch n.: ›Einfüllloch am Fass‹.
Sputzig n.: ›Spucke, das Gespuckte‹ [Lahr]. – Vgl. »Speizig«.
Stää ›Treppe, Stiege‹ → »Stäge«.
Staat m.: ♦ 1) ›feine Ausstattung, Pracht, Aufwand‹; *Un erst der Staat am Liib* ›prächtige Kleider am Leib‹ [Hebel]; *un d' Vög'l hen g'sunge, 's isch e Staat gsi* [A. Ganther]. ♦ 2) ›Regierung, Staat‹.
Stab m.: ›Stab als Herrschaftszeichen, Herrscherstab‹; *un my Heere Stab mit bluetige Hände z' regiere* [Hebel]; daher die Ra.: *an Stab choo* ›auf Anordnung der Obrigkeit versteigert werden‹; *'s Güetli schwindet, Acker um Acker chunnt an Stab* [Hebel].
Stab-halter m.: *Stabhalder, Stáwwalder* ›Ortsvorsteher, Stellvertreter des Bürgermeisters, Mitglied des Gemeinderates‹ mancherorts, veraltet; *de chasch no Stabhalter werde* [Hebel].
Stachi m.: Kurzform für den männl. VN *Eustachius*, auch Bez. für eine Villinger Fastnachtsgestalt; auch *Staches*.
stackle, stackse schw.: *staggle, stackle* verbr. Brsg., südl. Schwarzw., Markgr., Hotzw., Klettgau, Baar, Höri, vereinz. SO-Baden; *staggse, stackse* nördl. und mittl. Schwarzw., Ortenau, nördl. Brsg. ♦ ›stottern‹. – Vgl. »gackse 2«.
Stade m.: ›Ufer‹ [O.rotweil]. – Vgl. »Städi«.
Stadel m.: *Staddel* ›alleinstehender Schuppen‹ [Stockach].
Städi f.: *Steddi* ›Landestelle, Ufer, Gestade‹ mancherorts Bodensee. In älteren Texten auch *Stad* daher der ON *Staad* bei Konstanz. – Bildung zu mhd. *stade* ›Gestade‹.
Stadt f.: *Stadt* verbr.; Pl.: *Städt*; Dim.: *Städtle, Städtli.* ♦ ›Ansiedlung mit Stadtrechten‹; *Isch Basel nit e schöni, tolli Stadt?* [Hebel]; Ra.: *in Stadt un Land* ›überall‹.
Stadt-lit Pl.: *Stadtlitt, -lütt* ›Städter‹.
Stadtrats-lippel m. ›Ochsenmaulsalat‹ [Mahlbg].
Staffel f.: *Staffel* seltener *Stòffel* nördl. Schwarzw., Rench, untere Kinzig, SO-Baden (Verbr. s. Karte → »Stapfle«). ♦ ›Treppenstufe‹; südlich dieses Gebietes gilt »Stapfle«. – Mhd. *staffel.*
Stäge f.: *Stäge* Elz-, Glotter- und Dreisamtal, südl. Schwarzw., Hotzw.; *Stage* südl. Ortenau, [Freiamt], westl. Brsg., Kaiserst., Markgr.; *Stee, Stää, Stääj, Staaj* Hanauerland, Ortenau und angrenzende Teile des Schwarzw.; *Stegge, Stägge* südöstl. Schwarzw.,

Baar, Klettgau, Hegau, Höri; *Stäege, Steage* östl. Hegau, Bodanrück, Linzgau (Verbr. s. Karte → »Stäge«). ♦ ›Treppe, Stiege‹; *Stäge uf un Stäge ab* ›auf und ab‹ [Opfgn]; *d Stäge-n-obe-n-abe-keie* ›die Treppe von oben herunterfallen‹ [Epple]; Ra.: *d Stäge n-uffi keie* ›unverhofft in eine bessere Position kommen‹ [E. Strube]. – Mhd. *stëge* ›Treppe‹. – Vgl. »Stapfle«.
Stäge-hus n.: ›Treppenhaus‹.
Stagele(r) m: ›langer hochaufgeschossener Mensch‹ vereinz.
staibe schw.: *staibe, steibe, steiwe, stäube.* ♦ 1) ›Staub aufwirbeln, stauben‹. ♦ 2) ›jemanden fortscheuchen, davonjagen‹. ♦ 3) ›Krach, Streit geben‹; *Hets bi ejch gstaibt geschtert zobe?* [Freiamt].
Staiber[1] m.: *Staiber, Staiwer, Stäiwer* ›Schwips, Alkoholrausch‹. – Syn. → »Rusch«.
Staiber[2] ›Preißelbeere‹ → »Steibeeri«.
Staj ›Treppe, Stiege‹ → »Stäge«.
Stakete f., Pl: *Stagéede, Stachéede* ›angespitzte Zaunlatten‹ vereinz. – Ital. *stacchetta.*
Stall m.: *Stall* verbr. (außer den folgenden Gebieten); *Stòll* vereinz. Ortenau und angrenzender Schwarzw.; *Staal* mancherorts Brsg., südl. Schwarzw., Baar, Hotzw., Klettgau, Hegau, SO-Baden; *Stòòl* vereinz. Brsg.; Pl.: *Ställ, Stääl.* ♦ ›Raum, in dem das Vieh untergebracht ist‹; *i ha kai Schoof im Stall* [Hebel].
stalle schw.: ›urinieren‹ (besonders von Pferden) vereinz. – Mhd. *stallen*, zu einer idg. Wurzel **stel-* ›tröpfeln, harnen‹.
stalliere schw.: ›herumwirtschaften, lärmen, schimpfen‹ vereinz.
stalt Adv.: ›anstatt‹ [Furtwangen].

Stamm, Stamme m.: *Stamm* verbr.; *der Stamme* mancherorts Baar, mittl. Schwarzw. ♦ ›Baumstamm‹.

stamme schw.: ›ab-, herstammen‹; *d'r alt Wetz'l stammt amenorts us eme Neschdli in d'r Nächi dertrum* [A. Ganther].

Stämmlig m.: ›junger Baumstamm‹.

Stämpereie, Stämperamente Pl.: ›Umstände, Ungelegenheiten‹ vereinz.

Stampf m.: ♦ 1) ›Stempel‹ mancherorts SO-Baden. ♦ 2) ›steiler Weg‹ [Sulzburg].

Stämpfeli n.: ›Schnapsglas‹.

Stand m.: ♦ 1) ›Marktbude‹; Ra.: *de Stand ufmache* ›scharf zur Rede stellen‹ [O. Furtwängler]. ♦ 2) ›Lage, Situation‹ v. a. in der Wendung: *(nit) im Stand sii* ›nicht in der Lage sein‹ verbr.

Stande f.: *Stand, Stònd* nördl. und mittl. Schwarzw., Ortenau; *Stòng* vereinz. Ortenau; *Stange* vereinz. Südwestecke; *Stónde* mancherorts mittl. Schwarzw., nördl. Brsg.; *Stande* verbr. übriges Gebiet; Pl.: *Standene* mancherorts; Dim.: *Ständle, Stendli, Ständili* u. ä. ♦ ›oben offenes (rundes oder ovales) Standgefäß ohne Griffe‹, z. B. für Sauerkraut, Bohnen usw.

ständlinge ›stehend‹ → »stendlinge«.

Stange f.: *Stang* mancherorts Ortenau, Baar, SO-Baden; *Stòng* nördl. und mittl. Schwarzw.; *Stònge* vereinz. mittl. Schwarzw., nördl. Brsg.; *Stange* übriges Gebiet. ♦ ›größerer Stab, längeres Rundholz‹.

Stange-bohne f.: ›an Stangen gezogene Bohne‹. – Vgl. »Steckebohne«.

Stapfle f.: *Stapfel* mancherorts mittl. Schwarzw., Raum St. Georgen i. Schw.; *Stapfle* südl. Ortenau, Elztal, Brsg., südl. Schwarzw., Markgr., Hotzw., Klettgau, Baar (Verbr. s. Karte → »Stapfle«); Dim.: *Stäpfle, Stäpfli.* ♦ ›Treppenstufe, auch die gesamte Treppe‹; *e Stäpfli uf, e Stäpfli wieder ab* [Hebel]; *un ball hen sie 's Amtshus mit d'r hoche Stapf'l g'sehne* [A. Ganther]. – Nördl. gilt »Staffel«; vgl. »Stäge«. – Mhd. *stapfel.*

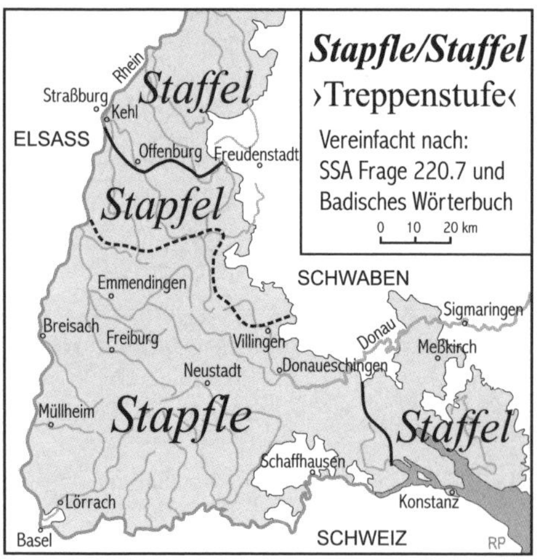

Stapfle/Staffel ›Treppenstufe‹
Vereinfacht nach: SSA Frage 220.7 und Badisches Wörterbuch

Stapfle-hus n.: ›Treppenhaus‹.

Star → »Stor«.

starch, stark Adj.: *stark* (seltener *starik*) verbr. Schwarzw., mancherorts Brsg., verbr. Linzgau; *stòrk* vereinz. Ortenau, Brsg.; *starch* südl. Brsg., Markgr., verbr. Hotzw., Klettgau, Baar, Hegau; Komparativ: *stärker, stärcher.* ♦ 1) ›über viel Kraft, Stärke verfügend‹; *I bi ne starche Maa* [Hebel]. ♦ 2) ›heftig, sehr, außergewöhnlich‹; *'s* (das Unwetter) *chunnt allewiil nöächer un allewiil stärcher* [Hebel]; *un 'r het sich stark b'sunne* [A. Ganther]; *e starke Drißger* ›jemand, der schon Ende 30 ist‹ [Glattes].

Stärke f.: *Stärk, Stärke, Stärki, Stärkchi.* ♦ 1) ›Kraft, Macht‹. ♦ 2) ›Durchmesser, Dicke‹. ♦ 3) ›Getreide-, Wäschestärke‹.

Stärkig f.: ›Stärkung‹.

stärr-hoorig Adj.: ›widerborstig, eigensinnig‹ [Konstanz].

stärrig Adj.: *stärrig, stärri* ›steif, starr, zäh‹ mancherorts.

Stas f., **Stasi** m.: Kurzformen für die VN *Anastasia, Anastasius.*

stät Adj.: *stääd, steed* ›beständig, bedächtig, ruhig‹ mancherorts nördl. Ortenau. – Mhd. *stæte.*

statt Adv.: *statt* verbr., *statts* vereinz. ›anstelle von, anstatt, statt‹; *un d' Surwasserkrüegle statt für e Grosche 's Stuck für anderthalb Krüzer losg'schlage het* [A. Ganther]. – Vgl. »stalt«.

stäufe schw.: ›stauen‹; *ein Fluß, gestäuft* [Burte]. – Vgl. »schwelle«.

steche st.: *steche, stąche, steäche* verbr.; Part. Perf. *gstoche*; 1. Pers. Sg. Ind. Präs.: *ich stich.* ♦ 1) ›(in) etwas stechen‹. ♦ 2) ›beim Kartenspiel einen Stich machen‹; *un no ne Trumpf! Un – gstoche das Herzli!* [Hebel]. ♦ 3) ›einen stechenden Schmerz verursachen, stechende Hitze absondern‹; *d' Sunn het kaiwemäßig brennt un g'stoche* [A. Ganther]. ♦ 4) ›die Sinnesorgane reizen‹; *guedi Knöpfle, un dia hen im Franz in's Näsli g'stoche* [A. Ganther]; *Jo, un 's sticht's der Wunderfitz* ›die Neugier reizt es (das Pflänzchen)‹ [Hebel].

Stech-schufle f.: *Stechschufel, Stechschufel, -schüfle* u. ä. ♦ ›Spaten‹ Schwarzw., Ortenau, Brsg., Markgr. – Syn. → »Spat 1«.

Stecke m.: ›Stock, Stecken‹; *wo hüt 's Büebli mit em Stecke d' Schiibe verheit het* [Hebel]; Ra.: *Steck dr e Stecke dezue!* sagt man zu einem, der mit etwas nicht zufrieden ist [Waldk. (Elzt.)].

stecke schw.: *stegge, stecke, stącke, steckche.* ♦ 1) ›etwas steckend befestigen, hineinstecken‹ verbr.; *ebbis ins Knopfloch stecke* [Gütenb.]; *dr Xaveri steckt's Briafli in Tschobe* [A. Ganther]; Ra.: jemanden *in d Sack stecke* ›ihm überlegen sein‹; Sprichw.: *Wem me* (man) *nit hold isch, dem steckt me kai Maie* (nach dem Brauch des Maiensteckens für die Angebetete) Brsg. ♦ 2) ›Setzkartoffeln setzen‹ mancherorts südl. Ortenau, Brsg.; vgl. »setze 3, stupfe 2«. ♦ 3) ›sich in etwas befinden‹; *dr Schlissel steckt im Schloß* [Oberw. (Rast.)]; *wo bisch gsteckt?* wo warst du? [Tribg]. ♦ 4) übertr. *jemandem etwas stecken* ›jemandem die Meinung sagen, die er gar nicht hören will‹; *äbber äbbs stecke* [Konstanz] bzw. ›ein Geheimnis verraten, das den anderen betrifft›‹‹.

Stecke-bohne f.: dass. wie »Stangebohne«, verbr. Schwarzw., Brsg.; Markgr., vereinz. übriges Gebiet.

Steckele-maa m.: ›Aufsichtsperson in größeren Kirchen, Domschweizer‹, weil er mit einem Stab als Zeichen seiner Vollmacht auftritt, SO-Baden.

Steck-kopf m.: ›eigensinniger, dickköpfiger Mensch‹ [Konstanz]; das Adj. dazu ist *steckkepfig.*

Steck-nodle f.: ›Stecknadel‹ mancherorts; in alter Mundart eher »Gufe, Glufe«.

Stedi ›Anlandestelle‹ → »Städi«.

Steffi m.: Kurzform für den männl. VN *Stefan* [Hebel]; dort auch der *Steffistag* (26. Dez.) als Tag des Gesindewechsels.

Stefzge m.: ›langer Stift, Nagel‹ mancherorts. – Bildung zu mhd. *stëft* ›Stift, Stachel‹.

Steg m.: *Stääg* verbr. (außer den folgenden Gebieten); *Stää, Stääj, Staai* Ortenau; *Stąag* mancherorts südl. Ortenau, Brsg., Markgr.; *Stäeg, Steäg* Baar, SO-Baden. ♦ ›schmales Brückchen, Steg‹.

Stege ›hölzerne Treppe‹ → »Stäge«.

stehen → »sto«.

stehle st.: *stähle* verbr. (außer den folgenden Gebieten); *stehle* mancherorts an Murg und Oos; *stąhle* Rheinebene von der Ortenau bis in das Markgr.; *ställe* südöstl. Schwarzw., östl. Hotzw., Klettgau; *steälle* mancherorts Baar, verbr. Hegau, Höri, Bodenseegebiet (Verbr. s. Karte → »stehle«); Part. Perf.: *gstohle, gstolle.* ♦ ›Diebstahl begehen‹; *'s lauft so Waar jetz gnueg im Land, wo bettlen un stehle* [Hebel]; Ra.: *er rennt, wiä wenn er gstolle hättig* ›rennt sehr schnell‹ [E. Strube].

Stei m.: *Stai* verbr. (außer den folgenden Gebieten); *Stäi, Steij* mancherorts nördl. Schwarzw., vereinz. südwestl. Markgr.; *Stoi* obere Rench; *Stain, Stäin, Stään, Steen* Ortenau, Hanauerland; *Stoo, Staa* mancherorts südl. Hegau, Höri; *Stoe, Stoa* Baar, Hegau, Bodanrück, mancherorts Linzgau; *Stui* östl. Linzgau (Verbr. s. Karte → »Stei«); Pl.: *Stai, Stainer, Stoener, Stea, Steä* u. a. ♦ 1) ›Stein, Gestein, Edelstein, Mauer-, Grenzstein‹; Ra.: *iwwer Stock un Stei* ›querfeldein‹ [Gengenb.]; *s gfriert Stai un Bai* ›es gefriert sehr‹ [Hebel]; *e Stai im Brett ha* ›wohlgelitten sein‹ [Gütenb.]; *dees goot dur Stoe un Boe* ›das ist durchdringend‹ [Stockach]; *ich wirf dr au emool e Stai in Gaarde* scherzh. Ra., im Sinn von: ›ich werde mich bei Gelegenheit revanchieren‹ [Tribg]; Sprichw.: *Mer möeß nidd alli Stai ufhebe, wu d Lidd no aim*

gheie ›man muss sich nicht auf die Ebene seiner Gegner hinabbegeben‹ [Opfgn]. ♦ 2) Steinähnliches (z. B. Nieren-, Gallenstein, Schweinehoden, Stein der Kirsche, Hagelkorn) mancherorts; *s git Stai* ›es hagelt‹ [Heitershm]; *Herrschaft, hen dia Kriase dem Kerli g'schmeckt. Alli het 'r sie g'schluckt, rumbes un stumbes samt de Stei* [A. Ganther].

Stei-beeri f.: *Steibeer(i), Stoabeer(i), Stoobeeri.* ♦ ›Preißelbeere‹ verbr. südöstl. Schwarzw., Hotzw., Klettgau.

Steibeer-mues n.: ›Preißelbeermus‹.

stei-bickel-hart Adj.: ›sehr hart‹, vom Boden.

Stei-bock m.: *Stoabock* ›Zecke‹ vereinz. untere Breg. – Syn. → »Zecke«.

Stei-fueter n.: *Steifueder, Stoafueter* u. ä. ♦ ›Wetzsteinbehälter‹ östl. Breisgau, südöstl. Schwarzw. – Wörtl. *Steinfutter*. – Syn. → »Kumpf«.

steige schw.: ›ersteigern‹; *Acht Dag druf auwer ha i d'r Haiberger Hof g'steigt, wo m'r hütt noch druf huse* [A. Ganther]. – Vgl. »versteige«.

Steigerung f.: *Staigerung, Staigeri* mancherorts; *Stairi* vereinz. Ortenau. ♦ ›Versteigerung‹; *Riechdig, am andere Dag, do isch d' Steigerung im Blättli g'stande* [A. Ganther].

Stei-hurdlicher m.: eine Apfelsorte, Markgr.

Stei-krut n.: ›Honigklee‹ vereinz.

Stein-eel n.: ›Petroleum, Erdöl‹ im Ggs. zum → »Baumeel«.

Stellaschi f., n.: *Stellaasch(i)* ›Gestell, Gerüst‹; *se gumpisch ebe wie's der gfallt über's Stellaschi ab* [Hebel].

Stell-falle f.: ›kleines Stauwehr in einem Wasserlauf‹, z. B. zum Bewässern von Wiesen.

stempfe schw.: ›stemmen‹.

Stempfel m.: ›Stempel‹.

stendlinge, stendling(s) Adv.: *stend(e)lings, stendling, stendlings* u. ä. ♦ ›stehend, im Stehen‹ mancherorts obere Murg, mittl. Schwarzw., Brsg.; verbr. südöstl. Schwarzw., östl. Hotzw., Klettgau, Hegau, Höri, Bodenseegebiet; *er isch stendlings igschlòfe* [Gailgn]; *Jetz trinke mer schnell no ein ständlinge* [Waldk. (Elzt.)]. – Vgl. »knielinge«.

stenze schw.: ♦ 1) ›stehlen, entwenden, stibitzen‹ mancherorts Ortenau, Brsg., mittl. Schwarzw. ♦ 2) ›angeben, großtun‹ [Opfgn].

Ster[1] m.: *Steer, Stäär* ›Raummaß für Brennholz‹ etwa 1 Kubikmeter, verbr. – Mhd. *ster* ein Hohlmaß.

Ster[2] f., m.: *Steer, Stäär, Stöör* ›das Arbeiten im Haus des Kunden‹, meist von Schneidern, Näherinnen, aber auch von Schustern, Sattlern u. a.; *uf d Stäär go* ›im Haus des Kunden arbeiten‹ [Münchw.]; *uf de Steer schaffe* [Konstanz]; *d Näheri kunnt uf d Steer* [Neustadt]. – Das Wort gehört zu nhd. *stören*, als ursprüngliche Bed. ist hier ›mit Unterbrechungen arbeiten, Saisonarbeiten verrichten‹ anzunehmen.

sterbe st.: *sterwe, stąrwe, sterbe, stąrbe, steärbe*; Part Perf.: *gstorwe, gstorbe* usw.; 1. Pers. Sg.: *ich stirb* mancherorts. ♦ ›sterben‹; *Es isch, as wenn er sterbe wott* [Hebel]; *i glaub, i müeßtig* (Konjunktiv) *sterbe* [Appenw]; *d' Eltere sinn gstorbe gsi* [Hebel]; *Mi Eckewalder isch fascht g'storwe vor Elend* [A. Ganther]; Sprichw.: *Frau sterbe – kei Verderbe, Roß verrecke – des isch de Bure Schrecke* [Zell a. H.].

Sterbet f.: ›das Sterben‹; *Feldzug un Schlachte, Hungersnot un Sterbet* [Hebel].

Stern m.: *Stern* verbr. (außer den folgenden Gebieten); *Stąrn* Rheinorte in der Ortenau, Kaiserst.; *Stąarn* mancherorts Markgr.; *Stöörn* mancherorts südl. Schwarzw., Hotzw., Klettgau; *Stäärne, Stäerne, Steärne* mancherorts Baar, Raum Blumberg, Hegau, Höri, Bodenseegebiet. ♦ 1) ›Fixstern, Wandelstern am Nachthimmel‹; *en hääle Stäärne* ›ein heller Stern‹ [Fützen]; *un sihsch am Himmel obe Stern an Stern?* [Hebel]; *er fluecht un sappermentet: Chrütz un Stern!* [Hebel]; Ra.: *s hät si e Stern butzt* ›eine Sternschnuppe ist geflogen‹ [Buchenbach]. ♦ 2) Name von Gasthäusern „Zum Sternen"; Frage des Zechers: *Hangt nienen echt e Sternen uus?* (als Wirtshauszeichen) [Hebel].

Stern-butze(r) m.: ›Sternschnuppe‹ mancherorts mittl. und südl. Schwarzw.

Sterne-blueme f.: ›Narzisse‹ Markgr.

Sterz m.: *Sterz, Sterze* ›Handhabe am Pflug‹ vereinz. Ortenau, Bodensee; aus Paradies (Konstanz) ist folgende Bauernregel gemeldet: *De Mirz* (März) *nimmt de Pflueg bim Stirz.* – Vgl. »Geize, Rieschter[2]«.

Steßer m.: *Steßer, Stößer.* ♦ 1) Bez. für Raubvögel wie ›Falke, Sperber, Habicht‹ vereinz. Nordrand. ♦ 2) ›Hausbursch der Apotheke‹ (weil er Substanzen im Mörser stoßen muss) vereinz. Markgr.

Steßli ›Pulswärmer‹ → »Stoß 3«.

stet ›beständig, ruhig‹ → »stät«.

stettig Adj.: ›störrisch, eigensinnig‹ [Ottersd., Immeneich].

Stibbich m.: *Stibbi, Stibbich, Stibbig* ›Standfass, stehender Behälter‹ mancherorts Ortenau, Brsg., Markgr. – Mhd. *stübich, stubich* ›Packfass‹, dies aus. lat. *stopa, stupa.*

Stich m.: *Stich* verbr.; *Stech* mancherorts südöstl. Schwarzw., Baar; Pl. wie Sg. ♦ 1) ›Einstich‹ mancherorts. ♦ 2) ›Stich im Kartenspiel‹; *Mit unerhörte Flüeche het der Michel Stich um Stich un Büeßli verlore* [Hebel]; Ra.: *im Stich lo* ›ver-, zurücklassen‹. ♦ 3) ›steiler Pfad, abschüssiger Hang‹. ♦ 4) ›Zustand geistiger Verwirrung, Alkoholrausch‹; Syn. → »Rusch«.

stichem Adj.: ›heimlich, still‹ vereinz. – Aus hebr. *schtikah* ›Schweigen‹.

Stichlig m.: ›der Fisch Stichling‹.

Stick ›Stück‹ → »Stuck«.

Stickel m.: ›Pfahl, Stange, als Haltegerüst von Pflanzen‹, z. B. Bohnen. – Mhd. *stickel*.

Stick-ise n.: ›Werkzeug, um Rebpfähle in den Boden zu stecken‹. – Wörtl. *Steckeisen*.

Stiefel m.: *Stief(e)l* mittl. Schwarzw., südl. Ortenau, Breisgau, Markgr., westl. Hotzw.; *Steefel* vereinz. Kaiserst., westl. Markgr.; *Stiffel* übriges Gebiet. ♦ 1) ›Fußbekleidung mit hohem Schaft‹; *mach iich jo mit mine laimige Stief'l d'r now'l Deppig dreckig* [A. Ganther]. ♦ 2) ›langweilige Rede, Unsinn‹ in der Ra.: *deär schwätzt n scheene Stiffl zemmed* [Stockach].

Stiefel-hund m.: ›Stiefelknecht‹ SO-Baden.

Stiege ›Treppe‹ → »Stäge«.

Stiel m.: *Stiil* verbr. ♦ 1) ›Besen-, Rechen-, Pfannenstiel‹ u. ä. ♦ 2) ›Äpfel-, Birnenstiel‹.

Stier m.: ♦ 1) ›Zuchstier‹ nördl. und mittl. Schwarzw., Ortenau; Syn. → »Muni«. ♦ 2) ›verschnittenes männliches Rind, Ochse‹ südl. und südöstl. Schwarzw., Markgr., Hotzw., Klettgau, Baar und das übrige SO-Baden; im Norden »Ochs«.

stierig Adj.: ›brünstig, von der Kuh‹ Brsg.; Markgr., Hotzw., Klettgau. – Syn. → »rinderig«.

stige st.: *stiige* mancherorts; Part. Perf. *gstige, gstiie*. ♦ ›steigen‹; *Aber oben an Stai, se stiigt er in landseme Schritte wider us em See* [Hebel].

stigele-fitzig Adj.: ›außer sich, aufgeregt, unruhig, nervös‹ mancherorts südöstl. Schwarzw., SO-Baden.

still Adj.: ♦ 1) ›geräuschlos, leise‹; *jeds bisch mer still!* ›jetzt sei endlich ruhig!‹ [Elzach]; *sind* (seid) *still derzue; verrootet 's nit* [Hebel]; *Wo's endlig widder e bizili still worre nisch* [A. Ganther]; vgl. → »hälinge, lisli«. ♦ 2) ›bewegungslos‹; *Halt mer e wenig still* [Hebel].

stillig, stillecht Adj.: *stilli* vereinz. Ortenau; *stillecht* [Sulzburg]. ♦ ›still‹.

stimmle schw.: *stimmle, stümmle* ›Äste oder Zweige abschneiden, Bäume beschneiden‹.

Stin, Stines m.: Kurzform für die männl. VN *Augustin, Konstantin, Justinus* vereinz.

Stink-bock m.: *Stinkbock, Stinkchbockch* ›Beerenwanze‹ verbr. Klettgau, östl. Hotzw. – Syn. → »Gää«.

stinke st.: *stinke, stinkche* verbr.; Part. Perf.: *gstunke, gstunkche*. ♦ ›übel riechen‹; Sprichw.: *Eigelob stinkt* [E. Strube].

Stink-käfer *Stinkkäfer, -chäfer* u. a. ›Beerenwanze‹ Hegau, Höri. – Syn. → »Gää«.

Stink-puppele n.?: *Stinkbubbele* [Ihrgn]; *Stinkbübble* [Bickensohl]. ♦ ›Beerenwanze‹. – Syn. → »Gää«.

Stiper m., **Stiperi** f.: *Stibber, Stipper* ›Stange, Balken zum Abstützen‹ Ortenau, Schwarzw., Brsg., Markgr.; *Stipperi, Stippere, -bb-* (Genus f.) mancherorts Südhälfte; seltener auch *Stipperer*. – Spätmittelhd. *stîper* ›Stützholz‹, dies wohl zu lat. *stipes* ›Pfahl‹.

stipere schw.: *stibbere, stippere* verbr. (außer Baar, Hegau, Bodenseegebiet); *stiipere* Baar. ♦ 1) ›etwas abstützen‹, z. B. einen voll hängenden Ast eines Obstbaums, die Wäscheleine, eine baufällige Wand. ♦ 2) ›sich gegen etwas sträuben‹ mancherorts. – Vgl. »Stiper«.

Stipfel m.: ›Stock zum Stoßen‹, z. B. Gerät zum Disteln abstechen, Setzholz u. a. – Instrumentalbildung zu »stupfe«.

Stips m.: ›leichter Rausch, Schwips‹. – Syn. → »Rusch«.

stipse, stipsle schw.: ›stehlen, stibitzen‹ vereinz. Ortenau.

Stir f.: *Stiir, Stüür*, meist Pl.: *Stire, Stüre* ›Steuer, Abgabe‹; *Stüre zahle* [Zell i. W.]. – Vgl. »Usstir«.

stire schw.: *stire, stüre*. ♦ 1) ›zukommen lassen, schenken, stiften‹ mancherorts Brsg., Markgr.; *Hett üch Chindere s Wienächtschindli au scho gstüürt?* ›Hat euch Kindern das Christkind auch schon beschert?‹ [Glock Brsg.]. ♦ 2) ›sich stützen‹ vereinz. Ortenau, mittl. Schwarzw.; *sich uf Krugge* (Krücken) *stire* [Kork]. ♦ 3) ›Steuern zahlen‹ [Radolfz.]. – Mhd. *stiuren* ›unterstützen, verhelfen, versehen mit, beschenken, ausstatten‹. – Vgl. »istire«.

Stir-laise Pl.: *Stiirlaise, Stiirläisel, Stiirlaisele, Stirr-* u. ä. (Verbr. s. Karte → »Lis«). ♦ ›seitliche Stützleisten der Wagenleitern‹. – Vgl. »Lis, Stocklaise«.

stirze schw.: *stirze, stürze* verbr. ♦ 1) ›hinab-, umstürzen‹ vereinz. ♦ 2) ›den Acker im Herbst leicht umpflügen‹ verbr. (außer dort, wo »struche« gilt); *Stupfle stirze* ›Stoppeln leicht umpflügen‹ [Endgn].

Stitze f.: ›Gefäß des Weinküfers, Weingefäß‹ Kaiserst. – Mhd. *stutze* ›Gefäß von Böttcherarbeit in Form eines abgestutzten Kegels‹.

sto st.: Das nhd. *stehen* entsprechende Wort lässt sich in unserem Gebiet auf zwei Typen zurückführen, die von mhd. *stân* und *stên* herkommen (ähnl. Verhältnisse bei »go«). Die Entsprechungen von *stên* finden sich als *steen* in der Ortenau und als *stee, stii, stiä* im nördl. Schwarzw. und der angrenzenden Rheinebene; zu mhd. *stân* gehört *stoo* in der südl. Ortenau, im Brsg., Markgr., Hotzw., Hegau, Höri, Bodanrück; *sto* (kurz) im Linzgau, dann *stuu* vom mittl. Schwarzw. bis in das Zartener Becken und in Teilen des Klettgaus; im südöstl. Schwarzw. und der Baar gilt *stou, stao, stau.* (Verbr. s. Karte → »sto« Inf.); Part. Perf.: *gstande, gstònde*; Flexionsfomen Ind. Präs.: 1. Pers. Sg: *ich stee, stii* (*e*-Gebiet); *ich stònd* mittl. Schwarzw., vereinz. Brsg.; *ich stand* übriges Gebiet; 2. Pers. Sg.: *du steesch, stoosch, stòòsch, stòòscht*; 3. Pers. Sg.: *er steet, stoot, stòòt*; 1.-3. Pl.: *mir / ihr / sie stiin, steen, stenn, stennd, stande, stöön, stöönd, stönnd, stonnd* (Verbr. s. Karte → »sto« 1. Pl.); Konjunktiv: *stiind(i), stiing(ti)* u. ä. ♦ 1) ›eine aufrechte, stehende Haltung einnehmen‹; *Es freut di au, aß 's Dorf no stoht* [Hebel]; *Im Franz sin d' Hoor z' Berg g'stande* [A. Ganther]. ♦ 2) ›an einer Stelle stehen, sich befinden‹; *es stoht kai Sternli am Himmel!* [Hebel]; *Wie stöhn an sunnige Halde Reben an Reben* [Hebel]; *am andere Dag, do isch d' Steigerung* (Versteigerung) *im Blättli g'stande* [A. Ganther]. ♦ 3) ›sich nicht bewegen, stillstehen‹; *un alles nimmt en End, un nüt stoht still* [Hebel]; *Wo de gohsch un wo de stohsch* [Hebel].

Stock m.: *Stock* verbr.; *Stockch* Hochrhein; Pl.: *Steck, Stöck, Stöckch.* ♦ 1) ›Stab, Stecken, Knüppel‹; *'s Ränzli umg'hängt un d'r Stock in d'r Hand* [A. Ganther]. ♦ 2) ›Pflanzenstaude, Strauch, Rebstock‹; *e Stock Salat* ›Salatkopf‹ [Elzach]; *en Stock mit Hansdribili* ›ein Stock voller Johannisbeeren‹ [Bollschweil]; vgl. »Hurscht, Stude«. ♦ 3) ›Rest des abgesägten Baumstamms, Wurzelstock‹; Ra.: *über Stock un Stei* ›querfeldein durchs Gelände‹ [Hebel]. ♦ 4) ›Holzstamm, Klotz‹, als Unterlage, z. B. Holzhacken, beim Dengeln; vgl. »Dengelklotz«. ♦ 5) ›Etage‹; meist werden die Etagen anders gezählt als in sonstigen Gegenden Deutschlands, denn hier ist *de erschde Stock* das Erdgeschoss; *So sin sie mitenand in zweide Stock nuf* [A. Ganther]; Ra.: *bisch nimmi recht im öwwere Stock?* ›bist du nicht mehr recht bei Verstand?‹ [A. Ganther].

Stock-bohne f.: ›Buschbohne‹ mancherorts. – Vgl. »Bodebohne, Hockerli, Studebohne«.

Stock-brunne m.: ›Brunnen, bei dem das Wasser aus einem Brunnenstock läuft‹ vereinz.

stocke schw.: ›Wurzelstöcke ausgraben‹ [Freiamt].

stockele schw.: ›stolpern‹ mancherorts Linzgau.

stockelig Adj.: ›lang, hoch aufgeschossen‹ [Konstanz]; eine solche Person ist ein *Stockeli* [Worblgn].

Stock-haue f.: ›starke Hacke‹ verbr.

Stock-laise Pl.: ›seitliche Stützleisten der Wagenleitern‹ mancherorts nördl. Brsg., nördl. Markgr. (Verbr. s. Karte → »Lis«). – Vgl. »Lis[1], Stirlaise«.

Stock-milch f.: ›ungekochte saure Milch‹ verbr. südöstl. Schwarzw.; im mittl. Schwarzw. auch *gstockti Mill(i)ch.*

Stock-rose f.: ›Malve‹.
stockse schw.: ›stottern‹ [Schonach, Gremmelsbach]; sonst → »stackse«.
Stock-zah m.: ›Backenzahn‹ mancherorts; oft in der Ra.: *uf de Stockzäh lache* ›heimlich, verstohlen lachen, grinsen‹ mancherorts.
Stoffel m.: ›ungehobelter, unhöflicher Kerl‹.
stoffere schw.: ›stolpern‹ [Möhrgn].
Stolle m.: ♦ 1) ›Stollen-, Klumpenförmiges‹. ♦ 2) Fuß an Schränken‹. ♦ 3) ›längliches Brot‹ verbr. ♦ 4) ›Stollen an Hufeisen, Fußballschuhen‹.
Stoll(e)-hafe m.: *Stollhafe, Stollehafe.* ♦ 1) ›Kochgefäß mit Füßen‹ vereinz. ♦ 2) Pflanzenname: ›Akelei, Glockenblume‹ mancherorts.
stolpere schw.: *stolbere, stolpere* verbr.; *stulbere* mancherorts Hanauerland; *stölpere, stülpere* Markgr., Dinkelberg, Hotzw.; 2. Pers. Sg.: *du stolperesch(t), stolperisch(t)*; 3. Pers. Sg. *er stolperet* mancherorts. ♦ ›stolpern‹; *Halwer blind, mit v'rschwollene Auge isch 'r druf im Wald rumdabbt un eimol üwwer's ander üwwer d' Wurzle g'stolbert* [A. Ganther]. – Vgl. »stockele«.
Stolperi m.: ›ungeschickter Mensch‹; Sprichw.: *e guete Stolperi kejt nit* [Freiamt].
stopere schw.: ›strampeln (im Bett)‹ [Feldbg].
stopfe, stoppe schw.: *stobfe, stopfe* verbr., daneben aber sehr häufig (mit Ausnahme des nördl. Schwarzw. und der Ortenau) auch *stobbe, stoppe.* ♦ 1) ›etwas in ein Behältnis hineinpressen, zustopfen‹; *Tochter, suech e Strumpf un stopf en do hinten ins Fenster, wo hüt 's Büebli mit em Stecke d' Schiibe verheit het* [Hebel]. ♦ 2) ›(Strümpfe) stopfen‹.
Stopple Pl.: ›Stoppeln‹ mancherorts Südhälfte (oft neben »Stupfle«).
Stor m.: *Stoor, Stòòr* verbr.; *Staar* mancherorts nördl. Schwarzw., Hotzw., Klettgau, vereinz. übriges Gebiet. ♦ ›der Vogel Star‹.
Stör ›Arbeit beim Kunden‹ → »Ster²«.
Storax m.: ›Rausch‹ vereinz. – Syn. → »Rusch«.
Storch, Stork m.: *Storch, Storich* verbr.; *Stork, Storik* mancherorts Schwarzw., Ortenau, Brsg. ♦ m.: ›der Vogel Storch‹; *Wattet nit der Storch uf hohe Stelze derzwische?* [Hebel]. – Die neben *Storch* veraltende Form *Stor(i)k* findet sich schon in mhd. *storc, storke.*
storre schw.: ›in etwas herumrühren, wühlen‹ mancherorts SO-Baden.
Storze m.: ♦ 1) ›Strunk, Stumpf, Reststück‹. ♦ 2) ›kleiner Kerl‹. – Vgl. »Krutstorze«.
Stoß m.: ♦ 1) ›Schubs, Anstoß‹. ♦ 2) ›Stapel, Haufen‹ vereinz. Ortenau; *e Stoß Holz* [Schutterwald]. ♦ 3) im Dim. *Steßli, Stößli* u. ä. ›Pulswärmer‹ mancherorts.
stoße st.: *stoße,* Part. Perf.: *gstoße* verbr. ♦ 1) ›einen Stoß versetzen‹, z. B. mit der Faust, dem Ellbogen; *Was stoßisch mi?* [Hebel]; *mit eme glüehdige Ise ins Herz ni stoße* ›einen schlimmen seelischen Schmerz verursachen‹ [A. Ganther]. ♦ 2) ›mit den Hörnern stoßen‹ von Tieren. ♦ 3) ›sich (versehentlich) stoßen, anstoßen‹; *do stoßt 'r z' letscht mit 'm Kopf uf d'r Disch* [A. Ganther]. ♦ 4) *uf ebbis stoße* ›etwas wahrnehmen, entdecken‹.
Stoß-eimer m.: ›Stoßbutterfass‹ kleines und großes Wiesental. – Vgl. »Stoßfass«.
Stoß-fass n.: ›Stoßbutterfass‹ mittl. und südl. Schwarzw., Brsg., nördl. Markgr. – Vgl. »Plumpfass, Stoßeimer, Stoßkübel«.
Stoß-karre m.: *Stoßkarre, -charre* ›Schubkarre‹ mancherorts. – Syn. → »Schaltkarch«.
Stoß-kibel m.: *Stoßkibel, -chibel, -chübel* ›Stoßbutterfass‹ mancherorts südl. Markgr., Hotzw., Klettgau. – Vgl. »Stoßfass«.
Stoß-milch f.: ›Buttermilch‹ mancherorts mittl. und südl. Schwarzw., verbr. Wiesental, Hotzw. – Syn. → »Ankemilch«.
Stotz(e) m.: ♦ 1) ›Hinterschenkel, Keule, Hinterviertel von Tieren‹ mancherorts; vgl. »Hammerstotze«; auch auf Beine von Menschen übertragen: *mit der braite Brust un mit de chräftige Stotze* [Hebel]. ♦ 2) ›Storren, Unterlegeklotz‹ vereinz. Ortenau, Schwarzw., Hotzw. – Mhd. *stotze* ›Stamm‹.
stotzig Adj.: ›kräftig, stämmig‹.
strabble, sträbble schw.: *strabble, strawwle, sträwwle, sträbble* ♦ ›strampeln‹ mancherorts. – Mhd. *strabeln* ›zappeln, ringen‹.
strack Adj.: ›zäh, faserig‹, von grünen Bohnen, mancherorts Ortenau. – Mhd. *strac* ›gerade, straff‹.
stracks Adv.: ›geradewegs‹ mancherorts Ortenau, Breisgau; *dr isch stracks haim* [Reute (Emm.)]. – Mhd. *strackes.*
Strahl m.: *Strahl, Stròhl.* ♦ 1) ›Licht-, Wasserstrahl‹. ♦ 2) ›Krankheit am Pferdehuf‹ vereinz.
Strähl m.: *Strehl, Strähl* verbr.; *Strąhl* mancherorts Rheinebene Ortenau, Markgr. ♦ 1) ›Kamm‹ das Wort wird neuerdings von »Kamm 1« zurückgedrängt. ♦ 2) übertr. ›Fleischstück mit den Rippen‹ wegen des kammartigen Aussehens [Konstanz]. – Mhd. *stræl.*
strähle schw.: *strehle, strähle, strąhle.* ♦ 1) ›kämmen‹; *schöne, suufer gstrehlte, flächsene Hoore* [Hebel]; *wenn si gwäschen un gstrehlt isch* [Hebel].

♦ 2) ›kritisieren, die Meinung sagen, eine Standpauke halten‹, auch Fastnachtsbrauch, bei dem herumziehende Narren hinter ihrer Verkleidung an Menschen herantreten und ihm (unliebsame) Wahrheiten sagen; vgl. »schnurre 2«. – Mhd. *strælen.*
strämperle schw.: ›strampeln, stampfen, tänzeln‹ verbr.; *do kannsch strämperle!* wenn man sich anstrengen muss [Freiamt].
strapliziere schw.: *strablizíire, strablezíire* ›stark beanspruchen, strapazieren‹ vereinz.
Strätz m.: ›spritzender Wasserstahl‹ mancherorts. – Vgl. »stritze«.
stratze schw.: ›sich stolz aufplustern, herumstolzieren‹ mancherorts Nordrand.
strätze ›spritzen‹ → »stritze«.
Strau n.: *Strau* verbr. (außer den folgenden Gebieten); *Strou* mancherorts nördl. und südöstl. Schwarzw., Hanauerland, Baar; *Stroh* Nordrand und SO-Baden; *Stroi, Sträu, Straü* Rheinebene der Ortenau, [Freiamt], nördl. Brsg., Kaiserst. (Verbr. s. Karte → »Strau«). ♦ ›trockene Getreidehalme, Stroh‹; *en Ärfeli Strau* ›ein Armvoll Stroh‹ [Hebel].

straue ›streuen‹ → »streie«.
Strauet f., m.: *Strauet, Strawet* u. ä. ›Einstreu im Stall‹ mancherorts Ortenau. – Vgl. »Streiets«.
Strau-leime m.: ›Gericht aus Sauerkraut und Kartoffeln‹, wohl vom Aussehen von Strohlehm, der zum Füllen von Fachwerken verwendet wurde; auch Titel einer 1991 erschienenen Gedichtsammlung von Rudolf Vallendor.
sträuße schw.: ›sich herausputzen‹ vereinz. Markgr.
Straußi f.: *Straußi, Stroußi* ›Straußwirtschaft‹ Brsg., Markgr.
strecke schw.: ›den Finger strecken‹, in der Schule.
streffe schw.: ›abstreifen, überstreifen‹ vereinz. – Vgl. »strupfe«.
Strefzer m.: ›Strafzettel‹ mancherorts nördl. Ortenau.
strehle → ›kämmen‹ → »strähle«.
Strei f.: *Straai, Strai, Sträj, Streibi* u. ä. ›dem Vieh untergestreutes Stroh, Einstreu‹.
Streich m.: *Straich, Streich* verbr.; *Straech, Stroech, Straach* mancherorts SO-Baden. ♦ 1) ›Bewegung, Schlag mit der Hand‹ verbr.; Ra.: *z Streich cho (mitnander)* ›zum Zuge kommen, etwas bewerkstelligen können, miteinander auskommen‹. ♦ 2) ›lustiger Streich, Possen, Dummheit‹; *Wend'l, mach keini dummi Streich* [A. Ganther].
streie schw.: *straaie, straje, sträie, ströie* u. ä. mancherorts; *straue, stroue, strauwe* vereinz. Ortenau, obere Rench, Acher; *ströwe* vereinz. Hanauerland; *sträibe, streibe* südöstl. Schwarzw., Baar, Linzgau; *straiwe, streiwe* Ostteil des mittl. Schwarzw.; Part. Perf. *gstrait, gsträit* mancherorts; *gstraugd, gströigt* mancherorts Ortenau; *gsträibt* südöstl. Schwarzw., Baar. ♦ ›hin-, verstreuen‹; Ra.: *no isch de Katz gsträibt* ›nun hat es ein (glückliches) Ende‹ [Gütenb.], diese Ra. auch mit *Geiß* mancherorts.
Streiets n.: *Straieds, Strajeds, Streids* ›Einstreu im Stall‹ mancherorts Ortenau. – Vgl. »Strauet«.
streng Adj.: ♦ 1) ›hart, unerbittlich‹ verbr. ♦ 2) ›herb‹, von Speisen und Gerüchen, verbr. ♦ 3) ›unermüdlich, oft‹, *er schaffet streng* [Hofstet.]; *hentrs streng?* ›habt ihr viel zu tun?‹ [Tiengen (Waldsh.)]; *nid gar z streng!* als Gruß an Arbeitende auf dem Feld [Freiamt].
Strengel m.: ›Schnupfen‹ Zartener Becken. – Syn. → »Schnupper«.
Streu → »Strei«.
Stribli Pl.: *Stribli, Striwli, Stribili, Striwili, Strübli* u. ä., im SO auch *Strubele, Strubete.* ♦ ›gewundenes Gebäck, dass durch Einlassen von Teig durch einen Trichter in heißes Fett hergestellt wird‹; *Chumm, iß Hunigschnitten un schöni gwundeni Strüübli* [Hebel]. – Dim. zu mhd. *strûbe* ›eine Art Backwerk‹; verwandt mit nhd. *sträuben,* wegen der gesträubten Form.
Strich[1], **Striche** m.: *Strich, Striche* mancherorts. ♦ ›Zitze des Euters‹, bei Kühen, Geißen.
Strich[2] m.: ›Linie‹; Ra.: *e Strich durch d' Rechnig mache* ›etwas zunichte machen‹ [A. Ganther]; *ufem Strich ha* ›nicht leiden können‹ [Stahrgn].
striche schw.: *striiche, striche.* ♦ 1) ›be-, anstreichen‹. ♦ 2) ›bremsen‹ vereinz.; zu »Strichi 1«.

Stricher m.: ›bestrichene Brotscheibe‹ [Emmendgn].

Strichete f.: *Striichete* ›Rückstand beim Butterauslassen‹ mancherorts Linzgau. – Syn. → »Ankebutter«.

Strichi f.: *Striichi* ♦ 1) ›Bremse am Bauernwagen‹ verbr. südl. Schwarzw., Hotzw., Klettgau; *Striicher* mancherorts Zartener Becken (Verbr. s. Karte → »Mick«); Syn. → »Mick«. ♦ 2) ›Marmelade, bestrichene Brotscheibe‹ mancherorts Elztal, Glottertal (Verbr. s. Karte → »Schlecksel«).

Strick m.: *Strigg, Strick, Strickch.* ♦ 1) ›dickere Schnur, Seil‹; Ra.: *wenn alli Strick breche* ›wenn alle Mittel versagen‹ Brsg.; *am gliche Strick zeäge* (ziehen) ›solidarisch handeln‹ [Münchw.]; *Du hesch hüt no keini Strick verrisse* ›du hast dich heute noch nicht überarbeitet‹ Markgr. ♦ 2) ›frecher Bub, ungezogenes Kind‹.

stricke schw.: ›stricken‹ verbr., außer in den Gebieten, in denen »lisme« gilt.

Strickete f.: ♦ 1) ›das, woran man gerade strickt‹ vereinz. ♦ 2) ›geselliges abendliches Zusammensein (ursprünglich zum gemeinsamen Stricken)‹ vereinz.; Syn. → »Stubete«.

strickle schw.: ›Schlingen (Stricke) zum Wildern auslegen‹ vereinz.

Striegel m.: *Striigel, Striggel* ›Striegel zur Fellpflege bei Pferden, Kühen‹.

striegle schw.: *striigle, strigle* verbr.; *sträjle* mancherorts Ortenau, Hanauerland. ♦ ›das Fell von Tieren striegeln‹.

Strieme m.: *Striime, Striäme.* ♦ 1) ›blutunterlaufene Striemen auf der Haut‹. ♦ 2) ›Streifen, streifenförmiges Stück‹ vereinz.

Strit m.: *Stritt, Strit* ›Streit‹.

strite st.: *stritte, stridde, strite* verbr.; Part. Perf.: *gstritte.* ♦ ›sich zanken, streiten‹; Ra.: *stridde wiä Birschdebinder* ›sehr streiten‹ [E. Strube]; Sprichw.: *eins ällei kaan it stridde* [E. Strube]. – Vgl. »händle«.

stritze schw.: *stritze, stretze, streeze* ›im Strahl spritzen, strudeln‹ [Radolfz., Konstanz].

Strizi m.: ›Nichtsnutz, Stromer‹ mancherorts. – Vgl. »Strueli«.

Strobel m.: *Strowwel* ›zerzauster Haarschopf‹ [Kappewindeck]. – Vgl. »Strubel 1«.

Strof f.: *Stroof, Stròòf* ›Strafe‹; *zuer Stroof ins Hüüsli* (Dorfgefängnis) *gspeert* [Hebel].

strofe schw.: *strofe, stròfe* ›strafen, bestrafen‹; *O, de glaubsch nit, wie n i gstrooft bi* [Hebel]; *'s hilft weder Stroofe no Zuespruch* [Hebel].

Stroh → »Strau«.

Stromer m.: ›Herumtreiber, Landstreicher‹, Schimpfw., verbr.

Stroß f.: *Strooß* verbr. Rheinebene von der Murg bis in das Markgr.; *Stròòß* übriges Gebiet; Dim.: *Sträßli* verbr.; *Strößli* Südrand. ♦ ›Straße‹; *d' Strooß isch brait* [Hebel]; *D' Stroß macht e paar Böge do* [A. Ganther].

Strube f.: ›Schraube‹ mancherorts.

Strubel m.: *Strubel, Struwel, Struwwel, Strüwwel* u.a. ♦ 1) ›wirrer Haarschopf, Gewirr, Durcheinander‹ mancherorts; vgl. »Strobel«. ♦ 2) ›Platzregen‹ vereinz. Markgr.

Strübli ein Gebäck → »Stribli«.

Struch m.: *Struuch* ›Strauch‹.

struche schw.: ›den Acker im Herbst leicht umpflügen‹ verbr. südl. Brsg., Markgr., Hochrhein. – Vgl. »stirze 2«.

Struchete f.: ›Schnupfen‹ vereinz. Baar, Hegau. – Zu mhd. *strûchen* ›die Nase laufen lassen‹. – Syn. → »Schnupper«.

struddle schw.: ›sieden, wallen‹, vom Wasser [Konstanz]. – Wörtl. *strudeln.*

struele schw.: ›herumstreifen, stromern‹ SO-Baden.

Strueli m.: ›Stromer, Nichtsnutz‹ [Epple]. – Vgl. »Stritzi«.

Struffle Pl.: ›Stoppeln‹ vereinz. Hotzw. – Syn. → »Stupfle«.

Strumpf m.: *Strumpf* verbr.; Pl.: *Strimpf, Strümpf; un hätt kei Schueh un keini Strümpf a, un kei Kitt'l un keini Hose, nix, gar nix* [A. Ganther]; *De hesch so roti Strümpfli a* [Hebel].

strumpf-sockig Adj.: ›in Strümpfen‹, gesagt, wenn jemand ohne Schuhe herumläuft, mancherorts SO-Baden.

strunze schw.: ›prahlen, großtun‹ vereinz. Nordrand.

strupfe, strupfle schw.: ›(ab)streifen, abrupfen‹, z.B. Kirschen ohne Stiel pflücken, mancherorts Ortenau, Brsg., Markgr. – Mhd. *strupfen.* – Vgl. »streffe«.

Strupfer m.: ›Schrubber‹ Markgr., SO-Baden; dazu das Verb *strupfere* ›schrubben‹.

Struß m.: *Struss, Strüss, Struus* verbr.; Pl.: *Striss, Striiß, Strüss*; Dim.: *Strissle, Strissli, Strüssli.* ♦ 1) ›Blumenstrauß‹, seltener Topfblume oder im Pl. auch ›Blumen‹; z.B. *e Hämpfeli Striiß* ›eine Handvoll Blumen‹ [Dettgn]. ♦ 2) ›Rausch‹ vereinz. Ortenau; Syn. → »Rusch«.

Struß-brett n.: ›Fensterbrett mit Blumenschmuck‹ vereinz.

stu ›stehen‹ → »sto«.

Stube f.: *Stube* südl. Brsg., Markgr., Dinkelberg, Wiesental, westl. Hotzw.; *Stuwe* südl. Ortenau, nördl. Brsg., [Freiamt], Elztal; *Stuwwe* Raum Neustadt – Furtwangen, Villingen; *Stubbe* östl. Hotzw., Klettgau, südl. Baar, Hegau, Höri, Bodenseegebiet; *Stubb* nördl. und mittl. Schwarzw., Ortenau; *Stuub* mancherorts an Wolfach und oberster Kinzig (Verbr. s. Karte → »Stube«); Pl.: *Stube, Stubbe, Stuwe, Stuwwe* mancherorts, bisweilen auch *Stubene*; Dim.: *Stiibli, Stiiwli, Stibbli, Stübli, -e* usw. ♦ ›Wohnraum, Zimmer‹; *loß mer de Früehling in d' Stube* [Hebel]; *Un wia 'r eso in d'r kühle Stub hockt* [A. Ganther]; *im warme Stübli gfallt's aim scho* [Hebel]; Brauchtum: *z Stube go* ›sich an Winterabenden in der Nachbarschaft treffen‹ mancherorts Schwarzw.; vgl. »Stubete«.

Stube-gade m.: *Stubegade, Stubegadde, Stuwe-.* ♦ ›Stube, Schlafraum über dem Wohnzimmer‹ mancherorts mittl. und südl. Schwarzw. – Zum Grundw. s. → »Gade«.

Stube-glunker m.: ›Stubenhocker‹.

Stubete f.: *Stubede, Stuwede* ›das (abendliche) gesellige Zusammentreffen in der Nachbarschaft‹ mancherorts südl. Ortenau, [Freiamt], Elztal, Brsg., Markgr., südöstl. Schwarzw., Hotzw., Klettgau, Hegau, Höri, Bodanrück; *D' Chäferli un d' Fliege, si chömme z' Stubete zu n em* [Hebel]. – Syn.: »Hogarte, Kunklete, Liëchtgang, Strickete« und die Fügungen unter »Kunkle 2, Stube«.

Stuche Pl.: ♦ 1) ›Pulswärmer‹, auch Dim. Pl. *Stucherli, Stucherle.* ♦ 2) ›(äußere) Stütze der Wagenleiter, Runge‹ (Verbr. s. Karte → »Lis«); vgl. »Kipfe, Lis[1]«. – Mhd. *stûche.*

Stucher m.: ›Knuff, Puff, Schubs‹ mancherorts.

stuche-wiß Adj.: ›bleich‹, von jemandem, dem alle Farbe aus dem Gesicht gewichen ist [Epple].

Stuck n.: n.: *Stigg* verbr. nördl. und mittl. Schwarzw., Ortenau, Elztal; *Stugg, Stuck, Stuckch* südl. Hälfte (Verbr. s. Karte → »Stuck«); Pl.: *Sticker, Stücker* mancherorts, in Verbindung mit Zahlenangaben meist wie Sg., z. B. *acht Stuck*; Dim.: *Stiggel, Stiggle, Stickle, Stickli, Stückli, Stückchli.* ♦ 1) ›Teil einer Menge, einzelnes Element‹ *drei Stuck, e Stickli (Vieh)* mancherorts; *Buewe un Maidle, Männer un Wiwer, g'wiß Stucker fufzig, sechzig* [A. Ganther]; Ra.: *an eim Stuck furt* ›fortwährend‹ [A. Ganther]. ♦ 2) ›Teil von einem ehemaligen Ganzen, Bruchstück, Abschnitt‹ u. ä.; *e Stuck Brot* [St. Märgen]; *do het 'r d' Daigschüssel vor Schreck uf d' Bode keie lo, daß sie in fufzig Stuck v'rbroche isch* [A. Ganther]. ♦ 3) ›Abschnitt eines Wegs, Wegstrecke‹; *e guets Stuck hinderem Herdemer Kirchli* [A. Ganther]. ♦ 4) ›Musikstück‹; *'s letscht Stuck, e nedds, nedds Liad* [A. Ganther]. ♦ 5) ›Landfläche, Flurstück‹. ♦ 6) Hohlmaß für Wein (1200 l).

Stud f.: ›Pfosten, Holzsäule im Zimmer‹; *Jobbi, gang an d' Stuud, un leng mer der Fareschwanz abe!* [Hebel]. – Mhd. *stud* ›Pfosten, Säule‹.

Stude f.: *Stuud, Stüüd, Stude, Stüde* verbr.; Dim.: *Stid(e)le, Stid(i)li, Stüd(e)li* u. ä. ♦ ›buschartiger Pflanzenwuchs, Staude‹, z. B. von Erdbeere, Salat, Bohne; *e Stidili Salat* ›Salatkopf‹ [Ihrgn]; Ra.: *über Stauden un Hecke* ›querfeldein‹ [Hebel]. – Mhd. *stûde.*

Stude-bohne Pl.: ›Buschbohnen‹ mancherorts nördl. Schwarzw.

Stude-hopper, -jucker, -schlupfer m.: ›Zaunkönig‹ vereinz. – Vgl. »Hagschlupfer«.

Stuehl m.: *Stuehl* verbr.; *Stöel* vereinz. Kaiserst.; Pl. *Stiäl, Stüel, Stöel*; Dim.: *Stiäli, Stüeli, Stiälele.* ♦ ›Stuhl, Sitzbank‹ verbr.; *In der Münsterschuel* (zu Basel) *uf mym herte Stuehl* ›Schulbank‹ [Hebel].

Stuete f.: *Stuete* verbr. (außer den folgenden Gebieten); *Stuet* mancherorts Ortenau, mittl. Schwarzw.; *Stuut* nördl. Schwarzw. bis einschl. Renchtal; *Stoet(e), Stöet(e), Stüet(e)* vereinz. südl. Ortenau, nördl. Brsg., Kaiserst. ♦ ›weibliches Pferd‹.

Stuffle Pl.: ›Stoppeln‹ Dinkelberg. – Syn. → »Stupfle«.

stulpere, stülpere → »stolpere«.

stume ›staunen‹ → »stune«.

Stumm-bohne Pl.: ›Buschbohnen‹ mancherorts Elztal, Glottertal.

Stump-bäsem m.: ›abgenutzter Reisigbesen‹ [Freiamt].

Stumpe m.: *Stumbe, Stumpe.* ♦ 1) ›hervorstehender Stumpf, Storren, Baumstumpf‹ mancherorts. ♦ 2) ›kleine Person‹ vereinz. ♦ 3) ›Rest‹ mancherorts; *Do isch noch e Stumbe Mähl* ›ein Rest Mehl‹ [Schutterwald]; Ra.: *im Lümple ghört s Stümple*, gesagt wenn man jemandem den Rest der Flasche eingießt [Singen a. H.]. ♦ 4) ›Art Zigarre‹ verbr.

stumpe schw.: ›stoßen‹ Markgr.

stumpes Adv.: *stumbes, stumpis*; nur in zweiteiligen Fügungen wie *rumpes-stumpes* ›ganz und gar‹. – Mehr dazu → »rumpes«.

Stumpi f.: ›Zigarrenfabrik‹ verbr.

Stund f.: *Stund* verbr.; Pl.: *Stunde, Stunne.* ♦ 1) ›Zeitabschnit von einer Stunde‹; *Mer mäje scho ne halbi Stund* [Hebel]; Ra.: *es schlacht emool e Stund* ›es kommt einmal die Zeit‹ [Hebel]; *wenn's Stündli schlacht* ›wenn die Sterbestunde kommt‹ [Hebel]. ♦ 2) ›Weg von einer Stunde‹; *e guedi Stund bis uf Achere* [A. Ganther]; *Sechs, siwwe Stund Wegs* [A. Ganther].

stune schw.: *stune, stüne* verbr.; *stume, stüme* mancherorts Ortenau. ♦ ›staunen, erstaunt gucken, nachdenken, grübeln‹.

Stupf m.: ›Stoß, Schubser‹; Ra.: *uf de Stupf* ›genau, exakt‹ verbr.

stupfe schw.: ♦ 1) ›antippen, anstupfen, einen leichten Schubs versetzen, herumschubsen‹. ♦ 2) ›Setzkartoffeln in den Boden stecken‹ SO-Baden; vgl. »setze 3«. – Mhd. *stupfen* ›stechend stoßen‹.

Stupfle f., meist Pl.: ›Stoppeln‹ verbr.; *die arme Chinder hen barfiß zwische de Stupfle gfalleni Ähri glesen* [Hebel]. – Mhd. *stupfel.* – Syn.: »Halm[1], Stopple, Struffle, Stuffle«.

stupfle schw.: ›übrig gebliebene Ähren, Trauben, Obst nachlesen‹ vereinz. Ortenau. – Syn.: → »ätzne«.

Stupfle-ruebe f.: ›Weißrübe, die gleich nach der Ernte gesät wird, wenn die Stoppeln umgepflügt sind‹, veraltet; *zwische de Stupfelrüeben un zwische de Grumbirestuude* [Hebel].

stupflig Adj.: ›stoppelig‹.

stürchle schw.: ›herumstolpern, ziellos umhergehen‹ Markgr.

stüre ›schenken, stützen‹ → »stire«.

Sturm m.: *Sturm* verbr.; *Storm, Storrem* mancherorts Ortenau. ♦ 1) ›heftiger Wind‹. ♦ 2) ›das Anstürmen, feindlicher Angriff‹; *Sturm litte* ›läuten‹ [Stockach]. ♦ 3) ›Rausch‹; Syn. → »Rusch«.

sturze Adj.: ›aus Weißblech‹ Markgr.; *en sturzene Löffel* [Hebel].

Stuss m.: ♦ 1) ›Unsinn‹ mancherorts. ♦ 2) ›Zank, Auseinandersetzung‹; *mit ebber Stuss ha* ›mit jemand streiten‹ [Konstanz]. – Aus dem Jidd.

Stutz m.: ♦ 1) ›steiler Abhang‹ mittl. Schwarzw., Markgr. ♦ 2) ›Münze‹ Mark-, Frankenstück; *bloß zeh Stutz* [G. Jung]; *Wa hond die Schueh koscht? – 50 Stutz* [Radolfz.]. ♦ 3) *uf ei Stutz* ›auf ein Mal‹ [Haagen]. ♦ 4) im verärgerten, abschlägigen Ausruf *Gottfried Stutz!* [Radolfz.].

stutze schw.: ♦ 1) ›kürzen, abschneiden‹, z. B. Haare, Reblaub. ♦ 2) ›verwundert innehalten, erschrecken‹. ♦ 3) ›mit den Hörnern stoßen‹ vereinz. Ortenau.

Su und Zs. auf **Su-** → »Sau«.

suber ›sauber‹ → »sufer«.

Süberi, Süferi ›Nachgeburt‹ → »Siferi«.

Su-brot, -bretli n.: ›bestimmtes Brötchen, Weck‹ [Lahr]. – Kostete früher einen *Sou* (frz.).

subtil Adj.: *subdiil* mancherorts; *sugdiil* [Endgn]. ♦ ›sorgfältig, vorsichtig‹.

Sucht f.: *Sucht, Suucht, Zuucht* ›(längerwährende) Krankheit‹, auch ›Grippe, Diphterie‹ u. a. mancherorts.

suck Interj.: Lockruf und Kosewort für Ferkel, meist redupliziert: *suck-suck* mancherorts; dazu auch Bez. wie *Sucker* u. ä. vereinz. – Vgl. »huss, hutz«.

Suckel m.: ›Sauger der Kleinkinder, früher Lappen, Saugbeutel‹ vereinz.; *wenn also s Klëi wider e drucheni* (trockene) *Windle un en frische Sukel kha hät* [O. Furtwängler]. – Syn. → »Lulli«.

suck(e)le schw.: ›an etwas saugen, lutschen‹ mancherorts.
Sudd m.: ›siedendes Wasser, Schwall‹ vereinz. Markgr.
sudle schw.: *suddle, suudle* ›beschmieren, unschön schreiben‹.
sueche schw.: ›suchen‹. – Vgl. »siëchle«.
süeß → »siëß«.
sufe st.: *suffe* verbr. nördl. und mittl. Schwarzw., mancherorts Brsg., Markgr.; *süffe* mancherorts Hanauerland, südl. Ortenau, nördl. Brsg.; *sufe* übriges Gebiet (Verbr. s. Karte → »sufe«); 2. und 3. Pers. Sg.: *du suffsch, er sufft* mancherorts; Part. Perf.: *gsoffe* verbr. ♦ 1) ›trinken, von Tieren‹. ♦ 2) ›unmäßig trinken, der Trunksucht verfallen sein, von Menschen‹; *Aber brüelen un sufe isch zwaierlai. Gsoffe mueß do sii. Un wie ärger er brüelt, wie ärger suuft er* [Hebel]; Syn. → »surpfle 2«.

Sufer m.: *Suffer, Sufer* ›Trinker, Alkoholiker‹ mancherorts. – Vgl. »Sufludi, Sufnase 2, Sufus«.
sufer Adj.: *sufer* verbr. (außer den folgenden Gebieten); *suwer* Nordrand (Murg), nördl. Baar, vereinz. Höri; *süfer* Rheinebene zwischen Kehl und Müllhm, [Freiamt]; *suber* mancherorts ob. Markgr., westl. Hotzw., südl. Baar, Hegau, Bodenseegebiet; *suwwer* vereinz. zwischen Furtwangen und Neustadt; *subber* mancherorts östl. Hotzw. ♦ 1) ›sauber, rein‹; *mit sufer gwäschene Füeße* [Hebel]. ♦ 2) ›schmuck, adrett, hübsch, tadellos‹; *sell sufer flachsköpfig Buremaidli* [A. Ganther]; *z' Fryberg* (Freiburg) *in der Stadt, suufer isch's un glatt* [Hebel]; *dër hät si Handwërk ferschtande un sufer un exakt gschafet* [O. Furtwängler]. ♦ 3) ironisch, negativ ›zweifelhaft, schlecht‹; *sell isch mr e suufere Patron* [Glock Brsg.].
Sufete f.: *Suffete, Sufete* ›Trinkgelage, Sauferei‹ mancherorts.
Süffel → »Siffel«.
Suf-ludi m.: ›Säufer, Trunkenbold‹ mancherorts.
Suf-nase f.: ♦ 1) ›vom Trinken gerötete Nase‹. ♦ 2) ›Säufer, Trunkenbold‹.
Suf-us m.: ›Säufer, Trunkenbold‹ vereinz.
süfzge ›seufzen‹ → »sifzge«.
suge schw.: *suge, süge* verbr.; *sugge* mancherorts südöstl. Schwarzw., östl. Hotzw. ♦ ›saugen, saugend trinken‹; *un d' Immli chömmen un suuge* [Hebel]. – Mhd. *sûgen*.
Suger m.: *Suger* mancherorts; häufig nur Dim.: *Sugerli, Sügerli* mancherorts. ♦ 1) ›Schnuller, Saugzapfen‹. ♦ 2) ›Taubnessel‹ (weil die Kinder die Blüten aussaugen).
Sug-kalb n.: *Suugkalb, Süggkalb, Suggchalb* u. ä. ♦ 1) ›(saugendes) Kalb‹. ♦ 2) Schimpfwort.
Sug-saili n.: *Suugsaili, Suggsüli* u. ä. ›junges, noch saugendes Ferkel‹ mancherorts Brsg., Markgr.
Sug-wurzle f.: *Suugwurzle, Süüg-* ›Saugwurzel des Rebstocks‹.
Suhn m.: *Suhn* Ortenau, Brsg., Markgr.; *Suh* nördl. und mittl. Schwarzw., mancherorts Wiesental, Hotzw., südl. Klettgau; *Soh* mancherorts Gutachtal, obere Brigach und Breg, Höri; *Sòh* südöstl. Schwarzw., Hotzw.; *Sohn* Hanauerland; *Sòhn* Baar, Hegau, Bodenseegebiet (Verbr. s. Karte → »Suhn«); Pl.: *Sih(n), Seh(n), Säh(n), Söh(n). Süh(n).* ♦ 1) ›männlicher Nachkomme‹; *mi's Brueders Suhn, d'r Sepp* [A. Ganther]; *sait der Vater zuem Suhn* [Hebel];

Speck un Kriasewasser für d' Sühn, wo bim viarde Regament diant hen, z' Raschdatt drunde [A. Ganther]. ♦ 2) ›Ablegerrebe‹ Kaiserst.

Suhns-frau f.: *Suhnsfrau, -fraü, Sohnsfrau, -fraü* mancherorts Ortenau, Brsg., Markgr.; *Suhsfrau* vereinz. an Oos und Murg. ♦ ›Schwiegertochter‹, veraltet. – Vgl. »Sehne«.

sülche schw.: ›sudeln‹ Markgr.

Sule f.: *Sull* mancherorts mittl. Schwarzw., *Suul* mancherorts nördl. und mittl. Schwarzw., Ortenau, Baar, SO-Baden; *Süül* vereinz. Ortenau; *Süle* mancherorts Brsg., Dinkelberg, Wiesental, Hotzw., Klettgau, Höri; *Sule* südöstl. Schwarzw.; *Säile, Söile* mancherorts Markgr., Hotzw. ♦ ›Stützpfeiler, Säule‹.

Süle ›Schuhmacherahle‹ → »Sile«.

Süli-bire eine Mostbirne → ›Silibire‹.

Sulz f., n.: ♦ 1) Gericht aus Innereien, sauer oder geröstet angerichtet, meist aus Streifen vom Rindermagen, auch Kutteln, Ortenau, Breisgau, Schwarzw., im SO versteht man darunter auch die gallertartige Sülze, vereinz. ♦ 2) ›wässeriger Schnee‹ [Hattingen, Sunthsn, Konstanz]. – Vgl. »Silz«.

sumbele ›saugen‹ → »sumpele«.

sume schw.: *sume, süme, summe* ›sich unnötig lang besinnen, zögern, zaudern, trödeln‹.

summele schw.: dass. wie »summse« Markgr.

Summer m.: *Summer* verbr.; *Sommer* vereinz. Hanauerland und Raum Hornberg. ♦ ›die Jahreszeit Sommer‹; *Im letschde Summer isch's gsi* [A. Ganther]; *Simmes Fritz, wo 's achtzeh Summer erlebt het* [Hebel].

Summer-flecke Pl.: ›Sommersprossen‹ mancherorts nördl. Schwarzw. (Verbr. s. Karte → »Laubflecke«). – Syn: »Laubflecke, Laubrisele, Märzeflecke, Märzekegel, Märzeriseli, Risele, Summerrisele«.

Summer-halde f.: ›Südhang‹.

summerig Adv.: *summerig, sümmerig* ›sonnig, auf der Sonnenseite‹ vereinz., häufiger → »simmerig«.

Summer-risele Pl.: *Summerris(e)le* ›Sommersprossen‹ Ortenau (Verbr. s. Karte → »Laubflecke«). – Syn. → »Summerflecke«.

summers Adv.: ›im Sommer‹.

Summer-vogel m.: ›Schmetterling‹ mancherorts Südhälfte (häufig schon neben neuerem *Schmetterling*); nördlich davon »Pfiffholder«; *wie stöhn in höhere Farbe alli Bluemen do; de Summervögle tuet d' Wahl weh* [Hebel].

summse schw.: ›summen, brummen‹ mancherorts. – Vgl. »summele«.

sumpele schw.: ›am Schnuller, Trinkglas saugen, schmatzen, schnalzen‹ [Konstanz]. – Vgl. »suckele«.

Sumpf m.: mancherorts; mundartlicher sind »Moos, Riëd«.

Sünde → »Sind«.

sunderbar Adj.: ›absonderlich, sonderbar‹.

Sunne f.: *Sunne* südl. Ortenau, Elztal. Brsg., Markgr., Dinkelberg; mancherorts südl. Hotzw.; Klettgau, Höri, Bodenseegebiet; *Sunn* übriges Gebiet; *Sonn, Sonne* mancherorts Raum Haslach, Hausach, Hornberg. ♦ 1) ›Sonne‹; *wenn d' Sunn am Himmel lacht* [Hebel]; *'s isch e siadige Hitz gsi; d' Sunn het kaiwemäßig brennt un g'stoche* [A. Ganther]; *i glaub gar d Sun gikslet no mol e weng rus* ›die Sonne späht noch einmal ein wenig hinter den Wolken hervor‹ [O. Furtwängler]. ♦ 2) Gasthausname *Zur Sonne* vereinz.

Sunne-fade m.: meist Pl.: *Sunnefäde* ›die im Spätsommer herumfliegenden Spinnfäden, Altweibersommer‹ Ortenau.

Sunne-glascht m.: ›Sonnenglanz‹.

Sunne-schi m.: ›Sonnenschein‹.

Sunne-tribli Pl.: ›Johannisbeeren‹ Kaiserst. – Syn. → »Johannisbeeri«.

Sunne-wirbeli n.: *Sunnewirbeli* südl. Schwarzw., Breisgau, nördl. Markgr.; *Sunnewerbel* nördl. Hegau; *Sonnewirbele* nördl. Schwarzw. ♦ 1) ›Feldsalat‹ nördl. und südl. Schwarzw., Brsg., nordl. Markgr. (Verbr. s. Karte → »Ackersalat«); Syn. → »Ritscherli«. ♦ 2) ›Löwenzahn‹ nördl. Hegau (Verbr. s. Karte → »Seichblueme«); Syn. → »Seichblueme«.

Sunntig m.: *Sunndig, Sunntig* ›Sonntag‹; *Sunntig un Werchtig* [Hebel]; *Der Samstig het zuem Sunntig gsait: Jetz han i alli schloofe glait* [Hebel].

sunntige schw.: ›sonntäglich kleiden‹ mancherorts Markgr.; *Tue di sunndige!* [Feldbg].

Sunntig-kleider Pl.: ›Sonntags-, Festtagskleidung‹ Ggs. → »Werchtigkleider«.

Sunntig-name m.: eigentlich: ›schöner Name‹, jedoch immer ironisch: jemandem *Sunntignämme gää* ›jemanden mit Schimpfwörtern belegen‹ [Feldbg].

Sunntig(s)-hals m.: in der Ra.: etwas im / in den *Sunndig(s)hals* haben / kriegen ›sich verschluckt haben, in die falsche Gurgel bekommen‹ mancherorts.

sunscht Adv.: *sunschd* nördl. Schwarzw., Ortenau, Brsg., westl. Markgr.; *sunsch* nördl. Ortenau, mittl. Schwarzw., oberes Elztal, Zartener Becken, obere Brigach und Breg; *suschd, suscht* südl. Schwarzw., östl. Markgr., Hotzw., Klettgau, Hegau, Höri, Bodenseegebiet; *schunscht* vereinz. Ortenau, Brsg. (Verbr. s. Karte → »sunscht«). ♦ 1) ›andernfalls‹; *un 's*

Chäppli lüpfe z' rechter Zyt, sust het me Schimpf un chunnt nit wyt [Hebel]; *nix as vora, sunsch hole m'r ne nimmi i* [A. Ganther]. ♦ 2) ›außerdem‹; *wenn's sunsch nix isch* [A. Ganther].

supfe schw.: ›saugen, schlürfen‹.

Suppe f.: *Supp, Subbe, Suppe* verbr.; bisweilen mit hinzugezogenem Artikel: *d'Suppe* > *Zuppe*; Dim. *Sipple, Sippli, Süppli.* ♦ 1) ›flüssige Nahrung, Suppe‹; Ra.: *vo sibe Suppen e Tünkli,* zur Bezeichnung einer sehr entfernten Verwandtschaft [Hebel]. ♦ 2) ›undurchsichtige, unangenehme Angelgenheit‹; *do hesch d' Supp* ›da hast du die Bescherung‹ [A. Ganther].

Suppe-stehler m.: Nachtfalter ›Nachtschmetterling‹ [Rüßwihl]. – Vgl. »Buebestehler«.

sur Adj.: *suur* verbr.; *süür* mancherorts Ortenau, Brsg. ♦ 1) ›bitter, angesäuert, säuerlich schmeckend‹; *suure Äpfel* [Möhrgn]; *suuri Kuddle* ›ein Gericht aus mit Essig angemachten Innereien‹ [Münchw.]; *süüre Sprudel* ›Mineralwasser mit Kohlensäure‹ [Freiamt]; Ra.: *Des stoßt mr suur uf* ›das missfällt mir sehr‹. ♦ 2) ›beschwerlich, verdrießlich‹; *mach doch ko so suur Gsiächt* [Sunthsn]. Ra.: *des kommt mi suur oo* ›das fällt mir schwer‹ [Oberw. (Rast.)].

Surach(er) m.: *Surach(l)er, Sürooch.* ♦ 1) ›Sauerampfer, Sauerdorn‹ vereinz. ♦ 2) ›saurer Wein‹ vereinz.

Sur-ameli Pl.: *Surameli, -ämeli* ›Sauerkirschen‹ vereinz. – Zum Grundwort → »Amelebeeri«.

Sur-ampfer, -hampfle m.: *Suurambfer, Süür-; -ampfel, -hambfle, -hambfel, -hambfede* und viele weitere Varianten. ♦ 1) ›Sauerampfer‹. ♦ 2) übertr. ›saurer Wein‹.

Surbel m.: *Surbel, Sorbel* ›Alkoholrausch‹ vereinz. – Syn. → »Rusch«.

Sur-brunne m.: ›Mineralwasser(quelle)‹ Brsg., Markgr., veraltet. – Vgl. »Surwasser«.

Süre ›Bläschen, Ausschlag‹ → »Sire«.

Surele Pl.: ›Sauerampfer‹ vereinz. SO-Baden.

Suremis m.: *Suuremis, Süüremis* u.ä. ♦ 1) ›saurer, herber Wein‹ mancherorts. ♦ 2) ›missmutig dreinblickender Mensch‹ vereinz.

Sur-esse n.: *Suuresse, Suurasse; Süür-.* ♦ 1) ›eine Art Gulasch aus Innereien, in saurer Soße zubereitet‹ Ortenau, mittl. Schwarzw., Brsg. ♦ 2) ›Sauerampfer‹ vereinz. Ortenau.

Sur-hebel m., **-hebi** f.: ♦ 1) ›Sauerteig‹ vereinz. ♦ 2) dass. wie → »Surigel«. ♦ 3) Fastnachtsgestalt in Villingen, Begleiter des »Murbili«. – Vgl. »Hebi[1], Hebel«.

Su-ribel → »Sauribel«.

Sur-igel m.: ›verdrießlicher, säuerlich dreinblickender Mensch‹ mancherorts.

Sur-krut n.: *Suurkrutt, Süürkrutt* verbr.; *Suurchrutt, -chruut* Südrand; *Suurkruut* Baar, Hegau, Bodensee. ♦ ›Sauerkraut‹.

surlecht Adj.: *suurlecht, süürlecht, suurlacht, süürlacht.* ♦ ›säuerlich‹ mancherorts.

Sürmel m.: ›Einfältiger‹ → »Sirmel«.

Sur-milch f.: *Suurmilch, Süürmilch.* ♦ 1) ›ungekochte, saure (geronnene) Milch, Dickmilch‹ mancherorts; vgl. »grunne«. ♦ 2) ›Buttermilch‹ mancherorts südöstl. Schwarzw.; Syn. → »Ankemilch«.

sürmlig ›taumelig‹ → »sirmlig«.

Surpf(er) m.: ›kräftiger Schluck‹ Ortenau. – Vgl. »Zurpf 3«.

surpf(l)e, sürpfle schw.: *surpfle, surpfe, sür(p)fle, sirpfle, zirpfle.* ♦ 1) ›Flüssigkeiten einschlürfen‹. ♦ 2) ›Alkohol trinken‹; *Sürpfle muesch, nit suffe* ›man soll Alkohol mäßig und mit Genuss trinken‹ verbr.; Syn.: »bichse, bläterle 2, blose 3, dudle 2, läppere 1, ledere 3, lupfe, nuckele, päpere 3, pfetze 2, schasgene, schlänze 2, sufe 2, tichele, versufe 2, vertrinke«; dazu auch Wendungen wie: *ein draschitte, ein gurgle, ein hintere gheie, ein riße, ein schmettere, ein tene* usw.

Sur-räppis m.: ›saurer Wein‹ mancherorts Markgr.

Sur-ribel m.: *Suriwwel, Suribbel* ›saurer Wein‹ vereinz.

Surrli-bue m.: ›Spielkreisel der Kinder‹; vgl. »Hurrlibue«. – Syn. → »Tanzknopf«.

Sur-teig m.: *Suurdaig, Süürdaig, Suurtoeg* u.ä. ♦ ›Sauerteig‹ verbr. außer in den Gebieten, in denen »Deisem« und »Hab, Hebi[1], Hebel« gilt.

Sur-wasser n.: ›Mineralwasser‹.

Sur-wurm m.: ›die Larve des Traubenwicklers in seiner zweiten Generation‹, Rebschädling.

suscht ›sonst‹ → »sunscht«.

suse schw.: ›brausen, sausen, eilen‹.

Suser m.: ›gärender Wein‹ mancherorts südl. Brsg., Markgr., Hochrhein, Höri, Bodensee. – Benennung wegen des sausenden, brausenden Gärgeräuschs. – Vgl. »Kretzer 3, Riser 1, Sießer«.

Su-toni → »Sau-Antoni«.

suttere, süttere schw.: ›sieden, brodeln‹ Markgr.

Suttri, Sütteri m.: ›jammernder, unzufriedener Mensch‹ Hotzw.

Sutzili n.: ›Ferkel‹ mancherorts Hochrhein, Hotzw. – Vgl. »Hutzel[2]«.

sutzle schw.: ›aussaugen, sich (beim Trinken) besudeln‹ vereinz. Markgr., SO-Baden.

Suu → »Sau«.

T

Unter »T« vermisste Wörter können unter »D« stehen.

Tabak s. → »Tubak«.
Täcks Pl.: ›Schuhmachernägel‹, Schustersprache mancherorts. – Pl. zu engl. *tack.*
Tade m.: Kurzform für den männl. VN *Thaddäus.*
Tafäre ›Wirtshausschild‹ → »Taferne«.
Täfer n.: *Täffer, Däfer, Däffer.* ›Wand-, Deckenvertäfelung‹ mancherorts. – Auch »Vertäfer, Getäfer«.
täfere schw.: *täffere, däfere.* ♦ 1) ›eine Wand vertäfeln‹ mancherorts. ♦ 2) ›an den Kartagen klappern, rätschen‹. ♦ 3) ›beschmutzen, Durchfall haben‹ Breisgau; vgl. »vertäfere«.
Taferne f.: *Tafférne, Daffern, Dafféere, Taffäre, Däffere, Täffere.* ♦ 1) ›Schildwirtschaft‹ mancherorts S-Baden. ♦ 2) ›Wirtshausschild‹, auch ›großer Fleck‹ vereinz. S-Baden. *Lueg numme, wo Taffäre sinn! Gang nit verbei, 's isch guete Wii, 's sinn nagelneui Charte drin!* [Hebel]. – Das Wort, das schon 1477 im Fürstenbergischen (*zue der taffern*) belegt ist, gehört zu lat. *taberna,* ital. *taverna* ›Schenke‹.
Tafle f.: *Tafle, Dafle, Tòfle, Dòfle, Tafel, Taffel* u. ä. ♦ 1) ›Schreib-, Schultafel‹. ♦ 2) ›gerahmtes Bild, Schild‹. ♦ 3) ›Tisch, Festtafel‹. ♦ 4) ›flache Schokolade, Bonbon, Tablette‹, *e Dafle Schuklad* [Freiamt].
Tag m.: *Tag, Dag* verbr.; *Daa* westliches Mittelbaden; Pl.: *Dag, Tag* mancherorts; *Däg, Täg* mancherorts; *Dage, Tage* vereinz.; *Daa, Dau* vereinz. westl. Ortenau. *Der Tag verwacht* ›es wird Tag‹ [Hebel]. *Un acht Dag druf ischer kumme* ›acht Tage danach kam er‹. *Guet anderthalwe Däg hen sie g'suecht* [A. Ganther]. Ra.: *all Tag* ›jeden Tag, täglich‹ verbr.; *am helle Dag* ›öffentlich‹; *Tag un Nacht* ›zu jeder Zeit, immer‹; *so domm wi dräi Dau Rajewạdder* [Bodersw.]; *'s isch no nit alli Daa Naacht gsin* ›es ist noch nicht aller Tage Abend‹ [Altenhm]; *e Dager achdi vor Pfingschde* ›ungefähr acht Tage vor Pfingsten‹ [A. Ganther]. Grußformel: *e guete Tag, un bhüet is Gott!* [Hebel]; Sprichw.: *s wird viel gschwätzt, wenn de Dag lang isch* [E. Strube].
tage schw: ›Tag werden‹; *un wenn es taget, un mer wachen uf* [Hebel].
Tag-loch n.: ›Luke, Öffnung in Wänden, am Dach‹.
Tagunnacht-blueme f.: ›Stiefmütterchen‹ [Schopfhm]; auch nur *Dajenachdele* (Tag-und-nachtele) [Meißenhm].
Tag-wann → »Taue«.
taib Adj.: ›taub, betäubt, begriffsstutzig‹ vereinz. – Wörtl. *täub,* zu *taub.*
taife schw.: *daife.* ♦ 1) ›taufen‹. ♦ 2) ›nass werden‹; *do simmer daift wore* im starken Regen [Freiamt].
Taifete, Taufete, Taifi, Taufi f.: *Daifet, Daifete, Daufet, Daufete, Daifi, Daufi* u. ä.; Pl. *Daifene.* ♦ ›Kindstaufe‹ mancherorts.
takuf Adj.: *daguf, daguff* ›munter, wohlauf, gesund‹. – Aus dem Jidd.
Tal n.: *Dal,* Pl. *Däler.* Ra.: *über Berg un Dal* ›von weit her‹.
Taler m.: *Taler, Daler* ›veraltete Münze‹; bekannt waren der *Preussische* und der *Bairische Taler,* mehrmals bei Hebel: *hesch e bayrische Taler?*
Täler m.: *Däler* ›Bewohner eines (Schwarzwald-) Tals‹, je nach Örtlichkeit, z. B. aus dem Elz-, Simonswälder-, Münstertal. – Vgl. »Lander« und »Wälder«.
Talk m.: ›halbausgebackenes Brot‹ [Stockach]. – Mhd. *talke* ›klebrige Masse‹. – Vgl. »talkig«.
talke schw.: *dalge* ›kneten, in Teigigem herumrühren, herumschmieren‹.
talkig Adj.: *dalgig* ›weich, teigig‹ vereinz.
Talp m.: *Dalp,* häufiger Pl.: *Dalpe* ›Fußspur, Fußabdruck‹ vereinz. Raum Lörrach, Schopfhm. – Mhd. *talpe* ›Pfote‹. – Vgl. »Tape«.
talpe schw.: *dalbe* ›plump gehen, herumtappen‹ mancherorts SW-Baden; jemand der so herumläuft ist ein *Dalbi.*
talpsle schw.: ›ungeschickt betasten‹ Markgr.
tänk Adj.: *dänk* ›feucht (von Kleidern)‹ [Dettighfn, Donaueschgn].
tänkig Adj.: *dänki(g)* ›unausgebacken, teigig‹ Ortenau.
Tann-agle Pl.: *Tannaagle* [Schopfhm]; *Tannachle* [Brötzgn]. ♦ ›Tannennadeln‹. Zum Grundwort s. »Agle«.
Tanne f.: *Dann, Danne, Tanne*; Dim.: *Tännli, Tändeli* u. ä. ♦ ›Weißtanne‹; *d'r Höllmich'lbue isch grad*

uf e Dännli klettert un het e Finkenescht usnemme welle [A. Ganther]; auf die neugiere Frage „Was arbeitest du?“, antwortet man in der Ortenau: *Dännli gize!* ›die Seitentriebe der Tännchen kürzen‹.

tanne, tänne Adj.: *danne, dänne, tänne* ›aus Tannenholz‹; *dännes Holz.*

Tanne-bibel(e) m., meist Pl.: *Tannebibbel, -bibbele, -bibbeli.* ♦ ›Tannenzapfen‹ vereinz. nördl. und mittl. Schwarzw. – Vgl. »Tannezapfe«.

Tanne-bubbele Pl.: *Dannebubbele, -bubbeli* ›Tannenzapfen‹ vereinz. S-Baden. – Vgl. »Tannezapfe«.

Tanne-busel(e) Pl.: ›Tannenzapfen‹ vereinz. Ostteil des mittl. Schwarzw. – Vgl. »Tannezapfe«.

Tanne-dockele Pl.: *Dannedockele, -dockili* ›Tannenzapfen‹ vereinz. Ostteil des mittl. Schwarzw. – Vgl. »Tannezapfe«.

Tanne-gückel(i) m.: *Tannegückel, -gickel, -gückeli.* ♦ ›Tannenzapfen‹ mancherorts Hegau, Höri. – Vgl. »Tannezapfe«.

tännele schw.: ›nach Tannenholz riechen‹.

Tanne-mockele Pl.: ›Tannenzapfen‹ vereinz. Ostteil des mittl. Schwarzw. – Vgl. »Tannezapfe«.

Tanne-popperer m.: ›Specht‹ [St. Blasien]. – Zum Grundwort → »poppere«.

Tanne-zapfe m.: *Dannezapfe, Dannzapfe, Tanne-, Tann* [verbr.]. ♦ ›Tannenzapfen‹. – Vgl. »Tannebibele, -bubbele, -busele, -dockele, -gückel, -mockele«.

Tann-nessel f.: ›Taubnessel‹ vereinz. S-Baden.

Tänzerne f.: *Dänzerne* ›Tänzerin‹ vereinz.; *Sin jo keini Dänzerne meh do!* [A. Ganther].

Tanzete f.: *Danzete* ›Päärlein Kinder verschiedenen Geschlechts‹ [Ettenhm]. – Wörtl. ›was man zum Tanzen braucht, Tanzpaar‹.

Tanz-knopf m.: *Danzknopf, Tanz-* mancherorts; Dim. *Danzknepfli, Tanzknepfle.* ♦ ›Spielkreisel der Kinder‹; *Tanzknopf driwe* ›den Kreisel mit der Peitsche treiben‹ [Ettenhm]. *D'r Brummler, des isch so e blechene Danzknopf gsi* [A. Ganther]. – Syn.: »Brummler 2, Bruser, Driller 2, Habergeiß 4, Hudlebue, Hurrli, Hurrlibaus, Hurrlibue, Murrli, Murrlibue, Surrlibue, Trimmel 2«.

Tape ›Pfote, Tatze‹ → »Tope«.

Tapet n.: nur in der Ra.: *ebbis uffs Dabeet / Tapeet bringe* ›etwas zur Sprache bringen‹. *D'neischt Modi bringsch du uf's Dapet* [A. Ganther]; auch *Tapez* Markgr.

tapfer Adv.: *dapfer, tapfer* ›flink, rasch, sofort‹ mancherorts Ortenau; *Geh dapfer nuf!* ›Geh schnell hinauf‹ [Ottenhöfen].

Tappe m.: *Dappe,* Sg. wie Pl. ›Fußspuren, Spur von Tieren‹ verbr.

tappe schw.: *dappe* ›auftreten; schwerfällig, ziellos gehen‹; *Was dappsch mr die gonz Zitt im Wäg erum?* [Freiamt].

täppele schw.: *däppele, täppele* ›trippeln, kleine, unsichere Schritte machen‹.

täppelig Adj.: ›unsicher gehend wegen hohem Alter‹; *er isch gonz däppelig wore* [Freiamt].

Tappi m.: ›ungeschickter Mensch‹, ein solches Kind ist ein *Tappeli.*

tappig Adj.: ›ungeschickt, täppisch‹.

Tapp-ins-Mues m.: ›täppischer, ungeschickter Mensch‹ vereinz.

Tarok n.: ♦ 1) ›veraltetes Kartenspiel‹. ♦ 2) meist *Drogg, Trock* ausgesprochen ›Trumpf im Zegospiel‹.

Tarte f.: *Tart(e), Dart(e)* ›Torte, festlicher Kuchen‹, heute auch *Tort(e)* nach der Schriftsprache. – Die altmundartliche Aussprache ist direkt aus frz. *tarte* abzuleiten.

Tärtele n.: *Därdili, Därdilich* ›ein früher unter Juden gebräuchliches Kartenspiel‹ [Ettenhm].

Tärtsche f.: *Därtsche* ›etwas Breitgedrücktes‹ [Eschb. (Waldsh.)].

Täsche f.: *Däsch, Däsche, Tasche.* ♦ 1) ›Tasche‹. ♦ 2) ›Klatschbase‹. ♦ 3) ›Schlag mit der flachen Hand‹.

täsche schw.: *däsche* ›patschen, mit der flachen Hand schlagen‹. *Kumm m'r numme heim; i will di däsche* [A. Ganther].

Tate ›Kasten‹ → »Tote«.

tate schw.: ›schlafen‹, Kinderspr.; *ets gommer gi tate* ›jetzt gehen wir schlafen‹ [Singen a. H.], auch *tatele.*

tätig Adj.: ›fleißig‹ [Konstanz].

Tatsch, Tätsch m.: *Datsch, Dätsch.* ♦ 1) ›Schlag mit der flachen Hand‹. ♦ 2) ›Kröte‹ Kinzig-, Prech-, Elztal. ♦ 3) ›breitgedrückte Pflanzen‹, z. B. »Saudätsch«.

tatsche, tätsche schw.: *datsche, dätsche, tätsche* ›mit den Händen patschen, mit der flachen Hand schlagen‹. – Mhd. *tetschen.*

Tatscher, Tätscher m.: ›Gerät, Werkzeug zum Patschen‹ verbr.

Tatsch-kappe, Tä(t)sch- f.: *Datschkappe, Dätsch-, Däsch, -chappe* ›flache Schirmmütze‹ mancherorts.

Tätsch-mer m.: ›gutmütige Person, die man zu Botengängen schickt‹, iron. für Rentner gebraucht, vgl. → »Ganggo«. – Abgeleitet vom Konjunktiv II von »tun«.

Tatterich m.: *Datterich* ›das Zittern (in den Händen)‹ mancherorts.

Tatze f.: *Datz, Datze, Tatze.* ♦ 1) ›Tatze von Tieren‹. ♦ 2) ›Schlag auf die Innenhand als (frühere) Schulstrafe‹. *Der Lehrer het mer Tatze gä* (gegeben) [Endgn].

taub Adj.: ♦ 1) ›gehörlos‹. ♦ 2) ›dumm, zornig‹; *daüb moche* ›sich zornig gebärden‹ [Freiamt].

täubele schw.: ›sich zornig gebärden, im Fieber phantasieren‹ vereinz.; dazu *Taubi, Täubi* ›Zorn‹ Markgr.

Taue m.: *Daue, Taue, Dawe, Doie, Daie* ›veraltetes Flächenmaß‹ vereinz. *Ziehn si nit vo Dorf zu Dorf in lange Reviere faisti Matte Stunde wyt un Tauen an Taue?* [Hebel]. – Das Wort ist durch Abschwächung des Wortendes aus *Tagwann* entstanden.

Taufe(te) ›Kindstaufe‹ → »Taifete«.

Tauner m.: *Dauner* ›Kleinbauer, Taglöhner‹, veraltet, vereinz. SO-Baden. – Das Wort gehört zu »Taue«.

taused Num.: *daused* nördl. und mittl. Schwarzw.; *taused* Raum Neustadt, Baar, Hegau, Bodensee; *däused, täused* mancherorts südl. Ortenau, nördl. Brsg., Kaiserst.; *dausert, däuserd* mancherorts mittl. Schwarzw.; *dausich* mancherorts Hanauerland; *dausig* mancherorts Ortenau, südl. Brsg., südl. Schwarzw., Markgr.; *däusig* vereinz. südl. Ortenau; *tausig* Dinkelberg, Hotzw., nördl. Klettgau, westl. Hegau, vereinz. Höri, Bodanrück; *tusig* südl. Klettgau, mancherorts Höri; *tused* vereinz. Klettgau. ♦ 1) ›die Zahl 1000‹; *nit winniger as daused Gulde* [A. Ganther]. *Jetz leng i tausig Zentner Gold* [Hebel]. Ra.: *us dem Hunderst'n ins Tausigst* [Hebel]. ♦ 2) in Ausrufen, Flüchen: *Potz taused!*‹; *z'Müllen an der Post; Tausig Sappermost* [Hebel]; auch als Steigerungspräfix: *tuusignett, tuusigschön.*

tausig → »taused«.

tebere schw.: *dewere, dewwere, debere, debbere, döbere.* ♦ ›rasen, wüten, lärmen, schelten‹ verbr.; *un g'fluecht un döwert het 'r wia e wüedige Dürk* [A. Ganther]‹. – Eine Bildung zu *toben,* wörtl. *töbern.*

teffle schw.: *deffle, döffle.* ♦ 1) ›prügeln‹ Lörracher Gegend. ♦ 2) ›schnell laufen‹ [Hornbg, Freiamt].

Tegel m.: *Dägel,* Dim. *Dägili* ›kleines Pfännchen, irdenes Lämpchen, Lampeneinsatz‹ vereinz. mittl. Schwarzw. – Mhd. *tëgel,* eine Nebenform zu nhd. *Tiegel,* aus lat.-romanisch *tegula* ›Pfanne‹.

Teichel ›Röhre‹ → »Tichel«.

Teifel m.: *Deifel, Daifel, Teifel, Tüfel, Töifel.* ♦ 1) ›Teufel‹; Ra.: *wia d'r Deif'l üwwer e armi Seel* ›sehr erpicht‹ [A. Ganther]; häufig auch in Ausrufen, Flüchen: *Dunder Deif'l* [A. Ganther]; *Soll mi der Teufel hole!* [Hebel]; Sprichw.: *de Däifel schiißt awwl uf de greeschde Hufe* ›wer schon hat, bekommt immer noch dazu‹ [E. Strube]; *Wu Geld isch, isch der Deifel, un wuu kais isch, isch er zwaimool* [Opfgn]. ♦ 2) *armer Daifel* ›bedauernswerter Kerl‹.

teifele schw.: *döifele* ›lautstark schelten‹ verbr. – Vgl. »verteifele«.

teifel-haftig Adj.: *deifelhaftig, deifelhäftig* ›zuleid lebend, böse‹ verbr.

Teifels-brote m.: ›verwegener, verruchter Kerl‹; *dia zwi Deif'lsbrode do* [A. Ganther]; auch *Deifelskerli* eb.

Teifels-milch f.: ›Wolfsmilch‹ eine Giftpflanze [Konstanz].

Teifels-nodle f.: *Deifelsnodle* ›Libelle‹.

Teig m.: *Daig, Deig, Doeg, Toeg* ›teigige Substanz, Brot-, Kuchenteig‹.

teig Adj.: *daig, daaig, doeg.* ♦ 1) ›mürb, teigig‹, z. B. von überreifen Birnen; *e daigi Biir* [Ettemhm]; Sprichw.: *au herte Birre werret deig* [Epple]. ♦ 2) ›müde, faul, schläfrig‹; *jetz bin i bal daig* [Freiamt]. – Mhd. *teic.*

Teig-aff m.: *Daigaff* Schelte für langsame, ungeschickte, einfältige Menschen, auch Neckname für Bäcker.

teige schw.: *daige, dääge* ›langsam, lustlos essen‹. – Syn. → »schleze«.

Teil m.: *däil, dail, doal* ›Teil als Gegensatz zu einem Ganzen‹; mit unbest. Artikel: *e Dail hen gsait* ›manche, einige sagten‹ mittl. Schwarzwald, Breisgau; *bi-n-e Daile* ›bei einigen‹ eb.; mit best. Artikel: *di Doale* ›die andern‹ tadelnd, da oft als eigenwillig, konträr empfunden Baar; *Di Doele findet allewiil e Hoor i de Suppe, au wenn de Koch en Glatzkopf hät* [Gutmadgn].

teil-mol Adv.: *dailmool, daimool* ›manchmal, zuweilen‹.

telbe st.: *dälwe, dalwe* ›mit dem Spaten umgraben, ein Loch graben‹ mancherorts Ortenau, Kaiserst.; Part. Perf. *(ge)dolwe.* – Ahd. *(bi)telban,* engl. *delve.*

Tenn n.!: *Denn, Tenn* verbr.; *Dinn* [St. Peter]. ♦ ›Scheunentenne‹.

Tenn-risete, -rerete f.: ›Körner und Ähren, die beim Abladen vom Wagen auf die Tenne fallen‹, vereinz. und veraltet. – Zum Grundwort vgl. »rise[1]«.

Tensch n., m.: *Tensch, Dänsch* ›Damm, Stellfalle zur Regulierung des Wassers‹, Markgr., Wiesental. *Un uf de Matte vo Fahrnau bis go Huuse Tensch an Tensch un Schmehlen an Schmehle* [Hebel]. – Das Wort ist auch in der Schweiz (*Täntsch* u. ä.) bezeugt. – Vgl. »Dich«.

tepele ›betatschen‹ → »tope«.

Teppich m.: *Deppich, Deppig, Deppech, Teppich, Deppi* u. ä. ♦ 1) ›Fußbodenteppich‹. ♦ 2) ›Wolldecke (auf dem Bett)‹ verbr.

Teschdement n.: ›Testament‹.

tetele schw.: *deedele, döödele* ›nach Tod, Verwesung riechen‹. – Wörtl. *tötelen,* eine Ableitung zu *tot.*

Teuchel → »Tichel«.

teuer → »tir«.

Teufel → »Teifel«.

Thees m.: Kurzform für den männl. VN *Matthäus, Mathes.*

Thum, Thume(s) m.: Kurzform für den männl. VN *Thomas.*

Tichel m., n.: *Diichel, Dichel, Diichle, Tüchel, Düchel, Düchle* u. ä. ♦ ›aus einem aufgebohrten Holzstamm gefertigtes Wasserleitungsrohr‹, dazu dient der *Dichelebohrer.* – Das spätmittelhochdeutsch bezeugte Wort ist in vielen mittel- und süddeutschen Mundarten bezeugt, ob es mit frz. *tuyau* ›Röhre‹ zusammenhängt ist nicht erwiesen.

tichele schw.: *diichele.* ♦ 1) ›Flüssigkeiten (durch ein Rohr) leiten‹ Kaiserst. ♦ 2) ›Wein trinken‹ vereinz; Syn. → »surpfle«.

tiëf Adj.: *tüüf* Klettgau, Höri; *tiif* Baar, Hegau, Bodenseegebiet; *diäf, tiäf* übriges Gebiet. ♦ ›die Ausdehnung senkrecht nach unten betreffend‹; *bis tief in Boden abe* [Hebel].

Tiëfi f.: *Tiäfi, Diäfi, Tüfi* ›Tiefe‹.

Tier f.: *Diir, Deer* verbr.; Dim.: *Diirle, Diirli, Tiirle.* ♦ 1) ›tierisches Lebewesen‹; *Singt's Tierli nit in Hurst un Nast?* [Hebel]. ♦ 2) von Menschen *e hochis Diär* ›hochgestellte Person‹, *e arms Diär* ›bedauernswerte Person‹; Sprichw.: *Jedem Diärli si Pläsiirli* [E. Strube].

Tine f.: *Dine, Tine* Kurzform für die weibl. VN *Christine, Albertine, Martina.*

Tinte f.: *Dinte, Tinte* ›Schreibtinte‹. Ra.: *in de Dinte hocke* ›in Schwierigkeiten sein‹.

Tinte-beeri f.: verschiedene Pflanzen (mit dunklen Beeren), z. B. Liguster, Tollkirsche, Attich.

Tipfeli-schisser m.: ›genauer, pedantischer Mensch‹.

tipf(e)lig Adj.: *dipflig, dipfelig* ›pedantisch, genau‹.

tir Adj.: *diir, düür, tüür, diär* ›teuer, kostspielig‹; *der Maa am Füür mueß z' trinke ha, wärs no so tüür* [Hebel]; Ra.: *er luegt us wie die düür Zitt* ›ist sehr mager‹ [Glock Brsg.].

Tirass m.: Hundename. – Entweder nach dem frz. Marschall *Duras* oder weidmännisch *Tirass* ›Decknetz und Saunetz‹ < frz. *tirasse.*

Tire f.: *Diir, Diire, Düre, Türe.* ♦ 1) ›Tür‹. *Gar still un haimli bschließt er d' Tür* [Hebel]; Ra.: *zwische Diir un Angl* ›nicht drinnen und nicht draußen‹ [Waldk.]; *d Diir vor de Nase zueschlage* ›eine Absage erteilen‹ [Freib.]; *mit der Diir ins Hus keie* ›etwas ungestüm, vorschnell angehen, überrumpeln‹. ♦ 2) meist Dim. *Diirli, Dürli* ›Öffnung am Fass, an der Uhr, Klappe an Hosen (veraltet)‹.

Tir-falle f.: *Diirfalle, Dürfalle.* ♦ 1) ›Vorrichtung, in der der Türverschluss einrastet, Türklinke‹, verbr. (außer SO-Baden). ♦ 2) übertr. ›leichtes Mädchen‹ (*jeder häd si in de Finger*) [E. Strube]). – Vgl. »Schnalle 2, Tirschnalle«.

Tir-gricht n.: *Dirgricht* ›Türeinfassung‹ [Stockach]. – Wörtl. *Türgericht.*

Tirk m.: *Dirk, Dirig, Derg, Dürk, Türk* ›Türke‹; Häufig in Ra. im Zusammenhang mit dem Fluchen: *un g'fluecht un döwert het 'r wia e wüedige Dürk* [A. Ganther]; *Krütz Dürke!* eb.

tirle schw.: *diirle, deerle, düürle* ›die Türe andauernd (störend) auf- und zumachen‹. – Bildung zu *Tür* bzw. zu *Tor.*

Tirli-giger m.: ♦ 1) ›wer ständig Türen auf und zu macht‹ Markgr. ♦ 2) ›herumziehender Straßenmusikant‹ Markgr. ♦ 3) Schimpfwort für Umstandskrämer u. a.

Tir-schnalle f.: *Dirrschnalle, Derreschnalle* ›Türklinke‹, vereinz. SO-Baden. – Vgl. »Tirfalle«.

Tir-zwehle f.: *Diirzwelle* [Schönwald]; *Diirzweel, -zwääl, -zwell* mancherorts nördl. und mittl. Schwarzw., Ortenau. ♦ ›Handtuch (hinter der Stubentür)‹. – Vgl. »Zwehle«.

Tisch m.: *Disch, Tisch* verbr.; *D' Chinderli am chlaine Tisch* [Hebel]; *e bleich's Blundköpfli, isch am Disch g'hockt* [A. Ganther]; *underem Disch isch au dehaim / isch au no Stuwe* einem in den Mund gelegt, der zuhause nichts zu melden hat [E. Strube].

tische schw.: ›den Tisch decken‹; *s isch tischet* [Konstanz].

Tisch-lache n.: *Dischlache* ›Tischdecke‹ mancherorts Markgr. – Das Grundwort gehört zu *Lachen, Laken.*

Tobel[1] m.: *Dobel, Dowel, Dobbel* ›Waldschlucht, enges Tal‹. – Mhd. *tobel* ›Waldtal, Schlucht‹.

Tobel[2] m.: ›ein Fisch‹ Höri.

töbere ›toben‹ → »tebere«.

Tochter f.: *Dochder* mancherorts Brsg., Markgr., Wiesental; *Tochter, Toochder* mancherorts SO-Baden; *Doochder* mancherorts Schwarzw., Ortenau, Brsg., Baar; dazu gibt es Umlautformen, die sich wie Pl. ausnehmen aber durchaus Sg. sind, nämlich: *Töchter* mancherorts Klettgau, Höri; *Dechder, Deechder, Techter, Teechter* mancherorts südl. Schwarzw., Baar, Hegau, Linzgau; im Randgebiet des Südostens auch Formen mit *ch*-Schwund: *Dooter, Deeder, Teeter.* ♦ 1) ›weiblicher Nachkomme‹; *üüser Töchterli* [Hebel]; *'s Riedligers suuferi Tochter zu ihre Tugede gfallt mer* [Hebel]. ♦ 2) ›Feldsalat‹ vereinz., vgl. »Töchterlisalat«.

Töchterli-salat m.: ›Feldsalat‹ mancherorts Markgr. (Verbr. s. Karte → »Ackersalat«). – Vgl. »Tochter 2«. – Syn. → »Ritscherli«.

Tochter-maa m.: ›Schwiegersohn‹, veraltend.

Tocke ›Puppe, Bündel, Fackel‹ u. a. → »Docke«.

Tod m.: *Dood, Tood* ›der Tod‹; *O geb is* (uns) *Gott e sanfte Tod!* [Hebel]; Ra.: *Du bisch guet no em Dood schicke* zu einem Langsamen, Unpünktlichen [E. Strube]; Sprichw.: *Ummesunscht isch de Dood - un säller koschd s Läwe* [E. Strube].

Tode-bliëter ›Mal‹→ »Toteblиëter«.

tole ›erdulden‹ → »dole«.

toll Adj.: ♦ 1) ›schön, herrlich, prächtig‹ mancherorts SW-Baden. *So ne tolli Frau, un doch so güetig un fründli!* [Hebel]. *Isch Basel nit e schöni, tolli Stadt?* [Hebel]. ♦ 2) in der Wendung: *doll un voll* ›ganz betrunken‹ [Konstanz].

Tolle m.: *Dolle* ›Simpel, Dummkopf‹ Ortenau.

toll-ohrig Adj.: *dollohri(g)* ›schwerhörig‹ Ortenau, ein schwerhöriger Mensch ist ein *Dollohri.*

Toll-weck m.: *Dollwegg* ›Einfältiger, Dummkopf‹ mancherorts.

Tolp-fuäß m., **-hand** f.: *Dolb-* ›Klumpfuß, verunstaltete Hand‹ vereinz. mittl. Schwarzw.

Tope m.: *Dobe, Dòbe* verbr. Schwarzw., Ortenau, Brsg., Markgr.; *Doube* vereinz. südl. Brsg.; *Dope* mancherorts Baar, Hotzw.; *Tope* verbr. Klettgau, Hegau, Bodenseegebiet; Dim.: *Deble, Depli, Döpli, Tebli, Töbli.* ♦ 1) ›Tierpfote‹. ♦ 2) ›(derbe, ungeschickte) Hand‹, abschätzig; *e großer Dowe* [Kork]; *Loss dini dreckigi Dobe weg!* [Großw.]. *Bim Schlosserkarl hen sie numme ruesige Dobe bikumme* [A. Ganther]; *Der brecht de Dope in der Hosedasche* ›ist ein Unglücksrabe‹ [Glock Brsg.]. – Mhd. *tâpe.*

tope, tep(e)le schw.: *dobe, tope, dewele, tewele, töple* u. ä. ♦ ›mit der Pfote zulangen, an etwas herumtasten, etwas betatschen, ungeschickt anfassen‹.

Tope-händschig m.: *Dobehändschig, -händsche* ›Fausthandschuh‹ [O.harmersb., Waldk. (Elzt.)].

Tope-suger m.: ›armer Mensch‹.

Topi m.: ›tappiger Mensch‹ vereinz.

topig Adj.: *dobig, topig* ›ungeschickt‹. *Stell di nit so dobig aa!* [Sunthsn]. – Vgl. »tappig«.

Tor n.: *Door, Toor*; Pl. *Door, Doore, Doorer* vereinz.; Dim.: *Deerli, Deerle.* ♦ ›große Tür, Tor‹.

Torkel m. (f.): *Torkl* verbr. Bodensee, mancherorts Hegau, Höri; *Torkle* (f.) [Bohlgn, Öhngn]. ♦ ›Traubenpresse, Kelter‹; auch in Zs. wie *Torkelbaum, -bett, -haus, -presse, -spindel*; im übrigen Alem. gilt »Trotte«. – Das Wort, das vom Bodensee auch den Rhein aufwärts bis Graubünden und auch in Teilen Südtirols (hier Genus f.) gebräuchlich ist, ist in althochdeutscher Zeit aus lat. *torcula* ›Kelter‹ entlehnt.

torkle schw.: *torkle, dorgle, durgle.* ♦ 1) ›taumeln, schwanken‹ vereinz. ♦ 2) ›keltern‹ im Gebiet von »Torkel«.

Tornischter m.: *Tornischder, Tonischder, Tanischder.* ♦ ›Schulranzen, Tornister‹ mancherorts.

Tort(e) m.: *Dorde* ›Schimpf, Unrecht, boshafter Streich‹, bes. in der Wendung: jemandem einen *Dorde* tun, spielen; bei Hebel auch wie nhd. *Tort*: *de Trunkene zum Tort* [Hebel]. - Zu *Tortur.*

tose schw.: *dose* ›rauschen, Getöse machen‹; *s Wetter doset* [Mühlgn (Stock.)]; *un looset, wie' s windet, wie's im Chemi* ›Kamin‹ *tost* [Hebel].

tot Adj.: *dot, tot* ›leblos, verstorben‹; *'s isch ebe no alles still un tot* [Hebel]. *Wenn i numme dot wär!* [A. Ganther].

Tot(e) m., f., n.: *Dòot, Dòte, Daut, Daute* ›Fach eines Schranks, Schublade, Kasten, Getreidekasten‹ mancherorts SO-Baden, Bodensee.

Tote-baum m.: *Dodebaum, Totebaum* ›Sarg‹, das in alter Mundart in unserem Gebiet gut bezeugte Wort ist veraltet und wird weitgehend von *Sarg* verdrängt.

Tote-bliëte(r) m.: *Dodebliäde(r), -blüete(r)* u. ä. ♦ ›schwarzer Fleck unter der Haut, unter dem Fingernagel (von einer Quetschung herrührend)‹ verbr. östl. Markgr., Dinkelberg, Wiesental, Hotzw., Klettgau.

Tote-brett n.: *Dodebrett* ›Brett, auf dem der Tote aufgebahrt wurde‹, es wird mit Kreuzen und gelegentlich Jahreszahl und Anfangsbuchstaben des Namens des Toten versehen und nach Gebrauch als Steg über einen Bach gelegt oder als Gedenkzeichen am Weg aufgestellt. Bis Anf. des 20. Jahrhunderts im mittleren und südlichen Schwarzwald bezeugter Brauch.

Tote-quäckerli n.: *Dotegwäckerli, Dotewäckerli* ›Nachteule, Käuzchen‹ vereinz. Brsg.

Tote-vogel m.: ›Steinkauz‹ bisweilen auch ›Elster‹ und ›Nachtfalter‹ vereinz.

Totsch m.: *Dodsch.* ♦ 1) ›flaches Gebäck, Fladen, in die Breite gehender Gegenstand‹. ♦ 2) ›Löwenzahn‹ nur Pl.: *Dötsche* [Minseln]; Syn. → »Seichblueme«. ♦ 3) ›ungeschickter Mensch, Tölpel, Geck‹; *unter de Zupfe dure, du Dotsch* [Hebel]. – Vgl. »Tatsch«.

totschig Adj.: ›beim Backen missraten, teigig‹.

Trabante Pl.: *Drabánte, Drawánde, Tra-* ›(lärmende) Kinderschar‹.

Trabe f. Pl.: *Drawe* ›Pressrückstände beim Keltern‹ mancherorts Ortenau. – Vgl. »Trascht, Treber, Treschter«.

Trachter ›Trichter‹ → »Trechter«.

trage st., schw.: *drage, trage* verbr. (außer Nordrand und Teilen Südbadens, s. das Folgende); *draa* Nordrand, mancherorts Ortenau; *droge* vereinz. Ortenau, Brsg.; *dräge, träge* mancherorts Dinkelberg, Hotzw., Klettgau, Hegau, Höri, Bodanrück; im nördl., mittl. Schwarzw. und in Teilen der Ortenau finden sich dann in kleineren Gebieten noch Formen wie: *draache, draan, draie, droie, droue, dröue dröwe, drewe, drawe, drare.* Das Wort bildet das Part. Perf. teilweise stark, teilweise schwach und zwar: im nördl. und mittl. Schwarzw. und im Raum Kehl stark, also: *getraa, getrage, trage, getrouwe, getröue, drare, droge* usw., im südl. davon gelegenen Gebiet jedoch schwach, also: *getrait, getreit* - meist ohne *ge-: drait, trait, dreit, treit, treet, tròòt* z. B.: *Furt trait henn si en* ›Fort getragen haben sie ihn‹ [Hebel]. ♦ 1) ›eine Last tragend fortbewegen‹; *I will der d' Sägese* (Sense) *trage* [Hebel]. *Trait nit mengg Immli süeße Hunig haim* [Hebel]. *E Zain* ›ein Korb‹ *voll krepirdi Krodde däde n'r trage zeh Stund wegs witt* [A. Ganther]. Ra.: *Uf beede Achsle Wasser trage* ›es sich mit keiner Partei verscherzen wollen‹ [Schopfhm]. ♦ 2) ›Frucht, Nachwuchs tragen‹; *was wenn dy aigne Baum die Chirsi trait hätt?* [Hebel]. ♦ 3) ›etwas an sich tragen‹, Kleidung Schmuck, Haar, Bart usw. *Un wer het im ganze Dorf die suuferste Chlaider Sunntig un Werchtig trait?* [Hebel]; *un 'r trait e kurze, fuchsrode Burevollbart* [A. Ganther]. *An de Feschtdäge treit er no en Frak* [O. Furtwängler].

Tragel m.: *Drogel* ›Dreiangel‹, ein Wort der Fischerspr. – Lat. *tragula.*

Tragete f.: *Draaet, Draget, Dragete, Tragete, Trägete, Traigete.* ♦ ›Menge, die man auf einmal tragen kann, Traglast‹. *Het nit in churzer Zyt der Weber e Tragete Garn gholt?* [Hebel].

tragig Adj.: *tragig, trägig* ›trächtig‹.

Trag-ring m.: ›Polsterring zum Tragen von Kopflasten‹. – Vgl. »Buschd«.

traise ›keuchen‹ → »drense«.

trait ›getragen‹ → »trage«.

Trallari m.: *Dralláari* verbr., *Drallöri* vereinz. ♦ ›dummer, ungeschickter, saumseliger Mensch‹; *un han ene wiascht gseit, un Daigaf, un Sûkopf un Lali un Tralâri* [O. Furtwängler]; *un du, Dralari, fahrsch mit 'm in d'r viereckige Welt umenand* [A. Ganther].

Tralle-batsch, -watsch m.: dass, wie »Trallari«.

Tram, Trämel m.: *Droom, Troom, Drome, Dreem, Drämel, Treemel* u. ä. ♦ ›Balken‹, bes. im Hausbau, mancherorts. *Si henn 's Huus erbaut, di schönsti unter de Firste, un ihr Name stoht no näumen* ›irgendwo‹ *am rueßige Tremel* [Hebel]; *un näume schliicht der Iltis unterm Dach de Tremle* (Pl.) *no* [Hebel]. – Ein altes Lehnwort aus lat. *trabs* (vulgärlat. *trabem*) ›Balken‹, mhd. *tram, dram, drëmel.*

trampe schw.: *drambe* ›hart auftreten, polternd gehen‹ mancherorts, wer so geht, ist ein *Drambe, Drambi* vereinz. – Verwandt mit nhd. *trampeln.*

trämpele schw.: *drämbele* ›trippeln, unsicher gehen‹.

trämpelecht Adv.: *drämb(e)lecht* ›vereinzelt, so nach und nach‹ mancherorts Ortenau.

tränke schw.: *tränke, tränkche.* ♦ 1) ›Vieh tränken‹. ♦ 2) ›Blumen gießen‹ verbr. SO-Baden (Verbr. s. Karte → »spritze«). – Syn. → »sprenze«.

Tränki f.: ›angerührtes, flüssiges Viehfutter‹.

tränse ›keuchen‹ → »drense«.

Trappe m.: *Drabbe* mancherorts Ortenau, verbr. Brsg., Kaiserst.; *Drobbe* vereinz. Ortenau, Brsg.; *Trappe* mancherorts Klettgau, Höri ›Stielgerüst der Traube‹. – Vgl. »Kamm, Rappe[1]«.

trappiere schw.: ›erwischen, ertappen‹; *un schick di, sust trappiert di der Gaist no näume* [Hebel]. – Frz. *attrapper.*

träpple schw.: ♦ 1) ›mit den Füßen trippeln‹. ♦ 2) ›die Henne bespringen, vom Hahn‹ mancherorts Ortenau, nördl. Schwarzw. – Syn. → »trete 2«.

Trascht m.: dass. wie »Treschter« vereinz. SO-Baden.

träse ›wehklagen‹ → »drense«.

tratsche schw.: *dradsche, tratsche* ›schwatzen, Klatsch verbreiten‹; eine Person, die dies tut ist eine *Tratsch, Tratsche, Tratschbas.*

trätze, trätzle ›necken, foppen‹ Markgr. – Syn. → »vexiere«.

traue schw.: *draue, draüe, dröue, droue* u. a. ♦ 1) ›meinen, glauben‹. *Jetz chönnt i, trau i, goh* ›Jetzt könnte ich, so meine ich, gehen‹ [Hebel]. ♦ 2) ›Vertrauen schenken‹; *sidder dert trau i denne Kaiwe nimmi* [A. Ganther]; *un han em guate Wäter it* (nicht) *trauet* [O. Furtwängler]. ♦ 3) ›sich getrauen, wagen‹; *I haa mers nit droue sage* ›Ich habe es mir nicht zu sagen getraut‹. ♦ 4) ›die Eheschließung vornehmen‹.

Trauf f.: *Trauf, Trouf.* ♦ 1) ›Waldrand‹ vereinz.; vgl. »Waldtrauf«. ♦ 2) ›Dachtraufe‹.

Trauf-käner m.: *Traufkiener, -kener, -kenner* u. ä. ♦ ›Dachrinne‹ mancherorts Schwarzw., Baar. – Vgl. »Dachkänel, Dachkäner«.

traume schw.: *draume, traume, draime, dräume, dròme, tròme* u. ä. ♦ ›träumen‹; *So het's im Kätterli traumt* [Hebel].

Traumes n.: ›das Träumen‹.

trawalle schw.: *drawalle, drawallje, drawallere.* ♦ ›hart arbeiten, rumoren‹. – Frz. *travailler.*

Treber m.: meist Pl.: *Trewere, Drewere.* ♦ 1) ›Pressrückstände beim Keltern‹ vereinz. ♦ 2) ›Tresterschnaps‹ mancherorts Markgr. – Vgl. »Trabe, Treschter«.

Trech m.: *Trech, Treäch, Rech, Reäch* ›männliche Ente, Enterich‹ verbr. Baar, Hegau, Linzgau. – Das Wort ist als mhd. *antrehe,* ahd. *anutrehho* (wörtl. *Enten-trech*) und in thüringischen und niederdeutschen Mundarten als *Drache, Drake* ›Enterich‹ bezeugt. Bei *Rech, Reäch* ist das *T-* als vermeintlicher Artikel abgetrennt worden (*Trech > t' Rech*). – Syn. → »Enterich«.

Trechter m.: *Dreechder, Dräächder, Drąachder, Draachder.* ♦ ›Trichter‹. – Mhd. *trahter, trehter, trihter,* dies aus lat. *traiectorium.*

trefe Adj.: *drefe, dräife* ›(kultisch) unrein‹, Ggs. s. »koscher«. – Aus der Sprache der Juden.

Treff m.: ›Hieb, Treffer‹ Markgr.

treffe st.: *treffe* verbr.; Part. Perf.: *troffe*; 1. Pers. Sg. Ind. Präs.: *ich triff.* ♦ 1) ›(ein Ziel) treffen, etwas erreichen‹; *mit em Wiibe hesch's nit troffe* ›nicht gut getroffen‹ [Hebel]. ♦ 2) ›zusammen-, eintreffen‹.

Trefze f.: *Dräfz(e), Dräfzge, Trąfz(e)* u. ä. ›hohes Unkraut im Getreide, Roggentrespe‹ mancherorts.

Treichle ›Kuhglocke‹ → »Trinkle«.

Treisch m.: ›der Fisch Aalraupe‹ [Grenzach, Märkt].

Tremel ›Balken‹ → »Tram«.

trense ›keuchen‹ → »drense«.

treschte schw.: *dreeschde, treeschde, tröschde.* ♦ ›trösten‹. *D'r Alysi het sich awwer tröscht; er het unserem Herrigott dankt* [A. Ganther]. *Aber wer wird jetz mit Zuespruch 's Vreneli tröste?* [Hebel].

Treschter m., meist Pl. *Dreschder, Treschter.* ♦ ›Rückstände beim Keltern‹ mancherorts, in der Ortenau vereinz. auch *(Anke)-Dreschder* ›Rückstände beim Buttersieden‹. – Vgl. »Trabe«.

trete st.: ♦ 1) ›einen Tritt versetzen, auftreten‹ mancherorts; vgl. »tritte«. ♦ 2) ›die Henne bespringen, vom Hahn‹ mancherorts; Syn.: »hible 2, träpple 2, tripple 2«.

tribe st.: *driwe, dribe, tribe* ›treiben‹. *Un öbbis mueß me tribe ha; sust het me langi Wiil* [Hebel].

Tribel[1] m.: *Driwel, Dribel, Trübel* ›Traube‹; *an warme Berge hangt der Trüübel* [Hebel]; *Mit sym Trüübel, mit sym Wii stärkt der Herbst my lustig Bluet* [Hebel]; *e Zain vun de fürnehmschde Trüw'l* [A. Ganther]. – Das Wort ist eine Abl. zu *Traube,* wörtl. *der Träubel* und ist nicht mit dem Dim. von *Traube* zu verwechseln.

Tribel[2] m.: *Tribel, Tribbel, Driwel, Driwwel* ›Drehhebel, Kurbel‹.

Tribel-beeri f.: *Tribelbeer(i), Trübelbeeri* usw. ♦ ›die einzelne Traubenbeere‹.

tribeliere schw.: *driwweliere, dribbeliere* ›antreiben, bedrängen, plagen‹; *s Roß un s Vieh mueß me nit tribeliere* [Glock Brsg.].

Tribeni m.: *Tribeni, Dribeni* ›einfältige, gutmütige Person‹ Furtwangen, Hochschwarzwald. – Das Wort kommt von *Drittbeni* ›dritter Knecht‹, also der, der am wenigsten zu sagen hat.

Triberlis n.: ›ein Spiel, bei dem sich zwei Gruppen mit dem Ball hin- und hertreiben‹ vereinz.

Trib-schnur f.: *Driibschnur, Treibschnur* ›Knallkordel am Ende des Peitschenriemens‹. – Vgl. »Zwick«.

trichne ›trocknen‹ → »trickne«.

Trichter → »Trechter«.

Trickeni f.: *Driggeni, Driggene, Tröchni* ›Trockenheit‹.

trickne schw.: *driggne* mancherorts mittl. Schwarzw., nördl. Brsg., Bodenseegebiet; *driggle* nördl. Schwarzw., Ortenau; *drichne, trichne* mancherorts östl. Brsg., westl. Baar, vereinz. südl. Hegau; *drechne, trechne* mancherorts südl. Brsg., nördl. Markgr., südl. Schwarzw., südl. Baar; *trochne* vereinz. südl. Schwarzw., Markgr.; *tröchne* südl. Markgr., Hotzw., Klettgau; *trüchne* vereinz. südl. Hegau, Höri. ♦ ›trocken machen, trocken werden, trocknen‹; *Un het e Frau ne Wöschli gha, se het si trochnet druf un*

dra [Hebel]; *D'r Hirschewirt … trucknet si schwitzig G'siecht ab* [A. Ganther].
triëb Adj.: *driäb, triäb, trüeb* ›nicht richtig durchsichtig, leicht dunkel‹, z. B. von Flüssigkeiten, vom Wetter.
Triëbsal f.: *Triäbsal, Trüebsal* ›Traurigkeit, Trübseligkeit‹. *Un wenn ain vor Chummer un Trüebsal schier gar verschmachtet* [Hebel].
triëje ›gedeihen‹ → »driëje«.
triële schw.: *triäle, driäle, drüele* verbr, Baar, Hegau, Höri, Bodenseegebiet, mancherorts Klettgau; *druele* mancherorts Ortenau (Verbr. s. Karte → »triële«). ♦ 1) ›Speichel aus dem Mund rinnen lassen, geifern‹, bes. von kleinen Kindern. ♦ 2) ›Essen auf die Kleidung tropfen‹ [Freiamt]. – Bildung zu mhd. *triel* ›Mund, Lippe, Maul‹. – Syn.: »geifere, mueme, schludere 3, truele, vertriële«.

Triëler m.: ›Geiferlatz‹ mancherorts. Vgl. »Triëlläppli«.
Triëli m.: *Driäli, Triäli, Drüeli, Drueli.* ♦ 1) ›wer sabbert, geifert‹. ♦ 2) ›unflätiger, dummer, einfältiger Mensch‹.
Triël-läppli, -latz n., m.: ›Geiferlatz der Kleinkinder‹. – Vgl. »Triëler«.
Triëme m.: *Triäme, Trime* ›Überrest des Zettels beim Garnweben‹ vereinz., veraltet; *Spinnet, Chinder, spinnet, un Jergli, hol mer au Trieme!* [Hebel]. – Mhd. *trieme.* Vgl. »Webertriëme«.
Trië(n)tsche f.: ›weinerlich, schmollend verzogenes Gesicht‹ mancherorts mittl. Schwarzw.
Triesenet-schnitte Pl.: ›ein zwiebackähnliches Gebäck‹, an verschiedenen Orten jeweils unterschiedlich zubereitet, vereinz.
Triggel m.: ›Schweinetrog‹ mancherorts Höri, Bodanrück, Bodensee. – Wörtl. *Trügel,* eine Weiterbildung zu »Trog«.
Trilpetritsch ›Fabelwesen, Tollpatsch‹ → »Elbetritsch«.
Trimel m.: *Drimmel* ›trichterförmiger Aufsatz an der Mühle‹ vereinz. Ortenau.
Trimmel m.: *Drimmel* vereinz.; *Drümmel, Trümmel* verbr. Südrand. ♦ 1) ›Schwindelgefühl, Drehkrankheit‹ vereinz. ♦ 2) ›Spielkreisel der Kinder‹ kleines Wiesental; Syn. → »Tanzknopf«. ♦ 3) Scheltwort für einfältige Menschen, vereinz. Südrand.
trimm(e)lig Adj.: *drimmlig, drimmelig, drümmelig, drümmlig.* ♦ ›schwindelig, taumelig‹; *Mir isches drimmlig* [Epple]; *trümmlig isch's em worde* nämlich dem Rhein nach dem Schaffhauser Rheinfall [Hebel]. – Vgl. »turmelig«.
trimmle schw.: *drimmle, trimmle, drümmle, trümmle.* ♦ ›sich im Kreis drehen, taumeln, torkeln‹; *un sinnlos trümmlet 's Kätterli nider* ›und besinnungslos taumelt das Kätherli auf den Boden‹ [Hebel]; *Er chunnt vom Weg, er trümmlet hüst un hott* ›taumelt nach links und rechts‹ [Hebel].
trimmse schw.: ›drängeln, ungeduldig sein‹ [Schopfhm].
Trine f.: ♦ 1) Kurzform für den weibl. VN *Katharina.* ♦ 2) ›einfältige weibl. Person‹.
trinke st.: *drinke, trinke, trinkche*; Part. Perf.: *drunke, trunke, trunkche.* ♦ 1) ›eine Flüssigkeit zu sich nehmen‹; *Trüübli esse, Neue trinke, Chestene broote* [Hebel]; *do wird gëse un trunke, gsunge, danzet* [O. Furtwängler] ♦ 2) ›sich dem Trunk ergeben‹; *er trinkt* ›ist Alkoholiker‹. ♦ 3) veraltet ›Tabak rauchen‹; *Denkwol, jetz leng i au in Sack un trink e Pfiifli Rauchtubak* [Hebel].
Trinkle f.: *Trinkle, Trinkchle, Treichle* ›Kuhglocke‹ südlichster Schwarzw., veraltet. – Das Wort, das in der Schweiz weit verbreitet ist, kann zu ahd. *drenkila* ›Schelle, Klingel‹ gestellt werden.
Trink-wii m.: ›(minderwertiger) Wein zum alltäglichen Gebrauch, Haustrunk‹, häufig aus Trestern unter Zusatz von Zuckerwasser bereitet.
Trippe f.: *Tribbe* ›großer Trog für Schweinefutter‹, auch *Sautribbe* [Buchenbach].
Trippel m. (f.): ›Podest, Treppenabsatz, hölzerne Galerie am (Schwarzwald-)Haus, Plateau‹ u. ä. mancherorts. – Wohl eine zu *Treppe* ablautende Bildung auf *-el.*
tripple schw.: ♦ 1) ›kleine Schritte machen‹. ♦ 2) ›die Henne bespringen, vom Hahn‹ mancherorts

Ortenau, nördl. und mittl. Schwarzw. – Syn. → »trete 2«.

trischake schw.: ›plagen, quälen, verprügeln‹.

tritte schw.: ›treten‹ Markgr.

Triwel ›Traube‹ → »Tribel[1]«.

troche ›trocken‹ → »trucke«.

tröchne ›trocknen‹ → »trickne«.

Trock → »Tarok«.

trocken → »trucke«.

trocknen → »trickne«.

Trog m.: *Drog, Trog* verbr.; *Droo, Drou, Dröu, Droi* mancherorts nördl. Schwarzw., Ortenau, Hanauerland. ♦ 1) ›Brunnen-, Futtertrog‹ verbr.; *'s Wasser het bruuschet us de Röhren in Trog un us em Brunntrog ins Gräbli* [Hebel]. ♦ 2) ›Truhe für Kleider, Wertgegenstände, Geld‹ verbr. mittl. Schwarzw., vereinz. Ortenau. *Der Heer Inspektor lengt in Trog, un zahlt mit Freud* [Hebel]. – Vgl. »Triggel, Truche, Trucke«.

Trolle, Troller, Trolli m.: *Trolle, Trole, Troller, Troler* u. a. ♦ ›Walze, Rolle‹.

trolle schw.: *drolle, drole* ›rollen drehen, wälzen‹; *Schneeballe drole* ›Schnee zum Schneemannbau zusammenrollen‹ [Freiamt]; *Fässle drole* ein Kinderspiel, wenn sich Kinder seitwärts einen Hang hinabkullern lassen [Stockach]; *en Buckel abi trole* dass. [Epple]. – Vgl. »drodle, wale«.

Troll-wadel, -wedel m.: ›gutmütiger, beschränkter Mensch‹ vereinz.

trome ›träumen‹ → »traume«.

Trömmer m.: ›Ausläufer an Pflanzen‹ [Rüßwihl]. – Bildung zu mhd. *drumer* ›Endstück‹. – Vgl. »Trumm«.

trompiere ›täuschen‹ → »trumpiere«.

Tropf m.: ›bedauernswerter, sonderlicher, beschränkter Kerl‹. *Du arme Tropf bisch übel dra* [Hebel].

Tropfe m.: *Dropfe, Tropfe* verbr.; Dim.: *Drepfel, Drepfle, Drepfli.* ♦ 1) ›Tropfen‹. *An's Wilhelm Telle Freihaitshuet hangt mengge Tropfe Schwyzerbluet* [Hebel]. Sprichw.: *E chlai wunzig Tröpfli macht e voll Glas überlaufe* Brsg. ♦ 2) *ein guter Tropfe* ›Wein‹; *un wo vorab e extraguets Tröpfli wachst, d'r bescht Wi in d'r ganze Gegend* [A. Ganther].

tröpfli-wiis Adv.: ›in Abständen, in kleinen Portionen‹.

tropf-nass Adj.: ›sehr nass‹.

Troscht m.: *Drooscht, Trooscht* ›Trost‹. *Jetz sitz i do un waiß kai Trost* [Hebel].

Troschtle → »Drossle«.

Trott-baum m.: ›Druckhebel der Baumkelter‹; s. → »Trotte«.

Trotte f.: *Trott* mancherorts nördl. der Schutter; *Trotti* verbr. Brsg., vereinz. Markgr., Dinkelberg, Klettgau; *Trotte* mancherorts Brsg., Markgr., Klettgau südl. Hegau; Pl.: *Trottene.* ♦ ›Traubenpresse, Kelter‹; am Bodensee → »Torkel«. – Das Wort, mhd. *trote, trotte,* das eine Ableitung zu *treten* ist, kann als Lehnübersetzung zu lat. *calcatura* ›Kelter‹ (zu lat. *calcare* ›mit der Ferse treten‹) betrachtet werden.

trotte schw.: *drodde, trotte* ›keltern‹.

trottle schw.: *droddle, trottle* ›langsam gehen oder arbeiten, trödeln‹.

Trott-leischt m.: ›quergelegter Balken, der den Druck vom Kelterbaum auf das Keltergut weitergibt‹ vereinz. Kaiserst.

Trott-messer n.: ›Beil mit halbmondförmiger Klinge zum Abschneiden des gepressten Traubenkuchens‹ vereinz. Kaiserst.

Trott-sule Pl.: ›paarweise senkrecht stehende Balken der Holzkelter‹ vereinz. Kaiserst.

Trottwar n.: *Droddwaar* ›Bürgersteig, Gehweg‹. – Frz. *trottoir.*

Trott-zuber m.: ›Zuber, in den der Most aus der Kelter fließt‹ vereinz.

Trube f.: *Trub, Truwe, Trube* mancherorts; Dim.: *Tribele, Tribeli, Trübeli* - Dim. nicht zu verwechseln mit »Tribel[1]« < *Träubel* Genus m.! ♦ ›Traube, bes. einzelne Traubenbeere‹.

Trübel ›Traube‹ → »Tribel[1]«.

Truche, Trucke f.: *Truche, Druche* mancherorts Hegau, Bodensee; *Trucke, Truckche* mancherorts Wiesental, Hotzw., Klettgau, Reichenau. ♦ 1) ›Truhe, Kiste, Schachtel‹. ♦ 2) abschätzige Bez. für weibl. Personen. – Vgl. »Trog«.

trucke Adj.: *drugge* nördl. und mittl. Schwarzw., Ortenau, Brsg.; *drugged* Raum Kehl; *drogge* vereinz. Ortenau; *trucke* Bodenseegebiet; *druche, truche* mancherorts Brsg., Raum Neustadt, Baar, südl. Hegau, Höri; *droche* südl. Brsg., Markgr.; *troche* südl. Schwarzw., Hotzw., Klettgau, südl. Baar. ♦ ›ohne Feuchtigkeit, nicht nass‹; *das s Holz guat truche un ræsch wird* [O. Furtwängler]; *Unde dra isch e trucke Plätzli g'si* [A. Ganther]; *Es streckt sy troche Züngli drii* vom Bienlein, das seinen Rüssel in den Blütentau taucht [Hebel]; Ra.: *so droche wiä s Chäfers Füdle* ›sehr trocken‹ [Lörrach]; *troche hüle* ›scheinbar weinen‹ [Feldbg]; Bauernregel: *e truchene Johrgang hett no kai Buur verdorbe, aber e nasse* [Glock Brsg.].

truche ›trocken‹ → »trucke«.

trucke-fuul Adj.: *drucke-, druchefuul* usw. ›trocken vermodert, edelfaul‹, von Trauben, Obst.

Trucke-hinsch f.: ›Lecksucht, eine Art Rinderkrankheit‹ mancherorts mittl. Schwarzw. – Zum Grundwort s. »Hinsch 1«.

Truddli m.: ›langsame Person‹ Brsg.

trüeb → »triëb«.

Truechtle f.: ›dicke Frau‹ [Glattes].

trüeje ›gedeihen‹ → »drieje«.

truele schw.: *druele* ›Speichel aus dem Mund laufen lassen‹, von Kleinkindern, vereinz. nördl. und mittl. Schwarzw., Ortenau. – Syn. → »triële«.

Trumm n. (m.): *Drumm* verbr.; *Dromm, Tromm* mancherorts SO-Baden; Dim. *Drimmli, Trümmli.* ♦ 1) ›Endstück, Rest‹, z. B. vom Faden; *s Drumm verliere* ›den Faden verlieren‹ wörtl. und übertr.; *Der hät s Trom it gfunde.* ♦ 2) ›vom Stamm abgesägtes Rundholz, großes Stück‹ vereinz. Brsg., Dinkelberg; Steigerung: *e Mordstrumm* ›ein unmäßig großes Stück‹ Brsg. ♦ 3) ›große, kräftige Person‹ vereinz.; *e Trumm vun ere Frau* [Epple]. – Mhd. *drum* ›Endstück, Ende‹.

Trumme, Trummel f.: *Drumm, Drumme, Trumme, Drummel, Trummel.* ♦ ›(große) Trommel, Pauke‹; Ra.: *E Drumm isch kai Pfiff* ›es gibt Unterschiede‹ [Ettenhm]; *Er hät au mol e Drumë gha un scho en Wirbl schla kine* [O. Furtwängler]. Ra.: *e Füdle wiä e Drumme* ›dickes Hinterteil‹ [Stahrgn]. Mhd. *trumme.*

trumme, trummle schw.: *drumme* vereinz.; *drummle, trummle* verbr. ♦ ›trommeln‹, vereinzelt auch *trümbele.*

Trümmel ›Taumel‹ → »Trimmel«.

Trummel-klipfel, -schlegel m.: ♦ 1) ›Trommelschlegel‹. ♦ 2) Bez. für verschiedene Pflanzen wie ›Teufelsabbiß, Blutweiderich, Uferkratzdistel‹ vereinz.

trümmle ›sich drehen‹ → »trimmle«.

Trumpete f.: *Drumbéed(e)* ›Trompete‹; *im erschde Stock, dät ein wuhne, wo de ganze Dag Trumbet blost* [A. Ganther].

trumpiere schw.: *drombiäre, drumbiire* ›sich täuschen‹. – Frz. *tromper.*

Trur f.: *Druur, Truur, Drüür* ›Trauer‹.

trure schw.: *drure, trure, drüre* ›traurig sein, trauern‹.

trurig Adj.: *drurig, trurig* ›traurig‹; *Ganz trurig het 'r d' Flüg'l lambe lo* [A. Ganther].

Trutsche, Trutschle f.: *Drutsch, Drutschle.* ♦ 1) ›kleine, dicke, unförmige weibliche Person‹. ♦ 2) ›traubenartiger Klumpen, Büschel‹ Wiesental; vgl. → »Trutschlete«.

Trutschlete f.: ›Obsttraube, dichter Früchtebehang‹ mancherorts Wiesental, Hotzw. – Vgl. »Trutsche(l) 2«.

Trutz m.: *Drutz, Truts* mancherorts; *Trotz* vereinz. SO-Baden. ♦ ›trotziger Sinn, Widerstand‹. *Gli druf isch awwer d'r Trutz ufg'wacht un der het d' Üwwerhand bikumme* [A. Ganther].

trutze schw.: *drutze, trutze,* seltener *trotze* ›Trotz bieten, den Beleidigten spielen, schmollen‹.

trutzig Adj.: *drutzig, trutzig* ›trotzig, beleidigt‹; *Was wirsch doch nummen au denkt ha ob mym trutzige Maa un syne trutzige Rede* [Hebel]; *Un trutzig, küehl wia e Iszapfe bin i bliewe, trutzig un alleinig* [A. Ganther].

Trutz-kopf m.: *Drutzkopf, Trutzchopf* ›trotzender, eigensinniger Mensch‹.

Tschäk f.: *Tschääk* ›Stecken mit spiralig abgeschälter Rinde und bunten Bändern, der beim Pfingstreiten mitgeführt wird‹ [Weisweil (Emm.)]. – Wohl zu »scheckig«.

Tschaki m.: ♦ 1) Kurzform für den männl. VN *Jabob* bzw. *Jaques,* selten. ♦ 2) ›Dohle, Krähe‹ vereinzelt Bodenseeraum.

Tschampel m.: *Dschambel, Dschamble, Tsch-* ♦ ›nachlässige, träge, schlampige, unbeholfene Person‹. – Vgl. »Tschumple«

tschample schw.: *dschamble* ›schleppend, nachlässig, schwerfällig gehen‹. – Vgl. »tschumple«.

Tschäppel ›Kopfputz‹ → »Schäppel«.

Tschäpper m.: ›schlechter, alter Hut‹ vereinz. Markgr. – Bildung zu frz. *chapeau.*

tschättere → »schättere«.

Tschäubli ›Büschel‹ → »Schaub«.

Tschaude, Tschudri, Tschaudel m.: ♦ 1) ›wirrers, zerzaustes Haar‹. ♦ 2) ›unordentliche, schlampige Person‹ mancherorts.

Tschiëbe Pl.: *Dschiäbe* ›Kopfschuppen‹ Markgr., Hotzw. – Wohl mit zum Wort gezogenen Artikel aus »Schiëbe« entstanden: *d'Schiäbe > Dschiäbe.*

tschiëmpere schw.: *dschiämbere* dass. wie → »tschample« [Waldkirch].

Tschiënki m.: ›wer hinkend geht‹. – Expressive Bildung zu »schiënke«.

Tschink(e) m.: ›Italiener‹, meist abschätzig. – Aus ital. *cinque* ›fünf‹.

Tschobe ›Jacke‹ → »Schope«.

Tscholi m.: *Dschooli, Tschooli* ›einfältige, gutmütige Person‹ verbr. *Un mi Maihofer, e guede Tscholi, wia 'r ein gsi isch ...* [A. Ganther].

Tschückel m.: *Tschüggel* dass. wie → »Tschaude« mancherorts Umgebung von Schopfhm.

tschudere ›schaudern‹ → »schudere«.

Tschudri ›Zerzauster‹ → »Tschaude«.

Tschumple f.: *Dschumbel, Dschumble. Dschuemble.* ♦ ›einfältige, unbeholfene, schwerfällige, unordentliche Person‹. – Vgl. »Tschampel«.

tschumple schw.: ›schwerfällig gehen‹ vereinz. – Vgl. »tschample«.

tschuppe, tschupple schw.: *tschubbe, tschübbe, tschubble.* ♦ ›an den Haaren ziehen, zausen, schütteln‹ mancherorts Brsg., Markgr.

Tschüppel ›Büschel, Haarschopf‹ u. ä. → »Schüppel«.

Tschupper m.: *Tschubber, Tschübber* ›Rempler, Schubs‹ vereinz. Brsg.

tschutte schw.: *tschutte, schudde* ›Fußball spielen‹ Raum Lörrach. – Engl. *to shut.*

Tubak m.: *Duwak, Duwwak, Düwwak, Tubak, Dubak, Dubbak* u. ä. ♦ ›Tabak‹; *e Pfifli Tubak rauche,* in älterer Mundart noch *trinke,* z. B.: *I trink e wenggeli Tubak* [Hebel]; Ra.: *Anne Düwwak* ›in grauer Vorzeit‹ [Freiamt].

Tubak-grumpe Pl.: ›untere, minderwertige Tabakblätter‹.

Tubak-gutsche f.: *Tuwakgutsch, -gütsch, -gutschi.* ♦ ›Mistbeet, in dem die Tabaksetzlinge herangezogen werden‹. – Vgl. »Gutsche«.

Tubak-henke f.: *Tuwakhạnki* u. ä. ›Ort, wo die Tabakblätter zum Trocknen aufgehängt werden‹.

Tube f.: *Duub, Düüb, Dübe, Düwe, Duwe, Dube, Tuub, Tube* (Verbr. s. Karte → »Tube«). ♦ ›Taube‹; *Wildi Tuube niste dört uf moosige Bäume* [Hebel]. *Er frißt Ich* (Euch) *mit vieren um d'Wetti, wenn er's het, seig's Chäs, seig's Brotis, Tüübli un Strüübli* [Hebel]. Sprichw.: *E Spatz in d'r Hand isch besser as siwwe Duwe uf 'm Dach* [A. Ganther]. – Vgl. »Kut, Ruker«.

Tube-hack m.: dass. wie → »Tubesteßel« [Stockach].

Tube-krepfli n.: *Dubekrepfli, -kröpfli* Bez. für verschiedene Pflanzen, wie Lerchensporn, Knabenkraut, Meerzwiebel u. a.

Tube-steßel, -steßer m.: *Tubesteßel, Duwesteßel, -steßer, -stößer* ♦ ›Habicht, Falke‹. – Vgl. »Tubehack«.

tube-tänzig Adj.: *duwedänzig, dube-, -dạnzig* ›verwirrt, aufgeregt, unruhig‹.

Tüchel ›Röhre‹ → »Tichel«.

Tucherli n.: *Ducherle* Ortenau; *Ducherli* ›Bodensee‹. ♦ ›Blässhuhn, Zwergtaucher‹. – Wörtlich *Taucherlein.*

Tuck m.: *Duck, Duckch* ›böser, hinterlistiger Streich‹; *si henn der welle ne Tuck tue* [Hebel]. – Mhd. *tuc* ›Schlag, Streich‹; verwandt mit nhd. *Tücke, Heimtücke.*

tue unregelm.: *duu* nördl. und mittl. Schwarzw.; *due, tue* oberes Kinzig- und Schuttertal, vereinz. Brsg., verbr. Markgr., südl. Schwarzw., Hotzw., Klettgau; *doe* Brsg., Kaiserst.; *toa* Baar, Hegau, Bodanrück, Linzgau; *duen, diän* verbr. Hanauerland und in der Rheinebene nördlich davon bis zur Einmündung der Acher; Part. Perf. meist wie Inf., davon abweichend *doon* Hanauerland, Ortenau; *doo* Markgr.; *dao* Baar; *to* vereinz. Bodenseegebiet; Konjunktivformen sind z. B.: *teje, tiäj, tiäg, tetig, tiäje; tät, tätsch, tiät* u. a. ♦ 1) ›tun, machen, handeln‹; *Do muesch ebbis due* [Freib.]. *Was de saisch, das tüemer* ›Was du sagst, das tun wir‹ [Hebel]; *I wels nimi dua un e braf Büabli si* [O. Furtwängler]; *Hütt muesch jo grusig z' due g'ha ha* [A. Ganther]. ♦ 2) ›an einen Ort verbringen‹; *due 's i Kischte* ›lege es in die Kiste‹ [Stahrgn]. ♦ 3) ›genügen, seinen Zweck erfüllen, bewirken‹; *säll duets au* ›dieses erfüllt ebenfalls seinen Zweck‹ [Gütenb.]; *Des duets, bis i ebbis Bessers find* [A. Ganther]; *des duets eso binis* ›bei uns geht es so (ganz gut)‹ [Glock Brsg.]; *Duetses?* ›Ist alles in Ordnung?‹ verbr.; als Drohung: *ich due der dezue!* ›ich will dir helfen!‹ verbr. ♦ 4) ›sich verhalten, sich aufführen‹; *D' Ochsewirdi het due un döwert* ›Die Ochsenwirtin hat wild getan und getobt‹ [A. Ganther]; Ra.: *due wiäs wild Vieh* ›sich wie ein wildes Tier aufführen‹ [Ettenhm]. ♦ 5) mit Verb, zur

Umschreibung, Hervorhebung einer Handlung; Er *duet si güldene Zwicker feschtklemme* [A. Ganther]; *nimmt 'm 's Büechli us de Händ un duet drinne bleddere* [A. Ganther]. ♦ 6) zur Umschreibung des Konjunktivs II mit *täte,* z. B. *do dät i mi firchte* ›da würde ich mich fürchten‹ [Schutterwald]; *i diät mi schąme* ›ich täte mich schämen‹ [Liel]. – Interessant sind im Süden unseres Gebietes noch Formen des Konjunktiv I, z. B. 3. Pers. Sg.: *er diäg, dueg, duäi, duäit, däi, dai, dee, duäs*; ein Satz wie: „Ich habe gehört, er tue nichts", kann also etwa so enden ... *er diäg nit* [Bollschweil].

Tuech n.: *Duech, Tuech* verbr.; Pl.: *Diächer, Tiächer, Tüecher*; Dim.: *Diächli, Tüechli* mancherorts. ♦ ›Stoff, Gewebe‹. *Het's nit alli Johr vom fiinste gliichlige Fade Tuech un Tuech uf d' Blaichi trait?* [Hebel].

Tuechi f.: *Duechi* ›Tuchfabrik‹ [Lörrach].

tüf ›tief‹ → »tiëf«.

Tüfel ›Teufel‹ → »Teifel«.

Tulipan f., m.: *Dullipaa, Tullipane* so und ähnl. ♦ ›Tulpe‹; *Gelveieli un Tulipa, un Sterneblume nebendra* [Hebel].

Tumeel m.: *Dumeel* ›Tumult, Lärm‹ [Waldk. (Elzt.)].

tummle schw.: *dummle, tummle* ›sich eilen, sputen‹; *so stoht er uf vor Tag, un nimmt e Beil, un tummlet si* [Hebel].

tun → »tue«.

Tunke f.: *Dunke* mancherorts; Dim.: *Dunkele, Dunkeli, Dinkili, Tünkli* u. ä. ♦ 1) ›in eine Flüssigkeit, Suppe eingetauchtes Brot, Weck‹ u. ä. mancherorts Ortenau, Brsg.; weitläufige Verwandschaft bezeichnet man mit *vo siewe Suppe e Dunkeli* [Teningen], bei Hebel *vo sibe Suppen e Tünkli.* ♦ 2) ›Soße, Wurstbrühe‹ vereinz.

tunke, tunkele schw.: *dunke, tunke, dunkele* ♦ ›etwas ein- oder untertauchen‹; *Wo mer 's Kaffi trinken un Ankeweckli drin tunke* [Hebel]; *In Kierueß un Bech un Dinde het 'r sie dunkt* [A. Ganther].

Tunkis n.: ♦ 1) ›Mischung von Öl, Essig, Pfeffer, in die man gesottene Kartoffelstücke eintaucht‹. ♦ 2) ›eingebrockte Brotwürfel‹; *Dunkis mache* ›Brot in Suppe oder Kaffee einbrocken‹ verbr. ♦ 3) ›gegenseitiges Köpfeuntertauchen‹, z. B. als Spiel im Schwimmbad, verbr. – Vgl. »Tunke«.

Tünkli → »Tunke 1«.

Tupfe m.: *Dupfe, Tupfe* verbr.; Pl. *Tüpflene* mancherorts; Dim.: *Dipfle, Dipfli, Düpfeli.* ♦ ›Punkt, rundes Fleckchen, Tüpfel‹. *Sihsch die siideni Chappe mit goldene Tüpflene gsprenklet?* [Hebel].

tüpfe schw.: ♦ 1) ›jemanden bloßstellen‹ [Lörrach]. ♦ 2) ›(Alkohol) trinken‹; *e Fläsche tüpfe* ›eine Flasche Wein trinken‹.

tupfe-glich Adv.: ›genau gleich‹ [Konstanz].

Tüpfi n.: *Düpfi, Tüpfi.* ♦ 1) ›kleinerer Topf‹ mancherorts Markgr., Hotzw.; *un gent mehr ordeli Achtig, aß ich* (euch) *nit aim rueßige Tüpfi 's Ärmeli schwarz wird* [Hebel]. ♦ 2) ›dumme weibliche Person‹.

Tüpfli-schisser → »Tipfelischisser«.

Tur f.: *Dur, Tur, Dür* ›Umdrehung, Runde, Rundfahrt‹; Ra.: *an (in) einer Dur furt* ›andauernd‹ [A. Ganther]. – Frz. *tour.*

Tür → »Tire«.

Turbe m.: *Durwe, Dorwe, Durbe* mancherorts. ♦ 1) ›Torf‹ (aus frz. *tourbe,* das selbst wieder aus dem Germanischen stammt und zu *Torf* gehört). ♦ 2) ›Alkoholrausch‹ mancherorts Bodensee. ♦ 3) ›dummer Kerl‹ [Gengenbach].

turmelig, tirmelig Adj.: *durmelig, dirmelig, dirmeli.* ♦ ›taumelig, schwindlig‹ mancherorts Ortenau. – Vgl. »trimmelig«.

Turn m., n.: *Durn, Turn* ›Turm‹, heute zunehmend von *Turm* zurückgedrängt. *Si henn jo d' Uhr im Turn* [Hebel]; *Der Belche stoht verchohlt, der Blauen au, as wie zwee alti Türn* (Pl.) [Hebel]. – Mhd. *turn,* zu lat. *turris.*

turne schw.: *durne, turne* ›turnen‹.

Turnip(s), Tirlips f.: *Durnip, Turnip* mancherorts südl. Brsg., Markgr.; *Durlips* mancherorts mittl. Schwarzw., Dinkelberg, Wiesental; *Dirlips* mancherorts südl. Ortenau, Brsg.; häufig nur im Pl.: *Durnipe, Durlipse, Dirlipse.* ♦ ›Futterrübe, Runkelrübe‹. – Aus engl. *turnip* bzw. dem Pl. *turnips.* – Syn. → »Runkel«.

tusche[1] schw.: *dusche, tusche* ›jemanden dämpfen, zum Schweigen bringen, zurechtweisen, unterdrücken‹.

tusche[2] schw.: ›tauschen‹.

tuschur Adv.: *duschuur* ›immer, fortwährend‹. *So gehts in eim tuschur furt* [Zährgn]. – Frz. *toujours.*

tuset, tusig ›tausend‹ → »taused«.

Tute, Tüte *Tute* [Singen a. H.]; *Düte* [Eschb. (Waldsh.)]. ♦ ›Blasinstrument, Kindertrompete‹.

tutswitt Adv.: *duddswidd* ›sofort, schnell, vorwärts‹, meist antreibender Zuruf. – Frz. *tout de suite.*

U

u- die Vorsilbe *un-* (z. B. *U-glick, u-gfähr, u-längscht, U-krut*), in bestimmten Gegenden und lautlichen Kombinationen auch *uun-, un-*. Der Stichwortansatz ist hier aber immer »U-/u-«.

u-bache Adj.: ›ungehobelt, widerborstig‹ [Buchenbach]. – Wörtl. *un-gebacken.*

übel-husig Adj.: ›schlecht im Haushalt‹; *Sie ischt nit übelhuusig* [Epple].

üben → »iëbe«.

über und Zs. → »iber«.

üble schw.: ›sich verschlimmern‹, von Krankheiten, Wunden, Markgr.

u-bschraue Adv.: ›ohne dass etwas oder jemand angesprochen wird, unberufen‹; *So jez wemër widr bschliase, das niame e so ubschrouë nîduslë kan, der nint drin zdiand hät* ›So, jetzt wollen wir wieder abschließen, dass niemand unangesprochen hineintappen kann, der nichts drin zu tun hat‹ [O. Furtwängler]. – Wörtl. *unbeschrieen.*

u-ding Adv.: ›sehr, arg‹; *'s Vreneli duuret mi wohl; 's wird friili uding verschrecke* [Hebel]; *wo Anno Sechsenünzig der Franzos so uding gschosse het* [Hebel].

U-duse Pl.: ›Unsinn, Phantastereien‹ [Buchenbach].

ue Adv.: *uue, ue* Hotzw., Klettgau; *uu* vereinz. kleines Wiesental. ♦ ›herauf, hinauf‹; *Früeih, wenn si* (die Sonne) *hinterm Morgerot wohl ob em Schwarzwald uue goht* [Hebel]. – Vgl. »ufe«.

Ueli, Üeli m.: Kurzform für den männl. VN *Ulrich*; *I hör, der Üeli haig gmezget* ›ich höre, der Ulrich habe geschlachtet‹ [Hebel].

Uf m.: *Uuf* ›Uhu‹ [Lörrach]. – Mhd. *ûve, ûfe.*

uf Adv., Präp.: ♦ 1) ›offen‹; *'s Tor stoht uf* ›das Tor steht offen‹. ♦ 2) ›auf etwas befindlich, oben‹; *Uf der braite Bruck* [Hebel]; *Uf de Berge schneit's* [Hebel]. ♦ 3) ›nach oben‹ *uf un nieder* ›nach oben und unten‹ mancherorts. ♦ 4) ›in Richtung auf, nach‹; *un nor fahr i uf Friburg* ›und dann fahre ich nach Freiburg‹ [O. Furtwängler]; Ra.: *uf de Samschtig kunnt de Sunntig* verbr.; *Uf un d'rvu* ›auf und davon‹ [A. Ganther]. ♦ 5) ›zu einem Zeitpunkt‹; *Uf Wihnächde* ›zu Weihnachten‹ [A. Ganther]. ♦ 6) in best. Verbindungen: *Uf Wiederluege* ›Auf Wiedersehen‹ [A. Ganther]; *uf eimool, ufs mols* ›auf einmal, plötzlich, dann‹; *uf des / uf sell* ›daraufhin, deshalb‹, z. B.: *Uf des hät si dr Lorenz ufgmacht* [O. Furtwängler]; *ufs Johr* ›(genau) auf Jahresfrist‹ mancherorts; *Uf Ehr un Selikeit* Beteuerungsformel [A. Ganther]. – Nachstehende unbetonte Pronomina werden häufig zum Wort gezogen: *uffem, uf'm < auf dem; uffen, uf'n < auf den / auf ein; ufs < auf das.*

uf-bäckerle schw.: ›aufpäppeln‹ Kaiserst. – Vgl. »bäckerle«.

uf-basse schw.: ›Obacht geben, aufpassen‹; Ra.: *Müslestill sim m'r hig'hockt un hen ufbaßt wia d' Häftlemacher* [A. Ganther].

uf-bige schw.: ›aufstapeln‹. – Zum Grundwort s. »bige«.

ufe Adv.: *uffe, uffi* südl. einer Linie Freiburg – Villingen (Verbr. s. Karte → »ufe / nuf«); *uufe* Raum Lörrach, Dinkelberg; *uffer* mancherorts östl. Linzgau. ♦ ›nach oben, herauf, hinauf‹; *Will der Schanzli näumis* (etwas), *se mag er uufe zue dir choo* [Hebel]. – Vgl. »ruf, ue«.

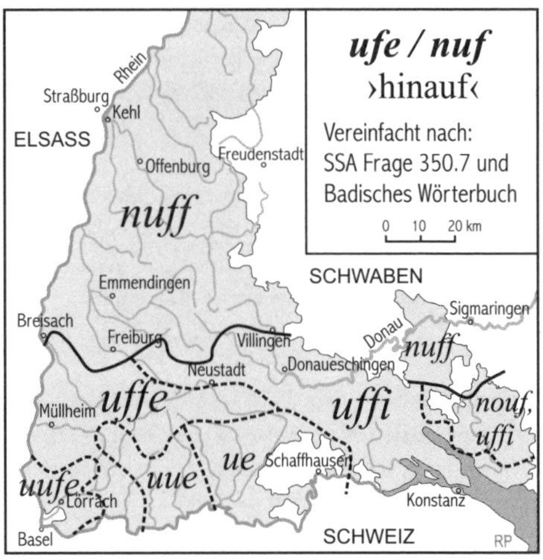

uf-enander Adv.: ›nacheinander, aufeinander‹; *des kunnt ufenander* verbr.

Uf-fahrt f.: *Uffahrt, Uffert.* ♦ 1) ›das Fest Christi Himmelfahrt‹ mancherorts, veraltet. ♦ 2) ›Auftrieb des Weideviehs auf die Berghöhen‹ [Buchenbach].

uf-gä st.: ♦ 1) ›nach oben geben‹, z. B. Getreidegarben nach oben gabeln. ♦ 2) ›Aufgaben übertragen‹; *gent Achtig, un lehret, was men ich* (euch) *ufgitt!* [Hebel]; *e Bur, wo si Tracht ufgitt, ... der isch kei Tracht wert* [A. Ganther]. ♦ 3) ›von etwas ablassen, kapitulieren‹; *un dr Fatr häts widr ufgäi* (das Drehorgelbauen) [O. Furtwängler].

Uf-hebis n.: ›Aufhebens, das Wichtigtun‹ [Sulzburg].

uf-henke schw.: ♦ 1) ›sich oder jemanden erhängen‹. ♦ 2) ›etwas auf-, hinhängen‹. ♦ 3) ›jemandem eine missliebige Aufgabe übertragen, etwas aufdrängen‹.

uf-here schw.: ›aufhören, beenden‹.

ufi ›nach oben‹ → »ufe«.

uf-karde schw.: ›aufkrempeln, aufrauhen‹ [O. Furtwängler]. – Vgl. »karde«.

uf-koppe schw.: ›rülpsen, aufstoßen‹ [Konstanz]. – Syn. → »ufstoße«. – Vgl. »koppe«.

uf-lade st.: ♦ 1) ›(einen Wagen) beladen‹. ♦ 2) ›jemandem eine Aufgabe aufbürden‹.

uf-mache schw.: ♦ 1) ›herrichten, aufbereiten‹. ♦ 2) ›öffnen‹; *Enanderno het 'r 's Briafli ufg'macht un g'lese* [A. Ganther]. ♦ 3) *sich ufmache* ›sich auf den Weg machen‹.

uf-micke schw.: ›die Wagenbremse lösen‹. Zum Grundwort s. → »micke«.

uf-mucke schw.: ›aufbegehren‹.

uf-pfuse schw.: *ufbfuse, ufbfüse.* ♦ 1) ›zischend, fauchend sich erheben‹, z. B. von Teig, der in Schmalz gebacken wird, aber auch im übertragenen Sinne von Menschen, die verärgert reagieren. ♦ 2) ›eitel daherstolzieren‹ Kaiserst. – Vgl. »pfuse«.

Uf-richti f.: ›Richtfest‹ verbr.

uf-rume schw.: ›aufräumen‹.

uf-schlenze schw.: ›aufschlitzen‹.

Uf-schnitt m.: ›Aufschnitt (verschiedener Wurstsorten)‹.

uf-stecke schw.: ›etwas aufgeben, aufhören‹.

uf-stipere schw.: ›aufstützen‹, z. B. die Arme verbr. – Vgl. »stipere«.

uf-stoße st.: ›rülpsen, aufstoßen‹ mancherorts mittl. und südl. Schwarzw., vereinz. übriges Gebiet. – Syn.: »gerpse, gorgse, gorpse, koppe, raipse, ufkoppe«.

uf-wasche, uf-wäsche st., schw.: *ufwasche* mancherorts Brsg.; *ufwäsche* verbr. südl. Schwarzw., Hotzw., Klettgau (Verbr. s. Karte → »ufwäsche«). ♦ ›Geschirr spülen‹. – Vgl. »spiële«.

uf-were schw.: ›aufräumen, in Ordnung bringen‹; dass *gli wieder ufgwehrt isch* [O. Furtwängler]. – Nach E. Ochs nicht zu ›wehren‹, sondern zu ›wirren‹.

uf-wische schw.: ♦ 1) ›den Boden nass wischen‹. ♦ 2) ›letzter Arbeitsgang beim Bestellen des Ackers, wobei mit dem Pflug an den Seiten Furchen gezogen und damit die Grenzen markiert werden‹ Umland von [Offenburg] noch bis in die 1960er Jahre.

U-gascht m.: ›ruhelose, lästige Person‹ vereinz. Ortenau.

u-gattig Adj.: ›ungeeignet, unpassend‹; *e ûgatigi Widerred* [O. Furtwängler]. – Zum Grundwort s. »gattig«.

u-gfähr Adv.: ›ungefähr, etwa‹.

U-gfäll n.: ›Unglück‹ Markgr., SO-Baden; *er hed Ungfäll im Stall* [Lörrach]. – Wörtl. *Un-gefäll.*

u-gfiërig Adj.: ›ungefüge, unhandlich‹ [Gütenb., Breitnau].

u-gfiëgt Adj.: ›ungefüge, grob, wirr‹ Kinzigtal.

u-gheit Adv.: *ughait, umgheit* ›zufrieden, in Ruhe‹; *Loß mi unghait jetz!* [Hebel]; *Jetz, Fliege, lönt mi all ungheit* [Hebel] (die Schreibung *un-* bei Hebel lehnt sich an die Schriftsprache an), bei *umgheit* handelt es sich um eine volksetymologisch bedingte Nebenform, weil die ursprüngliche Bedeutung von dem hier zugrunde liegenden »gheie« (s. dort) nicht mehr präsent ist.

u-ghir Adj.: *uughiir* ›nicht ganz geheuer‹ [Konstanz].

u-griëbig Adj.: *ugriäbig, uugriäwig* ›unruhig, nervös‹. – Vgl. »griëbig«.
u-gschlacht Adj.: *ugschlaachd* ›grob, roh‹ vereinz. Ortenau, mittl. Schwarzw.; Ra.: *'r isch ugschlaacht drvuukumme* ›er hat noch einmal Glück gehabt‹ [Appenw.]. – Mhd. *ungeslaht.*
U-gu m.: ›schlechter Geschmack‹ [Ettenhm]. – Zu »Gu«.
u-guet Adj.: ›nicht gut‹, meist nur in der besänftigenden Ra.: *Nix für u'guet* [A. Ganther].
U-(g)ziefer n.: *Ungziifer, Ugziffer, Ungsiifer, Uugsiffer, Uuziifer, Uuziffer, Unggsüüfer.* ♦ 1) ›(kleine) tierische Schädlinge‹. ♦ 2) übertr. ›Gesindel, Diebe‹. – Vgl. »Ziefer«.
u-heim Adj.: ›unheimlich, bedrohlich‹; *gföhrli Volch mit Schwert un Büchse, listig un unhaim* [Hebel].
Uhm ein Hohlmaß → »Ohm«.
uhni ›ohne‹ → »ohni«.
uis → »eins«.
u-knabet, u-kniëbet Adj.: *uknabbet, uknabbig* vereinz. Linzgau; *ukniäbet, okiniäbet* vereinz. Baar. ♦ ›unerzogen, unartig‹, veraltet.
U-krut n.: *Uukrutt, Unkrutt, Uukruut, Uuchrutt, -krütt* u. ä. ♦ ›Unkraut‹.
Ül ›Eule‹ → »Il[2]«.
u-lidig Adj.: ›unangenehm, unleidlich‹; *d Oma isch gonds uliidig hit* [Freiamt].
Ul-wurm m.: ›Larve des Maikäfers, Engerling‹ mancherorts Ortenau. – Vgl. »Engerich, Mettle, Molle 3«.
u-mächtig Adj.: dass, wie → »umäßig« vereinz. mittl. Schwarzw.; *e ûmächtig langi, gflochteni Gaislë* ›eine außergewöhnlich lange, geflochtene Geißel‹ [O. Furtwängler].
umäder ›immer‹ → »ummeder«.
u-mäßig Adj.: *uumäßig, uumaßig* ›außergewöhnlich, unmäßig, sehr‹; *en ûmasig grose Fisch* ›ein sehr großer Fisch‹ [O. Furtwängler].
Umbasle, Umbeise ›Ameise‹ → »Ameise«.
Umbletze f.: *Umbletz, Umbletze* mancherorts mittl. Schwarzw.; *Obletz* vereinz. nördl. Schwarzw.; *Abletze, Ambletze* vereinz. Feldberg- und Belchen-Umgebung. ♦ 1) ›aus Weiden, Leder u. ä. geschlungene Verbindung vom Doppeljoch zur Deichsel (vgl. »Ziëter«)‹, veraltet. ♦ 2) ›aus Tannenholz gedrehter Strick für die Flößerei‹ Kinzigtal. – Ein altes, aus keltisch **ambilatium* (das Herumgeschlungene) übernommenes Wort, das auch in der Schweiz, in Schwaben, Bayern und Österreich vorkommt.
um-breche st.: *umbreche, unbrạche, umbräeche* ›ein Stück Land leicht umpflügen‹ mancherorts.
Um-bruch m.: ›neu umgepflügtes Land‹ mancherorts.
um-bucke schw.: ›eine Kante umnähen‹ beim Schneider. – Vgl. »bucke«.
Umeise → »Ameise«.
um-enand(er) Adv.: ›umher, umeinander‹; *dr Fatr kan's it lîde, wen ë Sach e so umenand lit* [O. Furtwängler]; *d'r ganz Dag isch 'r still un muddlig umenand g'hockt wia e v'rschüücht's Huehn* [A. Ganther]; auch Präfix vieler Verbbildungen wie z. B.: *umenanderbese, -gumpe, -hocke, -laufe, -schlurpe* usw.
ume-sunscht Adv.: *ummesunscht* verbr. (außer Süden); *ummesunsch, umsunsch* mancherorts mittl. und südl. Schwarzw.; *ummesuscht* mancherorts südl. Brsg., Markgr., Hotzw., Klettgau, südöstl. Schwarzw., Baar und übriges SO-Baden. ♦ ›vergeblich, umsonst‹.
um-gheie schw.: ›umfallen‹; Sprichw.: *umkeie chann e jeder, aber uffistoh nit* [Glock Brsg.]. – Vgl. »gheie, ugheit«.
Um-lauf m.: ›Nagelbettentzündung, Nagelfluß‹.
um-mache schw.: ›Konkurs machen‹ verbr.
umme Adv.: *umme* ›herum, vorbei‹; *Wenn i lang verzähl, stohsch lang do ummen un gohsch nit* [Hebel]; Präfix in vielen Verbzusammensetzungen, von denen im folgenden nur wenige, charakteristische aufgeführt sind. – Mhd. *umbe, umme* ›im Kreise herum‹.
umme-bese schw.: ›herumstrolchen‹. – Vgl. »bese«.
ummeder Adv.: *úmääder* [Hofstet.]; *úmmeder* [Schollach, Mühlenbach bei Wollbach, Emmgn ab Egg, Sunthsn]. ♦ ›gewöhnlicherweise, immer‹ veraltet; *s hätt ummeder no vill Schnee ghaa* [Emmgn ab Egg]; *i häi au seli gfremdet un mer gficht wia en Hoseschiser wen e klei weng ebis Ugrads umeda gsi isch* ›wenn hin und wieder etwas Ungerades (Ungewöhnliches) vorkam‹ [O. Furtwängler]. – Das Wort, das auch im Schwäbischen und Schweizerischen bezeugt ist, kann aus einer Bildung **um und dar* bzw. *immerdar* hergeleitet werden.
umme-fotzle schw.: ›untätig herumlungern‹ [Rüßwihl].
umme-geiße schw.: *ummegaiße, ummegoaße* ›(wie ein Geißlein) herumspringen, hüpfen‹.
umme-glünke schw.: ›ziellos herumlaufen‹ Markgr.
umme-kafle schw.: ›an etwas herumkauen‹; ein

Kind, das noch keine Zähne hat, *duet anere Brotrinde ummekafle* [Epple]; auch *ummekiffle* [Möhrgn]. – Zum Grundwort s. »kafle«.
umme-kärchle schw.: ›unnütz umherfahren‹ Markgr. – Zu »Karch«.
umme-keibe schw.: ›herumtollen‹.
umme-litze schw.: ›umfalten‹ Markgr.
umme-neschte schw.: ›sich (unruhig, schlaflos) im Bett wälzen‹, verbr.
umme-pfigge schw.: ›herumjammern, unleidig sein‹ [Kleines Wiesental].
umme-schwanze schw.: ›herumstreichen‹ [Glattes]. – Vgl. »schwanze«.
umme-simple schw.: ›ziellos herumlaufen‹ Markgr. – Zu »Simpel«.
umme-speiche schw.: ›herumlaufen‹ vereinz. – Vgl. »speiche«.
umme-sunscht → »umesunscht«.
umme-zwirble schw.: ›schwankend gehen‹ [Rüßwihl]. – Vgl. »zwirble«.
Umose → »Ameise«.
Um-rank m.: ›Umweg‹ vereinz. – Vgl. »Rank«.
U-mueß m.: ›Unannehmlichkeit, Mühe, Plage‹ mancherorts Ortenau, mittl. Schwarzw., Baar. – Mhd. *unmuoze*.
Un-/un- (Vorsilbe) kann in verschiedenen südbadischen Gebieten und je nach lautlichen Umgebungen als *Uu-/uu-*, *Uun-/uun-* oder *Un-/un-* realisiert werden, z. B.: *Uuordnig, Uunordnig, Unordnig* u. ä. Der Stichwortansatz ist hier für alle Formen stets »U-/u-«.
U-name m.: *Uname, -nomme* vereinz.; Pl.: *Uneeme, -nämme* ›Neck-, Spottname‹.
u-netig Adj.: *uuneedig, uuneedi, uunödig, uunötig.* ♦ ›nicht notwendig, unnötig‹.
unigle, unegle ›in den Fingern prickeln‹ → »hurnigle«.
Unkel m.: ›Onkel‹.
uns Perspron.: *uns* verbr. nördl. einer Linie Gutach, St. Peter, Oberried, Todtnau, Kandern, Rheinwlr und davon abseits Hegau, Bodanrück, Linzgau; *iis* verbr. mittl. und südl. Schwarzw., Baar; *üüs* mancherorts Markgr., Wiesental, Klettgau, Höri; *üns* mancherorts südl. Markgr.; *öis, öüs* Dinkelberg, mancherorts Hotzw. ♦ ›uns‹; *O bhüet is Gott der Heer* [Hebel]; *Hopla! ez hämër is awr schiër gar e wëng z lang verwîlët* ›jetzt haben wir uns fast ein wenig zu lang verweilt‹ [O. Furtwängler]; *Üse lieber Herget* ›unser lieber Herrgott‹ [Hebel]; *So het üüse Maister gsait* [Hebel].

Unschlig n.: *Unschligg, Uunschligg* verbr. mittl. Schwarzw., südl. Ortenau, Brsg., westl. Markgr.; *Unschlitt, Unschli, Ungschli, Unschtli, Urschtli* mancherorts nördl. Schwarzw., Ortenau, Hanauerland; *Uschling* östl. Breisgau, südöstl. Schwarzw., mancherorts Hegau, Höri; *Unschlett* östl. Markgr., Dinkelberg, Wiesental; *Ouschlett, Uschlet* Hotzw., Klettgau; *Unschlich* mancherorts Höri; *Unschlicht* Bodanrück, Reichenau; *Uschligg* Linzgau; daneben existieren noch viele weitere kleinräumig verwendete Varianten wie z. B.: *Oschligg, Unschling, Ungschlett, Ungschligg* u. a. ♦ ›Rindertalg‹, meist zum Fassabdichten oder zur Herstellung von Talglichtern verwendet. – Mhd. *unslit, unslet, unslecht* ›Unschlitt, Fett, Innereien‹, das zu einem früheren **ungislahti* ›Schlachtabfälle‹ zu stellen ist.

Unschlitt → »Unschlig«.

unser Possessivpron.: *unser* verbr. nördl. der Linie, in der auch *uns* (s. »uns«) gilt; *ünser* Raum Weil a. Rh.; *iiser* verbr. oberes Elz- und Gutachtal, südl. und südöstl. Schwarzw., Baar, Hegau, Bodanrück, Linzgau; *üüser* Kandertal, oberes Wiesental, Hotzw., Klettgau, Höri; *öiser* Dinkelberg, südwestl. Hotzw. (bes. im Süden ist das auslautende *-r* schwach zu hören und kann im Kontext ganz wegfallen, z. B.: *iise Pfarrer* ›unser Pfarrer‹. ♦ ›unser‹; *Rootet jetz, ihr Lüt, wo üüser Töchterli higoht* [Hebel]; *in dr Matë unde isch isër Milchhûs* [O. Furtwängler]; *er het unserem Herrigott dankt* [A. Ganther]; *Was göhn di üüsi Sachen a?* [Hebel].

Un-tädeli n.: *U(n)dädeli, -dädele* u. ä. ›ganz kleiner Mangel‹ mancherorts, nur verneinend: *do isch kai Uudädeli dra* ›kein Schaden‹ [Schopfhm].

unte Adv.: *unne, unge, unde* (Verbr. wie »unter«). ♦ ›unterseitig, am unteren Ende‹; *O, wie het er d'Füeß am Tischbai unte verchlammret!* [Hebel]; *Ihr sueche unde rum un ich owe rum* [A. Ganther].

unter Adv.: *unner* mancherorts nördl. Schwarzw.; *unger* mancherorts nördl. Ortenau und südwestl. Ecke; *under, unter* übriges Gebiet. ♦ 1) ›unterhalb von etwas befindlich‹; *underm Hąąrd* ›unter dem Herd‹ [Münchw.]; *under de Dir* ›im Türgewände‹ [Stockach]; *De bringsch mi unter de Bode* [Hebel]; *sie wär schiergar* (fast) *under n Wagge kumme* [Stahrgn]. ♦ 2) ›in einer Menge, zwischen‹; *unter fremde Lüte* [Hebel]; *wenn i 's* (das Weibsbild) *unter hundert sih, se will i's erchenne* [Hebel]. ♦ 3) zeitl. ›während‹; *unterem Johr* ›während des Jahres‹ [Wehr]; *ungerm Krieg* ›während des Krieges‹ [Neuw.]; *midde underem Hochamt* [A. Ganther].

Unter-brot n.: ›Nachmittags-Vesperbrot‹ Kinzigtal. – Vgl. »Untere«.

Untere f.: ›die Zeit über Mittag‹ vereinz. und veraltet; *Maidli, in de Undere muesch mr im Dowel Schärhocke reche* ›Mädchen, in der Zeit zwischen Mittag und Vesperbrot musst du mir im Dobel Maulwurfshaufen auseinanderrechen‹ [Hausach]; auch mit agglutiniertem *zu*: *z'Untere* > *Zuntere, Zunnere* u. ä. ›zu Mittag‹, z. B. *Zuntere esse* ›zu Mittag essen‹ vereinz. – Mhd. *undern, untern,* ahd. *untarn* ›Mittag‹.

untere Adv.: *unnere, undere, underi, ungere* (Verbr. wie »unter«). ♦ ›nach unten hinein, hinunter‹; *schlupf untere!* ›schlupf unter die Bettdecke = geh schlafen!‹; *unteri guh* ›ins Bett gehen‹ [Freiamt].

Unter-libli n.: ›Unterhemd‹.

unter-obsi Adv.: ›drunter und drüber, durcheinander‹ auch vorangestelltem mit *ze: zunterobsi* mancherorts.

unters(ch)i Adv.: *underschi, ungerschi, undersi, underse* u. ä. ♦ ›abwärts‹; Ra.: *Där wachst underschi wiä e Kuehweddel* ›er wird vom Alter gekrümmt‹ [Schutterwald]. – Wörtl. *unter-sich.* – Vgl. »zunterscht-iberschi«.

untersi-gent Adj.: ›untergehend‹; *im undersigände (Mond)* [Konstanz]. – Wörtl. *unter-sich-gehend.* – Vgl. »niedsigends, unterschi«.

Unter-stock m.: ›der untere Teil des Frauenkleides‹; *de Unterstock isch no guet* [Freiamt].

Unter-tallje f.: ›unter der Bluse getragenes Kleidungsstück der Frauen, Mieder‹, veraltet.

un-weg ›unvorteilhaft‹ → »uwäg«.

un-zergengt Adj: ›unzerteilt‹, von einem Bauernhof, der dem jüngsten Sohn *unzergengt* übergeben wird; veraltet. [Schilli: Schwarzwaldhaus 1953, S. 44]. – Mhd. *zergengen* ›zerstören‹.

un-zitig Adj.: ›unreif‹. – Vgl. »zitig«.

U-ornig f.: *Uuornig, Uuordnig* vereinz., veraltet, heute meist *Uuordnung, Unordnung.* ♦ ›Durcheinander, Unordnung‹.

Ur-ähni m., **-ahne** f.: ›Urgroßvater, Urgroßmutter‹ [Singen a, H.], veraltet. – Vgl. »Ähni, Urgroßel«.

Uräßete ›Überreste‹ → »Doroßete«.

Urb, Urbe m.: ♦ 1) ›der Hl. Urban und sein Tag‹, Winzerpatron; *hütt isch jo Urbe* [A. Ganther]. ♦ 2) ›schlimmer Kerl, Unmensch‹ vereinz.

Urbete ›Obertenne‹ → »Oberte«.

Ürbsi ›Apfelüberrest‹ → »Irbsi«.

urche, urchig, urig Adj.: *urche, orche, urchig, urchi, urig* ›lauter, bloß, rein‹; ein Ei *orche esse* ›ein Ei roh essen‹ [Donaueschgn]; *Ihr trinket urig Poesii* [Hebel]; auch subst.: *desch en Uurchene* ›ein Alteingesessener‹ [Radolfzell] bzw. ›ein uriger Mensch, ein Original‹ [Konstanz]. – Mhd. *urchig.*

Ur-großel, -großili f., n.: ›Urgroßmutter‹.

Ur-hahn m.: ›Auerhahn‹ [Todtmoos]; das weibl. Tier ist das *Urhahnehueh* eb.

urnigle ›prickeln‹ → »hurnigle«.

Urschel, Urseli f.: ♦ 1) Kurzform für den weibl. VN *Ursula.* ♦ 2) abschätzige Bez. für Frauen.

Urschili, Urschi n.: *Urschili, Urschi* mancherorts Brsg., nördl. Markgr.; *Ursili, Ursi* westl. Markgr., Dinkelberg (Verbr. s. Karte → »Wegschisser«). ♦ ›Gerstenkorn am Auge‹. – Syn. »Augebeerli, Wegschisser, Wegseicher, Wer«. – Aus frz. *orgelet* ›Gerstenkorn am Auge‹.

Urschlechte Pl.: *Urschlechde* ›Impfpocken‹ mancherorts Ortenau, Brsg. – Zur Etymologie s. → »Durschlechte«.

Ürte ›Zeche‹ → »Irte«.

us Adv., Präp.: *uss* verbr. (außer in den folgenden Fällen und Gebieten); *üss* südl. Ortenau, Brsg., vereinz. westl. Markgr.; *uus* mancherorts an Murg und Oos, Baar; in adverbialem Gebrauch sind die Formen mit langem Vokal (*uus, üüs*) weiter verbreitet. ♦ 1) Adv. ›außerhalb, vorbei, zu Ende‹; *un i merk, my Zyt isch uus* [Hebel]; *sell isch uus un isch verbei!* [Hebel]. ♦ 2) Präp. von etwas herkommend, räumlich *Us der Stadt, das bin i* [Hebel]; *Seller isch wia us de Wolke g'falle* [A. Ganther]. ♦ 3) zeitlich; *us de Kinderjohre* [Fürtwängler]. ♦ 4) kausal; *Si het em us Liebi Hand un Jowort gee* [Hebel]. ♦ 5) materiell ›bestehend aus‹; *e Band us rosiger Siide* [Hebel].

üs → »uns«.

us-bäffzge schw.: ♦ 1) ›ausspotten‹ Markgr., Kaiserst. ♦ 2) ›ausschimpfen‹ Breisg.

us-bläke schw.: ›ausspotten‹ verbr.

us-bretsche, us-bretschge schw.: ›die Walnüsse aus der grünen Schale lösen‹ mancherorts südl. Schwarzw., Hotzw. – Vgl. »Laifel, uslaifle«.

u-schiëch Adj.: ›nicht häßlich‹ vereinz. Markgr. – Vgl. »schiëch«.

u-schierig Adj.: ›ungefüge, unmäßig‹.

us-digere schw.: ›austrocknen‹ [Ettenhm].

use[1] Adv.: *uuße* ›außen, draußen‹; Gell, *do ussen isch's hübsch* [Hebel]; *Un e bravi Frau wohnt dört ussen au* [Hebel]; *Use am Garte rum hämër e Hekë fum schpanische Holder gha* [O. Furtwängler].

use[2] Adv.: *uuse* Markgr., Hotzw., Baar; *uusi* mancherorts Baar; *usse, ussi* südl. Schwarzw., südl. Brsg., Klettgau, Hegau, Höri, Bodanrück, vereinz. Linzgau (Verbr. s. Karte → »use / rus«). ♦ ›heraus, hinaus‹; *chumm usse!* ›komm heraus‹ [Gündelwangen]; *ball goht's wider uuse mit Hauen un Rechen in Garte* [Hebel]. – Entstanden aus *aus-hin*. – Vgl. »rus«.

Use-bhaltig f.: ›für das Altenteil vorbehaltenes Eigentum‹ veraltet.

Use-geld n.: ›Wechselgeld was herausgegeben wird, Rückgeld‹.

use-gwitsche schw.: ›entwischen‹ [Lörrach].

Üsel n.: ›Getreideabfälle, Spreu‹ Dinkelberg. – Zu mhd. *üsel* ›Flugasche‹? – Vgl. »Güsel«.

us-enand(er) Adv.: ›auseinander‹; *blitzt un dunndert het's, as ob d' Welt usenand fliage wott* [A. Ganther]; *Der goht emoll usenand!* beim Anblick einer Person die zugenommen hat [Epple].

use-pfitze schw.: ›schnell und unbemerkt hinausgehen‹ am Südrand.

üser → »unser«.

use-wettere schw.: ›hinauswerfen, ausschlagen (von Pferden)‹ verbr.

us-fahre st.: ›das Vieh auf die Weide treiben‹.

Us-fegete f.: ›Kehraus‹ [Singen a. H.].

us-ferschle schw.: ›ausforschen, spionieren‹. – Wörtl. *aus-förscheln*.

us-fotzle schw.: ›ausfransen, zerfetzen‹ mittl. Schwarzw., Elztal.

us-gä st.: ♦ 1) ›Geld ausgeben‹. ♦ 2) ›ergiebig sein‹; *S git wol us disjôr* ›dieses Jahr gibt es gute Erträge‹ [O. Furtwängler].

us-gägse schw.: ›ausspotten‹. – Vgl. »gägse«.

us-gante schw.: ›Bankrott machen‹; *der het scho e paar mol usgantet* [Schollach]. – Vgl. »Gant«.

us-gends Adv.: *usgends, usgängs* ›ausgangs‹ Markgr.; *usgängs Heuet* ›am Ende der Heuernte‹ [Burte].

us-gleiche schw.: ›ausrenken‹, meist nur im Part.: *usgleicht* mancherorts. – Zu »Gleich«.

us-grueje schw.: *usgrueje, usgruebe, usgruewe* ›ausruhen‹ südöstl. Schwarzw., Baar, Hegau. – Wörtl. *ausgeruhen*.

us-hebe st.: *ushebe, ushewe* ›lang vorhalten, überdauern‹; *S Hüsli isch ëfange weng alt, abr dr Feitz maint, ës wär ë no ûshewë* [O. Furtwängler].

us-hechle schw.: ›über andere tratschen‹. – Vgl. »hechle 2«.

us-hisig Adj.: *ushisig, ushüsig* ›außer Haus‹; *ushisig sii* verbr. – Wörtl. *aushäusig*.

usi ›her-, hinaus‹ → »use[2]«.

us-käfere schw.: ›austrocknen‹, vom Brotanschnitt gesagt, [Freiamt].

Us-kehr(rinne) f.: *Uskehr, Us-chehr, Üskaringe* ›Ablaufrinne quer über dem Weg‹; *s kunnt e Wader, me mueß Üskaringe ufmòche* [Freiamt].

us-kuchemt Adj.: ›pfiffig, schlau‹ [Mahlbg]. – Zu hebr. *chacham* ›weise‹.

us-laifle schw.: *uslaifle, uslaifzge, uslaipfle* u. a. ♦ ›Walnüsse aus ihrer grünen Schale lösen‹. – Vgl. »Laifel«.

us-liëche schw.: ›herausrupfen‹. – Vgl. »liëche«.

us-looche, -loochne schw.: ›Grenzsteine setzen‹. – Zu »Looche«.

us-mache schw.: ♦ 1) ›herausholen‹, z. B. Kartoffeln aus dem Boden. ♦ 2) ›vereinbaren‹. ♦ 3) ›jemanden verspotten, lästern‹. ♦ 4) ›abschalten, löschen‹, z. B. vom Licht.

us-mäke schw.: ›ausspotten‹ [Radolfz.].

us-muse schw.: *usmuse, üsmüse* ›gründlich durchsuchen‹ verbr.

Us-nahm f.: ›Ausnahme‹.

us-pfuse schw.: ›nach dem Aufwachen sich noch ein wenig im Bett herumdrücken‹ verbr.

Us-red f.: ›Ausrede‹; Ra.: *E guedi Usreed isch drei Batze wert* [E. Strube].

us-richte schw.: ♦ 1) ›etwas mitteilen, über jemanden (negativ) reden‹; *d Litt usrichte* ›über die Leute tratschen, verleumden‹; *e schüne Grueß solli üch usrichde* [A. Ganther]. ♦ 2) ›bewerkstelligen, erreichen‹; *ebbes (nix) usrichte* mancherorts.

us-riëre schw.: ›Butter machen‹ mancherorts SO-Baden. – Vgl. »riëre 3«.

us-rume schw.: ›ausräumen‹.

us-schefe schw.: ›(Hülsenfrüchte) aushülsen‹ [Stockach]. – Zu »Schefe«.

U-schick n.: ›Mißgeschick‹ [Feldbg].

us-schwenke schw.: ›mit Wasser ausschwenken, spülen‹.

uße ›außen‹ → »use[1]«.

ußer Adv., Konj.: *user, ußer.* ♦ 1) ›außerhalb, der (die / das) äußere‹; *die user Schtube* ›die äußere Stube‹ [O. Furtwängler]. ♦ 2) ›außer‹; *kai Mekili aige Feld usër dr Hofschtat un ëmë Garte* [O. Furtwängler].

us-spechte *us-speechte, us-spöòchte* ›ausspähen‹; *Wer spöòchtet mer mii Hexli uus* [Hebel]. – Vgl. »spechte«.

us-spotte schw.: ›verspotten‹.

us-staffiere schw.: ›ausstatten, schmücken‹; *Jetz wärsch usstaffiert, as wenn de hofertig stoh wottsch* [Hebel].

Us-stich m.: ›edle Auslese beim Wein‹ Markgr.

Us-stir f.: ›Aussteuer der Braut‹.

Us-stoß m.: ›Erker‹ [Villgn].

us-weg Adv.: ›aus dem Weg, seitwärts‹; *Un goht me der usweg, so lauf nit noo!* [Hebel]; *Menggmol haseliersch* (schimpfst du), *un's mueß der alles usweg goh* [Hebel].

Us-zehrig f.: ›auszehrende Krankheit, Schwindsucht‹.

us-zenne schw.: ›jemandem Grimassen schneiden, verspotten‹. – Vgl. »zenne«.

us-ziëge st.: ›ausziehen‹.

us-zitige schw.: ›ausreifen‹. – Vgl. »zitige«.

Uter n.: *Uder, Udder* mancherorts Ortenau, Brsg., Markgr.; *Uter, Utter* Dinkelberg, Wiesental, Hotzw., Klettgau, Baar; *Üdder* mancherorts südl. Ortenau, Brsg.; *Ütter* Höri; *Ute, Üte* [Hilzgn, Randegg, Gailgn, Büsgn]; *Idder* mancherorts nördl. und mittl. Schwarzw.; *Iiter* mancherorts Hegau, Bodanrück; *Äiter, Eiter* mancherorts Bodensee; (Verbr. s. Karte → »Uter«). ♦ ›Euter‹, bes. bei der Kuh. – Vgl. »Gmelk«.

Uter / Gmelk
›Kuheuter‹
Vereinfacht nach:
SSA Frage 20.5 und
Badisches Wörterbuch
0 10 20 km

Üül ›Eule‹ → »Il[2]«.

u-verhofft Adv.: ›plötzlich, unerwartet‹; *un wia i ûferhoft ufgriaft wore bin hani nint gwist* [O. Furtwängler].

u-wäg Adv.: *uuwääg* ›unvorteilhaft, hinderlich, untüchtig‹, meist mit Negation: *nit uuwääg* ›nicht übel‹ [St. Märgen]; *r isch käi uuwääjener Kerl* [Kappelwindeck]. – Mhd. *unwæge.*

u-wiëtig Adv.: ›sehr, außergewöhnlich, ungeheuerlich‹; *do hinterem Hûs zwirblet ës im Winter omol ë ûwiadigi Schnêwächde na* [O. Furtwängler].

V

Valtin m.: *Faltin,* verkürzt auch *Falte, Felte.* ♦ der männl. VN *Valentin.*

Vatter m.: *Vadder, Vatter* verbr.; *Vodder* vereinz. Ortenau, Brsg., Markgr. ♦ ›Vater‹; *un der himmlisch Vatter het gsait* [Hebel]; *Wenn d'r Vadder Sepp heißt, sott m'r d'r Bue Arbogascht oder Ludgerus daife.* [A. Ganther]; Ra.: *Gell, di Vadder isch Glaser gsi?* sagt man, wenn jemand einem im Licht steht [Ettenhm]; beim Kinderspiel, bei dem man einen flachen Stein über das Wasser hüpfen lässt, wird gezählt: *Vadder, Mueter, Kind* u. ä. mancherorts.

vätterle ›tändeln‹ → »gvätterle«.

Vatter-unser n.: ›das Gebet des Herrn‹, nach seinem Anfang benannt; *Ne Vaterunser henn friilig alli bettet* [Hebel].

Vegele-gras, -kraut n.: ›die Pflanze Hühnerdarm‹ u. ä.

vegeli-wohl Adj.: *vegeliwohl, vegelewohl, vegeleswohl, vögeliwohl.* ♦ ›sehr wohl, kerngesund‹ mancherorts.

Veh → »Vieh«.

veiele schw.: ›nach Veilchen riechen‹ vereinz.

Veieli n.: *Veieli, Vei-ili* mancherorts Brsg., Markgr., südl. Schwarzw., Hotzw., Klettgau, südl. Baar, Hegau; *Veiele* mancherorts Brsg., vereinz. Bodensee; *Veile, Veili* mancherorts mittl. Schwarzw., südl. Ortenau, Elz- und Glottertal; *Veigeli, Veigele, Veigili* Ostrand des Schwarzw., Hegau; *Vigeli* vereinz. Linzgau, Bodanrück; *Valöli* Höri; *Viöli, Viäli, Vilöli, Viläli* vereinz. Bodanrück, Reichenau; *Visaili, Viseleli, Visenöli* vereinz. südl. Hegau; *Veilod, Veilode, Veilad, Veilade, Veilud, Veilude, Veiledel, Veiledle* mancherorts nördl. Schwarzw., Ortenau, Hanauerland; dazu noch verschiedene örtl. Varianten. ♦ ›Veilchen‹, auch andere Blumen wie ›Stiefmütterchen‹ oder ›Goldlack‹; *un im Fruehjohr e nett's Körwli mit Veilode* [A. Ganther].

Veilchen → »Veieli«.

Velcher Pl.: ›Gesinde‹ mancherorts; häufiger in »Wibervolch« und »Mannsvolch«. – Weiteres s. »Volk 3«.

Veltliner m.: ›eine Traubensorte‹.

ver- Vorsilbe: *ver-* mancherorts Ortenau, Brsg., Markgr., vereinz. nördl. Schwarzw., Baar, Hegau; *var-* vereinz. nördl. Schwarzw.; *vr-* vereinz. Ortenau, Brsg.; mancherorts Markgr., Klettgau, südl. Baar; *ve-* im ganzen Gebiet verbreitet. In den folgenden Artikeln wird bei den Lautungen nur *ve(r)-* geschrieben, was aber für *ver-, ve-, var-* und *vr-* stehen kann.

ver-arfle schw.: ›umarmen‹ vereinz. mittl. Schwarzw. – Bildung zu »Arfel«.

ver-bäkle schw.: ›sich beschmutzen, Schmutzkrusten bekommen‹ vereinz. SO-Baden. – Zum Grundwort vgl. »Bäkel«.

ver-balge schw.: *ve(r)balige, -balge* ›ausschelten, sich balgen‹.

ver-bämperle schw.: ›vergeuden, verplämpern‹.

ver-bannisiere schw.: ›verhexen‹ [Fahrnau, Schopfhm].

ver-barme schw.: ›Mitleid haben, sich erbarmen‹; *Verbarmt's di nit, un goht's der nit dur d' Seel* [Hebel].

ver-bärmtlich Adj.: ›Mitleid heischend, erbarmungswürdig‹; *Es* (das Spätzchen) *luegt ain so verbärmli a* [Hebel].

ver-baschge schw.: ›bewältigen, meistern‹; *Zletscht hät ërs au miteme Ros nimi verbaschget* [O. Furtwängler]. – Vgl. »baschge«.

ver-bause schw.: ›verschwenden, vertrinken‹; *Tuet üüser aim e Büeßli weh, Verbause si* (die Reichen) *Dublone* [Hebel].

ver-bemmere schw.: ›verbeulen, verprügeln‹ mancherorts Ortenau. – Vgl. »bemmere«.

ver-bette schw.: *sich Ruh verbette* ›Ruhe gebieten, um Ruhe bitten‹ [Freib.].

ver-bhalte st.: *ve(r)phalte* ›verstecken‹ vereinz. Baar. – Vgl. »verghalte«.

ver-bi Adv.: *ve(r)bi, vrbi, ve(r)bei* ›vorüber‹, örtlich wie zeitlich; *un do an Berg un Wald verbei* [Hebel]; *des isch us un v'rbi* [A. Ganther]; *Sell isch verbei* [Hebel].

ver-bittle schw.: ›verspielen‹, z. B. beim Murmelspiel [Lahr].

ver-bletze schw.: ›mit einem Flicken versehen‹. – Vgl. »Bletz«.

ver-bommt Adj.: ›vom Holz, das stickig, modrig geworden ist‹ vereinz. SO-Baden. – Wörtlich *verbaumt.*

ver-böse schw.: ›tote Junge werfen‹ mancherorts Markgr.

ver-bosge schw.: *ve(r)boosge* ›sich etwas zuschulden kommen lassen‹.

ver-bräsme schw.: ›sich verletzen‹ mancherorts Hotzw.

ver-breche st.: ♦ 1) ›zerbrechen‹. ♦ 2) ›bei den Reben die Geiztriebe ausbrechen‹; die Zeit, in der man dies tut, ist der *Verbrechet* [Mahlbg].

ver-brenne schw.: *ve(r)brenne* verbr.; das Part. Perf. ist durchgehend *ve(r)brennt, -brännt.* Ra.: *sich s Mul verbrenne* ›sich durch vorlautes, unbedachtes Reden schaden‹.

ver-burland(s)e schw.: ›verschwenden, verplempern, durchbringen‹ mancherorts Baar, vereinz. Ortenau.

ver-buttere schw.: ›mit knappen Gütern verschwenderisch umgehen‹.

ver-butze schw.: in der Ra.: jemanden *nit vrbutze kenne* ›nicht ausstehen können‹.

ver-chriëmple schw.: ›den Fuß verknacksen, sich langsam aus dem Staub machen‹ Markgr. – Zu »Chriëmpel«.

ver-chutzt Adj.: ›zerzaust, verwirrt‹ [Lörrach, Schopfhm].

ver-däll(er)e schw.: ›verprügeln‹.

ver-dantsche schw.: ›verderben‹ [Zell a. H.].

ver-däsche schw.: ›ohrfeigen‹ SO-Baden.

ver-daudle schw.: ›verschlampen‹ Elztal, Markgr. – Vgl. »Daudel«.

ver-dinge schw.: ›(einen Weinberg) durch Arbeitsvertrag vergeben‹ vereinz.

ver-döldere schw.: ›verprügeln‹ Markgr.

ver-dolke schw.: ›verklecksen‹. – Zu »Dolke«.

ver-dreckisch Adj.: ›schmutzempfindlich‹ [Buchenbach].

ver-drille schw.: ›verdrehen‹.

ver-drucke schw.: *ve(r)drugge, -drucke, -druckche.* ♦ ›heftig drücken, zer-, unterdrücken‹; *gib Achtig, verdruck's nit!* [Hebel].

ver-druckt Adj.: ›verschlossen, nicht offen, verschlagen, hinterhältig‹ von Menschen.

ver-duble schw.: ›(Zeit, Geld) vertun‹.

ver-düd(e)le schw.: ›verschwenden, verplempern‹.

ver-dulfe schw.: ›verprügeln‹.

ver-dummbache schw.: ›Geld vertun‹ Ortenau.

ver-durase schw.: ›kritische Bemerkungen machen‹ Hotzenw. – Viell. zu → »Doroßete«.

ver-duttert Adj.: ›verdattert, verdutzt‹.

ver-duuble schw.: ›vertun, verschwenden, verplempern‹.

ver-exküsiere schw.: ›sich entschuldigen‹. – Frz. *excuser.*

ver-falle st.: ›zerfallen, zur Ruine werden‹; *Sihsch dört vorne' s Röttler Schloß – verfalleni Muure?* [Hebel]; *Jee, was han i gsait? Vo Basel, aß es au emool verfallt* [Hebel].

ver-fiere schw.: *ve(r)fiäre.* ♦ 1) ›transportieren, fortbringen‹. ♦ 2) ›vollführen, anstellen‹; *diä verfiäret e Gschroa* (Geschrei) [Sunthsn].

ver-flirzt Adj.: ›mit Augenschleim verklebt‹ vereinz. Markgr.

ver-fozle schw.: ›zerreißen, zerfetzten‹.

ver-frere schw.: ›erfrieren machen‹; *D Mûatr häts au e barmol mit Hukerli- un Schtäkebône prouwiart, s häts awer s meschtmol ferfrært* ›die Mutter hat es auch ein paarmal mit Busch- und Stangenbohnen probiert, sie sind aber meistens erfroren‹ [O. Furtwängler].

ver-friere st.: ›erfrieren‹; Sprichw.: *Verfrore sinn scho viel, awer verstunke n-isch no keiner* [E. Strube].

ver-fuggere schw.: ›verschachern, (unter Wert) verkaufen‹; *mini Nochbere, wo d' Stämm um e Schandgeld in d'r Nächi rum v'rfuggert hen* [A. Ganther].

ver-gäck(e)le schw.: ›verplempern, verschwenden‹.

ver-gänkele schw.: ›durch Unachtsamkeit vertun, unzuverlässig sein‹ verbr.

ver-gaffe schw.: ›sich in etwas vergucken, verlieben‹.

ver-gante schw.: *ve(r)gante, ve(r)gantne* ›versteigern‹. Zum Grundwort s. »Gant«.

ver-gäutsche schw.: ›Flüssigkeiten verschütten, überschwappen lassen‹ vereinz. Wiesental. – Vgl. »verläppere 1, verpflättere«.

ver-gebis Adv.: *ve(r)gebis, ve(r)gääbis, ve(r)gebes.* ♦ ›umsonst, vergeblich‹.

ver-gege Adv.: ›entgegen‹; jemandem *ve(r)gege gòò* ›entgegen gehen‹; *er isch mr vrgege gange* [Waldk. (Elzt.)].

ver-geile schw.: ♦ 1) ›wuchern, von Pflanzen‹ vereinz. ♦ 2) ›tändeln, sich (spielerisch) in eine Sache vertiefen‹.

ver-gelschtere schw.: ›in Schrecken jagen, aus der Fassung bringen, verängstigen‹; *der hommer abr vegelschteret!* [Epple]; *dr Fatr hät filmol baligët wemi* *di Andere vergelschteret hän mitr ë so e dume Zfichtemacherei* ›der Vater hat oft geschimpft, wenn mich die anderen verängstigt haben mit so einer dummen Zufürchtemacherei‹ [O. Furtwängler]; *Der Sulger, wo die arme Bettellüt vergelstret het* [Hebel]. – Das Grundwort gehört zu ahd. *galstar* ›Zaubergesang‹, die ursprüngliche Bedeutung wäre also ›mit einem Zaubergesang betören‹.

ver-gelte st.: ›etwas wettmachen, vergelten‹, häufig in der veralteten Dankformel: *Vergelt's Ich* (Euch) *Gott* [Hebel].

ver-gesse st.: ›vergessen‹, anders als in der Standardsprache lautet die 1. Pers. Sg. häufig *vergiss*, z. B.: *daß i's nit v'rgiß* [A. Ganther]; *mer chönne's nie vergesse* [Hebel].

ver-ghalte st.: *ve(r)ghalde, ve(r)kalte* ›verstecken, im Verborgenen aufbewahren‹ mittl. Schwarzw., Glottertal; *Ou dr Schmitëlënz hät müasë s Gwêrli verkalte anëmë sichere Pläzli* [O. Furtwängler]. – Vgl. »verbhalte«. – Wörtl. *vergehalten.*

ver-ginschdig Adj.: *ve(r)ginschdig, ve(r)göuschdig, ve(r)güüschdig.* ♦ ›missgünstig‹. – Vgl. »vergunne 2«.

ver-gitterle schw.: *ve(r)gidderle, ve(r)gütterle.* ♦ ›vor Kälte schlottern, zittern‹. – Wohl vom Bild der schlockernden Flüssigkeit in einer »Guttere«.

ver-glaufe st.: ›entfliehen, fortlaufen‹; *s Geld isch versoffe un s Wib isch vergloffe* [Hofstetten]; *un wen amôl dr gros Mezgërhund oder sunsch ebis uf en lôs isch, das ër hät müase vergloufe* [O. Furtwängler]. – Vgl. »vertlaufe«.

ver-gliche st.: ›vergleichen‹.

ver-glichlige Adv.: ›gleichsam, vergleichsweise‹; *'s isch jede Stern vergliichligen e Dorf* [Hebel]. – Vgl. »glichlig«.

ver-glischtere schw.: ›erklären‹ [Konstanz].

ver-glumse schw.: ›verglühen, verglimmen‹. – Vgl. »glumse«.

ver-gnole schw.: ›einschlafen‹ Markgr.

ver-gnorgse schw.: ›verpfuschen, verderben‹ vereinz.

ver-grätte, ver-grattle schw.: ›die Beine zu weit spreizen, sich verrenken‹ vereinz. – Zum Grundwort s. »Grattel«.

ver-grote st.: *ve(r)groode, -gròòte* ›missraten, misslingen‹. – Wörtl. *vergeraten.*

ver-gruebe schw.: *ve(r)gruebe, ve(r)gruewe* ›eine Rebe durch Herunterbiegen und Eingraben fortpflanzen‹ mancherorts; andernorts auch *iilege* (einlegen). – Vgl. »Hasesprung«.

ver-grumsle schw.: ›zerreiben, zerbröseln‹ vereinz.

ver-grüse schw.: ›sich verwundern‹ vereinz. oberes Markgr. – Wörtlich *vergräusen,* zu *grausen.*

ver-gschwige Bindewort: ›geschweige denn, zu geschweigen‹; *S isch drum kai Wunder wen d Lit an de Kolergaischt glouwe un e ne schiar dâgs scho fichtë, forgschwîgë erscht znacht* [O. Furtwängler].

ver-gucke schw.: ♦ 1) ›sich versehen, sich verkalkulieren‹. ♦ 2) ›sich in jemanden vergucken, verlieben‹; *er het sich in sell Maidli veguckt.* ♦ 3) im alten Volksglauben: ›während der Schwangerschaft etwas sehen, was dem Kind schadet‹. – Vgl. »verluege«.

ver-guckeise schw.: ›verschwenden, verplempern‹ [St. Peter].

ver-günkle schw.: ›verschwenden, verplempern‹ oberes Markgr.

ver-gunne schw.: ♦ 1) ›gönnen‹; *s ischt im halt nit vergunnt gsi* [Sunthsn]; *E rüaig Schtündli / Sël isch e Findli. / Drum! wem's isch vergunt, / Der nutz ës wen's kunt* (Abwandlung eines Hebel-Gedichts) [O. Furtwängler]. ♦ 2) ›missgönnen‹; *s' kalt Wasser het 'r 'm v'rgunnt* ›selbst das kalte Wasser hat er ihm missgönnt‹, d. h. ›alles hat er ihm missgönnt‹ [A. Ganther]; vgl. »verginschdig«.

Ver-gunscht f.: ›Mißgunst, Neid‹ vereinz.

ver-güterisch Adj.: ›verschwenderisch‹ [Bürchau].

ver-gwehnt Adj.: *ve(r)gwehnt, ve(r)gwähnt* ›verzogen, verwöhnt‹.

ver-hälinge schw.: ›verbergen, verheimlichen‹. – Vgl. »hälinge«.

ver-halte st.: ›ernähren, den Lebensunterhalt bestreiten‹; *So e Famili mecht i nit verhalde* Brsg.

Ver-haltis n.: ›Versteckspiel der Kinder‹ [Möhrgn].

ver-hebe st.: *ve(r)hebe, -hewe* ›meistern, in den Griff bekommen, bezwingen‹; *mir verhebets* ›wir halten durch, lassen nicht locker‹ [Epple]; *„Jo, jo," sait d'r Harzbur un ka's Lache kum v'rhewe* [A. Ganther]; *un wia i's* (den Harndrang, Stuhlgang) *emol fasch gar nimi ferhewe han möge* [O. Furtwängler].

ver-hechle schw.: ›über jemanden herziehen, tratschen‹.

ver-heie schw.: ›beschädigen, zerbrechen, zugrunde richten‹; *en verheide Mage* ›ein verdorbener Magen‹ [Gengenb.]; *wo hüt 's Büebli mit em Stecke d' Schiibe verheit het* [Hebel]; *Im Schrinnerronymus het 'r e v'rheidi Limpfanne* (Leimpfanne) *widder herrichde müen* (müssen) [A. Ganther]; Ra.: *Eins het s Hä-*

fili verheit un s ander s Deckeli ›beide sind schuld‹ [Lahr]. – Vgl. »vergheie«.

ver-heile schw.: ›junge Schweine kastrieren‹ mancherorts. – Vgl. »vernunne«.

ver-hiëhnere schw.: ›durch Unordnung verlegen‹ Breisg.

ver-himmle schw.: ›jemanden übermäßig loben‹ vereinz.

ver-hirote schw.: *ve(r)hiiroode, -hiiraade, -hürote* u. ä. ♦ ›verheiraten‹; *Drißig Johr sim m'r hütt v'rhürot* [A. Ganther].

ver-hitze schw.: ›sich erhitzen‹; *i bin ganz ve(r)hitzt* mancherorts, auch *ve(r)hitzget* [Altd.].

ver-hobasse schw.: ›eine gute Gelegenheit versäumen, etwas durch Ungeschicklichkeit vermasseln‹.

ver-honickle schw.: ›jemanden veralbern, verspotten‹ vereinz.

ver-hoore schw.: ›zerzausen, an den Haaren rupfen‹; *du Wedderhex, du v'rhoordi* [A. Ganther]; dazu auch Weiterbildungen wie *verhooreuele* (verhaareulen) oder *verhooreielt* (verhaarigelt) vereinz.

ver-hudele schw.: ›verwirren, durcheinanderbringen‹.

Veri m.: *Feri, Feris* u. ä. Kurzform für den männl. VN *Xaver(ius).*

ver-järe st., **ver-jäse** schw.: ›vergären, zu Ende gären‹, von Wein, von fauligem Gras usw., mancherorts. – Vgl. »jäse«.

ver-jucke, ver-juckse schw.: ›verprassen, verplempern, durchbringen‹ vereinz.

ver-kaibe schw.: *ve(r)kaibe, ve(r)chaibe* ›verderben, zerstören‹ vereinz. – Vgl. »Kaib«.

ver-kalbe(re) schw.: *ve(r)kalbere, ve(r)kälwere, ve(r)chalbe* u. a. ♦ 1) ›unzeitig kalben, verkalben‹. ♦ 2) ›ein Bett, ein Getreidefeld verwüsten‹ [Freiamt].

ver-kalfaktere schw.: ›jemanden anbringen, verleumden, anschwärzen, verurteilend über jemanden reden‹. – Vgl. »verklabaschtere«.

ver-kalte ›verstecken‹ → »verghalte«.

ver-kälte schw.: *ve(r)kälde, -chälte* u. ä. ›sich erkälten‹; *das mer si it verkëlt wëmër znacht im Wintr ë mol in dr Il hinte usi sot* ›dass man sich nicht erkältet, wenn man nachts im Winter einmal in der Eile hinten hinaus sollte‹ [O. Furtwängler].

ver-karde schw.: ♦ 1) ›Wolle kämmen, schlichten‹. ♦ 2) ›jemanden durchhecheln‹; *do hen si si wider vekardet* [Freiamt]. – Vgl. »karde«.

ver-karre schw.: *ve(r)karre, -charre* ›mit einem Karren, Wagen überfahren‹ vereinz. Südrand; das Auto *vercharrt* eine Gans [Immeneich].

ver-keie schw.: ›durch Fallen schädigen, durcheinander werfen‹ vereinz. – Vgl. »verheie«.

ver-kiële schw.: *ve(r)kiäle, ve(r)chüele.* ♦ 1) ›von ferne blitzen, wetterleuchten‹ mancherorts mittl. Schwarzw., Baar, Hegau; *s wird gängli fischtrër un hät si scho e bârmol ferkîalt, s git wäger e schwär Wäter* [O. Furtwängler]. ♦ 2) ›kalt werden, sich erkälten‹.

ver-kimm(e)le schw.: ›verkaufen, verhökern‹ mancherorts.

ver-kippere schw.: ›unter Wert verkaufen, verschachern‹ Breisg.

ver-kirne schw.: ›sich an Speisen, Getränken verschlucken‹ mancherorts.

ver-kitsche schw.: ›verschachern, heimlich verkaufen‹.

ver-klabaschtere schw.: dass. wie → »verkalfaktere« mancherorts.

ver-kläppere schw.: ♦ 1) ›ein Ei aufschlagen, verrühren‹. ♦ 2) ›Geld verplempern, vergeuden‹ vereinz.

ver-klemme schw.: *v(e)rklemme, v(e)rchlemme.* ♦ ›klemmen, einklemmen‹; *i ha de Finger verchlemmt* ›ich habe mir den Finger eingeklemmt‹. – Vgl. »verknille«.

ver-klepfe schw.: *ve(r)klebfe, ve(r)chlöpfe.* ♦ 1) ›zerknallen, zerplatzen‹ mancherorts. ♦ 2) ›Geld verplempern, vergeuden‹ vereinz. S-Baden. ♦ 3) dass. wie → »verkalfaktere« vereinz.

ver-kluttere schw.: ›unnötig Wasser verbrauchen, verplanschen‹ mancherorts südl. Ortenau, Brsg., Kaiserst.

ver-knalle, ver-knälle schw.: ♦ 1) ›mit einem Knall zerplatzen‹; *d'r Mich'l isch schier v'rknallt vor Gift* [A. Ganther]; *do isch 'r schier v'rknellt vor Wuet* [A. Ganther]. ♦ 2) in der Wend. *verknallt sein* ›verliebt sein‹.

ver-kniëmpere schw.: ›verpfuschen‹. – Vgl. »kniëmpere«.

ver-knille schw.: ›einklemmen‹ mancherorts mittl. Schwarzw.; *i ha de Finger veknillt* [Schweighsn]. – Vgl. »verklemme«.

ver-knupp(l)e schw.: *ve(r)knubbe, ve(r)knupple, ve(r)chnüpple* ›verknoten, verwirren‹.

ver-knuse schw.: nur negiert, z. B.: etwas nicht *ve(r)knuse* können ›nicht ausstehen, leiden können‹ mancherorts.

ver-knuttle schw.: ›zerknittern‹ verbr.

ver-krangle schw.: ›durcheinander machen‹ [Sunthsn]. – Zu »Krängel«.

ver-kreible schw.: ›zer-, verkratzen‹.

ver-kropft, ver-krupft schw.: ›verkümmert, verkrüppelt‹.
ver-kueche schw.: ›zerdrücken, verunstalten‹ vereinz. mittl. Schwarzw., Elztal.
ver-kuele schw.: ›abkühlen, erkalten‹; *mi Trözli isch ferkualet* [O. Furtwängler].
ver-kumme st.: ♦ 1) ›vom richtigen Weg abkommen, im Niedergang sein‹, im Part. häufig auch in charakterlicher, moralischer Hinsicht, z. B. ein *verkummener Mensch*. ♦ 2) ›jemandem begegnen, entgegenkommen‹ vereinz. SO-Baden.
ver-läppere schw.: ♦ 1) ›Flüssigkeiten unachtsam verschütten, überschwappen lassen, verspritzen‹; vgl. »vergäutsche, verlättere, verpflättere«. ♦ 2) ›Zeit, Vermögen, Geld vergeuden, verplempern‹.
ver-lättere schw.: ♦ 1) dass. wie → »verläppere 1« mancherorts SO-Baden, vereinz. übriges Baden. ♦ 2) dass. wie → »verläppere 2« vereinz.
ver-laube schw.: *ve(r)laube, ve(r)loiwe* ›erlauben‹.
ver-lebe schw.: ›erleben‹; *Do kammer ebbis vrlewe* [A. Ganther].
ver-leche, verlechere schw.: *ve(r)leche, -läche* bes. Ortenau; *ve(r)lechere, -lächere* bes. Brsg., Markgr., Baar, Hegau. ♦ 1) ›durch Austrocknen Risse bekommen und damit undicht werden‹, von Holzgefäßen, verbr. ♦ 2) ›ausgetrocknete Gefäße durch Feuchtmachen wieder abdichten‹ vereinz. – Zu nhd. *leck*, das aus dem Niederdt. stammt. – Vgl. »lech«.
ver-lehre schw.: ›Gelerntes vergessen, verlernen‹; das Part. Perf. lautet in Teilen der Ortenau nicht *ve(r)lehrt* sondern *ve(r)liirt*.
ver-leide schw.: ›zum Überdruss werden, lästig werden, jemandem etwas vergällen, verekeln‹; *I will der 's Bettle verlaide* [Hebel]; *'s Lebe isch der verlaidet?* [Hebel]; *Durch des Rumrutsche awwer isch m'r des lambelierig Lewe uf'm Hof dehinde ganz v'rleid worre* [A. Ganther]. – Vgl. »vertleide«.
Ver-leider ›Überdruss‹ → »Vertleider«.
ver-lese st.: ♦ 1) ›ordnen, sortieren‹. ♦ 2) ›vorlesen‹; *er würd Ich* (euch) *d' Zeche verlese* ›die Meinung sagen‹ [Hebel].
ver-lickere schw.: ›auskundschaften, ausfindig machen und sich aneignen, hinter den Reiz von etwas kommen‹ bes. Baar, SO-Baden, vereinz. übriges Gebiet; *Gell, i hons velickeret!* [Epple]. – Vgl. »erlickere«.
ver-liddere schw.: ›verprügeln‹ mancherorts Südrand, Baar, Hegau.
ver-lide st.: ›ertragen, leiden‹; *s isch schier nit z verliide* ›es ist kaum zum Aushalten‹ [Staufen].
ver-lieche schw.: *ve(r)liäche* ›Rüben vereinzeln‹ vereinz. Ortenau. – Vgl. »lieche«.
ver-liere st.: *ve(r)liäre* verbr.; *ve(r)leäre* mancherorts Ortenau, Brsg., Markgr.; *ve(r)lüre* Hotzw., Klettgau, südl. Hegau, Höri, Reichenau; Part. Perf. *ve(r) lore*. ♦ ›einer Sache verlustig gehen‹; *de Muet verliäre* ›mutlos werden‹; *kai Wort verliäre* ›nicht reden‹; *Es isch e hölzene Becher drin, gib achtig druf, verlier en nit* [Hebel]; Ra.: *Hesch s Müli* (Mäulchen) *verlore?* fragt man ein schüchternes Kind [Schopfhm]; *an euch, Bur, isch e flodde Schandarm v'rlore gange* ›an euch Bauer ist ein tüchtiger Gendarm verloren gegangen‹ d. h., ›ihr wäret ein tüchtiger Gendarm geworden‹ [A. Ganther].
ver-liësche schw.: ›Fässer mit Liesch abdichten‹. – Vgl. »Liëscht«.
ver-lochere schw.: ›(verendetes Vieh) begraben, einbuddeln‹ mancherorts.
ver-lottere schw.: ›herunterkommen, dem Verlust anheimgeben‹ vereinz. nördl. Schwarzw., nördl. Ortenau.
ver-lotzt Adj.: ›verlumpt, verschlissen, unordentlich‹ bes. von der Kleidung, mancherorts Ortenau, Brsg. – Vgl. »Lotzer«.
ver-luege schw.: ♦ 1) ›staunen, bewundern, sich in etwas vergucken‹; *'s isch wohr, me verlueget si schier* [Hebel]. ♦ 2) ›sich verkalkulieren‹ vereinz. ♦ 3) im alten Volksglauben: ›während der Schwangerschaft etwas sehen, was dem Kind schadet‹; *Gib wohl Achtig, Frau, du chönnsch di verluege* [Glock Brsg.]. – Vgl. »vergucke, versehe«.
ver-lunzt Adj.: dass. wie → »verlotzt« Kaiserst.
ver-lupfe schw.: ♦ 1) ›heben‹; keinen Fuß *velupfe* können [Mühlgn]. ♦ 2) ›sich durch zu schweres Heben schädigen‹.
ver-luschtere schw.: ›sich wundern, staunen‹, auch in ironischem Sinn: Die werden sich noch *verluschdere!* ›Die werden sich noch wundern!‹ [Broggingen].
ver-lute schw.: ›sich hören lassen, verlauten‹ *Es loßt si nüt verlute* ›Es lässt sich nichts vernehmen‹ [Ötlgn].
ver-mache schw.: ♦ 1) ›absperren, einhegen‹ vereinz. ♦ 2) ›als Besitz übertragen, vererben‹; *si Gerstli im Verei v'rmache* ›seinen Besitz dem Verein stiften‹ [A. Ganther]. ♦ 3) ›erwarten, zutrauen‹ vereinz.
ver-mahle st.: ›zermahlen‹; *in chlaini Chörnli vermahle* [Hebel].
ver-mangle schw.: ›ermangeln, nötig haben, entbehren‹ mancherorts; auch *vergmangle* Markgr.

ver-mauche schw.: ›verfaulen‹ Baar; *vermauchter Kaib* ›Nichtsnutz‹. – Vgl. »mauchig«.

ver-menkeliere schw.: ›zusammenmengen, mischen‹.

ver-miede schw.: *ve(r)miäde* ›sich ermüden, müde werden‹.

ver-mole schw.: ›bemalen‹; *s Gsicht ve(r)mole* ›schminken‹.

ver-mo(r)ze schw.: *ve(r)morze, ve(r)moze* ›plagen, abmühen‹ vereinz. mittl. Schwarzw., Baar, Brsg.; *kan er si fermôrze wia er wil, er bringts halt it fürschi* ›er kann sich abmühen wie er will, er macht keine Fortschritte‹ [O. Furtwängler].

ver-muchle, ver-muttle schw.: *ve(r)muuchle, ve(r)müchle, ve(r)muddle.* ♦ ›verheimlichen‹ vereinz. Ortenau, mittl. Schwarzw.

ver-muckt Adj.: ›trotzig‹ Markgr.

ver-mune schw.: ›etwas falsch meinen‹ [Stockach]. – Zu mhd. *mun* ›Gedanke, Meinung, Absicht‹, verwandt mit nhd. *meinen.*

ver-murggelet Adj.: ›zerknautscht, zerzaust‹ Höri.

ver-näcks(l)e schw.: ›ungeschickt an etwas herumschneiden, schnippeln‹ mancherorts. – Vgl. »näckse«.

ver-nagelt Adj.: ›geistig blockiert, beschränkt‹; *Du dumme Kaib, du v'rnagelde!* [A. Ganther]; *wia m'r au numme so v'rnag'lt sie ka!* [A. Ganther].

ver-nidige schw.: ›missgönnen‹ [Sulzburg].

ver-nitte schw.: *vrnidde, vrnütte* ›verneinen, eine negative Haltung zu etwas einnehmen‹ [Bromb.]. – Bildung zu »nit«.

ver-nodere schw.: ›durcheinanderbringen‹ Hegau.

ver-nore schw.: ›einschlafen, schlummern‹ mancherorts SO-Baden.

ver-nosche schw.: ›verlegend verlieren‹ Klettgau.

ver-nuefere schw.: ›sich an etwas gütlich tun‹. – Zu »nuefer«.

ver-nuele schw.: ›zerwühlen, in Unordnung bringen‹.

ver-nunne schw.: ›weibliche Schweine kastrieren‹ vereinz. – Vgl. »verheile«.

Verone f.: *Feroone, Feruun* Kurzform für den weibl. VN *Veronika.*

ver-päpperle schw.: ›verplappern, verpetzen‹ Breisg. – Vgl. »päpperle«.

ver-pflättere schw.: ›Flüssigkeiten unachtsam verschütten, verplanschen‹. – Vgl. »vergäutsche, verläppere 1, verlättere 1«.

ver-plämper(l)e schw.: ›Zeit, Geld verschwenden, leichtsinnig verbrauchen‹; *s ganz Gerstli, wo d' Alt z' sämmeg'rackert g'ha het, het d' Jung mit d'r Zitt v'rplembert* [A. Ganther]. – Vgl. »verläppere 2«.

ver-poppere schw.: ›verklopfen, stoßweise erschüttern‹. – Vgl. »poppere«.

ver-posementiere schw.: ›etwas erklären, jemandem etwas auseinandersetzen.

ver-putze schw.: *ve(r)butze, -putze.* ♦ 1) sich verputzen ›sich säubern‹, bes. ›die Nachgeburt von sich geben‹ mancherorts; vgl. »versifere«. ♦ 2) ›eine Mauer verputzen‹. ♦ 3) ›Geld, Vermögen vergeuden‹. ♦ 4) ›eine große Portion schnell essen‹. ♦ 5) mit Negation: etwas oder einen nicht *verputze* können ›nicht ausstehen können‹.

ver-quante schw.: ›verarbeiten‹ [Konstanz].

ver-rable schw.: ›verlottern‹ [Hofstet.]. – Vgl. »verreble«.

ver-rächet Adj.: ›keine Milch mehr gebend‹, von der Kuh, vereinz. S-Baden.

ver-ramessiere schw.: *ve(r)rammessiere, ve(r) rammisiere* ›übel zurichten‹ mancherorts Ortenau, Brsg.

ver-rangle schw.: ›verheddern‹ [Konstanz].

ver-räße schw.: ›versalzen‹ [Sunthsn]. – Zu »räß«.

ver-rätsche schw.: ♦ 1) ›ausplaudern‹. ♦ 2) ›Zeit schwatzend vergeuden‹ Markgr.

ver-reble schw.: *ve(r)reble, ve(r)räwle, ve(r)räble.* ♦ ›verlottern, dahinkümmern, langsam zu Grunde gehen‹ u. ä. verbr.; *I bliib, bis i verrebel* [Hebel].

ver-recke schw.: *ve(r)regge, ve(r)-reckche* u. ä. ♦ ›verenden, sterben (derb), entzwei gehen‹; auch subst. in der Wend.: *ums Verrecke nit* ›auf keinen Fall‹ mancherorts.

ver-richte schw.: ›die Nachgeburt ausstoßen‹, von Tieren; mancherorts zwischen St. Peter, Schenkenzell und Urach. – Vgl. »versifere«.

Ver-richtig f.: *Verichtung, Verichtig* ›Nachgeburt‹, von Tieren, im Gebiet von »verrichte«. – Syn. → »Siferi«.

ver-riëschtere schw.: ›durch Flicke verunstalten‹. Zu »Riëschter[1]«.

ver-ripse schw.: ›durch Reiben beschädigen‹ [Sulzburg].

ver-rise, ver-risle schw.: ›verkümmern, abfallen, durchrieseln‹, bes. von Trauben, wenn zur Blüte schlechtes Wetter war; *veriiseni Driiwel* [Endgn].

ver-risse st.: *ve(r)risse* verbr.; *ve(r)riiße* mancherorts SO-Baden. ♦ ›zerreißen‹; *do het's mir als schier* *v'rrisse vor Wuet* [A. Ganther]; Ra.: *sich s Muul verrisse* ›über jemanden viel tratschen‹; *nit üwwel verrisse sii* ›recht gescheit, gerissen sein‹ oder auch ironisch vom Gegenteil; *Was witt hitt no verisse?* ›Welche große Arbeit willst du heute noch in Angriff nehmen?‹ [Freiamt].

ver-rote st.: *ve(r)roode, -ròòde, -roote* ♦ 1) ›verraten, mitteilen‹; *Verroot mi nit!* [Hebel]; *D'r recht Namme derf i nit v'rrode* [A. Ganther]. ♦ 2) ›erraten, ratend herausbringen, es gut treffen‹ vereinz.; *Ihr hen's v'rrode, Müller* ›Ihr habt es erraten, Müller‹ [A. Ganther].

ver-roze, verrozle schw.: ›zu lange braten, infolge großer Hitze austrocknen‹ vereinz. Ortenau.

ver-ruckt Adj.: ›geistig nicht in Ordnung, närrisch, verrückt‹; *Fasent isch kumme un ganz Waldberg isch v'rruckt gsi* [A. Ganther].

ver-ruedere schw.: ›etwas zerwühlen, Unordnung schaffen‹ vereinz. mittl. Schwarzw. – Vgl. »verrulze«.

ver-rulze schw.: dass. wie »verruedere« vereinz. Markgr. – Vgl. »rulze«.

ver-rumpfle schw.: ›zerknittern, knüllen, faltig machen‹. – Zu »Rumpfel«.

ver-rupfe schw.: ›zerrupfen, zerreißen‹.

Vers m.: *Vers* verbr.; häufig Dim.: *Versli* ›Reim, Strophe‹; *Euer Versli isch so nett un gschlacht* [Hebel].

ver-säckle schw.: ›mit jemandem seinen Spaß treiben, ihn veralbern, hereinlegen‹.

Ver-sammlig f.: ›Versammlung‹.

ver-saue schw.: ›verschmutzen, verderben‹; *Wenn so e Pfiifli versaut isch, lueget, se cha me's putze* [Hebel].

ver-schächt Adj.: ›verstohlen‹ Mittelbaden. – Zu »schäche«.

ver-schandlappe schw.: ›verunzieren, verderben‹ [Lahr].

ver-schieke schw.: *ve(r)schiäge* ›die Schuhe krumm treten‹ mancherorts nördl. Schwarzw., Ortenau, Baar. – Zu »schiech«.

ver-schieße st.: *ve(r)schiäße.* ♦ 1) ›schießend verbrauchen‹; Ra.: *sei Bulver verschiäße* ›seine Ressourcen aufbrauchen‹. ♦ 2) ›erschießen‹; *du gheersch mit Scheißdreck verschosse* Drohung [Freiburg]. ♦ 3) nur Part. *ve(r)schosse* ›in jemanden verliebt sein‹ und ›verblasst, von Farben‹.

ver-schimpfiere schw.: *ve(r)schimpfiere, ve(r)schumpfiere* ›verunglimpfen, verleumden‹.

ver-schinde st.: ›sich die Haut abschürfen‹.

ver-schisse st.: ›mit Kot verunreinigen‹; Ra.: *er hets ninem veschisse* ›er ist bei ihm in Ungnade gefallen‹ verbr.

ver-schlage st.: ›verprügeln, zerschlagen, vernichten‹; *s G'hör het m'r's schier v'rschlage* [A. Ganther]; Fluch: *Di soll der Dunner un 's Wetter in Erdsboden abe verschlage!* [Hebel].

ver-schläsme schw.: ›antrocknen, von der Wäsche‹ vereinz. Umg. von Schopfhm.

ver-schlättere schw.: ›vergeuden‹ [Stahrgn].

ver-schleike schw.: ›leichtsinnig verschleppen‹ Klettgau. – Vgl. »verschleipfe«.

ver-schleipfe schw.: ›leichtsinnig verschleppen und dadurch verlieren‹; *die Burscht hen de Schlissel veschleipft* [Freiamt].

ver-schlenze schw.: ›zerreißen, zerschleißen‹; Bauernspruch gegen Unwetter: *Lorenz* (10. Aug.) *Wetter verschlänz!* [Vögishm].

ver-schliëfe schw.: dass. wie »verschlupfe«, dazu *Verschliäfis* ›Versteckspiel‹ [Gütenb.].

ver-schlupfe schw.: ›sich verbergen, verstecken‹; das dazugehörige Spiel heißt *Verschlupfis.* – Vgl. »Versteckis«.

ver-schmecke schw.: ›auf den Geschmack kommen, goutieren‹; *diä ka i nit verschmecke* ›nicht leiden, ist nicht nach meinem Geschmack‹ Brsg.

ver-schmurgle schw.: *veschmurgle, veschmorgle* ♦ ›durch zu langes Braten austrocknen, vertrocknen‹ verbr.

ver-schmusle schw.: ›verunreinigen‹.

ver-schmuttere schw.: ›verrunzeln‹ [Sunthsn].

ver-schmutze schw.: ›sich küssen‹. – Zu »Schmutz²«

ver-schnäpfe, ver-schnappe schw.: ›sich verplappern, zu viel reden‹.

ver-schnefle schw.: ›zerschneiden, zerschnippeln‹. – Zu »schnefle«.

ver-schnufe schw.: ›ausschnaufen, sich ausruhen‹; *schö Wëter un s hät e so guati, frischi Luft das mer scho gärn e mol e weng verschnûfët* [O. Furtwängler].

ver-schoppe schw.: ›verstecken, verlegen‹ mancherorts mittl. Schwarzw., Brsg., Baar, SO-Baden.

ver-schrecke st., schw.: ›jemanden oder sich selbst erschrecken‹; *'s Kätterli verschrickt: „O Jesis", sait es, „was sih n i!"* [Hebel]; *Muetterherz isch bald verschreckt* [Hebel].

ver-schupfe schw.: ♦ 1) ›verstoßen‹. ♦ 2) ›verlegen‹. – Zu »schupfe«.

ver-schwarte schw.: ›kräftig durchprügeln‹ Markgr.

ver-schwätze schw.: ›durch angeregtes Geplauder vergessen, etwas Wesentliches anzusprechen‹; *aß mer s nit verschwätze* verbr.

ver-schwelle schw.: ›leck gewordene Holzgefäße durch Wässern wieder dicht machen‹. – Vgl. »schwelle² 3«.

ver-seckle schw.: ›jemanden zum Besten haben, hereinlegen, necken‹. – Syn. → »vexiere«.

ver-sehe st.: dass. wie → »verluege 3«.

ver-sièche schw.: ›aufschießen‹, von Pflanzen [Glattes].

ver-sifere schw.: *ve(r)siibere, ve(r)sübere* Hotzw., Klettgau, Baar, Hegau, Bodenseegebiet; *ve(r)siifere, ve(r)süfere* vereinz. Schwarzw., Ortenau, mancherorts Brsg., Markgr.; *ve(r)siwere* mancherorts nördl. Schwarzw., nördl. Baar. ♦ ›die Nachgeburt von sich geben‹, von Tieren. – Wörtl. *versäubern.* – Vgl. »verputze 1, verrichte, reine«.

Ver-siferig f.: *Ve(r)siferig, Ve(r)siferi, Versibering, V(e)rsüferi, V(e)süferig, Versübering,* u. ä. ♦ ›die Nachgeburt‹, bei Tieren, mancherorts Brsg., Markgr. – Syn. → »Siferi«.

ver-spoort Adj.: ›durch feuchte Lagerung schimmlig, stockfleckig‹.

ver-sprenge schw.: ›verkalben‹; *si* (die Kuh) *het versprengt* [Freiamt].

ver-springe st.: ›zerspringen, bersten‹.

Ver-spruch m. ›Verlobung‹.

ver-stawwere schw.: ›(vor Kälte) erstarren, arg frösteln‹ vereinz. nördl. Schwarzw., nördl. Ortenau. – Mhd. *staben, verstaben* ›erstarren, steif werden‹.

Ver-steckis n.: ›Versteckspiel‹ verbr.

ver-steckt Adj.: ♦ 1) ›verborgen‹. ♦ 2) ›verschleimt‹, von der Lunge, den Atemwegen gesagt.

ver-steige schw.: *ve(r)steige, ve(r)steie* ›versteigern‹. – Vgl. »steige«.

ver-sticke schw.: ›ersticken‹; *Verstick nit dra!* [Hebel].

ver-stohlis Adj.: ›heimlich‹ verbr.

ver-strätzt Adj.: ›verpinkelt‹ Baar. – Zu »strätze«.

ver-strubble, verstrube schw.: *ve(r)struwwle, ve(r)strubble, ve(r)strüüwle, ve(r)strube.* ♦ ›(Haare) durcheinanderbringen, zerzausen, verwirren‹.

ver-stune schw.: ›erstaunen, konsterniert, irritiert sein‹; *Es* (das Spinnlein) *isch verstuunt, es haltet still, es waiß nit recht, wo 's ane will* [Hebel]; *doch müent* (müsst ihr) *ordeli still sii, aß i nit verstuun* ›dass ich nicht irre werde‹ [Hebel].

Ver-suecherli n.: ›Kostprobe‹.

ver-sufe st.: ♦ 1) ›ersaufen, ertrinken‹; *Wenn dr Meischder nit so flink gsi wär, er wär, mi Seel, elendig v'rsoffe* [A. Ganther]. ♦ 2) ›saufend vertun, sein Geld, Vermögen vertrinken‹; *un was er mit Brüele verdient het, het er vor Tag scho versoffe* [Hebel].

ver-sulfere schw.: ›verunreinigen, beschmutzen‹ mancherorts Brsg., mittl. Schwarzw.

ver-sume st.: *ve(r)sume, ve(r)summe, ve(r)süme* ♦ ›versäumen‹.

ver-surre schw.: ›nachlassen‹, von Schmerzen gesagt, verbr.

Ver-täfer n.: ›Vertäfelung‹; *un im Vertäfer popperet der Wurm* [Hebel].

ver-täfere schw.: *ve(r)däfere, ve(r)dạfere* ›mit schmutzigen Fingern anfassen, beschmutzen‹.

ver-tätsche schw.: ›durch einen Schlag zusammendrücken‹ allg.; *der Kueche isch jo ganz vrdätscht* [Freiamt].

ver-taiwe schw.: *ve(r)daiwe, ve(r)döibe* ›jemanden scheu machen, erschrecken, erzürnen‹ mancherorts Brsg., Markgr., Hotzw. – Wörtl. *vertäuben.*

ver-teifele schw.: ›etwas durcheinander bringen, mutwillig beschädigen‹ mancherorts.

ver-telbe st., (schw.): *ve(r)delwe, ve(r)dälwe, ve(r)dạlwe.* ♦ ›verscharren, vergraben‹ mancherorts nördl. und mittl. Schwarzw., Ortenau, Kaiserst. – Zum Grundwort s. »telbe«.

ver-terle ›vertrödeln‹ → »vertore«.

vert-laufe st.: ›fortlaufen, davonlaufen‹; *„Du vertlaufsch mer nit!" sait für si selber der Grünenrock* [Hebel]; *g'schnarchlt, daß alli Häsle dertrum d' Ohre g'spitzt hen un vor Angschde v'rdloffe sin* [A. Ganther]; *d Mari ischt ihrem Maa vertloffe* [Epple]; Sprichw.: *unserm Herrgott isch no kainer verdloffe* ›jeder findet einmal seinen Richter‹ [Glock Brsg.]. – Die Vorsilbe *fert-*, die auch in den folgenden Wörtern weit verbreitet vorkommt, ist eine Kontraktion von zwei Vorsilben, nämlich *ver-ent- > vert-.* – Vgl. »vertrenne«.

vert-lehne schw.: ›entleihen, ausleihen‹.

vert-leide schw.: *vertleide, vertloade* ›zum Überdruss werden, einer Sache überdrüssig sein‹; er sagt, *imm sei s Lebbe vertloedet* ›ihm sei das Leben verleidet‹ [Hausen vor Wald].

Vert-leider m.: *Vertleider, Verleider* ›Überdruss, Ekel‹; *do kammer de Vetleider kriëge* [Freiamt].

vert-lese st.: ›auslesen, auswählen‹ vereinz.

vert-lieche st.: *vertliäche* ›ausrupfen, vereinzeln‹.

ver-tolpt Adj.: *ve(r)dolbt* ›verunstaltet, verkrüppelt‹, bes. von Händen.

ver-tope schw.: *ve(r)dobe, -tope* ›mit Fingerabdrücken verunzieren, etwas betatschen‹. – Zu »Tope«.

ver-tore, -torle, -terle schw.: *ve(r)dore, ve(r)-dorle* mancherorts Ortenau; *ve(r)deerle, ve(r)törle* mancherorts Brsg., Markgr. ♦ ›sich mit etwas die Zeit vertreiben, sich in etwas vertiefen, die Zeit vertrödeln‹; *Selle Fehler han i, i cha mi an allem vertörle* [Hebel]. – Mhd. *vertoren, vertœren* ›töricht machen, töricht vertun‹.

ver-tränke schw.: ›ertränken‹.

vert-renne schw.: ›wegrennen, entlaufen‹. – Vgl. »vertlaufe«.

ver-trete st.: ›zertreten‹.

ver-triële schw.: *ve(r)driäle, ve(r)drüele* ›sich beim Essen oder Trinken besudeln, Speichel aus dem Mund laufen lassen (von Kleinkindern)‹. – Vgl. »triële«.

ver-trinke st.: ♦ 1) ›ertrinken‹; *Arme Steffi, du bisch tief in der Wiese vertrunke* [Hebel]. ♦ 2) ›durch Trunk vertun‹; vgl. »versufe«.

vert-rinne st.: ›entrinnen, weglaufen‹; *Er isch vertrunne* [Degernau].

vert-schaipele schw.: ›fortjagen‹ Kaiserst. – Vgl. »staibe 2«.

ver-tschample schw.: ›durcheinander bringen, sich unordentlich anziehen‹ [Kadelburg]. – Vgl. »Tschampel«.

vert-schlefe schw.: *vertschlefe, vertschlöfe* ›narkotisieren‹ verbr.

Vert-schliafis n.: ›Versteckspiel‹ [O. Furtwängler]. – Vgl. »Versteckis«.

vert-schlofe st.: ›einschlafen, vom Schlaf überwältigt werden‹; *Sellen Oben* (Abend) *isch's in schwere Gidanke vertschloofe* [Hebel].

ver-tschudere schw.: *ve(r)tschudere, ve(r)tschuddere.* ♦ ›das Haar verwirren, zerzausen‹.

ver-tschüpple schw.: ›das Haar verwirren, zerzausen‹. – Vgl. »Tschüppel«.

ver-tue st.: *ve(r)due, -duun, -diän* usw. s. »tue«. ♦ 1) ›ausgeben, verschwenderisch verbrauchen‹; *So ne Maa wie du, wo's Tags sy Taler vertue cha* [Hebel]. ♦ 2) ›auseinanderwerfen‹, z. B. Mist auf dem Feld, mancherorts SO-Baden. ♦ 3) ›fördern, ausrichten, bewirken‹; *I wais it ob es* (das Heilmittel) *ebis ferdua hät möge* [O. Furtwängler]. ♦ 4) ›sich verweilen, sich umtun‹.

vert-wehne schw.: ♦ 1) ›entwöhnen‹, z. B. ein Kalb, vereinz. SO-Baden. ♦ 2) ›verwöhnen, falsch erziehen‹.

vert-wische schw.: ›erwischen‹; *I heb en Kern Saalz vertwischt* ›ich habe ein Salzkorn erwischt‹ [Ellmendgn].

vert-witsche schw.: *vertwitsche, vertwütsche* ♦ ›entwitschen‹ aber auch ›erwischen‹; *wenn i di nomol verdwitsch du Chaib, no chasch di Ribbe innere Zaine haime trage* Drohung des Feldhüters zum Felddieb [Glock Brsg.].

ver-wache schw.: ♦ 1) ›durchwachen, bewachen‹; *Hesch menggi Stund in Schmerz verwacht* [Hebel]. ♦ 2) ›aufwachen‹; *z' Nacht um zwölfi verwache* [Hebel]; *Der Tag verwacht im Tannewald* [Hebel].

ver-wahre schw.: ›sichern, beschützen, aufbewahren‹, im Bes. ›einen Faden einer Naht am Ende im Gewebe verschlingen, sichern‹.

ver-wale schw.: ›durch Wälzen in Unordnung bringen‹.

ver-warte schw.: ›erwarten‹; *i ka s nimmi verwarte* [Herdern]; *Du wersch es au vewarte kenne,* ermahnt man ungeduldige Kinder [Epple].

ver-wäsche schw.: ›verhauen, züchtigen‹.

ver-wefere schw.: ›abzappeln, abrackern‹ Kaiserst. – Vgl. »wefere«.

ver-wende schw.: ›umwenden‹.

ver-were schw.: *ve(r)were, ve(r)wäre* ›verrotten, verwesen‹ vom Mist, mancherorts Ortenau, mittl. Schwarzw., Kaiserst. – Wohl ein altes, mit *verwesen* etymologisch zusammengehöriges Wort, vgl. angelsächsisch-altenglisch *forweoren* ›verwest‹.

ver-wische schw.: ♦ 1) ›weg-, auseinanderwischen‹. ♦ 2) ›erwischen, ertappen, sich Hiebe einfangen‹; *ëmol hët er schiër aini verwischt* [O. Furtwängler]. – Vgl. »vertwische«.

ver-witsche schw.: *ve(r)witsche, ve(r)wütsche.* ♦ 1) ›erwischen, ertappen‹. ♦ 2) ›entwischen, entkommen‹. – Vgl. »vertwitsche«.

ver-worge schw.: *ve(r)worge, ve(r)worige* ›(durch Verschlucken) einen Erstickungsanfall bekommen, würgen, erwürgen‹ mittl. Schwarzw., SO-Baden.

ver-zable schw.: *ve(r)zaable, ve(r)zaawle* mancherorts Elztal. ♦ ›sich abzappeln, beeilen‹; *i ha mi grusig verzaawle miäße* [Waldk. (Elzt.)].

ver-zähle schw.: *ve(r)zähle, vezelle.* ♦ 1) ›falsch zählen, sich verzählen‹. ♦ 2) ›erzählen‹; *Verzähl is näumis, o Ätti!* ›Erzähle uns etwas, o Großvater‹ [Hebel].

ver-zege schw.: ›einschüchtern, abschrecken, hindern‹ vereinz. mittl. Schwarzw.; *mer konn jeder Hund verzege* [Hofstet.]; *s het's verzegt* ›das Kind ist durch schlechte Erfahrung abgeschreckt‹ [St. Georgen i. Schw.]. – Wohl Kausativum zu nhd. *verzagen.*

ver-zeige schw.: *ve(r)zeige, ve(r)zoage* ›sich erzeigen‹, bes. bei bestimmten (geisterhaften) Vorzeichen (stehenbleibende Uhren, herunterfallende Bilder, Klopfzeichen usw.), die Tod oder ein Unglück anzeigen.

ver-zett(l)e schw.: ♦ 1) ›auseinander streuen‹. ♦ 2) ›verplempern‹.

ver-zirne schw.: *ve(r)zirne, ve(r)zürne* ›jemanden erzürnen, verärgern‹; *Des hät dr Schtäfe* (Stefan) *vërzürnt* [O. Furtwängler].

ver-zottere, verzüttere schw.: *ve(r)zoddere* mancherorts Elztal; *ve(r)züttere* vereinz. Hotzw. ♦ ›durch Unachtsamkeit verstreuen, verschütten‹.

ver-zurpft Adj.: ›schlecht genäht, zusammengezogen‹ vereinz. Brsg.

ver-zwatzle schw.: ›in Verwirrung geraten, vor Ungeduld vergehen‹; dazu subst.: *do chendsch dr Verzwatzler griäge* ›da könnte man verzweifeln‹ [Opfgn]. – Vgl. »zwatzle«.

ver-zwelzt Adj.: ›im Wachstum zurückgeblieben, kümmerlich, verkehrt‹ [Iznang].

Ver-zwiflig f.: ›Verzweiflung‹.

ver-zwige schw.: ›Obstbäume veredeln‹ vereinz. – Syn. → »zwige«.

ver-zwinge st.: ›erzwingen‹.

Veschper f.: ♦ 1) ›kirchlicher Nachmittags-, Abendgottesdienst‹, meist sonn- und feiertags in kath. Gegenden. ♦ 2) ›Zwischenmahlzeit am Nachmittag‹ vereinz. nördl. Schwarzw., Bodensee; sonst häufig *z' Vieri (Obed) nää / nemme*; hierzu auch das Verb *veschpere* ›eine Zwischenmahlzeit einnehmen‹.

Vetter m.: Bez. für männliche Seitenverwandte, mit weitem Spektrum (Onkel, Neffe, Cousin usw.), bis hin zu allgemeiner Bezeichnung für (ältere) Männer im Bekanntenkreis, auch Anrede des Dienstherrn oder höher gestellter Persönlichkeiten. J. P. Hebel bezeichnet z. B. den Rechnungsrat Gyßer mit *Vetter Gyßer.* Im nördl. Schwarzw. auch Bez. für den Taufpaten, neben »Pfetter« (Verbr. s. Karte → »Getti«). – Vgl. »Bas«.

Vetterlis-wirtschaft f.: ›Begünstigung nahestehender Personen, Nepotismus‹.

Vev f.: *Feef, Feefi, Feefli* Kurzform für den weibl. VN *Genoveva.*

vexiere schw.: *fexiire* ›necken, foppen‹. – Syn.: »ägstere, foppe, fotzle 3, kipple, rätze 3, trätze, verseckle, zämble, zicke«.

Vexier-kescht f.: ›Roßkastanie‹ mancherorts nördl. Ortenau. – Zum Grundwort s. »Keschte«.

Vieh n.: *Viih* verbr. (außer Süden und Südosten); *Viihe* vereinz. Ortenau; *Veeh, Vääh* vereinz. Ortenau, Brsg.; mancherorts Dinkelberg, Hotzw., Klettgau, Hegau, Höri; *Vehe* mancherorts Markgr., Baar, Hegau, Bodensee; Das Vieh als Gesamtheit und im Pl. wird *Viich, Viäch, Viicher, Viächer, Veecher, Veächer* u. ä. genannt. ♦ 1) ›(größeres) Haustier, bes. Rindvieh‹; *aber 's Vieh isch semper* ›ist wählerisch beim Fressen‹ [Hebel]; *Mit 'm Viech, mit de Äcker un Madde ha i mi nit groß abgä* [A. Ganther]; Ra.: sich gebärden *wiä s wild Viih* ›sich wild, unvernünftig aufführen‹ [Münchw.]. ♦ 2) ›dummer, viechischer Mensch‹.

Vieh-dokter m.: ›Tierarzt‹.

vieh-mäßig Adj.: ♦ 1) ›plump, ungeschlacht‹ vereinz. ♦ 2) verstärkend ›sehr, maßlos‹; *s isch viehmäßig heiß* [Altenhm].

viel unbest. Zahlwort, Adv.: *viil* mancherorts nördl. Schwarzw., Ortenau, Brsg., verbr. Markgr., vereinz. übriger Schwarzw., Hotzw.; *vill* mancherorts Schwarzw., Hotzw., verbr. SO-Baden; *väil* Umg. Schiltach-Schenkenz. ♦ ›in großer Anzahl, Menge‹; *viel Geld (Arbet, Lit)* mancherorts; *'s isch nit viil nutz* [Hebel]; *wenig Freud un viel Verdruß* [Hebel]; *viel tausig Chriesi rot un frisch* [Hebel]; Sprichw.: *Wo viel isch, will viel naa* [E. Strube].

viel-licht Adv.: *villicht, viilicht, ve(r)licht.* ›möglicherweise, vielleicht, etwa‹; *si Brueder wär villicht gar dot* [A. Ganther].

vier Num.: *viir, viär* verbr.; als isolierte Zeit- oder Mengenangabe auch mit *-i*, z. B. *s schlaat Viäri* ›es schlägt vier Uhr‹ [Lörrach]; *z Viäri esse (trinke)* ›Nachmittagsimbiss, -kaffee‹; *'s durt e Stunder vieri* ›es dauert ungefähr vier Stunden‹ [A. Ganther]. Rätsel von der Kuh: *Vieri lampet* (Euterzitzen)*, vieri trampet* (Füße)*, und vieri* (Ohren und Hörner) *luege geg de Himmel* [Berau (Bonnd.)].

Vier-anderle n.: ›Variante des Zegospiels‹ [Furtwangen].

Vieri-brot n.: ›Imbiss gegen 4 Uhr am Nachmittag‹ mancherorts Ortenau, nördl. Schwarzw.

Vierlig m.: *Viirli, Viirlig, Viärli, Viärlig* so und ähnl. ♦ ›veraltetes Maß‹, sowohl als Gewicht, Hohlmaß wie auch Flächenmaß; hergeleitet aus dem Viertel eines größeren Maßes, z. B. Pfund, Sester, Juchert, Morgen usw., bisweilen auch *Viertel.*

Viertel, Vierteli n.: ♦ 1) ›der vierte Teil einer Zahl, einer Stunde‹; *'s schlagt e Viertel uf ais* [Hebel]; für 7 Uhr 15 kann man sagen: *e Viertel uf Acht(e); Viertel Acht(e)* oder *e Viertel nooch Sieben(e); e Viertel ab Siebene; e Viertel iber Sieben(e).* ♦ 2) ›Stadtviertel‹.

♦ 3) Maßeinheit, sowohl Flächen-, Hohl- als auch Flüssigkeitsmaß; in der Regel der vierte Teil eines größeren Maßes, also ein Viertel Morgen, Juchert, Malter, Sester, Liter; *e Viädeli* ›ein Viertel Wein‹ verbr.; Ra.: *e Auggener Vierteli* ist nicht nur ein viertel Liter, sondern ein halber.

vigelant Adj.: *figelánd* ›rührig, umtriebig‹ vereinz. – Lat. *vigilans* ›wachsam, aufmerksam‹.

Visasch f.: *Fissáasch* ›Gesicht‹, meist abschätzig. – Frz. *visage.*

visawii Adv.: *fissawii, wissewii* ›gegenüber‹. – Frz. *vis-à-vis.*

Visis n.: ›Blick‹, nur in der Ra.: *ebbis im Visis ha* ›etwas insgeheim planen‹ [Waldkirch (Elzt.)].

visitiere schw.: *fisidiere, fisediere* u. ä. ›betastend untersuchen, prüfen‹; *S daf kai Wärik* (Uhr) *us em Hûs, des dr Fatr it fisidiart ka hetig* [O. Furtwängler].

Vit m.: *Fiid* der hl. Veit (Vitus), Festtag 15. Juni; sowie männl. VN; Nachahmung des Finkenrufs: *Vit, Vit, hesch's Häfele verschütt* [Anselfgn].

Vitzli-butzli m.: ›Hüllwort für den Teufel‹, *Jo, der Vizli Buzli, das isch di bösi Versuechig* [Hebel].

vo ›von‹ → »vun«.

Vogel m.: *Vogel* verbr. (außer SO-Baden); *Vojel, Vouel, Vauel, Vöuel, Vöwel* mancherorts Ortenau (Rheinebene); *Voggel, Voggl* verbr. Baar, Klettgau, Hegau und übriger Südosten; Pl.: *Vegel, Veggel, Vögel, Vöggel*; Dim.: *Vegili, Veggili, Vögili, Vöggili.* ♦ 1) ›Vogel‹, gefiedert, fliegend; in Zs. können aber auch Schmetterlinge (z. B. *Mehl-, Summervogel*), Käfer (*Johannis-, Herrgottsvögeli*), Bienen, Flöhe, Schaben mit dem Grundwort *-vogel* bezeichnet werden; *'s duuren ain die arme Vögel, Spatzen un Finke* [Hebel]; Sprichw.: *De Vogel kennt me a de Fädere* [Epple]; *Selli Veggl, wo am Morge singe, were seller Dag no gfresse* [E. Strube]. ♦ 2) ›Mörteltragbehälter‹ veraltet. ♦ 3) ›Spleen, Fimmel‹; *e Vogel ha* ›nicht ganz normal sein‹. ♦ 4) ›Spitzbube, sonderbarer Mensch‹.

Vogel-beer f.: ›Frucht der Eberesche‹ u. ä. mancherorts.

Vogel-bluescht m.: ›Traubenkirsche‹ vereinz.

Vogel-gschi → »Vogelschiechi«.

Vogel-heu n.: Bez. für verschiedene Pflanzen wie ›Labkraut, Wicken, Hühnerdarm‹ u. a.

vögeli-wohl → »vegeliwohl«.

Vogel-schiechi f. (m.): *Vogelschii, Vogelgschii, Vogelschiich, Vogelschiichi, Vögelschüüchi.* ♦ ›Vogelscheuche‹ mancherorts Schwarzw., Ortenau, Baar, Brsg. – Die Formen entsprechen wörtl. *Vogelscheue, Vogelscheuche* (Genus f.) und *Vogelgescheu* (Genus m.). – Vgl. »Butz«.

Vogt m.: ›Bürgermeister‹ mancherorts mittl. Kinzig, verbr. Brsg., vereinz. Wiesental; *I bi der Vogt im Dorf* [Hebel]; seine Frau ist die *Vögtene* [Hebel].

Vogt-maa m.: ›Vormund‹ veraltet; *ihr Vogtmaa z' Fryberg* [Hebel].

Volk n.: *Volk* verbr.; *Volch* Südrand. ♦ 1) ›Kriegsvolk‹ veraltet; *Jetz rüeft der Hauptmaa sym Völchli* [Hebel]. ♦ 2) ›Staatsvolk, Bevölkerung‹; *M'r sin e luschdig Völkli, frisch un stramm; M'r g'höre halt zuem Alemannestamm* [A. Ganther]. ♦ 3) ›Angehöriger einer sozialen Gruppe, Gesinde, Dienstboten‹, aber auch für ›Kinder‹, ›Hirten‹, ›Gesindel‹; häufig im Pl. *Völker, Velker, Velcher, Völcher* (bes. im Zs. wie »Manns-, Wibervolch«) ›die Manns-, Weibsleute‹.

Volk-spiel n.: *Volkspiel, Volchspiel* ›Menschenmenge‹ vereinz.; *'s isch e Volchspil* (das Treiben der Menschen in Basel) [Hebel].

voll Adj.: *voll* verbr.; Komparativ: *veller, völler.* ♦ 1) ›gefüllt, versehen mit, gänzlich‹; *e Säckli voll dürri Chriesi* [Hebel]; *e groβe Hafe voll Milch* [A. Ganther]; *Matte voll Chlee un Saat* [Hebel]; *e volle Muned* [A. Ganther]; *Volli Ähri, wo me goht, Bäum voll Äpfel, wo me stoht* [Hebel]; *e Stube voller Litt* [Freiamt]; Sprichw.: *volli Faß werre au leer mit der Zitt* [Glock Brsg.]. ♦ 2) übertr. ›betrunken‹.

Voll-herbscht m.: ›guter Weinertrag‹ Kaiserst., Markgr.

Voll-liecht, Vollschii n.: *Volliächt, Vollschii* (=Vollschein). ♦ ›Vollmond‹ vereinz.

von → »vun«.

vor[1] Präp.: *vor* verbr.; in unbetonter Stellung auch abgeschwächt: *vo* [fᵒ]. ♦ 1) ›vor, davor‹, örtlich und zeitlich; *vor de Nas* ›sichtbar vor einem‹; *vor zwölf Wuche* [A. Ganther]. ♦ 2) ›ehe, bevor‹; *vor i gang, mueß i Bscheid ha* Markgr.

vor[2]- als Vorsilbe in Wörtern wie *vorgeben, vornehm* s. → »fir-«.

vor-ab → »fraa«.

vor-an Adv.: *vóraa, víraa* ›vorwärts‹; *mach vóraa* ›beeile dich‹ verbr.

vor-ane Adv.: ›zuvörderst‹ Markgr.

vor-bei → »verbi«.

Vor-bihni f.: *Vorbihn, Vorbinni, Vorbihni.* ♦ 1) ›Vorraum des obersten Stockwerks eines Hauses‹ [Zell-Weierb.]. ♦ 2) ›Empore in der Kirche an der Orgel‹ mancherorts Ortenau, mittl. Schwarzw. – Vgl. »Borbihn«.

vor-bleiwißle schw.: ›vormachen, weismachen‹ mancherorts. – Zu »Bleiwiiß«.

vordrig Adj.: ›zeitlich davor, vorig‹; *de vordrig Dag* ›der vorige Tag‹.

vor-eb Adv.: ›bevor, ehe‹. – Vgl. »eb[1]«.

vor-enander Adv.: ›voreinander, in eine Reihe‹; Ra.: *ebbis* bzw. *nit vorenander bringe* ›etwas bzw. nichts fertig bringen‹ verbr.

vor-fern Adv.: *vorfern, vorf̨arn* ›im vorvorigen Jahr‹ mancherorts mittl. Schwarzw., Brsg., Markgr. – Zum Grundwort s. »fern(d)«.

Vor-fueß m.: ›Vorderfuß des Strumpfes‹ [Singen a. H.]. – Vgl. »Fürfuß«.

vor-geschter Adv.: *vorgescht, vorgeschder, vorgeschdet, vurgeschdert.* ♦ ›am Tag vor gestern‹.

Vor-herbscht m.: ›Lese der frühen Traubensorten‹.

vorig Adv.: ♦ 1) ›vorhin‹ verbr. ♦ 2) ›vorherig(e / er / es)‹; *d vorig Woch* ›in der Woche vor dieser‹ [Freiamt].

vor-kumme st.: *vorkumme, vorchoo* usw.; in der Wend.: *'s kunnt mr vor* ›es scheint mir so, es dünkt mich‹.

Vor-lauf m.: ›Most, der zuerst aus der Traubenpresse rinnt‹ vereinz.

vor-nehm → »firnehm«.

vorne-zue Adv.: *vornezue, vorniszuei* ›gleichzeitig, nebenbei‹; *Er hot de Garte umgrabe und vornezue de Mischt underedue* [Epple].

Vortel m.: *Vordel, Voadel.* ♦ 1) ›das Anrecht auf das Hofgut‹ mancherorts Schwarzw.; *der* (jüngste Sohn) *het der Vordel* [Gengenbach]. ♦ 2) ›günstige Lage, Begünstigung‹ (Ggs. *Nachteil*) mancherorts. ♦ 3) ›Gewandheit, Geschick zu einer Arbeit‹ verbr.; einer hat *de Vordel haus* ›kennt die günstigsten Handgriffe für eine Verrichtung‹ [Altenhm]; *loßt im Tüpfi Wachs vergoh, wie fiiner, wie besser, un chocht 's Pfiifli im Wachs; 's isch aber e bsundere Vortel* ›eine Tabakpfeife zu pflegen ist eine besondere Kunst‹ [Hebel]. – Wörtlich *Vorteil.*

vor-us Adv.: ›voraus‹.

vor-use Adv.: *voruße* ›außerhalb, draußen‹. – Vgl. »use[1]«.

Vor-wind m.: ›Ostwind‹ mancherorts mittl. und südl. Schwarzw. – Vgl. »Ober-, Ortwind«.

vor-zue Adv.: ›vorwärts, immer‹ Markgr.

vor-zues Adv.: ›vorher, vor‹ [Elzach].

vo-wege Adv.: ›keinesfalls, vonwegen‹.

Vreni f., **Vreneli** n.: *Frene, Freni* mancherorts; Dim.: *Freneli.* ♦ Kurzform des weibl. VN *Verena* (vereinz. auch *Veronika*), im Markgr. auch Bezeichnung für Mädchen in Markgräfler Tracht (nach Hebels Vreneligestalt im Gedicht *Hans und Verene*).

vu ›von‹ → »vun«.

vun Präp.: *vun* mancherorts nördl. und mittl. Schwarzw., Ortenau; *vu* mancherorts südl. Ortenau, Brsg., nördl. Markgr.; Baar, Hegau, Bodenseegebiet, vereinz. Klettgau; *von* vereinz. nördl. und mittl. Schwarzw., Ortenau; *vo* vereinz. Brsg., Baar, verbr. ob. Markgr., Wiesental, Hotzw., Raum Neustadt; in unbetonter Stellung ist der Vokal häufig abgeschwächt: *ve* [f^{e}]. ♦ ›von‹; *Vu wem?* ›von wem?‹; *vo Huus zu Huus* [Hebel]; *vun Dag zue Dag* [A. Ganther]; *D'r Müller het eim vun sine Knecht g'ruefe* [A. Ganther].

vun-der-händig Adj.: ›rechts eingespannt vom Zugpferd‹.

vun-enand Adv.: ›voneinander‹.

W

wa → »was«.
Wääg → »Weg«.
Wäägli n.: *Weegli, Wejle, Weele, Wäägli, Wöögli* ♦ ›Zugscheit am Bauernwagen‹ Ortenau, südöstl. Schwarzw., Hegau (Verbr. s. Karte → »Wogschit«). – Das Wort ist Dim. zu *Waage.* – Syn. → »Wogschit«.
Waas → »Wachs«.
wachber Adj.: ›munter, wach‹ Markgr.
Wacholder → »Weckholder«.
Wachs n.: *Wags, Waks* verbr. (außer den folgenden Gebieten); *Wògs* vereinz. Ortenau, Brsg.; *Wachs* (*ch* = Reibelaut) Südrand; *Waas* verbr. südöstl. Schwarzw., Baar, Hegau, mancherorts SO-Baden, dort häufig neben *Waks.* ♦ ›Bienenwachs, wachsartige Substanz‹; *loßt im Tüpfi Wachs vergoh, wie fiiner, wie besser* [Hebel]; *Au d Bîli fliage us un i / Un samle Wâs un Hunig* [O. Furtwängler].
wachse st.: *wachse* verbr. außer SO; *wase* mancherorts Hegau, Linzgau; 2. und 3. Pers. Sg. ohne Umlaut, z. B. *es wachst.* ♦ ›wachsen‹; *Un dört wachst kai Gras* [Hebel]; Ra.: *wo der Pfeffer wachst* ›möglichst weit weg‹ [Hebel]; *'r soll sich numme kai graui Hoor d'rwege wachse lo* [A. Ganther].
wachsig, wächsig Adj.: *waggsig* Brsg.; *wäggsig* [Konstanz]. ♦ ›gut wachsend, wachstumsfördernd‹.
Wachs-roddel m.: ›lange, dünne, aufgerollte Wachskerze‹ Hegau, Bodenseegebiet. – Das Grundw. zu mhd. *rodel* ›Rolle, gerolltes Schriftstück‹.
Wachs-stock m.: dass. wie → »Wachsroddel« Schwarzw., Ortenau.
Wächte, Wächtele f.: *Wächte, Wächti, Wäächte* mit Pl.: *Wächtene, Wäächtene* Hochschwarzwald, Hotzw.; *Wächtele, Wachtele, Wäächtele* mancherorts südl. Schwarzw., kleines und großes Wiesental, westl. Hotzw. ♦ ›Schneewehe‹. – Syn. → »Wehe«.
Wacke m.: *Wagge, Wacke* ›größerer Stein, Steinbrocken‹. – Mhd. *wacke.*
Wackeli n.: *Waggeli* ›Ente‹, kindersprachl., kosend [Opfgn].
Wackes m.: *Wagges, Waggis, Wackis* ›Vagabund‹ auch ›Spottname für die Elsässer‹; *d Elsässer sinn lutter Waggis* [Glock Brsg.]. – Soll von lat. *vagus* ›Vagabund‹ kommen.
Wadd(e) ›Fischnetz‹ → »Wate«.
Wade m.!: *Wade, Wadde* ›Wade, Wadenmuskel des Menschen‹. – Auch mhd. Genus m.: *der wade.*
Wadel m.: *Wadel* Kaiserst., südl. Brsg., Markgr.; *Waddel* mancherorts südöstl. Schwarzw., Ortenau, davon abseits: Baar, Hegau. ♦ ›Schwanz‹, bes. bei Kuh, Hund. – Mhd. *wadel.* – Vgl. »Wedel«.
Wadel-bire Pl.: ›längliche Mostbirnen‹ vereinz. Baar. – Vgl. »Wirgelebire«.
wadle schw.: *wadle, waddle* ›mit dem Schwanz wedeln, herumschlagen‹, sonst *wedle.* – Vgl. »schwanze«.
wädele schw.: ›stolzieren‹ [Feldbg].
wäfele schw.: ›plappern‹ am Südrand.
wäfere ›sich bewegen‹ → »wefere«.
Waffle f.: *Waffel, Waffle.* ♦ 1) ›das Gebäck Waffel‹ verbr. ♦ 2) ›Mund, Gesicht‹ abschätzig, mancherorts.
Wage m.: *Wage* verbr. Schwarzw., Brsg., Markgr., westl. Hotzw.; *Wòge* mancherorts südl. Ortenau, Brsg., Markgr.; *Wagge* südöstl. Schwarzw., Baar, östl. Hotzw., Klettgau, SO-Baden; *Wawe, Waue, Woue, Woie, Wöue, Waje, Wöwe* Hanauerland und nördl. Rheinebene; Dim.: *Wägle, Wägli, Wägele, Wägeli.* ♦ ›(vierrädriges) Gefährt‹, im Bes. der Bauernwagen; *Me rüstet e Wage* [Hebel]; Ra.: *Jo, oha Wägili!* ›Halt, so nicht!‹ [A. Ganther].
Wage-lätsch m.: ›Schlinge, mit der der Wiesbaum am Wagen befestigt wird‹ Markgr., Wiesental. – Zum Grundwort s. → »Lätsch«.
Wage-leis f.: *Wagelais(e), Wagge-* vereinz. Schwarzw., SO-Baden; *Waggeloas* [Möhrgn]. ♦ ›Wagenspur‹. – Vgl. »Leis«.
Wägese ›Pflugschar‹ → »Weckise«.
Wage-voll m.: ›Menge, die auf einen Wagen geht, Wagenladung‹. – Vgl. »Arfel, Hamfele, Mumpfel«.
wage-wit Adj.: dass. wie → »sperrangelwit« Ortenau, Baar.
Wagle f.: *Waggel, Wagel, Waggle, Waagle* ›Wiege‹; *Lueg's Büebli in der Waglen a!* [Hebel]; *Wil mër jez*

grad an dr Wägle un däne Kindersache sin [O. Furtwängler]. – Abl. zu mhd. *wage* ›Wiege‹. – Vgl. »popeia, Daudili, Heite, Hottle«.

wagle schw.: ›ein Kind in der Wiege schaukeln‹.

Wähe ›Flachkuchen‹ → »Waie[1]«.

wahn Adj.: ›nicht gefüllt, auf der Neige‹, vom Wein, der in einem nur teilweise gefüllten Fass liegt, verbr. in den Weinbaugegenden; *der Wii ligt wahn* [Kenzgn]. – Mhd. *wan* ›nicht voll, leer‹.

wähnele schw.: ›nach leerem Fass schmecken‹ verbr. Weinbaugebiete. – Zu »wahn«.

Währ-bire f.: ›eine sich lang haltende Birnensorte‹ Markgr.

währe schw.: ›dauern, Bestand haben‹; *'s währt alles churzi Zyt* [Hebel].

währet Adv.: ›während, in der Zeit‹; *un wäret mër in dr Schûal gsi sin* [O. Furtwängler].

währli Adj.: *währle, währli.* ♦ 1) ›wahrlich, sicherlich‹ mancherorts. ♦ 2) ›fleißig, arbeitsam‹ [Konstanz].

Währ-schaft f.: ›Garantie, beim Pferde-, Viehkauf‹. – Mhd. *wërschaft.*

währ-schaft Adj.: ›bewährt, gut, zünftig‹ vereinz.; *Jo bigoscht, mir Alemanne / wüssen au, was währschaft isch* [G. Jung].

waidli ›schnell‹ → »weidli«.

Waie[1] f.: *Waie, Wäie* ›Flachkuchen mit Belag‹, z. B. Quark, Äpfeln, Zwiebeln usw., verbr. südl. Brsg., Markgr., Dinkelberg, Wiesental, Hotzw., vereinz. Klettgau. – Das Wort ist auch in der Schweiz gut bezeugt und gehört etymologisch zu *wehen, Wehe,* vom Darüberwehen der Flammen. – Vgl. »Flammekueche, Dünne, Dünnele, Zelte«.

Waie[2], **Waiete** f.: *Wai(e), Waiete* ›Schneewehe, Schneeverwehung‹ mancherorts Ortenau, verbr. Brsg., westl. Markgr., Dinkelberg, Baar, Hegau, Höri, vereinz. übriges Baden, in der Baar und im Hegau auch vereinz. *Waitete*; bisweilen auch mit Bestimmungswort *Wind-, Schnee-.* – Syn. → »Wehe«.

waie schw.: *waie, wäie, wääe* ›wehen‹, vom Wind, vom Schneetreiben.

waili ›schnell‹ → »waidli«.

Waiete ›Schneewehe‹ → »Waie[2]«.

walbe schw.: ›ein Gefäß zum Trocknen umdrehen‹ [Efrgn-Kirchen]. – Verwandt mit nhd. *wölben.*

Wal-bloch n.: ›Ackerwalze‹ Ortenau. – Vgl. »Bloch 2«.

walche schw.: *walche, walge* mancherorts. ♦ 1) ›mit vollem Mund essen‹ Ortenau, Brsg., Markgr. ♦ 2) ›plump gehen‹ Markgr.

Walchi m.: ›grobschlächtige Person‹ Markgr.

Wald m.: *Wald* verbr. (außer SO-Baden); *Waald* südöstl. Schwarzw., südl. Baar, Hegau, Höri, mancherorts Bodensee; Pl.: *Wälder, Wąlder*; Dim.: *Wäldli, Wäldemli.* ♦ 1) ›dicht mit Bäumen bestandenes Gebiet, Wald‹; *im schattige Wald* [Hebel]; Sprichw.: *wiä mr in de Wald nilärmt, so kunnt's zruck* [Zell a. H.]; *Furcht muss dr Wald hüete* ›gute Aufsicht und drakonische Strafen beugen Waldfrevel vor‹ [Glock Brsg.]. ♦ 2) ›Waldlandschaft, bes. der Hotzenwald‹; *Heerischried im Wald* [Hebel].

Wälder m., meist Pl.: ›Bewohner des Schwarzwaldes‹ im Ggs. zum »Lander« oder »Täler«.

Wälder-kueh f.: ›eine Schwarzwälder Rindviehrasse‹.

Wald-trauf f.: ›Waldrand‹. – Vgl. »Trauf«.

wale schw.: *wale* mittl. und südöstl. Schwarzw., Hotzw.; *walle* Baar, Klettgau, Hegau, Höri. ♦ 1) ›wälzen, rollen‹, bes. von Kindern, die sich seitlich einen Abhang hinunter kullern lassen; was bisweilen auch *Walis mache, Fässliwale* genannt wird. ♦ 2) ›Teig ausrollen (mit dem »Walholz«)‹. – Mhd. *waln* ›wälzen‹. – Vgl. »trolle«.

Walger(e) m.: *Walger, Walliger, Walgere* ›Wulst, Zusammengewursteltes‹ vereinz. – Zu mhd. *walgen, walgern* ›wälzen, rollen‹.

Wal-holz n.: ♦ 1) ›Nudelholz, Teigrolle‹ mancherorts. ♦ 2) nur Dim.: *Walhelzli* ›eine runde, lange Stangenbohnensorte‹ vereinz. südl. Ortenau.

walke schw.: *wall(i)ge, wall(i)che.* ♦ 1) ›kneten, walken‹, ursprünglich Stoffe stampfend behandeln, damit sie dicht werden. ♦ 2) ›jemanden verhauen‹. ♦ 3) ›tüchtig essen‹. ♦ 4) ›schwerfällig gehen‹.

wälle ›aufwallen‹ → »welle«.

wallig → »welk«.

Wall-wurz(el) f.: *Waalwurz(el), Wallwurz(el)* ›Beinwell‹ mancherorts Ortenau, vereinz. Markgr.

Walme m.: *Walme, Wǫlme* mancherorts mittl. Schwarzw., südl. Ortenau, Brsg., westl. Markgr.; *Waalme* mancherorts westl. und südl. Hegau, Höri. ♦ 1) ›seitlicher Raum in der Scheune, Anbau an die Scheune‹; vgl. »Barn 2«. ♦ 2) ›schräg zurücktretender Dachgiebel (und der darunter befindliche Raum), Walmgiebel‹ mancherorts.

walte schw.: ›sich kümmern um‹ selten, meist nur in Segensformeln wie *Walt's Gott!* oder in der Paarformel *schalte un walte* vereinz.

walze schw.: ›tüchtig drauflos marschieren, schnell dahingehen‹.

Wampe m.: *Wambe, Wǫmbe, Wampe* ›Wanst, Bauch‹.

Wams n., m.: *Wams, Wambs, Wamscht, Wammischt* u. ä. ♦ 1) ›jackenartiges (ärmelloses) Kleidungsstück, Trachtenmieder‹, vereinz. ♦ 2) ›Wanst, Bauch‹ vereinz.; *mer hät de Wams gfillt gha* ›man hatte sich den Bauch vollgeschlagen‹ [Neustadt].

wamse schw.: ›durchprügeln‹ verbr.

wan Adj.: ›leer vom Fass‹ → »wahn«.

Wand f.: *Wand* verbr., *Wònd* vereinz.; Pl.: *Wänd, Wäng, Wạnd.* ♦ ›Wand in Gebäuden‹; Sprichw.: *de Horischer* (Horcher) *an de Wand heerd sini eije Schand* [Altenhm]; Rätsel: *s hängt an de Wònd un gid* (gibt) *jeedm d Hònd* (das Handtuch) [Freiamt].

Wändele ›Wanze‹ → »Wendele«.

wand-häldig Adj.: ›sehr steil‹ [Schonach, Gremmelsb., U.ibental]. – Vgl. »häldig«.

wandle schw.: ›umziehen‹ Kaiserst.

Wangscht ›Wanst‹ → »Wanscht«.

Wanne f.: *Wann, Wanne, Wònne.* ♦ 1) ›flacher Korb‹, aus Stroh- oder Weidengeflecht, z. B. zum Vorschütten von Futter an das Vieh, zum Reinigen, Putzen von Druschgetreide (früher) u. ä.; vgl. »wanne«. ♦ 2) ›Bodensenke‹ Höri. ♦ 3) ›Badewanne‹ neu.

wanne schw.: *wanne, wònne* ›Getreide reinigen‹, früher durch Hochwerfen in einer Getreideschwinge, später durch eine Gebläsemühle (auch *Wann-, Wònnmihli* genannt), vereinz. – Mhd. *wannen,* zu *Wanne* ›Getreide-, Futterschwinge‹, dies aus lat. *vannus.*

Wanne-wächtel, -weber, -wickel, -wicker m.: *Wannewäächdel, Wònne-* mancherorts Ortenau; *Wannewäber, -wäwer* Kinzig-, Schuttertal; *Wannewiggel* [Lautenb. (Rench)]; *Wannewigger* mancherorts mittl. Schwarzw. ♦ ›Turmfalke‹, seltener ›Bussard‹.

Wanscht m.: *Wanschd, Wandscht, Wangschd, Wòngschd, Waunschd* u. ä. ♦ 1) ›dicker Bauch, Wanst (des Viehs)‹ Ortenau, Schwarzw. ♦ 2) ›freches Kind, missliebige Person‹, Schimpfwort, vereinz.

War f.: ♦ 1) ›Kinder, Kinderschar‹, meist mit Attributen wie *klein, jung,* z. B.: *Mer singe gern, mir junge War* [Hebel]; *O Jesses, nei! Kleini War het 'r g'ha, grad gnue, fünf kleini Kinder* [A. Ganther]. ♦ 2) ›Ware‹ selten.

wär unregelm. Verb.: *wäär* verbr.; *wạạr* mancherorts Ortenau, Brsg.; *weer* mancherorts Markgr.; Flexion: *ich wäär, du wäärsch(t), er wäär, mir wäre(t), ihr wäret, sie wäre(t).* ♦ ›wäre‹ = Konjunktiv II zu »sein«, zum Ausdruck der Möglichkeit, des Wunsches; *Wär i wi er, i blib dehai* [Hebel]; *Wär i doch blibe, wo n i gsi bi* [Hebel]; *un wenn de's hättsch, wie wärsch so froh!* [Hebel]; *Wenn m'r numme widder arm wäre!* [A. Ganther]; seltener sind Formen des Konjunktiv I, wie z. B.: *un er hät filmol gseit si wärig emol e düchtigi Büri gäi* ›und er hat oft gesagt, sie werde einmal eine tüchtige Bäuerin geben‹ [O. Furtwängler].

Warb ›Sensenstiel‹ → »Worb«.

warbe ›auseinanderwerfen‹ → »worbe«.

Wargel m.: *Warigel* ›dicker, unbeholfener Mensch‹ vereinz. Ortenau.

wärgle schw.: ›wälzen, winden‹ vereinz. nördl. Schwarzw.

warm Adj.: *warm* verbr.; *warem* vereinz.; Komparativ: *wärmer* verbr.; *wirmer* mancherorts Ostteil des mittl. Schwarzw., südöstl. Schwarzw., Baar, Hegau, Bodanrück, Linzgau; *würmer* Höri. ♦ 1) ›von höherer Temperatur, nicht kalt, wärmend‹; *e warem, neigwäsche Hëmdli* [O. Furtwängler]; *e Züberli fol wårem Waser* [O. Furtwängler]. ♦ 2) ›mitfühlend, herzlich‹; *wer nimmt en zerst no lieb un warm ... in Arm?* [Hebel].

wärme schw.: *wärme, wörme, wirme* ›warm machen, warm halten‹.

wärmere schw.: ›sich erwärmen, wärmer werden‹ Hotzw.; *s wärmeret* ›es wird wärmer‹ [Buch (Waldsh.)].

Wärmi f.: ›Wärme‹.

Wärre[1] ›Maulwurfsgrille‹ → »Werre[1]«.

Wärre[2] ›Gerstenkorn‹ → »Wer«.

Wartlof, Warzlof, -luf m., f.: *Wa(r)zloff* [Hanauerland, Tribg]; *Wartluff* [Altenhm]; *Wartluft* [Meißenhm]; *Waadluff* [Weisweil (Emm.)]; *Warluff* [Eichstet.]; *Warlauf* [Einbach, Siegelau, Bleibach]; *Warloff, Wartloff* [Grenzach]; *Warleff* [Schopfhm]; *Wadleff* [Görwihl]; *Wattlauf* [Gutach (Wolfach), U.lauchr.], u. ä. ♦ ›reusenförmiges, über Reifen gespanntes Fischnetz‹. – Ein altes, auch andernorts verbreitetes Fischerwort, mhd. *wartolf,* das als altes Lehnwort aus lat. **vertibellum* ›Ring, Garnreuse‹ (frz. *verveux,* ital. *bertovello*) anzusehen ist.

warum → »worum«.

Warze, Wärze, Warzle f.: *Warz* vereinz. nördl. und mittl. Schwarzw., mancherorts südöstl. Schwarzw., Baar, Hegau, Bodanrück, Linzgau; *Waaz* vereinz. Baar, Linzgau; *Warze* Eltzal und südl. davon; *Wärze* (Sg.!) mancherorts südl. Brsg., südl. Schwarzw., Markgr., verbr. Hotzw., Klettgau, Raum Blumberg; *Warzel* mancherorts nördl. und mittl. Schwarzw.; *Warzle* (Sg.!) südl. Ortenau, nördl. Brsg., Kaiserst. ♦ ›Hautwucherung, Warze‹.

was[1] Interrogativum: *was* verbr. (außer SO-Baden); *wa* SO-Baden (Verbr. s. Karte → »was«). ♦ fragt nach einer Sache, einem Sachverhalt; *Wa giits heit* *zum Esse?* [Epple]; Ra.: abschlägige Antwort auf die neugierige Frage *Was git des?* – *Wunderfitz un Brägelischnitz* [Zell a. H.]. *Wa wemmer mache?* – *In d Händ schisse un bache* [Wehr]; in verniedlichender Sprache (zu Kindern) auch *wasili* vereinz.

was[2] Pron.: stellt den relativen Anschluss her; *die, was* ... die welche [Lichtenau]; *Lueg do, was i gunne ha* ›Schau, was ich gewonnen habe‹ [Hebel].

Wäsch f.: *Wäsch, Wesch, Wösch* ›das Waschen, die waschbaren Sachen‹; *großi Wesch ha* ›großen Waschtag haben‹ [Freiamt]; Ra.: *in dere Wesch han ich kai Hemm* ›mit dieser Sache habe ich nichts zu tun‹ [E. Strube].

wasche, wäsche st., schw.: *wasche* südl. Ortenau, westl. Brsg., westl. Markgr., Dinkelberg; *wäsche* übriges Gebiet; Part. Perf.: *gwascht, gwäscht, gwasche,*

gwäsche (Verbr. s. Karte → »waschen«). ♦ 1) ›mit Wasser reinigen, waschen‹, z. B. die Hände, die Wäsche; *das un deis zum Wäschen un Strehle* (Kämmen) [Hebel]; *sie isch ge wäsche gange* [A. Ganther]. ♦ 2) ›Geschirr spülen‹ nördl. und mittl. Schwarzw., westl. Brsg., Markgr. (Verbr. s. Karte → »ufwäsche«); *Gschirr wäsche* [Laufen]. ♦ 3) ›dreinschlagen‹; einem *eini wäsche* [Waldk. (Elzt.)].

Wäscher m.: ›starker, korpulenter Mann‹ verbr.

Wäsch-lavor n.: *Wäschlafoor* ›Geschirr bestehend aus Waschschüssel und Wasserkanne‹. – Frz. *lavoir.*

Wäsch-lumpe m.: ›Waschlappen‹.

Wase m.: *Wase* verbr. (außer den folg. Gebieten); *Wòse* vereinz. Rheinebene; *Wasse* Baar, südöstl. Schwarzw., Klettgau, Hegau, Bodensee; *Wasem, Wäsem* mancherorts obere Rench, mittl. Kinzig, obere Elz; *Wassme* mancherorts südl. Hegau, Höri; Pl.: *Wäse, Wässe, Waseme, Wäseme, Wäsme* u. a. ♦ ›die Grasnarbe, Rasenstück‹, bisweilen auch ausgestochenes Rasen-, Torfstück; *Wäsme schinde* ›Rasenstücke vom Boden ablösen‹ [Gütenb.]; *es wachsen jetz Wesmen uf em verfallene Dach* [Hebel]; Volksreim: *ufem Wase grase d Hase* verbr. – Mhd. *wase, wasen, wasem.*

was-fir(ig) Adv., Adj.: *wasfir(ig), wasfürig, wafir(ig).* ♦ ›welch(er), welches, von welcher Art, wie beschaffen‹ mancherorts; *wafür Farb* ›welche wiebeschaffene Farbe‹ [Eschbach (Waldsh.)]. – Bildung zu *was für,* vgl. »allerhandfirig«.

wäsig ›holzig‹ → »wesig«.

Wäsme ›Rasenstücke‹ → »Wase«.

Wasser n.: *Wasser* verbr.; *Wòsser* vereinz.; Dim.: *Wässerle, Wässerli.* ♦ 1) ›das Wasser als Flüssigkeit, Wasserlauf, Wasseransammlung‹; *e männigi Ohm Wasser isch d'r Rhin na g'loffe* ›viel Zeit ist vergangen‹ [A. Ganther]; *am e nedde Dag het 'r's Bündili g'schnallt un isch üwwer's groß Wasser* [A. Ganther]; Ra.: *Wasser in Bach trage* ›Unnützes tun‹ mancherorts; *Des isch im Wasser uf'd Mühli* ›das kommt ihm sehr recht‹ [A. Ganther]; *sellem lauft s Wasser etz grad au de Berg uffi* ›dem gelingt alles‹ [E. Strube]. ♦ 2) ›wasserähnliche Flüssigkeiten, Säfte‹, z. B. Tränen, Schweiß; *d' Auge voll Wasser* ›Tränen‹ [Hebel]; *un 's Wasser lauft mer d' Backen ab* ›Schweiß‹ [Hebel]. Ra.: *Er isch ghäb* (knapp) *am Wasser* ›er ist leicht zu rühren, ihm kommen schnell die Tränen‹ [Waldk. (Elzt.)].

Wasser-arsch m.: ›glasige Kartoffel‹ vereinz. Ortenau.

Wasser-bank m.: ›Bank in der Küche, auf der die Wasservorräte stehen‹, veraltet.

Wasser-barte f.: ›beilartiges Werkzeug zum Aushauen von Wassergräben in Wiesen‹ [Eschb. (Waldshut)]. – Grundwort zu mhd. *barte* ›Beil‹.

Wasser-galle f.: *Wassergall.* ♦ 1) ›feuchte Stelle im Acker, der Wiese‹ vereinz. nördl. Ortenau. ♦ 2) ›unvollständiger Regenbogen‹ eb.

Wasser-hex f.: ›Libelle‹ vereinz. – Syn. → »Wasserjumpfer«.

Wasser-jumpfere f.: *Wasserjumpfer(e), -jungfer.* ♦ ›Libelle‹ mancherorts. – Syn.: »Augebohrer, Bachjungfer, Giftnodle, Gufeschisser, Hexenodle, Hirnschiëßer, -stecher, Nodel 3, Rhischnok 2, Rosskopf 3, Schnider 2, Teifels-, Wasernodle, Wasserhex«.

Wasser-kalb n.: *Wasserkalb, -chalb* mancherorts; häufig nur Dim. *-kälbli, -kälwli, -chälble.* ♦ ›Molch, Salamander‹, seltener auch für ›Kaulquappe, Kröte‹ Schwarzw., Brsg., Kaiserst.

Wasser-nodle f.: *Wassernodel, -nodle* ›Libelle‹ mancherorts.

Wasser-schapf(e) f., m.: ›Wasserschöpfgefäß‹.

wasser-schlichtig Adj.: ›wässrig‹ Kinzigtal.

Wasser-schoss n.: ›wilder Trieb am Rebstock‹ mancherorts. – Vgl. »Aberzein«.

Wasser-stei m.: ›Ausguss in der Küche‹; *i bin am Wasserstai gstande* [Hebel]. – Vgl. »Schittstei«.

Wasser-stelzli n.: ›Bachstelze‹; *'s Wasserstelzli chunnt* [Hebel].

Watte f.: *Watt, Watte* ›größeres Fischnetz‹ Bodensee, Hoch-, Oberrhein. – Mhd. *wate, wade* ›großes, aus zwei Wänden u. einem Sack in der Mitte bestehendes Zugnetz‹.

watte st., schw.: *wadde, watte* verbr.; *wòdde* vereinz. Ortenau, Brsg; Part. Perf.: *gwadde, gwatte* mancherorts; *gwattet* vereinz. ♦ ›waten‹, z. B. durch den Schnee, durch einen Bach; *Wattet nit der Storch uf hohe Stelze derzwische?* [Hebel]. – Vgl. »wattle«.

wätte ›ins Joch spannen‹ → »wette«.

Wattis n.: ›nasser Schuh durch versehentliches ins Wasser treten‹; *ich hab e Wadis kriegt* [Sexau]. – Vgl. »Schlappe[2] 2«.

wattle schw.: *waddle.* ♦ 1) dass. wie »watte« vereinz. südl. Ortenau, Brsg., Markgr. ♦ 2) ›müde daherkommen‹ [Freib.].

Watz m.: ♦ 1) ›die Schärfe der Sense‹ [Buchenbach, Opfgn]. ♦ 2) ›Schwung, Kraft, Geschmacksstärke‹; *des Brot het gar kei Watz* ›das Brot schmeckt nach nichts‹ [Freiamt]. – Vgl. »watz«.

watz Adj.: ›gut geschliffen, schneidig‹ Markgr. – Ahd. *waz,* eine ablautende Bildung zu *wetzen.*

Waudel m.: ›kleines, dickliches Wesen (Hund, Mensch)‹ vereinz. Ortenau.

Waue, Wauwe f.: ♦ 1) ›Beule, Wulst‹ mittl. Schwarzw. ♦ 2) ›Schneeverwehung‹ obere Elz, Schweighsn; Syn. → »Wehe«.

wäue schw.: ›spotten, höhnen‹ vereinz. Markgr.

waugle schw.: ›quengeln, wehklagen, weinen‹ vereinz. Ortenau, mittl. Schwarzw.

waule schw.: *waule, wäule* ›winseln, bes. vom Hund‹ mittl. Schwarzw., Ortenau, Markgr.

Wauzili n.: *Wauzili, Wauzerli* ›kleiner Hund, Kläffer‹ Kaiserst. – Bildung zum Hundelaut *wau.* – Vgl. »Bauser 3«.

we → »wië[1]«.

webe st.: *wewe, wäwe, wạwe, webe, wäbe, wạbe, webbe, weäwe, weäbe.* Part. Perf. *gwowe, gwobe.* ♦ ›Stoffe weben‹; *mir wäbed nümmi* ›wir weben nicht mehr‹ [Häusern].

web(e)re schw.: *wewere, wäwere, web(e)re, wäb(e)re* ›sich hin- und herbewegen, zappeln, mit den Armen fuchteln‹ mancherorts. – Mhd. *wëberen* ›hin- und herbewegen‹. – Vgl. »wefere«.

Weber-triëme Pl.: *Weberdrime* [Oberw. (Rast.)]; *-driämer* [Ettenhm]; *-träme* [Überlgn a. S.]. ♦ ›Überrest des Zettels beim Weben‹. – Zum Grundw. s. → »Triëme«.

Weck, Wecke[1] m.: *Weck, Wegg* mancherorts nördl. Schwarzw., vereinz. mittl. Schwarzw.; *Wecke, Wegge* verbr.; bes. im Süden meist nur im Dim. gebraucht: *Weckle, Weggle, Weckli, Weggli.* ♦ ›Brötchen‹, nach Herstellung werden *Milch-* und *Wasserweckli* unterschieden; nach besonderen Formen oder Größen z. B.: *Fimfer-, Sechser-, Mohn-, Salz-, Spitz-, Zipfelweckli* u. a.; Ra.: eine Sache, die reißenden Absatz fand ist *weggange wia d'r Weck am Lade* [A. Ganther]. – Zur Herkunft s. »Wecke[2]«.

Wecke[2] m.: *Wegge, Wecke* mancherorts Schwarzw., Ortenau, Brsg., Markgr., vereinz. übriges Gebiet. ♦ ›Keil, Spaltkeil‹. – Mhd. *wecke, wegge* ›Keil, keilförmiges Stück, keilförmiges Gebäck‹; das Wort ist also etymologisch zu dem Backwerk »Weck, Wecke« gehörig. Vgl auch engl. *wedge.*

Weck-holder m.: ›Wacholder‹ verbr. nördl. einer Linie Lahr-Hornberg, südl. davon »Reckholder, Reckedure«. – Mhd. *wëcholtër.*

Weck-ise n.: *Wäägise, Wạagise, Weggise, Wäägese, Wạagese, Weggese* u. ä. ♦ ›Pflugschar‹ Brsg., südl. Schwarzw., Markgr., Hotzw., Klettgau, Hegau, Höri. – Das Bestimmungswort gehört zu »Wecke[2]«, die Bedeutung wäre somit ›keilförmiges

Eisen‹, mhd. *wegîsen, wagense.* – Vgl. »Pfluegise, Schar[1]«.

Wedel m.: *Wedel* verbr. südl. Ortenau, mittl. Schwarzw.; *Weddel* mancherorts Ortenau, südl. Klettgau. ♦ 1) ›Schwanz‹, bes. bei Kuh, Hund; vgl. »Wadel«. ♦ 2) in Pflanzennamen, z. B.: *Roter Wedel* ›Blutweiderich‹ Ortenau.

weder Konj.: *weder, wedder.* ♦ 1) in der negierenden Paarformel *weder ... noch*; *'s hilft weder Stroofe no Zuespruch* [Hebel]. ♦ 2) bei Vergleichen ›als‹; *mi Balle hopset heher weder dini* ›mein Ball hüpft höher als deiner‹ [Sunthsn]; *se han i denkt: Soldatetod isch besser weder Bettelbrot* [Hebel].

wefele schw.: *wäfele* ›plappern‹ Hotzw.

wefere schw.: *wäfere, wewwere.* ♦ 1) ›sich unruhig hin- und herbewegen, zappeln, um sich schlagen‹ mancherorts nördl. und mittl. Schwarzw., Ortenau; *s isch e flißig, huusig Wibervolch, si wäfered un wisbled Tag un Nacht im Huus umme* ›sie ist eine unermüdliche Frau‹ [Glock Brsg.]. ♦ 2) ›jammernd hin- und herlaufen, klagen‹ Kinzig-, Elztal, vereinz. Markgr. – Wörtl. *webern,* dies zu mhd. *wëberen* ›hin- und herbewegen‹.

Wefz, Wefzg ›Wespe‹ → »Weschpe«.

Weg m.: *Wääg* verbr. (mit Ausnahme der folgenden Gebiete); *Wạag* südl. Ortenau, [Freiamt], Kaiserst., südwestl. Brsg., westl. Markgr., Dinkelberg; *Wegg* Höri; *Weä* untere Murg; *Wäi* zwischen Oos und Acher; *Wää* mancherorts mittl. Acher und Rench; *Waai* Hanauerland und Rheinebene südl. bis Raum Ottenhm; *Wäag* Baar, Hegau; *Weäg* Bodanrück, Linzgau (Verbr. s. Karte → »Weg«); Pl. meist wie Sg. oder *-e*; Dim.: *Wääle, Wäägli* usw. ♦ 1) ›kleinere

(unbefestigte) Straße, Feldweg‹; *gang us em Weg!* [Hebel]; *jetz waiß i Weg un Steg* [Hebel]; *un sô gän no vil Wäg krizwis un de langewäg in dem Kolerwald rum* [O. Furtwängler]; Ra.: *der Weg unter d' Füeß neh* ›rüstig ausschreiten‹ [Hebel]. ♦ 2) ›Wegstrecke, Erstreckung‹; *d'r Weg isch witt* (weit) [A. Ganther]; er *het sich d'r lange Weg* (der Länge nach) *newe si Reissack hig'legt* [A. Ganther]. ♦ 3) ›Vorgehensweise, Methode‹; *Wo isch der Weg zue Fried un Ehr?* [Hebel]; Ra.: *Sell het guedi Weg* ›das hat gute Aussichten‹ [A. Ganther].

weg[1] Adv.: *wegg, wạgg.* ♦ 1) ›nicht da, verschwunden‹; *Aber 's Üelis Ghör isch weg* [Hebel]. ♦ 2) ›hinweg, weiter (vom Sprechenden weg)‹; *Me chunnt schier nimme weg dervo* [Hebel]; Ra.: *frisch vun d'r Lewer weg g'schwätzt* ›freimütig gesprochen‹ [A. Ganther]. – Vgl. »eweg«.

weg[2] Konj.: ›wegen, deswegen‹; *Wëg sälem sin si awer anewäg mit Freidë un guatem Muat izoge* [O. Furtwängler]. – Vgl. »wege«.

wege Konj.: *wegge, wege* ›weil, aus einem bestimmten Grund‹; *wege dem* ›daher, deshalb‹; *wege mir* ›meinetwegen‹ mancherorts; *wege denne Malefizkerli* [A. Ganther]; *daß er sine Eldere nimmi under d' Auge kumme will, wege dere Schand* [A. Ganther]; Ra.: *wege nix un widder nix* ›völlig umsonst‹ [A. Ganther]; nachgestellte unbetonte Pronomina, Artikel werden oft zum Wort gezogen, z. B.: *wegeneme bœse Schänkel* ›wegen einem kranken Schenkel‹ [O. Furtwängler]. – Vgl. »weg[2]«.

weger, wegerli Adv.: ›wahrlich‹; *Nai, weger nai!* [Hebel]; *'s isch weger e Schlag gsi* ›Es war wahrlich ein Schicksalsschlag‹ [Hebel]; auch diminuiert: *Jo wegerli, i sih ne scho* [Hebel]; Ra.: *s het wäger scho uf mi Chopf gschneit* ›ich bekomme wahrlich schon graue Haare‹ [Glock Brsg.]. – Komparativ zu mhd. *wæge* ›gut, schön, tüchtig‹.

Wegerich m.: *Wäägerich, Wạagerich, Wäegerich* mancherorts; *Wädderi* [Ottersd., Ottersw.]; *Wäderich* [Opfgn]; *Waddri* [Moos (Bühl)]; *Wajerli* [Bodersw.]; *Wägeli* [Ortenbg]; *Wäägele* [Stockach]. ♦ ›Wegerich, Plantago‹.

Wegise ›Pflugschar‹ → »Weckise«.

weg-rume schw.: ›wegräumen‹.

Weg-schisser m.: *Wegschisser, Wäg-, Wạg-, Wai-, Wää-.* ♦ ›Gerstenkorn am Auge‹ verbr. nördl. und südl. Schwarzw. (bis zur Schutter, Rench), Hanauerland, mancherorts Ortenau (Verbr. s. Karte → »Wegschisser«). – Vgl. »Wegseicher«. – Syn. → »Urschili«.

Weg-seicher m.: *Wegseicher, -soecher* ›Gerstenkorn am Auge‹ mancherorts östl. Schwarzw., östl. Baar (Verbr. s. Karte → »Wegschisser«). – Syn. → »Urschili«.

Weh n.: ›Schmerz, Leid‹; *Biwahr di Gott vor Weh un Laid* [Hebel].

weh Adj.: ›schmerzlich‹; *un 's isch mer, o, gar sölli wohl un weh* [Hebel]; Ra.: *wind un weh* [A. Ganther]; vgl. »windeweh«.

Wehe, Wehete f.: *Weh, Wäh, Wehe* mancherorts Ortenau; *Wääe* vereinz. Linzgau; *Wehete, Wähete* mancherorts Baar, Hegau. ♦ ›Schneewehe, Schneeverwehung‹; bisweilen auch mit Bestimmungswort *Wind-, Schnee-*. – Syn.: »Gwähet, Waie², Wächte, Waue, Werfet(e), Windwerfete«.

Weh-muetter f.: ›Hebamme‹ Markgr.

Wehri f.: ›Wehr, Damm‹ Kinzigtal.

Wehrt ›Ufergelände‹ → »Wert«.

Weh-tag m.: ›Tag des jüngsten Gerichts‹ [Endgn].

weh-tue unregelm.: ›schmerzen‹; Ra.: *bis dert naa duet mir kai Zah me weh* ›bis dahin lebe ich nicht mehr‹ [E. Strube].

weiche¹ schw.: *waiche* ›schlagen, verprügeln‹ mancherorts Ortenau.

weiche² ›weich werden, einweichen‹ → »weike«.

Weid f.: *Waid, Wejd, Wääd, Woed.* ♦ 1) ›die Weide, auf der das Vieh grast‹. ♦ 2) ›Fischgewässer, Fischfang‹ Fischerspr., veralt; vgl. »Weidlig«.

weide schw.: ›auf der Weide grasen‹; *Uf de Matte waide d' Chüeih* [Hebel].

weidli Adj.: *waidli* mancherorts Brsg., südl. Schwarzw., Wiesental, vereinz. Markgr., Hotzw.; *waili* mancherorts mittl. Schwarzw., Umg. von St. Peter, Zartener Becken; *woedle* mancherorts Bodensee. ♦ ›hurtig, schnell, rasch, munter‹; *Waidli, chumm ins Grüen!* [Hebel]; *Machet woedli voraa!* ›nur zu, munter voran!‹ [Epple]; *Furt, waidli furt!* [Hebel]; *Gang, Töchterli, waidli ans Fenster* [Hebel]; Ra.: *er heert nit guet, er sieht nit guet un kann nit waidli laufe* [Waldk. (Elzt.)]. – Mhd. *weidelich* ›jagdgemäß, keck‹, das sich bei uns zur Bed. ›schnell‹ verschoben hat, die auch in der Schweiz bezeugt ist.

Weidlig m.: *Waidling, Waidlig* ›Fischerkahn, Nachen‹. – Mhd. *weidelinc*, was zu mhd. *weide* ›Jagd, Fischfang‹ gehört (vgl. nhd. *Weidmann* ›Jäger‹).

Weid-sack m.: ›länglicher Sack für Essvorräte, Brotbeutel‹; *In sëlem Wandkaschte hinterem Schtubeôfe hange d Waidsek* Pl. [O. Furtwängler]. – Vgl. »Schlitzsack«.

weife schw.: ›winden, aufwickeln‹. – Mhd. *wîfen*.

weiflig Adj.: ›taumelig, benommen‹ vereinz.

weige ›weich werden‹ u. a. → »weike«.

Weih m.: *Wai, Wej* ›großer Raubvogel‹, Bussard, Milan u. ä. Rheinniederung, Klettgau, Baar. – Mhd. *wîe, wîge*.

Weihe ›Flachkuchen‹ → »Waie¹«.

weihe¹ schw.: *waihe, wäihe* verbr. gesamte Rheinfront, Markgr., Hotzw., Klettgau; Part. Perf. *gwait*. ♦ ›eine Weihe vornehmen, segnen‹; *si weihe* ›sich bekreuzigen‹; *un weih mi mit em hailige Chrütz* [Hebel]. – Im Schwarzw. und SO-Baden gilt das starke Verb »wihe«.

weihe² ›wehen‹ → »waie«.

Weiher m.: ›Weiher, Tümpel‹.

weike schw.: *waige* Brsg., Markgr.; *waikche* Hochrhein; *waiche* mancherorts. ♦ 1) ›weich werden‹, bes. von den Trauben, wenn sie reifen, sich verfärben. ♦ 2) ›(Wäsche) einweichen‹.

weili ›schnell‹ → »weidli«.

Weise, Weize m.: *Waise, Waaise* verbr. (außer den im Folgenden genannten Gebieten); *Waize, Waaize* mancherorts im gesamten Gebiet; *Wäise, Wejse* mancherorts Ortenau, vereinz. südwestl. Markgr.; *Woese, Woase* Baar, westl. Hegau; *Woeze, Woaze* Hegau, Höri, Bodenseegebiet; *Wääse, Wääze, Weese* vereinz. Hanauerland; *Wòòse* Raum Ewattgn, Tengen, Randegg. ♦ ›die Getreidepflanze Weizen und ihre Frucht‹; *zuem Mäje bruucht er d' Sägese* (Sense), *un d' Sichle, wenn der Waize blaicht* [Hebel].

weise, weis(e)le schw.: *waise* vereinz. Raum Waldshut; *waisle, waisele* vereinz. südl. Schwarzw., Markgr. ♦ ›winseln‹. – Das Wort ist, wie auch das gleichbedeutende »wisle« aus »winsele« entstanden (Staub'sches Gesetz).

Weisel m.: ›Bienenkönigin‹ Imkersprache. – Mhd. *wîsel* ›Anführer, Binenkönigin‹.

Weiseli n.: *Waisele, Waiseli* ›Küken‹ verbr. Markgr., Dinkelberg, Wiesental. – Zu »weise, weisele« ›winseln‹, wohl wegen des Piepsens der Küken. Schon im Mhd. findet sich ein Beleg (bei Konrad von Megenberg), wo die Stimme der Adlerküken als *winseln* bezeichnet wird. – Syn. → »Bippeli 1«.

Weizen → »Weise«.

welk Adj.: *welk, wạlk, wellig, wạllig, wạlch, wạllich.* ♦ ›angewelkt, verwelkt, schlaff‹.

welke schw.: *welke, wạlke, welche, wạlche* ›welken, verwelken‹.

well Interrogativpron.: *well,* in flektierter Form mit Endungen, z. B.: *weller Bue, welli Frau, well(s) Kind* [Schutterwald]. ♦ ›welch, welcher, welche, welches‹; *in wellem* (Dativ) *Hus?* [Wieslet]; *weller isch es etz gsi?* [Waldau]; *well Zitt isch?* ›Welche Uhrzeit ist es?‹ [Freistett].

Welle f.: *Well, Wạll, Welle, Wạlle* ›Bündel‹, bes. Reisig, aber auch bisweilen Stroh; *e Welle Strau* [Hebel]; *He, sihsch nit, aß er Welle macht?* (der Mann im Mond) [Hebel].

welle[1] schw.: *welle* verbr.; Part. Perf.: *gwellt*; Flexion: Ind. Sg. 1. Pers.: *ich will*; 2. Pers.: *du widd / witt*; 3. Pers.: *er will*; Pl.: 1., 3. Pers.: *mir / ihr / sie welle* nördl. und mittl. Schwarzw., Ortenau; *wenn, wạnn, wend* übriges Gebiet; *wäi* mancherorts ob. Markgr. (Verbr. s. Karte → »welle«); Konjunktiv Sg.: 1. Pers.: *ich wett* verbr. von der Baar bis zum Hotzenwald und südöstl. davon; *ich wodd* westl. und nördl. davon.

♦ ›wollen, wünschen‹; *welle tät i scho* ›wollen täte ich schon‹ [Stahrgn]; *widd no e Biir?* (Birne) [Schenkenzell]; *des wodd i net haa* ›das wollte ich nicht haben‹ [Bollschweil]; *Wottsch nit aü heim?* [Freiamt]; *Mir wend goh* [Epple]; *si henn der welle ne Tuck tue* ›einen Streich spielen wollen‹ [Hebel]; *'r het no ebbis sage welle* [A. Ganther]; *mer wenn e wenggli lustig sii* [Hebel]; *Er het en nüt welle go lo* ›er hat ihn nicht gehen lassen wollen‹ [Welmlgn]; *s will regne* ›es ist nahe dran, zu regnen‹ verbr.; Sprichw.: *Wer nit will, het ghaa,* gesagt, wenn jemand wählerisch ein Essen ablehnt [Waldk. (Elzt.)]; *Wenn de widd, no darfsch, wenn de nid widd, no möesch!* [Opfgn]. – Mhd. *wellen.*

welle[2] schw.: ›Wellen schlagen, sieden, kochen‹ vereinz. – Vgl. »schwelle«.

Welle-bengel m.: ›Holzknüttel für eine Welle‹.

Weller m.: ›der Fisch Wels‹ Bodensee.

Welle-stuehl m.: ›Bock auf dem Reisigwellen gemacht werden‹.

welle-weg Adv.: *welleweg, -wäg, -wäi* u. ä. ›wahrscheinlich, (irgend-)wie, jedenfalls, natürlich, trotzdem‹; *Welleweg – Selleweg* Titel einer Mundartanthologie der Muettersproch-Gsellschaft 1996; *s hät au welewäg anemort îgschlage* [O. Furtwängler]; *s isch wellewäg ebs worre* [Konstanz]; *Wellewäg ischt säller Wäg it de rät* (richtige) *Weg* [Epple]; als abschlägige Antwort: *Joo, wellewäg!* im Sinn von ›noch was!, das glaubst nur du!‹ verbr. – Wörtl. *(auf) welchem Weg.*

Well-fleisch n.: ›beim Schlachten im Kessel abgekochtes Fleisch‹ verbr.

welsch Adj.: *welsch, wạlsch* ›italienisch, französisch, fremdländisch‹; *Un welsch chan er, 's isch e Gruus* [Hebel]; auch Attribut zur Bedeutungsdifferenzierung: *welschi Nuss* ›Walnuss‹ verbr.; *welscher Guller* ›Truthahn‹ [Riegel]. – Mhd. *welsch.*

welsche schw.: *welsche, wạlsche* ›unverständlich, welsch reden, schwatzen‹; *Nai looset, wie n er welsche cha!* [Hebel]; *daß do üwwereimol stuck fufzig uffsteh'n un z' wälsche afange* [A. Ganther]; das Kleinkind *fangt a wạlsche* [Freiamt].

Welsch-gückel, -guller m.: ›Truthahn‹.

Welsch-hemm n.: ›bestimmte Art von Männerbluse‹ Markgr.

Welsch-korn n.: *Welschkorn, Wạlschkorn, Welschchorn, Wạlschchorn.* ♦ ›Mais‹ mancherorts Schwarzw., verbr. Oberrheinniederung.

Welt f.: *Weld, Welt, Wạld, Weält* ›die Erde, Welt(all)‹; *uff d Welt kumme* ›geboren werden‹

[Hintschgn]; Ra.: *O, i kenn mi us in dere bucklige Welt* [A. Ganther]; Sprichw.: *Mit de dumme Leit trübt me de Welt um* [Epple]; *Mit em Geld kunnt d Liädrigkeit in d Welt* [Zell a. H.].

welts, weltsig Adj.: steigernd im Sinn von ›außergewöhnlich, gewaltig, sehr‹; *schöni, gäli Kanâli do, wälts Sänger* ›schöne gelbe Kanarienvögel, phantastische Sänger‹ [O. Furtwängler]; *S isch an e Dail Orte wälts häldig* ›stark abschüssig‹ [O. Furtwängler].

wem Interrogativpron.: *wemm, wämm* verbr. (außer SO-Baden); *wąmm* mancherorts südl. Ortenau, Brsg., Markgr.; *weämm, weamm* östl. Hegau, Bodanrück, Linzgau. ♦ ›wem‹ = Dativ zu »wer«; *wem si Huet isch des?* ›Wem gehört der Hut?‹ verbr.

wen Interrogativpron.: ›wen‹ = Akkusativ zu »wer« selten, wohl nach dem Neuhochdeutschen, da der Akkusativ mit dem Nominativ zusammengefallen ist; *für wen ha i ne denn kauft?* [A. Ganther].

wende schw.: *wende* verbr., außer SO-Baden; *wąnde* vereinz. Ortenau, Brsg., Markgr.; *wenne* vereinz. an Oos und Murg; *wenge* mancherorts obere Murg, Hanauerland, Obersimonswald, Elzach. ♦ ›(etwas) umkehren‹, auch ›Heu wenden‹, damit es besser trocknet. – Vgl. »kehre«.

Wendele f.: *Wendele, Wändele.* ♦ 1) ›Wanze‹ verbr. ♦ 2) ›Beerenwanze‹ Ortenau, Elztal, Brsg., südl. Schwarzw.; Syn. → »Gää«. – Entstanden aus mhd. *want-lûs* (Wand-laus).

Wendi f.: ›Wende, Wendung‹ Markgr.

weng(eli) ›ein bisschen‹ → »wenig«.

wengschens Adj.: ›wenigstens, zumindest‹ [Lahr].

wenig, weng Adj.: *wenig* südl. Brsg., Markgr., westl. Hotzw., in den gleichen Gebieten auch vereinzelt *wänig*; *wennig* mancherorts nördl. Schwarzw., Ortenau, nördl. Brsg., südöstl. Schwarzw., Baar, östl. Hotzw., Klettgau, Hegau und übriges SO-Baden; *wenni* Rheinebene zwischen Murg und Ettenbach; *winnig, winni* nördl. Schwarzw. zwischen Baden-Baden und Offenburg; *winig* vereinz. Elztal, Zartener Becken (Verbr. s. Karte → »wenig«); in der Fügung „ein wenig" häufig *e weng, e wäng, e wing* mancherorts; bei Hebel auch diminuiert *e wengeli* (Beispiele s. unten). ♦ ›nicht viel, ein bisschen‹; *Nai, wart e wenig!* [Hebel]; *Das ficht mi wenig a* [Hebel]; *i ha mit Euch e wenggeli z'rede* [Hebel]; *Gang, un bis* (sei) *so guet, un hol mer e wenggeli Wasser* [Hebel]; *'s het awwer winnig baddet* ›wenig genützt‹ [A. Ganther]; *e schwer Fanggeld, nit winniger as daused Gulde* [A. Ganther]; *d Sun gikslet* (späht) *no mol e weng rus* [O. Furtwängler]. – Die Kurzform ist auch schon in mhd. *wenc* neben *wenec, wenic* belegt.

wenn[1] Konj.: ♦ 1) konditional ›falls, unter der Voraussetzung dass‹; *Wenn i Geld hätt, dät i mr e Paar Schueh kaufe* [Oberw. (Rast.)]; Sprichw.: *Wenn de Hund nit gschisse hätt, no hätt'r de Has verwischt* [Zell a. H.]. ♦ 2) temporal ›sobald, sooft‹; *zuem Mäje bruucht er d'Sägese, un d'Sichle, wenn der Waize blaicht* [Hebel]; auch substantiviert in dem Sprichw.: *dr Wänn-i* (Wenn-ich) *un dr Hädd-i* (Hätte-ich), *des sinn zwei Briäder* [Opfgn].

wenn[2] ›wollen‹ → »welle[1]«.

wepfe schw.: ›den Langholzwagen hinten steuern‹ mancherorts Südhälfte. – Vgl. »Wepfi«.

Wepfi f.: *Wepfe, Wepfi* ›Vorrichtung zum Steuern des Langholzwagens hinten‹ verbr. Südhälfte. – Vgl. »Schwicke«.

Wer n., f.: *Weer, Weere, Wäär, Wääre, Werr, Werre*; Dim.: *Weerle, Weerli, Wäärli.* ♦ ›Gerstenkorn am Auge‹ verbr. Elztal südl. Schwarzw., oberes Wiesental, Hotzw., Klettgau, südl. Baar, Hegau, Höri, Bodenseegebiet (Verbr. s. Karte → »Wegschisser«). – Syn. → »Urschili«.

wer Interrogativpron.: *werr* nördl. und mittl. Schwarzw., Ortenau; *wąrr, wąąr* südl. Ortenau, [Freiamt], Kaiserst., westl. Brsg., Markgr.; *wäär* Elztal, südl. Schwarzw., Hotzw., Klettgau, Höri; *wäer, wäar* Baar, Hegau, Bodensee. ♦ Fragewort, fragt nach Personen; *Wer sprützt mer alli Früeih my Rosmerii?* [Hebel]. – Vgl. »wem, wen«.

Werch-tig, Wer-tig m.: *Werchtig, Wärchtig, Wäächtig; -dig* vereinz. Brsg., verbr. südl. Schwarzw. obere Brigach und Breg, Hotzw., Klettgau, Höri;

Wạrchdig, Wạrchtig mancherorts Brsg., Kaiserst., Markgr.; *Werfdig* mittl. Elztal, Simonswälder- und Glottertal; *Werdig, Wertig, Wäartig* Osthälfte des nördl. und mittl. Schwarzw., Baar, Hegau, Bodenseegebiet; *Wạrdig* mancherorts südl. Ortenau; *Werdi, Wạrdi* Ortenau, Hanauerland und nördl. davon (Verbr. s. Karte → »Werchtig«). ♦ ›Werktag‹; *Am Sunntig rueih un bett un sing; Am Werchtig schaff dy*

Sach! [Hebel].

Werchtig-kleider Pl.: ›Kleidung für den Werktag‹, Ggs. → »Sunntigkleider«.

werden → »were«.

were st.: *were, wäre* mittl. Schwarzw., Brsg.; *wạre* mancherorts Ortenau, Brsg., Kaiserst.; *werre, wärre* nördl. Schwarzw., Baar, südöstl. Schwarzw., Klettgau, Hegau, SO-Baden; *werde, wärde, wạrde* Markgr.,

Wiesental, Dinkelberg, Hotzw.; *wörre* mancherorts zwischen Gailingen und der Reichenau, bes. Höri; Part. Perf.: *wore, worre, worde*; Flexion: Sg.: 1. Pers.: *ich wurr, wirr, worr, würr, wird, würd* (Verbr. s. Karte → »werde«); 2. Pers.: *du wersch(t), wirsch(t), worsch(t), wurscht, würscht*; 3. Pers.: *er / si / es werd, wird, word, wurd, würd*; Pl.: 1.–3. Pers.: *mir / ihr / sie werde, werre(t), were(t), wäre(t), wörret* u. ä.; Konjunktiv: *wuur, wure* u. ä. ♦ 1) ›eine bestimmte Eigenschaft annehmen, werden, entstehen‹; *müed werre* [A. Ganther]; *groß wạre* [Opfgn]; *Jetz wird' s tägli schlimmer* [Hebel]; *D' Hofrat isch kriedewiß worre* [A. Ganther]. ♦ 2) zur Umschreibung des Passivs: *ich wirr nass* ›ich werde nass‹ [Feldkirch]; *ich wurr bal gsund* ›ich werde bald gesund‹ [Griesb. (Freudenst.)]; *ich würr Lehrer* ›ich werde Lehrer‹ [Hilzgn]; *Schuehmacherg'sell wurr i un nix anderscht* [A. Ganther]. ♦ 3) zur Umschreibung der Zukunft; *sell wursch* (Konj.) *nit v'rlewe* ›dies würdest du nicht erleben‹ [A. Ganther].

werfe st.: *werfe* verbr.; *wörfe* Klettgau, Höri; Part. Perf.: *gworfe*; 1. Pers. Sg. Ind. Präs.: *ich wirf.* ♦ 1) ›einen Gegenstand werfen‹ mancherorts (Verbr. s. Karte → »schmeiße«); vgl. »bole 1, schmeiße, schmisse«. ♦ 2) ›Junge zur Welt bringen‹, von Tieren, mancherorts.

Werfet(e) f.: *Werfed, Werfede, Werfde* ›Schneeverwehung‹ verbr. Ostteil des nördl. Schwarzw., zwischen oberer Oos und oberer Kinzig. – Syn. → »Wehe«.

Werg n.: *Werg, Wạrg, Wer(i)ch, Wạrich* ›Hanfabfälle, Fasern‹ u. ä., veraltet, Ra.: *Werg am Kunkel ha* ›noch viel zu erledigen haben‹ [Zell a. H.]. – Vgl. »Kuder[1]«.

Werk-tag → »Werchtig«.

Wermet m.: *Wermet, Wäärmet,* mancherorts; *Wurmet* (*u*!) [Singen a. H., Wiechs (Engen), Konstanz]. ♦ ›Wermut, Artemisia absithium‹.

Werre[1] f.: *Werr, Werre, Wạạre* ›Maulwurfsgrille‹ mancherorts.

Werre[2] ›Gerstenkorn‹ → »Wer«.

Werschig → »Wirsching«.

Wert[1] m.: ›materieller und ideeller Wert‹ mancherorts; interessant ist die Ra.: *s isch nit der Wert* ›das ist nutzlos, hat keinen Sinn‹.

Wert[2] m.: ›erhöhtes Ufergelände, Landzunge, (Fluss)-Insel‹ vereinzelt Rheinebene; auch in FlN, bisweilen auch *Werth, Wörth, Werd* geschrieben. – Mhd. *wert* ›Insel, Halbinsel, erhöhtes, wasserfreies Land‹.

wert Adv.: ›werthaltig‹; *meh als daused Gulde wert* [A. Ganther].

Wertig ›Werktag‹ → »Werchtig«.

wertle schw.: ›Worte wechseln, streiten‹ [Neudgn]. – Wörtl. *wörteln.*

werweiße schw.: ›vermuten, rätseln‹ [Feldberg, Bürchau, Maulburg, Waldshut]; *de magscht werweise, wie de witt / E besseri Sach findsch ebe nit* [Burte].

Weschpe, Weschpel f.: *Weschp* Elztal, südöstl. Schwarzw.; *Weschbe, Weschpe, Wąschbe* südl. Ortenau, Brsg., Markgr., südl. Schwarzw.; *Weschpi* südl. Hotzw.; *Weäschp* Bodanrück; *Weschbel* nördl. Schwarzw.; *Weschpele* nördl. Klettgau, südl. Baar, westl. Hegau, Höri; *Weschple* südl. Klettgau; *Wefz, Wafz* Ortenau, Acher; *Wefzg* mittl. Schwarzw.; *Weäfzg* mancherorts Linzgau; *Weäps* östl. Linzgau (Verbr. s. Karte → »Weschpe«). ♦ ›das Insekt Wespe‹.

wesel, wesem, weser Adj.: *wessel, wässem, wüüsem, weesem, wässer* ›weich, pelzig, verdorben, vom Rettich, von Radieschen‹, vereinz. – Zu mhd. *wesel* ›matt‹.

Weserei f.: ›Verwaltungsgebäude‹, veraltet, bei Hebel.

wesig Adj.: *wäsig,* dass. wie → »wesem« vereinz. Brsg.

Wesmer → »Mesmer«.

Weste → »Bruschttuech, Libli 1, Lismer, Schilee«.

wett[1] Adj.: ›frei von gegenseitigen Verpflichtungen‹. Mhd. *wette.* – Vgl. »kitt, quitt«.

wett[2] ›wollte‹ → »welle[1]«.

wette[1] schw.: ›ins Joch spannen, anspannen‹; *dort han i au scho glebt, un Stiere gwettet, Holz go Basel g'füehrt* [Hebel]; *Me rüstet e Wage, wettet d' Stieren ii un lait der Totebaum uufe* [Hebel]. – Mhd. *wëten* ›zusammenjochen‹.

wette[2] schw.: ›eine Wette abschließen‹.

Wetter[1] n.: *Wedder, Wetter, Wądder, Weätter, Weatter.* ♦ 1) ›Wetter‹: *e wiäschts Wądder* [Auenhm]; Ra.: *guet Wedder mache* ›mit Worten besänftigen, schmeicheln‹; *'s isch läär gässe – nò gitt's schön Wetter* [Wehr]; *Des isch Wedder fir mini Knecht, schaffe si nind, so friärt si s recht* Ausspruch bei kaltem Wetter, einem hartherzigen Bauern in den Mund gelegt. ♦ 2) ›Unwetter, Gewitter‹; *s git e Wedder* ›ein Gewitter zieht heran‹ [Buchenbach].

Wetter[2] m., meist. Pl.: ›die gabelförmigen Arme am Hinterwagen‹ vereinz. SO-Baden, veraltet; auch *Wetterärm* u. ä. genannt.

wettere schw.: ♦ 1) ›gewittern‹. ♦ 2) ›laut schimpfen‹.

Wetterich → »Wegerich«.

wetterisch Adj.: ›sehr, enorm, ungeheuer‹.

Wetter-leich m.: ›das Wetterleuchten‹; *Im Wetterlaich* [Hebel]. – Mhd. *wëterleich* ›Blitz‹.

wetter-leich(t)e schw.: *wedderlaichde, wetterleiche, -lüüchte, -loeche* u. ä. ♦ ›das Leuchten von fernen Blitzen‹; *siht's my Aug, wenn's wetterleicht* [Hebel].

Wetti[1] f.: ›feuchte, sumpfige Stelle, Tümpel, Pferdeschwemme‹ mancherorts Breisg., Markgr., Klettgau. – Vgl. »Schwetti«.

Wetti[2] f.: *Wett, Wette, Wetti* ›Wette, Wettstreit‹; *er frißt Ich* (euch) *mit vieren um d' Wetti* [Hebel].

wett-steinig Adj.: ›zu hart gebacken, vom Brot‹. – Wörtl. *wetzsteinig.*

wetze[1] schw.: ›eine Sense, ein Schneidwerkzeug schärfen‹ verbr.; Ra. der Mäher: *Wetz i nit, se haut* (schneidet) *es it* [O. Furtwängler].

wetze[2] schw.: ›rennen, flitzen‹ mancherorts; *iwwer d Stròòß duri wetze* [Gütenb.].

Wetz-fueter n.: ›Wetzsteinbehälter‹ obere Breg. – Syn. → »Kumpf«.

Wetz-stei m.: *Wetzstai, -stein, -stoa* usw. ›Stein zum Wetzen der Sense‹.

weusche ›wünschen‹ → »winsche«.

Wi m.: *Wii* verbr.; *Wiin* Rheinniederung zwischen Kinzig und Ettenbach; *Winn* Rheinniederung zwischen Rench und Kinzig; *Wing* Raum Bühl; Dim.: *Wiili.* ♦ ›Wein‹; *ë Fäsli guate Wî* [O. Furtwängler]; *d'r bescht Wi in d'r ganze Gegend* [A. Ganther]; *Im grüene Chrüüsli* (Krug) *stoht der Wii* [Hebel]; *Nimm e Budili mit Wiin mit* [Schutterwald]; Ra.: *Er trinkcht böse Wii* ›wer beim Trinken bösartig wird‹ [Wehr].

Wib f.: *Wiib* verbr.; Pl.: *Wiwer, Wiber*; Dim.: *Wiible, Wiibli.* ♦ ›Frau, Ehefrau‹, die Frauen als Gesamtheit s. »Wibervolch«; *e schaffig Wiib* ›eine arbeitsame, tüchtige Frau‹; *Jetz bisch my Wiib un i dy Maa* [Hebel]; Sprichw.: *Wer e stainig Äckerli hett un e hinnige Pflueg / un e bös Wiib drzue, der isch gschlage gnue* Brsg.; Volksreim: *riri, rari Löffelstiel / di alte Wiber fresset viel* [Allensb.].

wibe schw.: ›zur Ehefrau nehmen‹; *mit em Wiibe hesch's nit troffe* ›du hast eine schlechte Gattenwahl getroffen‹ [Hebel]; Sprichw.: *s Wiibe un s Baue mueß me zerscht bschaue, suscht duets aim graue* [Glock Brsg.]. – Vgl. »erwibe, manne«.

Wi-beeri f.: *Wiibeer, Wiibeeri.* ♦ 1) ›Rosine‹ mancherorts Markgr., Hotzw., Klettgau, SO-Baden; vgl. »Rosine«. ♦ 2) ›Johannisbeere‹ vereinz.; Syn. → »Johannisbeeri«.

wiber-düpplig Adj.: ›weibstoll‹ [Glattes].

Wiber-volch n.: *Wibervolch*, meist aber Pl.: *Wibervelcher, Wiwervelcher, -völicher* u.ä. ♦ ›einzelne Frau‹ bzw. ›die Frauen als Gruppe, Gesamtheit‹; das männliche Pendant ist das »Mannsvolch«; *De Disch un d Ofebänk un dia Sache buze dia Wiberfölicher* [O. Furtwängler].

Wibete f.: ›das Freien um eine Ehefrau‹ Brsg., Markgr.; *uff Wiibede goo* [Opfgn].

Wibs-bild n.: ›Frau‹ mit neutralem oder leicht abwertendem Unterton; *se sait er's zuem Wiibsbild* [Hebel].

Wibs-litt Pl.: *Wiibslitt, -lütt* u.ä. ›die Frauen‹; *Mir Wibslütt awwer hen flißig vum Kuklupf gesse* [A. Ganther].

wiche st.: *wiiche, wiche* mancherorts; Part. Perf.: *gwiche.* ♦ ›zurückweichen, nachgeben, den Platz räumen‹; *d Kranket will halt nit wiche* [Reute (Emm.)].

wiche ›weihen‹ → »wihe«.

wichere → »wiehere«.

wichsig Adj.: *wiggsig, wüggsig* ›gut wachsend, wuchskräftig‹ mancherorts Ortenau. – Wörtl. *wüchsig.*

Wichsle f.: *Wiggsle* [Emmendgn, Reute (Emm.)]; *Wiigsel* [Bickensohl]; *Wiggsele* [Stockach]; *Weägsle* [Grißhm, Dattgn, Zunzgn]. ♦ ›Weichsel-, Sauerkirsche‹. – Mhd. *wihsel, wichsel.*

Wickeni f.: ›Bremse am Bauernwagen‹ nördl. Linzgau, Oberschwaben (Verbr. s. Karte → »Mick«). – Das Wort ist eine Nebenform zu »Mickeni«. – Syn. → »Mick«.

Wicker m.: *Wigger,* Dim. *Wiggerle* ›Schwein, Ferkel‹, Kosewort, mancherorts mittl. Schwarzw.

Wicki f.: ›Bremse am Bauernwagen‹ verbr. in einem kleinen Gebiet an der oberen Rench (Verbr. s. Karte → »Mick«). – Wohl eine Lautvariante zu »Micki«. – Syn. → »Mick«.

wickle schw.: ♦ 1) ›herumwinden‹; Ra.: *so zahm ... daß m'r ne um d'r klei Finger het wickle künne* [A. Ganther]. ♦ 2) ›tüchtig zulangen beim Essen‹ mancherorts.

Wicksi ›Käuzchen‹ → »Wiksi«.

widder → »wieder«.

widderig Adj.: ›brünstig vom Schaf‹ Markgr.

Wide f.: *Wiid, Wide.* ♦ 1) ›Weide (Salix)‹. ♦ 2) ›gedrehte Gerte, Rute zum Binden‹, z. B. zum Flöße einbinden, Binden von Reisig, Reben u. a.; *jetz dräiht er d' Wid un lait si drum* (um das Reisigbündel) [Hebel]. – Mhd. *wîde* (Bed. 1) und *wide* (Bed. 2).

wider Präp.: ›gegen‹; Ra.: *widder d Hand* ›gegen die Hand, verkehrt‹ [St. Georgen (Freib.)].

Wider-burscht m.: ›Haarschopf‹ Markgr.

Wider-gente f., meist. Pl.: *Widdergende* mancherorts; *Widdergaite* [Singen a. H.]. ♦ ›Muskelschmerzen, -kater, Muskelverzerrung‹ mancherorts SO-Baden. – Wohl Bildung zu mhd. *widergên* ›widerfahren, zustoßen‹.

Wid-stuehl m.: ›Vorrichtung zum Reisigwellen machen‹ vereinz.

wid-sur Adj.: *wiidsuur* ›sehr sauer‹ [Ettenhm]. – Wörtl. *weidensauer* = ›sauer wie Weidenrinde‹.

wië[1] Konj.: *wiä* verbr. (außer den folgenden Gebieten); *weä* mancherorts Brsg., Markgr.; *wi, wii* verbr. nördl. Schwarzw., mancherorts Ortenau; *we* (kurz) mancherorts südl. Baar, Raum Blumberg, Hegau. ♦ 1) Konjunktion, die einen Nebensatz einleitet; *lueg emol, weä-s schneit* [Ehrenstet.]. ♦ 2) bei Vergleichen: die Gleichheit oder (bei Komparativ) Verschiedenheit ausdrückend; *liebliche Backe, wie am Himmel's Morgerot am liebliche Maitag* [Hebel]; *Un brrr, furt isch 'r g'schosse, wia e Forell* [A. Ganther]; *greßer wiä du* ›größer als du‹ [Schluchsee]. ♦ 3) in der Wendung *als wie* ›sehr‹; *d' Kriasebaim sin voll g'hängt as wia* ›die Kirschbäume hingen sehr voll‹ [A. Ganther]; auch ohne *als*: *er het wië deeberet* ›er hat fürchterlich getobt‹ [Freiamt]. ♦ 4) in der Wendung *wie ... wie* ›je ... desto‹; *Wie länger Nacht, wie spööter Tag* ›je länger die Nacht, desto später wird es Tag‹ [Hebel].

wië[2] Interrogativum: *wi, wiä, weä, we* (verbr. wie »wië[1]«). ♦ Fragewort, fragt nach Art und Weise, Umständen, Sachverhalten; *wiä het'r ghaiße?* [Wieden]; *Wie wyt isch's no?* [Hebel]; *wiä spoot isch?*

›wieviel Uhr ist es?‹ [Säckgn]; *Wie mainsch, siht's us derno?* [Hebel].

Wiëche[1] m.: *Wiiche* mancherorts an Oos und Murg; *Wiäche* mancherorts Hanauerland, an Acher, Rench und Schutter. ♦ ›Kerzendocht‹. – Mhd. *wieche.*

Wiëche[2] m.: *Wiäche, Weäche, Wääche* ›großes Stück (Brot, Speck u. ä.)‹ mancherorts Brsg., nördl. Markgr. – Nebenform zu »Miëche«.

wiechere ›wiehern‹ → »wiehere«.

Wiëchsle ›Sauerkirsche‹ → »Wichsle«.

wieder Adv.: *widder* verbr. (außer dem folgenden Gebiet); *wider* vereinz. mittl. Schwarzw., mancherorts Brsg., Markgr. ♦ ›abermals, erneut‹; *bis i wider chumm* [Hebel]; *Jetz goht's wieder wyters* [Hebel]; *I weiß nit, wo 'r widder rumstrolcht* [A. Ganther].

Wieder-kehr f.: *Wiederkehr, -kehri, -cheer, -cheeri* u. ä. ♦ ›Anbau am Haus‹ mancherorts mittl. Schwarzw., Markgr., Hotzw., Klettgau, Baar, Hegau, SO-Baden.

Wieder-luege n.: in dem (aus der Schweiz bekannten) Gruß: *uf Wiederluege!* ♦ ›auf Wiedersehn‹.

wiëdig ›wütend‹ → »wiëtig«.

wiegen st.: *wige, wigge* mancherorts; *wije, weje* vereinz. Ortenau; Part. Perf. *gwoge.* ♦ 1) ›das Gewicht messen, wägen‹. ♦ 2) ›Gewicht haben‹; *'r het nit vill üwwer e Zentner g'woge* [A. Ganther].

wiehele schw.: *wieäle* ›wiehern‹ mancherorts Baar (Verbr. s. Karte → »wiehere«). – Syn. → »wiehere«.

wiehere schw.: *wiehere, wiehre* mancherorts Schwarzw., Ortenau, Hotzw., Klettgau, Hegau, Höri und übriges SO-Baden; *wiechere, wiächere* vereinz. Schwarzw., Markgr., Bodanrück (Verbr. s. Karte → »wiehere«). ♦ ›wiehern vom Pferd‹. – Syn.: »buschele, juchse 2, juchzge 2, meckele 2, muschele, richle 2, wiehele, wingere, wuschele«.

wiëhle schw.: *wiähle, weäle* ›wühlen‹ mancherorts Ortenau; sonst → »wuele«.

Wienke m.: ›großes Stück (Brot, Speck)‹ [Waldk. (Elzt.), Etthm]. – Nebenform zu → »Niënke«.

wierig Adj.: ›beständig, dauerhaft, vom Wein‹; *wieriger Wii* Kaiserst. – Mhd. *wiric* ›dauerhaft‹, zu dem auch nhd. *langwierig* gehört und das mit *währen* verwandt ist.

Wies f.: *Wiis* vereinz. obere Murg, Umg. Schenkenzell, verbr. südöstl. Schwarzw., Baar, Klettgau; *Wiss* verbr. Hegau, Höri, Bodenseegebiet; Pl.: *Wisse,* selten *Wiise.* ♦ ›Wiese‹; im restlichen Gebiet s. → »Matte«.

Wies-baum m.: *Wissbaum, Wiesbaum, -böim, -bomm* usw; *Wigsbaum* verbr. in einem kleinen Gebiet um Müllhm, zwischen Neuenweg und Neuenburg am Rhein. ♦ ›lange Stange, die zur Sicherung der Ladung der Länge nach auf den beladenen Heu-, Erntewagen gelegt und dann mit einer Winde festgezurrt wird‹, mit dem hierzu benötigten Seil bindet man einen *Wiesbaumschlick* oder einen *Wiesbaumlätsch.* – Mhd. *wisboum.*

wiëscht Adj.: ♦ 1) ›nicht bebaut, im Zustand der Wildnis‹; *un's Huus wird alt un wüest* [Hebel]. ♦ 2) ›unschön, häßlich, grob, wild, durcheinander‹; *aber e wüeste Maa isch er gsi* [Hebel]; *Seller* (Name) *wär awwer so heidemäßig wüescht g'sud'lt* [A. Ganther]; Ra.: jemandem *wiëscht sage* ›jemandem grobe Worte an den Kopf werfen, beschimpfen‹ südöstl. Schwarzw., Elztal; *un wia si nit nogäi hän, bin i bsesse wore un han ene wiascht gseit* [O. Furtwängler]. – Mhd. *wüeste.*

Wiese-tal n.: ›Tal der Wiese, das sich vom Feldberg bis nach Lörrach erstreckt‹; *im Rebland un im Wisetal* [Hebel]. Der Gewässername hat nichts mit nhd. *Wiese* ›pratum‹ zu tun, sondern gehört zu einer alten idg. Wurzel **weis-, *wis-* ›fließen‹.

Wiesili n.: *Wiisili, Wiiseli* verbr. mittl. und südl. Schwarzw., Ortenau, Brsg., Markgr., Hotzw.; *Wissele* nördl. Schwarzw., Hanauerland; *Wissili, Wisseli* südöstl. Schwarzw., Baar, Klettgau, Hegau, Bodenseegebiet; *Wüüseli* vereinz. südwestl. Ecke des Markgr. ♦ ›das Tier Wiesel‹.

wiëtig Adj.: *wiädi(g), wiätig, wüedig, wüetig.* ♦ ›wütend‹; *ganz wüedig het d'r Baschi uf's Leder ni g'haue* [A. Ganther].

wië-vill Interrogativum: *wifill, wiäfill, wefill, wiäfel.* ♦ Fragewort, fragt nach der Anzahl ›wieviel‹; *Wiäfill Zitt isch?* ›Wieviel Uhr ist es?‹ [Inzlgn].

wif Adj.: ›lebhaft, fit‹, körperlich wie geistig. – Frz. *vif.*

Wife f.: *Wiffe* ›Fahrrinnenmarkierung im See, Markierung ausgelegter Netze‹ [Wangen (Höri), Hagnau, Überlgn a. S.]. – Mhd. *wîfe.*

Wifel m.: *Wifel, Wiffel* ›(grober) Stoff aus Wolle und Hanf / Leinen‹ Kinzigtal; früher für Kleidung der Frauentracht. – Vgl. mhd. *wîfelinc* ›Stoff aus Leinen und Wolle‹, dies wohl aus lat. *bifilum* ›zweifädig‹.

wifle[1] schw.: *wiffle* ›(einen Strumpf) stopfen, eine fadenscheinige Stelle durch Einfügen von Fäden verstärken‹ vereinz. SO-Baden. – Mhd. *wifelen* ›mit der Nadel stopfen oder sticken‹.

wifle[2] schw.: *wiifle* ›umhertaumeln‹ [Sunthsn], dazu das Adj. *wiiflig* ›taumelig‹. – Abl. zu mhd. *wîfen* ›winden, schwingen‹.

Wig, Wige, Wigi m.: Kurzformen für den männl. VN *Ludwig.*

Wigeli f.: Koseform für den weibl. VN *Hedwig.*

wi-griën Adj.: ›trinkfest, dem Wein ergeben‹ Kaiserst.; *weingrün machen* ist das Ausbrühen neuer Fässer, damit die Gerbstoffe aus dem Holz ausgewaschen werden.

Wigsi ›Käuzchen‹ → »Wiksi«.

Wih-busche(l) m.: *Wihbuschel, -busche, Wiichbuschel* u. ä. ♦ dass. wie → »Wihhenne« mancherorts SO-Baden. – Syn. → »Kriterbuschel«.

wihe st.: *wihe* verbr. Schwarzw., Baar, SO-Baden; *wiche, wiiche* vereinz. nördl. Schwarzw., Brsg., Bodanrück; Part. Perf.: *gwihe* verbr. wie *wihe*; *gweje* vereinzelt an Oos und Murg; *gwiche, gwige* vereinz. nördl. und mittl. Schwarzw., Brsg., Bodanrück. ♦ ›eine Weihe vornehmen, einweihen‹; *e gwiies Kreiz* ›ein geweihtes Kreuz‹ [U.siggingen]. – Vgl. »Gwichtwasser, weihe[1]«.

Wih-henne f.: *Wiihenn(e)* ›der am Festtag Mariä Himmelfahrt in der Kirche geweihte Kräuterbüschel‹ mancherorts Ortenau und angrenzende Schwarzwaldtäler (kath. Orte). – Syn. → »Kriterbuschel«.

Wih-kerze f.: ›Malve, Stockrose‹, weil sie in den Büschel zur Kräuterweihe kommt.

Wih-nächte Pl. (meist ohne Genus): *Wihnächde, -näächde, -nachde; Winn-* verbr. Schwarzw., Ortenau (hier auch ohne *-e* am Ende: *Wihnaacht*), Brsg., Baar, Höri; *Wiänächt, Wiänacht* Markgr., westl. Hotzw.; *Wiänäächte, Wiänächte* östl. Hotzw., Klettgau; *Wihnääte, Wihnätte* Ostrand des mittl. Schwarzw., der Baar; mancherorts Hegau, Linzgau; *Wiäte* [Gütenbach]; in Zs. wird das Bestimmungswort oft abgeschwächt, z. B.: *Wihnetsgschenk, Wihnetsesse* u. ä. ♦ ›Weihnachten‹; *uf Wihnächde* ›zu Weihnachten‹ [A. Ganther]; *un wenn no Wiehnecht chalt un rot der Jänner uf de Berge stoht* [Hebel]; *dr Lënz* (Lorenz) *isch grad über seli Wîëte in d Lêr ku* (in die Lehre gekommen) [O. Furtwängler]; Bauernregel: *Wihnächte im Chlee, Oschtre im Schnee* [Glock Brsg.].

Wih-wasser n.: ›Weihwasser‹.

Wi-krüsli n.: *Wiikrüüsli, -chrüüsli* ›Weinkrug‹ Markgr. – Zum Grundwort s. → »Kruse«.

Wiksi n.: ›Käuzchen, kleine Eule‹ Markgr., Hochrhein. – Wohl wegen des Rufes *wik-wik.*

Wil f.: *Wiil* verbr.; *Will* vereinz. Ortenau, dort auch *die Wili*; Dim.: *Wili* verbr.; *Willi* vereinz. Ortenau; ♦ ›(kurzer) Zeitraum, Weile‹; *No ne Wili* ›noch ein Weilchen‹ geflügelter Ausspruch in Stein a. Rh., mit dem ein Bäcker vor Jahrhunderten Feinde vor dem Stadttor aufgehalten hat; *s goht scho noch e Wiili* ›es dauert noch ein Weilchen‹ [Reute (Emm.)]; *i haa der Wiil* ›ich habe Zeit‹ [Wehr]; *wenn i de(r) Wiil hätt* ›wenn ich Zeit hätte‹ [Orsgn]; *un öbbis mueß me tribe ha; sust het me langi Wiil* [Hebel]; *d'r Baschi het des Ding e Wieli üwwerlegt* [A. Ganther].

wil[1] Konj.: *will*, seltener *well* ›deswegen, weil‹; *Will i nit will* ›Weil ich nicht will‹ [Reute (Emm.)]; *well de so brav bischt* [Radolfzell]; *un loos, wie d' Vögeli froh sinn, wil es Sunntig isch un wil si ellainig im Feld sinn* [Hebel]; *Un wil 'm halt sölli vill dra g'lege isch* [A. Ganther].

wil[2] Präp.: *wiil* ›während‹ vereinz. Markgr., Wiesental; *wiil er dört isch gsii* ›während er dort war‹ [Hausen i. W.]. – Vgl. »derwil«.

Wild-hirni n.: ›wildes Kind‹ [Feldbg].

Wiljee n.: ›Gestell für Essig-, Ölflaschen in der Küche‹ [Freib.]. – Frz. *huilier.*

Will-kumm(e) m., n.: ›Willkommen‹; *Willkumm, Heer Storch! Bisch au scho do* [Hebel]; *Was der d' Frau zuem Willkumm präglet* [Hebel].

Wime f.: ›Ring, der entsteht, wenn ein Fisch an die Wasseroberfläche stößt‹ Fischerspr. [Grenzach].

wimmle schw.: *wimmle, wümmle* ›Trauben lesen‹ mancherorts Hegau, Höri, Bodensee. – Aus lat. *vindemiare.* – Vgl. »herbschte«.

Wimmlete f.: ›das Gewimmel‹.

wimmsle schw.: ♦ 1) ›wimmeln, wuseln‹ Markgr.; dazu das Adj.: *wimmslig* ›lebhaft, flink‹. ♦ 2) ›einen prickelnden Schmerz empfinden, reizen‹, z. B. von Kälte; *s het mer gwimslet* ›es hat mich gereizt‹ Kaiserst. ♦ 3) ›rinnen, rieseln, vom Wasser‹ [Bürchau]. – Vgl. »wumsle«.

Wimpere f.: *Wimber, Wimbere, Wembere, Wimpere.* ♦ ›Augenwimper‹. – Mhd. *wintbrâ*, wörtlich *Wind-braue.*

wimsle schw.: ›winseln‹ mancherorts südl. Brsg., Markgr., vereinz. Hotzw.; *Si wimsle gar sölli* (sehr) [Hebel]. – Vgl. »winsele«.

Win ›Wein‹ → »Wi«.

Winäte ›Weihnacht‹ → »Wihnächte«.

Wind m.: *Wind* verbr.; *Wing* Südwestecke des Markgr.; *Wingd* [Plittersd., Wintersd.]. ♦ ›(stärkere) Luftbewegung‹. – Vgl. »Luft 1«.

Wind-beitel m.: ›windiger, unzuverlässiger Mensch‹; *dia Kunschdanzer Windbeid'l* [A. Ganther].

winde[1] schw.: ›wehen, vom Wind‹; *'s chunnt so schwarz – nai lueget, wie's blitzt, un looset, wie' s windet* [Hebel].

winde[2] st.: ›an einer Winde drehen, etwas umwinden, sich winden‹; *si windet roti Bendeli drii* [Hebel]; *Chumm, iß Hunigschnitten un schöni gwundeni Strüübli!* [Hebel].

winde-weh Adj.: *windeweh, winneweh* ›sehr weh, schmerzlich‹, bes. Empfindungen des Gemüts; *'s wird em windeweh* [Hebel]. – Entstanden aus *wind und weh*, vgl. »weh«.

Wind-fochtel, -fuchtel f.: ›Windrädchen der Kinder‹ vereinz. nördl. Ortenau.

Windle f.: ›Windel‹.

Winds-braut f.: *Windsbrutt, -brütt* ›Wirbelwind‹ mancherorts, nach dem Volksglauben sind Hexen darin.

windsch Adj.: ♦ 1) ›schief, verzogen, windschief‹. ♦ 2) ›beleidigt, böse, verärgert‹; *jeds isch er halt emol wieder windsch* [Freiamt]. – Gehört etymologisch zu nhd. *winden, gewunden.*

Wind-werfete f.: dass. wie → »Werfete«.

wingere schw.: ›wiehern vom Pferd‹ verbr. Rheinniederung zwischen Murg und Acher (Verbr. s. Karte → »wiehere«). – Syn. → »wiehere«.

winig → »wenig«.

Winklete f.: ›winkliges Gehöft, winklige Gasse‹ mancherorts SO-Baden.

winsche schw., st.: *winsche, windsche* verbr. (außer den folg. Gebieten); *wünsche, wündsche* Markgr., Wiesental, Hochrhein, Höri; *wiische* Baar, südöstl. Schwarzw.; *wüüsche* mancherorts Hotzw., Klettgau; *wöische* Raum Herrischried, Görwihl; Part. Perf.: *gwunsche* verbr.; *gwuusche* vereinz. südöstl. Schwarzw.; *gwünscht* Wiesental, Hotzw., Höri; *gwiischt* Baar, Raum Neustadt – Tengen; *gwüüscht*

Klettgau, östl. Hotzw. (Verbr. s. Karte → »winsche«). ♦ ›etwas wollen, Wünsche entbieten‹; *i wünsch ich* (euch) *gueti Verrichtig!* [Hebel]; *i winsch der e glickselig Näijohr* [Elzach].

winschtre schw.: ›wiehern, von Pferden‹ [St. Peter].

wins(e)le schw.: ›winseln‹ verbr., außer den Gebieten wo »wimsle, weisele, wisle« gilt; *Si schreit un winslet Weh un Ach!* [Hebel].

Winter m.: *Winder, Winter* verbr.; *Wäinder* vereinz. Ortenau. ♦ ›die Jahreszeit nach dem Herbst‹; *en frihe Winder* [Waldau]; *Un wo der Winter d' Felder deckt* [Hebel]; *Ën hêrtë Winter isch es gsi* [O. Furtwängler].

Winter-bile f.: *Winderbile, -bille, -büle* ›Frostbeule‹ Hanauerland, Ortenau, Baar, Hegau, Höri, Bodenseegebiet. – Vgl. »Wintergfrischti«.

Winter-drole(r) › »Wintertroller«.

wintere schw.: ›Winter werden‹; Sprichw.: *Wanns nit wintred, summrets nit* [Glock Brsg.].

Winter-frescht(i) n., f.: *Winderfrescht(i), Winderfrischd(i).* ♦ ›Frostbeule‹ mancherorts mittl. Schwarzw., [Freiamt], Elztal, nördl. Brsg. – Vgl. »Wintergfrischt«.

Winter-gfrischt(i) n., f.: *Windergfrischt(i), -gfrisch* südl. Schwarzw., südl. Brsg., Markgr., vereinz. Hotzw.; *Windergfrösch(t), -gfrüscht(i)* vereinz. Markgr., Hotzw.; *Windergfresch(t)* mancherorts nördl. Schwarzw., vereinz. Brsg., südöstl. Schwarzw. ♦ »Frostbeule«; *ke Wintergfrist, ke Gliederweh* [Hebel]. – Vgl. »Froschtbile, Winterfreschti, Wintergfröri«.

Winter-gfröri f.: *Wintergrfröri, -gfrüri* mancher-

orts Hochrhein, Klettgau; *Wintergfräri* vereinz. obere Acher, Rench. ♦ ›Frostbeule‹. – Vgl. »Wintergfrischti«.
winterle schw.: ›Winter werden‹ Markgr.
Winterling m.: ›die Blume Eranthis hiemalis‹ Markgr.
Winter-trolle(r) f., m.: *Winderdrolle, -droller, -drolli, -drooli, -droole(r), -droldere(r)* u. ä. ♦ ›unreife Traube aus der zweiten Blüte‹ verbr. Weinbaugebiete; *Viel Winterdroller verderbe dr Moscht* [Glock Breisgau]. – Mhd. *wintertrol.*
wir → »mir[2]«.
Wirbel m.: ♦ 1) ›Wasser-, Haar-, Trommelwirbel‹. ♦ 2) ›Spielkreisel der Kinder‹ Markgr.
wirge schw.: *wirge, würge* verbr.; *wirige* vereinz. nördl. und mittl. Schwarzw., *werge* vereinz. südöstl. Schwarzw., Baar. ♦ 1) ›etwas hervorwürgen, Würgereiz haben‹. ♦ 2) ›jemanden am Hals würgen‹. – Vgl. »wurge, wurgse«.
Wirge(le)-bire Pl.: *Wirgbire* mancherorts mittl. und südl. Schwarzw., Brsg., Hotzw.; *Wirgelebire, Würgelebire* mancherorts südl. Schwarzw., Markgr., Dinkelberg, Hotzw. ♦ ›kleine, längliche Mostbirnen‹. – Benennung wegen ihres „würgenden“ Geschmacks. – Vgl. »Moschtbire, Wadelbire«.
Wirgete f.: *Wirgete, Würgete* ›bes. Geschenk zum Namens- oder Geburtstag‹ Baar, Hegau; aus Hattingen wird gemeldet, dass der Name daher komme, weil man das Geburtstagskind zu würgen pflegt; in Stockach ein Geburtstagsbrauch (ohne Geschenk), bei dem man das Geburtstagskind in den Würgegriff nimmt; dies nennt man *òm d Wirgete gäe* [Stockach].
Wiri-wari n.: ›Durcheinander‹ [Bürchau], wohl Streckform zu *Wirrwarr.*
Wirk-bord, brett n.: ›Brett, auf dem Brotlaibe geformt werden‹ Ortenau.
wirke schw.: *wirke, würke* ›Teig kneten‹ mancherorts nördl. und mittl. Schwarzw., Ortenau, Südrand.
Wirkig f.: ›Wirkung‹.
wirkli Adv.: ♦ 1) ›tatsächlich, echt‹. ♦ 2) ›gegenwärtig, jetzt‹ Markgr.; *wirkli isch alles anderscht als früener* Markgr.
wirme → »wärme«.
wirre, wirrle schw.: ›sich verwirren, verknäueln‹.
Wirrlete f.: ›Verwirrtes, Durcheinander‹ Markgr.
wirs Adj.: ›übel, unangenehm‹ meist Komparativ: *wiirser,* Superlat. *am wirseste* vereinz. Markgr., veraltet. – Mhd. *wirs.*
Wirschi(n)g m.: *Wirschig, Werschig, Wirschi, Werschi, Wirsching, Wersching.* ♦ ›Wirsingkohl‹ mancherorts Schwarzw., Ortenau, Brsg., nördl. Markgr. – Syn.: »Kehl, Kehlkrut, Kruselkehl, Kruselkrut«.
Wirt m.: *Wirt,* verbr. (außer den folg. Gebieten); *Wiirt, Wiiert* mancherorts Brsg., verbr. Markgr., mancherorts Hotzw., Klettgau; *Wiät* mancherorts Hotzw., Linzgau; *Würt* südl. Hegau, Bodanrück, Reichenau. ♦ ›Gastwirt‹. Ra.: *d Rechnig ohne de Wirt mache* ›unrealistisch kalkulieren‹ mancherorts; *Liäber de Mage verrenke, als em Wirt was schenke* [Zell a. H.].
wirte schw.: ›eine Gastwirtschaft betreiben, bewirten‹ mancherorts; *im Winter wird uf em Belche nit gewirtet* [Kandern]. – Mhd. *wirten.*
Wirti, Wirtin(e) f.: *Wirti* verbr. (außer den folg. Gebieten); *Wirte* mancherorts nördl. Schwarzw.; *Wirtin, Wertin* verbr. Klettgau, Baar, Hegau, Linzgau; *Würtin* mancherorts südl. Hegau, Höri; *Wirtene* Hotzw.; *Würtene* vereinz. Höri, Reichenau. ♦ ›Wirtsfrau, Wirtin‹.
Wirt-schaft f.: dass. wie → »Wirtshus«.
Wirts-hus n.: ›Gastwirtschaft‹; *Allo göhn mer ins Wirtshus* [Hebel].
Wirzlig m.: *Wirzlig* vereinz. Brsg.; *Wirzling, Wirzli* vereinz. Ortenau. ♦ dass. wie »Wurzelrebe«. – Wörtlich *Würzling,* eine Bildung zu *Wurzel.*
wis ›weiß‹ → »wiß«.
Wisch m.: *Wisch, Wüsch.* ♦ 1) ›Bündel, Büschel Stroh‹ u. ä., z. B. zum Auswischen des Backofens, auch ›Besen‹ oder ›Stroh-, Spreupolster zum Tragen von Kopflasten‹ u. ä. ♦ 2) ›Menge, Anzahl‹; *e Wisch Kinder* [Appenw.]; *An d'r Wand sieht m'r e ganze Wisch Bilder* [A. Ganther]; *Un do d'rbi het 'r si großi Lederdasch ufg'sperrt un het im Sepp e ganze Wisch Luidor zeigt* [A. Ganther]. ♦ 3) ›Zettel, Formular, Schreiben‹, abschätzig. – Mhd. *wisch.*
wische schw.: *wische, wüsche* ›kehren‹ südöstl. Schwarzw., Markgr., Hotzw., Klettgau, Baar, westl. Hegau (Verbr. s. Karte → »fege«). – Vgl. »fege, schweife, firbe«.
Wischer m.: ›Handbesen‹.
Wischete f.: *Wischete, Wüschete* ›der zusammengefegte Kehricht‹ mancherorts im Gebiet von »wische«.
Wischpel m.: *Wischbel* ›wer flüchtig, oberflächllich arbeitet‹ Ortenau.
wischper(l)e schw.: ›tuscheln, flüstern‹; *derwilscht anderi Bærli* (Pärchen) *enand um de Hals rum gnou, un gwischperlet häbe mitenand* [O. Furtwängler].

wischple schw.: ›rascheln‹; *Was wisplet in de Hürste?* (Büschen) [Hebel]. – Mhd. *wispeln* ›zischen, pfeifen‹.

wischt Interj.: *wischt, wüscht* Zuruf für Zugtiere „nach links!“ verbr. (außer den Gebieten in denen »hischt« gilt); auch *wischtrum! wischtumme!* u. ä. ›linksherum‹ mancherorts. – Mhd. *winster* ›link‹.

wise st.: ♦ 1) ›weisen, zeigen‹ verbr.; *sell wird sich wiise* ›man wird schon sehen‹ [Epple]. ♦ 2) ›lenken, steuern‹ mancherorts, auch *wiisle* [Konstanz].

Wiser m.: ›Wegweiser‹.

wisle schw.: *wiisle, wissle* ›winseln‹ vereinz. Zartener Becken und Umg., südöstl. Schwarzw., Baar, Hegau. – Zur Herkunft s. »weise, weisele«.

wis-los Adj.: ›ohne Orientierung, geistig umnachtet‹ mancherorts. – Mhd. *wîslôs.*

Wiss ›Wiese‹ → »Wies«.

wiß Adj.: *wiss, wiis* ›weiß‹; *wiisi Hòòr* [Saig]; *un Blüemli wiiß un rot un gel* [Hebel]; *dr wisse Sunndig* ›der Sonntag nach Ostern‹; Ra.: *schwarz uf wiiß* ›schriftlich festgelegt, beweisbar‹ mancherorts; *wiiß wie der Schnee* ›blendend weiß‹ [Hebel]; *wiss wie dr Dot* ›totenblass‹ [Auenhm].

Wiß-bretli n.: ›längliches Brötchen‹, auch ›Wasserweck‹; mancherorts, bisweilen auch »Wißlaibli«.

wisse st.: *wisse* verbr.; *wüsse* Markgr., Hotzw., Klettgau, Höri; Part. Perf. *gwisst, gwüsst*; Flexion: 1. Pers, Sg.: *ich weiß, woasch, woesch*; 2. Pers. *du weisch(t), woasch(t), woesch(t), wääsch(t)*; 3. Pers. *er weißt, woast, woest* (!) verbr. außer nördl. Schwarzw.; Pl.: 1.-3. Pers. *mir / ihr / sie wisse, wüsse, wisset, wüsset*; Konjunktiv: 1. Sg.: *ich wist, wüst, wüsti.* ♦ ›wissen, kennen‹; *me kaa nid alles wisse* [Breisach]; *Mer wüsse's scho* [Hebel]; *des wüsset mir schu lang* [Stühlgn]; *Näumis* (etwas) *het d' Muetter gwüßt* [Hebel]; *de Fritz het nix gwisst* [Bleibach]; *wenn i des gwissd häd* [Opfgn]; *sovill i weiß* ›meines Wissens‹ mancherorts; *ich wär froh, wenn ich das wüsti* (Konjunktiv) [Wollbach].

wiße, wißle, wißge, wißgle schw.: ›weißen, tünchen‹ mancherorts.

Wisseli, Wissili ›Wiesel‹ → »Wiesili«.

Wiß-krut f.: *Wisskrutt, Wisskrütt, Wiss-chrutt, Wiiskruut* u. ä. ♦ ›Weißkraut‹ mancherorts, in der Südhälfte dafür »Kabis«.

Wiß-laibli n.: *Wisslaible, -laibli* ›(bestimmtes) Brötchen aus Weißmehl‹ vereinz. Ortenau, Breisgau. – Vgl. »Wißbretli«.

wiß-lecht Adj.: ›weiß schimmernd‹.

Wiß-zig n.: ›Weißwäsche, Weißzeug‹.

wist ›nach links!‹ → »wischt«.

Wi-stei m.: ›Weinstein‹.

wit Adj.: *witt, widd* verbr. (außer SO-Baden); *wiit* Baar, Hegau, Höri, Bodanrück; *weit, wäit* Linzgau (Verbr. s. Karte → »wit«); Komparativ: *witter, widder, wiiter* verbr.; Superlat.: *am wittschde.* ♦ ›nicht eng, weit entfernt‹; Ra.: *z'widd ins Glas gucke* ›sich betrinken‹ [Offenburg]; Scherzfrage: *Wiä witt isch de Himmel blau? – Bis ins Elsiss, dört isch er bläu* (weil man im Elsass *bläu* sagt) [Wehr]; Sprichw.: *Witt vum Schuss gitt aldi Soldate* [Zell a. H.]; *Mer mueß ain nit witter wägwerfe, aß daß mr ain widder lange cha* ›man sollte mit seinem Gegner nicht ganz brechen, man könnte ihn wieder brauchen‹ [Glock Brsg.].

witerscht Adv.: *widderscht, witterscht* ›weiter, weiterhin‹; *d'r Ochsewirt het widderscht nit druf g'aacht* [A. Ganther]; *un s hät witerscht nint usgmacht* [O. Furtwängler]; *Druf isch 'r widderscht, immer widderscht, bis 'r an d' Quell vum Haigerbächli kumme nisch* [A. Ganther].

Wit-frau f.: *Wittfrau, -frou, -fräu* verbr.; *Wibbfrau* mancherorts SO-Baden. ♦ ›Witwe‹, veraltend neben neuerem *Witwe*; *e beddelarmi Wittfrau* [A. Ganther]. – Mhd. *witvrouwe.*

Witi f.: *Widdi, Witti, Wiiti, Wiite* ›die Weite, freies Gelände‹; Sprichw.: *Narrespiel mueß Widdi haa* ›Narren muss man gewähren lassen‹ [Lörrach].

wit-laifig Adj.: ›entfernt, weitläufig‹.

Witlig, Witling m.: *Wittlig, Widdlig* südl. Brsg., Markgr., Hotzw., vereinz. Klettgau; *Wittling* vereinz. Klettgau, verbr. südl. Baar, Hegau, Höri, Bodenseegebiet (Verbr. s. Karte → »Witmann«). ♦ ›Witwer‹. Mhd. *witlinc.* – Vgl. »Witmann«.

wit-los Adj.: ›entfernt, weitläufig‹; *witlos vewandt* ›weitläufig verwandt‹ mancherorts.

Wit-mann m.: *Widdmann, -mònn* verbr. Schwarzw., Ortenau, nördl. Brsg.; *Widdmaa, Wittmaa* Ostteil des mittl. und südl. Schwarzw., nördl. Baar; *Wibbmer* mancherorts Raum Titisee (Verbr. s. Karte → »Witmann«); *Wibbmann, Wibbmaa* vereinz. (Sandhi *tm>bm*). ♦ ›Witwer‹, veraltend neben neuerem *Witwer.* – Vgl. »Witlig, Witling«.

witsche schw.: *witsche, wütsche* ›mit schneller Bewegung (ent)gleiten, flutschen, sausen‹; *zue d'r Diar nus wittsche* [A. Ganther]; *un wie n er chunnt, wütscht's* (das Weib) *übers Wägeli abe* [Hebel]; das zugehörige Subst. ist der *Witsch* ›schnelle, wischende Bewegung‹; *im Witsch* ›im Nu‹ [Opfgn].

Wiwi, Wiwile, Wiwissel n.: ›Wehweh, was wehtut‹ Kinderspr., Markgr.

Wix-baum → »Wiesbaum«.

wo[1] Konj.: ♦ 1) zur Bezeichnung des relativen Anschlusses ›welcher, welche, welches‹; *uf de Bänke, wo nit g'wüscht sinn* [Hebel]; *Der Guhl* (Hahn), *wo uf em Chilchturm stoht* [Hebel]; *Dia zwi Schutzmänner, wo grad d'r Dianscht uf'm Bahhof g'ha hen* [A. Ganther]; *Där Maa, wo e Kueh hät vu der kaufe welle* [Epple]. ♦ 2) zur Bestimmung eines Zeitpunkts ›als, da‹; *wo-ni-i noch e chlai Maidli gsi bi* ›als ich noch ein kleines Mädchen war‹ [Müllhm]; *vor sechs Johr, nei vor siwwini isch es gsi, wo m'r d'r Kuklupf v'rbrennt isch* [A. Ganther]; *jetz, wo n i alt bi* ›jetzt, da ich alt bin‹ [Sulzburg].

wo[2] Interrogativum: fragt nach Örtlichkeiten; *Wo bisch anechoo?* (hingekommen) [Hebel]; *wo isch jetz d'r dumm Bur?* [A. Ganther].

wo-ane Interrogativum: ›wo entlang, wohin‹.

Woche f.: *Woch* nördl. und mittl. Schwarzw., Ortenau; *Woche* südöstl. Schwarzw., Baar, Hegau, Höri, SO-Baden; *Wuch* vereinz. südl. Ortenau, nördl. Brsg.; *Wuche* Brsg., Kaiserst., Markgr., Hotzw., Klettgau. ♦ ›Zeitraum von sieben Tagen‹; *So öbbe* (etwa) *drei Wuche vor Wiehnecht* [Hebel]; *D' nägscht Woch fangt bi üs d' Vakanz* (Ferien) *a* [A. Ganther]; Ra.: *so e Wuchener drei* ›ungefähr drei Wochen‹ Brsg.

Woche-telpel m.: *Wochedelbel, Wochedelwel, Wochetelpel, Wochetölpel, Wochedilbel, Wuchedelpel, Wochetelpi* u. ä. ♦ ›Entzündung der Ohrspeicheldrüse, Mumps‹ mancherorts nördl. Schwarzw., südl. Brsg., SO-Baden (Verbr. s. Karte → »Wochetippel«). – Wörtl. *Wochentölpel,* weil die Krankheit etwa eine Woche andauert und weil man mit den geschwollenen Backen tölpelhaft aussieht. – Syn. → »Pfuser 1«.

Woche-tippel m.: *Wochedibbel, Wochetippel, Wochedüppel, Wuchedippel, Wuchedüppel* u. ä (Verbr. s. Karte → »Wochetippel«). ♦ ›Entzündung der Ohrspeicheldrüse, Mumps‹ verbr. mittl. und südl. Schwarzw., SO-Baden, Markgr., Hotzw., Klettgau; vereinz. übriges Gebiet. – Syn. → »Pfuser«.

wochi-wochus Adv.: ›von Woche zu Woche‹ [A. Ganther]. Wörtl. *wochein-wochaus,* eine analoge Bildung zu nhd. *tagein – tagaus, jahrein – jahraus.*

Wog[1] f.: *Woog.* ♦ 1) ›Waage, Sternbild der Waage‹; *Denn was en Astrolog gern seh möchte, siht er, seig es an der Woog, am Widder oder Leu* [Hebel]; Ra.: *s stoht uf der Woog* ›es ist unentschieden‹ [Glock Brsg.]. ♦ 2) ›das (große) Ziehscheit am Wagen‹ mancherorts.

Wog[2] m.: *Woog* ›(stehendes) Gewässer, tiefe Stelle im Bach‹, vereinz. und veraltet, häufiger noch in FlN, außerdem als Grundwort in einer ehemaligen Lachsfangvorrichtung am Hochrhein, die *Salmenwoog* genannt wurde. – Mhd. *wâc*. – Vgl. »Heiliwog«.

woge schw.: ›ein Risiko eingehen, wagen‹; *Liib un Lebe woog i dra* [Hebel].

wogere schw.: *wògere* ›wogen, schwanken, schaukeln‹ [Konstanz].

Wog-schit n.: *Woogschit* vereinz. südl. Breisgau, Markgr.; *Wòògschejt* mancherorts Linzgau; häufiger im Dim.: *Woogschitli, -schitle, -schittl* mancherorts Ostteil des nördl. und mittl. Schwarzw., verbr. südl. Schwarzw. (Verbr. s. Karte → »Wogschit«) ♦ ›das Zugscheit am Bauernwagen‹. – Syn.: »Eigspännel, Elschit, Hilbschit, Ortschit, Schwinge 4, Silbengel, Silwog, Läägli«.

wohl Adv.: ♦ 1) ›angenehm, behaglich, gut‹; *schlofet wohl!* Gutenachtgruß [Herten]; *'s schmeckt is* (uns) *wohl* [Hebel]; *'s het 'm ordlig wohl due* ›wohl getan‹ [A. Ganther]; Ra.: *wohl oder üwwel* ›notgedrungen‹ [A. Ganther]; Sprichw.: *Wenns de Gaiße z wohl ischt, no fanget si a stampfe* [Epple]. ♦ 2) ›vermutlich, sicherlich‹; *Er gieng wohl gern* [Hebel]; *wohl chenn i di no!* [Hebel]; *d würsch dr's wol kine ibilde wûrum* ›du wirst es dir sicherlich vorstellen können warum‹ [O. Furtwängler].

wohl-a Adj.: ›gut angeschrieben, bevorzugt‹; *gall, dü bisch wohl-oo bi de Oma* [Freiamt]. – Wörtl. *wohlan*.

wohl-diene, wohl-täple, wohl-tople schw.: ›einschmeicheln, lobhudeln‹ [Teningen, Feldbg].

wohle schw.: ›wohltun‹ Markgr.; *des het so gwohlet* ›das hat so wohlgetan‹ [Sulzbg].

wohl-feil → »wolfel«.

wohl-gschmeckig Adv.: ›gut riechend‹ [O. Furtwängler]. – Zu »schmecke 2« ›riechen‹.

Wöhli f.: ›ein ausgesprochenes Wohlempfinden‹ Markgr.

Wohl-verleih n.?: ›Arnika‹.

wohl-wedele schw.: ›schmeicheln, liebedienern‹ mancherorts SO-Baden.

wohne schw.: *wuhne* mancherorts Schwarzw., sonst *wohne*. ♦ ›wohnen‹; *im erschde Stock, dät ein wuhne, wo de ganze Dag Trumbet blost* [A. Ganther].

Wohnig f.: ›Wohnung‹.

wohr Adj.: *wohr, wòhr* ›wahr‹; *arm bin i, sell isch wohr* [Hebel].

Wohret f.: ›Wahrheit‹; *Fridli, du hesch d' Wohret gsait* [Hebel].

Wolan m.: *Wolaa, Wolaan, Wolang* ›gefältelter Kleiderbesatz‹. – Frz. *volant*.

Wolf m.: ♦ 1) ›das wilde Tier‹, auch Schreckgestalt, mit der man Kinder ängstigt; Ra.: *er bessret si wie ne junge Wolf* ›er wird immer schlimmer‹ [Glock Brsg.]; Sprichw.: *Mit de Wölf mueß me hüüle, suscht frässe si aim* [Glock Brsg.]. ♦ 2) ›Gerät zum Zerkleinern, Fleisch-, Reißwolf‹ vereinz.

wolfel Adv.: *wollfel, wohlfel* ›billig, preiswert, wohlfeil‹; *do mueß der Zucker wohlfel sii* [Hebel]. – Mhd. *wolveil*.

Wolke f.: *Wolk, Wollik* nördl. und mittl. Schwarzw., Ortenau; *Wolke* [Freiamt], Elztal, südl. Schwarzw., Baar, Hegau, Bodanrück, Linzgau; *Wolche* vereinz. südöstl. Schwarzw.; *Wolkche* Raum Randegg, Höri;

Wulke Kaiserst., Rheinfront des Markgr., unteres Wiesental; *Wulche* kleines Wiesental, Hotzw., Klettgau; *Wulkche* Dinkelberg (Verbr. s. Karte → »Wolke«). ♦ ›Wolke, Gewölk‹; *wiiße Wülkli* (Dim. Pl.) [Hebel]; *Wulken an Wulke stöhn am Himmel* [Hebel]; *d'r Vollmuund isch als vun Zitt zue Zitt hinder de Wolke fürig g'schlupft* [A. Ganther]; Ra.: *ob de Wolke laufe* ›überglücklich sein‹ [E. Strube]; *wia us de Wolke g'falle* ›völlig überraschend, konsterniert‹ [A. Ganther]. – Vgl. »Gwelk«.

Wolle → »Wulle«.

wollen → »welle[1]«.

wolli Interj.: antreibender Zuruf, meist reduplizierend *wolli, wolli!* ›schnell, schnell!‹ [Konstanz].

Wone ›dünnes Eis‹ → »Wunne[2]«.

Wope m. (!): *Wobbe, Woppe* ›Wappen‹, veraltet, heute meist *Wappe* n.

Worb m.: *Worb* mancherorts mittl. Schwarzw., Brsg., verbr. südöstl. Schwarzw., Klettgau, Baar, Hegau, SO-Baden; *Worm, Wurm* mancherorts Elz- und Gutachtal; *Wurb* nördl. und mittl. Schwarzw., Ortenau, nördl. Brsg.; *Wurf* Rheinebene zwischen Murg und Rench; *Warb* südl. Brsg., Markgr., Wiesental, Hotzw. ♦ ›Sensenstiel‹. – Mhd. *worp.*

worbe schw.: *worbe* mancherorts Brsg., Klettgau, Baar, Hegau, SO-Baden; *worwe* mancherorts nördl. Brsg., Glottertal; *warbe* Markgr., Hotzw. ♦ ›frisch gemähtes Gras auseinanderwerfen‹; *Henn si näume gmäiht, un henn si gwarbet un g'schöchlet* [Hebel]. – Mhd. *(zer)worben.* – Vgl. »spreite, zette«.

wore Part. Perf. zu → »were«.

worge ›würgen‹ → »wurge«.

Wort n.: ›das Gesagte, das Wort, der Spruch‹; *gueti Wort gee* ›ermunternd auf jemanden einreden‹ mancherorts; *Er gitt aim kai bös Wörtli* ›ist stets freundlich‹ [Glock Brsg.]; *e G'schnader isch gsi, m'r het si eige Wort nit g'hört* [A. Ganther].

worum Fragewort: *wurum* Ortenau, Schwarzw.; *worum* südl. Schwarzw., Markgr., SO-Baden; *worom* [Möhrgn]. ♦ fragt nach der Ursache, dem Grund; *Wurum denn nit?* [A. Ganther]; *Un worum saisch's denn nit?* [Hebel].

wott ›wollte‹ → »welle[1]«.

Wuche → »Woche«.

wüchsig → »wichsig«.

Wucker m., **Wuckerle** n.: ›Kosename für das Schwein‹ [Hofstet., Biederb.]. – Vgl. »Wicker, Wutz«.

wuddi Interj.: ›Lockruf für Gänse‹ mancherorts.

Wuddle f.: Dim.: *Wuddeli, Wuddili* ›Kosename und Lockruf für die Gans‹ mancherorts Ortenau, Brsg.

wuddle schw.: ›watschelnd gehen‹ vereinz. Ortenau.

Wud-wud m.: ›Wiedehopf‹, kindersprachl. vereinz. Kaiserst. – Lautmalend, nach seinem Ruf.

Wuecher-stier m.: ›großer Stier‹ Markgr.; Ra.: *brüele wie n e Wuecherstier* ›übermäßig schreien‹.

wuele schw.: ›wühlen, wild drauflos arbeiten‹ verbr. – Vgl. »wiëhle«.

Wuer n.: *Wuer, Wuhr* ›Wasserbauwerk zum Abhalten oder Ableiten des Wassers, Damm, Schleuse, beiderseitige Eindämmung eines Wasserlaufs‹, veraltet; häufig in FlN und in Namen der oft klilometerlangen Wuhren im Hotzenwald u. a.; auch der Stadtteil *Wiehre* in Freiburg gehört hierher, der entweder Pl. zu *Wuer* oder aber von einer Form mhd. *wüere* herzuleiten ist. – Mhd. *wuor, wuore, wüer, wüere.*

Wuescht m.: ♦ 1) ›Wust, Durcheinander, Abfallhaufen‹. ♦ 2) ›wüster Kerl‹, in Villingen Name einer bestimmten Fastnachtsfigur. – Mhd. *wuost.*

wüescht ›wüst‹ → »wiëscht«.

Wueschte m.: *Wueschde* mancherorts südl. Brsg., verbr. Markgr., Hotzw., Klettgau; *Woeschde* vereinz. südl. Ortenau, Brsg. ♦ ›der Husten‹. – Vgl. »Hueschte«.

wueschte[1] schw.: ›husten‹ vereinz. im Gebiet von »Wueschte«.

wueschtle, wueschte[2] schw.: ›sich wüst gebärden, wild drauflos schaffen‹ mancherorts.

Wuescht-renne n.: ›das Verfolgen und Bewerfen des »Wuescht 2« durch Kinder‹ [Villgn].

Wuet m.(!), f.: ›Zorn, Wut‹; *Ich awwer bin in mim Wuet furt un, blindlings in d' Welt ni* [A. Ganther]; *un weiß d'r Deifl, was für dumm's Züg 'r noch herbabb'lt het in sim Wuet un sim halwe Sarewack'l* (Rausch) [A. Ganther].

wüetig → »wiëtig«.

wuhne → »wohne«.

Wuhr ›Wasserbauwerk‹ → »Wuer«.

Wulche, Wulke → »Wolke«.

Wuli n.: ›Kosename für kleine Gänse‹, auch Lockruf für Gänse; *es chömme Todtnauer Wuuli* [Hebel].

Wulle f.: *Wull* Ortenau, Westteil des mittl. Schwarzw., davon abseits: Raum Blumberg – Tengen, Höri, Bodanrück; *Wulle* südl. Ortenau, [Freiamt], Elztal, Brsg., Markgr., Hotzw., Klettgau; *Woll* nördl. und mittl. Schwarzw., nördl. Ortenau, davon abseits: Baar, Hegau, Linzgau; *Wolle* obere Kinzig, Wutach, odere Brigach und Breg, südöstl. Schwarzw. ♦ ›die Wolle des Schafes‹; *an de Berge grase d' Schoof,* *ich chrüüslet si d' Wulle* ›euch kräuselt sich die Wolle‹ [Hebel].

wulle(n) Adj.: ›aus Wolle‹; *e wulle Hemd* [Brigach]; *wulleni Strimpf* [Nordrach]. – Vgl. »wullig«.

wulli Adj.: ›müde‹ [Wildgutach].

wullig Adj.: ♦ 1) ›wollig, wollen‹; *wulligi Häli* (Lämmchen) [Hebel]; *sie het wulligi Strimpf oo* [Lierbach]. ♦ 2) ›schlecht gelaunt‹ [Buchenbach]. – Vgl. »wullen«.

wümmle ›Wein lesen‹ → »wimmle«.

wumsle schw.: ›wimmeln, ein prickelndes Gefühl verursachen‹ Bodenseegebiet. – Vgl. »wimmsle«.

Wumslerei f.: ›Gewimmel, Gedränge‹ Bodenseegebiet.

Wunder n.: ›unerklärliches Geschehen‹; *nit de Wunder isch er deheim bliibe* ›nun wundert es mich nicht mehr, dass er daheim geblieben ist‹ [Freiamt]; *s nimmt mi Wunder, wu-n-er isch* ›ich frage mich, wo er ist‹ eb.; *Wunder was menge* ›eine hohe Meinung von etwas haben‹ eb.

Wunder-fitz m.: *Wunderfitz* verbr.; *Wungerfitz* äußerste SW-Ecke Badens. ♦ 1) ›Neugier‹ verbr.; *Doch wenn der Wunderfitz ain öbbe brennt* [Hebel]. ♦ 2) ›neugieriger Mensch, Naseweis‹; *Du Wunderfitz, was gaffsch denn so?* [Hebel]; Ra.: *Wunderfitz het d Nase gspitzt* Warnung an Neugierige [E. Strube].

Wunderfitz-guckele f.: ›Wundertüte‹ [Waldk. (Elzt.)].

wunder-fitzig Adj.: *wunderfitzig* verbr.; *wunderfetzi* mancherorts Ortenau; *wungerfitzig* mancherorts südwestl. Markgr. ♦ ›neugierig, naseweis‹; *wunderfizige Kindere* [O. Furtwängler]; *Wunderfitzig goht 'r d' Staffel nuf* [A. Ganther].

Wunder-gickli n.: *Wundergigli* ›Wundertüte‹ [Lahr], auch Titel eines Mundartbuches von Philipp Brucker. – Das Grundwort ist Dim. zu »Gucke«.

wunderlich Adj.: *wunderlich, wunderli, wunderlig.* ♦ ›sonderbar, launisch, griesgrämig‹; Ra.: *wunderlig wiä e Hund uf de Dònzmusik* ›sehr missgelaunt‹ [Hofstet.].

Wunne[1] f.: ›Weide‹ [Burte], veraltet. – Mhd. *wunne, wünne.*

Wunne[2] f.: *Wunne* [Radolfz., Konstanz]; *Wonne, Wonni* vereinz. Untersee. ♦ ›Riß im Eis, Gasblase unter dem Eis‹. – Mhd. *wune* ›in das Eis eines Wassers gehauenes Loch‹. – Vgl. »Laiel«.

wunzig Adj.: ›klein, winzig‹ mancherorts; Sprichw.: *e chlai wunzig Tröpfli macht e voll Glas überlaufe* ›kleine Ursache, große Wirkung‹ [Glock Brsg.]. – Vgl. »munzig«.

wur ›(ich) werde‹ → »were«.

Wurb ›Sensenstiel‹ → »Worb«.

wurge, wurgse schw.: *wurge, wurije, wurgse, wurigse* mancherorts Ortenau, untere Acher, Rench; *worge* vereinz. Klettgau. ♦ ›Würgereiz haben, würgen‹. – Die Formen auf *-se* sind Intensivbildungen (Typ **wurgezen*) zu mhd. *worgen, wurgen.* – Vgl. »wirge«.

Würgete ›ein Geburtstagsbrauch‹ → »Wirgete«.

wurgle schw.: ›wild, unüberlegt arbeiten‹ mancherorts Ortenau, Markgr., SO-Baden.

Wurgser m.: *Wurgser, Worgser.* ♦ 1) ›Würgegefühl im Hals, Husten‹. ♦ 2) ›Birnen, die einen würgenden Geschmack im Hals erzeugen, best. Art Mostbirnen‹.

Wurm m.: *Wurm* verbr.; *Worm* mancherorts Baar, Hegau, Höri; Pl.: *Wirm, Würm, Werm, Wörm,* daneben verstreut auch vereinz. *Wirmer, Würmer, Wermer.* ♦ 1) ›Wurm, wurmartiges Tier‹ bes. ›Holzwurm, Regenwurm, Bandwurm, Springwurm, Sauerwurm, Engerling‹; *un im Vertäfer popperet* (in der Vertäfelung klopft) *der Wurm* [Hebel]. ♦ 2) nur Dim.: *Wirmli, Würmli* ›kleines (bedauernswertes) Kind‹ mancherorts. ♦ 3) Bez. für verschiedene Krankheiten, deren Ursache man früher einem Wurm zuschrieb, veraltet.

wurm-äßig Adj.: *wurmääsig* u. ä. ›wurmstichig‹. – Mhd. *wurmæzic* ›von Würmern angefressen‹.

Wurmeise f.: *Wurmaisle, Wurmos(e)le, Wormosele* Klettgau, westlicher Hegau (Verbr. s. Karte → »Ameise«). ♦ ›Ameise‹. – Vgl. »Ameise, Bärameise«.

Wurmet ›Wermut‹ → »Wermet«.

Wurri f.: *Wurri,* Dim.: *Würrile, Würrili* ›junge Gans‹, Kosename auch Lockruf, mancherorts Brsg., Markgr.

Wurscht f.: *Wurscht, Wuurscht* verbr.; *Worscht* mancherorts Baar, Hegau; *Wuescht* Linzgau; Pl.: *Wirscht, Wiärscht, Würscht* verbr.; *Werscht* Baar, Hegau. ♦ 1) ›Wurst‹; *Nummen e Hämpfeli Mehl, un nummen au so ne Würstli!* [Hebel]. ♦ 2) in der Ra.: *s isch mr alles Wurscht* ›gleichgültig‹ mancherorts.

wurschte schw.: ›Wurst machen‹.

Wurz-bos(e) m.: ›Wurzelstock‹ Ortenau, östl. Schwarzw., Brsg.

Wurz(e) f.: *Wurze, Wuerze, Wueze* vereinz. Markgr., Hotzw., Hegau; *Wuerz, Wuets, Wuuz* mancherorts Hegau, Linzgau. ♦ ›Wurzel‹.

Wurzel-rebe f.: *Wurzelräbe, -ràbe* ›Rebsetzling‹ mancherorts.

Wurz-gfäll n. ›Wurzelstock‹ mancherorts mittl. Schwarzw.

Wurzle f.: *Wurzle, Wuerzle, Wurzel* verbr.; *Worzel* mancherorts Baar, Hegau; Pl.: *Wurzle, Wuertsle, Worzle, Wurze.* ♦ 1) ›Wurzel‹; *Wasser us de Wurzle bis in die saftige Spitze* [Hebel]; *üwwer d' Wurzle g'stolbert un in d' Dornehecke ni keit* [A. Ganther]. ♦ 2) ›Quecke‹ mancherorts Baar, Linzgau; Syn. → »Quecke«.

Wüsch → »Wisch«.

wuschbelig Adj.: ›unruhig, wuselig‹ [Sandw.].

wuschber Adj.: ›munter, flink‹ Ortenau. – Vgl. »buschber«.

Wuschel, Wüschel ›Fohlen‹ → »Wutschel«.

wuschele, wüschele schw.: ›wiehern vom Pferd‹ verbr. südl. Ortenau, Brsg., Kaiserst., nordwestl. Markgr. (Verbr. s. Karte → »wiehere«). – Syn. → »wiehere«.

wüscht Fuhrmannsruf → »wischt«.

wusle schw.: ›wuselig, flink sein, umhersausen, wimmeln‹.

wuss Interj.: *wuss* oder *wuss-wuss* ›Lockruf für Gänse‹ nördl. Ortenau.

wütsche ›flutschen‹ → »witsche«.

Wu(t)sch(el) m., n.: *Wutsch, Wutschel, Wuschel, Wüschel. Wüschili.* ♦ ›Fohlen‹ vereinz. – Syn. → »Fohle«.

Wutz f.: ›Schwein‹, meist nur kosend oder in der Kinderspr., in der Ortenau auch *Wutzer*, dazu der Lockruf *wutz-wutz.* – Vgl. »Gutzili, Haiz 2, Hutzel[2], Schnuckerli, Wicker, Wucker«.

X / Z

Xander m.: Kurzform für den männl. VN *Alexander.*

Xaver, Xaveri m.: der männl. VN *Xaver(ius).*

z' → »zu« (abgeschwächt).

Zabi ›Holzhauergerät‹ → »Sabi«.

zäch → »zäh«.

Zächi f.: ›Zähigkeit‹ [Opfgn].

zackere, zacker-fahre schw.: ›pflügen, ackern‹; *Wen ez dr Mischt dusë un gschpraite gsi isch, se isch es an 's zakërë gange* [O. Furtwängler]. – Mhd. *z' acker gân / varn.*

zäffe schw.: ›verspotten, nachäffen‹ [Wehr].

Zah m.: *Zah* süd- und südöstl. Schwarzw., Markgr., Hotzw., Klettgau, Baar, Hegau, SO-Baden; *Zahn* Rheinebene zwischen Rench und Kaiserst., westl. Brsg., nördl. Markgr. (Verbr. s. Karte → »Zah«); *Zoh, Zòh, Zòhn* nördl. und mittl. Schwarzw.; Pl.: *Zäh, Zeh, Zaih, Zäih, Zähn, Zehn, Zih.* ♦ 1) ›Zahn zum Beißen im Mund von Mensch und Tier‹; *e Zah vum e wilde Diar* [A. Ganther]; *s tuet de Buure ... au kai Zahn meh weh* [Hebel]; *e fründligi Frau newe sich, wo eim guedi Bröckele zwische d' Zähn schobbt* [A. Ganther]; *do het 'r d' Zähn blöckt* (gebleckt) *un d' Auge grollt vor Wuet* [A. Ganther]; Ra.: *uff d Zähn bisse* ›Unangenehmes ertragen‹; *eim d Zäh lang mache* ›jemanden nach Leckerem lüstern machen‹ [Waldk. (Elzt.)]. ♦ 2) ›zahnartige Vorsprünge an Geräten‹ u. ä., z. B. an der Säge, an Zahnrädern.

zäh, zäch Adj.: *zäh, zäih, zeh, zạh* verbr.; *zaih* Wiesental; Dinkelberg, westl. Hotzw.; *zääch, zeech* mancherorts Brsg., Markgr., Hotzw., Klettgau. ♦ ›zäh‹ von Sachen, z. B. Fleisch, aber auch von strapazierfähigen Menschen; *s Fleisch isch zäh* [Bleibach].

Zah-lucke f.: ›Zahnlücke‹.

zäh-melchig Adj.: *zähmelchig, zächmạlchig, -mülchig* u. a. ♦ ›schwer zu melken‹. – Vgl. »hertziegig«.

zähnele schw.: *zähnele, zehnele* ›zahnen‹.

Zähre f.: *Zạạre* ›Träne‹ vereinz. Markgr., veraltet. – Mhd. *zaher, zeher.*

Zaine ›Korb‹ → »Zeine«.

zalbander ›zu zweit‹ → »selbander«.

zämble schw.: ›sich necken, im Spaß streiten‹ [Sulzburg]. – Syn. → »vexiere«.

zamme, zämme Adv.: *zämme* verbr. (außer den folgenden Gebieten); *zamme* Rheinebene vom Hanauerland bis hinunter an den Dinkelberg; *zomme* nördl. Schwarzw.; *zämmet, zämmit* Baar, Linzgau, vereinz. Bodanrück. ♦ ›gemeinsam, miteinander, zusammen‹. – Entstanden aus *zesammen* > *zsamme* > *zamme.*

zamme-gheie, zämme- schw.: ›zusammenstürzen‹. – Zum Grundwort s. »gheie«.

zamme-lite, zämme- schw.: ›kurz vor Beginn des Gottesdienstes mit allen Glocken läuten‹.

zamme-nab, zämme- Adv.: ›in sich zusammen‹ allg.; *zämmenab guh* ›in sich zusammensinken‹ [Freiamt].

Zander m.: ›ein Fisch im Rhein‹.

Zanderli ›Johannisbeeren‹ → »Santihansbeeri«.

Zanker m.: ein Hundename, vereinz. SO-Baden.

Zankerli, Zantihans-beeri u. ä. ›Johannisbeere‹ → »Santihansbeeri«.

zänne ›weinen‹ → »zenne«.

zänsle schw.: ›verlocken‹ Wiesental.
Zänni ›weinerliches Gesicht‹ → »Zenni«.
Zapfe m.: ♦ 1) ›Verschlußzapfen für Fässer, Flaschen‹. ♦ 2) ›Stumpf am Rebstock, aus dem sich das Fruchtholz entwickelt‹; Ra.: *jetz isch der Zapfe n ab* ›jetzt ist alles vorbei‹. ♦ 3) ›Schnuller des Kleinkindes‹ mancherorts, veraltet; Syn. → »Lulli«. ♦ 4) ›Rausch‹ Markgr.; Syn. → »Rusch«. ♦ 5) ›Strolch, Tunichtgut‹ Wiesental.
zapfe schw.: ♦ 1) ›an einem Fass abzapfen‹; *Bier zapfe.* ♦ 2) ›jemanden anzapfen, ausnützen‹.
zäpfe schw.: ›werfen, schleudern‹ [Konstanz].
Zarge f.: *Zarg, Zarge* ›Rand des Fasses, der über den Boden herausragt‹ vereinz., Küfersprache. – Mhd. *zarge* ›Seiteneinfassung‹
Zaseme, Zaser f.: *Zaseme, Zäseme* (Pl.) Ortenau, Wolfach; *Zasser* [Stockach]. ♦ ›Faser, Fussel‹.
Zäserle n.: *Zässerle* mancherorts Ortenau; *Zäserle, Zäserli, Zạserli* mancherorts Brsg. ♦ ›schmächtige Person; Pflanze, Traube von kümmerlichem Wuchs‹.
Zatte f.: *Zatt*, Pl.: *Zadde, Zatte.* ›Reihe zusammengerechten Grases, Heus oder zusammengelegten Getreides, das zu Garben gebunden wird‹ u. ä. mancherorts Ortenau, Brsg., Markgr., Hotzw., Klettgau, Baar; *Kum Oskerli! de kintisch* (könntest) *e weng räche do use an de Zatte rum* [O. Furtwängler]. – Substantivbildung zu »zette«. – Vgl. »Sammlete«.
Zatz f.: ›Hündin‹ [Furtwangen, Breitnau]. – Vgl. »Zup«.
Zaugel(e) f.: ›Zugverbindung vom Joch zum Wagen bzw. Pflug (aus gedrehten Weiden oder als Kette)‹ auch ›Verbindung zwischen Pflug und dem Rädergestell‹ u. ä., mancherorts Ortenau, mittl. Schwarzw., veraltet. – Mhd. *zougel.*
Zaum m.: *Zaum, Zöum, Zoem* ›Zügelgeschirr bei Reit-, Zugtieren‹; Ra.: *Hett der Deufel s Rößli gholt, so soll er au der Zaum no ha* ›es ist alles verloren‹ [Glock Brsg.].
Zaun → »Zu«.
Zausle f.: ›weibl. Person mit wirren, zauseligen Haaren‹.
ze → »zu[1]« und »zu[2]« (abgeschwächt).
Zech(e)[1] → »Zecke«.
Zech(e)[2] → »Zeh«.
zechle schw.: ›auf den Zehen wippen‹ Markgr. – Zu *Zeche* »Zeh«.
Zeck(e) m., f.: *Zeck, Zegg, Zạck, Zạgg* mancherorts mittl. Schwarzw., Ortenau, nördl. Breisgau; *Zecke* vereinz. südöstl. Schwarzw.; *Zech, Zạch, Zeche, Zạche* südl. Brsg., südl. Schwarzw., Markgr., Dinkelberg, Hotzw; das Genus ist in ein- und zweisilbigen Formen teils m., teils f, also *der Zeck / Zech – die Zeck, Zech* aber auch *der Zecke / Zeche* und *die Zecke.* ♦ ›das blutsaugende Tier Zecke‹; Ra.: *voll wiä ne Zäch* ›sehr voll‹ [Opfgn]. – Syn.: »Heckezeck, Holzbock, Steibock, Zecker«.
Zecker m.: *Zegger, Zạgger, Zecher* ›Zecke‹ mancherorts mittl. Schwarzw., Elz-, Gutach- und Glottertal. – Syn. → »Zecke«.
zeckle, zöckle schw.: ›herbeilocken, lockend vorzeigen‹ mancherorts. – Mhd. *zecken* ›reizen, necken‹. – Vgl. »zeichle[2]«.
Zego n.: ein ausschließlich in Baden gespieltes Kartenspiel; *D' Herre drunde im Newetszimmer sin widder emol bim Zego g'hockt* [A. Ganther]. – Wohl zu span. *ciego* ›blind‹ wegen der ausgelegten „blinden" Karten. – Näheres zum Spiel s. in Festschrift für Ernst Ochs 1951, S. 293-307.
Zeh m.: *Zeh, Zäh* nördl. und mittl. Schwarzw., Ortenau, nördl. Brsg., Elztal, oberes Wiesental, Hotzw., Klettgau; *Zòh* Umg. Kappelwindeck; *Zeeche, Zääche* westl. Brsg., Kaiserst., westl. Markgr., Dinkelberg; *Zeche* (kurz) Dettgn, Litzelstet.; *Zihe* Umg. Riedböhrgn, Gutmadgn. ♦ ›Fußzehe‹.
zeh Num.: *zeh* nördl. und mittl. Schwarzw.; Ortenau, westl. Brsg., nördl. Markgr.; *zäh, zạh* Markgr., Hotzw., Klettgau; *zehe* vereinz. Hanauerland, verbr. südöstl. Schwarzw., Baar, Hegau, Höri, Bodensee, dort auch vereinz. *zähe*; *zihe* Raum Gutmadgn; alleinstehend oder bei Uhrzeitangaben auch *zehne, zehni* usw. ♦ ›die Zahl zehn‹; *zeh Stund Wegs witt* [A. Ganther]; *D' Glocke het Zehni gschlage* [Hebel]; *vor e Johrer zehni, elfi* ›vor ungefähr zehn bis elf Jahren‹ [A. Ganther].
zehre schw.: ♦ 1) ›sich ernähren, Nahrung zu sich nehmen, zum Essen einkehren‹ mancherorts; *z Owe zehre* [Hausach]. ♦ 2) ›ermüden‹ SO-Baden.
Zehrig f.: ›Zehrgeld‹ Hotzw.
Zeiche n.: *Zaiche, Zeiche, Zoeche.* ♦ 1) ›Markierung, Zeichen‹. ♦ 2) ›Glockengeläut als Zeichen, dass jemand gestorben ist (vgl. »Scheidzeiche«) oder dass der Gottesdienst bald beginnt‹; *Si lüte weger 's Zaiche scho* [Hebel]. ♦ 3) ›Kreuzzeichen, heiliges Zeichen‹; *er fluecht un sappermentet: „Chrütz un Stern" un alli Zaichen, aß der Bode chracht* [Hebel].
zeichle[1] schw.: ›markieren, zeichnen‹.
zeichle[2]**, zeuchle** schw.: ›herbeilocken, lockend vorzeigen‹ mancherorts. – Vgl. »zeckle«.
zeige schw.: ♦ 1) ›weisen auf, vorzeigen, zeigend erklären‹; *wer zaigt mer syner Muetter Huus?* [Hebel].

♦ 2) Interj., nur im Imperat. im Sinn von ›wohlan! tatsächlich! sieh da!‹; *Zaig, was machsch für Äugli?* [Hebel].

Zein m.: ›Austrieb, Rute am Rebstock‹ Kaiserst. – Vgl. »Aberzein«. – Mhd. *zein.*

Zeine f.: *Zain, Zaine* Schwarzw., südl. Brsg., Markgr., mancherorts Klettgau, Baar, SO-Baden; *Zoane, Zorne* mancherorts Hegau, Bodanrück, Linzgau. ♦ ›mittelgroßer Korb mit zwei Griffen‹; *E Zain voll krepirdi Krodde* [A. Ganther]; *Was me bruucht ins Muul, in Chuchi, Cheller un Chammer, strömt zue alle Toren ii, in Zainen un Chreetze* [Hebel]; Ra.: *e Zaine heim schleipfe* ›betrunken sein‹ [E. Strube]. – Mhd. *zeine* ›Rutengeflecht, Korb‹. – Syn.: »Korb, Kratte, Kucher 1, Schid, Schiner«.

Zeine-macher m.: ›Korbmacher‹; *Sägefiiler* (Sägenfeiler), *Zainemacher, anderi Strolche* [Hebel].

Zeiner m.: ›Schmied, der das Stabeisen in Stangen streckt‹, veraltet, nur bei Hebel: *Wär Hammerschmid un Zainer nit.* – Zu mhd. *zein* ›Rute, Stäbchen, Stab‹.

Zeis → »Zins«.

zeisle schw.: *zeijsle, zeisle* mancherorts südl. Brsg., Münstertal; *zöisle* mancherorts Dinkelberg, Hotzw. (Verbr. s. Karte → »zindle«) ♦ ›mit Feuer spielen‹. – Syn. → »zindle«.

zeis-mols Adv.: ›plötzlich‹ [Feldbg]. – Wörtl. *zu eines Mals.* – Vgl. »zmols«.

Zelge f., m.: *Zelg, Zelge, Zällige, Zạlge, Zälje, Zạlje, Zạlli* u. ä. ♦ 1) ›Feldabteilung, Ackerbreite, Acker‹ vereinz.; häufig noch in FlN. ♦ 2) ›Zweig, Pflanzentrieb, Ableger, Seitentrieb, Verzweigung‹ bei Blumen, Reben, Bäumen, nördl. und mittl. Schwarzw., Ortenau, Brsg., Kaiserst. – Mhd. *zelge, zelch* ›Feldabteilung, Zweig, Ast‹.

Zellerie, Zellerich → »Sellerich«.

Zelte m.: *Zälte* ›flacher Kuchen‹ vereinz. Bodenseegebiet; im Dim. *Zeltli, Zeltle* auch Bonbon, Pastille [Villgn]. – Mhd. *zëlte* ›flaches Backwerk‹. – Vgl. »Waie[1]«.

zemme ›zusammen‹ → »zamme«.

zemp(e)le schw.: ›sich zanken, händeln, streiten‹ mancherorts.

zend-ane Adv.: ›überall, überall hin‹; *un 's glitzeret ebe zendane* [Hebel]. – Kontrahiert aus mhd. *ze end anhin* ›bis zum Ende hinaus‹.

zend-um(e) Adv.: ›überall herum‹; *'s glitzeret zendum wie Gold un Silber un Demant* [Hebel]. – Vgl. »zendane«.

Zeng-essel ›Brennnessel‹ → »Sengessel«.

zenne schw.: *zänne, zạnne* ›das Gesicht zum Weinen verziehen, weinen‹ Brsg., Markgr. – Mhd. *zannen, zennen* ›anfletschen, heulen, weinen‹.

Zenni f.: *Zenni, Zänne, Zạnne, Zạnni* ›weinerliches Gesicht, Grimasse‹; *e Zänni mache* [Feldbg]; *Druck ko so e Zenne hi!* [Epple]. – Zu »zenne«.

zenzle schw.: ›heran-, herauslocken, foppen‹ Markgr. – Mhd. *zinzeln, zenzeln* ›schmeicheln‹.

zepfe schw.: ♦ 1) ›Zöpfe flechten‹ mancherorts. ♦ 2) ›(Obst) herunterwerfen‹ [Konstanz]. ♦ 3) ›einen trinken‹ eb.

zerscht Adv.: ›zuerst‹; *halt still, un froog dy Gwisse zerst* (gesprochen: *zerscht*) [Hebel]; *Der het's zerscht gar nit glauwe welle* [A. Ganther].

zertiere schw.: *zerdiire, zerrediire, zendiire* ›händeln, streiten, schimpfen‹ mancherorts Ortenau, Brsg., Markgr. – Lat. *certare.*

Zerwed f.: *Zerwed, Zerbed* ›Miete‹ vereinz. Schwarzw., Ortenau. – Entstanden aus *ze Herwed* (s. »Herwed«), also wörtl.: *zu Herberge (wohnen).*

zette, zettle schw.: *zedde, zette* mancherorts Markgr., Dinkelberg, Hotzw.; *zeddle, zettle* vereinz. Schwarzw., mancherorts Brsg., Kaiserst., westl. Markgr., Klettgau, Höri (Verbr. s. Karte → »spreite«). ♦ ›etwas auseinanderbreiten, verstreuen‹, z. B. gemähtes Gras, Mist u. a. Mhd. *zetten.* – Vgl. »spreite, worbe«.

Zettel m.: *Zeddel, Zettel* verbr. nördl. Schwarzw., Ortenau, davon abseits: südöstl. Schwarzw., Baar, östl. Hotzw., Klettgau, Hegau, Höri; *Zeedel* mittl. Schwarzw., Brsg., Markgr., Dinkelberg; *Zäädel* verbr. in einem schmalen Streifen von der oberen Kinzig über das Elztal den südl. Hochschwarzwald bis an den Hochrhein bei Laufenburg; *Zeättel* Bodanrück, Linzgau. ♦ 1) ›Papierstück, Notizzettel‹. ♦ 2) ›Längsfäden (Aufzug, Kettfäden) beim Webstück‹ vereinz. und veraltet.

Zetteri f.: *Zedderi, Zeddere* ›weibliche Person, die (Heu, Mist) auseinanderbreitet‹. – Zu »zette«.

Zeug → »Zig«.

Zeuge → »Zige«.

zhalb-ander → »selbander«.

z-hinteri-fir ›verkehrt‹ → »hinterifir«.

Zibarte, Zibärtli Pl.: ›kleine gelbe Pflaumen‹, bes. zum Schnapsbrennen; *Wenn der wider chömmet, so chömmet der Zibbertli über* ›wenn ihr wieder kommt, so bekommt ihr Zibärtli‹ [Hebel]; *oder gar wen si no Zibärte in dr Zaine ka hän* [O. Furtwängler]. – Aus lat. *(pruna) cyparia* ›Zypernpflaume‹. – Vgl. »Zipperle«.

Zibebe f.: *Zibeebe, Zibeewe* ›Rosine‹ vereinz. Schwarzw., Brsg., Hegau. – Vgl. »Rosine«.

Zibeginkes m.?: ›Basilikum‹ [Sulzbg].
Zibele f.: *Zibele* Kaiserst., südl. Brsg., Markgr., Hotzw.; *Zibbele* südl. Baar, Raum Neustadt, Klettgau, Hegau und übriges SO-Baden; *Ziwele* nördl. Brsg., Elztal, Raum St. Peter – St. Märgen; *Ziwwele* obere Brigach und Breg; *Ziwel* mancherorts südl. Ortenau; *Zibel* obere Rench und mittl. Kinzig; *Ziwwel* Ortenau, nördl. Schwarzw. ♦ ›Zwiebel‹; *Chromet* (kauft) *Ziebele, geli Rüebe, Peterliwurze!* [Hebel]. – Mhd. *zibolle, zwibolle,* dies aus lat. *cepulla.* – Vgl. »Bolle, Bülle«.

Zibele-schweizi f.: ›Zwiebelsoße‹ Markgr. – Vgl. »Schweizisuppe«.
Zibele-waie f.: ›mit Zwiebeln belegter Flachkuchen‹; *gern iß i ... Zibele-Wäihe* [Hebel]. – Zum Grundwort s. »Waie[1]«.
zickle schw.: ›necken‹ [Glattes]. – Syn. → »vexiere«.
Ziëche f.: *Ziäch, Ziäche* ›Kopfkissen-, Federbettüberzug‹; auch »Bettziëche«. – Mhd. *zieche,* dies aus griech.-lat. *theca.*
Ziecher m.: *Ziicher* ›wer herumzieht, Streuner‹ Markgr.; das weibl. Gegenstück ist die *Ziicheri* eb.
Ziefer n.: *Ziifer* vereinz. Ortenau, mittl. Schwarzw.; *Ziffer* vereinz. S- und SO-Baden. ♦ 1) ›kleine Tiere, Feder-, Kleinvieh‹ ohne negativen Beiklang. ♦ 2) ›lästige kleine Tiere, Ungeziefer‹. ♦ 3) übertr. ›junges Volk, Rasselbande‹ vereinz. – Mhd. *ziber,* ahd. *zëbar* ›Opfertier‹. – Vgl. »Ugziefer«.
Ziëg-am-Riëme f.: ›Ziehharmonika‹, auch ›Geldbeutel‹, vereinzelt auch *Ziäg-am-Leder.*
ziëge st.: *ziäge, ziage* mancherorts nördl. und mittl. Schwarzw., Ortenau, Brsg.; *ziige, ziäje* mancherorts nördl. Schwarzw.; *zihn* Hanauerland; *zihe* südöstl. und südl. Schwarzw., Markgr., Hotzw., Klettgau, Baar, Hegau und übriges SO-Baden; *zii* vereinz. Baar; *zehe* Rheinebene im südl. Brsg. und Markgr. (Verbr. s. Karte → »ziëge«); Part. Perf.: *zoge, zòge* Schwarzw., Brsg., Markgr., westl. Hotzw.; *zogge* übriges SO-Baden; *gezohe, gezoche, gezöwe, gezöue, gezoue, gezaue* u. ä. nordwestl. Rheinebene zwischen Ettenbach und Murg; Flexion: Ind. Sg.: 1. Pers. *ich zieh, ziäg, ziäh*; 2. Pers. *du ziägsch(t), ziäsch(t), zihsch(t)*; 3. Pers.: *er ziägt, ziät, ziht*; Pl. 1.–3. Pers.: *mir / ihr ziehe(t), zihn(et), ziehen(t), zihge(t), zihje(t), ziäie, ziäge(t), ziäne(t), zihne(t)* u. a. ♦ 1) ›etwas (hinter sich her, herbei, heraus, über eine Oberfläche) ziehen, ziehend herstellen‹; Ra.: *'s groß Loos ziahge* ›großes Glück haben‹ [A. Ganther]; *s Hạlmli ziäge* ›durch Ziehen eines Halms auslosen‹ [Rust]. ♦ 2) ›sich fortbewegen‹; *schweri Wetter ziehn em noo* [Hebel]; *Aber jetz zieht üüser Paar im Fride go Schopfe* (nach Schopfheim) [Hebel]; *Furt ziahg i, amenorts na* (irgendwo hin) [A. Ganther]. ♦ 3) ›sich erstrecken, ausdehnen, in die Länge ziehen‹; *Do füre zieht si der Chilchweg* [Hebel]; *'s het sich awwer in d' Längi zoge* [A. Ganther]. ♦ 4) ›saugen, strömen‹; *'s zieht allewiil schärfer un chüeler* [Hebel]. ♦ 5) ›aufziehen, erziehen‹ vereinz.

Ziëgel m.: ›Dachziegel, Ziegelstein‹.
Zieg-orgel f.: *Zieh-, Ziigorgel, -orjel* u. ä. ›Ziehharmonika‹ mancherorts. – Vgl. »Ziëg-am-Riëme«.
Zieh-bock m.: ›Schnitzbank, auf der man über einen Fußhebel Werkstücke festklemmt‹ mancherorts SO-Baden. – Syn. → »Schnidstuel«.

Zieh-feck m.: ›herumziehende Person, Streuner‹ Elztal, Brsg., Markgr, Hotzw. – Zum Grundwort s. »Fecke«.

Zieh-messer n.: ›beidhändig geführtes Zugmesser‹, bes. Werkzeug des Wagners.

Ziel n.: *Ziil* mancherorts. ♦ 1) ›Punkt, den man erreichen will, Ziel‹. ♦ 2) ›Grenze‹ bei Feldern, Äckern, mancherorts Ortenau, vereinzelt auch *Ziild*; vgl. »Mark²«. ♦ 3) ›Termin‹, z. B. für Zahlungen, auch für das Ende der Trächtigkeit: die Kuh ist *kurz vor em Ziel* ›vor dem Kalben‹ [Sulzburg].

Ziëmas m.: ›ein Baumwollstoff‹, veraltet; dazu das Stoffadjektiv: *ziämase* ›aus Ziëmas‹ vereinz. – Frz. *siamoise.*

Ziemer m.: *Zimer* ›Rückenstück von Wild, Schlachttieren‹ mancherorts. – Mhd. *zimer, zimbere.*

Ziëmer m.: ›Misteldrossel‹ [Gengenb.]. – Mhd. *ziemer* ›Krammetsvogel‹.

ziemlich → »zimmlig«.

Ziëter m., n.: ›Jochdeichsel‹ veraltet (an ihr wurde mit der »Umbletze« das Doppeljoch befestigt, mit dem die Zugtiere den Wagen zogen), auch *Ziäterstange*, verbr. mittl. Schwarzw., Elztal, mancherorts Brsg., Markgr. – Mhd. *zieter.*

Zig n. (m.): *Ziig* verbr. (außer den folg. Gebieten); *Züüg* Südrand; *Zaig, Zejg* nördl. Schwarzw., Hanauerland; *Zuig, Zäig, Ziäg* östl. Linzgau (Verbr. s. Karte → »Zig«). ♦ 1) ›Gerätschaft‹, z. B. Näh-, Werkzeug. ♦ 2) ›Menge von Gegenständen, Sachen allgemein, Kram‹, oft abschätzig oder mit Zusätzen wie *Lumpeziig, altes Ziig, dumm Ziig* ›Unsinn‹; *was für dumm's Züg 'r noch herbabb'lt het* [A. Ganther]; vgl. »Zigs«. ♦ 3) Bez. für bestimmte (leichte, leinene) Stoffe, Schürzenstoffe, Weißzeug, mancherorts. – Mhd. *ziuc.*

Zigarre f.: *Zigaa, Zigaar* vereinz., häufiger jedoch: *Sigaa, Sigaar, Sigaare* u. ä., mancherorts; *und rollt mi, grad as ob i e Nud'l odder e Sigar wär* [A. Ganther].

Zige m.: *Zige, Züge* mancherorts; *Zäije, Zije* vereinz. Ortenau, Hanauerland. ♦ ›Zeuge vor Gericht, Trauzeuge‹.

Ziger m.: *Ziiger*, vereinz. auch *Zeeger* ›(mit Rahm, Kümmel, Schnittlauch) angerichteter Quark, Art Kräuterkäse‹ Kaiserst., südl. Brsg., Markgr. (Verbr. s. Karte → »Bippeliskäs«); *e guete Ziger uf em Tisch* [Hebel]. – Mhd. *ziger*, ein alpenländisches Wort unklarer Herkunft, wohl voralemannisch. – Vgl. »Bippeliskäs«.

Ziger-auge Pl.: ›Augen mit vertrocknetem Augenschleim‹ [Teningen]. – Vgl. »Schlofdreck«.

Ziginer m.: *Ziginer, Zigüner.* ♦ 1) ›Angehöriger des Volks der Zigeuner‹; *Handwerksbursche un Vagabunde, Zigüner und Zaineflicker* [A. Ganther]. ♦ 2) ›Mensch mit wildem Aussehen, Herumtreiber, Vagabund‹ mancherorts. – Mhd. *ziginer.*

zigle schw.: *ziggle, züügle, züggle* ›die Wohnung wechseln, umziehen‹ mancherorts Dinkelberg, Hotzw., Klettgau, Höri, vereinz. Baar, Konstanz. – Wörtl. *zügeln*, eine Bildung zu *ziehen.*

Zigori m.: *Zigóri* ›Kaffeersatz, Zusatz zum Schwärzen des Kaffees‹, wurde aus den Wurzeln der Wegwarte hergestellt. Benennung nach dem botanischen Namen *Cichorium.*

Zigs n.: *Ziigs, Züügs, Zaigs* verbr. wie »Zig« ›(lästiges, dummes) Zeug, Kram‹; *d' alt Rumb'lkammer. Do kummt eso alt's Zügs als ni, wo eim im Weg rum leit* [A. Ganther].

Ziland(er) m.: *Ziland, Zilander* vereinz. Kaiserst., Klettgau, Baar; *Zilang* Wiesental, Dinkelberg. ♦ ›Seidelbast‹. – Mhd. *ziland.*

Zilche m.: dass. wie → »Zieche« [Waldk. (Elzt.)].

Zilete, Zild(e) f.: *Zilede, Zilete* Brsg., südl. und südöstl. Schwarzw., Markgr., Hotzw., vereinz. SO-Baden; *Ziled* Wolfach, obere Kinzig; *Ziild, Zild* nördl. und mittl. Schwarzw., Ortenau; *Ziilde, Zillde, Zillge* südl. Ortenau, nördl. Brsg., mittl. Kinzigtal. ♦ ›Zeile, Reihe‹, z. B. Reihe im Kartoffelacker, Weinberg; *e Zílede Monetblüamli un Pfingschtnägili* [O. Furtwängler]. – Wörtl. *Zeilete*, zu *Zeile.* – Vgl. »Jon«.

Zimber m.: ›Zimmermann‹ [Wehr].

zimbere schw.: ›Zimmermannsarbeiten verrichten‹ Markgr., Hotzenwald, sonst eher *zimmere.* - Mhd. *zimbern.*

Zimes n.: ›Mittagessen‹ vereinz. Hochrhein. – Entstanden aus *z Imes* (s. → »Imes«); ähnl. Bildungen s. bei → »Znini«.

zimli(g) Adj.: *zimmli* verbr.; *zimmlig* vereinz. *zimmle, zemmle* SO-Baden. ♦ ›nahezu, weitgehend, einigermaßen‹; *s isch scho zimli warem gsi* [O. Furtwängler]; *mr sinn zimmligferdig mit Dresche* [Oberw. (Rast.)]; *Sust möchts, gottlob, so zimli goh* [Hebel].

Zimmet m.: ›Zimt‹.

zimpfer, zimpferig Adj.: ›zierlich, zimperlich, geziert‹; *un wie's in zimpfere Schritte tänzelet* [Hebel]; *z'Nacht ... isch d' Tochter choo, ne zimpferig Dingli* [Hebel].

Zimpferli n.: ›zierliche, empfindliche Person‹; *s isch e Zimpferli, s mag nüt verliide* [Glock Brsg.].

zinde st.: *zinde, zünde* verbr.; *zinge* mancherorts Ortenau. ♦ 1) ›(mit einer Kerze, Lampe u. ä.) leuchten‹; *due mr zinde!* ›leuchte mir‹ [Schutterwald]; *zind emol doher* ›leuchte einmal hierher‹ [Appenw.]; *jetz zinge si a haider* ›jetzt leuchten (die Sterne) hell‹ [Simonswald]; *Chumm, zünd is abe go Todtnau!* ›Komm, leuchte uns nach Todtnau hinab‹ [Hebel]. ♦ 2) ›sich hell färben‹, von den Trauben im Herbst [Hagnau, Meersburg, Überlgn a. B.]. ♦ 3) ›einen Schlag versetzen‹; *dem han i eini zunde* [Tribg]; *un mit 'm nowle Stock ihre e paar düchdigi üwwer d'r Buck'l zünde* [A. Ganther]. – Mhd. *zünden* ›entzünden, brennen, leuchten‹.

zinderle schw.: ›mit Feuer spielen‹ verbr. mittl. Schwarzw. (Verbr. s. Karte → »zindle«). – Syn. → »zindle«.

zindle schw.: ›mit Feuer spielen‹ mancherorts Ortenau, vereinz. Bodensee (Verbr. s. Karte → »zindle«).

– Wörtl. *zündeln.* – Syn.: »zeisle, zinderle, zin(d)serle, zin(d)sle, zisle«.

zin(d)serle schw.: *zinserle, zindserle* südl. Ortenau, Brsg., nördl. Markgr.; *zün(d)serle* mancherorts Markgr. (Verbr. s. Karte → »zindle«) ♦ ›mit Feuer spielen‹. – Syn. → »zindle«.

zin(d)sle schw.: *zinsle, zindsle* nördl. Schwarzw. und Bodenseegebiet; *zünsle* vereinz. Wiesental, Hotzw., Höri; *zeusle* [Minseln] (Verbr. s. Karte → »zindle«). ♦ ›mit Feuer spielen‹. – Syn. → »zindle«.

Zind-wirmli n.: ›Glühwürmchen‹ mancherorts. – Vgl. »Schi-wirmli«.

zingele ›brennen‹ u. a. → »singele«.

Zinke m.: ♦ 1) ›Zinken an Geräten wie Gabel, Rechen‹. ♦ 2) ›Seitental und die darin befindliche Siedlung (verschiedene Höfe) im Schwarzwald‹; *no dr Schual isch halt s ai do un s andr dert in en abglegene Zinke usi haimezua gange* [O. Furtwängler]. ♦ 3) ›(große) Nase‹, scherzh., abschätzig.

zinkele ›schmerzen‹ → »sinkele«.

zinkili-firig-rot Adj.: ›sehr rot‹. Wörtl. wohl **sengelnd-feurig-rot.*

Zinkli n.: ›Hyazinthe‹; *Gelveieli un Tulipa, un Sterneblume nebendra, un gfüllti Zinkli blau un wiiß* [Hebel]. – Zu mittellat. *(hia)cinthus.*

Zinnober m.: ›unnötiges Aufsehen, Aufhebens‹ verbr.

Zins m.: *Zins* verbr. (außer den folgenden Gebieten); *Ziis* oberes Kinzig- und Gutachtal, südöstl. Schwarzw., Baar, Hotzw. Klettgau, westl. Hegau; *Zäis, Zeis* mancherorts südl. Schwarzw., Dinkelberg, Raum Säckingen. ♦ ›Zins(en), Pachtzins‹.

Zinschdig m.: ›Dienstag‹ mancherorts obere Rench, Hegau, Bodanrück, Linzgau. – Vgl. »Zischdig«.

Zinseli n.: ›verkümmerte Weintraube mit nur wenig Beeren‹ [Opfgn].

Zipfel m.: ♦ 1) ›hervorstehendes Teil, Ecke, bes. an Textilien‹; Ra.: *der wills Bett an fimpf Zipfel hewe,* von einem, der immer besonders viel Profit machen möchte. ♦ 2) ›Sauger des Kleinkinds‹; Syn. → »Lulli«. ♦ 3) ›Penis‹ mancherorts. ♦ 4) ›aufgeplatzte Kruste, Anschnitt am Brot‹ vereinz. mittl. Schwarzw., Elztal; Syn. → »Aschnitt«.

zipfel-sinnig Adj.: ›nervös, aufgeregt, geistig verwirrt‹ Ortenau, Elztal, Brsg., Markgr. – Vgl. »hintersinnig«.

zipp(e)le schw.: ›rupfen, hart anpacken, miteinander streiten‹ mittl. Schwarzw., Ortenau.

Zipperle Pl.: ›eine Mirabellenart‹ vereinz. – Nebenform zu »Zibarte«.

Zipp(i)li n.: ›Küken‹ mancherorts Brsg. – Syn. → »Bippeli 1«.
Zirinke ›Flieder‹ → »Sirinke«.
zirpfle ›schlürfen‹ → »surpfle«.
Zis → »Zins«.
Zischdig m.: *Zischdi, Zischdig, Züschdig* verbr. (außer Bodensee). ♦ ›Dienstag‹. Benannt nach dem alemannischen Kriegsgott *Ziu*, altnordisch *Tyr*, mhd. *zîstag*; die Benennung erfolgte in Analogie zum lat. *dies martis* ›Tag des Mars‹. – Vgl. »Zinschdig«.
zisig, zis(e)lig, ziserlich Adj.: ›zierlich, klein winzig‹ mancherorts. – Bildung zu *Zisli* ›Zeisig‹, wegen der Kleinheit des Vogels.
Ziska f.: Kurzform für den weibl. VN *Franziska*.
Zisle, Zisli m. n.: *Zissli, Züsli, Zissle, Züsle* mancherorts; Dim.: *Züseli, Züserli* u. ä. ♦ 1) ›der Vogel Zeisig‹. ♦ 2) ›zierliche, empfindliche Person oder ebensolches Kind‹; vgl. »zisig«. – Mhd. *zîse, zîsel* ›Zeisig‹.
zisle schw.: *züsle* verbr. südöstl. Schwarzw., Baar, westl. Hegau; *züüsle* mancherorts nördl. Hotzw., verbr. Klettgau (Verbr. s. Karte → »zindle«). ♦ ›mit Feuer spielen‹. – Das Wort ist durch Entrundung und Nasalschwund mit Dehnung des vorhergehenden Vokals (Staubsches Gesetz) aus *zündseln* entstanden. – Syn. → »zindle«.
Zit f.: *Zitt* verbr. (außer SO-Baden); *Ziit* SO-Baden. ♦ ›Zeit, Uhrzeit‹; *Well Zitt isch es?* ›Wiewiel Uhr ist es?‹ [Ettenheimmünster]; *ich haa nüt der Zitt* ›ich habe keine Zeit‹ [Weil a. Rh.]; *ich ging au in Kirch, wenn ich der Zitt hätt* [O.prechtal]; *do han i 's schier nit usg'halde vor langer Zitt* ›die Zeit wurde mir lang‹ [A. Ganther]; *die Zitt biäte* ›jemanden grüßen (guten Morgen / Tag / Abend)‹; Ra.: *vun Zitt zue Zitt* ›hin und wieder‹ [A. Ganther].
zite schw.: ›reif werden‹; *es zittet* ›die Trauben fangen an zu reifen‹ [Hagnau]. – Mhd. *zîten*. – Häufiger → »zitige«.
Zite-resli n.: ›Gänseblümchen, Maßliebchen‹ u. ä. mancherorts Ortenau, Schwarzw. – Wörtl. *Zeitenröslein*.
Zitig, Zitung f.: *Zittig, Ziddig* verbr. westl. Brsg., Kaiserst., Markgr., Wie, sental, Hotzw., westl. Klettgau; *Zittung, Ziddung* nördl. und mittl. Schwarzw., Ortenau, Elztal, Zartener Becken; *Zitting* mancherorts südöstl. Schwarzw.; *Züting* Baar, Hegau, Höri, Bodanrück; *Zeitung* Linzgau (Verbr. s. Karte → »Zitig«). ♦ ›Zeitung‹; *in de Zitinge un in dë Wirtshüsër isch bolitisiart wore* [O. Furtwängler].

zitig Adj.: *zittig* verbr. (außer SO, wo »rif« gilt). ♦ ›erntereif‹; *S schönscht isch awer gsi, wen d Härdepfel scho zitig gsi sin* [O. Furtwängler]; *'s het scho waichi Trüübli gha un zytigi Beeri* [Hebel]. – Mhd. *zitec, zitic*.
zitige schw.: ›reif werden‹ mancherorts; *die Triwel zitige* ›die Trauben werden reif‹ [Broggingen]; *Zytigt e Chörnli?* [Hebel]. – Vgl. »uszitige«.
Zitli n.: ›Taschenuhr‹; *woni ... 's Zytli froog, wo's Zaigerli stand* [Hebel].
zitli Adv.: ›beizeiten, rechtzeitig, früh‹ Markgr.; *Der Mähder* (Mäher) *un der Morgestern stöhn zytli uf* [Hebel].
Zit-lose f.: ♦ 1) ›Herbstzeitlose‹ Hotzw. ♦ 2) ›Anemone, Windröschen, Küchenschelle‹ u. a. Frühjahrsblumen, mancherorts Kaiserst. – Mhd. *zîtlôse* (Bed. 2).
Zitterab m.?, meist Pl.: *Zitterabbe* ›Haut-, Schuppenflechte‹ Markgr. – Mhd. *ziteroch(e)* ›flechtenartiger Ausschlag‹.
Zitteri m.: ›Muskelzittern‹; *ich hon de Zitteri* [Freiamt].
Zitterli n.: ›Zittergras‹ mancherorts.
zleid Adv.: *zlaid, zload* ›aus Trotz‹, z. B. jemandem *zleid läbe* ›sich jemandem widersetzen, ihm Leid zufügen‹; *der mueß aim allwäg zlaid läbe* [Glock Brsg.]; *grad zleid* ›in voller Absicht‹ [Freiamt].
zletscht Adv.: ›zuletzt, schließlich‹; *I ha's zletscht selber glaubt* [Hebel].
zmittag Adv.: ›mittags‹; *do isches um e so e zwai rum zmitag so artli fischtr wore* [O. Furtwängler].
Zmittag-esse n.: *Dsmidaagäse* ›Mittagessen‹ verbr.

zmitts Adv.: ›in der Mitte, mittig‹; *zmitts im Dorf* [Hebel].

zmol(s) Adv.: ›auf einmal, plötzlich‹; *do sehne m'r z'mol d' dick Kamifegeri d' Kirchestapfle ra wackle* [A. Ganther].

znacht Adv.: ›nachts‹; *wia 'r dia arme Kindle hungrig het z'nacht in 's Bett lege müen* [A. Ganther].

Znini n.: *Znini, Znüni* ›Zwischenmahlzeit morgens zwischen Neun und halb Zehn‹; *i richt's Znini* [Seelbach]. – Entstanden aus *z' Nini (esse, nää).* – Vgl. »Ninibrot, Zimes, zobe, Zvieri«.

zobe Adv.: ›abends‹; *Wil es s mescht mol* (meistens) *en Laib Brod un e Kriasewäserli zôbe gäi hät* [O. Furtwängler]. – Entstanden aus *z Obe* ›zu Abend‹.

Zobe-nee n.: *Zobenää* ›Abendessen‹, veraltet. – Wörtl. *Zu-abend-nehmen.*

Zobe(n)-esse n.: ›Abendessen‹ verbr.

zoberscht Adv.: *zoberscht, zöberscht, zeberscht* ♦ ›zuoberst‹; *'s goht mit aim zunterst un zöberst* [Hebel].

Zock m.: ›Zuckung, Ruck‹ [Konstanz].

Zocke m.?: ›Knoten‹ [Neuenweg].

zocke schw.: *zocke, zockche.* ♦ 1) ›ruckweise ziehen, zucken‹ (auch beim Fischangeln) mancherorts. ♦ 2) ›ruckweise schmerzen‹; *d Wunde zocket* [Stockach]. – Mhd. *zocken* ›ziehen, zerren‹.

zöcke Adj.: ›aus Hanfabfällen‹, von Gewebe, Markgr. – Wohl eine Bildung zu *Zeug* (s. »Zig 3«).

Zöckli n.: *Zöggle, Zöggli, Zöckli* ♦ 1) ›Hanfabfälle, Werg‹ Markgr. ♦ 2) ›struppiges, verfilztes Haar‹ vereinz. Markgr. – Vgl. »zöcke«.

Zög m.: *Zöög* ›Person mit großem Mundwerk‹ [Efrgn-Kirchen, Lörrach, Fischgn].

Zogarte ›abendliche Zusammenkunft‹ → »Hogarte«.

zöisle ›zündeln‹ → »zeisle«.

Zolge m.: *Zolge* mancherorts; *Zölge* [Schopfhm]. ♦ 1) ›herabhängender Nasenschleim, Rotz, Eiter in einem Geschwür‹ mancherorts. ♦ 2) ›Rausch‹ [Schopfhm]; Syn. → »Rusch«.

Zopf m.: *Zopf* verbr.; Pl.: *Zepf, Zöpf.* ♦ 1) ›Haarzopf‹; *e sufers Buremaidli mit goldgäle Zöpf um d'r Kopf rum* [A. Ganther]. ♦ 2) ›Backwerk in Zopfform‹ vereinz. – Im Südwesten gilt »Zupfe«.

zopfe, zöpfe schw.: ›Zöpfe flechten, frisieren‹.

Zopf-wecke m.: ›ein Weißbrotgebäck in Zopfform‹ [St. Märgen, Villgn].

Zottili n.: ›kleines, bedauernswertes Geschöpf‹, z. B. ein kleines Kind, das von der Mutter alleingelassen wurde; *jeds lueg emol des arm Zottili òò* [Freiamt].

Zottle Pl.: *Zoddle, Zoddele, Zottele* mancherorts; Dim.: *Zeddeli, Zötteli* u. ä. ♦ ›herabhängende Fäden, Fasern, Fransen, Büschel, Zipfel‹ u. ä., z. B. Zäpfchen am Hals von bestimmten Ziegenarten. – Vgl. »Zotzle«.

zottle schw.: ›gemütlich, saumselig gehen, trotteln‹; *un zottlet alsgmach hintenoo* [Hebel]; wer so geht ist ein *Zottli.*

Zotzle f.: *Zotzle*; Dim.: *Zotzeli, Zotzili, Zetzeli, Zötzili.* ♦ dass. wie »Zottle« mancherorts Markgr., Hotzw.

zowle schw.: *zowwle* ›zupfen, rupfen, zausen‹, bes. an den Haaren, Ortenau, nördl. Schwarzw. – Wörtl. *zobeln,* verwandt mit *zupfen.*

zrings Adv.: ›rings, im Kreis herum‹; *zrings drum rum stän Tanne* [O. Furtwängler].

zruck Adv.: ›rückwärts, zurück‹; *mer wenn* (wir wollen) *e wenig zruck!* [Hebel].

zsamme, zsämme → »zamme«.

Zu m.: *Zuu, Zuun, Züü, Züün* ›Zaun‹ vereinzelt Ortenau, Schwarzw.; das häufigere Wort ist jedoch »Hag«; Ra.: *underem Zuu num weide* ›fremd gehen‹ [E. Strube].

zu[1] Konj. (in Verbindung mit Inf.): *zu,* meist aber abgeschwächt *z',* z. B.: *er het nind z' due* ›er hat nichts zu tun‹ [Wildgutach]; *Vreni, leng mer z' trinke!* ›reich mir zu trinken‹ [Hebel]; *'s isch em nit z' helfe* [Hebel]; *'s seig* (sei) *der nit z' traue* [Hebel]; *do fangt sie erscht recht a z' lache* [A. Ganther]; *Bruchsch kei Angscht z' ha* [A. Ganther]. – Zum Verhältnis von *zu* und *zue* → »zue[1]«.

zu[2] Adv.: *zu,* meist abgeschwächt *z'.* ♦ 1) ›über das normale Maß hinaus oder darunter‹; *sell isch mr z' wänig* ›das ist mir zu wenig‹ [Todtmoos]; *Isch's der z' wohl?* [Hebel]; *'s Esse isch z' fett g'schmelzt gsi* [A. Ganther]. ♦ 2) ›an einem Ort, in‹; *z' Friburg* ›in Freiburg‹; *z' Staufen uf em Märt* (Markt) [Hebel]; *er sei ou emôl z Furtwange uf em Märkt gsi* [O. Furtwängler]. ♦ 3) ›zu einer Zeit‹; *z' Nacht* ›zur Nacht‹; *z' Oben um vieri* ›abends um vier‹ [Hebel]; *z' Morgen un z' Obe* ›morgens und abends‹ [Hebel]; oft so mit dem nachfolgenden Wort verschmolzen, dass es schon als ein Wort empfunden wird, z. B. → »Znini«.

zu[3] ›in Richtung auf‹ u. a. → »zue[1]«.

zu[4] ›geschlossen‹ → »zue[2]«.

Zuber, Züber m.: *Zuber* verbr. (außer den folgenden Gebieten); *Zuwer* mancherorts mittl. Schwarzw., südl. Ortenau, nördl. Brsg., Raum St. Peter – St. Märgen; *Zubber* südöstl. Schwarzw., südl. Baar, Klettgau, Hegau, SO-Baden; *Zuwwer* nördl. Schwarzw., Orte-

nau, obere Brigach und Breg; *Ziber* vereinz. Markgr.; *Züber* östl. Markgr., Wiesental, Dinkelberg, südwestl. Hotzw. (Verbr. s. Karte → »Zuber«). ♦ ›rundes oder ovales, oben offenes Gefäß (mit zwei Ohren), Bottich‹, z. B. zum Waschen, zum Baden von Kindern, Schlachten, Traubenlesen; *goht kai Chrueg in Cheller, ke Züber aben an Brunne* [Hebel]. – Ahd. *zûbar*, dies aus *zwi-bar* ›(Gefäß) mit zwei Handhaben‹.

Zucht[1] f.: *Zucht, Zuucht.* ♦ 1) ›Sittsamkeit, das Züchtigsein‹; *mit Zucht un Sittsemkait* [Hebel]. ♦ 2) ›das Züchten, die Aufzucht‹. ♦ 3) ›die Scheide der Kuh‹ mancherorts östl. Schwarzw., Hochschwarzwald.

Zucht[2] ›Grippe‹ → »Sucht«.

Zucker m.: *Zucker, Zuckcher.* ♦ 1) ›Zucker‹. ♦ 2) ›Bonbon‹ *Zucker* auch oft nur Dim: *Zickerle, Zickerlin* mancherorts SO-Baden.

Zucker-bretli n.: ›Weihnachtsplätzchen‹ mancherorts Ortenau, Brsg., Markgr. – Syn. → »Bretli«.

Zucker-buhne Pl.: ›Bonbons‹ Glottertal.

Zucker-kandel m.: *Zuckerkandel, Zuckerchandel* ›Kandiszucker‹ mancherorts.

Zucker-schefe Pl.: ›grüne Erbsen, Zuckererbsen‹ [Ettenhm]. – Zum Grundw. s. → »Schefe«.

Zu-decket f.: ›Bettdecke‹ nördl. Ortenau.

zue[1] Präp. (mit Dativ): *zue* verbr., abgeschwächt *zu* und in Verbindung mit nachfolgenden Pronomina kontrahiert, z. B. *zem* < *zu dem; zus* < *zu s* (nur in Verbindung mit FN, wie *s'Maiers* > *zus Maiers*). ♦ 1) räumlich, gibt die Richtung an; *chumm au zue mer in d' Stube!* [Hebel]; *der Weg zue Fried un Ehr* [Hebel]; *vo Huus zu Huus* [Hebel]; *do dappt ufeimold d'r Bär uf'n zue* [A. Ganther]. ♦ 2) zeitlich, kennzeichnet einen Zeitpunkt; *'s isch Middag zue gange* [A. Ganther]; *Mit dr Zit isches ëm Herbscht zua gange* [O. Furtwängler]. ♦ 3) modal, kausal, kennzeichnet die Art und Weise oder den Grund; *si Transberent, wo m'r em g'macht hen zue d'r goldige Hochzig* [A. Ganther]. ♦ 4) relational, kennzeichnet Anzahl, Häufigkeit, Verhältnisse, Beziehungen u. a.; *wo 'r awwer zue Johre kumme nisch* [A. Ganther]; *d'r Franz het 'r au zue eme G'selle anemme welle* [A. Ganther]. – Das Nebeneinander von *zu* und *zue* ist schon im Mhd. vorhanden: neben der Vollform *zuo* für das Adverb steht schon die unbetonte Form *zi* für die Präposition; später wird die volle Form auch für Präpositionen verwendet.

zue[2] Adv., Adj.: drückt aus, dass etwas ge- oder verschlossen ist oder wird; *e zues Fenschter* ›ein geschlossenes Fenster‹ [Stahrgn]; *un der Himmel ist zue* [Hebel]; *un macht's Deckeli zue* [Hebel]; *un Düre uf un zua* [O. Furtwängler]; *un pfetzt ganz fidel 's link Aug zue un lacht* [A. Ganther].

zue-bemmere schw.: ›laut zuschlagen‹ mancherorts; *wüedig het'r 's Fenschder zuebämmert* [A. Ganther]. – Vgl. »bemmere«.

Zue-bott m.: ›Gehilfe des Hirten‹ veraltet.

zue-drille schw.: ›zudrehen‹.

zue-go schw.: ›Trubel, Chaos herrschen‹ verbr.; *do gohts zue wie im Himmel vorus* ›da ist es sehr chaotisch‹ [E. Strube]. – Vgl. »Ewigkeit«.

zuei Adv.: *zuei, zuai* ›hin, an eine bestimmte Stelle‹ mancherorts, häufig Präfix in Zs. – Wörtl. *zu-hin.*

zuei-kumme st.: ›hin, an eine bestimmte Stelle kommen‹; *ich kumm nit zuei* [Freiamt].

zue-lose schw.: ›zuhören‹.

zue-nachte schw.: ›Nacht werden‹; *s zuenachtet* vereinz. Südrand; *am zuenachte* ›in der Dämmerung‹ [Konstanz].

zuenig Adj.: ›geschlossen‹; *e zuenigi Türe* [Stahrgn].

zue-pitschiere schw.: ›versiegeln‹. – Vgl. »pitschiere«.

Zue-spruch m.: ›ermutigende, tröstende Worte‹; *'s hilft weder Stroofe no Zuespruch* [Hebel]; *Aber wer wird jetz mit Zuespruch 's Vreneli tröste?* [Hebel].

Züg ›Zeug‹ → »Zig«.

zugelig Adj.: ›leicht zugig‹ [Zährgn].

Zug-lade f.: ›Schublade‹; *In denë untere Zuglade sin ëm Fatr sini Hosdigklaider* (Hochzeitskleider) [O. Furtwängler].

Zugle f.: ›kleine Ableitung von Wassergräben‹ [Neukirch].

zügle ›umziehen‹ → »zigle«.

Züglis n.: *Züglis mache* ›Eisenbahn spielen‹ vereinz. Markgr. – Bildung zu *Zug*.

zulftere schw.: ›unqualifiziert bearbeiten, etwas zusammenstoppeln, zusammenknäueln‹ [Tribg, Waldk. (Elzt.)].

Zumis m.?: *Zumiss* [Freibg]; *Zomes* [Eichstet.]. ♦ ›Knochen‹. – Aus dem Hebräischen.

Zundel m.: ›Feuerschwamm, Zunder‹; *Fôr* (bevor) *dia neimodische Fosfôr- Zündhölzli ufku sin, hät mer halt no müasë Fürschtai un Zundel ha* [O. Furtwängler].

zün(d)serle ›zündeln‹ → ›zin(d)serle‹.

Zunge f.: *Zung, Zunge* ›Zunge, Mundwerk‹; *D' Zung isch 'm schier abäbbt um Hals; un d'r Durst het 'n fascht umbrocht* [A. Ganther]; Ra.: *i ha's uff der Zunge gha* ›ich hätte es fast ausgesprochen‹ [Glock Brsg.].

Zuntere ›zu Mittag‹ → »Untere«.

zunter-obsi *zunderobbsi* ›durcheinander‹ → »unterobsi«.

zunterscht Adv.: *zunderscht* ›zuunterst‹.

zunters(cht)-iberschi, -iberscht Adv.: ›unterst-zu-öberst, kopfüber‹; *do ischt alls z' untersiübersi glege* [Radolfz.]; *du kunnsch z'unterschtz'eberscht in d Hell* [Elzach]; *'s goht mit aim zunterst un zöberst* [Hebel]. *Do d'rbi isch 'r awwer usg'rutscht un hinderschich, z'underscht-z'öwwerscht in's Gülleloch nikeit* [A. Ganther].

Zupfe f.: ›Zopf‹ Markgr., mancherorts Hotzw.; *un flechte Chindere d' Zupfe* [Hebel]; *mit de lange Zupfen un mit der längere Hoorschnuer* [Hebel].

zupfe, zupple schw.: ♦ 1) ›an etwas ziehen, rupfen‹; *Was zupfsch am siidene Bendel?* [Hebel]. ♦ 2) ›Beerenfrüchte ernten‹.

Zupp, Zupple f.: *Zubb* verbr. Ortenau, mittl. Schwarzw.; *Zübb* [Freiamt]; *Zubble* [O.simonswald, Oberried]; *Zübbel* [Bühlertal]. ♦ 1) ›weiblicher Hund, Hündin‹ mancherorts. ♦ 2) abschätzige Bez. für (faule, liederliche) Frauen, vereinz. – Mhd. *zûpe*. – Vgl. »Zatz«.

Zurpf m., **Zurpfete** f: ♦ 1) ›verwirrter Fadenknäuel, Zusammengezogenes‹ Markgr., Hegau. ♦ 2) ›unregelmäßige Narbe‹ Markgr. ♦ 3) ›großer Schluck‹ [Opfgn]; vgl. »Surpfer«.

zurpfe, zurpfle schw.: ♦ 1) ›schlecht zusammennähen, zusammenstoppeln‹ mancherorts. ♦ 2) ›schlürfen, lustlos essen‹ [Gottenhm, Opfgn]. – Vgl. »schnurpfe«.

zu-rück → »zruck«.

zus ›zu den‹ → »zue[1]«.

zusammen → »zamme, zämme«.

Zusel f.: *Zussel, Zussle, Zusel* ›schlampige, zerzauste Person‹ mancherorts. – Zu mhd. *zûse* ›Haarsträhne‹.

züsle ›zündeln‹ → ›zisle‹.

Zuttel, Zutzel f.: dass. wie → »Zusel« vereinz.

Zvieri n.: ›Nachmittagsvesper‹ mancherorts. – Entstanden aus *ze viere esse/nää*; vgl. »vier«. – Ähnliche Bildungen s. → »Znini«.

zwäg Adv.: *zwääg* ›zuwege‹, mancherorts mittl. Schwarzw., Brsg.; etwas *zwäg bringe* ›etwas herstellen, bewältigen‹ [O. Furtwängler]; jemand ist *zwäg* ›wohlauf‹ [Lörrach]; *Bisch zwäg?* ›geht es dir gut?‹ verbr.

Zwalch, Zwalchi m.: ›roher, ungeschlachter, gefräßiger Kerl‹ Brsg., Markgr.

zwalche schw.: ›viel essen‹ Markgr.

zwanzg Num.: *zwanzg* obere Kinzig, südl. Schwarzw., Hotzw., Klettgau, mancherorts Brsg., Markgr., verbr. Höri, Bodanrück, Linzgau; *zwanzich* Hanauerland; *zwanzig* Rheinebe zwischen Kehl und südl. Markgr., Dinkelberg; *zwònzig* nördl. und mittl. Schwarzw., vereinz. Brsg.; *zwònzg* Elztal, Baar, Hegau; *zwenzg, zwenzig* mancherorts oberes Wiesental, Hotzw.; *zwunzg* [Langenschiltach, Buchenbg]. ♦ ›die Zahl zwanzig‹; *zwenzig Ehle lang un brait e Mailänder Halstuech!* [Hebel]; *Stuck zwanzig, drißig Bure* ›etwa 20 bis 30 Bauern‹ [A. Ganther].

zwatzlig Adj.: ›verzweifelt, ungeduldig, aufgeregt‹ mancherorts. – Vgl. »verzwatzle«.

Zweck f., m.: ♦ 1) ›Querriegel als Kettenverschluss‹ nördl. Schwarzw. ♦ 2) ›Schusternagel‹. ♦ 3) ›Absicht, Ziel, Nutzen‹. – Mhd. *zwëc* ›Nagel von Holz oder Eisen‹.

Zweder m.: ›Strickjacke‹ [Freiamt]. – Zu engl. *sweater* ›Pullover‹.

zweg ›zuwege‹ → »zwäg«.

Zwegschte → »Zwetschge«.

Zwehle f.: *Zwehl, Zwehle, Zwelle* ›Handtuch‹. – Mhd. *twehele, zwehele*. – Vgl. »Hand-, Tirzwehle«.

zwei Num.: *zwai* verbr. (außer den folgenden Gebieten); *zwej, zwäi* Ostteil den nördl. Schwarzw., nördl. Ortenau; *zwoi, zwöi* mancherorts Markgr., Dinkelberg; *zwaa* Hochrhein zwischen Öhningen und Büsingen; *zwòò* nördl. des Kantons Schaffhausen; *zwoa* Baar, westl. Hegau; *zwoe* Hegau, Höri, Bodenseegebiet; in Verbindung mit Substantiven richtet sich die Form nach dem Genus des Substantivs, wie schon im Mhd.: *zwên(e)* m., *zwâ* f., *zwei* n.; in unserem Gebiet entsprechen dem: Genus m: *zwai, zwe(e), zween, zwää, zwii*; Genus f.: *zwo, zwoo*; Genus n.: *zwai, zwej,* *zwöi, zwoi, zwoa, zwoe, zwòò, zwaa*; so sagt man z. B. in Wyhl *zwee Manne, zwoo Fraue, zwai Kinder.* ♦ ›die Zahl zwei‹; *zwi Schobbe Epf'lmoscht* [A. Ganther]; *Drei Küai, zwo Gaise un zwo Säü* [O. Furtwängler]; *zwo ewiglange Stund* [A. Ganther]; *e Johrer zwei, drei hen dia zwi Musikande ihr Liadli losglo* ›so etwa zwei, drei Jahre haben die zwei Musikanten ihr Liedchen hören lassen‹ [A. Ganther]; Ra.: *zwei un zwei* ›paarweise‹ [A. Ganther].

zweie schw.: *zwaie, zweie* Dinkelberg, Hotzw., Klettgau, Baar, Hegau und übriges SO-Baden. ♦ ›Obstbäume veredeln‹ – Syn. → »zwige«.

zwei-schläfrig Adj.: ›für zwei Personen vorgesehen, vom Bett‹.

zwelf Num.: *zwelf, zwölf* verbr.; alleinstehend oder bei Zeitangaben meist *zwelfe, zwelfi, zwölfe, zwölfi.* ♦ ›die Zahl zwölf‹; *vor zwölf Wuche* [Hebel]; *D' Glocke het Zwölfi gschlage* [Hebel]; *vor e Johrer zehni, zwölfi* ›vor etwa 10–12 Jahren‹ [A. Ganther].

Zwer-ax f.: ›Zimmermannsaxt mit quer stehender Schneide‹ vereinz.

zwerch Adj.: *zwerch, zwerich, zwąrch, zwąrich.* ♦ ›quer hinüber‹ verbr. (außer, wo »zweris« gilt. – Mhd. *twërch, zwërch.*

zweris Adj.: *zweris, zwäris, zwerris, zwers* u. ä. ♦ ›quer hinüber‹ südöstl. Schwarzw., Hotzw., Klettgau, Baar und Bodenseegebiet. – Mhd. *twëres, zwëres.*

Zwetschge f.: *Zwetschg* mittl. und südöstl. Schwarzw.; *Zwetschge* mancherorts Brsg., südl. Schwarzw., Hotzw.; *Zwątschg* vereinz. südl. Ortenau; *Zwątschge* mancherorts nördl. und westl. Brsg., Kaiserst., Markgr.; *Zwegscht* mancherorts obere Murg, südl. Baar, Hegau, Bodanrück, Linzgau; *Zwegschte*

Klettgau, Raum Bonndorf, Blumberg, Tengen (Verbr. s. Karte → »Zwetschge«). ♦ 1) ›die Pflaumenart Zwetschge‹. ♦ 2) ›Habseligkeiten‹ in der Ra.: *sini siewe Zwetschge z'sämmepacke* [A. Ganther]. – Vgl. »Quetsch«.

Zwetschget m.: ›Zeit der Zwetschgenernte und diese selbst‹ mancherorts.

zwett Adv.: ›um die Wette‹ mancherorts; *un uszoge isch 'r, im e Schnelllaifer z'wett* ›und er ist losgezogen, als ob er mit einem Schnellläufer um die Wette liefe‹ [A. Ganther]; *Dês isch amol e Hauptpläsier fun de grôse Buawe gsi wen si enand zwet über s Schtefeshus usi gschpikt hän* [O. Furtwängler].

zwi → »zwei«.

Zwick m.: *Zwigg, Zwick, Zwickch.* ♦ 1) ›Knallkordel am Ende des Peitschenriemens‹ verbr. (außer Ortenau und nördl. Schwarzw., wo »Tribschnuer« gilt). ♦ 2) ›Zwitter‹ mancherorts. – Bed. 1 zu mhd. *zwic* ›Schlag, Schmiss‹.

zwicke schw.: ♦ 1) ›kneifen‹ vereinz., sonst »pfetze«. ♦ 2) ›Rebzweige einkürzen‹ [Zell-Weierb.]. ♦ 3) ›ein bestimmtes Kartenspiel (um Einsatz) spielen‹.

Zwickel m.: ›keilartiger Einsatz (in Hemden, Strümpfen)‹; *wyßi Bouwelestrümpf mit chünstliche Zwickli* (Dim.) ›weiße Baumwollstrümpfe mit kunstvollen Zwickeln‹ [Hebel]. – Mhd. *zwickel* ›Keil‹.

zwider-wurzig Adj.: ›widerspenstig‹ [Opfgn]. – Wohl Bildung zu mhd. *widerwurtic* ›widersätzlich‹, wörtl. etwa: *zuwider-wärtig.*

Zwiebel → »Zibele«.

Zwiesel m.: ›Baum, bes. Tanne mit zwei Wipfeln‹ mancherorts Schwarzw. – Mhd. *zwisel, zwisele* ›Gabel, Gabelförmiges‹.

Zwifel-strick m.: ›unlösbarer Knoten‹, besonders in Haaren [Teningen].

zwifle schw.: ›zweifeln‹.

Zwig m.: ›Zweig‹.

zwige schw.: *zwige* verbr. Schwarzw., Brsg., Markgr.; *zwiie* mancherorts Ortenau. ♦ ›Obstbäume veredeln‹; Scherzfrage: *Wann gitts die größte Schelme? – Wemme e Müller uff e Wäber zwiigt* [Glock Brsg.]. – Mhd. *zwîgen* ›pfropfen‹. – Syn.: »impte, okuliere, verzwige, zweie«.

zwilchen Adj.: ›aus Zwillich‹ vereinz.; *e zwilchene Sack* [Bernau].

Zwillich m.: *Zwilch, Zwillich* ›eine grobe Stoffart‹ mancherorts. – Wörtlich ›zweifädiges Gewebe‹, zu *zwi* ›zweifach‹ und lat. *licium* ›Faden‹. – Vgl. »Drillich«.

zwinse, zwinse(r)le, zwinsere schw.: ›mit den Augen blinzeln, zwinkern‹ mancherorts. – Vgl. »zwitze«.

zwirble schw.: ›drehen, wirbeln‹; *dën do hinterem Hûs zwirblet ës im Winter omol ë ûwiadigi Schnêwächde na* [O. Furtwängler]; *zwirble mr nit zwische de Bai rum* [Freiamt].

zwirne schw.: ›zu einem Zwirnsfaden zusammendrehen‹; *Nai, lueget doch das Spinnli a, wie 's zarti Fäde zwirne cha!* [Hebel].

zwische Adv.: *zwische, zwüsche* ›zwischen‹.

zwische-dure Adv.: ›zwischendurch, währenddessen‹.

zwische-ni Adv.: ›zwischendurch, indessen‹; *zwischeni wird ais gsunge, odër danzët* [O. Furtwängler]. – Wörtl. *zwischen-hinein.*

zwitschere schw.: ♦ 1) ›ein zwitscherndes Geräusch machen‹, bes. von Vögeln. ♦ 2) *ein zwitschere* ›einen trinken, Alkohol trinken‹.

zwitze, zwitzer(l)e, zwitzgere schw.: ♦ 1) ›blinken, glitzern, flimmern‹ mancherorts. ♦ 2) ›mit den Augen blinzeln, zwinkern‹ vereinz.; vgl. »zwinse«.

zwo → »zwei«.

zwölf → »zwelf«.

zwor Adv.: ›jedoch, aber, zwar‹; *Es trait zwor wenig ii, doch isch's so viil* [Hebel].

Zwuckel m.: ›kleiner Mensch‹; im Dim. *Zwuggeli* auch kosend für ein kleines Kind. *Was widd, dü Zwuggel!* [Freiamt]; Ra.: *Chlai wiä ne Zwuggel* ›sehr klein‹ [Opfgn].

Zwulcher Pl.: Neckname für die Einwohner von Merdingen. – Wohl Bildung zu »Zwalch«.

Kartenverzeichnis

Einleitungskarten

Karten im Wörterbuchteil

Mesmer ›Küster‹
Mick / Micki ›Wagenbremse‹
miësse ›müssen‹
Mischtlache ›Jauche‹
Mittwuche ›Mittwoch‹
Monet ›Monat‹
Moo / Muu ›Mond‹
Mur / Mure ›Mauer‹
niëne ›nirgends‹
nit ›nicht‹
nix / nint ›nichts‹
obe ›oben‹
Obed ›Abend‹
regne ›regnen‹
Rolli ›Kater‹
Sägese ›Sense‹
Sau / Su ›Schwein‹
schelte ›schimpfen‹
Schire ›Scheune‹
Schlecksel ›Marmelade‹
schmeiße ›werfen‹
schnaikig ›wählerisch‹
sehne ›sehen‹ (Inf.)
Seichblueme ›Löwenzahn‹
Seipfe ›Seife‹
siebe ›sieben‹ (Num.)
speie ›spucken‹
spreite ›ausbreiten‹
Sprissel ›Holzsplitter‹
spritze ›Blumen gießen‹
Stäge ›Treppe‹
Stapfle / Staffel ›Treppenstufe‹
stehle ›stehlen‹ (Inf.)
Stei ›Stein‹
sto ›(wir) stehen‹ (1. Pl.)
sto ›stehen‹ (Inf.)
Strau ›Stroh‹
Stube / Stuwe ›Stube‹
Stuck ›Stück (Brot)‹
sufe ›saufen‹
Suhn ›Sohn‹
sunscht ›sonst‹
triële ›sabbern‹ (Inf.)
Tube ›Taube‹
ufe / nuf ›hinauf‹
ufwäsche ›Geschirr spülen‹
uns ›(er sagt es nur) uns‹
Unschlig ›Rindertalg‹
use / rus ›heraus‹
Uter / Gmelk ›Kuheuter‹
was ›was‹ (Interrogativ)
waschen ›gewaschen‹
Weg ›Weg‹
Wegschisser ›Gerstenkorn‹
welle ›(wir) wollen‹ (1. Pl.)
wenig ›nicht viel‹
Werchtig ›Werktag‹
werde ›(ich) werde‹ (1. Sg.)
Weschpe ›Wespe‹
wiehere ›wiehern‹
winsche ›gewünscht‹ (Pt. Pf.)
wit ›weit‹
Witmann ›Witwer‹
Wochetippel ›Mumps‹
Wogschit ›Zugscheit‹
Wolke ›Wolke‹
Zah ›Zahn‹
Zibele ›Zwiebel‹
ziëge ›ziehen‹
Zig ›Zeug‹
zindle ›mit Feuer spielen‹
Zitig ›Zeitung‹
Zuber ›Kübel‹
Zwetschge ›Zwetschge‹

Lokale Wörterbücher und Wortschatzsammlungen zu Dialekten in Südbaden

Die hier aufgeführten Werke beinhalten kleinere Wörterbücher und Wortschatzsammlungen zu örtlichen Dialekten aus dem Südbadischen. Daneben gibt es noch eine Vielzahl von Untersuchungen zur Laut- und Formenlehre sowie Grammatik wie auch Spezialuntersuchungen zu bestimmten Themen, die die Mundarten unseres Raumes betreffen. Diese Werke sind hier nicht aufgeführt. Man kann sie erschließen über:

Gerhard W. Baur: Bibliographie zur Mundartforschung in Baden-Württemberg, Vorarlberg und Liechtenstein. Von den Anfängen bis zum Jahr 2000. 2., neu bearbeitete und erweiterte Auflage. Mit fünf Karten. Tübingen 2002. (Idiomatica Band 7). 319 S.

Albrecht, Karl: Handschriftliche Wortsammlung, entstanden Ende des 19. Jahrhunderts, mit Belegen vorzugsweise aus Freiburg i. Br. [Bei Bad. Wb.].

Allgeier, Alfred: Bi is im Zweidelerlond, hänne – dänne – jemotnum. Dialekt im Elz- und Simonswäldertal. 2. erw. Aufl. 2013. 164 S.

Auer, Peter und Karl Joos: Kleiner Seealemannischer Wortschatz gehoben auf Konstanzer Grund. Konstanz 1988. 179 S.

Baumann, Renate: Bühlertäler Dialekt. Wörterbuch mit 1.500 Schlagwörtern. Bühlertal (Privatdruck) 1994.

Bayer, Josef: Der Dialekt des Dorfes Hofweier (Ortenaukreis). Hohberg-Hofweier o. J., IV, 82 S. [Masch. Ms. bei Bad. Wb.].

Bayer, Rosa: Wie mer om Saschbach schwätze duet. Kleines Mundartwörterbuch von Aase bis Zwuggel. Achern 1993. 28 S. – 2. Auflage Sasbach 2004. 72 S.

Bertsch, Winfried: Des geht uf ke Kuehhutt. Werder un Gschichtle in alemannischer Mundart von s Schmiddhaase Winfried. Lichtenau (Eigenverlag) 2006. 120 S.

Braunstein, Hermann: Dialektredensarten von Schutterwald (Ortenaukreis). Schutterwald 1989. IV + 49 Bll. [Masch. vervielf. Ms.]. Mit späteren Ergänzungen

Brucker, Philipp: Hänner's verstande? Lohrerditsch von aba bis Zwuckili. Ein Wörterbuch mit Zutaten. Lahr / Schwarzwald 2014. 76 S.

Burkhardt, Herbert: Fast vergessene Mundartwörter aus Emmendingen. Hs. Manuskript, 27 S. Im Archiv des Bad. Wb.

Ellenbast, Ferdinand Carl: Zèllèr Spròòch. Lautschriftliche Darstellung von Wörtern und Ausdrucksweisen in Radolfzeller Mundart. (Radolfzell) 1980. IV, 86 S. [Masch. Ms. bei Bad. Wb.].

Epple, Bruno: Wosches. Vergnügliche Lektionen in alemannischer Mundart. 3 Bände. Konstanz 1980, 1981, 1983. (Mundart von Radolfzell-Wangen (Höri)).

Ertel, Otto und Rainer Wollenschneider: Raschdad derisch 2. Ein Wörterbuch mit einem Blick zurück. Mit Ill. Rastatt 1988. 144 S.

Fleig, Oskar: Alemannisches Wörterbuch der Raumschaft Triberg mit Redensarten. Wiè mr um Dribärg rum schwäzd, un wa mr so kurz un bindig säid. Triberg 1980. 156 + 20 S.; Nachtrag Triberg 1982. 27 S.

Fröhlich, Walter (Pseudonym Urban Klingele): Alemannisch für Anfänger. Singen 1978. 35 S. Nachdruck 1988. (Mundart Raum Singen a. H.)

Fuchs, Ernst: Besondere Ausdrücke und Wendungen der Stockacher Mundart. In: Hegau 29 / 30 (1972/73), S. 191–204. [Forts.] In: Hegau 35 (1978), S. 177–184.

Haas, Hans-Gottfried / Schoch, Alois: Mundart-Stichwörter von A–Z. In: „Durchs Johr", Gereimtes, Heiteres und Besinnliches in Wolftäler Mundart. Zell a. H. 2002, S. 217-254.

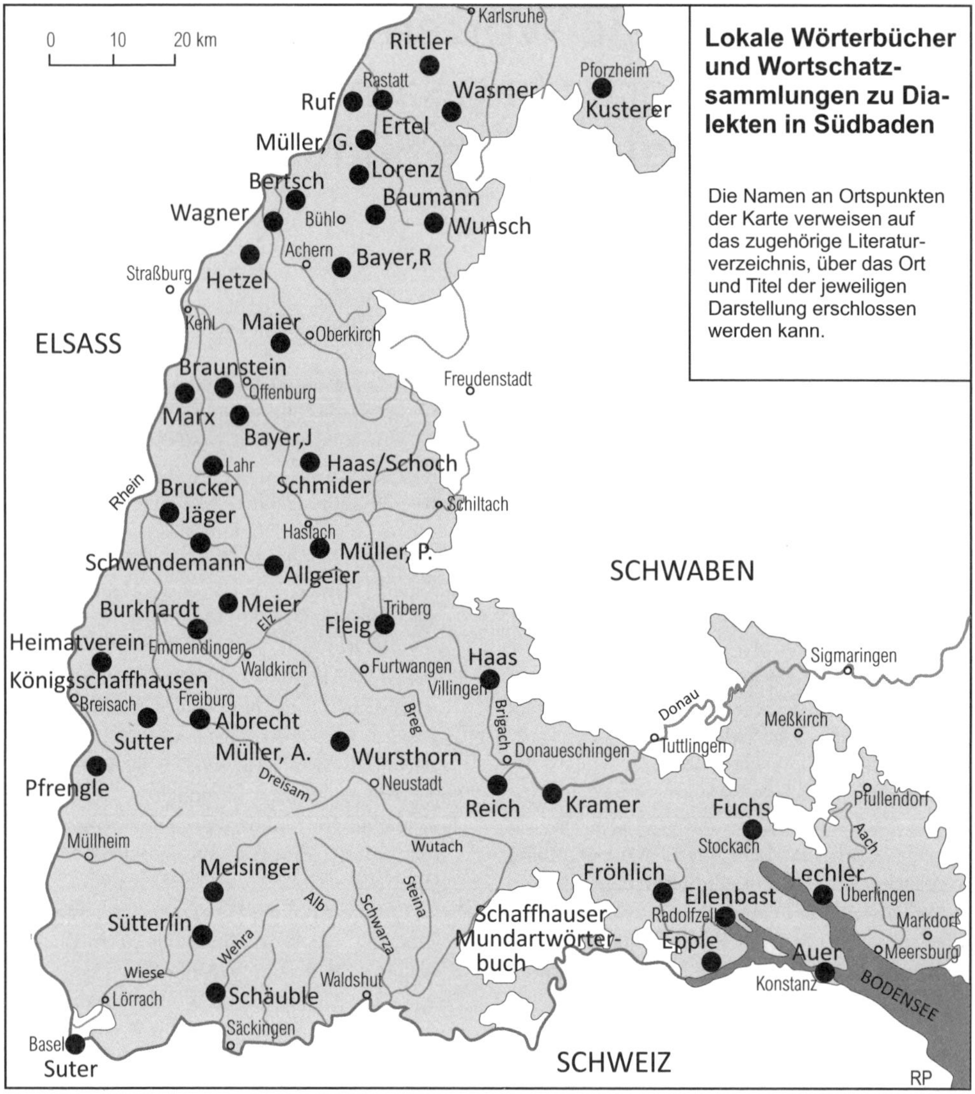

Lokale Wörterbücher und Wortschatz-sammlungen zu Dia-lekten in Südbaden

Die Namen an Ortspunkten der Karte verweisen auf das zugehörige Literatur-verzeichnis, über das Ort und Titel der jeweiligen Darstellung erschlossen werden kann.

Haas, Karl: Me schwätzt mitenand Villingerisch. Wörtersammlung in Villinger Mundart gesammelt von K. H. Villingen (Selbstverlag) 2006. 82 S.

Heimatverein Königschaffhausen e. V. (Hrsg.): Greäß üs dr Heimet. Alemannisches Dialekt-Handbuch von Königschaffhausen am Kaiserstuhl. Endingen 2018. 88 S.

Hetzel, Paul: Freistetter Wörter und Redensarten gesammelt von P. H. Hrsg. vom Historischen Verein für Mittelbaden. Rheinau 2007. 64 S.

Jäger, Bruno: Der alemannische Dialekt von Kappel-Grafenhausen. Biê uns schwäzd mr Alemannisch! Wörtersammlung für Menschen, welche Interesse an unserer Mundart haben. Ettenheim 2015. 297 S.

Kramer, Hermann: Alemannisches Mundartwörterbuch [Wortschatz von Gutmadingen und der Baar]. Hrsg. vom Heimatverein Gutmadingen. Korrigierte Zweitauflage Diepenau 2009. 349 S.

Kusterer, Wilhelm: Halbseggeldeutsch on Dachtraufschwäbisch. Ein Dialektwörterbuch um Pforzheim. Engelsbrand 1987. 140 S.

Lechler, Wolfgang: Mir schwätzed andersch. See-Alemannische Werter und Sprichwerter us Iberlinge und drummrum. 2. Aufl. Frickingen 2010. 180 S.

Lorenz, Günther: Sinzemerisch. Niederalemannisches Wörterbuch auf der Grundlage des Sinzheimer Dialekts. Sinzheim 2005. 160 S.

Maier, Günther: Die Mundart in der Gemeinde Appenweier (Ortenaukreis). (Eine Sammlung heimischer Wörter und Redensarten). Appenweier o. J., VI, 192 S. – Nachtrag. Appenweier o. J. III, 79 S.

Marx, Wilhelm, Else Marx und Werner Kopf: Dialekt des Dorfes Neuried-Altenheim, Ortenaukreis. Altenheim 1989. II, 63 S. + 7 Bll. [Masch. Ms. bei Bad. Wb.].

Meier, Fritz: „I woddigt awer ni(e)t, ass i soddigt ebbis g'sait hoa!“ Freiämter Wörterbuch. Freiamt 1995. 212 S. (Mundart von Ottoschwanden)

Meisinger, Othmar: Volkswörter und Volkslieder aus dem Wiesentale. Gesammelt von O. M. Freiburg i. Br. 1907. 72 S.

Müller, Anton: Freiburger ABC. Ein heiteres Mundartlexikon. Freiburg i. Br. 1965. 2. Aufl. 1967. 140 S.

Müller, Anton: 2. Freiburger ABC. Ein weiteres heiteres Mundartlexikon. Freiburg i. Br. 1966. 141 S.

Müller, Anton: Freiburger Mundart-ABC. Freiburg i. Br. 1975. 185 S. [Neubearb. der zweibändigen Ausgabe „Freiburger ABC“ (1965/66) durch Walter Vetter.] 6. Aufl. Freiburg i. Br. 2015.

Müller, Guido: Sandwiermer Schbrooch. Sandweier 1985. 72 S.

Müller, Paul: Alte, früher in Mühlenbach gebräuchliche Mundartausdrücke. In: Ruch, Martin: Mühlenbach im Schwarzwald, eine Dorfgeschichte. Mühlenbach 2013, S. 369–388.

Pfrengle, Adolf: ds' Harte, usse am Rhii. Hartheimer Wortschatz, gesammelt und aufgeschrieben von A. Pf., für den Druck bearbeitet von Edmund Weeger. Hartheim 2001. 121 S.

Reich, Lucian: Baarer Idiotikon. [Um 1895; hauptsächlich aus Hüfingen]. [Hs. im Besitz des Fürstenbergischen Archivs Donaueschingen].

Rittler, Karl: Bietigheimer Wörterbuch. Die Mundart an der fränkisch-alemannischen Sprachgrenze, mit Kinderreimen, Redensarten, allerlei Geschichten, Liedern, Necknamen und einem Mundartvergleich. Bietigheim 1991. 221 S.

Ruf, Franz: Ottersdorfer Mundartwörterbuch. Rastatt-Ottersdorf 1994. 48 S.

Schaffhauser Mundartwörterbuch. Begründet von Alfred Richli, erarbeitet von Heinz Gallmann unter Mitwirkung von Marianne Benz [u. a.]. Schaffhausen 2003 (Grammatiken und Wörterbücher des Schweizerdeutschen in allgemein verständlicher Darstellung Band 15). 530 + 23 S.

Schäuble, Bruno: Wäärerdütsch. Mundart in Wehr. Gutach 2002. 168 S.

Schmider, Angelika, Kurt Kussi und Thomas Kopp: Unsere Mundart, gesammelt von A. Sch., K. K., Th. Kopp und Arbeitsgemeinschaften aus Zell a. H., Nordrach, Oberharmersbach. Zell a. H. 1983. 140 S.

Schmider, Angelika, Kurt Kussi und Thomas Kopp: Unsere Mundart II. Zell a. H. 1988. 303 S.

Schwendemann, Emil: Ortenauer Wortschatz. Ein Bezeichnungswörterbuch in der Mundart von Ettenheim-Münchweier. Lahr 1992. 2 Tle. X, 235 S.; III, 60 S.

Suter, Rudolf: Baseldeutsch-Wörterbuch. Basel 1984. (Grammatiken und Wörterbücher des Schweizerdeutschen in allgemein verständlicher Darstellung Band 9). 367 S.

Sutter, Jürgen: Opfinger Wörterbuch. Freiburg 2008. 509 S.

Sütterlin, Adolf: Alemannisches Wörterbuch. Beilage zu: [Johann Peter] Hebels Werke in 4 Teilen. Hrsg. [...] von Adolf Sütterlin. Berlin (1911). 43 S.

Wagner, Uwe: Das Helmlinger Wörterbuch. Helmlingen 1995. 45 S.

Wasmer, A.: Wortbestand der Mundart von Oberweier (Amt Rastatt). In: ZfdM 10 (1915), S. 333–396; 11 (1916), S. 209–288, 305–350.

Wunsch, Gotthard: Wörterbuch vom Murgtal. Was i saarè will – Wiè mir schwätzè. Heimatverein „Unsere Heimat“ und „Murgtal-Museum“ Bermersbach (Hrsg.) 1996. 191 S.

Wursthorn, Ernst: Wie D'Waldemer schwätze. Waldauer Mundart – früher und heute – eine Sammlung von Ernst Wursthorn. In: Weber, Klaus: Waldau. Dorf-, Höfe und Häuserchronik. Waldau 2006, S. 159–195.

Titel: Alemannisches Wörterbuch für Baden
Autoren: Rudolf Post und Friedel Scheer-Nahor
Satz: mittelstadt 21, Vogtsburg-Burkheim

Bibliografische Information der Deutschen Bibliothek
Die Deutsche Nationalbibliothek verzeichnet diese Publikation in der Deutschen Nationalbibliografie; detaillierte bibliografische Daten sind im Internet über http://dnb.ddb.de abrufbar.

4. überarbeitete und erweiterte Auflage

ISBN: 978-3-95505-361-1

verlag regionalkultur
Heidelberg – Ubstadt-Weiher – Stuttgart – Speyer – Basel

Verlag Regionalkultur GmbH & Co KG
Bahnhofstraße 2 · 76698 Ubstadt-Weiher · Telefon (07251) 36703-0 · Fax (07251) 36703-29
eMail: kontakt@verlag-regionalkultur.de · Internet: www.verlag-regionalkultur.de